Xpert.press

Die Reihe **Xpert.press** vermittelt Professionals in den Bereichen Softwareentwicklung, Internettechnologie und IT-Management aktuell und kompetent relevantes Fachwissen über Technologien und Produkte zur Entwicklung und Anwendung moderner Informationstechnologien.

Weitere Bände in der Reihe http://www.springer.com/series/4393

Manfred Broy · Marco Kuhrmann

Einführung in die Softwaretechnik

Manfred Broy
Software & Systems Engineering,
Fakultät für Informatik
Garching, Bayern, Deutschland

Marco Kuhrmann
Fakultät für Informatik und
Mathematik, Universität Passau
Passau, Bayern, Deutschland

ISSN 1439-5428 ISSN 2522-0667 (electronic)
Xpert.press
ISBN 978-3-662-50262-4 ISBN 978-3-662-50263-1 (eBook)
https://doi.org/10.1007/978-3-662-50263-1

Die Deutsche Nationalbibliothek verzeichnet diese Publikation in der Deutschen Nationalbibliografie; detaillierte bibliografische Daten sind im Internet über http://dnb.d-nb.de abrufbar.

© Springer-Verlag GmbH Deutschland, ein Teil von Springer Nature 2021
Das Werk einschließlich aller seiner Teile ist urheberrechtlich geschützt. Jede Verwertung, die nicht ausdrücklich vom Urheberrechtsgesetz zugelassen ist, bedarf der vorherigen Zustimmung des Verlags. Das gilt insbesondere für Vervielfältigungen, Bearbeitungen, Übersetzungen, Mikroverfilmungen und die Einspeicherung und Verarbeitung in elektronischen Systemen.
Die Wiedergabe von allgemein beschreibenden Bezeichnungen, Marken, Unternehmensnamen etc. in diesem Werk bedeutet nicht, dass diese frei durch jedermann benutzt werden dürfen. Die Berechtigung zur Benutzung unterliegt, auch ohne gesonderten Hinweis hierzu, den Regeln des Markenrechts. Die Rechte des jeweiligen Zeicheninhabers sind zu beachten.
Der Verlag, die Autoren und die Herausgeber gehen davon aus, dass die Angaben und Informationen in diesem Werk zum Zeitpunkt der Veröffentlichung vollständig und korrekt sind. Weder der Verlag, noch die Autoren oder die Herausgeber übernehmen, ausdrücklich oder implizit, Gewähr für den Inhalt des Werkes, etwaige Fehler oder Äußerungen. Der Verlag bleibt im Hinblick auf geografische Zuordnungen und Gebietsbezeichnungen in veröffentlichten Karten und Institutionsadressen neutral.

Planung: Sybille Thelen
Springer Vieweg ist ein Imprint der eingetragenen Gesellschaft Springer-Verlag GmbH, DE und ist ein Teil von Springer Nature.
Die Anschrift der Gesellschaft ist: Heidelberger Platz 3, 14197 Berlin, Germany

Geleitwort

Die durch Software kreierte und getragene digitale Welt unterscheidet sich deutlich von unserer physischen Welt mit ihren naturgesetzlichen Beschränkungen. Wir können in Bruchteilen von Sekunden rund um die Welt kommunizieren, zusammenarbeiten und auch mit der weit entfernten physischen Welt dort interagieren. Räume und räumliche Entfernungen spielen keine Rolle und auch die Gravitation, die unsere physische Welt prägt, hat keinerlei Wirkung in der digitalen Welt. Mit Hilfe von Software kann fast alles abgebildet werden, was die menschliche Vorstellungskraft hergibt, in vielerlei Hinsicht Fluch und Segen zugleich.

Als die ersten Computer in die Welt kamen, war Programmierung eine Magie, eine geheime Kunst, die nur wenige beherrschten und mit der die ersten Programmierer die Welt verzauberten und in Erstaunen versetzen. Die damals entwickelten Softwareprogramme kamen nur auf wenigen Rechnern zum Einsatz. Wenn etwas nicht funktionierte, war nie ganz klar, ob es am Programm, an der Betriebssystemumgebung oder doch an der ausführenden Hardware lag, alles wurde aufwendig in Handarbeit erstellt und geprüft.

Als dann die Hardware leistungsfähiger und die Ansprüche an die Programmierung immer komplexer wurden, die entwickelten Systeme aufeinander aufbauen und gegenseitig integrierbar sein sollten, reichte die Kunst des einzelnen Programmierers nicht mehr aus, solche Systeme zu entwickeln, und es gelang nicht mehr, die Wechselwirkungen zu übersehen oder gar zu beherrschen. Wird Software erweitert und integriert, steigt die Komplexität eben exponentiell und nicht nur linear an. Um diese Komplexität zu meistern, braucht es eine fundierte wissenschaftliche Methodik, grundlegende Entwicklungsprinzipien und standardisierte, wo immer möglich automatisierte, Techniken. Die wissenschaftliche Durchdringung der systematischen industriellen Softwareentwicklung ist das Feld des Software Engineering.

Heute nun steigen die Anforderungen an die Softwareentwicklung rasant weiter an. Selbstfahrende Autos, vernetzte Fabriken, interaktive digitale Markt- und Informationsplätze, KI-gesteuerte Systeme funktionieren nur, wenn ganze Heerscharen von Programmierern, unterstützt durch leistungsfähige Tools und Methoden, in die Lage versetzt werden, zu kooperieren und performante, wo immer möglich, energieeffiziente

Software herzustellen, auszurollen und zum Einsatz zu bringen. Sie müssen denselben Entwicklungsprinzipien folgen, Prozesse modellieren, abgestimmte Methoden anwenden und Projekte managen können. Bereits vor der Erstellung der ersten Programmzeile müssen sich Softwareentwickler im Requirement Engineering der Frage stellen, was das zu entwickelnde Programm genau leisten soll, wie es sich in die vorhandene Systemlandschaft integriert und wie es nutzerfreundlich zu bedienen ist. Gleichzeitig muss die Architektur des Systems im Blick behalten werden, was durch Modularisierung und objektorientierte Programmierung gelingen kann. Für die Integration verschiedener Komponenten braucht es eine eindeutig definierte Schnittstellensystematik, und über den ganzen Entwicklungsprozess hinweg muss auf Qualität, Effizienz, Wartbarkeit, Dokumentation und Anpassungsfähigkeit der Software geachtet werden.

Software Engineering vereint Kenntnisse und Techniken aus ganz verschiedenen Disziplinen. Programmierer sind heute keine Magier mehr, sondern methodisch ausgebildete und arbeitende Ingenieure, die auf Entwicklungsstandards aufsetzen, Frameworks nutzen, auf Software-Bausteine und Interaktionsmethoden zurückgreifen können, die im Software Engineering erforscht wurden. Die Entwicklung von komplexen Softwaresystemen ist heute ein industrialisiert durchorganisierter Prozess, der in großen Teilen sogar automatisiert abläuft. Nur so kann überhaupt sichergestellt werden, dass die millionenfach in allen Bereichen unseres Lebens zum Einsatz kommenden Anwendungen nutzerfreundlich und fehlerfrei funktionieren und miteinander interagieren können.

Die Informatiker Manfred Broy und Marco Kuhrmann widmen dem spannenden Feld des Software Engineering mit dem vorliegenden Band ein Lehrbuch, in das ihre Erfahrungen aus über 30 Jahren Forschung, Lehre und Projektarbeit in diesem Bereich eingeflossen sind. Das Buch vereint die Darstellung der klassischen Tugenden der hierarchisch-deduktiven ingenieurmäßigen Softwareentwicklung – dem „Butter und Brot"-Geschäft der Softwareentwicklung – mit neuen Arbeitsparadigmen und agilen Methoden, wie zum Beispiel Scrum. Das Spannungsverhältnis zwischen diesen zwei Arbeitsweisen wird im Lehrbuch explizit beschrieben und für den Leser in verständlicher Weise aufbereitet. Damit ist es nicht nur interessant für Softwareingenieure und Informatiker, sondern auch für Fachleute anderer Professionen, die mit der Konzeption, der Entwicklung und dem Einsatz von digitalen Technologien in Wirtschaft, Wissenschaft und Verwaltung befasst sind.

Juli 2020   Hasso Plattner

Vorwort

Software Engineering ist eine Disziplin in der Informatik, die ein ingenieurmäßiges Vorgehen bei der Entwicklung umfangreicher, leistungsstarker Softwaresysteme beschreibt. Dies umfasst Aufgaben der *Softwaretechnik* – der fachlichen, methodischen und technischen Entwicklung von Softwaresystemen – und Themen der *Projektorganisation und des Managements von Softwareprojekten* und projektübergreifende Aufgaben, welche die Fähigkeit von Unternehmen zur Entwicklung softwareintensiver Systeme sicherstellen. In nur wenigen Jahrzehnten hat das Software Engineering eine hohe wirtschaftliche und technische, aber auch eine große gesellschaftliche Bedeutung erlangt. Kaum ein Produkt kommt heute noch ohne Software aus und kaum eine Innovation ist heute ohne Software möglich. Verwaltung, Verkehr und Logistik, Infrastruktur und Produktion sind maßgeblich auf komplexen IT-Ökosystemen aufgebaut, deren Funktion und Leistungsfähigkeit fast ausschließlich durch Software bestimmt wird. Somit kommt der Fähigkeit der Wirtschaft, schnell, kostengünstig und nutzergerecht Software hoher Qualität zu entwickeln, entscheidende Bedeutung zu.

Klassisch, modern oder klassisch-modern? Wie andere Disziplinen auch, insbesondere solche mit großer praktischer Bedeutung, ist das Software Engineering nicht ganz frei von Ideologien, Philosophien und Modeströmungen. Ein *umfassender Ansatz* für Software Engineering muss eine klare, konzeptuelle, ja auch eine philosophische Basis haben und in sich stimmig sein. Wenn jedoch diese Basis zu ideologisch wird, bestimmt von nicht eindeutig belegten Behauptungen, so ist das mit Vorsicht zu genießen.

Im Software Engineering finden sich zwei große Philosophien für die Softwareentwicklung: Einerseits findet sich eine stringente, planorientierte, stärker modellbasierte, stark auf Dokumente abgestützte und arbeitsteilige Vorgehensweise, die oft als *konventionelle* Vorgehensweise bezeichnet wird, als Vorgehen nach Phasenmodellen wie dem V-Modell oder auch als Vorgehen nach dem Wasserfallmodell. Andererseits haben sich die *agilen* Vorgehensweisen etabliert, ohne dass das Wort „agil" hinreichend eindeutig definiert wird. Agil zielt darauf ab, dass einem Projektteam viel Verantwortung gegeben wird und dass das Team selbstbestimmt arbeitet, unsinnige Dokumentationen und Beharren auf Festlegungen, die nicht haltbar sind, vermeidet. Hinzu kommt die Vorstellung, dass es vorteilhaft ist, schnell in die Codierung einzusteigen, da erfahrene Programmierer dadurch schnell Rückkopplung bekommen, ob gewählte Lösungsansätze funktionieren. Zwischen diesen beiden Extrempositionen der dokumentenzentrierten Entwicklung und der agilen Entwicklung gibt es natürlich jede Menge Zwischenformen.

Das Wesentliche ... Für dieses Buch musste im Text ein Weg gefunden werden, die unterschiedlichen philosophischen Ansätze gleichermaßen zu behandeln und sie gleichberechtigt nebeneinander zu beschreiben. Wir gehen dabei wie folgt vor:

Bei der Entwicklung von Softwaresystemen gibt es *Kernaufgaben,* wie die Festlegung der Anforderungen, der Entwurf der Architektur, die eigentliche Umsetzung in den Code, die Qualitätssicherung, insbesondere die Verifikation durch Tests, die Integration, die Auslieferung und die Evolution. Diese Aufgaben werden – welcher Ansatz auch immer gewählt wird – im Rahmen einer Softwareentwicklung notwendigerweise bearbeitet, ob das bewusst explizit und gesondert passiert oder eher implizit, mit anderen Kernaufgaben verzahnt und ohne viel Dokumentation.

Das Buch ist nach diesen Kernaufgaben organisiert, wobei wir klar herausstellen, dass die einzelnen Aufgaben oft nicht isoliert oder zwingend sequenziell behandelt, sondern häufig miteinander verzahnt iterativ und inkrementell bearbeitet werden.

Ziele des Buchs

Mit diesem Buch adressieren wir die grundlegenden Themen der *Softwaretechnik* als wesentlichen Teil des Software Engineerings. Dabei legen wir einen starken Fokus auf die systematische und modellbasierte Software- und Systementwicklung unter Einbezug moderner Techniken des agilen Vorgehens auch für die Entwicklung sicherheitskritischer Systeme. Erfahrungen und praktische Beispiele geben Orientierung. Dieses Buch gibt einen Einstieg in die für Software- und Systementwicklungsprojekte besonders relevanten Grundlagen und Kernthemen:

- Erfassung von Anforderungen
- Entwurf von situationsangemessenen Architekturen
- Qualitätsorientierte Implementierung von Software
- Durchgängiger Entwicklungsprozess

Dieses Buch ist kein Kompendium und erhebt nicht den Anspruch ein möglichst umfangreiches und vollständiges Repertoire aller Methoden und Werkzeuge des Software Engineerings darzustellen. Mit der Fokussierung auf die vier oben genannten Themen wird das grundlegende Instrumentarium behandelt, welches durch Softwareingenieure beherrscht werden **muss,** da es die Grundlage für alle weiteren Aufgaben in Software- und Systementwicklungsprojekten darstellt. Alle Themen werden durch Methoden, Erfahrungen, Anwendungsbeispiele und Übungsaufgaben umfassend beschrieben. Ziel dieses Buchs ist eine Einführung in das Thema *Softwaretechnik* für Informatiker und

Softwareingenieure und die Bereitstellung einer Hilfe bei der Organisation und Durchführung der technischen Aufgaben in Software-und Systementwicklungsprojekten.

Tiefes Verständnis für die Aufgaben des Software Engineerings erfordert gleichermaßen Einsichten zum Stand der Wissenschaft, zu den Methoden, Grundlagen und Erfahrungen bei der Erstellung von Software in den unterschiedlichsten Unternehmen und Anwendungsgebieten. Beides ist in dieses Buch eingeflossen.

Achtung *Wie kurz dargestellt, leben Menschen mehr und mehr in einer Welt, die durch Software geprägt ist. Daraus ergibt sich eine hohe Verantwortung für die Gestaltung von Softwaresystemen. Softwareentwickler sollten sich dieser Verantwortung stets bewusst sein und sie in ihren Aufgaben aktiv wahrnehmen.*

Zielgruppe und erforderliches Vorwissen

Dieses Lehrbuch richtet sich an Studierende in Bachelor-, Master- und Diplom-Studiengängen der Informatik, Wirtschaftsinformatik und verwandter Disziplinen aber auch an Praktiker, insbesondere Berufs- und Quereinsteiger. Es liefert einen Einstieg in wissenschaftlich fundierte und praktisch relevante Grundlagen der Softwaretechnik.

Dieses Buch behandelt die methodischen Grundlagen der Softwaretechnik wie Anforderungserhebung, Modellierung, Architektur, Implementierung und Qualitätssicherung. Einen Schwerpunkt dieses Buchs bildet die Propädeutik mit dem Ziel, auch den relevanten Begriffsapparat wissenschaftlich fundiert einzuführen. Hilfreich für das Verständnis sind Grundkenntnisse der Mathematik und insbesondere in der Programmierung, insbesondere in der objektorientierten Programmierung. Auch dazu behandelt das Buch die wesentlichen Grundlagen, jedoch ist es kein Programmierkurs. Vorteilhaft sind erste Erfahrungen in Projekten und in Teamarbeit.

Aufbau des Buchs

Das Buch besteht aus fünf Teilen. Im Teil 1 werden die Grundlagen behandelt und die Begriffsbildung vorgenommen. In diesem Rahmen werden die *Eigenschaften und Strukturen von Softwaresystemen,* die *Vorgehensmodelle in der Softwareentwicklung* und die *Modelle in der Softwareentwicklung und ihre Beschreibung* eingeführt. Die Teile 2 bis 4 greifen dann die Kernaufgaben der Softwareentwicklung auf. Der Teil 2 stellt die Grundlagen der Anforderungsanalyse – dem Requirements Engineering – dar. Insbesondere werden die Themen *Anforderungsanalyse und Anforderungsmanagement, Produkt- und Qualitätsanforderungen* sowie das *Vorgehen in der Anforderungsanalyse* besprochen. Teil 3 behandelt den Systementwurf und die Architekturspezifikation. Es werden zunächst die *Grundlagen und Prinzipien des Architekturentwurfs* behandelt, gefolgt von Techniken im Bereich *Architekturentwurf und Architekturmodellierung* und der *Nutzung bewährten Architekturwissens.* Die Teile 2 und 3 sind dabei so gestaltet, dass ein Bogen von den Grundlagen hin zur Anwendung gespannt wird. Teil 4 widmet sich schließlich der Implementierung, Integration und Verifikation von Software. In diesem Rahmen werden die *Implementierung von Softwaresystemen,* die *Verifikation und*

Integration von Software und die *Softwareevolution* behandelt. Den fünften Teil dieses Buchs bildet ein Anhang. Im Anhang findet sich eine *UML Kurzreferenz,* welche die für dieses Buch erforderlichen Notationselemente der Unified Modeling Language einführt, sowie *weiterführende Beispiele für die Implementierung* von Software, insbesondere unter Verwendung von Mustern. Abschließend finden sich im Anhang noch die *Projektunterlagen Code & Talk,* ein Übungsbeispiel welches die Grundlage für viele Übungsaufgaben in diesem Buch legt.

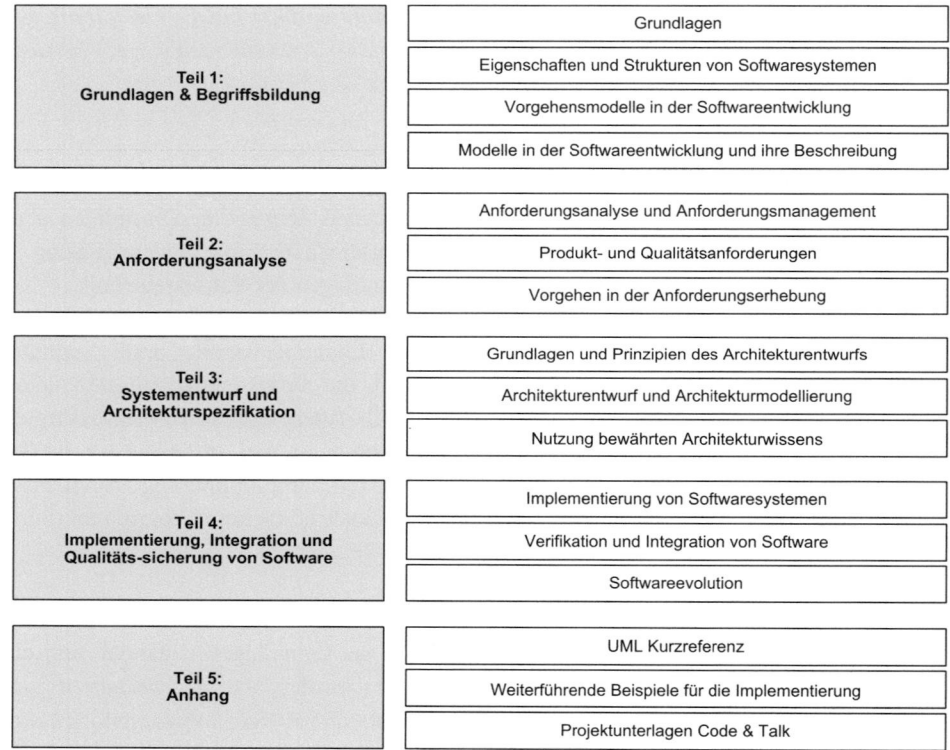

Dieses Buch befasst sich mit Methoden und Techniken der Softwareentwicklung. Es steht somit in Beziehung zur etablierten Standardliteratur der *Softwaretechnik* und entsprechenden Empfehlungen für den Aufbau von *Software Engineering Programmen,* wie etwa dem ACM/IEEE *Curriculum Guidelines for Undergraduate Degree Programs in Software Engineering*[1]. Die nachfolgende Tabelle stellt eine Abbildung der Inhalte dieses Buchs zu den empfohlenen Inhalten des ACM/IEEE- Curriculums dar. Die Tabelle

---

[1] ACM/IEEE Joint Task Force on Computing Curricula, *Software Engineering 2014 – Curriculum Guidelines for Undergraduate Degree Programs in Software Engineering,* 23. Februar 2015, Online: https://dl.acm.org/doi/book/10.1145/2594168.

benennt im linken Teil die sogenannten *Knowledge Areas* (inklusive der Abkürzungen) und stellt diesen die Kapitel und, wo erforderlich, die Unterkapitel dieses Buchs mit den entsprechenden Inhalten gegenüber.

Titel Knowledge Area		Kapitel
Computing Essentials	CMP	Kap. 4 (CMP.cf.4), Kap. 10 (CMP.ct.1–3)
Mathematical and Engineering Fundamentals	FND	–
Professional Practice	PRF	–
Software Modeling and Analysis	MAA	Kap. 4 (MAA.md und MAA.tm)
Requirements Analysis and Specification	REQ	Kap. 5, 6 und 7 (vollständig)
Software Design	DES	Kap. 8, 9, 10 und Kap. A (vollständig bis auf DES.str.4; DES.ar.3, 6, 7; DES.dd.2, 3; DES.ev.2, 3; DES.hci)
Software Verification and Validation	VAV	Kap. 12 (vollständig VAV.fnd, VAV.rev, VAV.tst; bis auf VAV.tst.12, 13), Kap. 2 (VAV.fnd.4)
Software Process	PRO	Kap. 3 (PRO.con.1, 7; PRO.imp.2), Kap. 11.5 (PRO.cm.1–3), Kap. 12.4 (PRO.cm.4, 5), Kap. 13 (PRO.evo)
Software Quality	QUA	Kap. 2 (QUA.cc.5, QUA.pda.5), Kap. 12.1 (QUA.cc.1), Kap. 13 (QUA.cc.3)
Security	SEC	–

> **Hier fehlt aber noch etwas ...**
> Trotz der Breite in den Themen, die in diesem Buch behandelt werden, darf nicht vergessen werden, dass es sich um eine *Einführung* handelt. Insbesondere die Auswahl von Techniken, Methoden und Werkzeugen in diesem Buch ist geprägt von unserem Erfahrungsschatz und den Verfügbarkeiten einzelner Standards und Werkzeuge zum Zeitpunkt der Erstellung dieses Buchs. Es besteht daher kein Anspruch auf Vollständigkeit und – aufgrund der schnellen Innovationszyklen – ebenfalls kein Anspruch auf umfassende Aktualität. Wir erheben aber auch nicht den Anspruch, dass Software Engineering nur und ausschließlich mit den Inhalten

> dieses Buchs gestaltet werden kann. Daher laden wir den geneigten Leser dazu ein, seine eigenen Vorstellungen und Erfahrungen in das Rahmenwerk dieses Buchs einzubringen.

Danksagung

Das vorliegende Buch ist über einen Zeitraum von mehr als 25 Jahren im Rahmen einer mehrfach gehaltenen Vorlesungsreihe zum Thema Software Engineering und Softwaretechnik an der Technischen Universität München und entsprechenden Veranstaltungen an den Universitäten Odense und Passau entstanden. Eingeflossen sind dabei Erfahrungen bei der Durchführung der Vorlesungen und den begleitenden Übungen, aus den mehrfach durchgeführten Softwaretechnik-Praktika und Semesterprojekten, in denen 5 bis 20 Studenten über ein Semester größere Softwareprojekte durchgeführt haben und nicht zuletzt aus einer Reihe von Erkenntnissen aus der Zusammenarbeit und Projekten mit führenden Wirtschaftsunternehmen zu Themen der Softwareentwicklung.

Vor diesem Hintergrund ist es uns ein Bedürfnis, den Studenten, Doktoranden, Mitarbeitern, Kollegen und Gesprächspartnern aus der Industrie für ihre Beiträge und kritischen Anregungen zu danken. Insbesondere gilt unser Dank Dr. Herbert Ehler, PD Dr. Bernhard Schätz, Dr. Marc Sihling, Dr. Klaus Bergner, Prof. Dr. Andreas Rausch und Prof. Dr. Daniel Méndez Fernández für ihre Unterstützung bei der Erarbeitung der Foliensätze und Vorlesungsmanuskripte, welche in dieses Buch mit eingeflossen sind. Weiterhin danken wir insbesondere unseren stets kritischen Reviewern Dr. Jens Calamé und Prof. Dr. Oliver Linssen. Ohne sie wäre es nicht möglich gewesen, dem vorliegenden Text eine hinreichend tiefe wissenschaftliche Dimension und stark praktische Note zu geben. Dr. Sebastian Eder danken wir für die kritischen Kommentare zum fast fertigen Manuskript. Nicht vergessen wollen wir auch Hermann Engesser, der uns dieses Buchprojekt ermöglicht hat und, vor allem, Dorothea Glaunsinger, Dr. Sabine Kathke und Sybille Thelen für ihre unendliche Geduld und Hilfe. Wir hoffen, dass dieses Buch dem Leser nützlich ist, die eigenen Vorstellungen vom Thema Software Engineering zu festigen und weiter zu entwickeln.

München, Garching, Passau
2020

Manfred Broy
Marco Kuhrmann

Inhaltsverzeichnis

Teil I Grundlagen und Begriffsbildung

1 Grundlagen 3
   1.1   Software is Eating the World 4
          1.1.1   Herausforderungen in der Softwareentwicklung 7
          1.1.2   Zielsetzung des Software Engineering 12
          1.1.3   Prinzipien und Erfolgsfaktoren 14
   1.2   Grundlegende Begriffe 16
   1.3   Kernthemen der Softwaretechnik 22
          1.3.1   Erfassung und Verfeinerung der Anforderungen 27
          1.3.2   Architektur 30
          1.3.3   Implementierung, Integration und Verifikation 33
          1.3.4   Betrieb und Evolution 35
          1.3.5   Vorgehensweisen in der Softwareentwicklung 36
   Literatur 38

2 Eigenschaften und Strukturen von Softwaresystemen 41
   2.1   Charakterisierung von Softwaresystemen 41
          2.1.1   Der Kontext 45
          2.1.2   Systemverhalten, Schnittstellen und Funktionen 46
          2.1.3   Sichten auf Softwaresysteme 48
   2.2   Qualitätseigenschaften von Softwaresystemen 51
          2.2.1   Produkt- und Nutzungsqualität 53
          2.2.2   Qualität in der Nutzung 54
          2.2.3   Qualität in der Entwicklung und Evolution 58
          2.2.4   Qualität im Betrieb 60
          2.2.5   Qualität in der Vermarktung (Vermarktbarkeit) 61

	2.3	Messung von Systemeigenschaften............................	61
		2.3.1 Messung und Vermessung von Software..................	62
		2.3.2 Festlegung von Metriken...............................	64
		2.3.3 Softwaremetriken......................................	65
	2.4	Weiterführende Literatur und Übungen.........................	75
	Literatur..		78
3	**Vorgehensmodelle in der Softwareentwicklung**.......................		**83**
	3.1	Was ist ein Vorgehensmodell?................................	83
	3.2	Grundlegende Vorgehensmodelle und Prozessbeschreibungen........	85
		3.2.1 Phasenorientierte Modelle und sequenzielles Vorgehen......	86
		3.2.2 Iteratives und inkrementelles Vorgehen....................	89
		3.2.3 Prototyping...	92
		3.2.4 Agile Vorgehensweisen	94
	3.3	Das V-Modell XT..	98
		3.3.1 Rollen im V-Modell XT.................................	98
		3.3.2 V-Modell XT Produkte für die Systementwicklung	99
		3.3.3 Vorgehensweisen im V-Modell XT	100
	3.4	Scrum...	104
		3.4.1 Rollen in Scrum	104
		3.4.2 Scrum Artefakte und Prozess...........................	105
		3.4.3 Anforderungen an die Organisation......................	107
		3.4.4 Scrum in der Praxis	107
		3.4.5 Skalierung von Scrum	108
		3.4.6 Scrumban	112
	3.5	Rollen und Verantwortlichkeiten	115
		3.5.1 Der Product Owner	115
		3.5.2 Weitere zentrale Projektrollen	116
	3.6	Weiterführende Literatur und Übungen.........................	117
	Literatur..		121
4	**Modelle in der Softwareentwicklung und ihre Beschreibung**............		**125**
	4.1	Warum Modellierung?......................................	125
	4.2	Modelle und ihre Beschreibung...............................	127
		4.2.1 Grundsätzliches zur Modellbildung in der Informatik........	129
		4.2.2 Mathematische Modellierung von Informationsverarbeitung	131
		4.2.3 Grafische Modellierung am Beispiel UML	135
	4.3	Modellierung von Daten	138
		4.3.1 Algebraische Spezifikation	140
		4.3.2 Entity-Relationship-Modelle	144

		4.3.3	UML-Klassendiagramme	147
		4.3.4	Typ- und Sortendeklarationen	148
	4.4	Spezifikation von Funktionen und Prozeduren		149
		4.4.1	Spezifikation von Funktionen	149
		4.4.2	Spezifikation von Prozeduren	151
		4.4.3	Operationen in UML-Klassendiagrammen	155
	4.5	Modellierung von Zuständen		156
		4.5.1	Zustandsmaschinen mit Ein- und Ausgabe	156
		4.5.2	Zustandsmaschinen in der UML	161
	4.6	Modellierung von verteilten Systemen		163
		4.6.1	Komponenten und Schnittstellen	163
		4.6.2	Architekturen	175
		4.6.3	Daten- und Kontrollfluss	178
		4.6.4	Prozesse	184
	4.7	Weiterführende Literatur und Übungen		189
	Literatur			192

Teil II Anforderungsanalyse

5	**Anforderungsanalyse und Anforderungsmanagement**			**199**
	5.1	Ziele und Aufgaben einer Software		199
	5.2	Die zentrale Rolle der Anforderungen		200
		5.2.1	Die Nutzer und ihr Erlebnis stehen im Zentrum	201
		5.2.2	Grundstruktur der Anforderungen	202
		5.2.3	Anforderungsanalyse	203
		5.2.4	Klassifikation von Anforderungen	206
		5.2.5	Anforderungen an die Systemverlässlichkeit	209
	5.3	Kernaufgaben in der Erarbeitung der Systemanforderungen		211
		5.3.1	Kernartefakte in der Anforderungsanalyse	211
		5.3.2	Grundlegendes Vorgehen in der Anforderungserhebung	212
	5.4	Rollen in der Anforderungsanalyse		214
	5.5	Management von Anforderungen im Produktlebenszyklus		215
		5.5.1	Änderungsmanagement	216
		5.5.2	Versions- und Konfigurationsmanagement	217
		5.5.3	Anforderungsverifizierbarkeit	217
		5.5.4	Anforderungsverfolgung	218
		5.5.5	Anforderungsbegründung	218
	5.6	Weiterführende Literatur und Übungen		219
	Literatur			221

6	**Produkt- und Qualitätsanforderungen**		223
	6.1	Produktanforderungen	223
		6.1.1 Funktionsarchitektur und Anwendungsfälle	226
		6.1.2 Mensch-Maschine Interaktion	237
	6.2	Qualitätsanforderungen	241
		6.2.1 Funktionsbezogene Qualitätsanforderungen	241
		6.2.2 Nutzungsbezogene Qualitätsanforderungen	242
		6.2.3 Entwicklungsbezogene Qualitätsanforderungen	242
		6.2.4 Qualitätsattribute	243
	6.3	Weiterführende Literatur und Übungen	245
	Literatur.		248
7	**Vorgehen in der Anforderungserhebung**		251
	7.1	Grundsätzliches Vorgehen in der Anforderungserhebung	251
		7.1.1 Domänenanalyse	252
		7.1.2 Allgemeiner Prozess der Anforderungserhebung.	252
		7.1.3 Das Lastenheft und Anwenderforderungen	257
		7.1.4 Anforderungsfestlegung und Dokumentation	258
	7.2	Techniken für die Anforderungserhebung	259
		7.2.1 Anforderungsquellen	260
		7.2.2 Kreativitätstechniken	260
	7.3	Methoden für die anforderungsgetriebene Entwicklung	263
		7.3.1 Design Thinking	263
		7.3.2 Feature-driven Development	268
	7.4	Anforderungserhebung im Agilen Vorgehen	271
		7.4.1 User Stories	273
		7.4.2 Agile Praktiken in der Anforderungserhebung	275
		7.4.3 Definition of Ready und Definition of Done	280
	7.5	Modellierung von Anforderungen	284
		7.5.1 Modellierung von Anwendungsfällen	285
		7.5.2 Detaillierte Modellierung von Anforderungen	287
	7.6	Qualitätssicherung für Anforderungen	294
		7.6.1 Allgemeine Qualitätsaspekte von Anforderungen	295
		7.6.2 Validierung von Anforderungen	295
		7.6.3 Verifizierbarkeit von Anforderungen	296
	7.7	Weiterführende Literatur und Übungen	297
	Literatur.		300

Teil III Systementwurf und Architekturspezifikation

8 Grundlagen und Prinzipien des Architekturentwurfs.................. 307
    8.1   Strukturierung von Systemen................................. 307
          8.1.1   Softwarekomponenten................................. 309
          8.1.2   Erarbeitung der System- und Softwarearchitektur........... 310
          8.1.3   Funktionen und Funktionsarchitektur..................... 311
          8.1.4   Architekturmodelle für Softwaresysteme.................. 312
          8.1.5   Perspektiven des Architekturentwurfs..................... 320
          8.1.6   Die zentrale Rolle des Architekten....................... 327
    8.2   Prinzipien des Architekturentwurfs............................. 329
          8.2.1   Das Gebot der Einfachheit: KISS....................... 329
          8.2.2   Kopplung und Kohäsion............................... 330
          8.2.3   Kapselung und Information Hiding...................... 332
          8.2.4   Separation of Concerns................................ 335
          8.2.5   Teile und Herrsche................................... 336
          8.2.6   Design by Contract................................... 340
    8.3   Wiederverwendung im Architekturentwurf....................... 341
          8.3.1   Was ist Wiederverwendung?........................... 342
          8.3.2   Herausforderungen in der Wiederverwendung............. 344
          8.3.3   Strategien der Wiederverwendung....................... 345
    8.4   Weiterführende Literatur und Übungen.......................... 346
    Literatur... 349

9 Architekturentwurf und Architekturmodellierung..................... 353
    9.1   Grundsätzliches Vorgehen im Architekturentwurf.................. 353
          9.1.1   Allgemeiner Prozess des Architekturentwurfs.............. 354
          9.1.2   Entwurfsstrategien im Architekturentwurf................. 356
          9.1.3   Modellierung von Daten............................... 357
          9.1.4   Modellierung von Nutzungsschnittstellen................. 359
          9.1.5   Berücksichtigung von Datensicherheit und Datenschutz...... 362
          9.1.6   Fehlerbehandlung.................................... 363
    9.2   Der Grobentwurf: Entwicklung der Systemarchitektur.............. 366
          9.2.1   Prinzipien im Architektur- und Komponentenentwurf........ 367
          9.2.2   Black-Box Spezifikation und Schnittstellen................ 367
          9.2.3   Wiederverwendung von Komponenten und Modulen........ 369
    9.3   Der Feinentwurf: Entwicklung der Softwarearchitektur.............. 370
          9.3.1   Softwarearchitektur zur Entwurfs- und Laufzeit............ 371
          9.3.2   Abstraktion und Verfeinerung.......................... 371
    9.4   Dokumentation der Architektur: Architekturspezifikation............ 372
          9.4.1   Das Pflichtenheft und die Systemanforderungen............ 373
          9.4.2   Nachhaltige Dokumentation der Softwarearchitektur........ 375
          9.4.3   Dokumentation von Entwurfsentscheidungen.............. 377

9.5 Qualitätssicherung des Architekturentwurfs 378
    9.5.1 Evaluation von Systementwürfen. 379
    9.5.2 Architekturreviews. 381
9.6 Weiterführende Literatur und Übungen. 383
Literatur. 386

10 Nutzung bewährten Architekturwissens. 389
10.1 Wiederverwendung im Architekturentwurf 389
10.2 Klassenbibliotheken und Idiome und Entwurfsmuster 390
    10.2.1 Frameworks 391
    10.2.2 Generische Klassenbibliotheken für
           die Softwareentwicklung 392
    10.2.3 Domänenspezifische Frameworks
           und Klassenbibliotheken 394
    10.2.4 Referenzarchitekturen 395
10.3 Entwurfsmuster 396
    10.3.1 Allgemeine Beschreibung von Entwurfsmustern. 396
    10.3.2 Klassifizierung von Entwurfsmustern 397
    10.3.3 Anwendung von Entwurfsmustern. 398
10.4 Architekturmuster 400
    10.4.1 Klassifizierung von Architekturmustern 400
    10.4.2 Anwendungsbereiche von Architekturmustern 401
10.5 Entwurfsregel S.O.L.I.D. 405
    10.5.1 Single Responsibility Principle 406
    10.5.2 Open-Closed Principle. 407
    10.5.3 Liskov's Substitution Principle 410
    10.5.4 Interface Segregation Principle 412
    10.5.5 Dependency Inversion Principle 415
10.6 Weiterführende Literatur und Übungen. 418
Literatur. 422

Teil IV Implementierung, Integration und Qualitätssicherung von Software

11 Implementierung von Softwaresystemen 427
11.1 Implementierung von Software 427
    11.1.1 Codearchitektur und Codequalität 428
    11.1.2 Entscheidungen vor Beginn der Implementierung. 429
11.2 Grundsätzliche Aufgaben in der Implementierung 431
    11.2.1 Implementierung des Datenmodells. 431
    11.2.2 Implementierung der Programmlogik und der Module 432
    11.2.3 Realisierung der Nutzerschnittstelle 435

	11.3	Codierung	436
		11.3.1 Codierungsrichtlinien	436
		11.3.2 Dokumentation von Quellcode	438
		11.3.3 Clean Code	439
		11.3.4 Pair Programming	442
	11.4	Modellbasierte Entwicklung und Codegenerierung	443
		11.4.1 Grundidee der modellbasierten Entwicklung	443
		11.4.2 Beispiel der Modellbasierten Entwicklung	446
	11.5	Source Code Management	449
		11.5.1 Versionskontrollsysteme	450
		11.5.2 Organisation und Umgang mit Versionskontrollsystemen	451
		11.5.3 Techniken und Werkzeuge	454
	11.6	Weiterführende Literatur und Übungen	455
	Literatur		460
12	**Verifikation und Integration von Software**		**463**
	12.1	Qualitätssicherung der Implementierung	463
		12.1.1 Begriffe und Konzepte	465
		12.1.2 Codeinspektionen und Codereviews	468
		12.1.3 Funktionale Korrektheit	471
		12.1.4 Verifikation durch Korrektheitsbeweis und Model Checking	472
	12.2	Grundsätzliches Vorgehen im Testen von Software	472
		12.2.1 Prinzipien	473
		12.2.2 Allgemeiner Testprozess	474
		12.2.3 Methodik des Testens	476
		12.2.4 Entwurfsregel F.I.R.S.T.	483
		12.2.5 Unit Testing	484
		12.2.6 Test-Driven Development	488
	12.3	Strategien für Software- und Systemintegration	492
		12.3.1 Grundsätzliche Test- und Integrationsstufen	494
		12.3.2 Vorgehen bei der Integration	505
	12.4	Kontinuierliche Integration und Auslieferung	511
		12.4.1 Vorgehen in der Kontinuierlichen Softwareentwicklung	512
		12.4.2 DevOps	516
	12.5	Weiterführende Literatur und Übungen	524
	Literatur		531
13	**Softwareevolution**		**535**
	13.1	Transition in die Einsatzumgebung	535
		13.1.1 Auslieferung und Abnahme	536

		13.1.2	Installation und Inbetriebnahme	538
		13.1.3	Übergang in die Wartung	540
	13.2	Wartung, Pflege und Weiterentwicklung von Software		540
		13.2.1	Was ist Softwarewartung?	541
		13.2.2	Aufgaben in der Wartung von Software	546
		13.2.3	Methoden, Techniken und Werkzeuge in der Wartung von Software	551
	13.3	Weiterführende Literatur und Übungen		569
	Literatur			571

Epilog ... 575

Anhang A UML Kurzreferenz ... 587

Anhang B Weiterführende Beispiele für die Implementierung ... 605

Anhang C Projektunterlagen Code & Talk ... 635

Glossar ... 653

Stichwortverzeichnis ... 661

Teil I
Grundlagen und Begriffsbildung

Grundlagen 1

Zusammenfassung

Software Engineering ist in wenigen Jahren von einer Nischendisziplin zu einer dominanten Technologie geworden. Software Engineering ist die beherrschende Disziplin bei der Entwicklung digitaler Systeme. Sie umfasst die technische Realisierung (Implementierung) von Software durch Programmierung ebenso wie Fragen, in welchen Bereichen Software gewinnbringend eingesetzt werden kann und wie Software gestaltet werden muss, damit Nutzerbedürfnisse optimal adressiert werden. Software ist in vielen Anwendungsgebieten entscheidender Innovationstreiber. Darüber hinaus sind Fragen der Qualität von Software von großer Bedeutung. Software wird über lange Zeiträume eingesetzt und muss beständig verbessert und an sich ändernde Rahmenbedingungen angepasst werden. Insbesondere in kritischen Anwendungen muss Software präzise und korrekt funktionieren. Softwaresysteme sind ständiger Begleiter für die Menschen unserer Zeit bei ihren vielfältigen Tätigkeiten und Aufgaben im Alltagsleben sowohl im Büro wie ihrer Freizeit. Zu Recht wird erwartet, dass Software mühelos nutzbar ist, genau die in sie gesetzten Erwartungen erfüllt und die Softwaresysteme einander flexibel ergänzen. Dies zeigt bereits die vielfältigen Anforderungen an die Entwicklung von Softwaresystemen. Software Engineering ist nach wie vor eine große Herausforderung, die nur durch genaue Beherrschung dieser Disziplin gemeistert werden kann. Gleichzeitig ist Software ein dominanter Wirtschaftsfaktor, da leistungsstarke Softwaresysteme die Grundlage global agierender Unternehmen sind. Software Engineering ist die bestimmende Disziplin des 21. Jahrhunderts.

1.1 Software is Eating the World

Software hat in den letzten Jahren signifikant an Bedeutung für Wirtschaft und Gesellschaft gewonnen. Dies ergibt sich zunächst aus der stetig wachsenden Leistungsfähigkeit der Hardware aber auch aus der Software selbst, welche nicht mehr nur eine Infrastrukturkomponente, sondern der „Nr.-1-Treiber" für digitale Innovation geworden ist [1, 8, 10, 31]. Somit nimmt Software eine zentrale Rolle in der *Digitalisierung* ein. Für Unternehmen war und ist Software auf den ersten Blick ein Effizienzfaktor, da viele zentrale Prozesse durch Software unterstützt und automatisiert werden, etwa ERP-Systeme, Buchhaltung, Kommunikationssysteme, Managementsysteme für Geschäftsprozesse oder die IT-Infrastruktur. Die Effizienz einzelner Geschäftsabläufe oder ganzer Unternehmen ist direkt von der Software abhängig. Hinzu kommt die Vernetzung durch das Internet und das World Wide Web, das Daten und Softwareanwendungen an jedem Ort und zu jeder Zeit verfügbar macht.

Dies hat auch Auswirkungen auf strategische Fragen, etwa ob und wie sich ein Unternehmen effektiv im Markt platzieren und nachhaltig konkurrenzfähig bleiben kann. Beispielhaft sei hier auf den klassischen Einzelhandel oder versandorientierte Unternehmen verwiesen, welche weiträumig vom Markt verschwunden und von Online-Versandhäusern verdrängt worden sind. Die Geschwindigkeit, mit der Dienste und Innovationen kundengerecht in den Markt gebracht werden können, ist ein wesentlicher, wenn nicht der bestimmende Erfolgsfaktor geworden. Hierbei geht es insbesondere auch um anwenderspezifische Funktionen, wie sie etwa in Smartphones oder auch immer stärker im Automobil zu finden sind. Ist in einem Auto beispielsweise eine Telefonfunktion verfügbar, ist zum Beispiel durch die bereits vorhandenen Mikrofone und Lautsprecher eine Sprachsteuerung als neue Funktion rein in Software realisierbar. Smartphones sind durch eine offene Infrastruktur und riesige App-Stores mit tausenden Anwendungen hochgradig individualisiert und adressieren neben der Kernfunktion *Telefonieren* viele weitere Anwendungsszenarien, etwa als Kamera, Mail-Client, Fitness-Tracker, persönlicher digitaler Assistent, Bezahlinstrument oder medizinisches Gerät. Allein diese wenigen Beispiele zeigen die Reichweite von Software und softwarebasierten Geschäftsmodellen.

Software erlaubt nicht nur die Änderung und Anpassung von existierenden Geschäftsmodellen, sie ermöglicht auch – in Verbindung mit digitalen Netzen – völlig neue Geschäftsmodelle. In Apps für Smartphones oder Tablet Computern werden beispielsweise signifikante Umsätze nicht mehr nur über den Verkauf des Betriebssystems realisiert, sondern zunehmend über sogenannte „In-App Purchases", mit denen ein Anwender nach Bedarf weitere Funktionen hinzukaufen kann. In dem bei Swiss Engineering Institute Press erschienenen Thesenpapier „Software Eats the World" [5] werden 10 Thesen vorgestellt, welche die gewachsene Bedeutung von Software anschaulich darstellen:

These 1 – Software ist die neue Kernkompetenz Unternehmen aller Größe und Industriesektoren verwandeln sich in IT- bzw. Softwarefirmen. Kernkompetenzen im Unternehmensgeschäft werden zunehmend durch Software unterstützt, erbracht oder gar erst ermöglicht.

These 2 – Software wird strategisch In Bezug auf das Produkt- und Dienstleistungsgeschäft sowie auf Marktpotenziale kommt der Software eine strategische Rolle zu. Produktentwicklung und Vertrieb erfolgen zunehmend in dezentralisierten und virtuellen Organisationsstrukturen.

These 3 – Daten werden zunehmend wertvoll Daten werden auch als das Öl des 21. Jahrhunderts bezeichnet. Sie werden zunehmend wertvoll in unterschiedlichen Geschäftsaktivitäten, zum Beispiel im kunden- und verhaltensspezifischen Marketing sowie in Optimierungsprozessen und in der Innovation.

These 4 – Ohne Software keine Innovation Software ist der Nr.-1 Innovationstreiber. Nahezu alle Unternehmensaufgaben von der Produktentwicklung über die Produktgestaltung über die Vermarktung und Verwaltung bis hin zum Vertrieb lassen sich durch Software effizienter und effektiver gestalten. Unternehmen, die Softwarekonzepte nicht in Innovationsprojekten strategisch einbringen, werden ihre Überlebensfähigkeit am Markt über kurz oder lang verlieren.

These 5 – Software muss adaptierbar und wiederverwendbar sein Software evolviert und es ist ein kritischer Erfolgsfaktor für Unternehmen, Innovation schnell in Software zu realisieren und somit existierende Software kontinuierlich weiterzuentwickeln. Ein hoher Anteil nicht innovationsfähiger Altsysteme hemmt die Innovationsfähigkeit von Unternehmen und somit ihre Konkurrenzfähigkeit.

These 6 – Software wird virtuell Klassische „stand-alone" Desktop-Software wird zunehmend durch Cloud-basierte Lösungen ersetzt. Software wird immer stärker in verteilte Netzwerkumgebungen verlagert und dabei immer anwendungs- und nutzerspezifischer. Funktionen werden als Dienstleistung („as-a-Service") erbracht und immer genau dann, wenn Anwender eine Funktion benötigen („on demand").

These 7 – Human-centric Engineering wird essenziell IT-Systeme durchdringen das tägliche Leben der Menschen, zum Beispiel übernehmen Smartphones immer stärker persönliche digitale Assistenzfunktionen. Daher wird es immer wichtiger, Software in das tägliche Leben nahtlos zu integrieren. Systeme, die durch Anwender im normalen Tagesablauf als störend empfunden werden, können am Markt nicht bestehen.

These 8 – Neue Organisations- und Managementstrukturen entstehen Softwareintensive Systeme und softwarebasierte Innovation erfordern ein Umdenken von Unternehmen. Während sich global verteilte Softwareentwicklung bereits in der Breite durchgesetzt hat, sind vielerorts noch Silo-artige Organisationsstrukturen zu finden. Diese müssen sich immer schneller werdenden Release-Zyklen von Software anpassen, etwa durch tiefere

Integration von Softwareentwicklung und Betrieb, und Organisationen müssen sich für softwarebasierte Innovation öffnen.

These 9 – Software verändert Produkte und Kundenbeziehungen Durch die breite Erhebung von Daten, sind Firmen zukünftig immer besser in Lage, Kundenverhalten zu analysieren, vorherzusagen und auch in gewissem Maße zu steuern. Gleichzeitig erhalten auch die Kunden einen immer detaillierten Einblick in interessante Produkte und immer schnellere und weitreichendere Möglichkeiten der Produktbewertung. Dies ändert das Verhältnis zwischen Unternehmen und Kunden nachhaltig.

These 10 – Software ist der 2. Sputnik-Schock Am 4. Oktober 1957 schockte die damalige Sowjetunion Amerika durch den ersten in den Erdorbit eingebrachten künstlichen Satelliten. Dieses Ereignis befeuerte die sogenannte „Space Race", welche mit der Mondlandung 1969 ihren Höhepunkt erreichte [7, 11]. Die enorme Bedeutung von Software für die Wirtschaft, wird an vielen Stellen noch nicht ausreichend erkannt und bereits heute ist Europa in einigen Bereichen ins Hintertreffen geraten. Politik und Wirtschaft erscheinen in einer gewissen „Schockstarre". Ein massiver Umbruch ist hier erforderlich, um langfristig im globalen Wettbewerb bestehen zu können.

Zeichnen die oben stehenden Thesen ein düsteres Bild für Europa? Eindeutig ja! Allerdings zeigen sie Handlungsfelder auf, in denen Software eine zentrale Rolle spielt. Weiterhin zeigen sie die vielfältigen Optionen auf, welche die persönliche und fachliche Entwicklung heutiger und zukünftiger Softwareingenieure nehmen kann. Um die vielfältigen Chancen wahrzunehmen, sind jedoch auch Herausforderungen zu meistern.

> **Wirtschaftliche Dominanz von Software**
> Software ist heute entscheidender Wirtschaftsfaktor in einer globalisierten Welt. Unter den zehn teuersten, börsennotierten Unternehmen sind sieben Softwarefirmen – genauer Plattformanbieter, die ihr Geschäft auf Basis einer *Softwareplattform* betreiben. Vor zehn Jahren tauchte nur eine Softwarefirma auf dieser Rangliste auf. Dies zeigt zum einen, welche wirtschaftliche Durchschlagskraft Software heute hat, zeigt aber gleichzeitig auch, wie schnell die Bedeutung von Software zugenommen hat und weiter zunehmen wird.
>
> Die Gründe dafür liegen auf der Hand: *Software skaliert wie kein anderes technisches Produkt*. Gelingt es, eine Aufgabenstellung mittels Software zu lösen, beispielsweise eine Suchmaschine oder ein Textverarbeitungssystem erfolgreich zu entwickeln, so kann diese Software in nahezu beliebig großen Stückzahlen über den gesamten Globus verteilt werden. Durch *Apps* können heute Softwaresysteme geschaffen werden, die innerhalb weniger Tage auf geeigneten Plattformen allen Nutzern weltweit zur

> Verfügung stehen. Wenn die App wirklich attraktiv ist, kann sie innerhalb kürzester Zeit millionen- oder milliardenfach zum Einsatz kommen.
>   Dies ist nicht nur der unglaublichen Skalierung von Software geschuldet, sondern auch dem Umstand, dass heute weltweite Netze verfügbar sind. Eine weltumspannende Infrastruktur besteht, in der immer neue Softwareapplikationen aufgesetzt werden können. Besonders erfolgreich sind hierbei die Plattformunternehmen, die auf Ausführungsplattformen immer wieder neue Applikationen generieren oder – noch besser – eine Community geschaffen haben, die auf den Plattformen entsprechende Applikationen schafft, sodass gleichsam ein wirtschaftliches Perpetuum Mobile entsteht. Die Universalität von Software und die dadurch gegebene Automatisierung und die Breite der Anwendbarkeit schaffen ein einzigartiges Ökosystem.

1.1.1 Herausforderungen in der Softwareentwicklung

Die logische Komplexität von großen Softwaresystemen übertrifft bei weitem die Komplexität herkömmlicher Erzeugnisse der Ingenieurtechnik. Umfangreiche Softwaresysteme umfassen mittlerweile mehrere Millionen Zeilen Programmtext und mehr (Abb. 1.1, nach McCandless[1]). Entsprechend schwierig ist es, zuverlässige Software kosten-, termin- und nutzergerecht zu erstellen und weiterzuentwickeln. Hinzu kommt, dass Softwaresysteme über lange Zeiträume eingesetzt und weiterentwickelt werden. Wir sprechen von Softwareevolution. Dies stellt besondere Herausforderungen an die Systematik des Vorgehens und die Qualität des Codes und seiner Dokumentation, um die funktionale Weiterentwicklung mit angemessenem Aufwand durchführen zu können.

Software war, ist und bleibt erfolgskritisch! Software ist heute für viele Bereiche der Hochtechnologie von großer, oft entscheidender wirtschaftlicher Bedeutung. Leistungsfähige High-Tech-Produkte sind ohne Software undenkbar. Software erschließt neue Möglichkeiten. Vernetzung und leistungsfähige eingebettete Software sind die zentralen Innovationstreiber. Die Infrastruktur unserer Gesellschaft ist von Softwaresystemen abhängig. Unsere Fähigkeiten, Software Engineering zu beherrschen, sind jedoch noch immer ungenügend – Software Engineering ist noch eine „unreife" Disziplin. Während sich digitale Technologien, Hardware und Software schnell weiterentwickeln, kämpfen Softwareentwickler noch immer mit Problemen und Herausforderungen seit den ersten Tagen der „Softwarekrise" (NATO-Konferenz in Garmisch-Partenkirchen, 1968) – obwohl durch Forschungsarbeiten

---
[1] *Umfang von Software* von David McCandless: https://informationisbeautiful.net/visualizations/million-lines-of-code/ (Abruf: 2018-12-28). Abb. 1.1 basiert auf den bereitgestellten Daten: http://bit.ly/KIB_linescode (Abruf: 2018-12-28).

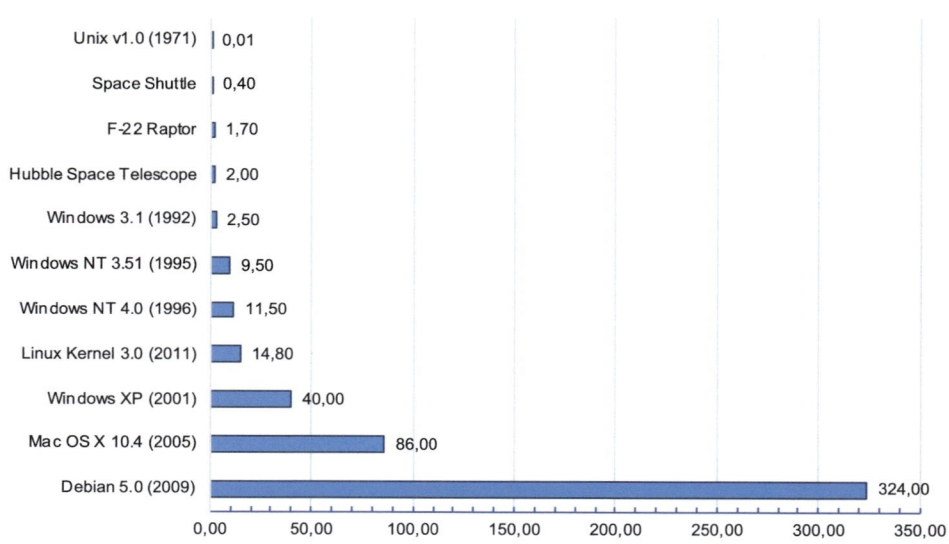

Abb. 1.1 Ausgewählte Umfänge von Softwaresystemen (Angaben in Millionen Lines of Code)

bereits erhebliche Fortschritte erzielt worden sind. Seit dem Jahr 1968 ist die Komplexität von Software noch einmal dramatisch gewachsen. Software läuft heute auf verteilten, vernetzten Systemen und ist häufig eingebettet. Auch die Umfänge sind dramatisch gestiegen (Abb. 1.1). Die Ermittlung und Gestaltung von Anforderungen, der Entwurf tragfähiger und zukunftssicherer Systemarchitekturen sowie die Sicherstellung der Qualität sind immer noch große Herausforderungen.

Vielfalt der Herausforderungen Die größten methodischen Herausforderungen bei der Softwareentwicklung liegen auch heute in den *Standardaufgaben* der Softwaretechnik:

- Ermittlung und zutreffende Erfassung der Ziele und Anforderungen
- Entwurf einer geeigneten Software- und Systemstruktur (Architektur)
- Korrekte Umsetzung von Anforderungen und Architektur in Code
- Korrekte Integration von Code in das Gesamtsystem
- Qualitätssicherung der einzelnen Teile und des Gesamtsystems
- Wartung, Anpassung und Weiterentwicklung (Evolution)

Wesentliche und immer wichtiger werdende Aspekte bei Softwaresystemen sind die Fähigkeit zum Skalieren und der Grad der Adaptivität einer Software. *Skalierbarkeit* bezeichnet das Verhalten von Software bezüglich ihrer Eignung und ihres Ressourcenbedarfs bei wachsenden Datenumfängen oder Nutzerzahlen. Auch auf Methoden des Software Engineerings wird der Begriff der Skalierung angewandt. Eine Methode skaliert, wenn sie nicht nur für kleine Softwaresysteme oder Projekte angewandt werden kann, sondern auch bei größeren Umfängen einsetzbar ist. *Adaptivität* bezeichnet die Fähigkeit, eine Software an einen neuen Kontext anzupassen oder eine Software in einem nicht antizipierten Kontext zu betreiben.

Es geht bei der Entwicklung moderner softwareintensiver Systeme also nicht mehr nur darum Anforderungen, Architektur und Qualität sicherzustellen. Vielmehr sind insbesondere auch die neuen Herausforderungen, die sich aus der *digitalen Transformation* vieler Gesellschafts- und Wirtschaftsbereiche ergeben, zu bewältigen. Viele Herausforderungen ergeben sich typischerweise erst beim Einsatz eines Systems und während der Interaktion mit seinen Anwendern. Typische Schwierigkeiten von Softwaresystemen im Betrieb sind:

- Eine ungenügende Ausrichtung auf die Nutzerbedürfnisse
- Eine Häufung von Fehlern in Softwaresystemen über die Nutzungszeit
- Eine unzureichende Flexibilität für eine beständige Weiterentwicklung und Anpassung an geänderte Anforderungen und Rahmenbedingungen

Aus den vielfältigen Herausforderungen ergeben Schwierigkeiten, unter denen *Softwareprojekte* leiden. Es ist nach wie vor eine Herausforderung, Zuverlässigkeit, Terminplanung und Entwicklungskosten bei der Softwareentwicklung gleichermaßen zu beherrschen. Die Gründe sind:

Kosten	Kosten- und Aufwandsschätzungen erweisen sich gerade bei neuartigen Projekten, Produkten und softwarebasierten Services immer wieder um Faktoren zu niedrig. In Folge können Projekte meist nur bei großer Überschreitung des Budgets zum Abschluss gebracht werden.
Termine	Terminschätzungen erweisen sich oft als zu optimistisch. Software wurde und wird immer noch oft verspätet an den Auftraggeber ausgeliefert oder auf den Markt gebracht.
Qualität	Die Software adressiert nicht wirklich die Bedürfnisse der Nutzer, indem sie die geforderte Funktionalität nicht oder nicht in der angemessenen Form anbietet. Immer wieder treten in Softwaresystemen spektakuläre Fehler auf. Daneben sind alltäglich genutzte Softwaresysteme oft voller kleiner, ärgerlicher Fehler und Unstimmigkeiten, die ihre Nutzung unnötig erschweren.

Risiken, Fehlschläge und Konsequenzen Softwareprojekte bringen aufgrund ihrer Heterogenität und Komplexität erhebliche Risiken[2] mit sich. Neben bekannten Beispielen, wie dem fehlgeschlagenen Start der Ariane 5 im Jahr 1996 [13], der Deutschen LKW-Maut, dem Airbus A380 [12], der Arbeitslosengeld-II-Anwendung [23], der fehlgeschlagenen Landung der Schiaparelli-Sonde [29] und vielen weiteren (siehe etwa die „Hitliste" der größten

---

[2] Wir verwenden den Begriff *Risiko* im Sinne der Definitionen „Risiko" und „Risikomanagement" nach PRINCE2 [2].

Softwarepannen zusammengestellt von der SQS [27] oder der regelmäßig erscheinenden Kolumne *Risks to the Public* in den ACM SIGSOFT Software Engineering Notes), sind in den letzten Jahren neue Problemfelder im Kontext von Software, deren Nutzung und auch deren Missbrauch entstanden. Etwa im Fall der *Boing 737-MAX* wurde aufgrund des fragwürdigen Tragflächen-Triebwerk-Designs die Gefahr eines Strömungsabriss so groß, dass Boing das *Maneuvering Characteristics Augmentation System* (MCAS) einführte, welches in die Trimmung des Flugzeugs eingreift, um zu große Anstellwinkel zu vermeiden. Nach zwei Abstürzen ergab eine Untersuchung als wahrscheinliche Ursache, dass der Anstellwinkelsensor falsche Werte lieferte, in deren Folge die MCAS Software unnötig eingriff und dabei keine Übersteuerung durch die Piloten mehr zuließ [15].

Einer der weitreichendsten Skandale der letzten Jahre ist wohl unzweifelhaft das sogenannte *Diesel Gate* [22], wo Manipulationen vorsätzlich durch Software realisiert wurden. Auch in Sozialen Netzwerken zeigen sich Probleme durch unzuverlässige oder missbräuchlich genutzte Software. Ein spektakulärer Fall war die Auswertung von Daten potenzieller Wähler durch *Cambridge Analytica,* um durch individuell zugeschnittene Nachrichten und Informationen das Wahlverhalten bei den US-Präsidentschaftswahlen 2017 zu beeinflussen [24].

Eine besondere Klasse von Problemen wird durch den verstärkten Einsatz sogenannter lernender Systeme[3] der *künstlichen Intelligenz* (KI) geschaffen. Diese Systeme werden über große Datenmengen trainiert. Zur Entwicklungszeit ist nicht vollumfänglich vorhersehbar, was das tatsächliche Verhalten des Systems in bestimmten Situationen sein wird. Verstärkt gilt das für Systeme, die im Laufe ihres Betriebs weiter „lernen". So titelte die Zeit Online am 24. März 2016 „Twitter-Nutzer machen Chatbot zur Rassistin" [4] – ursprünglich sollte ein KI-basierter Bot eine effizientere Interaktion mit Jugendlichen ermöglichen, wozu die Fähigkeit gehört, Interaktionen zu erlernen: *„[...] und keine 24 Stunden später ist aus Tay ein rassistisches Scheusal geworden [...]";* Microsoft musste das Experiment abbrechen.

Zu den eher systemtechnischen Problem- und Risikoklassen wächst auch das Risiko der *Cyber-Kriminalität* stetig, etwa Identitätsdiebstahl, Kreditkartenbetrug im Online-Shopping oder das Kapern von Computern, welche nur gegen Bezahlung von Lösegeld (bevorzugt in anonymer Krypto-Währung, Stichwort: *Ransomware*) wieder freigeschaltet werden.

Nicht nachmachen! Obwohl das Software Engineering noch vergleichsweise jung ist, liegen mittlerweile ausführliche Erfahrungen bei der Durchführung von Softwareprojekten vor. Dabei hat sich herauskristallisiert, dass es bestimmte Arten von technischen und organisatorischen Fehlern gibt, die immer wieder auftreten. Zur Sensibilisierung finden sich im Folgenden Beispiele für solche Fehler und gleichermaßen die Aufforderung, diese Fehler *nicht zu wiederholen.*

---

[3]Der Begriff „lernendes System" führt oft zu zu hohen Erwartungen bei Nichtfachleuten. Genau genommen lernen die Systeme nicht, sondern nutzen große Datenbestände, um über statistische Optimierung bestimmte Verhaltensweisen zu generieren.

Organisation	Oft ist in Softwareprojekten eine ungenügende Planung zu beobachten, ein zu geringes Budget oder eine zu enge Zeitplanung. Zusätzlich werden oft auch nur unzureichende Vorgaben hinsichtlich Arbeitsplanung, Projektkontrolle oder Zuständigkeiten gemacht. Dies geht nicht selten auch mit einer fehlenden Führung in Projekten einher, welche sich durch inadäquate Zuordnung von Ressourcen zu Aufgaben oder durch unzureichende Entscheidungsfindungsprozesse zeigen. Nicht selten ist für solche Situationen ein überfordertes, inkompetentes oder uninformiertes Management ursächlich. Auch nicht eingespielte Entwicklungsteams, bzw. Teams, die unter einer hohen Personalfluktuation leiden, sind Projektrisiken.
Methodik	Eine ungeschickt gewählte oder sogar unzureichende Methodik wird im Projekt angewendet. Eine fehlende oder unzureichende Entwicklungsmethodik kann zu erheblichen Reibungsverlusten im Projekt führen. Dies kann sich beispielsweise durch Differenzen bezüglich der Aufgaben und Zuständigkeiten und somit durch Konflikte im Team zeigen. Auch kann eine unangemessene Methodik etwa zu fehlerhaften Aufwandsabschätzungen führen. Eine unangemessene Methodik liegt auch dann vor, wenn die Entwicklungsumgebung ungeeignete oder unzureichende Werkzeuge enthält. Ein sogenannter „Software-Zoo" mit einer hohen Anzahl nicht aufeinander abgestimmter Werkzeuge ist zu vermeiden. Wo es möglich ist, sind historisch gewachsene Werkzeuginfrastrukturen zu konsolidieren und eine Erweiterung ist stets kritisch zu prüfen.
Anforderungen	Eine mangelnde Erfassung der Benutzerbedürfnisse und der Eigenschaften der Anwendungsumgebung sind ein hohes Risiko in Softwareprojekten. Die ungenaue Zielvorstellung bei Nutzern und Auftraggebern, sowie die mangelnde Kontrolle der Erfassung der Benutzerbedürfnisse und eine nicht eindeutige Beschreibung der Benutzerbedürfnisse und Entwicklungsziele führen zu Missverständnissen und können ein Projekt erheblich verzögern, die Kosten drastisch erhöhen und ein wenig oder gar völlig unbrauchbares Produkt zur Folge haben (Stichwort: Produktrisiko). Im Ernstfall entsteht ein Softwaresystem, das nicht oder nur widerwillig genutzt wird.
Architektur	Eine Vernachlässigung der Entwurfsphase und eine mangelnde „Sauberkeit" der Konstruktion können zu einer unzureichenden Softwarearchitektur führen. Dies äußert sich beispielsweise durch nur unsauber und ungenau beschriebene Schnittstellen, welche nicht oder nur eingeschränkt verbindlich sind. Auch überdimensionierte und zu komplizierte Projektkonzepte (sogenanntes *Over-Engineering*), ad-hoc Lösungen, und unzureichende oder gar fehlende Qualitätskontrolle weisen auf eine fehlgeleitete Entwurfsphase hin. Ebenso ist es dringend geboten, eine angemessene und stets in sich konsistente Dokumentation zu erstellen.

1.1.2 Zielsetzung des Software Engineering

Ziel des Software Engineering ist die kostengünstige und termingerechte Erstellung zuverlässiger und nutzergerechter Softwaresysteme in angemessener Qualität zur Lösung anwendungsspezifischer Aufgabenstellungen unter vorgegebenen Rahmenbedingungen. Daraus leiten sich die im Folgenden beschriebenen Teilziele ab.

Beherrschung von Zeit und Kosten Die Beherrschung der Kosten ist in Projekten eine der größten Herausforderungen. Alle Parameter des sogenannten „Magischen Dreiecks" bzw. des von Sneed [26] vorgeschlagenen „Teufelsquadrats" (Abb. 1.2) wirken direkt oder indirekt auf die Projektkosten. Die Beherrschung der Projektkosten hängt hierbei wesentlich von der Zuverlässigkeit der Kostenschätzung [6, Kap. 6.3] ab. Deshalb ist es unerlässlich, die Einhaltung der geschätzten Kosten, Termine und Aufwände kontinuierlich zu kontrollieren.

Erreichung von Qualitätszielen Neben Termin- und Budgettreue ist die Sicherstellung einer angemessenen, den Anforderungen entsprechenden Qualität des Softwaresystems ein wesentliches Ziel. Die Erreichung von Qualitätszielen wird in der Regel aus den drei Perspektiven der Nutzer, der Entwickler und des Betriebs betrachtet (zum Beispiel nach der Norm ISO/IEC 25010:2011 [19], siehe Kap. 2.2.1). Hierbei sind aus Nutzersicht zum Beispiel die Anforderungen im Hinblick auf Angemessenheit und der Umsetzung der Funktionalität, der Effizienz, Performanz, Korrektheit und Zuverlässigkeit zu erfüllen. Aus der Perspek-

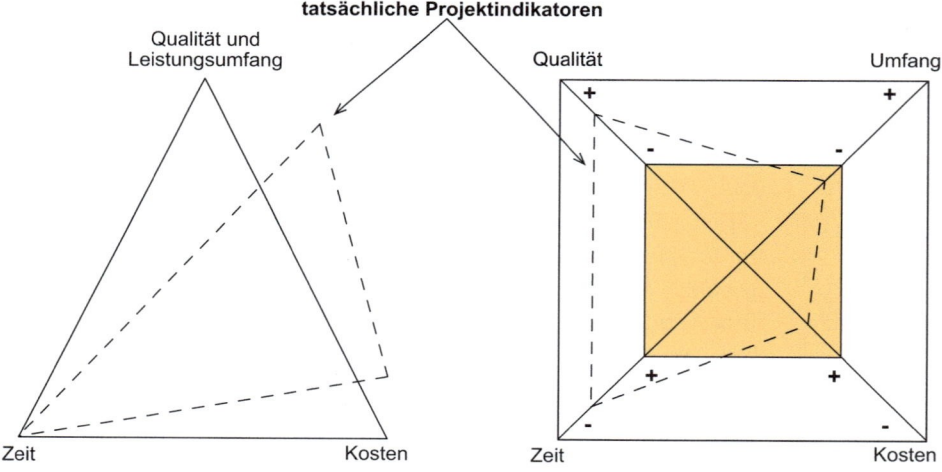

Abb. 1.2 Das „Magische Dreieck des Projektmanagements" und das „Teufelsquadrat" nach H. Sneed. Beide Darstellungen illustrieren die wechselseitigen Abhängigkeiten zwischen Zeit, Umfang, Qualität und Kosten

tive des Betriebs sind zum Beispiel Anforderungen hinsichtlich des Supports und geringer Betriebskosten zu erfüllen.

Sicherung von Investitionen Softwareprojekte erfordern üblicherweise hohe Investitionsvolumina, sowohl auf der Seite des Auftraggebers als auf der Seite des Auftragnehmers. Für alle an einem Projekt beteiligten Parteien ist daher die Sicherung der Investition ein wesentliches Ziel. Auftraggeber investieren in ein Softwaresystem, um beispielsweise Geschäftsprozesse zu optimieren und somit die eigene Effizienz zu steigern oder um Software zu schaffen, die als Produkt vermarktbar ist. Auftragnehmer investieren in ein Softwareprojekt, um beispielsweise in einen neuen Markt einzusteigen oder eine vorhandene Marktposition zu sichern. In beiden Fällen muss sich eine Investition „zeitnah" auszahlen.

Einhaltung von Rahmenbedingungen Ein weiteres, nicht zu unterschätzendes Ziel ist die Einhaltung von Rahmenbedingungen, die zum Beispiel durch Standards, Normen oder gesetzliche Vorschriften gegeben werden. Die offensichtlichsten Rahmenbedingungen werden durch die Verträge gesetzt (zum Beispiel Qualitätsvorgaben, Liefertermine und -umfänge sowie Kosten für die Produkterstellung; [6, Kap. 6.4]). Daneben gilt es jedoch noch zahlreiche weitere Rahmenbedingungen zu erfüllen, wie die Einbettung einer Software in eine gegebene Hardware- oder Softwareinfrastruktur, die Einhaltung von Vorgaben der IT-Strategie des Auftraggebers oder die Einhaltung von Standards und rechtlichen Vorgaben, beispielsweise hinsichtlich des Datenschutzes. Bei der Entwicklung eines Softwaresystems sind grundsätzlich zwei komplementäre, sich ergänzende Aufgaben zu bewältigen:

1. Identifizierung und Realisierung der geforderten Funktionalität durch Software
2. Implementierung der Software auf einer gegebenen Hardware- und Ausführungsumgebung

Die erste Aufgabe adressiert die Logik der Anwendung, die zweite Aufgabe sichert die Effizienz und Effektivität der Implementierung.

Software Engineering ist eine Ingenieurdisziplin
Softwareentwicklung weist alle Merkmale einer Ingenieurdisziplin auf, nämlich der Erreichung vorgegebener technischer Zielsetzungen und Bereitstellung von Lösungen unter wirtschaftlichen und technischen Randbedingungen. Zur Bewältigung der Komplexität der Entwicklungsaufgabe sind Disziplin, Systematik des Vorgehens und eine adäquate Strukturierung der Arbeiten erforderlich. Aufgabe des Software Engineerings ist im Kern die Durchführung von Projekten zur Erstellung und Weiterentwicklung von Software für die Bewältigung von Aufgaben der Informationsverarbeitung. Zu beachten ist jedoch: Software ist – mehr als andere Ingenieurprodukte –

> wissensintensiv. Das heißt, die Qualität der Software ist direkt vom Wissen und Verständnis des Anwendungsgebiets geprägt. Damit enthält die Software in vielfältiger Hinsicht die Kernkompetenz und die Kernprozesse der Unternehmen. Auch die Kernfunktionalität vieler technischer Produkte wird entscheidend von Software bestimmt.

1.1.3 Prinzipien und Erfolgsfaktoren

Die Entwicklung großer Softwaresysteme stellt Unternehmen vor eine Vielzahl von Herausforderungen. Nicht zu unterschätzen sind hierbei die hohen Anforderungen an die Qualifikation der Mitarbeiter in Software- und Systementwicklungsprojekten. Nur die konsequente und disziplinierte Beachtung der grundlegenden Prinzipien kann helfen, die Komplexität eines Softwareprojekts zu beherrschen und eine funktional und qualitativ angemessene Lösung im Kontext beschränkter Ressourcen zu entwickeln.

1.1.3.1 Prinzipien

In der Regel ist jedes Softwareprojekt und jedes daraus entwickelte Produkt einzigartig. Das grundsätzliche Entwicklungsvorgehen inklusive eingesetzter Methoden und Werkzeuge werden deshalb im Optimalfall jeweils spezifisch für ein Projekt zusammengestellt (siehe Kap. 3.1). Für ein erfolgreiches Software- und Systementwicklungsprojekt sind einige grundlegende Prinzipien zwingend zu beachten:

- Projektziele müssen klar formuliert werden und Projektpläne sind transparent und realistisch zu gestalten.
- Alle Interessensgruppen (Stakeholder) sind in ein Projekt frühzeitig einzubinden.
- Entscheidungsprozesse und -befugnisse sind zu definieren und im Rahmen einer klaren Verantwortungsstruktur transparent festzulegen.
- Unabhängige Kontrollstrukturen für Qualitäts- und Fortschrittsmessung sind festzulegen.
- Es ist eine offene Kommunikationsstruktur zu sicherzustellen, die durch klar festgelegte Schnittstellen zwischen den Interessensgruppen unproduktive Kommunikation vermeidet.
- Erfahrene Projektleiter und Mitarbeiter sind entscheidend. Ein hoher Ausbildungsstandard ist anzustreben.
- Die Arbeitsumgebung und die Arbeitsausstattung sind möglichst optimal zu gestalten.

Viele dieser Prinzipien finden sich nach Wallmüller [30] typischerweise im unternehmensweiten Qualitätsmanagement wieder. Das Qualitätsmanagement als Organisationsaufgabe, zum Beispiel nach ISO 9001 [9, 17], legt die grundsätzlichen Regeln für die Interaktion in den Projekten fest, definiert jedoch auch die Ziele, die das Unternehmen zum Beispiel nach Weuster [32] in seiner langfristigen Entwicklung verfolgt.

1.1.3.2 Erfolgsfaktoren

Neben den obenstehenden Prinzipien sind eine Reihe von Erfolgsfaktoren zu berücksichtigen, welche diese Prinzipien ergänzen und bündeln. Die Berücksichtigung von Erfolgsfaktoren spielt sowohl für einzelne Projekte, als auch für ganze Organisationen eine entscheidende Rolle und es sind sowohl eher organisatorische, als auch eher technisch orientierte Erfolgsfaktoren zu beachten. Weiterhin können die unterschiedlichen Erfolgsfaktoren wechselwirken und treten in Abhängigkeit des konkreten Projektkontexts auch in verschiedenen Ausprägungen auf.

Organisatorische Erfolgsfaktoren Aus der organisatorischen Sicht, sind die folgenden Erfolgsfaktoren am häufigsten genannt:

- Die Motivation, Kompetenz und Professionalität der Mitarbeiter sind kritische Erfolgsfaktoren.
- Für Software- und Systementwicklungsprojekte ist eine konsequente Kundenorientierung wesentlich. Nur wenn ein Produkt bei Auftraggebern und Kunden auf Akzeptanz stößt, ist der langfristige Erfolg sichergestellt.
- Organisationen und Projekte gehen zweckmäßigerweise prozessorientiert vor. Die situationsangemessene Auswahl und geschickte Anpassung der Entwicklungsprozesse sowie deren Einbettung in die Organisationsprozesse sind entscheidend für eine effiziente und effektive Projektarbeit.
- Die Dokumentation eines Projekts, seiner Ergebnisse und der erzeugten Software sind für die Arbeit im Entwicklungsprojekt selbst, aber auch für die effiziente und effektive Organisation der Systemevolution unabdingbar. Zur Dokumentation zu zählen sind hierbei: Dokumente des Projektmanagements (z. B. Projektpläne, Risikolisten oder Protokolle), Entwicklungsartefakte[4] wie Spezifikationen, Entwürfe, Lasten- und Pflichtenhefte, sowie Code, Testsuiten, Verträge, Handbücher und vieles mehr.

Methodische und technische Erfolgsfaktoren Neben diesen eher organisatorisch geprägten Erfolgsfaktoren sind insbesondere methodische und technische Erfolgsfaktoren zu berücksichtigen, insbesondere:

- In einem Projekt müssen die benötigten Ressourcen zur Verfügung stehen. Neben adäquat ausgebildeten Mitarbeitern sind dies insbesondere die benötigte Entwicklungsumgebung mit Hardware- und Softwareausstattung.

---

[4] Artefakte nach Méndez Fernández et al. [14] sind dokumentierte Ergebnisse, die in einem Projekt erstellt, bearbeitet oder verwendet werden.

- Die konkrete Vorgehensweise muss für die Entwicklungsaufgabe angemessen sein und darf dabei auch von organisatorischen Vorgaben abweichen, etwa wegen spezifischer Kundenanforderungen.
- Anforderungen müssen so klar wie möglich formuliert sein. Da in der Regel nicht von einer Vollständigkeit der Anforderungen zu einem frühen Zeitpunkt des Projekts auszugehen ist, muss von Beginn an ein effizientes Änderungsmanagement etabliert werden.
- Entwürfe eines Softwaresystems sollen soweit möglich modular ausgelegt sein. Modularisierung als grundlegendes Konzept der Informatik leistet einen essenziellen Beitrag hinsichtlich der Reduktion und damit der Beherrschbarkeit der Komplexität heutiger Systeme.
- Entwürfe eines Softwaresystems sollen die Anforderungen an das System abdecken und erfüllen, dabei jedoch möglichst einfach gehalten werden.
- Analysen, Entwürfe und Implementierungen eines Systems sollen soweit möglich und sinnvoll auf bereits bewährte Muster und Lösungskomponenten setzen. Effektive Wiederverwendung ist eine Kernkompetenz in Projekten, die Zeit, Kosten und Qualität positiv beeinflusst.
- Beschreibungen und Modelle auf unterschiedlichen Abstraktionsebenen und für unterschiedliche Teilaufgaben (Anforderungen, Architektur, Code, Test) sind konsistent zu halten. Dies erfordert als Basis eine semantische Kohärenz der verwendeten Beschreibungsmittel.
- Die Qualitätssicherung aller Projektartefakte muss frühzeitig und möglichst kontinuierlich erfolgen. Nur dadurch können Probleme und Fehler frühzeitig erkannt und behandelt werden.

Insbesondere der Modularisierung eines Softwaresystems kommt eine zentrale Bedeutung zu. Damit ist gemeint, dass die Software in eine Reihe von Komponenten strukturiert ist, die über Schnittstellen spezifiziert sind, sodass ihr korrektes Zusammenwirken bereits aus der Schnittstellenfestlegung nachweisbar ist. Als grundlegendes Prinzip für Systemanalyse, Systementwurf sowie Implementierung und Integration legt *Teile und Herrsche* viele effiziente und effektive Verfahren zur Lösungsentwicklung fest. Im weiteren Verlauf dieses Buchs, werden wir vielerorts wieder auf dieses Prinzip treffen.

1.2 Grundlegende Begriffe

Software ist ein umfassender Begriff, der eine Reihe von Programmen und die dazugehörigen Daten adressiert, die auf Rechensystemen (Hardware) ablauffähig vorliegen und eine bestimmte Funktionalität realisieren. Wie in der Informatik typisch, gibt es eine Reihe von weitgehend ähnlichen Definitionen für den Begriff *Software*. Die ISO/IEC/IEEE 24765:2010 [21] fasst unter dem Begriff *Software* drei Definitionen aus unterschiedlichen Standards und Normen zusammen. Software besteht aus:

1.2 Grundlegende Begriffe

1. all or part of the programs, procedures, rules, and associated documentation of an information processing system (ISO/IEC 2382-1:2015; [18])
2. computer programs, procedures, and possibly associated documentation and data pertaining to the operation of a computer system (IEEE Std. 829-2008; [16])
3. program or set of programs used to run a computer (ISO/IEC 26514:2008; [20])

Wir leiten daraus die folgende Arbeitsdefinition für den Begriff *Software* ab, auf welche wir uns im Folgenden abstützen:

Definition 1.1 (Software) Mit Software bezeichnen wir die Gesamtheit aller Programme und Daten für eine bestimmte Informationsverarbeitungsaufgabe in ablauffähiger Form, zugeschnitten auf vorbestimmte Hardware, zusammen mit der für den Betrieb und die Weiterentwicklung wesentlichen Dokumentation.

Software (Abb. 1.3) besitzt darüber hinaus eine Reihe von Eigenschaften, die es schwer machen, den Begriff präzise zu fassen:

Software ist immateriell	Immaterialität bedeutet, dass es keine physische Manifestation von Software gibt, das heißt eine Vermessung von Software mit Hilfe der Maßeinheiten Länge, Breite, Tiefe oder Masse ist nicht wirklich möglich und der Umfang und die Komplexität von Software sind üblicherweise nicht von den physischen Abmessungen eines Computersystems abhängig.
Software ist Verhalten	Software wird nur durch die Ausführung auf einer Hardware „erlebbar". Sie manifestiert sich durch Verhalten, etwa eine Aktion,

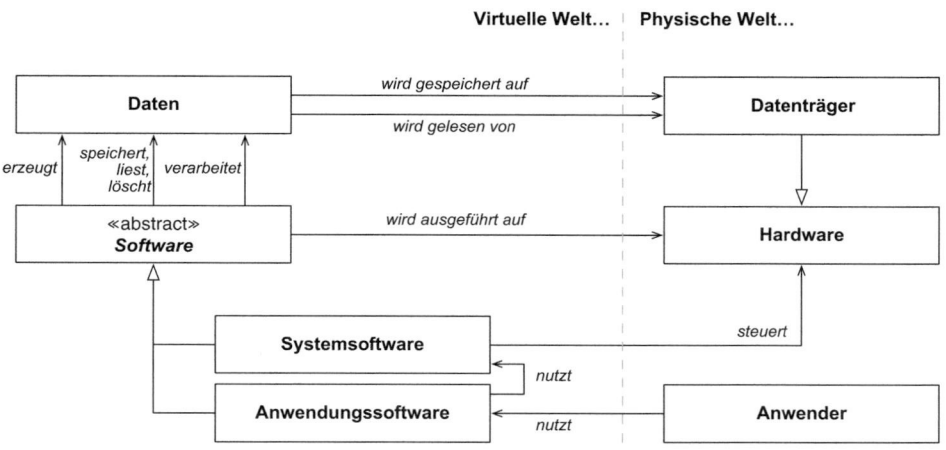

Abb. 1.3 Einbettung des Begriffs Software in den virtuellen und physischen Welten

die eine Reaktion eines Anwenders erfordert (etwa ein Alarmsignal einer Einparkhilfe im Auto) oder durch eine Reaktion eines Systems auf eine Aktion eines Anwenders (etwa das Abspielen von Musik). Anwender kann hierbei ein Mensch sein, ein anderes Softwaresystem oder sogar die Umgebung, in der ein Softwaresystem aktiv ist, beispielsweise in autonomen und teilautonomen Systemen wie etwa einem *Active Cruise Control* (ACC) im Automobil.

Software ist abstrakt
Aus beiden obigen Feststellung ergibt sich auch, dass Software abstrakt ist – in dem Sinne, dass Software ein von konkreten Trägermedien unabhängiges, logisches, prozess-orientiertes Verhalten beschreibt. Je nach Abstraktionsniveau kann Software etwa als grafisches Modell, Code in einer Programmiersprache, Maschinencode oder sogar als elektrische Spannung aufgefasst werden. Letztendlich beschreibt Software Verhalten.

Software ist Funktion
Aus dem Verhalten der Software ergeben sich die Funktionen, die die Software anbietet und damit für welche Aufgabe die Software nutzbar ist.

Software ist Befähigung
Durch Software werden neue Möglichkeiten geschaffen, werden Nutzer und Betreiber in die Lage versetzt, Aufgaben zu bewältigen, die ohne Software völlig unvorstellbar wären.

Die gerade aufgeführten Eigenschaften nutzen eine Reihe von Begriffen, die im Folgenden definiert werden. Zentral ist der Begriff des *Programms,* welchen wir wie folgt definieren:

Definition 1.2 (Programm) Ein Programm ist eine in einer Programmiersprache abgefasste Verarbeitungsvorschrift (Algorithmus), die auf einer Rechenanlage (Computer) unter Nutzung und Festlegung von Datenformaten ausgeführt werden kann.

Durch Programme können Hardwaresysteme für grundsätzlich unterschiedliche Aufgaben genutzt werden. Hier liegt die große Bedeutung von Software. Wird durch Programmierung eine Aufgabe gelöst, können die Programme immer wieder auf geeigneten Hardwaresystemen eingesetzt werden. Software ist der Schlüssel zur *Automatisierung.*

Kernaufgabe des Software Engineering im Allgemeinen und der Softwaretechnik im Speziellen ist die Erstellung von Programmen und Programmfamilien für vorgegebene Zwecke. Ein umfangreiches System von Programmen und den dazugehörigen Daten nennen wir auch ein *Softwaresystem* (siehe auch Abb. 1.4). Damit steht der Begriff des *Systems* im Mittelpunkt, welchen wir wie folgt definieren:

Definition 1.3 (System) Ein (diskretes) System ist ein von seiner Umgebung abgegrenztes Gebilde von über (diskrete) Ereignisse aufeinander einwirkenden Komponenten. Ein System

1.2 Grundlegende Begriffe

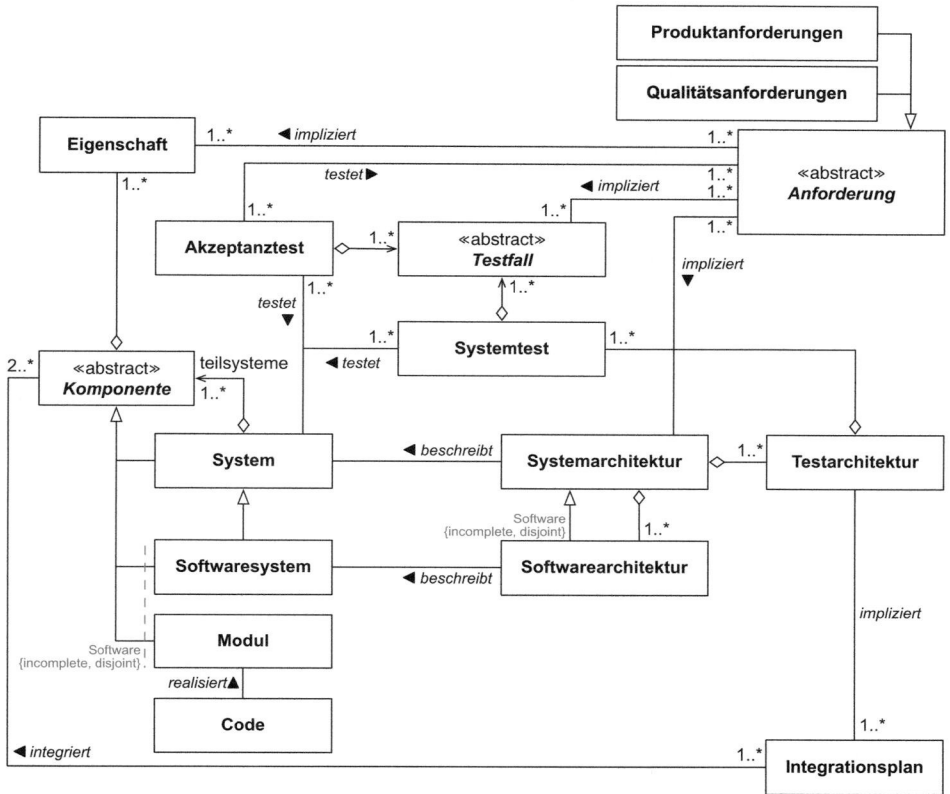

Abb. 1.4 Übersicht und Zusammenhang der wesentlichen Begriffe der Softwaretechnik mit Schwerpunkt auf Softwaresysteme

hat ein Schnittstellenverhalten nach außen und einen inneren Aufbau *(Architektur)*. Die Architektur besteht aus Elementen (Komponenten, Teilsystemen; siehe Definition 1.4), die zueinander über Schnittstellen in Beziehung stehen. Ein System ist durch die Definition seiner Systemgrenze von seiner Umwelt (operationeller Kontext, siehe Kap. 2.1.1) abgegrenzt. Ein System verfügt über eine Schnittstelle, die festlegt:

- Welche Schritte der Interaktion zwischen einem System und seiner Umgebung vorgesehen sind (statische/syntaktische Schnittstelle).
- Welches Verhalten das System aus Sicht des Kontexts zeigt (Schnittstellenverhalten, dynamische Schnittstelle, Interaktionssicht). Dies definiert die Funktionalität des Systems.

Definition 1.4 (Komponente) Eine Komponente ist ein durch hierarchische Zerlegung erzeugtes *Teilsystem*, welches selbst wiederum den Eigenschaften aus der Definition für Systeme nach Definition 1.3 genügt. Eine Komponente ist ein eigenständiger Baustein, der unabhängig entwickelt, weiterentwickelt und verwendet werden kann. Komponenten dienen der Strukturierung eines Systems. Sie definieren ihre Funktionalität mit Hilfe einer Schnittstelle, über welche die Interaktion mit einer Komponente erfolgt.

Kommunizieren die Komponenten eines Systems über diskrete Ereignisse, sprechen wir auch von einem *diskreten System*, das auch über diskrete Aktionen (Ein- und Ausgabe) mit seiner Umgebung interagieren kann. Sind die Komponenten (Teilsysteme) eines Systems *eigenständige Akteure*, die mit der Umgebung und untereinander Nachrichten austauschen und dazu durch entsprechende Einrichtungen zum Nachrichtenaustausch verbunden sind, sprechen wir von einem *verteilten System*.

Definition 1.5 (Systemarchitektur) Die Systemarchitektur gliedert ein System (Definition 1.3) in Teilsysteme (Komponenten, Definition 1.4), die *nicht notwendigerweise reine Softwarekomponenten sind,* sondern auch Hardware-technische und mechanische Teilsysteme umfassen können.

Allgemeine Systeme sind *Cyber-physische Systeme,* bestehend aus Hardware, Software und Mechanik oder Hardware-Softwaresysteme. Als „Spezialfall" eines Systems betrachten wir das *Softwaresystem,* welches dadurch charakterisiert ist, dass es nur aus Software besteht, also keine Hardwarekomponenten umfasst:

Definition 1.6 (Softwaresystem) Ein Softwaresystem ist ein aus mehreren Softwareteilsystemen (Softwarekomponenten, siehe Definition 1.7) zusammengesetztes und gegliedertes Ganzes. Es besitzt stets eine Schnittstelle zur Systemumgebung (dem Betriebssystem oder einer virtuellen Maschine) und realisiert in aller Regel eine Nutzungsschnittstelle.

Zur Definition des Begriffs *Softwarekomponente* stützen wir uns auf die Definition von Szyperski et al. [28] ab:

Definition 1.7 (Softwarekomponente) A software component is a unit of composition with contractually specified interfaces and explicit context dependencies only. A software component can be deployed independently and is subject to third-party composition.

Nach Definition 1.7 sind Softwarekomponenten eigenständige, in sich geschlossene und ablauffähige Softwareeinheiten (mehr dazu in Kap. 8.1). Diese können in einem System miteinander verbunden werden, dabei aber gleichzeitig auch ganz unterschiedlich realisiert sein (unterschiedliche Codes oder Programmiersprachen). Die einzelne Softwarekomponente ist in der Regel jedoch eine *uniforme* Softwareeinheit. Sie ist in einer Programmiersprache

1.2 Grundlegende Begriffe

(oder einer Menge integrierter Programmiersprachen) codiert. Liegt eine solche uniforme Struktur vor, sprechen wir von einer *Softwarearchitektur*.

Definition 1.8 (Softwarearchitektur) Die Softwarearchitektur ist die Gliederung eines Softwaresystems in Softwarekomponenten nach Definition 1.7, deren Zerlegung in Module nach Definition 1.9 und deren Zusammenspiel sowie Regeln und Prinzipien für die Wirkungsweise und das Erreichen von Qualitätszielen. Sie ist eine Systemarchitektur im Sinne von Definition 1.5, in der *alle Teilsysteme Softwarekomponenten* sind.

Häufig besteht ein Softwaresystem aus einer Reihe von Teilsystemen, die gegebenenfalls auf unterschiedlichen Rechnern laufen. Auch hier sprechen von einer Systemarchitektur – genauer von einer *Softwaresystemarchitektur*. Streng genommen unterscheiden wir dabei zwischen der Softwaresystemarchitektur, der Gliederung eines Softwaresystems in Softwarekomponenten (auch Grobarchitektur oder Grobentwurf) und der Softwarearchitektur der einzelnen Softwarekomponenten (auch Feinarchitektur, Feinentwurf).

Definition 1.9 (Modul) Ein Modul ist eine abgeschlossene softwaretechnische Einheit (Programmstück, auch Softwareeinheit oder Programmkomponente) mit wohldefinierter Schnittstelle, die eine Funktions- und/oder Datenabstraktion realisiert. Module sind in der Regel nicht für sich allein stehend ablauffähig.

Durch zweckmäßiges Zusammenfügen und Unterteilen von Systemen können größere zusammengesetzte oder kleinere Teilsysteme (Komponenten) entstehen. Den Aufbau eines *Systems* (Definition 1.3) aus Komponenten nennen wir seine Struktur oder seine *Systemarchitektur* (Definition 1.5). Es entsteht eine Systemgliederung in *Komponenten* (Definition 1.4) mit einer weiteren Untergliederung in Teilkomponenten. Die Struktur eines *Softwaresystems* (Definition 1.6), als Spezialfall eines allgemeinen Systems, wird durch die *Softwarearchitektur* (Definition 1.8) wiedergegeben, die aus *Softwarekomponenten* (Definition 1.7) besteht. Für Softwarekomponenten betrachten wir weiterhin eine Gliederung in *Module* (Definition 1.9), deren Realisierung durch die verwendeten Programmiersprachen festgelegt wird.

Wir fassen die oben stehenden Begriffe und Definitionen in der Taxonomie in Abb. 1.4 zusammen. Diese umfasst die wesentlichen Begriffe, welche zu den drei Kernthemen der Softwaretechnik (siehe Abschn. 1.3) zugeordnet sind: der Erfassung der Anforderungen, des Entwurfs der Architektur und der Implementierung und dem Testen des Systems. Zusätzlich werden die Abhängigkeiten zwischen den Kernkonzepten dargestellt. Insbesondere diese vielfältigen Abhängigkeiten sind es, die die Entwicklung von Softwaresystemen herausfordernd machen, da beispielsweise eine geänderte Anforderung alle Bereiche eines Softwaresystems berühren und zu einer Änderungskaskade führen kann – von anderen betroffenen Anforderungen über die Architektur bis in die Implementierung.

Anmerkung *Um den Zweck und die Aufgabe eines Softwaresystems zu betonen, sprechen wir auch von einer Anwendung, bei der Installation des Softwaresystems auf Geräten wie einem Smartphone auch von einer „App".*

1.3 Kernthemen der Softwaretechnik

Die Entwicklung von Software wird in Form von *Projekten* durchgeführt. Dabei ist es wichtig, klare Regelungen zu haben, wie ein Projekt initiiert wird (üblicherweise mit der Beauftragung und der Übergabe der Verantwortung an den Projektleiter) und wann es endet und das Projektergebnis an den zuständigen Produktmanager übergeben wird. Unter dem Lebenszyklus eines Softwareprojekts (kurz: Projektlebenszyklus) wird der Gesamtlebensweg eines Projektes mit der Bearbeitung aller Aufgabenfelder vom Projektstart bis zum Projektabschluss verstanden. Ein Projekt folgt grob dem in Abb. 1.5 skizzierten Lebenszyklus.

Softwareprodukte Bei der Entwicklung von Software handelt es sich um die *Entwicklung von Systemen*. Zwar spricht man auch von *Softwareprodukten* und auch von *softwareintensiven Produkten*, jedoch entfällt bei Software im Gegensatz zu materiellen Produkten der Vorgang der Produktion. Bei Softwareprodukten, die als materielle Ware (zum Beispiel im „Regalverkauf" wie Windows- oder Office-DVDs) vertrieben werden, findet in sehr eingeschränkter Form neben der Entwicklung eine Produktion statt. Diese Form des Vertriebs verliert jedoch an Bedeutung, da Software verstärkt in Form von *Apps* über einen *App-Store* vertrieben wird und einzelne Systemfunktionen sogar erst bei Bedarf hinzugefügt werden können (etwa durch sogenannte *in-App Purchases*). Eingebettete Software wird als Teil eines cyberphysischen Systems ausgeliefert.

Kernaufgaben Die Entwicklung und Weiterentwicklung (kurz: die Evolution) von Software umfasst grob die folgenden Kernaufgaben:

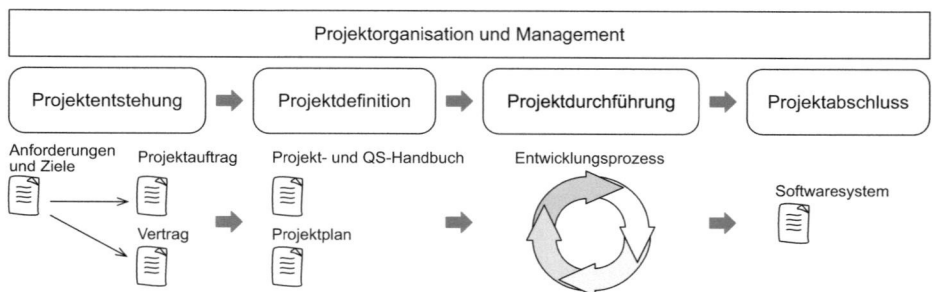

Abb. 1.5 Projektlebenszyklusmodell in Phasen nach Broy und Kuhrmann [6]

- Anforderungsfestlegung (Ziele, Anforderungen, Spezifikationen)
- Grob- und Feinentwurf (Architektur, Programmstruktur)
- Implementierung, Integration und Test
- Erprobung und Inbetriebnahme
- Wartung und Weiterentwicklung
- Außerbetriebnahme

Die Entwicklungsaufgaben sind nicht notwendigerweise streng zeitlich hintereinander zu durchlaufen, sondern können sich zeitlich überlappen. Sie können auch in einer Reihe von eigenständigen Projekten iterativ oder inkrementell und mit unterschiedlicher Intensität durchlaufen werden. Praktisch werden die Aufgaben in Projektteams auf einzelne Teams oder Personen verteilt und in der Regel nebenläufig bearbeitet. Dazu müssen die Aufgaben einerseits an die ausgewählte Vorgehensweise angepasst werden. Andererseits wirkt auch die ausgewählte Vorgehensweise für die Entwicklung auf die Art und Weise, wie Aufgaben verteilt und durchgeführt werden können, etwa planorientiertes vs. agiles Vorgehen. Im Kap. 3.1 wird auf die unterschiedlichen Ausgestaltungsoptionen detaillierter eingegangen.

Abb. 1.6 zeigt eine Verfeinerung der für die Software- und Systementwicklung relevanten Kernaufgaben aus Abb. 1.5. Der Schwerpunkt dieses Buchs liegt in der fachlichen, methodischen und technischen *Projektdurchführung* mit ihren softwaretechnischen Kernaufgaben. In der *Projektdurchführung* betrachten wir folgenden Kernaufgaben:

- Projekt Set-Up und Kick-Off
- Erfassung und Verfeinerung der Anforderungen
- Entwurf, Codierung und Test
- Übergabe in den Betrieb und Abschluss

Diese Aufgaben können sich in der zeitlichen Entwicklung überlappen und sie können verzahnt, iterativ und inkrementell durchlaufen werden. In Abb. 1.6 wird dies durch ein Überlappen der Projektabschnitte *Projektdefinition – Projektdurchführung* sowie *Projektdurchführung – Projektabschluss* illustriert. Tatsächlich bestehen zwischen den einzelnen Aufgaben in Projekten vielfältige Abhängigkeiten, auf die wir im weiteren Verlauf des Buchs im Detail eingehen. Die konkrete Ausgestaltung der einzelnen Aufgaben bzw. Aufgabengruppen wird in der Regel über die Vorgehensmodelle (siehe Kap. 3.1) geregelt, zum Beispiel wie genau die Erfassung und Verfeinerung der Anforderungen und deren grundsätzliches Management erfolgt, oder welche Ansätze für die Implementierung oder den Test verwendet werden.

Kernaufgaben der Softwareentwicklung und Agile Methoden Beim Einsatz agiler Methoden – Stichwort *Code-zentrierte Entwicklung* – wird der klassische *Engineering Zyklus* (Abb. 1.5) mit seinem sequenziellen Durchlaufen der Phasen „durchbrochen". Agile

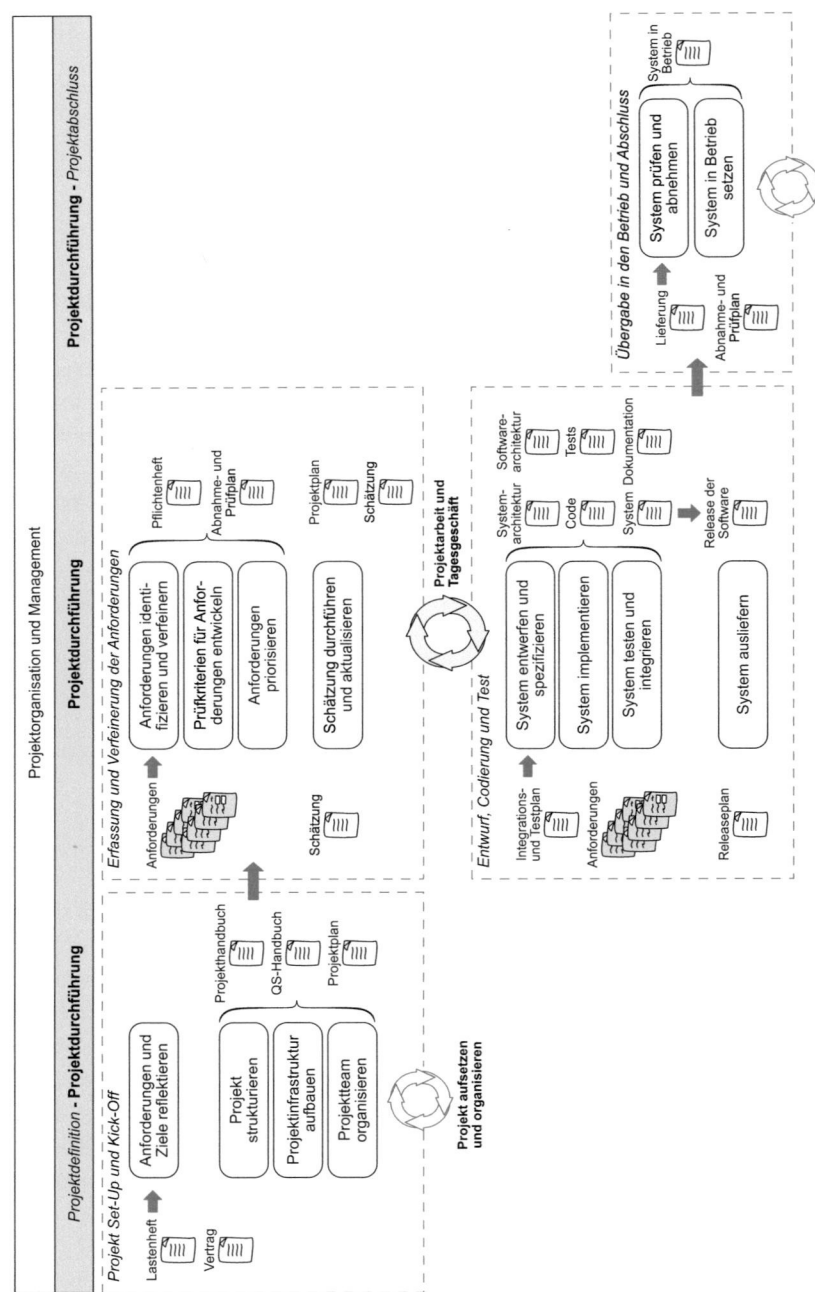

Abb. 1.6 Überblick über die Kernaufgaben im Projektlebenszyklus

Methoden folgen in der Regel keinem strikt phasenorientierten Modell, in dem die einzelnen Aufgabenbereiche klar abgetrennt sind. Vielmehr werden die einzelnen Aufgabenbereiche miteinander verzahnt und in kurzen Zyklen abwechselnd ausgeführt. Die Grenzen zwischen den einzelnen Entwicklungsaufgaben verschwimmen – teilweise sind nicht nur Anforderungsanalyse und Entwurf miteinander verzahnt, sondern auch zusätzlich noch die Aufgaben der Implementierung, des Tests und der Integration. Im „extremen" Fall *DevOps* (siehe Kap. 12.4.2) werden hier alle Aufgabenbereiche der Softwareentwicklung *und* des Betriebs miteinander verzahnt.

In der Code-zentrierten Entwicklung wird eine Reihe von Implementierungsaufgaben sehr früh im Projekt platziert, etwa die Verfeinerung und Schätzung von einzelnen Features und der damit verbundenen Anforderungen. Die Schätzung wird sehr früh vorgenommen und dann unmittelbar in Implementierungsaufgaben überführt. Das Ziel ist es hier möglichst früh überprüfbare Softwareteile zu entwickeln und damit den Stakeholdern die Evaluierung, etwa hinsichtlich Angemessenheit der Anforderungen, Implementierung und Gestaltung zu ermöglichen. Die Code-zentrierte Entwicklung führt üblicherweise schnell zu testbaren Softwareprototypen. Die Entwicklung von (lauffähigen) Prototypen kann sogar explizit als Vorgehen für den Architekturentwurf vorgesehen werden (siehe Kap. 9.5.1.3). Entscheidend ist jedoch die kontinuierliche Umsetzung der qualitätssichernden Maßnahmen, insbesondere des Softwaretests (siehe Kap. 12.2). Da dieser in weiten Bereichen automatisiert werden kann, kann ein Vorgehen implementiert werden, in dem jeder Entwicklungsschritt automatisch mit einem Testschritt verknüpft ist.

Achtung *Durch das starke Verweben der einzelnen Aufgaben der Anforderungsanalyse, des Entwurfs, der Implementierung und der Qualitätssicherung wird oft auch mit Verweis auf die agilen Prinzipen (siehe Kap. 3.2.4) auf Dokumentation, etwa von Anforderungs- und Architekturbeschreibungen verzichtet. Dann ist es entscheidend, dass die Projektleitung sicherstellt, dass die Projektdokumentation angemessen ist und stets aktuell gehalten wird.*

Qualitätssicherung Je später ein Fehler erkannt und beseitigt wird, umso teurer, schwieriger und wiederum fehleranfälliger ist seine Beseitigung. Nach Bennett und Wennberg [3] sind die Kosten der Fehlerbeseitigung um Größenordnungen zeitintensiver und kostenspieliger (Abb. 1.7) als Maßnahmen, die das Entstehen von Fehlern von vornherein vermeiden oder die frühe Aufdeckung von Fehlern unterstützen.

Der Qualitätssicherung in Projekten ist daher besondere Aufmerksamkeit zu widmen. Qualitätssicherung ist eine Querschnittsaufgabe in der Software- und Systementwicklung, die eine angemessene, den Anforderungen entsprechende Qualität der Entwicklungsergebnisse zum Ziel hat. Die Maßnahmen der Qualitätssicherung sind so früh wie möglich im Projekt zu definieren und zu implementieren. Die Qualitätssicherung wird kontinuierlich durchgeführt. Wir unterscheiden dabei Maßnahmen zur *konstruktiven* und *analytischen* Qualitätssicherung [6, S. 137 ff.]:

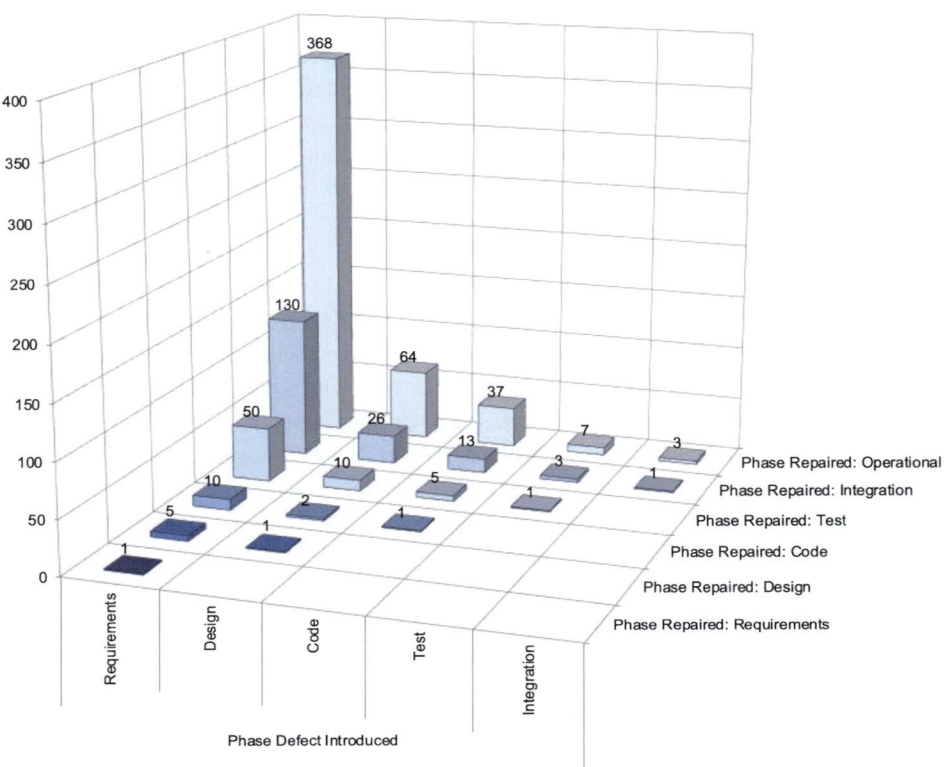

Abb. 1.7 Bugfixing-Kosten nach Bennett und Wennberg [3]

Konstruktiv Die *Konstruktive Qualitätssicherung* umfasst alle Maßnahmen, die darauf abzielen, Entwicklungsergebnisse mit hoher Qualität zu erstellen. Konstruktive Qualitätssicherung wird unter anderem durch eine sorgfältig geplante Systematik im Vorgehen erreicht. Beispiele dafür sind besonders methodisch abgesicherte Vorgehensweisen, die Fehler vermeiden helfen, etwa sorgfältige Spezifikation, Anwendung von Entwurfsmustern (siehe Kap. 10.3), Codierungsrichtlinien (siehe Kap. 11.3.1), angemessene Kommentierung oder der Einsatz von Werkzeugen, etwa *Style Checker* (siehe Kap. 11.3.1.3).

Analytisch Die *Analytische Qualitätssicherung* umfasst alle Maßnahmen, die darauf abzielen Entwicklungsergebnisse auf ihre Qualität zu überprüfen (siehe Kap. 12). Wesentliches Ziel der analytischen Qualitätssicherung auf Codeebene ist die Überprüfung der Korrektheit der implementierten Systembestandteile – also die Erfüllung der Spezifikation. Dies wird durch Reviews und Testen, unter Umständen auch durch Techniken der Simulation, logischen Verifikation oder durch Modellprüfung (Model Checking) sichergestellt. Die

Qualität von Code kann auch über Verfahren der automatischen Codeinspektion überprüft werden. Dies erfolgt durch Software, die für den Code Vorgaben und geeignete Kennzahlen (siehe Kap. 2.3) überprüft.

Die Qualitätssicherung findet in *allen* Projektbereichen statt. In den im Folgenden beschriebenen Kernthemen mitsamt der jeweils relevanten Aufgaben wird daher auch die Qualitätssicherung entsprechend behandelt.

1.3.1 Erfassung und Verfeinerung der Anforderungen

Bei der Entwicklung von Software ist es entscheidend, zwischen zwei Aufgabenfeldern zu unterscheiden:

1. Geklärt werden muss die Frage, für welche Aufgaben die Software eingesetzt werden soll und welche Möglichkeiten und Fähigkeiten sie für ihre Nutzer schafft.
2. Die eigentliche Entwicklungsaufgabe ist zu bewältigen. Durch methodisches Vorgehen ist die Software in der hinreichenden Qualität mit vertretbarem Aufwand zu entwickeln.

Diese beiden Aufgabenfelder sind sehr unterschiedlicher Natur, haben aber viele entscheidende Querbezüge. So bestimmen die technischen und methodischen Faktoren der Softwareentwicklung, welche Aufgaben durch die Software im Rahmen der technischen Möglichkeiten grundsätzlich und sinnvoll möglich sind. Letztlich kann nur der Software-Experte abschätzen, „was geht" und „was nicht". Andererseits sind aus Sicht der Nutzer und des Anwendungsgebiets Ideen zu entwickeln, was Software sinnvoll beitragen und leisten kann, insbesondere im Sinn von Innovation etwa durch die Vernetzung von Daten und Diensten, die ohne Software nicht vernetzt sind (siehe Kap. 5). Dies erfordert eine sogenannte *Co-Creation* zwischen Software- und Anwendungsexperten.

Schlussendlich werden die Anforderungen an das System identifiziert und kritisch überprüft (siehe Teil II). Insbesondere werden die Anforderungen soweit ausdetailliert, dass sie im Rahmen der Systementwicklung umsetzbar sind. Dies kann unter anderem bedeuten, dass aus zuvor groben Anforderungen nun verfeinerte Anforderungen oder Anforderungsmodelle entwickelt werden, etwa Datenmodelle oder Kontrollflussmodelle. Hier ist abhängig vom Charakter des Projekts ein Konzept für die angemessene Funktionalität zu erarbeiten und dann im Detail festzulegen wie die Funktionalität im Sinn einer Nutzerschnittstelle und von Interaktionsschritten spezifiziert wird.

1.3.1.1 Kernaufgaben

Abb. 1.8 fasst die Kernaufgaben in der Erfassung und Verfeinerung der Anforderungen zusammen. Den Ausgangspunkt bilden in der Regel ein Lastenheft bzw. ein Projektauftrag

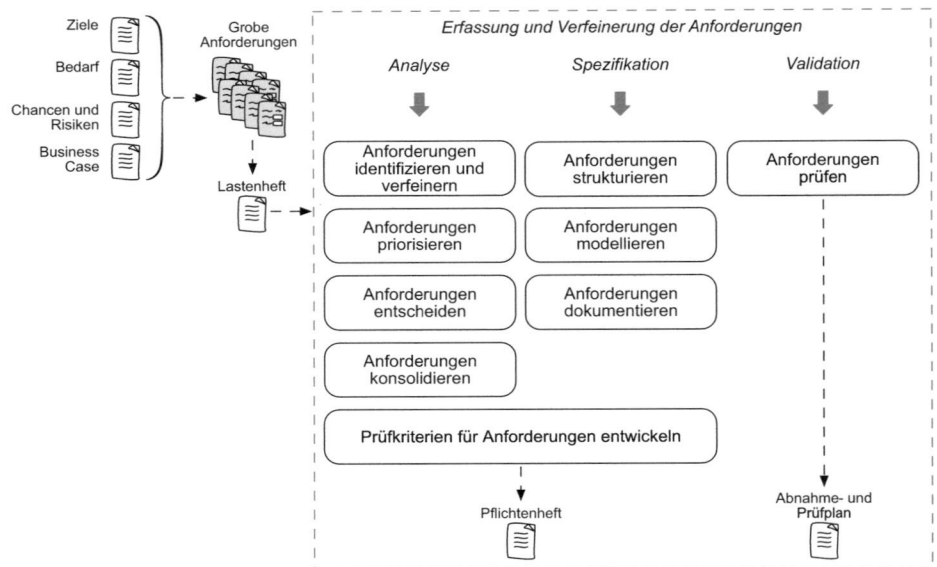

Abb. 1.8 Überblick über die Kernaufgaben in der Erfassung und Verfeinerung der Anforderungen

(siehe Kap. 7.1.3), welche die groben Anforderungen aus Sicht des Kunden enthalten. Diese Anforderungen werden verfeinert und komplettiert. Gegebenenfalls muss sogar eine teilweise Neuerhebung der Anforderungen erfolgen. Die Verfeinerung der Anforderungen dient insbesondere dazu, Anforderungen derart zu gestalten, dass einerseits die Schätzungen und Planungen aktualisiert werden können. Andererseits dienen Verfeinerungen dazu, „entwerfbare", implementierbare und überprüfbare Anforderungspakete zu entwickeln, welche an die anschließende Entwicklung übergeben werden können (Stichwort: *Pflichtenheft*). In der Erfassung und Verfeinerung der Anforderungen werden Aufgaben in den folgenden drei Aufgabengruppen durchgeführt:

Analyse   In der Analyse werden die Anforderungen soweit möglich erfasst, vervollständigt, verfeinert und priorisiert (siehe Kap. 6 und Kap. 7.1). Weiterhin werden die Anforderungen auch konsolidiert, sodass Schätzpakete entwickelt werden können, mit deren Hilfe es möglich ist, den Aufwand für die Umsetzung der Anforderungen abzuschätzen sowie eine Planung der Umsetzung der Anforderungen zu erarbeiten. Begleitend zur Erfassung und Verfeinerung sind die Prüfkriterien zu entwickeln, nach denen die korrekte Umsetzung der Anforderungen bewertet wird (siehe Kap. 5). Abschließend sind Entscheidungen zu treffen, ob, wann und inwiefern Anforderungen in der Systementwicklung umgesetzt werden.

1.3 Kernthemen der Softwaretechnik

Spezifikation   In der Spezifikation werden die Anforderungen soweit ausdetailliert, dass eine technische Umsetzung möglich ist. Das umfasst die Strukturierung der Anforderungen, sowie die Modellierung der Anforderungen (siehe Kap. 7.5). Umfang und Tiefe der Strukturierung, sowie der Formalisierungsgrad der Anforderungsmodellierung hängen dabei vom Projektgegenstand und vom gewählten Vorgehen im Projekt ab. Im Rahmen der Spezifikation werden die Anforderungen dokumentiert. Gegebenenfalls sind die zuvor entwickelten Prüfkriterien, etwa hinsichtlich der Akzeptanz und für die Abnahme der Software, zu aktualisieren.

Validation   In der Validation werden die Anforderungen überprüft (siehe Kap. 7.6). Insbesondere wird überprüft, ob die Anforderungen soweit möglich vollständig erfasst und widerspruchsfrei sind. Ferner wird überprüft, ob die Anforderungen den Vorstellungen der Stakeholder entsprechen, bzw. diese zunächst ausreichend widerspiegeln und damit eine Akzeptanz- und Abnahmeprüfung möglich ist.

1.3.1.2 Projektentstehung und Anforderungen

Je nach Art der Projektanbahnung liegen die Systemanforderungen in Form eines Lastenhefts (siehe Kap. 7.1.3) vor, etwa in einem formalen Ausschreibungsverfahren, oder als erste Sammlung von groben Anwenderanforderungen, von User Stories oder Anwendungsfällen (siehe Kap. 6.1.1.1).

1.3.1.3 Anforderungserhebung und Vorgehen im Projekt

Unabhängig von der konkreten Vorgehensweise im Projekt werden die Anforderungen geschätzt und verfeinert (siehe Kap. 5.3.2 und 7.1). In eher traditionellen Vorgehensweisen – wie dem V-Modell XT (siehe Kap. 3.3) – werden auf Basis der Anforderungen zunächst unterschiedliche Entwürfe vorgenommen. Aus der tieferen Analyse und der Verfeinerung der Anforderungen erfolgt zunächst ein Übergang in die Architektur des Systems. Zu beachten ist hierbei, dass im Allgemeinen davon ausgegangen wird, dass in derartig organisierten Projekten die Anforderungen bereits bis zu einem gewissen Grad feststehen und unter Umständen sogar erste Lösungsmodelle verfügbar sind. In agilen Vorgehensweisen, etwa Scrum (siehe Kap. 3.4), werden Anforderungen direkt auf Grundlage der Erfahrungen und Fähigkeiten im Team hinsichtlich ihrer Umsetzungskomplexität eingeschätzt und für die folgenden Implementierungsschritte priorisiert. Eine Verfeinerung erfolgt nur, wenn Anforderungen als „zu groß" bezüglich des Realisierungsaufwands, als „nicht schätzbar" oder als „zu unscharf" angesehen werden. Das bedeutet, dass in agilen Vorgehensweisen üblicherweise ein Übergang von der Anforderungsanalyse in die Implementierung erfolgt und die konkrete Architektur begleitend zur Implementierung entsteht.

1.3.1.4 Anforderungserhebung und Qualitätssicherung

Besondere Aufmerksamkeit ist bereits in diesem Projektabschnitt der Qualitätssicherung zu widmen. Bei der Verfeinerung der Anforderungen sind gleichzeitig Prüfkriterien zu entwickeln (siehe Kap. 7.6). Prüfkriterien betreffen einerseits die Entwicklung der unterschiedlichen Testverfahren, mit denen überprüft wird, ob die Anforderungen korrekt umgesetzt wurden. Andererseits dienen die Prüfkriterien der abschließenden Abnahme durch die Stakeholder, welche prüfen, ob das benötigte System geliefert wurde und alle Anforderungen erfüllt wurden.

Umfangreiche Softwaresysteme weisen meist auch eine umfangreiche Funktionalität auf. Das System realisiert viele Funktionen, die auch in gewisser Abhängigkeit zueinander stehen. Eine Gliederung dieser Funktionalität in Einzelfunktionen und deren Abhängigkeiten leistet die *Funktionsarchitektur*. Diese stellt den systematischen Übergang von Anforderungen zur Architektur sicher.

1.3.2 Architektur

Auf der Grundlage der Anforderungen wird das Softwaresystem entworfen (siehe Teil III). Insbesondere werden die System- und die Softwarearchitektur spezifiziert. Es werden die Gesamtsystemarchitektur mit ihren Komponenten und Schnittstellen, die Nutzungsschnittstellen und Datenmodelle entwickelt (siehe Kap. 8). In verschiedenen, zu entwickelnden Sichten werden statische und dynamische Systemteile zusammengefasst. Begleitend werden Architektur- und Entwurfsentscheidungen getroffen und dokumentiert. Die Architektur wird hinreichend genau beschrieben. Die Beschreibung dient als Blaupause für die weitere Entwicklung. Hierbei liegt der Fokus einerseits auf einer Dokumentation für die folgenden Entwicklungsaufgaben. Andererseits erfolgt die Dokumentation auch mit dem Ziel, ein Softwaresystem langfristig betreiben, warten und weiterentwickeln zu können. Ebenso sind im Rahmen des Entwurfs auch Prüfkriterien zu entwickeln, mit deren Hilfe die Korrektheit der Architektur überprüft werden kann.

1.3.2.1 Kernaufgaben

Abb. 1.9 fasst die Kernaufgaben des Systementwurfs und der Systemspezifikation zusammen. Den Ausgangspunkt für die unterschiedlichen Entwurfs- und Spezifikationsaufgaben bilden das aus dem Lastenheft entwickelte Pflichtenheft und ein aus dem Projektauftrag abgeleiteter Abnahme- und Prüfplan. Auf dieser Grundlage wird das Softwaresystem nun mit seinen Bestandteilen entworfen. Hierbei sind die folgenden Aufgaben zu bearbeiten:

Analyse Die Analyse stellt die Schnittstelle zur Anforderungserhebung dar. Auf Grundlage der Anforderungen werden der Kontext des Softwaresystems analysiert und dabei insbesondere die Systemgrenzen klar definiert. Weiterhin

1.3 Kernthemen der Softwaretechnik

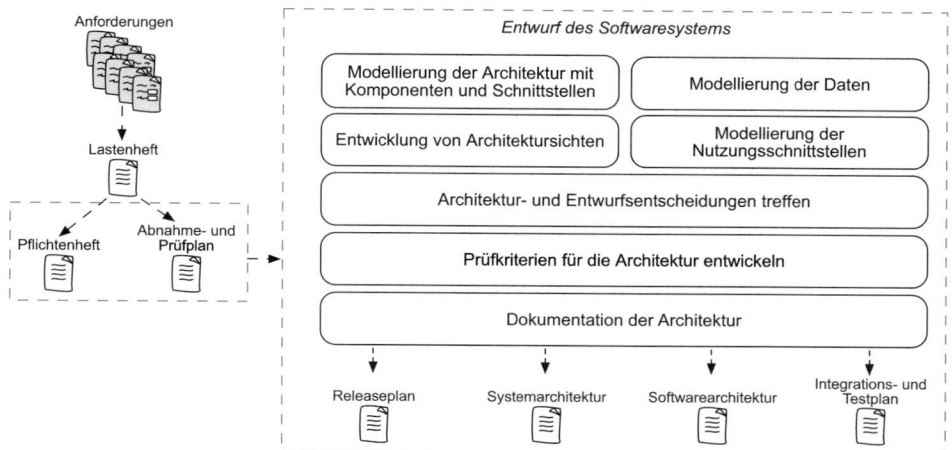

Abb. 1.9 Überblick über die Kernaufgaben im Systementwurf

                wird analysiert, ob auf der Basis der aktuell vorliegenden Anforderungen mit dem Systementwurf begonnen werden kann, oder ob eine Verfeinerung der Anforderungen erforderlich ist.

Entwurf   Im Entwurf werden die System- und die Softwarearchitektur in mehreren Verfeinerungsschritten entworfen (siehe Kap. 9.1). Die Aufgaben des Entwurfs umfassen hierbei insbesondere die Erarbeitung einer Gliederung des Softwaresystems. Dazu sind Komponenten und Schnittstellen zu entwerfen. Diese Gliederung ist unter anderem Voraussetzung für die arbeitsteilige Entwicklung des Systems. Um die Architektur den unterschiedlichen Stakeholdern zu vermitteln, werden in der Regel Architektursichten ausgearbeitet, welche beispielsweise statische oder dynamische Perspektiven auf das Softwaresysteme anbieten (siehe Kap. 8.1.5). Außerdem werden im Rahmen des Entwurfs auch Datenmodelle und Nutzungsschnittstellen entwickelt. Hierbei werden dann auch die Interaktionsmöglichkeiten zwischen Anwendern und Softwaresystem festgelegt.

Evaluierung Begleitend zu den Entwurfsaufgaben werden auch Prüfkriterien für die Architektur erarbeitet (siehe Kap. 9.5). Hierbei werden insbesondere die getroffenen Entwurfsentscheidungen berücksichtigt und es wird überprüft, ob die Architektur die Anforderungen angemessen umsetzt.

Es ist zu beachten, dass in allen Aufgaben im Entwurf stets Entscheidungen zu treffen sind. Diese vielfältigen Entscheidungen sind dabei auf der Grundlage der *Prinzipien zur Entwicklung einer guten Architektur* zu treffen (siehe Kap. 8.2). Das betrifft insbesondere die

Anwendung grundlegender Architekturentwurfsprinzipien sowie die geschickte Wiederverwendung von Architekturwissen und Komponenten (siehe Kap. 10).

1.3.2.2 Architekturentwurf im Projekt

Der Systementwurf und die Systemspezifikation sind eng mit der Erfassung und Verfeinerung der Anforderungen verknüpft. Idealerweise steht nach der Anforderungserhebung fest, welche Funktionalität durch das Softwaresystem realisiert wird. Im Entwurf wird dann darauf aufbauend festgelegt, wie diese Funktionalität realisiert wird. Die Schnittstelle zwischen der Anforderungserhebung und dem Entwurf wird daher auch als *Funktionsarchitektur* bezeichnet (siehe Kap. 6.1.1).

Das konkrete Vorgehen im Systementwurf und in der Systemspezifikation richtet sich nach dem gewählten Vorgehen im Projekt. Während in eher traditionellen Vorgehensweisen wie dem V-Modell XT (siehe Kap. 3.3) ein vergleichsweise strikter Übergang von der Anforderungsanalyse zum Entwurf erfolgt, sind diese beiden Aufgabenbereiche in agil organisierten Projekten stark miteinander verwoben. Auch die Methodik im Entwurf unterscheidet sich: Im V-Modell XT etwa wird üblicherweise eine *Top-Down*-Strategie für den Architekturentwurf implementiert. Ausgehend vom Gesamtsystem werden Teilsysteme, Komponenten und Module schrittweise entworfen und verfeinert. In agilen Vorgehensweise, etwa dem *Feature-driven Development* (FDD; [25]) werden Funktionen hingegen als weitgehend abgeschlossene Blöcke direkt aus der Funktionsarchitektur abgeleitet und dann eigenständig in einer *Bottom-Up*-Strategie entworfen. Hierbei wird dann kein allumfassender Architekturentwurf als Ausgangspunkt gewählt. Vielmehr entsteht die Architektur des Softwaresystems organisch und begleitend zur Implementierung der Funktionalität.

1.3.2.3 Entwurf und Qualitätssicherung

Besondere Aufmerksamkeit ist der Qualitätssicherung zu widmen. Beim Entwurf der Architektur sind gleichzeitig Prüfkriterien zu entwickeln (siehe Kap. 9.5). Prüfkriterien betreffen einerseits die Entwicklung mit den unterschiedlichen Testverfahren, in denen überprüft wird, ob die Architektur die Anforderungen gerade auch in Hinsicht auf die Qualität korrekt umsetzt. Dabei ist insbesondere auf die Korrektheit der Architektur bezüglich der Anforderungen zu achten. Die entsprechenden Aufgaben im Rahmen der *Architekturverifikation* (siehe Kap. 9.5.1.1) sollen dabei sicherstellen, dass die Architektur zu einem Systemverhalten führt, welches die Anforderungsspezifikation implementiert. Der Architekturentwurf muss auch die Anforderungen, etwa hinsichtlich Langlebigkeit, einfacher Wartbarkeit oder Erweiterbarkeit berücksichtigen. Oftmals bietet es sich daher an, die gewünschten Eigenschaften frühzeitig mit Hilfe von Prototypen zu evaluieren. Dies hat den Vorteil, dass nicht nur Eigenschaften des Softwaresystems objektiv geprüft werden können, sondern dass auch den Anwendern frühzeitig und anschaulich lauffähige Software präsentiert werden kann.

1.3.3 Implementierung, Integration und Verifikation

Die Ergebnisse der Anforderungsfestlegung, des Systementwurfs und der Systemspezifikation werden in die eigentlichen Entwicklungsaufgaben *Implementierung, Integration* und *Verifikation* übernommen (siehe Teil IV). In diesen Aufgabenbereichen wird nun die eigentliche Entwicklung des Softwaresystems iterativ und inkrementell durchgeführt.

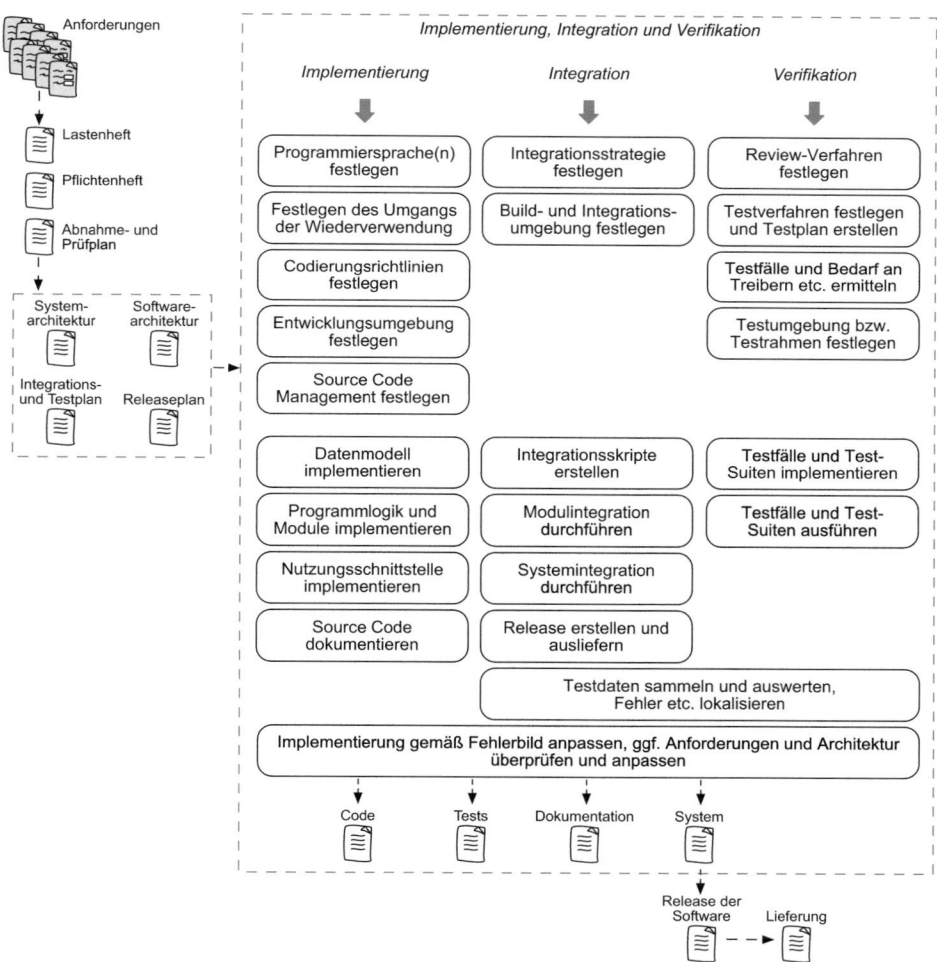

Abb. 1.10 Überblick über die Kernaufgaben in der Implementierung, in der Integration und in der Verifikation

1.3.3.1 Kernaufgaben

Abb. 1.10 fasst die Kernaufgaben der Implementierung und Qualitätssicherung in der Software- und Systementwicklung zusammen. Ausgangspunkte für die einzelnen Entwicklungsaufgaben sind üblicherweise die Anforderungen und die daraus entwickelten Architekturartefakte. Zusätzlich werden auch die Abnahme- und Prüfpläne und die Integrations- und Testpläne bei der Planung des Entwicklungsvorgehens berücksichtigt. Dabei sind die folgenden Aufgaben in den jeweiligen Aufgabengruppen durchzuführen:

Implementierung In der Implementierung wird das Softwaresystem in seinen Bestandteilen, in der Regel arbeitsteilig, durch Code realisiert (siehe Kap. 11). Hierbei finden die grundlegenden Prinzipien zur Entwicklung hochqualitativen Quellcodes Anwendung. Die Anforderungen und Entwürfe werden iterativ und inkrementell in Quellcode umgesetzt. Es werden die Programmlogik, die Datenmodelle und die Nutzungsschnittstellen implementiert und der Quellcode wird dokumentiert.

Integration In der Integration wird das Softwaresystem gemäß des Integrationsplans schrittweise zusammengesetzt (siehe Kap. 12.3). Hierbei wird eine angemessene Werkzeugunterstützung für effiziente und effektive Build-, Test- und Integrationsprozesse bereitgestellt. Kontinuierliche und automatisierte Tests flankieren die Integration der einzelnen Teilsysteme. Die erstellten Zwischenversionen der Software werden an die Stakeholder ausgeliefert. Die Stakeholder liefern kontinuierlich Feedback, was das gegenseitige Lernen unterstützt.

Verifikation In der Verifikation werden alle erforderlichen qualitätssichernden Maßnahmen geplant und umgesetzt (siehe Kap. 12.1), um eine kontinuierliche Qualitätssicherung des entwickelten Quellcodes zu gewährleisten und Fehler schnell zu lokalisieren. Erforderliche Anpassungen an der Implementierung und gegebenenfalls an den Anforderungen und Entwürfen sollen auf der Grundlage von gefundenen Fehlern schnell vorgenommen werden können.

1.3.3.2 Implementierung, Integration und Verifikation im Projekt

Die genaue zeitliche Reihenfolge, in der diese Aktivitäten ausgeführt werden, ist durch das gewählte Vorgehensmodell (siehe Kap. 3.1) festgelegt. Unabhängig vom genauen Vorgehen entstehen in regelmäßigen Abständen Modelle, Programmcode, Testsuiten, Dokumentation und weitere Artefakte. Darüber hinaus werden, je nach Vorgehensmodell, Rückkopplungen zur Verfeinerung der Anforderungen vorgesehen. Abschließend wird das System – unter Umständen in unterschiedlichen Integrationsstufen – an den Kunden geliefert (siehe Kap. 13.1). Hier regeln Vertrag und Vorgehensmodell in welchen Intervallen dies erfolgt

1.3 Kernthemen der Softwaretechnik

und was der jeweilige zu liefernde Funktionsumfang ist [6, S. 183 ff.]. Diese Informationen sind weiterhin wichtig für die Vereinbarung der Akzeptanztests und Abnahmen auf der Kundenseite.

1.3.4 Betrieb und Evolution

Bereits während der Projektdurchführung können Lieferungen bzw. Teillieferungen an den Betreiber oder Endnutzer erfolgen (siehe Kap. 13.1). Am Ende eines Projekts findet abschließend eine Schlusslieferung statt, welche bei positiver Evaluierung durch den Kunden in der Regel im Rahmen einer Abnahme gleichzeitig den Projektabschluss markiert. Dazu wird das System ausgeliefert, durch den Kunden geprüft und in Betrieb gesetzt (Abb. 1.11).

Mit Abschluss des Entwicklungsprojekts wird das System dann in den Betrieb überführt. Doch bereits während der Entwicklung sollte der Betrieb im Lebenszyklus eines Softwaresystems antizipiert werden. Das umfasst insbesondere solche Entwicklungsaufgaben, welche unmittelbar auf die Wartbarkeit und Weiterentwickelbarkeit eines Systems wirken (siehe Kap. 13.2). Diese Aufgaben ergeben sich direkt aus den vorhergehenden Abschnitten des Projektlebenszyklus.

Anforderungsanalyse	Es muss klar sein, welche Anforderungen zu welchen Implementierungen geführt haben, sodass bei einer Änderungsanforderung die betroffenen Quellcodes effizient zu identifizieren sind.
Architekturentwurf	Durch Gestaltung der Architektur mit Berücksichtigung der Prinzipien Modularität, Kopplung und Kohäsion soll eine Architektur die zielgerichtete und lokal begrenzte Weiterentwicklung unterstützen. Das Definieren und strikte Einhalten von Schnittstellen ist hierbei zentral.
Implementierung	Die Codierung der Software muss eine effiziente und effektive Qualitätssicherung, Wartung und Weiterentwicklung unterstützen. Dazu muss der Code klar strukturiert und gut dokumentiert sein.

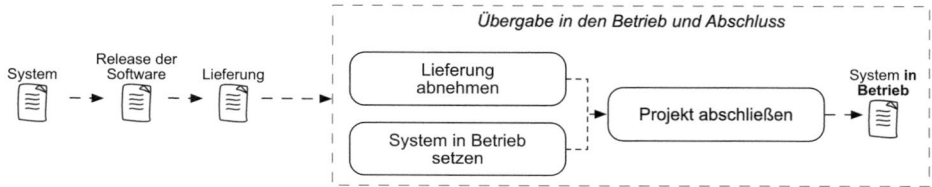

Abb. 1.11 Überblick über die Kernaufgaben bei der Übergabe in den Betrieb

Integration	Die Integrationsprozeduren, welche im Entwicklungsprojekt angewendet wurden, müssen auch auf das angepasste System angewendet werden. Dazu ist eine passende Build- und Integrationsumgebung aufzustellen, welche ggf. an die Änderungen angepasst werden muss.
Verifikation	Die Systemtests müssen so gestaltet sein, dass ein wiederholtes Durchführen der Tests auch nach einer Änderung des Systems möglich ist (Regressionstest). Dazu müssen bereits vorhandene Testfälle gegebenenfalls angepasst werden und zusätzliche Testfälle, welche die neue Funktionalität prüfen, dem Testsystem hinzugefügt werden.

Dies unterstreicht noch einmal die zwingende Notwendigkeit einer angemessenen Dokumentation des Systems und seiner Bestandteile – von den Anforderungen, über die Architektur und die Code-Dokumentation, bis hin zur Projektdokumentation mit der Beschreibung organisatorischer und technischer Festlegungen und Entscheidungen während der Entwicklung. Im Rahmen der Wartung, Pflege und Weiterentwicklung ist auch diese Dokumentation kontinuierlich weiterzuentwickeln und aktuell zu halten.

1.3.5 Vorgehensweisen in der Softwareentwicklung

Da Softwareprojekte und die damit einhergehenden, zuvor beschriebenen Entwicklungsaufgaben in der Regel in ganz unterschiedlichen Rahmenbedingungen stattfinden, die sie berücksichtigen müssen, sind die einzelnen Vorgehensweisen in Softwareentwicklungsprojekten üblicherweise sehr unterschiedlich (siehe Kap. 3). Das Vorgehen variiert zwischen den sogenannten „Wasserfall-artigen" und den „agilen" Vorgehensweisen. Bei den Wasserfall-artigen Vorgehensweisen wird in Phasen eher (strikt) sequentiell vorgegangen – beginnend bei der Anforderungsanalyse über die Architekturgestaltung, die eigentliche Codierung und die Qualitätssicherung bis zum fertigen System. Bei den eher agilen Vorgehensweisen sind die einzelnen Entwicklungsaufgaben miteinander verzahnt. Das System wird entwickelt, während es bereits in Betrieb ist, oder ein in Betrieb befindliches System wird schrittweise weiterentwickelt. Dann finden die einzelnen Aufgaben, von der Anforderungsdefinition, der Architekturgestaltung, der Codierung und der Qualitätssicherung, stark ineinander verschränkt statt. Typische Begriffe, die sich hier finden, sind *Agilität* bzw. *Agile Softwareentwicklung* (siehe Kap. 3.2.4), die zum einen eine bestimmte Art der Vorgehensweise meint, aber auch oft und die Vorstellung gekoppelt ist, frühzeitig eng am Code zu arbeiten. Noch weiter geht *DevOps* (siehe Kap. 12.4.2). Hier wird die Verschränkung von Entwicklung (Development) und Betrieb der Systeme (Operations) adressiert.

Achtung *Welche Vorgehensweise gewählt wird, hängt stark von den Rahmenbedingungen eines Projektes ab. Hier sollten Projektleiter ohne ideologische Voreingenommenheit sorgfältig prüfen, welche der Vorgehensweisen in einem Projekt – in Abhängigkeit von den Rahmenbedingungen – die angemessene ist.*

Übungsaufgaben

Die folgenden Übungsaufgaben dienen primär der Verständnisbildung, der Festigung des Verständnisses der Begriffe und der grundlegenden Zusammenhänge der Aufgaben in Softwareprojekten. Aufgrund der Vielfältigkeit des Software Engineerings bieten die folgenden Aufgaben viel Raum für Diskussion. Nutzen Sie diesen Raum und verschaffen Sie sich einen breiten Überblick über die Begriffe und methodischen und technischen Aufgaben der Software- und Systementwicklung.

Übung 1.1 (Erfolgsfaktoren der Softwareentwicklung) Die im Folgenden genannten Erfolgsfaktoren beeinflussen die Durchführung von Softwareprojekten positiv (vgl. Abschn. 1.1.3):

- Verlässliche Schätzungen des gesamten Softwarelebenszyklus
- Standardisierte Softwareinfrastruktur
- Stabilität der Anforderungen

a) Identifizieren Sie weitere wichtige Erfolgsfaktoren und ordnen Sie diese nach der Größe ihres Einflusses.
b) Benennen Sie Risiken in Softwareprojekten in diesem Zusammenhang und leiten Sie aus den Prinzipien und den zuvor ermittelten Erfolgsfaktoren geeignete Maßnahmen ab, um die Erfolgswahrscheinlichkeit von Softwareprojekten zu erhöhen.

Übung 1.2 (Lebenszyklus von Softwareprojekten) Der Lebenszyklus von Softwareprojekten lässt sich in unterschiedliche Phasen mit jeweils unterschiedlicher Schwerpunktsetzung unterteilen (Abb. 1.6).

a) Identifizieren Sie die wesentlichen Phasen im Projektlebenszyklus, benennen Sie typische Aufgabenkomplexe und konkrete Teilaufgaben, die zu bearbeiten sind.
b) Beschreiben Sie kurz die Einbettung eines Softwareprojekts (Neuentwicklung) in das Lebenszyklusmodell.
c) Beschreiben Sie kurz die Einbettung eines Projekts zur Weiterentwicklung einer Software in das Lebenszyklusmodell. Vergleichen Sie das Ergebnis mit b) und erläutern Sie die Unterschiede.
d) Identifizieren Sie für jede Phase grundlegende Ziele und Erfolgsfaktoren.

Übung 1.3 (Grundbegriffe und Produktlebenszyklus) In Abb. 1.4 sind die grundlegenden Begriffe der Softwaretechnik aufgeführt und in Abb. 1.6 ist das Modell des Lebenszyklus dargestellt.

a) Ordnen Sie die Grundbegriffe aus Abb. 1.4 den Aufgaben aus dem Lebenszyklusmodell aus Abb. 1.6 zu.
b) Diskutieren Sie die Abhängigkeiten zwischen den Aufgaben des Lebenszyklusmodells und den Konzepten, welche hinter den Begriffen aus Abb. 1.4 stehen, zum Beispiel die Rolle von *Akzeptanztests* im Hinblick auf die Aufgaben der Anforderungsanalyse, des Entwurfs, der Realisierung und der Verifikation eines Softwaresystems.

Literatur

1. M. Andreessen. Why Software Is Eating The World. *The Wall Street Journal*, August 2011.
2. N. Bennett, R. Buttrick, and P. Stanton, editors. *Erfolgreiche Projekte managen mit PRINCE2*. The Stationary Office Ltd, 6 edition, May 2009.
3. T. Bennett and P. Wennberg. Eliminating Embedded Software Defects Prior to Integration Test. *Quality Assurance Institute Journal*, 2006.
4. P. Beuth. Zeit Online, 26.03.2016: Twitter-Nutzer machen Chatbot zur Rassistin. Online (abgerufen: 11.08.2019): https://www.zeit.de/digital/internet/2016-03/microsoft-tay-chatbot-twitter-rassistisch, 2016.
5. M. Broy. Software eats the world. Whitepaper, Swiss Engineering Institute Press, 2015.
6. M. Broy and M. Kuhrmann. *Projektorganisation und Management im Software Engineering*. Number 978-3-642-29289-7 in Xpert.press. Springer Verlag, Berlin Heidelberg, 1 edition, 2013.
7. D. Cadbury. *Space Race: The Epic Battle Between America and the Soviet Union for Dominion of Space*. Harper Perennial, reprint edition, June 2007.
8. M. E. Caspersen, J. Gal-Ezer, A. McGettrick, and E. Nardelli. Informatics as a fundamental discipline for the 21st century. *Commun. ACM*, 62(4):58, Mar. 2019.
9. Cassel, M. *ISO 9001 – Qualitätsmanagement prozessorientiert umsetzen*. Hanser Fachbuchverlag, 2007.
10. M. A. Cusumano. The changing software business: Moving from products to services. *IEEE Computer*, 41(1):20–27, 2008.
11. J. Donovan. *Shoot for the Moon: The Space Race and the Voyage of Apollo 11*. Amberly Publishing, August 2019.
12. I. Dörfler and O. Baumann. Learning from a Drastic Failure: The Case of the Airbus A380 Program. *Industry and Innovation*, 21(3):197–214, 2014.
13. M. Dowson. The Ariane 5 software failure. *SIGSOFT Software Engineering Notes*, 22(2), 1997.
14. D. M. Fernández, W. Böhm, A. Vogelsang, J. Mund, M. Broy, M. Kuhrmann, and T. Weyer. Artefacts in software engineering: a fundamental positioning. *Software & Systems Modeling*, 18:2777–2786, October 2019.
15. D. Gates. The Seattle Times, 12.11.2018: U.S. pilots flying 737 MAX weren't told about new automatic systems change linked to Lion Air crash. Online: https://www.seattletimes.com/ (abgerufen: 2019-08-11), 2018.
16. IEEE 829-2008. *IEEE Standard for Software and System Test Documentation*. IEEE, July 2008.

17. ISO 9000:2005. *Quality Management Systems – Fundamentals and Vocabulary*. International Organization for Standadization, 2005.
18. ISO/IEC 2382-1:2015. *Information technology – Vocabulary – Part 1: Fundamental terms*. International Organization for Standardization, 2015.
19. ISO/IEC 25010:2011. *Systems and software engineering – System and software quality models*. International Organization for Standardization, 2011.
20. ISO/IEC 26514:2008. *Systems and software engineering – Requirements for designers and developers of user documentation*. International Organization for Standardization, June 2008.
21. ISO/IEC/IEEE 24765:2010. *Systems and software engineering – Vocabulary*. International Organization for Standardization, 2010.
22. J. E. Jonson, J. Borken-Kleefeld, D. Simpson, A. Nyíri, M. Posch, and C. Heyes. Impact of excess NOx emissions from diesel cars on air quality, public health and eutrophication in Europe. *Environmental Research Letters*, 12(9):094017, September 2017.
23. E. Kok. Teure Software für ALG II. *taz – Die Tageszeitung*, 7762:2, September 2005.
24. A. Menden. Süddeutsche Zeitung, 20.03.2018: Die schmutzigen Methoden der Datenfirma. Online: https://www.sueddeutsche.de (abgerufen: 11.08.2019), 2018.
25. S. R. Palmer and J. M. Felsing. *A Practical Guide to Feature-Driven Development*. Prentice Hall, February 2002.
26. Sneed, H. M. *Software-Projektkalkulation*. Hanser Fachbuchverlag, 2005.
27. Software Quality Systems (SQS). Die spektakulärsten Software-Fehler des Jahres 2010. Online: http://www.sqs.com/de/de/das-unternehmen/pressemitteilungen_4306.php, Januar 2011.
28. C. Szyperski, D. Gruntz, and S. Murer. *Component Software: Beyond Object-Oriented Programming*. Component Software Series. Addison-Wesley, 2 edition, November 2002.
29. T. Tolker-Nielsen. EXOMARS 2016 - Schiaparelli Anomaly Inquiry. Report DG-I/2017/546/TTN, European Space Agency (ESA), May 2017.
30. Wallmüller, E. *Software-Qualitätsmanagement in der Praxis: Software-Qualität durch Führung und Verbesserung von Software-Prozessen*. Hanser Fachbuch, second edition, 2001.
31. A. I. Wasserman. How the internet transformed the software industry. *Journal of Internet Services and Applications*, 2(1):11–22, 2011.
32. Weuster, A. *Unternehmensorganisation: Organisationsprojekte & Aufbaustrukturen*. Hampp, Mering, third edition, 2008.

2 Eigenschaften und Strukturen von Softwaresystemen

> **Zusammenfassung**
>
> Technisch gesehen sind Softwaresysteme große Ansammlungen von Programmcode und Daten, die auf verfügbaren Rechenanlagen zur Ausführung gebracht werden können. In dieser technischen Sichtweise und Darstellung sind Softwaresysteme für Menschen kaum verständlich, da sie für die Ausführung auf Maschinen gemacht sind. Für das Verständnis eines Softwaresystems sind deshalb strukturierte Sichten notwendig, die beschreiben, welche Aufgaben sich durch ein Softwaresystem erledigen lassen, welche Funktionalität ein Softwaresystem in welcher Form zur Verfügung stellt und welche besonderen Qualitätseigenschaften es aufweist. Letzteres hat mit der Frage zu tun, wie zuverlässig ein Softwaresystem ist, wie korrekt es seine Funktionen ausführt, wie intuitiv es nutzbar ist und wie einfach es zu betreiben ist. Werden Softwaresysteme in kritischen Anwendungen eingesetzt, muss ihr fehlerfreies Funktionieren gewährleistet sein, ohne dass Gefahren für Menschen auftreten. Dies alles macht deutlich, dass eine Vielzahl unterschiedlicher Eigenschaften und Qualitätsmerkmale von Softwaresystemen von Interesse sind und das spezielle Strukturen und Modelle benötigt werden, um diese Eigenschaften angemessen zu beschreiben. Dieses Kapitel widmet sich daher der Charakterisierung von Softwaresystemen anhand von Qualitätseigenschaften und der Einführung von Metriken zur Messung der Qualitätseigenschaften.

2.1 Charakterisierung von Softwaresystemen

Software Engineering zielt auf die Entwicklung mittelgroßer bis großer Programmsysteme ab. Allerdings sind viele der Prinzipien des Software Engineering auch für kleine Programme gewinnbringend einsetzbar. Wichtig ist es natürlich, zwischen den Arten der Software und den unterschiedlichen Anwendungsgebieten von Software zu unterscheiden. In diesem Abschnitt nehmen wir daher eine Charakterisierung von Software aus unterschiedlichen

Perspektiven vor. Der ISO-Standard ISO/IEC 2382:2015 [37] unterscheidet die folgenden grundlegenden Softwarekategorien (siehe auch Kap. 1.2, Abb. 1.3):

Systemsoftware Systemsoftware ist eine allgemeine Kategorie von Programmen, welche dazu dienen, Computersysteme in Betrieb zu nehmen und zu betreiben. Systemsoftware bietet somit anderen Softwaresystemen eine Plattform, auf der sie ausgeführt werden können. Ein Beispiel für eine Systemsoftware ist das Betriebssystem, ein weiteres Beispiel ist die sogenannte Middleware.

Anwendungssoftware Anwendungssoftware umfasst alle Programme, die Anwender nutzen, um anwendungsbezogene Aufgaben mit Hilfe eines Computers durchzuführen. Dies umfasst unter anderem allgemeine Office-Werkzeuge wie eine Textverarbeitung oder eine Tabellenkalkulation, Webbrowser oder spezialisierte Software, wie ERP-Systeme, Abrechnungssysteme oder Grafik- und Videoprogramme. Ferner gehören dazu sehr spezielle Softwaresysteme wie Buchungssysteme, Überwachungssysteme und vieles mehr.

Unterstützungssoftware Unterstützungssoftware umfasst Software, welche die Entwicklung und Wartung von Softwaresystemen unterstützt. Die Funktionalität von Unterstützungssoftware ist in der Regel nicht anwendungsspezifisch. Beispiele hierfür sind Compiler für Programmiersprachen – wir sprechen auch von *Softwareentwicklungswerkzeugen.*

Weitere Kategorien Neben diesen Basiskategorien, kann Software auch noch nach weiteren Gesichtspunkten kategorisiert werden. Solche Kategorien sind beispielsweise:

Individualität Software kann nach dem *Grad der Individualität* kategorisiert werden. Man unterscheidet insbesondere nach *Individualsoftware* und *Standardsoftware.* Erstere wird üblicherweise im Rahmen von Softwareprojekten individuell für den beauftragenden Kunden entwickelt, während letztere als „Produkt" an Kunden verkauft[1] wird.

Einbettung Software kann auch nach dem *Grad der Einbettung* in ein cyberphysisches System kategorisiert werden. Dabei kann *nicht eingebettete* Software nachträglich auf einem System installiert werden, während *eingebettete* Software fest in einem Gerät untergebracht ist, etwa zu dessen Steuerung. Zu beachten ist hierbei, dass die Grenzen in dieser Form der Kategorisierung zunehmend verschwimmen, da in vielen Geräten heute auch die eingebettete Steuersoftware nachträglich noch aktualisiert werden kann, zum Beispiel in Autos oder in Unterhaltungsgeräten wie Fernsehern oder BlueRay-Playern.

Lizenz Ein weiteres wichtiges Kriterium zur Kategorisierung von Software ist das *Nutzungsrecht* (die Lizenz). Es gibt Software, die von einem Anwender gekauft und mittels individualisierter Lizenz nur von diesem Anwender auf

2.1 Charakterisierung von Softwaresystemen

genau einem Gerät verwendet werden darf. Unternehmen kaufen oft sogenannte Volumenlizenzen für eine Menge von Anwendern. Am anderen Ende des Spektrums gibt es freie Software, die von jedem in beliebiger Menge auf einer beliebigen Anzahl an Geräten verwendet werden darf. Für die unterschiedlichen Nutzungsbedingungen von Software gibt es eine Vielzahl an unterschiedlichen Lizenzen, welche die Art der Nutzung und der Weitergabe regeln. Oftmals ist das Nutzungsrecht auch an die Verfügbarkeit[2] des Quellcodes der Software gekoppelt. Während sogenannte *proprietäre* Software oft durch Firmen nach einem restriktiven Lizenzmodell vertrieben wird, kann beispielsweise *Open Source Software* oftmals nahezu beliebig genutzt, modifiziert und sogar in modifizierter Form weitergegeben werden.

Ergebnis Software kann auch nach der *Art des Ergebnisses* kategorisiert werden, wobei „Ergebnis" sich hier auf die Art des Artefakts aus dem Entwicklungsprozess bezieht. Software kann somit als Quellcode vorliegen, welcher noch übersetzt werden muss, um zur Ausführung gebracht zu werden. Software kann jedoch auch bereits in kompilierter und somit direkt ausführbarer Form vorliegen (sogenannte *Binaries*). Als Ergebnis des Entwicklungsprozesses von Software zählt aber auch die Dokumentation der Software, insbesondere Entwürfe, Modelle oder API-Dokumentationen, welche die Software als solche beschreiben.

In der Praxis wird die Software über den aktuellen *Systemtyp* charakterisiert. Oftmals finden sich hierbei die in Tab. 2.1 aufgeführten vier Standardtypen für softwareintensive Systeme.

Softwaresysteme werden entwickelt, um bestimmte Aufgaben zu unterstützen oder gar weitgehend selbstständig wahrzunehmen. Eine wesentliche Charakterisierung eines Softwaresystems ist deshalb, für welche Aufgaben es gedacht ist, genauer, durch welche Funktionalität es die entsprechenden Aufgaben unterstützt. Heutige Softwaresysteme zeichnen sich durch extreme Leistungsfähigkeit aus, die sich zum einen aus der über alle Maße gewachsenen Leistung der zur Verfügung stehenden Rechnersysteme ergibt und zum anderen aus der Vielzahl von Daten, die zur Verfügung stehen und den Möglichkeiten der Vernetzung. Gerade der Umstand, dass über die vorhandenen Netze unterschiedliche Dienste aus einer Software heraus genutzt werden können, dass auch über Sensoren und Aktuatoren eine direkte Anbindung an technische Systeme möglich ist, und dass insbesondere die Systeme in der Regel im engen Austausch mit ihren Nutzern oft über Anbindungen durch das Internet

---

[1]Die Unterscheidung zwischen Individual- und Standardsoftware ist auch vom rechtlichen Standpunkt aus relevant und muss bei der Vertragsgestaltung für Softwareprojekte, insbesondere beim Einsatz extern zugekaufter Komponenten oder sonstiger Teilsysteme, berücksichtigt werden [11].

[2]Man beachte, dass die Verfügbarkeit von Quellcode nicht mit einem Verzicht auf das Copyright einhergeht. Auch für freie Software bleibt das Urheberrecht in der Regel erhalten. Dies wird üblicherweise in den Lizenzen im Detail geregelt.

Tab. 2.1 Standardtypen für softwareintensive Systeme

Systemtyp	Eigenschaften
Informationssystem	Ein (betriebliches) Informationssystem dient vornehmlich der Verwaltung und Verarbeitung von Informationen (Daten). Es ist charakterisiert durch:
	• Vielfältige Einsatzbereiche von einfachen Bürotätigkeiten über unternehmensspezifische Software wie ERP-Systeme bis hin zu Spezialanwendungen, etwa für wissenschaftliches Rechnen • Nutzung/Verarbeitung komplexer Datenstrukturen und umfangreicher Daten • Gleichzeitige Nutzung durch mehrere Anwender
Internet-basiertes System	Ein Internet-basiertes System ist ein verteiltes Softwaresystem, welches meist durch einen Webbrowser „online" genutzt wird[a]. Es ist charakterisiert durch:
	• Vielfältige Einsatzbereiche von der gemeinsamen Dokumentbearbeitung über Zugriff auf Online-Datenbanken bis hin zur Nutzung von Internet-basierten Diensten, etwa für Online-Shops oder Buchungssysteme • Transparente Dienste, hochgradig vernetzt, wissensgetrieben • Gleichzeitige Nutzung durch mehrere Anwender
Eingebettetes System	Ein eingebettetes System ist Bestandteil einer Hardware und interagiert durch Sensoren und Aktuatoren mit seiner Umwelt. Es ist charakterisiert durch:
	• Oftmals kritisch hinsichtlich Zuverlässigkeit, Sicherheit oder Performance; insbesondere in Szenarien, in denen Menschen mit dem System interagieren (etwa Robotik) oder von dessen Funktionieren abhängen (etwa Autos) • Üblicherweise direkt in die Hardware integriert • Übernimmt Steuerung- und Kommunikationsaufgaben • Oftmals durch die Hardware limitiert in verfügbaren Ressourcen, etwa Energie
Mobiles System	Ein mobiles System wird üblicherweise auf einem mobilen Endgerät wie etwa einem Smartphone oder einem Tablet betrieben. Es ist charakterisiert durch:
	• Auch: mobile, (semi-)autonome Systeme wie autonome Roboter oder Drohnen (in diesem Fall treffen oft auch die Eigenschaften eingebetteter Systeme zu) • Hochgradig vernetzte Systeme (Mobilfunk, W-Lan), die Anwendungsqualität ist oft abhängig von der verfügbaren Bandbreite des Netzwerks • Hochgradig individualisierte Systeme (Smartphones, Tablet) • Oftmals durch die Hardware limitiert in verfügbaren Ressourcen, etwa Energie

[a]Es ist zu beachten, dass Internet-basierte Systeme zunehmend auch Aufgaben (betrieblicher) Informationssysteme übernehmen und oftmals auch die Grundlage mobiler Systeme bilden

2.1 Charakterisierung von Softwaresystemen

interagieren, ergeben sich unglaubliche Möglichkeiten der Gestaltung der Systeme für die unterschiedlichsten Aufgabenstellungen.

2.1.1 Der Kontext

Softwaresysteme dienen stets dazu, eine Funktion bzw. eine Familie von Funktionen bereitzustellen – wir sprechen von der *Funktionalität* oder auch von einem *Dienst*. Die Erbringung der Funktionalität kann auf zwei unterschiedliche Weisen erfolgen:

1. Die Funktionalität wird in Interaktion mit einem menschlichen Anwender zur Erfüllung spezifischer Aufgaben erbracht, der sogenannten *Anwenderinteraktion* (vgl. Abb. 1.3).
2. Die Funktionalität wird eingebettet im Kontext einer Systemumgebung durch Interaktion über Sensoren und Aktuatoren mit der physischen Umgebung oder anderen Systemen erbracht, der sogenannten *Inter-Systeminteraktion*. Diese Interaktionsform ist besonders bei *autonomen Systemen* relevant, etwa selbstfahrenden Autos oder autonomen Robotern. Weitere Beispiele finden sich in verteilten Systemen und Netzwerken.

Abb. 2.1 illustriert diese unterschiedlichen Interaktionsformen und hebt dabei auch die spezielle Rolle des *Systemkontexts* (oft auch als *Systemumgebung* bezeichnet [15, 58]) hervor.

Softwaresysteme wirken in einem *Kontext,* wobei dieser Kontext in der Regel selbst eine Familie von Funktionen zur Verfügung stellt und eine Menge von Eigenschaften hat. Der Systemkontext besteht aus anderen Systemen, Nutzern, Prozessen, Sensoren und Aktuatoren (vgl. Abb. 1.4).

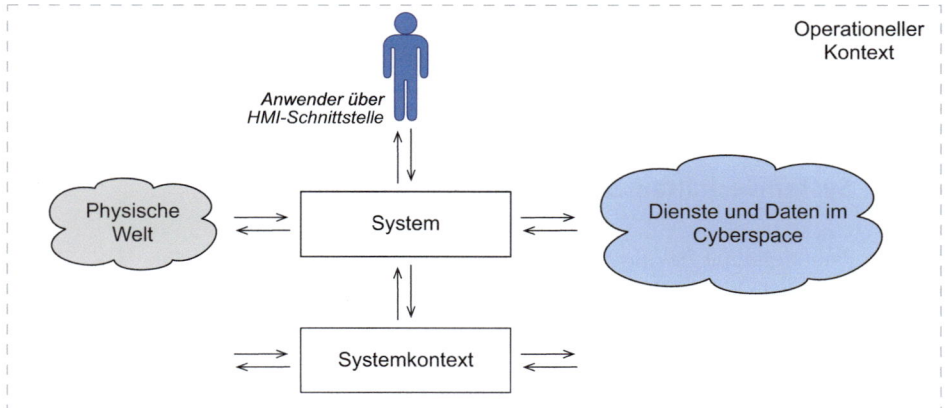

Abb. 2.1 Einordnung von System, Systemkontext und operationellem Kontext

Definition 2.1 (Kontext) Ein System ist durch die Definition seiner Systemgrenze von seiner Umwelt abgegrenzt. Den für das Systemverhalten relevanten Teil der Umwelt bezeichnen wir als seinen *Kontext*.

Für Softwaresysteme nach Definition 1.6 unterscheiden wir drei wesentliche Ausprägungen des Kontextbegriffs:

Operationeller Kontext	Der operationelle Kontext (die Betriebsumgebung) umfasst die Schnittstellen zu umgebenden Systemen und zu umgebenden Prozessen, sowie Schnittstellen zu Sensoren und Aktoren und die Nutzerschnittstellen.
Fachlicher Kontext	Der fachliche Kontext umfasst Begriffe, Eigenschaften, Regeln und zu berücksichtigende Gesetze des Anwendungsgebiets.
Businesskontext	Der Businesskontext adressiert den Markt und die Vermarktung der Software aber auch das Anwendungsgebiet.

Dabei kann der Systemkontext selbst wiederum als System aufgefasst und im Rahmen der Systementwicklung entsprechend modelliert und spezifiziert werden. In diesem Zusammenhang kommt eine weitere wesentliche Eigenschaft von Softwaresystemen zum Tragen: jedes Softwaresystem hat *Struktur* (siehe Definition 1.8). Bezüglich der Struktur unterscheiden wir die *innere Struktur* eines Systems – die *Architektur* eines Systems als Gliederung in Teilsysteme (siehe Kap. 8). Weiterhin betrachten wir die *äußere Struktur* eines Systems, die Gliederung der Funktionalität eines Systems in Teilfunktionen in der Funktionsarchitektur, welche sich insbesondere auf den Systemkontext und seine Struktur bezieht, in die das zu entwickelnde Softwaresystem eingebettet ist.

Achtung *Wesentlicher Teil bei der Charakterisierung des Kontextes, in dem ein Softwaresystem zur Anwendung kommt, ist die Beantwortung der Frage, welche Aufgaben das Softwaresystem in dem entsprechenden Kontext wahrnimmt bzw. unterstützt.*

2.1.2 Systemverhalten, Schnittstellen und Funktionen

Aus der Funktionalität des Softwaresystems und des Kontexts ergibt sich, wie sich das Softwaresystem im Kontext *verhält*. Neben diesem logischen Verhalten eines Systems gibt es eine Reihe von spezifischen *Qualitätseigenschaften* (siehe Abschn. 2.2). Grob unterscheiden wir dabei die folgenden Kategorien:

- Funktionsbezogene Qualitätseigenschaften beziehen sich auf Qualitätsmerkmale des Systems, welche die Art der Funktionserbringung beeinflussen, etwa die Reaktionszeit eines Systems.

2.1 Charakterisierung von Softwaresystemen

- Funktionsunabhängige Qualitätseigenschaften beziehen sich auf Qualitätsmerkmale des Systems, welche losgelöst von der Funktionalität von Bedeutung sind, etwa die Änderbarkeit oder die Erweiterbarkeit eines Systems.

Diese Eigenschaften beziehen sich auf das System und dienen zu dessen Charakterisierung. Die Eigenschaften eines Softwaresystems lassen sich nach den verschiedenen Rollen der Personen kategorisieren, die mit dem System interagieren. Typische Rollen sind hierbei die Nutzer, die Betreiber und die Entwickler eines Systems. Entsprechend unterscheiden wir Qualitätsmerkmale nach Qualität in der Nutzung, Qualität in der Entwicklung und Evolution und Qualität im Betrieb (siehe auch Abschn. 2.2). Wir können die verschiedenen Eigenschaften eines Systems dann in dieser Form kategorisieren. Allerdings trennen diese Kategorien nicht scharf. Bestimmte Eigenschaften sind für mehrere Kategorien von Interesse.

2.1.2.1 Schnittstellen

Systeme haben eine Struktur und ein Verhalten nach Außen (siehe Definition 1.3). Dieses Verhalten wird üblicherweise durch *Schnittstellen* beschrieben, welche wir wie folgt definieren:

Definition 2.2 (Schnittstelle) Eine *Schnittstelle* (engl. Interface) bezeichnet und beschreibt die Grenze zwischen zwei oder mehr Systemteilen (Komponenten) und die Interaktionen und Wechselwirkung darüber. Eine Schnittstellenspezifikation ist ein Vertrag, der das Verhalten einer Komponente bei ihrer Nutzung, etwa in einer Komposition, beschreibt.

Definition 2.3 (Schnittstellenbeschreibung) In einer *Schnittstellenbeschreibung* wird das Verhalten an der Systemgrenze festgelegt, d. h. welche Wechselwirkungen über die Schnittstelle stattfinden. Dazu wird spezifiziert, welche *Aktionen* an der Schnittstelle möglich sind und welche Informationen dadurch über die Schnittstelle ausgetauscht werden (syntaktische Schnittstelle, statische Sicht) und in welchen logischen *Abhängigkeiten* die Aktionen und Ereignisse des Informationsaustauschs zueinander stehen (semantische Schnittstelle, Schnittstellenverhalten).

Im Allgemeinen bezeichnet eine Schnittstelle einen definierten Übergang zwischen Datenübertragungseinrichtungen, Hardwarekomponenten, logischen Softwareeinheiten oder zwischen Menschen und Systemen (vgl. Abb. 1.3). In einem Softwaresystem sind Schnittstellen primär *logische* Berührungspunkte zwischen den Teilen des Softwaresystems und/oder seiner Umgebung (siehe Abschn. 2.1.1) und ermöglichen und regeln den Austausch von Kommandos und Daten zwischen den verschiedenen Systemteilen (Teilsystemen), zwischen den umgebenden Prozessen und Systemen. Grundsätzlich werden in Softwaresystemen genutzte Schnittstellen in zwei Kategorien eingeordnet:

Datenorientierte Schnittstellen	werden zur Kommunikation eingesetzt und beschreiben die Informationen, die zwischen Systemteilen ausgetauscht werden.
Funktionale Schnittstellen	bieten eine Funktionalität, beschrieben durch Funktionen, an.

2.1.2.2 Funktionen

Die Schnittstelle, die ein System nach außen anbietet, definiert die (gesamte) Funktionalität eines Systems (seine Funktion und seine Dienste). Häufig wird diese Schnittstelle in Unterschnittstellen strukturiert, die jeweils einer angebotenen Teilfunktionalität entsprechen (siehe Kap. 4.6.1).

Definition 2.4 (Funktion) Für ein Softwaresystem entspricht eine *Funktion* einem Ausschnitt aus dem Schnittstellenverhalten des Systems für einen bestimmten Zweck. Eine Funktion ist charakterisiert durch die Angabe des Zwecks, dem sie dient, und durch ein Schnittstellenverhalten, das die Interaktion zur Erbringung der Funktion beschreibt.

Eine (Nutzungs-)Funktion entspricht einem Ausschnitt aus dem Verhalten des Systems, das an der Systemschnittstelle wahrgenommen werden kann und einem bestimmten Zweck (Nutzung) dient. Funktionen werden oft auch als *(Functional) Features* bezeichnet. Für Funktionen, die von Menschen genutzt werden, kommt noch die physische Ausprägung der Nutzungsschnittstelle hinzu. Bestehen innere Abhängigkeiten zwischen den Funktionen sprechen wir von *Feature Interaction*. Für Funktionen werden in Abhängigkeit des jeweiligen Kontexts häufig auch die folgenden Begriffe verwendet: *Nutzungsfunktion, Dienst, Feature, User-Visible Function*.

2.1.3 Sichten auf Softwaresysteme

Software Engineering ist ein *interdisziplinäres* Feld und daher sind in der Entwicklung interdisziplinäre Teams die Regel. Zu bewältigen ist dabei das Problem, dass alle am Projekt beteiligten Stakeholder zwar eine gemeinsame Vision haben mögen, üblicherweise jedoch auf unterschiedliche Hintergründe und Erfahrungen zurückgreifen, die wiederum in ein unterschiedliches Verständnis des Zielsystems münden. Weiterhin sind in der Regel nicht alle Stakeholder an allen Aspekten eines Systems interessiert. Ein Sachbearbeiter hat etwa völlig andere Anforderungen an ein System als ein Administrator – und diese Anforderungen werden auch auf andere Art und Weise verstanden und kommuniziert.

2.1.3.1 Perspektiven und Sichten

Auf diese Weise entstehen unterschiedliche *Perspektiven,* die sich in Anforderungen widerspiegeln und sich aus den Aufgaben der jeweiligen Stakeholder ergeben. Die Kunst der Entwicklung ist es, zwischen den Stakeholdern zu vermitteln, ein einheitliches Verständnis zu entwickeln und den Stakeholdern die für sie relevanten Informationen in einer angemessenen Weise zu präsentieren. Um die Komplexität der Entwicklungsaufgabe zu reduzieren, wird das Konzept der *Sicht* (engl. View) verwendet. Basierend auf dem IEEE Standard 1471-2000 [32] definiert die in Abb. 2.2 gezeigte ISO/IEC/IEEE 42010:2011 [43] eine Architektursicht wie folgt: *„An Architecture View in an architecture description expresses the architecture of the system of interest from the perspective of one or more stakeholders to address specific concerns, using the conventions established by its viewpoint. An architecture view consists of one or more architecture models."*. Darauf aufbauend verwenden wir in diesem Buch den Sichtenbegriff aus Definition 2.5.

Definition 2.5 (Sicht) Eine Sicht (View) zeigt ein System aus einer *bestimmten Perspektive* (Viewpoint). Sichten stellen Abstraktionen des Systems dar. Sie nutzen für die gewählten Perspektiven oft *geeignete Modellierungskonzepte* und ermöglichen damit eine konzentrierte *Betrachtung und Analyse dieser Perspektiven*.

Eine Sicht ist somit ein Instrument zur Beschreibung eines Softwaresystems aus einer spezifischen Perspektive mit dem Ziel der Reduktion der Komplexität der Beschreibung des Systems, der spezialisierten Beschreibung (von Systemteilen) für unterschiedliche Stakeholder und der spezifischen Hervorhebung ausgewählter Anforderungen.

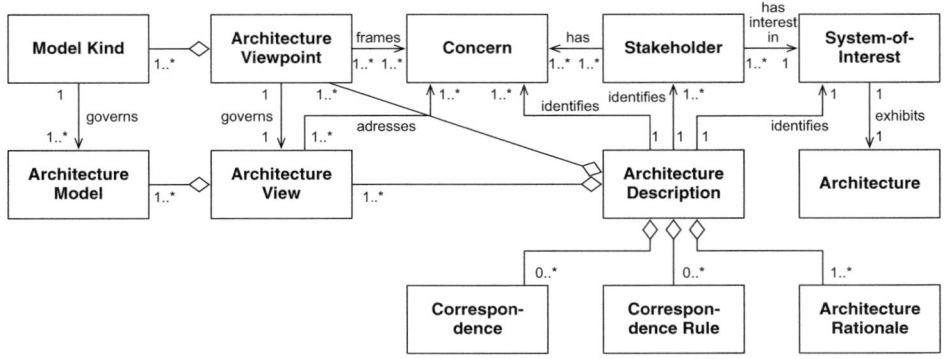

Abb. 2.2 Das *Architecture Description Model* nach ISO/IEC/IEEE 42010:2011 [43]

2.1.3.2 Ein pragmatisches Sichtenmodell

Wir verwenden ein über viele Jahre entwickeltes und bewährtes Modell (Abb. 2.3), welches die im Folgenden beschriebenen vier Sichten definiert.

Funktionssicht Die Funktionssicht adressiert die Funktionalität eines Systems durch die Angabe einer Funktionsarchitektur, welche eine Gliederung der im System angebotenen Funktionalität, bestehend aus einzelnen Funktionen und deren Wechselwirkungen, beschreibt.

Plattformunabhängige Komponentensicht Die plattformunabhängige Komponentensicht beschreibt die Logik der Komponentenarchitektur, bestehend aus unabhängig entwickelbaren und verteilbaren – zumeist nebenläufigen – Komponenten und ihren Beziehungen untereinander.

Plattformabhängige Komponentensicht Die plattformabhängige Komponentensicht bildet die logische Komponentenarchitektur auf eine technische Komponentenarchitektur ab. Das heißt es werden Teilsysteme gebildet, welche auf einer geeignet gewählten – gegebenenfalls virtualisierten – Hardware verteilt und dort zur Ausführung gebracht werden können. Innerhalb der einzelnen (technischen) Komponenten wird in der Regel auch die Nebenläufigkeit aufgelöst und Anweisungen werden sequenziell ausgeführt.

Softwarearchitektur Die die Softwarearchitektur beschreibt die Gliederung der einzelnen Softwarekomponenten in Module, welche im Rahmen eines Feinentwurfs auf konkrete Klassen und sonstige Konstrukte einer Programmiersprache abgebildet werden.

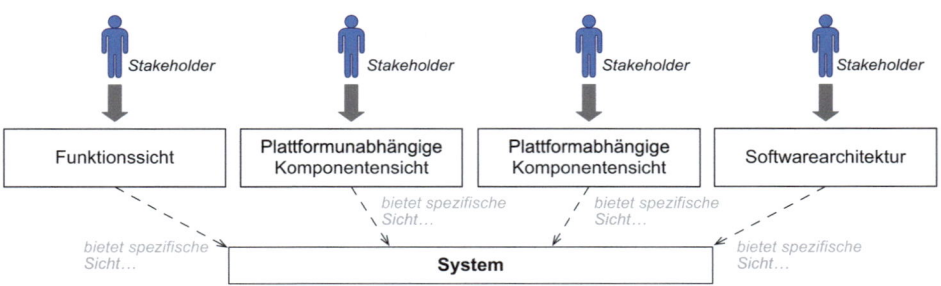

Abb. 2.3 Ein pragmatisches Sichtenmodell

> **Weitere Sichten…**
> Die Sichten des Modells in Abb. 2.3 sind hilfreich zur Definition eines Architekturframeworks für die Entwicklung von Softwaresystemen. Ergänzend zu diesen vier „Hauptsichten" kann es sich anbieten, weitere, für die entsprechenden Stakeholder spezialisierte Sichten anzubieten. Im Folgenden sind ausgewählte und häufig verwendete Sichten aufgeführt, wobei kein Anspruch auf Vollständigkeit erhoben wird:
>
> | | |
> |---|---|
> | Datensicht | Die Datensicht beschreibt die Daten eines Systems, die Struktur der Daten sowie ihre charakteristischen Funktionen. |
> | Schnittstellensicht | Die Schnittstellensicht beschreibt die Wechselwirkung eines Systems mit seiner Umgebung. |
> | Zustandssicht | Die Zustandssicht beschreibt die einzelnen Zustände, die ein System einnehmen kann, sowie die entsprechenden auftretenden Zustandsänderungen des Systems. |
> | Verteilungs-/Struktursicht | Die Verteilungs-/Struktursicht beschreibt die Gliederung eines Systems in Teilsysteme, deren Schnittstellen und die Verteilung der einzelnen Gliederungseinheiten. Dies kann sowohl aus einer logischen als auch aus einer physischen Perspektive erfolgen. |
> | Ablaufsicht | Die Ablaufsicht beschreibt die Abläufe des Systems als Folgen von Aktionen oder Ereignissen. Hierbei werden *interne Abläufe* zwischen den Komponenten des Systems erfasst und *externe Abläufe* zwischen dem System seiner Umgebung. Diese Sicht wird häufig auch als *Prozesssicht* bezeichnet. |
> | Interaktionssicht | Die Interaktionssicht beschreibt den Informationsaustausch als Interaktion im Sinne eines „Dialogs" zwischen Systemteilen und/oder Systemkontext. Die Interaktionssicht ist damit als besondere Form der *Ablaufsicht* anzusehen. |

2.2 Qualitätseigenschaften von Softwaresystemen

Systeme verfügen über eine Vielzahl von Eigenschaften, die sich entweder auf eine Funktion des Systems oder eine Charakteristik einer Funktion, eines Funktionsbündels oder auf die Gliederung und Qualitätsattribute des Gesamtsystems beziehen. Diese Eigenschaften entscheiden über die objektiv messbare und über die wahrgenommene Qualität eines Softwaresystems. In diesem Abschnitt verwenden wir die Taxonomie in Abb. 2.4, die sich an

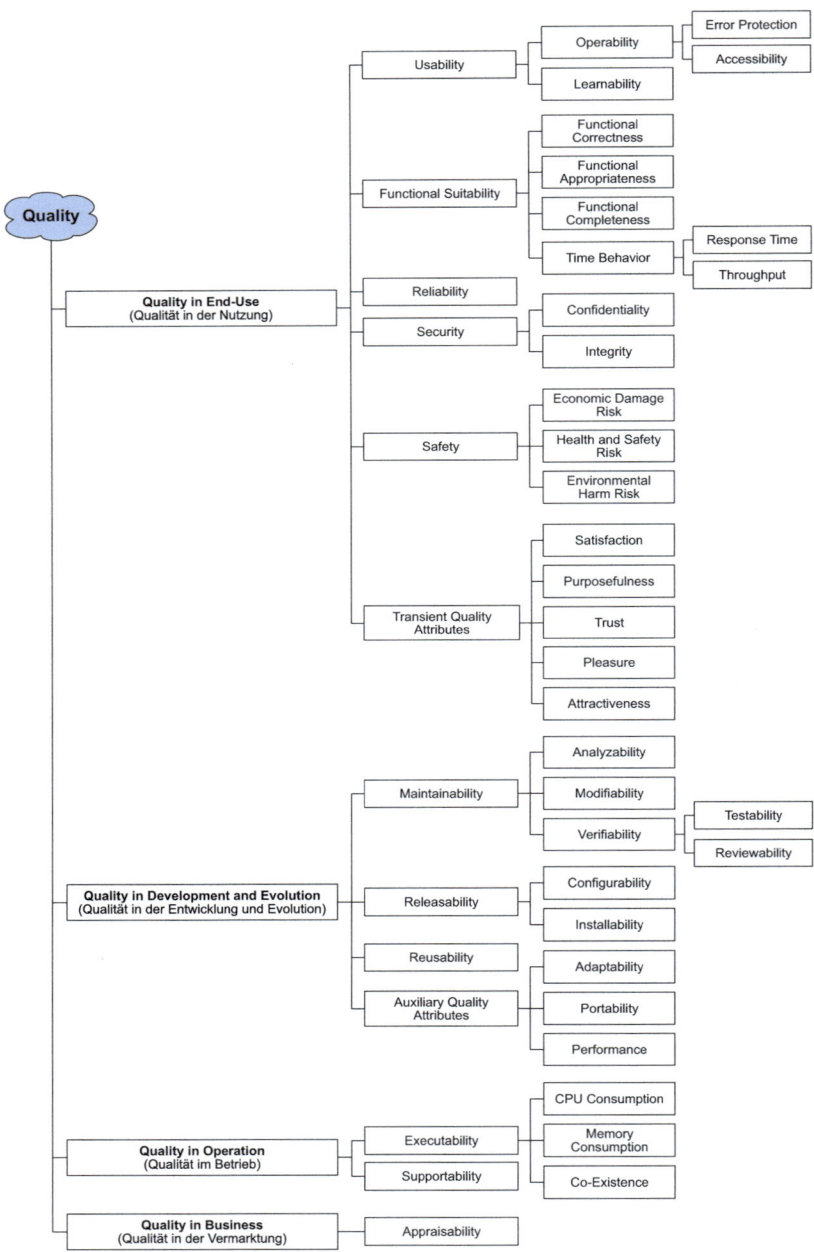

Abb. 2.4 Eine vereinfachte Taxonomie der Qualitätseigenschaften

verschiedenen Standards und Normen anlehnt. Wir unterscheiden innerhalb der vielfältigen Qualitätseigenschaften die folgenden Eigenschaftsgruppen:

- Qualität in der Nutzung,
- Qualität in der Entwicklung und Evolution,
- Qualität im Betrieb und
- Qualität in der Vermarktung,

welche im Folgenden im Detail besprochen werden. Im folgenden Abschn. 2.2.1 charakterisieren wir jedoch den Begriff *Qualität* zunächst genauer.

2.2.1 Produkt- und Nutzungsqualität

Neben dem Umstand, dass eine bestimmte Funktion (siehe Abschn. 2.1.2.2) erbracht wird, spielt auch die *konkrete Ausprägung der Erbringung* eine wesentliche Rolle. Dies wird durch die Funktionslogik, die physische Nutzungsschnittstelle und die *Qualitätseigenschaften* eines Softwaresystems in Bezug auf die erbrachte Funktion beschrieben (Abb. 2.1).

Es existiert eine Vielzahl an Begriffsdefinitionen der Qualität im Allgemeinen [62] und für Softwaresysteme im Speziellen. Die meisten dieser Definitionen basieren auf der Vorstellung, dass Qualität durch die Erfüllung von Anforderungen (siehe Kap. 5) definiert wird. Die DIN/EN/ISO 8402:1995 [55] und die ISO/IEC 9126-1:2001 [42] definieren Qualität beispielsweise in recht ähnlichem Wortlaut als *„Gesamtheit von Eigenschaften und von Merkmalen eines Produkts oder einer Leistung, die sich auf die Erfüllung vordefinierter Anforderungen beziehen."* Beide Standards bzw. Normen sind zwar veraltet, bilden jedoch teilweise die Grundlage für die ISO/IEC 25010:2011 [40], welche Qualität wie folgt definiert:

Definition 2.6 (Qualität nach ISO/IEC 25010:2011) The quality of a system is the degree to which the system satisfies the stated and implied needs of its various stakeholders, and thus provides value.

Die ISO/IEC 250xx-Serie (unter anderem bestehend aus [38–41]) dient als Leitfaden für Qualitätskriterien und die Bewertung von Softwareprodukten. Die Serie umfasst eine Reihe von Dokumenten, welche alle wesentlichen Kriterien für die Qualitätsbewertung von Softwaresystemen abdecken. Ein wesentliches Charakteristikum der ISO/IEC 250xx-Serie ist eine eingeführte Unterscheidung in System- bzw. *Produktqualität* und *Nutzungsqualität*. Es werden also solche Qualitätskriterien unterschieden, die das Produkt in der Entwicklung und in der Evolution betreffen, und solche, die sich auf die Nutzung eines Produkts fokussieren.

Der Qualitätsbegriff im Allgemeinen ist jedoch nicht präzise zu fassen. So bezieht sich das Erfüllen von Anforderungen in der Regel immer auf eine Menge von Funktionen mit ihren

Qualitätseigenschaften, den sogenannten „-ilities". Das heißt, Qualität definiert sich durch die vollständige und korrekte Umsetzung von Anforderungen und Funktionen, sowie deren Qualitätseigenschaften wie guter Nutzbarkeit, Verlässlichkeit oder Performance. Garvin [24] bezeichnet Qualität treffend als *„a complex and multifaceted concept"*. Spezifisch für die Qualität von Software finden Pressman und Maxim [60] folgende Festlegung: *„Conformance to explicitly stated functional and performance requirements, explicitly documented development standards, and implicit characteristics that are expected of all professionally developed software."* Damit gehen Pressman und Maxim über den Qualitätsbegriff, der sich nur auf das Erfüllen von Anforderungen stützt, hinaus.

> **Hinweis**
> Wird in der Anforderungsbeschreibung eine wichtige Qualitätseigenschaft vergessen, so handelt es sich damit auch um ein Qualitätsdefizit. Softwarequalität ist somit als umfassend zu begreifen, wobei die funktionale Sicht, besonders in der Anforderungsanalyse und in der Verifikation, von zentraler Bedeutung ist – ein Aspekt, der sich insbesondere auch in der agilen Softwareentwicklung wiederfindet, wo Aufgaben der Anforderungsanalyse eng mit dem Testen verwoben sind (siehe Kap. 3.2.4).

2.2.2 Qualität in der Nutzung

In dieser Eigenschaftsgruppe werden alle diejenigen Qualitätseigenschaften zusammengefasst, welche beschreiben, zu welchem Grad ein System die unterschiedlichen Anforderungen der Endanwender befriedigt. Diese Eigenschaftsgruppe umfasst somit Eigenschaften aus den Kategorien *Produktqualität* und *Nutzungsqualität* der zuvor vorgestellten Norm ISO/IEC 25010:2011. Abb. 2.5 zeigt die Struktur der unterschiedlichen Qualitätseigenschaften, welche im Anschluss beschrieben sind.

2.2.2.1 Usability

Die *Benutzbarkeit* beschreibt den Grad der Angemessenheit des Systems im Hinblick auf die Befähigung des typischen Endanwenders zur effektiven Nutzung des Gesamtsystems zur Erfüllung seiner Aufgaben, inklusive der Nutzung des Systems im Sinne der Interaktion und der schnellen Einarbeitung, etwa durch das Lesen/Verstehen der Dokumentation. Die Benutzbarkeit umfasst die folgenden Untercharakteristika:

Operability Die *Bedienbarkeit* ist der Grad, zu dem das System die Endanwender in die Lage versetzt es effektiv zu nutzen. Dies umfasst das Tätigen von Eingaben sowie das Erhalten und Verstehen von Ausgaben. Dies umfasst auch:

2.2 Qualitätseigenschaften von Softwaresystemen

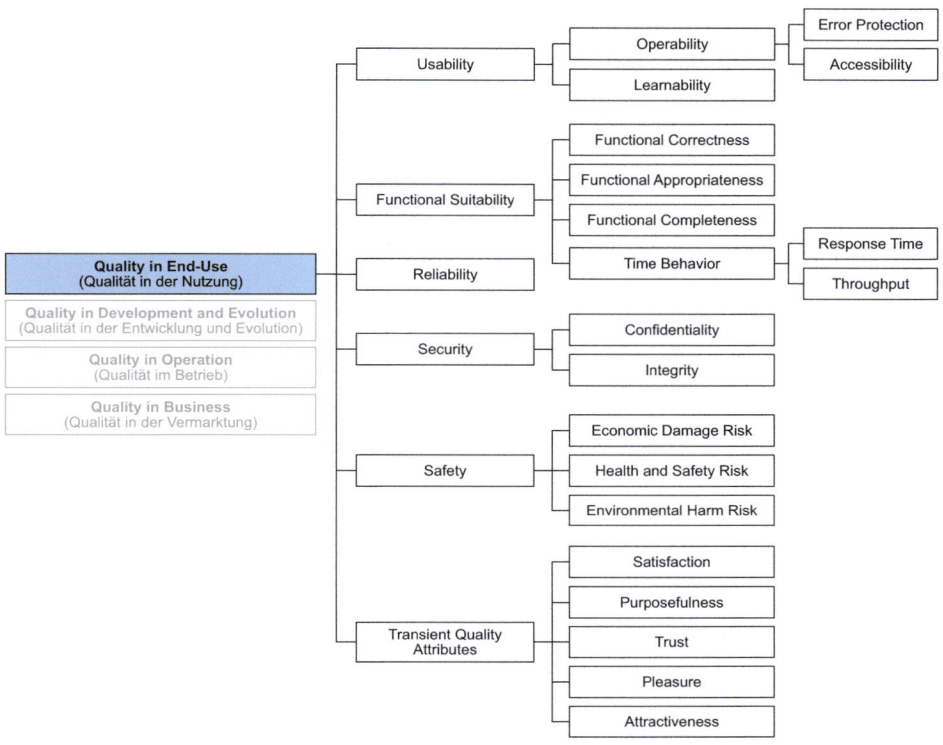

Abb. 2.5 Eine einfache Taxonomie der Qualitätseigenschaften in der Nutzung

- Die *Fehlertoleranz* (Error Protection) beschreibt den Grad, zu dem das System die Fehlbenutzung durch falsche oder unbeabsichtigte Eingaben verhindert.
- Die *Zugreifbarkeit* bzw. die *Barrierefreiheit* (Accessibility) beschreibt den Grad, zu dem das System behinderten Menschen einen barrierefreien Zugang zum System und somit dessen effiziente und effektive Nutzung erlaubt.
Die Bedienbarkeit ist stets in Relation zu der Aufgabe zu sehen, die der Nutzer erfüllt. So ist die Bedienbarkeit völlig anders zu beurteilen, wenn der Nutzer einer Primäraufgabe nachgeht, bei der die Software unterstützt, etwa dem Steuern eines Flugzeugs, oder ob der Nutzer voll konzentriert an dem Softwaresystem arbeitet, etwa bei der Auswertung großer Datenmengen.

Learnability Die *Erlernbarkeit* beschreibt die Verständlichkeit des Systems, die Intuitivität der Nutzung und den Grad der Eignung der Systemdokumentation des Systems zur effizienten und effektiven Schulung der Endanwender zur Nutzung des Systems.

> **Ein Erlebnis für Anwender…**
> In diesem Zusammenhang spricht man heute auch von *User Experience* (UX; [6, 27]) und *User Journey* – das Nutzererlebnis bei der Nutzung eines Systems und dem Durchlaufen der Workflows im System. Gemeint ist damit, dass die Nutzer eines Systems dieses als attraktiv und angenehm zu nutzen empfinden. Dahinter steckt die Erkenntnis, dass für viele Systeme die UX entscheidend für die Systemakzeptanz und den Systemerfolg sind [74].

2.2.2.2 Functional Suitability

Die *Angemessenheit* beschreibt den Grad, zu dem das System geeignete Funktionalität anbietet und somit die Endanwender in der Durchführung ihrer Aufgaben unterstützt. Auch dieser Aspekte tragen zur gerade beschriebenen User Experience bei. Die Angemessenheit umfasst die folgenden Untercharakteristika:

Correctness Die *Korrektheit* (Functional Correctness) beschreibt den Grad, zu dem das System korrekte Ergebnisse in angemessener Präzision liefert.

Appropriateness Die *Angemessenheit* (Functional Appropriateness) beschreibt den Grad, zu dem die Systemfunktionalität den Endanwender bei der Durchführung seiner Aufgaben unterstützt.

Completeness Die *Vollständigkeit* (Functional Completeness) beschreibt den Grad, zu dem das System die durch die Endanwender geforderte Funktionalität vollständig abdeckt.

Time Behavior Das *Zeitverhalten* beschreibt den Grad, zu dem das System das geforderte Zeitverhalten hinsichtlich Antwortzeiten und Durchsatz realisiert. Das Zeitverhalten umfasst hierbei:
- Die *Reaktionszeit* (Response Time) beschreibt den Grad, zu dem das System die Anforderungen hinsichtlich der Antwortzeiten realisiert.
- Der *Durchsatz* (Throughput) beschreibt den Grad, zu dem das System den geforderten Datendurchsatz realisiert.

2.2.2.3 Reliability

Die *Verlässlichkeit* beschreibt die Wahrscheinlichkeit, mit der das System die geforderte Funktionalität jederzeit korrekt anbietet (siehe *Functional Correctness,* Abschn. 2.2.2.2).

2.2 Qualitätseigenschaften von Softwaresystemen

2.2.2.4 Security

Die *Informationssicherheit* beschreibt den Grad, zu dem das System (1) unautorisierten Nutzern den Zugang verwehrt (unberechtigtes Lesen und Modifizieren von Daten) und (2) autorisierte Nutzer vor Schaden bewahrt. Die Informationssicherheit umfasst die folgenden Untercharakteristika:

Confidentiality	Die *Vertraulichkeit* ist der Grad, zu dem das System Daten vor unautorisiertem Zugriff schützt.
Integrity	Die *Integrität* ist der Grad, zu dem das System das unautorisierte Lesen und Modifizieren von Daten unterbindet.

Dies umfasst insbesondere, in welchem Maß das System keine Angriffe, etwa durch Hacker, zulässt.

2.2.2.5 Safety

Die *Funktionale Sicherheit* beschreibt den Grad, zu dem das System unter spezifizierten Rahmenbedingungen nicht zur Gefährdung von Leib und Leben und Ressourcen sowie nicht zur Beeinträchtigung der Umwelt führt [20, 40]. Safety umfasst die folgenden Untercharakteristika:

Economic Damage Risk	Das *Wirtschaftliches Schadensrisiko* ist der erwartete Grad, zu dem das System Wirtschaftsgüter, Betrieb und Reputation im Zielkontext bedroht.
Health and Safety Risk	Das *Gesundheits- und Sicherheitsrisiko* ist der erwartete Grad, zu dem das System Menschen im Zielkontext bedroht.
Environmental Harm Risk	Das *Umweltrisiko* ist der erwartete Grad, zu dem das System die Umwelt oder Güter beeinträchtigt oder bedroht.

Erfüllt ein System wesentliche Safety-Anforderungen nicht, so führt das auf Haftungsfragen in Bezug auf den Hersteller des Systems.

2.2.2.6 Transient Quality Attributes

Neben den gerade aufgeführten Qualitätseigenschaften sind auch die sogenannten *transienten Qualitätseigenschaften* zu berücksichtigen. Dieses sind Qualitätseigenschaften, welche stark vom persönlichen Empfinden der Endanwender abhängen und nur schwer quantifizierbar und verallgemeinerbar sind (siehe dazu auch User Experience in Abschn. 2.2.2.1). Die transienten Qualitätseigenschaften umfassen die folgenden Charakteristika:

Satisfaction	Die *Befriedigung* beschreibt den Grad, zu dem die Nutzung des Systems den Endanwender zufriedenstellt.
Purposefulness	Die *Zweckmäßigkeit* beschreibt den Grad, zu dem das System durch Endanwender als zweckmäßig in der Anwendung empfunden wird, es möglich ist, pragmatisch Ziele zu erreichen und es entstehen akzeptable Nutzungsergebnisse und Nutzungskonsequenzen.
Trust	Das *Vertrauen* beschreibt den Grad, zu dem Endanwender sicher sind, dass das System sich wie erwartet verhält.
Pleasure	Das *Vergnügen* beschreibt den Grad, zu dem Endanwender Vergnügen bei der Bearbeitung ihrer Aufgaben unter Zuhilfenahme des Systems empfinden.
Attractiveness	Die *Attraktivität* beschreibt den Grad, zu dem Endanwender das System (Produkt) als attraktiv empfinden. Dies wird auch als *„joy of use"* bezeichnet.

2.2.3 Qualität in der Entwicklung und Evolution

In dieser Eigenschaftsgruppe werden solche Qualitätseigenschaften zusammengefasst, welche Aussagen zum Grad der Erfüllung der Anforderungen der Stakeholder hinsichtlich der Entwicklung und der Evolution des Systems ermöglichen. Zur Evolution des Systems zählen dabei auch die Wartung des Systems sowie Möglichkeiten zur Erstellung und Auslieferung von Releases (siehe Kap. 13). Abb. 2.6 zeigt die Struktur der unterschiedlichen Qualitätseigenschaften, welche im Anschluss beschrieben sind.

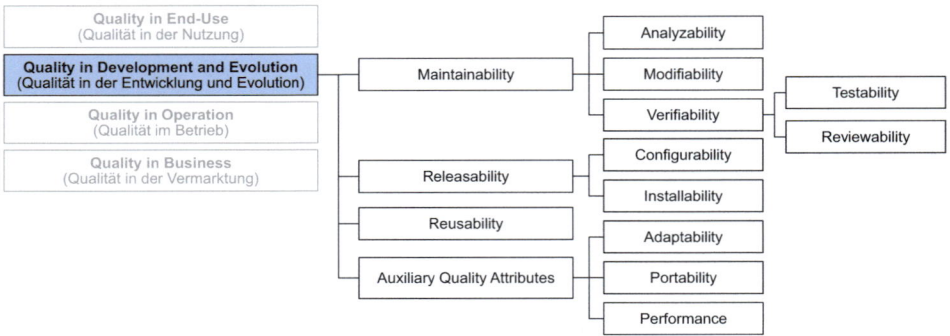

Abb. 2.6 Eine einfache Taxonomie der Qualitätseigenschaften in der Entwicklung und Evolution

2.2.3.1 Maintainability

Die *Wartbarkeit* beschreibt den Grad, zu dem für das System eine effiziente und effektive Wartung ermöglicht ist. Wartung des Systems bezieht dabei Fehlerkorrekturen, Verbesserungen zur Vermeidung von zukünftigen Fehlern und Modifikationen aufgrund geänderter Anforderungen ein (siehe Kap. 13.2). Die Wartbarkeit umfasst die folgenden Untercharakteristika:

Analyzability — Die *Analysierbarkeit* beschreibt den Grad, zu dem das System (1) eine strukturierte Untersuchung hinsichtlich Sinn und Fokus einer Änderung unterstützt und (2) die klare Strukturierung in Design, Umsetzung, Test und Auslieferung einer Änderung ermöglicht. Dazu gehört insbesondere die Lesbarkeit.

Modifiability — Die *Modifizierbarkeit* beschreibt den Grad, zu dem das System ausgehend von Entwürfen, aktueller Quellcodes oder Projekt- und Systemdokumentation modifiziert werden kann.

Verifiability — Die *Verifizierbarkeit* beschreibt den Grad, zu dem das System die Nachweisbarkeit und den Test zur Erfüllung der Anforderungen unterstützt. Sie umfasst insbesondere:

- Die *Testbarkeit* (Testability) beschreibt den Grad, zu dem das System die Möglichkeit zur Durchführung von Softwaretests unterstützt, um die Erfüllung der (geänderten) Anforderungen zu überprüfen.
- Die *Reviewability* beschreibt den Grad, zu dem das System für die Durchführung von Reviews geeignet ist.

2.2.3.2 Releaseability

Die *Auslieferbarkeit* beschreibt den Grad, zu dem das System effizient und effektiv an Nutzer ausgeliefert werden kann. Auslieferung umfasst hierbei das Bauen, Paketieren und Ausliefern von bestimmten Versionen eines Systems, sowie die Installation und die Inbetriebnahme des Systems durch die Nutzer. Die Auslieferbarkeit umfasst die folgenden Untercharakteristika:

Configurability — Die *Konfigurierbarkeit* beschreibt den Grad, zu dem das System effizient und effektiv an Anwenderansprüche angepasst werden kann. Dies bezieht sich insbesondere auf die systemintegrierte Funktionalität zur Anpassung, ohne Modifikation des Systems oder der Systemfunktionalität.

Installability — Die *Installierbarkeit* beschreibt den Grad, zu dem das System effizient und effektiv in die Zielumgebung installiert oder aus dieser wieder entfernt (deinstalliert) werden kann.

2.2.3.3 Reusability

Die *Wiederverwendbarkeit* beschreibt den Grad, zu dem das System – oder Teilsysteme – effizient und effektiv als Teil eines anderen Systems (wieder-)verwendet werden können (siehe Kap. 8.3, 11.2.2 und Kap. 10).

2.2.3.4 Auxiliary Quality Attributes

Oftmals werden die *unterstützenden Qualitätseigenschaften* als Aggregat oder als Abwandlung oder Interpretation der oben genannten Qualitätseigenschaften dargestellt, auf welche im Folgenden auch exemplarisch eingegangen wird. Die unterstützenden Qualitätseigenschaften umfassen die folgenden Charakteristika:

Adaptability   Die *Adaptierbarkeit* ist eine spezielle Ausprägung der *Wartbarkeit,* welche insbesondere das Ziel verfolgt, ein System auf geänderte Anforderungen hin anzupassen. Hierzu zählen auch die beiden weiteren Ausprägungen der Wartbarkeit: die *korrigierende* und die *vorsorgende* Wartung (siehe Kap. 13.2).

Portability   Die *Portierbarkeit* beschreibt den Grad, zu dem ein System effizient und effektiv auf eine andere Plattform (Hardware, Betriebssystem oder Software- und Systemumgebung) transferiert werden kann. Der Transfer eines Systems beinhaltet hierbei die Adaptierung und die Auslieferung (inkl. Inbetriebnahme), weshalb die Eigenschaft *Portierbarkeit* eine Kombination der Eigenschaften *Adaptierbarkeit* und *Auslieferbarkeit* ist.

Performance   Die Eigenschaft *Performance* fasst im Allgemeinen die Eigenschaften *Zeitverhalten, CPU-Nutzung* und *Speicherverbrauch* zusammen.

2.2.4 Qualität im Betrieb

Diese Eigenschaftsgruppe umfasst die Qualitätseigenschaften hinsichtlich des Systembetriebs. Dieses umfasst auch den Betrieb der erforderlichen Hardware und die Unterstützung der Endanwender. Abb. 2.7 zeigt die Struktur der unterschiedlichen Qualitätseigenschaften, welche im Anschluss beschrieben sind.

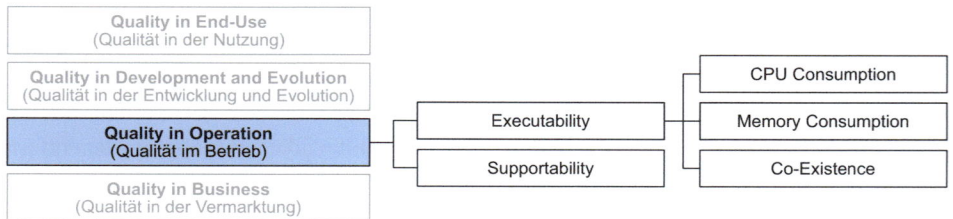

Abb. 2.7 Eine einfache Taxonomie der Qualitätseigenschaften im Betrieb

2.2.4.1 Supportability
Die *Support-Fähigkeit* beschreibt den Grad, zu dem das System Nutzer durch Support unterstützt (technisch, persönlich), etwa indem es versucht, Supportanfragen anzunehmen und Wartungsaktivitäten anzustoßen.

2.2.4.2 Executability
Die *Ausführbarkeit* beschreibt den Effizienzgrad mit dem das System auf der Zielplattform (in der Regel Hardware) ausgeführt werden kann. Die Ausführbarkeit umfasst die folgenden Untercharakteristika:

CPU Consumption	Die *CPU-Nutzung* beschreibt den Effizienzgrad, mit dem das System die Rechenkapazitäten der CPU nutzt.
Memory Consumption	Der *Speicherverbrauch* beschreibt den Effizienzgrad, mit dem das System die verfügbaren Speicherkapazitäten der zur Verfügung stehenden Hardware nutzt.
Co-existence	Der Grad, zu dem das System mit weiteren unabhängigen Systemen auf einer gemeinsamen Plattform mit geteilten Ressourcen ohne gegenseitige Beeinflussung koexistieren kann.

2.2.5 Qualität in der Vermarktung (Vermarktbarkeit)

In dieser Gruppe werden solche Qualitätseigenschaften zusammengefasst, welche die Ermittlung des Grads der Erfüllung der Anforderungen solcher Anwender unterstützen, die mit der Beschaffung von Software beschäftigt sind (Abb. 2.4).

2.2.5.1 Appraisability
Die *Appraisability* beschreibt den Grad, zu dem die Akquisiteure (Einkäufer) effizient und effektiv feststellen können, ob ein System den Anforderungen genügt.

2.3 Messung von Systemeigenschaften

Die bis hierher besprochenen Qualitätseigenschaften dienen der Festlegung der erwarteten Eigenschaften eines Systems und auch der Bestimmung der Erreichung der gesetzten Qualitätsziele. Die Messung eines Softwaresystems bezüglich der Erreichung gesetzter Qualitätsziele erfolgt über *Kennzahlen* und *Maßfunktionen* (sogenannten Metriken), welche in diesem Abschnitt eingeführt werden. Dies ist auch in anderen Ingenieurdisziplinen üblich, wie beispielsweise in der Hardwareentwicklung, in der bestimmte Kenngrößen wie

Abmessungen oder Schaltgeschwindigkeiten recht gut brauchbare Vergleichszahlen, etwa für Produktqualität oder Leistungsfähigkeit geben.

In der Softwareentwicklung sind wir an analogen Kennzahlen interessiert, die dabei unterstützen, beispielsweise Güte, Leistungsfähigkeit oder allgemein die *Qualität* eines Softwaresystems zu bestimmen. Das Gebiet der *Softwaremetriken* befasst sich vornehmlich mit der Festlegung solcher Kennzahlen.

Definition 2.7 (Softwaremetrik) Eine Softwaremetrik (nach [30]; im Folgenden kurz *Metrik*) ist eine Funktion, die eine Softwareeinheit auf einen Zahlenwert abbildet. Dieser berechnete Wert wird interpretiert als der *Erfüllungsgrad einer Qualitätseigenschaft* der Softwareeinheit.

Die Erfassung und Verfolgung von Kennzahlen sollte immer einem konkreten Zweck dienen und hängt somit vollständig davon ab, welches Ziel erreicht werden soll. Softwaremetriken werden seit Jahren intensiv bearbeitet und es existiert eine Vielzahl an Kennzahlen, etwa für Aufwandsschätzungen [3], Controlling und Management [46], die Bewertung von Anforderungen [13] oder die Durchführung von Safety-Assessments [49], sowie weitere allgemeine Metriken, die sich der Qualitätsmessung von Software widmen, wie zum Beispiel [44, 45, 48, 67], oder der Vermessung von Software-Produktlinien [21]. Die Auswahl von und auch die Entwicklung spezifischer Metriken orientiert sich an den zu messenden Eigenschaften eines Softwaresystems (die *Produktqualität*), des Projekts oder des verwendeten Entwicklungsprozesses (die *Prozessqualität*). In der Regel ist eine Menge von Metriken erforderlich, da durch unterschiedliche Zielstellungen auch unterschiedliche Sichten auf Metriken entstehen [11]. Beispiele hierfür sind:

- Managementsicht (etwa: Kundenzufriedenheit, Kosten, Produktivität)
- Entwicklersicht (etwa: Effizienz, Wartbarkeit)
- Kundensicht (etwa: Termintreue, Kosteneinhaltung, Produktqualität)

Für jede dieser Sichten gibt es eine Vielzahl von Metriken, die alle eines gemein haben: Eine Metrik bildet eine Eigenschaft eines Produkts/Prozesses im Sinne einer Messgröße auf eine Zahl ab. Messgrößen können hierbei quantitativ und qualitativ erfasst werden. Somit sind Metriken auch Funktionen, die auf Grundlage von Eingabewerten Ausgaben errechnen. Im Allgemeinen sind die Ergebnisse jedoch mit Vorsicht zu genießen, da sie üblicherweise nur Eintrittswahrscheinlichkeiten von Eigenschaften oder Ereignissen angeben.

2.3.1 Messung und Vermessung von Software

Die Erfassung von Softwaremetriken dient dem Zweck, mit Hilfe von Kennzahlen den Stand und die Auswirkungen von Einflussfaktoren (siehe Abb. 2.8) auf Softwareprojekte,

2.3 Messung von Systemeigenschaften

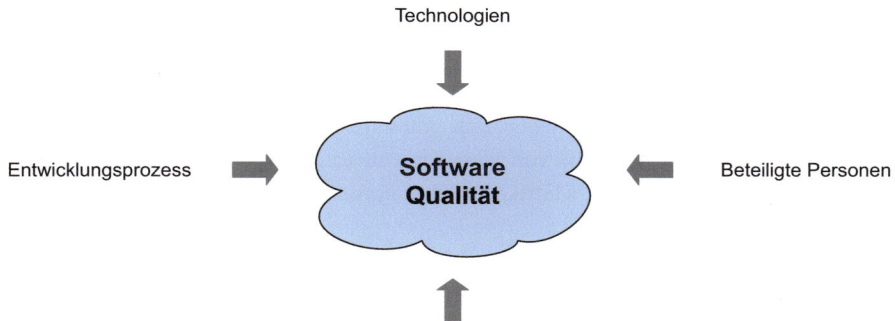

Abb. 2.8 Einflussfaktoren auf die Qualität von Software

Prozesse und Produkte sichtbar, vergleichbar, bewertbar und verfolgbar zu machen. Nahezu alle Aspekte eines Softwaresystems sind durch Metriken erfassbar, zum Beispiel Umfang, Leistung, Komplexität, Effizienz oder Wartbarkeit.

Bei der Erfassung und insbesondere bei der Interpretation der Metriken ist jedoch Sorgfalt geboten. Pauschale Aussagen, wie etwa *„dieses System ist wartbar"* sind wenig aussagekräftig und im schlimmsten Fall sogar irreführend. Sinnvolle Aussagen wären beispielsweise *„die Änderung x ist mit wenig Aufwand am System durchzuführen"* oder *„die Änderung b ist teuer"*. Ein Ansatz für die präzisere Feststellung nicht pauschal messbarer Qualitätseigenschaften ist die Aufstellung von Szenarien. Diese Szenarien können dann verwendet werden, um Qualitätsmodelle zu erstellen.

Beispiel. Szenario Modifizierbarkeit Ziel ist es, Kennzahlen zu entwickeln, welche dazu dienen können, den Aufwand für Modifikationen an einer Software abzuschätzen. Es sollen also Kennzahlen entwickelt werden, die sich eignen, den Wartungsaufwand (siehe Abschn. 2.2.3.1) abzuschätzen. Dazu sind die folgenden Aufgaben zu erledigen:

1. Entwickle noch vor dem Entwurf eine Menge von Szenarien, die wahrscheinliche Änderungen am System abdecken.
2. Verwende die entwickelten Szenarien und überprüfe sie am Entwurf. Schätze den erforderlichen Aufwand für die möglichen Änderungen ab.
3. Modifiziere den Entwurf und passe den Systementwicklungsprozess so an, dass die durch die erfassten Szenarien leicht realisierbar sind.

Achtung *Allein der Umstand, dass über eine Metrik eine Kennzahl ermittelt wird, sagt nicht nichts darüber aus, wie aussagekräftig die Kennzahl ist.*

2.3.2 Festlegung von Metriken

Das Beispiel zeigt das Problem mit und die Wichtigkeit von *objektiv messbaren* Kriterien. So ist im Beispiel die Frage offengeblieben, was unter „leicht realisierbar" genau zu verstehen ist. Daher sind bei der Verwendung von Metriken eine Reihe grundlegender Anforderungen an Metriken zu berücksichtigen. Metriken sollten immer den folgenden Kriterien genügen:

- Objektivität
- Messgenauigkeit
- Aussagekraft
- Vergleichbarkeit
- Angemessenheit des Aufwands
- Nützlichkeit
- Verständlichkeit

Bei der Festlegung von Metriken und der Erfassung der Kennzahlen sind die Schritte aus Abb. 2.9 zu durchlaufen.

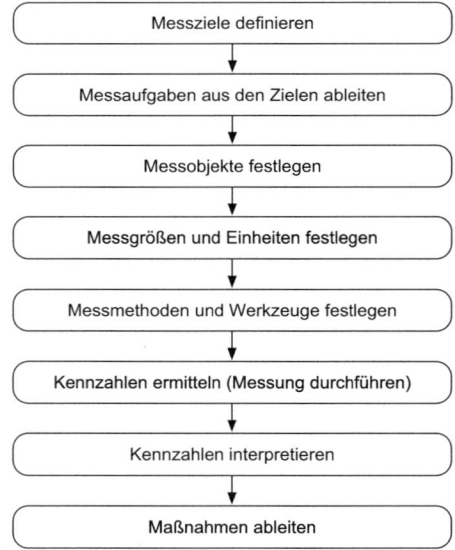

Abb. 2.9 Prozess zur Festlegung, Messung und Interpretation von Kennzahlen [11]

2.3 Messung von Systemeigenschaften

> **Hinweis**
> Bei der Erfassung von Metriken ist immer zu beachten, dass man nicht in einen „Metrikwahn" verfällt. Das Erfassen von Kennzahlen ist ein gutes Hilfsmittel zur Bestimmung der Leistungsfähigkeit einer Software, eines Prozesses oder eines Unternehmens. Das Erfassen aller nur denkbaren Kennzahlen ist indes nicht sinnvoll und bringt keinen Vorteil. Bei jeder Metrik steht zu allererst die Festlegung im Vordergrund, was mit dem Erfassen bestimmter Daten erreicht werden soll. Messen, nur um die Zahlen verfügbar zu haben, bedeutet Aufwand ohne einen Nutzen zu bringen. Damit sinkt die Akzeptanz (auch da der Eindruck der Überwachung entstehen kann) und die Gefahr nachlässig erhobener oder „frisierter" Werte steigt.

2.3.3 Softwaremetriken

Softwaremetriken sind im Wesentlichen den Produktmetriken zuzuordnen, welche ein Produkt – in diesem Fall ein Softwaresystem – anhand verschiedener Eigenschaften bewerten. Typischerweise werden Umfangsmetriken, die Komplexität oder die Performance von Softwaresystemen gemessen. Im Folgenden geben wir ausgewählte Beispiele für Metriken an und diskutieren diese.

2.3.3.1 Lines of Code

Die Metrik *Lines of Code* (LoC) ist eine der gebräuchlichsten, wenn auch eine der am kritischsten diskutierten Metriken. Lines of Code dient der Abschätzung des Programmumfangs. Diese Metrik steht jedoch in der Kritik, da sie von verschiedenen Faktoren, etwa textuelle Anordnung des Programmcodes, Einsatz spezifischer Programmkonstrukte (etwa Makros) und insbesondere von der Programmiersprache anhängt.

Beispiel Zur Illustration verwenden wir den *Quicksort*-Algorithmus. Es soll ein Array mit den Werten [34, 13, 1, 3, 2, 5, 8, 1, 21, 0] sortiert werden – das Ergebnis der Sortierung sind dann die ersten 10 Zahlen der Fibonacci-Folge. In Abb. 2.10 findet sich eine *naive* Implementierung von Quicksort in C#, welche umfangreich kommentiert ist. Abb. 2.11 implementiert den Algorithmus in Swift und Abb. 2.12 in einer optimierten funktionalen Lösung für F#.

```csharp
class SortingAlgorithms
{
    /// <summary>
    /// Implementiert eine naive Lösung für den QuickSort-Algorithmus. Diese
    /// Methode wird im Hauptprogramm aufgerufen und nutzt weitere interne
    /// Methoden für die Detailarbeiten...
    /// </summary>
    /// <param name="array">Das Array, das sortiert werden soll</param>
    /// <param name="leftElem">Linke Begrenzung des Arrays</param>
    /// <param name="rightElem">Rechte Begrenzung des Arrays</param>
    public static void QuickSort(int[] array, int leftElem, int rightElem)
    {
        if (leftElem > rightElem || leftElem < 0 || rightElem < 0) return;
        // suche ein Element für die Partitionierung des Feldes
        int index = Partition(array, leftElem, rightElem);

        // lege die Grenzen fest und rufe den Algorithmus rekursiv auf
        if (index != -1) {
            QuickSort(array, leftElem, index - 1);
            QuickSort(array, index + 1, rightElem);
        }
    }
    /// <summary>
    /// Bilde Partitionen, indem ein Index ermittelt wird, der zur Aufteilung
    /// des Arrays verwendet werden kann
    /// </summary>
    /// <returns>Der Index für die Partitionierung</returns>
    private static int Partition(int[] array, int leftElem, int rightElem)
    {
        if (leftElem > rightElem) return -1;

        int end = leftElem;
        // legen das "Pivot"-Element fest
        int pivot = array[rightElem];
        for (int i = leftElem; i < rightElem; i++) {
            if (array[i] < pivot) {
                Swap(array, i, end);
                end++;
            }
        }
        // vertausche die Elemente im Array
        Swap(array, end, rightElem);

        return end;
    }
    /// <summary>
    /// Tausche zwei Elemente im Array
    /// </summary>
    private static void Swap(int[] array, int leftElem, int rightElem)
    {
        int tmp = array[leftElem];
        array[leftElem] = array[rightElem];
        array[rightElem] = tmp;
    }
}
```

Abb. 2.10 Naive Implementierung des Quicksort-Algorithmus in C#

Es ist wichtig, noch einmal hervorzuheben, dass alle drei gezeigten Code-Fragmente die Sortieraufgabe durch den gleichen Algorithmus lösen. Jedoch wird schon durch bloßes Hinsehen deutlich, wo die Problematik mit der Metrik *Lines of Code* liegt. In Abb. 2.10 fällt die Anzahl der Programmzeilen im Vergleich zu den anderen Programmen auf, diese

2.3 Messung von Systemeigenschaften

```
1  func quicksort<T: Comparable>(_ a: [T]) -> [T] {
2      guard a.count > 1 else { return a }
3
4      let pivot = a[a.count/2]
5      let less = a.filter { $0 < pivot }
6      let equal = a.filter { $0 == pivot }
7      let greater = a.filter { $0 > pivot }
8
9      return quicksort(less) + equal + quicksort(greater)
10 }
```

Abb. 2.11 Implementierung des Quicksort-Algorithmus in Swift

```
1  let rec quicksort = function
2      | [] -> []
3      | first::rest ->
4          let smaller,larger = List.partition ((>=) first) rest
5          List.concat [quicksort smaller; [first]; quicksort larger]
```

Abb. 2.12 Implementierung des Quicksort-Algorithmus in F#

ist fünf bis zehnmal größer. Jedoch sind hier die Kommentarzeilen herauszurechnen. Bei den anderen beiden Programmiersprachen, insbesondere bei F# (Abb. 2.12) ist die Syntax der Sprache besonders zu berücksichtigen – Leerzeichen und Zeilenumbrüche haben eine Bedeutung und werden vom Compiler entsprechend verarbeitet.

Um dem Rechnung zu tragen, gibt es unterschiedliche Arten der Berechnung der Metrik *Lines of Code*. So beziehen sich etwa die *Source Lines of Code* (SLoC) nur auf die „reinen" Programmzeilen, also ohne Kommentare und Leerzeilen. Die *Commented Lines of Code* (CLoC) beziehen sich auf die Kommentarzeilen in einem Programm – jedoch bleibt hier offen, wie „in-line"-Kommentare behandelt werden.

> **Lines of Code und Schätzungen**
> Gerade die Metrik *Lines of Code* ist kritisch zu betrachten, da sie auch häufig als Maß zur Abschätzung des Programmumfangs verwendet wird. Beim Einsatz algorithmischer Schätzmethoden, etwa COCOMO II [3] können *Lines of Code* als Eingabe für die Schätzung verwendet werden. Die oben stehenden Beispiele zeigen jedoch klar, mit welchen Bandbreiten in ihren Ergebnissen – und somit in ihrer Genauigkeit – eine solche Schätzung behaftet ist.

2.3.3.2 Zyklomatische Komplexität

Die *zyklomatische Komplexität* nach McCabe [50] (auch als McCabe-Metrik bezeichnet) dient der Messung der Komplexität einer Funktion, oder allgemein eines Code-Fragments. Ausgangspunkt ist die Annahme, dass ein Mensch ein Code-Fragment mit einer bestimmten Komplexität nicht mehr ohne Weiteres verstehen kann. Das würde sich dann entsprechend auf die Fähigkeit, die Qualität eines Code-Fragments zu beurteilen, auswirken. Die Metrik kann auf zwei Arten berechnet werden:

Verzweigungen In dieser Berechnungsform dienen die *Binärverzweigungen,* also etwa `if`-Statements, als Berechnungsgrundlage. Die Berechnung des Komplexitätsmaßes *M* erfolgt durch:

$$M = b + p \tag{2.1}$$

Hierbei entspricht b der Anzahl der Binärverzweigungen, also bedingte Anweisung mit *genau zwei Zweigen* (etwa `if-else`-Anweisungen, und p entspricht der Anzahl der *Kontrollflussgraphen* in einer Funktion. Dabei wird in der Regel angenommen, dass es einen Graph pro Funktion gibt. Werden im Programm komplexe Verzweigungsanweisungen, also `switch-case`-Anweisungen verwendet, muss b entsprechend angepasst werden. Dies erfolgt für n Zweige mittels $b = n - 1$ und anschließendes Einsetzen in Formel 2.1.

Knoten und Kanten In dieser Berechnungsform werden die Anzahl der Knoten und die Anzahl der Kanten im Kontrollflussgraph (siehe Kap. 4.6.3.2) zugrundegelegt. Die Berechnung des Komplexitätsmaßes *M* erfolgt durch:

$$M = e - n + 2p \tag{2.2}$$

Hierbei entspricht e der Anzahl der Kanten und n der Anzahl der Knoten im Kontrollflussgraph. Die Variable p bezeichnet die Anzahl der Zusammenhangskomponenten [7] im Kontrollflussgraph.

Da die McCabe-Metrik, insbesondere unter Verwendung von Formel 2.2, auf den Grundzügen der Graphentheorie [7] basiert, lassen sich hilfreiche Aussagen gewinnen. So ist es beispielsweise möglich, die minimale Anzahl der erforderlichen Testfälle zu ermittelt, welche für eine vollständige *Zweigüberdeckung* des Kontrollflussgraphen erforderlich ist (siehe Abschn. 2.3.3.6).

Kritik an der McCabe-Metrik Die zyklomatische Komplexität steht jedoch auch in der Kritik. So gibt McCabe selbst beispielsweise an, das die zyklomatische Zahl eines Code-Fragments ≤ 10 sein sollte, da sonst eine Komplexität des Codes vorliegt, die nur schwer zu verstehen und entsprechend schwer zu testen sei. Hierbei ist zu kritisieren, dass die zyklomatische Zahl einerseits nur Verzweigungen umfasst, andererseits erscheint die Angabe „10" auch willkürlich. Hierzu sei auf Abb. 2.13 verwiesen. Das dort gezeigte Code-Fragment besitzt eine zyklomatische Zahl von 13 (12 Pfade für die jeweiligen Monate und einen für eine fehlerhafte Eingabe).

2.3 Messung von Systemeigenschaften

```
1  /// <summary>
2  /// Konvertiere den Namen eines Monats in eine Integer-Zahl
3  /// </summary>
4  /// <param name="monthOfYear">Name des Monats</param>
5  /// <returns>Die Integer-Zahl, die den Monat repräsentiert. Falls eine
6  /// ungültige Eingabe erfolgt ist, wird -1 zurückgegeben.</returns>
7  public static int GetMonthOfYearNumber(string monthOfYear)
8  {
9    switch(monthOfYear)
10   {
11     case "January"  : return 1;
12     case "February" : return 2;
13     case "March"    : return 3;
14     case "April"    : return 4;
15     case "May"      : return 5;
16     case "June"     : return 6;
17     case "July"     : return 7;
18     case "August"   : return 8;
19     case "September": return 9;
20     case "October"  : return 10;
21     case "November" : return 11;
22     case "December" : return 12;
23     default:
24       return -1;
25   }
26 }
```

Abb. 2.13 Beispiel einer schlechten zyklomatischen Zahl in C#

Insbesondere die Ausrichtung auf die Verzweigungen lässt im Grundsatz nur eine Aussage bezüglich des Testaufwands (Anzahl der möglichen Pfade) zu. Jedoch werden andere Eigenschaften des Codes, welche für die Testkriterien relevant sein können und zur Komplexität des Codes beitragen, nicht erfasst.

2.3.3.3 Halstead-Metrik

Eine weitere, bekannte Metrik zur Komplexitätsmessung von Software ist die nach Maurice H. Halstead benannte *Halstead-Metrik* [26]. In der statischen Analyse von Software wird diese Metrik zur Vorhersage des Wartungsaufwands der Software anhand der Anzahl der Operatoren (Schlüsselwörter, Vergleichsoperatoren, etc.) und Operanden (Variablen, Konstanten) in einem Programm verwendet [47, S. 63 ff.]. Die genaue Festlegung, was ein Operand und was ein Operator ist, erfolgt allerdings stark auf die entsprechende Software zugeschnitten. Die Festlegung umfasst dann ein *Vokabular* η, das aus den verwendeten unterschiedlichen Operatoren η_1 und den verwendeten unterschiedlichen Operanden η_2 besteht. Als zweites Basismaß wird die sogenannte *Implementierungslänge* N ermittelt, welche aus der Anzahl der insgesamt verwendeten Operatoren N_1 und Operanden N_2 besteht. Aus diesen Basismaßen lassen sich dann die *Halstead-Länge* (HL) und das *Halstead-Volumen* (HV) berechnen:

$$HL = \eta_1 \times \log_2 \eta_1 + \eta_2 \times \log_2 \eta_2 \qquad (2.3)$$

$$HV = N \times \log_2 \eta \qquad (2.4)$$

```
1 /*
2  * Operatoren: int, (), {}, , (Komma), ;, +, return
3  * Operanden: BerechneSumme, a, b
4  */
5 int BerechneSumme (int a, int b)
6 {
7   return (a + b);
8 }
```

Abb. 2.14 Beispiel zur Berechnung der Halstead-Metriken in C#

Mit den Basismaßen, der Halstead-Länge und dem Halstead-Volumen lassen sich nun einige Kennzahlen für ein System abschätzen:

$$D = \frac{\eta_1}{2} \times \frac{N_2}{\eta_2} \quad (2.5)$$

$$E = D \times HV \quad (2.6)$$

$$T = \frac{E}{18}\,\text{s} \quad (2.7)$$

Die Grundlage der Kennzahlen ist die *Schwierigkeit* (D: Difficulty, Formel 2.5). Diese gibt an, wie schwierig es ist, ein Programm zu schreiben, bzw. ein Programm im Rahmen eines Reviews (siehe Kap. 12.1.2) zu verstehen. Sie wird auf der Grundlage der Operatoren und Operanden ermittelt und legt die Grundlage für eine *Aufwandsabschätzung* (E: Effort, Formel 2.6). Auf der Grundlage des ermittelten Aufwands kann auch die zur Implementierung benötigte *Zeit* (T: Time, Formel 2.7) abgeschätzt werden.

Beispiel Zur Illustration der Anwendung der *Halstead-Metriken* verwenden wir das kurze Code-Fragment aus Abb. 2.14. In diesem Code-Fragment sind bereits die Operatoren η_1 und Operanden η_2 angegeben.

Durch einfaches Auszählen und Einsetzen in den Formelapparat ergibt sich dann für dieses kleine Beispiel:

$$\eta_1 = 7$$
$$\eta_2 = 3$$
$$N_1 = 10$$
$$N_2 = 5$$
$$HL = 7 \times \log_2 7 + 3 \times \log_2 3 = 7{,}517$$
$$HV = (10 + 5) \times \log_2 (7 + 3) = 15 \times \log_2 10 = 15{,}129$$
$$D = \frac{7}{2} \times \frac{5}{3} = 5{,}833$$
$$E = D \times HV = 88{,}253$$
$$T = \frac{E}{18}\,\text{s} = 4{,}903\,\text{s}$$

2.3 Messung von Systemeigenschaften

```
1  using System;
2
3  namespace EiST.Examples.Metrics
4  {
5    class MainClass
6    {
7      public static void Main(string[] args)
8      {
9        Console.WriteLine("Ergebnis: {0}", BerechneSumme(1, 2));
10     }
11
12     /*
13      * Operatoren: int, (), {}, , (Komma), ;, +, return
14      * Operanden: BerechneSumme, a, b
15      */
16     static int BerechneSumme (int a, int b)
17     {
18       return (a + b);
19     }
20   }
21 }
```

Abb. 2.15 Beispiel zur Illustration der Schwierigkeiten bei der Berechnung der Halstead-Metriken in C#

Somit sind für das Erstellen und auch für das Verstehen des Code-Fragments etwa 5 s erforderlich. Das Beispiel zeigt auch, wie einfach die Ermittlung der jeweiligen Basisgrößen und die Berechnung der Kennzahlen ist. Da die Operatoren und Operanden spezifisch festgelegt werden, lässt sich die *Halstead-Metrik* prinzipiell auf alle möglichen Programmiersprachen anwenden. Hinzu kommt, dass die Ermittlung der Werte automatisiert werden kann – es genügt ein einfacher Scanner für Quellcode, um die Zahlen zu ermitteln.

Kritik an der Halstead-Metrik Bei der Anwendung der *Halstead-Metrik* ist jedoch zu beachten, dass diese nur die Komplexität des Programmtextes (lexikalische Komplexität) ermittelt. Auch ist zu beachten, dass in der Regel nur jeweils ein Code-Ausschnitt (eine Funktion) betrachtet wird. Auch die Anwendung in modernen Programmierkonzepten, etwa der Objektorientierung, ist kritisch[3]. Betrachten wir beispielsweise das Gesamtprogramm (Abb. 2.15) zum Beispiel aus Abb. 2.14, ergeben sich einige Fragestellungen, wie zum Beispiel: Wie wird mit der Deklaration des Namensraums verfahren? Wie wird mit Sichtbarkeiten verfahren? Wie wird mit statischem Code verfahren?

2.3.3.4 Software Maintainability Index

Der Software Maintainability Index (kurz: *Maintainability Index,* MI; [56]) ist eine Metrik, welche die Wartbarkeit eines Softwaresystems bewerten hilft. Es soll eingeschätzt werden, gut „wartbar" ein Softwaresystem ist, also wie einfach der Programmcode änderbar ist.

---

[3] Auf der Webseite http://www.virtualmachinery.com/sidebar2.htm (abgerufen am 2019-08-03) findet sich hierzu eine umfangreiche Diskussion.

Der *Maintainability Index* ist eine aggregierte Metrik. In der originalen Form [56] wird der *Maintainability Index* wie in Formel 2.8 dargestellt berechnet.

$$MI = 171 - 5{,}2 \times \ln HV - 0{,}23 \times M - 16{,}2 \times \ln SLoC \qquad (2.8)$$

Die Formel gewichtet hierbei das Halstead-Volumen (HV, siehe Abschn. 2.3.3.3), die zyklomatische Komplexität nach McCabe (M, siehe Abschn. 2.3.3.2 und den Quelltextumfang (SLoC, siehe Abschn. 2.3.3.1). In Formel 2.8 fällt ebenfalls auf, dass es neben den eingebundenen Metriken auch Konstanten und Gewichtungsfaktoren gibt. Ähnlich wie in algorithmischen Schätzverfahren wie COCOMO II [3] oder der Function Point Analyse [57] basieren diese Werte auf Erfahrungen und historischen Daten. Daher gibt es auch verschiedene, angepasste Formeln für die Berechnung des *Maintainability Index*. Formel 2.9 zeigt beispielsweise die originale Berechnungsvariante des SEI nach [9, S. 231 ff.].

$$\begin{aligned}MI = 171 &- 5{,}2 \times \ln HV - 0{,}23 \times M - 16{,}2 \\ &\times \ln SLoC + 50 \times \sin\sqrt{2{,}4 \times Cmt}\end{aligned} \qquad (2.9)$$

Grundsätzlich gilt für den *Maintainability Index* nach [9]: je höher der *Maintainability Index*, desto besser ist die Wartbarkeit eines Programms. Nach Laird und Brennan [47, S. 69 ff.] erlaubt der *Maintainability Index* aber auch die Einschätzung, ob eine Anpassung des Programmcodes die Wartbarkeit (im Vergleich zu vorher) verbessert oder auch verschlechtert hat. Problematisch an der Berechnung des *Maintainability Index* ist auch der Wertebereich, weshalb in der MI-Implementierung des Microsoft Visual Studio eine Skalierung des Wertebereichs[4] auf [0..100] vorgenommen wurde.

Anmerkung *Da es unterschiedliche Versionen der Formel zur Berechnung des* Maintainability Index *gibt, ist die Vergleichbarkeit und Aussagekraft der Metrik begrenzt. Daher wird sie auch kritisch betrachtet*[5].

2.3.3.5 Fehlerdichte

Die *Fehlerdichte* (auch Fehlerquotient) ist der Anteil von Fehlern (siehe Kap. 12.1.1) im Verhältnis zum Gesamtcodeumfang. Üblicherweise wird die *Fehlerdichte* (FD) in Softwaresystemen in Fehlern pro 1000 Zeilen Programmcode (KSLoC) bzw. pro Funktionspunkt [45, 57] angegeben und nach Formel 2.10 berechnet.

---

[4]Siehe Visual Studio Dokumentation: Maintainability Index Range and Meaning https://blogs.msdn.microsoft.com/codeanalysis/2007/11/20/maintainability-index-range-and-meaning (abgerufen am 2019-08-04).

[5]Why we don't use the Software Maintainability Index, CQSE GmbH, Online: https://www.cqse.eu/en/blog/maintainability-index/ (Post: 2016-03-02, abgerufen am 2019-08-04).

2.3 Messung von Systemeigenschaften

Tab. 2.2 Klassifikation von Programmen anhand der Fehlerdichte nach Witte [73]

Fehlerdichte	Klassifikation
$<0,5$	Stabile (sichere) Software
$0,5\ldots 3$	Reifende Software
$3\ldots 6$	Labile Software
$6\ldots 10$	Fehleranfällige Software
>10	Unbrauchbare Software

$$FD = \frac{\text{Fehler}}{\text{KSLoC}} \qquad (2.10)$$

Nach Laird und Brennan [47] ist für „gute" Software eine Fehlerdichte < 2 und bei sicherheitskritischer Software < 1 (empfohlen $< 0,5$) anzustreben. Witte [73] gibt für Fehlerdichten eine entsprechende Klassifizierung von Programmen an, welche in Tab. 2.2 dargestellt ist. Zur Erreichung einer entsprechend geringen Fehlerdichte eignen sich unterschiedlichen Techniken. Cobb und Mills [12] geben beispielsweise an, dass mit Hilfe des *Cleanroom* Entwicklungsansatzes [51] Fehlerdichten von 0,1 pro KSLoC erreicht werden können. Weiterhin kann die Fehlerdichte durch den Einsatz formaler Entwicklungsmethoden [61] und umfangreiches Testen noch weiter gesenkt werden.

Anmerkung *Üblicherweise akzeptiert man eine gewisse Anzahl von Fehlern in einer Software, da eine vollständige Beseitigung aller Fehler mit unakzeptabel hohen Kosten verbunden ist oder aus Gründen der Komplexität praktisch ausgeschlossen ist. Jedoch gibt es auch Systeme, bei denen eine Fehlerdichte von 0 zwingend ist und bei denen die Kosten dann in den Hintergrund treten. Dies sind zumeist Systeme, die besonders kritisch hinsichtlich ihrer Zuverlässigkeit sind, etwa im Automobil, im Flugzeugbau oder im Raumfahrtbereich [20]. Solche Systeme werden dann auch üblicherweise mit Hilfe spezieller, formaler Entwicklungsprozesse, die unter anderem formale Spezifikationstechniken und formale Beweistechniken einsetzen, entwickelt. Aber auch hier gibt es Beispiele für kritische Restfehler.*

2.3.3.6 Testabdeckung

Ein wichtiges Kriterium bei der Erstellung von Testfällen (siehe Kap. 12.2.3) ist die Sicherstellung, dass alle (relevanten) Teile des Programmcodes getestet sind. Dies wird durch den Begriff der Abdeckung (auch *Testabdeckung;* [48, 65]) beschrieben, für welchen Tab. 2.3 die verschiedenen Abdeckungstypen (oft auch als *Überdeckungsmetriken* bezeichnet) erläutert.

Die Testabdeckung variiert nach technischen oder nach fachlichen Aspekten, etwa nach Anzahl der durch Testfälle erfassten Zeilen Quelltext oder der Anzahl der Testfälle pro Anforderung. Die Verfahren, welche die Abdeckung des Codes durch Tests (Coverage) ermitteln werden anhand der analysierten Art der Abdeckung klassifiziert, etwa die

Tab. 2.3 Zusammenfassung der Klassen der Metriken für die Testfallabdeckung

Abdeckung	Klasse	Beschreibung
Funktionsabdeckung		Es wird überprüft, ob alle Funktionen durch Testfälle überprüft werden, indem sie aufgerufen werden
Anweisungsabdeckung	C_0	Die Anweisungsabdeckung (Statement Coverage) gibt das Verhältnis der im Test ausgeführten Anweisungen zu allen Anweisungen im Code an
Zweigabdeckung	C_1	Die Zweigabdeckung (Branch Coverage) gibt das Verhältnis der im Test durchlaufenden Zweige zu allen vorhandenen Zweigen im Kontrollflussgraphen an
Pfadabdeckung	C_2	Die Pfadabdeckung (Path Coverage) gibt das Verhältnis der getesteten Pfade (Wege im Kontrollflussgraphen) zu allen möglichen Pfaden in einem Modul an
Bedingungsabdeckung	C_3	Die Bedingungsabdeckung (Condition Coverage) gibt das Verhältnis der im Test ausgewerteten Bedingungen zu allen vorhandenen Bedingungen an

Anweisungsüberdeckung C_0 oder die Pfadüberdeckung C_2 [65]. Zum Einsatz kommen gerade bei den „höheren" Überdeckungsverfahren die Kontrollflussgraphen des Programms (siehe Kap. 4.6.3.2).

Über die in Tab. 2.3 gezeigten Überdeckungsmetriken hinaus, gibt es noch eine Reihe weiterer, aufwändigerer Überdeckungsmetriken. Diese werden aus Bedingungen und der Struktur von Bedingungen heraus erstellt. Ein Beispiel hierfür ist die sogenannte *Decision Coverage* und die *Modified Condition/Decision Coverage* (MC/DC; [19, 28]), welche insbesondere in der Erstellung zuverlässiger Systeme, etwa im Bereich Automotive Software, gefordert wird [35].

Anmerkung *Zu beachten ist, dass es gerade für große Softwaresysteme schwierig bis unmöglich ist, eine vollständige Überdeckung zu erreichen [2, 25, 52, 59]. Ein nützliches Maß ist dann der Prozentsatz der Überdeckung. Dieser gibt Hinweise, welche Code-Teile noch nicht getestet wurden und damit eine erhöhte Wahrscheinlichkeit für Fehler haben.*

Der Unterschied zwischen Glauben und Wissen
Metriken sind mit Vorsicht zu genießen. Sie sind Funktionen, die eine Eingabe auf eine Ausgabe abbilden, welche der Nutzer der Metrik zu interpretieren hat. Die Güte der Ausgaben hängt hierbei wesentlich ab von der Güte der Eingabedaten und der Nachvollziehbarkeit der Berechnung der Metrik. Ein Beispiel hierfür ist die Metrik *Lines of*

> *Code* (siehe Abschn. 2.3.3.1), bei der die Maßzahl aufgrund der vielfältigen Einflussfaktoren weder belastbar noch vergleichbar ist. Auch ein ausgefeilter Formelapparat, wie etwa in Abschn. 2.3.3.3 oder in Abschn. 2.3.3.4 gezeigt, ist nur bedingt verlässlich. Vielmehr ist hier das Risiko unter Umständen sogar noch größer, zweifelhafte Ergebnisse durch fehlerhafte Eingaben zu erhalten. Es somit zwingend festzuhalten, dass Metriken, wenn überhaupt, Indikatoren liefern. Jedoch sollte man Metriken kritisch hinterfragen und ihnen keinesfalls blind trauen. Der Umstand, dass in einem formal festgelegten Verfahren ein Zahlenwert ermittelt wird, sagt als solches noch nichts über dessen Aussagekraft aus.

2.4 Weiterführende Literatur und Übungen

In diesem Kapitel haben wir umfassend wesentliche Eigenschaften und Strukturen von Softwaresystemen beschrieben und damit auch eine Terminologie[6] festgelegt (vgl. auch Kap. 1.2), um über Softwaresysteme, ihre Struktur und Eigenschaften zu sprechen. Die Verwendung einer konsistenten, angemessenen Terminologie ist von großer Bedeutung in der Software- und Systementwicklung, da sie die Grundlage für das Verständnis und auch für die Kommunikation zwischen den unterschiedlichen Mitwirkenden und Interessengruppen bildet, die an einer Entwicklung beteiligt sind. Ferner schafft sie den Rahmen für die Entwicklungsarbeiten. Ganz besonders wichtig sind diese Kategorien von Eigenschaften für die Ermittlung und Definition von Anforderungen und für den Entwurf der Architektur.

In diesem Kapitel haben wir auch einen Überblick über die unterschiedlichen Typen von softwareintensiven Systemen geben (Tab. 2.1). Diese Zusammenstellung kann aber in der heutigen Vielfalt der Infrastrukturen und Plattformen, sowie der unterschiedlichen Geschäftsmodelle keinen Anspruch auf Vollständigkeit erheben. So zeigen heute auch zunehmend Softwaresysteme für das Internet oder für mobile Endgeräte (Stichwort *Edge Computing*) immer mehr Eigenschaften klassischer Informationssysteme. Zusätzlich verliert eine zwingende Berücksichtigung der Ausführungshardware durch die Virtualisierung an Bedeutung. In [10] (siehe auch Kap. 1.1) wird daher auch zwischen *konventionellen* und *virtuellen* Softwareprodukten unterschieden – mit dramatischen Auswirkungen auf Lizenz- und Geschäftsmodelle [14, 72]. Unter konventioneller Software verstehen wir dabei Software, die etwa über Datenträger vertrieben wird, die über einen Kopierschutz verfügt und die über einen mitgelieferten Aktivierungsschlüssel zur Nutzung freigeschaltet wird. Diese Art Software ist heute kaum noch zu finden und wurde durch Download- oder Abonnement-Modelle ersetzt. Oft findet man dann Software in unterschiedlichen „Ausbaustufen". Dann

---

[6]Wir haben in diesen Abschnitten bewusst darauf verzichtet, die angesprochenen Eigenschaften und Strukturen stärker modellhaft zu erfassen und zu formalisieren. Dies wird dann in den entsprechenden Kapiteln zu den Entwurfsschritten im Detail vorgenommen.

wird eine Basissoftware entweder kostenfrei oder sehr günstig angeboten, in der weitere Funktionen dann kostenpflichtig freigeschaltet werden können. Dies hat auch Folgen hinsichtlich der Berechtigung zur Nutzung der Software, welche in *Lizenzen* geregelt ist (siehe Abschn. 2.1). Dieser rechtliche Bereich ist komplex und für Softwareingenieure oft schwer zu durchschauen. Es gibt eine Vielzahl an Lizenzmodellen [8, 23, 63] mit weitreichenden Folgen für die Entwicklung, den Vertrieb und die Nutzung von Software. Besonders kritisch ist hierbei die nahezu unüberschaubare Vielfalt an Lizenzen für *Open-Source Software*[7] (OSS). Insbesondere bei der Entwicklung einer Software, welche OSS-Komponenten einsetzt, ist zwingend darauf zu achten, unter welcher Lizenz die verwendeten Komponenten stehen. So gibt es etwa Lizenzen, die eine kommerzielle Nutzung von OSS-Komponenten strikt ausschließen, während andere Lizenzen dies gestatten.

Eine Herausforderung ist – unabhängig vom Typ einer Software – die Festlegung und Messung der Qualitätseigenschaften. In diesem Kapitel haben wir einen erfahrungsbasierten Ordnungsrahmen eingeführt und eine Anzahl von Qualitätsattributen erläutert. Die Qualität von Software ist praktisch hochrelevant – insbesondere in Bereichen, in denen die Zuverlässigkeit von Software entscheidend ist. Dazu sind auch eine Reihe von Qualitätsmodellen und Standards verfügbar, welche teils umfangreiche Sammlungen von Qualitätsattributen enthalten und diese in Beziehung setzen. Beispielsweise identifizieren Wagner et al. [69] mehrere 100 Qualitätsattribute und Metriken, die in der Softwarentwicklung relevant sind und die zu strukturieren sind. Eine solche Strukturierung wird etwa im *SQuaRE*-Modell vorgenommen, welches der ISO 25000-Serie zugrunde liegt [38, 39, 41]. Eng verwandt damit sind auch die Ergebnisse des *Quamoco Projekts* [68–71], in dem unter anderem Methoden und Werkzeuge für die kontinuierliche Qualitätssicherung in den unterschiedlichen Entwicklungsphasen – von der Erstentwicklung bis in die Wartung – eines Softwaresystems entwickelt wurden [16–18]. Aber auch für unterschiedliche Anwendungsdomänen spielen Qualitätsattribute eine wichtige Rolle. Beispiele hierfür sind die Bereiche *Automotive Software Engineering* mit der ISO/IEC 26262:2018 [35], *Medical Devices* mit der ISO/IEC 13485:2016 [33], *Landwirtschaft* mit der ISO/IEC 25119:2018 [34], *Luftfahrt* mit der DO-178C [19] oder *Raumfahrt* mit den ECSS-Standards [20]. Die vielfältigen Qualitätseigenschaften werden hierbei durch *Metriken* erfasst [22, 31, 45, 56]. Jedoch ist gerade die Entwicklung und Auswahl passender Metriken schwierig, da Metriken in der Regel an einen Projekt- oder an einen Produktkontext gebunden sind. Daher gibt es auch unterschiedliche Metriken für die Einzelaufgaben im Software Engineering, etwa für das Requirements Engineering [13], für Safety-Assessments [49] oder für die Wartung [56]. Die in diesem Kapitel exemplarisch vorgestellten Metriken sind die „Klassiker" in der Softwareentwicklung. Weitere, spezifische Metriken wie *Clone Coverage,* werden jeweils in den Kapiteln dieses Buchs vorgestellt, die sich mit den in den Metriken adressierten Entwicklungsaufgaben befassen. All diese Metriken kann man benutzen, jedoch muss dabei stets sichergestellt werden, dass die verwendeten Metriken auch den Anforderungen des Produkts genügen. Die Entwicklung von Metriken

---

[7]Die Webseite der *Open Source Initiative* (https://opensource.org/licenses) bietet eine umfangreiche Zusammenstellung und Erläuterung der unterschiedlichen OSS-Lizenzen an.

2.4 Weiterführende Literatur und Übungen

ist mit Aufwand verbunden. Deshalb werden häufig auch nur Metriken verwendet, die durch etwaige Werkzeuge mitgeliefert werden [67]. Beim Einsatz von Werkzeugen für die Messung von Software ist stets Sorgfalt geboten. Es ist zu prüfen, ob die verfügbaren Metriken den Anforderungen genügen. Im Zweifelsfall sind die Metriken anzupassen oder es sind auch neue, situationsspezifische Metriken zu entwickeln. Zur Entwicklung angemessener Metriken gibt es eine Reihe praktischer Erfahrungen und methodischer Hinweise [1, 29, 53, 54, 64, 66]. Mit dem *Goal-Question-Metric*-Ansatz (GQM und seiner Weiterentwicklung *GQM+ Strategies;* [4, 5]) existiert auch eine Methode zur zielgerichteten Ableitung von Metriken aus situationsbezogenen Fragestellungen bezogen auf die zu erreichenden Qualitätsziele.

Übungsaufgaben

Übung 2.1 (Merkmale erfolgreicher Softwareprodukte) Neben der Einhaltung von Zeit- und Kostenanforderungen sind insbesondere die nutzerrelevanten Produktmerkmale für den Erfolg von Softwareprojekten entscheidend, da diese die Akzeptanz des Produkts maßgeblich beeinflussen.

a) Geben Sie Merkmale betrieblicher Informationssysteme an, die für deren Erfolg bedeutend sind.
b) Geben Sie Merkmale eingebetteter Systeme an, die für deren Erfolg bedeutend sind.
c) Welche Risiken leiten Sie aus den jeweiligen Erfolgsfaktoren der in a) und b) genannten Systemtypen für die Softwareentwicklung ab?

Übung 2.2 (Ordnungsrahmen für Qualitätseigenschaften) Die Abb. 2.4 liefert einen über die Jahre gewachsenen und erprobten Ordnungsrahmen für Qualitätseigenschaften. Gleichzeitig gibt es mit der ISO/IEC 25010:2011 [40] eine standardisierte Taxonomie.

a) Erstellen Sie eine Abbildung zwischen dem Ordnungsrahmen aus Abb. 2.4 und der Struktur der ISO/IEC 25010:2011.
b) An welchen Stellen ist eine Abbildung dieser beiden Ordnungsrahmen nur eingeschränkt oder gar nicht möglich? Warum ist das so und wie können etwaige Unklarheiten, Mehrdeutigkeiten oder Widersprüche aufgelöst werden?

Übung 2.3 (Metriken) Kan [45] ordnet Metriken in die folgenden Kategorien ein:

- Produktmetriken
- Prozessmetriken
- Projektmetriken

Für jede der oben angegebenen Klassen, bearbeiten Sie die folgenden Aufgaben:

a) Finden Sie eine Metrik und beschreiben Sie diese (inkl. Formel) vollständig. Berücksichtigen Sie dabei insbesondere die folgenden Fragestellungen: Was misst die Metrik, welche Input-Artefakte werden erwartet?
b) Welche Rückschlüsse lassen Metriken im Allgemeinen zu? Welche Rückschlüsse lassen Ihre in Aufgabe a) beschriebenen Metriken im Speziellen zu?
c) Wählen Sie aus dem Produktlebenszyklusmodell aus Abb. 1.6 fünf Aufgaben aus und wählen bzw. definieren Sie passenden Metriken, um diese Aufgaben zu messen. Begründen Sie Ihre Auswahl.

Übung 2.4 (Szenario: Qualitätsmerkmale) Als Qualitätsbeauftragter Ihres Unternehmens werden Sie beauftragt, die Zertifizierung Ihres Unternehmens nach einem externen Standard, etwa der weit verbreiteten ISO 9000 [36] vorzubereiten. Bearbeiten Sie hierzu die folgenden Aufgaben:

a) Sammeln Sie Qualitätsmerkmale, die in Ihrem Unternehmen zur Bestimmung der Softwarequalität eingesetzt werden können. Geben Sie für jedes Merkmal eine oder mehrere geeignete Metriken an, mit denen das Merkmal bewertet werden kann.
b) Ordnen Sie die ausgewählten Qualitätsmerkmale den einzelnen Phasen des Produktlebenszyklusmodells aus Abb. 1.6 zu, in denen sie eine Rolle spielen.
c) Bewerten Sie die Eignung der einzelnen Metriken und die damit verbundenen Risiken bei der Beurteilung der Softwarequalität.

Literatur

1. T. L. Alves, C. Ypma, and J. Visser. Deriving metric thresholds from benchmark data. *IEEE International Conference on Software Maintenance*, pages 1–10, Sep. 2010.
2. L. J. Arthur. Quantum improvements in software system quality. *Communications of the ACM*, 40(6):46–52, June 1997.
3. E. H. B. Boehm. *Software Cost Estimation with Cocomo II*. Prentice Hall International, 2000.
4. V. Basili, G. Caldiera, and H. D. Rombach. *Encyclopedia of Software Engineering*, chapter Goal Question Metric (GQM) Approach, pages 528–532. John Wiley & Sons, Inc., 2002.
5. V. Basili, A. Trendowicz, M. Kowalczyk, J. Heidrich, C. Seaman, J. Münch, and D. Rombach. *Aligning Organizations Through Measurement: The GQM+Strategies Approach*. The Fraunhofer IESE Series on Software and Systems Engineering. Springer, June 2014.
6. D. Benyon. *Designing User Experience: A guide to HCI, UX and interaction design*. Pearson, 4 edition, January 2019.
7. R. Bodendiek and R. Lang. *Lehrbuch der Graphentheorie*, volume Band 1 und 2 of *Spektrum Hochschultaschenbuch*. Spektrum Akademischer Verlag, erste edition, 1995.
8. S. Brassel and A. Gadatsch. *Softwarelizenzmanagement kompakt*. IT kompakt. Springer Vieweg, August 2019.

9. M. Bray, K. Brune, D. A. Fischer, J. Foreman, M. Gerken, J. Gross, G. Haines, and E. Kean. C4 Software Technology Reference Guide – A Prototype. Handbook CMU/SEI-97-HB-001, Software Engineering Institute, January 1997.
10. M. Broy. Software eats the world. Whitepaper, Swiss Engineering Institute Press, 2015.
11. M. Broy and M. Kuhrmann. *Projektorganisation und Management im Software Engineering*. Number 978-3-642-29289-7 in Xpert.press. Springer Verlag, Berlin Heidelberg, 1 edition, 2013.
12. R. H. Cobb and H. D. Mills. Engineering software under statistical quality control. *IEEE Software*, 7(6):45–54, Nov 1990.
13. R. J. Costello and D.-B. Liu. Metrics for requirements engineering. *Journal of Systems and Software*, 29(1):39–63, 1995.
14. M. A. Cusumano. The changing software business: Moving from products to services. *IEEE Computer*, 41(1):20–27, 2008.
15. M. Daun, B. Tenbergen, J. Brings, and T. Weyer. *SPES XT Context Modeling Framework*, pages 43–57. Springer International Publishing, Cham, 2016.
16. F. Deißenböck. *Continuous Quality Control of Long-Lived Software Systems*. PhD thesis, Technische Universität München, October 2009.
17. F. Deissenböck, E. Jürgens, B. Hummel, S. Wagner, B. M. Parareda, and M. Pizka. Tool support for continuous quality control. *IEEE Software*, 25(5):60–67, September 2008.
18. F. Deissenboeck, S. Wagner, M. Pizka, S. Teuchert, and J.-F. Girard. An activity-based quality model for maintainability. In *IEEE International Conference on Software Maintenance*, ICSM, pages 184–193, Oct 2007.
19. DO-178C. *Software Considerations in Airborne Systems and Equipment Certification*. Radio Technical Commission for Aeronautics (RTCA, Inc.), 2012.
20. ECSS Secretariat. Space product assurance, software metrication programme definition and implementation. Standard ECSS-Q-HB-80-04A, ESA-ESTEC Requirements and Standards Division, March 2011.
21. S. El-Sharkawy, N. Yamagishi-Eichler, and K. Schmid. Metrics for analyzing variability and its implementation in software product lines: A systematic literature review. *Information and Software Technology*, 106:1–30, feb 2019.
22. N. E. Fenton and M. Neil. Software metrics: successes, failures and new directions. *Journal of Systems and Software*, 47(2):149–157, 1999.
23. G. Fröhlich-Bleuer. *Softwareverträge: System-, Software-Lizenz- und Software-Pflegevertrag*. Stämpfli Verlag, April 2004.
24. D. A. Garvin. What does product quality really mean? *MIT Sloan Management Review*, 26(1):25–43, 1984.
25. S. S. Gokhale and R. E. Mullen. The marginal value of increased testing: An empirical analysis using four code coverage measures. *J. Braz. Comp. Soc.*, 12(3):13–30, 2006.
26. M. H. Halstead. *Elements of software science*. Operating and programming systems series. Elsevier, 1977.
27. R. Hartson and P. Pyla. *The UX Book: Agile UX Design for a Quality User Experience*.Morgan Kaufmann, 2 edition, January 2019.
28. K. J. Hayhurst, D. S. Veerhusen, J. J. Chilenski, and L. K. Rierson. A practical tutorial on modified condition/decision coverage. Technical Memorandum NASA/TM-2001-210876, NASA, 2001.
29. S. Huda, S. Alyahya, M. M. Ali, S. Ahmad, J. Abawajy, H. Al-Dossari, and J. Yearwood. A framework for software defect prediction and metric selection. *IEEE Access*, 6:2844–2858, 2018.
30. IEEE Std 1028-1997. *IEEE Standard for Software Reviews*. IEEE, 1998.
31. IEEE Std 1061-1992. *IEEE Standard for a Software Quality Metrics Methodology*. IEEE, 1992.
32. IEEE Std 1471-2000. *IEEE Recommended Practice for Architectural Description of Software-Intensive Systems*. IEEE Computer Society, 2000.

33. ISO 13485:2016. *Medical devices – Quality management systems – Requirements for regulatory purposes*. International Organization for Standardization, March 2016.
34. ISO 25119-1:2018. *Tractors and machinery for agriculture and forestry – Safety-related parts of control systems – Part 1: General principles for design and development*. International Organization for Standardization, October 2018.
35. ISO 26262:2018. *Road vehicles – Functional safety*. International Organization for Standardization, 2018.
36. ISO 9000:2005. *Quality Management Systems – Fundamentals and Vocabulary*. International Organization for Standadization, 2005.
37. ISO/IEC 2382-1:2015. *Information technology – Vocabulary – Part 1: Fundamental terms*. International Organization for Standardization, 2015.
38. ISO/IEC 25000:2014. *Systems and software engineering – Software product Quality Requirements and Evaluation (SQuaRE) – Guide to SQuaRE*. International Organization for Standardization, 2014.
39. ISO/IEC 25001:2014. *Systems and software engineering – Systems and software Quality Requirements and Evaluation (SQuaRE) – Planning and management*. International Organization for Standardization, 2014.
40. ISO/IEC 25010:2011. *Systems and software engineering – System and software quality models*.International Organization for Standardization, 2011.
41. ISO/IEC 25023:2016. *Systems and software engineering – Systems and software Quality Requirements and Evaluation (SQuaRE) – Measurement of system and software product quality*. International Organization for Standardization, 2016.
42. ISO/IEC 9126-1:2001. *Software engineering – Product quality – Part 1: Quality model*.International Organization for Standardization, June 2001.
43. ISO/IEC/IEEE 42010:2011. *Systems and software engineering – Architecture description*. International Organization for Standardization, 2011.
44. C. Jones. *Applied Software Measurement: Global Analysis of Productivity and Quality*. Mcgraw-Hill Professional, 3 edition, 2008.
45. Kan, S. H. *Metrics and Models in Software Quality Engineering*. Addison-Wesley Longman, 2 edition, 2002.
46. Kütz, M. *Kennzahlen in der IT: Werkzeuge für Controlling und Management*. dpunkt.verlag, 4 edition, 2010.
47. Laird, L. M. and Brennan, M. C. *Software Measurement and Estimation: A Practical Approach*. Wiley & Sons, 2006.
48. Liggesmeyer, P. *Software-Qualität: Testen, Analysieren und Verifizieren von Software*. Spektrum Akademischer Verlag, second edition, 2009.
49. Y. Luo and M. van den Brand. Metrics design for safety assessment. *Information and Software Technology*, 73:151–163, 2016.
50. T. J. McCabe. A complexity measure. *IEEE Transactions on Software Engineering*, SE(2):308–320, 1976.
51. H. D. Mills, M. Dyer, and R. C. Linger. Cleanroom software engineering. *IEEE Software*, 4(5):19–25, Sep. 1987.
52. A. Mockus, N. Nagappan, and T. T. Dinh-Trong. Test coverage and post-verification defects: A multiple case study. In *2009 3rd International Symposium on Empirical Software Engineering and Measurement*, pages 291–301, Oct 2009.
53. K. Mordal, N. Anquetil, J. Laval, A. Serebrenik, B. Vasilescu, and S. Ducasse. Software quality metrics aggregation in industry. *Journal of Software: Evolution and Process*, 25(10):1117–1135, 2013.

54. K. Mordal-Manet, F. Balmas, S. Denier, S. Ducasse, H. Wertz, J. Laval, F. Bellingard, and P. Vaillergues. The squale model – a practice-based industrial quality model. *IEEE International Conference on Software Maintenance*, pages 531–534, Sep. 2009.
55. NA 147-00-01 AA - Qualitätsmanagement. Quality management and quality assurance – Vocabulary (ISO 8402:1994); Trilingual version EN ISO 8402:1995. Technical report, Deutsche Institut für Normung e.V. (DIN), 1995.
56. P. Oman and J. Hagemeister. Metrics for assessing a software system's maintainability. In *Proceedings Conference on Software Maintenance*, pages 337–344. IEEE, Nov 1992.
57. B. Poensgen and B. Bertram. *Function-Point-Analyse – Ein Praxisbuch*. dpunkt.verlag, 2005.
58. K. Pohl, M. Broy, H. Daembkes, and H. Hönninger, editors. *Advanced Model-Based Engineering of Embedded Systems*. Springer International Publishing, December 2016.
59. C. R. Prause, J. Werner, K. Hornig, S. Bosecker, and M. Kuhrmann. Is 100 % Test Coverage a Reasonable Requirement? Lessons Learned from a Space Software Project. In *Product-Focused Software Process Improvement*, PROFES, pages 351–367, Cham, 2017. Springer International Publishing.
60. R. S. Pressman and B. R. Maxim. *Software Engineering : A Practitioner's Approach*. McGraw-Hill, Inc., 8 edition, January 2014.
61. S. J. Prowell, C. J. Trammell, R. C. Linger, and J. H. Poore. *Cleanroom Software Engineering: Technology and Process*. SEI Series in Software Engineering. Addison-Wesley Professional, March 1999.
62. C. A. Reeves and D. A. Bednar. Defining quality: Alternatives and implications. *The Academy of Management Review*, 19(3):419–445, 1994.
63. A. Schaaf. *Open-Source-Lizenzen: Untersuchung der Gpl, Lgpl, Bsd und Artistic License*. Diplomica Verlag, February 2013.
64. B. T. Sloss, S. Nukala, and V. Rau. Metrics that matter. *Queue*, 16(6):30:86–30:105, Dec. 2018.
65. A. Spillner and T. Linz. *Basiswissen Softwaretest*. dpunkt.verlag GmbH, 6 edition, June 2019.
66. M. Staron, W. Meding, G. Karlsson, and C. Nilsson. Developing measurement systems: an industrial case study. *Journal of Software Maintenance and Evolution: Research and Practice*, 23(2):89–107, March 2011.
67. M. Vogel, P. Knapik, M. Cohrs, B. Szyperrek, W. Püschel, H. Etzel, D. Fiebig, A. Rausch, and M. Kuhrmann. Metrics in automotive software development: A systematic literature review. *Journal of Software: Evolution and Process*, 2020.
68. S. Wagner. *Software Product Quality Control*. Springer Verlag, 2013.
69. S. Wagner, A. Goeb, L. Heinemann, M. Kläs, C. Lampasona, K. Lochmann, A. Mayr, R. Plösch, A. Seidl, J. Streit, and A. Trendowicz. Operationalised product quality models and assessment: The quamoco approach. *Information and Software Technology*, 62(C):101–123, June 2015.
70. S. Wagner, K. Lochmann, L. Heinemann, M. Kläs, A. Trendowicz, R. Plösch, A. Seidl, A. Goeb, and J. Streit. The quamoco product quality modelling and assessment approach. *International Conference on Software Engineering*, pages 1–10, 2012.
71. Wagner, S., Lochmann, K., Winter, S., Goeb, A., and Klaes, M. Quality Models in Practice. A Preliminary Analysis. In *Proceedings of International Symposium on Empirical Software Engineering and Measurement (ESEM)*, 2009.
72. A. I. Wasserman. How the internet transformed the software industry. *Journal of Internet Services and Applications*, 2(1):11–22, 2011.
73. F. Witte. *Testmanagement und Softwaretest*. Springer Verlag, 2015.
74. D. D. Woods and J. Allspaw. Revealing the critical role of human performance in software. *Commun. ACM*, 63(5):64–67, Apr. 2020.

3 Vorgehensmodelle in der Softwareentwicklung

Zusammenfassung

Die Entwicklung von Software erfolgt im Rahmen von Projekten. Projekte benötigten eine angemessene Vorgehensweise. Wir sprechen von Vorgehensmodellen. Diese beschreiben die Aufbauorganisation sowie die Ablauforganisation eines Projektes. In der Aufbauorganisation wird die Teamstruktur festgelegt und in der Ablauforganisation der Prozess für die einzelnen Schritte zur Durchführung der Entwicklung. Darüber hinaus sind geeignete Methoden für die Durchführung der geplanten Arbeitsschritte und zur Erarbeitung der Zwischenergebnisse, den Artefakten, zu wählen. Der Zusammenhang zwischen den Artefakten wird in einem sogenannten Artefaktmodell festgelegt. Wesentliche Artefakte sind der Programmcode für das Softwaresystem, aber auch die Beschreibung der Anforderungen an das Softwaresystem, seine Architektur, seiner Qualitätseigenschaften oder der zu verwendenden Testfälle. Die Wahl des Vorgehensmodells bestimmt in weiten Teilen wesentliche Faktoren der Softwareentwicklung wie die Kosten, den Zeitaufwand und die erreichte Qualität. Vorgehensmodelle sind ein wesentliches Bindeglied zwischen Fragen der Organisation und des Managements und der technischen Durchführung von Softwareprojekten. Dieses Kapitel führt die grundlegenden Vorgehensmodelle und Rollen in Projekten ein und erläutert traditionelle und agile Vorgehensmodelle im Kontext der Softwareentwicklung.

3.1 Was ist ein Vorgehensmodell?

Eine der Kernaufgaben in der Software- und Systementwicklung ist die Festlegung des projektspezifischen Vorgehens – eines sogenannten *Vorgehensmodells*. Die Festlegung orientiert sich an den Besonderheiten eines Projekts und muss einen stabilen Rahmen für das Projekt sicherstellen.

Vorgehensmodelle sind das Bindeglied zwischen den Aufgaben der Projektorganisation und des Managements und den methodischen und technischen Aufgaben der Software- und Systementwicklung. Sie strukturieren das Vorgehen und die Zuständigkeit für die spezifischen Aufgaben. Sie machen die Struktur von Projekten greifbar, vergleichbar und bewertbar und sind somit ein wesentliches Erfolgskriterium für die erfolgreiche Durchführung von Projekten. Sie bilden die Grundlage für die Projektplanung und die Projektdurchführung. In hinreichend großen Unternehmen ist der Einsatz eines unternehmensweiten Vorgehensmodells oft verpflichtend, um die Software- und Systementwicklung koordiniert und strukturiert durchzuführen. Auch Projekte, die bestimmte Domänen adressieren, etwa Automotive Software, Avionics, Space, Defense, Medical Devices oder Robotik, setzen die Anwendung von spezifischen, oft standardisierten Vorgehensmodellen unter Gesichtspunkten der „Compliance" voraus. Nach [16] verwenden wir für Vorgehensmodelle folgende Definition 3.1:

Definition 3.1 (Vorgehensmodell) Ein Vorgehensmodell beschreibt systematische, organisatorische, ingenieurmäßige und quantifizierbare Vorgehensweisen, um Aufgaben einer bestimmten Klasse wiederholbar zu lösen.

Ein Vorgehensmodell beschreibt auch die Schnittstellen des Projekts zur Organisation, in die das Projekt eingebettet ist. Es ein Instrument zur Integration von Methoden und Praktiken, die für die Lösung eng umgrenzter Teilaufgaben verwendet werden, zum Beispiel für das Requirements Engineering oder das Testen.

Im Kern strukturieren Vorgehensmodelle und die mit ihnen kombinierten Methoden und Praktiken ein Projekt und machen Vorgaben und Festlegungen hinsichtlich der Aufbau- und der Ablauforganisation [16, S. 31 ff.]:

Aufbauorganisation	Ein Vorgehensmodell beschreibt den Aufbau des Projektteams und zugehörige Aufgabenprofile über Rollen. Weiterhin werden Artefaktmodelle festgelegt, welche eine Ordnungsstruktur für Arbeitsergebnisse und ihre Abhängigkeiten zueinander beschreiben.
Ablauforganisation	Der grundsätzliche Arbeitsprozess, seine groben Aufgabenfelder, sowie Entwicklungsschritte in unterschiedlichen Detaillierungsgraden werden beschrieben. Dies umfasst im Kern den *technischen Entwicklungsprozess* des Aufbaus/der Entwicklung des Systems unter Berücksichtigung der relevanten Kernaufgaben.

Abb. 3.1 zeigt einen grundsätzlichen Rahmen, welche Vorgehensmodelle allgemein über sogenannte W-Fragen charakterisiert. In der Aufbauorganisation können diese W-Fragen der Form „Wer macht Was und Wie wird dabei vorgegangen?" gestellt werden. Solche

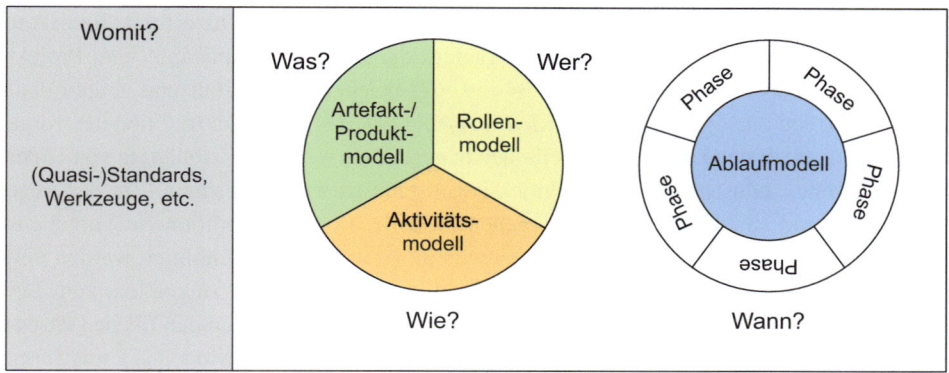

Abb. 3.1 Bestandteile eines Vorgehensmodells nach [16]

Fragen lassen sich zum Beispiel wie folgt beantworten: *„Der Tester erstellt Unit Tests zum Test der Software."* Damit wird durch das Vorgehensmodell festgelegt: wer (Rolle: Tester) macht was (Artefakt: Unit Test); als Aktivität wird im Beispiel *„erstellt"* verwendet. Was sich genau hinter *„erstellt"* verbirgt, ist durch die Beschreibungen der zu nutzenden Methoden im Vorgehensmodell zu definieren, etwa durch Aktivitätslisten. Die Ablauforganisation ergänzt hierzu die Frage nach dem *Wann,* also wann wird die Aktivität durchgeführt und wann muss das Ergebnis dieser Aktivität vorliegen. In einem Vorgehensmodells werden Gliederungseinheiten definiert, die Aufgaben in einem Projekt zusammenfassen und es so strukturieren.

3.2 Grundlegende Vorgehensmodelle und Prozessbeschreibungen

Es gibt eine Vielzahl an unterschiedlichen Vorgehensmodellen, die jeweils spezifisch auf unterschiedliche Aufgaben oder Anwendungsdomänen ausgerichtet sind, spezifisch auf Unternehmen oder Projekttypen zugeschnitten sind, oder als generischer Standard formuliert sind. Je nach Lesart, etwa der Festlegung, was ist ein Vorgehensmodell, was ist eine Methode, was ist eine Praktik und vieles mehr, gibt es mehrere Dutzend oder sogar deutlich über 100 unterschiedliche Modelle unterschiedlichster Größe – nicht eingerechnet sind die unternehmensspezifischen Vorgehensmodelle, welche etwa in großen Unternehmen für alle durchgeführten Projekte bindend sind. Alle Vorgehensmodelle differieren in ihren Eigenschaften, jedoch basieren sie in der Regel auf einigen wenigen Grundkonzepten und entsprechen einem der im Folgenden vorgestellten grundlegenden Vorgehensmodelle (siehe auch Chroust [19]).

Ausgehend von diesen Grundformen werden Vorgehensmodelle üblicherweise für konkrete Projekte angepasst [20, 31]. Die Auswahl und Anpassung eines Vorgehensmodells für ein konkretes Projekt ist eine nicht ganz einfache Aufgabe[1]. Oft erfolgt diese Auswahl und Anpassung auch nicht statisch, sondern dynamisch und abhängig vom Projektverlauf. Unterschiedliche Studien [30, 34, 39, 67] belegen die Vielfalt und zeigen deutlich einen Trend zu sogenannten *hybriden Ansätzen* [37, 38], in denen traditionelle Vorgehensweisen zunehmend mit agilen Methoden angereichert werden. Unabhängig von Unternehmensgröße, Industriesektor und Projektgegenstand entwickeln Firmen – in der Regel erfahrungs- und situationsbasiert – Vorgehensmodelle, in denen traditionelle Vorgehensweisen und Elemente der agilen Softwareentwicklung miteinander kombiniert werden [63]. Darüber hinaus scheinen auch regionale Besonderheiten eine Rolle zu spielen, zum Beispiel durch die Vorgabe eines Standardvorgehensmodells auf der nationalen Ebene [39, 64]. Beispielhaft sei hier die in Deutschland übliche Kombination des V-Modell XT mit Scrum genannt [39]. Das V-Modell XT (siehe Abschn. 3.3) liefert hierbei den organisatorischen Rahmen und beschreibt Projekte sowie deren Schnittstellen zur umgebenden Organisation auf einer grundsätzlichen Ebene (zum Beispiel Anforderungsanalyse, Vertragsgestaltung, Auftraggeber/Auftragnehmer-Kommunikation oder Abnahme), während Scrum (siehe Abschn. 3.4), oftmals in Verbindung mit spezifischen agilen Praktiken, die Grundlage für das konkrete Vorgehen in der Softwareentwicklung legt.

> **Hinweis**
> Vorgehensmodelle in ihren unterschiedlichen Ausprägungen werden aus der Perspektive der Projektorganisation und des Managements umfassend in [16, Kap. 4] diskutiert. Als Ankerpunkt für die Diskussion aus der Perspektive der Softwareentwicklung konzentrieren wir uns auf die „Standardkonfiguration" gemäß [39] und führen kurz in das V-Modell XT und Scrum ein. Diese beiden Ansätze bilden gleichzeitig die prozessbezogene Grundlage für die weiteren Kapitel dieses Buchs.

3.2.1 Phasenorientierte Modelle und sequenzielles Vorgehen

Das Phasenmodell wird auch als der „klassische" Ansatz zur Software- und Systementwicklung angesehen. Der bekannteste Vertreter dieser Klasse von Vorgehensmodellen ist das „Wasserfallmodell" (Abb. 3.2), welches einer streng sequenziellen Vorgehensweise mit klar abgegrenzten Phasen entspricht.

Jede Phase wird als ein umfassender Arbeitsschritt verstanden und mit einem definierten Ergebnis abgeschlossen, welches in einem Meilenstein geprüft und im Anschluss als Eingabe an die folgende Phase übergeben wird. Ergebnisse fließen quasi aus einer Phase

---

[1] In bestimmten Unternehmen und Anwendungsgebieten sind Vorgehensmodelle verbindlich vorgeschrieben und gar nicht oder nur in begrenztem Umfang anpassbar. Auch ist es möglich, dass ein bestimmtes Rahmenvorgehen bereits durch einen Auftraggeber vertraglich fixiert wurde. Auch in so einer Situation sind Abweichungen von definierten Vorgehen nur eingeschränkt möglich.

3.2 Grundlegende Vorgehensmodelle und Prozessbeschreibungen

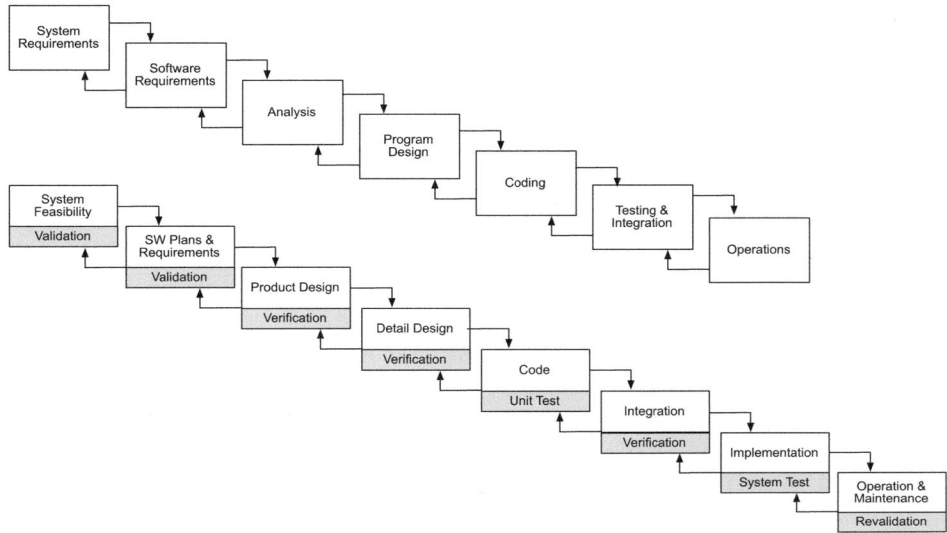

Abb. 3.2 Wasserfallmodell nach Royce (oben) und Boehm (unten) nach [16]

in die folgende Phase, weshalb Boehm [14] dieses Vorgehen als Wasserfall bezeichnet hat. Bezüglich des Wasserfallmodells sind zunächst noch zwei häufige Irrtümer auszuräumen:

1. Royce [57] ist nicht der Erfinder des Wasserfallmodells. Vielmehr kritisiert er diese Vorgehensweise der Systementwicklung selbst: „*I believe in this concept, but the implementation described above is risky and invites failure. [...] In effect the development process has returned to the origin and one can expect up to a 100-percent overrun in schedule and/or costs.*"
2. Landläufig wird das Wasserfallmodell in Reinkultur als strikt sequenzielles Vorgehen angesehen. Typischerweise sind zwischen den einzelnen Phasen jedoch Rückkopplungen vorgesehen – jedoch nur zwischen unmittelbar benachbarten Phasen.

Philosophie Die grundlegende Philosophie des Wasserfallmodells ist die Organisation eines Projekts durch Aufteilung des Entwicklungsprozesses in Phasen anhand der Schwerpunkte der Entwicklungsaufgaben. Die folgenden Phasen werden im klassischen Wasserfallmodell verwendet:

- Analyse und Anforderungserhebung
- Architekturentwurf
- Implementierung
- Verifikation und Integration
- Betrieb und Wartung

Jede dieser Phasen bündelt dabei eine Reihe von Aktivitäten, welche vollständig und in der richtigen Reihenfolge durchzuführen sind. Am Ende liegen jeweils fertiggestellte Ergebnisse vor, etwa eine Architekturspezifikation. Da jedes Ergebnis wiederum Eingabe für Folgeaktivitäten ist, müssen die entsprechenden erzeugenden Aktivitäten stets vollständig durchlaufen werden. Dies reduziert die Möglichkeiten, Aktivitäten parallel auszuführen.

Auswirkungen auf die Entwicklung Die streng sequenzielle Vorgehensweise hat prägende Auswirkungen auf die gesamte Systementwicklung. So soll dabei ein Architekturentwurf erst erfolgen, wenn die Anforderungen an das System vollständig beschrieben sind. Dies allein stellt in Projekten bereits eine große Herausforderung dar und berücksichtigt dabei nicht Lerneffekte im Projekt und Änderungen an Anforderungen aus den unterschiedlichsten Gründen (siehe Kap. 5). Ähnliches gilt für die Implementierung, welche erst beginnen darf, wenn das System vollständig entworfen wurde. Fällt bei der Implementierung auf, dass die Architektur nicht trägt, ist mindestens der Architekturentwurf zu wiederholen, im schlimmsten Fall sogar die Anforderungsanalyse, sollte sich herausstellen, dass eine Architekturentscheidung auf Grundlage einer falschen Anforderung getroffen wurde.

Somit eignet sich ein phasenorientiertes Vorgehensmodell in der Regel nur für risikoarme Projekte, in denen die Anforderungen und die gewünschte Lösung von Anfang an vergleichsweise klar sind und bei denen mit nur wenigen Änderungen während des Projektverlaufs zu rechnen ist.

> **Das V-Modell...**
> Auch das V-Modell XT (siehe Abschn. 3.3) kann im Kern den phasenorientierten Modellen zugeordnet werden. Im (klassischen) V-Modell sind die Phasen weiterhin vorhanden, jedoch werden sie nach Entwurfs- bzw. Dekompositionsaktivitäten und Integrationsaktivitäten getrennt visualisiert. Hierbei werden die Ebenen der Dekomposition und der Integration einander gegenübergestellt, womit die erforderlichen qualitätssichernden Maßnahmen besonders hervorgehoben werden – es entsteht das berühmte und namensgebende „V". Das V-Modell bildet heute die Grundlage für viele Vorgehensmodelle und auch für Normen und Standards, etwa in der Entwicklung von Software für das Automobil (ISO/IEC 26262:2018; [29]).

Bewertung Vorteilhaft an phasenorientierten Vorgehensweisen ist die einfache Struktur, die es gestattet, Projekte übersichtlich zu organisieren und zu kontrollieren [16]. Dieser Vorteil kann aber in das Gegenteil umschlagen, wenn Flexibilität im Projekt erforderlich ist. Risikoreich bei Einsatz eines phasenorientierten Vorgehensmodells sind Änderungen zur Projektlaufzeit. Insbesondere bei Änderungen, welche in Aufgaben aus den frühen Phasen auftreten, sind die Auswirkungen auf späte Phasen weitreichend. Auch die Rückkopplung

3.2 Grundlegende Vorgehensmodelle und Prozessbeschreibungen

von Problemen aus den späten Phasen zurück in die frühen Phasen ist schwierig. Während die Überwachung des Projektfortschritts aus Sicht der Projektleitung formal einfach ist, ist die Kontrolle der Entwicklungsrisiken und die Reaktion auf eingetretene Risiken schwierig. Darüber hinaus können einzelne kleine Probleme das gesamte Projekt verzögern. Folgende Nachteile des Wasserfallmodells sind besonders zu berücksichtigen:

- Planungs- und Entwicklungsfehler werden oft zu spät bemerkt.
- Risiken werden (zu) spät erkannt.
- Umplanungen sind kostspielig und schwer zu bewerkstelligen.
- Rückkopplungen, insbesondere aus der Entwicklung, finden (zu) spät statt.

Ein Teil dieser Risiken kann durch eine umfangreiche und kontinuierliche Qualitätssicherung abgefedert werden. Phasenorientierte Vorgehensmodelle sind häufig die Grundlage für hybride Vorgehensmodelle [37, 63]. Sie stellen eine einfache Schnittstelle zwischen Projekten und den durchführenden Organisationen dar, die auf der einen Seite dem Management handhabbare Instrumente zum Projektmanagement bereitstellt [64] und bieten den Projekten andererseits einen stabilen Rahmen, in den situationsangemessen spezifische Methoden und Praktiken eingefügt werden können.

Anmerkung *Grundsätzlich gilt: Projekte laufen selten genau so ab wie geplant [16]. Beispielsweise ändern sich Anforderungen typischerweise während der Projektdurchführung. Deshalb sollten bei der Nutzung phasenorientierter Vorgehensmodelle zumindest zeitliche Puffer eingeplant werden.*

3.2.2 Iteratives und inkrementelles Vorgehen

Beim Aufbau von nicht Wasserfall-artigen Vorgehensmodellen gibt es zwei grundlegende Konzepte, die üblicherweise miteinander kombiniert werden: das *inkrementelle* und das *iterative* Vorgehen.

Beim iterativen Vorgehen gibt es eine Reihe von Standardaktivitäten, welche in jeder Iteration wiederholt durchlaufen werden, etwa *Code-Build-Test*. Beim inkrementellen Vorgehen wird zunächst ein eingeschränkter Systemkern mit begrenztem Funktionsumfang realisiert. Dieser Kern wird im weiteren Projektverlauf stufenweise ausgebaut und vervollständigt. Dadurch werden Entwicklungsrisiken begrenzt, da schnell lauffähige Systemstände entwickelt und überprüft werden können. Insbesondere hat diese Vorgehensweise die folgenden Anforderungen und Auswirkungen auf die Software- und Systementwicklung:

- Architekturen müssen hinreichend modular ausgelegt werden, damit eine schrittweise Realisierung und gegebenenfalls eine Umorganisation (Refactoring, siehe Kap. 13.2.3.4)

möglich sind. Dies stellt hohe Anforderungen an den Entwurf von Komponenten und Schnittstellen.
- Die realisierten Systemteile (Module, Komponenten und ganze Teilsysteme) müssen kontinuierlich integrierbar und bis zu einem gewissen Grad ablauffähig sein. Gegebenenfalls sind Stellvertreter- bzw. Dummy-Objekte bereitzustellen, damit die Ablauffähigkeit in den frühen Phasen der Entwicklung hergestellt werden kann (siehe Kap. 12.3.2).
- Die einzelnen Systemteile sind jeweils mit automatisierbaren Tests zu flankieren, welche im Build-Prozess ausgeführt werden. Durch die wiederholte Integration des wachsenden Systems in den einzelnen Iterationen werden diese Tests ebenfalls wiederholt ausgeführt, sodass Qualitätsprobleme frühzeitig identifiziert werden können. Dies erfordert eine passende Entwicklungsumgebung mit entsprechender Werkzeugausstattung.

In extremen Ansätzen, insbesondere im Bereich des *Continuous Integration* und des *Continuous Deployment* (siehe Kap. 12.4), werden Inkremente täglich oder sogar mehrmals am Tag erstellt [28, 33].

> **Hinweis**
> Es ist nicht zwingend, dass iteratives und inkrementelles Vorgehen miteinander kombiniert werden. Beispiele für ein nicht iteratives aber inkrementelles Vorgehen findet sich bei einer Feature-basierten Entwicklung, in der für jedes einzelne Feature individuelle Entwicklungsansätze und Vorgehen verwendet werden. Auch ein Vorgehen, in dem zunächst ein allgemeiner Architekturrahmen angefertigt wird, in den dann schrittweise Komponenten hineinrealisiert werden ist ein inkrementelles – jedoch nicht zwingend iteratives Vorgehen.

Das Spiralmodell Das Spiralmodell von Boehm [15] ist einer der bekanntesten frühen Vertreter des iterativ/inkrementellen Vorgehens. Es verfolgt das Ziel Projektrisiken durch die Erstellung von evolvierenden Prototypen (siehe Abschn. 3.2.3) zu minimieren. Abb. 3.3 illustriert das Grundkonzept des Spiralmodells in seinen vier Schritten:

Schritt 1 (Analyse)	Im ersten Schritt werden die Rahmenbedingungen, Ziele, Anforderungen und Lösungsalternativen beschrieben und zwecks Evaluation zur Umsetzung freigegeben.
Schritt 2 (Evaluierung)	Die Evaluierung der verschiedenen Lösungsalternativen wird im zweiten Schritt durchgeführt. Die Evaluierung dient primär der Identifikation von Risiken und zur Erarbeitung von Strategien zu deren Minderung bzw. Vermeidung.

3.2 Grundlegende Vorgehensmodelle und Prozessbeschreibungen

Schritt 3 (Realisierung)   Abhängig von den identifizierten Risiken wird im dritten Schritt ein adäquates Realisierungsvorgehen ausgewählt und die Realisierung wird durchgeführt.

Schritt 4 (Planung)   Im vierten Schritt erfolgt ein Review der vorangegangenen Schritte und die Planung der nächsten Iteration.

Diese vier Schritte werden durch die Quadranten in Abb. 3.3 visualisiert. Durch die iterative Vorgehensweise wird pro Iteration eine Reihe von Aktivitäten durchgeführt. Da Iterationen aufeinander aufbauen (inkrementelle Entwicklung), „wachsen" die entwickelten Prototypen über die Zeit. Die Ergebnisse der Zyklen, etwa Anforderungen oder Architekturen, werden in jeder Iteration verfeinert. Der Projektfortschritt wird durch eine Linie durch die Quadranten markiert, welche das typische und namensgebende Spiralmuster erzeugt. Durch die Konzentration auf die Entwicklung von Prototypen und die kontinuierliche Evaluation unterstützt das Spiralmodell Lernkurven im Projekt. Ferner dienen die kontinuierlichen Evaluierungen der Minimierung des Risikos von Fehlentwicklungen und somit auch der Begrenzung von Projektkosten.

Hervorzuheben ist auch, dass das Spiralmodell das konkrete Vorgehen zur Realisierung von Prototypen nicht vorgibt. Im dritten Schritt kann daher ein beliebiges, dem zu lösenden Problem und dem Restrisiko angemessenes Vorgehen ausgewählt werden. Dies hat

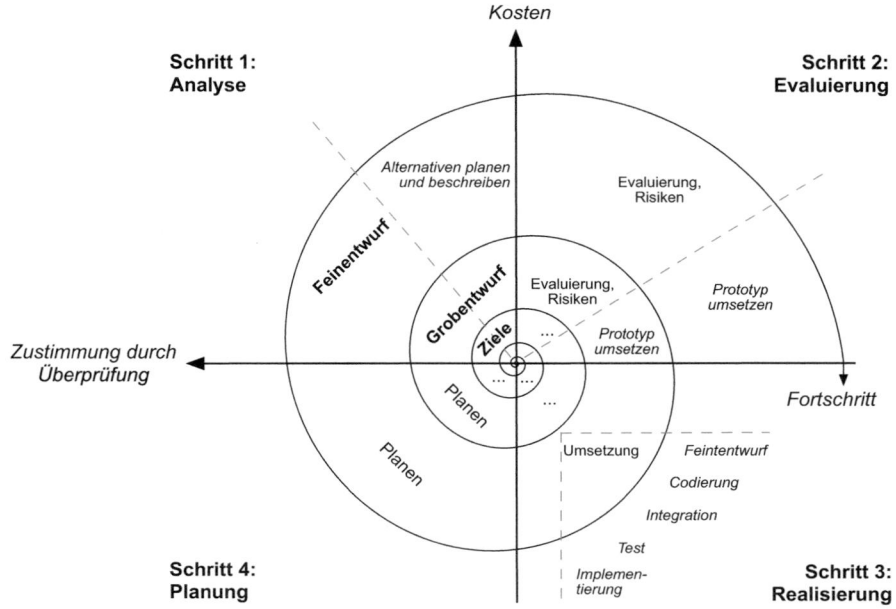

Abb. 3.3 Konzept des Spiralmodells nach [16]

zur Folge, dass sich die Vorgehensweisen zwischen den einzelnen Iterationen unterscheiden können, etwa eine agile und prototyporientierte Vorgehensweise zur Exploration von Lösungsoptionen oder eine eher Wasserfall-artige Vorgehensweise zur Stabilisierung von Teilsystemen.

Die Option, unterschiedliche Entwicklungsstränge zu realisieren wird insbesondere durch die Planungsphase im vierten Schritt ermöglicht. Hier kann beispielsweise in einem Strang ein klares und ausreichend evaluiertes Teilsystem „fertig implementiert" werden, während in einem anderen Strang noch unklare Anforderungen durch Prototypen realisiert und evaluiert werden können. Für jeden Entwicklungsstrang sieht das Spiralmodell hierbei eine eigene Spirale vor.

> **Hinweis**
> Es ist zu beachten, in welchem Kontext und Verständnis man das Spiralmodell als Vorgehensmodell für ein Projekt verwendet. Das Spiralmodell kann einerseits als *Organisationsmodell* für Projekte aus der Sicht der Projektorganisation und des Managements eingesetzt werden [16]. So nutzt beispielsweise Scrum das Spiralmodell als Organisationsschablone. Das Spiralmodell kann aber auch das *technische Vorgehen* in den einzelnen Schritten unterstützen, etwa durch die genaue Festlegung der Methoden und Praktiken, welche in den einzelnen Aufgaben einer Iteration angewendet werden.

3.2.3 Prototyping

Bei der Entwicklung neuartiger Anwendungen in Domänen und für Aufgaben, für die noch wenige Erfahrungen vorliegen, oder die Anforderungen zu Beginn noch nicht abschließend vorliegen, können Prototypen schon in der Anforderungsanalyse (siehe beispielsweise Kap. 7.3.1 und 7.3.2) ein hilfreiches Werkzeug sein. Die systematische Erstellung eines Prototyps im Rahmen der Problemerfassung, der Fixierung der Anforderungen und der schrittweisen Annäherung an das Zielsystem hat eine Reihe von Vorteilen:

- Die Aufgabenstellung wird insbesondere für den Kunden greifbarer
- Kritische, risikoreiche Gesichtspunkte werden eher identifiziert und geklärt
- Prototypen liefern eine Grundlage für die weiteren Entwicklungsschritte

Beim Einsatz von Prototypen ist darauf zu achten, dass von vornherein festgelegt wird, ob der Prototyp als reines Explorations- oder Demonstrationsobjekt dient, oder später in einem inkrementellen Entwicklungsansatz zur schrittweisen Weiterentwicklung verwendet werden soll.

3.2 Grundlegende Vorgehensmodelle und Prozessbeschreibungen

Achtung *Prototypen erwecken beim Auftraggeber und beim Management leicht den Eindruck, dass die Aufgabenstellung bereits weitgehend gelöst wäre, und führen deshalb zu unangemessenem Druck auf Fertigstellung und Freigabe. Daher ist es wichtig, zwischen* experimentellen *und* evolutionären *Prototypen zu unterscheiden. Experimentelle Prototypen dienen der Demonstration und der Evaluation von Lösungsoptionen. Üblicherweise werden die Prototypen nach durchgeführter Evaluation verworfen und nicht weiterentwickelt. Evolutionäre Prototypen sind hingegen feste Bestandteile des Entwicklungsprozesses. Diese Prototypen wachsen über die Zeit und werden im Sinne eines iterativen und inkrementellen Vorgehens schlussendlich zum finalen System ausgebaut. Oft werden hierzu Techniken des* Refactorings [25] *eingesetzt.*

Prototypen lassen sich zur Simulation einsetzen, um gewisse Erkenntnisse (Auslastung der Komponenten, Antwortzeiten, Engpässe) über das angestrebte System zu gewinnen. Besonders hilfreich sind Prototypen zur Darstellung der Anforderungen im Hinblick auf die Benutzungsschnittstelle. Dies betrifft sowohl Fragen der Ästhetik sowie der Ergonomie. Besonders hilfreich können Prototypen auch in der Entscheidungsfindung sein. Oftmals stehen die Anforderungen an ein System nicht von Anfang an fest, sodass es erforderlich ist, den Lösungsraum entsprechend einzugrenzen und unter möglicherweise mehreren Lösungsoptionen diejenige zu wählen, die das betrachtete Problem am besten löst. Dazu können unterschiedliche Prototypen erstellt und verglichen werden (experimentelles Prototyping; Chroust [19]). Es entstehen Vorteile für alle Beteiligten, da Entwickler die Anforderungen verstehen und umsetzen müssen und Kunden schließlich die Umsetzungen bewerten müssen. Missverständnisse, fehlende oder gar falsche Anforderungen können so frühzeitig aufgedeckt werden. Somit leisten Prototypen einen Beitrag zur Risikominimierung von Projekten, zum Beispiel durch frühzeitige Einbindung der Anwender und damit auch der Schaffung von Akzeptanz eines Softwaresystems.

Abb. 3.4 zeigt die beiden Muster, nach denen Prototypen erstellt werden können. Ein *horizontaler Prototyp* realisiert einen ausgewählten Ausschnitt eines Systems meist aus Sicht des Nutzers. Üblich sind sogenannte GUI-Prototypen entweder als ausführbares Programm oder als „Mock-Up", welche schnell einen Entwurf der Benutzungsschnittstelle realisieren und somit Anwendern frühzeitig ein Gefühl für das System vermitteln. Im Rahmen der Anforderungsanalyse können damit beispielsweise Anforderungen hinsichtlich der Benutzungsschnittstelle überprüft, angepasst oder ausgebaut werden. Die oft auch als „Durchstich" bezeichneten *vertikalen Prototypen* dienen dazu, ausgewählte Eigenschaften oder Teile eines Systems zu prüfen. Dazu wird der entsprechende Teil des Systems vollständig über alle Schichten der Architektur (Benutzungsschnittstelle bis zur Datenhaltung) realisiert und dem Anwender zur Verfügung gestellt. Diese Art Prototyp dient im Wesentlichen dazu, die prinzipielle Realisierbarkeit einer Anforderung oder einer Lösungsidee zu demonstrieren und einen Lösungsansatz zu erproben. Durch den Einsatz moderner Entwicklungsumgebungen, können Prototypen heutzutage schnell erstellt werden, etwa für Benutzungsschnittstellen oder Datenmodelle. Dies wird oft auch als *Rapid Prototyping* [4] bezeichnet.

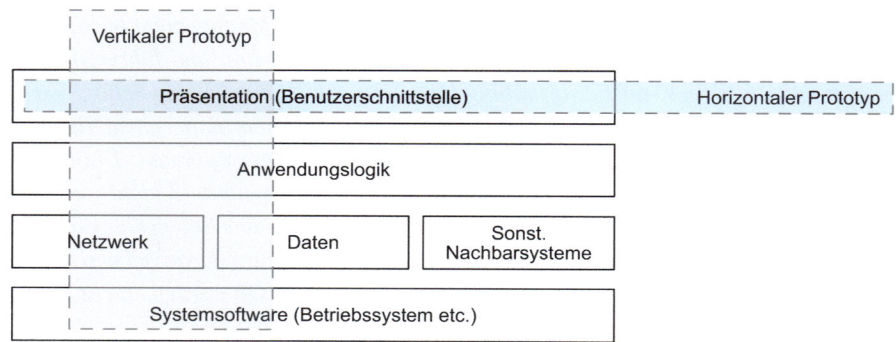

Abb. 3.4 Horizontale und vertikale Prototypen nach Balzer [5]

Grundsätzlich eignen sich Prototypen für verschiedene Zwecke, anhand derer sie sich klassifizieren lassen. Die gebräuchlichen Arten von Prototypen sind:

Demonstratoren   finden hauptsächlich in der Projektakquise und in den frühen Phasen eines Projekts Anwendung. Sie zeigen grob die Richtung einer potenziellen Entwicklung auf und demonstrieren die Umsetzbarkeit und auch Umsetzungsalternativen von Anforderungen. Üblicherweise sind solche Prototypen noch „weit" von der finalen Realisierung entfernt.

Labormuster   dienen der technischen Untersuchung bestimmter Fragestellungen, etwa der Tragfähigkeit einer gewählten Architektur.

Pilotsysteme   sind umfangreiche Prototypen, die bereits große Teile des finalen Systems beinhalten. Anders als bei Labormustern sind bei der Evaluierung von Pilotsystemen bereits die Anwender mit eingebunden. Üblicherweise sind Pilotsysteme Prototypen von hohem Reifegrades, die das Bindeglied zwischen „Wegwerf-Prototypen" und dem finalen System darstellen.

3.2.4 Agile Vorgehensweisen

Unter agilen Methoden in der Softwareentwicklung versteht man eine starke Konzentration auf die Entwicklung von Code. Sie stellen schwergewichtigen, plan-getriebenen Vorgehensweisen mit hohem Regelungs- und Organisationsaufwand (kritischer Vorwurf: „Softwarebürokratie") einen leichtgewichtigen Ansatz mit höherer Flexibilität gegenüberstellen. In den letzten Jahrzehnten haben sich viele agile Vorgehensweisen und darauf zugeschnittene Methoden entwickelt. Die bekanntesten sind das eXtreme Programming (XP) nach Beck [9] und Scrum nach Schwaber [58, 59]. Ziel der agilen Softwareentwicklung ist es, die Software- und Systementwicklung flexibler und schlanker zu machen. Je nach Kontext kann das Teilbereiche der Entwicklung oder den gesamten Entwicklungsprozess betreffen. Beherrschend

3.2 Grundlegende Vorgehensmodelle und Prozessbeschreibungen

ist der Wunsch, sich vollständig auf Projektziele und die Dynamik im Projektteam sowie den Code zu konzentrieren

Zentrale Bestandteile der agilen Methoden sind frühes Einsteigen in die Codierung, starke Einbeziehung der Nutzer, beständiges Testen und die Weiterentwicklung der Architektur. Wir sprechen von *Code-zentriertem Vorgehen*. Maßgebliches Ziel dabei ist eine schnelle Rückkopplung auf Basis ausführbaren Codes. Die Werte [13] agiler Vorgehensweisen wurden im „Agilen Manifest[2]" niedergeschrieben. Werte beschreiben die grundlegende Philosophie der agilen Entwicklung, und zwar:

Individuals and interactions over processes and tools (Individuen und Interaktionen sind wichtiger als Prozesse und Werkzeuge) Zwar sind wohldefinierte Entwicklungsprozesse und Entwicklungswerkzeuge wichtig, wesentlicher sind jedoch die Qualifikation und die Motivation der Teammitglieder und eine effiziente Kommunikation zwischen ihnen.

Working software over comprehensive documentation (Funktionierende Programme sind wichtiger als ausführliche Dokumentation) Gut geschriebene und ausführliche Dokumentation kann zwar hilfreich sein, das eigentliche Ziel der Entwicklung ist jedoch die funktionsfähige Software.

Customer collaboration over contract negotiation (Die stetige Abstimmung mit dem Kunden ist wichtiger als die detaillierte Leistungsbeschreibung in Verträgen) Statt sich an ursprünglich formulierten und möglicherweise überholten Leistungsbeschreibungen in Verträgen festzuhalten, steht vielmehr die fortwährende konstruktive und vertrauensvolle Abstimmung mit dem Kunden im Mittelpunkt.

Responding to change over following a plan (Der Mut und die Offenheit für Änderungen stehen über dem Befolgen eines festgelegten Plans) Im Verlauf eines Entwicklungsprojektes ändern sich viele Anforderungen und Randbedingungen ebenso wie das Verständnis des Problemfeldes. Das Team muss darauf schnell reagieren können.

Bei den Festlegungen ist Folgendes zu beachten: Die Aussage **A over B** bedeutet ausdrücklich *nicht*, dass auf B verzichtet werden kann, sondern das A einen höheren Stellenwert als B haben sollte. So ist es ein Missverstehen agiler Ansätze, wenn mit Verweis auf Agilität argumentiert wird, dass in einem Projekt keine Dokumentation erstellt wurde. Ergänzt werden diese agilen Werte durch sogenannte Prinzipien, wie Zweckmäßigkeit, Kundennähe oder dass der Code „allen" (im Projekt) gehört. In jedem Fall lässt Agilität viel Spielraum.

Genau betrachtet definieren agile Vorgehensweisen Methoden und Praktiken, die als Baukasten in Projekten kombiniert und angewendet werden können [63, 67]. Tab. 3.1 listet einige prominente Vertreter solcher Praktiken und Methoden auf. Solche Elemente agilen Vorgehens kann man durchaus auch in großen Projekten und insbesondere in den als schwergewichtig und plangetrieben bezeichneten Vorgehensmodellen mit einbringen. So

---

[2]Manifesto for Agile Software Development: https://agilemanifesto.org

ist das Test-driven Development (siehe Kap. 12.2.6) zum Beispiel eine breit akzeptierte Methode, die beispielsweise auch im Rational Unified Process [36] oder im V-Modell XT [17] Anwendung finden kann.

> **Schein und Sein...**
> Der Begriff des agilen Vorgehens, der in der Softwareentwicklung stark auf Code-zentriertes Vorgehen und eine Scrum-artige Projektorganisation abhebt, hat sich *verselbstständigt*. Es wird von der agilen Organisation und den agilen Unternehmen gesprochen. Gemeint ist eine hohe Geschwindigkeit im Vorgehen, bei Entscheidungen und hohe Flexibilität beim Ändern von Festlegungen und Vorgehensweisen.

Die Tab. 3.1 zeigt nur einige der wichtigsten Methoden und Praktiken, insbesondere solche, auf die wir im Folgenden noch im Detail eingehen. Viele weitere Methoden und Praktiken existieren und werden als konkrete Arbeitstechniken in Projekten eingesetzt und in verschiedenster Form miteinander kombiniert [63]. Eine sehr verbreitete Kombination ist der Ansatz „Scrumban", den wir in Abschn. 3.4.6 behandeln.

Agiles Vorgehen betont Kompetenz und Verantwortung des Teams Agile Methoden betonen die unmittelbare Arbeit am Code, die Rolle des Teams und der Verantwortung der im Team tätigen Personen. Insbesondere das verbreitete Scrum (siehe Abschn. 3.4) schafft eine Projektorganisation, die extrem auf das Team fokussiert ist. Vorausgesetzt wird dabei, dass die Teammitglieder eine hohe Kompetenz, insbesondere im Bereich der Programmierung aber auch in der Anwendungsdomäne haben, dass der *Product Owner* (siehe Abschn. 3.5) ein gutes Verständnis für die Anforderungen des Systems hat, dass die Kunden in den Prozess eingebunden werden und dass im Projektteam hohes Verantwortungsgefühl und hohe Motivation vorliegen. Dies funktioniert zwangsläufig besonders gut bei Entwicklungsaufgaben, die von kleineren Teams bewältigt werden können (etwa einer Größe von zehn oder weniger Teammitgliedern) und die in einem überschaubaren Zeitraum umgesetzt werden können. Stets muss ein hohes Vertrauen in das Team vorausgesetzt werden können, da man dem Team große Freiheiten lässt, wenig Vorgaben macht, auch das Team wenig zusätzlich kontrolliert und dabei darauf vertraut, dass das Team in der Lage ist, ein gutes Ergebnis zu produzieren.

Dieses Vorgehen stößt an Grenzen, wenn die Projekte groß werden, wenn gerade im Rahmen von Verträgen Anforderungen zu Beginn sehr genau abgestimmt werden müssen oder wenn durch Regulierung etwa durch Vorgaben im Falle funktionaler Sicherheit in hohem Maß Dokumentation zwingend erforderlich ist. Dann müssen agile Ansätze wie Scrum erweitert werden, um den spezifischen Anforderungen eines Projektes gerecht zu werden.

3.2 Grundlegende Vorgehensmodelle und Prozessbeschreibungen

Tab. 3.1 Ausgewählte agile Methoden und Praktiken

Methode/Praktik	Erläuterung
Refactoring	Kontinuierliche Restrukturierung von Code, ohne Änderung der Funktion. Umfasst unter anderem das Entfernen von Coderedundanzen (Klonen), Umbenennen von Bezeichnern und weitere Maßnahmen zur Verbesserung der Lesbarkeit und Änderbarkeit [25, 48]. Weiterführende Informationen sind in Kap. 13.2.3.4 zu finden
Pair Programming	Zwei Entwickler arbeiten gemeinsam an einem Programm: Ein Entwickler codiert, der andere führt ein kontinuierliches Review durch; die Rollen wechseln mehrmals pro Tag [9]. Weitere Information sind in Kap. 11.3.4 zu finden
DevOps	DevOps ist ein Entwicklungsansatz, der durch die Verschränkung von Entwicklung (**D**evelopment) und Betrieb (**Op**erations) eine Beschleunigung und Qualitätssteigerung in Projekten zum Ziel hat [33]. Ein Ziel ist es insbesondere eine schnelle und reibungslose Auslieferung und den Betrieb von Software zu realisieren, weshalb Experten aus dem Betrieb in das Entwicklungsprojekt mit eingebunden werden und umgekehrt. Für DevOps-Ansätze werden verschiedene Methoden und Praktiken kombiniert. Weiterführende Informationen sind in Kap. 12.4.2 zu finden
Test-driven Development (TDD)	Der Codierungsprozess orientiert sich an zuvor definierten Testfällen. Code wird nur in einem Umfang erstellt, der genügt, die Testfälle erfolgreich zu durchlaufen [8]. Weiterführende Informationen sind in Kap. 12.2.6 zu finden
Behavior-driven Development (BDD)	Während der Anforderungsanalyse werden die Anforderungen, Ziele usw. in einer spezifischen Textform festgehalten, welche eine spätere Ausführung manueller oder automatisierter Tests unterstützt (siehe Kap. 7.4.1). Im Fokus von BDD steht die enge Zusammenarbeit von Analytikern und Qualitätssicherern mit dem Entwicklungsteam. Durch ein Szenario-basiertes Textformat für die Beschreibung der Anforderungen soll die Gebrauchssprache in den Anwendungsdomänen auf Softwarekonzepte erleichtert werden. BDD kann einfach mit automatisierten Tests verknüpft werden (siehe Kap. 12.2.5)
Collective Code Ownership	Collective Code Ownership sagt aus, dass der Code dem gesamten Team gehört. Dies hat insbesondere zur Konsequenz, dass jeder Entwickler in der Lage sein muss, Probleme im Code zu beheben, da auch alle Entwickler im Team Verantwortung für die Qualität des Systems tragen. Ein ausgereiftes Versionskontrollsystem ist als Werkzeugunterstützung unverzichtbar (siehe Kap. 11.5)

3.3 Das V-Modell XT

Das V-Modell XT [17] ist eine Weiterentwicklung des V-Modell 97 [23]. Durch weitgehende Anpassungsmechanismen [40, 41] zielt das V-Modell XT auf die Erhöhung der Flexibilität bei gleichzeitiger Beibehaltung klarer Strukturen für die Aufbau- und Ablauforganisation ab. Das V-Modell XT ist ein modulares Vorgehensmodell, in dem Prozessinhalte und Abläufe in kombinierbaren Bausteinen organisiert sind. Zentral sind die Ergebnisse (Artefakte), die in einem Projekt erstellt werden – die sogenannten *V-Modell-Produkte*. Diese *Artefaktorientierung* (Produktorientierung) sorgt dafür, dass Ergebnisse im Zentrum stehen und die spezifischen, individuellen und oft kleinteiligen Arbeitsprozesse in den Hintergrund treten. Für alle Projektaktivitäten sind prüfbare Artefakte als Ergebnisse definiert, zu denen die Anforderungen an die erwartete Qualität formuliert werden können. Infolge gibt das V-Modell XT eine *Zielergebnisstruktur* vor, etwa ein Softwaresystem, das nach verschiedenen, projektspezifischen Vorgehensweisen entwickelt werden kann.

3.3.1 Rollen im V-Modell XT

Das V-Modell XT beschreibt in der hier verwendeten Version 2.2 des Referenzmodells nicht weniger als 38 Rollen. Diese sind klassifiziert nach:

Organisationsrollen   Eine Organisationsrolle besteht in einer Organisation unabhängig von einem konkreten Projekt. Organisationsrollen nehmen üblicherweise eine projektübergreifende, institutionalisierte Verantwortung wahr, zum Beispiel ein Datenschutzbeauftragter, sind jedoch in Projekten an verschiedenen Entscheidungsprozessen zu beteiligten. Das V-Modell XT beschreibt insgesamt 6 Organisationsrollen.

Projektrollen   Eine Projektrolle arbeitet inhaltlich am Projekt mit und existiert nur während des Projekts, zum Beispiel Projektleiter, Systemarchitekt, SW-Entwickler oder Prüfer. Projektrollen übernehmen Verantwortung für die Erstellung von V-Modell-Produkte oder wirken bei deren Erstellung mit. Insgesamt beschreibt das V-Modell XT 32 unterschiedliche Projektrollen.

Damit verfügt das V-Modell XT über ein sehr detailliertes Rollenmodell, in welchem die unterschiedlichen Aufgaben und Kompetenzprofile, die für ein breites Spektrum an Projekten erforderlich sind, beschrieben werden.

Im Rollenmodell des V-Modell XT wird darüber hinaus detailliert festgelegt, welche Rolle für welches V-Modell-Produkt *verantwortlich* ist. Durch die klare Festlegung, dass für ein V-Modell-Produkt immer nur genau eine Rolle verantwortlich sein kann, wird potenziellen Interessens- und Zuständigkeitskonflikten vorgebeugt. Dies ist insbesondere dann hilfreich, wenn Rollen in „Personalunion" besetzt werden, also wenn ein Projektmitarbeiter mehrere Rollen innehat (zum Beispiel SW-Entwickler und Prüfer).

3.3.2 V-Modell XT Produkte für die Systementwicklung

Das V-Modell XT adressiert die Entwicklung komplexer IT-Systeme. Damit nimmt die Systementwicklung einen zentralen Punkt ein. Daher enthält das V-Modell XT Beschreibungen und Definitionen für eine Vielzahl an Artefakten, die für die Systementwicklung relevant sind. Man beachte, dass das V-Modell XT den Anspruch erhebt als Standard des Bundes eine möglichst große Anzahl von Projektsituationen abzudecken. Dementsprechend ist das Artefaktmodell des V-Modell XT umfangreich, jedoch sind nicht immer alle Teile für alle Projekte erforderlich [26]. Abb. 3.5 stellt die wesentlichen V-Modell-Produkte für die Systementwicklung dar. Die V-Modell-Produkte aus dem Bereich Systementwicklung decken die folgenden Aspekte ab:

- Beschreibung eines *Gesamtsystems* bestehend aus Hard- und Softwareanteilen, inklusive der Integrationskonzepte (Implementierungs-, Integrations- und Prüfkonzept; IIPK) für die Einzelteile des Systems
- Beschreibung von *Hardware- und Softwareeinheiten,* welche in einem Projekt entwickelt werden, inklusive der Angabe von Verfeinerungsschritten (Dekomposition)
- Beschreibung von sogenannten *Externen Einheiten,* also solchen Einheiten, welche von externen Zulieferern in das Projekt geliefert und integriert werden

Für jedes in Abb. 3.5 gezeigte V-Modell-Produkt gibt es entsprechende Artefakte für die Qualitätssicherung, etwa für ein *Systemelement,* zu dem es unterschiedliche Prüfartefakte gibt: *Prüfspezifikation Systemelement, Prüfprotokoll Systemelement* und *Prüfprozedur Systemelement*. Durch die Integrationskonzepte werden dann die Verbindungen zwischen den Entwicklungs- und den Prüfartefakten hergestellt.

> **Hinweis**
> Durch den Umfang des V-Modell XT ist der Einstieg oft eine Herausforderung. Hier hat es sich bewährt, den Einstieg in die Prozessdokumentation über den alphabetischen Produktindex in der V-Modell-Referenz *Produkte* zu suchen. Durch die starke Fokussierung auf Produkte sind alle wesentlichen Inhalte, Strukturen und Abhängigkeiten von hier aus durch eine entsprechende Verlinkung der Prozesselemente leicht zu erreichen.

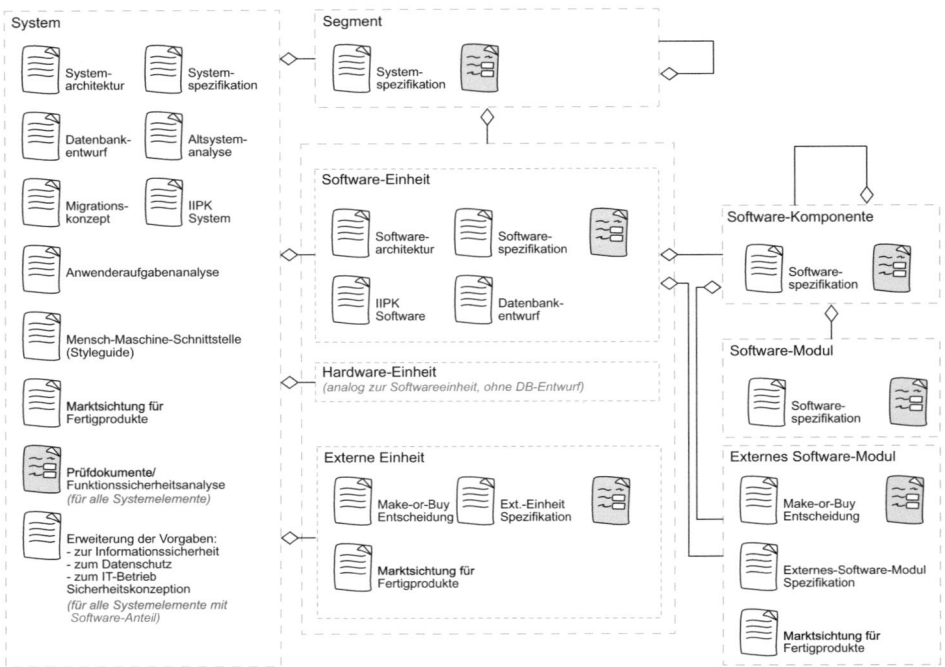

Abb. 3.5 Überblick über die V-Modell-Produkte für die Systementwicklung (weiß: Produkte der Spezifikation und des Entwurfs, grau: Produkte der Qualitätssicherung)

3.3.3 Vorgehensweisen im V-Modell XT

Die Ergebnisstruktur des V-Modell XT ist zunächst unabhängig vom konkreten Vorgehen in der Entwicklung. Die Verbindung wird über das Konzept des *Entscheidungspunkts* [17] hergestellt.

Definition 3.2 (Entscheidungspunkt) In einem Entscheidungspunkt wird über das Erreichen einer Projektfortschrittsstufe entschieden. Diese Entscheidung wird auf Basis der zum Entscheidungspunkt vorzulegenden, fertig gestellten Produkte getroffen.

Durch *Projektdurchführungsstrategien* werden die Entscheidungspunkte in eine Reihenfolge gebracht, die festlegt, zu welchem Zeitpunkt im Projekt ein Artefakt fertiggestellt werden muss. Dadurch wird sichergestellt, dass Artefakte in jedem Fall erstellt werden, jedoch werden Freiräume im Hinblick auf die Reihenfolge und die Wahl der zur Erstellung verwendeten Methoden und Praktiken geschaffen.

3.3 Das V-Modell XT

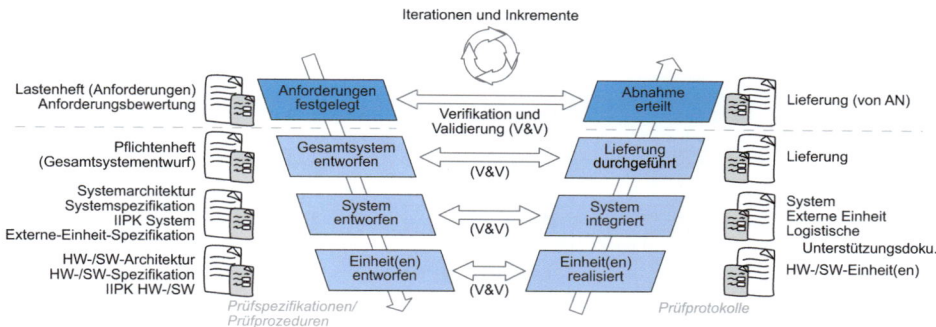

Abb. 3.6 Grundlegende Vorgehensweise im V-Modell XT mit den Produkten des Systementwurfs

3.3.3.1 Grundstruktur

Das V-Modell XT setzt mehrere Konzepte der grundlegenden Vorgehensmodelle um. Es folgt im Grundablauf (Abb. 3.6) dem klassischen V-Modell, wobei die Entscheidungspunkte *keinen* Phasenabschluss, sondern ein sogenanntes *Quality Gate* bilden, zu dem bestimmte Ergebnisse fertiggestellt und qualitätsgesichert vorliegen müssen. Planungstechnisch stehen alle Entscheidungspunkte in einer Ende-Ende-Beziehung [16]. Damit kann grundsätzlich mit allen Arbeiten frühestmöglich und überlappend begonnen werden, solange die geforderten Ergebnisse zum gesetzten Termin vorliegen. Die vom klassischen V-Modell übernommene Grundstruktur erlaubt es weiterhin, die Entwurfs- und Integrationsschritte gegenüberzustellen und somit die erforderlichen Maßnahmen zur Qualitätssicherung im Projekt zu platzieren. Schlussendlich ist der Entwicklungszyklus im V-Modell XT iterativ-inkrementell ausgelegt, das „V" wird also mehrfach durchlaufen und pro Iteration wächst das System. Wie im Spiralmodell können die Arbeiten parallelisiert werden, sodass faktisch mehrere „V's" gleichzeitig durchlaufen werden.

3.3.3.2 Projektdurchführungsstrategien

Während Abb. 3.6 den Grundablauf und seine Struktur darstellt, fasst Abb. 3.7 die für dieses Buch besonders relevanten, grundlegenden Strategien zur Systementwicklung für *Auftragnehmer-* (AN) und *Auftraggeber-/Auftragnehmer-Projekte* (AG/AN) zusammen.

Diese beiden grundlegenden Vorgehensweisen bilden das konkrete Vorgehen in einem Projekt über das Vertragsverhältnis ab: Ein *Auftragnehmer-Projekt* entsteht durch die Beauftragung durch einen Auftraggeber, während ein *Auftraggeber-/Auftragnehmer-Projekt* kein explizites Vertragsverhältnis voraussetzt (vgl. [16, Kap. 2.3.1.1]). Entsprechend unterscheidet sich der Grundablauf: Im ersten Fall ist eine explizite Angebots- und Beauftragungsphase Bestandteil des Projekts. Hervorzuheben sind in der Abb. 3.7 die beiden Einschuboptionen für *Entwicklungsstrategien*. Eine Entwicklungsstrategie legt die wesentliche Ausgestaltung im Sinne von Meilensteinreihenfolgen im Projekt fest. Abb. 3.8 zeigt die *Inkrementelle*

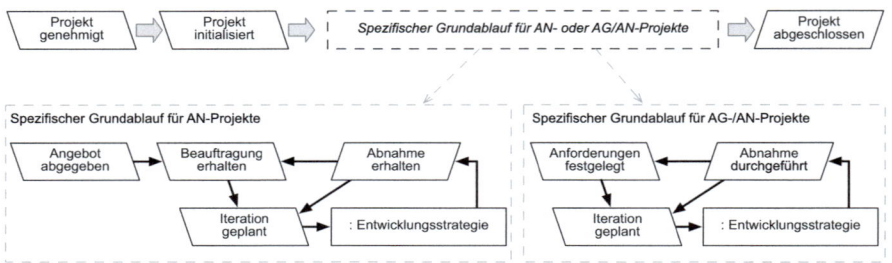

Abb. 3.7 Grundlegende Ablauforganisation für AN- und AG-/AN-Projekte im V-Modell XT

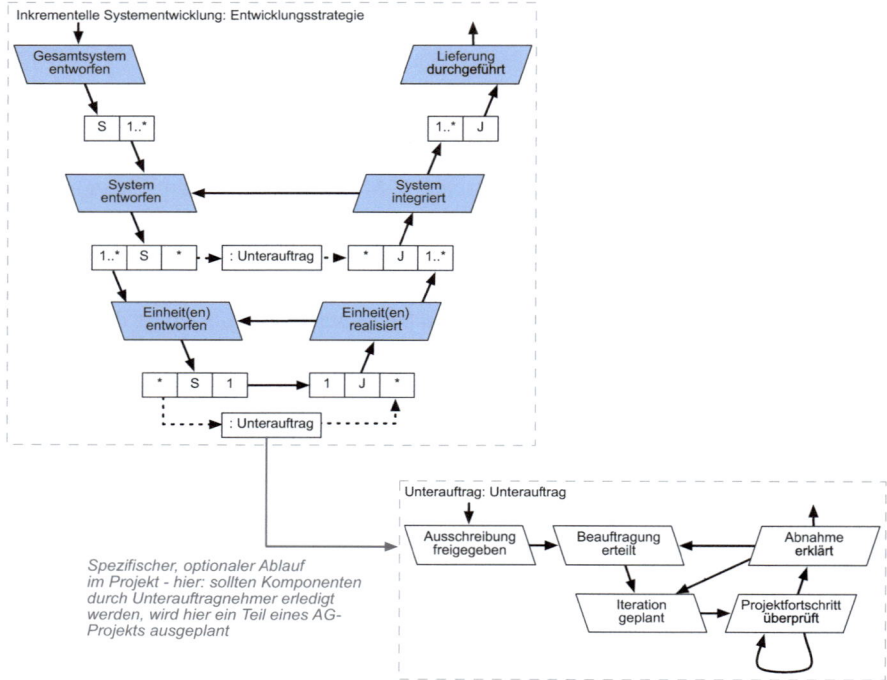

Abb. 3.8 Die inkrementelle Systementwicklung als exemplarische Entwicklungsstrategie im V-Modell XT (ergänzt um einen Ablauf zur Unterbeauftragung von Entwicklungsaufgaben)

Systementwicklung als exemplarische Ausprägung und zeigt außerdem wie sich Unteraufträge in einen solchen Entwicklungsprozess einbinden lassen.

Alle diese Elemente sind im V-Modell XT in den sogenannten *Ablaufbausteinen* gekapselt und können in einem Projekt weitgehend frei miteinander kombiniert werden [26, 40]. So ist es beispielsweise möglich, zwischen den Iterationen die Entwicklungsstrategie zu wechseln. Auch wenn mehrere Entwicklungsstränge parallel ablaufen, ist es möglich, jeden Strang mit einer anderen Entwicklungsstrategie durchzuführen. Standardmäßig bietet das V-Modell XT für die AN- und die AG/AN-Projekttypen die folgenden Entwicklungsstrategien, die jeweils um Unteraufträge erweitert werden können, an:

- Inkrementelle Systementwicklung (Abb. 3.8)
- Komponentenbasierte Systementwicklung
- Prototypische Systementwicklung
- Wartung und Pflege

Dies verleiht bereits dem V-Modell XT Referenzmodell eine breite Anwendbarkeit und hohe Flexibilität. Im Rahmen einer organisationsspezifischen Anpassung [40, 41] können diese Entwicklungsstrategien angepasst werden und es können darüber hinaus noch weitere, eigene Entwicklungsstrategien hinzugefügt werden.

3.3.3.3 Projektschnittstellen

Als Besonderheit bietet das V-Modell XT eine enge Integration von Auftraggebern und Auftragnehmern über die *Auftraggeber-/Auftragnehmerschnittstelle* (AG/AN-Schnittstelle). Diese Schnittstelle wird aus einer Menge von Entscheidungspunkten gebildet, welche Auftraggeber und Auftragnehmer in ihren jeweiligen Projektdurchführungsstrategien durchlaufen müssen. Die zu diesen Entscheidungspunkten vorzulegenden V-Modell-Produkte sind dann Gegenstand des Austauschs zwischen den Projekten, es wird also über die Entscheidungspunkte festgelegt, wer an wen Ergebnisse zu liefern hat und in welchem Umfang.

Die Entscheidungspunkte der AG/AN-Schnittstelle sind in der Projektplanung aufeinander abgestimmt und realisieren einen „Produktfluss" zwischen den Projektpartnern, etwa Software, die an den Auftraggeber geliefert wird, und Fehlermeldungen oder Änderungsforderungen, die an den Auftragnehmer übergeben werden. Abb. 3.9 visualisiert die AG/AN-Schnittstelle. Diese Schnittstelle findet immer dann Anwendung, wenn ein Auftraggeber ein Projekt an einen Auftragnehmer beauftragt, bzw. wenn ein Auftragnehmer einen Unterauftrag vergibt. Ferner stellt die AG/AN-Schnittstelle Transparenz her. Die auszutauschenden Ergebnisse sind benannt und spezifiziert, während die konkreten Methoden und Praktiken, mit denen die Ergebnisse im jeweiligen (Unter-)Projekt erstellt wurden, irrelevant sind, sofern dies durch bestimmte Anforderungen, etwa Zertifizierungs- oder Compliance-Anforderungen, nicht anders festgelegt ist.

Anmerkung *Auch wenn das V-Modell XT durch die Projektdurchführungsstrategien flexible Vorgehensweisen anbietet, gibt es doch einen Unterschied zu agilen Vorgehensweisen: das V-Modell XT ist planungsintensiver, da stets das Gesamtprojekt im Blick behalten werden muss. Im Gegensatz dazu finden sich beim agilen Vorgehen in der Regel Vorgehensweisen, bei denen die Planung nur auf die jeweils anstehende Iteration beschränkt ist. Ein Beispiel hierfür ist Scrum, welches im nächsten Abschnitt besprochen wird.*

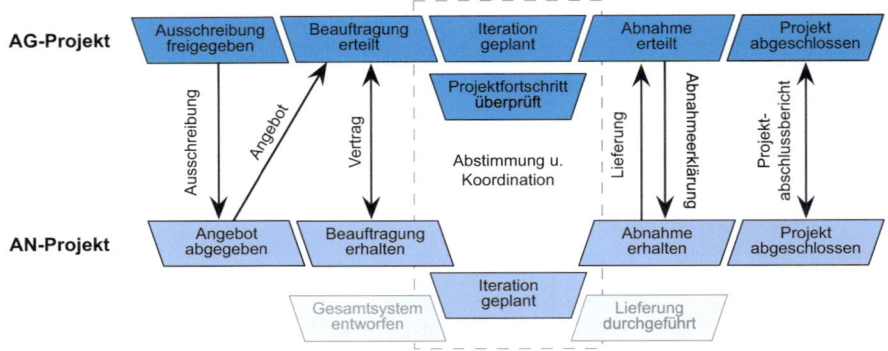

Abb. 3.9 Auftraggeber-/Auftragnehmerschnittstelle im V-Modell XT

3.4 Scrum

Scrum [58, 59] ist ein verbreitetes Vorgehensmodell, das der Idee des „Lean Production" [42, 62] entstammt. In Scrum organisieren sich Projektteams weitgehend selbstständig anhand von Ritualen (wie Daily Scrum oder Retrospectives). Eine der Grundannahmen von Scrum ist, dass Projekte komplex und reich an Unsicherheiten sind und sich somit nicht von Anfang an detailliert ausplanen lassen. Scrum-Teams definieren daher zunächst einen groben Rahmen, in dem sie sich selbstorganisierend bewegen.

3.4.1 Rollen in Scrum

Scrum besitzt kein detailliert ausgeprägtes Rollenmodell, wie der Rational Unified Process (RUP; [36]) oder das V-Modell XT (siehe Abschn. 3.3.1). Vielmehr verteilt Scrum die Aufgaben im Projekt auf lediglich drei Rollen:

- Product Owner
- Entwicklungsteam
- Scrum Master

Die Verantwortung für das Ergebnis übernimmt der *Product Owner*. Er wählt die umzusetzenden Anforderungen aus einem *Product Backlog* aus, priorisiert diese und sorgt für die Erreichung der gesetzten fachlichen Ziele. Zur Definition der Ziele werden meist User Stories (siehe Kap. 7.4.1) verwendet, wobei auch andere Techniken erlaubt sind.

Die Implementierung wird durch das Entwicklungsteam durchgeführt, das selbstorganisierend innerhalb einer *Time Box* (sogenannte *Sprints*) bestimmt, welche Elemente des Product Backlogs umgesetzt werden. Das Entwicklungsteam besteht idealerweise aus 3–9

Personen. Es schätzt die Aufwände der einzelnen Backlog-Elemente ab und beginnt mit der Implementierung der für den nächsten Sprint machbaren Elemente. Dazu wird vor dem Beginn des Sprints ein weiteres Planungstreffen durchgeführt, bei dem die höchstpriorisierten Elemente des Backlogs und konkrete Aufgaben aufgeteilt werden. Das Entwicklungsteam hat das Recht, eine Auswahl zu treffen, verpflichtet sich dafür aber auch, dass durch die Auswahl gesetzte Ziel zu erreichen. Man spricht hierbei von einem „Commitment".

Der *Scrum Master* ist dafür zuständig, dass der Scrum-Prozess im Projekt umgesetzt wird. Er sorgt dafür, dass das Entwicklungsteam produktiv arbeiten kann. Der Scrum Master ist kein Mitglied des Entwicklungsteams. Er hat keine Weisungsbefugnisse im Projekt und mischt sich nicht in die Kommunikation zwischen Entwicklungsteam und Product Owner ein. Allerdings hat er die Pflicht, darauf zu achten, dass sich das Entwicklungsteam ohne Einflussnahme des Product Owners selbst organisieren kann. Der Scrum Master ist somit eine Art Mentor.

3.4.2 Scrum Artefakte und Prozess

Genau wie beim Rollenmodell ist Scrum auch hinsichtlich der Vorgaben zu Artefakten und zum Prozessmodell sehr schmal. Im Wesentlichen fokussiert Scrum das gesamte Projekt auf die in Tab. 3.2 aufgeführten Artefakte *Product Backlog, Sprint Backlog* und das *Release*.

Das Product Backlog enthält alle Anforderungen an die zu realisierende Software (Features). Es muss zu Beginn eines Projekts nicht vollständig sein und kann mit dem Wissenszuwachs im Projekt fortgeschrieben werden, also um neue Anforderungen ergänzt werden. Diese werden regelmäßig priorisiert und bewertet. Hoch priorisierte Features werden in das

Tab. 3.2 Scrum Artefakte

Artefakt	Beschreibung
Product Backlog	Enthält alle (bis zum jeweiligen Zeitpunkt) bekannten Anforderungen an die die Software. Wird durch den Product Owner erstellt und gepflegt
Sprint Backlog	Wird durch das Projektteam erstellt und spiegelt durch eine Auswahl der Inhalte des Product Backlog die Zielvorgaben für einen Sprint wieder. Während eines Sprints wird das Sprint Backlog nicht um neue Einträge erweitert
Release	Jeder Sprint schließt mit einem lieferfähigen Release ab, welches in der Regel durch den Kunden geprüft wird. Man beachte, dass in der offiziellen Scrum Guide [59] der Begriff *Product Increment* verwendet wird. Ein Inkrement ist in [59] als „Summe aller Einträge im Product Backlog" beschrieben, welche fertiggestellt und potenziell nutzbar sein sollen. Um hier jedoch Konsistenz mit den Begrifflichkeiten für die Kernaufgaben in Softwareentwicklungsprojekten (siehe Kap. 1.3) zu erhalten, verwenden wir einfach den Begriff *Release*

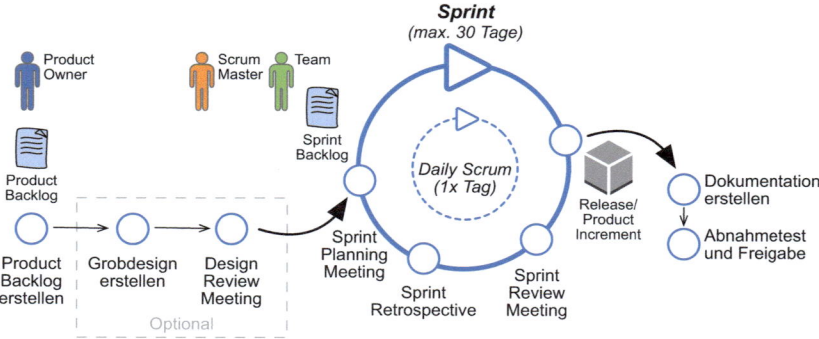

Abb. 3.10 Der Scrum Prozess (vereinfacht nach [16])

Sprint Backlog übernommen. Das Sprint Backlog enthält alle Aufgaben, die das Entwicklungsteam im anstehenden Sprint eingeplant hat. Der Erfüllungsgrad der Aufgaben wird täglich in einem *Burndown-Chart* dargestellt, welcher die verbleibende Arbeit visualisiert.

Der Sprint ist das zentrale Element des Scrum-Prozessmodells (Abb. 3.10). Er kennzeichnet eine Iteration in Form einer Time Box (Scrum sieht hierfür maximal 30 Kalendertage pro Sprint vor [58]). Time Boxing zielt auf einen fixierten Fertigstellungstermin für gegebene Aufgaben, zu dessen Einhaltung falls nötig inhaltliche Abstriche in Kauf genommen werden. Jeden Tag wird ein *Daily Scrum* durchgeführt. Dieses Ritual dient dazu, dass im Rahmen eines kurzen Projekttreffens jeder im Projektteam berichtet, was sein aktueller Arbeitsstatus ist, was er bis zum nächsten Daily Scrum bearbeiten will und wo er möglicherweise Probleme im Projekt hat, die der Scrum Master lösen muss. Ziel ist es, dass möglichst jeder im Projekt über den aktuellen Status informiert ist. Konkret sind im Daily Scrum die folgenden Fragen von jedem Teammitglied zu beantworten:

1. Was habe ich seit gestern getan, um das Sprint-Ziel zu erreichen?
2. Was mache ich bis morgen, um das Sprint-Ziel zu erreichen?
3. Was behindert mich bei meiner Arbeit?

Nach jedem Sprint soll eine lauffähige Version der Software (Release) vorliegen, die mit dem Kunden in einem Review geprüft wird. Änderungsforderungen, die der Kunde im Rahmen des Reviews aufstellt, werden wieder in das Product Backlog eingepflegt. Ebenfalls am Ende eines Sprints ist das Projektteam dazu aufgerufen, in eine *Retrospektive* zu gehen und den zurückliegenden Projektabschnitt zu bewerten. Die Erfahrungen werden im nächsten Sprint berücksichtigt und an den Scrum Master zurückgemeldet, wenn Probleme zu beseitigen sind.

Anmerkung *Scrum ist ein reines Vorgehensmodell, das nicht explizit auf Softwareentwicklung ausgerichtet ist. Prinzipiell lässt sich jede Entwicklungsaufgabe nach Scrum gestalten. Im Gegensatz zum Wasserfallmodell oder zum V-Modell, wo konkrete inhaltliche Aufgaben der Softwareentwicklung explizit erwähnt werden, wird in Scrum nichts dazu gesagt. So könnte man ein Scrum-artiges, Sprint-orientiertes Vorgehen letztlich auch im Wasserfall einsetzen, wobei man allerdings Einbußen in der Flexibilität hinnehmen müsste. Zusätzlich zur Wahl von Scrum als Organisations- und Vorgehensmodell ist deshalb stets ein methodisches Vorgehen festzulegen* [63, 69].

3.4.3 Anforderungen an die Organisation

Scrum erfordert hohe Eigenverantwortung im Projektteam und für die einzelnen Mitarbeiter. Das Unternehmen muss einen hohen Reifegrad besitzen und Techniken wie automatische Testverfahren (siehe Kap. 12.2.5) und Refactoring (siehe Kap. 13.2.3.4) beherrschen. Die Mitarbeiter müssen in modernen Programmiertechniken ausgebildet sein, um in den kurzen Iterationen des Projekts auch Ergebnisse produzieren zu können. Weiterhin ist der Erfolg von Scrum von einem sozial ausgewogenen Team abhängig. Dominante Einzelcharaktere oder Animositäten stören das selbstorganisierende Team und wirken sich negativ auf die Produktivität aus.

3.4.4 Scrum in der Praxis

Wie eingangs bereits dargestellt, werden die unterschiedlichen Ansätze und Vorgehensweisen zur Software- und Systementwicklung nur selten Wort-für-Wort umgesetzt. Diebold et al. [22] zeigen beispielsweise in einer Interviewstudie, dass kein einziger der Befragten Scrum exakt dem Wortlaut aus [59] entsprechend umsetzt. Abweichungen ergeben sich etwa aus den Rahmenbedingungen des Projekts, etwa dass der Kunde nicht verfügbar ist (On-Site Customer), oder dass das Team eine abweichende Vorgehensweise als sinnvoller und effizienter ansieht. Ein wesentlicher Grund für die Modifikationen von Scrum in konkreten Projekten und von agilen Methoden im Allgemeinen ist insbesondere die problematische Skalierung. Agile Methoden sind üblicherweise auf kleinere Teams ausgerichtet. Umfangreiche Softwaresysteme werden aber häufig durch mehrere, große und auch verteilte Teams entwickelt. Lous et al. [46] identifizierten 45 Kernprobleme, von denen die meisten die Skalierung von Scrum in einem großen, verteilten Projektkontext betreffen.

Da Scrum im Kern eine allgemeine Projektmanagementmethode ist, ist die Notwendigkeit der Kombination mit weiteren Methoden und Praktiken, insbesondere solche für die eigentliche Entwicklung, wenig überraschend. In Tell et al. [63] wurden Analysen durchgeführt, welche Methoden und Praktiken üblicherweise mit Scrum kombiniert werden. Abb. 3.11 zeigt einen solchen „Methoden-Cluster", der die wesentlichen Methoden und Praktiken

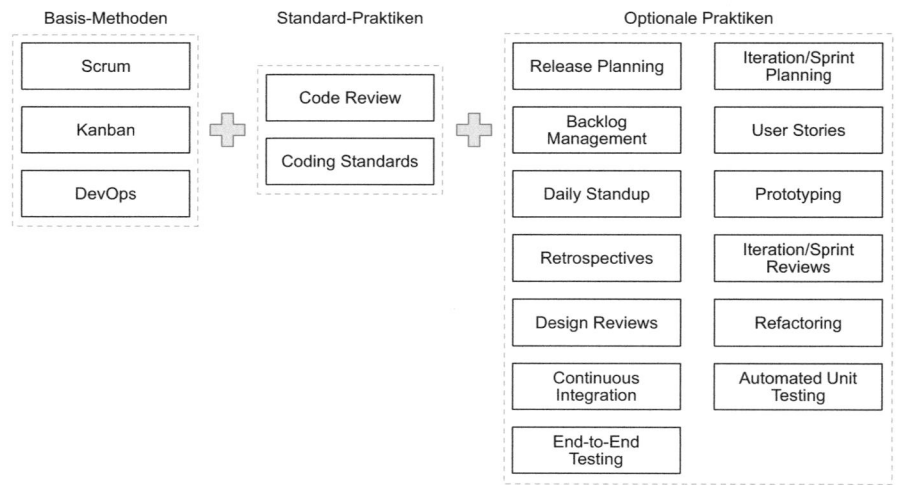

Abb. 3.11 Exemplarischer Methoden-Cluster für eine Scrum-Kanban-DevOps-basierte Methode

enthält, mit denen Scrum in der Praxis angereichert wird. Den Grundstock bildet hierbei eine Scrum-Kanban-DevOps-Kombination. Nach Tell et al. [63] werden diese Basis-Methoden durch zwei Standard-Praktiken komplettiert. Die verbleibenden 13 Praktiken werden in der Regel in unterschiedlichen Kombinationen hinzugenommen. Bestimmte Praktiken bedingen sich hierbei auch. So erfordert DevOps (siehe Kap. 12.4.2) beispielsweise einen Continuous-Integration Prozess, welcher wiederum ein automatisiertes Testen benötigt. Weitere Praktiken werden üblicherweise bereits im Rahmen einer bestimmten Methode implementiert, können jedoch auch für sich alleinstehend in anderen Methoden verwendet werden. So ist der Daily Standup integraler Bestandteil von Scrum, jedoch kann eine solche Praktik durchaus auch in anderen Entwicklungsmethoden implementiert werden, etwa im V-Modell XT.

3.4.5 Skalierung von Scrum

Wie oben dargestellt, haben Lous et al. [46] die Skalierung von Scrum als besondere Herausforderung identifiziert. Skalierung betrifft hier zumindest zwei Dimensionen: einmal das Vergrößern des Projektteams und weiterhin das Aufsetzen von (global) verteilten Projektteams. Beide Herausforderungen können hierbei gemeinsam auftreten, etwa in einem großen Projekt, welches verteilt über den Globus durchgeführt wird.

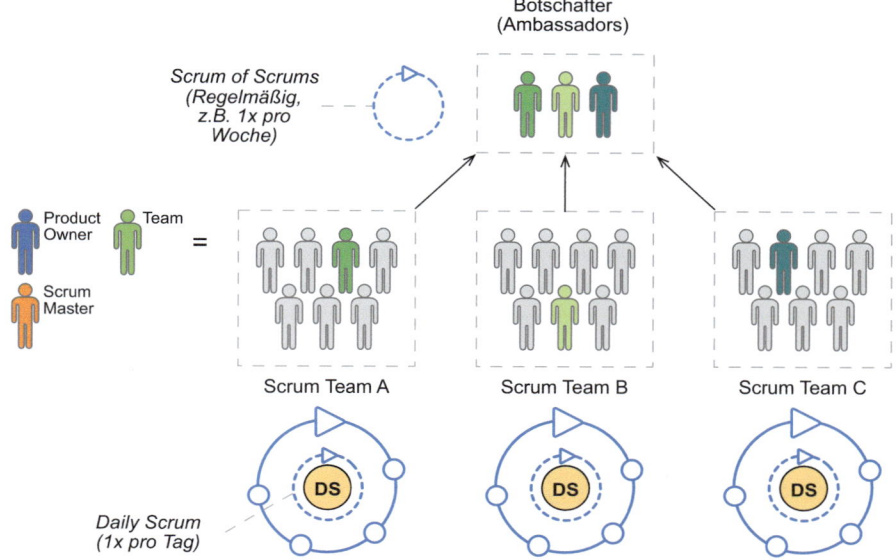

Abb. 3.12 Organisationsstruktur eines Projekts nach Scrum-of-Scrums

3.4.5.1 Scrum-of-Scrums

Bei der Größenskalierung von Scrum ist es zunächst naheliegend, dass bei der Bearbeitung größerer Projekte, die deutlich mehr als 10 Entwickler, etwa 100 oder gar 1000 Entwickler benötigen, die Entwicklungsmannschaften in Teams der Größe zerlegt werden, wie sie Scrum vorsieht. Dann bleibt aber die Aufgabe, zehn, zwanzig oder gar hundert Scrum-Teams zu koordinieren und sicherzustellen, dass die einzelnen, verteilten Teams zu „einem Team" zusammengefügt werden können. Das erfordert zusätzliche Überlegungen hinsichtlich der Projektorganisation und der Handhabung der Schnittstellen zwischen den einzelnen Scrum-Teams. Ein pragmatischer Ansatz hierfür ist das sogenannte *Scrum-of-Scrums* (SoS[3]; [60]).

Abb. 3.12 zeigt die schematische Organisationsstruktur eines Projekts, das nach Scrum-of-Scrums organisiert ist. Jedes Scrum-Team entsendet einen *Botschafter*, der in einem zusätzlichen Treffen den Status des eigenen Teams berichtet. Damit soll erreicht werden, dass die Arbeiten in den unterschiedlichen Teams synchronisiert werden. Grundsätzlich ist der Scrum-of-Scrum ähnlich organisiert wie der Daily Scrum (siehe Abschn. 3.4.2). Jeder Botschafter beantwortet hier Fragen, die jedoch an den Zweck des Treffens angepasst sind:

1. Was hat mein Team geschafft, seit wir uns das letzte Mal getroffen haben?
2. Was wird mein Team bis zum nächsten Treffen erledigen?

---

[3] Weitere Informationen der Agile Alliance unter https://www.agilealliance.org/ (Glossar, Abruf: 2019-11-24) zu entnehmen.

3. Welche Hindernisse behindern mein Team bei der Arbeit?
4. Könnte eine Tätigkeit meines Teams ein anderes Team beeinflussen oder behindern?[4]

Achtung *Bei der Umsetzung des Scrum-of-Scrums ist Vorsicht geboten! Grundsätzlich kann ein Scrum-of-Scrums auch wiederholt auf eine große Organisation angewendet werden. Jedes Team entsendet einen Botschafter, aus den Botschaftern können in der nächsten Ebene wieder Botschafter ausgewählt und entsendet werden – und so weiter. Es entsteht somit eine sehr komplexe Kommunikationsstruktur im Projekt. Neben den langen Kommunikationswegen muss dann auch bedacht werden, dass die Botschafter ihre Botschaft übermitteln und die Erkenntnisse wieder rückkoppeln müssen. Hier kann es schnell zu Informationsverfälschungen oder sogar zu Informationsverlust kommen. Weiterhin geht die schnelle und direkte Kommunikation damit über kurz oder lang verloren. Kritisch ist dann auch die Koordination der Scrum-Teams über die Botschafter, wenn Konflikte auftreten oder keine brauchbare konsolidierte Dokumentation existiert.*

3.4.5.2 Large-Scale Scrum

Ein weiterer, strukturierter Ansatz in diesem Zusammenhang ist *Large-Scale Scrum* (LeSS; [44]). Dieses *Skalierungsframework* wird gekennzeichnet durch den Satz: *„LeSS is Scrum applied to many teams working together on one product"*, aber wie man bereits aus dieser Kennzeichnung sieht, gehört mehr dazu, als eine große Entwicklungsorganisation in eine Reihe von Scrum-Teams zu zerlegen. Man muss im Sinne von LeSS eine Reihe von Scrum-Teams so organisieren, dass sie auch übergreifend und koordiniert an einem Projekt arbeiten können (Abb. 3.13). Ein wesentlicher Punkt dabei ist, nach welchen Gesichtspunkten man die Entwicklung organisiert. Dabei wird häufig Feature-orientiert gearbeitet, sodass jedes einzelne Team bestimmte funktionale Features, kurz gesagt Kundenfunktionen, umsetzt. LeSS führt für größere Projekte zusätzlich zu Scrum eine Reihe von Prinzipien und Regeln ein. Es sagt aber von sich selbst, dass diese Regeln minimalistisch sind und die Frage nicht beantworten, wie LeSS tatsächlich angewandt werden soll. Sie sollen nur die Basis für das Vorgehen sein, das dann von den Beteiligten noch an die spezifische Situation angepasst werden muss.

Die Entwicklungsaufgaben sind stark auf die Themen der Koordination und des Continuous Delivery (siehe Kap. 12.4.1.2) abgestimmt. Zusätzlich werden sogenannte *Communities* geschaffen, wie die Test Community und die Design/Architecture Community. Diese sind darauf ausgerichtet, die Arbeit zwischen den Teams zu koordinieren. Dazu gibt es ein *Overall Product Backlog,* in der die Verantwortlichen aus den einzelnen Teams gemeinsam das Gesamt-Backlog festlegen. Am Ende jedes Sprints finden *Team Retrospectives* im

---

[4]Diese Frage ist eine Erweiterung des „Standard" Scrum-Prozesses [59], welche durch den Scrum-of-Scrums hinzugefügt wurde, um die besonderen Anforderungen einer Multi-Team-Projektumgebung zu adressieren.

3.4 Scrum

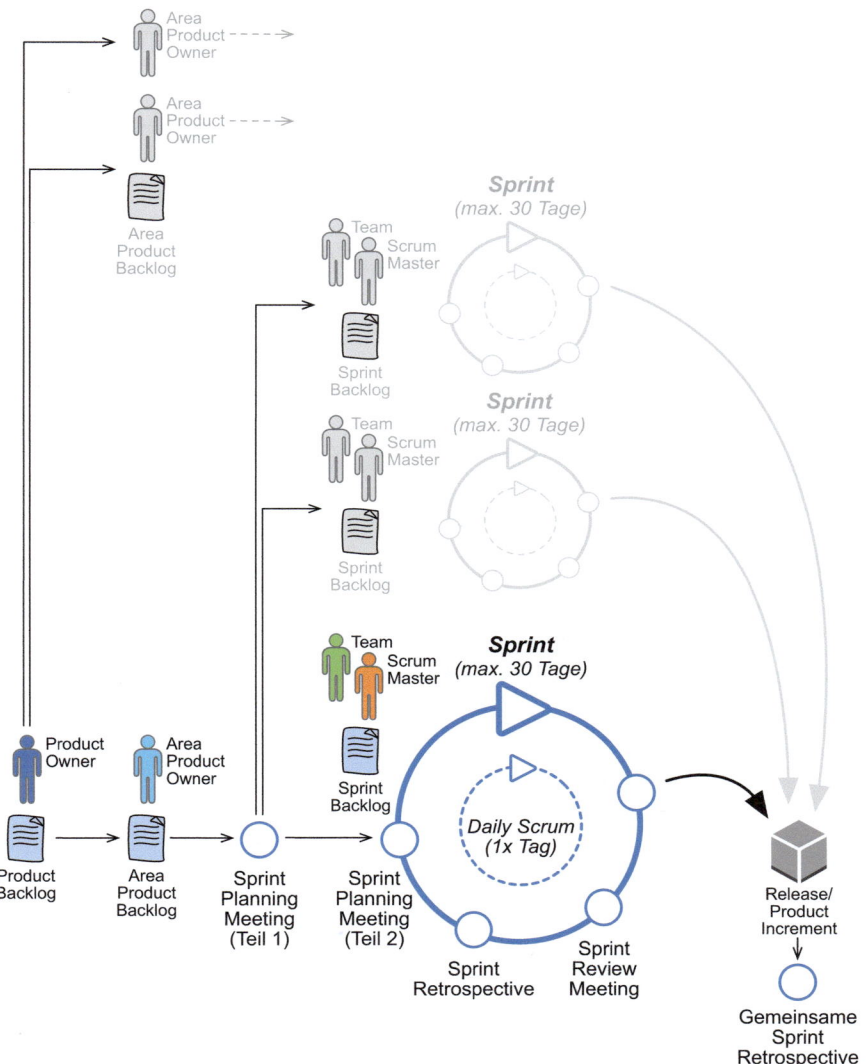

Abb. 3.13 Skalierung von Scrum mit Large-Scale Scrum (LeSS, vereinfachte Darstellung)

Rahmen von *Multi Team Design Workshops* statt, in denen auf den abgeschlossenen Sprint zurückgeblickt wird.

In LeSS, wie allgemein in Scrum, steht letztlich die Frage der Teamorganisation und der Rollen im Team sehr stark im Vordergrund. Es wird wenig über Dokumentation gesagt. Will man Scrum-nahe Vorgehensweisen in großen Projekten einsetzen, in denen Fragen der Qualität, der Architektur und der Korrektheit und eben auch der funktionalen Sicherheit sehr stark im Vordergrund stehen, so ist es dringend erforderlich, genauer festzulegen, welche Art von Dokumentation erstellt werden soll, deren Erstellung im konsequenten Fall natürlich auch den Prinzipien von Scrum unterworfen wird. Dazu ist aber genau zu überlegen, in welchem Umfang, wer dafür verantwortlich ist, dass die Dokumentation erstellt wird und dass sichergestellt wird, dass die Dokumentation den Stand des Projektes korrekt wiedergibt. Entscheidend ist dabei auch die Frage, welche Rolle die Dokumentation für die aktive Arbeit spielt, da dann Backlogs und Dokumentation auf einander abgestimmt werden müssen. LeSS geht also über Scrum hinaus und adressiert typische Aufgaben der Softwareentwicklung wie Architektur, Integration und Dokumentation.

> **Skalierungsframeworks für Agile Methoden**
> LeSS ist nur eines der verfügbaren Skalierungsframeworks für agile Vorgehensweisen. Weitere Beispiele sind der fast schon „klassische" Scrum-of-Scrums [60], das Scaled Agile Framework (SAFe; [49]), Disciplined Agile Delivery (DAD; [1]) oder Nexus [12]. Solche Skalierungsframeworks sind jedoch kritisch zu betrachten. Insbesondere agile „Puristen" sehen bereits durch die Anwendung solcher Frameworks die agilen Prinzipien verletzt. So fällt beispielsweise beim SAFe die Komplexität des Frameworks sofort auf, was die Frage aufwirft, inwiefern solche Ansätze überhaupt noch als agil anzusehen sind. Wie bei allen Vorgehensmodellen gilt es daher auch bei der Skalierung agiler Vorgehensweisen Augenmaß zu halten und den Fokus auf die für die aktuelle Situation angemessene Vorgehensweisen zu legen.

3.4.6 Scrumban

Abschließend wollen wir noch auf eine Methode eingehen, welche sich in letzter Zeit immer größerer Beliebtheit erfreut: *Scrumban* [35, 42, 56]. In Scrumban werden Scrum und Kanban miteinander kombiniert. Obwohl Scrum eine Projektmanagementmethode ist, welche im Wesentlichen Rituale für ein Team formalisiert und grundlegende Abläufe vorgibt, fehlen für viele Aufgaben konkrete Vorgaben, insbesondere den tatsächlichen Arbeitsprozess des Teams betreffend. Das Management der Aufgaben in einem nach Scrum organisierten Projekt wird in Scrumban durch *Kanban* übernommen, welches im Folgenden kurz eingeführt wird.

3.4.6.1 Kanban

Kanban [3] entstammt ursprünglich der Produktionsprozesssteuerung der Toyota Motor Corporation [53] und orientiert sich ausschließlich am tatsächlichen Verbrauch von Materialien. Ursprünglich war Kanban dazu gedacht, eine Reduktion der lokalen Lagerbestände von Vorprodukten in der Produktion der nächsten Integrationsstufe zu erreichen. Für die

Softwareentwicklung wurde Kanban adaptiert und insbesondere auf die Reduktion von Verschwendungen („Reduction of Waste"), einem Prinzip aus dem Lean Development (ebenfalls Toyota; [53, 70]), hin optimiert. In diesem Zusammenhang werden mit Kanban zwei Kernziele verfolgt:

1. Modelliere den Prozess so, dass er den tatsächlichen Arbeitsprozess akkurat wiedergibt.
2. Optimiere „Work-in-Progress" (WiP), um zu viele parallel bearbeitete Arbeitspakete zu verhindern.

Kanban selbst verfügt weder über ein Prozess-, Rollen- oder Artefaktmodell. Vielmehr ist Kanban eine einfache Methode zur Organisation und Optimierung des Workflows. Daher sind Scrum und Kanban gut miteinander integrierbar. Scrum gibt den groben Rahmen vor und Kanban expliziert den tatsächlichen Workflow und hilft dabei, für jeden Schritt im Workflow passenden Methoden und Praktiken auszuwählen.

In Scrumban werden sogenannte *Kanban-Boards* eingesetzt, welche eine Arbeit nach dem Pull-Prinzip ermöglichen. Diese Kanban-Boards werden in den folgenden Schritten entwickelt:

1. Analysiere und Visualisiere den Workflow.
2. Limitiere den „Work-in-Progress" (WiP).
3. Minimiere die Durchlaufzeit für die einzelnen Arbeitsschritte im Workflow.

Im ersten Schritt wird aus den einzelnen Arbeitsschritten üblicherweise eine Tabelle erstellt, in der jede Spalte einem Arbeitsschritt entspricht. Für jeden Arbeitsschritt wird im Folgenden ein sogenanntes „WiP-Limit" festgelegt. Dieses bestimmt die maximale Anzahl von Vorgängen, die in einem Arbeitsschritt parallel bearbeitet werden dürfen (in Abb. 3.14 dürfen beispielsweise nur vier Aufgaben gleichzeitig in Bearbeitung sein). In der täglichen Anwendung wird für jedes Arbeitspaket eine Karte erstellt und an das Kanban-Board geheftet. Will ein Mitarbeiter an einer Aufgabe arbeiten, nimmt er die entsprechende Karte, schreibt seinen Namen darauf und verschiebt sie in den entsprechenden Arbeitsschritt, etwa von Design nach Development. Dies ist immer möglich, solange die WiP-Limits eingehalten werden. Da Mitarbeiter die Arbeit selbst an sich „ziehen", wird diese Arbeitsweise auch als *Pull-Prinzip* bezeichnet. Über das Projekt werden dann die einzelnen Arbeitsschritte kontinuierlich gemessen, um die Durchlaufzeit zu optimieren.

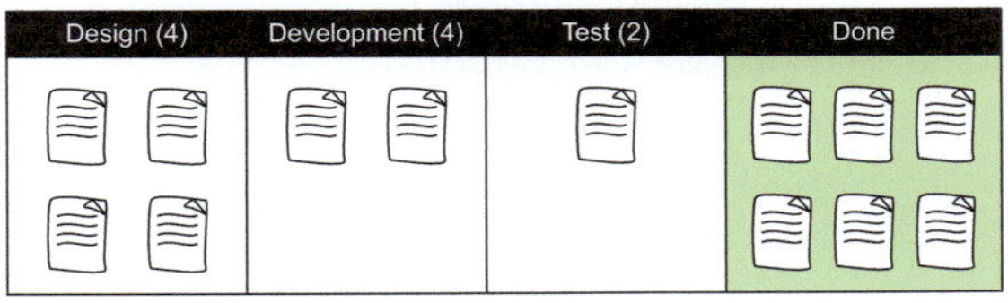

Abb. 3.14 Beispiel eines Kanban-Boards für einen einfachen 4-stufigen Prozess mit WiP-Limits

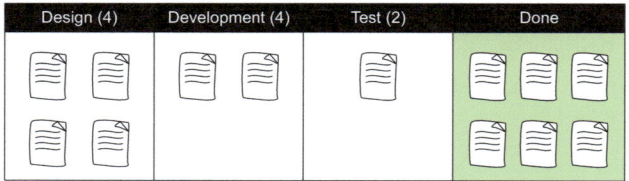
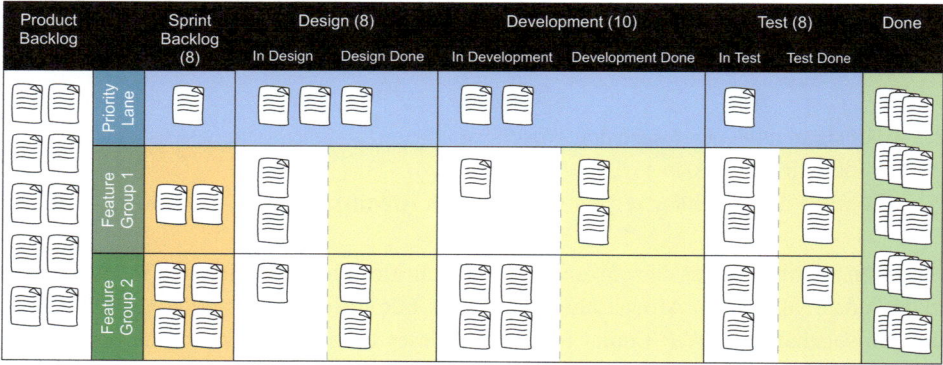

Abb. 3.15 Adaption eines Kanban-Boards für Scrum und stufenweise Verfeinerung für Projekte

3.4.6.2 Scrum-Kanban Integration

Auf Basis dieses Instruments erfolgt auch die Integration mit Scrum [35]. Hierzu kann das Kanban-Board wie in Abb. 3.15 gezeigt durch ein Backlog erweitert werden. Zusätzlich kann der Prozess in der benötigten Detaillierungsstufe modelliert werden. Auch die Abbildung von Teilprojekten ist möglich.

> **Rituale sind wichtig…**
> Obwohl Kanban-Boards häufig digital als softwarebasiertes Planungs- und Kontrollinstrument verwendet werden, ist es doch oft üblich, ein reales, physisches Board im Büro zu haben. Viele Projektteams nutzen dieses Board als „rituellen" Gegenstand im Projekt, zum Beispiel als Unterstützung für ein Stand-Up Meeting.

3.5 Rollen und Verantwortlichkeiten

Die unterschiedlichen Vorgehensweisen erfordern natürlich ganz unterschiedliche *Rollen* (Definition 3.3; [16]) in den Entwicklungsteams. Kann man beispielsweise beim phasenorientierten Vorgehen (siehe Abschn. 3.2.1) eine relativ strikte Trennung zwischen Verantwortlichen für die Anforderungsspezifikation, den Architekturentwurf, die Implementierung, das Testen und die Integration vornehmen, so ist es bei agilen Vorgehensweisen (siehe Abschn. 3.2.4) erforderlich, dass diese Aufgaben so organisiert werden, dass die Teammitglieder in der Lage sind, beispielsweise detaillierte Anforderungen in der Codierung selbst zu identifizieren und umzusetzen. Dementsprechend haben agile Vorgehensweisen ganz andere Rollenkonzepte und Rollenmodelle als phasenorientierte Vorgehensweisen.

Definition 3.3 (Rolle) Der Begriff Rolle bezeichnet eine bestimmte Funktion, die eine Person oder Organisationseinheit wahrnimmt. Eine Rolle definiert ein Aufgaben- und ein Fähigkeitsprofil. Rollen werden von Einzelpersonen, Teams oder Organisationseinheiten ausgeübt. Eine Rolle bezeichnet die Menge aller Fähigkeiten, Kenntnisse und Verhaltensweisen, die eine Person benötigt, um eine bestimmte Aufgabe wahrzunehmen.

Bei einer Softwareentwicklung sind zwei Rollen besonders wichtig:

- Der *Projektleiter* verantwortet die Projektdurchführung.
- Der *Product Owner* verantwortet die Funktionalität und Qualität des Produkts.

In den unterschiedlichen Vorgehensmodellen sind diese Rollen oft unterschiedlich geschnitten, manchmal in einer Person zusammengeführt, manchmal deutlich getrennt.

3.5.1 Der Product Owner

Der Begriff des Product Owners wird heute sehr stark mit der Organisation einer Softwareentwicklung nach Scrum (siehe Abschn. 3.4) verbunden. Hier hat der Product Owner eine genau festgelegte Rolle und Aufgabe: Er wird als Schnittstelle zwischen dem Projektteam und dem Kunden definiert und stellt sicher, dass der Kunde und seine Anforderungen und Interessen angemessen im Projekt vertreten sind.

In nicht-agilen Projekten wird der Product Owner oft mit dem klassischen Projektleiter gleichgesetzt, was jedoch nicht angemessen ist. Der Projektleiter nimmt in erster Linie Managementaufgaben wahr [16] und stellt sicher, dass das beauftragte System in der gesetzten Zeit, mit der geforderten Funktionalität und im gegebenen Kostenrahmen an den Kunden geliefert wird. Die Aufgaben des Projektleiters umfassen somit schwerpunktmäßig Organisations- und Controlling-Aspekte. Der Product Owner hingegen hat nach Scrum eine klar umrissene Aufgabe – das Management des *Product Backlogs*. Er kommuniziert Inhalte des Backlogs an das Team und stellt sicher, dass mit jedem Sprint ein Wert im Sinne des Kunden geschaffen wird. Das heißt, dass der Product Owner in erster Linie das *Management des Produkts* zur Aufgabe hat – nicht das Management des Teams, welches sich selbst organisiert und die Verantwortung für den Entwicklungsprozess hat.

Es ist aber wichtig zu unterstreichen, dass die Aufgabe des Product Owners natürlich in jeder Art von Softwareentwicklung und Vorgehensweise von entscheidender Bedeutung ist. Es handelt sich hier um die Frage, wer die wesentlichen Entscheidungen im Hinblick auf die Anforderungen eines Systems trifft und verantwortet (siehe Kap. 5). Da in Scrum iterativ gearbeitet wird und die Anforderungen Schritt für Schritt ermittelt und entschieden werden, hat der Product Owner über den gesamten Entwicklungsprozess eine aktive Rolle. Werden Anforderungen explizit erstellt, so ist die Aufgabe des Product Owners stark konzentriert in der Phase der Anforderungsanalyse und er hat hier die Verantwortung für die wesentlichen Entscheidungen in der Festlegung der Anforderungen zu tragen.

Achtung *Aus Sicht der Anforderungsanalyse ist der Product Owner von enormer Wichtigkeit, da er als „Proxy" der Stakeholder im Projekt agiert und sicherstellen muss, dass das realisierte System dem entspricht, was der Kunde braucht und erwartet.*

3.5.2 Weitere zentrale Projektrollen

Neben der Projekt- und der Produktverantwortung, die *Projektleiter* und *Product Owner* wahrnehmen, sind aus Sicht der Software- und Systementwicklung noch weitere zentrale Rollen zu benennen:

Anforderungsanalytiker	Der Anforderungsanalytiker (Requirements Engineer) ist für die Durchführung der Anforderungsanalyse verantwortlich. Er verantwortet die Erhebung der Anforderungen, deren Analyse, Strukturierung und Dokumentation. Weiterhin ist es Aufgabe des Anforderungsanalytikers die Anforderungen zu verhandeln und Entscheidung bezüglich der Umsetzung von Anforderungen herbeizuführen.
Architekt	Der Architekt ist im Wesentlichen für die Struktur der entwickelten Software (die Architektur) und für die Umsetzung verantwortlich, aber auch für die Vorgaben an die einzelnen Teilsysteme, die Komponenten des Systems. Architekten gibt es in unterschiedlichen Ausprägungen, etwa für das Gesamtsystem, für Hardware oder für Software.
Entwickler	Entwickler verantworten die Umsetzung von Spezifikationen und Entwürfen in Hard- und/oder Software. Sie realisieren beispielsweise Softwaremodule, führen Entwicklertests durch und

	sind an der Integration der entwickelten Module in das Gesamtsystem beteiligt.
Prüfer	Prüfer sind verantwortlich für die Durchführung qualitätssichernder Maßnahmen. Prüfer treten in unterschiedlichen Ausprägungen auf, etwa als Prüfer für Anforderungen und Architekturen, oder als *Tester* für Software. Insbesondere in der Softwareentwicklung sind Prüfer oft auch gleichzeitig Entwickler, die Ergebnisse anderer Entwickler prüfen.

Neben diesen zentralen Projektrollen, gibt es je nach angewendeter Vorgehensweise noch viele weitere Rollen. Das V-Modell XT Referenzmodell definiert in der Version 2.2 beispielsweise 38 Rollen auf der Projekt- und der Organisationsebene. Vorgehensmodelle unterscheiden sich somit in der Menge der Rollen aber auch hinsichtlich der Tiefe der Beschreibung der Rollen im Hinblick auf die Qualifikationen, Aufgaben und Verantwortlichkeiten. Während Scrum zum Beispiel nur allgemein vom (cross-funktionalen) Team spricht, finden sich in Vorgehensmodellen wie dem V-Modell XT sogar Beschreibungen zu Rechten und Pflichten, zur Rollenbesetzung in Projekten sowie zu potenziellen Interessenskonflikten zwischen einzelnen Rollen und den Auswirkungen auf die Rollenbesetzung.

Somit hängt das konkrete Rollenmodell für ein Projekt von den organisatorischen Rahmenbedingungen und der auswählten, projektspezifischen Vorgehensweise ab. Zusätzlich ist die Rollenbesetzung auch vom Projekt abhängig und den im Projektteam verfügbaren Mitarbeitern und ihren Kompetenzen. In großen Softwareprojekten wird etwa Kompetenz aus der Anwendungsdomäne und dem Markt ebenso benötigt wie Kompetenz zu Themen der Architektur, der Programmierung, dem Testen und der Realisierung des Systems auf einer konkreten Hardwareplattform. Dies erfordert die Zusammenarbeit von Spezialisten. Darauf muss auch das Rollenmodell entsprechend zugeschnitten sein.

3.6 Weiterführende Literatur und Übungen

Vorgehensmodelle spielen eine zentrale Rolle im Software Engineering. Sie bündeln die vielfältigen Werkzeuge und Methoden und helfen Projektteams, ihre Arbeit zu organisieren. Dabei ist diese Aufgabe zunehmend schwieriger. Software wird heute häufig in global verteilten Teams entwickelt, die besondere Herausforderungen hinsichtlich der Koordination und der Kollaboration haben [46, 55]. Dies ist insbesondere für agile Methoden der Softwareentwicklung eine Herausforderung [10, 51, 52, 66]. Zunehmend ist zu beobachten, dass verteilt arbeitende Organisationen zu hybriden Vorgehensmodellen [37, 38, 47] greifen. Eine weitere große Herausforderung sind die steigenden Anforderungen an Softwaresysteme – insbesondere im regulierten Umfeld [27, 32]. Auch hier ist zu beobachten, dass die agilen Methoden teilweise problematisch in ihrer Anwendung sind [18, 24, 50], weshalb hier zwei Tendenzen zu beobachten sind. Einerseits finden sich in diesen

Anwendungsdomänen ebenfalls häufig hybride Vorgehensmodelle, in denen ein eher traditionelles Vorgehensmodell insbesondere wegen der zertifizierungsrelevanten Fragestellungen als Rahmen eingesetzt wird. Andererseits werden in diesen Anwendungsdomänen auch die agilen Skalierungsframeworks, etwa SAFe [18, 49, 54] oder LeSS [43, 44], eingesetzt.

In diesem Kapitel haben wir großen Wert darauf gelegt, einen guten Querschnitt der aktuell eingesetzten Methoden zur Softwareentwicklung zu geben. Mit Bedacht sind wir dabei gleichermaßen auf traditionelle und agile Methoden eingegangen. Die Welt ist hier nicht schwarz oder weiß – viele Organisationen setzen auf pragmatische Vorgehensweisen, die Eigenschaften beider Methodenklassen beinhalten und oft an den jeweiligen Organisations- oder Projektkontext angepasst sind. Diese Art Vorgehensmodell, die West et al. [69] als „Water-Scrum-Fall" bezeichnet haben, wird in letzter Zeit zunehmend unter dem Begriff *hybride Entwicklungsmethode* untersucht [34, 63]. Die flexible aber gleichzeitig systematische Vorgehensweise in Softwareentwicklungsprojekten wird noch größere Bedeutung erlangen, da sich durch neue Technologien, insbesondere im Umfeld des maschinellen Lernens, völlig neue Anforderungen und die Softwareentwicklung ergeben [2, 21, 45, 68].

Wesentlich in der Organisation und Durchführung von Softwareprojekten sind die Personen und die Aufgaben, die die beteiligten Personen wahrnehmen. Dazu haben wir in diesem Kapitel die wesentlichen *Rollen* in Softwareprojekten beschrieben. Durch die agilen Methoden der Softwareentwicklung ist auch ein Wandel in den Rollenmodellen der Vorgehensmodelle zu beobachten. Zunehmend geraten ausdifferenzierte Rollenmodelle, wie sie etwa im V-Modell XT zu finden sind, in den Hintergrund. Oft wird nur noch vom „Team" gesprochen und nur wenige explizite, besonders zentrale Rollen sind detailliert beschrieben. Ein Beispiel hierfür ist der *Product Owner* (siehe Abschn. 3.5.1). In der heutigen Form mit Scrum (siehe Abschn. 3.4) eingeführt, hat sich der Product Owner zu einer der zentralen Rollen in der Softwareentwicklung entwickelt. Allerdings ist hier auch ein gewisses Überladen dieser Rolle zu beobachten. Sverrisdottir et al. [61] zeigen etwa, dass die Rolle des Product Owners nur selten den offiziellen Beschreibungen [58, 59] folgt. Gleichzeitig nehmen Product Owner eine Vielfalt an Aufgaben wahr, was auch durch Unger-Windeler et al. [65] und Bass et al. [7] bestätigt wird. Besonders herausfordernd sind dabei Projektkonstruktionen, in denen Scrum auf große oder verteilte Projekte angewendet wird [6, 11].

Übungsaufgaben

Übung 3.1 (Szenario: Einordnung von Entwicklungsprozessen) In Ihrem Unternehmen soll ein Entwicklungsprozess eingeführt werden. Das Management ist zwar grob mit den Begriffen *Wasserfallmodell*, *V-Modell* oder *Spiralmodell*, *inkrementelles/evolutionäres Modell*, *Prototyping* und *Agile Methoden* vertraut, ist sich aber über die richtige Wahl unsicher. Als Qualitätsbeauftragter sollen Sie die Auswahl eines passenden Vorgehensmodells vorbereiten.

3.6 Weiterführende Literatur und Übungen

Eigenschaften / Vorgehensmodell	Projektgröße und Komplexität			Qualität von... Anforderungen		Änderungen an... Anforderungen			Zeitdruck	Verteiltheit	Sicherheit
	Klein	Mittel	Groß	Klar	Vage	Keine	Moderat	Häufig	Hoch	Hoch	Hoch
Wasserfallmodell											
V-Modell XT											
Spiralmodell											
Scrum											
Extreme Programming											

Abb. 3.16 Bewertungstabelle für Vorgehensmodelle

a) Überprüfen Sie die Eignung dieser Modelle hinsichtlich der in Abb. 3.16 dargestellten Bewertungstabelle. Bewerten Sie die Eignung für die entsprechende Aufgabe im Schulnotensystem, d. h., vergeben Sie eine „1" für eine sehr gute Eignung und eine „6" für ein völlig ungeeignetes Modell.

Übung 3.2 (Szenario: Prototypen im Entwicklungsprozess) An Ihrer Hochschule soll ein umfassendes Studieninformationssystem in Auftrag gegeben werden. Bisher hat die Hochschule schlechte Erfahrungen mit den in der Verwaltung eingeführten Systemen gemacht (Terminüberschreitung, benutzerunfreundlich, veraltete Technologie, etc.).

a) Überzeugen Sie die Hochschule (Auftraggeber), dass Sie (Auftragnehmer) mittels Verwendung von Prototypen den bisher aufgetretenen Problemen entgegenwirken können. Nutzen Sie die folgenden Kriterien für Ihre Argumentation:

- Projektgröße und Komplexität
- Benutzbarkeit des Systems
- Einsatz neuer Technologien
- Termindruck zur Einführung des Systems

b) In welcher Hinsicht unterscheiden sich Prototypen von einer vollständigen Realisierung („klassisches" Vorgehen)?

c) Über welche Risiken müssen Sie Ihren Auftraggeber bei der Verwendung von Prototypen in Kenntnis setzen?

Übung 3.3 (Vorgehensmodelle kombinieren) Vorgehensmodelle werden in der Regel angepasst, bevor sie in einem Projekt eingesetzt werden. Eine häufig auftretende Anpassung ist das kombinierte Modell ist *Scrumban*.

a) Charakterisieren Sie kurz das Vorgehensmodell Scrumban und beantworten Sie die folgenden Fragen:

- Welche Probleme von Scrum löst Scrumban?
- Welche Probleme bleiben bestehen?
- Welche neuen Probleme ergeben sich gegebenenfalls?

b) Welche alternativen Vorgehensweisen zu Scrumban sind denkbar? Wählen Sie entsprechende Methoden aus und erläutern Sie ihre Auswahl, insbesondere hinsichtlich von Schwachstellen von Scrumban.

Übung 3.4 (Qualitätsmerkmale für Vorgehensmodelle) In Übung 3.1 haben Sie Vorgehensmodelle auf Ihre Eignung für verschiedene Projektaufgaben klassifiziert und bewertet. Diese Vorgehensmodelle müssen messbar gestaltet werden, um die Qualität des Vorgehens zu bewerten.

a) Legen Sie Merkmale fest, die zur Bestimmung der Qualität eines Vorgehensmodells geeignet sind.
b) Geben Sie für jedes Merkmal einen oder mehrere geeignete Indikatoren an, mit denen die festgelegten Merkmale bewertet werden können.
c) Weisen Sie nach, dass die festgelegten Merkmale geeignet sind, den in Kap. 1.1.1 genannten Hauptursachen für Schwierigkeiten in der Softwareentwicklung entgegenzuwirken.

Übung 3.5 (Szenario: Auswahl eines Vorgehensmodells) Im Kap. C finden Sie einige Anforderungs- und Ausschreibungsunterlagen für das Projekt „Code & Talk"[5]. Gegenstand dieses Projekts ist die Entwicklung einer Kommunikations- und Kollaborationsinfrastruktur für Entwicklungsteams.

---

[5] Das Projekt „Code & Talk" verwenden wir als Übungsbeispiel und durchgängige Fallstudie. Ziel dieses Projekts ist die Entwicklung einer umfangreichen Kommunikationsinfrastruktur im Stil eines sozialen Netzwerks für die Entwicklungsteams einer Firma. Dieses Projekt besteht aus mehreren Teilprojekten. Das Teilprojekt „Project Wall" wurde an Sie beauftragt. Die zugehörige Ausschreibung findet sich im Kap. C. Die Ausschreibung umfasst nur einen Teilbereich, der aber für die Bearbeitung der Aufgaben ausreichend ist. Wir werden in den weiteren Übungen dieses Beispiel weiter ausbauen.

a) Wählen Sie für das Projekt ein Vorgehensmodell, mehrere Vorgehensmodelle oder Kombinationen von Vorgehensmodellen aus. Begründen Sie Ihre Auswahl.
b) Beschreiben Sie kurz, welche Möglichkeiten der Überprüfung der Einhaltung des gewählten Vorgehens Sie haben und wie Sie eine solche Überprüfung organisieren würden.

Literatur

1. S. W. Ambler and M. Lines. *Disciplined Agile Delivery: A Practitioner's Guide to Agile Software Delivery in the Enterprise*. IBM Press, May 2012.
2. S. Amershi, A. Begel, C. Bird, R. DeLine, H. C. Gall, E. Kamar, N. Nagappan, B. Nushi, and T. Zimmermann. Software engineering for machine learning: a case study. In *International Conference on Software Engineering*, ICSE (SEIP), pages 291–300. IEEE/ACM, May 2019.
3. Anderson, D. J. *Kanban: Successful Evolutionary Change for Your Technology Business*. Blue Hole Press, 2010.
4. Balsamiq. Balsamiq Mockups. Online: http://balsamiq.com (abgerufen: 2020-09-18), 2010.
5. H. Balzert. *Lehrbuch der Softwaretechnik Band 1/2*. Spektrum Akademischer Verlag, 2 edition, 2000. ISBN 3-8274-0480-0.
6. J. M. Bass. How product owner teams scale agile methods to large distributed enterprises. *Empirical Software Engineering*, 20(6):1525–1557, 2015.
7. J. M. Bass, S. Beecham, M. A. Razzak, C. N. Canna, and J. Noll. An empirical study of the product owner role in scrum. In *Proceedings of the 40th International Conference on Software Engineering: Companion Proceeedings*, ICSE, pages 123–124, New York, NY, USA, 2018. Association for Computing Machinery.
8. K. Beck. *Test Driven Development. By Example*. Addison-Wesley Longman, 2002.
9. K. Beck. *Extreme Programming*. Addison-Wesley, 2003.
10. A. Begel and N. Nagappan. Usage and perceptions of agile software development in an industrial context: An and exploratory study. In *International Symposium on Empirical Software Engineering and Measurement*, ESEM, pages 255–264. IEEE/ACM, 2007.
11. M. Berntzen, N. B. Moe, and V. Stray. The product owner in large-scale agile: An empirical study through the lens of relational coordination theory. In P. Kruchten, S. Fraser, and F. Coallier, editors, *Agile Processes in Software Engineering and Extreme Programming*, pages 121–136, Cham, 2019. Springer International Publishing.
12. K. Bittner, P. Kong, and D. West. *Mit dem Nexus Framework Scrum skalieren: Kontinuierliche Bereitstellung eines integrierten Produkts mit mehreren Scrum-Teams*. dpunkt.verlag GmbH, November 2018.
13. Bleek, W.-G. and Wolf, H. *Agile Softwareentwicklung – Werte, Konzepte und Methoden*. dpunkt.verlag, 2008.
14. B. Boehm. *Software Engineering Economics*. Prentice Hall, 1981.
15. Boehm, B. A spiral model of software development and enhancement. *IEEE Computer*, 21(5):61–72, 1988.
16. M. Broy and M. Kuhrmann. *Projektorganisation und Management im Software Engineering*. Number 978-3-642-29289-7 in Xpert.press. Springer Verlag, Berlin Heidelberg, 1 edition, 2013.
17. Bundesministerium des Innern. V-Modell XT Online Portal. Online, 2010.

18. O. Cawley, X. Wang, and I. Richardson. Lean/agile software development methodologies in regulated environments – state of the art. In *Lean Enterprise Software and Systems*, pages 31–36. Springer, 2010.
19. G. Chroust. *Modelle der Software-Entwicklung*. R. Oldenbourg Verlag München Wien, 1992.
20. P. Clarke and R. V. O'Connor. The situational factors that affect the software development process: Towards a comprehensive reference framework. *Information and Software Technology*, 54(5):433–447, 2012.
21. E. de Souza Nascimento, I. Ahmed, E. Oliveira, M. P. Palheta, I. Steinmacher, and T. Conte.Understanding development process of machine learning systems: Challenges and solutions. In *International Symposium on Empirical Software Engineering and Measurement*, ESEM, pages 1–6. IEEE, September 2019.
22. P. Diebold, J.-P. Ostberg, S. Wagner, and U. Zendler. What Do Practitioners Vary in Using Scrum? In *International Conference XP*, pages 40–51. Springer, 2015.
23. W. Dröschel and M. Wiemers. *Das V-Modell 97*. Oldenburg, 1999.
24. B. Fitzgerald, K.-J. Stol, R. O'Sullivan, and D. O'Brien. Scaling agile methods to regulated environments: An industry case study. In *International Conference on Software Engineering*, ICSE, pages 863–872, Piscataway, NJ, USA, 2013. IEEE Press.
25. M. Fowler. *Refactoring: Improving the Design of Existing Code*. Pearson Addison-Wesley Signature Series. Addison Wesley, 2 edition, 2018.
26. J. Friedrich, U. Hammerschall, M. Kuhrmann, and M. Sihling. *Das V-Modell XT - Für Projektleiter und QS-Verantwortliche kompakt und übersichtlich*. Number ISBN: 978-3-540-76403-8 in Informatik im Fokus. Springer, 2. edition, 2009.
27. P. Hohl, J. Münch, K. Schneider, and M. Stupperich. Forces that Prevent Agile Adoption in the Automotive Domain. In *Product-Focused Software Process Improvement*, PROFES, pages 468–476, Cham, 2016. Springer International Publishing.
28. J. Humble and D. Farley. *Continuous Delivery: Reliable Software Releases Through Build, Test, and Deployment Automation*. Addison-Wesley, 2010.
29. ISO 26262:2018. *Road vehicles – Functional safety*. International Organization for Standardization, 2018.
30. C. Jones. Variations in software development practices. *IEEE Software*, 20(6):22–27, 2003.
31. G. Kalus and M. Kuhrmann. Criteria for Software Process Tailoring — A Systematic Review. In *Proceedings of International Conference on Software & Systems Process*, ICSSP, pages 171–180. ACM, May 2013.
32. B. Katumba and E. Knauss. Agile Development in Automotive Software Development: Challenges and Opportunities. In *Product-Focused Software Process Improvement*, PROFES, pages 33–47, Cham, 2014. Springer International Publishing.
33. G. Kim, J. Humble, P. Debois, and J. Willis. *The DevOps Handbook*. NBN TRADESELECT, 2016.
34. J. Klünder, R. Hebig, P. Tell, M. Kuhrmann, J. Nakatumba-Nabende, R. Heldal, S. Krusche, M. Fazal-Baqaie, M. Felderer, M. F. G. Bocco, S. Küpper, S. A. Licorish, G. Lopez, F. McCaffery, Ö. Ö. Top, C. R. Prause, R. Prikladnicki, E. Tüzün, D. Pfahl, K. Schneider, and S. G. MacDonell. Catching up with Method and Process Practice: An Industry-Informed Baseline for Researchers. In *Proceedings of 41st International Conference on Software Engineering*, ICSE-SEIP, pages 255–264. ACM, 2019.
35. H. Kniberg and M. Skarin. *Kanban and Scrum – making the most of both*. Enterprise Software Development. lulu.com, March 2010.
36. P. Kroll and P. Kruchten. *The Rational Unified Process Made Easy – A Practinioner's Guide to RUP*. Addison-Wesley, 2003.

37. M. Kuhrmann, P. Diebold, J. Münch, P. Tell, V. Garousi, M. Felderer, K. Trektere, F. McCaffery, C. R. Prause, E. Hanser, and O. Linssen.Hybrid software and system development in practice: Waterfall, scrum, and beyond. In *Proceedings of the International Confernce on Software System Process*, ICSSP, pages 30–39, New York, NY, USA, July 2017. ACM.
38. M. Kuhrmann, P. Diebold, J. Münch, P. Tell, K. Trektere, F. M. Caffery, G. Vahid, M. Felderer, O. Linssen, E. Hanser, and C. Prause. Hybrid software development approaches in practice: A european perspective. *IEEE Software*, pages 1–1, 2018.
39. M. Kuhrmann and O. Linssen. Welche Vorgehensmodelle nutzt Deutschland? In *PMV 2014*, volume P-236 of *Lecture Notes in Informatics*, pages 17–32. Gesellschaft für Informatik (GI) e. V. (in German), 2014.
40. M. Kuhrmann, T. Ternité, and J. Friedrich. *Das V-Modell XT anpassen*. Informatik im Fokus. Springer, 2011.
41. M. Kuhrmann, T. Ternité, J. Friedrich, A. Rausch, and M. Broy. Flexible software process lines in practice: A metamodel-based approach to effectively construct and manage families of software process models. *Journal of Systems and Software*, 121:49–71, 2016.
42. C. Ladas. *Scrumban – Essays on Kanban Systems for Lean Software Development*. Modus Cooperandi Press, January 2009.
43. C. Larman and B. Vodde. *Practices for Scaling Lean and Agile Development: Large, Multisite, and Offshore Product Development with Large-Scale Scrum*. Agile Software Development Series. Addison Wesley, January 2010.
44. C. Larman and B. Vodde. *Large-Scale Scrum: More with Less*. Addison-Wesley Signature Series. Addison-Wesley Professional, August 2016.
45. H. Liu, S. Eksmo, J. Risberg, and R. Hebig. Emerging and changing tasks in the development process for machine learning systems. In *International Conference on Software and Systems Process*, ICSSP. ACM, 2020.
46. P. Lous, M. Kuhrmann, and P. Tell. Is Scrum Fit for Global Software Engineering? In *12th International Conference on Global Software Engineering*, ICGSE, pages 1–10. IEEE, May 2017.
47. M. Marinho, J. Noll, I. Richardson, and S. Beecham. Plan-driven approaches are alive and kicking in agile global software development. In *International Symposium on Empirical Software Engineering and Measurement*, ESEM, pages 1–11. IEEE/ACM, 2019.
48. R. C. Martin. *Clean Code: A Handbook of Agile Software Craftsmanship*. Prentice Hall, 2008.
49. C. Mathis and D. Leffingwell. *SAFe – Das Scaled Agile Framework: Lean und Agile in großen Unternehmen skalieren*. dpunkt.verlag GmbH, 2 edition, November 2017.
50. M. McHugh, F. McCaffery, and V. Casey. Barriers to adopting agile practices when developing medical device software. In A. Mas, A. Mesquida, T. Rout, R. V. O'Connor, and A. Dorling, editors, *Software Process Improvement and Capability Determination*, pages 141–147, Berlin, Heidelberg, 2012. Springer Berlin Heidelberg.
51. B. Murphy, C. Bird, T. Zimmermann, L. Williams, N. Nagappan, and A. Begel. Have agile techniques been the silver bullet for software development at microsoft? In *International Symposium on Empirical Software Engineering and Measurement*, ESEM, pages 75–84. IEEE/ACM, 2013.
52. S. Nerur, R. Mahapatra, and G. Mangalaraj. Challenges of migrating to agile methodologies. *Communications of the ACM*, 48(5):73–78, 2005.
53. T. Ohno. *Toyota Production System: Beyond Large-scale Production*. Taylor & Francis Ltd., July 2016.
54. M. Paasivaara. Adopting SAFe to Scale Agile in a Globally Distributed Organization. In *12th International Conference on Global Software Engineering*, ICGSE, pages 36–40. IEEE, 2017.
55. M. Paasivaara, B. Behm, C. Lassenius, and M. Hallikainen. Large-scale agile transformation at ericsson: a case study. *Empirical Software Engineering*, 23(5):2550–2596, 2018.

56. A. Reddy. *The Scrumban [R]Evolution: Getting the Most Out of Agile, Scrum, and Lean Kanban.* Agile Software Development. Addison Wesley, July 2015.
57. W. Royce. Managing the development of large systems. *IEEE Wescon*, 1970.
58. K. Schwaber. *Agile Project Management with Scrum.* Microsoft Press, 2004.
59. K. Schwaber and J. Sutherland. The scrum guide. Technical report, Scrum Guides (https://www.scrumguides.org), November 2017.
60. J. Sutherland. Agile can scale: Inventing and reinventing scrum in five companies. *IT Journal*, 14(12):5–11, 2001.
61. H. S. Sverrisdottir, H. T. Ingason, and H. I. Jonasson. The role of the product owner in scrum-comparison between theory and practices. *Procedia - Social and Behavioral Sciences*, 119:257 – 267, 2014. Selected papers from the 27th IPMA (International Project Management Association), World Congress, Dubrovnik, Croatia, 2013.
62. H. Takeuchi and I. Nonaka. The new new product development game. *Harvard Business Review*, January 1986.
63. P. Tell, J. Klünder, S. Küpper, D. Raffo, S. G. MacDonell, J. Münch, D. Pfahl, O. Linssen, and M. Kuhrmann. What are hybrid development methods made of? an evidence-based characterization. In *Proceedings of the International Conference on Software and System Processes*, ICSSP, pages 105–114. IEEE, May 2019.
64. G. Theocharis, M. Kuhrmann, J. Münch, and P. Diebold. Is Water-Scrum-Fall reality? On the use of agile and traditional development practices. In *International Conference on Product Focused Software Development and Process Improvement*, volume 9459 of *Lecture Notes in Computer Science*, pages 149–166. Springer, Berlin Heidelberg, 2015.
65. C. Unger-Windeler, J. Klünder, and K. Schneider. A mapping study on product owners in industry: Identifying future research directions. In *International Conference on Software and System Processes*, ICSSP, pages 135–144, 2019.
66. G. van Waardenburg and H. van Vliet. When agile meets the enterprise. *Information and Software Technology*, 55(12):2154–2171, 2013.
67. L. R. Vijayasarathy and C. W. Butler. Choice of software development methodologies: Do organizational, project, and team characteristics matter? *IEEE software*, 33(5):86–94, 2016.
68. Z. Wan, X. Xia, D. Lo, and G. C. Murphy. How does machine learning change software development practices? *IEEE Transactions on Software Engineering*, 2019.
69. D. West, M. Gilpin, T. Grant, and A. Anderson. Water- Scrum-Fall is the reality of agile for most organizations today. Technical report, Forrester Research Inc., 2011.
70. J. P. Womack, D. T. Jones, and D. Ross. *The Machine That Changed the World: The Story of Lean Production– Toyota's Secret Weapon in the Global Car Wars That Is Now Revolutionizing World Industry.* Free Press, March 2007.

4 Modelle in der Softwareentwicklung und ihre Beschreibung

Zusammenfassung

In den im Laufe der Entwicklung von Softwaresystemen zu erstellenden Artefakten sind sehr unterschiedliche Zusammenhänge von oft hoher Komplexität zu erfassen. Dies umfasst die Beschreibung des Verhaltens eines Softwaresystems oder seiner Bestandteile und die Beschreibung von Daten, Prozessen, Zuständen oder Strukturen. Für die angemessene Beschreibung dieser unterschiedlichen Aspekte bieten sich in vielen Fällen Modelle an. Genauer gesagt bestehen die Inhalte von Artefakten häufig aus der Darstellung geeigneter Modelle für die zu beschreibenden Zusammenhänge. Modelle können dabei in sehr unterschiedlicher Form auftreten, angefangen von Gedankenmodellen, über grafisch dargestellte Modelle bis hin zu formalen Modellen. Gut gewählte Modelle bieten einen angemessenen Abstraktionsgrad, erlauben es, sich auf wesentliche Aspekte zu konzentrieren und erhöhen das Verständnis. Vor diesem Hintergrund sind für das Software Engineering eine Reihe von Modellkonzepten entwickelt worden, die sich für bestimmte Aspekte der Softwareentwicklung als besonders geeignet erwiesen haben. Dieses Kapitel führt in die Grundlagen der Modellierung im Kontext der Software- und Systementwicklung ein. Dazu werden ausgewählte Modellierungsansätze eingeführt, welche ein breites Spektrum von Einsatzmöglichkeiten – von der eher informalen Kommunikation bis hin zur mathematischen Modellierung – abdecken.

4.1 Warum Modellierung?

Die mannigfaltigen Anforderungen, Einsatzumgebungen und die Vielzahl von Funktionen, die Software Nutzern und anderen Systemen zur Verfügung stellt, geben Softwaresystemen eine inhärente Komplexität. Zur Beherrschung dieser Komplexität sind Mittel zur Strukturierung und geeignete Abstraktionen von Softwaresystemen zwingend erforderlich.

Im Folgenden führen wir in die Grundlagen der Systemmodellierung ein, wobei wir uns auf eine formale Beschreibung und Definition konzentrieren. Wir behandeln die grundlegenden Prinzipien zur Strukturierung von Systemen, sowie auf die Definition der grundlegenden Strukturierungskonzepte *Komponente* und *Schnittstelle,* welche die Grundlage für die weiteren Themen dieses Buches, insbesondere im Bereich der Anforderungserhebung (siehe Kap. 5) und der Architekturmodellierung (siehe Kap. 8) sind.

Abb. 4.1 gibt einen Überblick über die wesentlichen Inhalte dieses Kapitels. Ziel ist die Erarbeitung einer *Struktur,* welche ein System nach unterschiedlichen Gesichtspunkten strukturiert und beschreibt. Zentral bei der Beschreibung eines Systems ist ein Verständnis der *Daten* und des *Systemverhaltens,* mit denen das System arbeitet. Einheitliche Modellierungskonzepte und somit Modellierungssprachen sind die wesentlichen Instrumente für die präzise Beschreibung der unterschiedlichen Konzepte.

Modellierung in Anwendung und Implementierung Modellierungstechniken, wie sie in diesem Kapitel eingeführt werden, finden in der Softwareentwicklung an vielen Stellen Anwendung. Strenggenommen ist selbst das Erstellen von Programmen stets ein Schritt in eine Modellierung, da die Erfassung von Zusammenhängen in Algorithmen (welchen Anwendungsbereiches auch immer) stets zumindest implizit eine *Modellbildung* erfordert [12].

Modellierung ist in der Softwareentwicklung von großer Bedeutung insbesondere für die Erfassung des Anwendungsgebietes. In welchem Bereich auch immer Software eingesetzt wird, erfordert dies letztlich eine Formalisierung und damit auch eine Modellierung des Anwendungsgebietes. Ob Software etwa für Navigation, Unterstützungssoftware für die Logistik, Buchungssoftware etwa für Flugbuchungen oder aber Steuerungssoftware für die Robotik erstellt wird, immer ist es erforderlich, Modelle der Systemumgebung zu entwickeln, auf die die Software einwirkt oder für die die Software Aussagen berechnet (siehe Kap. 2.1.1), und Modelle zu entwickeln, welche die Software unmittelbar benutzt und die

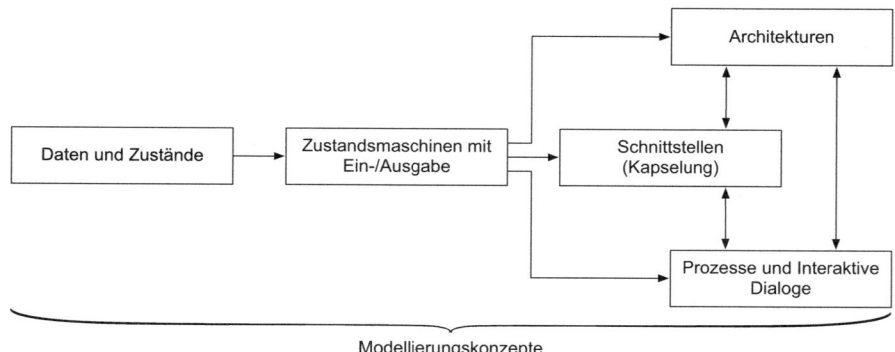

Abb. 4.1 Überblick und Zusammenhang des Modellierungskapitels

dann durch Datenstrukturen, aber auch durch Algorithmen und die dadurch dargestellten Funktionen realisiert werden.

In der Regel werden für die Modellierung des Anwendungsgebietes etwas andere Arten von Modellen eingesetzt als für die Modellierung der Implementierung. Für Modelle, die in der Implementierung eine Rolle spielen, werden insbesondere technische Strukturen der Implementierung beschrieben. Das sind zum einen die klassischen, programmtechnischen und algorithmischen Strukturen, die hierbei von Bedeutung sind, aber auch hardwarenähere Strukturen oder aber Protokolle. Findet im Softwaresystem Kommunikation zwischen bestimmten Anteilen der Software statt, so ist es zwingend erforderlich, Kommunikationsprotokolle einzusetzen, die wiederum als Kommunikationsmodelle aufgefasst und auch explizit durch geeignete Modelle dargestellt werden können oder zumindest implizit das Resultat der Implementierung sind.

4.2 Modelle und ihre Beschreibung

Modelle sind *anschauliche Abstraktionen* und können für ganz unterschiedliche Aspekte in der Entwicklung von Software eingesetzt werden. Der Vorteil von Modellen ist, dass die Abstraktionsebene relativ frei gewählt werden kann und dass sie sich auf Ausschnitte der Entwicklungsaufgabe ausrichten lassen, wobei Aspekte, die für den behandelten Zweck keine Rolle spielen, vernachlässigt werden können.

Ausprägungen von Modellen Modelle können in ganz unterschiedlichen Ausprägungen genutzt werden. Dies beginnt mit sogenannten *Gedankenmodellen,* bei denen sich Entwickler eine spezifische Form zurechtlegen, um über einen bestimmten Aspekt der Softwareentwicklung nachzudenken. Beispiele dafür sind sogenannte *Domänenmodelle* aus den Anwendungsdomänen, bei denen wesentliche Zusammenhänge aus dem Anwendungsgebiet modellhaft erfasst werden. So ist es sicher nützlich und angemessen – ja unerlässlich – beim Erstellen einer Software, die Unterstützung für die Navigation geben soll, ein Modell für eine Straßenkarte zu entwickeln. Soll Software die Buchung von Flügen einer Fluglinie unterstützen, benötigt man ein Modell der Flugbewegungen und der Passagierdaten für die Flüge und der Art und Weise, wie Sitzplätze in Flugzeugen belegt werden können. Baut man eine Software für Verwaltungsvorgänge in einem Unternehmen, benötigt man ein Modell der wesentlichen Unternehmensdaten für diesen Zweck und für die unterschiedlichen Prozesse, die darauf ausgerichtet sind.

Neben solchen Modellen, die eher spezifisch für eine Anwendungsdomäne sind, gibt es natürlich auch Modelle, die die Funktionalität eines Systems abbilden. Wir kommen darauf unter dem Stichwort *Funktionsarchitektur* (siehe Abschn. 4.6.1.6) zurück. Hinzu kommen Modelle für die Prozesse, die in einem System ablaufen, aber auch an der Schnittstelle zwischen dem System und seinem Nutzungskontext, Modelle für die Architektur, aber letztlich auch Modelle für die Testdurchführung. Dies zeigt bereits, in welchem Umfang Modelle in der Softwareentwicklung nützlich, ja unverzichtbar sind.

Beschreibung von Modellen Eine wesentliche Frage ist, wie Modelle dargestellt werden. Das kann beispielsweise ad-hoc passieren, indem Modelle durch Sprache, informelle Grafiken und Diagramme repräsentiert werden. Es lassen sich auch mathematische Modelle einsetzen, in denen Konzepte der Mathematik und der Logik herangezogen werden. Damit lassen sich formale Modelle schaffen. Es gibt auch *Modellierungssprachen,* die bestimmte Formen der Modellbildung gezielt unterstützen. Solche Modellierungssprachen nutzen pragmatische und/oder formale Mittel, um spezifische Modellierungskonzepte für bestimmte Entwicklungsaufgaben oder Domänen bereitzustellen. Viele davon decken ein großes Spektrum von Spezifikations- und Modellierungsaufgaben ab, wie etwa die *Unified Modeling Language* (UML, siehe Abschn. 4.2.3). Ziel dieser Beschreibungstechniken ist die Beschreibung aller für ein System wesentlichen Aspekte in einem einheitlichen Rahmen. Beispiele für solche Beschreibungstechniken sind die Structured Systems Analysis and Design Method (SSADM; [19]), die Structured Analysis and Design Technique (SADT; [36]), die Fundamental Modeling Concepts (FMC; [33]) oder die Unified Modeling Language [48]. Beschreibungstechniken können entweder universell sein, wie etwa die UML oder FMC, oder auf bestimmte Anwendungsdomänen ausgerichtet sein.

Wie bei Programmiersprachen können bei Modellierungs- und Beschreibungssprachen *(kontextfreie) Syntax, Nebenbedingungen, Semantik* und *Umformungsregeln* (Kalküle) unterschieden werden. Hinzu kommt eine Methodik (auch Pragmatik) der Anwendung und des Einsatzes der Technik einschließlich geeigneter Werkzeuge. Anhand der Ausprägung der gerade genannten vier Aspekte können die Beschreibungsmittel charakterisiert werden. Sind alle vier Aspekte mit mathematischer Präzision abgehandelt, spricht man von einem *formalen Beschreibungsmittel.* Sind nur die ersten beiden Aspekte (Syntax einschließlich syntaktischer Nebenbedingungen) geklärt, spricht man von einem *semi-formalen Beschreibungsmittel,* sonst von einem *informellen Beschreibungsmittel.*

> **Formalisierung und Werkzeugunterstützung**
> Je genauer Syntax und Semantik formalisiert sind, desto zielgerichteter lässt sich eine Beschreibungstechnik einsetzen und umso nachdrücklicher durch Werkzeuge und Methoden unterstützen.

Bildung von Modellen Ein zentrales Problem bei der Modellierung informationsverarbeitender Systeme ist die *angemessene* Modellbildung (siehe Abschn. 4.2.1) und deren verständliche Beschreibung im Hinblick auf die Systemstrukturen und die komplexen Verarbeitungsvorgänge. Zur verständlichen Darstellung werden in der Praxis große Hoffnungen

4.2 Modelle und ihre Beschreibung

auf grafische Beschreibungstechniken (etwa die UML, siehe Abschn. 4.2.3) gesetzt. Grafische Beschreibungstechniken unterscheiden sich im Hinblick auf die Festlegung der Syntax und Semantik prinzipiell nicht von textuellen Beschreibungstechniken. Allerdings werden grafische Beschreibungen oft als anschaulicher und übersichtlicher empfunden. Tab. 4.1 gibt einen Überblick ausgewählter Modellierungsmethoden und ordnet diese den unterschiedlichen Aufgaben der Software- und Systementwicklung zu.

4.2.1 Grundsätzliches zur Modellbildung in der Informatik

Software- und Systementwicklung umfasst auch die implizite oder explizite Modellbildung eines Ausschnitts des Anwendungsgebiets [12]. So fordert beispielsweise allein die Erstellung einer präzisen, unmissverständlichen, gut strukturierten und validierbaren Anforderungsbeschreibung eine Modellbildung. Dies schließt gut gewählte Denkmodelle, angemessene Abstraktionen oder geeignete handhabbare formale Modelle und schließlich deren anschauliche und präzise Darstellung mit möglichst gängigen und leicht verständlichen Beschreibungsmitteln ein. Ziel der Modellbildung ist eine umfassende Erfassung und Beschreibung relevanter Eigenschaften eines Softwaresystems etwa zur Dokumentation der

Tab. 4.1 Übersicht ausgewählter Modellierungsmethoden

Aufgabe	Methoden und Techniken
Daten	Signaturen, Algebraische Spezifikationen, Sorten- und Typdeklarationen *Modellierung mit:* Signaturdiagrammen, Axiomen, ER-Diagrammen, Klassendiagrammen (vgl. Abschn. 4.3)
Zustände	Zustandsmaschinen mit/ohne Ein-/Ausgabe, Zusicherungen, Relationen auf Zuständen *Modellierung mit:* Zustandsübergangsdiagrammen (State Machines, vgl. Abschn. 4.5)
Schnittstellen	Syntaktische Schnittstellen, Zusicherungen, Zustandsmaschinen *Modellierung mit:* Zustandsübergangssystemen (vgl. Abschn. 4.6.1)
Architektur	Komposition von Komponenten mit Schnittstellen, Objektmodelle *Modellierung mit:* Schnittstellenbeschreibungen, grafische Darstellung in Form von Architekturdiagrammen oder Klassendiagrammen (vgl. Abschn. 4.6.2)
Kontrollfluss	Kontrollflussmodelle *Modellierung mit:* Kontrollflussgraphen (vgl. Abschn. 4.6.3)
Interaktion (Prozesse)	Interaktionszusicherungen und Action Structures *Modellierung mit:* Petri Netze, Prozess-/Aktivitätsgraphen, Message Sequence Charts (MSC), Sequenzdiagrammen, Prozessbeschreibungssprachen (vgl. Abschn. 4.6.4)

Anforderungen, zum Systementwurf, oder zur Ableitung prüfbarer Qualitätseigenschaften in vertrauten, bekannten Modellierungsparadigmen. Grundsätzlich definieren wir ein Modell nach [12] wie folgt:

Definition 4.1 (Modell) Ein Modell ist die Nachbildung eines Ausschnitts der Realität oder der gedachten Realität unter bestimmten Gesichtspunkten. Es stellt eine Abstraktion (Vereinfachung) dar.

In der Praxis werden die Anforderungen an Softwaresysteme meist informell und in natürlicher Sprache und bestenfalls strukturiert erfasst. Spätestens aber im Entwurf und in der Implementierung und im Test ist es erforderlich, eine Darstellung mit Mitteln der Informatik etwa durch den Einsatz einer Programmiersprache vorzunehmen. Dies erfordert eine entsprechende Modellbildung und Formalisierung. Soweit Daten, Beziehungen und Abläufe der Anwendung im Programm Bedeutung haben, muss explizit oder implizit mit Mitteln der Programmiersprache ein ausführbares Modell gebildet werden. Neben den Modellen der Anwendung ist es dabei auch nützlich, die technischen Aspekte eines Softwaresystems explizit zu modellieren. Wieder kann dies durch geeignete Modellierungssprachen oder implizit mit Mitteln der Programmiersprache geschehen.

> **Dokumentation von Modellen**
> In der Regel erzielt man die beste Dokumentation der Modelle durch eine angemessene Mischung aus Text, Diagrammen, Tabellen und Formeln sowie programmiersprachlichen Beschreibungen. Über die Jahre ist eine Reihe spezieller Modellierungssprachen und -methoden entwickelt worden (wie die Unified Modeling Language [48], SysML [27] oder sogenannte *Domänenspezifische Sprachen,* DSL [21]), die gerade die frühen Phasen der Softwareerstellung angemessen unterstützen. Für die Beschreibung real existierender oder geplanter Systemstrukturen werden spezielle, oft grafische Beschreibungstechniken eingesetzt.

Da Systeme in der Regel komplexe Eigenschaften besitzen, die mit natürlich-sprachlichen Mitteln kaum unmissverständlich zu beschreiben sind, werden neben informellen Beschreibungen auch formale Beschreibungstechniken eingesetzt (sogenannte Spezifikationssprachen, siehe etwa Z [25], die B-Methode [1] oder VDM [2]). Jede Art von Modellierungs- oder Spezifikationssprache – oft auch natürlich-sprachliche Texte – verwendet explizit oder implizit mathematische und Logik-basierte Modelle zur Darstellung von Systemen und ihrer Aspekte. Somit können wir drei Themengebiete bei der Modellbildung unterscheiden:

4.2 Modelle und ihre Beschreibung

- Gebrauch formaler Modelle
- Auswahl und Nutzung angemessener Beschreibungstechniken und Beschreibungsmethoden für Modelle
- Phasenspezifischer, zielgerichteter Einsatz der Techniken und Methoden der Modellierung

Einem Softwareingenieur sollten alle drei Themen vertraut sein. Zusätzlich zum eigentlichen Modellbegriff, ist auch das Konzepts des Metamodells praktisch relevant:

Definition 4.2 (Metamodell) Ein Metamodell beschreibt die syntaktische Struktur, die Syntax einer Modellierungstechnik durch konzeptuelle oder formale Beschreibungsmittel. Es definiert dadurch eine Klasse von Modellen (ein Modellierungskonzept – oft in Form einer Modellierungssprache) und wird oft selbst mit Modellierungskonzepten dargestellt (Klassendiagramm, Ontologie, Taxonomie, ER-Diagramm).

Zusätzlich werden häufig auch die folgenden Konzepte zur Entwicklung und Dokumentation von Modellen verwendet.

Ontologie   Ontologien (in der Informatik) sind formal geordnete Darstellungen einer Menge von Begrifflichkeiten und der zwischen ihnen bestehenden Beziehungen in einem bestimmten Gegenstandsbereich (konkret: ein Graph mit Begriffen als Knoten und Beziehungen zwischen den Begriffen als Kanten).

Taxonomie   Eine Taxonomie (Klassifikationsschema) ist ein einheitliches Verfahren oder Modell, um Elemente einer Domäne nach bestimmten Kriterien zu klassifizieren, das heißt sie in bestimmte Kategorien oder Klassen (auch Taxa genannt) einzuordnen.

Ontologien, Taxonomien – aber auch Metamodelle – sind Hilfsmittel zur Entwicklung und formalen Erstellung und Dokumentation von Modellen. Ontologien können beispielsweise verwendet werden, um die Begriffe einer Domäne zu erfassen, während eine Taxonomie eine Klassifizierung von Begriffen (oder allgemein von Konzepten) ermöglicht. Metamodelle legen dann eine formale Beschreibungssprache fest, in der konkrete Modelle erstellt werden können. Zusätzlich ist eine Theorie der Modellierung nützlich, in der Konzepte und Vorgehensweisen bei der Erstellung und Analyse der Modelle behandelt werden.

4.2.2 Mathematische Modellierung von Informationsverarbeitung

Es ist gar nicht so einfach, exakt zu definieren, was wir genau unter einem Modell verstehen. Von der Intention her ist es noch vergleichsweise anschaulich erklärbar: Ein Modell ist ein Abbild eines Ausschnitts der Wirklichkeit oder der gedachten Wirklichkeit und dient in

Abb. 4.2 Zusammenhang von Information, Daten, Abstraktion und Interpretation nach Broy [7]

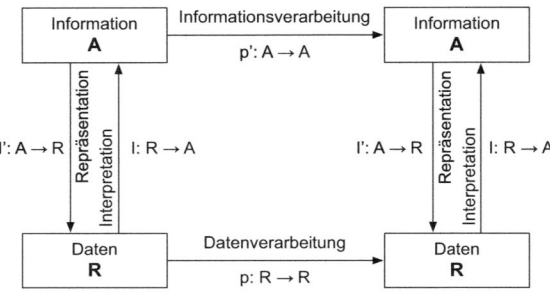

der Regel einer Abstraktion für einen bestimmten Zweck (siehe Definition 4.1). Abstraktion bezeichnet das Weglassen von Einzelheiten, die für diesen Zweck unerheblich sind[1]. Modelle dienen in der Regel immer einem bestimmten Zweck, der auch Art und Umfang der Abstraktion bestimmt. Die Informatik nutzt Modelle gezielt, um bestimmte Teilaspekte eines zu schaffenden Systems oder einer betrachteten Anwendungsdomäne zu erfassen [12].

4.2.2.1 Repräsentation und Verarbeitung von Informationen und Daten

Betrachten wir zunächst eine elementare Frage der Informatik: *Wie werden Informationen und Daten repräsentiert und verarbeitet?* In nahezu allen Systemen und Systemmodellen der Informatik treten Daten auf [7, 11]. Daten sind syntaktische oder physische Repräsentationen von Informationen und sind somit in bestimmter äußerer, syntaktischer Form gegeben. So können beispielsweise Zahlen in ganz unterschiedlicher Weise dargestellt werden, etwa durch römische Zahlen, arabische Zahlen, Binärzahlen und vieles mehr. Dafür gibt es einen abstrakten Begriff, den der natürlichen Zahl, der der mathematischen Struktur der natürlichen Zahlen entstammt und der der Information entspricht, die durch das Datenelement dargestellt wird. Abb. 4.2 stellt die Zusammenhänge zwischen *Information,* der *Repräsentation* von Information, *Daten* und deren *Interpretation* dar. Das Verständnis dieser Zusammenhänge ist wesentlich für die Anwendung mathematischer Modellierungskonzepte, etwa *Abstrakter Datentypen* (siehe Abschn. 4.3.1).

Informationen werden in informationsverarbeitenden Systemen als *Daten* also letztlich syntaktisch repräsentiert, wobei es ein fundamentales Problem in der Informatik ist, dass abstrakte Informationen (semantisches Modell) *immer* durch eine Repräsentation dargestellt wird.

Definition 4.3 (Datum, Information und Repräsentation) *Informationen* nennen wir den abstrakten Gehalt (Bedeutungsinhalt, Semantik) eines *Datums/von Daten* (z. B. Dokumente,

---

[1]Der Begriff des Modells findet sich in vielen Bereichen. Man denke nur an den wohlvertrauten Begriff der Modelleisenbahn, wobei durch die Modelleisenbahn in der Tat miniaturisierte Modelle der wirklichen Eisenbahn geschaffen werden. Für die Verwendung in der Informatik ist der Modellbegriff allerdings deutlich komplizierter.

4.2 Modelle und ihre Beschreibung

Aussage, akustisches/optisches Signal usw.). Die äußere Form der Darstellung (Syntax) nennen wir *Repräsentation* der Information.

Definition 4.4 (Repräsentationssystem, semantisches Modell und Interpretation) Den (häufig nur gedanklichen) Übergang von der Repräsentation von Daten zur abstrakten Information nennen wir *Interpretation*. Sei R eine Menge von Daten-Repräsentationen und sei A eine Menge von abstrakten Informationen. So ist die Interpretation I wie folgt definiert:

$$I : R \to A$$

R ist hierbei ein Repräsentationssystem, A ist ein semantisches Modell und I ist eine Interpretation.

Definition 4.5 (Datenverarbeitung) Sei R ein Repräsentationssystem, A ein semantisches Modell und I eine Interpretation. So ist die *Datenverarbeitung* wie folgt definiert:

$$p : R \to R$$

Hierbei gelten die folgenden Eigenschaften: $I[x] = I[y] \Rightarrow I[p(x)] = I[p(y)]$

Definition 4.6 (Informationsverarbeitung) Die Informationsverarbeitung ist wie folgt definiert:

$$p' : A \to A$$

Ist die Interpretation I surjektiv (d. h. zu jeder Information $a \in A$ existiert eine Repräsentation $r \in R$ mit $I[r] = a$), dann ist die Informationsverarbeitung p' nach folgender Regel eindeutig festgelegt:

$$p'(a) = b$$

falls für ein $r \in R$ gilt: $I[r] = a \wedge I[p(r)] = b$. Man beachte, dass p' aufgrund der Eigenschaften aus Definition 4.5 und aufgrund der Surjektivität von I wohldefiniert ist. Dadurch wird garantiert, dass p mit der durch I induzierten Äquivalenzrelation p' verträglich ist.

4.2.2.2 Modellbildung und Abstraktion

Das grundlegende Schema von syntaktischer Repräsentation und der Abstraktion (Abb. 4.2), die die dargestellte Information ergibt, findet sich auch in den Modellstrukturen der Informatik wieder. Ein klassisches Beispiel dafür sind Programme. Aber auch ein sehr weit verbreitetes Modell, das oft genutzt wird, nämlich *Zustandsmaschinen,* entspricht diesem Schema. Grundsätzlich gibt es eine große Menge unterschiedlicher Konzepte von Zustandsmaschinen. Wir beschränken uns zunächst auf Zustandsmaschinen mit Ein- und Ausgabe (siehe Abschn. 4.5.1). Eine Zustandsmaschine[2] mit Ein- und Ausgabe ist beschrieben durch eine Menge von Anfangszuständen, eine Zustandsmenge und einer Zustandsübergangsfunktion. Wenn sie nicht zu kompliziert sind, lassen sich Zustandsmaschinen sehr übersichtlich durch Zustandsübergangsdiagramme beschreiben (siehe Abschn. 4.5.1.2). Hier stoßen wir wieder auf die Frage, die wir zuvor schon angeschnitten haben: *Was ist dabei nun eigentlich das Modell?* Ist es das Zustandsübergangsdiagramm oder die dadurch beschriebene mathematische Zustandsübergangsfunktion?

Es ist müßig, darüber zu diskutieren, was eigentlich das Modell ist. Vernünftiger ist es, sowohl die grafische Darstellung als Modell zu betrachten, als auch die mathematische Funktion. Man kann dabei natürlich die Frage stellen, welches dieser Modelle für welche Zwecke besser geeignet ist und welches das abstraktere Modell darstellt. Die letzte Frage ist einfach zu beantworten. Die Zustandsübergangsfunktion ist sicher das abstraktere Modell, allerdings (ohne qualifizierte Ausbildung) weniger zugänglich und intuitiv verständlich. Gut strukturierte, grafisch dargestellte Zustandsübergangsmodelle erlauben dem menschlichen Beobachter Modellstrukturen sehr viel schneller und besser zu erfassen – soweit sie nicht zu umfangreich sind. Wesentlich für den angemessenen Einsatz von Modellen ist somit das Konzept der *Abstraktion*, also das Vereinfachen und Generalisieren realer Gegenstände, Abläufe und Situationen. Abb. 4.2 illustriert insbesondere, wie Information, Repräsentation und Interpretation, bzw. Abstraktion zusammenspielen. Dabei ist auch ersichtlich, dass bestimmte Verarbeitungsschritte auf derselben *Abstraktionsebene* stattfinden, etwa die Informationsverarbeitung oder die Datenverarbeitung.

Definition 4.7 (Abstraktionsebene) Eine Abstraktionsebene beschreibt das gesamte System oder einen Ausschnitt unter einem bestimmten Abstraktionsgrad. Der Abstraktionsgrad ist dabei so gewählt, dass eine Ebene bestimmte Aspekte, die bei der Entwicklung von softwareintensiven Systemen wichtig sind, gezielt gut darstellen kann.

4.2.2.3 Modellierungsansätze

Modellierungsansätze benutzen oft grafische und anschauliche Strukturen wie Tabellen, um Modelle darzustellen. Dies unterstützt das schnelle Begreifen der menschlichen Betrachter. Wenn aber Modelle genauer analysiert werden sollen oder wenn bestimmte Eigenschaften im Modell festgehalten werden sollen, sind die entsprechenden abstrakten Strukturen, die sich aus den mathematischen und logischen Modelldarstellungen ergeben, besser handhabbar. Diese Unterscheidung zieht sich durch unsere weiteren Modellbetrachtungen. Klassische UML-Modelle (siehe Abschn. 4.2.3) sind oft ohne eine entsprechende mathematische Interpretation und beschränken sich auf die Festlegung der grafischen Darstellungen. Sie gehen vielleicht noch über zu Metamodellen (siehe Definition 4.2) als Abstraktion der grafischen

---

[2]Im Folgenden betrachten wir der Einfachheit halber nur den deterministischen Fall.

4.2 Modelle und ihre Beschreibung

Darstellungen in abstrakten grafischen Modellen (siehe Abschn. 4.2.3.1). Häufig ist aber der Übergang zu einer mathematischen Modellvorstellung nicht vorgesehen und auch nicht definiert.

Anmerkung *Die unterschiedlichen Konzepte, welche die Abstraktion und den Aufbau informationsverarbeitender Systeme unterstützen, werden im Weiteren eingeführt und illustriert. Diese Konzepte beeinflussen die folgenden, jeweils aufgabenspezifisch aufgebauten Kapitel dieses Buchs, da sie ein wichtiges Instrument zum Verstehen des Gegenstandsbereichs darstellen und die Grundlage für die Erstellung angemessener Modelle legen, welche schlussendlich in ausführbarem Programmcode münden.*

4.2.3 Grafische Modellierung am Beispiel UML

Die *Unified Modeling Language* (UML; [48] und Kap. A) umfasst neben einer grafischen Notation eine Vielfalt syntaktischer und (teilweise) semantischer Elemente. Weiterhin baut die UML auf einem Stack von Modellen und Metamodellen auf, welcher neben der allgemein hin bekannten UML auch weitere sogenannte *Profile* und somit weitere Modellierungssprachen einbezieht. Eines der wesentlichen Konzepte in der UML ist die Ausrichtung der Modellbildung anhand von *Objekten,* welche abstrahierte Konzepte der Realität darstellen. Die UML erhebt darüber hinaus den Anspruch eine umfassende Modellierungstechnik anzubieten, die durchgängig die Entwicklungsphasen Analyse, Design und Implementierung abdeckt.

4.2.3.1 UML-Sprachkonzepte und Ebenen

Abb. 4.3 illustriert die vier Schichten M0 bis M3 der UML-Sprachkonzepte. Diese dienen dazu, dass die UML mit eigenen Sprachbestandteilen beschrieben werden kann. Auf er obersten Ebene M3 befindet sich die *Meta Object Facility* (MOF; [47]), mit der sich Metamodelle (siehe Definition 4.2) beschreiben lassen. Die MOF wird daher auch als *Metametamodell* bezeichnet und definiert grundlegende Sprachelemente wie Pakete, Klassen, Attribute und Assoziationen. Auf diesen Konzepten aufbauend, wird auf der Ebene M2 die UML beschrieben, welche selbst ein Metamodell (eine Sprache) für die Erstellung/Beschreibung konkreter Modelle durch den Modellierer beschreibt. Solche konkreten Modelle, etwa Klassendiagramme oder Aktivitätsdiagramme werden üblicherweise durch Modellierer mit Hilfe von Werkzeugen erstellt und befinden sich in der Hierarchie aus Abb. 4.3 auf der Ebene M1. Die konkreten Laufzeitinstanzen der Modelle aus M1 befinden sich dann auf der Ebene M0.

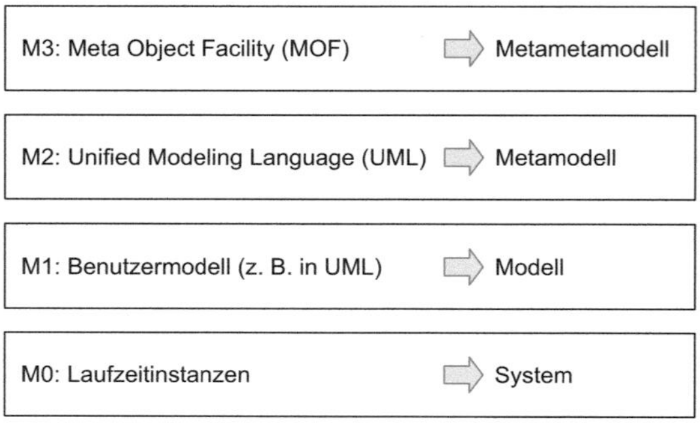

Abb. 4.3 Überblick über die Schichten der UML-Sprachkonzepte

M3: Meta Object Facility (MOF) ⇒ Metametamodell

M2: Unified Modeling Language (UML) ⇒ Metamodell

M1: Benutzermodell (z. B. in UML) ⇒ Modell

M0: Laufzeitinstanzen ⇒ System

Hinweis

Modellierungssprachen wie die UML umfassen *Diagramme* (Abb. 4.4). Ob man ein Diagramm oder die Semantik des Diagramms als Modell bezeichnet, ist dabei Geschmacksache. Wie anderen Sprachen auch, können wir Modellierungssprachen eine Semantik zuordnen, etwa in der Form mathematischer Modelle. Diese mathematischen Modelle entsprechen der Information (Abb. 4.2), die durch ein Diagramm dargestellt wird.

4.2.3.2 UML-Diagramme

Am bekanntesten ist die UML für ihre reichhaltigen grafischen Modellierungselemente [30]. Abb. 4.4 integriert die unterschiedlichen Diagrammtypen und klassifiziert diese. Die UML unterscheidet grundsätzlich drei Gruppen von Diagrammen:

1. Strukturdiagramme
2. Verhaltensdiagramme
3. Interaktionsdiagramme (als Spezialfall der Verhaltensdiagramme)

Strukturdiagramme Strukturdiagramme dienen dazu, strukturelle Eigenschaften eines Systems zu beschreiben. So können etwa (logische) Komponentenmodelle entwickelt werden, welche die grundlegende Struktur eines Softwaresystems mit seinen Schnittstellen beschreiben. Datenmodelle können etwa mit Hilfe von Klassendiagrammen modelliert werden, welche die für die einzelnen Klassen relevanten Attribute (oft auch als Felder bezeichnet) mit ihren jeweiligen Datentypen detailliert beschreiben. Weiterhin ist es mit Hilfe der Strukturdiagramme möglich, z. B. auch die Verteilung einzelner Komponenten auf virtuelle/physische Knoten eines Netzwerks anhand eines Verteilungsdiagramms (Deployment Diagram) zu beschreiben.

4.2 Modelle und ihre Beschreibung

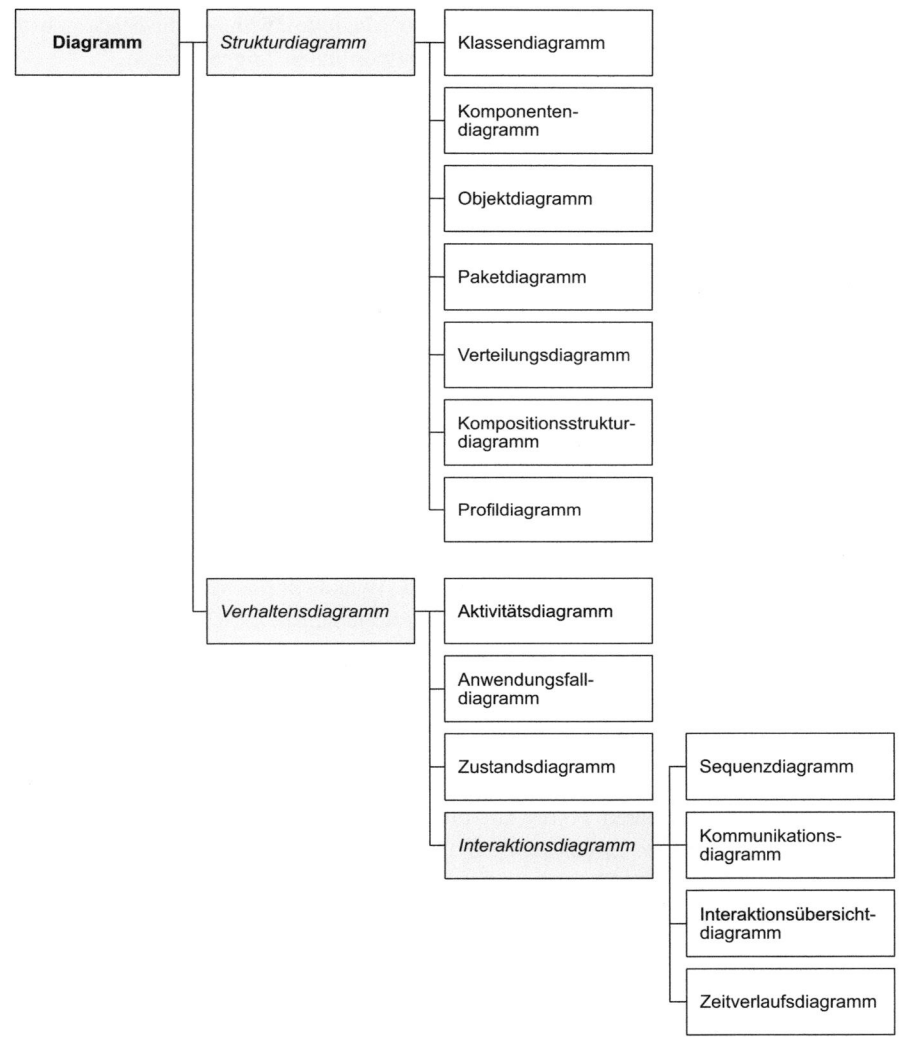

Abb. 4.4 Überblick über die Diagrammtypen der UML 2 nach [48]

Verhaltensdiagramme Verhaltensdiagramme beschreiben das Verhalten eines Systems. Dies geschieht entweder aus der Systemperspektive *(Welche Teile des Systems interagieren wie?)* oder aus der Nutzerperspektive *(Wie interagiert der Nutzer mit dem System?)*. Ein Beispiel für eine Nutzerinteraktion im Sinne eines UML-Diagrams ist das Anwendungsfalldiagramm (Use Case Diagram), welches die Akteure, Systeme, Systemgrenzen und die jeweiligen Nutzungsfälle beschreibt (siehe auch Kap. 5). Ein Beispiel für ein Verhaltensdiagramm mit Systemfokus ist das Zustandsdiagramm (State Machine), welches die Systemzustände sowie die Zustandsübergänge und die dafür verantwortlichen Trigger erfasst.

Achtung *Dieses Buch ist nicht als detaillierte Einführung in die UML gedacht. Wir stellen die wesentlichen Sprachkonzepte und Modellierungsmittel nur soweit für das Verständnis erforderlich vor. Dazu enthält Kap. A eine Kurzreferenz der wichtigsten Notationselemente. Dem Leser wird daher für eine detaillierte Einführung das Studium weiterer Literatur, etwa* [47, 48] *und* [30] *empfohlen.*

4.2.3.3 UML-Profile und UML-basierte Sprachen

Die UML ist eine allgemeingültige und anwendungsfallunspezifische Modellierungssprache – man spricht hier auch von einer *General-purpose Modeling Language*. Das heißt, die UML ist für beliebige Anwendungsfälle einsetzbar und sie schließt keinen Anwendungsfall explizit aus. Diese Generizität hat jedoch auch den Nachteil, dass für bestimmte Anwendungsfälle der Sprachumfang der UML zu groß ist, oder die verfügbaren Sprachelemente zu unpräzise gestaltet sind. Somit ist es oft wünschenswert, die Modellierungssprache einzuschränken und besser zu fokussieren. Die UML (wie auch die MOF) ist aufgrund ihrer Struktur dafür geeignet, solche anwendungs- oder domänenspezifische Modellierungssprachen zu entwickeln. Dies erfolgt üblicherweise durch eine sogenannte *Profilbildung*, z. B. durch Stereotypen. Prominente Beispiele für UML-basierte Modellierungssprachen sind:

SysML   Die Systems Modeling Language (SysML) ist ebenso wie die UML eine sogenannte *General-purpose Modeling Language*. Anders als die UML legt SysML jedoch einen klaren Fokus auf die Entwicklung von Anwendungen aus dem Bereich *Systems Engineering*. 2017 wurde SysML dann durch die ISO als ISO/IEC 19514:2017 [27] publiziert.

SPEM   Die *Software & Systems Process Engineering Metamodel Specification* (SPEM; [44]) ist eine Beschreibungssprache für Prozessmodelle, welche von der OMG publiziert wurde.

MARTE   Ein UML-basierter OMG-Standard für die Entwicklung von Echtzeitsystemen ist MARTE – *Modeling and Analysis of Real Time and Embedded systems* [45]. MARTE ist eine durch Profilbildung entwickelte Erweiterung der UML, welche die modellgetriebene Entwicklung eingebetteter Systeme mit Echtzeitanforderungen unterstützt.

4.3 Modellierung von Daten

Softwaresysteme dienen der *Informationsverarbeitung,* wobei Informationen üblicherweise als *Daten* repräsentiert werden. Eingaben der Nutzer oder von Sensoren erfasste Reize aus der Umwelt werden in Eingabedaten für das Softwaresystem umgewandelt, welche dann

4.3 Modellierung von Daten

verarbeitet und anschließend wieder als Ausgabedaten an Anwender oder andere Systeme zurück- und weitergegeben werden[3]. Dabei kommt der Modellierung angemessener und effizienter Datenstrukturen eine entscheidende Rolle zu. Wir definieren den Begriff *Datenmodell* wie folgt:

Definition 4.8 (Datenmodell) Ein Datenmodell beschreibt alle Daten und deren charakteristische Funktionen und Beziehungen, oder einen Ausschnitt davon, die für ein System und seine Nutzung von Bedeutung sind. Es definiert anwendungsbezogen und in strukturierter Weise die Daten, mit denen ein System arbeitet.

In der Regel gibt es bei der Modellierung von Daten zwei miteinander eng verwandte Aufgaben: Einerseits sind die auftretenden Daten und ihre Beziehungen zu beschreiben, die unabhängig von den Zuständen des Systems von Bedeutung sind. Andererseits sind die Zustände des Systems zu beschreiben. Im ersten Fall sprechen wir von dem *statischen Datenmodell;* im zweiten vom *dynamischen Datenmodell,* wobei das dynamische Datenmodell in der Regel auf dem statischen Datenmodell aufbaut. Weiterhin unterteilen wir Datenmodelle grob in konzeptionelle (logische) und physische Datenmodelle. Beim konzeptionellen Datenmodell steht die anwendungsbezogene und strukturierte Darstellung der Daten im Vordergrund. Beim physischen Datenmodell wird die implementierungsorientierte Repräsentation der Daten beschrieben.

Anmerkung *In der Regel sind wir bei der Festlegung eines Datenmodells zunächst nicht an der inneren Struktur der Daten (innerer Aufbau und Implementierung), sondern an den charakteristischen Konstruktor- und Zugriffsfunktionen, an Prädikaten, Relationen und wechselseitigen Abhängigkeiten interessiert.*

Es existieren viele unterschiedliche Methoden und Mittel, um Datenmodelle zu beschreiben. Wir betrachten daher nur eine Auswahl von grundlegenden, praktisch relevanten Ansätzen, die folgende wesentlichen Aspekte umfassen:

- Deklarationen und algebraische Spezifikation von abstrakten Datentypen
- Datenmodellierung mit Entity-Relationship (ER) Modellen
- Datenmodellierung mit UML-Klassendiagrammen

Alle diese Beschreibungsmittel haben eine Gemeinsamkeit: Sie führen eine Familie von Bezeichnungen ein (*Syntax* in Form von Sorten und Funktionssymbolen) und verbinden mit den Bezeichnungen gewisse Eigenschaften *(Semantik)*. Dieser Abschnitt gibt somit einen

---

[3] In den Anfängen der Informatik sprach man folgerichtig auch von elektronischer Datenverarbeitung (EDV).

Einstieg in die Modellierung von Systemen, welche die korrekte Datenverarbeitung und Speicherung sicherstellen müssen.

> **Datenmodell und Datenlexikon**
>
> Wir können alle Methoden der Datenmodellierung einheitlich als Einführung einer Signatur (auch Notation) und zusätzlicher charakteristischer Eigenschaften (Bedeutung) betrachten. Wie abstrakte Datentypen führen Datentypdeklarationen eine Signatur ein, gegeben durch Bezeichnungen für Mengen (Typen, Sorten) sowie für Konstanten und Funktionen (Funktionssymbole). Das gilt gleichermaßen für ER-Diagramme und UML Modelle. Sie führen eine Familie von Bezeichnungen ein. Dabei steht eine Entitätsbezeichnung oft gleichzeitig für eine Sortenbezeichnung und für eine Variable (Konstante), die eine Teilmenge der Sorte bezeichnet.
>
> Für ein umfangreiches Datenmodell ist die Erstellung eines Datenlexikons (Data Dictionary) vorteilhaft. Es enthält alle Bezeichnungen des Datenmodells und der dann auftretenden Beziehungen wie Sorten, Konstanten, Funktionen sowie Erklärungen, für was sie stehen und wo sie deklariert sind. Die Verwaltung des Datenlexikons kann sinnvoll durch Werkzeuge unterstützt werden. Das Datenlexikon wird sinnvollerweise durch ein Glossar ergänzt, das alle relevanten Begriffe erläutert.

4.3.1 Algebraische Spezifikation

Findet die Systementwicklung in einem Umfeld statt, in dem hohe Anforderungen hinsichtlich Zuverlässigkeit oder Sicherheit zwingend zu erfüllen sind, sind natürliche Sprache oder „einfache" grafische Modellierungsansätze wie die UML oft nicht mehr ausreichend. Beispielsweise bietet die UML zwar eine reichhaltige Syntax an, verfügt oftmals jedoch nur über eine lückenhafte Semantik – Kritiker bezeichnen die UML oft sogar nur als besonders reichhaltiges Malwerkzeug zur Erstellung von Skizzen, mit dem das Verhalten nur eingeschränkt erfasst werden kann.

In kritischen Anwendungsfeldern ist es jedoch erforderlich, eine im Hinblick auf Syntax und Verhalten vollständige Beschreibung von Daten und gültigen Operationen auf den Daten zu haben. Für diese Anwendungsfelder empfehlen sich formale Beschreibungstechniken (siehe Abschn. 4.2.2), wie beispielsweise die *algebraische Spezifikation*. Gegenstand dieser Beschreibungstechnik ist die Entwicklung eines mathematischen Modells des zu entwickelnden Systems, welches die Überprüfung auf Korrektheit ermöglicht. In diesem Abschnitt geben wir eine kompakte Einführung in diese formale Beschreibungstechnik.

4.3 Modellierung von Daten

Axiomatische und Algebraische Spezifikation

Für die Anwendung formaler Spezifikationstechniken ist zunächst das Wissen um die grundlegenden Konzepte erforderlich. Die Basis bildet die *Signatur*. Eine Signatur Σ ist definiert als $\Sigma =_{def} (S, F)$, mit einer Menge S für Sorten (Typbezeichner) und einer Menge F für Funktionssymbole. Funktionen sind dann definiert durch $f : s_1 \times s_2 \times \ldots \times s_n \to s$ mit dem Funktionssymbol $f \in F$, den *Parameter*sorten $s_1, \ldots, s_n \in S$ und der *Ergebnis*sorte $s \in S$. Eine *Algebra* A_Σ zu einer Signatur Σ wird definiert durch $A_\Sigma =_{def} (A_S, f^A)$ mit A_S als den Wertebereichen (Trägermengen) der Sorten S und den Funktionen f^A für $f \in F$ auf diesen Trägermengen $f^A : A_{S_1} \times A_{S_2} \times \ldots \times A_{S_n} \to A_S$.

Durch die Signatur werden Sorten und Funktionssymbole festgelegt, auf deren Grundlage Eigenschaften beschrieben werden können. Es handelt sich zunächst um die Spezifikation einer *Termalgebra* (durch Signatur, Erzeuger und Axiome). Die *algebraische* Spezifikation besteht aus der Angabe von Gleichungen oder allgemeiner Formeln zur Beschreibung der Funktionen. Für eine detaillierte Erläuterung der mathematischen Grundlagen sei an dieser Stelle auf [7, 12, 61] verwiesen.

4.3.1.1 Grundlagen Abstrakter Datentypen

In Systemen treten Daten – genauer Datenelemente – als *Werte* in Form von Parameter- und Resultatwerten, als Wert von Attributen aktueller Zustände und Hilfsvariablen, sowie als Teil von Nachrichten auf. Hierbei ist insbesondere in den frühen Phasen einer Systementwicklung weniger die innere Struktur der Daten von Bedeutung, als vielmehr die Funktionen, die es erlauben, sie zu manipulieren. Deshalb kapseln wir Funktionen und Daten in einer Definitionseinheit – dem *Abstrakten Datentyp* (ADT).

Definition 4.9 (Datentyp) Ein Datentyp (oder eine Datensorte[4]; wir verwenden die Begriffe synonym) steht für eine Menge von Datenelementen.

Definition 4.10 (Abstrakter Datentyp) Ein abstrakter Datentyp (ADT) stellt eine Signatur, gegeben durch eine Menge von Sorten oder Typen und Funktionen – genauer Funktionssymbole – darauf bereit und definiert damit ein Datenmodell. Das resultierende Datenmodell beinhaltet eine syntaktische Schnittstelle, welche durch eine Signatur gegeben ist. Eine Signatur umfasst Sorten oder Typen als Namen für die auftretenden Datenmengen und Funktionssymbole mit zugeordneter Funktionalität. Die Funktionalität gibt an, auf welchen Datensorten die Funktionen operieren.

---

[4]Den Begriff „Sorte" verwenden wir nur im Zusammenhang mit den Ausführungen zu Abstrakten Datentypen. Ansonsten verwenden wir synonym den Begriff Datentyp oder kurz Typ.

Gängige Techniken zur Beschreibung von abstrakten Datentypen sind Typdeklarationen, Datendiagramme oder axiomatische/algebraische Spezifikationen abstrakter Datentypen. Im folgenden Beispiel zeigen wir einen abstrakten Datentypen für eine einfache Warteschlange (Queue) und demonstrieren, wie die Signatur von Warteschlangen beschrieben werden kann:

```
Sorts:              Bool, Data, QueueData
Functions:
    emptyQueue:     QueueData
    isEmptyQueue:   QueueData → Bool
    enqueue:        QueueData, Data → QueueData
    dequeue:        QueueData → QueueData
    next:           QueueData → Data
```

Diese Signatur kann auch grafisch in einem sogenannten *Signaturdiagramm* dargestellt werden (Abb. 4.5).

> **Hinweis**
> In der Praxis wird für Datenmodelle oft nur die syntaktische Schnittstelle, die Signatur, formal angegeben. Die Bedeutung der Sorten und Funktionsbezeichnungen wird dann informell beschrieben.

Diese Form der Datenmodellierung kann als eine der grundlegendsten angesehen werden und wurde für weitere Modellierungsparadigmen adaptiert. Beispielsweise werden Datenmodelle in der objektorientierten Modellierung ähnlich zur algebraischen Spezifikation entworfen. Die Beschreibung erfolgt durch Klassen und Angabe ihrer Attribute sowie durch Angabe der Methodennamen und ihrer Parameter- und Resultattypen.

Wichtig *Man beachte, dass die Angabe einer Signatur formal nur die Wahl einer Menge von Bezeichnungen und Regeln zum Aufbauen von Termen darstellt. Praktisch ist die adäquate Wahl der Bezeichnungen und die damit weitgehend festgelegte Grundstruktur der Daten mit*

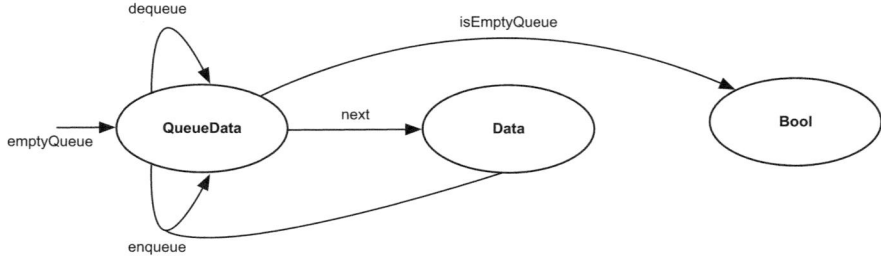

Abb. 4.5 Signaturdiagramm für die einfache Warteschlange (Queue)

4.3 Modellierung von Daten

ihren Aufbau-, Abfrage- und Abbaufunktionen jedoch für die Nutzung von einschneidender Bedeutung.

4.3.1.2 Prinzipien beim Aufbau von ADTs

In einen abstrakten Datentyp werden im ersten Schritt nur die Funktionen aufgenommen, die für die folgenden Operationen auf den Datenelementen essenziell sind:

- Aufbau (Erzeuger, Konstruktoren)
- Zerlegung (Selektoren)
- Abfragen (charakteristische Prädikate)

Weitere darauf aufbauende Funktionssymbole können in nachfolgenden Schritten eingeführt werden.

4.3.1.3 Semantik von Datenmodellen

Neben den syntaktischen Aspekten sind natürlich auch semantische Festlegungen für Datentypen und ihre charakteristischen Funktionen von Interesse. Gibt man für jede Sorte eine Datenmenge vor und für jedes Funktionssymbol eine Funktion mit den in der Funktionalität festgelegten Definitions- bzw. Wertbereichen, so spricht man von einer *Rechenstruktur*. Eine Rechenstruktur besteht also aus Mengen und Funktionen sowie entsprechenden Bezeichnungen dafür. Prinzipiell unterscheiden wir folgende Möglichkeiten zu einer Signatur eine Semantik anzugeben:

- Modellorientierte Semantik durch Angabe einer Rechenstruktur
- Eigenschaftsorientierte Semantik

In einer modellorientierten Semantik gibt man ein Modell (abgestützt auf eine bekannte Theorie, beispielsweise die Mengenlehre) an, das die Verhaltensweise der Funktionen in Bezug auf die Datenelemente festlegt. Dazu gibt man für jede Sorte eine Datenmenge und für jedes Funktionssymbol eine Funktion an. Im Folgenden greifen wir das obige Beispiel der Queue auf und fügen eine passende semantische Definition hinzu. Hierbei wählen wir den modellorientierten Ansatz, wobei $Data*$ die Menge der Sequenzen von Daten bezeichnet, und $q = \langle q_1 \ldots q_n \rangle$ die Sequenz aus den Datenelementen $q_1, \ldots, q_n$. Wir definieren ein Modell für Warteschlangen durch die folgenden Festlegungen:

QueueData   Steht für *Data** (die Sequenz von Datenelemente der Sorte *Data*).
emptyQueue   Steht für ϵ (die leere Sequenz).
enqueue(q, d)   Steht für $q \circ \langle d \rangle$ (die Konkatenation der Sequenz q mit der einelementigen Sequenz $\langle d \rangle$).

dequeue(q)   Steht für $\langle q_2 \ldots q_n \rangle$, falls $n \geq 1$.
next(q)   Steht für q_1, falls $n \geq 1$.

In der eigenschaftsorientierten (axiomatischen) Semantik gibt man Axiome (Gesetze) an, die angeben, in welcher Weise die Funktionen ineinandergreifen. Für die bereits bekannte Queue ergibt sich beispielsweise die folgende axiomatische Definition:

```
Sorts:              Bool, Data, QueueData
Functions:
    emptyQueue:     QueueData
    isEmptyQueue:   QueueData → Bool
    enqueue:        QueueData, Data → QueueData
    dequeue:        QueueData → QueueData
    next:           QueueData → Data
Axioms:
    dequeue(enqueue(emptyQueue, e))    = emptyQueue
    next(emptyQueue)                   = ⊥
    next(enqueue(emptyQueue, e))       = e
    dequeue(enqueue(enqueue(q, d), e))
                    = enqueue(dequeue(enqueue(q, d)), e)
```

In der axiomatischen Semantik werden keine Aussagen gemacht, welchen Wert der Ausdruck *next (emptyQueue)* liefert. Damit ist die Rechenstruktur *unterspezifiziert*. Dies muss kein Nachteil sein. Im Gegenteil: In einer Spezifikation sollen genau die Eigenschaften festgelegt werden, die für die Entwicklung bedeutsam sind – und nicht mehr. Überspezifikation engt die Entwicklungsfreiheit unnötig ein, führt oft auf die Notwendigkeit von Revisionen und ist deshalb zu vermeiden.

Anmerkung *Algebraische und axiomatische Techniken der Datenmodellierung sind sehr ausdrucksmächtig. Prinzipiell lassen sich alle Datenmodelle durch diese Techniken in sehr abstrakter, implementierungsunabhängiger Weise beschreiben. Allerdings benötigt man dazu ein solides Grundverständnis. Für Nichtfachleute sind diese Beschreibungen ohne Schulung kaum lesbar.*

4.3.2 Entity-Relationship-Modelle

In datenintensiven Anwendungen treten eine Vielzahl von Datentypen und Informationen auf, die wesentliche Bestandteile des zu gestaltenden Systems bilden und in vielfältigen Beziehungen zueinanderstehen. In der Praxis wird ein Datenmodell zur Speicherung großer Mengen von Daten und Querbeziehungen mit einer hohen Anzahl von Datentypen häufig als

4.3 Modellierung von Daten

Entity-Relationship-Modell (ER-Modell; [14]) dargestellt[5], welches eine Form von semantischen Netzen [59] ist. Wir konzentrieren uns auf die ER-Modellierung, da sie in der Praxis vorherrscht.

Definition 4.11 (ER-Modell) Ein Entity-Relationship-Modell (ER-Modell) besteht aus Entitäten mit ihren Attributen und aus Relationen zwischen den Entitäten.

4.3.2.1 ER-Modelle im Überblick

ER-Modelle verfügen über Syntax und Semantik und lassen sich durch die folgenden Eigenschaften näher charakterisieren.

Syntax Ein Entity-Relationship-Modell besteht syntaktisch aus:

- Einer Menge von Bezeichnungen für Entitäten mit einem explizit oder implizit gegebenen Typ (Entitätstyp).
- Einer Menge von durch Attributen gegebene Typen für jede Entität.
- Einer Menge von Relationsbezeichnungen, wobei für jede Relationsbezeichnung ein Tupel (häufig ein Paar) von Entitätsbezeichnungen vorgegeben ist.

Semantik Semantisch werden mit den syntaktischen Bestandteilen eines Entity-Relationship-Modells folgende Bestandteile verbunden:

- Für jede Entitätsbezeichnung eine (in der Regel endliche) Menge von Elementen des Entitätstyps (Entitätsmenge) – die Entität steht also für eine Teilmenge der Trägermenge des angegebenen Typs.
- Eine Abbildung für jedes Attribut einer Entitätsbezeichnung von der Entitätsmenge in die Menge der Elemente der Attributtypen.
- Eine Relation für jede Relationsbezeichnung über den entsprechenden Entitätsmengen.

Häufig werden noch zusätzliche Angaben über gewisse Eigenschaften der Relationen gemacht, wie der Zuordnungseigenschaften (eins-zu-eins, total/partiell, eins-auf-viele etc.). Diese Zuordnungseigenschaften werden auch als *Kardinalitäten* bezeichnet.

---

[5]ER-Modelle sind faktisch die Standard-Modellierungstechnik bei der Analyse und Entwicklung von relationalen Datenbanken [31]. Durch die Einfachheit der grafischen Notation eignen sich ER-Modelle insbesondere auch zur Kommunikation in Projekten, sodass Analysten und Stakeholder sich in der Abstimmung auf die gewünschte Fachlichkeit konzentrieren können.

4.3.2.2 Visualisierung von Entity-Relationship-Modellen

Entity-Relationship-Modelle werden üblicherweise grafisch durch ER-Diagramme dargestellt. Die grundlegende Form der Notation von ER-Modellen in Abb. 4.6 wurde von Chen [14] eingeführt. Viele aktuelle Werkzeuge bauen zwar auf dieser Notation auf, bieten jedoch eigene, besser auf die jeweiligen Fähigkeiten der Werkzeuge abgestimmte Darstellungsmittel an.

Diese Darstellung ist aus zwei Gründen gebräuchlich: Erstens kann das Datenmodell mit Hilfe einer einfachen grafischen Notation illustriert werden, welche leicht kommunizierbar und verständlich ist. Zweitens können ER-Diagramme sehr leicht mit (physisch) implementierten Datenmodellen relationaler Datenbanken in Beziehung gesetzt werden, welche aktuell die verbreitetste und wohl ausgereifteste Form der Datenspeicherung umsetzen.

> **Notation von ER-Modellen**
> Es existiert eine Vielzahl leicht unterschiedlicher Notationen für ER-Diagramme. Wir geben nur eine einfache Variante an. Grundsätzlich ist ein ER-Diagramm ein bipartiter Graph [5, 16], das heißt, dass in dem Graph drei Arten von Knoten (Entitäten, Attribute, Relationen) auftreten und jede Kante Knoten beider Arten untereinander verbindet. Grafisch sind die auftretenden Knoten Rechtecke, die für Entitäten (engl. Entities) stehen, und Rauten, die Beziehungen (engl. Relationships) repräsentieren. Sowohl die Rechtecke wie die Rauten sind mit Identifikatoren markiert. Die Kanten zwischen Beziehungen und Entitäten können mit Paaren [n, m] von natürlichen Zahlen oder mit den speziellen Symbolen *, + versehen sein. Sie machen Aussagen über die Kardinalität der Relationen. Darüber hinaus können für Entitäten und Beziehungen Attribute definiert sein. Attribute werden durch Ovale dargestellt und durch Linien mit den Relationen oder Entitäten verbunden.

4.3.2.3 Semantik von ER-Modellen

Auch die oft gebräuchlichen Kardinalitätsangaben in den Relationen übersetzen sich in logische Aussagen. Die Kennzeichnung aus Abb. 4.6 entspricht der Aussage: *Jedes Element der Entitätsmenge* Entity *steht mit mindestens n und höchstens m Elementen in Relation.* Dabei finden sich oft die folgenden Abkürzungen: k für $[k : k]$, $*$ für $[0 :?]$ und $+$ für $[1 :?]$.

Somit ergibt sich eine sehr einfache und klare Interpretation für ER-Diagramme: Eine Entität steht für eine Menge von Entitätselementen, also für eine Entitätsmenge, und eine Beziehung für eine Relation über den Entitätsmengen, auf die sie Bezug nimmt. Ein

Abb. 4.6 Grundsätzliche Notation von ER-Diagrammen

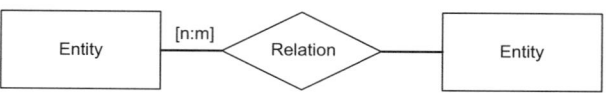

4.3 Modellierung von Daten

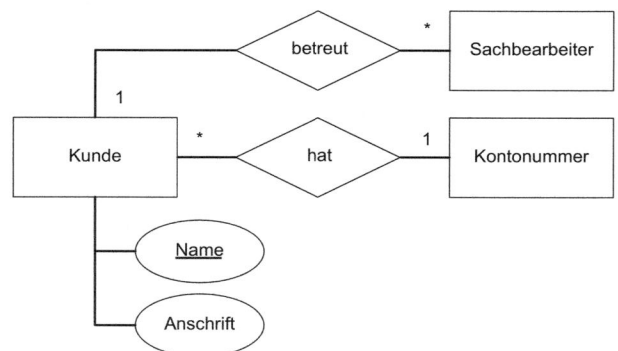

Abb. 4.7 Beispiel für ein einfaches ER-Diagramm mit Entitäten und Attributen (Schlüsselattribut unterstrichen)

ER-Diagramm definiert also letztendlich wie eine algebraische Spezifikation eine Signatur. Diese besteht aus allen Typen, die in dem ER-Diagramm auftreten. Die übrigen Bezeichnungen (Attribute, Entitätsbezeichnungen, Beziehungen) entsprechen Konstanten bzw. Funktionssymbolen, wobei Relationen auf Prädikate abgebildet werden. Durch diese Sicht lassen sich einfach algebraische Spezifikationen, beispielsweise für die in dem ER-Diagramm auftretenden Typen, mit ER-Diagrammen verbinden.

Im Vergleich zu algebraischen Spezifikationen sind ER-Diagramme jedoch verhältnismäßig ausdrucksschwach hinsichtlich komplexer Eigenschaften der Relationen. So können etwa bestimmte semantische Beziehungen nicht durch das Diagramm ausgedrückt werden. Sind in dem ER-Diagramm in Abb. 4.7 die Entität Kunde und die Entität Sachbearbeiter vom Typ Person, so sollte ausgeschlossen werden, dass sich ein Sachbearbeiter selbst als Kunde betreut. Dies lässt sich aber durch die ER-Notation nicht ausdrücken. Allerdings können wir das mit Axiomen beschreiben, z. B.:

$$x \in \textit{Sachbearbeiter} \land y \in \textit{Kunde} \land x \text{ betreut } y \Rightarrow x \neq y$$

Solche Axiome nennt man auch *Integritätsbedingungen*. ER-Diagramme sind, insbesondere bei großen Datenmodellen, kaum strukturierbar. Sie enthalten keine Möglichkeit zur Hierarchiebildung.

4.3.3 UML-Klassendiagramme

Klassendiagramme sind das wohl bekannteste Instrument der UML (siehe Abschn. 4.2.3). Sie erlauben eine strukturorientierte Modellierung von Daten. Gegenstand der Modellierung sind in sich abgeschlossene Datentypen, welche Attribute (Felder) und Operationen (Methoden) zur Manipulation anbieten [30]. Abb. 4.8 zeigt ein UML-Klassendiagramm, welches das in Abb. 4.7 gezeigte ER-Diagramm in UML-Notation darstellt.

Abb. 4.8 Beispiel für ein UML-Klassendiagramm

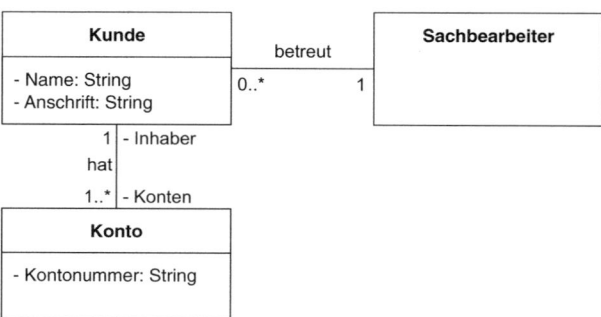

Klassendiagramme gehören in der UML zu den *Strukturdiagrammen* (Abb. 4.4). Sie konzentrieren sich auf die statische Strukturierung eines Systems anhand von Datentypen (Klassen) und Beziehungen zwischen diesen. Kap. A gibt einen Überblick über die wesentlichen Notationselemente für den Aufbau von Klassendiagrammen.

Achtung *Klassendiagramme werden sehr unterschiedlich verwendet. Sie dienen der Beschreibung von objektorientierten Programmstrukturen, aber auch als Metamodelle oder zur Darstellung von Ontologien (Begriffsmodellen), etwa im Kontext von Domänenmodellen.*

4.3.4 Typ- und Sortendeklarationen

Für praktische Zwecke werden oft Standardsortenkonstruktionen (Typdeklarationen), wie sie in vielen Programmiersprachen üblich sind, eingesetzt, wie etwa:

- Aufzählungstypen
- Tupeltypen (Records)
- Varianten
- Felder

Häufig werden auch die Daten in ihrer Struktur grafisch dargestellt. So lassen sich beispielsweise Tupel- und Variantentypen übersichtlich und etwas verständlicher repräsentieren. Zu beachten ist hierbei, dass alle diese Konstruktionen Typen und *Funktionen* einführen – oft implizit in der Notation von Programmiersprachen. Es handelt sich somit um Rechenstrukturen – genauer um Definitionsschemata für Rechenstrukturen [11]. Am Beispiel des Typs `QueueData` (siehe Abschn. 4.3.1) gestaltet sich dies wie folgt:

```
Sorts: QueueData = emptyQueue | enqueue(aq: QueueData, dq: Data)
```

4.4 Spezifikation von Funktionen und Prozeduren

Über den in Datenmodellen definierten und beschriebenen Typen und Sorten und den dazugehörigen *charakteristischen* Funktionen und Operationen lassen sich weitere Prozeduren, Funktionen und – im Fall der Objektorientierung – Methoden definieren und spezifizieren.

4.4.1 Spezifikation von Funktionen

Neben den auf den Datenstrukturen im Rahmen einer Rechenstruktur verfügbaren *charakteristischen Funktionen,* werden in der Regel eine Reihe weiterer Funktion benötigt, um das Verhalten eines Systems und seiner Komponenten hinreichend beschreiben zu können. Allgemein spezifizieren wir die Funktionalität, das heißt den Definitionsbereich und den Wertebereich, einer Funktion f in der Mathematik wie folgt:

$$f : M_1 \times \ldots \times M_n \to M_{n+1}$$

Dadurch wird ein Name für die Funktion eingeführt und es wird der Funktionenraum durch den Definitions- und Wertebereich beschrieben, in dem die zu spezifizierende Funktion liegt. Häufig sind gewisse Parameter für eine zu spezifizierende Funktion nicht sinnvoll. Entsprechend sagen wir dann, dass die *Funktionsapplikation* für diese Werte nicht definiert ist. Ist die Aufgabenstellung präzise beschrieben, so ist es möglich, über die Korrektheit einer Rechenvorschrift in Bezug auf diese Aufgabenstellung zu sprechen.

Definition 4.12 (Partielle Korrektheit) Eine Rechenvorschrift heißt partiell korrekt bezüglich einer Spezifikation, wenn sie für alle zulässigen Argumente, für die sie terminiert, ein bezüglich der Aufgabenstellung korrektes Resultat liefert.

Definition 4.13 (Totale Korrektheit) Terminiert die Rechenvorschrift zusätzlich zu den in Definition 4.12 geforderten Eigenschaften in allen durch die Aufgabenstellung geforderten Fällen mit einem korrekten Resultat, so heißt sie total korrekt bezüglich der Aufgabenstellung.

In den oben stehenden Definitionen wird bewusst nicht gefordert, dass eine total korrekte Rechenvorschrift dann nicht terminiert, wenn dies in der Aufgabenstellung so spezifiziert ist. Total korrekte Rechenvorschriften dürfen also auch in Fällen terminieren, in denen die Spezifikation Nichtterminierung zulässt oder gar vorschreibt.

Beispiel Wir betrachten im Folgenden die Aufgabe des Sortierens der Elemente in einer Queue (Abb. 4.5). Gegeben sei eine Menge D von Elementen des Typs `Data`. Auf dem Typ `Data` sei eine lineare Ordnung

$$\leq: \text{Data} \times \text{Data} \to \text{Bool}$$

gegeben, wobei dafür die folgenden Axiome gelten:

$$x \leq x,$$
$$x \leq y \land y \leq x \Rightarrow x = y,$$
$$x \leq y \land y \leq z \Rightarrow x \leq z,$$
$$x \leq y \lor y \leq x$$

Bei der Aufgabenstellung, eine Rechenvorschrift `sort` zum Sortieren anzugeben, ist die Sequenz *s* des Typs `QueueData` als Eingabe gegeben. Gesucht ist somit eine Funktion:

```
sort    : QueueData → QueueData
```

Durch die Angabe der Funktionalität ist die Aufgabenstellung allerdings in der Regel erst sehr grob umrissen. Funktionen spezifizieren wir durch Angabe ihrer *Funktionalität* und der Beschreibung ihres *Wertverlaufs*. Wir führen zuerst eine Reihe von Hilfsfunktionen ein:

```
.#.     : Data × Data → Nat
sorted  : QueueData → Bool
```

Der Wertverlauf der Funktion `sort` lässt sich dann durch folgende Axiome charakterisieren:

```
x#emptyQueue = 0
x#emptyQueue(q, d) = if (x==d) then 1+(x#q) else x#q fi

sorted(emptyQueue) = true
sorted(enqueue(emptyQueue, d)) = true
sorted(enqueue(enqueue(q, e), d)) = (e≤d ∧ sorted(enqueue(q, e)))
```

Damit spezifizieren wir die Sortierfunktion:

$$\forall x : x\#q = x\#\text{sort}(q) \land \text{sorted}(\text{sort}(q))$$

Spezifikation und Überspezifikation

Allgemein besteht eine *prädikative Spezifikation* für eine gesuchte Rechenvorschrift f in der Angabe einer *prädikatenlogischen Formel*, die Angaben zu den Eigenschaften des Wertverlaufs von f enthält und die für die gesuchte Funktion erfüllt sein soll. Für viele Problemstellungen ist es allerdings nicht erforderlich – und zur Vermeidung einer Überspezifikation dann auch nicht ratsam – eine Funktion eindeutig zu spezifizieren. Es wird dann eine Klasse von Funktionen durch die Aufgabenstellung charakterisiert. Jede Rechenvorschrift, die eine Funktion aus dieser Klasse verkörpert, bildet eine

4.4 Spezifikation von Funktionen und Prozeduren

> Lösung der Aufgabenstellung. Häufig werden speziellere Formalismen und Techniken der mathematischen Logik herangezogen, um Aufgabenstellungen zu beschreiben. So kann man alle wesentlichen Teile der Spezifikation in einer programmiersprachlichen Form zusammenfassen.

4.4.2 Spezifikation von Prozeduren

In imperativen Programmiersprachen sind *Prozeduren* das bestimmende Konzept zur Modularisierung und Strukturierung von Programmen – sie bilden dort die zuvor besprochenen Funktionen ab. Prozeduren können mit unterschiedlichen Parametern aufgerufen werden. Eine Prozedur arbeitet auf einem Zustandsraum. In der Regel werden die Komponenten eines Zustandsraums mit Namen bezeichnet. Dann sprechen wir von *Programmvariablen*. Eine Prozedur besitzt eine Anzahl *formaler Parameter*, welche die syntaktische Schnittstelle einer Prozedur festlegen durch:

- Die Bezeichnung der formalen Parameter
- Die Typen der formalen Parameter
- Die Festlegung, ob es sich um Konstanten oder Programmvariablen handelt

In gewissen Fällen arbeiten Prozeduren auf globalen Konstanten und globalen Variablen. In diesem Fall sollten diese Konstanten und Variablen, sowie deren Typen in der Dokumentation (Spezifikation) der Prozedur aufgeführt sein. Im Folgenden betrachten wir formale Spezifikationstechniken für Prozeduren[6].

4.4.2.1 Allgemeines Spezifikationsschema für Prozeduren

Die prädikative Spezifikation einer Prozedur hat die folgende Form:

```
proc p=(s₁x₁,...,sₙxₙ):
ext  r/w₁ r₁y₁,...,r/wₘ rₘyₘ
pre  P(x₁,...,y₁,...)
post Q(x₁,...,x₁',...,y₁,...,y₁',...)
```

Eine Prozedurspezifikation besteht aus

- der Angabe eines Prozedurnamens p,
- der Angabe formaler Parameterbezeichnungen $x_1, \ldots, x_n$ (mit Typangaben $s_1, \ldots, s_n$),

---

[6] Diese Technik lässt sich ohne Probleme auf die Methoden in objektorientierten Systemen übertragen.

- der Angabe globaler Programmvariablen $y_1, \ldots, y_m$ (mit Typangaben $r_1, \ldots, r_m$), wobei gilt:

$$r/w_i = \begin{cases} rd \text{ bedeutet: lesender Zugriff} \\ wr \text{ bedeutet: lesender und schreibender Zugriff} \end{cases}$$

- der Angabe einer Vorbedingung P (Parameterrestriktion),
- der Angabe der Nachbedingung Q.

In der Nachbedingung kann für eine Variable y durch:

- y' auf den Wert der Variablen y **nach** dem Aufruf,
- y auf den Wert der Variablen y **vor** dem Aufruf

Bezug genommen werden. Die Bedeutung dieses Spezifikationsschemas ist wie folgt festgelegt: der Aufruf der Prozedur $p(\ldots)$ terminiert in einem Zustand σ' für die Zusicherung $Q(\ldots)$, wobei:

- x den Wert der Variablen im Aufrufzustand bezeichnet
- x' den Wert im Zustand σ' nach Beendigung des Aufrufs bezeichnet

Beispiel Zur Illustration geben wir im Folgenden ein Beispiel für eine Prozedurspezifikation an. Die Spezifikation legt fest, wie die Prozedur *pop* auf einem *Stack* ausgeführt wird:

```
proc        pop=(var Data v):
write       v
read/write  wr s: Stack
pre         ¬isEmpty(s)
post        s'=rest(s) ∧ v=first(s)
```

Diese Technik der Beschreibung des Verhaltens von Prozeduren kann ebenso für die Methoden in der Objektorientierung eingesetzt werden. Wir sprechen dann auch vom Prinzip *Design by Contract* ([40], siehe nächster Abschn. 4.4.2.2 und Kap. 8.2.6).

4.4.2.2 Zusicherungen und Design by Contract

Das gezeigte Schema zur Spezifikation von Prozeduren legt fest, wie Prozeduren in einem definierten Startzustand ausgeführt werden und welcher Endzustand nach der Ausführung vorliegt. Der Zustandsübergang ist dabei in der Prozedur gekapselt, wobei die Folge der Anweisungen, welche die interne Datenstruktur verändern, nicht sichtbar gemacht wird (siehe Abschn. 4.6.1.4). Damit stellt sich aber die Frage, wie das korrekte Funktionieren sichergestellt werden kann. Hierzu werden *Zusicherungen* auf verschiedenen Ebenen eines Programms verwendet.

4.4 Spezifikation von Funktionen und Prozeduren

Anweisungen Zentrales Element bei der Spezifikation von Zusicherungen ist die *Anweisung*. Eine Anweisung ist ein Element einer Programmiersprache, das der Änderung eines Zustands dient. Anweisungen können miteinander kombiniert werden. Dabei liegt im einfachsten Fall eine Abfolge von einzelnen (einfachen) Anweisungen vor. Anweisungen können auch zusammengesetzt werden. Solche funktionalen Blöcke bezeichnen wir dann als Prozeduren, Funktionen oder Methoden.

Anweisungen arbeiten in der Regel über attributierten Zuständen und definieren einen *Zustandsraum*, der durch eine endliche Anzahl von Attributen definiert ist. Diese Attribute nennen wir Programmvariablen. Programmvariablen haben eine Typ. Ein konkreter Zustand, der durch eine Anweisung modifiziert werden kann, ist dann gegeben durch die Belegung aller für den Zustandsraum definierten Programmvariablen.

Zusicherungen Eine Zusicherung ist eine prädikatenlogische Formel über den Attributen eines Programms, die eine Aussage über den Zustand trifft. Zusicherungen können mit Hilfe der sogenannten *Zusicherungslogik* (auch als „Hoare-Logik" bezeichnet) beschrieben werden. Diese Darstellung kann für den logischen Korrektheitsbeweis von Programmen verwendet werden. Formal werden Zusicherungen mit Hilfe des sogenannten „Hoare-Triples" notiert:

$$\{P\}S\{Q\} \tag{4.1}$$

Hierbei ist S eine mit Zusicherungen annotierte Anweisung, die *korrekt* heißt falls die folgende Aussage zutrifft: Wird S in einem Zustand ausgeführt, für den die Vorbedingung P gilt, so wird – falls die Ausführung von S terminiert – ein Zustand erreicht, in dem die Nachbedingung Q gilt. Hierbei heißen Anweisungen vollständig annotiert, wenn vor und nach *jeder Anweisung* eine Zusicherung steht. Weiterhin heißt ein aus Anweisungen zusammengesetztes Programm *korrekt* (vollständig annotiert), wenn für jede Ausführung des Programms ausgehend von einem definierten Zustand, in dem die Vorbedingung gilt, alle durchlaufenen Zusicherungen in den jeweils dann eingenommenen Zuständen gelten. In Abb. 4.9 ist die Anwendung der Zusicherungen am Beispiel des Bubblesort-Algorithmus gezeigt (Abb. 4.10 zeigt die Spezifikation der Hilfsprädikate).

Wobei $(a \approx s) = (\forall \text{Nat } k : k\#a = k\#s)$ und für $k\#a$ gelte:

```
k#⟨⟩     = 0
k#(⟨j⟩∘s) = if k == j then 1+k#s else k#s fi
```

Durch die Verwendung von Zusicherungen ist es möglich, imperative Programme zu spezifizieren und Aussagen bezüglich ihrer Korrektheit zu formulieren. Dies wird insbesondere in der Verifikation (siehe Kap. 12.1) verwendet, in der mit Hilfe von Tests, Inspektionen, logischer Verifikation oder Model-Checking überprüft wird, ob eine Anweisung korrekt ist.

```
1  var Seq Nat a, z, s;
2
3  {a=⟨⟩ ∧z=s}
4  do z≠⟨⟩ then
5     {sorted(a) ∧ a○z≈s ∧ z≠⟨⟩}
6     if a==⟨⟩ then
7        {a=⟨⟩ ∧ z≈s ∧ z≠⟨⟩}
8        a, z:=⟨first(z)⟩, rest(z);
9        {sorted(a) ∧ a○z≈s}
10    [] a≠⟨⟩ ∧ last(z)≤first(z) then
11       {sorted(a) ∧ a○z≈s ∧ z≠⟨⟩ ∧ last(a)≤first(z)}
12       a, z:=a○⟨first(z)⟩, rest(z);
13       {sorted(a) ∧ a○z≈s}
14    [] a≠⟨⟩ ∧ last(a)>first(z) then
15       {sorted(a) ∧ a○z≈s ∧ z≠⟨⟩ ≠a ∧ last(a)>first(z)}
16       a, z:=lrest(a), ⟨first(z)⟩○⟨last(a)⟩○rest(z)
17       {sorted(a) ∧ a○z≈s}
18    fi {sorted(a) ∧ a○z≈s}
19 od
20 {sorted(a) ∧ a○z≈s ∧ z=⟨⟩}
21 {sorted(a) ∧ a≈s}
```

Abb. 4.9 Spezifikation des Bubblesort-Algorithmus mit Hilfe von Zusicherungen

```
1  fct sorted = (s: Seq Nat) bool:
2     if #s<2 then true
3        else first(s)≤first(rest(s)) ∧ sorted(rest(s))
4     fi
```

Abb. 4.10 Definition der Hilfsprädikate

> **Das Hoare-Kalkül**
> Ein annotiertes Programm wie in Abb. 4.9 gezeigt kann durch (manuelle) Inspektion der Zusicherungen auf Korrektheit (siehe Definition 4.12 und Definition 4.13) überprüft werden. Dazu wird jede Anweisung überprüft, dass für jede Ausführung des Programms ausgehend von einem Zustand, in dem die Vorbedingung der Anweisung gilt, nach Ausführung der Anweisung die Zusicherung nach der Anweisung (Nachbedingung) gilt. Für jede Art von Anweisungen gibt es formale Regeln, die diesen Zusammenhang herstellen. Die wesentlichen Regeln und deren Anwendung sind im *Hoare-Kalkül* [20, 23] beschrieben. Für eine grundlegende Einführung und detaillierte Erläuterung sei auf [11, Kap. 5.3.5] verwiesen.

Design by Contract Die gerade gezeigte Vorgehensweise, das Verhalten von (zusammengesetzten) Anweisungen – genauer von Prozeduren, Funktionen und Methoden – präzise zu spezifizieren wird auch als *Design by Contract* bezeichnet (siehe Kap. 8.2.6 und [40]).

4.4 Spezifikation von Funktionen und Prozeduren 155

Ursprünglich von Bertrand Meyer für objektorientierte Programme in der Programmiersprache *Eiffel* [39] propagiert, ist es die zentrale Idee des Design by Contract, die Wirkung eines Prozeduraufrufs präzise zu spezifizieren, ohne die Implementierung angeben zu müssen, der diese Wirkung erzielt. Dazu werden jeder Prozedur – oder in der Terminologie der Objektorientierung: jeder Methode – eine Vorbedingung und eine Nachbedingung in Form prädikatenlogischer Aussagen beigestellt. Wird nun die Schnittstelle einer Klasse vollständig mit Hilfe von Zusicherungen spezifiziert, es werden also für alle Methoden Vor- und Nachbedingungen spezifiziert, kann diese vollständige Spezifikation als *Vertrag* aufgefasst werden. An diesen Vertrag müssen sich sowohl Implementierer der Schnittstelle als auch Nutzer der Schnittstelle gleichermaßen halten.

Problematisch am ursprünglichen Ansatz ist jedoch, dass einige Grundprinzipien (siehe Abschn. 4.6.1.4) nicht konsequent berücksichtigt werden. Insbesondere die Modularisierung, die Kapselung und das Information Hiding sind nicht konsequent unterstützt, da die Zusicherungen sich in der Regel auf Attribute einer Klasse und damit auf Informationen aus der Implementierung beziehen. Somit wird bei der Spezifikation der Zusicherungen die interne Datenstruktur offengelegt, was das Prinzip des Information Hidings durchbricht. Es ist dann nicht mehr ohne Weiteres möglich, unterschiedliche Datenstrukturen zu nutzen, die das gleiche Schnittstellenverhalten anbieten. Für weitere Details sei auf [11] verwiesen.

Anmerkung *In objektorientierten Ansätzen ist es oft nötig, in den Zusicherungen über das gesamte Objektgeflecht zu sprechen* [51]. *Schwieriger wird die Spezifikation von Prozeduren, wenn während des Ablaufs der Prozedur Effekte auftreten, die durch reine Vor- und Nachbedingungssichten nicht zu erfassen sind, etwa Ein-/Ausgabeaktionen oder der Zugriff auf gemeinsame Variablen in parallel ablaufenden Softwaresystemen. Dies erfordert spezielle Techniken wie temporale Logik, Invarianten, Ein-/Ausgabedatenströme, oder Hilfsvariablen.*

4.4.3 Operationen in UML-Klassendiagrammen

Auch in der UML ist die Spezifikation von Operationen in Klassendiagrammen möglich. Da es sich hier in der Regel um einen objektorientierten Entwurf handelt, nennen wir die spezifizierten Operationen auch *Methoden*. Abb. 4.11 greift das Beispiel aus Abb. 4.8 auf und ergänzt einige Operationen.

Die Operationen werden unter den Attributen einer Klassen aufgeführt. Sie verfügen wie die Attribute über eine Sichtbarkeit (siehe Kap. A.2.1). In Abb. 4.11 sind alle Operationen public („+") und werden entsprechend zu öffentlichen Methoden in der Implementierungsklasse, wie sie Abb. 4.12 auszugsweise zeigt.

Abb. 4.11 Beispiel für ein UML Klassendiagramm mit Operationen

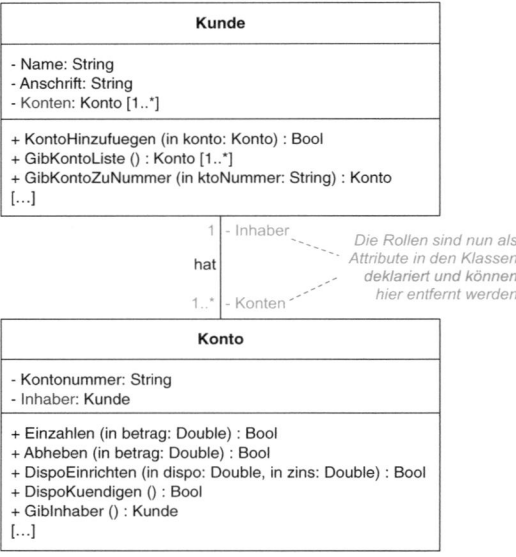

```
1  public class Konto
2  {
3      private string Kontonummer;
4      private Kunde Inhaber;
5
6      public bool Einzahlen (double betrag) {}
7      public Kunde GibInhaber () {}
8      // ...
9  }
```

Abb. 4.12 Auszug der Implementierung der Klasse Konto in C#

4.5 Modellierung von Zuständen

In den Modellen zur Darstellung der statischen Architektur eines Systems (siehe auch Abschn. 4.6) ist das Verhalten der Komponenten in der Regel zunächst nicht festgelegt. Interaktionsdiagramme und Ablaufdiagramme liefern eine teilweise Festlegung. Eine genaue Beschreibung kann

- operationell durch Zustandsübergänge mit Ein- und Ausgabe oder
- funktional/deskriptiv durch Abbildungen auf Datenströmen modelliert werden.

4.5.1 Zustandsmaschinen mit Ein- und Ausgabe

Zustandsmaschinen sind in vielerlei Hinsicht ein nützliches Instrument bei der Modellierung des Verhaltens von Systemen. Die Gründe sind offensichtlich:

4.5 Modellierung von Zuständen

Tab. 4.2 Erste Zusammenstellung der möglichen Eingabeaktionen, Ausgabeaktionen und Zustände eines Bankautomaten

Eingabeaktionen	Karteneingabe, Pin-Eingabe, Eingabe des Betrags, Abbruch
Ausgabeaktionen	Ok und nicht Ok (jeweils für Karte und Pin), Geld, Karte (Rückgabe)
Zustände	Betriebsbereit, Karte eingegeben, Pin akzeptiert

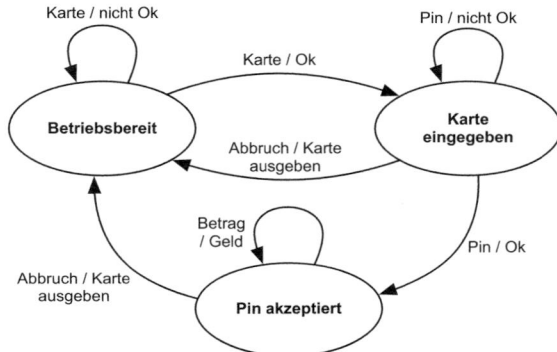

Abb. 4.13 Informelles Zustandsübergangsdiagramm

- Systeme haben typischerweise *Zustände*.
- Abhängig von ihrem Zustand, sind für Systeme bestimmte *Aktionen* möglich.
- Der Zustand des Systems *ändert sich*, wenn eine Aktion ausgeführt wird.

In der Menge der Aktionen können *Eingaben* an das System und *Ausgaben* durch das System unterschieden werden. Oft ist es nützlich, jeweils eine Eingabeaktion mit einer Ausgabeaktion zusammenzulegen. Dies entspricht der Vorstellung, dass das System in jedem Zustand auf Eingaben wartet, beim Auftreten der Eingabe mit einer Ausgabe reagiert und auch einen neuen Zustand einnimmt.

Aufgrund dieser anschaulichen Beschreibung lässt sich ein System sehr einfach charakterisieren. Tab. 4.2 zeigt beispielhaft eine solche Zusammenstellung[7] von möglichen Aktionen und Zuständen für einen Bankautomaten.

Aus der Zusammenstellung in Tab. 4.2 kann nun im nächsten Schritt ein *Zustandsübergangsdiagramm* [22] erstellt werden. Abb. 4.13 zeigt dieses erste Zustandsübergangsdiagramm, welches natürlich eine starke Vereinfachung eines Bankautomaten ist. Viele Details sind nicht erfasst, etwa wie oft die Pin-Eingabe wiederholt werden kann, was passiert, wenn ein zu hoher Betrag abgehoben werden soll, oder was der Zusammenhang zwischen der

---

[7]Man beachte, dass es sich hier noch nicht um einen vollständigen Modellierungsschritt handelt und die Zusammenstellung der Aktionen und Zustände daher unvollständig ist.

Angabe des Betrags und der Ausgabe in Form von Geld (Banknoten) ist. Trotzdem unterstützt das Zustandsübergangsdiagramm die Entwicklung einer ersten Vorstellung von der Arbeitsweise des Bankautomaten. Anhand dieses Beispiels werden im Folgenden die unterschiedlichen Konzepte der Zustandsmodellierung eingeführt.

4.5.1.1 Zustände und Automaten

Zustandsmaschinen werden auch als *Automaten* bezeichnet. Grundsätzlich ist das Konzept des Automaten – insbesondere des *deterministischen endlichen Automaten* (DEA) – in der Informatik zentral. Ein endlicher (sequenzieller) Automat A (engl. *finite sequential machine*) ist definiert durch ein 5-Tupel: $A = (S, E, \delta, s_0, F)$, wobei S die Menge der Zustände ist, in der ein ausgewählter Startzustand $s_0 \subseteq S$ existiert und $F \subseteq S$ die Menge der finalen Zustände (Endzustände) ist. Durch δ wird eine *Zustandsübergangsfunktion* beschrieben: $\delta : S \times E \to S$, d. h., der Automat liest in einem Zustand $s \in S$ die Eingabe $e \in E$ und geht in den Zustand $s' \in S$ über. Solche Automaten werden auch als *Akzeptoren* bezeichnet, da diese Schritt für Schritt eine Eingabe lesen und dann ihren Zustand entsprechend ändern und anzeigen, ob ein Akzeptanzzustand erreicht ist. Weitere Informationen zu den Grundlagen der Automatentheorie sind [53] zu entnehmen.

In interaktiven Systemen sind die Ereignisse Ein- und Ausgaben über die Kanäle. Dies entspricht dem Senden und Empfangen von Nachrichten. Die Zustandsübergangsdiagramme, die in diesem Abschnitt betrachtet werden, modellieren ein interaktives Verhalten durch eine Generalisierung einer Mealy-Maschine (auch Mealy-Automat; [38]). Dabei handelt es sich um einen Automaten, dessen Ausgabe sowohl von seinem Zustand als auch seiner Eingabe abhängt, also dass jedem Zustandsübergang immer ein Ausgabewert zugeordnet ist (sogenannte *Transduktoren*). Für die Eingabe wird eine Menge X von Eingabekanälen verwendet und für die Ausgabe eine Menge Y von Ausgabekanälen. In jedem Zustandsübergang wird für jeden Kanal eine Sequenz von Nachrichten ein- beziehungsweise ausgegeben. Formal wird dies durch eine Zustandsübergangsfunktion beschrieben: $\delta : (S \times (X \to M^*)) \to \mathcal{P}(S \times (Y \to M^*))$, wobei X und Y jeweils die Mengen der Ein- und Ausgabekanäle sind und M die Typen der Nachrichten kennzeichnet.

4.5.1.2 Zustandsübergangsdiagramme

Zustandsübergangsdiagramme beschreiben das Verhalten einer Systemkomponente durch die Angabe eines Zustandsraums, einer Menge von Anfangszuständen und durch Angabe einer Zustandsübergangsrelation. In den Zustandsübergängen ändern sich die Zustände im Zusammenhang mit Ereignissen wie der Eingabe und Ausgabe von Nachrichten oder Daten.

Definition 4.14 (Zustandsübergangsdiagramm) Ein Zustandsübergangsdiagramm ist ein gerichteter Graph mit markierten Kanten und Knoten. Hierbei gilt:

4.5 Modellierung von Zuständen

- Jeder Knoten definiert einen Kontrollzustand und repräsentiert eine Menge von Datenzuständen.
- Kanten repräsentieren Zustandsübergänge und sind semantisch mit Ereignissen verbunden. Gewisse Markierungen der Kanten beschreiben diese Ereignisse.
- Gewisse Kontrollzustände sind als Anfangszustände ausgezeichnet.

Abb. 4.14 stellt ein einfaches Zustandsübergangsdiagramm dar, welches die ersten Überlegungen aus Abb. 4.13 weiterentwickelt. Das Beispiel zeigt einen einfachen Bankautomaten, der in seinem Verhalten durch ein Zustandsdiagramm beschrieben wird. Nach der Eingabe einer Pin gibt der Automat Geld aus, sofern er nicht leer und die Pin korrekt ist. Dann muss der Geldbestand aufgefüllt werden, sodass der Automat wieder Eingaben entgegennehmen kann.

Das in Abb. 4.14 gezeigte Diagramm ist ein endlicher Automat [7, 53]. Er definiert eine Menge von Spuren (Abläufe, Traces). Dies sind endliche oder unendliche Sequenzen von Aktionen. Auch dieses Modell ist immer noch eine extreme Vereinfachung. Es wird nichts darüber ausgesagt, wie viel Geld ausgegeben werden soll oder wie groß der Geldbestand im System ist. Allerdings können wir den Automaten verfeinern, sodass diese Aussagen erfasst werden. Dazu führen wir *Zustandsattribute* ein. Allerdings ist der Zustandsraum dann nicht notwendigerweise endlich. Die Ereignisse der Kanten im Zustandsübergangsdiagramm können auch in die sogenannte *Trigger/Event-Form* aufgespalten werden. Wir schreiben dann einen Zustandsübergang in der in Abb. 4.15 angegeben Form um auszudrücken: Falls Ereignis a eintritt, kann der Übergang von Zustand S_1 zu Zustand S_2 stattfinden und es wird Ereignis b ausgelöst. Zusätzlich betrachten wir Boolesche Ausdrücke W als Wächter (engl. Guard). Ein Zustandsübergang findet nur statt, falls der Ausdruck im vorliegenden Zustand

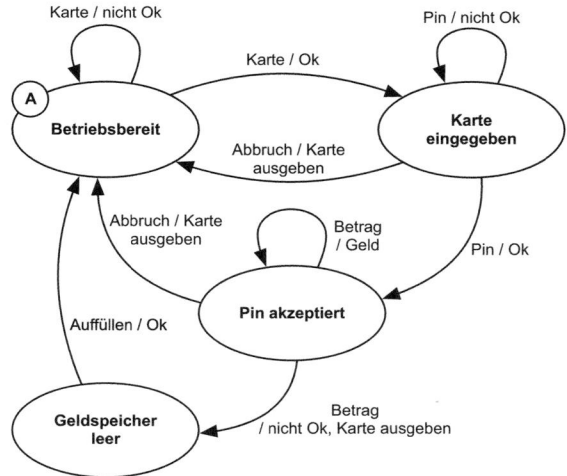

Abb. 4.14 Erweitertes Zustandsübergangsdiagramm für einen Bankautomaten mit ausgezeichnetem Anfangszustand

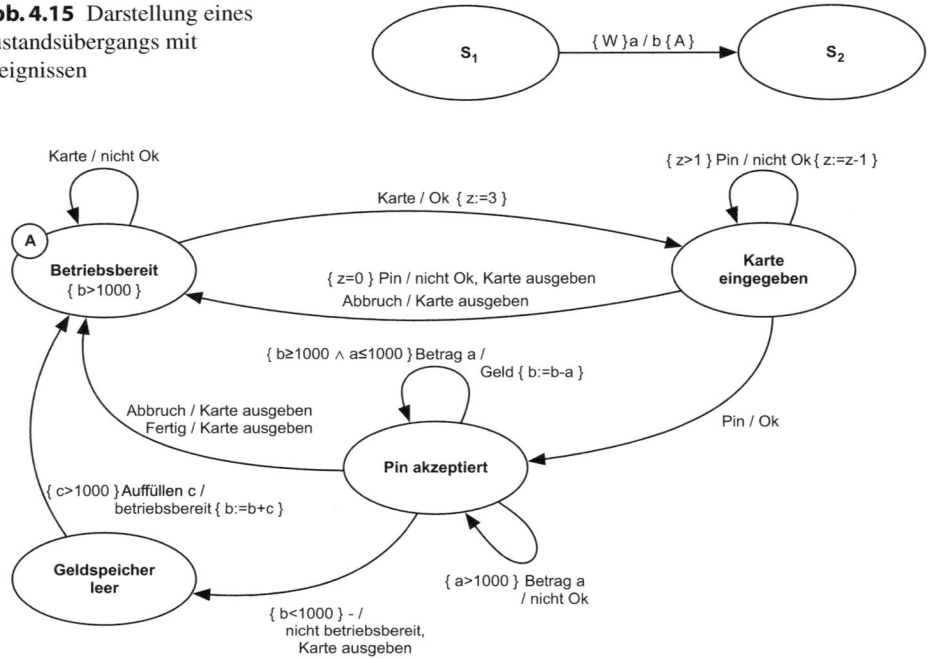

Abb. 4.15 Darstellung eines Zustandsübergangs mit Ereignissen

Abb. 4.16 Erweiterung des Zustandsübergangsdiagramms aus Abb. 4.14 um Zustandsattribute, Eingabeattribute, Wächter und Änderungen der Zustandsattribute

den Wert `true` besitzt. Dann wird das Ereignis *b* ausgelöst und die Anweisung *A* beschreibt die entsprechende Zustandsänderung.

Abb. 4.16 zeigt die Erweiterung des Bankautomaten aus Abb. 4.14 mit Zustandsattributen, Wächtern und Anweisungen.

Auch dieses Zustandsübergangsdiagramm gibt immer noch ein außerordentlich simples Modell eines Bankautomaten wieder. Jedoch ist ersichtlich, dass Zustandsautomaten mit Aus- und Eingabe, Wächtern und Anweisungen für die Änderung des lokalen Zustands ein sehr mächtiges Beschreibungsmittel sind.

4.5.1.3 Zustandsübergangstabellen

Statt mit Zustandsübergangsdiagrammen wird auch mit Tabellen gearbeitet [12, 53]. Parnas empfiehlt auch die Verwendung von Formeln in Tabellen, um eine präzise Spezifikation des Verhaltens zu erreichen [49]. Oft wird dabei kein expliziter Kontrollzustand betrachtet. Die Zustandsübergänge lassen sich dann übersichtlich als Tabelle beschreiben.

Abb. 4.17 beschreibt eine Warteschlange als Komponente mit Ein- und Ausgabe als ein Zustandsübergangssystem [8]. Diese lässt sich knapp und übersichtlich durch eine

4.5 Modellierung von Zuständen

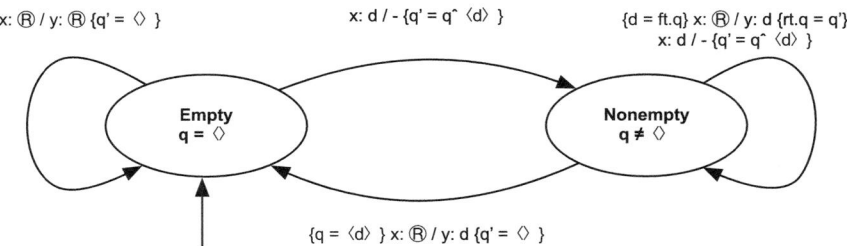

Abb. 4.17 Darstellung einer interaktiven Warteschlange als Zustandsübergangsdiagramm

Tab. 4.3 Zustandsübergänge für die interaktive Warteschlange aus Abb. 4.17

q	Eingabe	q'	Ausgabe
ϵ	®	ϵ	®
$\langle d \rangle \circ q$	®	q	d
q	d	$q \circ \langle d \rangle$	ϵ

Zustandsübergangstabelle (Tab. 4.3) beschreiben. In der Tabelle bezeichnet q den Zustand – den Wert der Warteschlange – vor Durchführung und q' den Zustand nach Ausführung des Übergangs.

4.5.2 Zustandsmaschinen in der UML

Das theoretische Konstrukt des Automaten [22, 53] wird zur praktischen Anwendung durch die UML [48] in Form des *UML-Zustandsautomaten* aufgegriffen. Zustandsautomaten sind Zustandsübergangsdiagramme mit Ein- und Ausgabe. Die UML sieht für Zustandsautomaten einen entsprechenden Diagrammtyp vor, der es gestattet, Zustandsautomaten, Zustände, Transitionen, Regionen und so weiter zu verwenden [30]. Kap. A.3.3 gibt einen Überblick über die zentralen Notationselemente. UML Zustandsautomaten bieten neben den einfachen Darstellungsmitteln noch weitergehende Möglichkeiten an, etwa parallele Zustände, an.

Abb. 4.18 zeigt einen Auszug eines Zustandsautomaten (in Anlehnung an [56]), wie er ein Smartphone darstellen kann, das bei einem aktiven Anruf einen zweiten entgegennehmen kann und dann dem Nutzer die Möglichkeit bietet, das aktive Telefonat zu halten, während das eingehende Telefonat angenommen wird. In dem Zustandsautomaten in Abb. 4.18 wird ein eingehender Anruf entgegengenommen, was dazu führt, dass der eingehende Anruf `Call 2` aktiviert wird, während der gerade aktive Anruf `Call 1` gehalten wird. Dies erfolgt durch eine *Gabelung* (engl. Fork). In Abb. 4.18 wird der eingehende Anruf angenommen, was in der Gabelung die beiden Aktionen *Aktivieren des eingehenden Anrufs* und *Halten des aktiven Anrufs* parallel auslöst. Weiterhin ist ein Wechsel zwischen den

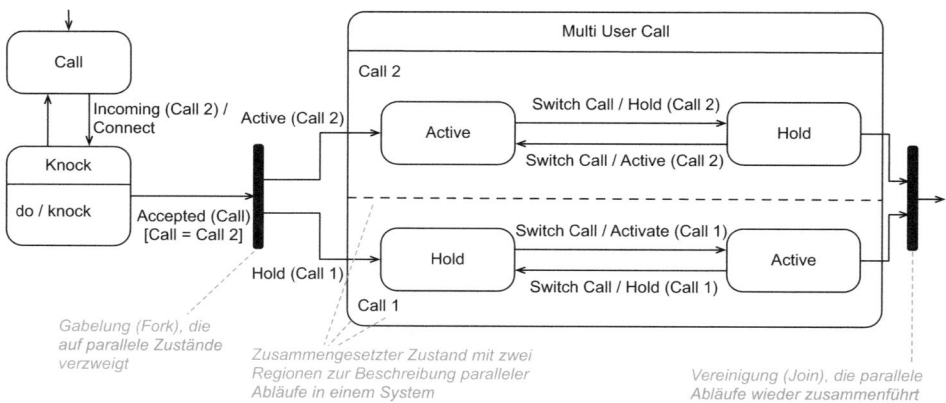

Abb. 4.18 Auszug eines Zustandsautomaten eines Smartphones mit weiteren Notationselementen

beiden Anrufen möglich. Aus Sicht der Modellierung wird hierfür ein *zusammengesetzter Zustand* mit den beiden *Regionen* `Call 1` und `Call 2` verwendet. In jeder Region muss dabei immer ein aktiver Zustand sein. Durch die Gabelung wird dieser direkt angesteuert. Mit diesem Ansatz können parallel ablaufende Aktivitäten modelliert werden (sogenannte „Und"-Zustände). Alternativ ist auch eine Modellierung mit „Oder"-Zuständen möglich. In einem solchen Szenario gibt es mehrere Teilautomaten, von denen zu einem Zeitpunkt immer genau einer aktiv ist.

Ein Zustandsraum kann auch mit Attributen versehen sein. Attribute entsprechen Programmvariablen und sind in jedem Zustand mit Werten belegt. Die Bezeichnungen von Kontrollzuständen können wie Boolesche Attribute aufgefasst werden. Damit können wir auch in Transitionen auf Zustände Bezug nehmen. Im Trigger können wieder Zustandsprädikate auftreten aber auch Abkürzungen dafür. Sobald ein entsprechender Zustand eintritt, ist der Trigger gegeben. Er ist wie eine Vorbedingung für den Übergang (in Kap. 7.5.2.2 ist ein Beispiel dafür zu finden). Man beachte, dass der Verzicht auf strenge Zustandskapselung zwar zunächst reichhaltiger Ausdrucksmittel erlaubt, dies aber zu dem Preis, dass das Verhalten sehr viel schwieriger zu verstehen und zu erfassen ist.

Anmerkung *Ein entsprechend detaillierter modellierter UML-Zustandsautomat gestattet es – sofern das verwendete Modellierungswerkzeug dies unterstützt – ausführbaren Programmcode aus dem Modell heraus zu generieren. Dazu wird in der Regel ein entsprechendes UML-Klassenmodell benötigt (siehe Abschn. 4.3.3), welches die Klassen, Variablen und Methoden enthält. Das Verhalten dieser Klassen kann dann durch einen Zustandsautomaten festgelegt werden, etwa Invarianten für Zustände (als Protokollzustandsautomat, siehe Abb. A.10) oder aufzurufende Methoden (Operationen) zum Wechsel des Zustands.*

4.6 Modellierung von verteilten Systemen

Wir führen zunächst einen einfachen Modellierungsansatz ein, der es gestattet, alle für die Modellierung von softwareintensiven Systemen erforderlichen Konzepte präzise zu beschreiben. Wesentlich für die Modellierung von Systemen ist hierbei das Verständnis der *Systemgrenzen* und des *Systemkontexts* (siehe Kap. 2.1.1). Darauf aufbauend führen wir im Folgenden schrittweise die notwendigen Modellierungskonzepte für Softwaresysteme insbesondere für deren Architektur ein.

4.6.1 Komponenten und Schnittstellen

Bei der Modellierung von Schnittstellen und Prozessen ist der Begriff der *Systemgrenze* zentral. Durch die Systemgrenze wird festgelegt, was zu einem System gehört und was sich „außerhalb" des Systems befindet. Dieses „Außerhalb" bezeichnen wir als *Kontext* (siehe Kap. 2.1.1). In diesem Abschnitt führen wir in einen strukturierten Modellierungsansatz ein, welcher ein System mit Hilfe eines formal definierten Schnittstellenbegriffs beschreibt.

Eine Schnittstelle (engl. Interface) wird durch die Systemgrenze bestimmt. Die Schnittstelle legt fest, welche *Interaktionen* (auch als Aktionen bezeichnet) zwischen dem System und seinem Kontext möglich sind. Dies bezeichnen wir auch als die *statische* bzw. *syntaktische Schnittstelle*. Weiterhin beschreibt die Schnittstelle auch das Systemverhalten im Hinblick auf den Kontext – also, welche Dienste (Services) das System anbietet. Diese verhaltensorientierte Sicht auf eine Schnittstelle bezeichnen wir als das *Schnittstellenverhalten* (auch Interaktionssicht). Eine Schnittstelle abstrahiert dabei vollständig von der internen Struktur eines Systems im Sinne einer Kapselung.

4.6.1.1 Programm- und Systemkomponenten

Es besteht große Einigkeit im Software Engineering, dass die Strukturierung von Programmen und Systemen ein wesentliches Konzept der Softwareentwicklung darstellt. Die Meinungen gehen aber weit auseinander, was beispielsweise genau die Charakteristika einer Komponente sind und welches Komponentenkonzept für einen jeweiligen Kontext geeignet ist. Wir unterscheiden im Folgenden zwischen Programm- und Systemkomponenten als grundsätzliche, strukturgebende Konzepte. Darüber hinaus nutzen wir auch Funktionen und Prozeduren zur Strukturierung, jedoch weniger aus Sicht wiederverwendbarer Bausteine, dafür aus der Perspektive der Zusammenfassung von Funktionalität, welche zum Anwender hin angeboten wird. Bausteine sowie eine Gruppierung von Funktionalität führen zu dem zentralen Konzept der Modularisierung und – darauf aufbauend – zur Verteilung.

Bei der Implementierung einer Programmkomponente (siehe Definition 1.4) kommt der Darstellung des Ablaufs und des Ablaufverhaltens besondere Bedeutung zu. Dazu finden in der Praxis eine Reihe von spezifischen Beschreibungsverfahren Anwendung.

In unterschiedlichen programmiersprachlichen Ansätzen existieren verschiedene Begriffe für eine Programmkomponente. Markante Beispiele sind Funktion, Prozedur, Klasse/Objekt und Modul (Kapselung von Daten, Zuständen, Funktionen und Prozeduren).

Wir unterscheiden logische (abstrakte) und physische (konkrete) Systemkomponenten (siehe Definition 1.4). Erstere dienen der Modellierung von Systemteilen und lassen sich als Zustandsmaschine mit Ein-/Ausgabe, oder als Datenflussknoten, der Ströme von Eingabedaten verarbeitet und Ströme von Ausgabedaten erzeugt, beschreiben. Konkrete Systemkomponenten sind programmiertechnisch realisiert und lassen sich in unterschiedliche Softwaresysteme, oft auf Basis zusätzlicher Infrastruktur (Middleware), integrieren. Von ihnen fordern wir, dass sie weitgehend umgebungsunabhängig (abgesehen von Aufrufen des Betriebssystems) eine umfassendere Funktionalität bereitstellen.

Grundsätzlich ist eine Softwarekomponente ein eigenständiger Baustein für Programme oder Softwaresysteme [58, 62]. Der Komponentenbegriff ist essenziell, um Systeme zu strukturieren. Die Softwarekomponente ist auch der Schlüssel zur System- und Softwarearchitektur. Wir folgen dem sd&m-Research Ansatz [58] und klassifizieren Komponenten nach ihrer Größe und der Abgeschlossenheit der Funktionalität, nach der Vollständigkeit der Schnittstellen und der unabhängigen Nutzung in unterschiedlichen Umgebungen. Somit unterscheiden wir drei Arten von Komponenten (siehe Kap. 8.2.4):

- Softwaresysteme als eigenständige Applikationen
- Komponenten von Softwaresystemen
- Codebausteine, Module, Klassen

Im Folgenden geben wir eine Übersicht über die wesentlichen Methoden zur Spezifikation von Programmkomponenten wie etwa Funktionen, Programme, Prozeduren und Module.

4.6.1.2 Datenfluss: Nachrichten und Ströme

Zentral für den Aufbau von umfangreichen Softwaresystemen sind *miteinander interagierende Komponenten*. Diese Interaktion erfolgt über einen Austausch von *Nachrichten*. Basierend auf [13] führen wir daher zunächst ein einfaches Modell zur Modellierung von Nachrichten und deren Austausch über *Ströme* ein, welches uns im Folgenden als Grundlage zur Beschreibung von Schnittstellen, Komponenten und Systemen dient. Die erforderlichen Bestandteile des *grundlegenden Modells für verteilte Systeme* sind in Abb. 4.19 dargestellt und werden im Folgenden schrittweise verfeinert.

Das Modell in Abb. 4.19 beschreibt ein verteiltes System durch Komponenten, welche jeweils lokale (interne) Zustände haben (siehe Abschn. 4.5), und durch Kanäle, welche die Komponenten miteinander verbinden und über die der Austausch von Nachrichten erfolgt. Zusätzlich sind die Kanäle nach einer globalen, diskreten Uhr *getaktet*. Somit wird auf dem Kanal ein *Strom* von Nachrichten in einer unendlichen Sequenz von diskreten Zeitintervallen

4.6 Modellierung von verteilten Systemen

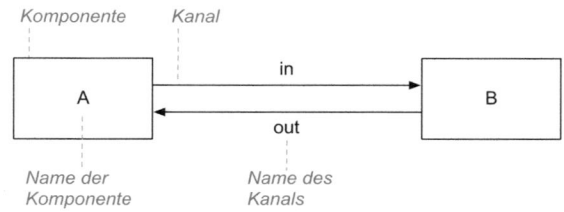

Abb. 4.19 Grundlegendes Modell verteilter Systeme mit zwei Komponenten A und B, sowie Ein- und Ausgabekanälen

modelliert. Zeit ist daher mittels (strikt positiver) natürlicher Zahlen $\mathbb{N} \setminus \{0\} = \{1, 2, 3, \ldots\}$ repräsentiert. Abb. 4.20 illustriert dies.

Nachrichten und Sequenzen Abb. 4.20 zeigt weiterhin, wie der Austausch von Nachrichten über einen Kanal modelliert wird. Auf einem Strom s können Nachrichten aus einer Menge $M = \{a, b, c, d, \ldots\}$ fließen. Hierbei bildet der gezeitete Strom über der Menge von Nachrichten eine *Sequenz* $s(t) \in M^*$ für jedes Zeitintervall $t \in \mathbb{N} \setminus \{0\}$, wobei M^* die Menge der Sequenzen über M bezeichnet. In Abb. 4.20 wird beispielsweise im Intervall $t = 1$ die Sequenz $s_1 = \langle a, b, a \rangle$ übertragen. Mit Hilfe des Operators # kann die Anzahl eines Datenelements in einer Sequenz ermittelt werden, also: $a\#s_1 = 2$. Im Allgemeinen stellt ein Strom somit eine Abbildung $s : \mathbb{N} \setminus \{0\} \to M^*$ dar.

Historien und Verhalten Nachrichten, die über Kanäle vom Typ C ausgetauscht werden, haben auch einen Typ, der mittels $C \to \text{TYPE}$ zugewiesen werden kann. Aus dem allgemeinen Wissen um Kanäle können wir nun die *Historien* der Kanäle eines Typs C ermitteln (Definition 4.15).

Definition 4.15 (Historie) Für Kanäle des Typs C und der damit verbundenen Menge $Car(c)$ der für den Kanal c getypten Nachrichten aus dem Universum M durch $\mathbb{H}[C]$ bestimmen. Die Kanalhistorien für Nachrichten des Typs M werden wie folgt bestimmt:

Abb. 4.20 Konzept der Nachrichten in gezeiteten Strömen

$$\mathbb{H}[C] = \{x : C \to (\mathbb{N} \setminus \{0\} \to M^*) :$$
$$\forall c \in C, n \in \mathbb{N} \setminus \{0\} : x(c)(n) \in Car(c) \setminus \{\bot\}\}$$

Verteilte reaktive Systeme wie in Abb. 4.19 skizziert, implementieren Funktionen nach dem Muster $f(x) = y$, wobei die Eingaben $x \in X$ die Ausgaben $y \in Y$ beeinflussen. Somit können wir auf der Basis der Kanalhistorien das *Verhalten* eines Systems durch $f : \mathbb{H}[X] \to \mathscr{P}(\mathbb{H}[Y])$ (siehe Definition 4.15 und Formel 4.5, $\mathscr{P}$ bezeichnet hierbei die Potenzmenge) modellieren, welches über die *Schnittstellen* eines Systems nach außen sichtbar gemacht wird.

4.6.1.3 Schnittstellenentwurf und Spezifikation

Allgemein modellieren wir ein System über seine Schnittstellen nach [9] wie folgt: Wir definieren zwei Mengen $X = \{x_1 : T_1, x_2 : T_2, \ldots\}$ und $Y = \{y_1 : T'_1, y_2 : T'_2, \ldots\}$ als Eingabe- und Ausgabekanäle. Anhand von Abb. 4.21 werden diese Konzepte im Folgenden erläutert.

Mit Hilfe der Eingabe- und Ausgabekanäle definieren wir die *syntaktische Schnittstelle* eines Systems durch:

$$(X \blacktriangleright Y) \tag{4.2}$$

Über die Eingabe- und Ausgabekanäle werden *Datenströme* in das System hineingegeben bzw. von diesem als Ergebnis zurückgegeben. Einen gezeiteten Datenstrom (timed data stream) des Typs T definieren wir wie folgt:

$$\text{Stream}[T] = \{\mathbb{N}\setminus\{0\} \to T^*\} \tag{4.3}$$

Die Ströme erlauben es dann, die *Historie* der Ein- und Ausgaben der Mengen der Kanäle des Typs C zu modellieren, wobei $\mathbb{H}$ die Historie der Eingabekanäle bezeichnet:

$$\mathbb{H}[C] = \{C \to \text{Stream}[T]\} \tag{4.4}$$

Abb. 4.21 Allgemeines Beispiel eines Systems mit Schnittstellen, Ein- und Ausgabekanälen

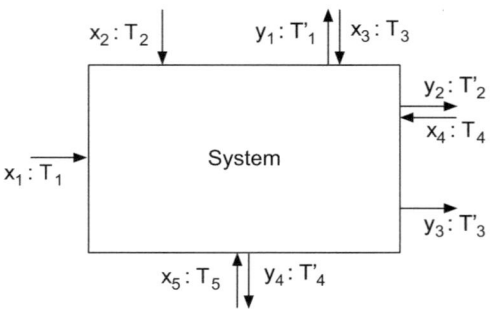

4.6 Modellierung von verteilten Systemen

Abb. 4.22 Einfaches Beispiel einer Transmissionskomponente

Für eine syntaktische Schnittstelle $(X \blacktriangleright Y)$ lässt sich nun das *Schnittstellenverhalten* wie folgt definieren:

$$[X \blacktriangleright Y] = \{\mathbb{H}[X] \to \mathscr{P}(\mathbb{H}[Y])\} \quad (4.5)$$

Für eine Menge M bezeichnet $\mathscr{P}(M)$ die Potenzmenge, die Menge der Teilmengen von M. Mit Hilfe der Ein-/Ausgabehistorien können wir auch *Zusicherungen* als logische Formeln beschreiben:

$$p : \mathbb{H}[X \cup Y] \to \mathbb{B} \quad (4.6)$$

Abb. 4.21 illustriert die eingeführten Konzepte. Die Abbildung zeigt ein System fünf Eingabe- und vier Ausgabekanälen und illustriert somit den Datenfluss in das System hinein und aus dem System heraus. Auf dieser Grundlage können nun Schnittstellen präzise spezifiziert werden. Abb. 4.22 zeigt eine einfache Transmissionskomponente. Gemäß den oben stehenden Definitionen, kann die Transmissionskomponente bezüglich ihrer Schnittstelle auch wie folgt beschrieben werden TMC $= (x : T \blacktriangleright y : T) : x \sim y$.

Es kann nun eine formale Spezifikation angegeben werden, wobei für den Ausdruck $x \sim y$ zunächst folgende Vereinbarung gelte $x \sim y \equiv (\forall m \in T : m\#x = m\#y)$. Dabei bezeichnet $m\#x$ die Zahl der Kopien der Nachricht m im Strom x. Man beachte, dass der Wert von $m\#x$ unendlich sein kann.

```
┌─ TMC ─────────────────────
│ in x : T
│ out y : T
├──────────────────────────
│ x ~ y
└──────────────────────────
```

Spezifikation von Schnittstellenverhalten Es können weitere Eigenschaften des Systems modelliert werden werden. Die folgende Spezifikation zeigt die Transmissionskomponente mit Einschränkungen hinsichtlich des Zeitverhaltens:

```
┌─ TMC ─────────────────────
│ in x : T
│ out y : T
├──────────────────────────
│ ∀t ∈ ℕ : ∀m ∈ T :
│   m#(y ↓ t + delay) ≤ m#(x ↓ t) ≤ m#(y ↓ t + delay + deadline)
└──────────────────────────
```

Hier bezeichnet $x \downarrow t$ den endlichen Strom für die ersten t Zeitintervalle, *delay* ist eine natürliche Zahl und kennzeichnet die Verzögerung und *deadline* ist eine natürliche Zahl, die eine Zeitschranke für die Ausgabe beschreibt. Neben diesem Zeitverhalten kann auch die Wahrscheinlichkeit der Zustellung der Nachrichten mit Hilfe einer Wahrscheinlichkeitsfunktion **P** angegeben werden, die die Wahrscheinlichkeit bezeichnet, dass eine Zusicherung für einen Ablauf gilt:

```
TMC
in x : T
out y : T

∀t ∈ ℕ : ∀m ∈ T :
    P (m#(x ↓ t) ≤ m#(y ↓ t + delay + deadline)) ≥ 0.8
```

Annahmen und Zusicherungen Bei der Spezifikation einer Schnittstelle können auch *Annahmen* (Assumptions) und *Zusicherungen* (Commitments) spezifiziert werden. Eine Annahme $asu(y, x)$ ist dabei die Spezifikation der *inversen* Schnittstelle, also $(Y \blacktriangleright X)$ und eine Zusicherung $cmt(x, y)$ ist dann die Spezifikation des Schnittstellenverhaltens für die syntaktischen Schnittstelle $(X \blacktriangleright Y)$ solange die Annahme erfüllt ist. Die Annahme ist die Beschreibung einer Eigenschaft, die für den Kontext zu gelten hat, der die Schnittstelle nutzt. Dies führt zur Spezifikation $asu(y, x) \Rightarrow cmt(x, y)$ – wir sprechen hier von einem *Vertrag*. Die Komponente *TMC* kann dann mit Annahmen und Zusicherungen wie folgt spezifiziert werden:

```
TMC
in x : T
out y : T

assume ∀t ∈ ℕ : #x ↓ t ≤ 1 + #y ↓ t
commit ∀m ∈ T : m#x = m#y
```

Entsprechend definieren wir $asu(y, x) = \forall t \in \mathbb{N} : \#x \downarrow t \leq 1 + \#y \downarrow t$. Abb. 4.23 zeigt eine vereinfachte Darstellung der Transmissionskomponente mit Annahmen und Zusicherungen. Entsprechend (und unter Berücksichtigung des gerade spezifizierten Verhaltens) kann auch die Spezifikation entsprechend angepasst und vereinfacht werden:

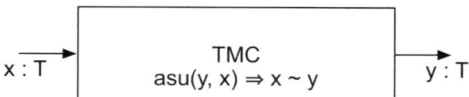

Abb. 4.23 Beispiel einer Transmissionskomponente erweitert um explizit angegebene Annahmen und Zusicherungen (asu)

4.6 Modellierung von verteilten Systemen

```
┌─ TMC ─────────────────────────
│  in x : T
│  out y : T
├───────────────────────────────
│  asu (y,x) ⇒ x ~ y
└───────────────────────────────
```

Diese Art der Spezifikation von Schnittstellen erlaubt es somit, Schnittstellen präzise zu beschreiben und dabei unter anderem Echtzeit- sowie probabilistische Eigenschaften zu spezifizieren. Ferner können durch Annahmen und Zusicherungen *Schnittstellenverträge* definiert werden. Dieses Instrument legt die Grundlage für die präzise Spezifikation von Komponenten und Systemen. Das führt auf eine Methodik zur Beschreibung von Architekturen (siehe Abschn. 4.6.2).

Anmerkung *Das hier eingeführte Systemschnittstellenmodell beruht – anders als die UML, die objektorientierte Programmiersprachen als Ausgangspunkt nimmt – nicht auf einer speziellen Programmiersprache, sondern modelliert allgemein die Interaktion über Schnittstellen allgemeiner, interaktiver, verteilter und parallel ablaufender Systeme. Die beschriebene Methode ist formal, kann aber auch informell eingesetzt werden, indem die Schnittstellenzusicherungen nicht formal, sondern als Text formuliert werden.*

4.6.1.4 Kapselung, Information Hiding, Modularität, Verfeinerung und Kompatibilität

Welchen Begriff von Komponente man auch immer in der Softwareentwicklung verwendet, sei es in der Programmierung, sei es in der Systemmodellierung, es sind Fragen der *Kapselung* von großer Bedeutung. Kapselung ist dabei eng mit dem Begriff der *Schnittstelle* (siehe Abschn. 4.6.1.3) verbunden.

Kapselung Früh wurde in der Programmierung erkannt, dass die Zusammenfassung gewisser Programmeinheiten zu einem Modul – im einfachsten Fall zu einem Makro – sinnvoll ist. Für den modularen Umgang mit Modulen ist es dabei von Interesse, die Module mit einer Schnittstelle zu versehen, über die auf die Elemente des Moduls in kontrollierter Weise eingewirkt werden kann und über die bestimmte Ergebnisse der Aktivitäten des Moduls nach außen gebracht werden. Das wird durch eine Schnittstelle erreicht. Die Schnittstelle beschreibt genau, in welcher Form auf das Modul eingewirkt werden kann und in welcher Form das Modul auf solche Eingaben reagiert. Dabei wird auch sichergestellt, dass die einzelnen Elemente, die die Implementierung des Moduls ausmachen – etwa einzelne Zustandsattribute (siehe Abschn. 4.5) – nicht frei von außen zugänglich sind und somit auf sie nicht unmittelbar von außen lesend oder schreibend zugegriffen werden kann, sondern nur über die festgelegten Schnittstellen. Dies beschreibt die grundlegende Idee der *Kapselung*.

Anmerkung Wir sprechen in diesem Zusammenhang auch von Schnittstellenabstraktion, da die Schnittstelle von der konkreten Ausführung der gekapselten Implementierung abstrahiert und nur beschreibt welche Wechselwirkungen zwischen dem System und seiner Umgebung über die Schnittstelle möglich sind (siehe Kap. 2.1).

Die Schnittstellenabstraktion hat eine Reihe positiver Auswirkungen. So wird dadurch sichergestellt, dass bei der Realisierung einer Schnittstelle durch ein Modul nur darauf zu achten ist, dass die in der *Schnittstellenspezifikation* festgelegten Anforderungen erfüllt werden. Der Entwickler des Moduls hat die Verpflichtung, die in der Schnittstelle spezifizierten Anforderungen zu realisieren. Der Nutzer des Moduls hingegen kann sich darauf verlassen, dass die in den Anforderungen genannten Eigenschaften realisiert werden ohne die Implementierung selbst kennen zu müssen. Damit dürfen sich Nutzer auch nicht auf Eigenschaften verlassen, welche die Implementierung über die Schnittstellenspezifikation hinaus vielleicht zusätzlich festlegt.

Information Hiding Diese Vorstellung der Abstraktion von Implementierungsdetails wird durch die Idee des *Information Hidings* adressiert. Dabei wird von der Vorstellung ausgegangen, dass der Nutzer eines Moduls Implementierungsdetails nicht zu kennen braucht, genau genommen gar nicht kennen darf und damit auch nicht nutzen darf, sondern nur die Eigenschaften aus der Schnittstellenspezifikation (siehe Kap. 8.2.3). Dies stellt sicher, dass Implementierungsdetails des Moduls geändert werden können, solange die Schnittstelleneigenschaften erhalten bleiben, ohne dass Änderungen in der Nutzung erforderlich werden. Die Schnittstelle schafft also – so wie auch ihr Name es zum Ausdruck bringt – eine klare inhaltliche Regelung zwischen dem Nutzer und dem Realisierer einer Schnittstelle – Kapselung entspricht Schnittstellenabstraktion.

Modularität Neben dem Begriff der Kapselung, der Schnittstelle und des Information Hidings führt dieser Ansatz auf einen wichtigen weiteren Begriff, nämlich den Begriff der *Modularität*. Wir nennen einen Ansatz zur Entwicklung von Software modular, wenn folgendes gilt: Kennt man die Schnittstellenspezifikationen der Komponenten oder Module, aus denen ein größeres System zusammengebaut wird, so ergeben sich aus diesen Schnittstellenbeschreibungen eine eindeutige und vollständige Schnittstellenbeschreibung des zusammengesetzten Systems, die alle Eigenschaften zusammenfasst, die in den Schnittstellenbeschreibungen der Teilsysteme spezifiziert sind (siehe Abschn. 4.6.1.5).

Das führt zu einer Schnittstellenbeschreibung, bei der die konkrete Form der Architektur und die Schnittstellenbeschreibungen der Teilsysteme wieder nach dem Prinzip des Information Hidings nicht bekannt sein müssen. *Dies gilt allgemein für Komponenten von Systemen.*

Verfeinerung und Kompatibilität Ein weiterer wichtiger, zentraler Begriff ist der Begriff der *Verfeinerung*. Dieser bezieht sich insbesondere auf Spezifikationen, aber auch auf

4.6 Modellierung von verteilten Systemen

Implementierungen oder Teilimplementierungen. Eine Spezifikation A heißt *Verfeinerung* einer Spezifikation B, wenn alle Eigenschaften, die durch die Spezifikation A festgelegt sind, durch die Spezifikation B impliziert werden und gegebenenfalls noch weitere [6].

Der Begriff der Verfeinerung entspricht dem Begriff der *Ersetzungskompatibilität*. Will man in einem korrekten System ein Modul oder eine Klasse in der Objektorientierung durch ein anderes Modul oder eine andere Klasse ersetzen, und will man dabei sichergehen, dass durch diesen Übergang die Korrektheit erhalten bleibt, so genügt es, dass die Spezifikation des ersten Moduls oder der ersten Komponente durch die Spezifikation des zweiten Moduls oder Komponente verfeinert wird (siehe Kap. 10.5.3). Somit liefert die Verfeinerung ein wichtiges Grundkonzept in der Systementwicklung und gleichzeitig die Basis für den Begriff der *Kompatibilität*.

4.6.1.5 Komposition von Systemen aus Teilsystemen

Auf der Grundlage des zuvor eingeführten Ansatzes zur Spezifikation von Schnittstellen, können nun Systeme aus Komponenten gebildet werden. Dazu definieren wir *Kompositionsregeln*, welche wir für die Komposition von Schnittstellenspezifikationen fordern.

Abb. 4.24 illustriert die Kompositionsregeln am Beispiel zweier *Functional Features* (siehe Definition 2.4), welche wie folgt formal spezifiziert werden:

$$
\begin{array}{|l|} \hline F_1 \\ \textbf{in } x, c : T \\ \textbf{out } a, z : T \\ \hline B_1 \\ \hline \end{array}
\quad
\begin{array}{|l|} \hline F_2 \\ \textbf{in } b, z : T \\ \textbf{out } c, y : T \\ \hline B_2 \\ \hline \end{array}
\quad
\begin{array}{|l|} \hline F_1 \otimes F_2 \\ \textbf{in } x, b : T \\ \textbf{out } a, y : T \\ \hline \exists c, z : B_1 \wedge B_2 \\ \hline \end{array}
$$

Kennt man die Spezifikation des Schnittstellenverhaltens der Komponenten F_1 und F_2 gegeben durch B_1 und B_2, so erhält man daraus das Schnittstellenverhalten des zusammengesetzten Systems $F_1 \otimes F_2$ gegeben durch $\exists c, z : B_1 \wedge B_2$. Abb. 4.25 zeigt die Anwendung der Kompositionsregeln aus Abb. 4.24. Die drei Komponenten werden zu einem System zusammengesetzt, indem die *Komposition* durch die Kopplung der Ein- und Ausgabekanäle erfolgt.

Abb. 4.25 illustriert die Eigenschaften, die sich aus den Kompositionsregeln ergeben und die im Systementwurf unmittelbar verwendet werden können:

Abb. 4.24 Regeln für die Komposition von funktionalen Features über Schnittstellen

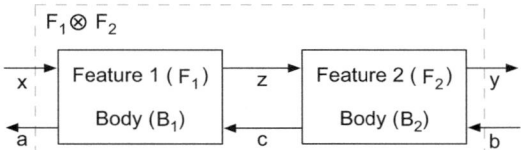

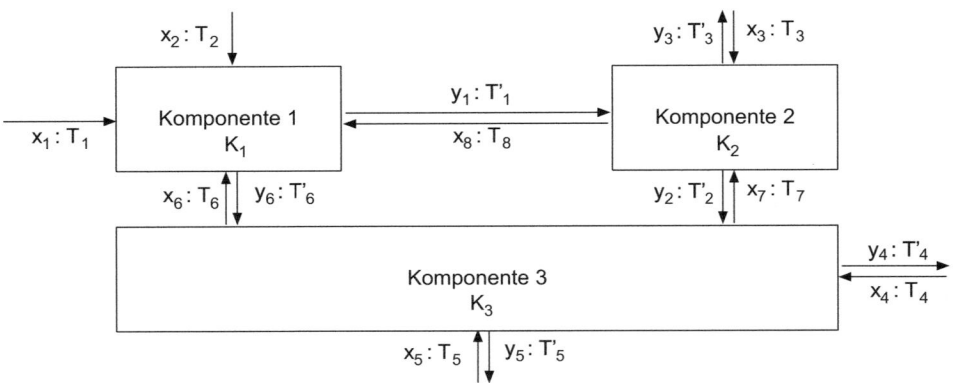

Abb. 4.25 Beispiel eines Systems, welches aus drei Komponenten zusammengesetzt wurde

Externes Verhalten
: Betrachtet man die Komponenten K_1 und K_2, ergibt sich für das externe Verhalten des kompositen Systems folgende Spezifikation: $\exists x_8, y_1 : K_1 \wedge K_2$ – Das externe Verhalten des Systems wird durch die Komposition modular festgelegt.

Interne Struktur
: Um die Komposition durchzuführen, ist sicherzustellen, dass die Komponenten für den Datenaustausch auch alle benötigten Daten verfügbar haben. Somit kann für die Kanäle Folgendes spezifiziert werden: $\exists x_1, x_2, x_3, x_6, x_7, y_2, y_3, y_6 : K_1 \wedge K_2$ – Dies beschreibt die Eigenschaft der Ströme x_8 und y_1, die über die internen Kanäle fließen (in Abhängigkeit von den Eingaben $x_1, x_2, x_3, x_6, x_7, y_2, y_3, y_6$ an die Architektur).

4.6.1.6 Spezifikation von Features und Funktionen

In Abschn. 4.6.1.3 wurde die Spezifikation von Schnittstellen im Allgemeinen eingeführt und, darauf aufbauend, die Komposition von Systemen aus derartig spezifizierten Komponenten. Hierbei stand zunächst das *Gesamtsystem* im Vordergrund. In heutigen Systemen ist die Schnittstelle des Gesamtsystems jedoch häufig sehr umfangreich, sodass eine vollständige Beschreibung der Gesamtfunktionalität in einem Stück kaum möglich ist. Zudem werden Systeme heute nicht mehr monolithisch entwickelt. Damit ist bei der Zerlegung eines Systems in Komponenten die Frage nach der Größe der Komponenten zu beantworten und ebenso, welche unterschiedlichen Services eine Komponente anbietet.

Schnittstellenverfeinerung Durch das Konzept der *Schnittstellenverfeinerung* (siehe Abschn. 4.6.1.4) und der Modellierung von *Features* können umfangreiche Schnittstellen in Teilschnittstellen zerlegt und in Mengen von Features strukturiert werden. Ein Feature ist hierbei im einfachsten Fall eine nicht weiter untergliederte (atomare), durch eine Schnittstelle beschriebene Funktion, welche durch Komposition zu reichhaltigeren Funktionen

4.6 Modellierung von verteilten Systemen

komponiert werden kann. Es ist zu beachten, dass Funktionen bzw. Services eines Systems nicht immer zwingend unabhängig voneinander sind. Daher ist es erforderlich, Abhängigkeiten zwischen Features modellieren zu können [10]. Basierend auf Formel 4.2 definieren wir eine Teilschnittstelle wie folgt:

$$(X' \blacktriangleright Y') \subseteq (X \blacktriangleright Y) \quad (4.7)$$

Damit wird angegeben, dass $(X' \blacktriangleright Y')$ eine Teilschnittstelle von $(X \blacktriangleright Y)$ ist, das heißt, es gilt $X' \subseteq X$ und $Y' \subseteq Y$. Existiert eine Menge von disjunkten Teilschnittstellen $S_1, \ldots, S_k$ für die gilt $S_1 \cup \ldots \cup S_k = (X \blacktriangleright Y)$, sprechen wir von einer *Dekomposition* von $(X \blacktriangleright Y)$.

Abb. 4.26 zeigt exemplarisch die funktionale Komposition $F_1 \otimes F_2$ von zwei Features, d. h. die Gesamtschnittstelle $(X \blacktriangleright Y)$ setzt sich aus den beiden Teilschnittstellen unter Berücksichtigung der Kompositionsregeln (Abb. 4.24) zusammen. Aus den beiden (einfacheren) Teilfunktionen entsteht eine neue, zusammengesetzte Funktion.

Funktionshierarchien Bei der zuvor gezeigten Kombination von Features ist auch zu berücksichtigen, dass einzelne Features in Kombination miteinander interagieren können. Wir sprechen dann von *Feature Interaction*. Um diese Abhängigkeiten zwischen den Features zu erfassen, werden *Modus-Kanäle* in einem Verfeinerungsschritt wie in Abb. 4.27 dargestellt eingeführt. Abb. 4.27 zeigt die Verfeinerung des Features F_1 zu F'_1. Diese Verfeinerung wird nun mit einer passenden Verfeinerung F'_2 kombiniert, also zu $F'_1 \otimes F'_2$.

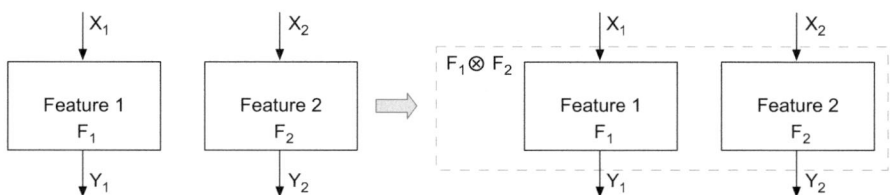

Abb. 4.26 Komposition von zwei isolierten Features

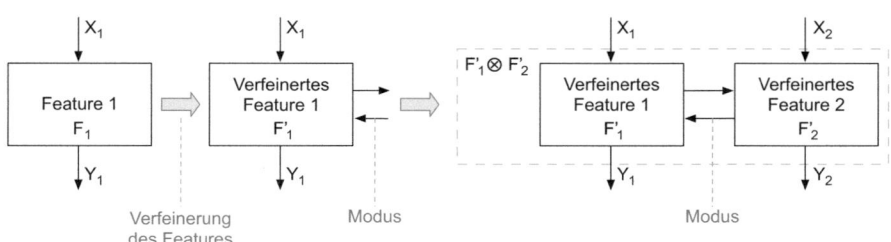

Abb. 4.27 Verfeinerung von Features und Komposition von zwei isolierten, verfeinerten Features mit einer über Modi erfassten Feature Interaction

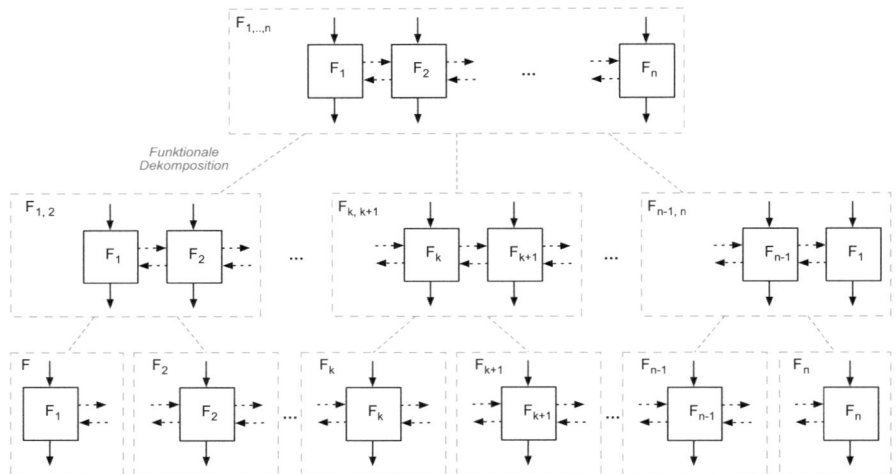

Abb. 4.28 Verfeinerung und Komposition von Features in einer Funktionshierarchie

Auf der Grundlage dieser Verfeinerung und der Komposition der Verfeinerungen gelangen wir zum Konzept der *Funktionshierarchie* (Definition 4.16). Abb. 4.28 zeigt eine exemplarische Funktionshierarchie.

Definition 4.16 (Funktionshierarchie) Eine Funktionshierarchie (Function Hierarchy, auch *Feature Tree*) ist die hierarchische Dekomposition von Funktionen in Teilfunktionen. Die Teilfunktionen werden hierbei auch hinsichtlich ihrer Abhängigkeiten und ihres (un-)gewollten Verhaltens *(Feature Interaction)* strukturiert. Eine Strukturierung in der Funktionshierarchie erfolgt nach unterschiedlichen Prinzipien, etwa nach Aufgaben und Teilaufgaben, nach kausalen/zeitlichen Reihenfolgen oder hinsichtlich der Verteilung auf Systemkomponenten.

Im Folgenden soll eine Komponente `AB_Ctrl`, welche den Airbag eines Autos steuert, spezifiziert werden (Abb. 4.29).

Abb. 4.29 Einfaches Beispiel eines Airbag Controllers

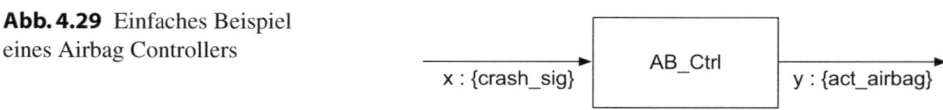

4.6 Modellierung von verteilten Systemen

```
┌─AB_Ctrl──────────────────────────────────────────┐
│ in x : T                                         │
│ out y : T                                        │
├──────────────────────────────────────────────────┤
│ ∀t ∈ Time : crash_sig ∈ x(t) ⇔ act_airbag ∈ y(t+200) │
└──────────────────────────────────────────────────┘
```

Diese einfache Spezifikation soll nun um einen Modus-Kanal erweitert werden, um das Auslösen des Airbags unterdrücken zu können. Abb. 4.30 illustriert diese Erweiterung, welche durch einen weiteren Eingabekanal modelliert wird, der ein An/Aus-Signal an die Komponente gibt.

```
┌─AB_Ctrl──────────────────────────────────────────────────────┐
│ in x : T, m : {on, off}                                      │
│ out y : T                                                    │
├──────────────────────────────────────────────────────────────┤
│ ∀t ∈ Time : (ON(m,t+199) ∧ crash_sig ∈ x(t)) ⇔ act_airbag ∈ y(t+200) │
└──────────────────────────────────────────────────────────────┘
```

Die Eingabe wird nun um ein An/Aus-Signal erweitert und die Spezifikation des Verhaltens wird um eine Funktion *ON* erweitert, die in Formel 4.8 spezifiziert ist.

$$\text{ON}(m,t) = \begin{cases} \text{false}, & t = 0 \\ \text{false}, & m(t) = \text{off} \\ \text{true}, & m(t) = \text{on} \\ \text{ON}(m, t-1), & \text{sonst} \end{cases} \quad (4.8)$$

4.6.2 Architekturen

Im Abschn. 4.6.1 wurden die grundlegenden Konzepte für die Modellierung von Komponenten und Schnittstellen vorstellt. Dabei wurde im Abschn. 4.6.1.5 bereits darauf eingegangen, wie Komponenten (über ihre Schnittstellen) miteinander kombiniert werden können. In diesem Abschnitt erweitern wir die Perspektive und betrachten *Systemarchitekturen*, welche aus Komponenten gebildet werden.

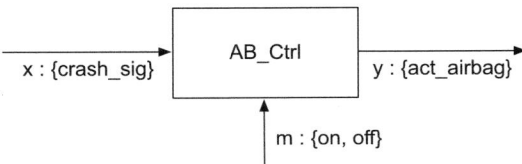

Abb. 4.30 Erweitertes Beispiel eines Airbag Controllers unter Berücksichtigung des Modus-Kanals

4.6.2.1 Spezifikation von Schichtenarchitekturen

In der Praxis haben sich *Schichtenarchitekturen* als vorteilhaft erwiesen. Sie gestatten es beispielsweise Systeme modular aufzubauen und die Kommunikation zwischen den Schichten und somit die Abhängigkeiten zwischen den Schichten weitreichend zu steuern und zu kontrollieren.

Basierend auf den Kompositionsregeln aus Abschn. 4.6.1.5 kann ein *integriertes* System als Kombination mehrerer Komponenten spezifiziert werden. Dabei werden die jeweiligen Ein- und Ausgabekanäle zu Schnittstellen zusammengefasst, die nun das *Gesamtsystemverhalten* beschreiben. Diese Schnittstellen werden in zwei Kategorien eingeordnet:

Angebotene Schnittstelle   An einer *angebotenen Schnittstelle* (auch *Provided Interface*) stellt ein System seine Dienstleistung, d. h., eine Menge an Funktionen, zur Verfügung.

Benötigte Schnittstelle   Durch die *benötigte Schnittstelle* (auch *Requested Interface* oder *Assumed Interface*) beschreibt ein System solche Dienste, die es von anderen Systemen zum korrekten Funktionieren benötigt.

Abb. 4.31 illustriert dies, indem wir das Beispiel aus Abb. 4.25 als System zusammenfassen. Dieses neue System bietet seine Funktionalität durch eine angebotene Schnittstelle P weiteren Systemen an und erfordert über eine benötigte Schnittstelle R selbst Funktionalität, welche von anderen Systemen bereitgestellt werden muss. Formal wird dies durch $R \Rightarrow P$ ausgedrückt. Es ist hierbei zu beachten, dass die benötigte Schnittstelle die *Annahme* zu Ausdruck bringt, dass die entsprechend spezifizierte Funktionalität zur Verfügung gestellt wird. Das System selbst kann seine Funktion nur dann erbringen, wenn diese Annahme erfüllt ist (vergleiche Annahmen, Zusicherungen und Verträge in Abschn. 4.6.1.3).

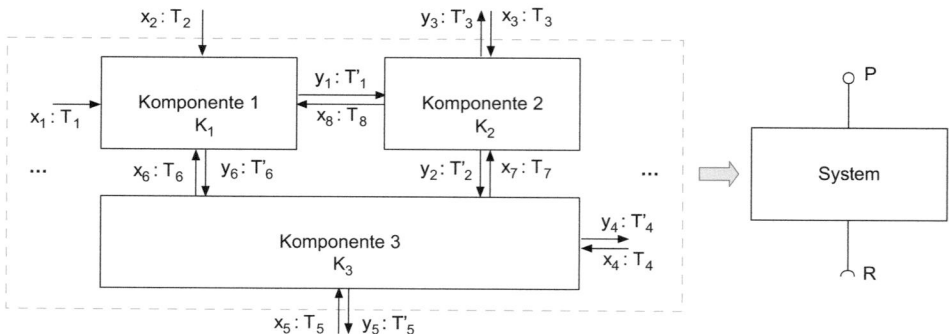

Abb. 4.31 Zusammenfassung von Komponenten zu einem System (einer Schicht) mit angebotener und benötigter Schnittstelle

4.6 Modellierung von verteilten Systemen

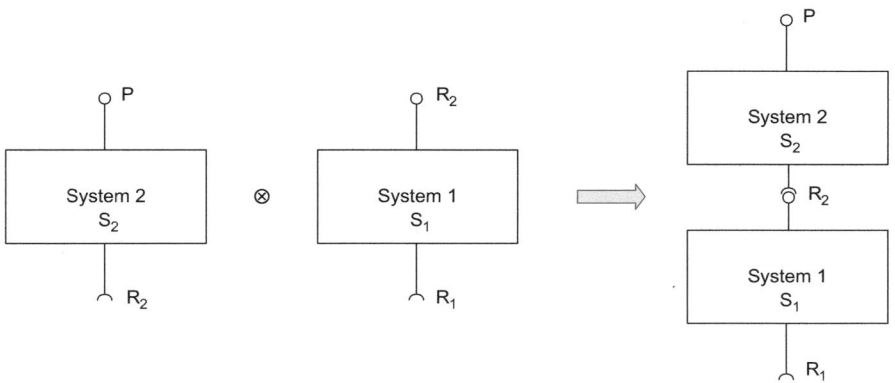

Abb. 4.32 Bildung von Schichtenarchitekturen über die Verknüpfung der Schnittstellen

4.6.2.2 Aufbau von Schichtenarchitekturen
Der Aufbau von Schichtenarchitekturen erfolgt nun durch Komposition (vgl. Abschn. 4.6.1.5). Abb. 4.32 zeigt dies am Beispiel zweier Systeme S_1 und S_2, welche über die Schnittstelle R_2 miteinander kombiniert werden sollen.

Aus der Abbildung ergibt sich die Komposition $(R_1 \Rightarrow R_2) \wedge (R_2 \Rightarrow P)$. Diese Komposition hat zur Folge, dass die Schnittstelle R_2 „versteckt" wird. Das komponierte Gesamtsystem ist spezifiziert als $(R_1 \Rightarrow P)$.

4.6.2.3 Ersetzung von Komponenten in Schichtenarchitekturen
Damit wird auch die Grundlage zur *Ersetzung* von Komponenten gelegt. Abb. 4.33 illustriert dies am Beispiel der Komponente S_1, welche durch eine Komponente S_1' ersetzt werden soll. Sofern S_1' dieselbe Schnittstelle mit dem gleichen Verhalten realisiert, ist diese Ersetzung ohne Weiteres möglich. Die Komponenten S_1 und S_1' sind somit *ersetzungskompatibel* (siehe Abschn. 4.6.1.4).

4.6.2.4 UML-Komponentendiagramme
Zur Modellierung von Komponenten stellt die UML *Komponentendiagramme* zur Verfügung ([30, 48, 56] und Kap. A.2.2). Diese zeigen, wie ein System strukturiert ist, insbesondere, wie ein System zur Laufzeit organisiert ist. Damit sind UML-Komponentendiagramme ein Bindeglied zwischen der Entwurfssicht eines Systems und einer stärker an der Ausführung des Systems orientierten Sicht. Dies wird anhand eines Beispiels in Kap. 7.5.2.5 illustriert.

Abb. 4.33 Ersetzung von Komponenten in einer Schichtenarchitektur

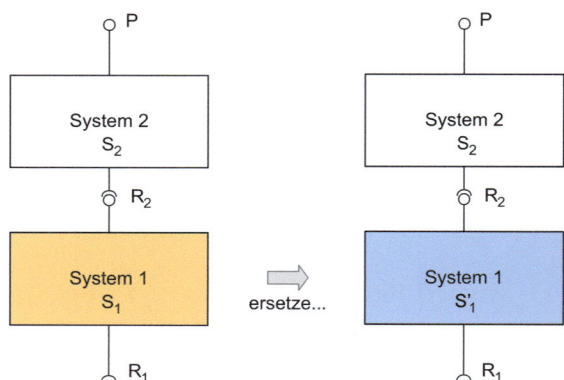

4.6.3 Daten- und Kontrollfluss

Ein Ablauf- oder Kontrollflussdiagramm stellt die Folge der Aktionen (interne Zustandsübergänge, Ein- und Ausgabe, Verzweigung, Auswahl) als einen Prozess dar, der in einer Komponente abläuft. Traditionell erfolgt eine Aufspaltung der Zustände in einen Kontroll- und einen Datenzustand [22], welche explizit durch *Datenflussmodelle* und *Kontrollflussmodelle* angegeben werden können.

4.6.3.1 Datenfluss

Eine wesentliche Sicht auf Systeme der Informationsverarbeitung erhalten wir durch die Darstellung des *Datenflusses* (auch Informationsfluss, Nachrichtenfluss). Dieser Beschreibt welche Daten wo in einem System anfallen und wie die weitergegeben werden. Ein Datenfluss tritt in Programmen auf, wenn wir die Folge der Werte darstellen, die etwa Programmvariablen annehmen. Wesentlich ist für Systeme der Datenfluss zwischen den Systemteilen. Die Struktur eines Systems (seine Komponenten) und den Informationsfluss (Nachrichtenfluss, Datenfluss) zwischen den einzelnen Komponenten eines verteilten, parallel ablaufenden Systems können wir durch *Datenflussmodelle* darstellen. Zentral in einem Datenflussmodell ist der *Datenflussknoten* (Abb. 4.34). Das in Abschn. 4.6.1.3 behandelte Modell für Schnittstellen entspricht einem Datenflussmodell.

Ein Datenflussknoten besitzt eine Reihe von Kanälen, über die er mit seiner Umgebung verbunden ist. Den Kanälen sind die Typen der Nachrichten, die über sie fließen, zugeordnet.

Abb. 4.34 Notation für einen einfachen Datenflussknoten

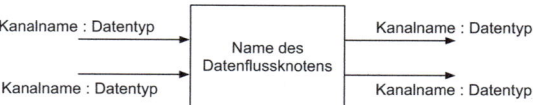

4.6 Modellierung von verteilten Systemen

Die Knoten in Datenflussdiagrammen nennen wir Datenflussknoten auf Datenströmen. Sie entsprechen Funktionen oder Relationen auf Datenströmen. Häufig arbeiten wir mit gerichteten Kanälen und unterscheiden Eingabe- und Ausgabekanäle (siehe auch Abschn. 4.6.1.3). Damit definiert ein aus mehreren Datenflussknoten zusammengesetztes Datenflussmodell selbst wieder eine Komponente – einen Datenflussknoten. Dies erlaubt einen hierarchischen Aufbau von Datenflussmodellen.

Anmerkung *Viele grafische Darstellungen in Software Engineering Dokumenten, welche die Grobstruktur (die Softwarearchitektur) anschaulich machen sollen, sind informelle Datenflussdiagramme. Es gibt eine Reihe unterschiedlicher grafischer Symbole in den gebräuchlichen Methoden, die in Datenflussdiagrammen Verwendung finden, etwa in der UML, auf die wir im nächsten Abschnitt eingehen.*

Die einfache grafische Darstellung durch Datenflussdiagramme beschreibt die *statische Systemstruktur* durch Akteure und Nachrichtenaustauschverbindungen. Die Dynamik des Systems ergibt sich erst, wenn zusätzlich das Verhalten der Datenflussknoten – der Komponenten – beschrieben wird. Dies kann auf zwei Arten erfolgen:

Operationell Durch die Darstellung als Zustandsmaschine mit Ein- und Ausgaben (siehe Abschn. 4.5.1) werden Regeln angegeben, welche das Übergangsverhalten festlegen.

Deskriptiv Das Verhalten wird durch Abbildungen oder Relationen angegeben, die den Eingabedatenströmen auf den Eingabekanälen Ausgabedatenströme auf den Ausgabekanälen zuordnen.

Dabei definiert jede operationelle Darstellung eines Datenflussknotens als Zustandsmaschine mit Ein- und Ausgaben eine stromverarbeitende Abbildung [13], welche wir im Folgenden als mathematisches Modell angeben.

Ein endlicher Datenstrom entspricht einer Sequenz. Ein unendlicher Datenstrom über einer Datenmenge D besteht aus einer unendlichen Folge von Datenelementen. Er entspricht einer totalen Abbildung $\mathbb{N} \to D$. Wir bezeichnen die endlichen und unendlichen Ströme über einer Menge von Daten des Typs D mit dem Typ Stream D. Auf den Strömen können auch Angaben über die Zeitpunkte dargestellt werden, zu denen die Daten übertragen werden. Auf der Menge der Ströme existiert die Konkatenation als Abbildung (Formel 4.9).

$$. \circ . : \text{Stream } D \times \text{Stream } D \to \text{Stream } D \qquad (4.9)$$

Ist s ein unendlicher Strom, dann gilt für beliebige Ströme t: $s \circ t = s$. Ein Datenstrom repräsentiert die Kommunikationsgeschichte (die Folge der im Zuge eines Systemablaufs über den Kanal geflossenen Daten) für einen Kanal. Die Menge der Ströme ist durch die Präfixordnung $\sqsubseteq$ partiell geordnet (Formel 4.10).

$$x \sqsubseteq y \Leftrightarrow \exists z \in \text{Stream } D : x \circ z = y \qquad (4.10)$$

Das Verhalten einer deterministischen Datenflusskomponente mit n Eingängen der Typen $D_1, \ldots, D_n$ und m Ausgängen der Typen $E_1, \ldots, E_m$ entspricht der Abbildung in Formel 4.11.

$$f : \text{Stream } D_1 \times \ldots \times \text{Stream } D_n \to \text{Stream } E_1 \times \ldots \times \text{Stream } E_m \qquad (4.11)$$

Dabei fordern wir die Monotonie der Abbildung, sodass gilt: $x_1 \sqsubseteq y_1 \wedge \ldots \wedge x_n \sqsubseteq y_n \Rightarrow f(x_1, \ldots, x_n) \sqsubseteq f(y_1, \ldots, y_n)$. Ein Datenflussdiagramm entspricht einem System von (in der Regel rekursiven) Gleichungen für die auftretenden Ströme. Die Monotonie garantiert hierbei die Existenz von Lösungen.

Beispiel Abb. 4.35 zeigt ein beispielhaftes Datenflussdiagramm für eine Posteingangsverarbeitung. Dargestellt sind die vier Datenflussknoten *Poststelle, Zahlstelle, Antragsbearbeitung* und *Postausgang*.

Wie zuvor beschrieben, können wir das Datenflussdiagramm aus Abb. 4.35 nun in das folgende rekursive Gleichungssystem übersetzen:

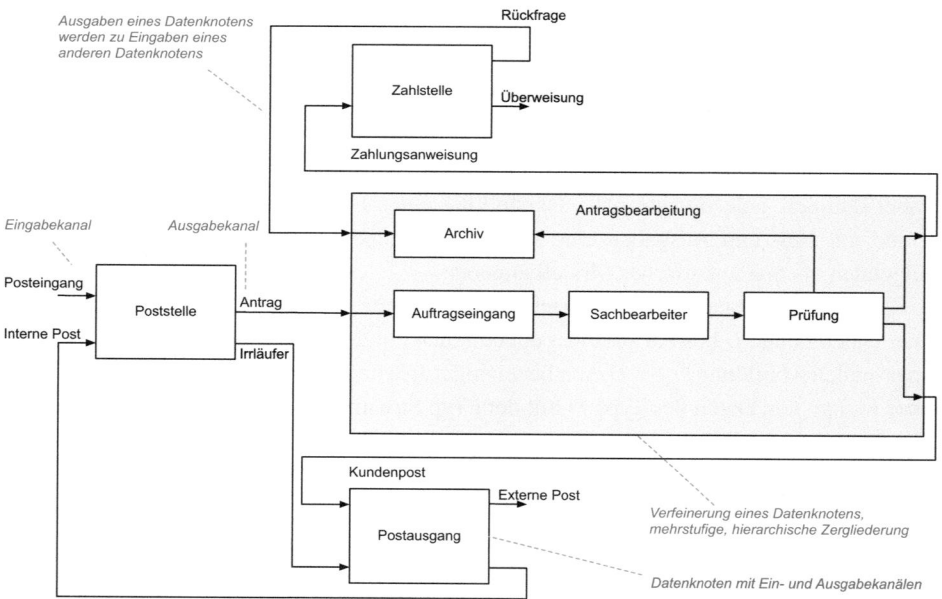

Abb. 4.35 Datenflussdiagramm für die Postbearbeitung in einer Poststelle

4.6 Modellierung von verteilten Systemen

(Antrag, Irrläufer) = Poststelle(Interne Post, Posteingang)
(Rückfrage, Überweisung) = Zahlstelle(Zahlungsanweisung)
(Zahlungsanweisung, Kundenpost) = Antragsbearbeitung(Antrag, Rückfrage)
(Externe Post, Interne Post) = Postausgang(Irrläufer, Kundenpost)

Dabei bezeichnen *Poststelle, Zahlstelle, Antragsbearbeitung* und *Postausgang* Datenflussknoten, die Abbildungen auf den Datenströmen entsprechen. Für die Beschreibung des inneren Aufbaus eines Datenflussknoten können wir wieder ein Datenflussdiagramm angeben. Dadurch entsteht die Möglichkeit einer mehrstufigen, hierarchischen Zergliederung von Komponenten in verteilte Systeme. Dies ist in Abb. 4.35 beispielhaft durch die Verfeinerung des Datenflussknotens *Antragsbearbeitung* gezeigt.

> **Hinweis**
> Datenflussmodelle sind die abstrakte Modelle verteilter informationsverarbeitender Systeme. Sie entsprechen asynchron kommunizierenden Systemen. Nachrichten werden unabhängig von der Frage des speziellen Modus des Nachrichtenaustauschs, etwa ob der Sender empfangsbereit ist, über den Kanal versandt, falls erforderlich gepuffert und bei Bedarf dem Empfänger verfügbar gemacht. Dabei ist die Darstellung von Entscheidungspunkten im *Kontrollfluss* von besonderem Interesse.

4.6.3.2 Kontrollfluss

Ein *Kontrollfluss* beschreibt die Aktivierung von Aktionen. Als Aktion bezeichnen wir das Senden oder Empfangen von Nachrichten, das Auswerten von Bedingungen und das Ändern von Zuständen. Der Kontrollfluss beschreibt in Programmen, aber auch in Prozessen, den Übergang von der Aktivierung einer Aktion zur Aktivierung der nächsten Aktion. Wir unterscheiden *sequenzielle Kontrollflüsse*, bei denen zu einem Zeitpunkt höchstens eine Aktion aktiv ist, und *parallele (nebenläufige) Kontrollflüsse*, bei denen mehrere Aktionen gleichzeitig aktiv sein können. *Kontrollflussdiagramme* waren in den Anfängen der Informatik sehr populär. Sie stellen nicht den Informationsfluss, sondern den Kontrollfluss mit grafischen Mitteln dar (etwa in der *Specification and Description Language* (SDL; [3, 55]), in deren Kontext auch die Message Sequence Charts entwickelt wurden, siehe Abschn. 4.6.4.1). Durch den Kontrollfluss wird beschrieben, welche Anweisungen nacheinander auszuführen sind. Kontrollflussdiagramme können solche Abläufe anschaulich darstellen.

Grundlagen von Kontrollflussgraphen Kontrollflussdiagramme bauen auf sogenannten *Kontrollflussgraphen* auf. Diese werden verwendet, um den Kontrollfluss darzustellen und zu analysieren. Grundsätzlich handelt es sich um einen Graphen $KFG = (V, E)$, mit der Knotenmenge V und der Kantenmenge E. In der Menge der Knoten sind üblicherweise

```
1  // Lies eine Zahl von der Konsole...
2  int myNumber = Int32.Parse(Console.ReadLine());
3
4  // Prüfe, ob die Zahl gerade oder ungerade ist, und
5  // gib das Ergebnis wieder auf der Konsole aus
6  if (myNumber % 2 == 0)
7  {
8    Console.WriteLine("Gerade");
9  }
10 else
11 {
12   Console.WriteLine("Ungerade");
13 }
14 // Enter für Ende...
15 Console.ReadLine();
```

Abb. 4.36 Beispielcode für einen Kontrollflussgraphen

zwei ausgezeichnete Knoten Eingang und Ausgang enthalten, welche keinen ausgeführten Code repräsentieren, sondern das Betreten und Verlassen eines Programms, bzw. eines Codefragments. Betrachten wir das Codefragment in Abb. 4.36.

Das Codefragment in Abb. 4.36 ermittelt, ob eine eingegebene Zahl gerade oder ungerade ist und gibt das Ergebnis auf der Konsole aus. Abb. 4.37 zeigt den resultierenden, einfachen sequentiellen Kontrollflussgraphen (ohne Ausnahmebehandlung) zu diesem Codefragment. Die Verbindung zum Code ist durch die entsprechenden Anweisungen dargestellt.

Anwendung von Kontrollflussgraphen Mit Hilfe eines Kontrollflussgraphen kann nun der Programmablauf dargestellt werden. Dies ist insbesondere dann hilfreich, wenn ein Programm analysiert und optimiert werden soll. So kann ein Programm etwa durch die zyklomatische Komplexität (siehe Kap. 2.3.3.2) analysiert werden. Für den Kontrollflussgraphen in Abb. 4.37 lässt sich beispielsweise durch Anwendung der Formel 2.2 eine zyklomatische Komplexität von $7 - 7 + 2 = 2$ ermitteln. Ebenfalls eine wichtige Rollen spielen Kontrollflussgraphen im Softwaretest. So wird beispielsweise die Testfallabdeckung (siehe Kap. 2.3.3.6) mit Hilfe von Kontrollflussgraphen ermittelt [35, 38]. Ferner ist es möglich, mit Kontrollflussgraphen unerreichbaren Code in einem Programm zu finden.

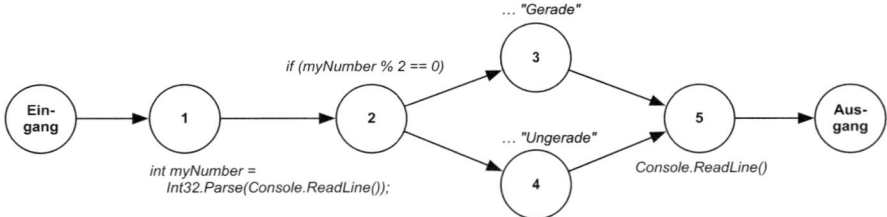

Abb. 4.37 Einfacher, sequenzieller Kontrollflussgraph für das Codefragment aus Abb. 4.36

4.6 Modellierung von verteilten Systemen

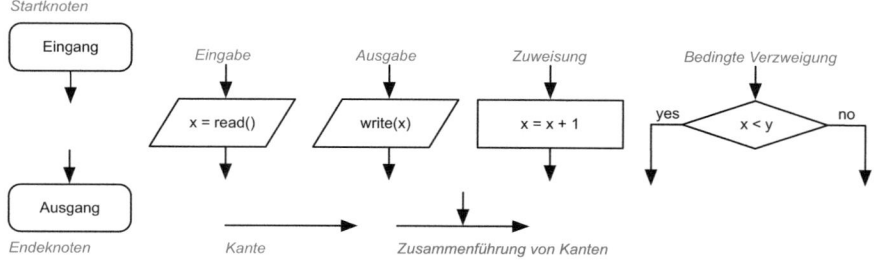

Abb. 4.38 Notation für Kontrollflussdiagramme

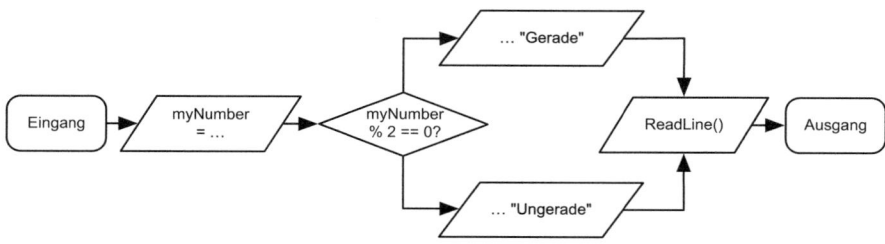

Abb. 4.39 Modellierung des Beispiels aus Abb. 4.37

Modellierung des Kontrollflusses Einfache Kontrollflussgraphen wie in Abb. 4.37 lassen sich unmittelbar aus Programmen herausgenerieren. Jedoch sind für die Modellierung des Kontrollflusses aussagekräftigere Instrumente erforderlich. Abb. 4.38 stellt zu diesem Zweck eine einfache Notation[8] für *Kontrollflussdiagramme* dar.

Mit Hilfe der Notation aus Abb. 4.38 stellt Abb. 4.39 das Codefragment aus Abb. 4.36 als Kontrollflussdiagramm dar. Im Vergleich zu Abb. 4.37 ist ersichtlich, dass diese Form der Darstellung den Modellierer besser unterstützt, da es passende Ausdrucksmittel für die wesentlichen Programmkonstrukte gibt. In der Tat nutzen auch moderne Modellierungssprachen wie die UML solche Notationselemente zur Modellierung des Kontrollflusses (siehe Abschn. 4.6.4.2).

Anmerkung *Mit den Erkenntnissen der strukturierten Programmierung wurden Kontrollflussdiagramme kritischer gesehen, insbesondere da sie in der Regel die Darstellung eines unstrukturierten Kontrollflusses durch Sprungbefehle nicht ausschließen (siehe Dijkstra [17]).*

---

[8] Diese Notation wird in der DIN 66001:1983 [18] als Programmablaufplan bezeichnet.

4.6.4 Prozesse

Softwaresysteme zeichnen sich durch die Interaktion mit ihrer Umwelt, mit Anwendern, Sensoren, Aktuatoren oder weiteren Nachbarsystemen, durch hohe Verhaltensdynamik aus. Dateneingabe, Verarbeitung und Ausgabe, führen auf die Interaktion mit der Umwelt. Dadurch entstehen *Prozesse,* welche auf unterschiedlichen Abstraktionsebenen zu erfassen, zu modellieren und schlussendlich zu realisieren sind.

Definition 4.17 (Prozess) Ein Prozess beschreibt ein Systemverhalten durch eine Menge von Ereignissen, die in einer kausalen und/oder zeitlichen Beziehung stehen. Jedes Ereignis kennzeichnet die Ausführung einer Aktion, die einer Änderung von Zustandsattributen, dem Senden oder Empfangen einer Nachricht oder dem Erreichen einer Deadline entspricht.

Prozesse werden in der Regel durch eine Menge von *Ereignissen* modelliert, die der Ausführung gewisser *Aktionen* entsprechen und die in einer *kausalen* oder *zeitlichen Beziehung* stehen und den Ereignisfluss (auch Kontrollfluss, siehe Abschn. 4.6.3.2) zwischen den Ereignissen ausdrücken. Allgemein ist der Ereignisfluss in Prozessen nebenläufig und nur in Spezialfällen sequentiell. Im Vordergrund steht dabei, dass jedes Ereignis die Ausführung einer Aktion kennzeichnet.

In informationsverarbeitenden Prozessen, wie sie etwa bei der Ausführung eines Programms in einem Rechner ablaufen, aber auch in allgemeinen Prozessen findet neben dem Kontrollfluss auch ein Datenfluss (siehe Abschn. 4.6.3.1) statt. Der Kontrollfluss beschreibt, wie Schritt für Schritt Aktionen aktiviert, also zur Ausführung gebracht werden, und welche Aktionen auf welche Aktionen folgen. Der Datenfluss beschreibt, welche Daten in einer Aktion verarbeitet werden, wodurch weitere Daten erzeugt werden, und wie diese Daten dann von weiteren Aktionen genutzt werden.

Anmerkung *Prozessmodelle sind sehr unterschiedlich ausgelegt, etwa im Hinblick auf die Frage, wie sie den Kontrollfluss beschreiben und inwieweit und wie genau sie neben dem Kontrollfluss auch den Datenfluss beschreiben. Wesentlich ist dabei im Allgemeinen jedoch die Darstellung der Nebenläufigkeit.*

Beispiele für Prozesse, wir sprechen auch von Prozessinstanzen, lassen sich sehr anschaulich grafisch beschreiben, da die Menge aller Ereignisse zusammen mit den mit ihnen verbundenen Aktionen direkt durch einen azyklischen Graphen dargestellt werden kann. Zusätzlich können auch Elemente des Datenflusses mit aufgenommen werden. Es gibt eine ganze Reihe von Modellierungsansätzen für Prozesse, die sich ausschließlich auf Prozessinstanzen abstützen. Dies sind insbesondere Interaktionsdiagramme, auch Message-Sequence-Charts genannt (siehe Abschn. 4.6.4.1), in denen sowohl der Kontroll- als auch der Datenfluss beschrieben werden.

4.6 Modellierung von verteilten Systemen

Beschreibung von Prozessen Die Beschreibung von Systemen, die Prozesse generieren, also die Beschreibung einer Menge von Prozessen, die durch ein System erzeugt werden, ist in der Regel recht schwierig. In einfachen Fällen lässt sich das noch elegant ausdrücken, etwa durch Petri-Netze. Petri-Netze beschreiben Mengen von Prozessen – genauer Prozessinstanzen. Jede Prozessinstanz entspricht der Abwicklung eines Petri-Netzes und damit sogenannten *Occurrence Netzen* [50, 54]. Will man aber komplexere Systemstrukturen beschreiben, indem man Mengen von Prozessen charakterisiert, stößt auch die grafische Notation schnell an ihre Grenzen. Das liegt daran, dass solche Systeme im Allgemeinen Instanzen mit sehr unterschiedliche Ablaufstrukturen aufweisen. Davon ist zwar jede für sich grafisch gut darstellbar, aber in einer allgemeinen, generierenden Form wird die Darstellung als integriertes, grafisches Modell schwierig. Dies sieht man beispielsweise an Aktivitätsdiagrammen von UML.

Interaktive Komponenten Interaktive Komponenten unterscheiden sich von Funktionen und Prozeduren dadurch, dass ihr Verhalten nicht durch eine einfache Relation oder Funktion beschrieben werden kann, die einen einzelnen Eingabewert (oder Satz von Eingabewerten) oder einen Eingabezustand auf einen Ausgabewert oder Ausgabezustand abbildet. Interaktive Komponenten nehmen in der Regel eine Folge (einen Strom) von Werten oder Zuständen (Fortsetzung nach Unterbrechung) als Eingabe und Erzeugen eine Folge (Strom) von Werten oder Zuständen (Zustand bei Unterbrechung) als Ausgabe. Die unter dem Stichwort *Datenfluss* beschriebenen Spezifikationstechniken (siehe Abschn. 4.6.3.1) lassen sich im Prinzip auf interaktive Komponenten anwenden. Daneben existiert eine Vielzahl von Ansätzen, um interaktive Komponenten und ihr Zusammenspiel in einem System zu beschreiben:

- Zustandsmaschinen durch Zustandsübergangstabellen (siehe Abschn. 4.5.1.3) und Zustandsübergangsdiagramme (siehe Abschn. 4.5.1.2)
- Petri-Netze [50] zur Beschreibung von nebenläufigen Prozessen
- Temporale Logik [34]
- Speziell zugeschnittene Zusicherungsmethoden
- Spuren (Systemabläufe, Traces, Folgen von Aktionen und/oder Zuständen)

Alle genannten Techniken beschreiben explizit oder implizit Prozesse oder deren Eigenschaften. Die adäquate Beschreibung des Verhaltens interaktiver Komponenten ist nach wie vor ein Forschungsgegenstand der Informatik.

4.6.4.1 Message Sequence Charts und UML-Sequenzdiagramme

Datenmodelle und Verteilungssicht ergeben zunächst eine statische Sicht. Diese ist in der Regel gut beherrschbar und darstellbar. Schwieriger ist die Erfassung dynamischer Aspekte eines informationsverarbeitenden Systems. Dazu bieten sich die Prozess- oder Ablaufsicht an. Dabei werden zunächst typische Muster für Systemabläufe beschrieben.

Abb. 4.40 Einfaches Beispiel eines Message Sequence Charts

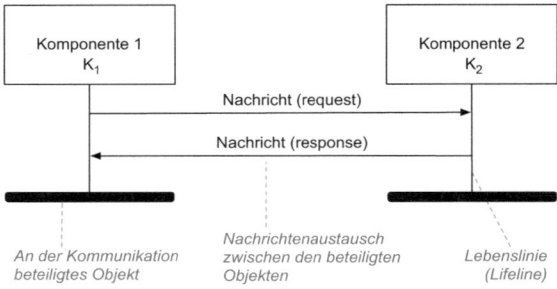

Wir sprechen von Szenarien und Nutzungsfällen (Use Cases, siehe Kap. 6.1.1.1). Diese Beschreibungen bilden die Grundlage für die Kommunikation mit den Nutzern und Anwendungsfachleuten. Später wird daraus die Beschreibung des Verhaltens der Systemteile gewonnen. Als Beschreibungsmittel werden hierfür etwa *Message Sequence Charts* und *UML-Sequenzdiagramme* verwendet.

Message Sequence Charts Message Sequence Charts (MSCs; [28]) stammen aus der Telekommunikation und sind primär im Umfeld von SDL [3, 29] entstanden. Sie finden sich inzwischen in vielen Methoden, insbesondere in Methoden der objektorientierten Analyse.

Ein Message Sequence Chart (Abb. 4.40) veranschaulicht den Informationsfluss zwischen den Komponenten eines verteilten Systems. Für jede Komponente wird ein „Lebensfaden" (Lebenslinie, engl. Lifeline) angegeben, der durch eine senkrechte Linie dargestellt wird. Die Linien verlaufen parallel und versinnbildlichen den Zeitfluss von oben nach unten. Waagrechte Pfeile beschreiben den Nachrichtenaustausch. Ein Pfeil von der Linie der Komponente K_1 zur Linie der Komponente K_2 verdeutlicht, dass zu dem entsprechenden Zeitpunkt ein Nachrichtenaustausch zwischen diesen beiden Komponenten stattgefunden hat.

UML-Sequenzdiagramme Prozessdiagramme, wie MSCs sind in der Modellierung von Softwaresystemen sehr populär. Sie gestatten es, sowohl den Kontrollfluss als auch den Datenfluss in einem System zu erfassen (siehe Abschn. 4.6.3). Jedoch werden anstelle der Message Sequence Charts in der Praxis vermehrt *UML-Sequenzdiagramme*[9] (siehe Kap. A.3.4) und *UML-Aktivitätsdiagramme* [30, 48, 56] verwendet.

4.6.4.2 UML-Aktivitätsdiagramme

Praktisch hat sich die UML – insbesondere die *UML-Aktivitätsdiagramme* – als Mittel zur Modellierung von Daten- und Kontrollflüssen etabliert. Kap. A.3.2 gibt einen Überblick über die wichtigsten Modellierungselemente in Aktivitätsdiagrammen.

---

[9] Vergleiche hierzu auch die bereits Ende der 1990er Jahre begonnene Diskussion zur Harmonisierung von MSCs und Sequenzdiagrammen [55].

4.6 Modellierung von verteilten Systemen

Aktivitätsdiagramme können vielfältig eingesetzt werden – von der abstrakten Beschreibung von Geschäftsprozessen bis zur detaillierten Beschreibung von Algorithmen. Komplexe Abläufe können hierarchisch dargestellt werden und auch Nebenläufigkeit in den einzelnen Vorgängen kann mit Hilfe von Aktivitätsdiagrammen modelliert werden. Dies macht auch offensichtlich, dass Aktivitätsdiagramme ein hohes Maß an Komplexität mit sich bringen, weshalb wir im Kap. A.3.2 nur die grundlegenden und für das Verständnis der Beispiele (siehe Kap. 7.5.2.4) erforderlichen Notationselemente einführen. Weitere Detailinformationen sind der Speziallieratur [30, 48, 56] zu entnehmen.

Aktivitätsdiagramme, Interaktionsdiagramme und allgemein Modelle für Prozesse treten in etwas unterschiedlichen Formen auf. Entscheidend ist hierbei, ob durch entsprechende Modelle nur eine *Instanz,* d. h., ein *Exemplar* eines Prozesses, eines Ablaufs oder einer Interaktion beispielhaft dargestellt werden soll, oder ob durch ein entsprechendes Modell eine *Menge* von Prozessen oder gar die Menge aller Prozesse, die betrachtet werden sollen, beschrieben werden soll. Beispiele für sehr frühe Ansätze zur Beschreibung von Prozessen sind Petri-Netze, die eine Menge von Prozessen beschreiben, die sogenannten Occurence-Netzen entsprechen [50, 54]. Beispiele für Beschreibungen von Prozessen bzw. Interaktionen, die in der Regel einzelne Beispiele für Interaktionsfolgen darstellen, sind Interaktionsdiagramme. Wählt man etwas aufwendigere, ausdrucksstärkere Möglichkeiten der Beschreibung von Prozessen als Petri-Netze, so stellt man sehr schnell fest, dass mit einer grafischen Darstellung der Menge aller Prozesse sehr schnell bestimmte Grenzen erreicht werden, da die Dynamik eines Systems, das ganz unterschiedliche Prozesse erlaubt, grafisch kaum mehr zu erfassen ist.

> **Geschäftsprozessmodellierung**
> Die UML Aktivitätsdiagramme erfreuen sich großer Beliebtheit. Insbesondere werden Sie zur Modellierung von Vorgängen in Softwaresystemen verwendet, welche sich später auch wieder in der Implementierung widerspiegeln. Allerdings werden Aktivitätsdiagramme auch verwendet, um eher grobgranulare Prozesse, insbesondere Geschäftsprozesse zu modellieren. An dieser Stelle sei aber angemerkt, dass es für diese Art der Prozessmodellierung noch weitere Modellierungssprachen gibt.
>
> Einen großen Bekanntheitsgrad in der Geschäftsprozessmodellierung hat *ARIS* [15, 57] erlangt. ARIS ist eine umfassende Modellierungsumgebung, die für die Modellierung von Geschäftsprozessen unter anderem *ereignisgesteuerten Prozessketten* (EPK; [42, 63]) einsetzt. EPKs basieren auf gerichteten bipartiten Graphen [5, 16] bestehend aus Ereignissen und Funktionen. Diese können durch logische Operatoren miteinander verknüpft werden.
>
> Eine weitere verbreitete Modellierungssprache für die Modellierung von Geschäftsprozessen ist die *Business Process Model and Notation* (BPMN; [26]), welche – wie die UML – durch die OMG gepflegt wird [46]. Ein zentrales Merkmal der BPMN ist ihre die formale Beschreibung der Ausführung von BPMN-Elementen.

> Durch diese sogenannte *Execution Semantics* und die maschinenlesbare XML-Beschreibung von BPMN-Modellen, eigenen sich solche Modelle auch zur Ausführung in sogenannten *Workflow-Systemen*. Hinsichtlich der Darstellung ihrer Modellelemente ist die BPMN an UML-Aktivitätsdiagramme angelehnt und verwendet zum Teil dieselbe Symbolik, etwa für Aufgaben (Task; entspricht der Aktion im Aktivitätsdiagramm). Die BPMN wird durch eine Vielzahl an Werkzeugen unterstützt, unter anderem auch durch die oben genannten ARIS-Werkzeuge.

4.6.4.3 Modellierung von Entscheidungsstrukturen mit Struktogrammen

Ein deskriptives Verfahren zur Darstellung von Entscheidungsstrukturen in Programmen sind die *Struktogramme* (auch als Entscheidungsdiagramme bezeichnet) nach Isaac Nassi und Ben Shneiderman [41]. Abb. 4.41 zeigt die wesentlichen Notationselemente der Nassi-Shneiderman-Diagramme. Obwohl Struktogramme heute nur noch selten eingesetzt werden, stellen sie ein einfaches Hilfsmittel zum Entwurf und zum Verständnis von Programmstrukturen und Abläufen dar.

Beispiel Das in Abb. 4.42 gezeigte Beispiel stellt dar, wie algorithmisch überprüft werden kann, ob ein eingegebenes Jahr ein Schaltjahr ist. Dieses Beispiel illustriert die Anwendung und Kombination der Notationselemente aus Abb. 4.41.

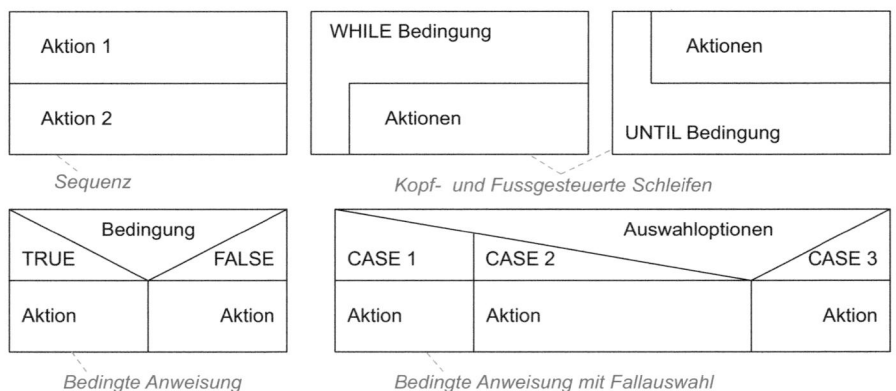

Abb. 4.41 Überblick über die Notation von Struktogrammen

Abb. 4.42 Beispiel eines Struktogramms zur Schaltjahrprüfung

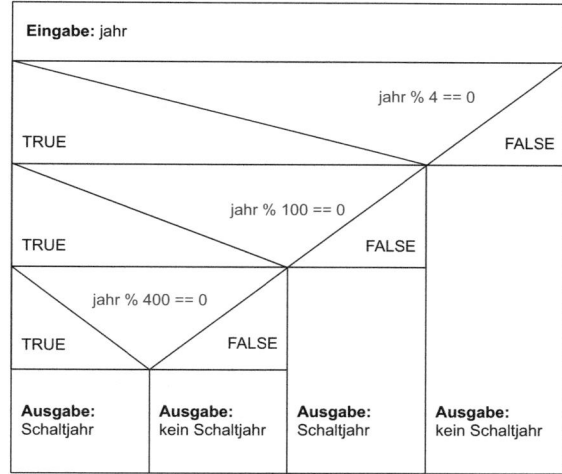

4.7 Weiterführende Literatur und Übungen

Wo immer Software erstellt wird, findet implizit oder explizit Modellierung statt. Softwareentwicklung, die sich ganz auf Modellierung stützt, wird als modellbasiertes Software- und Systems Engineering bezeichnet. Dafür sind eigene Modellierungssprachen geschaffen worden wie etwa die UML (siehe Kap. A), Modellierungswerkzeuge und – als Teil der Modellierungssprachen – eine Vielzahl von unterschiedlichen Modellierungsparadigmen, die wir kurz eingeführt haben (siehe Abschn. 4.2). Die prominentesten Modellierungssprachen sind sicher UML [30, 43, 48, 56] und SysML [27], aber auch im wissenschaftlichen Bereich sind eine Reihe von Sprachen und dazugehörigen Werkzeugen geschaffen worden, wie beispielsweise die Werkzeuge AutoFOCUS [13, 24] oder Simulink [37], die stärker als UML auf wissenschaftlichen Grundlagen aufgebaut sind. In diesem Kapitel wurden ausgewählte Modellierungsansätze vorgestellt und erläutert, die sich an den wesentlichen Schritten in der Softwareentwicklung orientieren (siehe Tab. 4.1). Die ausgewählten Ansätze decken dabei eine gewissen Bandbreite von Anwendungsfällen ab, beginnend bei der Kommunikation, etwa mit Hilfe von UML-Modellen, bis hin zu formalen Methoden auf der Grundlage mathematischer Beschreibungskonzepte für die modellbasierte Software- und Systementwicklung. Entscheidend ist jedoch, unabhängig von der konkreten Modellierungstechnik, dass diese passend für ein Projekt gewählt und dann konsequent umgesetzt werden muss. Für die Auswahl einer Modellierungstechnik sind die Anforderungen und Ziele des Projekts maßgeblich, etwa ob aus Anforderungs- oder Architekturmodellen Testfälle generiert werden sollen oder ob Modelle bereits früh im Projekt überprüft werden sollen. Zu beachten ist, dass die Auswahl dann auch Konsequenzen hat. Je strikter eine Modellierungstechnik ist, desto höher sind üblicherweise die Anforderungen an die Modellierer aber auch an die anderen Stakeholder, welche die Modelle lesen, verstehen und auf dieser Grundlage Entscheidungen treffen müssen.

In diesem Kapitel wurde ein Schwerpunkt auf die modellbasierte Softwareentwicklung gelegt. Modellbasiertes Vorgehen beginnt mit der Modellierung von Datenstrukturen mit ihren charakteristischen Funktionen, umfasst weiter die Modellierung von großen Datenbeständen, wie sie typischerweise in ER-Modellen erfasst werden, hinzu kommt die Modellierung von Programmen und der zugrundeliegenden Algorithmen auf den unterschiedlichen Abstraktionsebenen. Dies schließt beispielsweise Modelle ein, die den Programmablauf betreffen, also den Auswertungs- und Berechnungsprozess, aber auch Modelle, die abstrakter sind und Programme auf Funktionen, auch Funktionen auf Zuständen, abbilden und damit auch wieder eine Form einer mathematischen Modellierung sind [11, 12].

Abgestützt auf solchen Modellierungsansätzen ist es ein wesentliches Ziel, eine durchgängige Entwicklung von Software und softwarebasierten Systemen auf Basis von Modellen zu realisieren. Die grundlegende Idee dabei ist, dass sowohl das zu erstellende System als auch die Systemumgebung modellhaft erfasst werden. Anforderungen an das System und Annahmen bezüglich der Systemumgebung werden in Modellen formuliert. Die resultierende Funktionalität wird mit Hilfe von Schnittstellenmodellen spezifiziert und die Struktur des Systems wird durch Architekturen dargestellt. Die Systembestandteile – die Komponenten (siehe Kap. 1.2) – werden ebenfalls modellhaft erfasst, was bereits eine Verifikation der Architektur erlaubt. Schlussendlich können die Komponenten implementiert werden. Eine besonders konsequente modellbasierte Vorgehensweise geht davon aus, dass aus den Modellen heraus Programme generiert werden, in letzter Konsequenz der ganze Entwicklungsprozess in der Form der Erstellung von Modellen durchgeführt wird, aus denen dann letztendlich die gesamte Software generiert wird. Man spricht dann von *modellgetriebener Softwareentwicklung* [4, 52, 60]. Dabei gilt, dass die Modelle eingesetzt werden, um bestimmte Zusammenhänge der Programmierung zu erfassen, aber auch für Fragen der Verifikation [64], der Analyse und der Dokumentation.

Übungsaufgaben

Übung 4.1 (Beschreibung von Funktionen) Ein Smartphone hat unterschiedliche Funktionen, u. a. eine *Telefonfunktion,* eine *Alarmfunktion* und eine *Weckfunktion.* Bearbeiten Sie anhand dieses Beispiels die folgenden Aufgaben:

a) Beschreiben Sie die drei genannten Funktionen zunächst *informell.* Berücksichtigen Sie bei Ihrer Beschreibung der Funktionen die folgenden Aspekte und beantworten Sie durch Ihre Beschreibung die unten stehenden Fragen:
   - Beschreiben Sie textuell die Funktion
   - Welche Nachrichten und welche Daten werden ausgetauscht?

4.7 Weiterführende Literatur und Übungen

- In welchen Anwendungsszenarien können diese Funktionen angewendet und aufgerufen werden?
- Welche Abhängigkeiten bestehen zwischen den Funktionen?

b) Überführen Sie Ihre informalen Beschreibungen in Zustandsmaschinen (etwa UML Zustandsdiagramme) zur Modellierung von Kontroll- und Datenzuständen. Nutzen Sie hierzu ein Modellierungswerkzeug.

c) Gibt es Unterschiede zwischen Kontroll- und Datenzuständen? Falls ja, beschreiben Sie diese – falls nein, warum nicht und welche Schlüsse können Sie daraus ziehen?

Übung 4.2 (UML und Systemsichten) In Kap. 2.1.3 wurden Sichten auf ein Softwaresystem besprochen.

a) Nennen Sie zur Wiederholung mögliche Sichten auf ein Softwaresystem und erläutern Sie diese in Stichpunkten.

b) Welche Diagrammtypen bietet die UML an? Nennen Sie die Diagrammtypen und beschreiben Sie in Stichpunkten, auf welche Einsatzmöglichkeiten die einzelnen Typen ausgerichtet sind.

c) Ordnen Sie den Sichten auf ein System jeweils geeignete Diagrammtypen zu und erläutern Sie, warum Typ geeignet ist, eine bestimmte Systemsicht zu beschreiben/zu modellieren.

Übung 4.3 (Szenario: Datenmodellierung für Code & Talk) Modellieren Sie geeignete Datenstrukturen für das Projekt „Code & Talk" unter Verwendung eines der folgenden Beschreibungsmittel (soweit möglich/angebracht jeweils mit Hilfe eines Modellierungs- oder Entwicklungswerkzeugs):

a) Entity-Relationship-Modell
b) UML-Klassendiagramm
c) Algebraische Spezifikation
d) Programmiersprachen, insbesondere mit prozeduralen Sprachen (C, Pascal) und/oder objektorientierten Sprachen (C++, C#, Java)

Übung 4.4 (Bewertung von Techniken zur Datenmodellierung) Die Modellierung von Daten ist in Softwareprojekten eine wichtige Aufgabe. Für die Datenmodellierung gibt es unterschiedliche Ansätze, Techniken und Methoden.

a) Bewerten Sie die unterschiedlichen Ansätze/Techniken/Methoden für die Datenmodellierung, insbesondere nach den Kriterien: Einfache Erlernbarkeit, Verständlichkeit, Ausdrucksstärke.

b) Geben Sie Argumente für bzw. gegen die Anwendung der UML für die Datenmodellierung an. Beziehen Sie sich hierbei auf Ihre Lösung der Übung 4.3.

Übung 4.5 (Szenario: Strukturmodellierung für Code & Talk) Strukturmodellierung dient zur Beschreibung der architektonischen Aspekte eines Systems und seiner Komponenten einschließlich ihrer Schnittstellen und ihres inneren Aufbaus. Die UML bietet dazu mehrere Möglichkeiten für die Beschreibung struktureller Eigenschaften eines Systems, unter anderem Klassendiagramme, Objektdiagramme, Paketdiagramme und Komponentendiagramme (siehe Abschn. 4.2.3).

a) Mit welchen UML Diagrammtypen lässt sich die logische Struktur eines Systems sinnvoll beschreiben? Begründen Sie Ihre Antwort.

b) Modellieren Sie die Struktur des Systems „Code & Talk – Project Wall". Entwerfen Sie passende Systemstrukturen und definieren Sie insbesondere angemessene Schnittstellen. Welche Datentypen und Nachrichten (siehe auch Übung 4.3) werden über die Schnittstellen ausgetauscht?

Literatur

1. J.-R. Abrial. The B Tool. In *Proceedings of the Europe Symposium on VDM – The Way Ahead*, volume 328 of *Lecture Notes in Computer Science*, pages 86–87, Berlin, Heidelberg, 1988. Springer-Verlag.
2. H. Bekić, D. Bjørner, W. Henhapl, C. B. Jones, and P. Lucas. A formal definition of a pl/i subset. In *Programming Languages and Their Definition*, volume 177 of *Lecture Notes in Computer Science*, pages 107–155, Berlin, Heidelberg, 1984. Springer Berlin Heidelberg.
3. F. Belina, D. Hogrefe, and A. Sarma. *SDL with Applications from Protocol Specification*. Prentice-Hall, Inc., Upper Saddle River, NJ, USA, 1991.
4. S. Beydeda, M. Book, and V. Gruhn, editors. *Model-Driven Software Development*. Springer, October 2010.
5. R. Bodendiek and R. Lang. *Lehrbuch der Graphentheorie*, volume Band 1 und 2 of *Spektrum Hochschultaschenbuch*. Spektrum Akademischer Verlag, erste edition, 1995.
6. M. Broy. Compositional refinement of interactive systems. *Journal of the ACM*, 44(6):850–891, 1997.
7. M. Broy. *Informatik – Eine grundlegende Einführung (Band 1: Programmierung und Rechnerstrukturen)*. Springer, 2 edition, 1998.
8. M. Broy. *Engineering Theories of Software Construction*, volume 180 of *NATO Science Series III: Computer and System Sciences*, chapter From States to Histories: Relating States and History Views onto Systems, pages 149–186. IOS Press, 2001.
9. M. Broy. A logical basis for component-oriented software and systems engineering. *The Computer Journal*, 53(10):1758–1782, 2010.
10. M. Broy. Multifunctional software systems: Structured modeling and specification of functional requirements. *Science of Computer Programming*, 75(12):1193–1214, 2010.
11. M. Broy. *Logische und Methodische Grundlagen der Programm- und Systementwicklung*. Springer Vieweg, June 2019.
12. M. Broy and R. Steinbrüggen. *Modellbildung in der Informatik*. Number ISBN: 3-540-44292-8 in Xpert.press. Springer, 2004.

13. M. Broy and K. Stølen. *Specification and Development of Interactive Systems: Focus on Streams, Interfaces, and Refinement*. Springer-Verlag, Berlin, Heidelberg, 2001.
14. P. P.-S. Chen. The Entity-Relationship Model – Toward a Unified View of Data. *ACM Transactions on Database Systems*, 1(1):9–36, 1976.
15. R. Davis. *ARIS Design Platform: Advanced Process Modeling and Administration*. Springer, 2010.
16. R. Diestel. *Graphentheorie*. Springer Spektrum, 5 edition, May 2017.
17. E. W. Dijkstra. Letters to the editor: Go to statement considered harmful. *Commun. ACM*, 11(3):147–148, 1968.
18. DIN 66001:1983-12. Informationsverarbeitung; Sinnbilder und ihre Anwendung. Technical report, Deutsches Institut für Normung e.V. (DIN), December 1983.
19. J. Duncan, L. Rackley, and A. Walker. *SSADM in Practice*. Palgrave, London, 1995.
20. R. W. Floyd. Assigning meanings to programs. *Proceedings of Symposium on Applied Mathematics*, 19:19–32, 1967.
21. M. Fowler and R. Parsons. *Domain-Specific Languages*. Addison Wesley, (to appear), 2010.
22. D. Harel. Statecharts: a visual formalism for complex systems. *Science of Computer Programming*, 8(3):231–274, 1987.
23. C. A. R. Hoare. An axiomatic basis for computer programming. *Commun. ACM*, 12(10):576–583, Oct. 1969.
24. F. Hölzl, H. P. de Leon, and S. Voss. AutoFOCUS (af3, version 2.16). Online: https://af3.fortiss.org (abgerufen: 2020-01-03), October 2019.
25. ISO/IEC 13568:2002. *Information technology – Z formal specification notation – Syntax, type system and semantics*. International Organization for Standardization, July 2002.
26. ISO/IEC 19510:2013. *Information Technology – Object Management Group Business Process Model and Notation*. International Organization for Standardization, July 2013.
27. ISO/IEC 19514:2017. *Information technology – Object management group systems modeling language (OMG SysML)*. International Organization for Standardization, March 2017.
28. ITU Z.120. *Message Sequence Chart (MSC)*. International Telecommunication Union, February 2011.
29. ITU Z.121. *Specification and Description Language (SDL) data binding to Message Sequence Charts (MSC)*. International Telecommunication Union, February 2003.
30. C. Kecher, A. Salvanos, and R. Hoffmann-Elbern. *UML 2.5: Das umfassende Handbuch*. Rheinwerk Computing, 6 edition, November 2017.
31. A. Kemper and A. Eickler. *Datenbanksysteme: Eine Einführung*. De Gruyter Studium. De Gruyter Oldenburg, 10 edition, September 2015.
32. S. Kleuker. *Formale Modelle der Softwareentwicklung: Model-Checking, Verifikation, Analyse und Simulation*. Studium. Vieweg+Teubner Verlag, September 2009.
33. A. Knöpfel, B. Gröne, and P. Tabeling. *Fundamental Modeling Concepts: Effective Communication of IT Systems*. Wiley, 2006.
34. F. Kröger and S. Merz. *Temporal Logic and State Systems*. Texts in Theoretical Computer Science. Springer, March 2008.
35. Liggesmeyer, P. *Software-Qualität: Testen, Analysieren und Verifizieren von Software*. Spektrum Akademischer Verlag, second edition, 2009.
36. D. A. Marca and C. L. McGowan. *SADT: Structured Analysis and Design Techniques*. McGraw Hill Higher Education, 1987.
37. MathWorks. Simulink. Online: https://de.mathworks.com/help/slcheck/ref/model-metric-checks.html (abgerufen: 2020-09-18), 2018.
38. G. H. Mealy. A method for synthesizing sequential circuits. *The Bell System Technical Journal*, 34(5):1045–1079, September 1955.

39. B. Meyer. *Eiffel : The Language*. Prentice Hall Object-Oriented Series. Pearson Education Limited, October 1992.
40. B. Meyer. *Object-Oriented Software Construction*. Prentice Hall, 2 edition, November 1998.
41. I. Nassi and B. Shneiderman. Flowchart techniques for structured programming. *ACM SIGPLAN Notices*, 8(8):12–26, Aug. 1973.
42. M. Nüttgens and F. J. Rump. Syntax und semantik ereignisgesteuerter prozessketten (epk). In *Promise 2002 – Prozessorientierte Methoden und Werkzeuge für die Entwicklung von Informationssystemen – Proceedings des GI-Workshops und Fachgruppentreffens*, pages 64–77, October 2002.
43. OMG. Unified Modeling Language (UML): Infrastructure Version 2.1.1. Technical report, Object Management Group, 2007.
44. OMG. Software & Systems Process Engineering Metamodel Specification (SPEM) Version 2.0. Technical report, Object Management Group, 2008.
45. OMG. UML Profile for MARTE: Modeling and Analysis of Real-Time Embedded Systems, Version 1.1. Technical report, Object Management Group, 2011.
46. OMG. Business Process Model and Notation (BPMN), Version 2.0.2. Technical report, Object Management Group, January 2014.
47. OMG. Meta Object Facility (MOF), Version 2.5.1. Technical report, Object Management Group, 2016.
48. OMG. Unified Modeling Language (UML) Specification, Version 2.5.1. Technical report, Object Management Group, 2017.
49. D. L. Parnas. Tabular representation of relations. Technical Report CRL Report 260, McMaster University, Hamilton, Ontario, Canada, 1992.
50. C. A. Petri. *Kommunikation mit Automaten*. PhD thesis, Mathematisches Institut der Universität Bonn, 1962.
51. A. Poetzsch-Heffter. *Specification and Verification of Object-Oriented Programs*. Habilitation thesis, Technical University of Munich, January 1997.
52. K. Pohl, H. Hönninger, R. Achatz, and M. Broy, editors. *Model-Based Engineering of Embedded Systems: The SPES 2020 Methodology*. Springer, December 2014.
53. L. Priese and K. Erk. *Theoretische Informatik: Eine umfassende Einführung*. Springer Vieweg, 4 edition, August 2018.
54. W. Reisig. *Petrinetze: Modellierungstechnik, Analysemethoden, Fallstudien*. Vieweg+Teubner Verlag, 2010.
55. E. Rudolph, J. Grabowski, and P. Graubmann. *SDL'99: The Next Millennium*, chapter Towards a Harmonization of UML-Sequence Diagrams and MSC. Elsevier Science, June 1999.
56. C. Rupp, S. Queins, and die SOPHISTen. *UML 2 glasklar: Praxiswissen für die UML-Modellierung*. Carl Hanser Verlag GmbH & Co. KG, 4 edition, 2012.
57. A.-W. Scheer, W. Jost, and K. Wagner, editors. *Von Prozessmodellen zu lauffähigen Anwendungen: ARIS in der Praxis*. Springer, 2005.
58. J. Siedersleben. *Moderne Software-Architektur – Umsichtig planen, robust bauen mit Quasar*. dpunkt.verlag, 2004.
59. G. Simsion. *Data Modeling. Theory and practise*. Technics Publications, March 2007.
60. T. Stahl, M. Völter, S. Efftinge, and A. Haase. *Modellgetriebene Softwareentwicklung: Techniken, Engineering, Management*. dpunkt.verlag, 2 edition, May 2007.
61. W. Struckmann and D. Wätjen. *Mathematik für Informatiker – Grundlagen und Anwendungen*. Elsevier Spektrum Akademischer Verlag, 2006.

62. C. Szyperski, D. Gruntz, and S. Murer. *Component Software: Beyond Object-Oriented Programming*. Component Software Series. Addison-Wesley, 2 edition, November 2002.
63. W. van der Aalst. Formalization and verification of event-driven process chains. *Information and Software Technology*, 41(10):639–650, 1999.
64. M. Winter, T. Roßner, C. Brandes, and H. Götz. *Basiswissen modellbasierter Test*. dpunkt.verlag GmbH, September 2016.

Teil II
Anforderungsanalyse

Anforderungsanalyse und Anforderungsmanagement

5

Zusammenfassung

Was ist das Ziel eines Softwareentwicklungsprojekts? Welche Eigenschaften soll das zu entwickelnde Softwaresystem haben? Welche Aufgaben soll es unterstützen? Welche Funktionalität soll es in welcher Form anbieten? Welche Qualitätseigenschaften soll das Softwaresystem haben? – Dies sind die zentralen Fragen bei der Entwicklung von Software, deren Bedeutung erstaunlicherweise oft unterschätzt wird. Verantwortliche vertreten zu Beginn eines Projektes zu oft die Auffassung, dass diese Fragen offensichtliche Antworten hätten – eine meist gefährliche Fehleinschätzung. Meist stellt sich erst bei näherer Betrachtung heraus, welche Anforderungen für die Software tatsächlich angemessen sind. Schwierig ist dabei die Balance aus Kosten und Nutzen. Insbesondere, wenn Software zusätzlich Innovationen erlaubt, ergeben sich häufig neue Möglichkeiten zur Lösung einer Aufgabe, die alles andere als offensichtlich sind und erst bei sorgfältiger Betrachtung entdeckt werden können. Dieses Kapitel führt die grundlegenden Begriffe und Konzepte der Anforderungsanalyse ein. Dies umfasst insbesondere die zentrale Rolle der Nutzer, das grundsätzliche Vorgehen in der Anforderungsanalyse, die Kernartefakte zur Dokumentation der Anforderungen und die wesentlichen Aufgaben im Management der Anforderungen.

5.1 Ziele und Aufgaben einer Software

Softwaresysteme dienen einem bestimmten Zweck und dieser Zweck besteht in der Regel darin, dass sie entweder eigenständig Aufgaben wahrnehmen oder ihre Nutzer bei der Wahrnehmung ihrer Aufgaben unterstützen oder beides. Entschließt man sich zur Entwicklung eines Systems, dann ist es im ersten Schritt wichtig, sich über die Ziele der Softwareentwicklung klar zu werden. Für manche Softwaresysteme ist dies relativ offensichtlich, in anderen Fällen ist es nicht ganz einfach, sich für bestimmte Ziele zu entscheiden. Besonders deutlich tritt dies zu Tage, wenn man Software einsetzt, um über die Software *Innovationen* zu realisieren. Dann muss eine intensive Überlegung einsetzen, die zum einen die Vorstellung von der Innovation erarbeitet, zum anderen welche Rolle die Software im Hinblick auf die Innovation spielen wird.

Achtung *Es somit wesentlich, festzulegen, welche Aufgaben eine Software wahrnimmt und welche Aufgaben sie unterstützt. In letzterem Fall ist auch genau festzulegen, welche Teilaufgaben die Software für den Nutzer bei der Unterstützung der Durchführung einer Aufgabe wahrnehmen soll. Dies erfordert ein tiefes Verständnis für die Nutzungssituation und ein genaues Studium des Nutzungskontextes.*

Es ist auch wichtig, sich möglichst davon zu lösen, dass die Software im Wesentlichen bekannte Lösungswege für die Aufgaben nun mit Mitteln der Informationsverarbeitung unterstützt. Typischerweise erlaubt der Einsatz von Software und der damit zur Verfügung stehenden Möglichkeiten, über Netzwerke, Sensoren und Aktuatoren in einer ganz anderen Art und Weise Daten miteinzubeziehen. Auch der Zugriff auf alle möglichen Hilfsdienste in bereits vorhandenen Systemen erlaubt oft ganz neue Lösungen. Gerade deshalb ist es zu Beginn einer Softwareentwicklung zwingend erforderlich, sich hier von überkommenen Vorstellungen zu lösen und die Fülle der Möglichkeiten zu betrachten. Unverzichtbar ist dabei die Einbeziehung von Domänenexperten und Nutzern, aber auch jeder anderen von Art Interessengruppen (sogenannter *Stakeholder*), die in direkter oder indirekter Form mit der Software konfrontiert werden. Nur so lässt sich ein umfassendes Verständnis entwickeln für die Bedürfnisse, für die anfallenden Aufgaben und auch für die Möglichkeiten, Software gewinnbringend einzusetzen.

Anmerkung *Eine der Schwierigkeiten ist es, sich von „überkommenen Vorstellungen" zu lösen. Hilfreich sind deshalb Methoden wie das Design Thinking (siehe Kap. 7.3.1). Hier werden in enger Zusammenarbeit mit Nutzern und Anwendungsexperten unterschiedliche Arten von Prototypen erstellt werden, die den Beteiligten eine klare Vorstellung davon vermitteln, wie ein gewünschtes System idealerweise aussehen könnte.*

5.2 Die zentrale Rolle der Anforderungen

Der Erfolg einer Softwareentwicklung hängt letztlich davon ab, ob das fertiggestellte System den Erwartungen der Beteiligten entspricht. Typischerweise gibt es unterschiedliche Erwartungen an ein System seitens der beteiligten und betroffenen Interessensgruppen, die wir *Stakeholder* nennen. Beispiele für solche Erwartungen sind die geforderten Funktionsumfänge, angemessene Qualität, hinreichende Sicherheit, niedrige Entwicklungs- oder Betriebskosten, einfache Nutzbarkeit und vieles mehr. Typischerweise sind die unterschiedlichen Erwartungen der verschiedenen Stakeholder nicht immer konsistent. Dann ist die

Aufgabe des Requirements Engineerings, zu ermöglichen, dass ein angemessener Kompromiss gefunden wird, der die Erwartungen so gut wie möglich in Einklang bringt und dabei die Wichtigkeit der jeweiligen Stakeholder für den Projekterfolg berücksichtigt. Letztlich ist es die Aufgabe des „Product Owners" (siehe Kap. 3.5.1), der die unternehmerische Verantwortung für den Projekterfolg und die Ausprägungen des Entwicklungsergebnisses hat, hier die Schwerpunkte zu setzen.

5.2.1 Die Nutzer und ihr Erlebnis stehen im Zentrum

Ein überwiegender Teil von Softwaresystemen wird eingesetzt, um in enger Interaktion mit den Nutzern, diese dabei zu unterstützen, bestimmte Aufgaben zu erfüllen. Dies gilt im Übrigen auch für Systeme, bei denen die Software gar nicht wirklich mit dem Nutzer interagiert, sondern im Hintergrund oder gar autonom bestimmte Zusammenhänge regelt. Mit dem Begriff *User Experience* (UX; [2, 7]) wird dieses Nutzererlebnis als ein für Software entscheidendes Qualitätskriterium zusammengefasst (siehe Kap. 2.2.2.1). Automatisierte und autonome Systeme beispielsweise verschaffen dem Nutzer ein besonders positives Erlebnis, wenn diese einwandfrei und reibungslos funktionieren, sodass sie keine unmittelbare Aufmerksamkeit erfordern, ohne jede Schwierigkeit ihrer Aufgabe nachkommen und dabei nachvollziehbar und eher unauffällig arbeiten, den Nutzer entlasten und optimal unterstützen.

Bedeutsamer ist das Nutzererlebnis jedoch, wenn der Nutzer direkt mit den Softwaresystemen interagiert. Dies gilt für praktisch alle Softwaresysteme, die Menschen nutzen – ob das ein Softwaresystem in einem Flugzeug ist, mit dem der Pilot interagiert, eine App, mit der ein Nutzer im Web bestimmte Aufgaben erledigen kann oder aber ein Software-Werkzeug, das dezidiert für bestimmte Entwicklungsaufgaben eingesetzt wird. In jedem Fall ist es von entscheidender Bedeutung, wie die Software auf die Bedürfnisse des Nutzers abgestimmt ist. Der Aufgabenfluss des Nutzers, der mit Hilfe der Software durchgeführt wird, muss reibungslos unterstützt werden. Dabei ist auch die besondere Situation zu berücksichtigen, in der sich der Nutzer befindet. Es ist ein dramatischer Unterschied, ob ein Nutzer entspannt am Schreibtisch vor dem Bildschirm sitzt, mit dem Smartphone in der Hand durch den Verkehr hetzt oder über mehrere Bildschirme Flugbewegungen überwacht und steuert.

Die nutzerzentrierte Ergänzung der Funktionalität des Systems als Beitrag zur Aufgabe und die Vorgehensweise des Nutzers zur Durchführung seiner Aufgabe müssen optimal miteinander integriert sein. Das positive Nutzererlebnis ergibt sich dann daraus, dass eine angemessene Funktionalität bereitgestellt wird, die genau die Teilaufgaben löst, an denen der Nutzer durch den Einsatz des System interessiert ist. Darüber hinaus spielt die Frage, wie einfach, unkompliziert und vergnüglich die Interaktion mit dem System ist, auch eine wichtige Rolle. Hier steht die Nutzerinteraktion im Vordergrund: Müssen Daten eingegeben werden, findet Spracheingabe oder -ausgabe statt, sind wesentliche Informationen übersichtlich verfügbar, sind alle Schritte, die zwischen System und Nutzer stattfinden, intuitiv nachvollziehbar und gut erklärt? Hinzu kommt noch die Frage, wie attraktiv die Nutzung eines Systems ist (siehe Kap. 2.2.2.6). Hier spielen Fragen des Designs und der geschickten Wahl von Interaktionsfolgen eine wesentliche Rolle.

Die Aufgabe des Requirements Engineering ist es, eine Konzeption zu entwickeln, die alle diese Ansprüche für ein umfassendes, positives Nutzererlebnis adressiert. Eine wichtige und wesentliche Vorgehensweise ist hierbei, die Nutzer (oder allgemeiner alle Stakeholder, siehe Definition 5.2) selbst in den Gestaltungsprozess und die Ermittlung der Anforderungen miteinzubeziehen. Es hängt von den Umständen ab, ob Nutzer dafür zur Verfügung stehen und selbst auch die entsprechenden Kompetenzen mitbringen.

Anmerkung *Allerdings sollte man sich nicht allein auf enge Einbindung des Nutzers verlassen, auch wenn klar ist, dass ohne diese Einbindung oder zumindest ohne sorgfältige Nutzerstudien kaum ein System erstellt werden kann, dass den Ansprüchen an eine angemessene User Experience entspricht.*

Man muss sich stets vor Augen führen, dass Nutzer auch nur eine eingeschränkte Sicht auf die von ihnen zu erfüllenden Aufgaben haben und dass diese Sicht nur zu häufig überstark von ihren bisherigen Erfahrungen geprägt ist. Wie konsequent dabei wirklich innovative Ansätze und neue Ideen in der Interaktion mit dem Nutzer entstehen, ist nicht ohne weiteres gesichert. Neben den Erfahrungen der Nutzer sind daher auch Experten für den innovativen Gebrauch von Software unverzichtbar. Im Idealfall interagieren Experten, die um die Möglichkeiten von Softwaresystemen wissen, mit den Nutzern, beispielsweise auch in Design Thinking Experimenten (siehe Kap. 7.3.1) und versuchen so sicherzustellen, dass durch die enge Interaktion zwischen den Entwicklungsexperten und den Nutzern Ideen entstehen, die zu einem positiven Nutzererlebnis beitragen.

5.2.2 Grundstruktur der Anforderungen

Die Aufgaben in der Anforderungsanalyse (siehe Abschn. 5.2.3) führen zu diversen Artefakten (siehe Abschn. 5.3), deren Erstellung nicht zuletzt vom gewählten Entwicklungsprozess (siehe Kap. 3) organisiert wird. Trotzdem muss man sich von Anfang an Klarheit darüber zu verschaffen, welche *Grundstruktur* die Anforderungen (siehe Definition 5.3) an ein Softwaresystem haben sollten. Unabhängig von den vielfältigen Rahmenbedingungen oder den unterschiedlichen Anforderungsklassen (siehe Abschn. 5.2.4) sollten die Anforderungen immer mindestens die folgende Grundstruktur aufweisen:

Vision   Die Vision, also die *Mission des Systems,* muss klar dargestellt werden. Hierbei sind die Aufgaben, die das System zu erfüllen hat oder an denen das System mitzuwirken hat aufzuführen. Auch ist die Beschreibung des Kontextes, in dem das System eingesetzt werden soll aufzuführen.

Funktion   Die *generelle Funktionalität des Systems* muss beschrieben werden. Dies umfasst die Funktionen, die das System anbietet. Der Bezug zu den Aufgaben, die das System unterstützt oder wahrnimmt muss hergestellt werden.

Nutzung   *Spezifische physische Nutzerschnittstellen* und Schnittstellen zur Umgebung in physikalischer Form im engen Bezug auf die dadurch unterstützen Aufgaben müssen beschrieben werden. Es ist klar herauszuarbeiten, wie Nutzer mit dem System interagieren (Stichwort: *Human-Machine Interaction,* HMI) und wie das System als solches, etwa mit Nachbarsystemen, interagiert.

Details   Die *detaillierten Anforderungen* an das System müssen beschrieben werden. Dies umfasst insbesondere die logischen Eigenschaften der angebotenen Funktionen des Systems in Form entsprechender Schnittstellenbeschreibungen.

Die Grundstruktur gibt aber nur eine Hilfestellung und Orientierung. Üblicherweise werden passende Strukturen in projektspezifischen Anforderungsartefakten, etwa dem *Lastenheft* (siehe Kap. 7.1.3) und an der Schnittstelle zum Systementwurf durch das *Pflichtenheft* (siehe Kap. 9.4.1), bereits vorgegeben und sind im Projekt passend auszugestalten.

5.2.3 Anforderungsanalyse

Die Anforderungsanalyse dient der Erfassung, Konsolidierung und Dokumentation der relevanten Aspekte des Anwendungsgebiets und der Aufgabenstellung, und damit der Abgrenzung des Leistungsumfangs und der Festlegung der Funktionalität. Um sicherzustellen, dass das zu entwickelnde System die Anforderungen der Anwender erfüllt, muss die Anforderungsanalyse zwei unterschiedliche Blickwinkel abdecken:

1. Die Anwendersicht durch die Erfassung des Anwendungsgebietes
2. Die Systemsicht durch die Erfassung der Systemanforderungen

Die Analyse des Anwendungsgebietes dient der Erfassung der für die Entwicklung relevanten Eigenschaften der Regeln und Gesetzmäßigkeiten im Anwendungsgebiet, der Umgebung des zu erstellenden Systems und der Funktionen des Systems. Sie beantwortet die Frage: „*Wozu dient das System?*" Bei der Erfassung der Anforderungen wird dann festgelegt, durch welche Funktionen das zu erstellende System diese Aufgaben in seiner Umgebung wahrnehmen soll. Letztlich wird die Frage beantwortet: „*Welche Funktionalität bietet das System in welcher Form und Qualität?*"

Achtung   *Bei umfangreicheren Projekten bereitet insbesondere dieser Teil der Entwicklung oft große Schwierigkeiten. Die Abgrenzung, die Erfassung und die Festlegung der Aufgabenstellung erfordern hohes Engagement der unterschiedlichen Projektbeteiligten, da für* *die Abstimmung ein tiefes Verständnis der Domäne und eine in der Regel komplexe Modellbildung des Anwendungsgebietes erforderlich ist.*

Die zuvor genannten unterschiedlichen Aufgaben, wie die Definition der Ziele, Abgrenzung des Projektgegenstands und Beschreibung des Kontexts, Ermittlung von Anforderungen sowie Risiken sowie Abstimmung, Bewertung, Erzielung von Übereinstimmung, und Entscheidung über Anforderungen werden im Rahmen des Prozesses der *Anforderungsanalyse* (des *Requirements Engineering*) durchgeführt, welcher wie folgt definiert wird.

Definition 5.1 (Anforderungsanalyse) Die Anforderungsanalyse (engl. Requirements Engineering, RE) bezeichnet die kreative, systematische, iterative, auf Effizienz und Effektivität ausgelegte Vorgehensweise mit dem Ziel, eine explizite, mit allen Stakeholdern abgestimmte Anforderungs- und Systemspezifikation zu erarbeiten und sicherzustellen, dass diese umgesetzt wird. Die Anforderungsanalyse dient dem Erkennen von Zielen und Bedürfnissen sowie der Identifikation von Innovationspotenzial. Sie umfasst die folgenden Grundaufgaben:

- Anforderungen erheben/identifizieren (Elicitation)
- Anforderungen analysieren, verhandeln, entscheiden, konsolidieren (Analysis)
- Anforderungen strukturieren, modellieren, dokumentieren (Specification)
- Anforderungen auf Qualität und Gültigkeit überprüfen (Validation)
- Anforderungen in Hinblick auf ihre Umsetzung verfolgen, gegeben falls Anforderungen ändern (Requirements Management)

Die Definition 5.1 enthält die vier Grundaufgaben der Anforderungsanalyse sowie ihre Verbindung mit dem Anforderungsmanagement (siehe Abschn. 5.5). Die vier Aufgaben sind in einem abstrakten, iterativ-inkrementellen Prozess zusammengefasst (Abb. 5.1). Jeder der vier Teilprozesse erfüllt Aufgaben, welche in diesem Kapitel im Detail beschrieben werden.

5.2.3.1 Ziele der Anforderungsanalyse

Die Festlegung der wesentlichen Eigenschaften (der Anforderungen) an ein Softwaresystem ist für den Erfolg einer Entwicklung entscheidend. Daher müssen Anforderungen identifiziert, als zutreffend validiert, unmissverständlich beschrieben und im Projekt auch tatsächlich umgesetzt – gegebenenfalls auch durchgesetzt – werden. Weiterhin können sich Anforderungen über den Projekt- bzw. Systemlebenszyklus weiterentwickeln und verändern, weshalb die Anforderungsanalyse auch ein kontinuierlicher Prozess ist, in dem Anforderungen fortgeschrieben und angepasst werden. Daraus ergeben sich die zentralen Zielsetzungen der Anforderungsanalyse:

5.2 Die zentrale Rolle der Anforderungen

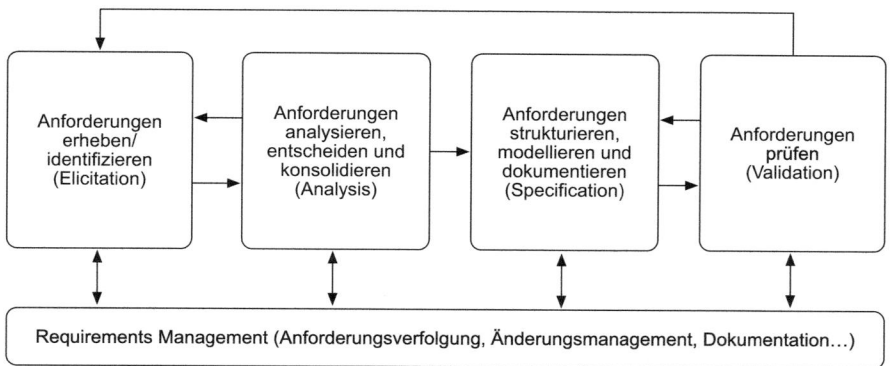

Abb. 5.1 Grundaufgaben in der Anforderungsanalyse unter Berücksichtigung der Aufgaben des Requirements Management

- Beschreibung des Kontexts
- Definition der Projektziele
- Abgrenzung des Gegenstandes
- Festlegung der wahrzunehmenden oder zu unterstützenden Aufgaben
- Ermittlung von Anforderungen sowie Risiken
- Abstimmung, Bewertung, Erzielung von Übereinstimmung, Entscheidung
- Unmissverständliche Beschreibung der Anforderungen
- Um-/Durchsetzung der Anforderungen
- Fortschreibung und Anpassung der Anforderungen

> **Terminologie**
> Für den Begriff *Anforderungsanalyse* werden im Alltagsgebrauch eine Reihe von bedeutungsgleichen Begriffen verwendet. Die am häufigsten verwendeten Begriffe sind: Analysephase, Systemanalyse, Anforderungsanalyse, Anforderungserhebung, Anforderungsentwicklung, Anforderungsphase/Definitionsphase, Spezifikationsphase, Anforderungsdefinition/-spezifikation, Systemspezifikation und Anforderungsmanagement. Diese Begriffe bilden entweder Synonyme oder adressieren einzelne Schwerpunktaufgaben. Alle diese Begriffe fassen wir unter dem Begriff *Requirements Engineering* zusammen.

5.2.3.2 Berücksichtigung des Kontexts

Softwaresysteme interagieren mit ihrer Umgebung, wir sprechen vom operationellen *Kontext* (siehe Kap. 2.1.1). Insbesondere sind Annahmen über den Kontext zu dokumentieren, soweit sie als Voraussetzungen für die Festlegung der Anforderungen dienen. Dieser Kontext muss in die Anforderungsanalyse mit einbezogen werden. Bei einer umfassenden Anforderungsanalyse wird damit nicht nur ein Konzept für die maschinelle Informationsverarbeitung erstellt, sondern auch ein Gesamtmodell für die betroffenen Abläufe in der Systemumgebung oder zumindest ein Ausschnitt daraus. Es wird schließlich festgelegt, welche Arbeiten im Gesamtsystem durch Informationstechnik (Software und Hardware), welche Teile durch menschliche Bearbeiter und welche Teile durch nicht informatiktypische Technik zu realisieren sind. Gesamtsysteme können dabei sowohl betrieblich/organisatorischer Natur, wie bei der Unterstützung von Geschäftsprozessen, als auch prozesstechnischer Natur sein, wie bei der Steuerung von Fertigungsprozessen oder allgemein technischer Natur, wie etwa bei Software in eingebetteten Systemen.

Die softwaretechnischen Fragestellungen und Anforderungen sind dabei naturgemäß nicht von den organisatorischen oder prozesstechnischen Fragestellungen abtrennbar. Nur wenn die Softwarelösungen zu einer betrieblichen oder technischen Gesamtlösung adäquat beitragen und sich dieser unterordnen, erfüllen sie ihre Zielsetzung. Allerdings ist in vielen Anwendungen der Einsatz von Software mittlerweile strategisch entscheidend. Moderne Organisationsformen betrieblicher Abläufe ebenso wie komplexe Steuerungssysteme werden nur durch massiven Einsatz von Software möglich (siehe Kap. 1.1). Dies erfordert eine enge Rückkopplung zwischen Informatik- und Anwendungsexperten. Entsprechend erfordert die Anforderungsanalyse auch eine effektive Kommunikation. Personen mit unterschiedlichen fachlichen Hintergründen, unterschiedlicher Terminologie und Begriffssystemen und unterschiedlichen Erwartungen müssen sich verständigen. Dabei werden Festlegungen getroffen und letztendlich auch für den Projekterfolg maßgebliche Entscheidungen gefällt. Im Zentrum steht die Identifizierung von Systemanforderungen und vor allem die Verständigung und Entscheidung darüber.

Achtung *Die Sorgfalt in der Systemanalyse bestimmt entscheidend die Qualität und Nutzbarkeit aber auch die Kosten eines Softwaresystems.*

5.2.4   Klassifikation von Anforderungen

Nach Definition 5.1 umfasst die Anforderungsanalyse eine Reihe von Aufgaben, etwa die Erhebung, Strukturierung und Qualitätssicherung von *Anforderungen*. Definition 5.3 legt

5.2 Die zentrale Rolle der Anforderungen

fest, was nach IEEE 610.12-199 [8] unter einer Anforderung zu verstehen ist[1]. Zentral ist dabei der Begriff des *Stakeholders* [1], der durch Definition 5.2 festgelegt wird.

Definition 5.2 (Stakeholder) Ein Stakeholder ist eine Person, eine Gruppe von Personen oder eine Organisation, die ein direktes oder indirektes Interesse (Stake) am zu entwickelnden System hat oder seine Entwicklung beeinflusst.

Definition 5.3 (Anforderung) Eine Anforderung nach IEEE 610.12-1990 [8] ist:

1. Eine Bedingung, Fähigkeit oder Eigenschaft, die ein Stakeholder (Definition 5.2) für ein Produkt oder einen Prozess fordert, um ein Problem zu lösen oder ein Ziel zu erreichen.
2. Eine Bedingung, Fähigkeit oder Eigenschaft, die ein System erfüllen/haben muss, um einen Vertrag, einen Standard, eine Spezifikation oder andere formal vorgegebene Dokumente zu erfüllen.
3. Eine dokumentierte Repräsentation einer Bedingung, Fähigkeit oder Eigenschaft wie in 1. oder 2. definiert.

Der Begriff Anforderung selbst ist wiederum ein Oberbegriff, welcher grundsätzlich folgende Ausprägungen von Anforderungen umfasst:

Funktionale Anforderungen sind Anforderungen, die das Verhalten eines Systems hinsichtlich seiner Nutzbarkeit beschreiben. Sie beschreiben die funktionalen Eigenschaften im Sinne von angebotenen und nutzbaren *Funktionen* (Dienste) an der Systemgrenze, die ein System bzw. Produkt erbringt. Wir bezeichnen diese Anforderungen daher auch als *Produktanforderungen.*

Qualitätsanforderungen (auch oft als *nicht-funktionale Anforderungen* bezeichnet) beschreiben Anforderungen an ein System und Randbedingungen, welche die Art der Erbringung der in den funktionalen Anforderungen festgelegten Funktionen beschreiben. Sie beschreiben die Charakteristika eines Systems etwa hinsichtlich der Art der Leistungserbringung oder Bezug nehmend auf den Kontext und auf sonstige Rahmenbedingungen (siehe Kap. 2.2). Die Qualitätsanforderungen stehen in Beziehung zu den funktionalen Anforderungen und haben in der Regel auch untereinander Abhängigkeiten – sie beeinflussen sich untereinander. Innerhalb der Qualitätsanforderungen unterscheiden wir:

- *Funktionsbezogene Qualitätsanforderungen,* die beschreiben unter welchen Rahmenbedingungen eine Funktion erbracht wird, zum Beispiel Antwortzeiten.

---

[1] Man beachte, dass es eine Vielzahl an Definitionen des Begriffs „Anforderung" gibt. Einzelne Definitionen weichen in Nuancen ab – im Kern gibt die Definition aus Definition 5.3 aber den wesentlichen Sachverhalt ausreichend wider.

- *Nutzungsbezogene Qualitätsanforderungen,* welche Mensch-Maschine Interaktionen sowie das Laufzeitverhalten des Systems aus Sicht der Nutzung/des Anwenders beschreiben (Stichwort: *User Experience*).
- *Entwicklungsbezogene Qualitätsanforderungen,* welche allgemeine Qualitätsanforderungen hinsichtlich der Entwicklung, Wartung und Systemevolution umfassen, etwa Änderbarkeit eines Systems oder einzuhaltende Prüfprozeduren.

Prozessanforderungen beschreiben projektspezifische Anforderungen hinsichtlich des Entwicklungsprozesses, also etwa Methodik der Entwicklung, Projektplanung, Qualitätssicherung und so weiter [11]. Die Prozessanforderungen rechnen wir auch zu den Qualitätsanforderungen hinzu.

Achtung *Diese Begriffe sind im Grundsatz akzeptiert, jedoch frei in ihrer Auslegung. Je nach verwendeter Quelle, sind unterschiedliche Begriffsfestlegungen zu finden, aber auch unterschiedliche Zuordnungen von Eigenschaften zu den Anforderungsklassen. Aufgrund dieser unscharfen Verwendung der Begrifflichkeiten vermeiden wir in diesem Buch soweit möglich die Nutzung des Begriffs* nicht-funktionale Anforderung *und verwenden stattdessen den Begriff der* Qualitätsanforderung *mit der jeweiligen Charakterisierung der Aufgaben, auf die sie sich bezieht.*

Produktanforderungen und Qualitätsanforderungen beeinflussen sich wechselseitig. Beispielsweise kann eine Systemfunktion definiert werden, die in Abhängigkeit vom jeweiligen Kontext in unterschiedlicher Güte erbracht wird, etwa eine mobile Anwendung, die je nach verfügbarem Netzwerk oder verfügbarer Bandbreite eine Funktion in unterschiedlicher Qualität erbringt. Auch Qualitätsanforderungen beeinflussen sich gegenseitig, sind unter Umständen zueinander gegenläufig. Beispielsweise ist die Ausbalancierung von Sicherheitsanforderungen und Benutzbarkeit eines Systems immer eine Herausforderung. Die Forderung ein System langlebig, wartbar und einfach erweiterbar zu gestalten beeinflusst die Auswahl infrage kommender Entwicklungs- und Entwurfsmethoden oft entscheidend.

Unabhängig von der Art der Anforderung (siehe oben), sind die *äußere Form* und der Inhalt einer Anforderung zu beachten. Die äußere Form einer Anforderung – ihre *Syntax* – ist durch die Art und Weise bestimmt, in der eine Anforderung beschrieben wird, etwa natürliche/strukturierte Sprache, Bilder, Formeln oder Modelle. Der Inhalt einer Anforderung – ihre *Semantik* – legt dann fest, welche Eigenschaft durch eine Anforderung festgelegt wird. Form und Inhalt einer Anforderung sind wesentlich für die in Tab. 5.1 aufgeführten Gesichtspunkte.

Tab. 5.1 Leitfragen zur Erstellung hoch-qualitativer Anforderungen

Kriterium	Leitfrage
Abstraktheit/Konkretheit	Wie allgemein oder wie konkret ist eine Anforderung?
Präzision	Ist der Inhalt einer Anforderung eindeutig beschrieben? Sind Missverständnisse oder Konflikte möglich?
Verständlichkeit	Ist eine Anforderung einfach und intuitiv für die Zielgruppe verstehbar?
Objektivität	Ist eindeutig und zweifelsfrei entscheidbar, ob ein System unabhängig von subjektiver Interpretation eine Anforderung erfüllt?
Verifizierbarkeit	Ist das Einhalten einer Anforderung effektiv und effizient überprüfbar?

5.2.5 Anforderungen an die Systemverlässlichkeit

Mit der zunehmenden Durchdringung des Alltags durch Software, gewinnt das Thema Verlässlichkeit an Bedeutung. Immer häufiger wird selbst kleine „Alltagssoftware" wie E-Mail, Messaging oder Software für soziale Netzwerke Gegenstand von Attacken, etwa sogenanntes Phishing, um an Passwörter zu gelangen, mit denen dann zum Beispiel Zugriff auf Webshop- oder Bankkonten erlangt werden kann. Andere Systeme, etwa Autos [10] oder Satelliten [4, 13], sind von ihrer Natur aus schon mit funktionellen Risiken behaftet – ein funktionales Versagen ist hier daher besonders kritisch. Ergänzend zu den Produktanforderungen und den Qualitätsanforderungen kommt daher der Berücksichtigung von sicherheitsbezogenen Fragestellungen – insbesondere bei sicherheitskritischer Software – eine besondere Bedeutung zu.

Sicherheitsbezogene Anforderungen sind Teil der nutzungsbezogenen Qualitätsanforderungen (siehe Kap. 2.2.2) und wir unterscheiden im Wesentlichen zwischen (Abb. 5.2):

- Funktionssicherheit (funktionale Sicherheit, Safety),
- Informationssicherheit inklusive Datenschutz (Security und Privacy).

Funktionssicherheit ist gegeben, wenn ein System den erwarteten und den zu erwartenden funktionalen Anforderungen hinsichtlich der zu erbringenden Funktion genügt und diese auch keine Sicherheitsrisiken aufweisen (*Safety of the Intended Functionality*; SOTIF [12]), sowie diese Funktion auch zuverlässig erbringt. Das System ist unter Berücksichtigung aller Sicherheitsrisiken spezifiziert und korrekt. In der Anforderungsanalyse sind sicherheitskritische Funktionen zu identifizieren, für die eine besonders hohe Funktionssicherheit gefordert wird, etwa im Automobil, im Flugzeug oder bei autonomen Robotern und medizinischen Geräten. Hinzu kommt noch der Begriff der Zuverlässigkeit. Für solche Anforderungen ist grundsätzlich eine Risikoanalyse erforderlich (*Hazard and Risk Analysis;* HARA, siehe

Abb. 5.2 Ausschnitt der wesentlichen sicherheitsrelevanten Qualitätseigenschaften von Softwaresystemen

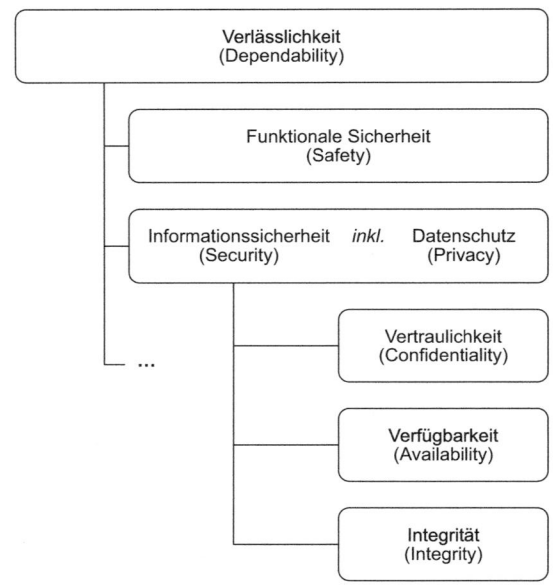

[9, 10]). Dadurch wird überprüft, ob und in welcher Hinsicht das Thema funktionale Sicherheit von Bedeutung ist.

Die Informationssicherheit adressiert den Schutz der technischen Verarbeitung von Informationen vor Missbrauch und den Schutz vor Angriffen und unbefugter Nutzung, insbesondere der Privatheit, Vertraulichkeit, Integrität, sowie die Gewährleistung von Nichtabstreitbarkeit und Verfügbarkeit von Informationen. Dies umfasst insbesondere auch den abgesicherten Zugriff auf Systemfunktionen durch Identifizierung (Unterscheiden von Nutzern), Authentifizierung (sicherstellen, dass ein Nutzer auch tatsächlich der Nutzer ist, der er vorgibt zu sein) und Autorisierung (vergeben, überprüfen und Sicherstellen von Rechten) von Nutzern eines Systems. Zusätzlich befasst sich der Datenschutz mit der Umsetzung der datenschutzrechtlichen Vorgaben für den Umgang mit personenbezogenen Daten und insbesondere den Schutz personenbezogener Daten vor Missbrauch. Der Datenschutz ist eng mit der Informationssicherheit verknüpft, da ein informationssicheres System Voraussetzung für einen Datenschutz ist.

Wie angesprochen, lassen sich Sicherheitsaspekte relativ klar in Themen der funktionalen Sicherheit und Themen der Informationssicherheit (Cyber Security) kategorisieren. Allerdings sind beide Themen nicht unabhängig voneinander. Pauschal gilt, dass Gefährdungen in der Informationssicherheit auch die funktionale Sicherheit beeinträchtigen können. Gelingt beispielsweise ein Cyber-Angriff auf ein Fahrzeug, so besteht die Gefahr, dass auch die funktionale Sicherheit dadurch gefährdet wird. Auch wenn das Fahrzeug aus Sicht der funktionalen Sicherheit so entworfen ist, dass es grundsätzlich funktionale Sicherheit gewährleistet, so kann eine Manipulation im Rahmen eines Cyber-Angriffs ein solches Konzept außer Kraft setzen.

5.3 Kernaufgaben in der Erarbeitung der Systemanforderungen

Ein Softwareprojekt resultiert nach [3] aus einem konkreten Problem oder einer neuen Geschäftsmöglichkeit heraus. Zentral für die Lösung solcher Probleme oder der Erschließung der Geschäftsmöglichkeiten durch ein Softwaresystem sind die Anforderungen. Es gibt eine ganze Reihe unterschiedlicher Vorgehensweisen in der Anforderungsanalyse und Methoden, mit denen die einzelnen Schritte der Anforderungsanalyse durchgeführt sowie Unterschiede in den Dokumenten und Ergebnissen, die in diesen Schritten anfallen (Abb. 5.3).

5.3.1 Kernartefakte in der Anforderungsanalyse

Ein klassischer konventioneller Ansatz erfasst die Anforderungen im Rahmen der Erarbeitung eines sogenannten *Lastenheftes* (auch Anforderungsspezifikation). Die grundsätzliche Verantwortung für das Lastenheft liegt beim *Anforderungsanalytiker* und im Falle der Durchführung eines Softwareprojektes im Rahmen einer Beauftragung beim Auftraggeber. Allerdings sind die Auftraggeber oft selbst gar nicht technisch in der Lage, ein Lastenheft in allen Einzelheiten zu erstellen. Entsprechend wird dann das Lastenheft durch eine dritte geeignete Organisation im Auftrag erstellt[2]. Allerdings ist dabei ein Vorgehen angeraten, das sicherstellt, dass die Erwartungen und Bedürfnisse des Auftraggebers auch in angemessener Weise in das Lastenheft einfließen. Das ist schwierig, da einerseits die Auftraggeber oft keine hinreichend klaren Vorstellungen davon haben, was für sie tatsächlich benötigt wird und in den beauftragenden Unternehmen oft keine Einigkeit und auch keine klaren Vorstellungen bestehen, wie durch die Einführung von softwaregestützten Prozessen und Funktionen ganz neue Möglichkeiten erschlossen werden. In solchen Fällen ist es unverzichtbar, dass in intensiven Diskussionen die Anforderungen Schritt für Schritt abgeklärt werden und den unterschiedlichen Stakeholdern in einer Art und Weise nahegebracht und vor Augen geführt werden, dass diese eine klare Vorstellung davon bekommen, was möglich ist und was ihre eigentlichen Bedürfnisse sind.

Abb. 5.3 illustriert dies anhand zweier typischer Kernartefakte der Anforderungsanalyse: Das *Lastenheft* (siehe Kap. 7.1.3) im Verantwortungsbereich des Kunden beschreibt im Kern die Problemstellung und daraus folgend die Anwenderforderungen (in der Regel zunächst unabhängig von einer spezifischen Lösungsstrategie). Im Verantwortungsbereich

---

[2]An dieser Stelle wird die im Scrum definierte Rolle des *Product Owners* (siehe Kap. 3.5) relevant, die eine Übernahme der Verantwortung für die Anforderungen und für das resultierende Produkt gegenüber den Stakeholdern ermöglicht.

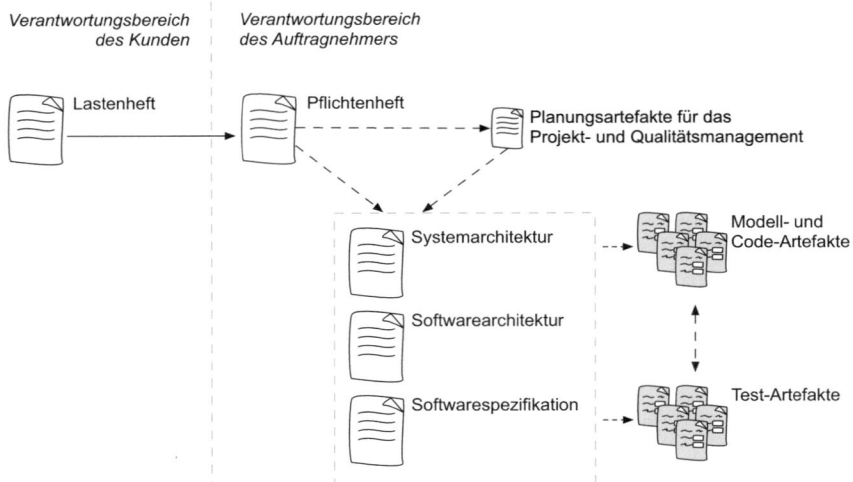

Abb. 5.3 Klassischer Ansatz in der Anforderungserhebung durch Erstellung eines Lastenhefts und dessen Weiterentwicklung zum Pflichtenheft

des Entwicklungsprojekts wird als (technische) Präzisierung das *Pflichtenheft* erstellt (siehe Kap. 9.4.1). Dieses bildet die Vorgabe für die Erarbeitung der Systemspezifikationen und der Systementwürfe und somit schlussendlich auch die Grundlage des realisierten Softwaresystems. Anders ausgedrückt: Im Rahmen der Anforderungsanalyse und des anschließenden Entwurfs wird über mehrere Zwischenschritte ein *Problemraum* (das Was?) auf einen *Lösungsraum* (das Wie?) abgebildet. Durch Beschreibungen von Intentionen der Stakeholder und Eigenschaften des gewünschten Systems werden messbare Spezifikationen entwickelt, welche dann im Rahmen der Systementwicklung umgesetzt werden.

5.3.2 Grundlegendes Vorgehen in der Anforderungserhebung

Die Durchführung der Anforderungsanalyse ist in vielen Fällen zwingend ein iterativer Prozess. Anforderungen an ein Softwaresystem sind zu Projektbeginn meist nicht vollständig und Lernkurven oder aber auch sich ändernde Kontextbedingungen erfordern eine kontinuierliche und kritische Überprüfung der Anforderungen sowie deren Weiterentwicklung. Vorgehensmodelle zur Softwareentwicklung integrieren den Prozess der Anforderungsanalyse – je nach konkretem Vorgehen in unterschiedlicher Ausprägung. Für ein grundsätzliches Verständnis des Gesamtprozesses und der notwendigen Schritte stellt Abb. 5.4 einen einfachen Requirements-Engineering-Prozess dar, welcher im Folgenden beschrieben wird.

5.3 Kernaufgaben in der Erarbeitung der Systemanforderungen

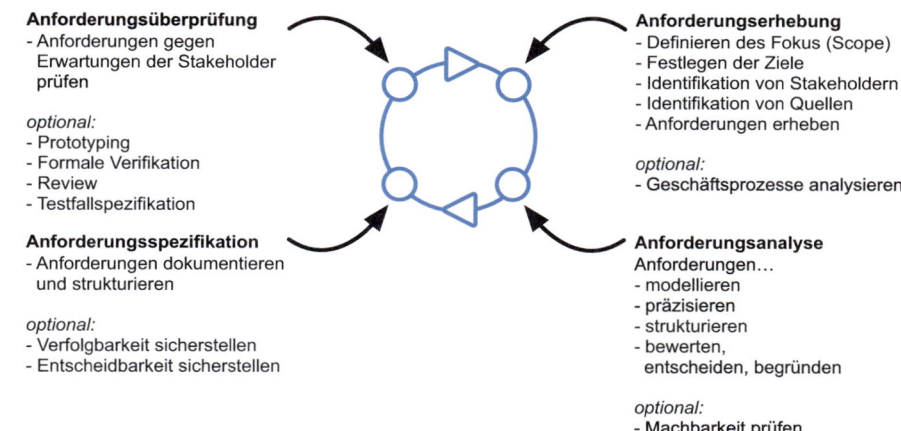

Anforderungsüberprüfung
- Anforderungen gegen Erwartungen der Stakeholder prüfen

optional:
- Prototyping
- Formale Verifikation
- Review
- Testfallspezifikation

Anforderungsspezifikation
- Anforderungen dokumentieren und strukturieren

optional:
- Verfolgbarkeit sicherstellen
- Entscheidbarkeit sicherstellen

Anforderungserhebung
- Definieren des Fokus (Scope)
- Festlegen der Ziele
- Identifikation von Stakeholdern
- Identifikation von Quellen
- Anforderungen erheben

optional:
- Geschäftsprozesse analysieren

Anforderungsanalyse
Anforderungen...
- modellieren
- präzisieren
- strukturieren
- bewerten, entscheiden, begründen

optional:
- Machbarkeit prüfen

Abb. 5.4 Einfacher interativ-inkrementeller Requirements Engineering Prozess

Der in Abb. 5.4 gezeigte Prozess ist bewusst einfach gehalten und gestattet somit vielfältige Ausgestaltungen. Zu beachten ist hierbei jedoch, dass die Anforderungsanalyse je nach Organisation eines Projekts bzw. je nach Arbeitsweise des Projektteams *implizit, explizit* oder in einer Mischung erfolgen kann. Von einer *impliziten Anforderungsanalyse* sprechen wir, wenn Aufgaben der Anforderungsanalyse eng verknüpft mit den Entwicklungsaufgaben in einem Projekt durchgeführt werden. Häufig ist dies im agilen Vorgehen (siehe Kap. 3.2.4) zu finden, in dem der Code im Zentrum steht und Anforderungen, etwa unter Zuhilfenahme von Prototypen, erst während der Durchführung des Projekts Schritt für Schritt geklärt werden. Dies erfordert allerdings hinreichendes Anwendungswissen bei den Entwicklern. Von einer *expliziten Anforderungsanalyse* sprechen wir, wenn die Anforderungen durch die verantwortlichen Rollen umfassend vorgeklärt und abgestimmt werden. Ziel dieses Vorgehens ist es, dass keine mit Anforderungen verbundenen Entscheidungen vom Entwickler während der Codierung getroffen werden. Diese Vorgehensweise findet häufig in der Entwicklung kritischer Systeme statt, in der eine explizite Anforderungserhebung verbunden mit einer Modellierung erfolgt, sodass Entwickler dann „nur" die Codierung der Modelle vornehmen. Die entsprechende Projektsituation vorausgesetzt, können explizite und implizite Vorgehensweisen auch in Kombination auftreten (siehe Kap. 3.1).

Unabhängig von der Vorgehensweise, ist jedoch sicherzustellen, dass Entscheidungsprozesse zu Anforderungen bewusst durchgeführt werden. Dabei müssen Entscheidungsspielräume erkannt und bewertet werden. Auch diese Entscheidungsprozesse hängen maßgeblich von der jeweiligen Projektsituation ab, womit es sehr schwer ist, ein allgemein gültiges und detailliertes Vorgehen für die Anforderungsanalyse vorzugeben, das für alle Projekte passt. Wesentlich ist allerdings die Festlegung, wer die Entscheidungsverantwortung hat, also der *Product Owner* ist und letztlich darüber entscheidet, welche Anforderungen umgesetzt werden.

5.4 Rollen in der Anforderungsanalyse

Die Anforderungsanalyse muss unter anderem sicherstellen, dass alle beteiligten Interessengruppen eingebunden werden. Neben diesen sogenannten *Stakeholdern* sind jedoch auch Personen erforderlich, welche die Anforderungsanalyse leiten, moderieren, durchführen und letztendlich auch qualitätssichern. Diese zentralen Rollen (siehe auch Kap. 3.5) in der Anforderungsanalyse sind:

Product Owner	Der Product Owner (siehe Kap. 3.5.1) entscheidet, was die Kerneigenschaften eines Softwaresystems sind und in welcher Qualität diese umgesetzt werden müssen. Im Rahmen der Projektarbeit vertritt der Product Owner die Interessen der Stakeholder, entscheidet über Anforderungen, findet Kompromisse und stellt sicher, dass das Softwaresystem auch möglichst den Erwartungen der Stakeholder entspricht, was im Rahmen von Akzeptanzprüfungen untersucht wird. Der Product Owner übernimmt damit die unternehmerische Verantwortung für das zu liefernde System und entscheidet dabei über die dazu erforderlichen Systemeigenschaften. Er trägt somit die *Produktverantwortung*
Anforderungsanalytiker	Der Anforderungsanalytiker (Requirements Engineer) ist für die konsequente Durchführung der Anforderungsanalyse verantwortlich. Das heißt, der Anforderungsanalytiker wendet die für den Kontext angemessenen Techniken und Methoden an, um Anforderungen zu erheben, zu analysieren, zu verhandeln, zu konsolidieren und zu strukturieren sowie die Anforderungen zu modellieren und zu dokumentieren. Als Ergebnis der Anforderungsanalyse verantwortet der Anforderungsanalytiker die Erstellung einer Anforderungsspezifikation und die Angemessenheit der eingesetzten Vorgehensweisen.
Prüfer	Prüfer sind verantwortlich für die Validierung und Qualitätssicherung von Anforderungen. Dies umfasst allgemeine Fragestellung hinsichtlich Konsistenz und Gültigkeit der Anforderungen, aber auch Tätigkeiten hinsichtlich der Validierung von Anforderungen. Grundsätzlich sollte bei der Besetzung von Anforderungsanalytikern und Prüfern darauf geachtet werden, dass ein „Vier-Augen-Prinzip" sichergestellt ist, d.h., dass für Anforderungen eine unabhängige Qualitätssicherung durchgeführt wird.
Stakeholder	Mit Stakeholder (Definition 5.2) werden im Allgemeinen alle an einem Projekt beteiligten Interessengruppen bezeichnet. Die Menge der Interessengruppen ist in der Regel heterogen und

umfasst etwa Fachpersonal, Endnutzer, Konsumenten, Administratoren, Architekten und Entwickler. Ein besonders wichtiger Stakeholder ist der Architekt, der die Umsetzbarkeit der Anforderungen vor Augen hat.

Vorgehensmodelle für die Softwareentwicklung beschreiben diese Rollen in unterschiedlicher Tiefe und ordnen sie in den übergeordneten Entwicklungsprozess ein (siehe Kap. 3.5). Je nach Art des verwendeten Vorgehens werden auch detaillierte Vorgaben hinsichtlich zu erstellender Artefakte gemacht, etwa eines *Lastenhefts* (siehe Kap. 7.1.3) oder eines *Pflichtenhefts* (siehe Kap. 9.4.1).

5.5 Management von Anforderungen im Produktlebenszyklus

Die anfallenden Teilaufgaben im *Requirements Management* betreffen weniger technische Durchführungen als die Wahrnehmung gewisser Verantwortungen im Rahmen des Managements. Die einzelnen technischen Aufgaben wie die Durchführung von Change Requests im technischen Sinn, die Modifikation von Anforderungsdokumenten auf Basis von Change Requests und die technische Umsetzung der Nachverfolgung von Anforderungen (Stichwort: Tracing) behandeln wir in eigenen Abschnitten. Die Anforderungsanalyse ist typischerweise eine Phase in einem Projekt (siehe Kap. 1.3). In traditionellen Vorgehensweisen werden die Anforderungen im Sinne von Lasten- und Pflichtenheften nach einer erfolgten Qualitätssicherung festgeschrieben (sogenanntes *Requirements Freeze*). Das ist insbesondere auch von rechtlicher und vertragstechnischer Bedeutung, da dies ein entscheidender Teil der Projektvereinbarungen und Verträge ist [3].

Es wäre jedoch naiv zu glauben, dass es möglich ist, die Anforderungen im Rahmen einer Entwicklung ein für alle Mal festzuschreiben und nie wieder zu ändern. Typischerweise gibt es auch bei festgeschriebenen Anforderungen im Rahmen der weiteren Projektdurchführung die Notwendigkeit, gewisse Änderungen vorzunehmen und eine vorhandene Anforderung zu revidieren. Die Anforderungsanalyse ist somit eine *kontinuierliche Aufgabe im Entwicklungsprozess* die von der Erfassung der Projektidee und den Geschäftsanforderungen bis in die Wartung und Softwareevolution reicht. Abbildung 5.5 illustriert die Einbettung der Anforderungsanalyse in die anderen Kernaufgaben eines Projekts und zeigt somit auch die Schnittstellen auf, welche im Rahmen eines *Anforderungsmanagements* zu bedienen sind. Im Anforderungsmanagement (Requirements Management, RM) sind unter anderem Indikatoren für den Stand der Anforderungserfassung, deren Qualität und Umsetzung zu erfassen.

Definition 5.4 (Anforderungsmanagement) Das Anforderungsmanagement (Requirements Management, RM) zielt auf eine effiziente und effektive Handhabung (Verwaltung) und Nutzung dokumentierter Anforderungen über den gesamten Systemlebenszyklus,

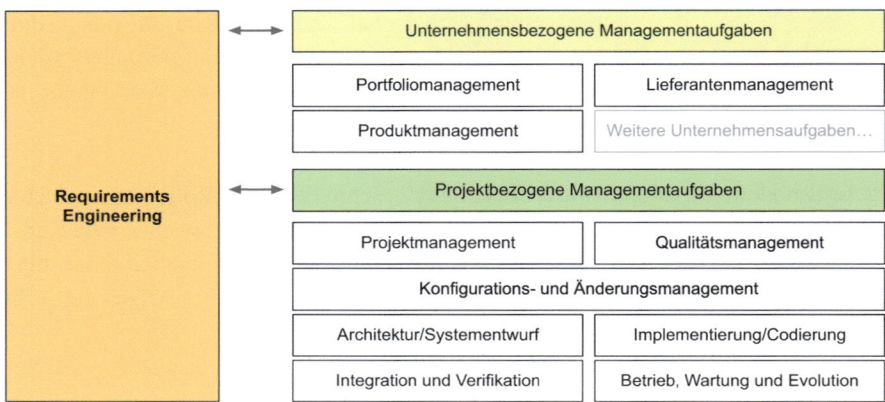

Abb. 5.5 Überblick über die Beziehungen und die Einbettung des Requirements Engineering in Unternehmens- und Projektaufgaben

inklusive der Archivierung von Anforderungen, der Modifikation aufgrund neuer Erkenntnisse oder Vorgaben im Laufe der Entwicklung (Änderungsmanagement), der Verfolgung und Verifikation von Anforderungen sowie der Durchführung von Impaktanalysen zur Unterstützung von Änderungsprozessen.

Mit dem Anforderungsmanagement werden alle Aufgaben umrissen, die sich an die Phase der Anforderungsanalyse im engeren Sinn anschließen. Dazu gehören primär die im Folgenden beschriebenen Aufgaben.

5.5.1 Änderungsmanagement

Das Änderungsmanagement für Anforderungen umfasst die Verfahren zur Änderung der festgeschriebenen Anforderungen. Dazu wird festgelegt, wie Änderungsforderungen als *Feature Request* oder als *Change Request* eingebracht, entschieden und gegebenenfalls umgesetzt werden [3]. Änderungen in den Anforderungen können sich beispielsweise aus neuen Erkenntnissen oder geänderten Rahmenbedingungen oder Zielen begründen, weshalb neue Anforderungen eingeführt werden können. Änderungsforderungen als *Change Request* ergeben sich aus beobachteten Fehlern, falschen oder falsch verstandenen/umgesetzten Anforderungen oder aus sich ändernden Rahmenbedingungen und/oder Zielen, welche eine Änderung bereits definierter Anforderungen erforderlich machen.

Die jeweiligen Entscheidungen trifft typischerweise ein Änderungsausschuss, der im Idealfall mit allen wichtigen Stakeholdern besetzt ist. Zu beachten ist hierbei, dass das Änderungsmanagement für Anforderungen in das allgemeine Änderungsmanagement des Projekts [3] einzubetten ist, da sich ändernde Anforderungen üblicherweise auf das gesamte

Projekt wirken, etwa durch Anpassungen von Architekturentwürfen oder in der Implementierung, oder durch aufgrund von Anforderungsänderungen entstehende neue Projektrisiken, welche abgeschätzt und behandelt werden müssen.

> **Feature Freeze – auch für Anforderungen!**
> Das Änderungsmanagement zielt auf kontrollierte Änderungs- und Evolutionsprozesse des Gesamtsystems oder seiner Teile. Dies umfasst neben Programmcodes und Modellen auch die Anforderungen. Jedoch muss im Rahmen eines Projekts klar geregelt werden, bis wann Änderungen an den Anforderungen im Rahmen der Entwicklungstätigkeiten zulässig sind und ab wann das Projektteam eine Anforderung als „gesetzt" ansehen muss. Um also sogenannte *Moving Targets* zu verhindern muss für Anforderungen – ähnlich wie für Programmcodes und Systemstände – ein „Requirements Freeze" definiert werden. Dies ist erforderlich, um sicherzustellen, dass Programm, Spezifikation und Dokumentation mit vertretbarem Aufwand konsistent gehalten werden können. Damit dies ermöglicht wird, ist auch für Anforderungen eine *Ownership* zu definieren. Daher ist festzulegen, wer konkrete Anforderungen entscheiden kann und wer bei eintretenden Änderungen für die Anpassung der Anforderung verantwortlich ist.

5.5.2 Versions- und Konfigurationsmanagement

Durch Änderungen an den Anforderungen werden unterschiedliche Versionen der Anforderungen, Anforderungsgruppen und auch von gegebenenfalls vertraglich relevanten Anforderungsdokumenten erstellt. Diese sind in Versionen zu verwalten. Ein Satz zusammengehöriger Anforderungsdokumente bildet eine Konfiguration. Die Handhabung von Versionen und Konfigurationen von Anforderungen und Anforderungsdokumenten gehen in der Regel auch mit entsprechenden Versionen und Konfigurationen von Entwürfen und Systemelementen einher (siehe Kap. 11.5). Daher ist auch das Versions- und Konfigurationsmanagement für Anforderungen mit dem allgemeinen Versions- und Konfigurationsmanagement [3] des Projekts abzustimmen und ist engmaschig mit dem Änderungsmanagement verwoben.

5.5.3 Anforderungsverifizierbarkeit

Es muss sichergestellt sein, dass alle Anforderungen verifiziert werden können, also verifizierbar sind. Die Anforderungen, bzw. die Anforderungsspezifikation, sind dann verifizierbar, wenn ein Softwaresystem, nachdem es erstellt wurde, wiederholbar getestet werden kann, um zu demonstrieren, dass das System die Anforderungen erfüllt (siehe Kap. 7.6).

Es ist zu überprüfen, dass im Rahmen der Verifikation auch alle Anforderungen verifiziert werden (siehe nächster Abschn. 5.5.4).

5.5.4 Anforderungsverfolgung

Aus den Geschäftszielen entstehen allgemeine, abstrakte Anforderungen, die in konkreteren Anforderungen umgesetzt werden und sich schließlich in der Architektur und Implementierung niederschlagen. Die Anforderungsverfolgung *(Tracing)* zielt darauf ab, diesen Zusammenhang zwischen Anforderungen, Entwurfsentscheidungen und Realisierung festzuhalten. Wir sprechen von *Vorwärtsverfolgung,* wenn wir ermitteln wollen, wie eine Anforderung im Laufe der Entwicklung umgesetzt wird und von *Rückwärtsverfolgung,* wenn wir ermitteln wollen, welche Entwurfsentscheidungen auf welche Anforderungen zurückzuführen sind und durch wen (Anforderungsursprung, Stakeholder) die Anforderung eingebracht wurde.

Natürlich sind in der Praxis nicht alle diese Zusammenhänge vollständig zu erfassen. Beziehungen zur Anforderungsverfolgung können durch das Setzen von Verweisen *(Links)* in und zwischen den unterschiedlichen Projektartefakten erfasst werden. Dies hat den Vorteil, dass beim Ändern von Anforderungen oder Teilen der Implementierung die Zusammenhänge und Auswirkungen schneller sichtbar werden (siehe Abschn. 5.5.1). Das unterstützt die Änderbarkeit und die Impact-Analyse, die der Feststellung der Auswirkung einer betrachteten Änderung dient.

> **Hinweis**
> Das Tracing umfasst letztlich auch die Aufgabe, sicherzustellen, dass die Erfüllung aller Anforderungen im Rahmen der Qualitätssicherung (siehe Kap. 7.6) nachgewiesen wird (Stichwort: Testabdeckung der Anforderungen).

5.5.5 Anforderungsbegründung

Über die Anforderungsverfolgung hinaus dient die Anforderungsbegründung (sogenannter *Rationale*) dazu, zu erklären, warum, von wem und mit welcher Begründung eine Anforderung aufgestellt wurde. Gerade bei langlaufenden Projekten mit Wechseln im Entwicklungsteam können Ursachen in Vergessenheit geraten und dazu führen, dass leichtfertig Anforderungen geändert werden, weil man ihre Begründung nicht mehr versteht.

> **Hinweis**
> Anforderungsmanagement ist nicht nur auf das Projekt beschränkt, in dem ein Softwaresystem entwickelt wird. Vielmehr erstreckt sich das Anforderungsmanagement über den gesamten Systemlebenszyklus, wenn etwa Änderungsforderungen üblicherweise an ein System gestellt werden, das bereits beim Kunden in Betrieb ist. Somit ist ein gut organisiertes Anforderungsmanagement eine Grundvoraussetzung für die Wartung und eine langfristig tragfähige Organisation der Software- und Systemevolution (siehe Kap. 13).

5.6 Weiterführende Literatur und Übungen

In diesem Kapitel haben wir die grundlegenden Themen und Begriffe der Anforderungsanalyse eingeführt. Sie sind die Grundlage für die weitergehende Diskussion der unterschiedlichen Anforderungsarten in Kap. 6 und die Illustration ausgewählter Methoden und Techniken in der Anforderungsanalyse im Kap. 7. Die Analyse der Anforderungen ist eine zentrale Aufgabe in der Software- und Systementwicklung, da ein Softwaresystem nur dann erfolgreich sein kann, wenn es Probleme der Anwender tatsächlich löst und ihre Arbeit vereinfacht – zumindest aber nicht erschwert. Zunehmend spricht man daher heute auch von *User Experience* (UX; [2, 7]) und *User Journey* – das Nutzererlebnis bei der Nutzung eines Systems und dem Durchlaufen der Workflows im System, welches bei der Anforderungsanalyse neben der Fachlichkeit des Softwaresystems auch den Anwender ins Zentrum rückt. Eine Einblick in den Stand der Praxis im Bereich *Requirements Engineering* geben zum Beispiel Méndez et al. [5], Wagner et al. [15] und Franch et al. [6].

Die Schwierigkeit der Anforderungsanalyse wird auch durch die große Menge Spezialliteratur offensichtlich. Lamsweerde [14] bietet etwa einen umfassenden Einstieg in das Thema Requirements Engineering. Insbesondere behandelt Lamsweerde das Thema *Goal Modeling*, also die strukturierte Erfassung von Zielen in der Anforderungsanalyse, um die Anforderungen und schlussendlich den Systementwurf zielorientiert durchführen zu können. Wesentliches Mittel für die Analyse und Modellierung der Anforderungen ist bei Lamsweerde die UML (siehe Kap. A). Eine stärker pragmatisch geprägte Einführung in das Thema bieten Wiegers und Beatty [16]. Neben „Good Practices" diskutieren sie insbesondere auch die Rolle des Business Analysten und die geschickte Interaktion mit den unterschiedlichen Stakeholdern. Wiegers und Beatty verfolgen einen stark prozeduralen Ansatz mit einer Vielzahl an Hinweisen zur Durchführung und Dokumentation von Anforderungen. Auf ausgewählte Methoden und Techniken zur Anforderungsanalyse gehen wir in Kap. 7 ein. Sowohl Lamsweerde als auch Wiegers und Beatty widmen sich intensiv der Dokumentation der Anforderungen. Wiegers und Beatty geben hier eine kompakte und pragmatische Vorlage an [16, Kap. 10], welche die Erstellung der Kernartefakte in der Anforderungsanalyse (siehe Abschn. 5.3.1) unterstützt und strukturiert.

Übungsaufgaben

Übung 5.1 (Begriffe im Requirements Engineering) In der Anforderungsanalyse und im Anforderungsmanagement gibt es eine Vielzahl an Begriffen, die sich ergänzen oder sogar synonym verwendet werden.

a) Strukturieren Sie die folgende Liste von Begriffen (als Graph oder Tabelle), indem Sie Beziehungen zwischen den Begriffen herstellen. Die Beziehungen können Sie frei wählen, beispielsweise „X besteht aus Y", „X ist identisch mit Y", „X prüft Y", „X bearbeitet Y", „X ist ein Sonderfall von Y".
Begriffsliste: Elicitation, Requirements Engineering, Requirements Management, Anforderungserhebung, Specification, Anforderungsdokument, Anforderungsdokumentation, Analysis, Validation, Verification, Stakeholder, Anforderung, Anforderungsquelle, Tracing, Entwicklungsprozess, Anforderungsartefakt, Anforderungsbegründung, Prozessanforderung, Systemanforderung, Rationale, Rahmenbedingung, Implementierungsvorgabe, funktionale Anforderung, nichtfunktionale Anforderung, potentielle Anforderung, akzeptierte Anforderung, Vorgehensmodell, Artefaktmodell.

Übung 5.2 (Einbindung des Nutzers) In Abschn. 5.2.1 wird die zentrale Rolle des Nutzers beschrieben. Beantworten Sie zu dieser zentralen Rolle die folgenden Fragen:

a) Wie kann sichergestellt werden, dass Nutzer angemessen in die Anforderungsanalyse einbezogen werden?
b) Wie kann sichergestellt werden, dass die Anforderungen, Meinungen, Wünsche etc. des Nutzers in der Anforderungsanalyse berücksichtigt werden?

Übung 5.3 (Anforderungen an Anforderungen) Erarbeiten Sie mit Hilfe des Ordnungsrahmens aus Kap. 2.2 Qualitätseigenschaften, die Anforderungen aufweisen sollten. Anhand der erarbeiteten Qualitätseigenschaften beantworten Sie die folgenden Fragen:

a) Was bedeuten Validierung und Verifikation für Anforderungen?
b) Wie hängen diese Tätigkeiten mit der Entwicklung des Systems zusammen?
c) Welche Maßnahmen eignen sich zur Validierung der Anforderungen?
d) Welche Maßnahmen eignen sich zur Verifikation der Anforderungen?

Übung 5.4 (Anforderungmanagement und Produktlebenszyklus) In Abb. 1.4 sind die grundlegenden Begriffe der Softwaretechnik aufgeführt und in Abb. 1.6 ist das Modell des Produktlebenszyklus dargestellt.

a) Ordnen Sie die Grundbegriffe aus Abb. 1.4 den Aufgaben aus dem Anforderungsmanagement zu. Welche Beziehungen bestehen zwischen den Grundbegriffen und den Aufgaben des Anforderungsmanagement?
b) Ordnen Sie die Aufgaben des Anforderungsmanagements den Aufgaben aus dem Produktlebenszyklusmodell aus Abb. 1.6 zu. In welchen Aufgaben wirkt das Anforderungsmanagement und was sind die Konsequenzen für ein Softwareprojekt?

Literatur

1. I. F. Alexander. A taxonomy of stakeholders: Human roles in system development. *International Journal of Technology and Human Interaction (IJTHI)*, 1(1):23–59, 2005.
2. D. Benyon. *Designing User Experience: A guide to HCI, UX and interaction design*. Pearson, 4 edition, January 2019.
3. M. Broy and M. Kuhrmann. *Projektorganisation und Management im Software Engineering*. Number 978-3-642-29289-7 in Xpert.press. Springer Verlag, Berlin Heidelberg, 1 edition, 2013.
4. ECSS Secretariat. Space product assurance, software metrication programme definition and implementation. Standard ECSS-Q-HB-80-04A, ESA-ESTEC Requirements and Standards Division, March 2011.
5. D. M. Fernández, S. Wagner, M. Kalinowski, M. Felderer, P. Mafra, A. Vetro, T. Conte, M. Christiansson, D. Greer, C. Lassenius, T. Männistö, M. Nayabi, M. Oivo, B. Penzenstadler, D. Pfahl, R. Prikladnicki, G. Ruhe, A. Schekelmann, S. Sen, R. O. Spínola, A. Tuzcu, J. L. de la Vara, and R. J. Wieringa. Naming the pain in requirements engineering - contemporary problems, causes, and effects in practice. *Empirical Software Engineering*, 22(5):2298–2338, 2017.
6. X. Franch, D. M. Fernández, M. Oriol, A. Vogelsang, R. Heldal, E. Knauss, G. H. Travassos, J. C. Carver, O. Dieste, and T. Zimmermann. How do practitioners perceive the relevance of requirements engineering research? an ongoing study. In *2017 IEEE 25th International Requirements Engineering Conference (RE)*, pages 382–387, 2017.
7. R. Hartson and P. Pyla. *The UX Book: Agile UX Design for a Quality User Experience*. Morgan Kaufmann, 2 edition, January 2019.
8. IEEE Std 610.12-1990. *IEEE Standard Glossary of Software Engineering Terminology*. IEEE, 1990.
9. ISO 25119-1:2018. *Tractors and machinery for agriculture and forestry – Safety-related parts of control systems – Part 1: General principles for design and development*. International Organization for Standardization, October 2018.
10. ISO 26262:2018. *Road vehicles – Functional safety*. International Organization for Standardization, 2018.
11. ISO/IEC 25001:2014. *Systems and software engineering – Systems and software Quality Requirements and Evaluation (SQuaRE) – Planning and management*. International Organization for Standardization, 2014.
12. ISO/PAS 21448:2019. *Road vehicles – Safety of the intended functionality*. International Organization for Standardization, January 2019.
13. C. R. Prause, J. Werner, K. Hornig, S. Bosecker, and M. Kuhrmann. Is 100% Test Coverage a Reasonable Requirement? Lessons Learned from a Space Software Project. In *Product-Focused Software Process Improvement*, PROFES, pages 351–367, Cham, 2017. Springer International Publishing.

14. A. van Lamsweerde. *Requirements Engineering: From System Goals to UML Models to Software Specifications*. Wiley, January 2009.
15. S. Wagner, D. M. Fernández, M. Felderer, A. Vetrò, M. Kalinowski, R. Wieringa, D. Pfahl, T. Conte, M.-T. Christiansson, D. Greer, C. Lassenius, T. Männistö, M. Nayebi, M. Oivo, B. Penzenstadler, R. Prikladnicki, G. Ruhe, A. Schekelmann, S. Sen, R. Spínola, A. Tuzcu, J. L. D. L. Vara, and D. Winkler. Status quo in requirements engineering: A theory and a global family of surveys. *ACM Trans. Softw. Eng. Methodol.*, 28(2):9:1–9:48, Feb. 2019.
16. K. Wiegers and J. Beaty. *Software Requirements*. Microsoft Press, 3 edition, August 2013.

Produkt- und Qualitätsanforderungen 6

> **Zusammenfassung**
>
> Zentral in der Anforderungsanalyse ist die Frage: Welchen Wert schafft die zu entwickelnde Software für den Auftraggeber? Das zielt primär auf die zu schaffende Funktionalität. Liegt der Funktionsumfang fest, muss die geforderte Funktionalität im Detail beschrieben werden. Dabei stößt man in der Regel immer wieder auf Einzelfragen, wie ein System in einer bestimmten Situation zu (re)agieren hat, wie eine Funktion im Einzelnen zu spezifizieren ist und auf welche konkrete Weise die Interaktion zwischen einem Nutzer und dem System zu erfolgen hat. Dies alles bestimmt die Bereitschaft zur Nutzung einer Software und ihre Attraktivität für den Nutzer und damit letztlich ihren Wert. Bei der Analyse und Dokumentation der Anforderungen können wir zwei große Teilgebiete unterscheiden. Zum einen sind das die Produktanforderungen, die sich auf Fragen der funktionalen Nutzung eines Systems beziehen. Dabei wird festgelegt, welche Funktionalität das System oder das Produkt in welcher Form anbietet. Zum anderen sind das Qualitätsanforderungen, die eine Reihe von unterschiedlichen Qualitätseigenschaften eines Systems betreffen, sich also mit der Fragestellung befassen, in welcher Qualität das System umgesetzt wird und seine Funktionalität erbringt. Die beiden Felder sind sehr unterschiedlicher Natur und erfordern deshalb unterschiedliche Vorgehensweisen, Methoden und Modelle, welche in diesem Kapitel vorgestellt werden.

6.1 Produktanforderungen

Die Produktanforderungen (funktionalen Anforderungen) umfassen alle Anforderungen aus Nutzersicht im Hinblick auf das Systemverhalten. Sie beschreiben das Verhalten eines Systems hinsichtlich der angebotenen und nutzbaren *Funktionen* an der Systemgrenze, die ein System bzw. ein Produkt erbringt. Die anforderungsgemäße Umsetzung der Produktanforderungen ist die notwendige Bedingung zur erfolgreichen Entwicklung eines Systems. Im

Speziellen bedeutet dies, dass eine geforderte Funktionalität durch das System realisiert und erbracht werden muss. Zu beachten ist hierbei jedoch, dass die bloße Fokussierung auf die funktionalen Anforderungen in der Regel nicht ausreicht, um Anwender und weitere Stakeholder zufrieden zu stellen. Hier kommen andere Aspekte zum Tragen, etwa persönliche Vorlieben, Erfahrungen oder Gewohnheiten (Stichwort: *User Experience,* siehe Kap. 5.2.1).

Kundenzufriedenheit Um diese Unterschiede in den Erwartungen zu illustrieren, hat sich das *Kano-Modell* der *Kundenzufriedenheit* [17] bewährt. Das Kano-Modell beschreibt den Zusammenhang zwischen bestimmten Eigenschaften eines allgemeinen Produktes bzw. einer Dienstleistung und der erwarteten Kundenzufriedenheit und berücksichtigt dabei sowohl Produktanforderungen wie auch Qualitätsanforderungen. Tab. 6.1 fasst die von Kano

Tab. 6.1 Elemente des Kano-Modells und beispielhafte Ausprägung für ein Automobil

Merkmal	Beschreibung	Beispiel: Automobil
Basisfaktor	Merkmale, die grundlegend und selbstverständlich sind und den Kunden oft erst bei Nichterfüllung bewusst werden (implizite Erwartungen). Werden diese Grundanforderungen nicht erfüllt, entsteht Unzufriedenheit; werden sie erfüllt, entsteht aber noch keine Zufriedenheit. Die Steigerung des Nutzens im Vergleich zur Differenzierung gegenüber Wettbewerbern ist sehr gering	Sicherheit, zunehmend Assistenzsysteme wie ABS, ESP, Servo-Lenkung
Leistungfaktor	Diese Merkmale sind dem Kunden bewusst, sie beseitigen Unzufriedenheit oder schaffen Zufriedenheit abhängig vom Ausmaß der Erfüllung	Verbrauch, Fahreigenschaften, Beschleunigung, Lebensdauer
Begeisterungsfaktor	Diese Merkmale stiften Nutzen, mit denen der Kunde nicht unbedingt rechnet. Sie zeichnen das Produkt gegenüber der Konkurrenz aus und rufen Begeisterung hervor. Eine kleine Leistungssteigerung kann zu einem überproportionalen Nutzen führen. Die Differenzierungen gegenüber der Konkurrenz können gering sein, der Nutzen aber enorm	Sonderausstattung, Design
Unerheblich	Diese Merkmale sind sowohl bei Vorhandensein wie auch bei Fehlen ohne Belang für den Kunden. Sie können daher keine Zufriedenheit stiften, führen aber auch zu keiner Unzufriedenheit	Spezifisch für Kundengruppen: Automatikgetriebe, Schiebedach

6.1 Produktanforderungen

genannten Merkmale eines Systems zusammen und illustriert diese anhand eines Beispiels aus dem Bereich des Automobils. Das Beispiel des Automobils weist gleichzeitig auf einen wichtigen Aspekt hin, den Kano als *Gewöhnungseffekt* bezeichnet. Beispielhaft zu nennen sind die vielfältigen Fahrerunterstützungssysteme, welche anfänglich nur gegen Aufpreis in Premiumprodukten zu erhalten waren und die heutzutage bereits als Basisausstattung erwartet werden, etwa ABS oder ESP.

Achtung *Besonders sorgfältig muss mit Merkmalen umgegangen werden, welche zu einer Rückweisung führen können. Diese Merkmale führen bei Vorhandensein zu Unzufriedenheit, bei Fehlen jedoch nicht zu Zufriedenheit. Für das Beispiel des Automobils wären solche Merkmale etwa Rost oder Unfallschäden.*

Abb. 6.1 zeigt das konzeptuelle Zusammenwirken der unterschiedlichen Merkmale und macht hierbei insbesondere deutlich, dass die Betrachtung der funktionalen Anforderungen allein nicht genügt, Anwender von einem System zu überzeugen.

Die zentrale Rolle des Product Owners Hier wird die Wichtigkeit der Rolle des Product Owners besonders deutlich. Der Product Owner entscheidet, welche Merkmale ein System haben soll. Dazu bedient er sich einer ganzen Reihe von Instrumenten wie Umfragen, Aussagen von Experten, Durchführung von Nutzerstudien, oder dem Einsatz von Kreativmethoden wie Design Thinking (siehe Kap. 7.3.1). Auf Basis einer solchen umfassenden Bestandsaufnahme und Überlegungen zu den Möglichkeiten und den Erfolgsaussichten bestimmter Festlegungen trifft er dann schließlich die Entscheidungen, wie ein System funktional und im Hinblick auf die Qualität auszulegen ist und wie die Mensch-Maschine-Interaktion in diesem Zusammenhang grundsätzlich zu gestalten ist.

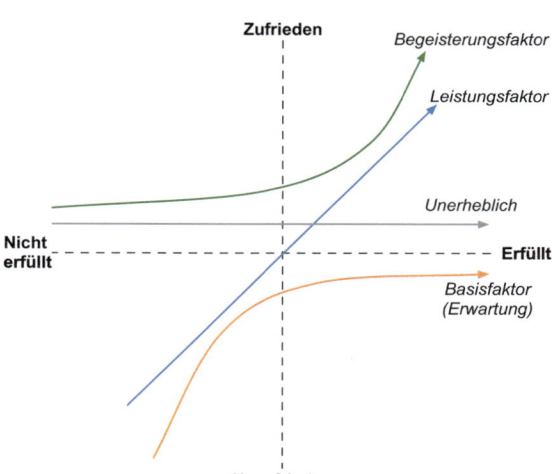

Abb. 6.1 Kano-Diagramm nach [17]

Letztlich sind die Produktanforderungen an ein System entscheidend; denn fehlen sie oder sind sie nicht erwartungsgemäß realisiert, wird ein System in jedem Fall nicht angenommen. Darüber hinaus legt eine adäquat realisierte Menge an Produktanforderungen die Grundlage für die Entwicklung weiterer Systemeigenschaften, welche von Nutzern erwartet werden und somit die Akzeptanz und Zufriedenheit beeinflussen können.

Funktion vs. Ausprägung Wichtig ist es in diesem Zusammenhang, zwischen den grundsätzlich angebotenen Funktionen und den detaillierten Ausprägungen zu unterscheiden. Damit sind die grundsätzlichen Fähigkeiten eines Systems gemeint, dem Nutzer bestimmte Dienste anzubieten und der Art und Weise, wie er auf diese Dienste zugreift.

Wird in einem Fahrzeug beispielsweise ein Navigationssystem angeboten, so ist dies zunächst die grundsätzliche Entscheidung, dass solch ein Dienst verfügbar ist. Die nächste Frage ist, welche Teilfunktionalität dabei angeboten wird, beispielsweise die Frage, ob bei einem bestimmten Navigationswunsch unterschiedliche Strecken mit unterschiedlichen Charakteristika angeboten werden. Dann stellt sich die Frage, auf welche Art und Weise der Nutzer welche Informationen eingibt, um eine bestimmte Funktion des Navigationssystems zu nutzen und wie die ganz konkrete Nutzerinteraktion aussieht, ob hier mit Spracheingabe gearbeitet werden kann, ob durch einen Drehknopf ein Text einzugeben ist, ob die Eingabe über einen berührungsempfindlichen Bildschirm und eine Tastatur erfolgt.

Wie aufgezeigt, können wir also die Frage der Funktionalität eines Systems gliedern in die *grundsätzliche Entscheidung* über das Anbieten einer bestimmten Funktionalität, die *detaillierte Entscheidung,* durch welche Funktionen im Detail diese Funktionalität erbracht wird, durch welche logischen Interaktionen die Erbringung dieser Funktionalität erfolgt und durch welche physischen Nutzerinteraktionen mit dem System die Ein- und Ausgaben erfolgen.

6.1.1 Funktionsarchitektur und Anwendungsfälle

In der Funktionsarchitektur (auch als Funktionsmodell bezeichnet, siehe Kap. 4.6.1.6) werden alle Funktionen, die das System anbieten soll, beschrieben. Die Beschreibung erfolgt sinnvollerweise bezogen auf die Arbeitsabläufe, in die das System eingebettet ist und die das System unterstützen soll. Da Funktionen die vom System dem Nutzer angebotenen Dienste darstellen, sprechen wir auch von der *Dienstleistungssicht* (Service View). Teil dieser Beschreibung ist auch die Abgrenzung des Systems von seiner Umgebung durch die Beschreibung der Systemschnittstelle. Zur Beschreibung der Funktionsarchitektur verwenden wir die in Tab. 6.2 aufgeführten Techniken.

Während Tabellen, Szenarien und Abläufe sich auf die Interaktion von System und Umgebung an der Schnittstelle konzentrieren (siehe Kap. 2.1.1), beschreiben Transaktionen und Vorgangsverhalten eine Veränderung des internen Systemzustandes. Da dies eine Modellierung der Zustände erfordert, die das System annehmen kann, wird hier

6.1 Produktanforderungen

Tab. 6.2 Übersicht ausgewählter Techniken zur Beschreibung der Funktionsarchitektur

Technik	Beschreibung
Tabellen der Systemdienste	In tabellarischer Form werden angebotene Funktionen strukturiert – üblicherweise hierarchisch gegliedert – beschrieben
Szenarien	In Szenarien und Anwendungsfallbeschreibungen (Use Cases, siehe Abschn. 6.1.1.1) werden die Funktionen des Systems beschrieben. Übliche, hier verwendete Techniken und Beschreibungsmittel sind MSCs (siehe Kap. 4.5), Prozessdiagramme, UML-Anwendungsfalldiagramme oder strukturierte, textuelle oder tabellarische Beschreibungen wie User Stories (siehe Kap. 7.4.1)
Ablaufbeschreibungen	Beschreibungen der Systemabläufe werden oft durch Trace-Spezifikationen – ergänzt um Zusicherungen – vorgenommen
Zustandsübergangsdiagramme	Zustandsübergänge und Zustandsübergangsdiagramme (siehe Kap. 4.5.1.2) werden für Transaktionen, sowie zur Beschreibung des Entitäts- und/oder des Vorgangsverhaltens verwendet

insbesondere auch auf die Datenmodellierung (siehe Kap. 4.3) Bezug genommen. Zwar sollte diese Beschreibung soweit möglich erfolgen, ohne auf den inneren Aufbau des Systems einzugehen, jedoch wird in der Praxis oft bereits auf eine Systemarchitektur (siehe Kap. 8) abgezielt.

> **Hinweis**
> Geschickterweise werden bereits jetzt Szenarien für die Nutzungsfälle entwickelt oder zumindest skizziert, die später als Testfälle (siehe Kap. 12.2) verwendet werden können. Dies erleichtert insbesondere die Verfolgung der Umsetzung der Anforderungen (Requirements Tracing, siehe Kap. 5.5.4) und deren Überprüfung.

6.1.1.1 Anwendungsfälle – Use Cases

In Anwendungsfällen (auch als Nutzungsfälle bezeichnet) werden typische Szenarien für die Nutzung eines Systems beschrieben [5, 16, 20]. Man spricht dann auch von einem *Nutzungsmodell,* in dem die Abläufe zwischen dem System im Kontext der zu unterstützenden Geschäftsprozesse und den externen Akteuren wie Anwender oder Nachbarsysteme analysiert und dargestellt werden. Das Nutzungsmodell bildet die Grundlage für die Überprüfung und Konsolidierung der Zielprozesse für ein System und ist damit die Basis für:

- Die Planung und Definition des Systems (Regel- und Ausnahmeszenarien)
- Den Entwurf des Systems (Architektur, Schnittstellen, Protokolle)
- Die Spezifikation von Testfällen (Abnahmetests)
- Die Erstellung detaillierter Aufwandsschätzungen
- Die Bildung von Funktionshierarchien als Übergang zu dem Systementwurf

Relevant für den Umgang mit Anwendungsfällen sind zwei zentrale Begriffe:

Definition 6.1 (Anwendungsfall) Ein Anwendungsfall (Use Case) bündelt alle möglichen Szenarien, die eintreten können, wenn ein Akteur versucht, mit Hilfe des betrachteten Systems ein bestimmtes fachliches Ziel zu erreichen bzw. eine Funktion zu nutzen.

Definition 6.2 (Szenario) Ein Szenario ist eine geordnete Menge von Interaktionen zwischen Partnern, in der Regel zwischen einem System und einer Menge von systemexternen Akteuren, wobei Akteure selbst wieder Systeme sein können.

Abb. 6.2 setzt diese beiden Begriffe in Zusammenhang. Anwendungsfälle verwenden typischerweise zustands- und ablaufsorientierte Konzepte zur anschaulichen – oft exemplarischen – Darstellung des Systemverhaltens. Dieses Systemverhalten wird durch eine Menge von Szenarien beschrieben, welche zusammen eine gezielte Systemnutzung beschreiben (Abb. 6.3). Dabei fassen Szenarien Abfolgen von Arbeitsschritten, Ereignissen oder Interaktionen zusammen, welche im Anwendungsfall strukturiert werden, etwa als Aufgabe bzw. Aufgabenstrukturierung, Zielsetzung, Leistungsbeschreibung oder zur Beschreibung kausaler Abhängigkeiten inklusive Vor- und Nachbedingungen.

Beschreibung von Anwendungsfällen Anwendungsfälle und Szenarien können in vielfältiger Weise beschrieben werden, zum Beispiel durch strukturierten Text oder verschiedene Diagramme, die den Dialog zwischen dem System und seinen Nutzern bzw. umgebenden Systemen beschreiben. Daneben es wichtig, sich einen Überblick über alle Anwendungsfälle zu verschaffen. Das kann in einer *Funktionshierarchie* erfolgen, in der die wichtigsten

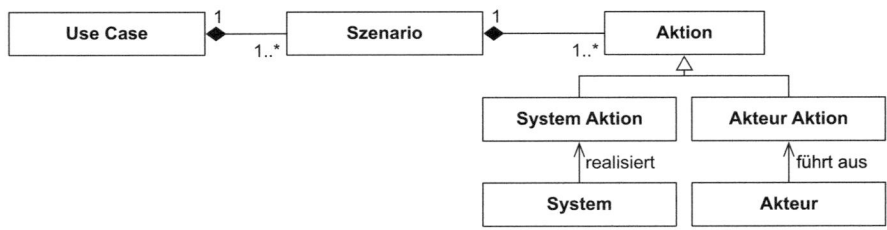

Abb. 6.2 Einordnung von Use Cases (Anwendungsfällen), Szenarien und Aktionen

6.1 Produktanforderungen

Use Case Nr.: Name	Eindeutige Nr. des Use Cases: Der Name beschreibt das Ziel als kurze Phrase
Nutzungskontext	Umfassendere Beschreibung falls erforderlich
Scope	Was ist der Scope (Fokus) des betrachteten Systems (üblicherweise betrachtet als Black Box)
Level	Eines von: Zusammenfassung (Summary), Primäraufgabe (Primary Task), Subfunktion (Sub Function)
Vorbedingungen	Welche Annahmen werden bezüglich des Ausgangszustands der Umgebung/des Systems getroffen?
Erfolgreicher Endzustand	Welcher Zustand soll nach dem erfolgreichen Abschluss des Use Cases vorliegen?
Nicht erfolgreicher Endzustand	Welcher Zustand soll nach einem nicht erfolgreichen Abschluss des Use Cases vorliegen?
Primäre und sekundäre Akteure	Liste von Rollennamen und/oder Beschreibungen der primären Akteure *und* weitere Akteure und/oder Systeme, die erforderlich sind, um den Use Case auszuführen
Trigger	Die Aktion, welche den Use Case anstößt

Beschreibung	Schritt	Aktion
	1	Beschreibung der Schritte des Szenarios beginnend beim Trigger bis zum Ziel und, falls erforderlich, alle Aktionen für das Aufräumen
	2	...

Erweiterungen	Schritt	Verzweigungsaktion
	1a	Beschreibung der Bedingung, welche die Verzweigung auslöst: ausgelöste Aktion oder Name des Sub-Use Cases, der ausgeführt wird
	...	...

Abb. 6.3 Use Case Specification Template nach Cockburn [5]

Nutzerfunktionen strukturiert dargestellt werden. Man beachte, dass Systeme heute oft multifunktional sind. Abb. 6.3 zeigt eine Standardvorlage, ein Use Case Template für die strukturierte Beschreibung von Anwendungsfällen (adaptiert von Cockburn [5]) und Abb. 6.4 zeigt eine beispielhafte Instanziierung. Kern der Beschreibung sind der Kontext, die Akteure und deren Ziele, Vor- und Nachbedingungen, sowie die Szenarien mit den jeweiligen Schritten und Aktionen. Diese textuelle Beschreibung, sofern sorgfältig erstellt, kann einfach in weitere Repräsentationen überführt werden, etwa in Sequenzdiagramme.

Beispiel Ein beispielhafter Anwendungsfall (Use Case), beschrieben im Template aus Abb. 6.3, ist in Abb. 6.4 gezeigt. Dieser Anwendungsfall bezieht sich auf das in Abb. 7.20 gezeigte UML-Aktivitätsdiagramm (siehe Kap. 7.5.2.4). Beschrieben wird die initiale Prüfung der EC-Karte, nachdem der Kunde diese in den Geldautomaten eingeführt hat. Im Aktivitätsdiagramm in Abb. 7.20 ist die Interaktion zwischen dem Kunden und dem

Use Case Nr.: Name	Nr. 1: EC-Karte prüfen	
Nutzungskontext	Wenn der Kunde dem Automaten eine EC-Karte über den Kartenleser zuführt, muss die Karte zunächst geprüft werden, ob sie (a) gültig oder (b) beschädigt ist.	
Scope	Der Fokus ist der Geldautomat bevor die Nutzerinteraktion beginnt.	
Level	Primäraufgabe (Primary Task)	
Vorbedingungen	Der Automat ist betriebsbereit und die EC-Karte wurde dem Automaten über den Kartenleser zugeführt.	
Erfolgreicher Endzustand	Nach erfolgreicher Prüfung der EC-Karte soll der Automat das Auswahlmenü anzeigen.	
Nicht erfolgreicher Endzustand	Bei nicht erfolgreicher Prüfung der EC-Karte soll der Automat eine Fehlermeldung anzeigen, die das Problem (ungültig oder defekt) anzeigt und die Karte an den Kunden zurückgeben.	
Primäre und sekundäre Akteure	Kunde, Geldautomat	
Trigger	Der Kunde führt dem Geldautomaten die Karte zu.	
Beschreibung	Schritt	Aktion
	1	Der Kunde führt die EC-Karte dem Automaten über den Kartenleser zu.
	2	Der Automat nimmt die EC-Karte zur Prüfung entgegen.
	3	Der Automat prüft die EC-Karte auf Gültigkeit und Defekte.
	4	Nach erfolgreicher Prüfung der EC-Karte zeigt der Automat das Auswahlmenü an und wartet auf eine Eingabe des Kunden.
Erweiterungen	Schritt	Verzweigungsaktion
	4a-1	Die EC-Karte ist ungültig: der Automat gibt die EC-Karte an den Kunden zurück und zeigt die Meldung: "Ungültige Karte" an
	4a-2	Die EC-Karte ist defekt: der Automat gibt die EC-Karte an den Kunden zurück und zeigt die Meldung: "Defekte Karte" an

Abb. 6.4 Beispielhaft ausgefülltes Use Case Specification Template zur Prüfung einer EC-Karte im Geldautomaten (vgl. Abb. 7.20)

Geldautomaten über einen *Objektfluss* modelliert. Der Anwendungsfall aus Abb. 6.4 beschreibt die Aktion `Check card`.

Der Anwendungsfall beschreibt neben den Vor- und Nachbedingungen sowie den Start- und Endzuständen einen *Regelablauf.* Dieser gibt das gewünschte Verhalten an, in dem Fall, dass die EC-Karte gültig und nicht defekt ist. Im Fall einer Abweichung sind zwei alternative Schritte angegeben: einmal für den Fall, dass die EC-Karte ungültig ist und dann für den Fall, dass die EC-Karte defekt ist. In diesen beiden Fällen gibt der Geldautomat eine entsprechende Fehlermeldung an den Kunden aus und gibt die EC-Karte zurück. Im Regelablauf hingegen akzeptiert der Geldautomat die EC-Karte und zeigt das Auswahlmenü

6.1 Produktanforderungen

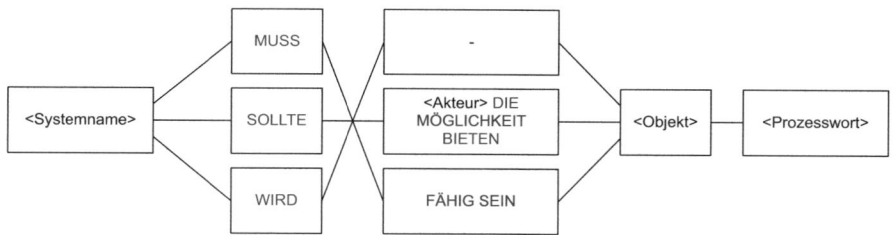

Abb. 6.5 Textschablone nach [21]

an. Im Aktivitätsdiagramm in Abb. 7.20 entspricht dies der Übergabe der Kontrolle an die Aktion `Show functions`.

Eine weitere, insbesondere in der agilen Softwareentwicklung an Bedeutung gewinnende Form der Dokumentation der Anforderungen, sind strukturierte Textschablonen. Abb. 6.5 zeigt eine Schablone, die vom *International Requirements Engineering Board* (IREB; [11]) herausgegeben wurde. Diese Schablone ist konzeptionell mit der *User Story* (siehe Kap. 7.4.1), die in der agilen Softwareentwicklung verbreitet Anwendung findet, vergleichbar. Beide Vorlagen adressieren die Notwendigkeit, Anforderungen standardisiert und klar darzustellen.

Iterative Erarbeitung von Anwendungsfällen Die Erarbeitung von Anwendungsfällen und Szenarien erfolgt üblicherweise iterativ. Abb. 6.6 zeigt die beiden wesentlichen, miteinander verknüpften Aktivitäten. Auf Grundlage der Stakeholder, der zu unterstützenden Geschäftsprozesse und der externen Systeme werden zunächst grob die Anwendungsfälle identifiziert. Hierbei dienen die Stakeholder und die Geschäftsprozesse dazu, die Aufgabenverteilung der Akteure im System zu bestimmen und daraus die Nutzungsfunktion abzuleiten und die Rolle des Systems zu bestimmen, also ob eine aktive oder eine passive Nutzerunterstützung erforderlich ist. Daraus werden schrittweise die Szenarien abgeleitet und zum Beispiel mit Hilfe einer Interaktionsanalyse beschrieben und verfeinert. Erkenntnisse aus der Arbeit an den Szenarien werden in die Analyse der Anwendungsfälle rückgekoppelt, sodass diese entsprechend verfeinert werden können.

Ziel dieser Analysetätigkeiten ist die Analyse und ebenso die modellhafte Erfassung von Informationsflüssen und Interaktionsfolgen. Informationsflüsse bilden die Grundlage für die spätere Datenanalyse und die Ableitung eines Datenmodells (siehe Abschn. 6.1.1.3). Interaktionsfolgen beschreiben den Kontrollfluss an den Systemgrenzen bei der Nutzung des Systems und bilden somit die Grundlage für die Entwicklung einer Schnittstellenspezifikation und eines Prozessmodells für das System (siehe Abschn. 6.1.1.4).

Abb. 6.6 Schrittweise Erarbeitung und Verfeinerung von Use Cases

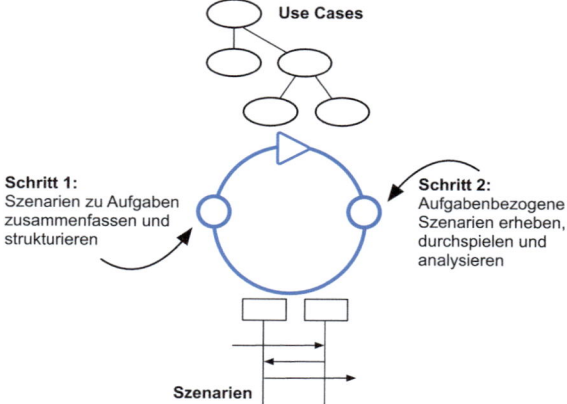

Use Case vs. User Story

Auch in der agilen Softwareentwicklung werden Anwendungsfälle für die Erfassung von Anforderungen verwendet. Aufgrund der Organisation agiler Projekte werden die Anwendungsfälle jedoch in einer sehr knapp gehaltenen Form, der sogenannten *User Story* (siehe auch Kap. 7.4.1), verfasst. Ursprünglich wurde diese verknappte Form von Cockburn [5] im Kontext des Extreme Programming (XP) vorgeschlagen. Im Wesentlichen ähnelt eine User Story eher der illustrativen Kurzbeschreibung des Anwendungsfalls (siehe Abb. 6.3), kann jedoch unter Zuhilfenahme von strukturiertem Text eine gute Aussagekraft erreichen. Zu beachten ist auch, dass User Stories Anforderungen aus der Sicht der Stakeholder beschreiben, während Use Cases das Systemverhalten in den Vordergrund stellen. Damit können User Stories auch als *Kommunikationswerkzeug* verstanden werden, während Use Cases eher ein *Dokumentationswerkzeug* sind.

6.1.1.2 Funktionen und Funktionshierarchien

Funktionshierarchien (siehe Definition 4.16) bieten eine Übersicht über die Funktionen des Systems und dienen somit der Analyse des Systemverhaltens. Funktionen in einer Funktionshierarchie werden oft auf der Basis von Geschäftsprozessen identifiziert und mit Hilfe von Anwendungsfällen näher analysiert und abgestimmt und schlussendlich in Hierarchien strukturiert. Sie bilden damit die Grundlage für den Entwurf des Softwaresystems, insbesondere seines (internen) Systemverhaltens – wir sprechen dann von der *Funktionsarchitektur*.

Funktionshierarchien sind somit hilfreich bei der Bildung von *syntaktischen Schnittstellen* (siehe Kap. 4.6.1.3), d. h. der Angabe der Ein- und Ausgaben an den Systemschnittstellen, welche der Realisierung der einzelnen Funktionen dienen. Dies unterstützt die Spezifikation

6.1 Produktanforderungen

des Verhaltens und von Verhaltensmodellen sowie die Festlegung einer logischen Komponentenarchitektur (siehe Kap. 4.6.1 und Kap. 8). Funktionen und Funktionshierarchien können aus den Anwendungsfällen und Szenarios wie in Abb. 6.7 dargestellt abgeleitet werden.

Traditionelle Vorgehensweisen in der Anforderungsdefinition und auch eine Reihe der immer noch gebräuchlichen Standards verstehen Produktanforderungen (*funktionale* Anforderungen) sehr stark eingeschränkt auf die Logik der Interaktion des Systems mit seiner Umgebung. Dabei werden oft zeitliche oder wahrscheinlichkeitstheoretische – allgemein qualitative – Eigenschaften der Erbringung von Funktionen als „nicht-funktional" bezeichnet. In Anbetracht des Umstandes, dass heute Systeme eng mit der physischen Realität gekoppelt sind (siehe Kap. 2.1.1), also in einem zeitlichen Rahmen ablaufen und auch zwangsläufig ihre Funktionen mit gewissen Wahrscheinlichkeitsabschätzungen erbringen, muss der Begriff der „funktionalen" Anforderungen auf diese Aspekte ausgeweitet werden. Insbesondere sind zeitliche oder wahrscheinlichkeitstheoretische Betrachtungsweisen in der Regel auf die einzelnen Systemfunktionen bezogen. Beispiele dafür sind: *„Mit welcher Wahrscheinlichkeit wird eine versendete E-Mail ausgeliefert?"*, *„Wie schnell erhält der Empfänger die ausgelieferte E-Mail?"* oder *„Wieviel Zeit bleibt einem Nutzer in einer bestimmten Situation, eine bestimmte Funktion abzurufen oder aufzurufen?"* Dies alles sind Eigenschaften von Funktionen, die in den *Produktanforderungen* zu erfassen sind.

Beispiel Das in Abb. 6.7 gezeigte Vorgehen führt zu einer Funktionshierarchie, welche die für den Nutzer des Systems sichtbaren Funktionen erfasst und diese strukturiert. Bezug nehmend auf das in Kap. 7.5.2.5 diskutierte Beispiel lassen sich die für den Geldautomaten erforderlichen Funktionen in der in Abb. 6.8 gezeigten Funktionshierarchie zusammenfassen. Durch das Modell der sichtbaren Nutzerfunktionen und durch die Strukturierung dieser

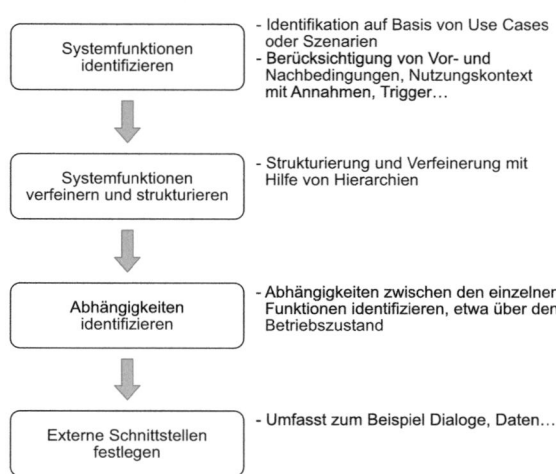

Abb. 6.7 Vorgehen zur Modellierung von Funktionshierarchien

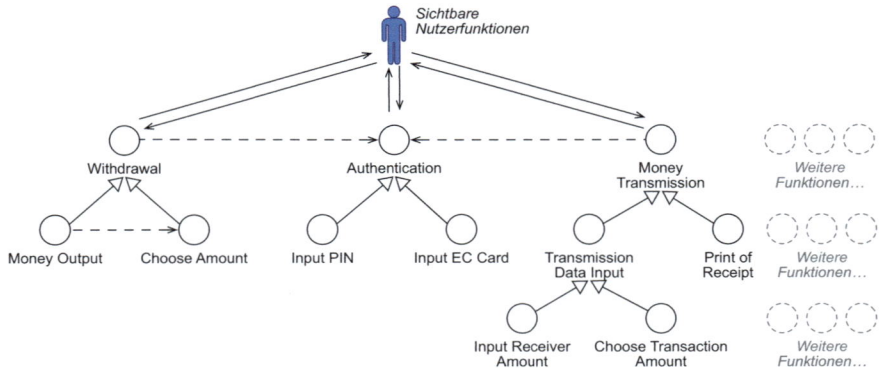

Abb. 6.8 Modellierung eines Ausschnitts der Funktionshierarchie des Geldautomaten

Funktionen liefert die Funktionshierarchie bereits erste Anhaltspunkte, wie das Softwaresystem strukturiert und entworfen werden kann.

6.1.1.3 Logisches Datenmodell

In der Beschreibung von Funktionen treten typischerweise Daten auf. Grundsätzlich sind diese Daten Bestandteil der Interaktion zwischen System und Umgebung und auch zwischen System und Nutzer (siehe Kap. 4.3). Ein zweiter, wichtiger Aspekt ist das Auftreten von Daten zur Beschreibung der Systemzustände (siehe Kap. 4.5). Typischerweise haben Systeme Zustände, die wiederum über bestimmte Zustandsattribute beschrieben werden können, deren aktueller Zustand durch bestimmte Datenwerte gekennzeichnet ist.

Vor diesem Hintergrund ist es wichtig, als Teil der detaillierten Anforderungsspezifikation präzise Beschreibungen der auftretenden Daten zu erstellen. Wir sprechen von einem Datenmodell und bei der Konzentration auf die logischen Eigenschaften der auftretenden Daten von einem logischen bzw. abstrakten Datenmodell. Im *logischen Datenmodell* werden alle Daten und Informationen erfasst, die für das zu erstellende System von Bedeutung sind. Dies umfasst:

- Datentypen und ihre Konstruktions- und Zugriffsfunktionen
- Bei datenintensiven Anwendungen eine ER-Modellierung (siehe Kap. 4.3.2) und/oder ein objektorientiertes Datenmodell (siehe Kap. 4.3.3),
- Gesetze und Zusammenhänge im Anwendungsgebiet.

Das Datenmodell beschreibt damit insbesondere alle Datentypen, die als Nachrichten oder Zustandsattribute für die Entwicklung der Systemfunktionen von Bedeutung sind. Die Beschreibung erfolgt dabei weitgehend losgelöst von der technischen Realisierung des Datenmodells. Das Datenmodell wird dabei sowohl zur Beschreibung der Daten des

Anwendungsgebiets (etwa die physikalischen Größen eines Fertigungsprozesses oder Kundendaten einer Bank) als auch zur Beschreibung der vom System verwendeten Daten (wie der Betriebsmodus des Systems) eingesetzt.

> **Objektorientierte Datenmodellierung in UML**
> Im Fall der objektorientierten Modellierungen werden zur Erfassung der Daten und ihrer Beziehungen untereinander anstatt ER-Diagrammen üblicherweise UML-Klassendiagramme verwendet (siehe Kap. 4.3.3 und 7.5.2.1). Durch Hinzunahme von Attributen und Methoden zu den Klassen werden damit auch die benötigten Typen und deren Konstruktions- und Zugriffsfunktionen festgelegt. In der Objektorientierung werden zum Teil auch Objekte modelliert, die nicht im System realisiert werden, aber darauf Einfluss nehmen (zum Beispiel Benutzer oder umgebende Systeme).

Anmerkung *Bei der Entwicklung eines Datenmodells ist auch zu klären, für welchen Zweck das Datenmodell entworfen werden soll. Neben der Ermittlung der relevanten Datenstrukturen, ihrer Eigenschaften und ihrer Abhängigkeiten, kann es auch vorteilhaft sein, ein Datenmodell zu verwenden, um Interaktionen zwischen den Akteuren und dem System präziser zu erfassen (siehe Kap. 4.6.4). Ebenfalls ist die technische Realisierung eines Datenmodells zu berücksichtigen. Während des Entwurfs kann ein Datenmodell noch auf der rein logischen Ebene erfasst und modelliert werden. Trotzdem muss zu einem gewissen Zeitpunkt eine technische Realisierung vorgenommen werden. Hierbei sind dann entsprechende Abbildungsvorschriften zwischen dem logischen und dem technischen Datenmodell zu entwickeln.*

6.1.1.4 Logisches Prozessmodell

Im logischen Prozessmodell werden alle Prozesse erfasst, die für das zu erstellende System von Bedeutung sind. Dies umfasst:

- Zustände eines Prozesses
- Auslösende und ausgelöste Ereignisse
- Abläufe des Prozesses

Im logischen Prozessmodell (Abb. 6.9) werden gegebenenfalls Prozesse zunächst beschrieben ohne darauf einzugehen, welche Teile durch Software und welche Teile anderweitig realisiert werden.

Mit Hilfe der Beschreibungen der Prozesse wird festgelegt, an welchen Stellen Software zum Einsatz kommt und schließlich wird die Interaktion eines Systems mit seinem Kontext

Abb. 6.9 Logisches Prozessmodell als Interaktion von Anwender und System im operationellen Kontext

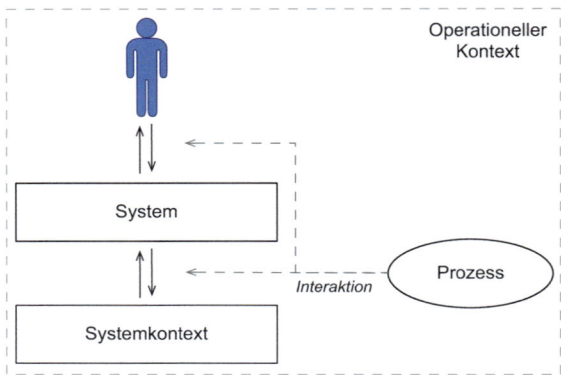

beschrieben. Die jeweiligen Interaktionsmuster bilden dann das logische Prozessmodell des Systems. Im Rahmen der Anforderungsanalyse ist dabei insbesondere zu beachten:

1. In den frühen Phasen werden Prozesse zunächst losgelöst von der konkreten technischen Realisierung eines Systems erfasst. Die resultierende abstrakte Darstellung ist die Grundlage für die spätere detaillierte Modellierung der Prozesse.
2. Ein Prozess wird durch eine Schnittstelle zwischen dem Softwaresystem und dem Kontext definiert (siehe Kap. 4.6.4).

Als Ausgangspunkt für die Entwicklung des logischen Prozessmodells dienen in der Regel die oben eingeführten Nutzungsfälle (Use Cases), welche die beabsichtigte Interaktion mit dem Softwaresystem festlegen. Die einzelnen Abläufe selbst können in den folgenden Analyse- und Modellierungsschritten durch Ablauf-, Prozess-, oder Zustandsdiagramme beschrieben werden (siehe Kap. 4.6.4).

Abläufe mit komplexer Synchronisierung zwischen unterschiedlichen Beteiligten werden dabei häufig mit Prozessgraphen (zum Beispiel Petri-Netze, UML-Aktivitätsdiagramme, BPMN-Diagramme) beschrieben. Diese Beschreibungsformen eignen sich besonders für die Modellierung von Arbeitsabläufen (zum Beispiel Bearbeitung eines Lieferauftrags mit den Beteiligten Lagerverwaltung, Finanzbuchhaltung, Kundenbetreuung und Versandabwicklung). Zur Beschreibung von Zuständen und Ereignissen oder Nachrichten wird hierbei auf das *logische Datenmodell* zurückgegriffen.

Das Prozessmodell wird – ebenso wie das Datenmodell – sowohl zur Beschreibung von den zu beeinflussenden Umgebungsprozessen (zum Beispiel eines technischen Prozesses einer Fertigungsstraße oder der Kundenverwaltung einer Bank) als auch den vom System ausgeführten Prozessen (zum Beispiel Steuerung des Fertigungsprozesses oder maschinelle Erfassung der Kundendaten) eingesetzt. Ähnlich wie beim Datenmodell besteht eine enge Korrespondenz zwischen den Prozessmodellen der Umgebung und des Systems. Da beispielsweise betriebliche Informationssysteme oft die Steuerung der betrieblichen

Arbeitsabläufe in Form von Workflow-Systemen übernehmen, besteht in diesen Fällen eine weitgehende Übereinstimmung. Das Prozessmodell des Systems, das zur Beschreibung der Funktionalität als Teil der Systemanforderungen erstellt wird, wird im Abschn. 6.1.1.2 als Funktionsmodell eingeführt.

6.1.2 Mensch-Maschine Interaktion

Softwaresysteme werden in einem fachlichen und physischen Kontext benutzt. Die Nutzung erfolgt hierbei entweder durch andere Softwaresysteme oder durch den Menschen. Um die Nutzung durch Menschen zu ermöglichen, ist die physische Benutzungsschnittstelle ein entscheidendes Erfolgskriterium. Wie in Abb. 6.1 dargestellt, sind menschliche Nutzer nie nur mit der reinen Funktion zufrieden, sondern wollen die Interaktion mit dem System als attraktiv, intuitiv und effektiv *empfinden*. Hierzu sind in der Mensch-Maschine-Schnittstelle die logische Nutzungsschnittstelle und die Bedienoberfläche für die Anwender (das sogenannte *User Interface*) mit seinen Masken, Formularen und weiteren (physikalischen) Interaktionsmechanismen zu betrachten.

6.1.2.1 Logische Nutzungsschnittstelle

Durch die Funktionsmodellierung (siehe Kap. 4.6.1.6 und Abschn. 6.1.1) wird die *Logik* der Interaktion mit einem System festgelegt. Darauf aufbauend wird in der logischen Nutzungsschnittstelle der *fachlich logische Dialog* spezifiziert. Dies ist der Informationsfluss zwischen Nutzer und System an der Nutzungsschnittstelle. Zur Modellierung dieses fachlich logischen Dialogs können Interaktionsdiagramme, Szenarien, Interaktionstabellen oder Zustandsmaschinen (siehe Kap. 4.6.4) verwendet werden. Beschrieben werden dabei insbesondere die Nutzeraktionen und die Systemaktionen sowie die darauf erfolgenden Systemreaktionen.

6.1.2.2 Das User Interface

Besondere Aufmerksamkeit ist der eigentlichen Bedienoberfläche zu widmen, welche die *physische Form* der Interaktion mit den Anwendern realisiert. In der Spezifikation der Bedienoberfläche wird festgelegt, auf welche Weise die Ein-/Ausgaben konkret vorgenommen und dargestellt werden. In aktuellen Softwaresystemen gibt es vielfältige Optionen der Interaktion mit einem System, wie unter anderem:

Tastatur Textfelder und Konsolen stehen für direkte Eingaben mit einer Tastatur bereit. Die Ausgabe kann wiederum in Textfeldern und Konsolen erfolgen, womit die Interaktion verstellbar ist.
Maus Mit Pull-Down-Menüs oder Fenstern mit Buttons und Feldern werden Masken und Formulare für die Steuerung mit Hilfe einer Maus oder eines vergleichbaren optischen Zeigegeräts angeboten.

Gestik Gestengesteuerte und haptische Interaktionselemente, etwa Wischgesten oder Druckstärke, werden sowohl zur Steuerung als auch zur Rückmeldung des Systems verwendet. Diese Interaktionsform findet häufig in mobilen Endgeräten Anwendung.

Sprache Sprachsteuerung, zum Beispiel im direkten Dialog mit einem System wie einem Auto oder Smartphone. Die Reaktion kann ebenso durch Sprache erfolgen, sodass hier ein „natürlicher" Dialog entsteht.

Diese Beispiele zeigen, dass bei der Modellierung der Bedienoberfläche eine Vielzahl von Eingabe- und Ausgabekanäle zu berücksichtigen sind. Mögliche Kanäle für die Ein- und Ausgabeelemente von Bedienoberflächen sind in Tab. 6.3 exemplarisch aufgeführt.

Multimodale Nutzungsschnittstellen Die unterschiedlichen Eingaben können miteinander kombiniert werden, etwa eine Texteingabe, die durch einen Mausklick zu bestätigen ist oder die Eingabe auf einer virtuellen Tastatur im Smartphone. Wir sprechen dann von einem *Multimodalem User Interface* [1, 25]. Ebenso können auch die Ausgabemedien kombiniert werden, zum Beispiel in einem farbcodierten Rundinstrument als Drehzahlmesser im Auto oder als Anzeige kombiniert mit einer Sprachausgabe. Tatsächlich hat in den letzten Jahren gerade im Automobil ein Umschwung stattgefunden. Statt der klassischen, analogen Kombi-Instrumente finden sich zunehmend digitale, multimodale Nutzungsschnittstellen, die eine Vielzahl unterschiedlicher Funktionen zusammenführen und flexibel anbieten [18, 22, 24]. Abb. 6.10 zeigt ein beispielhaftes Cockpit mitsamt der unterschiedlichen Interaktionselemente.

Anforderungen und Rahmenbedingungen Die Logik der Interaktion ergibt sich aus den (erwarteten) Interaktionsmustern zwischen den Anwendern bzw. Akteuren und dem System. Diese können mit Hilfe der Anwendungsfälle erfasst werden. Der Entwurf der Bedienoberfläche richtet sich dann in erster Linie nach der Funktion, die durch das System realisiert und erbracht werden muss und nach der Fähigkeit der Nutzer und den Besonderheiten der Nutzungssituation. Jedoch sind darüber hinaus auch Qualitätsanforderungen etwa hinsichtlich Ergonomie und Ästhetik zu berücksichtigen. Hierbei schränken Entscheidungen, die auf Ebene der Logik getroffen wurden, die Gestaltungsmöglichkeiten der Bedienoberfläche ein. Auch physikalische Beschränkungen sind hierbei zu beachten, zum Beispiel Größe des

Tab. 6.3 Ein- und Ausgabekanäle (Beispiele, Auswahl)

Eingaben	Ausgaben
Maus, Trackpad, Stift (Zeigegeräte), Tastatur, Berührung, Druck, Gestik, Sprache, Sensoren (allgemein)	Ton, Sprache, Text, Bild, Farbe, Vibration, Aktuatoren (allgemein), Lichtsignale

6.1 Produktanforderungen

Abb. 6.10 Das Cockpit eines Autos als Beispiel einer komplexen Nutzungsschnittstelle

Displays oder die Größe von Tasten und Knöpfen (siehe hierzu die Einschränkungen eines Auto-Cockpits wie in Abb. 6.10 dargestellt). Dabei müssen die ausgewählten Ein- und Ausgabekanäle auch den Anforderungen der Logik genügen. Aus der technischen Perspektive können Fenster, Formulare und Masken als Datenstrukturen verstanden und beschrieben werden. Der Zusammenhang zwischen dem logischen Dialog und der Bedienoberfläche kann durch Interaktionstabellen hergestellt werden.

6.1.2.3 Analyse und Gestaltung von Benutzungsschnittstellen

Mit der Formulierung einer Anforderung wie *„Das System soll intuitiv bedienbar sein"* ist die Anforderungsanalyse im Hinblick auf die Mensch-Maschine-Interaktion natürlich nicht abgeschlossen. Oft haben Anwender eigene Vorstellungen, wie eine *„einfach zu bedienende"* Bedienoberfläche beschaffen sein soll, etwa ein Konsolen-basiertes Interface oder eine grafische Bedienoberfläche. Es ist daher ratsam, die Anforderungen bezüglich der Benutzungsschnittstelle frühzeitig in Angriff zu nehmen und im Dialog mit den zukünftigen Anwendern zu verfeinern und zu präzisieren.

Für die Sicherstellung der erwarteten Funktionalität einer angemessenen Benutzungsoberfläche in enger Rückkopplung mit den Nutzer ist die Erstellung von Prototypen besonders empfehlenswert (Abb. 6.11). Mit Hilfe der Funktionsmodellierung (siehe Kap. 4.6.1.6) wird die Interaktionslogik erfasst und, darauf aufbauend, können anschauliche Modelle zu Präsentations- und Abstimmungszwecken erstellt werden. Solche „Mock-Ups" können zum

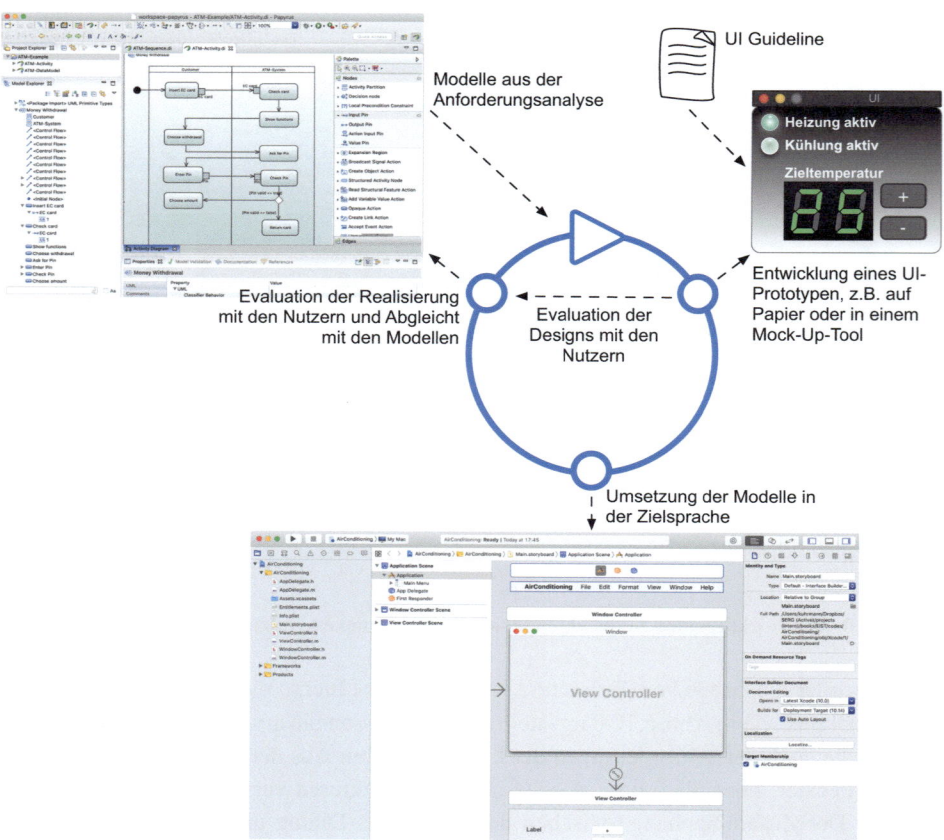

Abb. 6.11 Prototyping von Benutzungsschnittstellen beginnend bei der Analyse und Modellierung der Anforderungen über informale UI-Skizzen bis hin zur Umsetzung von Prototypen in der Zielumgebung

Beispiel als Bild oder Bilderstrecke erstellt werden oder aber auch im Rahmen eines *Rapid Prototyping* durch ablauffähige Software. Abb. 6.12 zeigt exemplarisch einen Mock-Up. Dieser ist mit dem Werkzeug *Balsamiq Wireframes*[1] erstellt worden und zeigt einen einfachen *Page Flow*. Solche Entwürfe können genutzt werden, um den Stakeholdern einen Eindruck von der Interaktion mit dem System zu geben. Durch diese Prototypen kann früh Feedback gesammelt und in die Verfeinerung und Präzisierung der Anforderungen eingesteuert werden.

Prototypen helfen hierbei gleichermaßen in der Abstimmung der Interaktionslogik und der Gestaltung der Bedienoberfläche. Sie bilden einen fließenden Übergang in die Entwurfsphase eines Systems (vgl. auch Design Thinking; Kap. 7.3.1).

---

[1] Online: https://balsamiq.com/wireframes (Abruf: 2020-03-06).

6.2 Qualitätsanforderungen

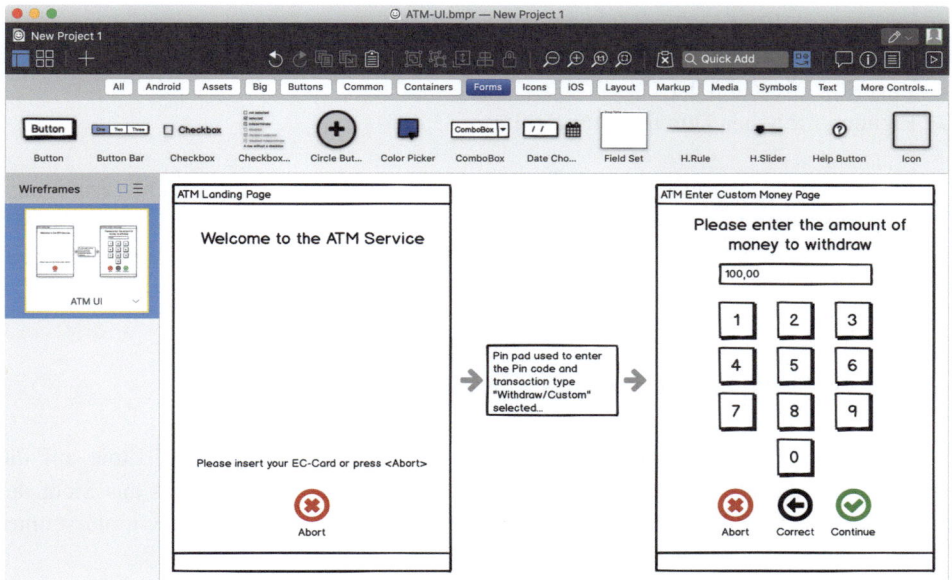

Abb. 6.12 Beispiel eines User Interface Mock-Ups für die erweiterte Auszahlfunktion des Bankautomaten

6.2 Qualitätsanforderungen

Qualitätsanforderungen beschreiben diejenigen Anforderungen an ein System, welche die Qualität der Erbringung der in den funktionalen Anforderungen festgelegten Funktionen beschreiben. Sie beschreiben die Charakteristika eines Systems und einer Funktion hinsichtlich der Leistungserbringung oder Bezug nehmend auf den Kontext und auf sonstige Rahmenbedingungen (siehe Kap. 2). Beispiele sind Zeitverhalten oder Zuverlässigkeit. Die Qualitätsanforderungen stehen in Beziehung zu den funktionalen Anforderungen und haben auch untereinander Abhängigkeiten. Sie beeinflussen sich untereinander, wie beispielsweise durch das Kano-Modell (Abb. 6.1) dargestellt.

6.2.1 Funktionsbezogene Qualitätsanforderungen

Qualitätsanforderungen und somit die gewünschten Qualitätsattribute eines Softwaresystems im Hinblick auf die Funktionalität bestimmen, unter welchen Rahmenbedingungen und mit welchen Eigenschaften eine Funktion erbracht wird. Wie in Kap. 2.2 dargestellt, ergibt sich die Gesamtqualität eines Softwaresystems und seiner Funktionen aus einer spezifisch ausgewählten Menge von Eigenschaften, wie der

- Performanz, Effizienz und Zeitverhalten,
- Sicherheit,
- Zuverlässigkeit und der
- Eignung für hohen Durchsatz (Scalability).

Je nach Stakeholder werden im Einzelnen weitere, zum Teil von der eigentlichen Funktionalität unabhängige, Anforderungen an ein System gestellt, etwa Wartbarkeit eines Systems, einfache Portierbarkeit auf unterschiedliche Plattformen oder die Wiederverwendbarkeit von Komponenten.

6.2.2 Nutzungsbezogene Qualitätsanforderungen

Die Nutzungsbezogenen Qualitätsanforderungen beziehen sich in erster Linie auf die Mensch-Maschine-Interaktionen sowie das Laufzeitverhalten des Systems aus Sicht der Nutzung/des Anwenders (Stichwort: *User Experience,* siehe Kap. 5.2.1). Dies umfasst unter anderem die folgenden Qualitätseigenschaften:

- Nutzbarkeit (Usability) mitsamt der
- Erlernbarkeit des Systems (Learnability) und dem
- Vergnügen der Systemnutzung (Pleasure).

6.2.3 Entwicklungsbezogene Qualitätsanforderungen

Qualitätsanforderungen können auch weitere Aspekte eines Projekts, insbesondere seine Durchführung betreffen. Solche Anforderungen können sich auf interne Eigenschaften eines Systems, seiner Architektur oder auf das zu verwendende Vorgehensmodell beziehen, etwa die zwingende Berücksichtigung von Standards für verlässliche Systeme, zu verwendende Techniken (Programmiersprachen, Betriebssysteme, Datenbanken, Architektur, Protokolle) oder die zu verwendende Hardware. Aber auch Eigenschaften des Projekt- und des Gesamtsystemlebenszyklus können hier eine Rolle spielen, etwa einzuhaltende Termine im Projekt oder die Planung des Lebenszyklus eines Systems bezogen auf seine Lebensdauer. Die Berücksichtigung solcher Anforderungen im Rahmen der Projektorganisation und des Managements von Softwareprojekten sind umfassend in [3] dargestellt. Diese Art Qualitätsanforderungen werden als *entwicklungsbezogene Qualitätsanforderungen* bezeichnet.

> **Herausforderungen von Qualitätsanforderungen**
> Qualitätsanforderungen stehen häufig miteinander im Konflikt oder zumindest in Konkurrenz. Ein Beispiel sind Performanz und Wartbarkeit; hoch-performante Systeme erfordern Optimierungen, die die Wartbarkeit erschweren können. Auch die Anforderungen hinsichtlich der Systemsicherheit stehen häufig im Konflikt mit anderen Anforderungen, insbesondere mit der Usability. Die berühmt-berüchtigte „User Account Protection" unter Microsofts Windows-Version Vista ist hier wohl das bekannteste Beispiel, in dem die Nutzbarkeit des Systems dramatisch unter den ständig präsentierten Dialogen zur Bestätigung einer Aktion gelitten hat. Diese und weitere Konflikte zwischen Qualitätsanforderungen ergeben sich oftmals aus der schwierigen Bewertung von Qualitätseigenschaften – insbesondere, wenn diese im Rahmen des Gesamtsystems ausbalanciert werden müssen. Die Bewertung und Überprüfung ist jedoch für die Präzision funktionaler Anforderungen und für die Verifikation von zentraler Bedeutung.

6.2.4 Qualitätsattribute

Die funktionalen Qualitätsanforderungen stehen in engem Zusammenhang mit den in Kap. 2.2 eingeführten Qualitätsattributen (Abb. 2.4). Die funktionalen Qualitätsanforderungen adressieren fast ausschließlich diese Attribute, meistens als Gruppen, welche in der Regel durch die Zieldomäne eines Softwaresystems in Form von Standards festgelegt werden. Zu nennen sind hier beispielsweise die unterschiedlichen Normen und Standards der ISO, etwa für den Bereich Automotive Software [13] oder Medical Devices [10, 12], oder domänenspezifische Standards, wie etwa die ECSS für die Domäne Space [8]. Diese beispielhaft genannten Domänen haben insbesondere gemeinsam, dass den Anforderungen hinsichtlich der (funktionalen) Sicherheit besondere Aufmerksamkeit gewidmet werden muss. Ist für das zu entwickelnde System das Thema Security von besonderer Bedeutung, so empfiehlt sich ein Vorgehen nach Sicherheitsstandards (Common Criteria, ITSEC [14]). Gegebenenfalls sind „Angriffsszenarien" durchzuspielen, von denen Anforderungen an die Zugriffssicherheit abgeleitet werden. Diese können organisatorischer oder technischer Art sein. Empfehlenswert ist oft ein Rollenkonzept, in dem festgelegt wird, in welchen Funktionen die Nutzer ein System verwenden. Dann kann das Rechtekonzept auf das Rollenkonzept zugeschnitten werden.

> **Hinweis**
> Aus den gesetzlichen Bestimmungen des Datenschutzes (siehe auch DSVGO [9]) können sich weitere Anforderungen auf die Zugriffssicherheit ergeben. Bestimmte Daten dürfen unter Umständen gar nicht gespeichert werden – zumindest nicht ohne Zustimmung oder Kenntnis der Betroffenen.

Wie in Kap. 2.2 (Abb. 2.4) ersichtlich ist, existiert eine Vielfalt von Qualitätsattributen, welche in einem Projekt entsprechend berücksichtigt und im Rahmen der Anforderungsanalyse passend ausbalanciert werden müssen. Ebenfalls ist zu berücksichtigen, dass die unterschiedlichen Qualitätseigenschaften miteinander im Konflikt stehen können. Die Abhängigkeiten zwischen den einzelnen Eigenschaften müssen daher erfasst und bei der Analyse der Anforderungen berücksichtigt werden. Hierfür bieten sich anpassbare Qualitätsmodelle an, beispielsweise das *Activity-based Quality Model* (ABQM; [6]).

Beispiel Abb. 6.13 illustriert die Anwendung eines solchen, anpassbaren Qualitätsmodells anhand der Dimensionen *Produkteigenschaften* (Product) und relevanter Eigenschaften für die *Systemevolution* (Maintenance).

So wird beispielsweise deutlich, dass das Format des Quellcodes *(Product → Statics → Code Format)* aus der Entwicklung für die späteren Wartungs- und Weiterentwicklungsaufgaben *(Maintenance → Understanding)* von Bedeutung ist. Es liegt auf der Hand, dass schlecht formatierter Quellcode schwerer zu lesen und zu verstehen und somit anfällig für Fehler in der Wartung und Weiterentwicklung ist. Daher sollte im Hinblick auf die

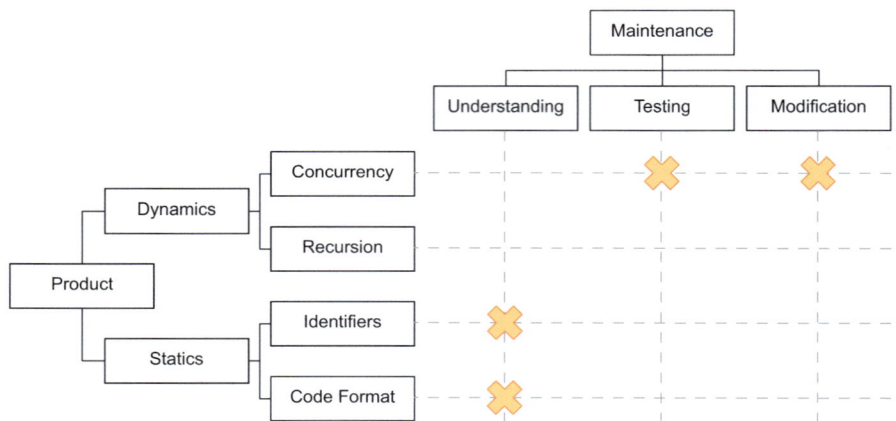

Abb. 6.13 Beispielhafte Qualitätsmatrix der Dimensionen Produkteigenschaften und Wartung

Wartbarkeit darauf geachtet werden, Programmcode möglichst klar und strukturiert zu erstellen bzw. diesen im Rahmen der Wartung und Pflege einer Software entsprechend umzugestalten. Hinweise hierzu sind Kap. 11.3 zu entnehmen.

> **Hinweis**
> Ein Vorteil einer strukturierten Verfahrensweise zur Ermittlung der relevanten Qualitätseigenschaften und deren Abhängigkeiten ist, dass diese im Rahmen der Anforderungsanalyse und während des Systementwurfs und seiner Implementierung frühzeitig berücksichtigt werden können. Somit können Systementwurf und Systemimplementierung risikominimierend und somit kostengünstiger durchgeführt werden. Zum Einsatz können neben den zuvor genannten Qualitätsmodellen auch praktische Arbeiten an Prototypen kommen, aber auch Simulationen oder modellbasierte Analysen können verwendet werden.

6.3 Weiterführende Literatur und Übungen

Dieses Kapitel hat sich primär mit den Produkt- und Qualitätsanforderungen auseinandergesetzt. Ein großes Problem im *Requirements Engineering* ist die überladene, unscharfe und unterschiedlich interpretierte Terminologie. Im Hinblick auf Anforderungen werden üblicherweise funktionale und nicht-funktionale Anforderungen und Rahmenbedingungen unterschieden (vgl. IREB; [11] oder [21]). Oft werden auch noch feinere Klassifizierungen vorgenommen, etwa Prozessanforderungen, Business Rules oder Nutzeranforderung [26]. Um dies zu entflechten, haben wir uns auf zwei grundlegende Begriffe festgelegt: Produktanforderungen (siehe Abschn. 6.1) umfassen alle Anforderungen und Rahmenbedingungen, welche direkt mit der Funktionalität des Softwaresystems zu tun haben. Qualitätsanforderungen (siehe Abschn. 6.2) umfassen alle diejenigen Anforderungen, welche die Leistungserbringung eines Softwaresystems beeinflussen. Wiegers und Beatty [26] nehmen eine ähnliche Einteilung in Produkt- und Projektanforderungen vor und betrachten dabei die verschiedenen Anforderungstypen auf den drei Ebenen *Business Requirement*, *User Requirement* und *Functional Requirement*. Eine weitere Verfeinerung im Bereich der „nicht-funktionalen Anforderungen" wird hingegen nicht vorgenommen. Dafür werden die Qualitätsattribute gesondert behandelt [26, Kap. 14]. Dies weist auf eine kritische Frage hin [2, 7]: Sind nicht-funktionale Anforderungen überhaupt nicht-funktional? Auch aus diesem Grund haben wir uns auf den Begriff der *Qualitätsanforderung* (mit die Unterkategorien funktionsbezogene, nutzungsbezogene und entwicklungsbezogene Qualitätsanforderungen) festgelegt, der sich an den in Kap. 2.2 eingeführten Qualitätsattributen orientiert.

Unabhängig von der konkreten Art einer Anforderung, ist die strukturierte und nachvollziehbare Beschreibung von Anforderungen essenziell. Hier haben sich unterschiedliche Beschreibungsformen entwickelt, von denen der *Use Case* in seiner schablonenartigen Beschreibung nach Cockburn [5] einen hohen Bekanntheitsgrad erreicht hat. Im Bereich der Textschablonen ist insbesondere auch auf die strukturierten Satzschablonen [11, 21] hinzuweisen, die sich in der Praxis großer Beliebtheit erfreuen, da sie in der Regel einfach zu erlernen und in Projekten umzusetzen sind. Dies geschieht nicht nur in der „klassischen" Softwareentwicklung. Auch in der agilen Softwareentwicklung finden mit den *User Stories* (siehe Kap. 7.4.1) Satzschablonen und strukturierte Texte Anwendung, welche die Notwendigkeit adressieren, dass Anforderungen standardisiert und klar dargestellt werden müssen.

Besondere Relevanz hat in vielen Softwaresystemen die Nutzungsschnittstelle. Aufgrund der technischen Entwicklung kommen zunehmen *Multimodale User Interfaces* [1, 25] zum Einsatz. Insbesondere bei der Entwicklung von Apps ist die Benutzungsschnittstelle oft *das* entscheidende Erfolgskriterium für ein Produkt, weshalb oft ein Prototyp-basierter Ansatz mit einem klaren Fokus auf den Nutzer, die Nutzungsoberfläche und die Mensch-Maschine-Interaktion verfolgt wird [19]. Der Entwurf und die Entwicklung guter Benutzungsschnittstellen ist aufwändig und setzt viele Kompetenzen voraus, etwa Farb- und Gestaltungslehre, Psychologie und technisches Know-How. Eine umfassende Einführung in diesen Themenkomplex geben Jacobsen und Meyer [15] und Canziba [4]. Einen stärkeren Fokus auf die Entwicklung von Apps und Web-Anwendungen legen Semler und Tschierschke [23].

Übungsaufgaben

Übung 6.1 (Beschreibung von Anwendungsfällen) Überprüfen Sie die gegebenen Anforderungen aus den Ausschreibungsunterlagen des Projekts „Code & Talk" (siehe Kap. C) und bearbeiten Sie die folgenden Aufgaben:

a) Überprüfen Sie die Anforderungen auf Vollständigkeit und identifizieren Sie fehlende Anforderungen.
b) Ergänzen Sie die fehlenden Anforderungen in Form eines UML-Anwendungsfalldiagramms (siehe Kap. A.3.1) und mit Hilfe des *Use Case Specification Templates* (siehe Abschn. 6.1.1.1).

Übung 6.2 (Ermittlung von Qualitätsanforderungen) Im Abschn. 6.2 sind unterschiedliche Arten von Qualitätsanforderungen aufgeführt. Bearbeiten Sie in diesem Zusammenhang folgende Aufgaben:

6.3 Weiterführende Literatur und Übungen

a) Studieren Sie die Anforderungen zum Projekt „Code & Talk" (siehe Kap. C). Identifizieren Sie die Qualitätsanforderungen an das System.
b) Studieren Sie die Modellierung des Bankautomaten (siehe Kap. 4.5.1). Identifizieren Sie die Qualitätsanforderungen an das System.
c) Vergleichen Sie die Qualitätsanforderungen für beide Systeme und begründen Sie etwaig auftretende Unterschiede.

Übung 6.3 (Messung und Bewertung von Anforderungen) Anforderungen sollen messbar sein. Es muss feststellbar sein, ob eine Anforderung erfüllt wurde und zu welchem Grad eine Anforderung erfüllt wurde. Zum Einsatz hierfür kommen Metriken (siehe Kap. 2.3). Bearbeiten Sie in diesem Zusammenhang folgende Aufgaben:

a) Welche Metriken sind für die Messung von Produktanforderungen geeignet? Geben Sie drei Beispiele für Metriken an.
b) Welche Metriken sind für die Messung von Qualitätsanforderungen geeignet? Geben Sie drei Beispiele für Metriken an.
c) Diskutieren Sie, wie Sie vorgehen, wenn sie *keine* angemessene Metrik zur Messung einer Anforderung zur Verfügung haben.
d) Unter der Annahme, dass Sie in den vorhergehenden Teilaufgaben mehrere unterschiedlichen Metriken identifiziert haben: Wie stehen diese Metriken miteinander in Zusammenhang?

Übung 6.4 (Messbarkeit und Abnahmekriterien) Damit ein Projekt abgeschlossen und die Vertragserfüllung nachgewiesen werden kann, muss das Projektergebnis vom Kunden abgenommen werden. Zu diesem Zweck ist es sinnvoll, dass zu den (wesentlichen) Anforderungen präzise und messbare Abnahmekriterien spezifiziert sind.

a) Greifen Sie fünf wichtige Anforderungen aus der Anforderungsliste im Projektauftrag des Projekts „Code & Talk" (siehe Kap. C) heraus. Überlegen Sie sich zu jeder der Anforderungen geeignete Abnahme- bzw. Akzeptanzkriterien. Verwenden Sie hierzu folgende Tabelle.

Anforderung (ggf. Kurzfassung)	Bewertungsmetrik mit Messvorschrift	Zielwert (auch z. B. untere Schranke)
Anforderung 1		
Anforderung 2		
Anforderung 3		
Anforderung 4		
Anforderung 5		

Hinweis: Die Messvorschrift kann eine Vorgehensbeschreibung davon sein, wie, wo, wann und was zu messen ist. Die Bewertungsmetrik (siehe Kap. 2.3) ist eine Definition des anzuwendenden Maßes selbst. Der Zielwert gibt an, was nach Anwendung der Messvorschrift als Messergebnis zu akzeptieren ist.

Literatur

1. R. A. Bolt. „Put-That-There": Voice and Gesture at the Graphics Interface. *SIGGRAPH Comput. Graph.*, 14(3):262–270, 1980.
2. M. Broy. Rethinking nonfunctional software requirements. *Computer*, 48(5):96–99, 2015.
3. M. Broy and M. Kuhrmann. *Projektorganisation und Management im Software Engineering*. Number 978-3-642-29289-7 in Xpert.press. Springer Verlag, Berlin Heidelberg, 1 edition, 2013.
4. E. Canziba. *Hands-On UX Design for Developers: Design, prototype, and implement compelling user experiences from scratch*. Packt Publishing, July 2018.
5. A. Cockburn. *Writing Effective Use Cases*. Agile Software Development Series. Addison-Wesley Professional, October 2000.
6. F. Deissenboeck, S. Wagner, M. Pizka, S. Teuchert, and J.-F. Girard. An activity-based quality model for maintainability. In *IEEE International Conference on Software Maintenance*, ICSM, pages 184–193, Oct 2007.
7. J. Eckhardt, A. Vogelsang, and D. M. Fernández. Are „non-functional" requirements really non-functional? an investigation of non-functional requirements in practice. In *Proceedings of the 38th International Conference on Software Engineering*, ICSE, pages 832–842. ACM, May 2016.
8. ECSS Secretariat. Space product assurance, software metrication programme definition and implementation. Standard ECSS-Q-HB-80-04A, ESA-ESTEC Requirements and Standards Division, March 2011.
9. EU. Verordnung zum Schutz natürlicher Personen bei der Verarbeitung personenbezogener Daten (Datenschutz-Grundverordnung, DSVGO). Amtsblatt der Europäischen Union Verordnung (EU) 2016/679, Das Europäische Parlament und der Rat der Europäischen Union, April 2016.
10. IEC 62304:2006. *Medical device software – Software life cycle processes*. International Electrotechnical Commission, May 2006.
11. IREB. International Requirements Engineering Board. Online: https://www.ireb.org/de, Last accessed: 2019-05-12.
12. ISO 13485:2016. *Medical devices – Quality management systems – Requirements for regulatory purposes*. International Organization for Standardization, March 2016.
13. ISO 26262:2018. *Road vehicles – Functional safety*. International Organization for Standardization, 2018.
14. ISO/IEC 15408-1:2009. *Information technology – Security techniques – Evaluation criteria for IT security – Part 1: Introduction and general model*. International Organization for Standardization, December 2009.
15. J. Jacobsen and L. Meyer. *Praxisbuch Usability und UX: Bewährte Usability- und UX-Methoden praxisnah erklärt*. Rheinwerk Computing, 2 edition, August 2019.
16. I. Jacobson, M. Christerson, P. Jonsson, and G. Övergaard. *Object Oriented Software Engineering: A Use Case Driven Approach: A Use CASE Approach*. Addison-Wesley Professional, June 1992.

17. N. Kano, N. Seraku, F. Takahahi, and S.-i. Tsuji. Attractive quality and must-be quality. *Journal of the Japanese Society for Quality Control*, 14(2):147–156, apr 1984.
18. C. Müller and G. Weinberg. Multimodal input in the car, today and tomorrow. *IEEE MultiMedia*, 18(1):98–103, 2011.
19. A. Nguyen-Duc and P. Abrahamsson. Minimum viable product or multiple facet product? the role of MVP in software startups. In H. Sharp and T. Hall, editors, *Agile Processes, in Software Engineering, and Extreme Programming - 17th International Conference, XP 2016, Edinburgh, UK, May 24-27, 2016, Proceedings*, volume 251 of *Lecture Notes in Business Information Processing*, pages 118–130. Springer, 2016.
20. OMG. Unified Modeling Language (UML) Specification, Version 2.5.1. Technical report, Object Management Group, 2017.
21. C. Rupp and die SOPHISTen. *Requirements-Engineering und -Management: Aus der Praxis von klassisch bis agil*. Carl Hanser Verlag GmbH & Co. KG, 6 edition, October 2014.
22. D. Schnelle-Walka and S. Radomski. *Automotive Multimodal Human-Machine Interface*, pages 477–522. Association for Computing Machinery and Morgan & Claypool, 2019.
23. J. Semler and K. Tschierschke. *App-Design: Das umfassende Handbuch. Alles zur Gestaltung, Usability und User Experience von iOS-, Android- und Web-Apps*. Rheinwerk Computing, 2019.
24. D. Siewiorek, A. Smailagic, and M. Hornyak. Multimodal contextual car-driver interface. In *Proceedings of the Fourth IEEE International Conference on Multimodal Interfaces*, pages 367–373, Oct 2002.
25. T. Stivers and J. Sidnell. Introduction: Multimodal interaction. *Semiotica*, 2005(156):1–20, 2005.
26. K. Wiegers and J. Beaty. *Software Requirements*. Microsoft Press, 3 edition, August 2013.

Vorgehen in der Anforderungserhebung 7

Zusammenfassung

Bei der Erhebung von Anforderungen ist es erforderlich, ausgehend von den Zielen einer Softwareentwicklung die wesentlichen Bedürfnisse der Nutzer im Hinblick auf die Aufgaben, die mit dem Softwaresystem zu erledigen sind, zu verstehen und festzulegen. Daraus ist ein Konzept zu entwickeln wie das Softwaresystem grundsätzlich diese Aufgaben zu bewältigen hat, um dann die einzelnen Funktionen und Qualitätseigenschaften im Detail festzulegen. Für die vielfältigen, unterschiedlichen Aufgaben eines Softwaresystems gibt es eine Reihe spezifischer Methoden und Vorgehensweisen, die dabei helfen, die einzelnen Aufgaben effektiv zu erfassen und zu beschreiben. Insbesondere sind erfasste Anforderungen zusammen mit den Stakeholdern sorgfältig zu analysieren, zu hinterfragen und zu validieren, um sicher zu sein, dass die erfassten Anforderungen auch die tatsächlichen Bedürfnisse widerspiegeln und diese in angemessener Form beschreiben. Dieses Kapitel führt ausgewählte Techniken und Methoden der Anforderungsanalyse ein. Ein allgemeiner Prozess zur Anforderungserhebung bildet dafür den Rahmen. Mit der Beschreibung von Ansätzen wie dem Design Thinking oder dem Feature-Driven Development werden auch die Verknüpfungen zu den anderen Aufgaben der Softwareentwicklung hergestellt.

7.1 Grundsätzliches Vorgehen in der Anforderungserhebung

Das Ziel der Anforderungsanalyse ist es, die Anforderungen an ein System festzulegen und dabei alle Stakeholder und den Systemkontext bestmöglich zu erfassen. Ein zentraler Schritt in der Anforderungsanalyse ist die *Anforderungserhebung,* welche im Wesentlichen der Identifikation der Anforderungen dient. Dabei werden sowohl neue als auch *bereits identifizierte* Anforderungen berücksichtigt.

7.1.1 Domänenanalyse

Typischerweise steht zu Beginn einer Software-/Systementwicklung in einem neuen Anwendungsgebiet die Erfassung des Anwendungsgebiets und des Problembereichs. Dazu gehört ein hinreichend genaues Verständnis der Konzepte und Grundprinzipien des Anwendungsgebiets. Im Einzelnen sind die Terminologie und die wesentlichen Begriffe, die Prinzipien und Zusammenhänge und die oft impliziten Nebenbedingungen eines Anwendungsgebietes zu erfassen. Dies erfordert eine intensive Einarbeitung und zahlreiche Gespräche und Interviews mit Auftraggebern, Anwendungsfachleuten, potentiellen Nutzern und Kunden. Erforderlich ist dafür Einfühlungsvermögen und die Befähigung zur Kommunikation und zur geschickten Wahl von Informationsquellen. Bei anspruchsvollen Systemen ist der Einbezug von Domänenexperten unverzichtbar.

7.1.2 Allgemeiner Prozess der Anforderungserhebung

Abb. 7.1 stellt den allgemeinen Prozess zur Anforderungserhebung im Detail dar. Anforderungen werden – ggf. unter Zuhilfenahme von Modellen – analysiert, verhandelt, konsolidiert, priorisiert und dokumentiert.

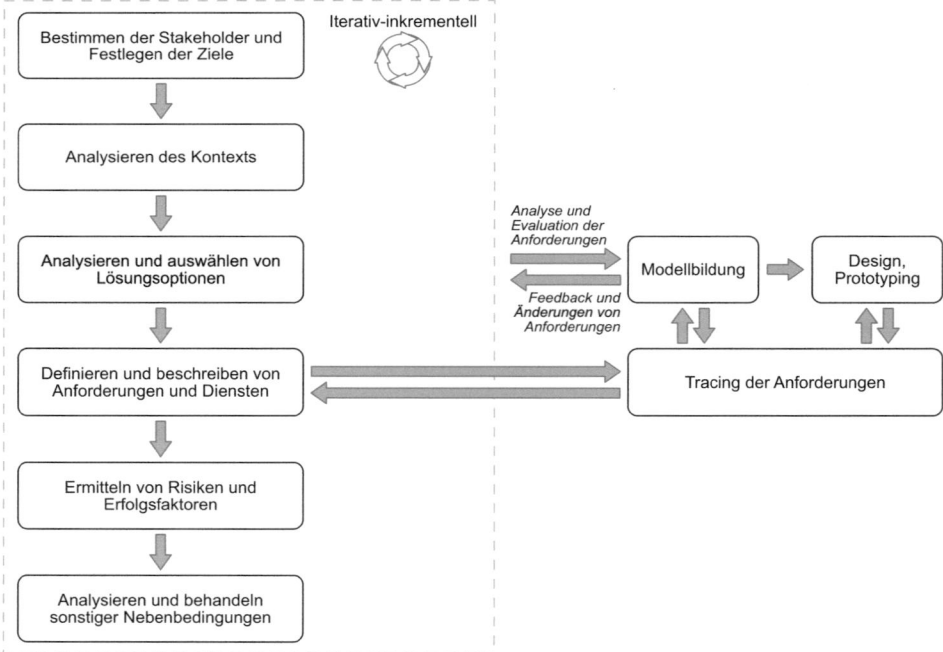

Abb. 7.1 Allgemeines Vorgehen zur Erhebung von Anforderungen

7.1 Grundsätzliches Vorgehen in der Anforderungserhebung

Ausgangspunkt für die Anforderungserhebung ist die grundsätzliche Entscheidung zur Entwicklung eines Systems, etwa auf Grundlage eines abzulösenden Systems, einer Vorstudie, eines Prototyps oder einer Vision. Ziel ist es dann, die groben Anforderungen und Visionen in Form von Anforderungen zu fixieren. Diesem Schritt, unabhängig von der konkreten Ausgestaltung in einem Projekt, ist stets große Sorgfalt zu widmen, da das gesamte Projekt auf den Anforderungen aufbaut. Das in Abb. 7.1 illustrierte Vorgehen wird im Folgenden erläutert.

7.1.2.1 Schritt 1: Stakeholder und Ziele

Der erste Schritt dient der Bestimmung des Zwecks des Systems durch Festlegung der Ziele (und Nichtziele, Stichwort: *Scope*) und insbesondere welche betrieblichen Abläufe einer Organisation unterstützt oder welche technischen Prozesse einer Anlage gesteuert werden sollen und welche nicht. Dabei ist auch zu klären, welche Personen bzw. Personengruppen durch das neue System unterstützt werden sollen und in welchem Umfang diese Unterstützung realisiert werden soll. Zu beantworten sind die folgenden Leitfragen:

- Warum und für welchen Zweck soll das System entwickelt werden?
- Was ist seine wesentliche Aufgabe und was tut es <u>nicht</u>?
- Was sind die Erfolgskriterien?

Be S.M.A.R.T.

Bereits beginnend bei der Festlegung der Ziele für eine Entwicklung muss berücksichtigt werden, dass Ziele auch realistisch und somit auch erreichbar sind. Zur entsprechenden Formulierung der Ziele hat sich hierbei das sogenannte *S.M.A.R.T.*-Schema [19, 20] etabliert:

Specific   Ein Ziel muss so *spezifisch* und einfach wie möglich formuliert werden. Vage Formulierungen sind zu vermeiden.

Measurable   Ein Ziel muss *messbar* sein. Es muss möglich sein, ein spezifischen Ziel mit Hilfe einer Metrik (oder mehrerer Metriken, siehe Kap. 2.3) zu messen und somit die Zielerreichung objektiv festzustellen.

Accepted   Ein Ziel muss für den Nutzer ansprechend und erstrebenswert sein (siehe Kap. 5.2.1). Es muss als relevant für die Entwicklung *akzeptiert* werden.

Reasonable   Ein Ziel muss *realistisch* sein. Es muss in dem gesteckten Projektrahmen auch erreichbar sein. Unrealistische Ziele und überzogene Erwartungen sind einer der größten Risikofaktoren für Softwareprojekte (siehe Kap. 1.1.1).

> **Time-bound** Ein Ziel muss *zeitlich fixiert* sein. Es muss festgelegt sein, bis wann ein Ziel erreicht sein soll. Unrealistische Zeitplanungen zählen zu den größten Risikofaktoren (siehe Kap. 1.1.1).
>
> Das *S.M.A.R.T.*-Schema eignet sich nicht nur für die Formulierung von Zielen, sondern kann auch bei der Formulierung der Anforderungen zum Einsatz kommen, etwa bei der Formulierung von User Stories und den begleitenden Festlegungen der *Definition of Ready* und der *Definition of Done* im agilen Umfeld (siehe Abschn. 7.4.3). Denn auch für jede Anforderung gilt: Sie muss spezifisch und präzise formuliert sein, sie muss messbar bezüglich ihrer Umsetzung sein, sie muss einen Wert schaffen und damit akzeptiert sein, sie muss erreichbar und zu einem festgelegten Zeitpunkt realisiert sein.

7.1.2.2 Schritt 2: Der Kontext

Im zweiten Schritt wird die Analyse des Kontexts durchgeführt. Dies dient vorrangig der Abgrenzung des Problembereichs (Scoping), der Erfassung der Fachterminologie sowie der Erfassung relevanter Nebenbedingungen, etwa rechtlicher Rahmenbedingungen. Zu beantworten sind in diesem Schritt die folgenden Leitfragen:

- Was ist der Problembereich und die sich daraus ergebene Systemgrenze?
- Welche Fachterminologie ist im Projekt erforderlich?
- Gibt es Systeme, die abgelöst bzw. mirgriert werden sollen?
- Gibt es Systeme, mit denen interagiert werden muss?
- Welche grundsätzlichen Qualitätseigenschaften muss das System haben?

7.1.2.3 Schritt 3: Lösungsoptionen

Im dritten Schritt werden die Lösungsoptionen untersucht. Zu jedem Problem gibt es in der Regel mehrere Lösungsansätze, die sich entweder in Nuancen oder sogar drastisch unterscheiden können. Die Lösungsoptionen müssen nun aufgeführt, analysiert und kritisch bewertet werden, sodass die vielversprechendste in Angriff genommen werden kann. Dabei sind die folgenden Leitfragen zu beantworten:

- Welche Lösungsoptionen gibt es und worin unterscheiden sie sich?
- Welche Lösungsoptionen versprechen die effizienteste/effektivste Zielerreichung?
- Welche Lösungsoptionen balancieren Ziele und Rahmenbedingungen am besten?
- Welche Konsequenzen hat das Verwerfen bestimmter Lösungsoptionen?

7.1.2.4 Schritt 4: Anforderungen und Dienste

Im vierten Schritt werden nun die Anforderungen erfasst und beschrieben. Dies umfasst insbesondere die Festlegung der Anforderungen, die detaillierte Beschreibung der zu erbringenden Dienste (inkl. der Beschreibung der Schnittstellen nach außen) sowie die Beschreibung der Nutzungsfälle. Ebenfalls müssen die Qualitätseigenschaften hinsichtlich der Leistungsmerkmale des Systems nun konkretisiert werden, etwa Anforderungen hinsichtlich der Performanz oder seiner Zuverlässigkeit. Dabei sind die folgenden Leitfragen zu beantworten:

- Welches fachliche, logische Datenmodell soll dem System zugrundeliegen?
- Welches fachliche, logische Prozessmodell soll dem System zugrundeliegen?
- Wie sollen die fachlichen Schnittstellen beschaffen sein und welches Verhalten haben sie?
- Wie sollen die erforderlichen Leistungsparameter des Systems gewählt werden?

7.1.2.5 Schritt 5: Risiken und Erfolgsfaktoren

Im fünften Schritt werden die Risiken und die Erfolgsfaktoren noch einmal gesichtet, überprüft und falls notwendig ergänzt. Sie werden dabei insbesondere mit den Zielen, Anforderungen und Rahmenbedingungen abgeglichen und einer umfassenden Bewertung unterzogen. Dabei sind die folgenden Leitfragen zu beantworten:

- Mit welchen Risiken ist die Entwicklung des Systems verbunden?
- Welche Erfolgsfaktoren gibt es und wie verhalten sich diese zu den Risiken?
- Welche Erfolgsfaktoren sind für die Systementwicklung maßgeblich und sind diese in den Anforderungen reflektiert?

7.1.2.6 Schritt 6: Sonstige Nebenbedingungen

Abschließend werden noch weitere Nebenbedingungen untersucht. Solche Nebenbedingungen können etwa Infrastrukturen, technische oder organisatorische Fragen umfassen. Es ist hierbei insbesondere darauf zu achten, in wie fern die Nebenbedingungen relevant für die Analyse des Kontextes sind – ggf. sind die Nebenbedingungen in einer Aktualisierung der Kontextanalyse zu berücksichtigen.

7.1.2.7 Begleitende Aufgaben

Die beschriebenen Aktivitäten bilden einen Zyklus zur Erfassung der Anforderungen und ihrer Analyse. Diese Aktivitäten werden (insbesondere in agilen Projekten) kontinuierlich durchlaufen. Zur weitergehenden Analyse und zur Evaluation der Anforderungen können zwei weitere Schritte folgen (Abb. 7.1, rechts):

1. Im ersten Schritt findet eine Modellbildung statt. Diese kann explizit in Form eines formalen Modells erfolgen, an dem ausgewählte Eigenschaften (formal) überprüft werden können. Alternativ kann auch ein informales Modell entstehen, welches den jeweiligen Stakeholdern präsentiert werden kann.
2. Den zweiten Schritt bildet eine Design- bzw. Prototyping-Phase, in der aus den Anforderungen Designs für den Systementwurf entwickelt oder Prototypen erstellt werden, mit deren Hilfe die Anforderungen überprüft und geschärft werden können. Diese beiden Schritte erfolgen geschickterweise in kurzen Zyklen, damit die frühzeitige Aufdeckung von Missverständnissen, falschen oder fehlenden Anforderungen unterstützt wird.

> **Prototypen in der Anforderungsanalyse**
> Häufig wird der Erfassung der Anforderungen zu wenig Sorgfalt gewidmet und es wird in dem Bestreben, der Realisierung des Systems schnell näher zu kommen, zu früh mit dem Entwurf oder gar mit der Implementierung begonnen. Hilfreich im Sinne einer Beschleunigung der Erfassung von Anforderungen für Software und Demonstratoren kann jedoch die Erstellung von Prototypen sein (exploratives Prototyping, siehe Kap. 3.2.3). Prototypen können helfen, Anforderungen besser zu verstehen oder ihre grundsätzliche Umsetzbarkeit zu überprüfen. Auch Unklarheiten und Missverständnisse in den Anforderungen können mit Hilfe von Prototypen schnell aufgedeckt werden. Zunächst ist für die Erstellung eines Prototyps ein erstes rudimentäres Verständnis der Anforderungen erforderlich. Ferner ergeben sich aus einem erfolgreich validierten Prototyp nicht direkt die Anforderungen. Dazu muss entschieden werden, welche Eigenschaften des Prototyps Anforderungen entsprechen und welche nicht. Dann jedoch muss die Entscheidung, in die Implementierung einzutreten, bewusst unter dem Ziel der Erstellung eines Prototyps stehen.

Das in Abb. 7.1 gezeigte Vorgehen stellt die Kernaufgaben dar und schlägt eine Ordnung für diese Aktivitäten in der Anforderungsanalyse vor. Wie bereits zuvor schon ausgeführt, können diese Aktivitäten auch anders angeordnet oder direkt mit Entwicklungsaktivitäten verwoben sein. Um dennoch die Klarheit und Angemessenheit des jeweiligen projektspezifischen Vorgehens zur Anforderungsanalyse zu untersuchen und zu bewerten, sind die folgenden Fragen hilfreich:

- Werden Anforderungen explizit erarbeitet und dokumentiert?
- Werden Anforderungen validiert?
- Wird die Qualität von Anforderungen überprüft?
- Wird die korrekte Umsetzung der Anforderungen systematisch nachverfolgt?
- Liegt am Ende des Projekts eine aktualisierte Beschreibung der umgesetzten Anforderungen vor?

7.1.3 Das Lastenheft und Anwenderforderungen

Die Erfassung des Anwendungsgebietes führt im traditionellen Vorgehen zu der Erstellung eines Lastenhefts. Dieses beschreibt aus der Sicht des Kunden den Problemraum, welcher die in Tab. 7.1 aufgeführten Problemfelder beinhaltet.

Für die Beschreibung der Systemfunktionalität bedeutet dies insbesondere, dass die Funktionalität des Systems aus Anwendersicht beschrieben wird. Es wird beschrieben, welche Leistungen vom System erbracht werden, *nicht aber* durch welche Systemfunktionen dies erreicht wird. Während beispielsweise das Lastenheft die Funktionalität „Kundenstammdaten" enthält, werden die zugehörigen detaillierten Hilfsfunktionen wie etwa Filterung der Kundenstammdaten, Auswahl und Anzeige eines Kundenblatts erst im *Pflichtenheft* (siehe Kap. 9.4.1) präzisiert. Neben den oben genannten Punkten enthält das Lastenheft im Allgemeinen noch zusätzliche Punkte, wie einschränkende Randbedingungen (wie die Reaktionszeiten des Systems, Rechengenauigkeiten) und Rahmenbedingungen und Qualitätsanforderungen (wie anzuwendende Normen oder gesetzliche Vorgaben).

Zur Erfassung des Problembereichs können unterschiedliche Informationsquellen (siehe Abschn. 7.2.1) herangezogen werden, wie einschlägige Literatur, Interviews mit Fachleuten, Inanspruchnahme von Beratungen, Studium von Lösungen verwandter Aufgabenstellungen oder Ortsbesichtigungen. Es ist dabei sehr wichtig, sich von einer zu engen informatikspezifischen Sicht zu lösen und ein anwendungsspezifisches Verständnis für eine benutzergerechte Konzeptionen zu finden.

Achtung *Die Entwickler sollten die Erfassung des Problembereiches ernst nehmen. Mangelnde Sorgfalt hierin kann zu zentralen Missverständnissen bei der Erfassung und Lösung der Aufgabenstellung führen und den Gesamterfolg des Projekts gefährden. Studien [54, 61] zeigen, dass bei vielen Softwaresystemen etwa die Hälfte aller erfassten Probleme Bedienfehler sind, bis zu 80 % der Systemfunktionen nicht genutzt werden, und bei der Erstellung*

Tab. 7.1 Inhalte des Lastenhefts

Inhalt	Frage
Festlegung des Produktziels	Wozu dient das System? Was sind die Erfolgsfaktoren?
Festlegung der Produktumgebung	Welche Schnittstellen hat das System?
Festlegung des Produkteinsatzes	Welche Nutzer hat das System?
Festlegung des Datenmodells	Welche Informationen werden im System verarbeitet?
Festlegung der Funktionalität	Welche Leistungen erbringt das System?
Festlegung des Risikopotenzials	Welche Risiken sind mit dem System oder seiner Entwicklung verbunden?

der Anforderungen von unzutreffenden Annahmen ausgegangen wird. Dies alles lässt sich zum überwiegenden Teil auf Fehleinschätzungen und unzureichende Berücksichtigung der User Experience zurückführen.

Die genannten Symptome weisen darauf hin, dass die Nutzeranforderungen, Bedürfnisse, und Erwartungen oder Charakteristika des Anwendungsgebietes oft nicht angemessen erfasst werden. Die Realisierung überflüssiger Funktionalität stellt nicht nur einen unnötigen Kostenfaktor dar. Sie macht das System auch unnötig komplex, schafft damit zusätzliche, vermeidbare Fehlerquellen, Sicherheitslücken und vermeidbare Effizienzengpässe. Die Verwendung unzulässiger oft implizierter Annahmen führt gerade bei der Steuerung technischer oder physikalischer Prozesse zu hohen Sicherheitsrisiken. Wird zwingend benötigte Funktionalität nicht oder fehlerhaft spezifiziert, ist das System im Extremfall unbrauchbar.

7.1.4 Anforderungsfestlegung und Dokumentation

Die Dokumentation der Anforderungen folgt dem konkreten, gewählten Verfahren zur Anforderungserhebung, Analyse und Dokumentation. Dies kann in unterschiedlichen Typen von Anforderungsartefakten erfolgen, etwa in Form von Lasten- und Pflichtenheften oder, etwa in der agilen Softwareentwicklung, durch eine Menge von User Stories (siehe Abschn. 7.4.1), welche mit Hilfe sogenannter *User Story Maps* strukturiert werden. Die Dokumentation kann sowohl durch Werkzeuge und datenbankbasiert als auch dokumentenbasiert erfolgen. Entscheidend sind hierbei insbesondere die Vorgaben an die Anforderungsanalyse, welche im Rahmen der Definition eines Projekts [10] getroffen werden. Diese Vorgaben umfassen beispielsweise:

- Struktur der Anforderungsbeschreibung, etwa natürliche Sprache, strukturierter vorlagenbasierter Text, grafische Abbildungen/Modelle oder formale Modelle
- Umfang und Detailtiefe der Anforderungsbeschreibung, Form der Beschreibung etwa durch vorgegebene Vorlagen (Use Case Template nach Cockburn [14], Kap. 6.1.1.1), Begründung(en), Nennung und Beschreibung von Alternativen, Prüfkriterien, Risikoabschätzungen
- Repräsentation der Anforderungsbeschreibung, etwa als Dokument (Lasten- und Pflichtenhefte), als Datensatz in Form von User Stories im *Product Backlog* oder als physische Story Card an einem Whiteboard oder als Inhalt eines geeigneten Werkzeugs

Unabhängig von der äußeren Form der Dokumentation der Anforderungen an ein Softwaresystem muss jedoch stets sichergestellt sein, dass die Anforderungen einer angemessenen Qualitätssicherung unterzogen werden können (siehe Abschn. 7.6). Wesentlich sind dabei auch die Struktur, die Lesbarkeit und die Änderbarkeit.

> **Anforderungen an die Dokumentation von Anforderungen**
> Wie und in welcher Form die Anforderungen zu dokumentieren sind, hängt auch wesentlich vom konkreten Projekt ab, insbesondere von den im Projekt aktiven Stakeholdern, dem Team und seinen Vorkenntnissen, sowie den rechtlichen Rahmenbedingungen, unter denen ein Projekt durchgeführt wird. Eine Möglichkeit Vorlagen und somit die Form der Anforderungsdokumentation zu definieren bieten standardisierte Vorgehensmodelle, wie das V-Modell XT (Kap. 3.3), welches für die beiden V-Modell-Produkte *Lastenheft (Anforderungen)* und *Pflichtenheft (Gesamtsystementwurf)* detaillierte Vorgaben und Empfehlungen für deren Aufbau vorgibt. Jedoch werden auf dieser Ebene der Vorgaben/Empfehlungen nur die Inhalte der jeweiligen Anforderungsartefakte auf der gröbsten Ebene gegeben, wohingegen die konkrete Beschreibung einzelner Anforderungen nicht vorgegeben wird. Diese könnten dann weitere Vorlagen, etwa das in Kap. 6.1.1.1 vorgestellte Use Case Template oder die Anforderungsvorlagen von Volere [2] verwenden. Je nach Projekt können aber auch einfachste Hilfsmittel wie zum Beispiel Story Cards oder einfache Spreadsheets verwendet werden. Entscheidend hierbei ist, dass die Form und die Präzision der Anforderungen im Projekt abgestimmt werden und dass die Anforderungen und deren Erfassung und Verwaltung derart erfolgen, dass die Anforderungen und das zu entwickelnde Softwaresystem im Einklang sind. Systeme, für die funktionale Sicherheit ein Thema ist, erfordern in der Regel dokumentierte Anforderungen zum Nachweis der funktionalen Sicherheit.

7.2 Techniken für die Anforderungserhebung

Im Rahmen der Erarbeitung der Anforderungen (siehe Kap. 5.3) werden die Kernaufgaben *Anforderungserhebung, Anforderungsanalyse, Anforderungsspezifikation* und *Anforderungsüberprüfung* durchgeführt. Dabei kommen unterschiedliche Methoden und Techniken zum Einsatz. Diese reichen von relativ einfachen Kreativitätstechniken bis hin zu umfangreichen, modellgetriebenen Methoden. Übliche Techniken zur Erhebung der Anforderungen sind *Interviews und Workshops,* die oft mit Expertenbefragungen, aber auch unter Einbeziehung etwa von Endanwendern oder sonstigen Stakeholdern durchgeführt werden. Zusätzlich können *Beobachtungen* von Endanwendern oder sonstigen Stakeholdern in ihrem Arbeitsalltag durchgeführt werden. Neben „*Ist"-Analysen* existierender Systeme, Geschäftsprozessen, Dokumenten und so weiter, um Probleme zu erkennen und Bedarfe sowie Optionen zu ermitteln, kann auch die Entwicklung von *Prototypen* zur Ermittlung konkreter Anforderungen aus vagen Ideen und/oder unscharfen Anforderungen eingesetzt werden. Die Anforderungen an eine Software speisen sich aus unterschiedlichen Quellen und werden schrittweise analysiert, verhandelt, konsolidiert, priorisiert und dokumentiert.

7.2.1 Anforderungsquellen

Insbesondere der Berücksichtigung aller Anforderungsquellen kommt eine große Bedeutung zu, da sonst Anforderungen leicht übersehen werden. Ferner müssen die Techniken zur Erhebung der Anforderungen auf die jeweiligen Quellen zugeschnitten werden. Beispiele für Quellen von Anforderungen sind:

- Stakeholder im Allgemeinen, Verbesserungsvorschläge/Ideen von Fachleuten
- Literatur und Gesetze, Normen, Standards und Vorschriften
- Existierende Systeme und deren Dokumentation
- Gesammelte Erfahrungen aus Nutzerstudien, Schulungen, Hotlines/Help Desks
- Prototypen

Natürlich sollte bei der Entwicklung eines Produkts das Marktumfeld analysiert werden. Neben der Analyse der Vermarktbarkeit eines Systems, sollten auch Konkurrenzsysteme analysiert werden, um beispielsweise die Unterscheidungskriterien herauszuarbeiten und im Weiteren den Mehrwert für die Nutzer darstellen zu können. Dabei können Prinzipien aus dem *Lean Product Development* [36, 64] genutzt werden, bei denen der unmittelbare Wert für die Nutzer im Vordergrund steht.

Aus den unterschiedlichen Anforderungsquellen ergeben sich unterschiedliche Möglichkeiten der Anforderungserhebung. Folgende Verfahren können angewendet werden:

- Analyse existierender Systeme (Ist-Analyse)
- Analyse von Geschäftsprozessen und Nutzungsszenarien
- Analyse von Dokumenten und Vorlagen
- Interviews und Workshops mit den Stakeholdern
- Beobachtungs- und Nutzerstudien zur Analyse des Arbeitsverhaltens
- Anwenderbefragungen

Grundsätzlich sind auch verschiedene Kreativtechniken zur Ermittlung von Anforderungen möglich, wie etwa Brainstorming, Mind Mapping, Design Thinking und weitere. Zu beachten ist jedoch unabhängig von der eingesetzten Erhebungsmethode, dass zwischen Anforderungen Konflikte bestehen können. Solche Konflikte können auf unterschiedlichen Zielen, Vorstellungen und Interessen beruhen und sie müssen frühzeitig identifiziert und beseitigt werden.

7.2.2 Kreativitätstechniken

Kreativitätstechniken dienen im Allgemeinen dazu, Ideen und Visionen zu entwickeln, mit denen ein gegebenes Problem gelöst werden kann. Dabei setzen Kreativitätstechniken in der

Regel keinen Formalismus voraus. Es gibt Techniken und Methoden, welche die Umsetzung der kreativen Arbeiten strukturieren helfen und somit die zielgerichtete Erarbeitung von Ideen zur Problemlösung unterstützen.

7.2.2.1 Brainstorming
Im *Brainstorming* [12, 46] werden Ideen frei formuliert, ohne diese besonders zu begründen oder sie zu rechtfertigen. Dabei wird der Phantasie zunächst freien Lauf gelassen. Ideen werden dann aufgegriffen und weiterentwickelt. Primär geht es darum, schnell möglichst viele Ideen zu generieren, deren detaillierte, kritische Analyse dann aber gesondert durchgeführt wird. Üblicherweise erfolgt das Brainstorming in zwei Phasen:

1. Ideen finden – Ideen werden spontan gefunden und formuliert.
2. Ideen werden sortiert und bewertet.

Das Brainstorming ist auch eine wesentliche Komponente des Design Thinking (siehe Abschn. 7.3.1).

7.2.2.2 Morphologischer Kasten
Der *morphologische Kasten* – auch als Zwicky-Box[1] bezeichnet – dient dazu, unabhängige Merkmale (M, Y-Achse) und deren Ausprägungen (A, X-Achse) eines Gegenstands zu erfassen und daraus einen Lösungsraum abzuleiten, wie in Abb. 7.2 dargestellt.

Der gesamte Kasten (also die entstehende Matrix) stellt den theoretisch möglichen Lösungsraum dar. Eine konkrete Lösungsoption für ein Problem besteht dann aus einer Wertebelegung (m_i, a_j). Jedem Merkmal wird eine Ausprägung zugeordnet. Diese Zuordnung kann systematisch oder individuell erfolgen und es können mehrere Optionen „durchgespielt" werden. Dies gestattet es, systematisch einen Lösungsraum zu erschließen und dabei Varianten eines Produkts zu entwickeln, von denen man sich entweder eine gute, ausbalancierte Abdeckung von Qualitätseigenschaften verspricht (siehe Kap. 2.2) oder eine Maximierung der Nutzerakzeptanz auch eine zielgerichtete Adressierung der Probleme und Anforderungen (User Experience, siehe Kap. 5.2.1).

7.2.2.3 Mindmapping
Mindmapping [11] bezeichnet eine Technik zum strukturierten Erschließen eines Themenbereichs. Im Unterschied zum Brainstorming (siehe Abschn. 7.2.2.1) erfolgt das Mindmapping systematisch mit dem Ziel, eine vernetzte Struktur zu entwickeln. Diese vernetzte Struktur

---
[1] Fritz Zwicky (Schweizer Physiker und Astronom, *14.02.1898, †8.02.1974) leistete wesentliche Beiträge zur Erforschung von Supernovae, Neutronensternen und Dunkler Materie. Zwicky nutzte die *Morphologische Analyse* [65] unter anderem für astronomische Studien und in der Entwicklung von Raketentriebwerken.

Ausprägungen Merkmale	A: 1	A: 2	A: 3
Merkmal 1	1	2	3
Merkmal 2	ohne	etwas	mit
Merkmal 3	klein	mittel	groß

Ausprägungen Merkmale	Ausprägung 1	Ausprägung 2	Ausprägung 3	Ausprägung …
Batterie/Akku Kapazität	2.500 mAh	3.500 mAh	4.500 mAh	…
Bildschirmdiagonale	4,7 Zoll	5,8 Zoll	4 Zoll	…
Sicherheit (Start)	PIN	Fingerabdruck	Gesichtser-kennung	…
Merkmal …	…	…	…	…

Abb. 7.2 Darstellung des Konzepts des morphologischen Kastens und Illustration am Beispiel eines Smartphones

ist ein Baum, in dem ein Knoten ein Konzept repräsentiert und seine jeweiligen Blätter Verfeinerungen, Teilaspekten oder sonstigen in Beziehung stehenden Konzepten entsprechen. Daher eignen sich Mindmaps auch, Ergebnisse von Brainstormings zu strukturieren und zu dokumentieren.

Anmerkung *Mindmaps bilden durch ihre Baumstruktur eine sogenannte monohierarchische Struktur. Komplexe Abhängigkeiten und Beziehungen zwischen den Knoten im Baum können integriert werden und reichern eine Mindmap an. Bei entsprechender Festlegung einer Semantik, etwa durch unterschiedliche Pfeile, kann eine Mindmap zu einem* semantischen Netz *oder zu einer* Ontologie *weiterentwickelt werden. Zu beachten ist hierbei aber, dass eine solche Anreicherung schnell dazu führen kann, dass die Übersichtlichkeit verloren geht.*

7.2.2.4 Progressive Abstraktion

Die *progressive Abstraktion* dient dazu, das Abstraktionsniveau eines betrachteten Problems schrittweise zu erhöhen [3, Kap. 3.8]. Dazu wird üblicherweise die Perspektive, aus der das Problem betrachtet wird, verändert. Zu einem gegebenen Problem, werden hierzu Fragen der folgenden Form formuliert:

- Wie können wir *ein Mobiltelefon* einfacher bedienbar gestalten?
- Wie können wir *das Surfen im Internet* komfortabler gestalten?

Tab. 7.2 Kriterien und beispielhafte Fragestellungen der Osborn Checkliste

Kriterium	Frage
Anders verwenden	Kann ich X anders einsetzen?
Anpassen	Ist X etwas anderem ähnlich?
Ändern	Welche Eigenschaften von X lassen sich umgestalten?
Vergrößern/Verkleinern	Lässt sich X vergrößern/verkleinern?
Ersetzen	Welcher Teil von X lässt sich ersetzen?
Umstellen	Kann die Struktur von X geändert werden?
Umkehren	Kann der Zweck von X ins Gegenteil gekehrt werden?
Kombinieren	Können X und Y kombiniert werden?

7.2.2.5 Osborn Checkliste

Einen ähnlichen Weg wie die progressive Abstraktion geht die *Osborn Checkliste* [3, Kap. 3.6]. Diese Checkliste umfasst Kriterien, die einen Wechsel der Perspektive unterstützen [38]. Tab. 7.2 listet diese Kriterien auf und führt Leitfragen auf, welche den Perspektivwechsel unterstützen.

7.3 Methoden für die anforderungsgetriebene Entwicklung

Die in Abschn. 7.2 vorgestellten Techniken sind in unterschiedlichen Kontexten einsetzbar. Üblicherweise werden diese Techniken in umfassendere Methoden zur Anforderungserhebung eingebettet, welche wir im Folgenden mit Hilfe ausgewählter Beispiele einführen.

7.3.1 Design Thinking

Zunächst soll eine Technik vorgestellt werden, die eigentlich ganz zu Anfang einer Produktentwicklung steht [44], jedoch einige Kenntnis der zuvor beschriebenen Methoden und Techniken benötigt. *Design Thinking* [9, 16] ist ein Ansatz, der sich konsequent am innovativen Handeln orientiert. Dabei zielt Design Thinking grundsätzlich darauf ab, Probleme durch die Entwicklung innovativer Ideen zu lösen, welche von den Endanwendern als wertstiftend angesehen werden. Design Thinking ist dabei ein eher grundsätzlicher und nicht an die Softwareentwicklung gebundener Ansatz zur Ideenentwicklung. Dennoch – und gerade im Umfeld der agilen Softwareentwicklung und der digitalen Produktinnovation – findet Design Thinking in letzter Zeit verstärkt Interesse.

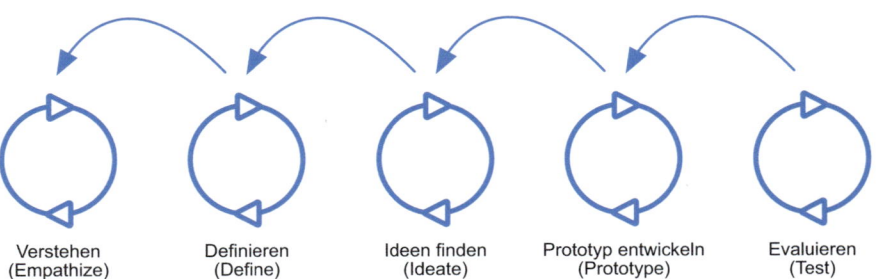

Abb. 7.3 Allgemeiner Design Thinking Zyklus nach [18]

7.3.1.1 Vorgehen im Design Thinking

Das Design Thinking geht aus einer Vielzahl von Arbeiten im Bereich der Kreativitätstechniken hervor [30] und wird heute als Konzept durch das Hasso Plattner Institute of Design geprägt, beforscht und gelehrt [18, 51]. Mittlerweile haben sich unterschiedliche Strömungen entwickelt, was sich unter anderem durch leicht abweichende Ausprägungen des Design Thinking Zyklus manifestiert. Der Design Thinking Zyklus ist dabei kein Vorgehensmodell im engeren Sinn (siehe Kap. 3), sondern vielmehr eine lose Strukturierung[2] der Aufgaben zur Ideenfindung. Abb. 7.3 zeigt den 5-phasigen Zyklus nach Doorley et al. [18]. Das Vorgehen in Abb. 7.3 ist grundsätzlich iterativ und es kann – zumindest in der Theorie – nahezu beliebig zwischen den einzelnen Phasen gewechselt werden. Zentral sind kurze Iterationen, in denen das Verstehen und das Lernen im Fokus stehen.

Phase 1: Verstehen Die erste Phase, das Verstehen („Empathize") umfasst im Kern den Aufbau einer Beziehung zum Nutzer. Kundenwünsche sollen nicht nur verstanden werden, sondern es ist das Ziel, die Bedürfnisse zu verstehen. Tom und David Kelly bezeichnen dies auch als „Empathic Design" [33]. Die Kernaufgaben und Aktivitäten in dieser Phase umfassen:

- Durchführung von Interviews
- Shadowing („Nachahmen" des Verhaltens der Zielgruppen)

Der Aufbau des Verständnisses soll hierbei wertungsfrei erfolgen – es geht um das Verstehen, sodass problemangemessene Lösungen erarbeitet werden können.

---

[2]Eine interessante Interpretation liefert Tom Brown [9], der auch von „drei Räumen" spricht: *Inspiration, Ideation* und *Implementation*. In jedem dieser Räume werden bestimmte Aufgaben gebündelt, etwa die Zieldefinition im ersten Raum, die eigentliche Ideenentwicklung durch „divergierendes Denken" im zweiten Raum und, abschließend, der Entwicklung von Prototypen im dritten Raum, um Ideen zu konkretisieren und sie demonstrierbar zu machen.

Phase 2: Definieren Die zweite Phase („Define") umfasst nun die Zusammenstellung und Strukturierung des Gelernten. Hierbei werden die Erkenntnisse konzeptualisiert und es werden die folgenden Elemente entwickelt:

- Personas (siehe Abschn. 7.4.2.2)
- Ziele der Stakeholder (siehe Kap. 5.1)
- Konkrete Probleme (Pain Points) und Herausforderungen (Challenges)

Die Strukturierung erfolgt in einer Weise, dass eine Entscheidungsfindung ermöglicht wird. Dies ist erforderlich, um im Folgenden Ideen zu entwickeln und diese zu priorisieren.

Phase 3: Ideen finden In der dritten Phase („Ideate") beginnt nun der eigentliche Design-Schritt, in dem die folgenden Aktivitäten durchgeführt werden:

- Entwickeln und Kommunizieren von Ideen
- Priorisieren von Ideen

Bei der Entwicklung von Ideen gilt insbesondere, dass *alle* Ideen wertgeschätzt werden. Sie werden diskutiert und es wird nach Gemeinsamkeiten gesucht. Ziel ist es, neben den „Kernideen" auch begleitende, ergänzende und sich aus vorhandenen Ideen ergebende aufzunehmen (Doorly et al. [18] bezeichnen dies als „Yes and"-Thinking).

Phase 4: Prototypen entwickeln In der vierten Phase werden Prototypen entwickelt (siehe Kap. 3.2.3). Diese dienen vorrangig der „Greifbarmachung" von Ideen, sodass diese evaluiert werden können. Zum Einsatz kommen hierbei üblicherweise:

- Mockups
- Customer Journeys
- Storyboards

Bei der Entwicklung von Prototypen werden insbesondere die Techniken der agilen Softwareentwicklung relevant, also schnelles Erstellen einfacher Prototypen in kurzen Iterationen. Essenziell ist das *schnelle Scheitern* (Fail Fast). Dieser Ansatz dient dazu, nicht tragfähige Lösungsansätze schnell zu identifizieren und diese zu verwerfen, damit nicht unnötig Zeit und Aufwand auf diese verschwendet wird.

Phase 5: Evaluieren In der letzten Phase („Test") werden die Ergebnisse aus der Prototyp-Phasen evaluiert. Essenziell hierbei sind:

- Das Verstehen von Hindernissen
- Das Evaluieren was funktioniert und was nicht

Die Evaluation erfolgt häufig mit Hilfe von Rollenspielen und, wiederum, in kurzen Iterationen. Es soll ermittelt werden, welche Realisierungsoptionen vielversprechend sind und welche verworfen werden sollten. Weiterhin ist es auch ein Ziel, neue Erkenntnisse aus der Evaluation wieder in den Ideenentwicklungsprozess einzuspeisen.

7.3.1.2 Design Thinking in der Softwareentwicklung

Im vorhergehenden Abschn. 7.3.1.1 wurde das allgemeine Konzept von Design Thinking vorgestellt. Design Thinking wird unter Anwendung verschiedener Methoden für unterschiedliche Anwendungsdomänen adaptiert – so auch für die Softwareentwicklung. Zentral ist hierbei das *Mensch-zentrierte Design*. Paul Ralph bezeichnet dies als „Sensemaking-Coevolution-Implementation" [53] und stellt fest, dass Kreativitätsprozesse eine zentrale Rolle in der Softwareentwicklung in interdisziplinären Teams spielen.

In der Breite bekannt wurde das Design Thinking in der Softwareentwicklung aber insbesondere durch das Konzept des *Design Sprints* [4, 35]. Dieses von Google Ventures entwickelte Konzept organisiert einen Produktinnovationsprozess den Prinzipien des Lean Software Development [24, 36, 58] folgend und stellt dabei Produktideen, deren Überprüfung und das Entwickeln von Roadmaps mit klarem Fokus auf den Nutzer in den Vordergrund. Daher kommen auch viele Techniken aus dem Umfeld des Lean Software Development zum Einsatz, etwa *Value Streams* [43, 49, 50], *Minimal Viable Products* (MVP; [39]) oder ein starker Fokus auf *User Experience Design* (UX-Design). Design Sprints sind vollständig durchorganisierte Arbeitswochen, für die Knapp et al. [35] die in Tab. 7.3 dargestellte Struktur festlegen. Diese Struktur zeigt klar, warum Design Sprints auch verstärkt in der Softwareentwicklung Anwendung finden – die Grundstruktur ist einfach in einen Scrum-basierten Entwicklungsprozess (siehe Kap. 3.4) integrierbar:

- Zeitplanung und Arbeitsorganisation sind verträglich.
- Probleme können den Anforderungen des Backlogs entnommen werden.
- Ideen helfen, Aufgaben klar zu verstehen und diese abzuschätzen.
- Es werden Prototypen entwickelt – oft auch ausführbare zur Demonstration.
- Es wird schnell Kundenfeedback eingeholt und damit die Entwicklung gesteuert.
- Durch Prototypen kann schrittweise eine Codebasis aufgebaut werden.

Tab. 7.3 Strukturierung eines Design Sprints nach [35]

Tag	Aufgaben
Montag	Ein Design Sprint beginnt am Montag mit der Aufgabe „Map". Es werden strukturierte Diskussionen geführt mit dem Ziel, den Fokus für die Woche zu setzen. Zentral ist die Definition der Kernfragen, der adressierten Probleme und der Zielstellung für die Woche. Das Produkt wird hierbei zunächst skizziert und mit Experten diskutiert. Aus den entwickelten Zielen wird eines ausgewählt, wobei zu entscheiden ist, ob das Ziel mit dem größten Risiko oder das mit der größten „Value Proposition" gewählt wird.
Dienstag	Der Dienstag widmet sich vollständig der Problemlösung. Jedes Teammitglied erarbeitet individuell einen oder auch mehrere Lösungsansätze. Knapp et al. [35] beschreiben hierfür einen 4-stufigen Prozess: • Notes: In 20 min soll jedes Teammitglied Ideen sammeln und diese notieren. • Ideas: In weiteren 20 min soll jedes Teammitglied die Notizen zum konkreten Ideen verdichten und dabei die vielversprechendsten hervorheben. • Crazy 8 s: Zur besten Idee sollen Variationen entwickelt und durchdacht werden. Knapp et al. [35] legen fest, dass acht Varianten entwickelt werden sollen und für jede Variante eine Minute Zeit investiert werden sollte. • Solution Sketch: In den folgenden 30–90 min soll ein Storyboard entwickelt werden, welches die Lösung des Problems anhand der entwickelten Idee illustriert. Diese Schritte sind die Vorbereitung für den nächsten Tag, an dem Entscheidungen getroffen werden.
Mittwoch	Am Mittwoch hat das Team eine Menge von Ideen verfügbar. Das Team muss nun entscheiden, welche davon als Prototyp entwickelt und evaluiert werden sollen. Die Entscheidung soll in einem strukturierten Prozess getroffen werden, in dem die beste (vielversprechendste) Idee ausgewählt und realisiert wird.
Donnerstag	Der Donnerstag ist vollständig dem Prototyping gewidmet. Knapp et al. [35] machen klar, dass diese Phase des Prototypings sich primär auf die Simulation des Produkts konzentriert und empfehlen dafür die Vorgehensweise „Fake it till you make it", um ein möglichst aussagekräftigen Prototypen und damit auch das bestmögliche Feedback zu erhalten. Der Prototyp soll nur den Zweck haben, herauszufinden, ob man auf dem richtigen Weg oder einem Irrweg ist.
Freitag	Am Freitag soll der zuvor entwickelte Prototyp potenziellen Kunden zur Evaluierung gezeigt werden. Knapp et al. [35] empfehlen hierbei fünf Kunden jeweils in individuellen Interviews den Prototyp zu demonstrieren und sich Feedback einzuholen.

> **Design Thinking darf kein Selbstzweck werden!**
> Design Thinking und Design Sprints sind Ansätze, die aktuell einen Hype erleben – insbesondere durch die vielfältigen Optionen der softwaregetriebenen Produktinnovation. Jedoch sollte man darüber nicht vergessen, dass das eigentliche Problem vom Kunden geliefert werden muss. In großen Firmen, etwa Google, die oft neue Services entwickeln, genügt oft die schiere Masse an Kunden, um ein entsprechendes Geschäft zu generieren. Arbeitet hingegen ein Team an einer noch so kreativen Lösung, nach der niemand fragt, kann das Design Thinking auch zum Selbstzweck werden und es können Features entwickelt werden, die weitgehend ungenutzt bleiben, aber trotzdem im Rahmen der Evolution gepflegt werden müssen. Kreativitätstechniken sind daher nur eine Ergänzung des Methodenportfolios in der Anforderungsanalyse.

7.3.2 Feature-driven Development

Das *Feature-driven Development* (FDD; [47]) ist eine Sammlung von Arbeitstechniken nach Jeff de Luca [13, Kap. 6], welche die Funktionalität (die funktionalen *Features,* siehe Kap. 4.6.1.6) einer Software in das Zentrum stellen. Jedes Feature muss einen Mehrwert für den Nutzer schaffen. Der im Feature-driven Development benutzte Feature-Begriff beschreibt einzelne Schritte und Funktionen, die im Kontext eines umfassenden Geschäftsprozesses ausgeführt werden und in nicht mehr als zwei Wochen realisierbar sein sollen.

Anmerkung *Ähnlich wie das Extreme Programming [5] basiert auch das Feature-driven Development auf Praktiken, die eingesetzt wurden, um ein eigentlich gescheitertes Projekt zu retten. Hier wurden jedoch auch Techniken angewendet, welche sich stärker an traditionellen Vorgehensweisen (Kap. 3.2) orientieren – insbesondere die frühzeitige Erfassung und Funktionsmodellierung des Gesamtsystems.*

7.3.2.1 Rollen im Feature-driven Development
Feature-driven Development definiert ein Rollenmodell, welches aus sogenannten *Schlüsselrollen* und *Unterstützungsrollen* (diese Gruppe wird ggf. noch einmal unterteilt in *unterstützende* und *zusätzliche* Rollen) besteht. Tab. 7.4 führt diese Rollen auf. Die Rollen beschreiben jeweils Fähigkeitsprofile, welche die Mitarbeiter im Projekt haben müssen. Ein Mitarbeiter kann dabei mehrere Rollen inne haben (Personalunion [10, S. 42 ff.]).

Zentral im Rollenmodell des Feature-driven Development ist der *Chief Architect,* da diese Rolle für den Gesamtentwurf des Systems, also das funktionale Systemmodell – die Funktionsarchitektur – verantwortlich ist. Unterstützt wird er dabei vom *Chief Programmer,*

7.3 Methoden für die anforderungsgetriebene Entwicklung

Tab. 7.4 Übersicht über die Schlüsselrollen und die Unterstützungsrollen in FDD

Schlüsselrollen	Unterstützungsrollen
Project Manager	Release Manager
Chief Architect	Language Lawyer/Guru
Development Manager	Build Engineer
Chief Programmer	Toolsmith
Class Owner	System Administrator
Domain Expert	Tester
	Deployer
	Technical Writer

der die Analyse und den Entwurf unterstützt und dafür Sorge trägt, dass die resultierende Funktionsarchitektur durch Entwicklungsteams umgesetzt werden kann.

Im Feature-driven Development wird auch die Rolle des *Class Owners* eingeführt, welche die vollständige Hoheit über eine zu implementierende Klasse erlangt. Das heißt, ein Entwickler arbeitet exklusiv auf einer Klasse, welche eine Funktion erbringt, und ist für alle Änderungen und die Dokumentation verantwortlich. Zusammen mit dem *Build Engineer*, welcher dafür verantwortlich ist, dass stets eine lauffähige Version der Software verfügbar ist, wird hier ein Entwicklungsparadigma definiert, welches sich heute in modernen Techniken wie DevOps (siehe Kap. 12.4.2) findet.

7.3.2.2 Der Feature-driven Development Prozess

Abb. 7.4 zeigt das allgemeine Vorgehen im Feature-driven Development, welches aus fünf Schritten besteht. Zentral ist hierbei die Einbindung von Domänenexperten, welche für die Erhebung der Anforderungen und die folgende Ableitung des Feature-Modells benötigt werden.

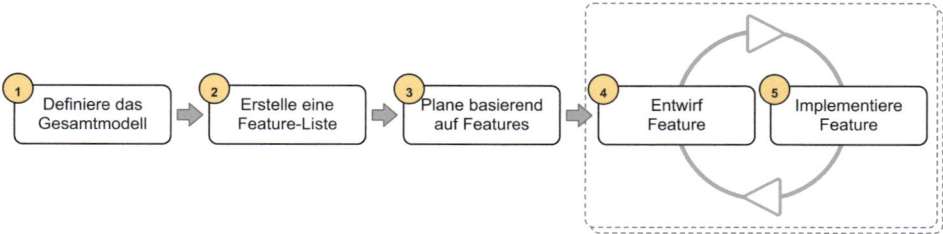

Abb. 7.4 Allgemeines Vorgehen im Feature-driven Development nach [47]

In den fünf Schritten des Feature-driven Development wird zunächst das Gesamtmodell entwickelt, welches auf einzelne Funktionen heruntergebrochen wird, die dann die Grundlage für die Planung und Umsetzung legen. Aus der Sicht der Anforderungserhebung werden zunächst die Domänenexperten konsultiert und – zusammen mit dem Entwurfsteam – wird ein sogenannter „High-level Walk-Through" durchgeführt. Dieser dient der Erfassung des System-Scopes und des Kontexts. Dabei werden einzelne *Problem Domains* identifiziert, welche dann schrittweise im Detail abgearbeitet werden. In jedem Schritt entstehen Objektmodelle, welche geprüft und schrittweise zu einem Domänenmodell integriert werden. Die Teilmodelle werden dann zu einem Gesamtmodell integriert. Im Folgenden werden Features aus dem Domänenmodell abgeleitet, welche dann Schritt für Schritt geplant und realisiert werden. Die Planung umfasst hierbei insbesondere die Festlegung der Entwicklungssequenz, also die Priorisierung der Features. Die Realisierungsschritte umfassen einerseits den Entwurf und damit verschränkt die Entwicklungs-, Test- und Integrationsaufgaben. Diese eher technischen Schritte lassen sich durch geeignete Praktiken, etwa Test-Driven Development (siehe Kap. 12.2.6), dem Kontext entsprechend ausgestalten.

7.3.2.3 Modellierung von Features

Für das Feature-driven Development wählt de Luca [13, Kap. 6] einen farbcodierten Ansatz. Es werden Rollen, Dinge, Kataloge und Prozesse unterschieden. De Luca's Vorschlag ist es, diese unterschiedlichen Konzepte eines Systems auch farblich in UML-Modellen zu hinterlegen, sodass die Dynamik einer Domäne oder eines Problems schnell sichtbar wird und somit einfacher zu verstehen ist. Dieser Ansatz hat eine gewisse Ähnlichkeit zu den Quasar-Blutgruppen (siehe Kap. 8.2.4).

Die für die Entwicklung benötigten Features werden im Feature-driven Development wie folgt charakterisiert: *Ein Feature ist eine kleine, für den Kunden wertstiftende Funktion, die in weniger als zwei Wochen implementiert werden kann* [13, 47]. Ist eine Funktion so komplex, dass eine Umsetzung in zwei Wochen nicht möglich ist, ist diese Funktion in kleinere Funktionen zu zerlegen (siehe Kap. 8.2.5). Zur Beschreibung der Features werden – wie auch den bei User Stories (siehe Abschn. 7.4.1) – Textschablonen empfohlen:

<Action> the *<Result>* *<by | for | of | to>* *<a(n)>* *<Object>*

Darauf aufbauend können dann sogenannte *Feature Sets* erstellt werden, als Mengen von Features die logisch zusammengehören. Solche Gruppen können unter Anderem für die Modellierung von Geschäftsprozessen verwendet werden. Auch für Feature Sets gibt es eine Textschablone:

<Action> *<-ing>* *<a(n)>* *<Object>*

7.4 Anforderungserhebung im Agilen Vorgehen

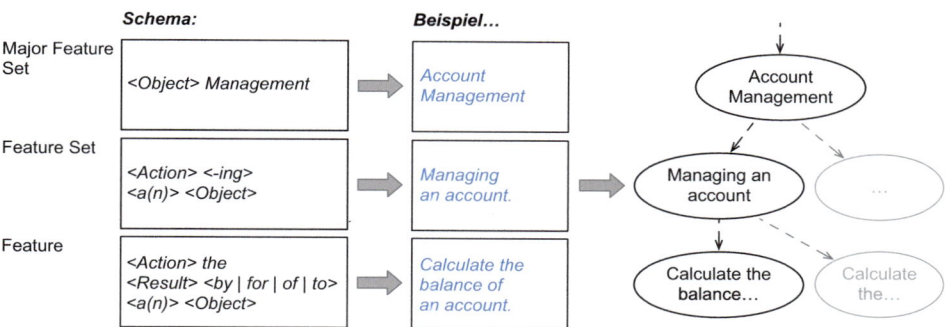

Abb. 7.5 Beispielhafte Anwendung der Textschablonen zur Erfassung von Features in FDD

Abschließend können noch sogenannte *Major Feature Sets* erfasst werden. Diese beschreiben im Wesentlichen eine Domäne, in welcher die Geschäftsprozesse und somit die einzelnen, modellierten Funktionen ausgeführt werden. Die Textschablone dafür hat folgendes Aussehen:

<*Object*> *Management*

Abb. 7.5 illustriert die Anwendung dieser Textschablonen. Hierbei ist ersichtlich, dass ein *Major Feature Set* mehrere *Feature Sets* beinhalten kann, welche wiederum jeweils mehrere *Features* enthalten können. Dadurch entsteht eine baumartige Struktur – der sogenannte *Feature Tree*.

7.4 Anforderungserhebung im Agilen Vorgehen

In der agilen Softwareentwicklung wird die Festlegung der Anforderung schrittweise im Lauf der Projekte vorgenommen, da hier grundsätzlich Anforderungen nicht zu Beginn des Projekts in Form einer expliziten Spezifikation festgeschrieben werden, sondern vielmehr über Projektlaufzeit und schrittweise im Rahmen der Entwicklung der Software umgesetzt werden. Neue Anforderungen werden im Lauf der Projektdurchführung identifiziert, umgesetzte Anforderungen müssen gegebenenfalls geändert werden, oder Anforderungen – auch bereits implementierte – müssen wieder verworfen werden. Flexible und leichtgewichtige Konzepte wie User Stories kommen für die Anforderungsanalyse zum Einsatz und können dann effizient und effektiv umgesetzt werden.

Abb. 7.6 zeigt einen Überblick über die gebräuchlichen Konzepte in der agilen Anforderungsanalyse, welche hierarchisch aufgebaut sind und somit, ausgehend von übergeordneten Geschäftszielen, eine Verfeinerung bis hinunter auf die Ebene einzelner Aufgaben erlauben. Diese sind im Einzelnen:

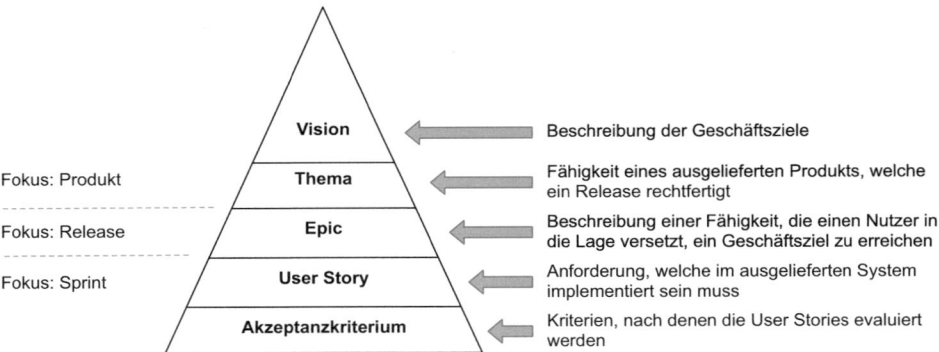

Abb. 7.6 Übersicht der unterschiedlichen Anforderungsartefakte im agilen Vorgehen

Vision   In der Vision werden die einzelnen Geschäftsziele, welche mit der Entwicklung einer Software erreicht werden sollen, beschrieben.

Thema   Ausgehend von der Vision beschreiben Themen abstrakte Ziele im Sinne des *Scopings* und grundsätzliche Fähigkeiten, über die ein System verfügen muss, um ein Release zu rechtfertigen. Dazu beinhalten Themen oft auch auch sogenannte *Roadmaps,* die auch die perspektivische Evolution eines Systems beschreiben.

Epic   Themen sind in mehrere Epics unterteilt, welche Gruppierungen zusammenhängender User Stories sind. Allgemein wird durch eine Epic ein klar umrissenes Geschäftsziel durch gruppierte Anwendungsfälle adressiert und es werden die dazugehörenden Fähigkeiten und Funktionen des Systems beschrieben.

User Stories   Eine User Story (siehe auch Abschn. 7.4.1) ist eine kurze anschauliche Beschreibung wie das System für einen Nutzer eine bestimmte Aufgabe unterstützen soll. Eine User Story muss dabei unabhängig sein und die Akzeptanzkriterien schätzbar, wertstiftend und testbar erfüllen. Zudem soll eine User Story, anders als die zuvor genannten Konzepte, klein genug sein, um in einem Sprint implementiert werden zu können. User Stories werden in der Regel in einzelne *Tasks* (Aufgaben) zerlegt, die dann abgearbeitet werden.

Wie Abb. 7.6 zeigt, sind diese Artefakte auch gut den unterschiedlichen Planungsebenen eines Projekts mit ihrem jeweiligen Fokus zuzuordnen. Die *Vision* und die *Themen* beziehen sich auf das gesamte Produkt, während die *Epics* sich stärker an den Releases (im Sinne der Auslieferungen an den Kunden) orientieren. Im Fokus einzelner Sprints stehen die *User Stories,* die Gegenstand der Planung, der Umsetzung und der Qualitätssicherung sind.

> **Hinweis**
>
> Neben den in Abb. 7.6 gezeigten Artefakten für die Anforderungserhebung wird sehr häufig auch das *Feature* verwendet. Während es für die anderen Artefakte aber weitgehend einen Konsens hinsichtlich Bedeutung, Fokus und Nutzung gibt, gibt es für Features verschiedene Interpretationen und auch mehrere Möglichkeiten, Features in die Abb. 7.6 einzusortieren. Einige Quellen positionieren Features zwischen Epics und User Stories. Bei dieser Platzierung beschreibt die Epic eine eher grobe Anforderung, welche durch ein Feature testbar verfeinert wird. Dabei soll ein Feature die Frage *„Was soll die Software tun?"* beantworten, während eine User Story sich dann der Frage widmet *„Was will der Nutzer tun?"*
>
> Eine weitere, jedoch seltener gebrauchte Lesart platziert Features auf der selben Ebene oder sogar unterhalb der User Stories in der in Abb. 7.6 gezeigten Hierarchie. In diesem Fall wird ein Feature als Ansatz zur Realisierung einer User Story interpretiert, etwa in Form einer konkreten technischen Anforderung oder eines Constraints, welches bei der Umsetzung zu beachten ist.

Wie gerade diskutiert, werden diese Konzepte in der agilen Softwareentwicklung in unterschiedlicher Ausprägung verwendet. Durch die hierarchische Anordnung ist jedoch das Verfahren der schrittweisen Zerlegung anwendbar. Beispielsweise können im Scrum (siehe Kap. 3.4) Epics zum Aufbau des *Product Backlogs* verwendet werden. Hierbei beschreiben Epics die Systemanforderungen auf einem hohen Abstraktionsniveau, sodass diese nicht direkt implementierbar sind. Dazu ist dann die Zerlegung und die Verfeinerung zu User Stories erforderlich. Ebenfalls ist dann auch der Übergang von unstrukturierten, natürlichsprachlichen Anforderungen hin zu stärker strukturierten Texten oder sogar zu Modellen zu beobachten (siehe Kap. 6.1.1.1).

7.4.1 User Stories

Ein Instrument in der agilen Softwareentwicklung zur Erfassung, Strukturierung und Beschreibung von Anforderungen sind *User Stories*. User Stories sind kurze Aussagen, die etwas beschreiben, was das System für einen Nutzer tun soll. Sie sind eng verwandt mit den Textschablonen für die strukturierte Erfassung von Anforderungen (siehe Kap. 6.1.1.1) und folgen dem allgemeinen Schema:

> As **WHO** I want **WHAT** so that **WHY**

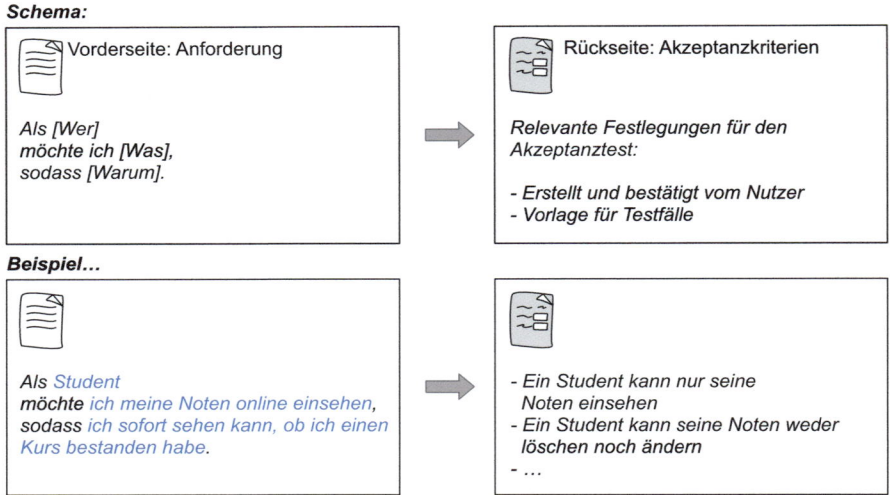

Abb. 7.7 Allgemeines Schema und Beispiel einer User Story

In User Stories werden Rollen (Who/Wer), Aktivitäten (What/Was) und ein Business Value (Why/Warum) erfasst. Rollen sind hierbei die Nutzer eines Systems, die Aktivitäten ausführen bzw. mit dem System interagieren und sich davon einen Wert versprechen. Die Aktivitäten geben an, was das System tun soll, also welche Aktionen es ausführt. Abschließend soll der Business Value Aufschluss darüber geben, warum eine Aktion als wertstiftend angesehen wird. Praktisch werden User Stories als *Karten* mit Vor- und Rückseite modelliert wie in Abb. 7.7 illustriert. Auf der Vorderseite wird dabei die eigentliche Anforderung festgehalten. Die Rückseite dient der Sammlung der Kriterien, welche im Test der Implementierung verwendet werden, um zu überprüfen, ob eine User Story korrekt umgesetzt wurde. Diese Kriterien können dabei die Grundlage für das Erstellen entsprechender Unit Tests (siehe Kap. 12.2.5) oder für Akzeptanztests bilden.

User Stories können ebenso wie „klassische" Anforderungen mit Hilfe unterschiedlicher Instrumente erfasst werden, zum Beispiel durch Interviews, Beobachtungen, Workshops oder breitere Fragebögen. Damit User Stories von Anfang an zielgerichtet erhoben und formuliert werden können, bietet sich hier die Anwendung der INVEST-Kriterien (siehe Abschn. 7.4.3.1) an. So kann sichergestellt werden, dass neben der eigentlichen Anforderung auch die Qualitätskriterien festgelegt werden, welche die Überprüfung der Anforderung unterstützen.

> **Bewertung von User Stories**
> User Stories sind ein Element der agilen Softwareentwicklung, das eine einfache Art der Erfassung und Verwaltung von Anforderungen unterstützt. So können User Stories im Rahmen von agilen Planungsspielen hinsichtlich der erwarteten Aufwände für Implementierung und Test in der synthetischen, erfahrungsbasierten Einheit *Story Points* geschätzt werden (siehe auch [10, S. 152 ff.]). Weiterhin, können die *Karten* einfach mit Hilfe von *Kanban Boards* (siehe Kap. 3.4.6) physisch verwaltet werden und gleichzeitig auch in entsprechenden Softwaresystemen zur Verwaltung von *Product Backlogs* (siehe Kap. 3.4.2) verwendet werden. Trotzdem müssen auch User Stories kritisch betrachtet werden:
> - Die Verwendung von User Stories in großen Projekten mit großen Teams kann schnell aufwändig und unübersichtlich werden. Probleme mit der Konsistenz der Anforderungen sowie deren Vollständigkeit können auftreten.
> - User Stories sind darauf ausgerichtet, spezifische Bedürfnisse einzelner Anwender oder Anwendergruppen zu erfassen. Hierbei besteht das Risiko, dass systemrelevante Kontextinformationen nicht vollständig oder sogar gar nicht erfasst werden.
> - User Stories sind durch ihre Fokussierung auf aktuelle Anwenderaufgaben und -bedürfnisse nur schwer hinsichtlich der Vollständigkeit und Widerspruchsfreiheit zu bewerten. Weiterhin erfassen User Stories nur bedingt zukünftig zu erwartende Anforderungen (Lernkurve).
> - User Stories adressieren immer funktionale Anforderungen (Produktanforderungen, siehe Kap. 6.1), wohingegen die Qualitätsanforderungen nicht erfasst werden.

7.4.2 Agile Praktiken in der Anforderungserhebung

Es gibt eine Vielzahl an agilen Praktiken – in [17] nehmen die Autoren auf mehr als 100 agile Praktiken Bezug. Viele davon adressieren mehrere Aufgaben, die in Entwicklungsprojekten durchzuführen sind, etwa durch die Verknüpfung von Anforderungserhebung mit dem Projektmanagement und der Softwareentwicklung. Tatsächlich werden in der Anforderungserhebung üblicherweise traditionelle und agile Praktiken miteinander kombiniert [34, 61]. Darum finden die bereits vorgestellten Ansätze zur Erfassung und Modellierung von Anforderungen auch in der agilen Softwareentwicklung Anwendung. Tab. 7.5 fasst diese Techniken exemplarisch zusammen. Zu den in Tab. 7.5 ausgezählten Erfassungs- und Modellierungstechniken, gibt es eine Reihe agiler Methoden und Praktiken, von denen im Folgenden einige ausgewählte beschrieben werden.

Tab. 7.5 Übersicht über ausgewählte Methoden und Techniken zur Erstellung der Artefakte der Anforderungserhebung aus Abb. 7.6

Artefakt	Erfassungs- und Modellierungselemente
Thema	Die Erfassung der Produktanforderungen und der Geschäftsziele kann erfolgen mit: • Marktstudien • Fallstudien (Zum Beispiel mit Fokusgruppen) • Umfragen • Workshops (zum Beispiel mit Brainstroming Workshops) Die Beschreibung erfolgt üblicherweise in natürlicher Sprache.
Epic	Epics dienen der Gruppierung von User Stories. Die Erfassung bzw. die Modellierung erfolgen somit in einer Form, die eine entsprechende Verfeinerung und Gruppierung unterstützt. Dies kann erfolgen durch: • Text (strukturiert oder (noch) natürliche Sprache), welcher zu User Stories verfeinert wird und in Werkzeugen als Wissensbasis integriert werden kann. Eine Anwendungsmöglichkeit sind sogenannte *User Story Maps*, die ausgehend von der hierarchischen Struktur aus Abb. 7.6 eine Visualisierung von Themes, Epics und den enthaltenen User Stories anbieten. • Diagrammatisch, etwa für Kontext, (Top-Level) Funktionen, Daten, Geschäftsprozesse, oder hierarchisch strukturierte Anwendungsfälle Die Nutzung von Diagrammen zur Beschreibung von Epics kann sowohl formal wie informal erfolgen. Epics entstehen üblicherweise aus einer Domänen- und Geschäftswertanalyse heraus. Somit kann die Beschreibung auch durch entsprechende empirische Modelle erfolgen, welche die Wertermittlung unterstützen.
User Story	User Stories können durch die folgenden Techniken erfasst und beschrieben werden: • Informal, etwa durch Flipcharts und Whiteboards • Strukturierter Text (etwa Story Cards, schematische Szenariobeschreibungen) • Diagrammatisch, etwa durch Anwendungsfalldiagramme, Workflowdiagramme und Aktivitätsdiagramme

7.4.2.1 Planning Game

In Planungsspielen (Planning Games) werden, üblicherweise zu Beginn einer Iteration, die abzuarbeitenden Aufgaben geschätzt und dann in für die Iteration übernommen. Planungsspiele entsprechen im Kern der sogenannten *Breitband-Delphi-Methode* [41] und gehören zur Klasse der Expertenschätzungen [10, S. 161 ff.]. Die wohl bekannteste Implementierung dieser Verfahren ist das *Planning Poker* (auch Scrum Poker) [40]. Das grundsätzliche Vorgehen beim Planning Poker zeigt die Abb. 7.8.

7.4 Anforderungserhebung im Agilen Vorgehen

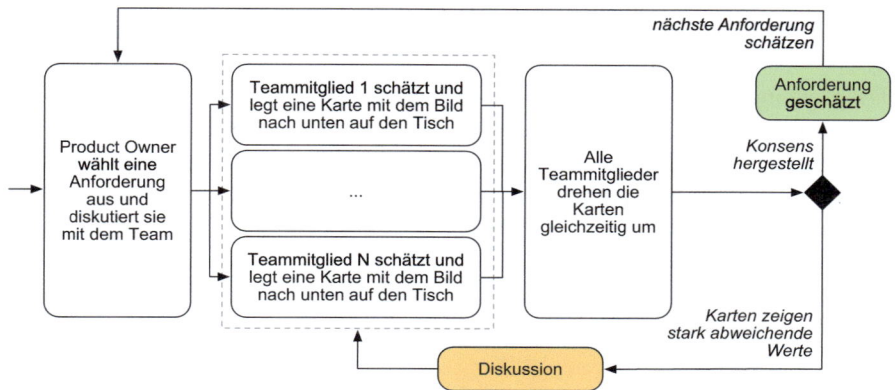

Abb. 7.8 Grundsätzliches Vorgehen beim Planning/Scrum-Poker nach [10] zum Schätzen des benötigten Aufwands je Anforderung

Das Projektteam ist in dieser Form der Schätzung mit Kartenspielen ausgestattet, die es in verschiedenen Varianten gibt. Abb. 7.9 zeigt exemplarisch ein solches Kartenspiel. Die Zahlen symbolisieren in der Regel synthetische Maßzahlen – im Kontext Scrum werden üblicherweise *(User) Story Points* verwendet, welche sich auf User Stories (siehe Abschn. 7.4.1) als Schätzobjekte beziehen. Diese repräsentieren den Aufwand bzw. die Komplexität der Umsetzung, welche die einzelnen Entwickler erwarten. Üblicherweise wird im Scrum Poker eine immer schneller steigende Zahlenfolge für die Werte der Karten verwendet, um den steigenden Aufwand für Aufgaben höherer Komplexität zu verdeutlichen. Zu beachten sind insbesondere die beiden „Sonderkarten" mit dem Symbol für die Kaffeetasse und das „?". Diese Karten zeigen an, dass eine Schätzrunde unterbrochen werden soll (Kaffeetasse) und

Abb. 7.9 Beispiel eines Kartensets, wie es beispielsweise im Scrum Poker verwendet wird

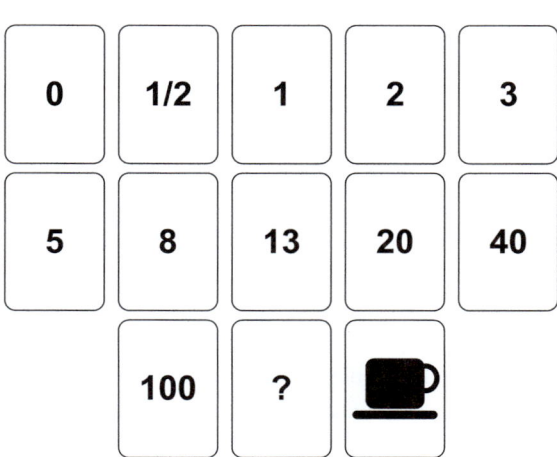

dass eine Anforderung (User Story) nicht zu schätzen ist (?). In diesen Fall muss eine User Story entweder erneut erklärt werden oder aber auch überarbeitet werden.

Das Planning Poker ist eine Konsens-orientierte Expertenschätzung, welche in der Regel auf einer Initialschätzung als Bezugspunkt aufbaut. Die Experten sollen in ihren Einschätzungen hinsichtlich der Komplexität der User Stories übereinstimmen. Abweichungen sollen diskutiert werden und eine einfache Mittelwertbildung zwischen abweichenden Schätzungen ist zu vermeiden. In der Praxis werden die Schätzrunden jedoch häufig aus Zeitgründen begrenzt. Dann werden entweder entsprechende Zuordnungen gemacht, etwa das Teammitglied mit der höchsten oder niedrigsten Schätzung erhält den Auftrag zur Umsetzung, oder es werden Gewichtungen vorgenommen [10, S. 165 ff.].

7.4.2.2 Personas

Eine *Persona* wird nach Alan Cooper [15] als *Archetyp* für einen Nutzer eines Systems definiert. Dabei repräsentiert eine Persona zunächst eine Gruppe von Nutzern eines Softwaresystems. Im Rahmen der Anforderungserhebung und der Modellierung werden dann Exemplare mit konkreten Eigenschaften versehen. Als Vorlage dafür dienen reale Personen, welche abstrahiert werden, um entsprechende Anwendungsszenarien für relevante Benutzergruppen zu entwickeln. Somit sind Personas ein Instrument zur Entwicklung von *Akteuren* im Rahmen der Modellierung von Use Cases (siehe Kap. 6.1.1.1).

Die konkreten Eigenschaften und Merkmale einer Persona hängen vom System und der Relevanz der Merkmale für den Systementwurf ab. Hartson und Pyla [26] nennen für Personas beispielsweise die verpflichtenden Merkmale *Vor-* und *Nachname* und *Foto* – beides fiktiv aber erforderlich, um die Persona „vorstellbarer" zu machen. Weitere Merkmale hängen dann vom aktuellen Systemkontext ab, etwa Familienstand, Alter, Ausbildung, Erwartungen oder Kenntnisse im Bezug auf das System.

7.4.2.3 User Story Mapping

Das *User Story Mapping* (kurz: Story Mapping; [48]) dient der Zuordnung, Verfeinerung und Priorisierung von User Stories (siehe Abschn. 7.4.1). Eine Story Map ist dabei ein Instrument, welches es dem Team gestattet, Denkprozesse zu visualisieren. Insbesondere sollen zusammenhängende Anforderungen ermittelt werden, welche letztendlich auch dazu verwendet werden, „sinnvolle" Releases für den Kunden zu erstellen. Ausgangspunkt ist die Hierarchie der Anforderungsartefakte der agilen Anforderungserhebung (Abb. 7.6). Auf dieser Grundlage wird schrittweise eine 2-dimensionale Karte erstellt.

Abb. 7.10 zeigt eine solche *Story Map* in der ersten Ausbaustufe. Ausgangspunkt bilden die *Epics,* welche als Klammer für die *User Stories* dienen. Es wird zunächst auf der x-Achse die Funktionalität des Systems aufgetragen. Die y-Achse dient der Verfeinerung, also der Zuordnung der konkreten Features zur funktionalen Klammer der Epics. Damit entsteht eine erste Übersicht über die zu realisierende Funktionalität und die Struktur des Systems.

7.4 Anforderungserhebung im Agilen Vorgehen

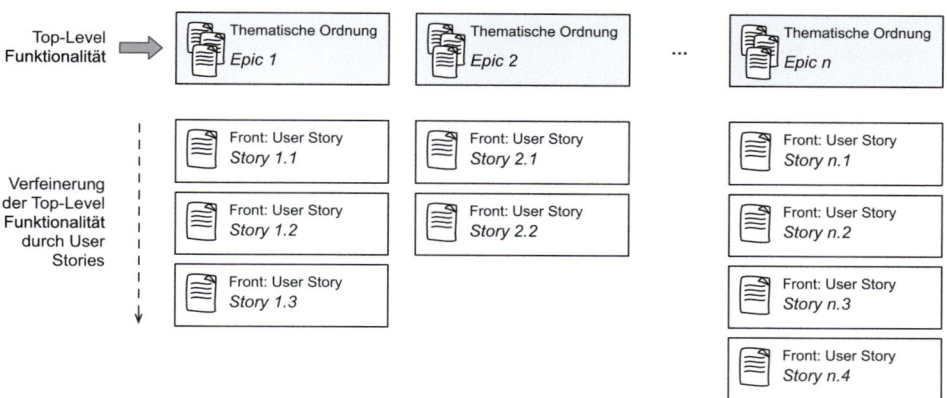

Abb. 7.10 Strukturierung von User Stories und Erstellung einer Story Map

Die erste Version der Karte in Abb. 7.10 wird im Rahmen des *Story Mappings* jedoch noch weiter verfeinert. Abb. 7.11 zeigt zwei Verfeinerungsschritte. Innerhalb der Epics werden die User Stories ebenfalls auf der x-Achse aufgetragen. Diese Anordnung repräsentiert die Umsetzungspriorität der User Stories innerhalb des funktionalen Blocks von links nach rechts. Weiterhin wird eine Zuordnung zu den Releases der Software vorgenommen. Alle User Stories mit demselben Release-Tag werden dementsprechend in einem Sprint abgearbeitet. Damit wird der Funktionsumfang eines Releases festgelegt.

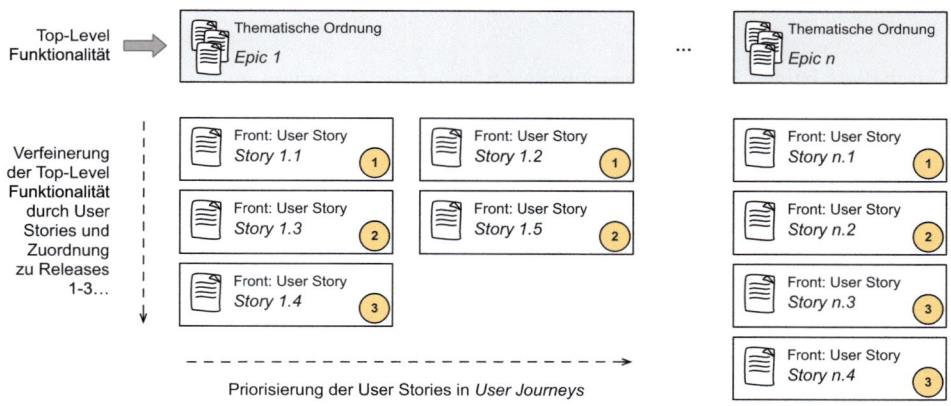

Abb. 7.11 Verfeinerung der Story Map mit Priorisierung und Release-Zuordnung

> **Hinweis**
> Man beachte, dass unterschiedliche Ansätze zur Verfeinerung der User Stories Anwendung finden können. So ist es möglich, User Stories in kleinere User Stories zu zerlegen (sogenanntes *Story Splitting*) oder – im Sinne einer Prototyp-basierten Vorgehensweise (siehe Kap. 3.2.3) – unterschiedliche Varianten bzw. Versionen einer User Story solange zu entwickeln, bis das entsprechende Funktionsbündel abgeschlossen ist. Ebenfalls sollte beachtet werden, dass eine Story Map „nie" abgeschlossen ist. Sie spiegelt in der Regel immer den aktuellen Kenntnisstand im Projekt wieder. Mit jeder Interation wird die Story Map angepasst und weiterentwickelt.

7.4.3 Definition of Ready und Definition of Done

In der agilen Softwareentwicklung werden die Entwicklungsaufgaben in kurzen, schnellen Iterationen durchgeführt. Dabei gibt es keine strenge Trennung in explizite Phasen des Entwicklungsvorgehens und die Grenzen zwischen den einzelnen Aufgabenbereichen verschwimmen (siehe Kap. 3.2.4). So gibt es insbesondere in der Anforderungsanalyse Konzepte in der agilen Softwareentwicklung, die direkt auf das Testen der Software (siehe Kap. 12.1 und 12.2) Einfluss haben. Diese Kernkonzepte sind die:

- Definition of Ready (DoR) und die
- Definition of Done (DoD).

Durch diese beiden Konzepte werden die Aufgaben der Anforderungsanalyse, der Entwicklung und des Testens miteinander verknüpft, wie Abb. 7.12 illustriert.

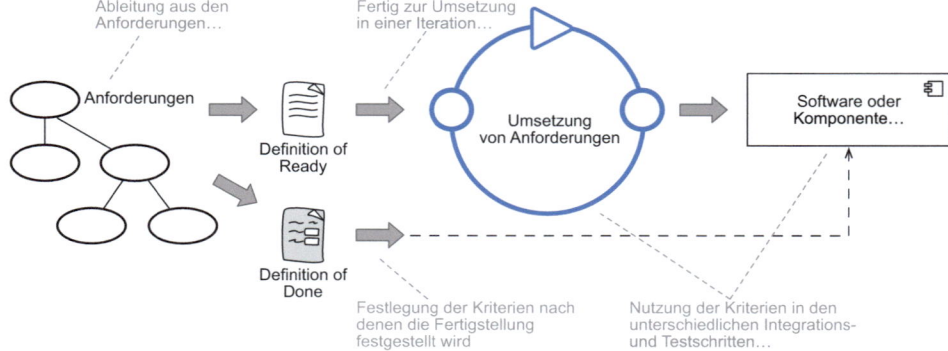

Abb. 7.12 Zusammenhang zwischen Definition of Ready und Definition of Done und den Aufgaben der Anforderungserhebung, der Entwicklung und des Testens

7.4.3.1 Definition of Ready

Die *Definition of Ready* (DoR) dient der möglichst frühzeitigen Sicherstellung, dass Features, User Stories und in Folge auch Softwareeinheiten hinreichend genau beschrieben und somit umsetzbar und testbar sind (siehe auch *S.M.A.R.T.*-Schema in Abschn. 7.1.2.1). Sie ist als Checkliste zu verstehen, die durch das Projektteam, insbesondere durch den Product Owner, anzuwenden ist, um sicherzustellen, dass Anforderungen solange nicht in die Umsetzung überführt werden, wie sie nicht „Fertig" sind. Nach Schwaber [57] dürfen User Stories nur in das Sprint Backlog (siehe Kap. 3.4.2) übernommen werden, wenn sie den folgenden drei Kriterien genügen:

Klar   Eine User Story muss in dem Sinne klar sein, dass das gesamte Team ein gemeinsames Verständnis für die sich daraus ergebenden Anforderungen entwickelt hat. Dies kann beispielsweise im Rahmen des *Planning Poker* (siehe Abschn. 7.4.2) überprüft werden. Bei einem gemeinsamen Verständnis kann davon ausgegangen werden, wenn die Aufwandsschätzung durch das Schätzteam nur noch geringe oder gar keine Abweichung mehr aufweist [10, S. 152 ff.].

Umsetzbar   Eine User Story muss machbar im Sinne von in einem *Sprint* umsetzbar sein. Das bedeutet, dass eine User Story klein genug sein muss, um innerhalb eines Sprints durch das Team umgesetzt, integriert, getestet und (potenziell) ausgeliefert zu werden. Das Maß für die Machbarkeit hängt wesentlich von der Leistungsfähigkeit des jeweiligen Teams ab, sodass entsprechende Regelungen vereinbart und kontinuierlich überprüft werden müssen.

Testbar   Eine User Story muss testbar in dem Sinne sein, dass es einen effektiven Weg gibt, auf dem die Funktionalität überprüft werden kann. Dazu müssen passende Akzeptanzkriterien verfügbar sein bzw. entwickelt werden.

Damit fordert die *Definiton of Ready* die Sicherstellung der klaren Festlegung sowie der fachlichen und der technischen Testbarkeit einer Anforderung sowie die Definition von passenden Akzeptanzkriterien ein. User Stories (Anforderungen), die diesen Kriterien nicht genügen, sind als nicht „Ready" anzusehen. Diese dürfen vom Projektteam im Rahmen des *Sprint Planning Meeting* (siehe Kap. 3.4.2) zurückgewiesen werden.

Erstellen einer guten Definition of Ready   Bei der *Definition of Ready* kommt es darauf an, effizient und effektiv Anforderungen und deren Akzeptanzkriterien zu strukturieren und dokumentieren. Vorteilhaft sind hier Verfahren nach dem sogenannten „Specification by

Example" [1, 37] sowie die Anwendung von Bill Wake's INVEST-Kriterien [62] (siehe auch Rubin [55, S. 88 ff.]) für die sogenannten *Product Backlog Items* (PBI):

Independent
: Ein PBI soll unabhängig von allen anderen PBIs sein. Es soll in sich geschlossen sein, sodass keine inhärenten Abhängigkeiten zu anderen PBIs bestehen. Pragmatisch soll es also möglich sein, ein PBI im *Product Backlog* „herumzubewegen", also in der Umsetzungspriorität zu verschieben. Ist dies nicht oder nur schwer möglich, etwa wegen bestehender Abhängigkeiten, sollten mehrere PBIs entweder in eine integriert oder nachanalysiert werden.

Negotiable
: Ein PBI sollte nicht im Sinne eines kleinen Vertrags für eine bestimmte Funktion verstanden werden. Es muss immer noch Raum für Diskussionen und Verfeinerungen geben. Solange ein PBI noch nicht im *Sprint Backlog* steht, kann sie verhandelt, umgeschrieben oder sogar verworfen werden.

Valuable
: Ein PBI muss für die Stakeholder immer einen Wert schaffen. Vorgaben, die im Wesentlichen nur der nicht relevanten Verschönerung – dem sogenannten „Gold-Plating" – dienen sind nicht als wertstiftend anzusehen.

Estimable
: Dem Projektteam muss es möglich sein, ein PBI hinsichtlich Aufwand, Zeit und Risiko zu schätzen. Solange das Team ein PBI nicht schätzen kann, darf es nicht in das *Sprint Backlog* übernommen werden; selbst sein Verbleib im *Product Backlog* kann hinterfragt werden, da ein PBI in einem solchen Zustand grundsätzlich nicht zur Umsetzung eingeplant werden darf.

Small
: Ein PBI sollte „klein" genug sein, sodass eine Schätzung und eine Planung in hinreichender Präzision möglich sind. Wird ein PBI zu groß und umfangreich, leiden die Schätzbarkeit und die Planbarkeit, da die Umsetzung möglicherweise den Rahmen einer Iteration sprengen kann. Solche PBIs sollten dann als *Epic* verstanden und entsprechend behandelt werden. Als Daumenregel wird im Allgemeinen angegeben, dass ein PBI typischerweise nicht mehr als ein paar wenige Personentage Aufwand für die Umsetzung konsumieren sollte, zum Beispiel bis maximal 50 % einer Iteration.

Testable
: Ein PBI und seine Beschreibung müssen genügend Informationen enthalten, damit das Testen ermöglicht wird. Ist es nicht möglich, für ein PBI einen angemessenen Test anzugeben, sollte das PBI nicht für die Umsetzung in einem *Sprint* eingeplant werden.

Im Allgemeinen wird empfohlen, bereits bei der Erfassung und Analyse der Anforderungen und damit auch bei der Entwicklung der *Definition of Ready* Product Owner und Prüfer zusammenzubringen. Dies stellt frühzeitig die Kombination des fachlichen Wissens (Product Owner) und des methodischen Wissens hinsichtlich Test und Qualitätssicherung (Prüfer) sicher.

7.4 Anforderungserhebung im Agilen Vorgehen

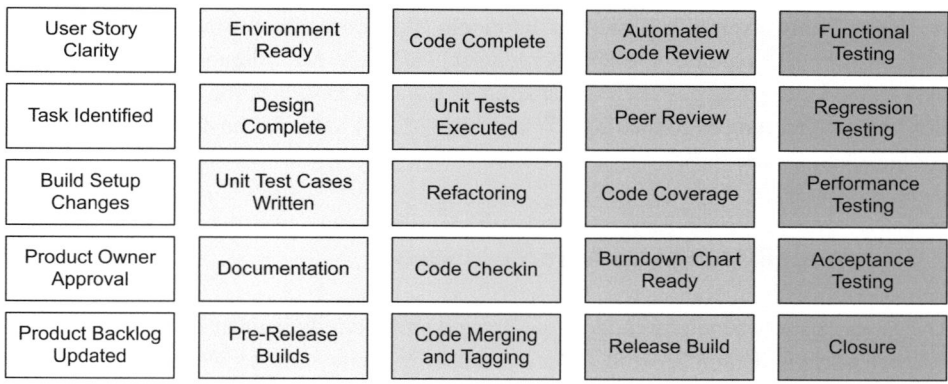

Abb. 7.13 Das *Done Thinking Grid* nach [42]

7.4.3.2 Definition of Done

Wie in Abb. 7.12 dargestellt, ist die *Definition of Ready* das Eintrittskriterium für den Entwicklungsschritt. Sie legt fest, wann eine Anforderung als fertig analysiert und bereit zur Umsetzung angesehen wird. Für die folgende Umsetzung der Anforderung beschreibt die *Definition of Done* (DoD) das *Quality Gate*. In der *Definition of Done* sind die Qualitätsziele beschrieben (siehe Kap. 2.2 und Kap. 5), die das Projektteam bei der Umsetzung einer Anforderung erreichen muss, bevor die umgesetzte Anforderung im Sprint Review begutachtet wird. Die Qualitätsziele umfassen dabei auch die Testziele (wie anzuwendende Testmethoden, Testabdeckung, Testerfüllung usw., siehe Kap. 12.1), sodass sichergestellt werden kann, dass eine Anforderung gemäß Kundenanspruch umgesetzt wurde.

Die *Definition of Done* kann auf unterschiedlichen Abstraktionsebenen erfolgen, etwa für einzelne Funktionen oder User Stories, für einen *Sprint* oder für ein komplettes *Release* (siehe Abb. 7.6). Durch Lernkurven und sich ändernde Anforderungen und Rahmenbedingungen kann sich eine *Definition of Done* auch über die Zeit verändern.

Das *Done Thinking Grid* Die *Definition of Done* ist eng verknüpft mit den Akzeptanzkriterien einer Anforderung. Pragmatisch könnte eine Anforderung als umgesetzt gelten, wenn sie implementiert, getestet und durch die Stakeholder abgesegnet wurde. Jedoch können noch weitere Kriterien für die erfolgreiche Umsetzung einer Anforderung definiert werden, etwa hinreichende Dokumentation oder weitergehende Tests. Passende Akzeptanzkriterien für Anforderungen zu definieren ist somit herausfordernd, da die Akzeptanzkriterien stark von der einzelnen Anforderung abhängen.

Als Hilfestellung zur Erarbeitung einer guten *Definition of Done* schlägt die *Scrum Alliance*[3] das sogenannte *Done Thinking Grid* (Abb. 7.13) vor. Dieses ist eine allgemeine Checkliste, da es unmöglich ist, eine einzelne für alle Situationen anwendbare *Definition*

---

[3] Das in Abb. 7.13 gezeigte Done Thinking Grid basiert auf dem Artikel „Definition of Done: A Reference" von Mayank Gupta (GlobalLogic) aus dem Jahre 2008. Dieser wird durch die Scrum

of Done zu entwickeln [7]. Basierend auf einem Blog-Eintrag von Brandon Martinez [42] gibt die Abb. 7.13 einen Überblick über unterschiedlichste Anforderungen, welche an eine akzeptable Umsetzung gestellt werden können, etwa das Erstellen von Unit Test bevor mit der Implementierung begonnen wird (siehe Kap. 12.2.6), oder das ausführliche Testen des entwickelten Codes.

7.5 Modellierung von Anforderungen

Die zuvor beschriebenen Methoden und Techniken liefern diejenigen Informationen, welche nun in ein umfassendes Modell der Anforderungen eingearbeitet werden müssen (siehe Abschn. 7.1.2). In diesem Abschnitt werden daher die Anforderungen an einen Bankautomaten [22] exemplarisch modelliert. Das genaue Vorgehen bei der Modellierung kann hierbei, in Abhängigkeit des gewählten Vorgehensmodells im Projekt, variieren. Abb. 7.14 zeigt zwei exemplarische Schrittfolgen, welche jeweils die unterschiedlichen Methoden und Techniken aus Kap. 4, 5 und 6 zusammenführen.

In den folgenden Abschnitten wird die Modellierung der Anforderungen gemäß der Schrittfolge „1" aus Abb. 7.14 illustriert. Man beachte, dass die einzelnen Schritte mehrfach durchlaufen werden können – und oft auch mehrfach durchlaufen werden müssen. Es liegt also grundsätzlich ein iterativ-inkrementelles Vorgehen bei der Modellierung der Anforderungen vor.

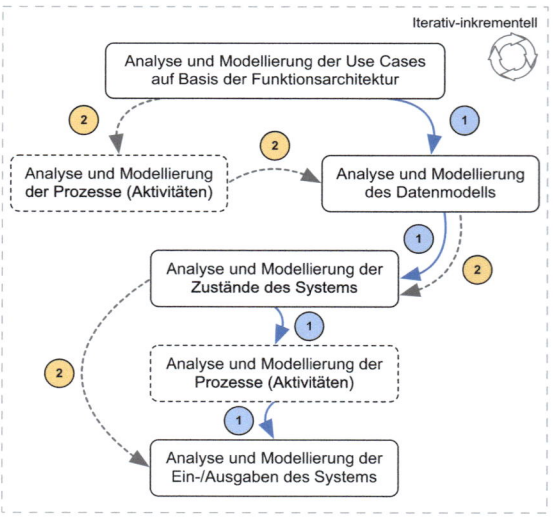

Abb. 7.14 Exemplarisches Vorgehen bei der Modellierung der Anforderungen

---

Alliance jedoch nicht mehr öffentlich zugänglich gemacht, weshalb für Details zum Beispiel auf Bergsmann [7] zurückgegriffen werden muss.

7.5 Modellierung von Anforderungen

7.5.1 Modellierung von Anwendungsfällen

Die grundlegenden Funktionen, die der Bankautomat dem Kunden gegenüber anbieten soll, sind das Abheben von Geld, das Einzahlen von Geld, sowie die Möglichkeit, Überweisungen zu tätigen. Diese Funktionen werden primär von Kontoinhabern einer Bank genutzt. An Überweisungen kann, je nach Bedarf, auch ein Mitarbeiter der Bank mitwirken.

Im ersten Schritt erfassen wir die Anforderungen mit Bezug auf den *Kunden* mit Hilfe des IREB-Templates (Kap. 6.1.1.1, Abb. 6.5):

1. Das System muss dem *Kunden* die Möglichkeit bieten, *Geld* von seinem Konto *abzuheben*.
2. Das System muss dem *Kunden* die Möglichkeit bieten, *Geld* auf sein Konto *einzuzahlen*.
3. Das System muss dem *Kunden* die Möglichkeit bieten, eine *Überweisung durchzuführen*.

Die obige Formulierung ist mit geringfügigen Modifikationen auch durch User Stories (siehe Abschn. 7.4.1) darstellbar, da es sich um funktionale Anforderungen (Produktanforderungen) handelt. Analog verfahren wir mit den weiteren Anforderungen an das System, etwa aus der Sicht des Bankmitarbeiters. Aus den strukturierten Texten erstellen wir im nächsten Schritt ein UML-Anwendungsfalldiagramm [32, 45, 56], welches in Abb. 7.15 gezeigt ist.

Im Anwendungsfalldiagramm (siehe Kap. A.3.1) sind zwei *Akteure* modelliert: `Customer` repräsentiert den Kunden und `BankEmployee` den Bankmitarbeiter. Die Funktionalität des Bankautomaten, welche den Akteuren zur Verfügung steht, ist im System `ATM` lokalisiert, welches die drei Anwendungsfälle `DepositMoney`, `WithdrawMoney` und `TransferMoney` enthält. Diese Anwendungsfälle sind Spezialisierungen des abstrakten Anwendungsfalls `Transaction`, der für alle Transaktionen festlegt, dass Kunden sich

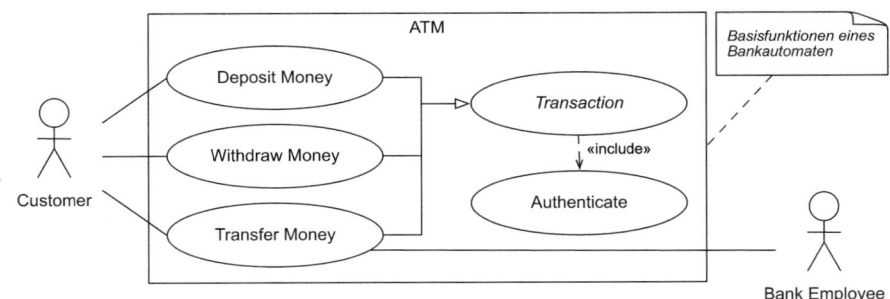

Abb. 7.15 Beispiel eines UML-Anwendungsfalldiagramms als Modell eines Bankautomaten

authentifizieren müssen. Dies wird durch die include-Beziehung[4] modelliert, die anzeigt, dass der Anwendungsfall Authenticate vom Anwendungsfall Transaction genutzt wird. Soll etwa Geld abgehoben werden, muss sich der Nutzer identifizieren. Darauf gehen wir in Abschn. 7.5.2.2 noch detaillierter ein. Die Akteure sind mit den Anwendungsfällen in Beziehung gesetzt, um anzuzeigen, welcher Akteur welchen Anwendungsfall nutzt.

Mit dem UML-Anwendungsfalldiagramm aus Abb. 7.15 erhalten wir einen ersten Überblick über das zu entwickelnde System. Mit Hilfe dieses Diagrammtyps sind die folgenden Informationen bereits früh in der Analyse und Entwicklung darstellbar:

- Beteiligte aktive Stakeholder, welche als *Akteure* modelliert werden.
- Anwendungsfälle (Use Cases) und deren Beziehungen zu den Akteuren.
- Gliederung der Anwendungsfälle (Nutzung, Verfeinerung).
- Systemgrenze und nach außen angebotene Funktionalität der Systemteile durch zugeordnete Anwendungsfälle.

Die Anwendungsfälle als Bestandteil der Funktionsarchitektur beschreiben damit die *Kernfunktionalität* des Systems. Jeder Anwendungsfall im Diagramm kann dann durch eine umfassende Beschreibung ergänzt und verfeinert werden, etwa durch die Nutzung des in Kap. 6.1.1.1 (Abb. 6.4) gezeigten Use Case Specification Templates nach Cockburn [14]. Damit wird schrittweise eine Funktionshierarchie entwickelt (siehe Kap. 6.1.1.2).

Alles gleichzeitig...
Die beiden Werkzeuge *Anwendungsfalldiagramm* (Use Case Diagram) [56, Kap. 12] und *Use Case Specification Template* [14] können parallel eingesetzt werden. Durch das Anwendungsfalldiagramm werden zunächst die Kernanwendungsfälle identifiziert und für jeden dieser Kernanwendungsfälle wird eine Schablone instanziiert. Durch das Ausfüllen der Schablone gelangt man zu weiteren Detailinformationen, die wieder in das Anwendungsfalldiagramm integriert werden können. Beispielsweise können Anwendungsfälle identifiziert werden, welche eine gemeinsame Funktionalität repräsentieren, die in weiteren Anwendungsfällen genutzt werden kann (Beziehung include zwischen zwei Anwendungsfällen). Auch ist es möglich, „Sonderfälle" und Ausnahmesituationen zu beschreiben (Beziehung extend zwischen zwei Anwendungsfällen und Definition von *Extension Points* in Anwendungsfällen). Solche Erweiterungen und Verfeinerungen werden im Use Case Specification Template dann wiederum als *Erweiterungen* integriert und dort im Detail beschrieben (Abb. 6.4).

---

[4]Die Beziehung include zeigt an, dass der betreffende Use Case *immer* eingebunden wird. Dies entspricht im Wesentlichen einem Proceduraufruf, der immer erfolgt. Soll eine Einbindung eines Use Cases nur unter bestimmten Bedingungen erfolgen, wird dazu die extend-Beziehung verwendet. Dies entspricht dann einem Proceduraufruf, der etwa in einer if...else-Abfrage erfolgt.

7.5 Modellierung von Anforderungen

Dieser verschränkt-iterative Prozess wird solange durchlaufen, bis ein ausreichender Detaillierungsgrad erreicht ist.

Man beachte hierbei auch, dass eine sorgfältige Beschreibung von Szenarien in den Anwendungsfällen die spätere Interaktionsmodellierung unterstützt (siehe Abschn. 7.5.2.3). Im optimalen Fall kann die Interaktion sogar direkt aus der Beschreibung der Szenarien abgelesen werden.

7.5.2 Detaillierte Modellierung von Anforderungen

Ausgehend von der Übersicht der Systemfunktionalität, welche in Anwendungsfällen durch Text beschrieben und durch Modelle illustriert ist, können die Anforderungen nun unter Zuhilfenahme der in Kap. 4 beschriebenen Techniken im Detail modelliert werden. Die folgenden Schritte orientieren sich an der Schrittfolge „1" aus Abb. 7.14, wobei in Abhängigkeit von der konkreten Situation unterschiedliche Reihenfolgen und Arbeitsschritte erforderlich sein können.

7.5.2.1 Modellierung des logischen Datenmodells

Wir führen das Beispiel der Prüfung der EC-Karte am Bankautomaten aus Kap. 6.1.1.1 (Abb. 6.4) weiter aus und entwerfen auf der Grundlage der modellierten Anwendungsfälle aus Abb. 7.15 ein erstes Datenmodell als UML-Klassendiagramm (siehe Kap. 4.3.3 und Kap. A.2.1).

Im Datenmodell in Abb. 7.16 konzentrieren wir uns auf den abstrakten Anwendungsfall Transaction aus Abb. 7.15 und gestalten diesen Anwendungsfall im Folgenden weiter

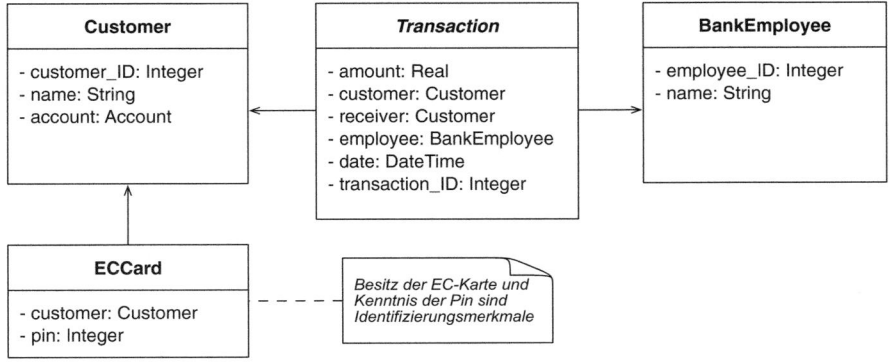

Abb. 7.16 Beispiel eines ersten Datenmodells eines Bankautomaten als UML-Klassendiagramm

aus. Eine Transaktion wird durch eine abstrakte Klasse `Transaction` repräsentiert. Spezifische Transaktionen – also das Abheben, Einzahlen oder Überweisen von Geld – sind dann im Rahmen eines objektorientierten Entwurfs von der abstrakten Transaktionsklasse abzuleiten. An der Transaktion sind der Kunde und (optional) ein Bankmitarbeiter beteiligt. Alle im UML-Anwendungsfalldiagramm als Akteure identifizierten beteiligten Personen werden entsprechend durch Klassen repräsentiert und im Rahmen der Analyse schrittweise mit Attributen, etwa `name`, `customer_ID` und so weiter angereichert.

Weitere Informationen – soweit verfügbar – können ebenfalls bereits im Datenmodell aufgenommen werden. Abb. 7.16 zeigt beispielsweise eine Klasse `ECCard`. Diese Klasse ergibt sich aus der Anforderung, dass sich ein Kunde identifizieren muss, wenn er eine Transaktion am Automaten vornehmen möchte[5]. Der *Besitz* einer EC-Karte und das *Wissen* um die Pin werden als entsprechende Identifizierungsmerkmale vorgesehen. In der im folgenden Abschnitt gezeigten Modellierung des Zustands des Systems wird diese Klasse auch bereits verwendet, etwa in Abb. 7.17, in der die Klasse `ECCard` zur Überprüfung der Eingabe verwendet wird und alle Karten, die nicht vom Typ `ECCard` sind, zurückgewiesen werden.

7.5.2.2 Modellierung der Systemzustände

Aufbauend auf den in Abb. 7.15 dargestellten Kernfunktionen des Bankautomaten wird nun das detaillierte Verhalten analysiert und modelliert. Dazu wird zunächst das Verhalten mit Hilfe eines UML-Zustandsautomaten modelliert (siehe Kap. 4.5.2 und Kap. A.3.3). Abb. 7.17 zeigt eine Modellierung des Bankautomaten (`ATM`) für den Anwendungsfall `Authenticate`. Durch die Modellierung wird dieser Anwendungsfall verfeinert. Sollte bereits eine detaillierte Szenariobeschreibung vorliegen, können aus dieser bereits die wesentlichen Transitionen abgelesen werden. Auch alternative Verhaltensweisen oder ein Fehlverhalten können bereits erfasst werden, oder, falls es im Rahmen der bisherigen Analysen noch nicht berücksichtigt wurde, ergänzt werden. In der Modellierung werden – sofern verfügbar – auch Elemente des logischen Datenmodells aus Abb. 7.16 verwendet. Wie zuvor ausgeführt wird die im Datenmodell eingeführte Klasse `ECCard` in der Authentifizierung direkt verwendet.

Fachliches Verhalten Das *fachliche Verhalten* des Zustandsautomaten in Abb. 7.17 ist in weiten Teilen selbsterklärend: es wird zunächst geprüft, ob überhaupt eine EC-Karte eingegeben wurde. War die eingegebene Karte keine EC-Karte (Guard: `[card==no ECCard]`) wird der Vorgang abgebrochen und die Karte wird wieder ausgegeben. Liegt eine EC-Karte vor, wird die Karte validiert. Schlägt die Validierung fehl, wird die Karte wieder ausgegeben.

---

[5] Analog ergibt sich eine Klasse `Account`, die bereits als Typ des Attributs `account` in der Klasse `Customer` verwendet wird. Diese Klasse ergibt sich ebenfalls aus den Anforderungen und aus der gezeigten Modellierung. Sie ist aber noch nicht Bestandteil des Datenmodells in Abb. 7.16 und muss daher in den weiteren Analyse- und Verfeinerungsschritten ergänzt werden.

7.5 Modellierung von Anforderungen

Abb. 7.17 Modellierung der Authentifizierung des Nutzers am Bankautomaten als UML-Zustandsautomat

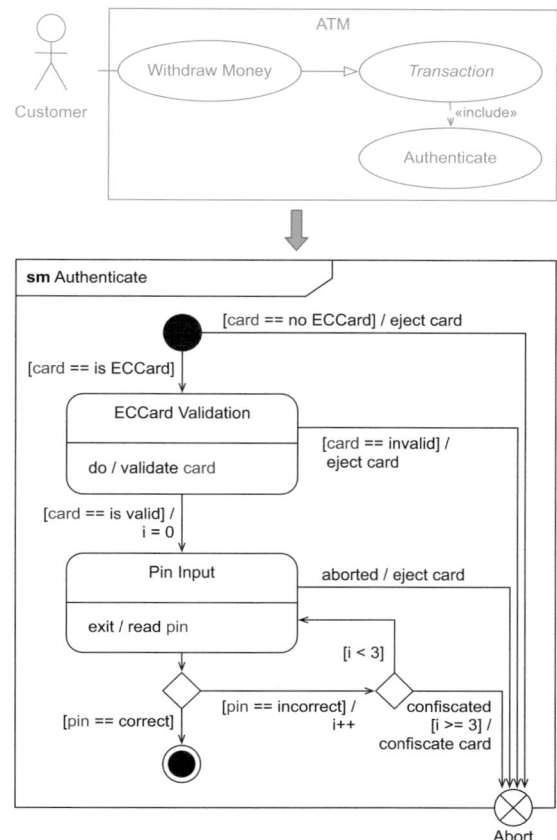

Bei erfolgreicher Validierung der EC-Karte fordert der Automat den Nutzer zur Eingabe der Pin auf. Nach der dritten Falscheingabe der Pin (Guard: `[i>=3]`) wird die Karte eingezogen. Ebenso ist es möglich, dass der Nutzer den Vorgang selbst abbricht. Im Falle eines nutzerinitiierten Abbruchs gibt der Automat die Karte wieder aus.

Gesamtsystemverhalten Der Zustandsautomat in Abb. 7.17 zeigt das gewünschte fachliche Verhalten des Bankautomaten für die Authentifizierung des Nutzers an. Jedoch ist dieses Verhalten nur ein Teil des *Gesamtsystemverhaltens*. Um die Perspektive auf das Gesamtsystem zu legen, illustriert Abb. 7.18 den Bankautomaten als solchen. Der Bankautomat verfügt nur über die drei Zustände `Sleeping` (der Automat macht nichts und wartet auf einen Stimulus zur Aktivierung), `Ready` (der Automat ist bereit zur Interaktion mit dem Nutzer) und `Active` (der Automat interagiert mit dem Nutzer).

Abb. 7.18 Auszug der Modellierung des Systemverhaltens des Bankautomaten als UML-Zustandsautomat

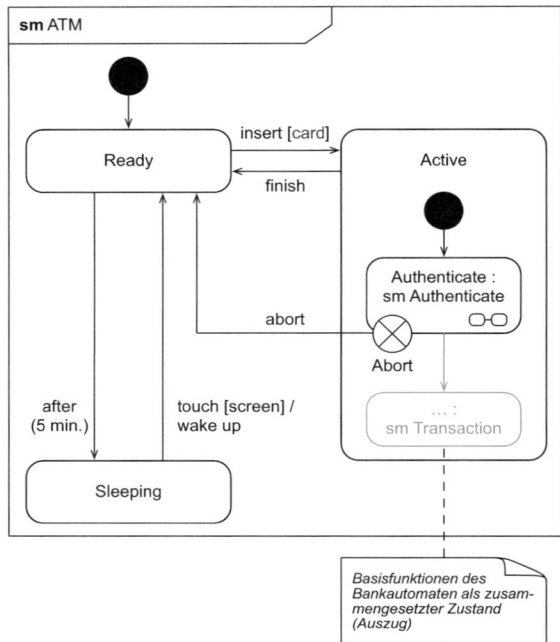

Abb. 7.18 zeigt, dass der Automat durch das Einführen der EC-Karte in den Zustand `Active` gesetzt wird. Dieser Zustand ist ein *kompositer Zustand,* in dem nun das feingranulare Verhalten modelliert ist. So ist die zuvor modellierte Authentifizierung ein Teil dieses Gesamtverhaltens. Der Automat wird also durch das Einlegen einer Karte vom Zustand `Ready` in den Zustand `Active` gesetzt. Die eingegebene Karte wird dann zuerst wie in Abb. 7.17 gezeigt überprüft. Erfolgt aus irgendeinem Grund ein Abbruch, wird der Automat wieder in den Zustand `Ready` gesetzt, ansonsten erfolgt die weitere Interaktion mit dem Nutzer innerhalb des zusammengesetzten Zustands `Active`. Damit wird auch offensichtlich, dass in der Analyse und Modellierung des Systemzustands bei Bedarf zwischen den einzelnen Abstraktions- und Verfeinerungsebenen des Systems gewechselt werden muss.

7.5.2.3 Modellierung der Systeminteraktion als Sequenzdiagramm

Abb. 7.19 zeigt ein UML-Sequenzdiagramm (siehe Kap. A.3.4), mit dem eine konkrete Interaktion des Nutzers mit dem Bankautomaten modelliert wird. Es ist zunächst zu beachten, dass Sequenzdiagramme in verschiedenen Detaillierungsgraden verwendet werden können. Die Abb. 7.19 zeigt ein Sequenzdiagramm, wie es während der Analyse der Anforderungen (siehe Kap. 6.1.1) erstellt werden kann. Je mehr Informationen und Entwurfsdetails vorliegen umso detaillierter – und damit auch komplexer und unübersichtlicher – werden die Sequenzdiagramme.

7.5 Modellierung von Anforderungen

Abb. 7.19 Modellierung einer (konkreten) Interaktion zwischen Nutzer und Bankautomat als UML-Sequenzdiagramm

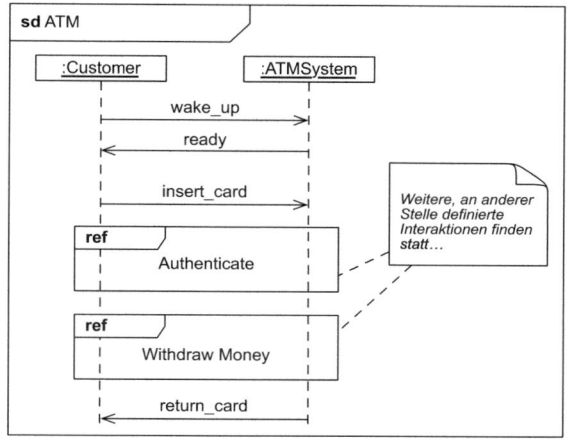

Das Sequenzdiagramm in Abb. 7.19 greift den Beginn der Interaktion zwischen Nutzer und Bankautomat aus Abb. 7.18 auf. Durch Berühren des Bildschirms weckt der Nutzer den Bankautomaten auf. Im Anschluss wird die EC-Karte eingeführt und es wird die Authentifizierung durchgeführt. Die eigentliche Authentifizierung ist im Beispiel als Teilverhalten „ausgelagert". Mittels `ref` wird angezeigt, dass eine andere Interaktion in den Ablauf eingebunden werden soll. Der Rahmen legt hierbei fest, welche Objekte an dieser Interaktion beteiligt sind – in diesem Fall die beiden Objekte `Customer` und `ATMSystem`. Die eigentliche Interaktion wird dann an anderer Stelle im Detail modelliert. Mit Hilfe von *Interaktionsreferenzen* sind Sequenzdiagramme in gewissem Umfang modularisierbar. Einzelne Interaktionen, etwa die identifizierten Anwendungsfälle, können somit schrittweise analysiert, modelliert und später integriert werden.

Bei der Modellierung durch Sequenzdiagramme wird das *Verhalten von Objekten* modelliert. Das heißt, bei Vorhandensein eines detaillierten UML-Klassenmodells können die Klassen verwendet werden, um Objekte zu erzeugen, deren Verhalten im Sequenzdiagramm spezifiziert werden kann. Hierbei sind dann die Nachrichten, die zwischen den Kommunikationspartnern ausgetauscht werden, die jeweiligen Funktions- und Methodenaufrufe. Weitere Details und Feinheiten der Modellierung von Sequenzdiagrammen sind [32, 56] zu entnehmen.

7.5.2.4 Modellierung der Nutzerinteraktion als Aktivitätsdiagramm

Abb. 7.20 zeigt einen Ausschnitt der Modellierung des Vorgangs des Geldabhebens aus der Nutzerperspektive. Modelliert wird hier insbesondere der Kontrollfluss (siehe Kap. 4.6.3 und Kap. A.3.2). Ähnlich wie in Abb. 7.19 betrachten wir den Kunden und den Geldautomaten als Akteure, ergänzen hier aber auch das Banksystem zur Bearbeitung der Transaktionen. In einem UML-Aktivitätsdiagramm werden die Akteure durch sogenannte *Partitionen* (auch

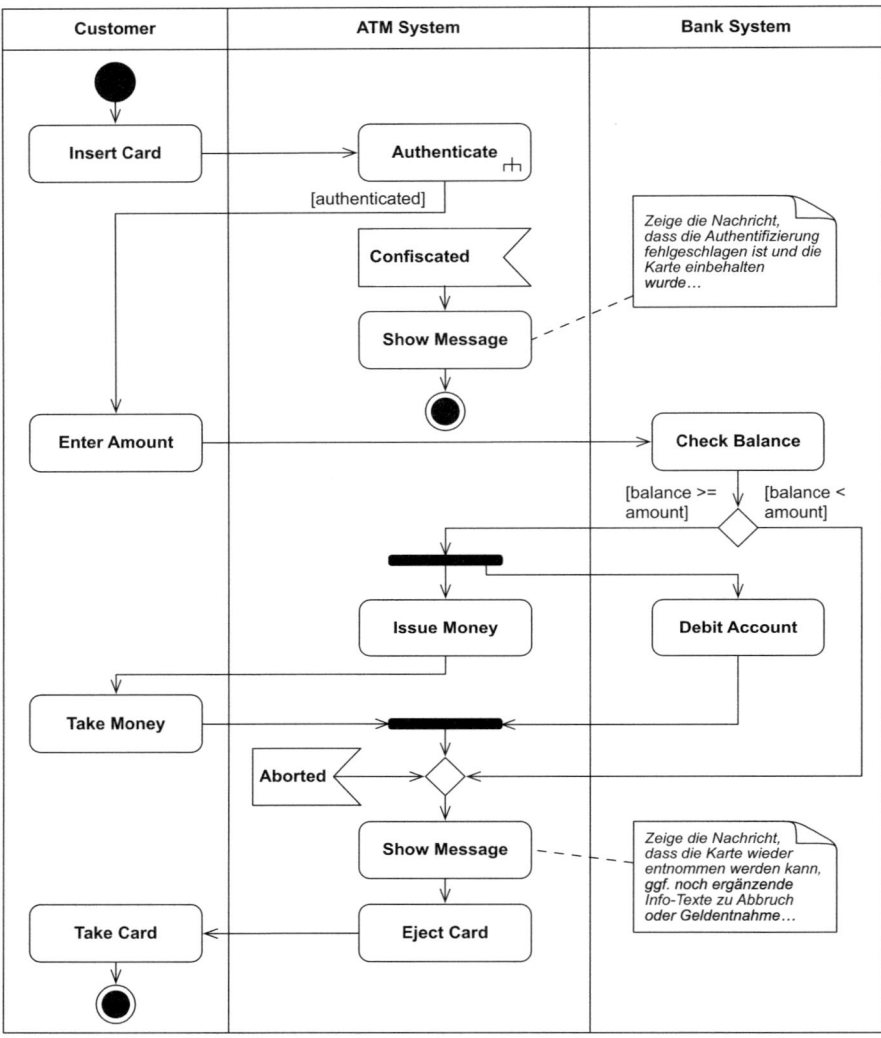

Abb. 7.20 Auszughafte Modellierung des Abhebens von Geld als UML Aktivitätsdiagramm

als *Swimlanes* bezeichnet) repräsentiert. Insbesondere zeigt Abb. 7.20 auch welcher Akteur welche Aktion zur Ausführung bringt und macht auch die nebenläufige Ausführung deutlich. Wird etwa festgestellt, dass das Konto eine ausreichende Deckung aufweist, wird der Betrag an den Kunden am Automaten ausgezahlt, während im Hintergrund eine entsprechende Belastung des Kontos in den Banksystemen durchgeführt wird.

Ein weiteres Modellierungsmittel sind *geschachtelte Aktivitäten*, die Aktivitäten verfeinern und modularisieren. Als Beispiel ist die Aktivität Authenticate gezeigt, welche

7.5 Modellierung von Anforderungen

an anderer Stelle im Detail modelliert und an dieser Stelle nur genutzt wird. Ebenso ist ein *Event* gezeigt. Wird, wie im Abschn. 7.5.2.2 beschrieben, die Authentifizierung durch den Nutzer abgebrochen, wird in der Aktivität `Authenticate` ein Ereignis `Aborted` ausgelöst. Dieses Ereignis wird hier an geeigneter Stelle behandelt – die Ausführung „springt" direkt zur Kartenausgabe. Weitere Details und Feinheiten der Modellierung von Aktivitätsdiagrammen sind [32, 56] zu entnehmen.

Anmerkung *Wie im Abschnitt 7.5.1 erläutert, ergeben sich Entscheidungsstrukturen im Idealfall bereits aus der detaillierten Beschreibung der Standardabläufe und der Abweichungen bzw. Alternativabläufe der Szenariobeschreibung.*

7.5.2.5 Modellierung der Systemstruktur

Durch die Anforderungen ist bekannt, dass der Bankautomat (`ATM System`) an ein Banksystem angeschlossen ist. Er soll weiterhin über ein Pin-Pad zur Eingabe der Pin-Nummer verfügen und benötigt eine grafische Bedienoberfläche zur Interaktion mit dem Bankkunden. Am Bankautomaten sollen Kunden Geld abheben können, sie sollen ebenso Geld einzahlen und Überweisungen durchführen können. Diese Funktionen, ebenso wie die Authentifizierung, werden als erste Schnittstellen des Bankautomaten modelliert. Die resultierende Funktionshierarchie (siehe Kap. 6.1.1.2) liefert ein Modell der sichtbaren Nutzerfunktionen und durch die Strukturierung dieser Funktionen liefert die Funktionshierarchie auch erste Anhaltspunkte, wie das Softwaresystem strukturiert und entworfen werden kann. Bereits zu diesem frühen Zeitpunkt im Projekt kann es daher hilfreich sein, diese ersten Systemstrukturen zu fixieren und eine erste Version einer Architektur zu entwerfen. Abb. 7.21 zeigt die resultierende Modellierung als UML-Komponentendiagramm (siehe Kap. 4.6.2.4 und Kap. A.2.2).

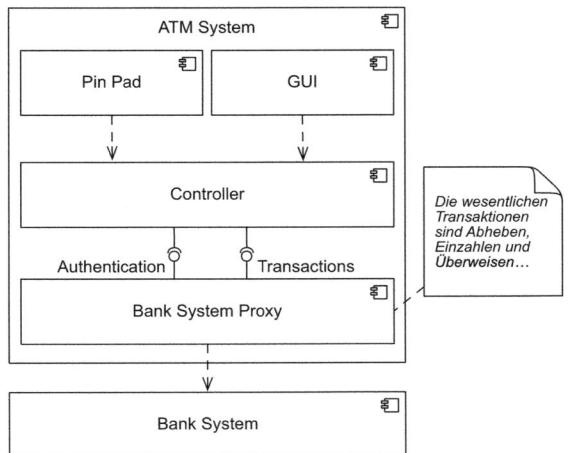

Abb. 7.21 Modellierung des Bankautomaten als UML-Komponentendiagramm

Der Entwurf in Abb. 7.21 dient zunächst als erste „Systemskizze" und integriert Informationen, die direkt aus der Anforderungsanalyse resultieren, als auch erste Designelemente. So soll ein dediziertes Banksystem genutzt werden, was eine Anbindung der Geldautomaten in den Filialen erfordert. Im Geldautomaten ist daher die (technische) Anforderung umzusetzen, den Bankautomaten als Komponente eines verteilten Systems zu realisieren. Entsprechend wird ein *Proxy* als Entwurfsmuster (siehe Kap. 10.3) eingesetzt, um den Zugriff auf das Banksystem zu ermöglichen. Damit kann dieser Entwurf bereits als Startpunkt für die Entwicklung einer Software- und Systemarchitektur (siehe Kap. 8) dienen.

Anmerkung *Zu diesem frühen Zeitpunkt im Projekt ist es zwingend erforderlich, Analysen und Entwürfe so zu gestalten, dass sie leicht änderbar sind. Neue oder verfeinerte Anforderungen müssen in das Gesamtmodell integrierbar sein, was eine gewisse Flexibilität verlangt. Ab einem gewissen Zeitpunkt jedoch stabilisieren sich die Anforderungen. Dann stellt die entsprechend entworfene Funktionshierarchie (siehe Kapitel 6.1.1.2, Abb. 6.8) – ggf. in Verbindung mit den ersten, aus ihr abgeleiteten Komponentendiagrammen wie dem in Abb. 7.21 gezeigten – den Übergang zum Software- und Systementwurf dar.*

7.6 Qualitätssicherung für Anforderungen

Da eine gründliche Analyse der Anforderungen für das System von entscheidender Bedeutung ist, muss die Qualitätssicherung der Anforderungen besonders gründlich durchgeführt werden. Insbesondere ist im Rahmen der Qualitätssicherung festzustellen, ob das „richtige" – das geforderte – System entwickelt wird, und das zu realisierende System tatsächlich den Anforderungen und Erwartungen der Stakeholder genügt und somit seinen Zweck erfüllen kann – wir sprechen von der *Validierung der Anforderungen*. Gleichzeitig sollen die Anforderungen an ein System so erfasst werden, dass nach seiner Realisierung ein systematisches und wiederholtes Testen ermöglicht wird, mit dem nachgewiesen werden kann, dass ein System die formulierten Anforderungen erfüllt – wir sprechen dann von der *Verifizierbarkeit von Anforderungen*.

Grundsätzlich kann die Qualitätssicherung von Anforderungen mit Hilfe unterschiedlicher Methoden überprüft werden. In Frage kommen hierbei organisatorische Maßnahmen und in- und semi-formale sowie formale Methoden. Im Rahmen von informalen Stakeholder-Workshops, von Befragungen bis hin zu umfassenden Überprüfungen von Anforderungsmodellen stehen vielfältige Instrumente zur Verfügung. Nicht vergessen werden dürfen auch Verfahren der *formalen Spezifikation,* mit denen sich Systeme präzise beschreiben lassen und die gleichzeitig einen direkten Weg hin zu Softwaretests anbieten.

7.6.1 Allgemeine Qualitätsaspekte von Anforderungen

Für Anforderungen im Allgemeinen und für eine Anforderungsspezifikation im Speziellen sollte sichergestellt werden, dass folgende Qualitätsanforderungen erfüllt werden (siehe Kap. 2.2 und [28, 29]):

Konsistenz	Für die Anforderungen muss die Widerspruchsfreiheit als Voraussetzung für Realisierbarkeit sichergestellt werden.
Vollständigkeit	Es muss geprüft und sichergestellt werden, dass – soweit möglich – alle relevanten Anforderungen erfasst wurden und diese auch jede für sich vollständig sind.
Korrektheit	Es muss geprüft und sichergestellt werden, dass alle erfassten Anforderungen valide, zutreffende Anforderungen wiedergeben.
Eindeutigkeit	Es muss geprüft und sichergestellt werden, dass die Anforderungen klar und unmissverständlich formuliert und dokumentiert sind.
Überprüfbarkeit	Es muss sichergestellt werden, dass die Anforderungen zweifelsfrei überprüft werden können.
Änderbarkeit	Es muss geprüft und sichergestellt werden, dass Änderungen bei Anforderungen in einer systematischen und kontrollierten Weise vorgenommen werden können.
Verfolgbarkeit	Es muss sichergestellt sein, dass die Umsetzung der Anforderungen im Projekt und im ganzen Lebenszyklus nachverfolgt werden kann.
Priorisierung	Es muss geprüft und sichergestellt werden, dass die Anforderungen gemäß ihrer Wichtigkeit geordnet (priorisiert) sind.

Für die Anwendbarkeit sollten darüber hinaus auch noch weitere Qualitätsanforderungen (siehe Kap. 2.2) erfüllt sein, insbesondere Verständlichkeit, Realisierbarkeit und Angemessenheit des Detailgrads.

7.6.2 Validierung von Anforderungen

Da eine unvollständige, ungenaue oder fehlerhafte Erfassung der Anforderungen zu Fehlern führt, die besonders kostspielig in der Beseitigung sind – insbesondere, je später sie in einem System entdeckt werden [6], ist die Qualitätssicherung in Bezug auf die Adäquatheit der Anforderungsspezifikation besonders ratsam. Die Prüfung auf Validität der Anforderungen wird als Validierung bezeichnet (siehe auch Hindel et al. [27]) und dient der Beantwortung der Frage: *„Wird das richtige System entwickelt?"* und *„Sind die erfasste Anforderungen zutreffend und vollständig?"* Die Validierung dient vorranging dem Ziel, sicherzustellen, dass alle von Stakeholdern eingebrachten Anforderungen an das System berücksichtigt sind. Die Einbindung der Stakeholder in der Validierung der Anforderungen ist von besonderer

Bedeutung, da oft nur die Endanwender feststellen können, ob das gelieferte System den Erwartungen entspricht (Stichwort: Akzeptanz). Mit der Validierung sollte so früh wie möglich begonnen werden, damit frühzeitig falsch oder nicht erfasste und falsch verstandene Anforderungen identifiziert und korrigiert werden können.

Achtung *Die Validierung der Anforderungen ist auch aus Sicht des Projektmanagements entscheidend, da fehlende und falsche Anforderungen, aufgrund einer nicht erfolgreichen Validierung, zu einer Verweigerung der Abnahme von Projektergebnissen und zum erheblichen Mehraufwand bei der Korrektur führen können* [10].

Grundsätzlich kann die Validierung mit Hilfe unterschiedlicher Instrumente durchgeführt werden, wie etwa:

- Diagnosen durch Analysewerkzeuge
- Interne Entwurfsüberprüfungen (etwa Design Reviews, Design Inspections)
- Strukturierte Reviews (etwa Structured Walk Throughs),
- Erstellung von Prototypen (etwa für Tests oder Studien mit potentiellen Nutzern)
- Überprüfung und Abnahme durch eine unabhängige Qualitätskontrolle

Um die Überprüfung der Anforderungen durchführen zu können, sind die prüf- und messbaren Akzeptanz- und Qualitätskriterien für die Anforderungen entscheidend. Im Rahmen der (allgemeinen) Qualitätssicherung im Projekt sind daher frühzeitig auch die entsprechenden Prozeduren für die Prüfung der Anforderungen festzulegen. Unter anderem sollte in jedem Fall sichergestellt sein, dass für jede einzelne Anforderung zumindest ein klares Prüf- und Akzeptanzkriterium definiert ist.

Am schwierigsten ist die Validierung im Sinne der Sicherstellung, dass die Anforderungen tatsächlich dem entsprechen, was die Stakeholder erwarten oder benötigen, da dies in vielerlei Hinsicht Ermessenssache ist (siehe Abb. 6.1) und sich die Rahmenbedingungen und die Vorstellungen der Stakeholder über die Zeit auch ändern können. Hier ist letztlich die Entscheidung der Product Owners gefragt.

7.6.3 Verifizierbarkeit von Anforderungen

Verifikation zielt darauf ab, für das entwickelte Softwaresystem nachzuweisen, dass es die dokumentierten Anforderungen erfüllt. Deshalb sollten auch Anforderungen hinsichtlich ihrer Verifizierbarkeit betrachtet werden. Die Anforderungen, bzw. die Anforderungsspezifikation, sind verifizierbar, wenn ein Softwaresystem, nachdem es erstellt wurde, mit vertretbarem Aufwand auf Einhaltung der Anforderungen überprüft werden kann, etwa getestet werden kann, um zu demonstrieren, dass das System die Anforderungen erfüllt. Dies zielt insbesondere auf die Entwicklung und Durchführung von Softwaretests ab, welche in Kap. 12.1 im Detail besprochen werden. Generell gilt, Anforderungen sind hinreichend konkret zu formulieren, sodass eine eindeutige Verifikation möglich sit.

Jedoch ist bei der Erfassung und Dokumentation von Anforderungen frühzeitig auf die Verifizierbarkeit zu achten. Diese geht oft mit der Art der Formulierung der Anforderungen einher; zielt also auf die sprachlich präzise Dokumentation der Anforderungen ab. So ist beispielsweise eine Anforderung der Art *„Das System soll eine gute Benutzungsschnittstelle anbieten"* zu wenig konkret und somit nicht verifizierbar, da „gut" ein sehr subjektiver Maßstab ist und die Bedeutung einer „guten Benutzungsschnittstelle" somit nur begrenzt bzw. gar nicht definiert werden kann.

Insbesondere Anforderungen in natürlicher Sprache sind anfällig für solche Qualitätsdefekte hinsichtlich der Präzision und Eindeutigkeit, die als *Requirements Smells* bezeichnet werden.

Requirements Smells

Requirements Smells sind Indikatoren für Qualitätsdefekte in Anforderungen und Anforderungsspezifikationen. Femmer [21] definiert Requirements Smells wie folgt: *„A requirements smell is an indicator of a quality violation, which may lead to a defect, with a concrete indication and a concrete detection mechanism"*. Sie beziehen sich in der Regel auf die Nutzungsqualität (siehe Kap. 2.2.2), da betroffene Anforderungsartefakte direkt auf weitere Aktivitäten im Systemlebenszyklus wirken. Requirements Smells sind eine Anwendung des Konzepts des von Fowler [25] geprägten Begriffs des *Code Smells,* welcher mit Hilfe von Indikatoren Qualitätsdefekte in Quellcode beschreibt, etwa hohe Komplexität, schlechte Wartbarkeit oder Code-Klone [31]. Typische Beispiele für Requirements Smells nach [21, 29] sind:
- Unpräzise Phrasen (wie „hinreichend gut")
- Passivsätze
- Lange Sätze
- Nicht verifizierbare Termini
- Superlative

7.7 Weiterführende Literatur und Übungen

Wie bereits mehrfach betont gilt, dass in einer Software- und Systementwicklung die Funktionalität einschließlich der Qualität, mit der sie angeboten wird, von höchster Bedeutung ist (siehe Kap. 5.2). Das gilt völlig unabhängig davon wie explizit die Anforderungen analysiert, erfasst und dokumentiert werden. Die große Schwierigkeit ist, über die umzusetzenden Eigenschaften eines Softwaresystems zu entscheiden (siehe Kap. 2.2) und dabei geeignete Methoden und Prozesse zu finden, die diese Entscheidung unterstützen, sowie die Umsetzung der Anforderungen sicherstellen. Zentral hierbei ist die Dokumentation der

Anforderungen [60, 63]. Dokumentierte Anforderungen sind als Vorgaben für die Entwicklung ein wesentliches Hilfsmittel für die Umsetzung. Die Dokumentation der Anforderungen ist gerade auch für die Weiterentwicklung von Systemen und für die Überprüfung bestimmter Eigenschaften, insbesondere im Bereich der Verlässlichkeit unverzichtbar.

In den vorausgegangenen Abschnitten wurde eine Vielzahl von unterschiedlichen Verfahren dargestellt für die explizite oder auch implizite Behandlung von Anforderungen im Entwicklungsprozess. Dies umfasst unterschiedliche Kreativtechniken, aber auch umfangreichere Methoden wie das *Design Thinking* (siehe Abschn. 7.3.1) oder das *Feature-driven Development* (siehe Abschn. 7.3.2). Besonderes Augenmerk wurde auf die Anforderungserhebung im agilen Vorgehen (siehe Abschn. 7.4) gelegt. Neben den *User Stories* als Mittel zur strukturierten Erfassung und Dokumentation von Anforderungen, haben wir insbesondere auch die beiden Konzepte *Definition of Ready* und *Definition of Done* (DoR und DoD; siehe Abschn. 7.4.3) in diesem Kapitel platziert. Nach Schwaber [57] dürfen User Stories nur in das Sprint Backlog übernommen werden, wenn sie klar, umsetzbar und testbar sind (siehe Kap. 3.4.2). Grundsätzlich sind diese beiden Konzepte also eher mit Entwicklungsaufgaben und mit der Qualitätssicherung (siehe Kap. 12.1) assoziiert. Trotzdem ist es essenziell, die Umsetzbarkeit und die Testbarkeit einer bestimmten Funktion bereits während der Anforderungserhebung im Blick zu haben. Je früher man sich mit diesen Fragestellungen auseinandersetzt, desto besser!

Neben den eher agilen Vorgehensweisen, haben wir in Abschn. 7.5 auch den Prozess der strukturierten und modellbasierten Anforderungserhebung exemplarisch gezeigt. Hierbei wurden die in Kap. 4 eingeführten Modellierungskonzepte, insbesondere die Anwendung der UML (siehe Kap. A) angewendet. Diese Form der Erfassung und Modellierung der Anforderungen (inklusive Daten-, Prozess- und (initialem) Architekturmodell) ist besonders dann von Vorteil, wenn das Softwaresystem einem modellbasierten Ansatz folgend entwickelt wird [8, 52, 59]. Dies wird in Kap. 11.4 wieder aufgegriffen.

Grundsätzlich gilt: Die Identifikation, Auswahl und Festlegung der Anforderungen an ein Softwaresystem – sei es implizit oder explizit – ist eine der schwierigsten Aufgaben mit großem Einfluss darauf, ob die Entwicklung erfolgreich sein kann [23]. Die Festlegung der Anforderungen erfordert qualifizierte Entscheidungen, bei denen ganz unterschiedliche Kriterien, wie Erfordernisse für den Nutzer, für die Vermarktbarkeit des Systems, für den Aufwand bei der Entwicklung und vieles mehr nebeneinander zu berücksichtigen sind, um angemessene Kompromisse zu finden. Dies erfordert umfassende Kenntnisse, Erfahrungen und entschlossenes Handeln.

Übungsaufgaben

Übung 7.1 (Identifikation von Stakeholdern) Die Definition 5.2 legt den Begriff *Stakeholder* fest. Im Rahmen der Anforderungserhebung ist es entscheidend, alle relevanten Stakeholder zu identifizieren (siehe Abschn. 7.1.2.1). Bearbeiten Sie in diesem Zusammenhang folgende Aufgaben:

7.7 Weiterführende Literatur und Übungen

a) Studieren Sie die Unterlagen zum Projekt „Code & Talk" (siehe Kap. C). Identifizieren Sie alle Stakeholder und beschreiben Sie diese kurz.
b) Studieren Sie die Modellierung des Bankautomaten (siehe Kap. 4.5.1 und Abschn. 7.5). Identifizieren Sie alle Stakeholder und beschreiben Sie diese kurz.
c) Auf welche Art können Sie ein Modell der relevanten Stakeholder eines Systems erstellen? Wählen Sie eine Liste von Stakeholders aus a) oder b) aus und erstellen Sie ein „formales" Stakeholder-Modell.

Übung 7.2 (Use Case Diagramm (Code & Talk)) In der Ausschreibung zum Projekt „Code & Talk" (siehe Kap. C) finden Sie eine teilweise Modellierung eines ausgewählten Teilsystems. Der Projektauftrag umfasst darüber hinaus weitere Anforderungen und Zielstellungen

a) Erfassen Sie die Anforderungen aus dem Projektauftrag und leiten Sie (sinnvolle) Anwendungsfälle ab.
b) Erstellen Sie eine Modellierung mit Hilfe von UML-Anwendungsfalldiagrammen. Achten Sie insbesondere auf eine passende Strukturierung der Anwendungsfälle unter Verwendung von „include" und „extend". Ergänzen Sie fehlende Informationen.
c) An welcher Stelle und wie integrieren Sie die Anwendungsfälle aus der Ausschreibung für das Teilprojekt „Project Wall"?

Übung 7.3 (Modellierung von Anwendungsfällen) Modellieren Sie den Anwendungsfall „3.1.5. Make Post" aus der Ausschreibung zum Projekt „Code & Talk" (siehe Kap. C).

a) Modellieren Sie das Szenario mit Hilfe eines UML-Aktivitätsdiagramms.
b) Modellieren Sie das Szenario mit Hilfe eines UML-Sequenzdiagramms.
c) Vergleichen Sie die beiden resultierenden Diagramme? Welche Aspekte werden durch welchen Diagrammtyp betont?

Übung 7.4 (Modellierung von Zuständen eines Geldautomaten) Erweitern Sie die Modellierung von Zuständen des Geldautomaten (siehe Abschn. 7.5.2.1) so, dass der Geldautomat auch Einzahlungen zulässt (siehe auch Kap. 4.5.1.2).

a) Welche Zustände benötigen Sie?
b) Modellieren Sie geforderte Funktionalität mit Hilfe eines UML-Zustandsdiagramms.

Übung 7.5 (Formale Spezifikation eines Geldautomaten) Der Geldautomat muss zuverlässig funktionieren. Die Auszahlungen müssen korrekt abgewickelt werden, es muss festgestellt werden, ob der auszuzahlende Betrag auch auf dem Konto verfügbar ist und im Anschluss an eine Auszahlung muss sichergestellt werden, dass der ausgezahlte Betrag auch auf dem Konto verbucht wird.

a) Beschreiben Sie zunächst verbal, welche konkreten Anforderungen der Geldautomat erfüllen muss.
b) Modellieren Sie geforderte Funktionalität mit Hilfe einer formalen Spezifikation.

Übung 7.6 (Design Thinking im Projekt Code & Talk) In der Ausschreibung zum Projekt „Code & Talk" (siehe Kap. C) finden Sie eine Reihe von Anforderungen. Implementieren Sie in der Gruppe eine *Design Thinking Session* (siehe Abschn. 7.3.1) mit dem Ziel, ein möglichst ansprechendes User Interface zu erstellen.

a) Bilden Sie Gruppen zu je 5–7 Personen. Informieren Sie sich noch einmal über das Design Thinking und besprechen Sie in der Gruppe die Anforderungen des Projekts „Code & Talk".
b) Implementieren Sie (verkürzt) einen Design Thinking Zyklus und entwickeln Sie mindestens einen präsentierbaren Prototypen.
c) Stellen Sie alle Prototypen aller Gruppen vor und wählen Sie denjenigen aus, der am vielversprechendsten im Sinne der potenziellen Akzeptanz der Endanwender ist. Überlegen Sie hierzu, wie Sie die „beste Eignung" feststellen.

Übung 7.7 (Funktionsmodellierung eines Geldautomaten) Die Funktionsarchitektur (siehe Kap. 4.6.1.6 und 6.1.1.2) ist das Bindeglied zwischen der Anforderungserhebung, dem Systementwurf und der Realisierung.

a) Spezifizieren Sie die Kernfunktionen des Geldautomaten.
b) Entwickeln Sie eine Funktionshierarchie für den Geldautomaten.
c) Modellieren Sie das Funktionsmodell und die darin enthaltenen logischen Komponenten als UML-Komponentendiagramm.

Literatur

1. G. Adzic. *Specification by Example: How Successful Teams Deliver the Right Software*. Manning, July 2011.
2. Atlantic Systems Guild Ltd. Volere Requirements Specification Template. Online: https://www.volere.org/templates/volere-requirements-specification-template/ (abgerufen: 2019-12-26), 2019.
3. H. Backerra, C. Malorny, and W. Schwarz. *Kreativitätstechniken: Kreative Prozesse anstoßen und Innovationen fördern*. Pocket Power. Carl Hanser Verlag GmbH & Co. KG, 4 edition, November 2019.
4. R. Banfield, C. T. Lombardo, and T. Wax. *Design Sprint: A Practical Guidebook for Building Great Digital Products*. O'Reilly Vlg. GmbH & Co., October 2015.
5. K. Beck. *Extreme Programming*. Addison-Wesley, 2003.
6. T. Bennett and P. Wennberg. Eliminating Embedded Software Defects Prior to Integration Test. *Quality Assurance Institute Journal*, 2006.

7. J. Bergsmann. *Requirements Engineering für die agile Softwareentwicklung: Methoden, Techniken und Strategien*. dpunkt.verlag GmbH, 2 edition, April 2018.
8. S. Beydeda, M. Book, and V. Gruhn, editors. *Model-Driven Software Development*. Springer, October 2010.
9. T. Brown. Design Thinking. *Harvard Business Review*, June 2008.
10. M. Broy and M. Kuhrmann. *Projektorganisation und Management im Software Engineering*. Number 978-3-642-29289-7 in Xpert.press. Springer Verlag, Berlin Heidelberg, 1 edition, 2013.
11. T. Buzan and B. Buzan. *Das Mind-Map-Buch – Die beste Methode zur Steigerung ihres geistigen Potenzials*. mvg Verlag, August 2013.
12. C. H. Clark. *Brainstorming: How to Create Successful Ideas*. Wilshire Book Company, April 1989.
13. P. Coad, J. de Luca, and E. Lefebvre. *Java Modeling In Color With UML: Enterprise Components and Process*. Java Series. Prentice Hall, June 1999.
14. A. Cockburn. *Writing Effective Use Cases*. Agile Software Development Series. Addison-Wesley Professional, October 2000.
15. A. Cooper. *The Inmates Are Running the Asylum: Why High Tech Products Drive Us Crazy and How to Restore the Sanity*. Que, 2 edition, February 2004.
16. N. Cross. *Design Thinking: Understanding How Designers Think and Work*. Berg Publishers, April 2011.
17. P. Diebold, D. Šmite, and D. M. Fernández. Results of the 1st International Workshop on Impact of Agile Practices (ImpAct 2015). *ACM SIGSOFT Software Engineering Notes*, 40(6):20–23, 2015.
18. S. Doorley, S. Holcomb, P. Klebahn, K. Segovia, and J. Utley. *Design Thinking Bootleg*. Hasso Plattner Institute of Design at Stanford, 2018.
19. G. T. Doran. There's a S.M.A.R.T. way to write management's goals and objectives. *Management Review*, 70(11):35–36, November 1981.
20. P. F. Drucker. *The Practice of Management*. Harper Business, reissue edition, October 2006.
21. H. Femmer. *Requirements Engineering Artifact Quality: Definition and Control*. PhD thesis, Technische Universität München, June 2017.
22. D. M. Fernández, B. Penzenstadler, M. Broy, J. Eckhardt, and H. Femmer. AMDiRE – Artefact Model for Domain-independent RE.Research Report TUM-I1327, Technische Universität München, 2013.
23. D. M. Fernández, S. Wagner, M. Kalinowski, M. Felderer, P. Mafra, A. Vetro, T. Conte, M. Christiansson, D. Greer, C. Lassenius, T. Männistö, M. Nayabi, M. Oivo, B. Penzenstadler, D. Pfahl, R. Prikladnicki, G. Ruhe, A. Schekelmann, S. Sen, R. O. Spínola, A. Tuzcu, J. L. de la Vara, and R. J. Wieringa. Naming the pain in requirements engineering - contemporary problems, causes, and effects in practice. *Empirical Software Engineering*, 22(5):2298–2338, 2017.
24. M. Feyh and K. Petersen. Lean software development measures and indicators - a systematic mapping study. In B. Fitzgerald, K. Conboy, K. Power, R. Valerdi, L. Morgan, and K.-J. Stol, editors, *Lean Enterprise Software and Systems*, pages 32–47, Berlin, Heidelberg, 2013. Springer Berlin Heidelberg.
25. M. Fowler. *Refactoring: Improving the Design of Existing Code*. Pearson Addison-Wesley Signature Series. Addison Wesley, 2 edition, 2018.
26. R. Hartson and P. Pyla. *The UX Book: Agile UX Design for a Quality User Experience*. Morgan Kaufmann, 2 edition, January 2019.
27. Hindel, B., Hörmann, K., Müller, M., and Schmied, J. *Basiswissen Projektmanagement*. dpunkt.verlag, 3 edition, 2009.
28. IEEE 830-1998. *IEEE Recommended Practice for Software Requirements Specifications*. IEEE, June 1998.

29. ISO/IEC/IEEE 29148:2018. *Systems and software engineering – Life cycle processes – Requirements engineering*. International Organization for Standardization, November 2018.
30. U. Johansson-Sköldberg, J. Woodilla, and M. Çetinkaya. Design thinking: past, present and possible futures. *Creativity and innovation management*, 22(2):121–146, 2013.
31. E. Juergens, F. Deissenboeck, B. Hummel, and S. Wagner. Do code clones matter? In *31st International Conference on Software Engineering*, ICSE, pages 485–495, May 2009.
32. C. Kecher, A. Salvanos, and R. Hoffmann-Elbern. *UML 2.5: Das umfassende Handbuch*. Rheinwerk Computing, 6 edition, November 2017.
33. D. Kelly and T. Kelley. *Creative Confidence: Unleashing the Creative Potential within Us All*. Harper Collins, May 2015.
34. J. Klünder, R. Hebig, P. Tell, M. Kuhrmann, J. Nakatumba-Nabende, R. Heldal, S. Krusche, M. Fazal-Baqaie, M. Felderer, M. F. G. Bocco, S. Küpper, S. A. Licorish, G. Lopez, F. McCaffery, Ö. Ö. Top, C. R. Prause, R. Prikladnicki, E. Tüzün, D. Pfahl, K. Schneider, and S. G. MacDonell. Catching up with Method and Process Practice: An Industry-Informed Baseline for Researchers. In *Proceedings of 41st International Conference on Software Engineering*, ICSE-SEIP, pages 255–264. ACM, 2019.
35. J. Knapp, J. Zeratsky, and B. Kowitz. *Sprint: How to Solve Big Problems and Test New Ideas in Just Five Days*. Simon & Schuster, March 2016.
36. C. Ladas. *Scrumban – Essays on Kanban Systems for Lean Software Development*. Modus Cooperandi Press, January 2009.
37. C. Larman and B. Vodde. *Practices for Scaling Lean and Agile Development: Large, Multisite, and Offshore Product Development with Large-Scale Scrum*. Agile Software Development Series. Addison Wesley, January 2010.
38. T. H. Lautenbacher. *Die Entwicklung von Geschäftsideen: Ein Leitfaden zur systematischen Erzeugung, Bewertung und Auswahl von Ideen für neue Geschäftsfelder im Rahmen des Internal Corporate Venturing*. VDM Verlag Dr. Müller, February 2011.
39. V. Lenarduzzi and D. Taibi. MVP Explained: A Systematic Mapping Study on the Definitions of Minimal Viable Product. In *42th Euromicro Conference on Software Engineering and Advanced Applications*, SEAA, pages 112–119, Aug 2016.
40. Linssen, O. Agile Aufwandsschätzung mit Scrum: Techniken, Erfahrungen und Empfehlungen. Projekt-Sternstunden. Strahlende Erfolge durch Kompetenz. In *28. Internationales Deutsches Projektmanagement Forum*, 2011.
41. Linstone, H. A. and Turoff, M. *The Delphi Method: Techniques and Applications*. Addison-Wesley, 2002.
42. B. Martinez. Scrum alliance: Definition of done, a reference. Online: http://www.brandonmartinez.com/2013/02/12/scrum-alliance-definition-of-done-a-reference (abgerufen: 2019-12-27), February 2013.
43. S. Mujtaba, R. Feldt, and K. Petersen. Waste and lead time reduction in a software product customization process with value stream maps. In *2010 21st Australian Software Engineering Conference*, pages 139–148, April 2010.
44. J. Noack and J. Diaz. *Das Design Sprint Handbuch: Ihr Wegbegleiter durch die Produktentwicklung*. dpunkt.verlag GmbH, June 2019.
45. OMG. Unified Modeling Language (UML) Specification, Version 2.5.1. Technical report, Object Management Group, 2017.
46. A. F. Osborn. *Applied Imagination*. Scribner, June 1979.
47. S. R. Palmer and J. M. Felsing. *A Practical Guide to Feature-Driven Development*. Prentice Hall, February 2002.
48. J. Patton. *User Story Mapping: Discover the Whole Story, Build the Right Product*. O'Reilly and Associates, September 2014.

49. K. Petersen. A palette of lean indicators to detect waste in software maintenance: A case study. In C. Wohlin, editor, *Agile Processes in Software Engineering and Extreme Programming*, pages 108–122, Berlin, Heidelberg, 2012. Springer Berlin Heidelberg.
50. K. Petersen and C. Wohlin. Measuring the flow in lean software development. *Journal of Software: Practice and Experience*, 41(9):975–996, 2011.
51. H. Plattner, C. Meinel, and L. Leifer. *Design Thinking: Understand – Improve – Apply*. Understanding Innovation. Springer-Verlag Berlin Heidelberg, Januar 2013.
52. K. Pohl, H. Hönninger, R. Achatz, and M. Broy, editors. *Model-Based Engineering of Embedded Systems: The SPES 2020 Methodology*. Springer, December 2014.
53. P. Ralph. The sensemaking-coevolution-implementation theory of software design. *Science of Computer Programming*, 101:21–41, 2015.
54. B. Regnell, R. B. Svensson, and K. Wnuk. Can we beat the complexity of very large-scale requirements engineering? In B. Paech and C. Rolland, editors, *Requirements Engineering: Foundation for Software Quality*, pages 123–128, Berlin, Heidelberg, 2008. Springer Berlin Heidelberg.
55. K. S. Rubin. *Essential Scrum: A Practical Guide to the Most Popular Agile Process: A Practical Guide To The Most Popular Agile Process*. Addison-Wesley Signature Series. Addison-Wesley Professional, July 2012.
56. C. Rupp, S. Queins, and die SOPHISTen. *UML 2 glasklar: Praxiswissen für die UML-Modellierung*. Carl Hanser Verlag GmbH & Co. KG, 4 edition, 2012.
57. K. Schwaber. *Agile Project Management with Scrum*. Microsoft Press, 2004.
58. T. Sedano, P. Ralph, and C. Péraire. Software development waste. In *Proceedings of the 39th International Conference on Software Engineering*, ICSE '17, pages 130–140, Piscataway, NJ, USA, 2017. IEEE Press.
59. T. Stahl, M. Völter, S. Efftinge, and A. Haase. *Modellgetriebene Softwareentwicklung: Techniken, Engineering, Management*.dpunkt.verlag, 2 edition, May 2007.
60. A. van Lamsweerde. *Requirements Engineering: From System Goals to UML Models to Software Specifications*. Wiley, January 2009.
61. S. Wagner, D. M. Fernández, M. Felderer, A. Vetrò, M. Kalinowski, R. Wieringa, D. Pfahl, T. Conte, M.-T. hristiansson, D. Greer, C. Lassenius, T. Männistö, M. Nayebi, M. Oivo, B. Penzenstadler, R. Prikladnicki, G. Ruhe, A. Schekelmann, S. Sen, R. Spínola, A. Tuzcu, J. L. D. L. Vara, and D. Winkler. Status quo in requirements engineering: A theory and a global family of surveys. *ACM Trans. Softw. Eng. Methodol.*, 28(2):9:1–9:48, Feb. 2019.
62. B. Wake. Invest in good stories, and smart tasks. Online: https://xp123.com/articles/invest-in-good-stories-and-smart-tasks, abgerufen: 2019-12-01, August 2003.
63. K. Wiegers and J. Beaty. *Software Requirements*. Microsoft Press, 3 edition, August 2013.
64. J. P. Womack, D. T. Jones, and D. Ross. *The Machine That Changed the World: The Story of Lean Production– Toyota's Secret Weapon in the Global Car Wars That Is Now Revolutionizing World Industry*. Free Press, March 2007.
65. F. Zwicky. The morphological approach to discovery, invention, research and construction. In *New Methods of Thought and Procedure*, pages 273–297, Berlin, Heidelberg, 1967. Springer Berlin Heidelberg.

Teil III
Systementwurf und Architekturspezifikation

Grundlagen und Prinzipien des Architekturentwurfs

8

> **Zusammenfassung**
>
> Softwaresysteme können enorme Umfänge annehmen, weshalb es unabdingbar ist, sie angemessen zu strukturieren. Dies erfolgt durch die Gliederung in Teilsysteme und die Beschreibung des Zusammenwirkens der Teilsysteme. Schnittstellen kapseln die Teilsysteme. Über die Schnittstellen wird festgelegt, welche Einwirkungsmöglichkeiten es von außen auf ein Teilsystem gibt und welche Dienste ein Teilsystem nach außen anbietet. Die Schnittstellenspezifikation entspricht einem Vertrag, der Entwickler und Nutzer verbindet, der Systemstrukturen festlegt und die arbeitsteilige Entwicklung einer Software unterstützt. Für eine ganze Reihe von Qualitätsfragen eines Softwaresystems ist die angemessene Strukturierung von entscheidender Bedeutung. Dies gilt auch für die Realisierung der Software auf eine Hardwareplattform, einer Ausführungsumgebung, bei der in aller Regel die unterschiedlichen Teilsysteme gegebenenfalls auf unterschiedliche Rechner abgebildet und dort zur Ausführung gebracht werden. Dieses Kapitel führt die Grundlagen des Architekturentwurfs ein. Zentral sind hier die Architekturprinzipien sowie die Ansätze zur Strukturierung von softwareintensiven Systemen.

8.1 Strukturierung von Systemen

In kaum einem anderen Feld im Software Engineering gibt es eine so vielfältige Landschaft von Konzepten und Definitionen wie in der *Architektur*. Tab. 8.1 illustriert dies anhand dreier ausgewählter Definitionen des Architekturbegriffs.

In diesem Buch befassen wir uns primär mit der Entwicklung umfangreicher *Softwaresysteme*. Sowohl die Software als auch das System haben eine Architektur. Den Begriff *Softwarearchitektur* haben wir in Kap. 1.2 (Definition 1.8) bereits als Gliederung eines Softwaresystems in *Softwarekomponenten* (siehe Definition 1.7) und deren Zusammenspiel

Tab. 8.1 Übersicht ausgewählter Definitionen des Begriffs Architektur

Quelle	Definition
IEEE 1471-2000 [24]	Architecture is defined [...] as the fundamental organization of a system, embodied in its components, their relationships to each other and to the environment, and the principles governing its design and evolution.
Garlan und Perry [15]	The structure of the components of a program/system their interrelationships, and principles and guidelines governing their design and evolution over time.
Bass et al. [2]	The software architecture of a system is the set of structures needed to reason about the system, which comprise software elements, relations among them, and properties of both.

sowie Regeln und Prinzipien für die Wirkungsweise und das Erreichen von Qualitätszielen definiert. Allgemein nennen wir die Teilsysteme von Softwaresystemen *Module* (siehe Definition 1.9), bei objektorientierten Sprachen auch Klassen. Die Art und Weise, wie diese Teilsysteme miteinander interagieren, ist auch durch die Konzepte der verwendeten Programmiersprache festgelegt. In objektorientierten Sprachen beispielsweise findet diese Interaktion durch Methodenaufrufe statt. In allgemeinster Form ist dann eine Schnittstelle gegeben durch die Angabe der Methoden, die über diese Schnittstelle aufgerufen werden können.

Anmerkung *Pragmatisch definieren wir den allgemeinen Begriff* Architektur *ausgehend von der* Systemarchitektur *(siehe Definition 1.5). Ob es sich im Folgenden bei der Verwendung des Begriffs Architektur um eine Systemarchitektur oder um eine Softwarearchitektur handelt, erschließt sich entweder direkt aus dem Kontext oder wird explizit kenntlich gemacht.*

Die Architektur beschreibt die Gliederung eines Systems in Teilsysteme (Komponenten, Module), die jeweils ein eigenständiges Verhalten zeigen. Sie ermöglicht die Beurteilung der Qualität des Gesamtsystems anhand der Qualitäten der Einzelteile und sie legt die Grundlage für ein gemeinsames Verständnis des zu entwickelnden Systems. Mit dem *Architekturentwurf* werden die folgenden Ziele verfolgt:

Gliederung   Eine Architektur zielt auf die *Gliederung* eines Systems in Teilsysteme, die Komponenten oder Module der Architektur.

Verbindung   Eine Architektur zielt auf die die Darstellung der *Verbindungen* der Teilsysteme (Kommunikations- oder Aufrufbeziehungen).

Verhalten   Eine Architektur zielt auf die *Beschreibung des Zusammenspiels und der Funktionsweise* seiner Teilsysteme bezogen auf ihre Rolle in der Architektur (Interaktion zwischen den Komponenten über die Schnittstellen der Komponenten).

8.1 Strukturierung von Systemen

Architekturen sind oft hierarchisch aufgebaut. Dann werden Komponenten immer weiter in Teil-Komponenten untergliedert. Genau genommen entsteht entsprechend einer Architektur ein System durch die *Komposition* seiner Komponenten zu einem Gesamtsystem (siehe Kap. 4.6.1.5). Ist das Schnittstellenverhalten der Komponenten genau (formal) beschrieben, etwa durch mathematische Modelle und kann die Komposition als mathematische Operation auf den Komponentenmodellen angegeben werden, ergibt sich aus der Architektur durch die Spezifikation des Schnittstellenverhaltens der Komponenten und deren Verbindungen über die dadurch beschriebene Komposition der Komponenten ein genau festgelegtes Verhalten der Architektur (siehe Kap. 4.6.2).

Die genaue Beschreibung der Funktionalität der Komponenten erfolgt durch die Komponentenspezifikation (siehe Kap. 4.6.1) durch Angabe einer Schnittstellenspezifikation. Dies bedeutet, dass das Innere dieser Teilsysteme bei der Verwendung der Komponenten nicht bekannt sein muss, sondern lediglich die Schnittstellen, die die Funktionalität und Wirkung der Teilsysteme beschreiben.

Anmerkung *Dies entspricht dem wichtigen Konzept der Kapselung (siehe Abschn. 8.2.3), der Zusammenfassung von Implementierungsdetails in einer Software- oder Systemkomponente mit klar festgelegten Schnittstellen nach außen und innen. Das Verbergen der Implementierungsdetails durch die Angabe einer Schnittstelle, die für die Nutzung eines Teilsystems ausreicht, wird auch mit* Information Hiding *(siehe Abschn. 8.2.3) bezeichnet. Zum Verständnis der Funktionalität einer Komponente muss nicht deren Implementierung betrachtet werden, sondern nur ihre Schnittstellenspezifikation.*

Da es unterschiedliche Ausprägungen von Komponenten gibt, ist es bei der Angabe einer Architektur wichtig, dass klar gesagt ist, von welcher Art die Komponenten sind. Beispiele sind Datenflusskomponenten, Zustandsmaschinen oder Klassen. Dabei ist insbesondere die *unterschiedliche Form der Interaktion der Komponenten* etwa über gemeinsamen Speicher, Proceduraufruf oder unterschiedliche Formen des Nachrichtenaustauschs und damit die Form der Komposition von Interesse.

8.1.1 Softwarekomponenten

Für eher technische Fragestellungen ist der allgemeine Komponentenbegriff aus Definition 1.4 zu generisch, weshalb wir im Folgenden den Begriff der *Softwarekomponente* von Szyperski et al. [53] (siehe Definition 1.7) verwenden. Softwarekomponenten lassen sich nach Szyperski et al. wie folgt charakterisieren: Softwarekomponenten

- bieten nach außen Dienste über *klar definierte Schnittstellen* an.
- haben *definierte Abhängigkeiten* zu den Diensten anderer Komponenten.
- können *unabhängig von anderen Komponenten entwickelt* werden.

- können unabhängig von anderen Komponenten *verwendet* werden.
- sind beim Zusammenbau *konfigurierbar.*
- machen *definierte Annahmen.* Wenn sich diese Grundannahmen ändern, wird der Aufwand hoch sein.
- können mit anderen Komponenten zu größeren Einheiten *zusammengebaut* werden, ohne die Implementierung der Komponenten zu verändern.
- Komponenten *kapseln* Teilsysteme.

Qualität Das Konzept der Komponente ist für viele Qualitätsanforderungen an eine Architektur zentral. Ein offensichtliches Beispiel betrifft die Änderbarkeit eines Softwaresystems. Betrifft eine Änderung nur die Implementierung einer Komponente, ohne dass die Schnittstelle und das Schnittstellenverhalten betroffen sind, so tangiert die Änderung weder die Architektur noch andere Komponenten. Wird gefordert, dass in einem Softwaresystem bestimmte Anforderungen einfach änderbar sind, ist es ratsam, die Architektur so zu wählen, dass die möglicherweise zu ändernden Eigenschaften so geschickt in gewissen Komponenten der Architektur gekapselt sind, dass diese Änderungen durch das Ändern einiger weniger Komponenten bewerkstelligt werden können, ohne dass andere Komponenten oder deren Schnittstellen betroffen sind. Wird beispielsweise *Security* gefordert, kann sich das auf die Architektur insoweit auswirken, dass in der Architektur bestimmte Komponenten vorzusehen sind, die die Rolle von Firewalls einnehmen oder die angepasst werden müssen, weil Daten nur noch verschlüsselt verarbeitet werden dürfen.

Wiederverwendung Wesentlich wirken sich auch Architekturbeschreibungen auf die Frage aus, wie stark bei der Entwicklung eines Systems bereits verfügbare Komponenten für das System wiederverwendet werden können, aber auch, inwieweit die im Rahmen einer Systemimplementierung geschaffenen Komponenten dafür geeignet sind, bei anderen Entwicklungen später wieder eingesetzt zu werden (siehe Abschn. 8.3).

8.1.2 Erarbeitung der System- und Softwarearchitektur

Die Anforderungen an das zu realisierende Softwaresystem, vor allem aus dem Blickwinkel der Nutzung und der Systemumgebung (organisatorischer Rahmen bei betrieblichen Informationssystemen, technischer Prozess bei eingebetteten Systemen) und der Qualitätsanforderungen werden in der Systemanalyse (siehe Kap. 7) ermittelt und beschrieben. Der Ausgangspunkt für die Erarbeitung des *Systementwurfs* (engl. System Design) in Form der Architektur ist die *Anforderungsspezifikation* (siehe Kap. 5). Das bisher im Hinblick auf seine Anforderungen festgelegte informationsverarbeitende System wird in eine Reihe von Komponenten zerlegt. Es wird die *System- und Softwarearchitektur* entworfen (siehe Kap. 9). Dies erfordert die Erarbeitung eines *Datenmodells* (siehe Kap. 9.1.3) für die Software (besonders bei betrieblichen Informationssystemen), die Entwicklung einer

8.1 Strukturierung von Systemen

Systemarchitektur (siehe Kap. 9.2) mit Komponentenspezifikationen, oft unterteilt in fachliche (auch logische) Architektur und technische Architektur, die wiederum in Software- und Hardwarearchitektur und die Verteilung (engl. *Deployment;* die Abbildung der Softwarekomponenten auf die Hardware) gegliedert ist.

Anmerkung *Bei betrieblichen Informationssystemen ist der Entwurf meist ohnehin nur auf Software ausgerichtet. Damit wird in der Regel direkt eine Softwarearchitektur entworfen.*

Das wichtigste Ergebnis des Entwurfs ist die *Softwarearchitektur* (siehe Definition 1.8). Sie ist für die Robustheit, Wartbarkeit und Beherrschbarkeit eines Softwaresystems entscheidend. Wir unterscheiden bei der Softwarearchitektur zwischen dem *Grobentwurf,* der die Systemarchitektur und die Komponenten des Systems festlegt und dem *Feinentwurf,* der die Komponenten durch eine Softwarearchitektur weiter strukturiert und schließlich in programmiersprachliche Einheiten wie Module oder Klassen untergliedert.

Architekturen kommt gerade bei großen Softwaresystemen eine entscheidende Rolle für die Entwicklung (Zerlegung eines Systems, arbeitsteilige Entwicklung, Integration und Test) und Qualitätseigenschaften (Komplexitätsbeherrschung, Performanz, Skalierung, Wartbarkeit) zu.

8.1.3 Funktionen und Funktionsarchitektur

Teilsysteme stellen Komponenten dar, die Teilaufgaben wahrnehmen und miteinander interagieren, um für das Gesamtsystem eine geforderte *Funktionalität* zu erbringen. Dabei gibt es in der Regel Komponenten, die selbst keinerlei Schnittstellen für das Gesamtsystem realisieren, sondern nur im Inneren der Architektur bestimmte Aufgaben wahrnehmen. Typische Beispiele dafür finden sich bei *Schichtenarchitekturen* (siehe Abschn. 8.1.4.5), bei denen tieferliegende Schichten über ihre Schnittstellen nicht unmittelbar nach außen verbunden sind. Die Gliederung eines Systems ist aber nicht nur im Hinblick auf die besagten Teilsysteme und Komponenten erforderlich, sondern wir können ein System mit einer eher umfangreichen Schnittstelle nach außen auch in eine Anzahl von *Teilfunktionen* gliedern, die über diese Schnittstelle nach außen angeboten werden.

Beispiel Ein sehr typisches Beispiel dafür sind heutige Smartphones. Ein Smartphone bietet eine Fülle unterschiedlicher Nutzungsfunktionen an. Diese können wir natürlich als eine riesige Schnittstelle begreifen, die das Smartphone nach außen, dem Nutzer gegenüber anbietet. Angemessener ist es jedoch, das Schnittstellenverhalten durch die Teilschnittstellen der unterschiedlichen Funktionen (Services) sowie deren Abhängigkeiten zu beschreiben, die das Smartphone anbietet. Diese können durch eine Funktionsarchitektur beschrieben werden. Realisiert werden sie über eine Systemarchitektur, die das Smartphone in Komponenten gliedert.

Natürlich ist es nicht geschickt, die Funktionalität eines Smartphones in Form einer einzigen riesigen Schnittstelle zu begreifen oder gar zu beschreiben. Sehr viel anschaulicher und einfacher zu verstehen ist es, wenn man eine solche Schnittstelle in einer *Funktionsarchitektur* (siehe Kap. 6.1.1) in eine Anzahl von Teilschnittstellen unterteilt, sodass über jede dieser Teilschnittstellen eine bestimmte Funktion angeboten wird (siehe Kap. 4.6.1.6). Wenn man das entsprechende System mit anderen Systemen verbindet, kann man diese verschiedenen Teilschnittstellen mit ihren unterschiedlichen Funktionen, die sie anbieten, wieder mit anderen Komponenten verbinden (siehe Kap. 10.5.1).

Eine solche Unterteilung einer großen Schnittstelle in Teilschnittstellen und der damit verbundenen Unterteilung einer umfassenden Funktionalität in eine Reihe von Einzelfunktionalitäten ist natürlich strukturell für das Systemverständnis äußerst hilfreich. Genaugenommen handelt es sich hier um eine Strukturierung der Funktionalität eines Systems im Hinblick auf die unterschiedlichen Funktionen, die das System anbietet. Dies erlaubt eine sehr strukturierte Sicht auf die Funktionalität eines Systems. Die einzelnen Funktionen lassen sich dann unabhängig voneinander beschreiben, indem Abhängigkeiten auch über die Schnittstelle modelliert werden.

Anmerkung *Dies adressiert das Prinzip des* Separations of Concerns *(siehe Abschn. 8.2.4) auf der Ebene der Schnittstellen.*

Schwieriger wird dieses Unterfangen, wenn man Teilfunktionen eines Systems betrachtet, die voneinander nicht gänzlich unabhängig sind. Betrachten wir nochmal das Beispiel des Smartphones, mit dem man zum Beispiel eine Radiosendung im Internet verfolgen oder aber Telefongespräche führen kann. Wenn man nun aber gerade eine Radiosendung anhört und dann ein Anruf hereinkommt, so unterbricht der Anruf die Radiosendung. Folglich sind diese beiden Funktionen nicht unabhängig voneinander. Wir sprechen von einer *Feature Interaction* (siehe Kap. 4.6.1.6). Um diese aufzulösen, müssen wir Regeln vorgeben, wie das System sich in solchen Fällen verhalten soll. Für ein Smartphone wäre es wahrscheinlich angemessen, festzulegen, dass, sobald ein Anruf hereinkommt, während eine Radiosendung verfolgt wird, die Radioübertragung unterbrochen wird, der Telefonanruf durchgestellt wird und dann der Nutzer des Systems die Möglichkeit hat, den Anruf entgegenzunehmen oder aber die Radiosendung weiterzuhören. In heutigen Systemen existiert zwischen den unterschiedlich angebotenen Funktionen eine Vielzahl solcher Feature Interactions. Die Strukturierung der Funktionalität eines Systems in Teilfunktionen und die Beschreibung der Feature Interactions leistet die Funktionsarchitektur.

8.1.4 Architekturmodelle für Softwaresysteme

Praktisch wird jede Art von Gliederung eines Systems in Teilsysteme als Architektur bezeichnet. Dabei können ganz unterschiedliche Konzepte bei der Gliederung eine Rolle spielen, wobei den Komponenten (siehe Kap. 4.6.1) eine zentrale Bedeutung zukommt. Eine Architektur besteht aus einer Menge von Komponenten, die zusammenwirken indem sie untereinander Informationen austauschen und somit im Sinne der Gesamtaufgabenstellung kooperieren.

8.1.4.1 Teilaspekte der Architektur

Die folgenden Teilaspekte (Architektursichten, siehe Kap. 2.1.3) sind zu unterscheiden. Ausgangspunkt ist die funktionale Sicht auf ein System, wie sie sich aus der Anforderungsanalyse ergibt:

Funktionsarchitektur	Gliederung der Funktionalität eines Systems in seine Teil- und Unterfunktionen und Darstellung der Abhängigkeiten dazwischen. Die Schnittstellen des Systems zu seiner Umgebung (Nutzerschnittstellen und Schnittstellen zu anderen Systemen) werden dargestellt, sodass Beschreibung der Gliederung des Systems aus der Nutzungssicht erfolgt. Die Darstellung erfolgt oft in Form einer Hierarchie, weshalb wir auch von einer *Funktions-* oder *Diensthierarchie* sprechen (siehe Definition 4.16).
Systemarchitektur	Gliederung des Systems in abstrakte (logische) Komponenten und die Beschreibung der Aufgaben der Komponenten und ihrer Interaktion über Schnittstellen im Sinne der fachlichen Anwendung (siehe Definition 1.5). Die Beschreibung kann aus zwei Perspektiven erfolgen: der Beschreibung der *Fachlichkeit* – wir sprechen dann auch von der Facharchitektur bzw. der logischen Architektur, und der *umsetzungsorientierten Beschreibung* der technischen Architektur. Die technische Architektur umfasst dabei auch die *Softwareplattform,* welche die Systemsoftware beschreibt, die auf der Hardwareplattform verfügbar ist, etwa das Betriebssystem, Treiber für Kommunikations- oder Peripheriegeräte und Middleware (allgemein Systemdienste).
Hardwarearchitektur	Darstellung aller Hardwarekomponenten des Systems wie Rechner (Clients, Server, Steuergeräte und Hosts), sowie der Kommunikationseinrichtungen und der Peripherie des Systems, etwa Nutzerschnittstellen, Aktuatoren und Sensoren. Man spricht auch von der *Hardwareplattform.*
Softwarearchitektur	Darstellung der Architekturen der Softwarekomponenten des Systems (siehe Definition 1.8). Dies umfasst auch die *Codearchitektur,* welche die Gliederung eines Softwaresystems in Softwarekomponenten, Module, Klassen beschreibt, wie sie etwa in einem Projektordner organisiert sind.

Verteilungsarchitektur	Abbildung der Softwarearchitektur auf die Hardwarearchitektur durch Angabe, welche Softwareteile auf welcher Hardware zu Ausführung kommen. Das Verteilen der Softwarekomponenten auf „echte" Hardware oder virtuelle Maschinen wird als *Deployment* bezeichnet, weshalb man auch von der Deploymentarchitektur spricht. Auf Basis des Deployments ergibt sich auch die *Laufzeitarchitektur*, welche die Gliederung der Software zur Laufzeit in Prozesse (Container, Threads etc.) und ihre wechselseitige Aktivierung (engl. Scheduling) beschreibt.

Alle diese unterschiedlichen Aspekte zusammen bilden die Architektur (wir sprechen von der Gesamtarchitektur) eines Systems.

8.1.4.2 Architektursichten und Abstraktion

Zwischen den Architektursichten bestehen Abhängigkeiten (siehe Kap. 2.1.3). Daher müssen die Sichten aufeinander abgestimmt sein (die Softwarearchitektur muss zur Softwareplattform passen, die Softwareplattform auf die Hardwarearchitektur abgestimmt werden). Typischerweise stellen gewisse Sichten *Abstraktionen* anderer Sichten dar: Die Applikationsarchitektur stellt eine Abstraktion der Hardware-, Deployment-, Plattform- und Softwarearchitektur dar. Beispiele für diese Sichten sind

Hardware-Abstraktion	Die Anwendungsschicht (Application Layer) einer Anwendung wird verteilt über mehrere Applikationsserver verteilt, jedoch als „eine Anwendung" genutzt.
Platform-Abstraktion	Beliebige Clients (Teil der HW-Abstraktion) unterstützen verschiedene Software-Plattformen, auf denen sie ausgeführt werden können. Gleichzeitig ist die Ausführungsplattform der benutzten Dienste für die Clients transparent.
Deployment-Abstraktion	Ein Gesamtsystem besteht aus mehreren verteilten, heterogenen Komponenten, welche durch unterschiedlichen Werkzeuge und Technologien realisiert sein können und die auf unterschiedlichen Plattformen ausgeführt werden.

Die Darstellung zeigt, dass es viele unterschiedliche Gesichtspunkte im Zusammenhang mit Architekturen gibt. Die Gesamtarchitektursicht auf ein informationsverarbeitendes System weist viele unterschiedliche Aspekte auf. Wir konzentrieren uns im Weiteren auf die Softwarearchitektur. Dabei ist aber im Auge zu behalten, dass die Entscheidungen bei der Festlegung der Softwarearchitektur von den weiteren Architekturaspekten beeinflusst werden und diese zu berücksichtigen sind.

8.1.4.3 Gliederungskonzepte für Architekturen

Je nach Art der Komponenten und ihres Informationsaustauschs sind unterschiedliche Formen der Kooperation möglich. Beispiele für Komponenten sind:

Klassen	Die *Klassen* (als Typ-Konzept, siehe Kap. 4.3.3) legen fest, wie die Exemplare (Objekte) den Nachrichtenaustausch zwischen Objekten mittels Methodenaufrufen realisieren.
Datenflusskomponenten	Die *Datenflusskomponenten* beschreiben, wie die Komponenten durch das Versenden von Nachrichten über Kanäle miteinander kooperieren (siehe Kap. 4.6.3.1).
Proceduraufrufkomponenten	Die *Proceduraufrufkomponenten* kooperieren mittels Aufrufen von Prozeduren in den an der Kommunikation beteiligten Komponenten.

Da die Aufgaben von Softwaresystemen sehr unterschiedlich sind, gibt es auch sehr unterschiedliche Möglichkeiten für die Wahl der System- und Softwarearchitekturen. Für einzelne Aufgabengebiete haben sich dabei Standardarchitekturen entwickelt, die typischerweise in Architekturmustern (siehe Kap. 10) beschrieben sind.

8.1.4.4 Die Rolle der Architektur in der Software- und Systementwicklung

Der Architektur kommt eine besondere Rolle in der Softwareentwicklung zu. Sie dient folgenden Aufgaben (siehe Kap. 9):

Systementwurf	Die Architektur dient der Grobstrukturierung des Systems (siehe Kap. 9.2) mit dem Ziel der Gliederung des Problems in Teilprobleme (Prinzip *Divide and Conquer,* siehe Abschn. 8.2.5) und damit der Reduzierung der Komplexität und damit der Verbesserung des Verständnisses – sowohl des adressierten Problems als auch der Lösung und Lösungsoptionen. Dies schließt die Festlegung des Datenflusses ein.
Systemrealisierung	Die Architektur unterstützt die effiziente und effektive Organisation der Umsetzung der Entwürfe in einem Projekt. Durch die Strukturierung des Systems kann die Entwicklung arbeitsteilig erfolgen, beispielsweise in Form eigenständiger Teilaufgaben zur Implementierung von Komponenten (siehe Kap. 9.3 und Kap. 11). Weiterhin ist die Einbindung vorgefertigter Teile möglich (siehe Kap. 10) und die grundsätzliche Organisation und das Vorgehen zur Integration des Gesamtsystems aus den einzelnen Komponenten werden unterstützt.

Systembetrieb	Eine Architektur unterstützt die Festlegung von Komponenten, die in der Zielumgebung verteilt werden, etwa auf einer verteilten Hardwarearchitektur (Beispiel Client/Server). Gleichzeitig unterstützt die Architektur die systematische Fehlerlokalisierung, etwa durch Eingrenzung der Fehler über die Schnittstellenspezifikation der Komponenten. Auch die Überprüfung und Überwachung des Systems an den zur Laufzeit an den Komponentenschnittstellen ist möglich.
Evolution	Die Architektur des Systems unterstützt die Weiterentwicklung des Systems durch Austausch oder Modifikation von Komponenten, gegebenenfalls auch zur Laufzeit eines Systems (siehe Kap. 13.2). Werden innerhalb einer Komponente Änderungen vorgenommen, so ist eine entscheidende Frage, ob sich diese Änderungen auf die Schnittstellenspezifikation auswirken. Ist das nicht der Fall, so ist die Änderung lokal und wirkt sich weder auf die Architektur noch auf die Komponenten aus.

Die Architektur bestimmt entscheidende Qualitätsmerkmale eines Systems (siehe Kap. 2). Die in der Systemanalyse festgelegten Qualitätsanforderungen wirken sich entscheidend auf die Architektur und die Architekturentscheidungen aus.

8.1.4.5 Schichtenarchitekturen

Weit verbreitet sind Schichtenarchitekturen [2, 9], die sowohl für betriebliche Informationssysteme als auch für Übertragungssysteme (ISO/OSI-Schichtenmodell in der Telekommunikation [27]) und auch für service-orientierte Architekturen typisch und empfehlenswert sind. Schichtenarchitekturen bringen eine Reihe von Vorteilen. Sie gliedern das System in Schichten, für die funktionale Aufgaben klar beschrieben werden können. Wesentliche Idee der Schichtenarchitektur ist, dass eine Schicht die jeweils darunter liegende Schicht nutzt, um für die darüber liegende Schicht Funktionalität bereitzustellen. Damit kann eine Schicht charakterisiert werden durch die Angabe, welche Funktionalität sie nutzt und welche Funktionalität sie bereitstellt. Sowohl die genutzte als auch die bereitgestellte Funktionalität kann wieder über Schnittstellenverhalten im Detail beschrieben werden (siehe Kap. 4.6.2.1).

Abb. 8.1 zeigt exemplarisch ausgewählte Entwurfsoptionen für Schichtenarchitekturen. Solche Architekturen sind insbesondere im Bereich der Betrieblichen Informationssysteme gängig, wobei die grundlegende Organisation eines solchen Systems meist ausgehend von einer 3-Schichtenarchitektur entwickelt wird. Ein typischer Vertreter dieser Klasse von Architekturen ist das SAP R/3 System (Abb. 8.2; [46]), bestehend aus der R/3 Datenbank-Schicht (meist bestehend aus einer Datenbank und einem Datenbank Management System), der R/3-Anwendungsschicht, (meist Applikationsserver) und der R/3-Präsentationsschicht mit verschiedenen Anwendungen (zum Beispiel Web-Schnittstelle, SAP R/3 Rich Client).

8.1 Strukturierung von Systemen

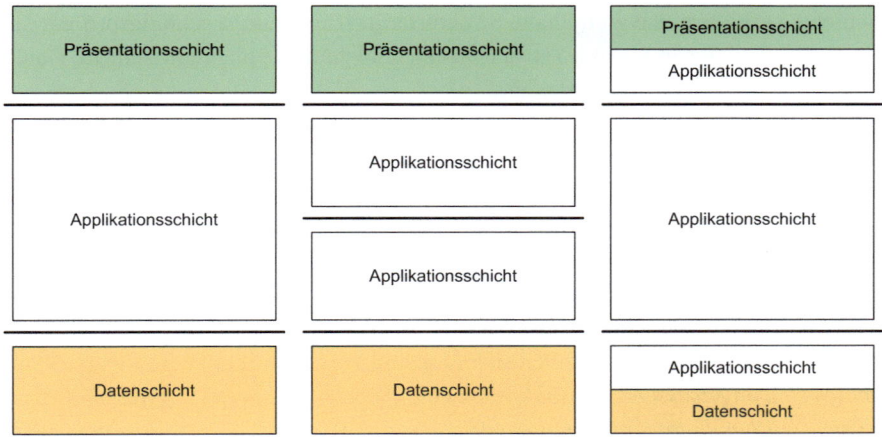

Abb. 8.1 Beispiele für Entwurfsoptionen für Schichtenarchitekturen – von links nach rechts: 3-Schichtenarchitektur, 4-Schichtenarchitektur mit verteilter Geschäftslogik, 4-Schichtenarchitektur mit verteilter Datenhaltung und Rich-Client

Die geschickte Wahl der Architektur ist entscheidend für ihre Realisierbarkeit, Performanz, Beherrschbarkeit und Änderbarkeit von Systemen. Wichtig sind oft auch Aspekte des Skalierens (kann das System mit einem hohen Durchsatz und einer hohen Zahl von Nutzern ohne Probleme betrieben werden) und der einfachen Erweiterbarkeit und Anpassbarkeit. Die Schichtenarchitektur bietet hier klare Vorteile:

Abb. 8.2 Beispiel einer 3-Schichtenarchitektur am Beispiel SAP R/3

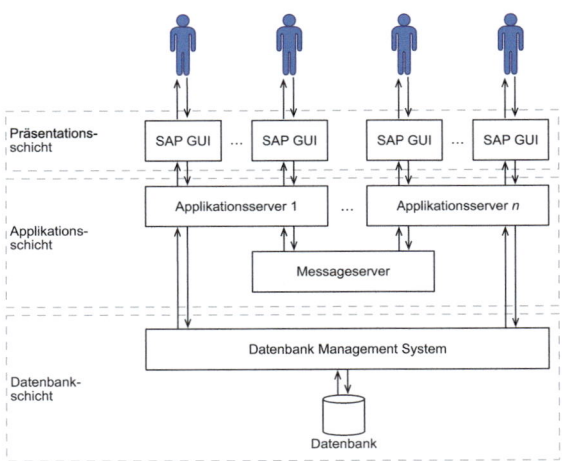

- Schichten schaffen eine vorteilhafte Strukturierung für den Entwicklungsprozess, indem sie die verschiedenen Aspekte (etwa Nutzerschnittstelle, Applikationsschicht, Datenhaltung, Systemdienste) sauber gliedern.
- Schichten unterstützen die modulare Ersetzung, da jede Schicht durch die Schnittstellen der genutzten und der angebotenen Dienste beschrieben wird.
- Schichten verbessern die Portierbarkeit der Systeme, da jede Schicht für sich eine Schnittstelle für die Portierung bildet.

Schichtenarchitekturen verbessern die Arbeitsteilung, die Änderbarkeit und die Beherrschbarkeit von Komplexität, können aber Nachteile für die Performanz mit sich bringen (siehe auch Kap. 10.4). Insbesondere stellen sich in jedem Projekt erneut Fragen wie: *„Wie viele Schichten sind angemessen?"*, *„Was wird in einer Schicht gekapselt?"*, *„Was sind die erforderlichen, gut handhabbaren Schnittstellen?"* oder *„Wie sind die Schnittstellen zwischen den Schichten zu wählen?"*

8.1.4.6 Zur Rolle der Schnittstellen

Für Architekturen, und das gilt gleichermaßen für Funktionsarchitekturen, Komponentenarchitekturen und Softwarearchitekturen, ist der Begriff der *Schnittstelle* (siehe Kap. 4.6.1.3) zentral. Im Weiteren sprechen wir über Schnittstellen von Systemen und von Komponenten, aber alles Gesagte lässt sich auch gleichermaßen auf Fragen der Funktionsarchitektur und der Softwarearchitektur und damit auf Softwaremodule übertragen. In der Praxis wird der Begriff der Schnittstelle häufig nur syntaktisch verstanden. Wir verbinden mit dem Begriff der Schnittstelle stets eine syntaktische Schnittstelle und ein Schnittstellenverhalten.

Systemgrenzen Eine Komponente hat typischerweise eine Schnittstelle nach außen, durch die sie eine bestimmte Wirkung auf die Systemumgebung erbringt. Die Komponente bietet über ihre Schnittstelle Funktionen bzw. Dienste nach außen an, die von der Umgebung genutzt werden. Typischerweise nutzen Komponenten ihrerseits die Funktionalität anderer Komponenten über deren Schnittstellen. In einer Architektur ist festgelegt, welche Schnittstellen eine Komponente nutzt und letztendlich benötigt, um ihrerseits die nach außen angebotene Funktion zu erbringen.

Eine Schnittstelle beschreibt die Wechselwirkung zwischen einem System und seiner Umgebung. Typischerweise erfolgt dies durch die Angabe einer syntaktischen Schnittstelle, die im Wesentlichen deutlich macht, welche grundsätzlichen Interaktionsschritte zwischen System und Umgebung möglich sind und welche Arten von Information ausgetauscht werden (siehe Kap. 4.6.1.3). In den *syntaktischen* Schnittstellen wird in aller Regel zwischen Eingabe und Ausgabe unterschieden. In einer syntaktischen Schnittstelle wird angegeben, welche Datenelemente und damit welche Nachrichtensignale als Eingabe an die Komponente auftreten können und gleichermaßen, welche Datenelemente als Ausgabe von der Komponente erfolgen können. Über die syntaktische Schnittstelle hinaus ist das

Schnittstellenverhalten einer Komponente zu charakterisieren. Dieses ist gegeben durch die logischen Abhängigkeiten zwischen Eingaben und Ausgaben. Auf diese Weise wird ein Schnittstellenverhalten festgelegt – wir sprechen auch von der *Semantik* der Schnittstelle.

Modularität, Kapselung, Information Hiding und Kompatibilität Die Idee der Schnittstelle unter Einschluss des Schnittstellenverhaltens ist ein zentrales Element in der System- und Softwareentwicklung nicht nur in der Architektur, aber insbesondere dort. Wichtige Begriffe (siehe auch Kap. 4.6.1.4), die später noch im Detail erläutert werden, sind *Modularität* (siehe Abschn. 8.2.5.1), *Kapselung* und *Information Hiding* (siehe Abschn. 8.2.3) sowie der Begriff des *Design by Contract* (siehe Abschn. 8.2.6) erfordern und basieren auf einem Schnittstellenbegriff.

Von praktischer Bedeutung sind Verfahren zur Beschreibung des Schnittstellenverhaltens und der syntaktischen Schnittstelle einer Komponente. Beschrieben wird die Menge der syntaktischen Schnittstellen, das Schnittstellenverhalten und die Abhängigkeiten zwischen diesen Schnittstellen. Es ist eine der grundlegenden Ideen, dass man die Wirkungsweise der Komponente nach außen allein über die Schnittstellenbeschreibung versteht. Die Schnittstelle ist die einzige Verbindung zwischen der Umgebung und der Komponente. Deshalb spricht man von Kapselung. Auf die Bestandteile der Komponente kann nur über die Schnittstelle eingewirkt und zugegriffen werden. Es ist dann nicht notwendig, in die Details der Implementierung der Komponente einzusteigen, sondern es genügt, für die Verwendung der Komponente ausschließlich die Schnittstellenbeschreibung zu kennen. Dies gilt gleichermaßen für den, der die Komponente benutzt und auch für den, der die Komponente implementiert. Im Sinne des *Design by Contract* haben Entwickler darauf zu achten, dass die zu implementierende Komponente die Schnittstellenbeschreibung erfüllt. Hierbei fungiert die Schnittstellenbeschreibung als Anforderungsspezifikation für die Entwicklung der Komponente. Dieses Vorgehen unterstützt unmittelbar auch das Prinzip des *Information Hidings*. Nutzer einer Komponente brauchen nicht den inneren Aufbau und die Implementierungsdetails der Komponente zu kennen, sondern können sich ganz auf die Schnittstellenbeschreibung verlassen und müssen komplizierte Implementierungsdetails nicht studieren.

Die Schnittstellenbeschreibung einer Komponente führt unmittelbar auf den Begriff der *Kompatibilität* (siehe Kap. 4.6.1.4). Ist eine Komponente mit einer bestimmten Schnittstellenbeschreibung gegeben, so nennen wir eine zweite Komponente (ersetzungs-) kompatibel zu der ersten, wenn die Schnittstellenbeschreibung der zweiten Komponente alle Eigenschaften der Schnittstellenbeschreibung der ersten sicherstellt. Dies bedeutet, dass wir die zweite Komponente anstatt der ersten nutzen können. Diese Idee führt im praktischen Vorgehen auf den Begriff der *Komponentenkompatibilität* und in der Theorie und den formalen Grundlagen der Systementwicklung zu dem zentralen Begriff der *Verfeinerung*. Wir erkennen, dass über das Konzept der Schnittstelle und das Schnittstellenverhaltens die zentralen Begriffe der *Kapselung,* des *Information Hiding* und der *Kompatibilität* geprägt werden.

8.1.5 Perspektiven des Architekturentwurfs

Wir unterscheiden zwischen der *logischen Architektur* eines Systems und der *Realisierungsarchitektur*. Die logische Architektur beschreibt, welche Komponenten welche Funktionalitäten übernehmen und wie sie funktional und logisch zusammenwirken. Insbesondere wird hier das *Funktionenmodell der Systemanforderungen* herangezogen. Bei der Realisierung wird beschrieben, wie die logische Architektur konkret auf dem Software-/Hardware-System realisiert wird. Dabei ist zu beachten, dass die logische Architektur durch ihre Gliederung bereits in weiten Teilen beeinflusst, ob eine bestimmte Realisierung einfacher und oder schwieriger zu bewerkstelligen ist [2, 50, 54].

8.1.5.1 Bestandteile der Architekturbeschreibung
Typische Bestandteile der Architekturbeschreibung und ihrer Erläuterung (Rationale) sind:

- Architekturanforderungen, Entwurfsziele und -prinzipien
- Systemgliederung in Komponenten
- Verbindung der Komponenten über Schnittstellen
- Schnittstellenbeschreibung der Komponenten
- Benutzungsschnittstelle des Gesamtsystems als Teil der Architektur
- Hardware/Software Plattform
- Hardware/Softwarepartitionierung (bei der Realisierungsarchitektur)
- persistente Datenhaltung (besonders bei betrieblichen Informationssystemen)
- Kontrollfluss/Datenflusskonzept

Hinzu kommen anwendungsspezifische Aspekte wie Datensicherheit (*Security*, siehe Kap. 5.2.5 und Kap. 9.1.5) durch Konzepte für die Benutzeridentifizierung, Authentifizierung und Autorisierung, Fehlerbehandlung durch Fehlerbehebungskomponenten als Teil der logischen und technischen Architektur oder Transaktionskonzepte zur Zusammenfassung einer Folge von Nutzerinteraktionen zu einer Einheit.

8.1.5.2 Hardwarearchitektur
Ein weiterer wesentlicher Aspekt bei der Wahl der Architektur ist die Hardwareplattform, auf der das System realisiert werden soll. Bei der Wahl der Softwarearchitektur wird festgelegt, welche Einheiten auf welchen Hardwareteilen ausgeführt werden können. Prinzipiell können wir folgende Systemversionen unterscheiden:

Großrechnersysteme   (Host-Systeme) Hier läuft die gesamte Software auf einem Rechner im Timesharing-Modus. Durch ein Betriebssystem und einen Transaktionsmonitor wird den einzelnen Komponenten (Prozessen)

8.1 Strukturierung von Systemen

Client/Serversysteme   Rechenleistung zugewiesen. Dies gilt auf für die Prozesse, die die Ein- und Ausgabegeräte (sogenannte *Terminals*) steuern.
Client/Serversysteme bestehen aus einem Rechnernetz von Kleinrechnern (PCs oder mobile Endgeräte) die Clients genannt werden. Die Datenhaltung (Datenbanken) und oft auch umfangreichere Berechnungen (Anwendungskern) laufen auf den Servern. Diese werden zunehmend in der *Cloud* virtualisiert. Die Kommunikation zwischen Clients und Servern wird durch spezielle Software unterstützt (genannt Middleware [20], Abb. 8.3). Sie stellt bestimmte Dienste für Austausch von Nachrichten, Prozessaufrufen und Datenzugriff zwischen Clients und Servern bereit.

Klassische Middlewaresysteme sind CORBA (Common Object Request Broker Architecture [40–42]), das Component Object Model (COM; [8]), Java RMI (Remote Method Invocation; [20])[1] oder Apache Thrift [1] oder Protocol Buffers [17]. Abhängig von der Frage wie viel Funktionalität auf den Clients läuft spricht man von *Thin Clients* (nur die Nutzerschnittstelle und Dialogsteuerung läuft auf dem Client) oder von *Fat Clients* (auch ein beträchtlicher Teil des Anwendungskerns läuft auf dem Client; siehe Abschn. 8.1.4.5). Eine Erweiterung des Client-/Server-Konzepts bilden Architekturen auf allgemeinen Rechnernetzen, bei denen die Komponenten nach bestimmten Protokollen kommunizieren (beispielsweise nach dem Internet Protokoll TCP/IP). Dies führt auf Architekturen die nach dem Prinzip der Web-Services arbeiten (vgl. Microsoft .Net; [31]).

> **Plattform und Portierbarkeit**
> Die Wahl der Implementierungsplattform ist sicher ein wesentlicher Teil der Architekturentscheidung. Ein geschickt aufgebautes Schichtenkonzept (Abschn. 8.1.4.5) sollte allerdings gewährleisten, dass ein Softwaresystem mit beschränktem Aufwand von einer Plattform auf eine andere portierbar ist (siehe Kap. 2.2.3.4).

8.1.5.3 Architekturen für verteilte und nebenläufige Systeme
Parallele Systemmodelle beschreiben Systeme als eine Menge von parallel zu einander agierenden Komponenten. Diese können über Vorrichtungen zum Nachrichtenaustausch oder über Zugriffsmöglichkeiten auf gemeinsame Speicherabschnitte (globale Zustandskomponenten) verbunden sein. Die Abb. 8.3 illustriert dies am Beispiel einer Middleware-basierten Architektur.

---

[1] Auch wenn die exemplarisch aufgeführten Technologien „angestaubt" und veraltet erscheinen, darf nicht vergessen werden, dass diese Technologien heute immer noch im Einsatz sind. Diese sogenannten *Legacy Systeme* sind oft Gegenstand der Softwarewartung (siehe Kap. 13.2).

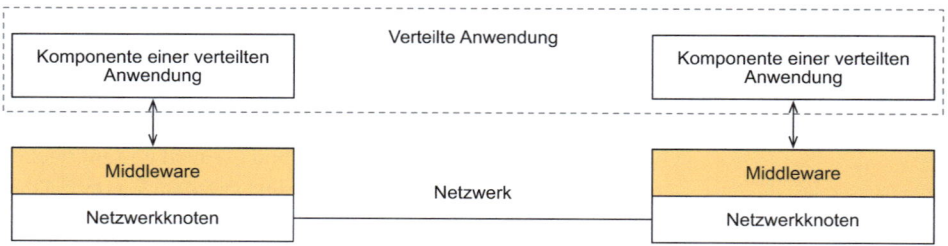

Abb. 8.3 Typischer Aufbau einer Middleware-basierten Architektur nach Hammerschall [20]

Systeme dieser Form lassen sich anschaulich durch Datenflussmodelle (siehe Kap. 4.6.3.1) beschreiben. Grafisch werden sie beispielsweise durch Datenflussdiagramme oder UML Aktivitäts- und Sequenzdiagramme dargestellt. Da sich diese Form der Modellierung sehr gut für die Modularisierung des Systems eignet, wird diese Form der Modellierung oft sehr früh im Entwicklungsprozess angewendet, etwa in den Methoden SA/SD (Strukturierte Analyse/Strukturiertes Design, [13, 31, 56]), UML/RT (UML Real Time, [39]) oder SysML [26]. Später ist festzulegen, wie die Komponenten auf Prozesse im Rahmen einer Plattform abzubilden sind.

8.1.5.4 Interaktive verteilte Systeme

Heutige Systeme und auch die Komponenten in den Systemarchitekturen sind in der Regel interaktiv. Neben der internen Interaktion zwischen den Komponenten von parallelen Systemen tritt bei Systemen typischerweise Interaktion auch zwischen dem System und seiner Umgebung – auch seinen Nutzern – auf (siehe Kap. 2.1.1). In den frühen Jahren der Informatik war diese Interaktion oft über das Arbeiten der Softwareeinheiten auf einem gemeinsamen Speicher realisiert. Solche Konzepte erwiesen sich aber schwierig im Hinblick auf Modularität und Kapselung (siehe Abschn. 8.2.5.1). Moderne Architektursysteme interagieren deshalb heute in der Regel durch *Nachrichtenaustausch* [20, pp. 39ff.]. Der Nachrichtenaustausch definiert einen Datenfluss zwischen den Komponenten. Darüber hinaus muss festgelegt werden, nach welchen Regeln welcher Datenfluss zwischen zwei Komponenten stattfindet und gegebenenfalls muss auch die Adressierung vorgenommen werden, nämlich die Angabe, von welcher Komponente zu welcher Komponente der Datenfluss erfolgen soll. Dabei sind folgende Merkmale und Formen des Nachrichtenaustauschs zu berücksichtigen:

Daten	Welcher Datenfluss (siehe Kap. 4.6.3.1) findet statt, welche Information, genauer welche Daten welchen Datentyps werden übermittelt?
Partner	Wer sind die beteiligten Partner? Gibt es nur zwei Partner (Sender/Empfänger) oder mehr als zwei Teilnehmer am Nachrichtenaustausch (Broadcast)? Wie sind die Kommunikationspartner verteilt (gemeinsam auf Host oder verteilt auf Rechnernetz)?

8.1 Strukturierung von Systemen

Kommunikation — Wie wird festgelegt, an wen der Datenfluss ausgehend von einer Komponente gerichtet ist? Im einfachsten Fall gibt es eine statische Festlegung durch einen Kommunikationskanal, der starr zwischen zwei Komponenten in einer Architektur gegeben ist und über den Daten eines festgelegten Datentyps fließen. Die Adressierung der Komponente, an die die Daten geschickt werden, kann jedoch auch dynamisch erfolgen durch Angabe des Namens der adressierten Komponente oder aber über Vermittlungskomponenten, an die die Nachrichten geschickt werden und die dann die Nachricht an den Empfänger weiterleiten. Vorteilhaft kann auch sein, dass der Nachrichtensender den Nachrichtenempfänger gar nicht kennen muss, sondern über ein Vermittlungssystem die Nachricht an eine entsprechende Komponente weitergeleitet wird.

Synchronisation — Wie wird das Versenden der Daten organisiert? Wir sprechen auch von *Synchronisation*. Werden die Daten angefordert (Pull-Prinzip) oder werden die Daten unaufgefordert geschickt (Push-Prinzip) oder finden kompliziertere Protokolle statt, um den Nachrichtenaustausch zu synchronisieren?

Kopplung — Wie sind die Partner im Nachrichtenaustausch gekoppelt? Erfolgt der Nachrichtenausausch synchron (Sender wartet bis Empfänger bereit ist) oder asynchron (Nachricht wird zwischengespeichert bis Empfänger bereit ist), mit oder ohne Rückantwort (Remote Procedure/Method Call)?

Achtung *Im Rahmen der Verfeinerung des Systementwurfs ist es notwendig, auch solche eher technisch-konzeptuellen Details im Nachrichtenaustausch zu entscheiden, die auf der Ebene der logischen Architektur noch ohne Bedeutung sind. Dazu sind unter anderem auch die grundsätzlichen Kommunikationsmuster zwischen den Komponenten der Architektur (Abb. 8.4) festzulegen.*

Neben diesen Details des Nachrichtenaustausches ist es von Interesse, im Rahmen einer Schnittstelle nicht nur zu beschreiben, welche einzelnen Nachrichten ausgetauscht werden, sondern auch die logischen Muster einer Sequenz von Interaktionen in beide Richtungen, die schließlich dadurch eine Funktionalität oder einen Dienst darstellen.

Methoden- und Prozeduraufrufe Eine besondere Form des Datenaustausches ist der Methoden- oder Prozeduraufruf. Historisch betrachtet waren Prozeduren, auch Subroutinen oder Unterprogramme, zunächst nur die Zusammenfassung von Anweisungsfolgen unter gewählten Prozedurnamen. Die Prozeduren arbeiteten in einem gemeinsamen Zustandsraum. Erst später war die Kapselung des Zustandsraums ein Ziel. Prozeduraufrufe wurden als Datenaustausch verstanden. Man spricht auch von *Remote Procedure Call* oder *Remote Method Invocation* [22, pp. 39ff.]. Dabei handelt es sich in der Regel um einen Datenaustausch in beide Richtungen. Eine Komponente ruft eine Prozedur oder Methode einer anderen Komponente auf. Dies geschieht durch ein Datenpaket, das gegebenenfalls den Namen der aufgerufenen Komponente, den Namen der aufgerufenen Methode oder Prozedur und die Daten enthält, die als Parameter dienen, und der Aufruf wird schließlich durch eine Rückantwort abgeschlossen. In der Rückantwort kann auch ein Ergebnis zurückgegeben werden oder lediglich die Kontrollnachricht, dass der Aufruf abgeschlossen ist.

Eine wichtige Frage dabei ist, ob zwischen dem Absenden des Aufrufs und der Rückmeldung des Aufgerufenen die aufrufende Komponente untätig ist, also wartet, oder ob sie weiterarbeitet (Abb. 8.4). Im Falle des Wartens ist zu überlegen, was passieren soll, wenn durch einen Aufruf eine Kette von Aufrufen ausgelöst wird, die schließlich wieder Aufrufe an die aufrufenden Komponenten enthalten. Ein zweites Problem ist, dass diese Aufrufmuster eine relativ klare Struktur geben, solange das Gesamtsystem rein sequenziell arbeitet, also zu jedem Zeitpunkt nur eine Komponente aktiv ist. Sobald man zusätzlich Parallelität zulässt, entstehen komplizierte Fragestellungen im Hinblick darauf, wie die einzelnen Aufrufe zeitlich zu einander in Beziehung gesetzt werden, welche Reihenfolge der Ausführung zulässig ist und wann gewartet werden muss, bis eine zusammenhängende Folge von Anweisungen ausgeführt ist.

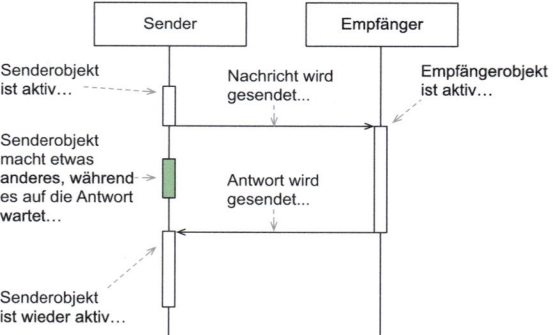

Abb. 8.4 Vergleich der beiden grundsätzlichen Kommunikationsmuster in verteilten Systemen

Anmerkung *Aufrufkonzepte in prozeduralen Sprachen sind geprägt durch die von Neumann Architektur der Hardware, durch einen gemeinsamen Speicher und durch sequentielle Ausführungsmodelle [22, Kap. 5]. Eine Erweiterung auf Parallelität und Nebenläufigkeit bringt schwer zu meisternde Komplikationen für die Nutzung gemeinsamer Programmvariablen und des parallelen Kontrollflusses, was zu einem schwer beherrschbaren Nichtdeterminismus führt. Dieser Nichtdeterminismus ist das Resultat eines Schedulings auf der Betriebssystemebene und vermischt in unangenehmer Weise logische mit implementierungstechnischen Aspekten.*

8.1.5.5 Sequentielle Systemmodelle

Traditionelle Softwarearchitekturen gehen in der Regel von sequentiell arbeitenden Programmen aus. Sequentielle Systemmodelle bestehen aus einer Hierarchie von Prozeduren und Funktionen, die sich wechselseitig aufrufen und in dieser Weise eine Aufgabe erfüllen. Im Gegensatz zu parallelen Systemen gibt es hier nicht mehrere gleichzeitig aktive Komponenten, sondern zu jedem Zeitpunkt ist jeweils nur eine Prozedur oder Funktion aktiv.

Wird also auf der Ebene des Systementwurfs die allgemeinere, adäquatere und flexiblere Beschreibungsform eines verteilten parallel ablaufenden Systems gewählt, so ist bei Realisierung auf einem konventionellen sequentiellen Rechensystem der Übergang auf ein sequentielles Systemmodell zu bewältigen. Dies kann durch Einsatz eines *Transaktionsmonitors* erfolgen [20, pp. 53ff.], welcher die erforderlichen Mittel zur Synchronisierung verteilt ablaufender Prozesse zur Verfügung stellt.

Transaktionen, CRUD und ACID

Die Standardoperationen für die Arbeit mit Daten im Allgemeinen und Datenbanken in Speziellen werden auch als *CRUD*-Operationen bezeichnet. Dabei steht CRUD für **C**reate, **R**ead, **U**pdate und **D**elete [2] und umfasst damit die grundlegenden Zugriffe auf Datenbanken, also das Erzeugen von Daten, das Lesen, die Aktualisierung von Daten und auch das Löschen von Daten.

Je nach verwendeter Datenquelle können diese Operationen auch als Transaktionen erstellt werden und genügen dann weiteren Anforderungen, die unter dem Akronym *ACID* [19, 28] zusammengefasst werden. ACID steht hierbei für:

Atomicity (atomar) Transaktionen sind eine Folge von abgeschlossen Datenbankoperationen, die jeweils nach dem „Alles oder Nichts"-Motto ausgeführt werden. Jede einzelne atomare Operation wird ausgeführt und auf die erfolgreiche Ausführung hin überprüft. Schlägt eine Operation fehl,

	wird die Transaktion über einen *Rollback* rückgängig gemacht und der Ausgangszustand der Daten wird wieder hergestellt.
Consistency	(konsistent) Eine Transaktion ist immer konsistenzerhaltend. Waren die Daten vor der Ausführung einer Transaktion konsistent (im Sinne des Datenbankschemas und seinen Integritätsbedingungen), wird sichergestellt, dass die Daten auch nach der Ausführung der Transaktion wieder konsistent sind.
Isolation	(isoliert) Transaktionen werden isoliert ausgeführt, um Seiteneffekte mehrerer gleichzeitig ausgeführter Transaktionen zu vermeiden. Es wird beispielsweise verhindert, dass zwei Transaktionen gleichzeitig auf einem Datensatz schreiben.
Durability	(beständig) Transaktionen garantieren, dass nach dem erfolgreichen Abschluss einer Transaktion die Ergebnisse dauerhaft in der Datenbank gespeichert sind.

Ein Transaktionsmonitor übernimmt in einem sequentiellen Rechensystem die operative Steuerung der unterschiedlichen Prozesse zur Laufzeit. Dies schließt die Ablaufkontrolle, die Nachrichtenpufferung (message queuing), Nachrichtensicherung, die Betriebsmittelzuteilung und Laststeuerung, die Kommunikation mit Peripheriegeräten, etwaige Datenbankzugriffe, sowie die Konsistenzsicherung bei fehlgeschlagenen Transaktionen, den Wiederanlauf des Systems im Fehlerfall und die Zugangskontrolle zum System ein. Damit stellt der Transaktionsmonitor sicher, dass jede Komponente des Systems scheinbar parallel zu allen anderen agieren kann, obwohl alle Komponenten in einem sequentiellen System realisiert sind. Diese Aufgaben werden heute jedoch überwiegend durch Middleware-basierte Systeme (siehe Abschn. 8.1.5.3) erledigt und der klassische Transaktionsmonitor ist weitestgehend verschwunden.

Anmerkung *Sequentielle Systemmodelle sind in vielen etablierten Programmiersprachen noch vorherrschend, da diese von den inzwischen weitgehend abgelösten Paradigmen einzelner zentraler Rechnersysteme (sogenannte Host-Systeme) mit sequentiellem Ausführungsmodell geprägt sind. Allerdings wird durch den mittlerweile fast ausschließlichen Einsatz von Client/Server-Systemen und der Vernetzung der Rechner die Verwendung rein sequentieller Systemmodelle zurückgedrängt.*

8.1.5.6 Statik und Dynamik in Architekturen

Architekturen haben statische und dynamische Bestandteile. Die dynamischen Bestandteile zielen auf das Verhalten der Architektur im Sinne des Wechselspiels zwischen den Komponenten. Typische Beispiele dafür sind Protokolle, die im Rahmen einer Architektur eingesetzt werden. Statisch sind oft die Anzahl der Komponenten und deren Kommunikationsbeziehungen. Die Darstellung der statischen Eigenschaften erfolgt meist durch Diagramme (siehe Kap. 4.2.3).

Wir nennen eine Architektur statisch, wenn sich die Zahl der Komponenten und deren Verbindungen zur Laufzeit nicht ändern, sonst sprechen wir von einer dynamischen Architektur. Für dynamische Architekturen existiert sowohl eine dynamische wie eine statische Sicht.

Klassendiagramme	Für objektorientierte Systeme definieren *Klassendiagramme* (siehe Kap. 4.3.3) in der Regel eine statische Sicht (die Menge der Klassen und ihre Beziehungen ändern sich in der Regel zur Laufzeit nicht).
Objektdiagramme	Die *Objektdiagramme* ergeben eine dynamische Sicht zu einem Klassendiagramm. Sie stellen eine Blitzlichtaufnahme (engl. Snapshot) des Systems dar, da sie die Struktur des Systems nur zu einem bestimmten Zeitpunkt wiedergeben. Die Struktur ist Teil des sich ändernden Zustands des Systems.

Im Architekturentwurf werden sowohl die statische als auch die dynamische Sicht festgelegt.

8.1.6 Die zentrale Rolle des Architekten

Architekturen werden von *Software-* bzw. *Systemarchitekten* entwickelt. Diese nehmen eine zentrale Rolle in Projekten ein, da sie auf der einen Seite dafür verantwortlich sind, einen übergreifenden Lösungsvorschlag zu erarbeiten, welcher die in den Anforderungen formulierten Probleme angemessen adressiert. Auf der anderen Seite sind Architekten die zentralen Ansprechpartner für die unterschiedlichen Beteiligten in einem Projekt (Abb. 8.5).

Dabei nimmt der Architekt im Rahmen seiner Einbindung in das Projekt unterschiedliche Aufgaben wahr. Im Folgenden ist nur eine Auswahl davon gegeben:

Entwickler	In der *Entwicklerrolle* evaluiert der Architekt unterschiedliche Realisierungsalternativen (siehe Prototyping; Kap. 3.2.3). Weiterhin fördert der Architekt die Kommunikation im Team und motiviert neue/alternative Wege zur Problemlösung, auch unter Zuhilfenahme neuer Konzepte und Technologien. Er fungiert als Coach und Trainer und koordiniert die Schnittstellen zwischen Teilprojekten, welche die Teile eines Softwaresystems umsetzen.
Analytiker	In der *Analytikerrolle* trägt der Architekt zur Entwicklung der Systemvision (siehe Kap. 5) bei. Er bewertet Anforderungen an das System im Hinblick auf ihre Umsetzbarkeit und prüft die Projektziele und deren

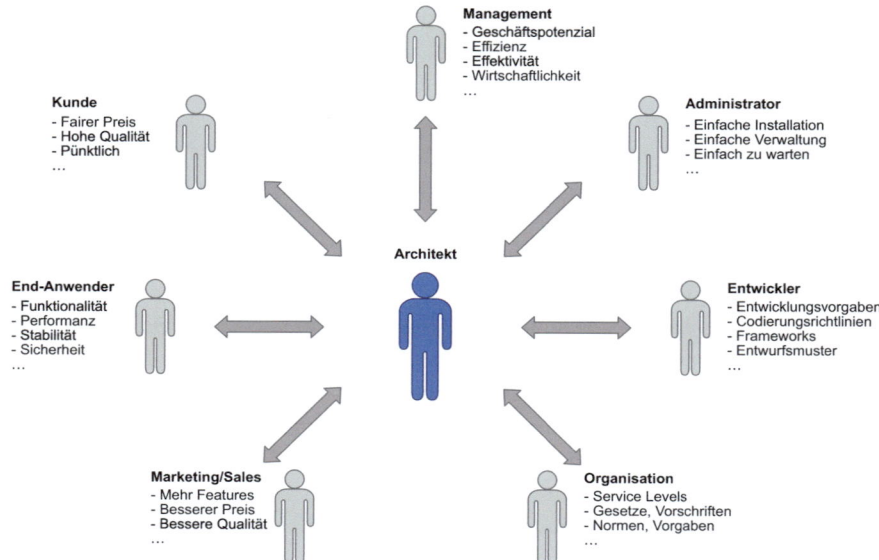

Abb. 8.5 Die Rolle des Architekten im Zusammenspiel mit unterschiedlichen Stakeholdern

	Erreichbarkeit mit den vorliegenden Anforderungen und Systementwürfen. Weiterhin treibt der die Kommunikation zwischen allen Stakeholdern voran, um die Akzeptanz des Systems zu steigern.
Projektmanager	In der Funktion des *Projektmanagers* trifft der Architekt Entscheidungen hinsichtlich des Systementwurfs und etwaiger Änderungen an Entwürfen und zu realisierender Funktionalität. Er unterstützt die Projektleitung bei der Teamzusammenstellung und bei der gegebenenfalls erforderlichen Planung von Werkzeugketten oder Schulungsmaßnahmen [6]. Weiterhin unterstützt er die Projektleitung bei der Planung des Projekts, etwa in der Organisation von Teilteams und Arbeitspaketen, welche sich am Architekturentwurf orientieren.

Wichtig ist die klare Unterscheidung zwischen der Rolle des Architekten und der Rolle des Anforderungsverantwortlichen. Hier gibt es einen offensichtlichen Interessenkonflikt. Der Architekt versucht den System- und Softwareentwurf möglichst elegant und einfach in der Umsetzung zu halten – Anforderungen, die dem zuwiderlaufen, versucht er zu vermeiden. Der Anforderungsverantwortliche hat zum Ziel, alle Anforderungen zu berücksichtigen, die für Nutzer und den Erfolg des Systems wichtig sind.

8.2 Prinzipien des Architekturentwurfs

In der Softwarearchitektur gibt es eine Vielzahl von Prinzipien und Richtlinien, die eine qualitativ hochwertige Architektur sicherstellen sollen – es gibt so viele, dass eine vollständige Auflistung kaum möglich ist und den Rahmen dieses Buches sprengen würde. Jedoch gibt es einige zentrale Prinzipien, die bei der Strukturierung einer Architektur zu beachten sind.

Das Ziel der Architektur ist die Gliederung des Systems in Einheiten mit explizit festgelegten *Aufgaben* und *Abhängigkeiten* zwischen diesen Einheiten. Diese Aufgaben und Abhängigkeiten werden über die *Schnittstellen* erfasst. Mit Hilfe der Schnittstellen kapselt man die Einheiten so, dass eine verbindliche Regelung besteht, in welcher Form von außen auf eine gekapselte Einheit über eine Schnittstelle eingewirkt werden kann. Nutzer der Einheit brauchen nur die Schnittstelle kennen und sich nur darauf verlassen, dass die Einheit alle Eigenschaften garantiert, die in der Schnittstelle beschrieben sind. Entwickler einer Einheit müssen ihrerseits die Eigenschaften der Schnittstelle garantieren, können für die Realisierung der Einheit beliebige, auch komplizierte Techniken wählen und sich dabei darauf verlassen, dass auf ihre Einheit nur in der in den Schnittstellen beschriebenen Art eingewirkt wird. Diese Einschränkung der Einwirkung einer Umgebung auf eine Einheit bezeichnet man als *Kapselung* (siehe Kap. 4.6.1.4). Die Tatsache, dass Nutzer einer Einheit nur die Schnittstelle kennen müssen und keine Informationen über die Implementierungsdetails zu wissen brauchen und diese letztlich auch nicht verwenden dürfen, wird durch das Prinzip *Information Hiding* (siehe Abschn. 8.2.3) adressiert.

Dieses Vorgehen durch Kapselung und Schnittstellenbeschreibung nennen wir *modular* (siehe Kap. 4.6.1.4), wenn es auf dem Prinzip beruht, dass aus der Kenntnis des Schnittstellenverhaltens der Einheiten und der Festlegung, wie im Rahmen einer Architektur diese Einheiten über ihre Schnittstellen verbunden werden, bereits das Gesamtverhalten des Systems festgelegt wird und insbesondere auch das Verhalten des Systems über seine Schnittstellen nach außen. Entscheidend hierbei ist, dass dann das Prinzip des Information Hiding gilt. Die Kenntnis des Schnittstellenverhaltens reicht aus, um die Wirkung des Systems zu kennen. Im Folgenden beschreiben wir die wichtigsten Prinzipien des Architekturentwurfs und geben entsprechende Beispiele an.

8.2.1 Das Gebot der Einfachheit: KISS

KISS[2] steht für *Keep it simple and stupid* (in etwa *Mache es einfach und nicht zu raffiniert*) und beschreibt ein Entwurfsprinzip, in dem zu einem gegebenen Problem eine möglichst einfach verständliche, jedoch tragfähige Lösung entwickelt werden soll. Neben der Einfachheit

---

[2]Apronym. Angeblich von Clarence Johnson (amerikanischer Flugzeugingenieur, (1910–1990) geprägt, 1958 Vizepräsident des Advanced Development Projects (ADP) bei Lockheed Martin; auch bekannt als „Skunk Works", später Senior Vice President.

Tab. 8.2 Formen der Kopplung zweier Komponenten A und B

Grundform	Beispiel
Aufruf	A ruft B auf (A nutzt einen Service von B)
Erzeugung	A erzeugt B
Daten	A und B nutzen gemeinsame Daten/-strukturen und Zustände
Umgebung	A und B erfordern dieselbe Laufzeitumgebung/Hardware
Zeit	B muss existieren, solange A existiert

der eigentlichen Lösung, soll die Lösung darüber hinaus auch nur mit einfachen Werkzeugen entwickelt werden, da komplexe Lösungen mehr Raum für Fehler bieten und entsprechend komplexe Werkzeuge die einfache Entwicklung und Wartbarkeit beeinträchtigen.

Achtung *Grundsätzlich ist bei der Anwendung des Prinzips der Einfachheit aber auch zu beachten, dass es nicht zu einfach und damit fehlerhaft wird*[3] *– das sogenannte* Oversimplification.

8.2.2 Kopplung und Kohäsion

Beim Entwurf einer Architektur müssen Architekten zwei Begriffe stets im Auge behalten, welche die Effizienz, Langlebigkeit und insbesondere die Architektur aber auch die Performanz und die Wartbarkeit eines Systems (siehe Kap. 2.2) beeinflussen: *Kopplung* und *Kohäsion*.

8.2.2.1 Kopplung
Ein Softwaresystem besteht in der Regel aus mehreren Komponenten, welche kooperativ die Funktionalität erbringen. Diese Kooperation erfolgt durch Kommunikation über Schnittstellen. Jede Interaktion induziert eine Abhängigkeit zwischen den beteiligten Komponenten. Wir sprechen von der Kopplung des Systems. Die Kopplung eines Systems beeinflusst maßgeblich seine Wartbarkeit und sie kann als Maß verwenden werden, um die Auswirkung einer Änderung im System abzuschätzen (siehe Kap. 2.3). Allgemeinhin gilt die Regel: *Je niedriger die Kopplung, desto eigenständiger ist die Komponente oder das Modul.* Hinsichtlich der Kopplung zweier Komponenten A und B gibt Tab. 8.2 – in Anlehnung an [16] – die elementaren Grundformen an.

---

[3]Nach Albert Einstein (deutsch-amerikanischer Physiker und Nobel-Preisträger, 1879–1955): Man muß die Dinge so einfach wie möglich machen. Aber nicht einfacher.

8.2 Prinzipien des Architekturentwurfs

Allgemeines zur Kopplung

Im Standard IEEE 610 [25], dem *Standard Glossary of Software Engineering Terminology,* werden folgende Kopplungsarten unterschieden, die sich in Teilen auf die von Stevens et al. 1974 beschriebenen Kopplungsarten [51] abstützen:

Inhaltskopplung	*(content coupling)* Ein Modul inkludiert direkt den Inhalt eines anderen oder Teile davon.
Bereichskopplung	*(common-environment coupling)* Zwei Module kommunizieren über gemeinsame globale Daten.
Hybridkopplung	*(hybrid coupling)* Hierbei ist ein Parameter gleichzeitig Datum und Kontrollflussinformation. Bevor ein Parameterwert weiterverarbeitet werden kann, muss zunächst eine Interpretation zur Fallunterscheidung des Parameters durchgeführt werden.
Kontrollkopplung	*(control coupling)* Ein Modul nimmt Einfluss auf den Kontrollfluss eines anderen; beispielsweise durch einen Parameter, der die Art einer konkreten Aktion spezifiziert. Hierbei ist zu unterscheiden, ob der Kontrollparameter ein Aufrufparameter oder ein Rückgabewert ist.
Datenkopplung	*(data coupling)* Zwei Module kommunizieren über elementare Daten, beispielsweise einfache Parameter.
Pathologische Kopplung	*(pathological coupling)* Ein Modul hat Kenntnis der konkreten Implementierung eines anderen Moduls und verlässt sich auf diese und/oder modifiziert die internen Daten des anderen Moduls.

8.2.2.2 Kohäsion

Die Kohäsion eines Systems beschreibt den Grad des inneren Zusammenhangs der Komponenten, Klassen, ja sogar einzelner Methoden eines Systems. Das heißt, Komponenten sind gezielt zu in sich geschlossenen Aufgaben zusammengefasst, um eine bestimmte abgegrenzte Funktion zu erbringen. In einem System mit *starker Kohäsion* erfüllt jede Programmeinheit genau eine wohldefinierte Aufgabe. Kohäsion lässt sich am Beispiel von Abb. 8.6 einfach illustrieren.

Im Beispiel zeigt die Klasse `UsefulTools` eine Vermischung von mathematischen Funktionen und String-Operationen. Somit erledigt diese Klasse zwei völlig unterschiedliche Aufgaben ohne logischen Zusammenhang. Eine wesentliche höhere Kohäsion zeigt die Lösung im rechten Teil der Abbildung, in der die Klasse `UsefulTools` in zwei Klassen aufgeteilt wurde – eine für die mathematischen Funktionen und eine für die String-Operation.

Schlechte Kohäsion

UsefulTools
+ SquareRoot (n: real) : real + Log (x: real, y: real) : real + SubString (s: String, pos: int, length: int) : String

Verbesserte Kohäsion

MathTools
+ SquareRoot (n: real) : real + Log (x: real, y: real) : real

StringTools
+ SubString (s: String, pos: int, length: int) : String

Abb. 8.6 Beispiel einer Klasse mit schlechten Kohäsionseigenschaften und einer passenden Lösungsoption

Anmerkung *Im Bereich der objektorientierten Programmierung spricht man hier auch vom* Single-Responsibility-Principle *(siehe auch Kap. 10.5.1). Es besagt, dass eine Klasse und damit auch alle Elemente einer Klasse (siehe Kap. 4.2.3) im Zusammenspiel genau eine Aufgabe erfüllen.*

Ähnlich wie bei der Kopplung kann Kohäsion in unterschiedlichen Kategorien auftreten, welche von unerwünscht bis erstrebenswert reichen. So ist zum Beispiel eine *zufällige Kohäsion* (tritt üblicherweise bei der Nutzung von sogenannten *Utility-Klassen,* in denen Funktionen nach Bedarf gruppiert wurden, auf; siehe auch Abb. 8.6) zu vermeiden, während eine *funktionale Kohäsion,* in der alle Funktionen eine logisch-funktionale Einheit bilden, als erstrebenswert angesehen wird. Insbesondere ist nach Möglichkeit zu vermeiden, dass ein sich geschlossen dargestellter Algorithmus auf mehrere Module aufgeteilt wird, ohne dass dabei jedes der Module eine in sich geschlossene Aufgabe wahrnimmt.

8.2.3 Kapselung und Information Hiding

Aus Gründen einer angemessenen Abstraktion ist es vorteilhaft, eine klare Unterscheidung zwischen der *Außensicht,* also der Benutzung einer Komponente, bestehend aus der Schnittstellenbeschreibung, und der *Innensicht,* also der Implementierung einer Komponente zu ziehen (Abb. 8.7). Dadurch lassen sich im Entwicklungsprozess die Implementierung der Komponente und die Entwicklung der Programme, welche die Komponente verwenden, trennen und entkoppelt nebeneinander durchführen.

Eines der grundlegenden Prinzipien der Programmierung und letztendlich auch der Architektur ist die Kapselung, mit welcher die konsequente Trennung von Innen- und Außensicht durch Schnittstellen und das Prinzip des *Information Hiding* [45] umgesetzt wird (siehe Kap. 4.6). Ziel der Kapselung ist es, den Zugriff durch die Schnittstelle zu beschränken, eine konkrete Implementierung hinter einer Schnittstelle zu „verstecken" so den Zugriff gezielt einzuschränken und das System robuster gegenüber Änderungen zu machen. Eine

8.2 Prinzipien des Architekturentwurfs

Abb. 8.7 Entwickler- und Nutzerperspektiven auf das Konzept der Kapselung von Komponenten

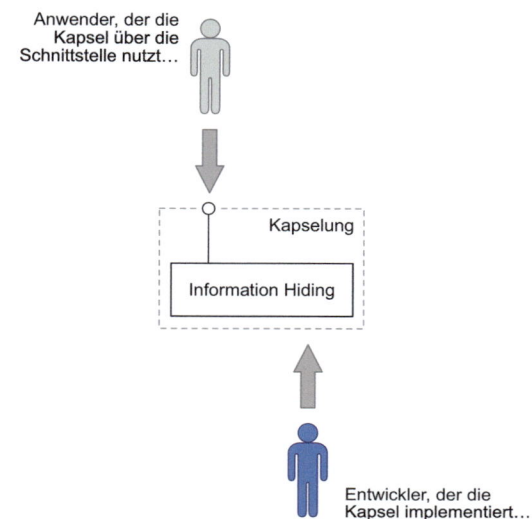

Komponente ist eine funktionale *Black Box,* welche keine Informationen über die konkrete Implementierung gibt, Zugriff auf interne Bestandteile nur über ihre Schnittstelle erlaubt und deren Dienste nur und ausschließlich über eine definierte Schnittstelle zugreifbar sind (siehe Definition 1.4). Details zur Implementierung einer Komponente müssen Nutzern der Komponente nach außen nicht bekannt sein. Sie sollen auch nicht bekannt sein, da Nutzer diese Details weder kennen müssen und sich somit nicht mit den Implementierungsdetails beschäftigen sollen oder sich von den Implementierungsdetails abhängig machen. Mehr noch, Nutzer sollen die Details auch nicht verwenden dürfen, da dies dem Prinzip der Schnittstelle und dem Prinzip des *Design by Contract* (siehe Abschn. 8.2.6) widerspricht. Die Verbindung zwischen der Komponente und der Außenwelt, die Verbindung zwischen der Nutzung der Komponente und ihrer Implementierung soll ausschließlich über die Schnittstelle erfolgen. Kapselung stellt sicher, dass nicht an der definierten Schnittstelle vorbei auf die Komponente eingewirkt wird.

Die konsequente Anwendung der Kapselung stellt sicher, dass Implementierungsdetails nicht über die in der Schnittstelle festgelegten Eigenschaften hinaus genutzt werden und dadurch Abhängigkeiten entstehen, die von der Schnittstelle nicht erfasst sind. Dadurch kann die Implementierung einer Komponente jederzeit durch völlig andere, hinsichtlich der Außensicht die Spezifikation erfüllende Implementierungen ersetzt werden, ohne dass die Programme, die auf der Komponente aufsetzen, geändert werden müssen (siehe Abschn. 8.2.5). Abb. 8.8 illustriert diese Trennung von Schnittstelle und Implementierung am Beispiel eines kleinen C#-Programms, in dem eine Schnittstelle `MyInterface` in einer separaten Bibliothek erstellt wurde. Diese Bibliothek kann entsprechend kompiliert und an die Entwickler verteilt werden, welche jeweils eigene Implementierungen der definierten Schnittstelle anbieten können. Ferner kann diese Bibliothek auch an solche

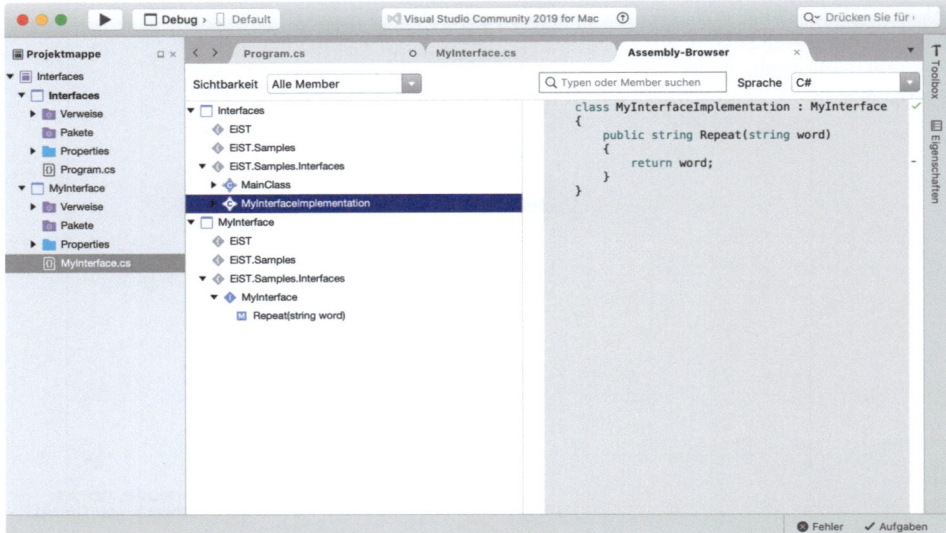

Abb. 8.8 Beispiel einer Schnittstellenbibliothek

Entwickler verteilt werden, welche die Funktion einfach nur in ihre Programme einbinden müssen (Stichwort Wiederverwendung, siehe Kap. 10 und Abschn. 8.3). Infolge dessen können unterschiedliche Implementierungen im Programm genutzt werden, sofern der in der Schnittstelle festgelegte Vertrag erfüllt wird.

Diese Trennung von Realisierung und Verwendung von Komponenten ist nur dadurch zu erreichen, dass wir die Datenstrukturen und deren typische Funktionen zum Aufbau, zur Abfrage und zur Zerlegung in einer Datenkapsel mit einer spezifizierten Schnittstelle zusammenfassen. Dies wird besonders konsequent in der Objektorientierung durchgeführt.

Beispiel Diese Trennung kann anhand einer Komponente illustriert werden, die die Anzahl der Aufrufe/die Anzahl der Nachrichten in einer Variable zählt. Die Anzahl der Nachrichten kann zwar abgefragt, aber nicht von außen geändert werden.

Kapselung durch Schnittstellen
Obwohl das Prinzip der Kapselung (siehe Kap. 4.6.1.4) den Aufbau langlebiger und „sauberer" Architekturen erlaubt, darf nicht vergessen werden, dass dies Kosten verursachen kann. Passende Implementierungen für eine Schnittstelle zu laden, kann zu Performanzeinbußen führen. Ebenfalls nicht vergessen werden darf ein erhöhter Aufwand für den Gesamtentwurf (es werden mehr Elemente im Architekturmodell benötigt) und schlussendlich auch ein erhöhter Codierungsaufwand. Trotzdem: Ein

8.2 Prinzipien des Architekturentwurfs

Ignorieren dieser Prinzipien birgt weitaus größere Gefahren. Insbesondere in der langfristigen Wartung eines Systems kann die Verletzung des Prinzips der Kapselung zu einer Steigerung der Systemkomplexität führen, insbesondere im Hinblick auf Abhängigkeiten (Kopplung, siehe Abschn. 8.2.2) zwischen einzelnen Komponenten des Systems, welche ohne definierte Interfaces nicht explizit beschrieben sind.

8.2.4 Separation of Concerns

Separation of Concerns ist ein Grundprinzip des Software Engineering, welches besagt, dass unterschiedliche Aspekte möglichst nicht vermischt werden sollten, um die Komplexität von Aufgaben zu reduzieren. Dieses Prinzip geht zurück auf E. W. Dijkstra [10]: *„It is what I sometimes have called ‚the separation of concerns', which, even if not perfectly possible, is yet the only available technique for effective ordering of one's thoughts, that I know of. This is what I mean by ‚focusing one's attention upon some aspect': it does not mean ignoring the other aspects, it is just doing justice to the fact that from this aspect's point of view, the other is irrelevant."*

Hierbei ist das Prinzip der *Separation of Concerns* ein allgemeines Prinzip, welches unabhängig von der konkreten Entwurfsaufgabe angewendet werden kann. Für konkrete Entwurfsaufgaben sind Verfeinerungen und Interpretationen erforderlich. So umschreibt beispielsweise Robert C. Martin [35] das Prinzip der Separation of Concerns durch das sogenannte *Single Responsibility Prinicple* (siehe Kap. 10.5.1) mit der Forderung, dass es „nie mehr als einen Grund geben sollte, eine Klasse zu ändern". Durch die klare Regelung von Aufgaben und Zuständigkeiten wird eine Grundlage für den modularen Entwurf geschaffen. Das heißt, für jede Aufgabe wird eine Komponente vorgesehen, welche eine klare Verantwortlichkeit im Sinne der Aufgabe hat. Andere Verantwortlichkeiten sind anderen Komponenten zugeordnet, weshalb sie nicht mehr betrachtet werden.

Die Fokussierung der Entwurfseinheiten gemäß Aufgaben und Verantwortlichkeiten kann auf unterschiedliche Weise erfolgen. Hilfreich ist hierbei ein Schema, wie es etwa durch die

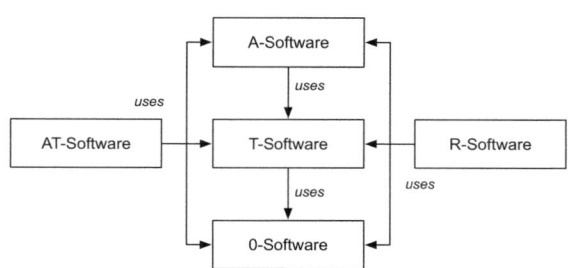

Abb. 8.9 Quasar Blutgruppen für die Klassifikation von Komponententypen im Entwurfsprozess

sogenannten *Quasar Blutgruppen* (Abb. 8.9) vorgegeben wird. Die Blutgruppen klassifizieren Komponenten und Softwaremodule allgemein nach ihrer Rolle im Hinblick auf Beiträge zur Fachlichkeit oder zur technischen Realisierung und geben durch die Charakterisierung der Klassen Hilfestellung für Aufbau und Inhalt der entsprechenden Komponenten (Tab. 8.3). Ziel dieser Klassifikation ist es, technische und anwendungsbezogene Systemteile möglichst weitgehend voneinander zu trennen, um so die Zuständigkeit und Expertise festzulegen und auch eine bessere Wiederverwendung zu realisieren. Nach Siedersleben [47] gehört jede Schnittstelle, jede Komponente und jede Klasse zu genau einer dieser Kategorien.

8.2.5 Teile und Herrsche

Das zuvor eingeführte Prinzip des *Separation of Concerns* ist eine grundlegende Voraussetzung für den aufgabenorientierten Entwurf eines Softwaresystems. Die Trennung von Aufgaben und Verantwortlichkeiten im Entwurf führt zur Notwendigkeit, Module festzulegen, welche diese Aufgaben erfüllen. Dies führt zum Begriff der *Modularisierung*. Modularisierung ist das wichtigste technische Hilfsmittel zur Reduktion der Komplexität der Entwicklungsaufgabe. Durch Modularisierung kann eine komplexe und schwer beherrschbare Entwicklungsaufgabe schrittweise nach dem Prinzip *Teile und Herrsche* (auch: Divide et Impera, Divide and Conquer) in kleinere, eigenständige, einfacher beherrschbare und voneinander unabhängig lösbare Teilaufgaben aufgeteilt werden, solange bis die vorliegenden Teilaufgaben eine Größe erreichen, welche unmittelbar in ein Programm umsetzbar sind. Die resultierenden Teilaufgaben können nun jeweils unabhängig voneinander und eigenständig bearbeitet werden. Aus den Teillösungen kann dann wiederum die Lösung für die Gesamtaufgabe zusammengesetzt werden. Diese Vorgehensweise ist technisch jedoch nur möglich, wenn geeignete Modularisierungskonzepte auf der Beschreibungsebene und in der Methodik vorgesehen sind. Typische Modularisierungskonzepte sind:

Funktionale Dekomposition	Damit wird das Zerlegen einer Aufgabe in Unteraufgaben (wie etwa „Wartung Kundendaten" in „Erfassung", „Änderung" und „Löschen") beschrieben (siehe Kap. 4.6.1.6).
Strukturelle Dekomposition	Damit wird das Zerlegen von Systemkomponenten in Teilkomponenten (wie etwa Informationssystem in Nutzungsschnittstelle, Anwendungsschicht oder Datenbanksystem) beschrieben (Abschn. 8.1.4.5).
Parametrisierung	Bei der Parametrisierung wird eine modulare Struktur so gebildet, dass sie durch eine passende Konfiguration über Parameter an bestimmte Bedürfnisse angepasst werden kann. Die Parametrisierung liegt gewissermaßen quer zur funktionalen und zur strukturellen Dekomposition und kann diese ergänzen.

8.2 Prinzipien des Architekturentwurfs

Tab. 8.3 Übersicht der Quasar-Blutgruppen

Typ	Beschreibung
0	Komponenten dieses Typs sind unabhängig von Anwendungen oder Technologien. Zu diesem Typ gehören beispielsweise Standardbibliotheken. Komponenten dieses Typs sind insbesondere dadurch charakterisiert, dass sie nur technische Datentypen an ihren Schnittstellen anbieten, etwa Strings oder Integers. Damit sind sie sehr gut für allgemeine Wiederverwendung geeignet.
T	Komponenten dieses Typs sind technologieorientiert. Üblicherweise handelt es sich hier um APIs (Application Programming Interface), welche unabhängig von einer konkreten Anwendung existieren, jedoch Abhängigkeiten zu einer Technologieplattform haben. Beispiele für solche technischen Schnittstellen sind etwa die Middleware CORBA oder das Java-basierte Datenbankinterface JDBC. T-Komponenten setzen auf den 0-Komponenten auf und bieten die technischen Schnittstellen für die eigentlichen Anwendungen an. Sie sind – auf einer Plattform – sehr gut für die Wiederverwendung geeignet.
A	A-Komponenten sind Domänen- bzw. Anwendungsbezogen. Dieser Typ Komponente wird üblicherweise aus einem Domänenmodell heraus entwickelt, etwa Komponenten die Kunden oder Bankkonten abbilden. Diese Komponenten sind Bestandteil der Anwendungslogik und durch ihre spezifische Ausprägung für eine Anwendung nur schwer wiederzuverwenden.
AT	Dieser Typ Komponente ist eine Kombination der Typen A und T. Somit sind diese Komponenten spezifische abgestimmt sowohl für eine Anwendung als auch auf eine bestimmte Technologie. Dieser Typ Komponente ist daher nur mit großen Aufwand für eine Wiederverwendung geeignet. Auch ist dieser Typ Komponente nur mit großem Aufwand in der Evolution eines Softwaresystems zu behandeln – so entsteht *Legacy-Software*.
R	R-Komponenten sind für die Erstellung von Repräsentationen verantwortlich. Durch diesen Typ Komponente werden beispielsweise *Business Objects* aus der Anwendungslogik für eine externe Repräsentation transformiert. Die Transformation kann sich dabei auf eine einfache De-/Serialisierung beschränken, sie kann aber auch die Ver- und Entschlüsselung umfassen oder die Konvertierung von Daten zwischen unterschiedlichen Sprachen, etwa durch Netzwerkprotokolle oder XML-basierte Datenformate. Komponenten des Typs R sind spezielle Ausprägungen des Typs A. Sie können aus Spezifikationen heraus generiert werden. Damit sind R-Komponenten nicht für die Wiederverwendung geeignet, jedoch können sie beliebig oft neu generiert werden.

Kann aufgrund der verwendeten Spezifikationstechnik für die Schnittstellen der Teilsysteme nach Verbindung der Schnittstellen der Teilsysteme das Gesamtverhalten eindeutig erfasst werden, dann sprechen wir von einem *modularen Aufbau* der Architektur und der Architekturbeschreibung. Ergibt sich ferner für das Schnittstellenverhalten der Teilsysteme ein Begriff der *Verfeinerung*, der mit dem Begriff der *Kompatibilität* zusammenfällt, so ist es möglich, Teilsysteme durch verfeinerte Teilsysteme zu ersetzen, ohne dass dabei die

Korrektheit des Gesamtsystems zerstört wird. Dies ist ein wichtiges Prinzip der Modularität und der Kompatibilität (siehe Kap. 4.6.1.4 und 9.2).

Anmerkung *Es existieren sehr unterschiedliche syntaktische und semantische Konzepte von Teilsystemen von Architekturen. Beispiele sind Funktionen, Prozeduren, Module, Klassen oder Datenflussknoten. Jedes Konzept erfordert einen zugeschnittenen Schnittstellenbegriff. Die Prinzipien der Kapselung, des Information Hiding und der Modularisierung sind jedoch dafür stets anwendbar.*

8.2.5.1 Hierarchische Dekomposition und Modulbildung

In der Modulbildung bilden wir aus logischen oder technischen Anforderungen heraus Module bzw. Komponenten, welche über Schnittstellen Dienste anbieten, die jedoch (zunächst) nicht strikt in eine umfassende technische Architektur eingebettet sein müssen. Die Modulbildung findet im Entwurf der logischen Architektur (siehe Kap. 4.6.1) statt. Ausgangspunkt der Modulbildung ist ein System, das in Teilsysteme gegliedert ist. Werden diese Teilsysteme wieder in weitere Teilsysteme zerlegt, sprechen wir von einer hierarchischen Zerlegung – der *hierarchischen Dekomposition*. Die hierarchische Zerlegung ist ein probates Mittel, sehr große Systeme hierarchisch immer weiter in Teilsysteme zu zerlegen, bis eine Systemgröße erreicht ist, die ohne weitere Zerlegung realisierbar ist. Die hierarchische Zerlegung führt über mehrere Zerlegungsschritte zu Modulen, die mehrere Zwecke erfüllen:

- Aufgaben und Funktionalitäten werden definiert und entsprechenden Modulen zugeordnet.
- Grundsätzliche Schnittstellen werden festgelegt.
- Der grundsätzliche, fachliche Systemaufbau wird festgelegt.
- Es werden, je nach Grad der Verfeinerung/Detaillierung, Einheiten für die arbeitsteilige. Umsetzung gebildet.
- Das System wird stabilisiert, indem durch Module abgeschlossen, getrennt voneinander entwickelbare und pflegbare Einheiten definiert werden.

Durch die konsequente Modularisierung in Modulen kann eine weitgehende Flexibilität sichergestellt werden. Module können arbeitsteilig entwickelt und weiterentwickelt werden. Ändern sich Anforderungen an ein System, hilft eine konsequente Modularisierung Änderungen und sich daraus ergebende Folgeänderungen zu vermeiden oder zumindest zu beschränken (Abb. 8.10). Dies gilt insbesondere für unvorhersehbare Änderungen, welche unter Umständen aufwendige, fehleranfällige und kostspielige Modifikationen an Programmtexten erforderlich machen können.

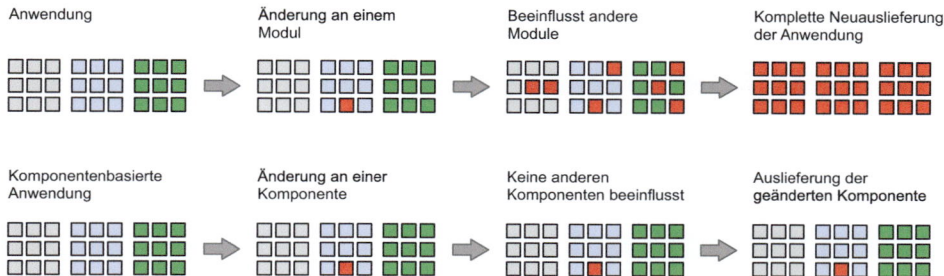

Abb. 8.10 Stabilität bezüglich Änderungen von komponentenbasierten Systemen nach Herzum und Sims [23]

8.2.5.2 Schichtenbildung und Schichtenarchitekturen

In der Schichtenbildung werden bestimmte Funktionen (repräsentiert durch Komponenten und Module) in Schichten zusammengefasst und es wird eine Schnittstelle spezifiziert, die beschreibt, welche Funktionalität anderen, darüber liegenden Schichten angeboten wird (siehe Kap. 4.6.2). Dazu nutzt die Schicht Schnittstellen der darunter liegenden Schicht. Wir sprechen hier vom *Layering,* also vom Aufbau einer Mehr-Schichten-Architektur (siehe Kap. 10.4) in der gilt, dass eine Schicht n ihre Services nur der Schicht $n+1$ zur Verfügung stellt, und gleichzeitig nur Services der Schicht $n-1$ nutzt. Eine solche Schichtenarchitektur wird strikt genannt.

Auch bei der Schichtenbildung geht es darum, eine angemessene Gliederung in Teilsysteme zu entwickeln, welche über definierte Schnittstellen Dienste anbieten und nutzen. Wie Abb. 8.11 zeigt, können Modulbildung und Schichtenbildung miteinander kombiniert werden. Auf der Grundlage des Architekturmusters *Layers* [17, pp. 17ff.] werden zunächst mehrere Schichten gebildet. Diese Schichten bestehen aus Teilsystemen, welche die Funktionalität erbringen. Innerhalb der Schichten werden dadurch passende Komponenten- und in weiteren Verfeinerungsschritten Modulstrukturen definiert. Durch die Anwendung von Entwurfsmustern (siehe Kap. 10.3.3), etwa des Façade-Pattern [14, pp. 185ff.], können dann auch interne Strukturen von den nach Außen gegebenen Schnittstellen entkoppelt werden. Das heißt, die in der Spezifikation festgelegte Schnittstelle einer grob-granularen Komponente wird intern durch eine Reihe verfeinerter, spezialisierter Teilsysteme realisiert (siehe Kap. 4.6.1.5). In Abb. 8.11 ist dies nach dem zweiten Verfeinerungsschritt durch ein *Application Logic Interface,* welches mit Hilfe des Façade-Pattern realisiert werden kann, gezeigt.

Bei der Schichten- und Modulbildung sind auch die Grundprinzipien, welche sich aus den Prinzipien der Kopplung und Kohäsion (siehe Abschn. 8.2.2) ergeben, zu berücksichtigen: *Einfachheit* und *Verantwortlichkeit.* Bezüglich der Einfachheit gilt wiederum, dass ein Entwurf so einfach wie möglich und so komplex wie nötig sein sollte. Hinsichtlich der Verantwortlichkeit muss im Entwurf zwischen logischen und technischen Erfordernissen

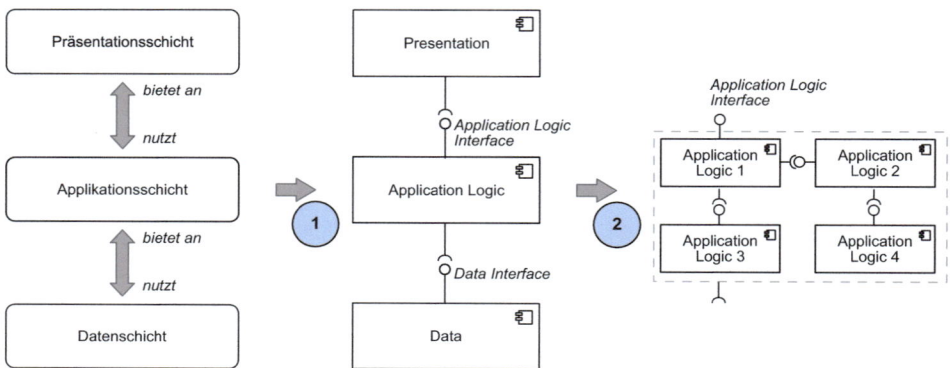

Abb. 8.11 Beispielhafte Strukturierung eines Softwaresystems in Schichten, welche im 1. Schritt durch Komponenten modelliert und im 2. Schritt jeweils verfeinert werden

unterschieden werden, welche einen wesentlichen Einfluss auf die Bildung von Schichten, Komponenten und Modulen haben.

Anmerkung *Stellt man die Teilsysteme eines Systems mit seiner Architektur als Knoten eines Graphen dar und benutzt die Kanten, um die Teilschnittstellen der Teilsysteme zu verbinden, wie dies in der Architektur vorgesehen ist, so bekommen wir ein* **Architekturdiagramm** *(auch Architekturgraph). Das Architekturdiagramm zeigt auf, welche Schnittstellen welcher Teilsysteme miteinander verbunden sind.*

8.2.6 Design by Contract

Die im letzten Abschnitt behandelte Modularisierung, zusammen mit den Grundprinzipien wie Kopplung und Kohäsion, wird durch das Prinzip *Design by Contract* adressiert [36]. Die frühe Festlegung von Schnittstellen, welche über den Systemlebenszyklus weitgehend stabil gehalten werden, helfen von der konkreten Implementierung zu abstrahieren.

Zentral sind gut gewählte Schnittstellen und möglichst vollständige Schnittstellenbeschreibungen. Eine Schnittstelle ist so zu wählen, dass in sich abgeschlossene Teilaufgaben gelöst werden (siehe Kopplung; Abschn. 8.2.2.1). Dabei ist auf Allgemeinheit zu achten. Im Zweifelsfall ist eine speziellere Aufgabenstellung, die im Rahmen einer Dekomposition der Aufgabenstellung anfällt, zu verallgemeinern, sodass die speziellere Aufgabe durch entsprechende Wahl etwa der Parameter gelöst wird. Dies führt gleichzeitig zur Definition „schmaler" Schnittstellen. Dies sind Schnittstellen mit einer überschaubaren Anzahl von Parametern (siehe Kap. 10.5.4). Diese Verallgemeinerung hat auch den Vorteil, dass die entstehende Komponente eher auch für andere Aufgabenstellungen genutzt werden kann.

Anmerkung *Auch bei der Festlegung der Aufgabenstellungen kann sich eine etwas verallgemeinerte Lösung als günstiger erweisen, weil diese unter Umständen mit geringerem Aufwand an geänderte Aufgabenstellungen anpassbar ist. Dies darf aber nicht dazu führen, dass für jedes neue Projekt zunächst einmal mit viel Aufwand ein neues Framework entwickelt wird.*

Die Schnittstellenbeschreibung bildet einen Vertrag zwischen den Nutzern und den Implementierern einer Schnittstelle (siehe Kap. 4.6.1). Der Nutzer verlässt sich auf das in der Schnittstelle spezifizierte Verhalten, der Implementierer garantiert die Schnittstelle.

8.3 Wiederverwendung im Architekturentwurf

Im Vergleich zu den frühen Tagen der Softwareentwicklung ist festzustellen, dass Software heute nur noch in den seltensten Fällen von Grund auf neu entwickelt wird. In den Fokus des Interesses rückt damit immer stärker die *Wiederverwendung* von Software oder – allgemeiner – von Softwareentwicklungsartefakten. Krueger [30] definiert die Wiederverwendung von Software *(Software Reuse)* wie folgt: *„Software reuse is the process of creating software systems from existing software rather than building software systems from scratch."* und macht damit klar, dass es hier um eine Menge von Aktivitäten im Rahmen der Software- und Systementwicklung geht, die sich durch Anforderungen hinsichtlich der Nachnutzung von Software entsprechend ausrichten müssen. Frakes und Terry [12] fassen den Begriff der Wiederverwendung noch weiter: *„Software reuse, the use of existing software artifacts or knowledge to create new software.",* indem sie auch explizit das *Wissen* zu Gegenstand der Wiederverwendung machen. Dies wird durch Spoelstra et al. [49] aufgegriffen und noch schärfer formuliert: *„The reuse of knowledge is considered a major factor for increasing productivity and quality. In the software industry knowledge is embodied in software assets such as code components, functional designs and test cases. This kind of knowledge reuse is also referred to as software reuse."* Im Folgenden stützen wir uns auf Frakes und Fox [13] zur Definition eines Wiederverwendungsbegriffs ab:

Definition 8.1 (Software Wiederverwendung) Software Wiederverwendung ist die Nutzung existierenden Wissens und existierender Softwareartefakte zur Entwicklung neuer Systeme.

Der Bereich der Wiederverwendung von Software bzw. von Wissen hat eine grundlegende Zielstellung, die Entwicklung von Softwaresystemen zu optimieren. Die Optimierungsziele hierbei sind insbesondere:

- Kostenreduktion und Verkürzung von Entwicklungszyklen (time-to-market)
- Steigerung der Qualität durch bewährte, getestete Komponenten (product quality)
- Senkung der Lebenszykluskosten (total cost of ownership)

Dabei ist ersichtlich, dass diese Kriterien sich auch mit den allgemeinen Qualitätseigenschaften von Software (siehe Kap. 2.2) decken. Im Folgenden werden die unterschiedlichen Ansätze zur Wiederverwendung aus der Perspektive der Nutzung von Architekturwissen diskutiert.

8.3.1 Was ist Wiederverwendung?

Wiederverwendung findet auf unterschiedlichen Ebenen statt, etwa auf der Ebene von Codefragmenten, Prozeduren/Funktionen, Sub-/Systemen oder für ganze Architekturen (siehe Kap. 10). Dabei können die unterschiedlichsten Entwurfs- und Implementierungsartefakte Gegenstand der Wiederverwendung sein, insbesondere:

- Anforderungen
- Systemstrukturen (Architekturen)
- Modelle
- Code

Hierbei ist zu bemerken, dass insbesondere die Wiederverwendung im Software- und Systementwurf aus zwei Perspektiven betrachtet werden kann: dem Entwurf *mit* Wiederverwendung und dem Entwurf *für* Wiederverwendung (siehe Kap. 9.2.3).

8.3.1.1 Kompatibilität

Unter *Kompatibilität* wird in der Technik entweder die Austauschbarkeit von Baugruppen, die Vereinbarkeit oder die Gleichwertigkeit von Eigenschaften verstanden (siehe Kap. 4.6.1.4). Es gibt spezifischere Formen der Kompatibilität:

Abwärtskompatibilität	Erfüllt ein (oft neueres) System mindestens die Anforderungen eines anderen (alten) Systems und geht auch darüber hinaus, spricht man von Abwärtskompatibilität.
Aufwärtskompatibilität	Kann ein altes System die Anforderungen eines neuen erfüllen, nennt man dies Aufwärtskompatibilität.
Austauschkompatibilität	Eine Komponente ist durch eine andere ersetzbar, ohne dass das Systemverhalten fehlerhaft wird (zum Beispiel: die Energiesparlampe ersetzt die herkömmliche Glühbirne) – siehe auch Abschn. 8.3.1.2.

8.3 Wiederverwendung im Architekturentwurf

Interoperabilität   Wechselseitige Kompatibilität: Zwei Komponenten passen zusammen, können Seite an Seite eingesetzt werden (zum Beispiel: der Stecker passt in die Steckdose).

Eine andere Form der Kompatibilität ist die *Kompositionskompatibilität*. Zwei Komponenten heißen kompositionskompatibel im Hinblick auf ihre Schnittstellen, wenn die Schnittstellen syntaktisch und semantisch zusammenpassen und somit eine sinnvolle Komposition möglich ist.

8.3.1.2 Austauschkompatibilität

Im Kap. 4.6.1.4 haben wir den Begriff *Kompatibilität* bereits aus der Perspektive der Softwareentwicklung eingeführt. Im Kontext der Wiederverwendung ist dabei insbesondere die oben genannte *Austauschkompatibilität* von besonderem Interesse, da man im Kontext der Wiederverwendung daran interessiert ist, nach Möglichkeit eine vorhandene Komponente durch eine andere zu ersetzen (siehe Kap. 4.6.2.3). Wir definieren die Austauschkompatibilität wie folgt:

Definition 8.2 (Austauschkompatibilität)   Eine Komponente B heißt austauschkompatibel zu einer Komponente A, wenn man in einem beliebigen korrekten Programm bzw. einer korrekten Software A durch B ersetzt werden kann, ohne dass das Programm bzw. die Software inkorrekt wird.

Hierbei ist zu beachten, dass die Austauschkompatibilität garantiert wird, falls B eine Verfeinerung von A ist, wobei dies nur für eine modulare Verfeinerung gilt (siehe Kap. 4.6.2.3).

8.3.1.3 Wiederverwendung und Wartung

Bei einer systematischen Wiederverwendung von Software ist im Allgemeinen auch davon auszugehen, dass die Wartung der wiederverwendeten bzw. mehrfach verwendeten Softwarekomponenten sich einfacher gestaltet. Zu beachten ist aber, dass auch wiederverwendete Komponenten zwingend einer Qualitätssicherung zu unterziehen sind und dass solche Komponenten auch in den unterschiedlichen Wartungsaktivitäten (siehe Kap. 13.2) mit einzubeziehen sind. Daher sind sowohl aus Sicht der *Erstentwicklung* als auch aus Sicht der *Evolution* Regeln aufzustellen:

- Wann wird Komponente für die Wieder- bzw. Mehrfachverwendung geschaffen?
- Wer trifft die Entscheidung dazu?
- Welche stabilen Schnittstellen werden definiert?
- Welche Form der Kompatibilität wird angestrebt?

8.3.2 Herausforderungen in der Wiederverwendung

Im Software Engineering ist es, wie auch in anderen Ingenieurdisziplinen, notwendig auf praxiserprobte Prinzipien und Standards zurückzugreifen – nicht nur in der Implementierung, sondern vor allem im Entwurf. Das entscheidende Problem des Software Engineering ist es daher moderne Softwaresysteme zu verstehen, die getroffene Entwurfsentscheidungen zu begründen und zu dokumentieren! Die Probleme in der Praxis sind vielfältig:

- Hunderte von Entwurfsentscheidungen
- Komplexe Abhängigkeiten im Entwurf
- Mangelnde Dokumentation, insbesondere des Entwurfs
- Mangelnde Transparenz des Entwurfs
- Fehlende Begründung (Rationale) der Entwicklungsschritte und -entscheidungen

Um diesen Problemen zu begegnen und Entwicklerwissen wieder verwenden zu können, ist es daher notwendig, Entwicklerwissen zu dokumentieren (Abhängigkeiten und Entscheidungen), Standardlösungen zu beschreiben, Lösungen zu bewerten, Software (Entwurf und Implementierung) zu dokumentieren, Wiederverwendung zu betreiben, Terminologie zu konsolidieren (Stichwort: Glossar) und generell das Unternehmens-Know-how zu sichern.

> **Hinweis**
> Gute Systementwürfe, Softwarearchitekturen und Datenmodelle folgen vorzugsweise Prinzipien und Standards, die sich in der Praxis bewährt haben. Daher ist der Rückgriff auf vorgefertigte Konzepte, Teile und Strukturen sinnvoll. Neben dem Einsatz von Codebibliotheken und Frameworks (siehe Kap. 10.2) gehören dazu besonders:
>
> - Standardlösungsmuster (Design Pattern, siehe Kap. 10.3) Composite, Decorator, Visitor und Ähnliches
> - Standardsystemarchitekturen (Architekturmuster, siehe Kap. 10.4), etwa Schichtenarchitekturen, Client-Server Architekturen, Model-View-Controller Muster und Ähnliches

Um ein hohes Maß an Wiederverwendungen zu erreichen sind auch entsprechende Managementmaßnahmen erforderlich. Es müssen Anreize geschaffen werden, damit Entwickler geschriebenen Code so dokumentieren und aufbereiten, dass er wieder verwendbar wird und sich darum bemühen, geschriebenen Code aufzufinden und ihn wiederzuverwenden. Dies erfordert auch eine Bibliothek von wiederverwendbaren Programmteilen. Da solche

Bibliotheken sehr bald groß und unübersichtlich werden, benötigt man Wiederauffindungsmechanismen und eine gute Dokumentation. Dies kann durch Taxonomien oder durch Attributierung erfolgen. Die Definition und Implementierung entsprechender Verfahren ist im Wesentlichen Aufgabe des *Architekturmanagements* (siehe Kap. 13.2.3.1), insbesondere, wenn ein Unternehmen seine Software als Software-Produktlinie entwickelt und pflegt [4].

8.3.3 Strategien der Wiederverwendung

Nach Schätzungen [21, 32, 37, 48, 52] könnten bei großen Entwicklungsprojekten weite Teile der Codierung gespart werden, wenn konsequent bereits entwickelte Programme oder Programmteile an unterschiedlichen Stellen wiederverwendet würden. Eine Form der Wiederverwendung ist dabei die gemeinsame Nutzung innerhalb eines Projekts. Die Schwierigkeit ist hierbei die Top-Down-Verfeinerung, also dem Aufbrechen größerer in immer kleinere Teilaufgaben, gleichlautende Teilaufgaben wiederzuentdecken und durch die gleichen Module und den gleichen Code abzudecken. Deshalb ist eine Mischform aus Top-Down- und Bottom-Up-Techniken ratsam, bei der die Zerlegung so vorgenommen wird, dass vorgefertigte Teile eingebunden werden. Eine weitere Form der Wiederverwendung ist der Einsatz von *ausprogrammierten Teilen aus früheren Projekten*. Dies erfordert insbesondere eine geschickte Wahl der Schnittstellen, eine adäquate Beschreibung der Schnittstellen und gut strukturierte Programmbibliotheken. Nach Bauer [3] unterscheiden wir zwischen (opportunistischer oder ad-hoc) Wiederverwendung und gezielter (strategischer) Mehrfachverwendung (Tab. 8.4).

Im Fall der Wiederverwendung wird Code, der im Rahmen einer individuellen Softwareentwicklung geschrieben wird nachträglich (und zunächst nicht dafür geplant) in anderem Kontext oder in einem anderen Projekt erneut verwendet. Dies entspricht einer *Entwicklung mit Wiederverwendung*. Bei der gezielten Mehrfachverwendung wird Code bewusst von vornherein so entwickelt oder aufbereitet, dass er möglichst oft in unterschiedlichem Kontext oder verschiedenen Projekten verwendet werden kann. Dies entspricht einer *Entwicklung für Wiederverwendung*.

Neben der Wahl der Schnittstellen sind konsequente Modularisierung und Parametrisierung wesentliche Hilfsmittel für eine Wiederverwendung. Die geschickte Wahl der Systemarchitektur und der Wahl der Komponenten, sodass weitgehende Wiederverwendung erreicht wird, ist jedoch eine schwierige Aufgabe. Es lohnt sich häufig, vor allem bei branchenspezifischer Anwendungssoftware, hierauf besondere Aufmerksamkeit zu richten, da sich dadurch der Gesamtumfang eines Systems und somit der Erstellungs- und Änderungsaufwand drastisch reduzieren kann.

Tab. 8.4 Charakterisierung von opportunistischer und geplanter Wiederverwendung

Kriterium	Opportunistisch	Geplant (Strategisch)
Charakter	Die opportunistische Wiederverwendung wird auch als „Low-hanging Fruit" Ansatz bezeichnet. Bekannte bzw. vorhandene Artefakte werden ad-hoc verwendet.	Wiederverwendung wird strategisch geplant und die Artefakte zur Wiederverwendung werden klar benannt. Üblicherweise wird dies durch eine entsprechende organisatorische Festlegung definiert.
Voraussetzungen	Keine	Erforderlich sind mindestens: • Reife Prozesse • Klares Verständnis von der Domäne • Wiederverwendung als Ziel • Management Commitment
Vorteile	In der opportunistischen Wiederverwendung fällt kein Overhead für Planungen an. Sie erfolgt direkt und nach Bedarf in die Entwicklung eingebettet und benötigt keine umfangreichen Abstimmungsprozesse.	Das Wiederverwendungspotenzial kann im strategischen Ansatz optimal genutzt werden. Weiterhin ist es möglich, schnell Anpassungen für mehrere Produkte, etwa einer Produktlinie, vorzunehmen.
Risiken	Wiederverwendungspotenziale können nicht erkannt und genutzt werden und es besteht das Risiko, das „Rad mehrmals zu erfinden" – also ein bewährtes Vorgehen nicht noch einmal anzuwenden, sondern den Lernprozess erneut zu durchlaufen (mit alles Konsequenzen, etwa für die Qualität). Es besteht auch das Risiko, Abhängigkeiten zwischen Komponenten und/oder Produkten zu generieren, die sich im weiteren Lebenszyklus nur schwer warten lassen.	Es muss in der Regel eine größere Investition getätigt werden, bevor die Maßnahmen wirksam werden.

8.4 Weiterführende Literatur und Übungen

In diesem Kapitel wurden die grundlegenden Begriffe und Konzepte der Architektur von Softwaresystemen eingeführt und vertieft. Grundlage hierfür bilden die eingeführten Begriffe aus Kap. 1.2, welche hier in den Kontext gesetzt werden. Zentral hierbei ist der Komponentenbegriff nach Szyperski et al. [53], um den herum die wesentlichen Konzepte der Software- und Systemarchitektur aufgebaut sind. In diesem Kontext werden auch die

8.4 Weiterführende Literatur und Übungen

Prinzipien des Architekturentwurfs (siehe Abschn. 8.2) im Detail betrachtet. Eine besondere Rolle nimmt hierbei die Schichtenarchitektur ein (siehe Abschn. 8.2.5). Obwohl diese Prinzipien und Konzepte bereits einige Jahre alt sind, so legen sie doch die Grundlage für viele – wenn nicht alle – modernen Architekturkonzepte. Zu nennen sind hier beispielsweise sogenannte *Micro-Service Architekturen* [7, 38, 55]. Diese bilden unter anderem die methodische und technische Grundlage für die kontinuierliche Softwareentwicklung (siehe Kap. 12.4) oder für die steigende Anzahl an Softwaresystemen, welche mit Hilfe von Cloud-basierten Technologien virtualisiert werden (Stichwort: Software-as-a-Service und verwandte Konzepte [33]). In diesem Kontext ist auch die Rolle der Hardware in der Software- und Systemarchitektur neu zu bewerten. Zunehmend stößt die Hardwareentwicklung (Miniaturisierung, Packungsdichte auf Mikroprozessoren) an Grenzen, weshalb immer stärker sogenannte *Multi-Core-Architekturen* zu Einsatz kommen. Auch diese erfordern eine modulare Softwarearchitektur verteilter Systeme [20], um die Ausführung einer Software auf mehreren, parallel arbeitenden Prozessorkernen zu ermöglichen [44]. Dieselben Prinzipien müssen auch auf große Systeme angewendet werden, in denen viele, möglicherweise heterogene, Softwaresysteme im Verbund zusammenarbeiten müssen. Man spricht hier auch von *Systems-of-Systems* [34].

Dazu ist im Bereich der Softwarearchitektur ein solides Grundlagenwissen erforderlich, welches etwa in Bass et al. [2], Vogel et al. [37] oder Gharbi et al. [16] zu finden ist. Dieses Grundlagenwissen umfasst nicht nur den Entwurf von Architekturen sondern auch die Wiederverwendung bewährten Architekturwissens.

Wiederverwendung von Architekturkomponenten ist essentiell, um die Entwicklung von Softwaresystemen effizienter und einheitlicher zu gestalten. Wesentlich ist dabei, aus welcher Quelle eine wiederverwendbare Komponente stammt und wer für die Pflege und Wartung der Komponente verantwortlich ist. Wird eine Komponente wiederverwendet, die von dritter Seite – dem „Hersteller" – gepflegt und weiterentwickelt wird, so entstehen spezifische Risiken. Bei allen Vorteilen einer konsequenten Wiederverwendung birgt sie immer das Risiko, dass man sich für eine Softwarekomponente entscheidet, die für das System zentral ist, aber durch den Hersteller nur unzureichend gepflegt wird. Dann hat man im schlimmsten Fall eine Komponente im System, welche beispielsweise auf einer veralteten Technologie basiert, was man aufwändig im Produkt kompensieren muss. Ferner besteht das Risiko, dass sich eine wiederverwendete Softwarekomponente über die Zeit in eine unerwartete Richtung entwickelt und für das eigene Produkt keine Vorteile mehr bietet. Diese Risiken sind insbesondere immer dann präsent, wenn man sich für Open-Source-Komponenten entscheidet, die nicht durch einen kommerziellen Anbieter, sondern durch eine Community von Freiwilligen entwickelt werden. Zentrale Fragen sind hier etwa ob die benötigte Komponente kontinuierlich weiterentwickelt und gepflegt wird, ob die Schnittstellen über die Zeit stabil und neue Komponentenversionen kompatibel bleiben oder ob etwa Sicherheitslücken schnell geschlossen werden. Praktisch hat es sich bewährt, sehr bewusste Entscheidungen für oder gegen Wiederverwendung zu treffen und dabei eher kleinen Bausteinen, die aktiv entwickelt und gepflegt werden, den Vorzug zu geben. Mit diesem umfangreichen

Themenkomplex, der auch eine Brücke zwischen den Aufgaben der Analyse, des Entwurfs und der Implementierung von Software schlägt, setzen wir uns im Kap. 10 auseinander, welches durch eine Reihe praktischer Implementierungsbeispiele im Kap. B vervollständigt wird.

Übungsaufgaben

Übung 8.1 (Rolle der Architektur und des Architekten) Die Architektur eines Softwaresystems ist zentral und demnach ist auch das Aufgabenprofil des Architekten wichtig. Bearbeiten Sie in diesem Zusammenhang die folgenden Aufgaben:

a) Erläutern Sie die Rolle der Architektur. Welche Architekturmodelle gibt es? Wie wirkt sich die Architektur in der Software- und Systementwicklung aus?
b) Erläutern Sie die Rolle des Architekten. Über welche Fähigkeiten muss ein Architekt verfügen?

Übung 8.2 (Architekturdokumentation) Die Architektur eines Softwaresystems muss nachvollziehbar und langfristig nutzbar dokumentiert sein. Bearbeiten Sie in diesem Zusammenhang die folgenden Aufgaben:

a) Welche Bestandteile enthält die Architekturdokumentation? Erläutern Sie die Bestandteile kurz.
b) Welche Beschreibungsmittel eignen sich für die Architekturdokumentation? Geben Sie zu jedem in Teilaufgabe a) aufgeführten Dokumentationsbestandteil ein geeignetes Beschreibungsmittel an.

Übung 8.3 (Architektursichten) Das *4+1 Sichten Modell* nach Kruchten [29] betrachtet Architekturen unter verschiedenen Gesichtspunkten, jedoch immer mit einer strikten Orientierung an den Anwendungsfällen. Dabei wird jeweils ein spezifischer Aspekt fokussiert. In Übung 4.2 haben Sie sich bereits mit Systemsichten auseinandergesetzt und in Übung 7.2 haben Sie Anforderungen zum Projekt „Code & Talk" als UML-Anwendungsfalldiagramm modelliert. Bearbeiten Sie nun die folgenden Aufgaben:

a) Erläutern Sie das *4+1 Modell*. Welche Sichten gibt es? Was ist der Fokus der einzelnen Sichten?
b) Ordnen Sie jeder Sicht des *4+1 Modells* einen adäquaten UML-Diagrammtyp (ggf. mehrere Diagrammtypen) zu und erläutern Sie, wie diese verschiedenen Diagrammtypen ineinander greifen.
c) Instanziieren Sie die Sichten für die Ihnen vorliegenden Anforderungen des Projekts „Code & Talk"

Übung 8.4 (Architektur und Schnittstellen (Code & Talk)) Schnittstellen sind ein wichtiger Bestandteil von Architekturen. Bearbeiten Sie dazu die folgenden Aufgaben:

a) Was versteht man unter dem Konzept „Design by Contract"?
b) Im Kap. C finden Sie für das Projekt „Code & Talk" die Skizze einer Lösungsarchitektur. Prüfen Sie, ob diese Lösungsskizze als Schichtenarchitektur entwickelt werden kann.
   - Falls ja, welche Schichten sind vorhanden und welche Komponenten oder Teilsysteme sind diesen Schichten zugeordnet? Welche Schnittstellen sind definiert?
   - Falls nein, passen Sie die Architektur an, um eine Schichtenarchitektur herzustellen. Welche Schnittstellen benötigen Sie mindestens?
c) Visualisieren Sie das „Code & Talk" System basierend auf ihrem aktuellen Wissensstand mit Hilfe eines UML-Komponentendiagramms. Beachten Sie dabei insbesondere die Strukturen und Schnittstellen aus Teilaufgabe b).

Übung 8.5 (Architekturprinzipien) Gute Architekturen basieren in der Regel auf grundlegenden *Architekturprinzipien*. Bearbeiten Sie in diesem Zusammenhang die folgenden Aufgaben:

a) Was versteht man unter *Kopplung*? Welche Art von Kopplung wird in einer Architektur angestrebt wird. Geben Sie je ein Positiv- und ein Negativbeispiel an.
b) Was versteht man unter *Kohäsion*? Welche Art von Kohäsion wird in einer Architektur angestrebt wird. Geben Sie je ein Positiv- und ein Negativbeispiel an.
c) Stehen Kopplung und Kohäsion miteinander in Verbindung? Erläutern Sie etwaige Verbindungen und geben Sie Beispiele an.

Literatur

1. Apache.org. Apache Thrift. Online: http://thrift.apache.org (abgerufen: 2020-09-13), October 2017.
2. L. Bass, P. Clements, and R. Kazman. *Software Architecture in Practice: Software Architect Practice*. SEI Series in Software Engineering. Addison-Wesley Professional, 3 edition, 2012.
3. V. Bauer. *Analysing and supporting software reuse in practice*. PhD thesis, Technische Universität München, November 2016.
4. G. Böckle, P. Knauber, K. Pohl, and K. Schmid. *Software-Produktlinien – Methoden, Einführung und Praxis*. dpunkt.verlag, May 2004.
5. D. Box. *Essential COM: The Component Object Model*. Object Technology Series. Addison-Wesley Professional, December 1997.
6. M. Broy and M. Kuhrmann. *Projektorganisation und Management im Software Engineering*. Number 978-3-642-29289-7 in Xpert.press. Springer Verlag, Berlin Heidelberg, 1 edition, 2013.

7. A. Bucchiarone, N. Dragoni, S. Dustdar, P. Lago, M. Mazzara, V. Rivera, and A. Sadovykh, editors. *Microservices: Science and Engineering*. Springer, January 2020.
8. T. DeMarco. *Structured Analysis and System Specification*. Computing Series. Yourdon Press, 1979.
9. E. Denert. *Software-Engineering: Methodische Projektabwicklung*. Springer Verlag, Januar 1991.
10. E. W. Dijkstra. On the role of scientific thought. *Selected writings on Computing: A Personal Perspective*, pages 60–66, 1982.
11. M. Fowler. *Patterns of Enterprise Application Architecture*. Addison-Wesley Signature Series. Addison Wesley, November 2002.
12. W. Frakes and C. Terry. Software reuse: Metrics and models. *ACM Comput. Surv.*, 28(2):415–435, 1996.
13. W. B. Frakes and C. J. Fox. Quality improvement using a software reuse failure modes model. *IEEE Transactions on Software Engineering*, 22(4):274–279, 1996.
14. E. Gamma, R. Helm, R. E. Johnson, and J. Vlissides. *Design Patterns. Elements of Reusable Object-Oriented Software*. Prentice Hall, October 1994.
15. D. Garlan and D. E. Perry. Introduction to the special issue on software architecture. *IEEE Transactions on Software Engineering*, 21(4):269–274, 1995.
16. M. Gharbi, A. Koschel, A. Rausch, and G. Starke. *Basiswissen für Softwarearchitekten*. dpunkt.verlag GmbH, 3 edition, October 2017.
17. Google. Protocol Buffers – Google's data interchange format. Online: https://github.com/protocolbuffers/protobuf (abgerufen: 2020-09-13), June 2020.
18. W. Grosso. *Java RMI*. Java Series. O'Reilly and Associates, October 2001.
19. T. Haerder and A. Reuter. Principles of transaction-oriented database recovery. *ACM Computing Surveys*, 15(4):287–317, 1983.
20. U. Hammerschall. *Verteilte Systeme und Anwendungen*. Pearson Studium – IT. Pearson Studium, January 2005.
21. L. Heinemann, F. Deissenboeck, M. Gleirscher, B. Hummel, and M. Irlbeck. On the Extent and Nature of Software Reuse in Open Source Java Projects. In *Proceedings of the 12th International Conference on Top Productivity through Software Reuse*, ICSR, pages 207–222, Berlin, Heidelberg, 2011. Springer-Verlag.
22. H. Herold, B. Lurz, J. Wohlrab, and M. Hopf. *Grundlagen der Informatik*. Pearson Studium, 3 edition, September 2017.
23. P. Herzum and O. Sims. *Business Component Factory: A Comprehensive Overview of Component-Based Development for the Enterprise*. John Wiley & Sons, January 2000.
24. IEEE Std 1471-2000. *IEEE Recommended Practice for Architectural Description of Software-Intensive Systems*. IEEE Computer Society, 2000.
25. IEEE Std 610.12-1990. *IEEE Standard Glossary of Software Engineering Terminology*. IEEE, 1990.
26. ISO/IEC 19514:2017. *Information technology – Object management group systems modeling language (OMG SysML)*. International Organization for Standardization, March 2017.
27. ITU-T X.200. *Information technology – Open Systems Interconnection – Basic Reference Model: The basic model*. International Telecommunication Union, July 1994.
28. A. Kemper and A. Eickler. *Datenbanksysteme: Eine Einführung*. De Gruyter Studium. De Gruyter Oldenburg, 10 edition, September 2015.
29. P. Kruchten. The 4+1 view model of architecture. *IEEE Software*, 12(6):42–50, 1995.
30. C. W. Krueger. Software reuse. *ACM Comput. Surv.*, 24(2):131–183, 1992.
31. J. Lowy and M. Montgomery. *Programming WCF Services: Design and Build Maintainable Service-Oriented Systems*. O'Reilly UK Ltd., 4 edition, November 2015.

32. D. Lucrédio, K. dos Santos Brito, A. Alvaro, V. C. Garcia, E. S. de Almeida, R. P. de Mattos Fortes, and S. L. Meira. Software reuse: The brazilian industry scenario. *J. Syst. Softw.*, 81(6):996–1013, June 2008.
33. E. Luoma. Examining business models of software-as-a-service firms. In J. Altmann, K. Vanmechelen, and O. F. Rana, editors, *Economics of Grids, Clouds, Systems, and Services*, pages 1–15, Cham, 2013. Springer International Publishing.
34. M. W. Maier. Architecting principles for systems-of-systems. *Systems Engineering*, 1(4):267–284, 1998.
35. R. C. Martin. *Clean Code: A Handbook of Agile Software Craftsmanship*. Prentice Hall, 2008.
36. B. Meyer. *Object-Oriented Software Construction*. Prentice Hall, 2 edition, November 1998.
37. P. Mohagheghi and R. Conradi. Quality, productivity and economic benefits of software reuse: A review of industrial studies. *Empirical Softw. Engg.*, 12(5):471–516, 2007.
38. S. Newman. *Building Microservices*. O'Reilly and Associates, February 2015.
39. OMG. UML Profile for Schedulability, Performance, & Time (SPTP), Version 1.1. Technical report, Object Management Group, January 2005.
40. OMG. Common Object Request Broker Architecture (CORBA) Specification, Version 3.3, Part 1: CORBA Interfaces. OMG Available Specification, Object Management Group, November 2012.
41. OMG. Common Object Request Broker Architecture (CORBA) Specification, Version 3.3, Part 2: CORBA Interoperability. OMG Available Specification, Object Management Group, November 2012.
42. OMG. Common Object Request Broker Architecture (CORBA) Specification, Version 3.3, Part 3: CORBA Component Model. OMG Available Specification, Object Management Group, November 2012.
43. M. Page-Jones. *The Practical Guide to Structured Systems Design*. Computing Series. Yourdon Press, 2 edition, 1988.
44. V. Pankratius, A.-R. Adl-Tabatabai, and W. Tichy. *Fundamentals of Multicore Software Development*. Routledge, July 2017.
45. D. L. Parnas. On the criteria to be used in decomposing systems into modules. *Communications of the ACM*, 15(12):1053–1058, 1972.
46. R. Plota and W. Fix. *SAP – Der technische Einstieg*. SAP PRESS, May 2017.
47. J. Siedersleben. *Moderne Software-Architektur – Umsichtig planen, robust bauen mit Quasar*. dpunkt.verlag, 2004.
48. O. P. N. Slyngstad, A. Gupta, R. Conradi, P. Mohagheghi, H. Rønneberg, and E. Landre. An empirical study of developers views on software reuse in statoil asa. In *Proceedings of the 2006 ACM/IEEE International Symposium on Empirical Software Engineering*, ISESE '06, pages 242–251, New York, NY, USA, 2006. Association for Computing Machinery.
49. W. Spoelstra, M. Iacob, and M. van Sinderen. Software reuse in agile development organizations: A conceptual management tool. In *Proceedings of the 2011 ACM Symposium on Applied Computing*, SAC '11, pages 315–322, New York, NY, USA, 2011. Association for Computing Machinery.
50. G. Starke. *Effektive Softwarearchitekturen: Ein praktischer Leitfaden*. Carl Hanser Verlag GmbH & Co. KG, 9 edition, August 2020.
51. W. P. Stevens, G. J. Myers, and L. L. Constantine. Structured design. *IBM Syst. J.*, 13(2):115–139, 1974.
52. K. Stol and B. Fitzgerald. Inner source–adopting open source development practices in organizations: A tutorial. *IEEE Software*, 32(4):60–67, 2015.
53. C. Szyperski, D. Gruntz, and S. Murer. *Component Software: Beyond Object-Oriented Programming*. Component Software Series. Addison-Wesley, 2 edition, November 2002.

54. O. Vogel, I. Arnold, A. Chughtai, and T. Kehrer. *Software Architecture – A Comprehensive Framework and Guide for Practitioners*.Springer-Verlag Berlin Heidelberg, 2011.
55. E. Wolff. *Microservices: Grundlagen flexibler Softwarearchitekturen*. dpunkt.verlag GmbH, 2 edition, July 2018.
56. E. Yourdon. *Managing the structured techniques: Strategies for software development in the 1990's*. Yourdon Press, 1986.

9 Architekturentwurf und Architekturmodellierung

Zusammenfassung

Der Entwurf einer Architektur erfolgt im Rahmen eines Architekturentwicklungsprozesses. Hier wird definiert, in welche Teilsysteme ein System untergliedert wird und wie die Teilsysteme (Komponenten) dargestellt und modelliert werden. Insbesondere wird in der Gliederung festgelegt, wie die Schnittstellen einschließlich des Schnittstellenverhaltens festgelegt sind und wie die Systeme über die Schnittstellen zusammenwirken, um das Gesamtsystem zu realisieren. Dies erfordert die Spezifikation eines Datenmodells, welches die ausgetauschten Daten zwischen den Komponenten beschreibt, und gegebenenfalls auch, welche Systemzustände die Komponenten einnehmen. Generell unterscheiden wir zwischen einem Grobentwurf, durch den ein umfangreiches Softwaresystem in eine Anzahl von Softwareteilsystemen unterteilt wird, und dem Feinentwurf, der die Softwareteilsysteme in Programme umsetzt und diese durch eine Softwarearchitektur strukturiert. Für beide Entwürfe gibt es eine Reihe von bewährten Prinzipien und Vorgehensweisen, die nach Möglichkeiten einzusetzen sind, um Architekturen hoher Qualität zu entwickeln. Diese Vorgehensweisen sowie die Entwurfsstrategien werden in diesem Kapitel vorgestellt. Neben dem Entwurf der Architektur widmet sich dieses Kapitel auch der Dokumentation und der Qualitätssicherung der Architektur eines Softwaresystems.

9.1 Grundsätzliches Vorgehen im Architekturentwurf

Für die Entwicklung einer Architektur gibt es eigenständige Verfahren oder in den jeweils angewendeten Entwicklungsprozess integrierte Verfahren. So ist beispielsweise das Vorgehen zur Entwicklung einer Architektur in großen und plangesteuerten Vorgehensmodellen wie dem *Rational Unified Process* oder dem *V-Modell XT* (siehe Kap. 3.3) anders organisiert als in agilen Vorgehensweisen. Unabhängig vom konkreten Vorgehen, verfolgt der Architekturentwurf die folgenden Ziele:

1. Entwurf eines klar strukturierten Systems mit einem tragfähigen Komponentenmodell und expliziten, schlanken Schnittstellen.
2. Entwurf einer durchgängigen Architektur mit explizit gewählten Stilen und Mustern.
3. Dokumentation einer Architektur, die eine kontinuierliche Qualitätssicherung zur Sicherstellung der Problemangemessenheit und der Überprüfung der Auswirkungen von Änderungen ermöglicht.

In diesem Kapitel behandeln wir Themen zur *grundsätzlichen* Vorgehensweise beim Architekturentwurf sowie die *Bestandteile einer Software- und Systemarchitektur* und gehen auf einzelne Themen der Modellierung im Detail ein. Die Beschreibung erfolgt soweit möglich unabhängig von konkreten Vorgehensmodellen und Formen der Projektorganisation.

9.1.1 Allgemeiner Prozess des Architekturentwurfs

Im Folgenden stellen wir einen einfachen Architekturentwurfsprozess vor, welcher die wesentlichen Aufgaben zusammenfasst und strukturiert. Ziel des Architekturentwurfs ist die Entwicklung der Architektur als grundlegende Strukturierung des Softwaresystems und somit die Erstellung eines Plans für seine Entwicklung und Weiterentwicklung. Zentrale Anforderungen an die Güte des Entwurfsprozesses ergeben sich aus der Vollständigkeit der Architektur, ihrer Problemangemessenheit und der Sicherstellung, dass alle Produkt- und Qualitätsanforderungen (siehe Kap. 2.2 und Kap. 6) angemessen berücksichtigt wurden.

Abb. 9.1 zeigt den einfachen Architekturentwurfsprozess und seine vier grundlegenden Schritte. Dieser Prozess zielt auf ein einfaches iterativ-inkrementelles Vorgehen, welches durch die konkrete Projektorganisation inklusive des gewählten Vorgehensmodells (siehe

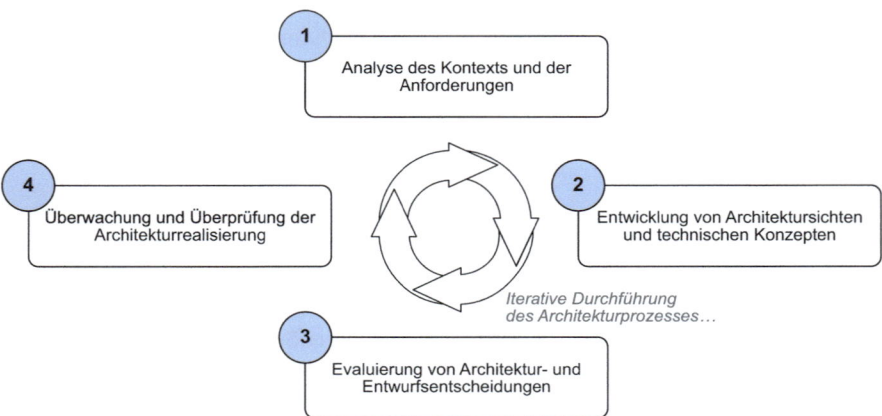

Abb. 9.1 Ein einfacher iterativ-inkrementeller Architekturprozess

Kap. 3.1) entsprechend ausgestaltet und in den Gesamtentwicklungsprozess eingebettet werden muss. Zu beachten ist, dass die Entwicklung der Architektur unterschiedliche Architekturebenen adressieren muss, etwa die logische Ebene, die technische oder die Implementierungsebene.

9.1.1.1 Schritt 1: Analyse des Kontexts und der Anforderungen

Die Kernaufgaben in diesem Schritt umfassen die Identifikation und Analyse des Kontexts (siehe Kap. 2.1.1) und der Erfassung seiner Eigenschaften. Dann folgt die Analyse der Anforderungen (siehe Kap. 5) an das zu entwickelnde System. Dabei ist insbesondere die Evaluierung von Qualität und Stabilität der Anforderungen zentral. Weiterhin sollen fehlende Anforderungen so früh wie möglich gefunden werden. Unter Berücksichtigung des Kontexts und der beteiligten Stakeholder sollen die Anforderungen in diesem Schritt soweit möglich verfeinert und präzisiert werden. Auch soll ein gemeinsames Verständnis entwickelt und vertieft werden, insbesondere grundsätzliche Architekturentscheidungen betreffend, etwa anzuwendender Architekturstil oder technische Realisierungen.

9.1.1.2 Schritt 2: Entwicklung von Architektursichten und technischen Konzepten

Die abgestimmten Architekturentscheidungen sind kritisch zu betrachten und zu verfeinern. Dazu werden unterschiedliche Sichten (siehe Kap. 2.1.3) erstellt, die beispielsweise die Funktionsarchitektur, die logische oder die technische Komponentenarchitektur darstellen. Insbesondere werden Produktanforderungen (siehe Kap. 6.1) auf eine korrespondierende logische Architektur abgebildet und die Qualitätsanforderungen (siehe Kap. 6.2) werden auf technische Lösungskomponenten abgebildet. In diesem Schritt entstehen somit eine Reihe von Lösungs- und Realisierungskonzepten.

9.1.1.3 Schritt 3: Evaluierung von Architektur- und Entwurfsentscheidungen

Die im vorherigen Schritt erstellten Lösungs- und Realisierungskonzepte werden dahingehend überprüft, ob sie die Anforderungen unter Berücksichtigung der Eigenschaften des operationellen Kontexts adäquat widerspiegeln. Das heißt, auf den entwickelten Konzepten werden qualitätssichernde Maßnahmen (siehe Abschn. 9.5) wie Reviews oder Assessments durchgeführt. Auch die Entwicklung verschiedener Prototypen (siehe Kap. 3.2.3) ist ein probates Mitteln zur Evaluierung von Entwurfsentscheidungen. Zu beachten ist, dass eine Evaluierung immer einen Referenzentwurf benötigt, gegen den eine Prüfung erfolgt. Daher sollten für die Überprüfung entsprechende Anwendungsfälle (siehe Kap. 6.1.1.1) herangezogen werden, etwa um zu überprüfen, ob eine geforderte Funktion auch in der geforderten Weise erbracht wird. Ein Kern bildet dabei die Architekturverifikation, die überprüft, ob die Teilsysteme korrekt zusammenwirken und dabei die geforderte Funktionalität erbringen.

9.1.1.4 Schritt 4: Überwachung und Überprüfung der Architekturrealisierung

Dieser Schritt stellt die Schnittstelle zur Implementierung des Systems (siehe Kap. 11) dar. In diesem Schritt werden die Architekturentscheidungen kommuniziert und ihre Umsetzung in Software wird überprüft. Zentral in der Kommunikation ist die kontinuierliche Interaktion mit den unterschiedlichen Stakeholdern, um zu überprüfen, dass immer noch Konsens bezüglich der Architekturentscheidungen besteht und dass die Architektur gemeinhin akzeptiert ist. Zur Implementierung hin überprüfen die Architekten, ob die Architektur korrekt umgesetzt wird und, in Folge, ob die Architekturentscheidungen den gewünschten Effekt erzielen oder Änderungen erforderlich sind. Die kontinuierliche Kommunikation in dieser Phase ist erfolgsentscheidend, da sie das Projektteam und die Stakeholder des Systems in die Lage versetzt zu reflektieren, Feedbackschleifen zu etablieren und somit schnell Engpässe, Fehler, Missverständnisse und Fehlentwicklungen sowie Möglichkeiten zur Optimierung zu identifizieren.

9.1.2 Entwurfsstrategien im Architekturentwurf

Ebenfalls unabhängig vom konkreten Vorgehensmodell im Projekt, kann ein Architekturentwurf durch die folgenden Ansätze des Vorgehens erstellt werden.

9.1.2.1 Top-Down Architekturentwurf

Im *Top-Down Ansatz* wird das System ausgehend von einer vollständigen Spezifikation des Gesamtsystems entworfen, indem es hierarchisch in immer kleinere Einheiten zerlegt wird. Dies hat zur Folge, dass alle Komponenten zunächst in ihrer Wirkung vollständig beschrieben werden und dann ihre Architektur entworfen wird. Die Implementierung beginnt erst, wenn Beschreibungen von Komponenten vorliegen, die nicht weiter in Teilkomponenten zerlegt, sondern direkt implementiert werden.

9.1.2.2 Bottom-Up Architekturentwurf

Im *Bottom-Up Ansatz* wird das System aus realisierten Komponenten schrittweise aufgebaut. Es entstehen immer größere Teilsysteme. Die Implementierung des Systems kann bereits beginnen, sobald ein partieller Systementwurf vorliegt. Das bedeutet, dass die Implementierung bereits frühzeitig starten kann, obwohl die eigentlichen Entwurfsaufgaben noch nicht abgeschlossen sind.

9.1.2.3 Inkrementeller Architekturentwurf

Unabhängig von Top-Down- oder Bottom-Up-Ansätzen oder auch kombiniert mit diesen, erfolgt der Architekturentwurf *inkrementell*, wenn einzelne Problemstellungen zunächst isoliert adressiert und dann schrittweise ausgebaut und weiterentwickelt werden. Eine Verknüpfung zur Gesamtarchitektur kann dann später im Projekt durchgeführt werden.

9.1.2.4 Bewertung der Entwurfsstrategien

Tab. 9.1 stellt diese Entwurfsstrategien gegenüber und zeigt die Vor- und Nachteile der Ansätze. Es ist an dieser Stelle anzumerken, dass eine reine Top-Down oder eine reine Bottom-Up Vorgehensweise in der Praxis nur selten gewählt werden. Tatsächlich werden in der Regel *Mischformen* eingesetzt, wobei der Top-Down Ansatz dafür sorgt, dass zunächst das Grundproblem verstanden und der grundsätzliche Lösungsansatz festgelegt sind und dass stets der Blick für das große Ganze erhalten bleibt. Dann werden Teilaspekte in einer Bottom-Up oder der inkrementellen Strategie entworfen und in den Gesamtentwurf eingepasst.

9.1.3 Modellierung von Daten

Die Modellierung der Daten eines Systems stellt einen wichtigen Teil des Systementwurfs dar. Dabei ist darauf zu achten, dass zwischen der konzeptuellen Datenmodellierung auf Entwurfsebene und der eigentlichen Implementierung unterschieden wird. Grundsätzlich sind bei der Datenmodellierung Daten und charakteristische Operationen darauf zu beschreiben (siehe Kap. 4.3). Die interne Darstellung der Daten wird dabei möglichst noch nicht festgelegt. Vielmehr wird nur die Wirkung der Operationen auf die Daten möglichst abstrakt beschrieben. Diese Trennung zwischen Datennutzung und Datenrealisierung unterstützt das wichtige Prinzip der Datenabstraktion und Kapselung (siehe Kap. 8.2.3).

Wie beim logischen Datenmodell im Rahmen der Beschreibung der Systemanforderungen (siehe Kap. 7.5.2.1) werden Typdeklarationen, abstrakte Datentypen, ER-Modelle und Objekt-/Klassenmodelle für die Beschreibung der Datenstrukturen im Entwurf eingesetzt (siehe Kap. 4.3). Während bei der Anforderungsspezifikation in erster Linie ein Datenmodell aus Nutzungssicht erstellt wird, erfolgt beim Entwurf die Festlegung und Beschreibung des logischen Aufbaus der im Inneren der Architektur verwendeten Daten. Da hierbei die Sichtweise auf die Erbringung der Anforderungen durch das System ausgerichtet ist, erfolgt dies in enger Abstimmung mit der Systemarchitektur.

Beispiel Abb. 9.2 illustriert ein exemplarisches Vorgehen zur Modellierung der Daten. Ausgegangen wird hierbei von den Ergebnissen der Anforderungsanalyse, in der im Idealfall bereits ein logisches Datenmodell erstellt wurde (Schritt 1, siehe auch Kap. 7.5.2.1). Die Abb. 9.2 zeigt zwei Wege, die beschritten werden können. Das Datenmodell kann als ER-Diagramm oder objektorientiert als UML-Modell entworfen werden. Mit Hilfe moderner Entwurfs- und Entwicklungswerkzeuge können diese beiden Modellformen in der Regel automatisch ineinander überführt werden (Schritt 2). Aus dem logischen Datenmodell kann nun ein technisches Datenmodell erzeugt werden (Schritt 3). Auch dies erfolgt in der Regel

Tab. 9.1 Bewertung der Architektur-Entwurfsstrategien

Strategie	Vorteile	Nachteile
Top-Down	• Alle Systembestandteile sind identifiziert und in einer Übersicht dargestellt. • Die grundlegende Architektur und die Zerlegung des Systems in seine Teile sind bekannt. • Das Risiko, unnötige Artefakte zu erzeugen, wird reduziert.	• Missverständnisse haben eine direkte Wirkung auf die Architektur- und Implementierungsartefakte. • Änderungen sind aufwändig und somit teuer. • Implementierungsergebnisse liegen erst vergleichsweise spät vor, sodass Fehler erst spät erkannt werden.
Bottom-Up	• Erste Ergebnisse können schnell erarbeitet und überprüft werden. • Fehler können frühzeitig gefunden und damit Änderungen noch vergleichsweise günstig vorgenommen werden. • Das Risiko von unnötig entwickeltem Code steigt und zieht möglicherweise erhöhte Kosten durch erforderliche Nacharbeiten nach sich. • Existierende Teilsysteme können gezielt wiederverwendet werden.	• Schnell erstellte Architektur- und Implementierungsartefakte sind ggf. nicht nützlich für weitere Schritte im Entwurfs- und Realisierungsprozess. • Das Risiko von Fehlentwicklungen kann reduziert werden. • Die schnelle Integration, Prüfung und Änderung von Entwurfs- und Implementierungsergebnissen erfordert eine reife Entwurfs- und Implementierungsplattform und entsprechende Methodenkompetenz im Projektteam, etwa Continuous Integration, Refactoring usw.
Inkrementell	Alles aus „Bottom-Up" und darüber hinaus: • Zu entwerfende Systembestandteile können nach Bedarf oder nach Dringlichkeit ausgewählt werden. • Das System wächst organisch.	Alles aus „Bottom-Up" und darüber hinaus: • Unterschiedliche und unabhängig voneinander entworfene und realisierte Systembestandteile können inkompatibel sein, sodass sich ein signifikanter Änderungsbedarf ergeben kann. • Bereits realisierte Systembestandteile müssen im Zweifel verworfen und komplett neu realisiert werden.

9.1 Grundsätzliches Vorgehen im Architekturentwurf

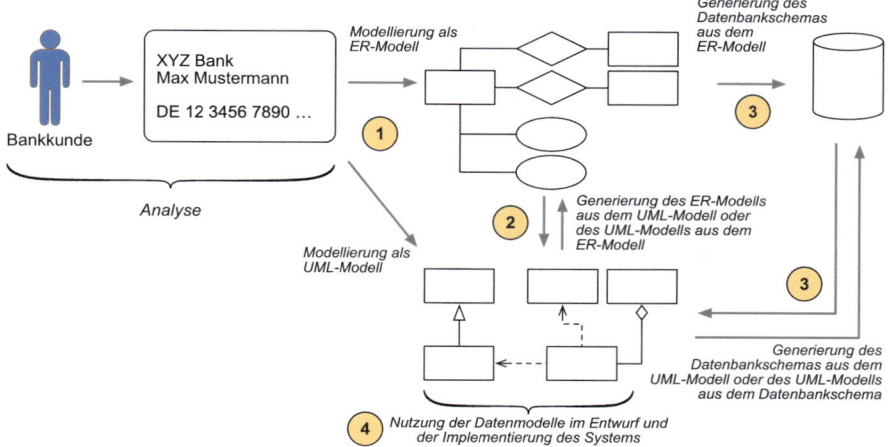

Abb. 9.2 Beispielhaftes Vorgehen in der Modellierung der Daten im Systementwurf

automatisiert. So kann aus einem ER-Modell ein Datenbankschema erzeugt werden, wobei die meisten professionellen Datenbanksysteme bereits über entsprechende Schema-Design-Werkzeuge verfügen. Aus dem Datenbankschema kann wiederum ein objektorientiertes Datenmodell generiert werden. Zum Einsatz kommen hierfür sogenannte *Objekt-Relationale Mapper* (O/R-Mapper), die eine Generierung von Klassenmodellen aus Datenbankschemata erlauben und, in der entgegengesetzten Richtung, auch eine Generierung von Datenbankschemata aus speziell attributierten Klassenmodellen unterstützen.

Unabhängig vom konkreten Ansatz der Datenmodellierung werden die resultierenden Datenmodelle dann in den weiteren Entwurfs- und Implementierungsaufgaben verwendet (Schritt 4), etwa beim Schnitt der Softwarekomponenten im Rahmen der Erarbeitung der Softwarearchitektur.

9.1.4 Modellierung von Nutzungsschnittstellen

Benutzerschnittstellen erfordern in ihrer Gestaltung große Sorgfalt. Es ist dabei von den Grundkenntnissen und den Fähigkeiten des entsprechenden Benutzers auszugehen, von der Nutzungssituation und von den zur Verfügung stehenden technischen Möglichkeiten. Unter Umständen ist die Benutzerschnittstelle flexibel nach Erfahrungsgrad des Benutzers zu gestalten. Es sind folgende Prinzipien bei der Gestaltung der Benutzerschnittstelle zu beachten [25]:

- Einfachheit der Bedienung (Bedienoberfläche)
- Anpassung an gewohnte Muster (Principle of least surprise)

- Klarheit des Systemmodells durch den Benutzer
- Benutzerführung (Hilfen, Korrektur der Eingaben etc.)

Dabei ist zu beachten, dass zwischen der physischen Benutzeroberfläche (grafische Gestaltung, Menüs oder Buttons, Form der Eingabe: Maus, Taste, Touch-Screen) und der logischen Konzeption der Benutzerschnittstelle (Funktionalität des Systems und Zugriff darauf) zu unterscheiden ist. Dies erleichtert es, die physische Nutzerschnittstelle einfach zu ändern und die Funktionalität unabhängig von der physischen Nutzerschnittstelle zu spezifizieren und zu implementieren. Gerade ein logischer und intuitiver Aufbau der Arbeitsabläufe ist ein wichtiges Ziel.

9.1.4.1 Design Richtlinien

Beim Entwurf der Nutzungsschnittstelle ist auch zu berücksichtigen, in welcher Umgebung das System eingesetzt werden soll und welche Nutzergruppen das System verwenden werden. Beispielsweise haben Betriebssystem- und Infrastrukturanbieter wie Microsoft [38] oder Apple [1] Richtlinien für die Gestaltung von grafischen Benutzungsschnittstellen[1]. Diese sogenannten *User Interface Design Guidelines* legen fest, welche Steuerelemente (zum Beispiel Textfelder, Buttons) wo und wie zu verwenden sind, wie Ereignisse zu behandeln sind oder wie sich Dialoge verhalten. Solche Regeln sind im Hinblick auf eine Konsistenz der Benutzeroberflächen unerlässlich, damit die Anwender des Systems sich zurechtfinden.

Insbesondere sind solche Regeln dann wichtig, wenn die Endgeräte der Nutzer nur über begrenzte Darstellungs- oder Interaktionskapazitäten verfügen. Beispielhaft sei hier auf Smartphones verwiesen [2], welche in der Regel nur kleine Bildschirmdiagonalen anbieten und über keine vollwertige (physische) Tastatur verfügen. Eine grafische Benutzeroberfläche für ein Smartphone unterscheidet sich daher signifikant von einer klassischen Desktop-Anwendung.

9.1.4.2 Formular-basiertes Arbeiten

Für komplexe Anwendungen ist der sogenannte *Page Flow,* nach dem Dialoge und Formulare aufeinander aufbauen und wie zwischen diesen navigiert wird, von Interesse. Ein praktisches Beispiel sind Assistenten, welche in mehreren Schritten Daten eines Nutzers abfragen. Solche Assistenten sind in der Regel navigierbar, indem man zwischen den einzelnen Formularen wechseln kann. Hierbei ist sicherzustellen, dass bereits eingegebene Daten gewissen Konsistenzprüfungen unterzogen werden, automatisiert ergänzt werden und nicht verschwinden. Dieses Beispiel zeigt auch, wie der Entwurf der Benutzungsschnittstelle auf

---

[1]Ein guter Startpunkt, um sich über die gebräuchlichsten User Interface Design Guidelines zu informieren, ist die Online-Ressourcenseite des Werkzeugs Balsamiq: https://balsamiq.com/learn/resources/reference/ui-guidelines/ (abgerufen: 2019-12-27).

den Architekturentwurf wirkt. Die Nutzerinteraktion generiert und konsumiert Statusdaten, welche im System gehalten werden müssen. Insbesondere in Web-basierten Systemen ist dies zu berücksichtigen, falls nur eine schlanke Benutzeroberfläche vorgesehen ist und die Datenverarbeitung und die Datenspeicherung vollständig auf Servern erfolgt.

> **Progressive Web Apps**
> Unter *Progressive Web Apps* versteht man Webseiten, welche eine Mischform aus „klassischen" Webseiten und nativen Anwendungen darstellen [21]. Diese Anwendungen werden in einem Webbrowser ausgeführt und mit Hilfe Web-basierter Entwicklungstechniken und Plattformen, insbesondere HTML5, CSS3 und Scriptsprachen wie TypeScript, erstellt. Der Vorteil von Progressive Web Apps ist, dass eine doppelte Entwicklung von Web-basierten und nativen Systemen weitgehend entfällt. Die zugrundeliegende Webseite passt sich auf das entsprechende Endgerät an. Die Webseite wird spezifisch für den Webbrowser oder für das, in der Regel mobile, Endgerät gerendert. Üblicherweise ist hierbei auch ein Offline-Arbeiten nach dem erstmaligen Laden einer Progressive Web App möglich.

9.1.4.3 Multimodale Nutzungsschnittstellen

Ebenfalls zu berücksichtigen beim Entwurf der Nutzungsschnittstelle sind die Optionen zur Erstellung multimodaler User Interfaces (siehe Kap. 6.1.2.2; [6, 46]). Zu berücksichtigen sind hier insbesondere die Anforderungen, die sich aus den unterschiedlichen Ein- und Ausgabekanälen zur Interaktion mit einem Softwaresystem ergeben. Neben der klassischen Textein- und Ausgabe oder der grafischen Bedienoberfläche mit Maus-Steuerung, stehen in modernen Softwaresystemen auch haptisch-taktile oder sprachbasierte Nutzungsschnittstellen zur Verfügung [40, 44, 45]. Werden in einem Softwaresystem diese unterschiedlichen Ein- und Ausgabekanäle miteinander kombiniert, d.h., kann ein Nutzer das Softwaresystem beispielsweise mit der Tastatur, einer Maus oder durch Sprachkommandos steuern, sprechen wir von einer *multimodalen Nutzungsschnittstelle*. Beim Entwurf einer Architektur müssen diese Möglichkeiten explizit adressiert werden, da sich hier teils dramatische Konsequenzen ergeben. Beispielsweise muss bei einer sprachbasierten Nutzungsschnittstelle geklärt werden:

- Wo findet die Sprachanalyse statt?
- Werden Gespräche permanent überwacht?

Beide Aspekte berühren einerseits Sicherheitsaspekte (siehe Abschn. 9.1.5), haben andererseits aber auch Auswirkungen auf die Architektur. So muss das System erkennen, wann ein Anwender eine Anfrage stellt. In dem in Abb. 6.10 gezeigten System, geschieht dies explizit durch einen Tastendruck des Nutzers, woraufhin das System eine Anweisung entgegennimmt. In anderen Systemen lauscht das Spracherkennungssystem permanent und wartet auf ein Aktivierungs-Kommando. Dann muss aber ein permanent ablaufender Prozess im System vorgesehen sein, der das System in einen aktiven Zustand setzt. Dies hängt dann auch mit der Frage zusammen, wie das System erkennt, was genau ein Anwender meint. Das gesprochene Kommando muss entsprechend analysiert werden. Dies kann sowohl Online als auch Offline geschehen. Im Offline-Modus muss das gesamte Spracherkennungssystem auf dem jeweiligen Gerät installiert sein. Im Online-Modus muss eine schnelle Internet-Verbindung bestehen, die Sprache zu einem Server streamt, dort verarbeitet und die auszuführenden Reaktionen wieder an das Endgerät zurückspielt. Gerade dieses Streaming zur Online-Sprachanalyse ist jedoch aus Sicherheitsgründen kritisch. So stellen etwa Chung et al. [11] die Frage: *„Alexa, Can I Trust You?"* Hinzu kommt, dass ein permanent lauschender – also *aktiver* – Prozess Ressourcen konsumiert. Gerade bei mobilen Endgeräten wie Smartphones hat dies natürlich Auswirkungen auf die Akku-Laufzeit des Geräts und die Performanz aller anderen Anwendungen.

Somit sind gerade bei der Nutzung multimodaler Nutzungsschnittstellen auch über das reine Design einer Bedienoberfläche hinausgehende Anforderungen zu berücksichtigen. Die Interaktion mit dem System kann Auswirkungen auf Kommunikationsmittel, Ressourcenverbrauch oder die Sicherheit haben. Hinzu kommt, dass einige Kanäle gar nicht an der Bedienoberfläche sichtbar sind, etwa ein Sprachsteuerungssystem. Dies muss im Entwurf der Architektur und auch in der notwendigen Qualitätssicherung besonders berücksichtigt werden.

9.1.5 Berücksichtigung von Datensicherheit und Datenschutz

Fragen der Daten- sowie Zugriffssicherheit und des Datenschutzes sind gerade bei großen Softwaresystemen mit Datenbankanwendungen mit Anschluss an globale Netze von hoher Bedeutung (siehe Kap. 5.2.5). Datensicherheit wird durch Datensicherung, durch Maßnahmen zum Schutz von Daten bei ihrer Bearbeitung vor dem Verlust und zur Sicherstellung von Vertraulichkeit, Integrität und Verfügbarkeit, erzielt [33]. Datenschutz beschreibt alle Maßnahmen zur Verhinderung unerwünschter Folgen bei der Bearbeitung, Speicherung und Löschung von Daten [42]. Neben Maßnahmen zur Sicherstellung der Zugriffssicherheit gehören damit dazu auch Maßnahmen zur Sicherung vor Verlust, beispielsweise durch technische Defekte. Gerade bei Anwendungen in offenen Netzen treten vielfältige Gefährdungen auf. Datenschutz umfasst auch den Schutz vor unbefugtem Zugriff auf Daten und Funktionen durch Dritte [22, 30].

9.1.5.1 Sicherheitsmodell

In entsprechen sicherheitskritischen Anwendungen ist ein *Sicherheitsmodell* zu erstellen, dass alle sicherheitskritischen Aspekte zusammenfasst. Insbesondere sind dadurch Schwachstellen im Datenschutz aufzuzeigen. Auf dieser Basis ist ein *Sicherheitskonzept* zu erarbeiten, das die Daten- und Zugriffssicherheit gewährleistet. Die Sicherheitsmaßnahmen können softwaretechnischer Natur sein (Verschlüsselung, Passwörter, unterschiedliche Benutzerrechte, zentrale Datenhaltung) oder auch organisatorischer Natur (Zugangsbeschränkungen zu Räumen etc.). Man beachte, dass auch die Erstellung der Software selbst ein Sicherheitsproblem darstellt. Ein böswilliger Entwickler kann „Hintertüren" in ein System einbauen [39]. Es ist zu vermeiden, dass ein Architekturentwurf eine unentdeckte Sicherheitslücke enthält oder ein Entwickler einen sicheren Entwurf zugunsten eines einfacheren Vorgehens in der Implementierung nicht wie vorgesehen realisiert.

9.1.5.2 Rechte- und Rollenkonzepte

Moderne Entwicklungsplattformen bieten eine Vielzahl an Instrumenten an, um diverse Sicherheitsanforderungen umzusetzen, zum Beispiel Krypto-APIs, Sicherheits-, Rechte- und Rollenmodelle für Anwendungen, Transaktionsmechanismen und vieles mehr. Bei der Entwicklung der Architektur unter dem Gesichtspunkt der Systemsicherheit sind daher die unterschiedlichen Instrumente der Zielplattform frühzeitig zu identifizieren und mit den Sicherheitskonzepten abzugleichen. Entsprechende Auswirkungen auf die fachlichen Architekturen sind unter Berücksichtigung der technischen Rahmenbedingungen zu analysieren, sodass sichergestellt wird, dass eine bestimmte technische Plattform die Sicherheitskonzepte nicht aushebeln kann. Gegebenenfalls ist die Architektur daraufhin noch einmal zu überarbeiten.

Achtung *Eine noch so gute Sicherheitsarchitektur wird nicht tragen, wenn sie die Anwender zu stark in ihrer Arbeit behindert. Dann ist es zu erwarten, dass Anwender Sicherheitsfeatures nicht oder nur in begrenztem Umfang nutzen, wenn es eine einfache Möglichkeit gibt, solche Sicherheitsfeatures zu umgehen, zum Beispiel das Deaktivieren des Passwortschutzes für ein Smartphone oder ein passwortfreies Teilen eines gemeinsamen Cloud-Speichers für private Urlaubsfotos. Für Architekten und Entwickler ist es daher eine große Herausforderung, ein System möglichst sicher zu machen und die Anwender vor sich selbst zu schützen.*

9.1.6 Fehlerbehandlung

Ein Softwaresystem muss in der Regel nicht nur bei korrekter Bedienung zuverlässig reagieren. Abhängig von der Benutzerumgebung sind auch fehlerhafte Eingaben und unsachgemäße Bedienung soweit möglich ohne Systemzusammenbrüche oder unerwünschte Datenverluste zu behandeln (Abb. 9.3). Dies lässt sich auf die Nutzung von Teilkomponenten in Softwaresystemen verallgemeinern.

Abb. 9.3 Zusammenhang von Ein- und Ausgaben eines Systems im Normalablauf und im Fehlerfall

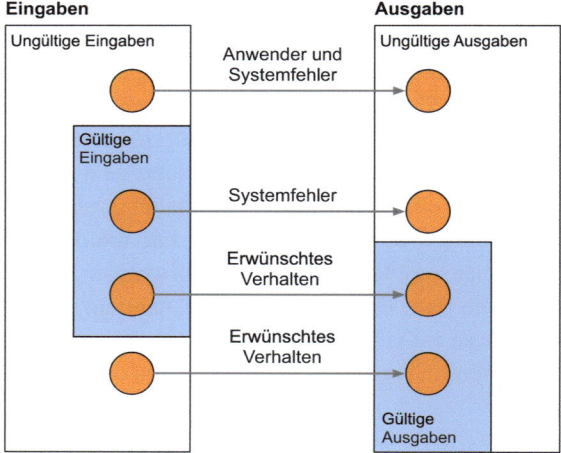

Softwaresysteme arbeiten unter gewissen Annahmen – so wird etwa bei der Division ein von 0 verschiedener Divisor erwartet oder dass bei einer Abbuchung nur positive Beträge verwendet werden. Werden diese Annahmen verletzt, reagieren *robuste Systeme* kontrolliert. Wir sprechen von Ausnahme- oder Fehlerbehandlung.

9.1.6.1 Ausnahmen und Fehler

In Programmsystemen muss vom Auftreten von Fehlern unterschiedlicher Quellen ausgegangen werden (Eingabefehler, Hardwarefehler, Softwarefehler, Fehler in den Daten – siehe Kap. 12.1.1). Deshalb ist in großen Softwaresystemen eine systematische Fehlerbehandlung (Ausnahmebehandlung) vorzusehen, um eine ausreichende Robustheit des Systems zu garantieren. Die Ausnahmeerkennung und -behandlung nimmt in aller Regel einen größeren Raum in der Systemgestaltung ein, als die Behandlung der regulären Fälle. Im Rahmen der Ausnahme- und Fehlerbehandlung sind folgende Aufgaben zu lösen:

- Fehlererkennung
- Fehlerbehandlung und -anzeige
- Aufrechterhaltung kritischer Grundfunktionalitäten
- Wiederaufsetzen (Rückkehr in den Normalzustand)

9.1.6.2 Ausnahmebehandlung

Eine Reihe von Programmiersprachen unterstützen die Ausnahmebehandlung durch spezielle Konzepte (sogenanntes *Exception Handling* in Java oder C#). Empfehlenswert ist ein einheitliches Konzept für die Fehlerbehandlung und eine möglichst weitgehende Trennung von Fehlerbehandlung und normaler Funktionalität. Dies kann beispielsweise durch die

Zusammenfassung der Fehlerbehandlung in eine spezifisch dafür geschaffene Komponente erreicht werden.

Für jede Komponente ist jeweils in der Anforderungsspezifikation vorzusehen, auf welche Fehler sie wie zu reagieren hat. Dies erfordert eine sorgfältige Analyse zur Identifikation aller zu berücksichtigenden Fehlerfälle. Besondere Bedeutung verdient hierbei oft die Frage, wie sich ein System unter Überlast oder bei Bedienfehlern verhält.

Die Robustheit eines Systems kann entscheidend durch Entwurfsrichtlinien beeinflusst werden (wie vollständige Schnittstellenbeschreibungen, Vorgabe von Ausnahmebehandlungsstrategien).

9.1.6.3 Fehlerbehandlung

Neben den erwünschten und erwarteten Systemabläufen und Reaktionen treten in Softwaresystemen unerwartete und inkorrekte Reaktionsmuster auf (siehe Kap. 12.1.1). Wir sprechen von Systemfehlern. Ursachen für Systemfehler können sein: Fehler in der Entwicklung (Spezifikation, Entwurf, Programmierung), Fehler in Algorithmen durch beschränkte Ressourcen (zum Beispiel Überlauf der Arithmetik, Speicherüberlauf), Fehler in dem zur Laufzeit bearbeiteten Datenbestand (zum Beispiel fehlende oder fehlerhafte Tabelleneinträge), Fehler in den Nachrichten, Ereignissen oder in den Parametern, Inkonsistenzen in der Konfiguration, Softwareumgebung sowie Geräte- und Hardwarefehler und letztendlich Eingabefehler.

Achtung *Nutzerfehler (Bedienfehler) sind keine Systemfehler. Sie sind soweit wie nötig in der Anforderungsdefinition (Nutzungsschnittstelle) als mögliches Nutzerverhalten zu berücksichtigen. Dies bedeutet insbesondere, dass angemessene Verfahren zur Erkennung von Nutzerfehlern und entsprechende Reaktion darauf festzulegen sind, da Nutzerfehler nicht zum Fehlverhalten des Systems führen dürfen.*

Systemfehler können ein Fehlverhalten des Systems auslösen (Abb. 9.3). Dieses Fehlverhalten kann schwerwiegende Auswirkungen haben, etwa den Absturz des Gesamtsystems (Beeinträchtigung der Verfügbarkeit), die Zerstörung oder Verfälschung von Daten und Programmen oder Inkorrektheit von Systemreaktionen. Es ist Aufgabe einer strukturierten Fehlerbehandlung:

- Umfassend alle denkbaren Systemfehler zu berücksichtigen
- Fehler möglichst frühzeitig zu entdecken, zu begrenzen und weich abzufangen
- Im Idealfall Fehler vollständig abzufangen und in der Wirkung zu eliminieren
- Ein Wiederanlaufen des Systems zu ermöglichen
- Systemfehler zu dokumentieren (Vorbereitung der Fehlerkorrektur)

Dies erfordert ein umfangreiches Fehlermodell (Welche Fehler können auftreten?) und eine Festlegung der Systemreaktionen. Typischerweise werden Fehler (genauer Fehlermeldungen) durch die Schichten eines Systems durchgereicht, bis zu der Stelle, an der ein Fehler behandelt wird.

Es ist empfehlenswert, die Fehlerbehandlung in einer ausschließlich dafür zuständigen Komponente zu konzentrieren. Damit ist die Konzeption einer umfassenden Fehlerbehandlung Teil der Softwarearchitektur. In die Konzeption der Fehlerbehandlung geht insbesondere die Risikoanalyse ein, um besonders risikoreiches Fehlverhalten eines Systems mit Sicherheit auszuschließen (HARA, [24, 26]).

9.2 Der Grobentwurf: Entwicklung der Systemarchitektur

Wie in Kap. 8.1 beschrieben ist die Zerlegung des Systems in Komponenten und die Beschreibung ihrer Schnittstellen ein wesentlicher Teil der Systemarchitektur. Diese Zerlegung wird oft auch als *Komponentengrobentwurf* bezeichnet. Im Entwurf der Komponenten wird ausgehend von den Schnittstellen der Komponenten und der Gesamtfunktionalität des Systems die Funktionalität der einzelnen Komponenten entwickelt. Diese detaillierte Beschreibung – die Spezifikation der Komponenten – dient zunächst der Verifikation und Validierung des Systementwurfs. Das umfasst den Nachweis, dass durch die Funktionalität der Komponenten und ihres Zusammenspiels in der Systemarchitektur die in der Anforderungsspezifikation geforderte Systemfunktionalität erbracht wird. Weiterhin wird durch die detaillierte Spezifikation der Komponenten die Vorgabe für die Implementierung geschaffen. Das bedeutet, dass in der Implementierung des Systems die Spezifikationen der Komponenten modular in Implementierungen umgesetzt werden (siehe Kap. 11). Allgemein unterscheiden wir beim Entwurf von Komponenten wieder die folgenden Sichten auf eine Komponente:

Black-Box Sicht   (auch Außensicht) Nur die Schnittstelle der Komponente nach außen wird angegeben (siehe Abschn. 9.2.2). Wir unterscheiden zwischen der syntaktischen Schnittstelle und der semantischen Schnittstelle – dem Schnittstellenverhalten (siehe Kap. 4.6.1.3). Die Realisierung einer Komponente ist nach außen hin verborgen.

White-Box Sicht   (auch Glas-Box oder Innensicht) Die Realisierung der Komponente (interner Aufbau) wird betrachtet. Dies stellt eine besondere Form der Verfeinerung (siehe Abschn. 9.3) dar und wird im Rahmen des Komponentengrobentwurfs durchgeführt.

Die Zerlegung einer Komponente, der Komponentenentwurf, folgt wieder gleichen Prinzipien wie der Systementwurf.

9.2.1 Prinzipien im Architektur- und Komponentenentwurf

Beim Komponentenentwurf sind bestimmte allgemeine Qualitätsanforderungen für Komponenten zu beachten (siehe Kap. 8.2). Diese umfassen:

- Genauigkeit der Spezifikation
- Reife (Geringe Versagenshäufigkeit)
- Flexibilität/Fehlertoleranz
- Robustheit (Wiederaufsetzbarkeit)
- Effizienz (Speicherplatz und Laufzeit)
- Test und Verifizierbarkeit
- Erweiterbarkeit (Stabilität bei Hinzunahme neuer Funktionalität)
- Portabilität (Übertragbarkeit auf eine neue Systemplattform)
- Rekonfigurierbarkeit (Anpassbarkeit)

Diese Eigenschaften werden nicht nur für einzelne Komponenten gefordert und durch diese erbracht, sondern im Allgemeinen durch das ganze System (siehe Kap. 2.2). Zusätzlich wird bei Komponenten speziell oft Kompatibilität (Verträglichkeit mit vorgegebenen Systemkomponenten, siehe Kap. 4.6.1.4) und Wiederverwendbarkeit (siehe Abschn. 9.2.3 und Kap. 10.1) gefordert. Da diese Anforderungen nur indirekt die Funktionalität betreffen, sondern eher einschränkend auf diese wirken, werden sie auch oft als Qualitätsanforderungen bezeichnet (siehe Kap. 6.2). Viele dieser Prinzipien sind zueinander im Konflikt. Somit ist anwendungsspezifisch eine Gewichtung vorzunehmen. Wir sprechen von der Abwägung und Festlegung der Qualitätsanforderungen.

9.2.2 Black-Box Spezifikation und Schnittstellen

Bei der Zerlegung eines Systems in Komponenten sind wir zunächst an der *Black-Box Sicht* auf die Komponenten interessiert. Nach der Ermittlung der syntaktischen Schnittstelle der Komponenten im Rahmen der System- oder Komponentenarchitekturfestlegung wird in hinreichender Genauigkeit das Schnittstellenverhalten der Komponenten beschrieben, also das Interaktions- oder Aufrufverhalten an der syntaktischen Schnittstelle. Abhängig vom Komponentenbegriff sind die Spezifikationstechniken zu wählen, die das Schnittstellenverhalten anschaulich, verständlich und mit der erforderlichen Präzision beschreiben. Besonders geeignete Beispiele zeigt die Tab. 9.2.

Die angeführten Beschreibungstechniken sind grundsätzlich dafür geeignet, die entsprechenden Komponenten in ihren funktionalen Verhalten vollständig formal zu beschreiben.

Tab. 9.2 Ausgewählte Beschreibungstechniken für Teilsysteme und Systeme

System/-teil	Beschreibungstechnik
Daten-/Kontrollfluss	Zustandsautomat mit Ein- und Ausgabe, Zusicherung auf Ein- und Ausgabeströmen (siehe Kap. 4.6.1.2), UML Aktivitätsdiagramme (siehe Kap. 4.6.4.2)
Objekt/Klasse	Zustandsautomat, Verträge mit Vor- und Nachbedingungen, Spur (Trace) der Aufrufe/Rückantworten (siehe Kap. 4.5)
Prozedur/Methode	Verträge mit Vor-/Nachbedingungen, Zusicherungen (siehe Kap. 4.4)
Funktion	Gleichungsaxiome; Charakterisierung des Resultats bezogen auf die Eingabe (siehe Kap. 4.4)
Dateityp	Algebraische Spezifikationen, Angabe der Signatur (siehe Kap. 4.3.1.1)
Komponente	Interaktionsdiagramme, Message Sequence Charts, UML Sequenzdiagramme, UML Aktivitätsdiagramme (siehe Kap. 4.6.4), Schnittstellenzusicherungen, Zustandsmaschinen (siehe Kap. 4.5.1)

Allerdings ist das in der Praxis oft schwierig und aufwändig. Meist wird das Verhalten einer Komponente nicht formal beschrieben, sondern lediglich hinreichend genau. Man beachte jedoch, dass das Verständnis der Möglichkeiten der formalen Beschreibung auch eine wertvolle Grundlage für die halbformale oder informelle Beschreibung liefern.

Anmerkung *In der Praxis wurden Technologien wie CORBA* [41] *oder COM* [8] *mit sogenannten Interface* Definition Languages *(IDL) verwendet, welche als Ausgangspunkt für die Generierung von Quellcodegerüsten dienen. In objektorientierten, verteilten Technologieplattformen wie Java RMI* [20] *oder .NET Remoting* [43] *wurden für diesen Zweck annotierte Interfaces in der jeweiligen Programmiersprache Java oder C# eingesetzt. Durch die modernen Web-Technologien werden heute in der Regel XML-basierte Spezifikationen von Service Schnittstellen verwendet. Eine Mischform stellt das* Windows Communication Foundation *Framework (WCF;* [34]*) dar. Hier werden annotierte Schnittstellen in der jeweiligen Programmiersprache verwendet, welche Abstraktionen der zugrundeliegenden Web-Technologien sind. Allen diesen Technologien ist gemein, dass sie von konkreten technischen Realisierungen der Dienste abstrahieren und eine Dienstbeschreibung anbieten, welche auf der nutzenden Seite zur Generierung von Quellcode verwendet wird.*

In der Black-Box Spezifikation beschreiben wir das Verhalten der Teilsysteme (Komponenten) durch Schnittstellen, wobei jede Schnittstelle eines Teilsystems angemessen in Unterschnittstellen gegliedert ist. Über diese Unterschnittstellen sind die Teilsysteme miteinander verbunden. Jede Schnittstelle und jede Unterschnittstelle weist ein *Systemverhalten* auf. Das Systemverhalten des Gesamtsystems entspricht der Komposition der Komponenten, genauer der Teilsysteme mit ihrem Schnittstellenverhalten. Zentral ist es deshalb, dass das Schnittstellenverhalten der Teilsysteme so genau beschrieben wird, dass beim Zusammensetzen des Gesamtsystems aus den Teilsystemen ein eindeutiges Verhalten der Systemarchitektur abgeleitet werden kann. Aus dieser Systemarchitektur ergibt sich dann das Verhalten des Systems nach außen im Sinne der durch das System erbrachten Funktionalität. Dies kennzeichnet die Korrektheit des Architekturentwurfs.

9.2.3 Wiederverwendung von Komponenten und Modulen

Bei der Zerlegung eines Systems in Komponenten besteht häufig die Zielsetzung, soweit möglich vorhandene Komponenten aus einer Komponentenbibliothek einzubinden (siehe Kap. 10.1). Zumindest gewisse Systemteile wie Datenbanken, Übertragungsdienste oder grafischen Nutzungsschnittstellen werden in der Regel im Rahmen eines Projekts nicht erneut speziell (proprietär) realisiert. Vielmehr wird angestrebt, vorhandene Lösungen einzusetzen (vorgefertigte oder *Off-the-shelf Software, Components off-the-shelf* – kurz: COTS) oder Komponenten aus Modellen zu generieren.

> **Hinweis**
> Beim Einbinden vorgefertigter Komponenten sind bei der Festlegung der Softwarearchitektur auch Anforderungen bezüglich der Standardisierung und die Wiederverwendung zu berücksichtigen (siehe Kap. 8.3 und Kap. 10.1). Dies bedeutet, dass die Systemzerlegung anders gewählt werden muss oder die Anforderungen geändert werden müssen.

9.2.3.1 Entwurf mit Wiederverwendung

Ein ebenfalls auf Wiederverwendung ausgerichteter Ansatz besteht darin, die Einzelaufgaben der Komponenten des Systems so zusammenzufassen, dass nur einige wenige (dann allerdings sehr allgemeine) Komponenten entstehen, die mehrfach im System einsetzbar sind, oder für unterschiedliche Aufgaben angepasst werden können. So verringert sich ebenfalls der Implementierungs- und Änderungsaufwand beträchtlich (siehe Kap. 8.2.5.1).

Bei der Zerlegung eines Systems in Komponenten ist also zu prüfen, inwiefern vorgefertigte oder mehrfach nutzbare Komponenten eingesetzt oder geschaffen werden können. Gelingt dies, so können erhebliche Aufwendungen für die Implementierung gespart werden. Bei guten Qualitätsmerkmalen der vorgefertigten Komponenten ist auch die Beherrschung der Qualität dadurch deutlich erleichtert. Gleichzeitig erhöhen jedoch Wiederverwendungsmaßnahmen den Entwicklungsaufwand; eine sorgfältige Abwägung zwischen Aufwand und Nutzen ist daher gerade bei der Wiederverwendung von Komponenten wesentlich.

Entsprechend werden in bestimmten Anwendungsgebieten große Anstrengungen unternommen, Baukastensätze (Frameworks) vorgefertigter Komponenten oder halbfertiger Komponenten bereitzustellen, die dann in vielen Projekten genutzt werden können (siehe Kap. 10.2 und 11.2.2.2). Auch Unternehmen, die immer wieder Software für ähnliche Aufgaben entwickeln, versuchen ihre Architektur zu standardisieren und für gewisse Aufgaben mehrfach verwendbare Komponenten zu entwickeln (siehe Quasar-Blutgruppen in Kap. 8.2.4).

9.2.3.2 Entwurf für Wiederverwendung

Nicht nur die Wiederverwendung von bereits realisierten Komponenten und Modulen ist im Architekturentwurf bedeutsam. In manchen Fällen macht es auch Sinn, eine Architektur so zu schneiden, dass im Rahmen der weiteren Implementierungsarbeit Komponenten entstehen, die in anderen Projekten wiederverwendet werden können.

Das ist insbesondere von Interesse, wenn in einer Organisation immer wieder Software entwickelt wird, die zumindest auf Architekturebene ähnliche Komponenten zum Einsatz bringt [5, 10, 14, 32]. Dann lohnt es sich unter Umständen, die Komponenten, die später zur Wiederverwendung zur Verfügung stehen sollen, systematisch zu behandeln und dabei auch Regeln vorzusehen für die Frage, wann eine weitere, im Rahmen des Architekturentwurfs identifizierte Komponente, in die Menge der für die Wiederverwendung zur Verfügung stehenden Komponenten aufgenommen wird. Zusätzlich sind Regeln vorzusehen für die Pflege und Weiterentwicklung der wiederverwendbaren Komponenten unter Berücksichtigung der wichtigen Frage der Erhaltung der Kompatibilität.

9.3 Der Feinentwurf: Entwicklung der Softwarearchitektur

Große Systeme lassen sich nicht in einem Schritt untergliedern und detailliert beschreiben. Entsprechend werden im Entwurf beim Top-Down-Vorgehen die Systeme zunächst in eine Familie großer Komponenten grob untergliedert. Anschließend werden die einzelnen Komponenten weiter untergliedert (siehe Abschn. 9.1.2). Dies wird wiederholt bis eine Komponentengröße erreicht wird, die ohne weitere Untergliederung realisiert werden kann (siehe Kap. 8.2.5). Die Untergliederung einer Komponente in Module – in der Objektorientierung: Klassen – nennen wir seine *Modularchitektur* bzw. *Softwarearchitektur* (siehe Definition 1.8). Die Angabe, welche Komponenten durch welche Module realisiert werden nennen wir auch *Implementierungsarchitektur*. Das vorrangige Ziel der Verfeinerung der Architektur ist also die Entwicklung einer Menge programmiertechnisch realisierbarer Module und Klassen aus den im *Grobentwurf* entworfenen Komponenten.

9.3.1 Softwarearchitektur zur Entwurfs- und Laufzeit

Bei der Verfeinerung einer Architektur hin zur Softwarearchitektur sind zwei Dimensionen zu betrachten [4, 47]. Bei der Verfeinerung mit dem Fokus auf die *Entwurfszeit* (Design Time) steht die Strukturierung des Entwurfs im Fokus. Dabei wird die Gliederung des Systems und seiner Komponenten verfeinert. Diese Verfeinerung erfolgt durch:

- Festlegung der Beziehungen zwischen den Ausgangskomponenten und den für deren Implementierung genutzten Modulen/Klassen
- Spezifikation der Module/Klassen
- Identifikation von Möglichkeiten zur Wiederverwendung

Abschließend werden die Regeln bezüglich der Rollen und Rechte, d. h., wer darf was in der Architektur ändern, überprüft und entsprechend angepasst.

Bei der Verfeinerung mit dem Schwerpunkt auf der Optimierung der *Laufzeit* (Run Time) werden insbesondere das *Deployment* und das *Scheduling* betrachtet. Durch das Deployment wird festgelegt, welche Komponenten auf welcher Hardware ausgeführt werden sollen. Das Scheduling regelt dann, wann eine Komponente zur Ausführung gebracht wird und damit auch, wann sie Zugriff auf die für ihre Arbeit erforderlichen Ressourcen erhält.

9.3.2 Abstraktion und Verfeinerung

Der Entwurf umfangreicher Systeme erfolgt durch eine geeignete Wahl von Abstraktionsebenen und schrittweise Verfeinerung. Im idealen Vorgehen wird eine Komponente schrittweise verfeinert, indem man die folgenden Schritte durchführt:

1. Der Aufgabenumfang wird schrittweise zugeschnitten. Das bedeutet, dass die Spezifikation schrittweise vervollständigt wird.
2. Die Spezifikation wird in eine in der Regel implementierungsnähere, effizientere Form gebracht.
3. Die Komponente wird weiter in Teilkomponenten zerlegt und es werden Implementierungsdetails hinzufügt.

Abhängig von der Form der Verfeinerung besteht eine Verfeinerungsrelation zwischen der Beschreibung der Komponente in der *Ausgangsform* und der Beschreibung der Komponente in der *verfeinerten Form*. Diese Relation ist zu dokumentieren und zu überprüfen, um die Korrektheit der Verfeinerung sicherzustellen.

Von besonderer Bedeutung sind dabei Verfeinerungsschritte, die gewisse Ausnahmesituationen (beispielsweise fehlerhafte Eingabe, oder Behandlung von Fehlermeldungen,

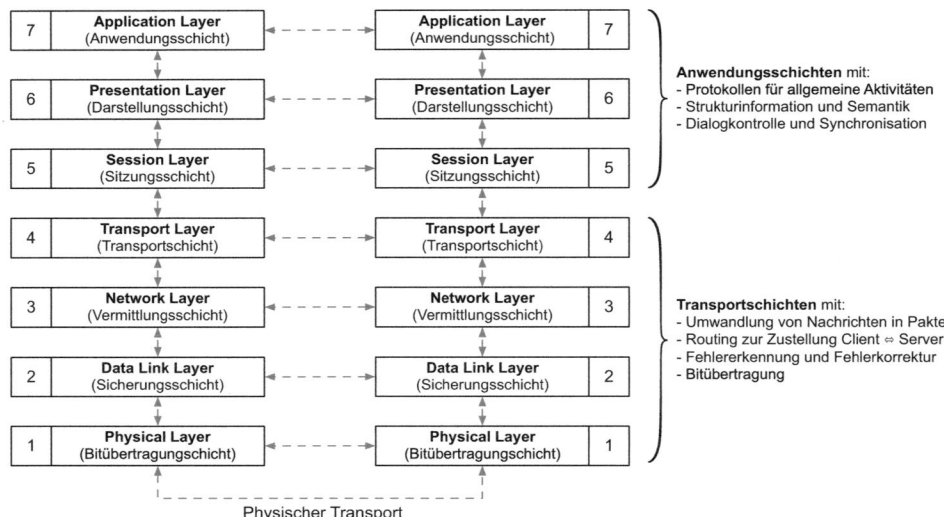

Abb. 9.4 Der ISO/OSI-Protokollstack nach [27]

siehe Abschn. 9.1.6.3) in Bezug auf das Verhalten der Komponenten berücksichtigen. Häufig treten Verfeinerungen für Rechenstrukturen auf, indem Datenstrukturen durch solche ersetzt werden, die effizientere Funktionsrealisierungen erlauben, aber das gleiche sichtbare Verhalten zeigen, beispielsweise unterschiedliche Algorithmen und Datenstrukturen für das effiziente Sortieren von Daten.

Große Systeme werden typischerweise in einer Folge von Verfeinerungsschritten und *Wechseln der Abstraktionsebene* beschrieben und dadurch immer detaillierter entwickelt. Wir sprechen von einem Wechsel der Abstraktionsebene, wenn wir die Wirkung eines Systems filigraner beschreiben. Ein Beispiel dafür liefert die ISO/OSI Hierarchie (Abb. 9.4; [27, p. 28]) mit einer Verfeinerung von „oben nach unten". Solche Verfeinerungsschritte und Zwischenschritte können beispielsweise über den Entwurf von *Paketen* erfolgen (siehe Kap. A.2.1.3), die mehrere inhaltlich zusammengehörenden Klassen enthalten. Diese können dann wieder in Teilpakete verfeinert werden, wobei in jedem Schritt die Vervollständigung und Ergänzung von Schnittstellen zwischen den einzelnen Gliederungselementen vorgenommen werden muss.

9.4 Dokumentation der Architektur: Architekturspezifikation

Die fachgerechte Dokumentation des durchgeführten Entwicklungsprozesses, seiner Ergebnisse und des erzeugten Softwareprodukts ist für die Entwicklungsarbeit selbst sowie für die Wartung und Weiterentwicklung von hoher Wichtigkeit. Gerade bei dem hohen Anteil der Wartungs- und Weiterentwicklungskosten im Verhältnis zu den eigentlichen

Entwicklungskosten ist eine gründliche Dokumentation von unschätzbarem Wert (Stichwort: *Tracing*). Wir unterscheiden folgende Arten der Dokumentation:

- Interne Entwicklungsdokumente (zum Beispiel Systemarchitektur)
- Vertriebsschriften (zum Beispiel Angebot, Pflichtenheft)
- Einführungsschriften (zum Beispiel Installationsanleitungen)
- Betriebshandbücher (zum Beispiel Benutzer- oder Administratorenhandbücher)

Da bei einer Softwarekomponente der Code gleichzeitig ein Entwicklungsdokument darstellt, gelten hier die entsprechenden Bemerkungen wie bei den übrigen Dokumenten. Die Dokumentation sollte stets Hand in Hand mit der Entwicklungsarbeit erstellt werden. Nachdokumentation ist aufwendig und lässt positive Auswirkungen der Dokumentation in der Entwicklung ungenutzt. So ermöglicht die frühzeitige Dokumentation das systematische Arbeiten in Bezug auf getroffene Festlegungen und auch erst die Durchführung qualitätssichernder Maßnahmen (zum Beispiel Reviews) und trägt so entscheidend zur Risikominimierung und Kostensenkung bei.

9.4.1 Das Pflichtenheft und die Systemanforderungen

Ein Softwaresystem bietet eine bestimmte Dienstleistung im Sinn der Informationsverarbeitung an. Aufgabe dieser Dienstleistung ist es, Umgebungsprozesse durch Informationsverarbeitung zu unterstützen, also zu vereinfachen, zu ermöglichen oder zu steuern. Der exakte Umfang dieser Dienstleistung ist durch die Erstellung der *Systemanforderungen* in der *Lösungssicht* festzulegen. Das Ziel der Erstellung der Systemanforderungen ist die *Fixierung der Dienstleistungen* des zu erstellenden Systems. Im Gegensatz zu den fachlichen Anforderungen (vgl. Kap. 5.1), die aus Sicht des Anwendungsgebietes definiert werden (und daher auch oft irreführend als „Benutzeranforderungen" oder „Anwenderforderungen" bezeichnet werden) stellen die Systemanforderungen die Beschreibung der vom System konkret zu realisierenden Funktionen im Lösungsraum dar.

Auf Basis des *Lastenhefts* (siehe Kap. 7.1.3) wird als Ergebnis der Erstellung der Systemanforderungen ein *Pflichtenheft* erstellt. Dies ergänzt und präzisiert das Lastenheft und beschreibt die Funktionen des Systems – im Gegensatz zum Lastenheft werden nun die einzelnen Funktionen, die das System in seiner Einsatzumgebung anbietet, beschrieben (Tab. 9.3).

Zusätzlich enthält das Pflichtenheft weitere Abschnitte, wie Anforderungen an die Entwicklungsumgebung, die Dokumentation, Qualitätsanforderungen oder rechtliche Rahmenbedingungen. Der Festlegung der Produktfunktionen wird oftmals als Teil des Pflichtenhefts eine Beschreibung von anwendungsorientierten Testfällen hinzugefügt, die als Abnahmekriterium dienen.

Tab. 9.3 Inhalte des Pflichtenhefts

Inhalt	Frage
Abgrenzung des Aufgabenbereichs	Was leistet das System, was leistet es nicht?
Festlegung der Systemschnittstellen	In welche Hardware-/Softwareumgebung ist das System eingebettet?
Festlegung der Produktfunktionen	Welche Funktionen bietet das System dem Benutzer bzw. der Systemumgebung?
Festlegung der Leistungsmerkmale	Welche messbaren Leistungsmerkmale garantiert das System?
Festlegung der Benutzungsschnittstelle	Wie interagiert der Benutzer mit dem System?
Festlegung des groben Projektplans	In welchen Schritten wird das System erstellt?
Festlegung des Risikopotenzials	Welche Risiken sind mit dem System oder seiner Entwicklung verbunden?

Als Basis für das rechtlich verbindliche Angebot bildet das Pflichtenheft die Grundlage des Entwicklungsauftrags [10, pp. 177ff.]. Bei der Erfassung der Anforderungen ist eine intensive Zusammenarbeit zwischen Nutzern, Auftraggeber und Auftragnehmer erforderlich. Dazu sind alle Informationsquellen zu erfassen bzw. festzulegen, auf die in der Anforderungsdefinition zugegriffen wird, wie:

- Dokumente (zum Beispiel Lastenheft, Dokumentation Ist-System, Beschreibung Organisation oder technischer Prozess)
- Daten, Interviews und Fragebögen, zu erstellende Studien
- Brainstormings, Besprechungen, Vorträge
- Beobachtungen und Schätzungen
- Vorzunehmende Untersuchungen und Experimente

Dabei ist besonders darauf zu achten, dass die potenziellen Nutzer eines Systems und seiner Dienstleistungen an der Festlegung der Anforderungen angemessen beteiligt werden. Die Nutzbarkeit aus Sicht der Nutzer bestimmt maßgeblich die Qualität und Akzeptanz eines Systems.

> **Hinweis**
> Falls in der Systemstudie entsprechend hohe Risiken identifiziert wurden, ist es angemessen und ratsam, eine Reihe von Varianten des Systementwurfs sowie seines Dienstleistungsumfangs mit groben Kosten- und Zeitaufwandsschätzungen auszuarbeiten und den Entscheidungsträgern vorzulegen. Die verantwortlichen Entscheidungsträger können sich dann unter Einbeziehung der ermittelten Risiken und weiterer Faktoren

9.4 Dokumentation der Architektur: Architekturspezifikation

> für eine der Varianten oder gar für die parallele Entwicklung unterschiedlicher Varianten entscheiden. Gegebenenfalls können gewisse Varianten und unterschiedliche Ausbaustufen eines Systems vorgesehen werden, sodass eine Entscheidung über die zu verfolgende Variante erst in späteren Phasen getroffen wird.

Die Funktionalität eines Systems erschließt sich dem Nutzer durch die Nutzungsschnittstelle und die darüber ausgelösten Systemreaktionen. Eine detaillierte Modellierung der Nutzungsschnittstelle kann daher frühzeitig zur Identifikation von Verständnisproblemen oder unterschiedlichen Erwartungen führen. Da die Nutzungsschnittstelle jedoch nur die groben Interaktionsmöglichkeiten erfasst (insbesondere bei eingebetteten Systemen), ist für ein tiefes Verständnis die umfassende Beschreibung der Systemfunktionalitäten notwendig. Dies kann durch die Erstellung eines *Funktionsmodells* (siehe Funktionsarchitektur, Kap. 6.1.1) erfolgen.

Schließlich spielt bei informationsverarbeitenden Systemen der Sicherheitsaspekt stets eine wesentliche Rolle: entweder als Ausfallsicherheit oder als Datensicherheit (siehe Kap. 5.2.5). Daher sollte auch dieser Aspekt erfasst werden.

9.4.2 Nachhaltige Dokumentation der Softwarearchitektur

Ein komplexes Softwaresystem benötigt zwingend eine Dokumentation, damit das System im Laufe des Lebenszyklus – auch etliche Jahre nach der Entwicklung – gepflegt und weiterentwickelt werden kann. Daher ist der Dokumentation besondere Aufmerksamkeit zu widmen, denn insbesondere in den späteren Phasen des Lebenszyklus ist die Architekturdokumentation die Referenz, die ein System in seinen wesentlichen Eigenschaften beschreibt, und dem mit der Pflege und Weiterentwicklung betrauten Personal ein Verständnis liefert über:

- Umgesetzte Produkt- und Qualitätsanforderungen
- Grundsätzliche Architekturziele
- Getroffene Architektur- und Entwurfsentscheidungen
- Nachgenutzte Konzepte, wie Referenzarchitekturen, Design Pattern usw.

Auch hier gilt wieder, dass sich der tatsächliche Umfang der Dokumentation nach dem realisierten System und den Anforderungen richtet, welche durch die gewählte Vorgehensweise und gegebenenfalls zu berücksichtigenden Standards, Regelungen und Normen ergeben. Grundsätzliche sollten jedoch die folgenden Bestandteile in einer Architekturdokumentation enthalten sein:

Architekturüberblick	Im Architekturüberblick sind die wesentlichen Überlegungen zu beschreiben, welche die ausgewählte Architektur motivieren. Ferner sind die grundlegende Systemstruktur und die Kernfunktionalität des Systems zu beschreiben. Ebenfalls relevant sind grundlegende Architektur- und Entwurfsentscheidungen. Da es sich um eine Übersicht handelt, ist diese Dokumentation kurz zu halten. An geeigneten Stellen sind die umfangreicheren Dokumentationen zu den einzelnen Teilaspekten zu referenzieren.
Dokumentationsüberblick	Im Dokumentationsüberblick ist kurz zusammenzufassen, aus welchen Bestandteilen die Architekturdokumentation in Gänze besteht und wo die entsprechenden Dokumentationsbestandteile zu finden sind. Der Dokumentationsüberblick kann durch ein Dokumentationshandbuch ergänzt werden, welche als „Meta-Dokumentation" beschreibt, wie die Architekturdokumentation zu lesen und zu verwenden ist.
Architekturpräsentation	Die Architekturpräsentation besteht im Wesentlichen aus zwei Teilen. Einer Überblickspräsentation, welche die Architektur in ihrer Gesamtheit kurz und kompakt darstellt. Diese kompakte Darstellung dient primär der schnellen Kommunikation der Architektur zum Management hin. Eine detailliertere Darstellung wird durch ein sogenanntes *Wallpaper* angeboten. Das Wallpaper stellt ebenfalls einen Überblick dar, bietet jedoch ein Mehr an Information, gegebenenfalls abgestimmt auf ausgewählte Stakeholder.
Entwicklungsprozess	Der technische Entwicklungsprozess ist als Handreichung für die Entwickler gedacht, welche die Architektur implementieren und im Rahmen der Evolution pflegen und weiterentwickeln sollen. Diese Handreichung enthält Auflistungen von eingesetzten Werkzeugen und Methoden und leitet die Entwickler an, Architekturkonzepte praktisch umzusetzen.

Wie bereits erläutert, richtet sich Aufbau und Umfang der Architekturdokumentation nach den Rahmenbedingungen des Projekts. Ein Gefühl für die zu erwartenden Umfänge und die zu berücksichtigenden Artefakte gibt Abb. 9.5, welches die dokumentationsrelevanten Artefakte aus dem V-Modell XT darstellt [18]. Diese sind natürlich *nicht* für jedes Projekt relevant – vielmehr zählt die Abbildung diejenigen Aspekte auf, die in Projekten grundsätzlich berücksichtigt werden sollten.

9.4 Dokumentation der Architektur: Architekturspezifikation

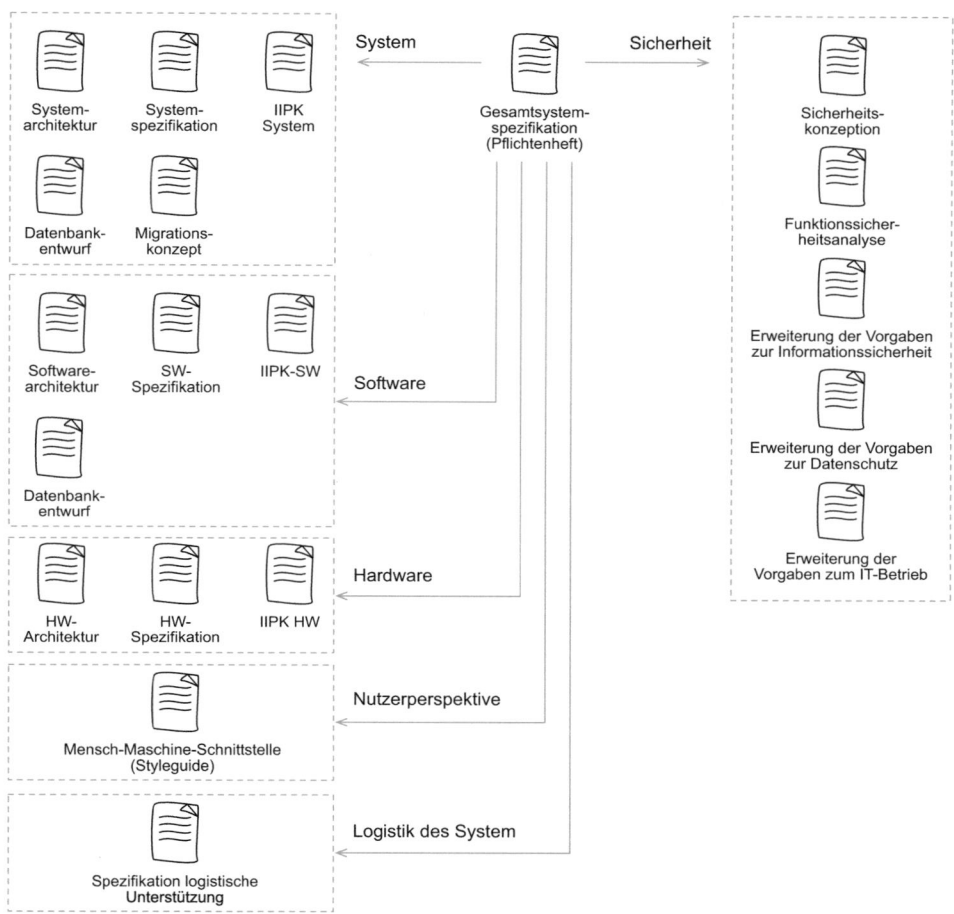

Abb. 9.5 Ausschnitt der im V-Modell XT beschriebenen Produkte zur Dokumentation des Systementwurfs und der Systemspezifikation

9.4.3 Dokumentation von Entwurfsentscheidungen

Im Kontext der Architekturdokumentation ist es unerlässlich, die einzelnen Entwurfsentscheidungen zu dokumentieren und zu begründen. Dies dient dem Ziel, Entscheidungsprozesse transparent zu gestalten und auch noch zu späteren Zeitpunkten einzelne Entwurfsentscheidungen nachvollziehen zu können. Beispielhaft sei eine Wartungssituation genannt, in der eine Funktion geänderte Qualitätsanforderungen nicht mehr angemessen erfüllen kann. In einer solchen Situation ist neben der Kenntnis des Quellcodes und der

Tab. 9.4 Fragenkatalog zum Aufbau aussagekräftiger Dokumentationen für Entwurfsentscheidungen

Inhalt	Frage
Problem	Was ist das zu lösende Problem?
	Welche Konsequenzen hat die getroffene Entscheidung?
Anforderungen	Was sind die grundlegenden Rahmenbedingungen?
	Was sind die relevanten (betroffenen) Anforderungen?
	Welche Stakeholder sind von der Entwurfsentscheidung betroffen?
	Anhand welcher Kriterien wird die Entscheidung herbeigeführt?
Annahmen	Welche Annahmen etwa über den Kontext wurden gemacht?
	Sind die Annahmen explizit dokumentiert?
	Wie wurden diese Annahmen analysiert und evaluiert?
	Was sind die sich daraus ergebenden Risiken?
Alternativen	Welche Alternativen wurden berücksichtigt und/oder geprüft?
	Welches Ergebnis bringt die jeweilige Evaluation und Risikoabschätzung?
	Welche Alternativen wurden explizit ausgeschlossen und warum?
Entscheidungen	Welche Entscheidung wurde getroffen?
	Wer hat diese Entscheidung getroffen?
	Wann wurde die Entscheidung getroffen?
	Was ist die Begründung?

Architektur des Systems auch das Wissen um das *„Warum sieht die Architektur/ Implementierung so aus?"* wichtig, um Änderungen am Entwurf zielgerichtet und möglichst seiteneffektfrei durchführen zu können. Daher sollten Entwurfsentscheidungen detailliert dokumentiert und begründet werden. Tab. 9.4 listet die Kernfragen in Anlehnung an [12] auf, die die Erstellung einer aussagekräftigen Dokumentation von Entwurfsentscheidungen unterstützen.

9.5 Qualitätssicherung des Architekturentwurfs

Die Sicherung der Qualität des Systementwurfs ist schwierig, da neben der Korrektheit des Entwurfs bezüglich der Systemanforderungen noch weitere Qualitätsanforderungen an den Entwurf gestellt werden. Dazu gehören neben den in Kap. 8.2 beschriebenen Prinzipien

9.5 Qualitätssicherung des Architekturentwurfs

im Systementwurf auch diejenigen mit Auswirkung auf die von der Architektur geforderten Eigenschaften – insbesondere architekturspezifische Qualitätsanforderungen. Unzulänglichkeiten des Systementwurfs zeigen sich häufig erst im Laufe der Systemimplementierung oder sogar erst während der Systemnutzung.

9.5.1 Evaluation von Systementwürfen

Offensichtliches Ziel beim Systementwurf ist zunächst die Sicherstellung der funktionalen Korrektheit der Architektur. Beim Nachweis der funktionalen Korrektheit der Architektur sprechen wir von *Architekturverifikation*.

Sind Systemstruktur und Komponentenschnittstellen hinreichend genau beschrieben, so können wir ohne die Komponenten zu implementieren, nur durch Bezug auf die Schnittstelleninformation die Korrektheit des Entwurfs überprüfen (siehe auch modellbasierte Softwareentwicklung in Kap. 11.4). Dazu bieten sich Prototypen, Verifikationstechniken und Entwurfsreviews an. Um die weiteren Eigenschaften der Qualitätsanforderungen des Systems sicherzustellen, können beispielsweise Leistungsabschätzung oder Prototypen verwendet werden. In Folgenden werden ausgewählte Verfahren zur Qualitätssicherung des Architekturentwurfs vorgestellt.

9.5.1.1 Verifikation der Architektur

Ziel der Verifikation der Architektur ist es nachzuweisen, dass die Komponentenspezifikationen zusammen mit der festgelegten Systemarchitektur zu einem Systemverhalten führen, das der Anforderungsspezifikation genügt und somit sicherstellt, dass alle Funktionen wie gefordert erbracht werden. Ist das Black-Box-Verhalten der Komponenten einer Architektur beschrieben, so ergibt sich aus der Architektur durch die Komposition des Schnittstellenverhaltens der Komponenten das Verhalten des Gesamtsystems eindeutig (siehe Kap. 4.6.1.5). Dieses ermittelte Systemverhalten lässt sich nun mit dem geforderten Systemverhalten aus der Anforderungsspezifikation abgleichen. Ist beispielsweise das geforderte Verhalten des Gesamtsystems durch Interaktionsdiagramme beschrieben, so kann überprüft werden, ob die Komponenteneinzelspezifikationen zusammen mit der Systemarchitektur Beschreibungen der Komponenteninteraktion liefern, die mit den Interaktionsdiagrammen des Gesamtsystems konsistent sind. Dies erlaubt die Verifikation der Komponentenspezifikation und der Architektur, noch bevor die Komponenten realisiert sind.

Einschränkungen Allerdings ist durch die funktionale Verifikation noch nicht sichergestellt, dass die Architektur auch die Qualitätsanforderungen im Hinblick auf Performanz, Portierbarkeit und Skalierung erfüllt (siehe Kap. 2.2). Wir sagen beispielsweise, dass ein System *skaliert,* wenn es die geforderte Funktionalität auch unter gesteigerter Last erbringt. Diese Frage ist oft kritisch, da eine Steigerung der Last Systeme in Grenzbereiche führt.

Ein Überlaufen des Hauptspeichers oder eine Überforderung der Kapazität der Kommunikationsverbindungen macht ein unter niedriger Last problemlos arbeitendes System unter Umständen hinsichtlich der Antwortzeiten unakzeptabel oder provoziert sogar einen Systemausfall oder fehlerhaftes Verhalten. Die Beurteilung der Eignung einer Architektur im Hinblick auf diese Gesichtspunkte kann oft nur durch Experimente oder durch Experten (Stichwort: Architekturreview, siehe Abschn. 9.5.2) erreicht werden.

Maßnahmen Konkret wird die Verifikation der Architektur durch folgende Maßnahmen erreicht. In jedem Fall sollte ein Architekturreview (siehe Abschn. 9.5.2) stattfinden, das gleichermaßen die funktionale Korrektheit der Architektur im Auge hat wie die geforderten Qualitätseigenschaften. Hierbei wird geprüft und gegebenenfalls an geschickt gewählten Szenarien durchgespielt, wie bestimmte Funktionalitäten des Gesamtsystems durch das Zusammenspiel der Teilsysteme erbracht werden. Ein Schwerpunkt dabei ist die Überprüfung, ob die Teilsysteme dabei so, wie sie mit ihren Schnittstellen spezifiziert sind, auch korrekt zusammenwirken.

Beschreibt man das Verhalten der Komponenten oder genauer der Komponentenschnittstellen prototypisch etwa durch die Angabe von Zustandsmaschinen mit Ein- und Ausgabe, so ist die Architektur dadurch einerseits funktional simulierbar und kann andererseits auch bereits getestet werden (siehe Kap. 11.4). Auf diese Weise erhält man einen System- und Architekturprototypen, der nicht nur für die Architekturverifikation eingesetzt werden kann, sondern auch später in der schrittweisen Architekturintegration eine nützliche Rolle spielen kann.

Sind die Schnittstellen formal beschrieben – etwa durch Schnittstellenzusicherungen – so kann die Architekturverifikation auch formal in einem Kalkül erfolgen. Da die Spezifikation der Schnittstellen oft umfangreich und kompliziert ist, ist das für größere Architekturen ohne Werkzeugunterstützung kaum zu bewerkstelligen. Schließlich existieren noch Techniken wie Modellüberprüfung, mit denen man automatisch oder halbautomatisch wesentliche Eigenschaften einer Architektur überprüfen kann (siehe Kap. 11.4).

9.5.1.2 Leistungsabschätzung

Die Effizienz und Performanz eines Systems ergibt sich aus seiner Nutzung von Ressourcen und seiner Antwort- sowie Reaktionszeiten (siehe Kap. 2.2). Die Effizienz eines Systems kann damit entscheidend für seine praktische Verwendbarkeit sein. Umgekehrt führt eine Überbetonung der Effizienz häufig zu unnötig komplizierten Strukturen. Es ist deshalb sorgfältig abzuwägen, welche Teile eines Systems eine besondere Effizienz erfordern.

Muss davon ausgegangen werden, dass bei einem zu erstellenden System Effizienzengpässe auftreten, sollte eine Analyse der kritischen Stellen erfolgen, beispielsweise durch die Erstellung von Prototypen. Abschätzungen der zu erwartenden Last und des benötigten Durchsatzes einerseits, sowie der Leistungsfähigkeit der technischen Infrastruktur andererseits (wie Prozessoren, Speicher, Datenbank). Diese geben grobe Hinweise auf zu erwartende

Schwierigkeiten. Falls erforderlich kann auch eine Verstärkung der Hardwareleistungsfähigkeit Abhilfe schaffen.

Anmerkung *Effizienzfragen sind immer eng mit Kostenfragen verknüpft. Ungenügende Performanz kann oft entweder durch Verbesserung der Softwareeffizienz oder durch den Einsatz leistungsfähigerer Hardware verbessert werden. Was kostengünstiger ist, hängt in der Regel von den Einsatzbedingungen ab (Einsatzdauer, Einsatzzahl etc.).*

Für eine Leistungsabschätzung bietet sich der Einsatz von vertikalen Prototypen (siehe Kap. 3.2.3) an. Diese gestatten es, das System (prototypisch) ablaufen zu lassen und somit bereits frühzeitig Informationen bezüglich seiner Performanz und hinsichtlich der potenziellen Engpässe zu ermitteln. Je weiter die Implementierung eines Systems voranschreitet, desto besser ist eine Leistungsprüfung möglich. Im Rahmen der Systemintegration (siehe Kap. 12.3) sind daher auch entsprechende Tests vorzusehen und gegebenenfalls im Rahmen automatisierter Testframeworks zu überprüfen.

9.5.1.3 Prototyping im Architekturentwurf

Durch prototypische Realisierung ausgewählter Komponenten und provisorische Bereitstellung der übrigen Komponenten (Dummies) kann ein System simuliert und erprobt werden. Dies liefert Erkenntnisse über Leistungsengpässe und über die funktionale Korrektheit des Entwurfs. Für bestimmte Fragestellungen brauchen dabei nicht alle Komponenten realisiert werden. Für manche Komponente genügen Dummies, die es zumindest erlauben, gewisse Szenarien durchzurechnen.

Kap. 3.2.3 enthält eine detaillierte Beschreibung für die Einsatzmöglichkeiten von Prototypen in Softwareprojekten. Im Kap. 12.3.2 sind die unterschiedlichen Test- und Integrationsstrategien erläutert, welche die Überprüfung von geforderten Qualitätseigenschaften erlauben. Im Sinne eines Code-zentrierten Vorgehens können Prototypen auch weiterentwickelt und kontinuierlich evaluiert werden.

9.5.2 Architekturreviews

Je nach Vorgehensweise zum Architekturentwurf und dessen Dokumentation, liegen Architekturentwürfe oder Teile davon in Dokumentenform oder als Modelle vor. Dementsprechend bieten sich zur Evaluation von Architekturentwürfen auch *Review-Techniken* an. Solche Reviews können zu unterschiedlichen Zeitpunkten im Architekturentwurf erfolgen und durch unterschiedliche Stakeholder durchgeführt werden. Bass et al. [4] benennen die folgenden drei Grundformen einer Architekturevaluation:

1. Bewertung durch die Architekten während des Entwurfsprozesses
2. Evaluation durch andere Personen während des Entwurfsprozesses
3. Analyse durch Außenstehende nach Abschluss des Entwurfs

Der allgemeine Review-Prozess nach IEEE [30] deckt diese Grundformen durch entsprechende Formalisierungsgrade des Reviews bereits gut ab. Darüber hinaus gibt es jedoch auch weitere, speziell auf die Architektur ausgerichtete Evaluierungstechniken.

ATAM Eine solche spezifische, in der Praxis weit verbreitete Technik ist die *Architecture Tradeoff Analysis Method* (ATAM; [13]). ATAM dient der allgemeinen Evaluierung von Architekturen ohne die Anforderung, dass Reviewer intimes Wissen über die Domäne oder die Geschäftsziele des Systems haben müssen. Im Folgenden wird ATAM kurz beschrieben.

ATAM baut auf einem Review Team mit folgender Zusammensetzung auf: In einem Evaluationsteam werden 3–5 projektexterne Experten versammelt, die unterschiedliche Rollen in diesem Team wahrnehmen und die Evaluation durchführen. In der Gruppe der *Projektentscheidungsträger* sind Personen aus dem Projekt vertreten, die das Projekt als solches vertreten und entscheidungsbefugt sind. Die dritte Gruppe umfasst die *Stakeholder der Architektur*. Dies sind üblicherweise solche Personen, die die Architektur erarbeiten oder das resultierende System administrieren und nutzen.

Für die Durchführung einer ATAM-Evaluation sind gründliche Vorbereitungen notwendig, sodass am Schluss einer Evaluation die folgenden Artefakte vorliegen:

- Eine kompakte Beschreibung der Architektur
- Eine Beschreibung der technischen sowie der Geschäftsziele, die mit der Architektur verfolgt werden
- Eine Menge priorisierter Qualitätsattribute und Szenarien
- Eine Menge von Risiken und Nicht-Risiken, die sichere und unsichere Architekturentscheidungen beschreiben
- Eine Menge von Risikogruppen, welche die identifizierten Einzelrisiken thematisch zusammenfassen
- Eine Abbildung von Architekturentscheidungen und Qualitätsanforderungen
- Eine Menge kritischer Handlungsoptionen, die weitere Effekte auf die Qualitätsattribute haben können

Die Evaluierung nach ATAM wird in einem 4-Phasen-Modell durchgeführt, welche in Tab. 9.5 dargestellt ist.

Die Durchführung einer ATAM-basierten Evaluation resultiert in einem Abschlussbericht, in dem die untersuchten Szenarien beschrieben und analysiert werden, und die Erkenntnisse der Evaluation dokumentiert werden.

ATAM ist eine umfangreiche und formalisierte Vorgehensweise zur gründlichen Untersuchung einer Architektur. Daher ist eine ATAM-basierte Evaluation mit Aufwand verbunden.

Tab. 9.5 Übersicht der ATAM-Phasen und ihrer Eigenschaften (nach Clements et al. [13]; entnommen und übersetzt aus [4])

Phase	Aktivität	Teilnehmer	Dauer
0	Zusammenstellung und Vorbereitung	Leiter des Evaluationsteams und wesentliche Entscheidungsträger	verläuft informal nach Bedarf, ggf. eine Wochen
1	Evaluation	Evaluationsteam und Entscheidungsträger	1–2 Tage gefolgt von einer Unterbrechung von 1–3 Wochen
2	Evaluation (Fortsetzung)	Evaluationsteam, Entscheidungsträger und Stakeholder	2 Tage
3	Follow-Up	Evaluationsteam und „Evaluationskunde"	1 Woche

Eine ATAM-basierte, jedoch leichtgewichtige Methode *(Lightweight Architecture Evaluation)* wird von Clements et al. [13] vorgeschlagen, um kostensparend und ohne umfangreiche Formalia einen „Architektur-Schnell-Check" durchzuführen. Darüber hinaus gibt es weitere Analysemethoden unterschiedlicher Ausgestaltungsform, wie zum Beispiel die *Software Architecture Analysis Method* (SAAM; Kazmann et al. [29]), eine hybride Evaluationsmethode für Softwarearchitekturen für die Anwendung im Feature-driven Development von Kanwal et al. [28] oder eine leichtgewichtige Methode zur Architekturprüfung von Bouwers und van Deursen [7].

9.6 Weiterführende Literatur und Übungen

In diesem Kapitel wurden, aufbauend auf Kap. 8, grundlegende Vorgehensweisen im Architekturentwurf vorgestellt. Diese umfassen einen grundsätzlichen Architekturprozess, sowie spezifische Darstellungen des Entwurfs von Datenmodellen, Benutzungsschnittstellen und eine Diskussion zur Berücksichtigung von Fragen der Sicherheit und der Fehlerbehandlung in Softwaresystemen.

Zentral im Entwurf von Architekturen ist die Erkenntnis, dass man „das Rad nicht neu erfinden" sollte und damit die Wiederverwendung [16, 17, 31] zu berücksichtigen ist. Relevant für den Bereich Wiederverwendung von Architekturwissen (siehe auch Kap. 10) ist daher auch eine strategische Entscheidung, ob ein Softwaresystem „mit" oder „für" Wiederverwendung entworfen werden soll (siehe Abschn. 9.2.3). Diese Entscheidung ist in den Prozess des Architekturentwurfs einzubetten. Zum Entwurf der Architektur gibt es unterschiedliche Vorgehensweisen [4, 37, 47], welche sich jedoch auf zwei wesentliche

Grundformen reduzieren lassen: *Top-Down* und *Bottom-Up* (siehe Abschn. 9.1.2), welche in vielen Varianten und Mischformen zu finden sind. Einen etwas anderen Ansatz verfolgt Robert C. Martin [28] mit *Clean Architecture* (angelehnt an Clean Code [4], siehe Kap. 11.3.3). Der Aufbau von Softwarearchitekturen erfolgt mit Hilfe von Prinzipien und ausgewählten, aufeinander abgestimmten Praktiken im Architekturentwurf [36, Kap. 22]. Vorteilhaft hierbei ist, dass die Inhalte der Clean Architecture weitgehend methodenfrei dargestellt sind und sich daher für eine Adaptierung in vielen unterschiedlichen Anwendungsszenarien eignen. Eine entsprechende, exemplarische Einbettung in das „agile Design" von Softwaresystemen ist dann in [46] zu finden. Praktiken und Techniken, die wir in diesem Buch erst im Kontext der Evolution einführen, etwa Refactoring ([20]; siehe Kap. 13.2.3.4), werden von Martin und Martin als zentrale Elemente des Architekturentwurfs interpretiert und angewendet. Wie bereits in Kap. 1.3 erläutert, werden die einzelnen Entwicklungsaufgaben in der agilen Softwareentwicklung nicht strikt getrennt. Sie werden eng verzahnt durchgeführt und bestimmte Methoden und Praktiken werden dann in verschiedenen Aufgabenbereichen eingesetzt, etwa eine Praktik aus der Entwicklung als Unterstützung in der Analyse oder im Entwurf.

Neben dem Entwurfsprozess – der Konstruktion – ist insbesondere auch die Qualitätssicherung von Architekturentwürfen und Architekturen wichtig, etwa nach dem IEEE Review-Prozess [30] oder im Rahmen eines ATAM-basierten [29] oder SAAM-basierten [13] Architekturreviews. Gegenstand solcher Evaluationen sind in der Regel die Architekturdokumentationen (siehe Abschn. 9.4), welche in der Entwicklung sorgfältig erstellt werden müssen. Eine sorgfältige Dokumentation ist die zwingende Voraussetzung für die langfristige Wartung und Pflege eines Softwaresystems (siehe Kap. 13.2).

Übungsaufgaben

Übung 9.1 (Architekturprozess und Entwurfsstrategien). Der Entwurf einer Architektur muss strukturiert und überlegt erfolgen. Hierbei sind unterschiedliche Aufgaben zu bearbeiten, die sich gegenseitig beeinflussen. Bearbeiten Sie in diesem Zusammenhang die folgenden Aufgaben:

a) Beschreiben Sie kurz den iterativ-inkrementellen Architekturprozess. Welche Kernaufgaben sind zu erledigen?
b) Beschreiben Sie kurz die unterschiedlichen Entwurfsstrategien für den Entwurf von Architekturen. Was sind die Vor- und Nachteile dieser Entwurfsstrategien?
c) Erläutern Sie, was unter *Grobentwurf* und *Feinentwurf* verstanden wird. Wie stehen diese Begriffe in Zusammenhang?

9.6 Weiterführende Literatur und Übungen

Übung 9.2 (Modellierung der Daten des Bankautomaten). Der Bankautomat (siehe Kap. 4.5.1 und Kap. 7.5) benötigt Daten zur Verarbeitung von Kunden- und Kontodaten. Bearbeiten Sie in diesem Zusammenhang die folgenden Aufgaben:

a) Leiten Sie aus den bislang analysierten Anforderungen des Bankautomaten (Übungen 7.4 und 7.5) die erforderlichen Daten ab. Strukturieren Sie diese Daten bzw. Datenelemente.
b) Entwickeln Sie aus den Ergebnissen aus Teilaufgabe a) ein vollständiges Datenmodell. Modellieren Sie dieses Datenmodell als UML-Klassendiagramm.
c) Entwickeln Sie aus den Ergebnissen aus Teilaufgabe a) ein vollständiges Datenmodell. Implementieren Sie dieses Datenmodell in einer objektorientierten Programmiersprache. Vergleichen Sie die Implementierung in der objektorientierten Programmiersprache mit dem UML-Klassendiagramm aus Teilaufgabe b). Diskutieren Sie etwaige Unterschiede.

Übung 9.3 (Modellierung der Nutzungsschnittstelle des Bankautomaten). Die Nutzungsschnittstelle eines Softwaresystems ist entscheidend für seine Akzeptanz. Viele unterschiedliche Einflussfaktoren sind hierbei zu beachten. Bearbeiten Sie in diesem Zusammenhang die folgenden Aufgaben:

a) Welche Anforderungen hinsichtlich der Nutzungsschnittstelle, insbesondere der Bedienoberfläche des Bankautomaten gibt es? Stellen Sie diese Anforderungen zusammen und strukturieren Sie diese.
b) Entwickeln Sie aus den Ergebnissen der Teilaufgabe a) einen Prototyp für die Bedienoberfläche des Bankautomaten. Nutzen Sie hierfür die folgenden Optionen:

1) Entwerfen Sie einen Design-Prototyp – entweder auf Papier oder unter Verwendung eines *User Interface Mockup* Werkzeugs wie *balsamiq* [3].
2) Entwerfen Sie einen „Clickable Prototype" in einer Entwicklungsumgebung, zum Beispiel Eclipse, Visual Studio oder Xcode.

c) Überprüfen Sie, ob und inwiefern Sie alle Anforderungen hinsichtlich der Bedienoberfläche in ihrem Prototyp adressieren. Wie können Sie dies auch objektiv prüfen?

Übung 9.4 (Berücksichtigung der Sicherheit beim Bankautomaten). Der Bankautomat ist ein sicherheitskritisches System, welches insbesondere vor Missbrauch geschützt werden muss. Die Architektur der Software des Bankautomaten muss dies berücksichtigen. Bearbeiten Sie in diesem Zusammenhang die folgenden Aufgaben:

a) Welche Sicherheitsanforderungen sind zwingend zu berücksichtigen? Welche Bedrohungen bestehen?
b) Entwickeln Sie ein Konzept, mit dem Sie die Sicherheitsanforderungen angemessen in der Architektur berücksichtigen können.

c) Welche Konsequenzen ergeben sich für ihre bisherigen Lösungen (Datenmodell, Nutzungsschnittstelle)? Welche Anpassungen sind erforderlich?

Übung 9.5 (Von den Anforderungen zur Architektur (Code & Talk)). Im Rahmen der Anforderungsanalyse werden die Anforderungen an ein Softwaresystem erfasst, strukturiert und verwaltet. Beim Übergang von den Anforderungen zur Architektur ist es daher wichtig, aus den strukturierten, möglichst auch modellierten Anforderungen, eine Architektur abzuleiten. Bearbeiten Sie in diesem Zusammenhang für das Projekt „Code & Talk" (siehe Kap. C) die folgenden Aufgaben:

a) Leiten Sie aus dem Anforderungsmodell und den textuellen Anwendungsfallbeschreibungen aus den Übungen 7.2 und 7.3 eine (logische) Architektur her. Beschreiben Sie diese Architektur mit Hilfe der UML. Wählen Sie dazu einen geeigneten Diagrammtyp aus und begründen Sie Ihre Entscheidung kurz.
b) In der Übung 8.4 haben Sie eine grobe Lösungsarchitektur entworfen. Verfeinern Sie diese Lösungsarchitektur mit Hilfe Ihrer Lösung aus Teilaufgabe a).
c) Notieren Sie während der Bearbeitung der Teilaufgaben a) und b) Schwierigkeiten, Unklarheiten und Entscheidungen, die Sie getroffen haben, um die Teilaufgaben zu lösen. Diskutieren Sie in kleinen Gruppen unterschiedliche Herangehensweisen und Lösungsstrategien.

Übung 9.6 (Qualitätssicherung der Architektur). Architekturentwürfe müssen einer Qualitätssicherung unterzogen werden, um etwa die Tragfähigkeit des Entwurfs und die angemessene Berücksichtigung der Produkt- und Qualitätsanforderungen zu überprüfen. Bearbeiten Sie in diesem Zusammenhang die folgenden Aufgaben:

a) Beschreiben Sie kurz Maßnahmen zur Qualitätssicherung von Architekturentwürfen.
b) Entwickeln Sie eine Prüfstrategie für das Datenmodell aus Übung 9.2 und setzen Sie diese um.
c) Entwickeln Sie eine Prüfstrategie für die Nutzungsschnittstelle aus Übung 9.3 und setzen Sie diese um.
d) Planen Sie ein ATAM-basiertes Architekturreview (siehe Abschn. 9.5.2) für ihre Ergebnisse aus Übung 9.5. Implementieren Sie ein (verkürztes) ATAM-basieres Review.

Literatur

1. Apple Inc. Human Interface Guidelines. Online: https://developer.apple.com/design/human-interface-guidelines/ (abgerufen: 2019-12-27), 2019.
2. Apple Inc. UI Design Do's and Don'ts. Online: https://developer.apple.com/design/tips/ (abgerufen: 2019-12-27), 2019.

3. Balsamiq. Balsamiq Mockups. Online: http://balsamiq.com (abgerufen: 2020-09-18), 2010.
4. L. Bass, P. Clements, and R. Kazman. *Software Architecture in Practice: Software Architect Practice*. SEI Series in Software Engineering. Addison-Wesley Professional, 3 edition, 2012.
5. G. Böckle, P. Knauber, K. Pohl, and K. Schmid. *Software-Produktlinien – Methoden, Einführung und Praxis*. dpunkt.verlag, May 2004.
6. R. A. Bolt. „Put-That-There": Voice and Gesture at the Graphics Interface. *SIGGRAPH Comput. Graph.*, 14(3):262–270, July 1980.
7. E. Bouwers and A. van Deursen. A lightweight sanity check for implemented architectures. *IEEE Software*, 27(4):44–50, July 2010.
8. D. Box. *Essential COM: The Component Object Model*. Object Technology Series. Addison-Wesley Professional, December 1997.
9. M. Broy and M. Kuhrmann. *Projektorganisation und Management im Software Engineering*. Number 978-3-642-29289-7 in Xpert.press. Springer Verlag, Berlin Heidelberg, 1 edition, 2013.
10. G. Chastek and J. D. McGregor. Guidelines for developing a product line production plan. Technical Report CMU/SEI-2002-TR-006, Software Engineering Institute, 2002.
11. H. Chung, M. Iorga, J. Voas, and S. Lee. Alexa, Can I Trust You? *Computer*, 50(09):100–104, September 2017.
12. P. Clements, F. Bachmann, L. Bass, D. Garlan, J. Ivers, R. Little, P. Merson, and R. L. Nord. *Documenting Software Architectures: Views and Beyond*. SEI Series in Software Engineering. Addison Wesley, 2 edition, October 2010.
13. P. Clements, R. Kazman, and M. Klein. *Evaluating Software Architectures*. Addison-Wesley, 2001.
14. S. Cohen. Guidelines for developing a product line concept of operations. Technical Report CMU/SEI-99-TR-008, Software Engineering Institute, 1999.
15. M. Fowler. *Refactoring: Improving the Design of Existing Code*. Pearson Addison-Wesley Signature Series. Addison Wesley, 2 edition, 2018.
16. W. Frakes and C. Terry. Software reuse: Metrics and models. *ACM Comput. Surv.*, 28(2):415–435, June 1996.
17. W. B. Frakes and C. J. Fox. Quality improvement using a software reuse failure modes model. *IEEE Transactions on Software Engineering*, 22(4):274–279, April 1996.
18. J. Friedrich, U. Hammerschall, M. Kuhrmann, and M. Sihling. *Das V-Modell XT - Für Projektleiter und QS-Verantwortliche kompakt und übersichtlich*. Number ISBN: 978-3-540-76403-8 in Informatik im Fokus. Springer, 2. edition, 2009.
19. M. Gharbi, A. Koschel, A. Rausch, and G. Starke. *Basiswissen für Softwarearchitekten*. dpunkt.verlag GmbH, 3 edition, October 2017.
20. W. Grosso. *Java RMI*. Java Series. O'Reilly and Associates, October 2001.
21. A. Gustafson. *Adaptive Web Design: Crafting Rich Experiences with Progressive Enhancement*. Voices That Matter. New Riders, 2 edition, November 2015.
22. T. W. Harich. *IT-Sicherheit im Unternehmen*. mitp Professional. mitp Verlags GmbH & Co. KG, May 2015.
23. IEEE Std 1028-1997. *IEEE Standard for Software Reviews*. IEEE, 1998.
24. ISO 25119-1:2018. *Tractors and machinery for agriculture and forestry – Safety-related parts of control systems – Part 1: General principles for design and development*. International Organization for Standardization, October 2018.
25. ISO 9241-100:2010. *Ergonomics of human-system interaction – Part 100: Introduction to standards related to software ergonomics*. International Organization for Standardization, January 2010.
26. ISO/PAS 21448:2019. *Road vehicles – Safety of the intended functionality*. International Organization for Standardization, January 2019.

27. ITU-T X.200. *Information technology – Open Systems Interconnection – Basic Reference Model: The basic model*. International Telecommunication Union, July 1994.
28. F. Kanwal, K. Junaid, and M. A. Fahiem. A hybrid software architecture evaluation method for fdd – an agile process model. In *Proceedings of International Conference on Computational Intelligence and Software Engineering*, CiSE, pages 1–5. IEEE, Dec 2010.
29. R. Kazman, L. Bass, M. Webb, and G. Abowd. SAAM: A Method for Analyzing the Properties of Software Architectures. In *Proceedings of the 16th International Conference on Software Engineering*, ICSE, pages 81–90, Los Alamitos, CA, USA, 1994. IEEE Computer Society Press.
30. H. Kersten, G. Klett, J. Reuter, and K.-W. Schröder. *IT-Sicherheitsmanagement nach der neuen ISO 27001: ISMS, Risiken, Kennziffern, Controls*. kes. Springer Vieweg, September 2016.
31. C. W. Krueger. Software reuse. *ACM Comput. Surv.*, 24(2):131–183, June 1992.
32. K. Lee, K. C. Kang, and L. J. Concepts and guidelines of feature modeling for product line software engineering. In *Proceedings of the 7th International Conference on Software Reuse: Methods, Techniques, and Tools*, volume 2319 of *Lecture Notes In Computer Science*, pages 62–77, 2002.
33. T. H. Lenhard. *Datensicherheit: Technische und organisatorische Schutzmaßnahmen gegen Datenverlust und Computerkriminalität*. Springer Vieweg, June 2017.
34. J. Lowy and M. Montgomery. *Programming WCF Services: Design and Build Maintainable Service-Oriented Systems*. O'Reilly UK Ltd., 4 edition, November 2015.
35. R. C. Martin. *Clean Code: A Handbook of Agile Software Craftsmanship*. Prentice Hall, 2008.
36. R. C. Martin. *Clean Architecture: A Craftsman's Guide to Software Structure and Design*. Prentice Hall, September 2017.
37. R. C. Martin and M. Marin. *Agile Principles, Patterns, and Practices in C#*. Prentice Hall, 2007.
38. Microsoft Corporation. Fluent design system. Online: https://www.microsoft.com/design/fluent (abgerufen: 2019-12-27), 2019.
39. G. Miller. The intelligence coup of the century. *The Washington Post*, pages 1, A21–A23, February 2020.
40. C. Müller and G. Weinberg. Multimodal input in the car, today and tomorrow. *IEEE MultiMedia*, 18(1):98–103, January 2011.
41. OMG. Common Object Request Broker Architecture (CORBA) Specification, Version 3.3, Part 1: CORBA Interfaces. OMG Available Specification, Object Management Group, November 2012.
42. R. Petrlic and C. Sorge. *Datenschutz: Einführung in technischen Datenschutz, Datenschutzrecht und angewandte Kryptographie*. Springer Vieweg, April 2017.
43. I. Rammer and M. Szpuszta. *Advanced.NET Remoting*. The Expert's Voice in .NET. Apress, 2 edition, 2010.
44. D. Schnelle-Walka and S. Radomski. *Automotive Multimodal Human-Machine Interface*, pages 477–522. Association for Computing Machinery and Morgan & Claypool, 2019.
45. D. Siewiorek, A. Smailagic, and M. Hornyak. Multimodal contextual car-driver interface. In *Proceedings of the Fourth IEEE International Conference on Multimodal Interfaces*, pages 367–373, Oct 2002.
46. T. Stivers and J. Sidnell. Introduction: Multimodal interaction. *Semiotica*, 2005(156):1–20, August 2005.
47. O. Vogel, I. Arnold, A. Chughtai, and T. Kehrer. *Software Architecture – A Comprehensive Framework and Guide for Practitioners*. Springer-Verlag Berlin Heidelberg, September 2011.

Nutzung bewährten Architekturwissens 10

> **Zusammenfassung**
>
> Architekturen dienen entscheidend der Strukturierung von Softwaresystemen. Ist diese Strukturierung gut gewählt, entstehen in sich geschlossene Teilsysteme, die separat zu verstehen und zu realisieren sind. Ein so strukturiertes Softwaresystem ist auch leichter zu ändern und zu warten, da in der Regel die Änderungen nur bestimmte Teilsysteme betreffen. Dann kann über die Grenzen eines Teilsystems anhand der Spezifikation der Schnittstellen festgestellt werden, welche Änderungen sich auswirken. Ein weiterer Aspekt der Teilsysteme besteht darin, dass diese unter Umständen mehrfach, sowohl im gleichen wie auch in anderen Projekten, eingesetzt werden können. Man spricht von Wiederverwendung. Eine gut gewählte Architektur erlaubt es, vorhandene Teilsysteme in Neuentwicklungen einzubinden, aber auch Teilsysteme zu entwickeln, die in anderen Projekten sinnvoll verwendet werden können. Eine besondere Rolle spielen dabei sogenannte Muster, die bestimmte bewährte Formen von Teillösungen der Strukturierung von Architekturen beschreiben, sodass sie im Rahmen des Architekturentwurfs gezielt eingesetzt werden können. Dieses Kapitel stellt die unterschiedlichen Möglichkeiten der Wiederverwendung von bewährtem Architekturwissen dar. Zentral sind hierbei Klassenbibliotheken, Entwurfs- und Architekturmuster, sowie pragmatische Entwurfsregeln für Softwaresysteme.

10.1 Wiederverwendung im Architekturentwurf

Nur selten wird heutzutage ein Softwaresystem von Grund auf ganz neu entwickelt. Umfangreiche IT-Ökosysteme geben einen Einsatzrahmen bestehend aus einer Vielzahl von Infrastrukturkomponenten und nachzunutzenden Diensten vor. Entwicklungsplattformen verfügen heute in der Regel über Bibliotheken, aus denen Entwickler Standardkomponenten und Standardalgorithmen einfach beziehen und in ihre Anwendungen einbinden können. Oft umfassen solche *Klassenbibliotheken* mehrere 10.000 Elemente. Um hier nicht den Überblick zu verlieren, sind strukturierte Ansätze zur Beschreibung für die Wiederverwendung zwingend erforderlich.

10.2 Klassenbibliotheken und Idiome und Entwurfsmuster

Viele der Konzepte, die im Rahmen der Wiederverwendung von Software und Softwarekomponenten relevant sind, werden in modernen Entwicklungsumgebungen mit Hilfe von *Frameworks* und *Klassenbibliotheken* realisiert. Gamma et al. [19, p. 26] beschreiben ein Framework als *„A framework is a set of cooperating classes that make up a reusable design for a specific class of software."* und stellen fest, dass ein Framework die Architektur einer Software weitgehend bestimmt. Nach Buschmann et al. [7] ist ein Framework wie folgt definiert:

Definition 10.1 (Framework) Ein Framework ist ein partiell vollständiges Softwaresystem (oder Teilsystem), das noch angepasst und instanziiert werden muss. Es definiert die Architektur für eine Familie von Systemen/Teilsystemen und spezifiziert diejenigen Stellen, an denen Anpassungen für spezifische Funktionalitäten vorgenommen werden müssen.

Dabei werden durch ein Framework Klassen und Klassenstrukturen vorgegeben und es wird insbesondere festgelegt, wie die Kooperation zwischen den Instanzen erfolgt. Zentral ist dabei eine Festlegung der Verantwortlichkeiten (siehe Abschn. 10.5) der einzelnen Bestandteile eines Frameworks, sodass Entwickler sich auf die Umsetzung der fachlichen Anteile der Software konzentrieren können. Aus der Sicht von Entwicklern sind Frameworks oft als Bestandteil von Klassenbibliotheken organisiert. Horn und Reinke [23] definieren den Begriff der Klassenbibliothek wie folgt:

Definition 10.2 (Klassenbibliothek) Klassenbibliotheken sind komplexe Systeme von Klassen und Frameworks, die allgemeinen, applikationsunabhängigen Charakter haben und wiederverwendbares Wissen der objektorientierten Softwareentwicklung darstellen.

Frameworks und Klassenbibliotheken bilden die Klammer der Softwareentwicklung, indem sie Analysten, Architekten und Entwicklern eine Vielzahl unterschiedlicher Konzepte bereitstellen. Diese reichen von einfachen Schnittstellendefinitionen, deren Implementierung in einer Software Zugang zu einer bestimmten Funktion liefert (siehe Kap. 11.3.1.2), bis hin zu vollständigen, etwa durch Parametrisierung konfigurierbaren und unmittelbar einsetzbaren Programmpaketen reicht. Damit die Nutzer einer Klassenbibliothek noch den Überblick behalten können, sind Frameworks im allgemeinen und Klassenbibliotheken im speziellen schematisch angelegt. Soll beispielsweise eine Funktion aus einer Klassenbibliothek genutzt werden, wird dafür ein bestimmter Mechanismus definiert. Dieser Mechanismus wird dann soweit wie möglich auch auf andere Teile der Klassenbibliothek übertragen, sodass ein bestimmtes *schematisches Nutzungsvorgehen* festgelegt wird.

Beispielhaft sei die Nutzung vorgefertigter Funktionen aus einer Klassenbibliothek genannt. Hier wird nicht selten ein Factory-Muster [3, pp. 87ff.] zur Erstellung des benötigten Objekts für den Entwickler eingesetzt. Daraus ergeben sich folgende Konsequenzen:

1. Das allgemeine Wissen um Muster ist hilfreich, um Klassenbibliotheken und ihre Funktionsweise zu verstehen.
2. Wenn Klassenbibliotheken verwendet und gegebenenfalls erweitert werden, müssen sich Entwürfe und Implementierungen an den Regeln der Klassenbibliothek orientieren. Dafür werden oft sogenannte *Framework Design Guidelines* festgelegt, die konkrete Hinweise zur korrekten Implementierung geben.
3. Richtlinien zum Umgang mit Frameworks und Klassenbibliotheken sind im Entwurf einer Software und in der Umsetzung zu beachten. Einige Entwicklungsumgebungen und Werkzeuge prüfen sogar die Einhaltung solcher Regeln.

10.2.1 Frameworks

Ein Framework ist ein Programmiergerüst [7, 19, 23], das in der Softwaretechnik insbesondere im Rahmen der objektorientierten Softwareentwicklung sowie bei komponentenbasierten Entwicklungsansätzen verwendet wird. Ein Framework ist selbst noch kein fertiges Programm, sondern stellt den Rahmen, innerhalb dessen Entwickler eine Anwendung erstellen, zur Verfügung, wobei über die durch das Framework bereitgestellten Module oder Klassen und durch die in dem Framework verwendeten Entwurfsmuster (siehe Abschn. 10.3) auch die Struktur der individuellen Anwendung beeinflusst wird.

Frameworks erfordern in der Regel eine Einarbeitung – je komplexer und umfangreicher das Framework, desto höher ist auch der Einarbeitungsaufwand anzusetzen. Damit sind umfangreiche Frameworks oft nur von Experten effektiv einsetzbar[1]. Dies führt auch zu einer ersten Klassifikation von Frameworks:

Domänenspezifisch   Domänenspezifische Frameworks sind für den Einsatz in einer Domäne konzipiert und bilden Standardstrukturen und Standardkonzepte einer Domäne ab (siehe Abschn. 10.2.4). Frameworks für den Finanzdienstleistungssektor unterscheiden von solchen für Automotive Software. Domänenspezifische Frameworks erfordern einen hohen Einarbeitungsaufwand von Analysten, Architekten und Entwicklern. Jedoch wird damit eine Grundlage zur Kommunikation

---
[1] Jedoch ist dieser Einarbeitungsaufwand insbesondere im Umfeld von Produktlinien [8, 11, 15] als Folge von Entwicklungsaufgaben ähnlicher Softwaresysteme, die oft in proprietären Frameworks abgebildet sind, sinnvoll.

	zwischen Rollen der Softwareentwicklung und den Domänenexperten geschaffen und es werden Reibungsverluste bei der Übersetzung von Domänenkonzepten in Software reduziert.
Generisch	Generische Frameworks sind unabhängig von spezifischen Domänen angelegt und adressieren eine Vielzahl von Problemen. Sie werden auch als *General Purpose Frameworks* bezeichnet. Oft finden sich solche Frameworks in der Form von umfangreichen Entwicklungsumgebungen mit dazugehörigen Klassenbibliotheken, die Entwicklern grundlegende Funktionen, etwa Datenbankanbindung oder Arbeit mit dem Dateisystem, bereitstellen, aber auch „höherwertige" Funktionen anbieten, zum Beispiel partielle oder vollständige Frameworks für die Entwicklung verteilter Anwendungen oder unterschiedliche Umsetzungsrahmen und Vorlagen für grafische Nutzeroberflächen.

Allen Frameworks ist jedoch gemein, dass sie Erweiterungspunkte (sogenannte *Extension Points*) besitzen, an denen Entwickler bereitgestellte Funktionalität nutzen und in ihre eigenen Anwendungen einbinden oder die Basisfunktionalität des Frameworks im Sinne der Anwendung erweitern können. Frameworks finden sich über das gesamte Abstraktionsspektrum hinweg, beginnend bei kompakten implementierungsnahen Frameworks (oft als *Building Block* bezeichnet) bis hin zu umfassenden Referenzarchitekturen (siehe Abschn. 10.2.4).

10.2.2 Generische Klassenbibliotheken für die Softwareentwicklung

In der Entwicklung moderner Softwaresysteme kommen Entwickler am häufigsten mit Klassenbibliotheken in Berührung. Diese Klassenbibliotheken sind, abhängig von ihrer Art und von der Entwicklungsumgebung, unterschiedlich groß und unterschiedlich strukturiert.

Abb. 10.1 zeigt einen Ausschnitt der Java Klassenbibliothek. Üblicherweise bilden Paketstrukturen das grundlegende Organisationsprinzip solcher Klassenbibliotheken. Diese Strukturen setzen das Konzept des *Namensraums* (Namespace) ein, um etwa Strukturen, Klassen oder Algorithmen zu organisieren. Die Namensräume sind in die eigenen Programme zu inkludieren, sodass im Rahmen der Implementierung auf die vorgefertigten Inhalte zugegriffen werden kann.

Beispiel Soll beispielsweise ein Text von der Konsole eingelesen werden, ist in Java das Paket `java.util` einzubinden, welches eine Klasse `Scanner` enthält. Die Ein- und Ausgabe von Daten kann jedoch auch auf Dateiebene erfolgen. Ein Text kann aus einer Datei gelesen werden und auch wieder in eine Datei geschrieben werden. Um dies zu realisieren, müssen Typen aus dem Paket `java.io` genutzt werden, welches entsprechend zu importieren ist.

10.2 Klassenbibliotheken und Idiome und Entwurfsmuster

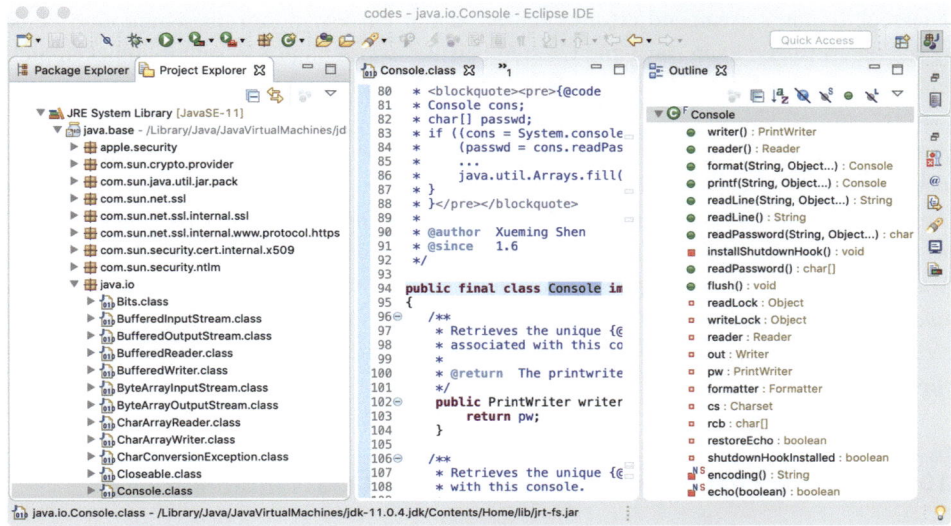

Abb. 10.1 Die Java Klassenbibliothek als Beispiel generischer Klassenbibliotheken

Diese Vorgehensweise ist für die meisten modernen Entwicklungsumgebungen gleich und unterscheidet sich in der Regel nur in syntaktischen und semantischen Feinheiten, wie Tab. 10.1 illustriert.

Heutzutage sind alle modernen Entwicklungsumgebungen mit umfangreichen Klassenbibliotheken ausgestattet. Oft ist es auch so, etwa bei Java und C#, dass die

Tab. 10.1 Importieren von Elementen aus Klassenbibliotheken

Sprache	Beispiel	Beschreibung
Java	`import java.io.*;`	Importieren des Pakets. Durch „*" werden alle enthaltenen Typen in diesem Paket/Namensraum zugreifbar.
C#	`using System.IO;`	Der Namensraum wird geöffnet. Es werden alle Typen dieses Namensraums geöffnet, enthaltene „Unternamensräume" müssen individuell geöffnet werden – es findet kein Kaskadieren statt.
C++	`#include <iostream>`	Es wird eine sogenannte *Header*-Datei aus den C++-Bibliotheksverzeichnissen inkludiert, die Typdeklarationen enthält. Die Notationsform `#include "my_type"` sucht die Dateien üblicherweise zuerst im aktuellen Arbeitsverzeichnis. Namensräume, die in den inkludierten Dateien enthalten sind, werden dann explizit mit `using namespace <Namensraum>` geöffnet.

Klassenbibliothek zwingend erforderlich ist, damit ein Programm überhaupt eine Funktionalität erbringen kann. Java und C# sind beispielsweise ohne Klassenbibliotheken nicht einmal in der Lage, einen einfachen Text auf eine Konsole zu schreiben.

Anmerkung *Das Wissen um Klassenbibliotheken ist ein entscheidender Faktor im Hinblick auf die effiziente und effektive Lösung eines programmiertechnischen Problems. Auch Architekturen müssen frühzeitig festlegen, was die technische Infrastruktur für die zu entwickelnde Software ist, da die Funktionalität – insbesondere unter dem Gesichtspunkt der Wiederverwendung – maßgeblich durch die Klassenbibliotheken beeinflusst wird. Es sei auch angemerkt, dass große Klassenbibliotheken wirklich groß sind. Bei den Java- und .NET-Klassenbibliotheken stehen bis zu mehreren 10.000 Strukturen und Klassen zur Verfügung.*

10.2.3 Domänenspezifische Frameworks und Klassenbibliotheken

Domänenspezifische Frameworks und Klassenbibliotheken sind auf eine spezifische Aufgabe hin optimiert. Dies können Entwicklungen von Software im Finanzdienstleistungssektor sein, oder Software für Automobile oder medizinische Geräte. Am Beispiel des immer wichtiger werdenden Bereichs *Data Science* und der Programmiersprache *R* wird im Folgenden kurz auf die Anwendung und Einbindung solcher Frameworks eingegangen. Die Programmiersprache R und ihre Standardbibliotheken[2] zielen vorrangig auf analytische und statistische Aufgaben. Entsprechend sind in der Funktionsbibliothek (Abb. 10.2) unterschiedliche Pakete verfügbar, welche Standardalgorithmen für statistische Tests implementieren oder fortgeschrittene Analyse- und Visualisierungswerkzeuge realisieren.

Während die zuvor gezeigten generischen Frameworks und Klassenbibliotheken ein Verständnis von Systemstrukturen, Mustern und allgemeinen Programmieraufgaben verlangen, erfordert der Umgang mit dieser spezifischen Funktionsbibliothek fundiertes Wissen um die Elemente der statistischen Datenanalyse. Entwickler in R müssen zum Beispiel wissen, was ein χ^2-Test oder ein Histogramm ist, wofür diese Konzepte (nicht) verwendet werden können und in welchem Paket die benötigten (speziellen) Implementierungen zur Verfügung gestellt werden. Dies setzt ein anderes Fähigkeitsprofil für die entsprechenden Mitarbeiter voraus.

Auch im Entwurf einer Anwendung, welche Data Science Komponenten enthält, sind die Spezialitäten im Gesamtsystementwurf zu berücksichtigen. Insbesondere muss sorgfältig analysiert werden, an welchen Stellen im Systementwurf solche spezifischen Funktionen benötigt werden und wie diese in den Gesamtsystementwurf eingebettet werden. Gegebenenfalls sind Brücken- und Mapping-Technologien vorzusehen, welche die unterschiedlichen Programmier- und Laufzeitumgebungen miteinander verknüpfen. So sind etwa im Bereich des maschinellen Lernens bereits heute umfangreiche Frameworks (zum Beispiel

---

[2]Online: https://www.r-project.org (abgerufen: 2020-01-16)

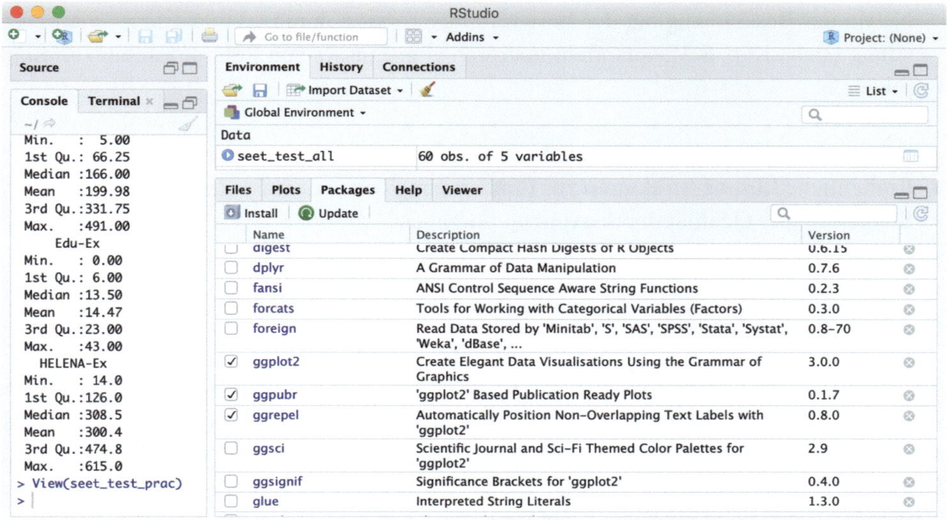

10.2 Klassenbibliotheken und Idiome und Entwurfsmuster

Abb. 10.2 Der Package-Manager in RStudio als Beispiel zur Organisation domänenspezifischer Frameworks und Klassenbibliotheken

Google's TensorFlow [20]) verfügbar, welche in einer Systemarchitektur entsprechend eingepasst werden müssen. Dies betrifft einmal das Entwickeln passender Schnittstellen zum restlichen System, das Vorsehen angemessener (asynchroner) Kommunikationsmittel, da ein maschineller Lernprozess zeitintensiv sein kann und auch das Vorsehen entsprechender Ressourcen (ein Lernprozess kann sehr viele Ressourcen konsumieren).

10.2.4 Referenzarchitekturen

In bestimmten Anwendungsgebieten sind domänenspezifische vollständige Referenzarchitekturen zu finden. Referenzarchitekturen bieten sich an, wenn Software in einer bestimmten Domäne immer ähnliche Konzepte, Entwurfsprinzipien, Komponenten und Architekturen aufweist. Die treibende Idee hinter einer Referenzarchitektur ist hierbei die Vereinheitlichung der Entwurfsaufgabe und die Verwendung bewährter Architekturen. Das erlaubt auch unterschiedliche Hard- und Softwaresysteme verschiedener Dienstleister miteinander zu integrieren und dabei eine Vereinheitlichung komplexer Infrastrukturen herbeizuführen. Entsprechend definieren Vogel et al. [37] Referenzarchitekturen wie folgt:

Definition 10.2 (Reference Architecture) Reference architectures combine general architecture knowledge and general experience with specific requirements for a coherent architectural solution for a specific problem domain. They document the structures of the system, the main system building blocks, their responsibilities, and their interactions.

Neben der Beschleunigung der Entwicklungsprozesse durch systematische Wiederverwendung (siehe Kap. 8.3), verspricht man sich vom Einsatz von Referenzarchitekturen im Besonderen:

- Beherrschung technischer Komplexität
- Einheitliche Lösungsstrukturen zur Eindämmung des „Software-Zoos"
- Steigerung der Qualität durch explizite Vorgaben
- Automatisierung der Entwicklung (durch Standardisierung)
- Austauschbarkeit von Komponenten
- Einheitliches Verständnis der Entwickler

Beispiele für eher allgemein gehaltene Referenzarchitekturen sind TOGAF [36] oder das Zachmann-Framework [40]. Ein Beispiel für eine anwendungsdomänenspezifische Referenzarchitektur ist AUTOSAR [2] für die allgemeine Anwendung im Bereich Automotive Software. Weitere Referenzarchitekturen sind üblicherweise in Unternehmen zu finden; dort häufig als *Architecture Blueprint* bezeichnet.

10.3 Entwurfsmuster

Design Patterns (Entwurfsmuster[3]) beschreiben bewährte Lösungsmuster für immer wieder auftretende Aufgaben im Architekturentwurf. Die Übernahme der Idee ins Software Engineering erfolgte wesentlich durch Gamma et al. [19], die damit erfolgreiche Lösungsprinzipien dokumentieren. Später erfolgte eine Erweiterung von Implementierungslösungen auf Softwarearchitekturen, Analysen und Prozesse.

10.3.1 Allgemeine Beschreibung von Entwurfsmustern

Wie Abb. 10.3 in Anlehnung an [19] zeigt, besteht ein Entwurfsmuster aus der Beschreibung einer bewährten Lösung eines Problems durch die Angabe von:

Anwendungskontext	*(Context)* Es werden der Name des Musters und ggf. synonyme Bezeichnungen angegeben. Dann erfolgt eine Charakterisierung der Anwendungssituation und der Zielstellung des Musters.
Aufgabenstellung	*(Problem)* Es wird die Klasse von Problemen beschrieben, auf die das Muster anwendbar ist.

---

[3]Entwurfsmuster haben ihren Ursprung nicht in der Informatik, sondern waren zuerst für die Anwendung im Bauwesen und der Architektur – angeregt von Christopher Alexander [1] – gedacht.

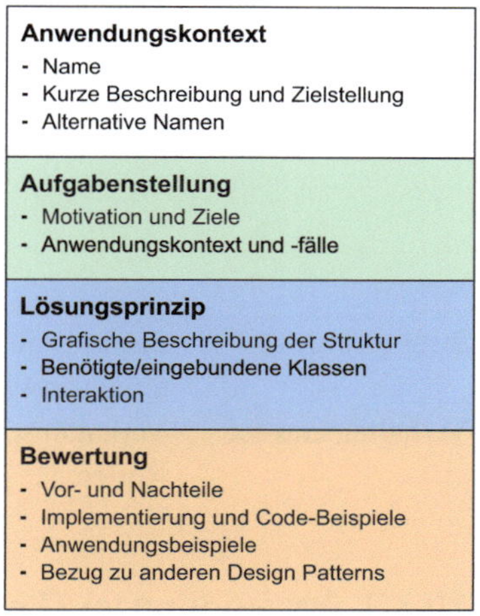

10.3 Entwurfsmuster

Abb. 10.3 Allgemeines Beschreibungsschema für Entwurfsmuster (in Anlehnung an Gamma et al. [19])

Anwendungskontext
- Name
- Kurze Beschreibung und Zielstellung
- Alternative Namen

Aufgabenstellung
- Motivation und Ziele
- Anwendungskontext und -fälle

Lösungsprinzip
- Grafische Beschreibung der Struktur
- Benötigte/eingebundene Klassen
- Interaktion

Bewertung
- Vor- und Nachteile
- Implementierung und Code-Beispiele
- Anwendungsbeispiele
- Bezug zu anderen Design Patterns

Lösungsprinzip *(Solution)* Das Lösungsmuster wird dargestellt und sowohl grafisch als auch strukturell beschrieben. Klassen, die bei der Lösung der Aufgabenstellung mit eingebunden werden, sowie die Interaktion zwischen allen Lösungsteilen werden detailliert beschrieben.

Bewertung *(Impact)* Es erfolgt eine Bewertung der Vor- und Nachteile des Musters. Es können auch konkrete Umsetzungshinweise gegeben werden, zum Beispiel durch Codefragmente. Schlussendlich wird auch die Beziehung zu anderen Mustern hergestellt.

Die wesentlichen Bestandteile eines Entwurfsmusters sind somit seine Bezeichnung (der Name des Musters), die Beschreibung der Problemklasse, auf die das Muster anwendbar ist, die Beschreibung des Musters selbst und der Konsequenzen der Anwendung des Musters. Die Beschreibungsmittel für Muster sind üblicherweise eine Mischung aus Text, Diagrammen (etwa in UML) und Codefragmenten.

10.3.2 Klassifizierung von Entwurfsmustern

Die Klassifizierung nach Gamma et al. [19] beschreibt den Zweck eines Musters. Zusätzlich können die Entwurfsmuster auch in Klassen bezüglich ihres Zwecks eingeordnet werden (Abb. 10.4).

Erzeugungsmuster Erzeugungsmuster (Creational Patterns) dienen im Wesentlichen der Beschreibung strukturierter Vorgehensweisen zur Objekterzeugung.

Abb. 10.4 Klassifikation von Entwurfsmustern nach Gamma et al. [19]

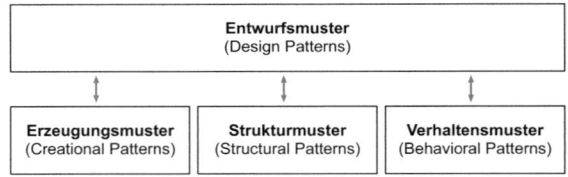

| Strukturmuster | Strukturmuster (Structural Patterns) beschreiben Strukturen von Systemen, etwa die Komposition von Komponenten. |
| Verhaltensmuster | Verhaltensmuster (Behavioral Patterns) beschreiben das Verhalten und Rollen der Komponenten im Systemkontext. |

10.3.3 Anwendung von Entwurfsmustern

Entwurfsmuster dienen direkt der Lösung eines Entwurfsproblems und beschreiben, welche programmiertechnischen Elemente (Datenstrukturen, Klassen, interagierende Klassen) für die Lösung erforderlich sind. Grundsätzlich ist der Anwendungsfall von Entwurfsmustern durch den Einsatz entsprechender Klassen und Objekte gegeben. Einfache Problemstellungen können hierbei in der Regel durch ein einzelnes Muster gelöst werden, während komplexere Probleme auch die Verbindung mehrerer Muster erforderlich machen können. Muster werden inzwischen für alle Aufgaben des Software Engineering eingesetzt. Folgende Arten von Mustern sind dabei gebräuchlich:

- Implementierung (Object Oriented Patterns, Idiome, [19])
- Softwarearchitektur (Architectural Patterns, [7, 17])
- Entwurf (Entwurfsmuster, Design Patterns, [19])
- Analyse (Analysis Patterns, [16])

Für die nutzbringende Anwendung von Mustern ist ihre systematische Einbindung in den Entwicklungsprozess notwendig. Ein systematischer Einsatz von Entwurfsmustern in Unternehmen erfordert daher die Zuordnung folgender Aufgaben:

- Bestimmung des Einsatzprofils und Zwecks
- Durchführung der Mustererarbeitung
- Festlegung von Richtlinien für Mustereinsatz
- Sicherstellung der Integration der Musterverwendung im Entwicklungsprozess
- Einrichtung der Musterdatenhaltung
- Sicherstellung der Musterpflege und -weiterentwicklung
- Sicherstellung der Weiterbildung der Entwickler für die Musterverwendung

10.3 Entwurfsmuster

Die Ziele des Einsatzes von Entwurfsmustern sind somit insbesondere:

- Sichern von Entwicklungs-Know-how
- Transparenz und Beherrschbarkeit
- Standards und Qualität
- Rationalisierung/Produktivität

Der Einsatz von Entwurfsmustern verfolgt somit im Kern das Ziel, softwarezentrierte Unternehmen leistungsfähiger, kostengünstiger, qualitätsorientierter und transparenter zu machen. Im Kap. B.3 geben wir jeweils ein Beispiel pro Musterklasse aus Abb. 10.4 an.

> **Anti-Patterns**
> Kritische Aspekte bei der Anwendung von Entwurfsmustern sind die Abhängigkeit vom Programmierparadigma, die Granularität des Musters, der Aufwand der Erarbeitung/Beschreibung und Pflege, die Verallgemeinerbarkeit und Stabilität sowie die Beschreibung der Abhängigkeiten und Wechselwirkungen. Diese kritischen Aspekte von Entwurfsmustern werden insbesondere in Situationen relevant, in denen Entwurfsmuster gar nicht notwendig oder angemessen sind. Nicht selten wird dann versucht:
>
> - Mit Entwurfsmustern zu entwerfen und zu entwickeln, obwohl dies keinen Sinn macht.
> - Aus allen möglichen Lösungen ein Muster zu entwickeln.
>
> Solche Bestrebungen resultieren in sogenannten *Anti-Patterns* [5], d.h., in einem Entwicklungsansatz, in dem alles als Muster angesehen wird und Lösungen mit Gewalt in Musterstrukturen gepresst werden.
> Der Begriff Anti-Pattern wird jedoch auch allgemeiner verstanden: Er umfasst auch wiederkehrende und teils systematische Fehler und – ähnlich zum allgemeinen Muster-Begriff – können Anti-Patterns auf Code-, Projekt- und Organisationsebene auftreten. So sind etwa *Feature Creep* und *Scope Creep* – auch bekannt als „Featuritis" – Beispiele für Anti-Patterns des Projektmanagements. Das sogenannte *God Object* ist ein Anti-Pattern des Architekturentwurfs und das *Copy-and-Paste*-Vorgehen ist ein Anti-Pattern der Programmierung. Unter http://wiki.c2.com/?AntiPatternsCatalog ist ein umfangreicher Anti-Patterns-Katalog verfügbar.

10.4 Architekturmuster

Während Entwurfsmuster auf implementierungsnahe Fragestellungen im Feinentwurf und in der Implementierung zielen, liegt der Fokus in der Anwendung von *Architekturmustern* (engl. Architectural Pattern, auch Architekturstil; [7, 17]) im Grobentwurf und im frühen Feinentwurf. Architekturmuster beschreiben ebenfalls erprobte Lösungskonzepte für häufig auftretende Entwurfsprobleme. Diese Entwurfsprobleme adressieren aber in der Regel *grundlegende Entscheidungen* hinsichtlich Organisation und Interaktion von Komponenten im Softwaresystem.

10.4.1 Klassifizierung von Architekturmustern

Ähnlich wie Entwurfsmuster können auch Architekturmuster klassifiziert werden. Die gebräuchlichste Form der Klassifizierung erfolgt über die Charakterisierung des Kernproblems und die Art der Architekturfragestellung:

Systemstruktur
: Architekturmuster, welche die allgemeinen Systemstruktur betreffen, adressieren das Problem, dass in einem großen System eine Vielzahl an Komponenten die einzelnen Funktionen realisiert. Diese Komponenten sind geschickt zu organisieren und die Gesamtfunktionalität des Systems wird angemessen auf die Komponenten aufgeteilt. Beispiele für Muster dieser Klasse sind das *Pipes-and-Filters* Muster und die *Schichtenarchitektur.*

Interaktion
: Muster in dieser Klasse organisieren vorrangig die Interaktion zwischen Anwendern und dem System bzw. zwischen Systemen. Hierbei wird die Systemarchitektur so ausgelegt, dass Anwender flexibel und auf unterschiedliche Weise mit einem System interagieren können. Ein Beispiel für ein Architekturmuster aus dieser Klasse ist das *Model-View-Controller* Muster.

Verteilung
: Muster in dieser Klasse adressieren vorrangig die Organisation verteilter Ressourcen. Dies betrifft das Anbieten und Nutzen von Diensten in einem Netzwerk (Stichwort: verteiltes System). Beispiele für Architekturmuster dieser Klasse sind das *Client-Server* Muster oder die *Service-oriented Architecture.*

Adaptivität
: Muster in dieser Klasse unterstützen primär die Flexibilität eines Systems im Hinblick auf seine Erweiterungs- und Anpassungsfähigkeit, etwa durch dynamisches Laden von situationsspezifischen Komponenten zur Laufzeit des Systems. Beispiele für Muster aus dieser Klasse sind *Dependency Injection* und *Micro Kernel.*

10.4 Architekturmuster

Da Architekturmuster relativ weit „oben" in der Abstraktionshierarchie liegen oder darüber hinaus grundlegende Architekturentscheidungen treffen helfen, ist es nicht verwunderlich, dass Architekturmuster mehr als nur eine Aufgabenstellung adressieren. So ist beispielsweise die *Schichtenarchitektur* primär ein Instrument zur Strukturierung eines Systems. Sie kann aber gleichzeitig auch den Aufbau verteilter Systeme unterstützen, etwa wenn sie mit einer *Client-Server Architektur* verknüpft wird. Weiterhin sind die Grenzen zwischen Architektur- und Entwurfsmustern zuweilen auch fließend. Das *Model-View-Controller* Muster ist hier beispielsweise auch als Architekturmuster gelistet, obwohl es häufig als Entwurfsmuster verwendet wird [39] – insbesondere dann, wenn es in der Implementierung eines Systems zur Verwaltung von Ereignissen und dem Austausch von Nachrichten verwendet wird.

10.4.2 Anwendungsbereiche von Architekturmustern

Wie angedeutet zielen Architekturmuster auf grundlegende Architekturentscheidungen ab und bieten für allgemeine Problemstellungen der Architektur Lösungsansätze an. Im Folgenden werden die Anwendungsbereiche daher anhand zweier Beispiele gezeigt und diskutiert.

10.4.2.1 Systemstruktur: Pipes-and-Filters Pattern

Das *Pipes-and-Filters*-Muster ([7, pp. 54ff.]) ist ein Architekturmuster, welches die Struktur von Softwaresystemen beschreibt, die Datenströme verarbeiten. Abb. 10.5 stellt die Grundstruktur dieses Musters dar.

Zentral sind die beiden Komponenten Sender und Empfänger, die untereinander Nachrichten austauschen. Der Nachrichtenaustausch erfolgt jedoch nicht direkt, sondern mit Hilfe eines flexibel konfigurierbaren Kommunikationskanals (auch als *Pipeline* bezeichnet) erfolgt. Dieser Kommunikationskanal besteht aus mehreren *Filtern*, die mit *Pipes* untereinander verbunden sind. Ein Filter kennzeichnet hierbei einen Datenverarbeitungsschritt, in dem die Eingabedaten bearbeitet und für die Ausgabe aufbereitet werden. Die Übergabe der Daten von einem in den nächsten Verarbeitungsschritt erfolgt durch die Pipes. Der Vorteil dieser Systemarchitektur liegt auf der Hand: Die Datenverarbeitung zwischen Sender- und Empfänger-Komponente ist sehr flexibel. Anpassungen und Erweiterungen können durch

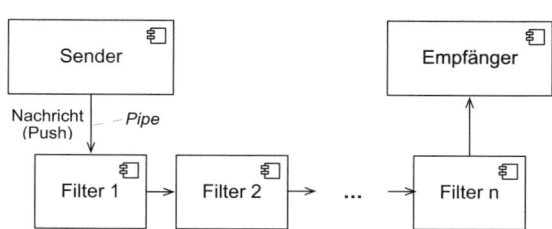

Abb. 10.5 Grundsätzliche Struktur des Musters Pipes-and-Filters

den Austausch von Filtern oder die Rekonfiguration der Pipeline erfolgen. Wird die Pipeline wie in Abb. 10.5 gezeigt mit Hilfe eigenständiger Filter-Komponenten aufgebaut, lässt sich der Nachrichtenaustausch zwischen den Sender- und Empfänger-Komponenten auch flexibel und kontextspezifisch konfigurieren, etwa unverschlüsselter oder verschlüsselter Versand von E-Mails.

> **Praktische Anwendung**
> Pipes-and-Filters-basierte Architekturen finden sich an vielen Stellen. So ist beispielsweise die Unix-Shell ein Pipes-and-Filters-basiertes System. Auch in der Verarbeitung von Datenströmen, etwa bei der Persistierung von Daten mit Hilfe von *Streams,* kommen Pipes-and-Filters-basierte Architekturen zum Einsatz (häufig durch das *Decorator Pattern* implementiert, siehe Kap. B.3.2). Die Verarbeitung von Bilddaten ist ebenfalls ein Anwendungsbeispiel für das Pipes-and-Filters-Muster. Hier können auf dem Ausgangsbild unterschiedliche Operationen ausgeführt werden, etwa Farb- und Größenkorrektur in Verbindung mit Anpassungen in der Helligkeit oder dem Kontrast. Insbesondere im 3D-Rendering finden solche Verarbeitungspipelines (Objekttransformation, Texturierung, Beleuchtung und so weiter) Anwendung.

10.4.2.2 Interaktion: Model-View-Controller Pattern

Neben der Schichtenarchitektur (siehe Kap. 8.1.4.5) ist das in Abb. 10.6 gezeigte *Model-View-Controller* Pattern (MVC, [7, pp. 124ff.]) eines der bekanntesten Muster. Idee des MVC-Musters ist die Aufteilung eines Systems in die drei Komponenten Datenmodell (Model), Präsentation (View) und Steuerung (Controller).

Die Kernidee ist es, die einzelnen Funktionen voneinander zu trennen. Dies hat den Vorteil, dass beispielsweise eine Software plattformübergreifend erstellt werden kann. Hierbei kann das Datenmodell einmalig erstellt werden und für die jeweiligen Plattformen können spezifische Views und Controller erstellt werden. Auch ist es möglich, eine Information aus dem Datenmodell unterschiedlich und synchron zu präsentieren. Wird etwa in einer View ein Datenelement modifiziert, wird das durch den Controller dem Model mitgeteilt.

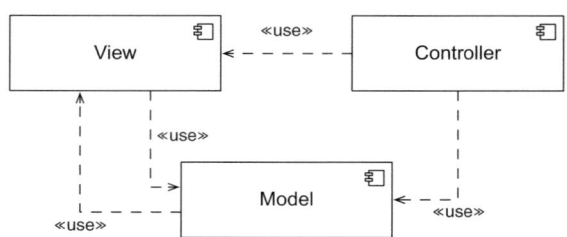

Abb. 10.6 Grundsätzliche Struktur des MVC-Musters

10.4 Architekturmuster

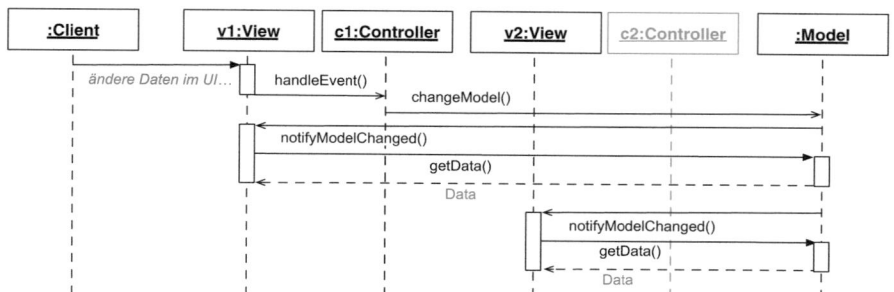

Abb. 10.7 Vereinfachte Darstellung der Interaktion in einem nach dem MVC-Muster organisierten System

Dieses wiederum benachrichtigt alle Views für dieses Model, sodass diese automatisch die Änderung übernehmen und konsistent präsentieren.

Abb. 10.7 illustriert dies anhand eines vereinfachten Kommunikationsablaufs als *UML Sequenzdiagramm*. Der Nutzer modifiziert in dem gezeigten Beispiel einen Wert in der View v1, was ein Ereignis erzeugt, das der mit v1 verbundene Controller c1 verarbeitet und die Daten im Model ändert. Das Model benachrichtigt daraufhin alle mit ihm verbundenen Views (v1 und v2), die sich daraufhin die aktualisierten Daten vom Model holen und diese darstellen.

> **MVC, MVP, MVVM und PAC...**
>
> Das MVC-Muster ist nur ein Vertreter einer ganzen Gruppe von Mustern, die alle die Separierung von Aufgaben im Systementwurf zum Ziel haben. Neben Vorteilen, etwa der arbeitsteiligen Entwicklung von Model, View und Controller, der Optimierung von Kopplung und Kohäsion (siehe Kap. 8.2.2) oder der Flexibilität durch mehrere Views für ein Model, hat das MVC-Muster auch einige Nachteile. So kann eine MVC-basierte Anwendung schnell komplex werden, da durch die Aufteilung in Model, View und Controller neue Abstraktionsschichten entstehen können. Des Weiteren besteht das Risiko, dass bei Systemen entsprechender Größe Inkonsistenzen im Rahmen der Entwicklung und der Pflege auftreten können. Insbesondere muss auch sichergestellt sein, dass einzelne Systemteile, die unabhängig voneinander entwickelt werden, miteinander kombinierbar sind. Dies ist mit dem „klassischen" MVC-Muster nicht immer möglich. Das *Presentation-Abstraction-Controller* Muster (PAC; [12]) bietet hierfür einen Lösungsansatz. Das PAC-Muster wendet MVC nicht auf die Gesamtsystemarchitektur an, sondern zerlegt das System in sogenannte Agenten, von denen jeder für sich der MVC-Struktur folgt. Die einzelnen Agenten bilden im Zusammenspiel das System.

Das *Model-View-Presenter* Muster (MVP; [18]) ist eine Variante des MVC-Musters, in dem die Views und das Model strikt voneinander getrennt sind. Beide Komponenten stellen nur Schnittstellen zur Verfügung, welche durch einen Presenter miteinander verbunden werden. Durch diese strikte Entkopplung sind sowohl die Views als auch die Models weitgehend austauschbar und nach Fowler [18] auch besser zu testen. Das MVP-Muster ist heute in vielen Klassenbibliotheken (siehe Abschn. 10.2.1) für den Bereich der Entwicklung von grafischen Benutzungsschnittstellen implementiert, etwa in der .NET-Bibliothek (ASP.NET, Windows Forms) oder in Java (Swing, AWT, SWT). Eine Erweiterung des MVP-Musters stellt das *Model-View-ViewModel* Muster (MVVM; [14, 32, 33, 38]). Im MVVM-Muster enthält das Model alle Daten und die Logikbausteine. Diese werden vom sogenannten *ViewModel* genutzt und verarbeitet. Das ViewModel stellt eine Schnittstelle bereit, über welche die Daten zugegriffen und manipuliert werden können. Diese Schnittstelle wird in den konkreten Views, von denen das ViewModel *keine* Kenntnis hat, mit Hilfe sogenannter *Data Bindings* genutzt. Damit sind Views jederzeit austauschbar. Diese Technik wird ebenfalls in vielen modernen Entwicklungsplattformen eingesetzt, etwa in .NET (Windows Presentation Foundation, WPF), SwiftUI von Apple oder in JavaFX und diversen TypeScript-Bibliotheken wie Angular.

10.4.2.3 Verteilung: Client-Server Architektur

Wie gerade angedeutet, dient eine Schichtenarchitektur zunächst einmal der Strukturierung eines Systems (siehe Kap. 8.2.5.2), kann aber auch Hilfestellung zu Fragen der Verteilung der Softwarekomponenten in einem verteilten System geben. Durch die Festlegung, dass eine Schicht n einen Dienst einer Schicht $n + 1$ zur Verfügung stellt, wird diese Schicht n zum Service Provider, den wir als *Server* bezeichnen. Den Dienstnutzer auf der Schicht $n+1$ bezeichnen wir als *Client*. Die Verbindung von Clients und Server führt zur *Client-Server Architektur*. Zur Illustration greifen wir die Abb. 8.11 aus Kap. 8.2.5.2 wieder auf und illustrieren, wie eine Schichtenarchitektur mit der Client-Server Architektur in Zusammenhang steht.

Anhand eines *UML-Verteilungsdiagramms* im rechten Teil von Abb. 10.8 wird der Aufbau einer Client-Server Architektur deutlich. Computer A ist in diesem System ein expliziter *Client,* da er ausschließlich Dienste von Computer B als *Server* nutzt. Dieser ist wiederum *Client* für die Dienste, die Computer C als *Server* anbietet. Abb. 10.8 zeigt auch, welche Kommunikationskanäle und welche Kommunikationsprotokolle verwendet werden, um die Computer miteinander zu verbinden.

Entscheidend beim Aufbau von Client-Server Architekturen sind wiederum die Schnittstellen. Server bieten ihre Dienste über Schnittstellen an. Je nach verwendeter Technologie, können dies Schnittstellen in einer Programmiersprache, etwa Java, sein. Durch das Internet haben sich jedoch andere Beschreibungsmittel für Schnittstellen etabliert. Insbesondere

10.5 Entwurfsregel S.O.L.I.D.

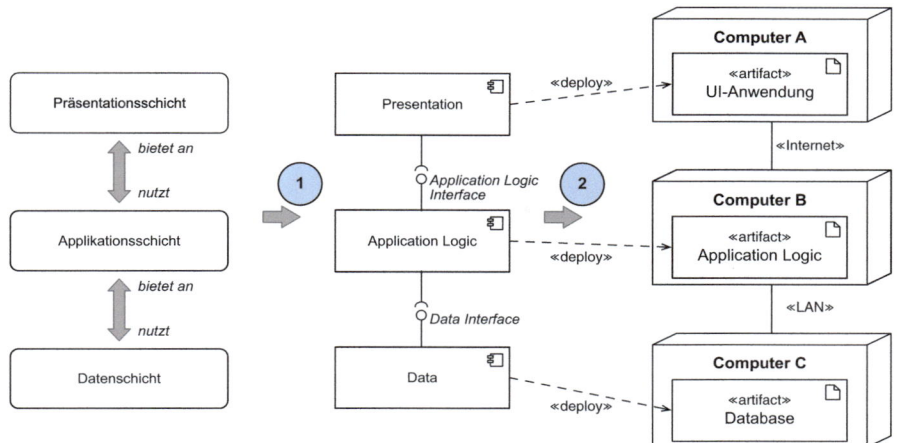

Abb. 10.8 Aufbau einer Client-Server Architektur durch Entwurf einer Schichtenarchitektur und daraus abgeleiteten Komponenten

sind hier Nachrichten- und Schnittstellenbeschreibungen im XML-Format zu nennen, zum Beispiel WSDL [10] und SOAP [21]. Diese beschreiben einen Service in XML und damit unabhängig von einer konkreten Implementierungstechnologie. Es ist damit für einen Client völlig unerheblich, in welcher Programmiersprache der Server implementiert ist. Aus einer XML-basierten Schnittstellenbeschreibung wird einfach ein *Proxy*-Objekt [19, pp. 207ff.] generiert, welches als lokaler Stellvertreter die Kommunikation mit dem Server organisiert.

10.5 Entwurfsregel S.O.L.I.D.

Die zuvor einzeln beschriebenen Mittel zur Wiederverwendung von Architekturwissen sind für sich allein genommen bereits eine wertvolle Hilfe für Architekten. Oftmals stehen aber zur Lösung einer bestimmten Architektur- oder Entwicklungsaufgabe mehrere Optionen zur Verfügung. Gegebenenfalls beeinflussen sich unterschiedliche Anforderungen und die dafür infrage kommenden Lösungsansätze aber auch – im schlimmsten Fall negativ. In so einem Fall ist eine *Entwurfsregel* eine sinnvolle Unterstützung, insbesondere dann, wenn diese Regel unterschiedliche Lösungsansätze miteinander kombiniert betrachtet. Ein Beispiel für eine solche Regel ist *S.O.L.I.D.* [4, 28], die eine Metapher für einen grundsätzlich soliden Architekturentwurf unter Berücksichtigung elementarer Prinzipien ist. S.O.L.I.D. steht für:

- <u>S</u>ingle Responsibility Principle
- <u>O</u>pen-Closed Principle
- <u>L</u>iskov's Substitution Principle

- Interface Segregation Principle
- Dependency Inversion Principle

Im Folgenden erläutern wir diese Prinzipien kurz, geben Beispiele an und stellen den Bezug zu anderen Prinzipien her, auf die wir im Vorfeld bereits eingegangen sind.

Achtung *Man beachte, dass für alle im Folgenden gezeigten Entwurfsregeln gilt, dass sie mit Augenmaß einzusetzen sind. Eine Entwurfsregel anzuwenden, nur „weil es geht" kann zu einer unnötig erhöhten Komplexität des Entwurfs führen.*

10.5.1 Single Responsibility Principle

Das Single Responsibility Prinzip besagt, dass eine Klasse (ein Modul) nur exakt eine Aufgabe hat. Dieses Prinzip geht auf DeMarco [13] und Page-Jones [31] zurück, welche es als *Kohäsion* (siehe auch Kap. 8.2.2.2) bezeichnen. Martin und Martin [29] modifizieren und erweitern diese Interpretation im Sinne von Gründen, aus denen ein Modul oder eine Klasse geändert werden muss. Damit *„soll eine Klasse nur aus einem Grund geändert werden müssen"* [29, p. 116]. Somit wird der Begriff der *Verantwortlichkeit* (Responsibility) über die möglichen Motivationen zur Änderung einer Klasse/eines Moduls definiert – gibt es mehrere Beweggründe eine Klasse/ein Modul zu ändern, ist anzunehmen, dass mehrere Verantwortlichkeiten existieren.

In [29] wird auch darauf hingewiesen, dass Verantwortlichkeiten teilweise schwer zu identifizieren sind. Das in Abb. 10.9 gezeigte Beispiel eines Smartphones illustriert dies. Das im linken Teil der Abb. 10.9 gezeigte Interface ISmartPhone reflektiert die allgemeine Wahrnehmung eines Smartphones als integriertes, multifunktionales Gerät, das

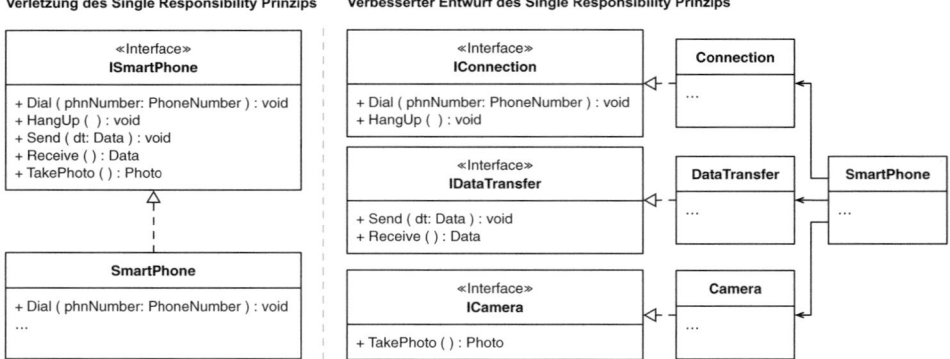

Abb. 10.9 Gegenüberstellung eines Entwurfs, der das Single Responsibility Prinzip verletzt und eines Lösungsvorschlags

10.5 Entwurfsregel S.O.L.I.D.

neben einer Telefonfunktion auch weitere Funktionen, etwa eine Kamera oder die Möglichkeit des Datenaustauschs anbietet. Die Interaktion mit dem Gerät erfolgt über eine Benutzungsschnittstelle. Die Modellierung eines Smartphones in der dargestellten Weise ist somit naheliegend. Trotzdem enthält das gezeigte Interface drei klar abgrenzbare Funktionen. Änderungen an einer dieser Funktionen ziehen damit auch Änderungen an anderen Funktionen nach sich – es gibt also mehrere Gründe für Änderungen der Implementierung des Smartphones.

Im rechten Teil der Abb. 10.9 ist ein verbesserter Entwurf des Smartphones dargestellt. Die einzelnen Funktionen sind in diesem Entwurf separiert, eigenständig implementiert und werden in der Klasse `SmartPhone` „nur" genutzt. Änderungen an einem Modul, etwa an der Kamera, haben nun nicht mehr auch Änderungen an den anderen Modulen zur Folge (siehe auch Abschn. 10.5.4).

10.5.2 Open-Closed Principle

Das Open-Closed-Prinzip [30] besagt, dass Komponenten/Klassen *offen für Erweiterungen* (das Originalverhalten bleibt nach einer Verfeinerung erhalten und abrufbar) aber *geschlossen für Modifikationen* (das Originalverhalten wird nicht modifiziert) sein sollen. Das bedeutet, dass nach einer Änderung am System *keine* durch diese Änderung verursachten Kaskadeneffekte auftreten dürfen, was bei einer Änderung des Originalverhaltens in abhängigen Teilen des Programmcodes der Fall sein kann.

Eines der am häufigsten genutzten Beispiele zur Illustration des durch das Open-Closed-Prinzip adressierten Problems ist in Abb. 10.10 dargestellt. Die Annahme ist, dass in einem Programm mehrere Rechtecke für die Berechnung einer Fläche herangezogen werden (Klasse `AreaCaluclator (v1)`). In einer zweiten Ausbaustufe des Programms sollen neben den Rechtecken auch noch Kreise Verwendung finden (Klasse `AreaCaluclator`

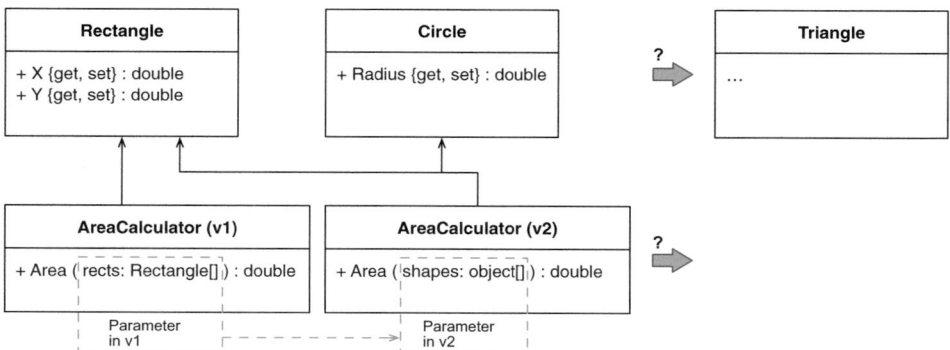

Abb. 10.10 Illustration des durch das Open-Closed-Prinzip adressierten Problems

(v2)). Die entsprechende Methode in der Klasse `AreaCalculator` (v2) könnte dann folgendes Aussehen haben:

```
public double Area(object[] shapes)
{
    double area = 0;
    foreach (object shape in shapes)
    {
        if (shape is Rectangle)
        {
            Rectangle rectangle = (Rectangle) shape;
            area += rectangle.Width * rectangle.Height;
        }
        else
        {
            Circle circle = (Circle)shape;
            area += circle.Radius * circle.Radius * Math.PI;
        }
    }

    return area;
}
```

Neben der offensichtlichen Änderung des Parameters der Methode, der sich daraus ergibt, dass nun Objekte unterschiedlichen Typs verarbeitet werden müssen, zeigt auch die Implementierung der Methode, dass nun eine explizite Fallunterscheidung stattfindet und dann in Abhängigkeit vom aktuellen Typ eine passende Berechnung durchgeführt werden muss. Mit anderen Worten: Jede mögliche Ausprägung einer geometrischen Form muss bekannt sein und individuell behandelt werden. Damit sind weitere Anpassungen erforderlich, wenn noch weitere geometrische Formen bei einer Flächenberechnung berücksichtigt werden müssen.

Es ist offensichtlich, dass diese Vorgehensweise nicht tragfähig ist, insbesondere nicht wenn ein System über einen langen Zeitraum betrieben und weiterentwickelt werden soll. Ein Lösungsansatz, der dieses Problem auflöst ist die Verwendung von *Abstraktionen*. Dies ist in Abb. 10.11 gezeigt. Es werden drei zentrale Schritte vorgenommen:

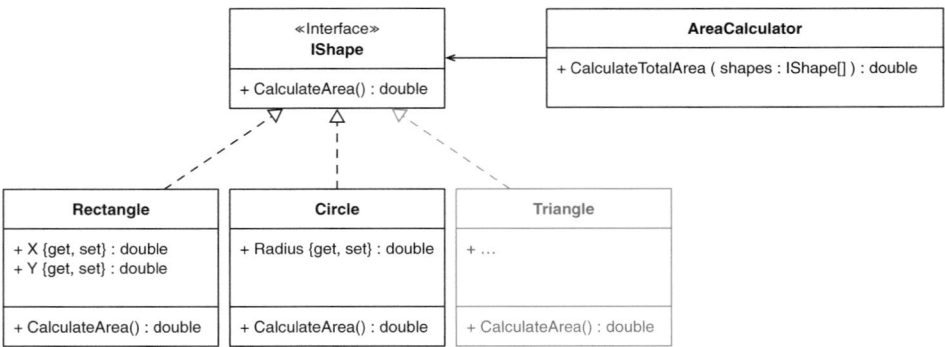

Abb. 10.11 Lösungsansatz unter Berücksichtigung des Open-Closed-Prinzips

10.5 Entwurfsregel S.O.L.I.D.

```csharp
public interface IShape
{
  double CalculateArea();
}

public class Circle : IShape
{
  public double Radius { get; set; }
  ...
  public virtual double CalculateArea()
  {
    return Radius * Radius * Math.PI;
  }
}

public class Rectangle : IShape
{
  public double X { get; set; }
  public double Y { get; set; }
  ...
  public virtual double CalculateArea()
  {
    return X * Y;
  }
}
```

Abb. 10.12 Das Interface IShape und Implementierung der Klassen Circle und Rectangle in C#

1. Es wird ein Interface `IShape` eingeführt, welches die Grundlage für alle geometrischen Formen ist und eine Methode `CalculateArea()` definiert.
2. Jede geometrische Form, die für das Programm relevant ist, implementiert dieses Interface und stellt somit eine typspezifische Implementierung der Flächenberechnung einer Form bereit (Abb. 10.12).
3. Die Klasse `AreaCalculator` verwendet jetzt das Interface `IShape` als Parameter und somit auch für die internen Algorithmen (Abb. 10.13).

Mit diesen Schritten ist das System offen für Erweiterungen (weitere geometrische Formen können hinzugefügt werden), jedoch geschlossen für Modifikationen (beim Hinzufügen einer weiteren Form ist keine Veränderung erforderlich, solange die neue Form das Interface `IShape` korrekt implementiert). Änderungen erfolgen durch Hinzufügen von neuem Code und *nicht* durch das Anpassen von bereits existierendem Code.

```csharp
public class AreaCalculator
{
  public static double CalculateTotalArea(IShape[] shapes)
  {
    double totalArea = 0.0;
    foreach (IShape shp in shapes)
    {
      totalArea += shp.CalculateArea();
    }
    return totalArea;
  }
}
```

Abb. 10.13 Implementierung der Klasse AreaCalculator in C#

> **Hinweis**
> Übliche – und praktisch bewährte – Ansätze zur Auflösung von Verletzungen des Open-Closed-Prinzips setzen auf die zwei Entwurfsmuster *Strategy* und *Template Method* (siehe Abschn. 10.3). Es ist jedoch zu beachten, dass das Erarbeiten passender Abstraktionen aufwändig ist. Es sollte daher zunächst untersucht und abgeschätzt werden, an welchen Stellen im System mit hoher Wahrscheinlichkeit Änderungen und/oder Erweiterungen zu erwarten sind. Diese sollten zielgerichtet entworfen werden.

10.5.3 Liskov's Substitution Principle

Das Liskov'sche Substitutionsprinzip sagt aus, dass eine Klasse in einem objektorientierten System durch eine von ihr abgeleitete, verfeinerte Kindklasse ersetzbar sein muss und folgt damit dem Prinzip der Schnittstellenabstraktion, der Verfeinerung und der Kapselung. Wesentlich ist, dass eine Kindklasse eine Verfeinerung der Elternklasse darstellt. Dies hört sich zunächst einfach umsetzbar an, da sich dieses Prinzip gut mit dem Konzept der *Polymorphie* aus der objektorientierten Programmierung realisieren lässt.

Polymorphie Polymorphie (griechisch: Vielgestaltigkeit) ist ein wichtiges Konzept der objektorientierten Programmierung, das insbesondere im Kontext der *dynamischen Bindung* zur Laufzeit verwendet wird. Grundsätzlich besagt die Polymorphie, dass in einer Vererbungshierarchie eine Kindklasse eingesetzt werden kann, wo die Superklasse zulässig ist [6, 23]. Diese Eigenschaft wird im Zusammenhang mit der Vererbung und der Nutzung von Schnittstellen wie folgt umgesetzt: In der Wurzel der Vererbungshierarchie wird eine Methodensignatur definiert. Jede Kindklasse in einem Vererbungszweig implementiert diese Methode mit der definierten Signatur aber abweichendem Verhalten. Im Programm wird nur auf die Methodensignatur Bezug genommen. Somit kann jede Klasse aus der Vererbungshierarchie die Wurzelklasse substituieren.

In ähnlicher Weise werden Schnittstellen eingesetzt. Die Methodensignatur wird in einem `interface` festgelegt. Jede Klasse, die das Interface implementiert, muss auch eine Implementierung der Methode unter Einhaltung der Signatur bereitstellen. Die unterschiedlichen Implementierungen können ausgetauscht werden, wobei die implementierenden Klassen nicht einmal in einer Vererbungshierarchie organisiert sein müssen. Für beide Vorgehensweisen gilt jedoch: Welche Methode auf welchem Objekt nun genau aufgerufen wird, wird erst zur Laufzeit entschieden.

Probleme mit polymorphen Klassensystemen Die Anwendung von Polymorphie in modernen objektorientierten Programmiersprachen ist fehleranfällig, weil man nur allzu

10.5 Entwurfsregel S.O.L.I.D.

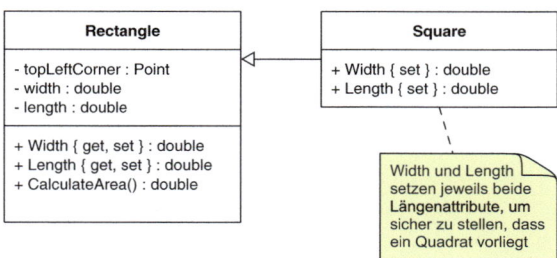

Abb. 10.14 Illustration einer Verletzung des Liskov'schen Substitutionsprinzips

leicht in Fallen tappen kann, wie das Beispiel in Abb. 10.14 zeigt. Dieses oft angeführte Beispiel zeigt das Problem der Modellierung eines Quadrats als Spezialfall eines Rechtecks.

Abb. 10.15 zeigt die kritische Quelltextpassage, welche das Liskov'sche Substitutionsprinzip verletzt. In der abgeleiteten Klasse `Square` werden die in der Klasse `Rectangle` definierten Setter derart überschrieben, dass sichergestellt wird, dass beide Kanten des Rechtecks gleich lang sind – also ein Quadrat vorliegt. Abb. 10.16 zeigt am Beispiel eines einfachen Testfalls, wo sich dieses Problem dann zur Laufzeit manifestieren kann. Werden etwa in einer polymorphen Liste neben Rechtecken auch Quadrate verwaltet und werden Operation auf der Basisklasse `Rectangle` aufgerufen, werden diese aber durch Objekte vom Typ `Square` ausgeführt – mit dem für Quadrate implementierten Verhalten. Ein Quadrat ist in diesem Fall also *kein* Substitut für ein Rechteck und somit liegt hier eine Verletzung des Liskov'schen Substitutionsprinzips vor.

Ein Lösungsansatz, um das Liskov'sche Substitutionsprinzip zu adressieren ist, ähnlich wie beim zuvor besprochenen Open-Closed-Prinzip (Abschn. 10.5.2), die geschickte Wahl und das kritische Hinterfragen von Abstraktionen. Es müssen geeignete Abstraktionen gefunden werden, sodass sichergestellt werden kann, dass die Erhaltung der Eigenschaften und des Verhaltens gewährleistet werden kann. Barbara Liskov [24–26] diskutiert insbesondere die Eigenschaften der in einer Vererbungsbeziehung zueinander stehenden polymorphen Klassen. Hierbei dürfen in der überschreibenden Klasse die Vorbedingungen der

```
1  public class Square : Rectangle
2  {
3    public override double Width
4    {
5      set {
6        base.Width = value;
7        base.Length = value;
8      }
9    }
10   public override double Length
11   {
12     set {
13       base.Width = value;
14       base.Length = value;
15     }
16   }
17 }
```

Abb. 10.15 Eingrenzung des Problems der polymorphen Vererbung in C#

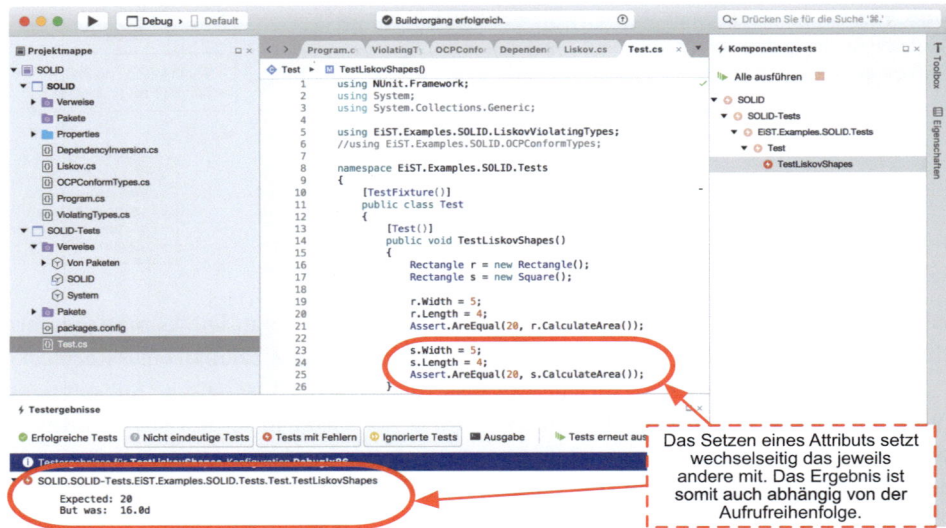

Abb. 10.16 Fehlverhalten einer Klasse in der polymorphen Vererbungshierarchie

Basisklasse nur abgeschwächt werden, die Nachbedingungen der überschriebenen Methoden dürfen nur verstärkt werden [30].

> **Noch einmal Design by Contract…**
> Wie sich im oben dargestellten Beispiel zeigt, ist die Verletzung des Liskov'schen Substitutionsprinzips zur Entwurfszeit mitunter schwer zu erkennen, denn beide Klassen `Rectangle` und `Square` sind für sich betrachtet schlüssig. Das Problem wird erst zur Laufzeit – oder wie in Abb. 10.16 gezeigt im Test – erkannt, da das aktuelle Verhalten vom erwarteten abweicht. Martin und Martin [29] empfehlen daher, dieses erwartete Verhalten explizit zu modellieren. Dazu eignet sich der Ansatz *Design by Contract* [30] (siehe auch Kap. 8.2.6).

10.5.4 Interface Segregation Principle

Das Prinzip der Schnittstellensegregation adressiert die Abhängigkeiten zwischen Komponenten/Klassen in einem System, insbesondere unter Berücksichtigung der Systemevolution. Zum Beispiel ergeben sich Probleme in der Wartung und Aktualisierung eines Systems, wenn sich unterschiedliche Clients wie in Abb. 10.17 dargestellt mit einem globalen „Superinterface" verbinden. Das Interface-Segregation-Prinzip besagt, dass Clients keine Abhängigkeiten zu Operationen haben dürfen, die sie nicht benutzen [29, p. 166].

10.5 Entwurfsregel S.O.L.I.D.

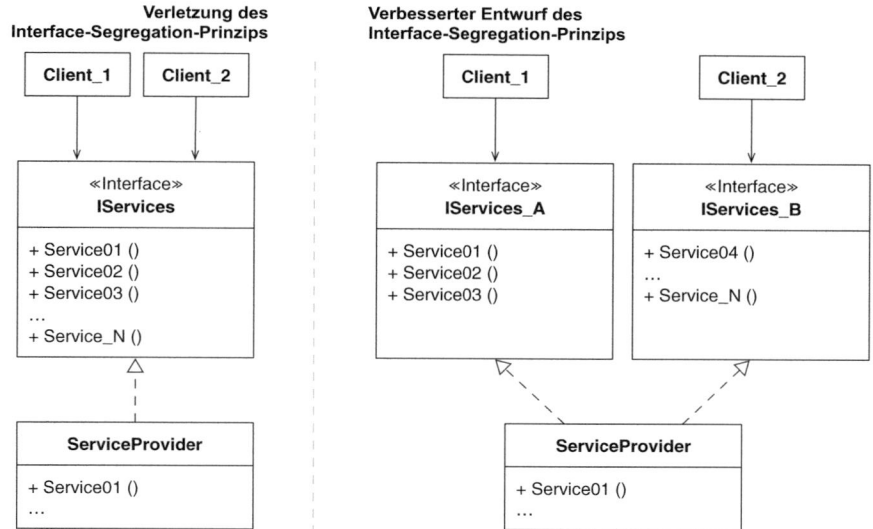

Abb. 10.17 Illustration des durch das Interface-Segregation-Prinzip adressierten Problems und Lösungsvorschlag

Werden in dem in Abb. 10.17 gezeigten Modell neue Funktionen für `Client1` eingeführt, etwa durch Entwicklung einer neuen Version, ändert sich das Interface `IServices`. Da dieses Interface jedoch auch von anderen Clients genutzt wird, würde ein Update zwangsweise auch alle anderen Clients betreffen, die sich auf dieses Interface beziehen. Eine Lösung dieses Problems besteht in der Bereitstellung mehrerer, spezifischer Interfaces, wie es im rechten Teil der Abb. 10.17 gezeigt ist. In dieser Lösung implementiert eine Komponente mehrere Client-spezifische Interfaces. Ändert sich nun ein Interface, sind die Auswirkungen eines Updates begrenzt, sodass nicht mehr zwangsläufig alle Systemteile betroffen sind.

> **Interface Segregation und Kohäsion**
> Solch komplexe Schnittstellen wie in Abb. 10.17 bringen zwangsweise auch Probleme mit der Kohäsion und Kopplung der Komponenten eines Systems mit sich (siehe Kap. 8.2.2.2). Im Kontext des Interface-Segregation-Prinzips empfehlen Martin und Martin [29] daher, dass Clients Wissen entweder über abstrakte Basisklassen oder Schnittstellen haben sollten, die jeweils eine gute Kohäsion aufweisen. Weiterhin wird empfohlen die folgende Empfehlung zu berücksichtigen: *unterschiedliche Clients = eigenständige Schnittstellen*. Gleichzeitig warnen sie aber auch vor Exzessen, also vor Klassen, die hunderte Schnittstellen implementieren.

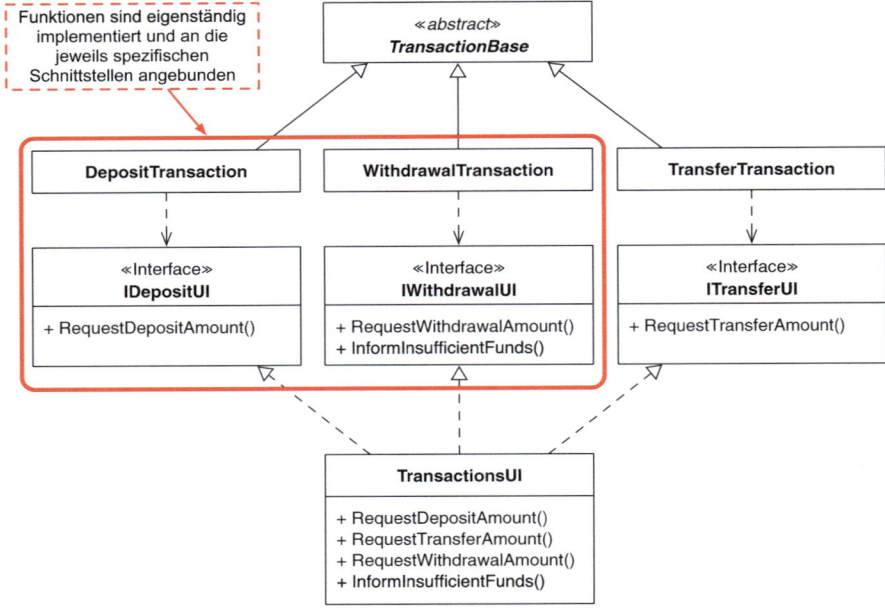

Abb. 10.18 Entwurf der Tranksaktionstypen und der jeweiligen Benutzungsschnittstellen des Geldautomaten unter Berücksichtigung des Interface-Segregation-Prinzips

Beispiel Um das Prinzip der Schnittstellensegregation praktisch zu illustrieren, beziehen wir uns wieder auf das Beispiel des Geldautomaten (siehe Kap. 7.5), siehe auch [15]) und orientieren und bei der Lösung an [29]. Wir konzentrieren uns auf die drei Funktionen Einzahlen und Abheben von Geld, sowie die Ausführung von Transaktionen.

Das zu adressierende Problem ist, dass der Geldautomat mehrere Transaktionstypen unterstützt und für jeden dieser Typen eine spezifische Benutzungsschnittstelle erforderlich ist. In Anlehnung an [29] zeigt Abb. 10.18 den Lösungsansatz. Für jeden Transaktionstyp wird eine eigene Klassen von `TransactionBase` abgeleitet. Die abgeleiteten Klassen nutzen jeweils spezifische Interfaces „ihrer" individuellen Benutzungsschnittstellen. Die Klasse `TransactionsUI` stellt dann die entsprechenden Implementierung der Schnittstellen bereit (siehe auch Abschn. 10.5.1). Zu beachten ist hierbei, dass die Transaktionsklassen nun aber an ihre Benutzungsschnittstellen gebunden sind – es besteht also eine Abhängigkeit. Diese lässt sich jedoch durch das sogenannte *Interface Initialization Idiom* [29, p. 173] wie folgt auflösen:

```
1 // hole eine Referenz auf ein DepositUI
2 IDepositUI dt_ui = TransactionUI.DepositUI;
3
4 // initialisiere eine DepositTransaction mit dem passenden UI
5 DepositTransaction dt = new DepositTransaction(dt_ui);
```

10.5.5 Dependency Inversion Principle

Das Prinzip der *Dependency Inversion* adressiert das Problem der (engen) Kopplung von Systemen. Es bedient sich des Prinzips der Schichten (Layers [3, 4], siehe Kap. 8.1.4.5) und besagt, dass Komponenten in „höheren" Schichten nicht direkt von Implementierungen von Komponenten in „niedrigeren" Schichten abhängen sollen. Beide sollen Abstraktionen realisieren, wobei auch für die Abstraktionen gilt, dass sie nicht von Details abhängig sein sollen und dass auch Details keine Abhängigkeit zu Abstraktionen aufweisen sollen [29]. In anderen Worten, es geht um die Entkopplung von Systemen mit Hilfe von Interfaces, wie das Beispiel in Abb. 10.19 zeigt.

Das direkte Entwurfsvorgehen im linken Teil von Abb. 10.19 resultiert zwar in voneinander getrennten Schichten, jedoch besteht eine direkte Abhängigkeit. Finden Änderungen im `Layer1` statt, sind im schlimmsten Fall alle anderen, auf diesem Layer aufsetzenden Layers von den Änderungen betroffen und müssen angepasst werden. Tatsächlich ist es jedoch nicht wünschenswert, dass Änderungen auf der Detailebene so weit reichende Konsequenzen haben. Der übliche Lösungsansatz für dieses Problem ist im rechten Teil der Abb. 10.19 gezeigt. Die Kopplung der Layers wird über Interfaces hergestellt. Hierbei gilt: Solange eine Änderung *nicht* eine Anpassung der Schnittstelle erfordert – die Schnittstelle bleibt stabil – sind keine Anpassung an den die Schnittstelle nutzenden Systemteilen erforderlich.

> **Das Hollywood-Prinzip**
> Martin und Martin [29] weisen darauf hin, dass beim Entwurf solcher entkoppelten Strukturen die Rolle des *Eigners der Schnittstelle* (Ownership) zu beachten ist. Es ist also zu klären, welcher Softwarekomponente eine Schnittstelle gehört und wer Anpassungen durchführen darf. Sweet [34, 35] schlägt hierfür vor, dass die Komponenten

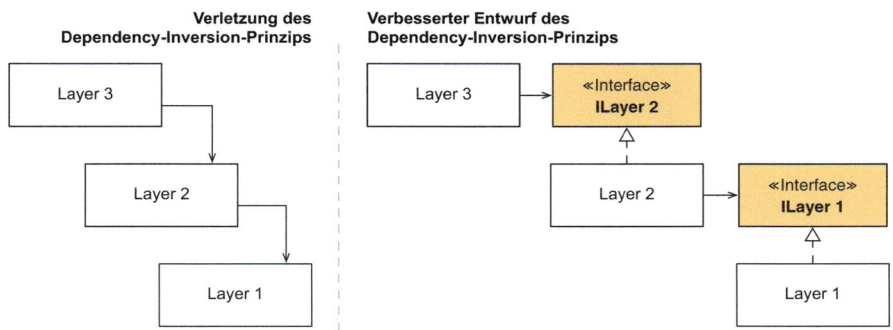

Abb. 10.19 Illustration des durch das Dependency-Inversion-Prinzip adressierte Problem und Lösungsvorschlag

> auf der höheren Ebene Schnittstellen definieren (sogenannte *Requested Interfaces*), welche von Komponenten auf niedrigeren Ebenen implementiert werden müssen. Dies wird auch als „Hollywood-Prinzip" *(Don't call us; we'll call you)* oder als *Ownership Inversion* bezeichnet. Man beachte allerdings, dass die Festlegung der Ownership stark vom Systemcharakter abhängt. Gibt es für viele Clients nur wenige oder gar einen Server, ist es sinnvoller, wenn der Server seinen angebotenen Dienst über eine Schnittstelle definiert und damit auch Eigentümer der Schnittstelle ist.

Der Umgang mit Abstraktionen im Kontext des Dependency-Inversion-Prinzips kann sich schwierig gestalten. Martin und Martin [29] nennen die folgenden Kriterien:

- Keine Variable soll eine Referenz auf eine konkrete Klassen halten.
- Keine Klasse soll von einer konkreten Klassen abgeleitet werden.
- Keine Methode soll eine bereits irgendwo in der Vererbungshierarchie implementierte Methode überschreiben.

Problematisch hierbei ist, dass es Situationen gibt, in denen etwa konkrete Objekte benötigt werden. Hier kann man auf die Technik der *Dependency Injection* (vgl. auch Abschn. 10.5.4) zurückgreifen, wie das Beispiel in Abb. 10.20 illustriert.

Der in Abb. 10.20 gezeigte Code ist problematisch, da in der Implementierung der Klasse B eine direkte Initialisierung der Variable `theI` mit einem konkreten Objekt der Klasse A erfolgt. Damit wird eine Abhängigkeit hergestellt und somit das Dependency-Inversion-Prinzip verletzt.

Beispiel Im Folgenden soll ein Beispiel gezeigt werden, welches die Anwendung von Dependency Inversion zur Lösung des in Abb. 10.20 skizzierten Problems zeigt. Wir orientieren uns hierbei an einem Beispiel aus [29, pp. 160ff.]. Abb. 10.21 zeigt eine Heizungssteuerung, an welcher eine Zieltemperatur eingestellt werden kann. Die Messung erfolgt über ein Thermometer und eine Heizung wird entsprechend angesteuert.

```
1 public interface I {...}
2 public class A : I {...}
3
4 public class B
5 {
6   private I theI;
7   ...
8   public B ()
9   {
10    theI = new A();
11  }
12 }
```

Abb. 10.20 Beispiel einer Verletzung des Dependency-Inversion-Prinzips in C#

10.5 Entwurfsregel S.O.L.I.D.

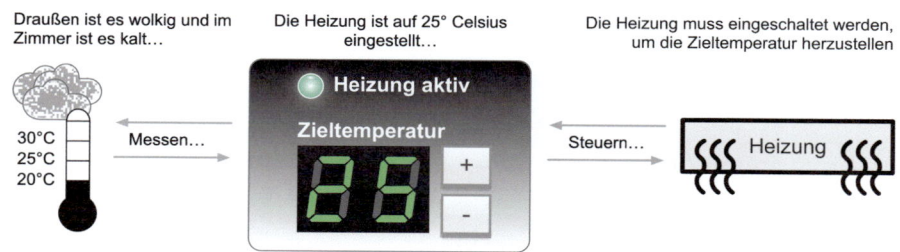

Abb. 10.21 Illustration des Beispiels zur Umsetzung des Dependency-Inversion-Prinzips

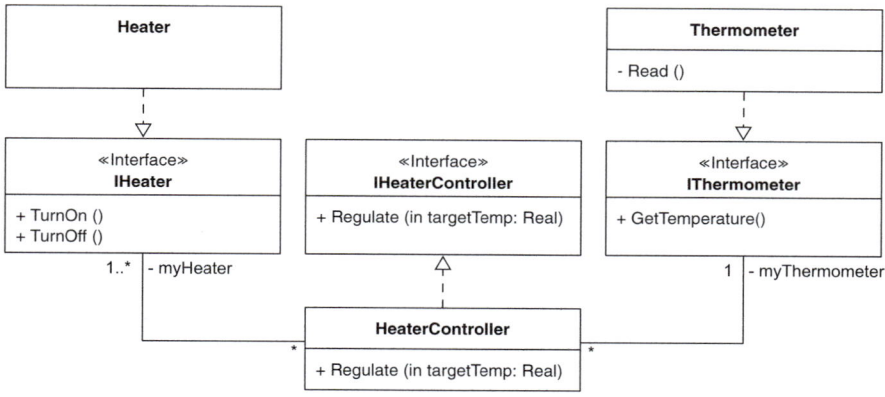

Abb. 10.22 Lösungsmodell der Heizung mit Anwendung des Dependency-Inversion-Prinzips

Abb. 10.22 zeigt das UML-Klassendiagramm, welches in Anlehnung an [29] eine zum Dependency-Inversion-Prinzip konforme Lösung darstellt. Kern des Lösungsansatzes sind die in Abb. 10.23 gezeigten drei Schnittstellen, welche die benötigten Kernkomponenten (das Thermometer, die Heizung und den Controller) modellieren.

Die Anwendung der Dependency Injection findet nun in der in Abb. 10.24 gezeigten Klasse `HeaterController` statt. Im Konstruktor der Klasse werden die internen Variablen mit Referenzen auf Objekte initialisiert, welche die jeweils erforderlichen Schnittstellen implementieren. Die Verantwortung für das korrekte „Verdrahten" des Systems wir hierbei an ein anderes Codefragment, etwa eine `Main()`-Methode delegiert[4]. Diese muss dann festlegen, welches konkrete Thermometer und welcher konkrete Heizkörper dem Controller übergeben werden. Dies ist der Ansatzpunkt für die Benutzung von Konfigurationsdateien, welche durch verschiedene Frameworks zur Verfügung gestellt werden und solche Konfigurationen von zusammengehörenden Objekte festlegen.

---

[4]Praktisch findet diese Konfiguration durch Konfigurationsdateien statt, welche durch die Software geladen werden. Eine Änderung der sogenannten *Bindings* erfordert dann keine Anpassung des Quellcodes. Die Konfiguration wird entweder direkt zur Laufzeit der Software aktualisiert oder beim nächsten Start der Software.

```csharp
// Der Controller bekommt eine Zieltemperatur, die er erreichen muss
public interface IHeaterController
{
   void Regulate(double targetTemp);
}

// Das Thermometer liefert die Temperatur
public interface IThermometer
{
   double Temperature { get; }
}

// Der Heizkörper kann ein- und ausgeschaltet werden
public interface IHeater
{
   void TurnOn();
   void TurnOff();
}
```

Abb. 10.23 Schnittstellen der Heizungssteuerung in C#

```csharp
public class HeaterController : IHeaterController
{
   // Zur Steuerung der Heizung bindet der Controller ein Thermometer
   // und einen Heizkörper ein. Welche genau, ist hier egal - die
   // Bindung der Objekte erfolgt im Konstruktor...
   private IThermometer myThermometer;
   private IHeater myHeater;

   public HeaterController (IThermometer therm, IHeater heat)
   {
      // hier werden die konkreten Objekte im Controller gebunden
      myHeater = heat;
      myThermometer = therm;
   }

   public void Regulate(double targetTemp)
   {
      // die Mess- und Steueraufrufe sind unabhängig von den
      // konkreten Objekten
      if (myThermometer.Temperature <= targetTemp)
        myHeater.TurnOn();

      if (myThermometer.Temperature > targetTemp)
        myHeater.TurnOff();
   }
}
```

Abb. 10.24 Implementierung der Heizungssteuerung in C#

10.6 Weiterführende Literatur und Übungen

In den vorangegangenen Kapiteln wurden die Grundlagen des Architekturentwurfs eingeführt. Mehrfach wurde dabei auch darauf hingewiesen, dass die Wiederverwendung bewährten Architekturwissens wichtig ist, um die Softwareentwicklung zu beschleunigen und durch die Verwendung bewährter Konzepte positiv auf die Qualität der Software einzuwirken [3]. In diesem Kapitel hat der Schwerpunkt daher auf dem Themenkomplex *Wiederverwendung* gelegen. Die Wiederverwendung wurde hier aus unterschiedlichen Perspektiven beleuchtet: Beginnend bei Frameworks und Klassenbibliotheken, über Referenzarchitekturen, Entwurfs- und Architekturmuster bis hin zu integrierten Entwurfsregeln. Dieses Kapitel beschränkt sich auf die Darstellung der Konzepte und bietet nur punktuell Lösungen auf der Ebene des Quellcodes an. Im Kap. B werden ergänzend umfangreichere Beispiele zur Illustration aufgeführt. Es muss noch einmal darauf hingewiesen werden, dass das Verständnis von Mustern aus vielen Gründen äußerst wichtig ist. So basieren etwa moderne Frameworks für die Entwicklung von Anwendungen mit grafischen Benutzungsschnittstellen (siehe Kap. 9.1.4) auf Architektur- und Entwurfsmustern [33, 38]. Auch Kommunikationsinfrastrukturen für verteilte Systeme setzen in weiten Bereichen auf musterbasierte Architekturen [22]. Muster müssen also verstanden werden, um solche Systeme zu entwerfen und zu entwickeln. Aber auch für das Verstehen von und das Zurechtfinden in komplexen Frameworks und Bibliotheken ist das Verständnis von Mustern vorteilhaft, da etwa Klassenbibliotheken einer inneren – oftmals musterbasierten – Ordnung folgen [23].

Im Bereich der Wiederverwendung gibt es eine Vielzahl an weiterführender Literatur. Mit starkem Bezug zur praktischen Umsetzung von Architektur- und Entwurfsmustern, sind die Bücher von Robert C. Martin [28, 29] zu nennen, welche die wichtigsten Prinzipien detailliert und durch viele Beispiele illustriert darstellen. In diesem Zusammenhang muss natürlich auch das Standardwerk von Gamma et al. [19] genannt werden. Über die Implementierungsebene hinaus gehen die Bücher von Martin Fowler zu den Themen Analysemuster und Muster für Enterprise-Architekturen [16, 17].

Übungsaufgaben

Übung 10.1 (Entwurfsmuster) Entwurfsmuster (Design Patterns) sind ein breit akzeptiertes Konzept zur Beschreibung wiederverwendbaren Architekturwissens. Bearbeiten Sie in diesem Zusammenhang die folgenden Aufgaben:

a) Recherchieren Sie und grenzen Sie die folgenden Begriffe voneinander ab: Architecture Pattern, Design Pattern, Idiom.
b) Recherchieren und beschreiben Sie in Stichpunkten die folgenden Muster. Beachten Sie bei der Beschreibung die folgenden Punkte: Klassifizierung, Zielsetzung, Umsetzungsempfehlung.
   - Singleton
   - Factory-Method vs. Abstract Factory
   - Template-Method
   - Proxy
c) Nennen Sie für drei der oben aufgeführten Muster praktische Anwendungen und Anwendungskontexte, d. h., erläutern Sie wo und wie diese Muster praktisch umgesetzt werden.

Übung 10.2 (Erkennen von Entwurfsmustern im Quellcode) Gegeben sei folgende Quellcode in C#:

```csharp
public class MessageCenter
{
  private static readonly MessageCenter messageCenter = new MessageCenter();
  private List<IMessageReceiver> receivers;

  private MessageCenter()
  {
    receivers = new List<IMessageReceiver>();
  }

  public static MessageCenter Instance
  {
    get { return messageCenter; }
  }

  public void AddReceiver(IMessageReceiver r)
  {
    receivers.Add(r);
  }

  public bool RemoveReceiver(IMessageReceiver r)
  {
    return receivers.Remove(r);
  }

  public void SendMessageToReceivers(object sender, string message)
  {
    foreach (var r in receivers)
      r.Receive(sender, message);
  }
}

public interface IMessageReceiver {
  void Receive(object sender, string messsage);
}
```

Beantworten Sie die folgenden Fragen zu diesem Code-Fragment:

a) Welche Muster sind in diesem Codefragment umgesetzt?
b) Bewerten Sie, wie „nah" die oben stehende Umsetzung der Muster an den Empfehlungen und Vorgaben aus [19] ist?
c) Ist die Umsetzung problemangemessen? An welchen Stellen, sofern erforderlich, ist Optimierungspotenzial zu finden?

Übung 10.3 (Implementierung von Entwurfsmustern – Verhaltensmuster) Im Kap. B.3.3 wird das *Visitor Design Pattern* vorgestellt. Bearbeiten Sie in diesem Zusammenhang die folgenden Aufgaben:

a) Implementieren Sie das Kassensystem gemäß der Entwürfe und der Beispiele in Kap. B.3.3 in einer objektorientierten Programmiersprache.

b) Ergänzen Sie die das Kassensystem um einen `BlackFridayVisitor`, der auf alle Waren im Warenkorb 25 % Rabatt gewährt. Implementieren Sie diese Erweiterung im System. Erläutern Sie die einzelnen Entwurfs- und Entwicklungsschritte.
c) Erstellen Sie ein UML-Sequenzdiagramm, das die Arbeitsweise des Kassensystems zeigt.

Übung 10.4 (Implementierung von Entwurfsmustern – Strukturmuster) Im Abschn. 10.5.5 wurde eine einfache Heizungssteuerung entworfen. Bearbeiten Sie in diesem Zusammenhang die folgenden Aufgaben:

a) Erweitern Sie den Systementwurf so, dass Sie anstelle einer einfachen Heizung eine vollwertige Klimaanlage erhalten.
b) Implementieren Sie ihren Entwurf in einer objektorientierten Programmiersprache. Stellen Sie hierbei insbesondere sicher, dass Sie entweder über Benutzereingaben oder über zufällig generierte Signale das System testen können.
c) Erweitern Sie den Systementwurf dahingehend, dass Sie eine Steuerung für die Klimaanlage eines ganzen Einfamilienhauses erhalten. Stellen Sie sicher, dass:
   - Mehrere Temperatursensoren eingebunden werden können.
   - Mehrere Heiz- und Kühlelemente eingebunden werden können.

   Greifen Sie hierbei auf alle erforderlichen Entwurfsmuster und Entwurfsstrategien zurück. Dokumentieren Sie alle Entwurfsentscheidungen.

Übung 10.5 (Entwurfsmuster im Projekt Code & Talk) Wählen Sie basierend auf der entwickelten Architektur für das Projekt „Code & Talk" (siehe Kap. C) aus Übung 9.5 geeignete Muster aus und passen Sie die Architektur hinsichtlich folgender Anforderungen an:

a) Die Architektur soll nach dem Prinzip *Separation of Concerns* (siehe Kap. 8.2.4) modular sein.
b) Die Architektur soll es gestatten, eine skalierbare Anwendung zu erstellen. Skalierbarkeit (siehe Kap. 2.2.3) soll hier im Sinne von Laststeigerung und der Fähigkeit zur Replikation von Systemkomponenten verstanden werden.
c) Erläutern und begründen Sie die Entwurfsentscheidungen, die Sie bei der Bearbeitung der Teilaufgaben a) und b) getroffen haben.

Übung 10.6 (Entwerfen mit Hilfe von Entwurfsmustern im Projekt Code & Talk) Im Rahmen des Projekts „Code & Talk" möchten Sie folgenden Sachverhalt konkret im Rahmen des Feinentwurfs bearbeiten:

- *Auf der Project Wall können Nachrichten (Postings) veröffentlicht werden. Eine Nachricht kann mit einer Anlage verknüpft sein. Jeder einzelne Diskussionszweig kann mit einer*

Abschlussnachricht abgeschlossen werden, auf die keine weiteren Nachrichten mehr möglich sind. Die Abschlussnachricht enthält eine „TrackerID". Die „TrackerID" weist auf eine durch die Nachricht referenzierte Aufgabe hin, zusätzlich wird auf die in die Aufgabe involvierten Benutzer durch die Abschlussnachricht verwiesen.

- *Jedes Posting ist einem abstrakten Benutzer zugeordnet. Ein abstrakter Benutzer ist entweder ein „konkreter" Benutzer im Sinne einer natürlichen Person, eine Gruppe oder ein Projekt. Eine Gruppe kann wieder Gruppen oder konkrete Benutzer enthalten; ein Projekt kann nur konkrete Benutzer enthalten.*
- *Nach „außen" hin bieten Sie eine Schnittstelle (in Form von Methoden einer Klasse) an, die nach Übergabe eines abstrakten Benutzers alle Nachrichten des Benutzers in einer flachen Liste zurückgibt, die Klasse nennen Sie „Project-Wall-Access".*

Machen Sie einen Entwurf für die Lösung des dargestellten Problems und verwenden Sie, wo es möglich und sinnvoll ist, Entwurfsmuster. Beachten Sie, dass das Wort „enthalten" nicht immer auf eine Komposition hinweist.

Literatur

1. C. Alexander, S. Ishikawa, and M. Silverstein. *A Pattern Language: Towns, Buildings, Construction*. Oxford University Press, 1977.
2. AUTOSAR. AUTomotive Open System ARchitecture Standards. Online: https://www.autosar.org/standards (abgerufen: 2020-01-02), 2020.
3. V. Bauer. *Analysing and supporting software reuse in practice*. PhD thesis, Technische Universität München, November 2016.
4. G. Booch. *Object Solutions: Managing the Object-Oriented Project*. Addison-Wesley, 2 edition, October 1995.
5. W. J. Brown, R. C. Malveau, H. W. McCormick, and T. J. Mowbray. *AntiPatterns: Refactoring Software, Architecture and Projects in Crisis*. John Wiley & Sons, March 1998.
6. M. Broy. *Logische und Methodische Grundlagen der Programm- und Systementwicklung*. Springer Vieweg, June 2019.
7. F. Buschmann, R. Meunier, H. Rohnert, P. Sommerlad, and M. Stal. *Pattern-orientierte Software-Architektur – Ein Pattern-System*. Professionelle Softwareentwicklung. Addison-Wesley, 2 edition, January 1998.
8. G. Chastek, P. Donohoe, K. C. Kang, and S. Thiel. Product line analysis: A practical introduction. Technical report, Software Engineering Institute, 2001.
9. G. Chastek and J. D. McGregor. Guidelines for developing a product line production plan. Technical Report CMU/SEI-2002-TR-006, Software Engineering Institute, 2002.
10. R. Chinnici, J.-J. Moreau, A. Ryman, and S. Weerawarana. Web Services Description Language (WSDL) Version 2.0 Part 1: Core Language. W3c recommendation, W3C, June 2007.
11. S. Cohen. Guidelines for developing a product line concept of operations. Technical Report CMU/SEI-99-TR-008, Software Engineering Institute, 1999.

12. J. Coutaz. PAC: An Oject Oriented Model for Implementing User Interfaces. *SIGCHI Bull.*, 19(2):37–41, Oct. 1987.
13. T. DeMarco. *Structured Analysis and System Specification.* Computing Series. Yourdon Press, 1979.
14. A. Epple. *JavaFX 8: Grundlagen und fortgeschrittene Techniken.* dpunkt.verlag GmbH, April 2015.
15. D. M. Fernández, B. Penzenstadler, M. Broy, J. Eckhardt, and H. Femmer. AMDiRE – Artefact Model for Domain-independent RE. Research Report TUM-I1327, Technische Universität München, 2013.
16. M. Fowler. *Analysis Patterns: Reusable Object Models.* Addison Wesley, October 1996.
17. M. Fowler. *Patterns of Enterprise Application Architecture.* Addison-Wesley Signature Series. Addison Wesley, November 2002.
18. M. Fowler. GUI Architectures. Online: https://www.martinfowler.com/eaaDev/uiArchs.html (abgerufen: 2020-01-17), July 2006.
19. E. Gamma, R. Helm, R. E. Johnson, and J. Vlissides. *Design Patterns. Elements of Reusable Object-Oriented Software.* Prentice Hall, October 1994.
20. Google Ireland Limited. Tensorflow. Online: https://www.tensorflow.org/federated (abgerufen: 2019-12-29), 2019.
21. M. Gudgin, M. Hadley, N. Mendelsohn, J.-J. Moreau, H. F. Nielsen, A. Karmarkar, and Y. Lafon. SOAP Version 1.2 Part 1: Messaging Framework. W3c recommendation, W3C, April 2007.
22. U. Hammerschall. *Verteilte Systeme und Anwendungen.* Pearson Studium – IT. Pearson Studium, January 2005.
23. E. Horn and T. Reinke. *Softwarearchitektur und Softwarebauelemente.* Hanser, München, Wien, 2002.
24. B. Liskov. Keynote Address – Data Abstraction and Hierarchy. In *Addendum to the Proceedings on Object-oriented Programming Systems, Languages and Applications (Addendum)*, OOPSLA '87, pages 17–34, New York, NY, USA, 1987. ACM.
25. B. Liskov. Keynote Address – Data Abstraction and Hierarchy. *SIGPLAN Not.*, 23(5):17–34, Jan. 1987.
26. B. H. Liskov and J. M. Wing. A behavioral notion of subtyping. *ACM Trans. Program. Lang. Syst.*, 16(6):1811–1841, Nov. 1994.
27. R. C. Martin. *Clean Code: A Handbook of Agile Software Craftsmanship.* Prentice Hall, 2008.
28. R. C. Martin. *Clean Architecture: A Craftsman's Guide to Software Structure and Design.* Prentice Hall, September 2017.
29. R. C. Martin and M. Marin. *Agile Principles, Patterns, and Practices in C#.* Prentice Hall, 2007.
30. B. Meyer. *Object-Oriented Software Construction.* Prentice Hall, 2 edition, November 1998.
31. M. Page-Jones. *The Practical Guide to Structured Systems Design.* Computing Series. Yourdon Press, 2 edition, 1988.
32. F. Pillet, J. Bontognali, M. Todorov, and S. Gardner. *RxSwift: Reactive Programming with Swift.* Razeware LLC, March 2019.
33. R. Steyer. *Webanwendungen erstellen mit Vue.js: MVVM-Muster für konventionelle und Single-Page-Webseiten.* Springer Vieweg, November 2019.
34. R. E. Sweet. The mesa programming environment. In *Proceedings of the ACM SIGPLAN 85 Symposium on Language Issues in Programming Environments*, SLIPE '85, pages 216–229, New York, NY, USA, 1985. ACM.
35. R. E. Sweet. The mesa programming environment. *SIGPLAN Not.*, 20(7):216–229, June 1985.
36. The Open Group. *The Open Group Architecture Framework (TOGAF, Version 9).* Van Haren Publishing, 10 edition, November 2011.

37. O. Vogel, I. Arnold, A. Chughtai, and T. Kehrer. *Software Architecture – A Comprehensive Framework and Guide for Practitioners*. Springer-Verlag Berlin Heidelberg, September 2011.
38. A. Weil. *Learn WPF MVVM – XAML, C# and the MVVM pattern*. lulu.com, November 2017.
39. K. Wickramanayake. Is MVC a design pattern or an architectural pattern? Online: http://www.swview.org/blog/mvc-design-pattern-or-architectural-pattern (abgerufen: 2020-01-17), July 2010.
40. J. A. Zachman. A framework for information systems architecture. *IBM Systems Journal*, 26(3):276–292, 1987.

Teil IV
Implementierung, Integration und Qualitätssicherung von Software

Implementierung von Softwaresystemen 11

Zusammenfassung

Eine der Kernaufgaben in der Entwicklung von Software ist die Implementierung des Softwaresystems mit Hilfe einer oder mehrerer passend gewählter Programmiersprachen. Dadurch wird ein ablauffähiges Programmsystem geschaffen. Abhängig vom gewählten Vorgehensmodell wird mit der Implementierung vergleichsweise früh begonnen, etwa bei Scrum, oder nach Abschluss der wesentlichen Entwurfsarbeiten, etwa bei der Nutzung des V-Modells. Folgt die Entwicklung einem modellbasierten Ansatz, kann ablauffähiger Programmcode auch aus Modellen generiert werden. Insbesondere bei manuell entwickeltem Code ist es entscheidend, den Code lesbar zu halten und angemessen zu dokumentieren und dabei gute, „sprechende" sowie systematisch aufgebaute Identifikatoren zu wählen und eine Reihe methodischer Vorgaben einzuhalten, sodass gut strukturierter, leicht verifizierbarer, verständlicher Code entsteht. In diesem Kapitel werden die wesentlichen Aufgaben bei der Implementierung von Software beschrieben. Dies umfasst auch die Richtlinien und Empfehlungen zur Erstellung hochqualitativen Programmcodes und seiner Organisation und Verwaltung in Versionskontrollsystemen. Ferner gewährt dieses Kapitel einen Einblick in die Schritte und Aufgaben in der modellbasierten Softwareentwicklung.

11.1 Implementierung von Software

In der Implementierung wird der Systementwurf durch das Ausprogrammieren der Komponenten und Module gemäß der erarbeiteten Schnittstellenspezifikation realisiert. Ausgangspunkt ist dabei die Softwarearchitektur mit den zugehörigen Datenmodellen sowie den Komponenten- und Modulspezifikationen. Kern der eigentlichen Implementierung ist die Festlegung der Implementierungsarchitektur (Abstützung der Module aufeinander), die Erstellung der Programme für die Module sowie die Implementierung der Datenmodelle.

Im Anschluss an die Implementierung der Module werden diese schrittweise zusammengeführt („integriert"). Die Modulerstellung und die Integration werden dabei ständig von qualitätssichernden Maßnahmen wie Reviews und Tests begleitet. Der Implementierung folgen dann Auslieferung, Installation und Wartung. Die genannten Aufgaben finden sich in allen Vorgehensmodellen (siehe Kap. 3.1) zur Software- und Systementwicklung. Für das konkrete Vorgehen bei der „Implementierung" oder „Realisierung" sind eine Reihe von Fragen zu beantworten:

- Wie sind die Schritte im Implementierungsprozess zu gestalten?
- Was sind typische Fehler, die dabei auftreten können, und wie sind sie aufzuspüren und zu beseitigen?
- Welche Maßnahmen, die eine professionelle Entwicklung ausmachen, werden begleitend vorgesehen?

Die Implementierung kann um so problemloser durchgeführt werden, je genauer und sorgfältiger sie im Entwurf vorbereitet wird. Bei der Implementierung sind alle Prinzipien der strukturierten Programmierung zu beachten; oberstes Ziel ist ein leicht verständlicher, gut strukturierter, redundanzfreier Programmcode, der gut dokumentiert ist sowie effizient und nachweisbar korrekt arbeitet. Insbesondere sind, wo immer möglich, vertraute Standardlösungen zu wählen. Jede Form der raffinierten, risikoreichen Programmierung ist tunlichst zu vermeiden. Insbesondere sollte weitgehend auf bewährte Lösungsmuster zurückgegriffen werden (siehe Kap. 10) und soweit möglich, vorhandener Code wiederverwendet werden.

11.1.1 Codearchitektur und Codequalität

Die Implementierung von Software – oft auch als Codierung bezeichnet – ist diejenige Aktivität in einem Softwareprojekt, welche häufig als zentral angesehen wird. Tatsächlich nimmt die eigentliche Implementierung in einem Projekt nur vergleichsweise wenig Raum ein. Sie hängt von vielen anderen Aufgaben, etwa der Erhebung der Anforderungen (siehe Kap. 5), dem Entwurf des Softwaresystems (siehe Kap. 8), seiner Dokumentation und dem Test der Software (siehe Kap. 12.1) ab. In der Praxis ist die Implementierung einer Software allerdings wesentlich mehr als einfaches „Hacken". Sie erfordert viel Disziplin! Im Folgenden werden grundlegende Prinzipien und Regeln für die *Programmierung im Großen* beschrieben.

Achtung *Dieses Buch ist keine Einführung in die Programmierung, erst recht nicht in eine bestimmte Programmiersprache. Dieses Kapitel geht stattdessen auf grundlegende Fragestellungen ein, welche in der teambasierten Entwicklung großer Softwaresysteme relevant sind. Wir setzen Kenntnisse in der Programmierung und in zumindest einer höheren Programmiersprache voraus.*

11.1.2 Entscheidungen vor Beginn der Implementierung

Vor Beginn der Implementierung sind einige zentrale Entscheidungen zu treffen, in der Regel schon im Rahmen der *Projektdefinition* [6, pp. 193 ff.], die weitreichende Auswirkungen auf die Implementierung des Systems haben. Diese Entscheidungen umfassen:

- Festlegung der Programmiersprache(n)
- Festlegung des Umfangs/der Anwendung von Architektur- und Entwurfsmustern
- Festlegung der Formen der Wiederverwendung
- Festlegung der Entwicklungsumgebung und der Programmierwerkzeuge
- Festlegung der Schritte der Qualitätsüberprüfung

Neben den technischen Aspekten, etwa der Festlegung der Editoren, Versionskontrollsysteme oder Versions- und Variantenbildungsstrategien müssen auch organisatorische Entscheidungen getroffen werden. Diese umfassen insbesondere die Festlegung der Teamstruktur und der Verantwortlichkeiten für die Implementierung. Jede dieser Entscheidungen hat unmittelbare Auswirkungen auf die Codierung wie exemplarisch in Tab. 11.1 dargestellt.

Die einzelnen Entscheidungen sind hierbei in der Regel nicht voneinander unabhängig. So hängen beispielsweise die möglichen Bibliotheken, die in der Implementierung zum Einsatz kommen können, stark von der Wahl der Programmiersprache und der Hardware- und Zielumgebung ab[1]. Man beachte, dass Fehlentscheidungen in frühen Phasen eines Projekts nicht immer vermeidbar sind. Allerdings sind Fehlentscheidungen in diesen frühen Phasen meist teuer, da ihre Behebung mit Aufwand verbunden ist, etwa eine Änderung der Entwicklungsumgebung. Daher bietet es sich an, ein Vorgehen zu wählen, mit dem Fehlentscheidungen schnell als solche zu erkennen sind, etwa mit Hilfe von Prototypen oder einem iterativen Entwicklungsansatz (siehe Kap. 3.2). Dabei ist es ratsam, zunächst mit kleinen Teams zu starten und das System so weit zu implementieren, bis weitere zentrale Entscheidungen getroffen werden können, etwa bis die Entwicklungsumgebung validiert ist, eine grundlegende Architektur entworfen ist oder eine minimale, lauffähige Anwendung vorliegt.

---

[1] Ausnahmen bilden hier sprachunabhängige Bibliotheken, wie beispielsweise die .NET Klassenbibliothek. Diese ist nicht an eine Programmiersprache gebunden, sondern an die Infrastrukturplattform, insbesondere an die Virtuelle Maschine. Die Klassenbibliothek steht damit allen für die .NET Runtime kompatiblen Sprachen offen und kann in der gleichen Weise, etwa aus C#, Visual Basic.NET, Managed C++ oder F# und auf allen Plattformen, auf denen eine passende virtuelle Maschine verfügbar ist, genutzt werden.

Tab. 11.1 Auswahl wichtiger Fragen, die zu Beginn eines Projekts zu beantworten sind

Thema	Fragestellungen
Festlegung der Programmiersprache(n)	Ist die Programmiersprache geeignet, um produktiv im Projekt arbeiten zu können?
	Gibt es Vorgaben?
	Sind einschlägige Entwickler im Team/am Markt verfügbar?
	Sind für die gewählte Programmiersprache Bibliotheken in ausreichendem Umfang verfügbar?
	Ist die Performanz der Ausführungsumgebung dieser Programmiersprache für das aktuelle Projekt ausreichend?
	Sind die Programmiersprache und passende Compiler/Interpreter für die geforderten Zielplattformen verfügbar?
	Sind passende Werkzeuge für die Programmiersprache verfügbar?
	Sind die entstehenden Kosten angemessen?
Architektur, Muster und Bibliotheken	Gibt es für die aktuelle Problemstellung Referenzarchitekturen, Architekturmuster oder Entwurfsmuster (siehe Kap. 10)?
	Wie werden Programmobjekte behandelt, etwa hinsichtlich Verteilung, Caching von Daten usw.?
	Wie werden unterschiedliche Sicherheitsaspekte berücksichtigt?
	Welche Richtlinien für den Entwurf von Schnittstellen müssen berücksichtigt werden?
	Werden Programmcodes teilweise generiert?

> **Hinweis**
> Zu den oben aufgezählten Entscheidungen gibt es natürlich Ausnahmen, insbesondere dann, wenn aufgrund des Projektgegenstands bestimmte Antworten zu den Entscheidungsfragen bereits bekannt sind, etwa wenn:
>
> 1. Das System bekannt ist, da Erfahrungen zu ähnlichen Systemen vorliegen.
> 2. Das System in einer existierenden Anwendungslandschaft entsteht.
>
> Im ersten Fall können Erfahrungswerte bei der Entscheidungsfindung miteinbezogen werden. Im zweiten Fall sind zentrale Aspekte bereits vorgegeben, etwa die zu verwendende Programmiersprache, die grundlegende Architektur, oder zu verwendende Bibliotheken. Erfahrungsgemäß ist für betriebliche Informationssysteme der zweite Fall der Normalfall.

11.2 Grundsätzliche Aufgaben in der Implementierung

Unabhängig vom gewählten Implementierungsprozess umfasst die Implementierung eines Softwaresystems eine Reihe von Standardaufgaben, die im Wesentlichen die Implementierung des Datenmodells, die Implementierung der Programmlogik (durch Algorithmen gekapselt in Programmmodulen) sowie die Implementierung der Benutzungsschnittstelle umfassen. Auf diese Aufgaben wird im Folgenden überblicksartig eingegangen.

11.2.1 Implementierung des Datenmodells

Die Implementierung des Datenmodells nimmt etwa bei der Entwicklung von betrieblichen Informationssystemen eine zentrale Rolle ein, da dort die Datenhaltung und die Datenverwaltung die Grundfunktionalität des Systems sicherstellt. Bei eingebetteten Systemen hingegen spielt die Implementierung des Datenmodells eine eher untergeordnete Rolle, da hier oft die Steuerung von Abläufen und damit die Interaktion im Vordergrund stehen.

> **Hinweis**
> Im Sinn einer guten Wartbarkeit und einfachen Änderbarkeit der Programme ist hier insbesondere das Prinzip der Datenabstraktion und des *Information Hidings* zu beachten (siehe Kap. 8.2.3), sowohl in der Dokumentation wie auch in der Codierung. Zudem ist gerade bei großen Systemen darauf zu achten, dass nicht die gleiche Funktionalität in verschiedenen Systemteilen unterschiedlich implementiert werden. Ein einheitliches Datenmodell ist anzustreben.

11.2.1.1 Entwicklung des technischen Datenmodells

Ausgehend vom globalen Datenmodell der Systemstudie wird im Systementwurf ein (unter Umständen verteiltes) Datenmodell entwickelt. Im Rahmen der Implementierung ist es erforderlich, sich für konkrete Datenstrukturen zur Darstellung der Daten zu entscheiden. Der Einsatz einer kommerziellen Datenbank ist zumindest in datenintensiven Anwendungen die Regel – auch unter Berücksichtigung aktueller Anwendungen aus den Bereichen *Data Science* und *Machine Learning* kommt solch leistungsfähigen Datenbanken eine tragende Rolle zu. Oftmals lassen sich aus modellierten Datenstrukturen in einer relationalen Datenbank oder von Datenquellen, die über ein Netzwerk als Webservice angeboten werden, mittels Generatoren auch Codegerüste oder vollständige Komponenten für den Datenbankzugriff und die Arbeit mit den Daten erzeugen. Ansonsten werden, abhängig von der gewählten Programmiersprache, Datenstrukturen durch Typvereinbarung oder Klassen deklariert, die zur Darstellung der auftretenden Typen dienen (siehe Kap. 4.3). Auf ihnen sind die charakteristischen Zugriffsfunktionen und Prozeduren zu vereinbaren.

11.2.1.2 Persistierung von Datenstrukturen

Wird keine vorgefertigte Implementierung des Datenmodells, beispielsweise in Form einer verfügbaren Datenbank gewählt, wird ausgehend vom konzeptuellen Datenmodell die physische Realisierung der Daten (die Datenstrukturen) in der Programmiersprache festgelegt und es werden die Zugriffsfunktionen auf diese Datenstrukturen bereitgestellt. Auf Basis eines programmatisch definierten Datenmodells können wiederum Datenbankschemata generiert werden oder es kann eine einfache Persistierung der Daten in einem Dateisystem oder einem sogenannten *Object Store* erfolgen.

Sowohl bei der Verwendung von Datenbanken als auch bei der individuellen Realisierung des Datenmodells kann die Art der Codierung des Datenmodells entscheidenden Einfluss auf die Performanz des Systems haben. Bei relationalen Datenbanken wird zur Sicherstellung hoher Performanz unter Umständen die Normalform gewählt, bei individuellen Datenstrukturen wird eine klare Kapselung der Daten sichergestellt. Da solche Maßnahmen aber oft entscheidenden Einfluss auf die Robustheit und Wartbarkeit der Realisierung haben, sollten sie kontrolliert und bewusst eingesetzt werden.

11.2.2 Implementierung der Programmlogik und der Module

Die Implementierung der Programmlogik durch Module besteht im Kern aus zwei Schritten. Im ersten Schritt werden die Entwürfe der Softwarearchitektur auf implementierbare Einheiten – die Programmmodule – abgebildet. Dieser Schritt wird oft auch als *Modulentwurf* bezeichnet und erfolgt im Rahmen des Feinentwurfs (siehe Kap. 9.3). Als zweiter Schritt erfolgt die eigentliche Codierung. Bei großen Systemen ist festzulegen, wie sich die Module der Implementierung aufeinander abstützen. Dies wird durch eine Modularchitektur (Codearchitektur) festgelegt und hängt stark von der verwendeten Entwicklungsumgebung ab.

Beispiel In Java wird die (logische) Codearchitektur unmittelbar auf die Ordner- und Dateistruktur im Dateisystem abgebildet. Auf der .NET-Plattform gibt es zwar die Empfehlung dies ebenso zu organisieren, jedoch hat man auch die Möglichkeit, eine durch Namensräume (engl. Namespaces) gebildete logische Codearchitektur zu entwerfen, welche unabhängig von der Ablage im Dateisystem sein kann. Dies ist in Abb. 11.1 beispielhaft dargestellt.

11.2 Grundsätzliche Aufgaben in der Implementierung

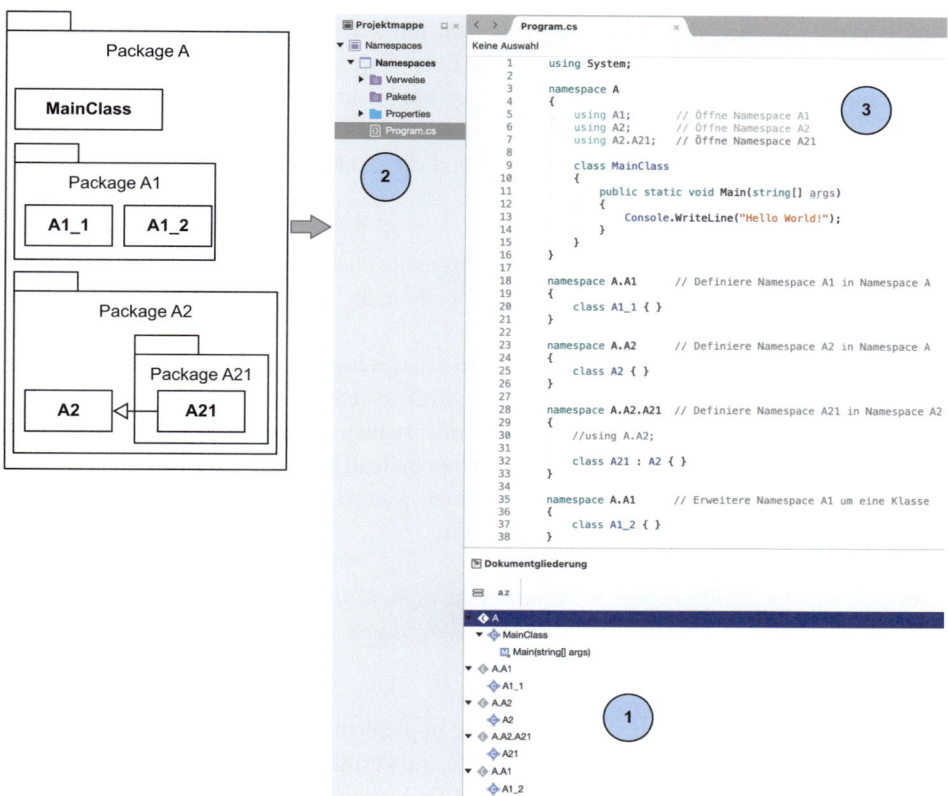

Abb. 11.1 Beispielhafte Darstellung der Unterscheidung von logischer Codearchitektur und Dateiablage am Beispiel von .NET und C#. Das UML-Modell im linken Teil der Abbildung wird logisch abgebildet (1), jedoch nur in einer einzigen Datei (2) abgelegt. Logische Zusammenhänge werden direkt im Code hergestellt (3)

11.2.2.1 Entwurf und Umsetzung der Programmlogik

Sind die Vorbereitungen abgeschlossen, erfolgen der Entwurf und die Umsetzung der Programmlogik in zwei wesentlichen Schritten:

1. Entwerfen der Module
2. Codieren der Module

Je nach gewähltem Vorgehensmodell erfolgen diese beiden Schritte sequenziell oder miteinander verzahnt. Die konkrete Organisation der Entwurfs- und Codierungsarbeiten wird dabei im Wesentlichen durch die Architektur des Systems bestimmt.

Schritt 1: Modulentwurf Der Modulentwurf stellt den Übergang zur Implementierung dar. Zwar werden auch hier ähnlich wie im Komponentenentwurf (siehe Kap. 9.3) umfangreiche

Komponenten hierarchisch zerlegt, jedoch wird die Zerlegung statt aus funktionaler aus programmiertechnischer Sicht vorgenommen. Ebenso werden hier die wesentlichen Implementierungsentscheidungen getroffen. Teile des Modulentwurfs sind:

- Bestimmung der Daten des Datenmodells, auf die das Modul zugreift
- Zerlegung der Module in Teilmodule
- Wahl der Algorithmen
- Leistungsabschätzung im Hinblick auf Performanz und Skalierung
- Überprüfung der Einhaltung etwaiger Randbedingung

Die Zerlegung von Modulen in Teilmodule wird solange fortgesetzt, bis Aufgaben von einem Umfang entstanden sind, die sich durch Module in überschaubaren Programmstücken implementieren lassen. Module für überschaubare Teilaufgaben werden durch Prozeduren und in der Objektorientierung durch Klassen und Methoden realisiert. Die Größe der entstehenden Module sollte in der Regel dem Umfang von nicht viel mehr als einer Seite Programmtext (maximal ca. 200 Zeilen Quelltext) entsprechen.

Anmerkung *Im Rahmen einer kontinuierlichen Qualitätssicherung besteht die Möglichkeit, Programmmodule oder sogar einzelne Prozeduren zu vermessen und die Umfänge dieser Module im Auge zu behalten.*

Schritt 2: Codierung Bei der Codierung (der Implementierung der Module) ist entscheidend, dass die Module die vorgegebene Spezifikation erfüllen. Teil der Codierung ist daher auch die Modulverifikation (siehe Kap. 12.1). Hierdurch wird (im Idealfall oder Extremfall formal, ansonsten durch Inspektionsverfahren oder Tests) nachgewiesen, dass die Modulimplementierung die spezifizierte Aufgabe tatsächlich löst. Dazu werden in der Praxis primär Testverfahren eingesetzt. Bei der Codierung werden in der Regel, gerade von großen Unternehmen mit umfangreichen Programmierarbeiten oder Projekten für bestimmte Zieldomänen, Konventionen vorgeschrieben (Beispiel: Misra [7]). Diese betreffen unter anderem:

- Die Wahl (Namensgebung) für Identifikatoren.
- Die Vermeidung risikobehafteter Sprachelemente wie Sprünge und undurchsichtige Referenzstrukturen.
- Die Dokumentation (insbesondere den Umfang der Dokumentation des Codes).
- Die Form der Niederschrift (insbesondere die Strukturierung des Codes und der Codedokumentation).

Durch solche Konventionen wird die Lesbarkeit, Fehleranfälligkeit, Überprüfbarkeit und Qualitätssicherung von Code beträchtlich verbessert (siehe Abschn. 11.3.1). Weiterhin helfen solche Konventionen auch, Konflikte in Versionskontrollsystemen (siehe Abschn. 11.5) zu verringern.

11.2.2.2 Modulbibliotheken und Frameworks

Bei der Realisierung der einzelnen Module werden in der Regel ähnliche Teilaufgaben der Realisierung anfallen. Deshalb ist es nützlich, orthogonal zur Dekomposition im Rahmen des Architekturentwurfs Bibliotheken von Modulen (Klassen im Fall objektorientierter Sprachen) aufzubauen, die dann für die Realisierung der Module mehrfach eingesetzt werden können (siehe Kap. 10 und Kap. 8.3). Im Allgemeinen wird davon ausgegangen, dass derartig entwickelter Code umso strukturierter und handhabbarer wird, je größer die Systematik der Wiederverwendung ist. Treibt man diesen Ansatz weiter, so nutzt oder formt man sogenannte Frameworks (siehe Kap. 10.2.1) oder Entwicklungsplattformen mit integrierten Programmbibliotheken.

11.2.2.3 Vorgefertigter Code und Automatisierung der Codeerzeugung

Große Softwaresysteme werden selten von Grund auf neu entwickelt oder gar in allen Einzelteilen neu codiert. Wo immer möglich werden vorgefertigte Teile eingebunden (Beispiel: Datenbanken, Middleware oder umfangreiche Bibliotheken). Andere Teile wie grafische Nutzerschnittstellen werden mit Hilfe von Werkzeugen (Oberflächengeneratoren, sogenannte GUI Builder) generiert. Weitere Teile können mit Hilfe von Frameworks durch Anpassung erstellt werden. Hierbei ist zu beachten, dass besonders Frameworks durch deren generelle Einsetzbarkeit unter Umständen hohe Anforderungen bezüglich der Performanz stellen, was bei deren Einsatz zur berücksichtigen ist.

Mittlerweile sind neben den Oberflächengeneratoren eine Vielzahl von CASE-Werkzeugen auf dem Markt für die Generierung von Code. Dabei wird aus oftmals grafischen, abstrakten Beschreibungen der Programmcode oder doch zumindest ein Coderahmen generiert (siehe Abschn. 11.4.2.2). Typische Vertreter sind hierfür Werkzeuge aus dem UML-Umfeld.

In jedem Fall sind, soweit irgend möglich, höhere Programmiersprachen zu verwenden. Dies erfordert leistungsfähige Compiler. Bei der Entwicklung betrieblicher Informationssysteme (insbesondere deren Geschäftslogik unter Verwendung eines Transaktionssystems) ist die Performanz der so realisierten Systeme im Allgemeinen ausreichend. Ist der Gebrauch höherer Programmiersprachen nicht möglich – beispielsweise bei der Entwicklung von eingebetteter Software mit strikten Echtzeitanforderungen – so ist bei der Verwendung maschinennaher Sprachen besondere Disziplin angebracht. Ratsam ist hier der Einsatz von Makrotechniken und Makrogeneratoren, die selbst in ihrer primitivsten Form nachhaltigen Einfluss auf Produktivität und Qualität haben.

11.2.3 Realisierung der Nutzerschnittstelle

Die Benutzungsschnittstelle wird üblicherweise durch eine *Dialogführung* realisiert – dies kann ein formularbasierter Dialog oder eine gesten- oder sprachbasierte Interaktion sein.

Die Dialogführung spaltet sich auf in die *Dialogsteuerung* und die *Dialogbearbeitung*. Die Dialogsteuerung legt den Ablauf eines Dialoges algorithmisch fest, wie er sich aus den Interaktionsdiagrammen der Spezifikation der Benutzerschnittstelle ergibt (siehe Kap. 5). Bei Verwendung entsprechender Prototyping-Werkzeuge kann aus einem sogenannten *User Interface Mock-Up* auch ein bereits ausführbarer Programmrahmen generiert werden (siehe Kap. 6.1.2.3 und Kap. B.4.1). Die Dialogbearbeitung kontrolliert die Daten aus den Masken, Formularfenstern und sonstiger Ein-/Ausgabekanäle der Nutzerschnittstelle und kontrolliert die Ergebnisausgabe.

Die Dialogbearbeitung unterscheidet sich in den unterschiedlichen Systemtypen. In Host-System (Zentralrechnersystemen) werden üblicherweise sogenannte *Dialogmonitore* (auch als Teleprocessingmonitor oder Transaktionsmonitor bezeichnet) eingesetzt, die weitreichende Aufgaben der Dialogsteuerung – teilweise sogar Kontroll- und Steuerfunktionen des Betriebssystems – umsetzen, etwa Ablaufkontrolle, Betriebsmittelzuteilung, Kommunikation mit der Peripherie und gegebenenfalls auch der Datenverwaltung (Datenbank und Dateien), Sicherung der eingehenden Nachrichten, Zugangskontrolle, Systemstart und Wiederanlauf, Verwaltung der Systemdaten (Nutzer, Programme, Daten) und Monitoring und Debugging (Fehlerstatistiken). Bei Client/Server-Lösungen sind diese Aufgaben verteilt realisiert. Die Benutzungsschnittstelle auf den Endgeräten der Nutzer wird entweder programmiert oder generiert, während die Steuerung des Dialogs entweder lokal auf dem jeweiligen Endgerät liegt oder auf einem dedizierten Server ausgeführt wird (siehe Kap. 8.1.4.5).

11.3 Codierung

Einen signifikanten Anteil an der Implementierung eines Softwaresystems macht die eigentliche Codierung aus. Hierbei gibt es einige Fallstricke zu beachten, da die Codierung nicht nur das „Schreiben von Quellcode" in einer Programmiersprache umfasst, sondern gleichzeitig weitere Aktivitäten einschließt und darüber hinaus auch für die Wartung und Weiterentwicklung (siehe Kap. 13) entscheidend ist. Dieser Abschnitt bezieht sich somit nicht auf konkrete Hinweise, etwa wie guter Java- oder C#-Code zu verfassen ist, sondern behandelt grundlegende Themen, die bei der Codierung von Software im Rahmen einer Systementwicklung stets zu beachten sind.

11.3.1 Codierungsrichtlinien

In der Implementierung entstehen umfangreiche Codeanteile. Diese müssen nicht nur geschrieben oder generiert, sondern im weiteren Verlauf der Entwicklung immer wieder überarbeitet und dafür gelesen werden. Lesbarkeit, Verständlichkeit und gute Strukturierung sind deshalb von höchster Bedeutung. Besondere Aufmerksamkeit ist daher für den Entwicklungs- und Programmierstil geboten. Dabei ist zu beachten, dass

Entwicklungsdokumente und insbesondere Programme nur einmal geschrieben, aber bei größeren Entwicklungsprojekten sehr viel häufiger gelesen und verstanden werden müssen, insbesondere im Rahmen von Korrektur, Änderung, Wartung, Weiterentwicklung und Wiederverwendung (siehe Kap. 13).

11.3.1.1 Allgemeine Richtlinien

Grundsätzlich sind klare System- und Programmstrukturen mit einfachen Lösungskonzepten empfehlenswert. Generell ist von raffinierten („cleveren"), undurchsichtigen Lösungen abzuraten. Oberste Gebote eines guten Programmierstils sind:

- Einfachheit und Klarheit
- Lesbarkeit und Nachvollziehbarkeit
- Änderbarkeit
- Effizienz
- Dokumentation

Faktoren, die wesentlich zur Einfachheit und Klarheit beitragen, betreffen die Modularisierung des Systems, das Verbergen von nur lokal bedeutsamen Details und von Komplexität mittels *Information Hiding* (siehe Kap. 8.2.3), die Verwendung schmaler Schnittstellen, sowie die klare Trennung von Aufgaben, beispielsweise in Grundfunktionalität und Ausnahmebehandlung (siehe Kap. 9.1.6.3).

Es ist empfehlenswert, sich in größeren Softwareprojekten Richtlinien zu geben, um den Entwicklungs- und Programmierstil zu vereinheitlichen, beispielsweise Entwurfs- und Codierungsstandards mit Angaben zur Komponenten- und Modulgröße, Schnittstellenbreiten (maximale Anzahl der Operationen bzw. maximale Anzahl der Argumente), Kommentar- und Namenskonventionen (siehe Abschn. 11.3.3).

11.3.1.2 Praktische Richtlinien und Regeln – Idiome

Idiome sind die kleinste Einheit der Wiederverwendung. Ein Idiom entspricht im Kern einer *Implementierungsregel*, etwa einer Anleitung, wie eine Standardfunktion durch Entwickler grundsätzlich umzusetzen ist. Dies ist häufig in objektorientierten Klassenbibliotheken (siehe Kap. 10.2.2) der Fall, in denen Methoden, welche von den Superklassen geerbt werden, in einer bestimmten Form zu implementieren sind, damit sie mit der Gesamtarchitektur der verwendeten Plattform verträglich sind. Beispiele für solche Idiome sind etwa die Implementierung von:

- Bibliotheksschnittstellen, etwa zur Ressourcenkontrolle.
- Standardmethoden von Superklassen, etwa zur für Vergleiche.
- Richtlinien zur Implementierung/Überladung von Standardoperatoren.

Idiome werden in der Regel in den entsprechenden Guidelines für die Benutzung der plattformspezifischen Klassenbibliotheken zusammengefasst. Auch Entwicklerportale im Internet bieten bewährte Codefragmente an. Der Kap. B.2 zeigt die praktische Anwendung.

Achtung *Die Richtlinien können sich durch die unterschiedlichen Konzepte in den verschiedenen Versionen der Klassenbibliotheken unterscheiden. Daher sollte auch immer die zur eingesetzten Version einer Klassenbibliothek passende Dokumentation konsultiert und Idiome entsprechend umgesetzt werden.*

11.3.1.3 Überprüfung von Codierungsrichtlinien

Kommen Codierungsrichtlinien zum Einsatz, werden diese – je nach Verbindlichkeit, etwa bei der MISRA [7] – auch überprüft. Dazu kommen sogenannte *Style Checker* zu Einsatz. Diese sind entweder bereits Bestandteil der Entwicklungsumgebung oder werden durch externe Qualitätsmanagement-Werkzeuge gestellt [12, 33, 35, 39]. Umfangreiche Qualitätsmanagement-Werkzeuge bieten hierbei in der Regel auch gleich die Möglichkeit, den Programmcode zu vermessen (siehe Kap. 13.2.3.6). Dazu werden entweder auf der Organisations- oder auf der Projektebene Metriken für die Software (siehe Kap. 2.3.3) festgelegt und üblicherweise während der Entwicklung und während des Testens erfasst. Abb. 11.2 zeigt exemplarisch den analysierten Quellcode zum Beispiel aus Kap. B.3.2. Für diese Analyse wurde in die Eclipse-IDE das Plugin *Checkstyle* [20] installiert, welches automatisch im Hintergrund festgelegte Codierungsrichtlinien abprüft.

11.3.2 Dokumentation von Quellcode

Wesentlicher Teil der Codierung auch im Sinne von Lesbarkeit und Verständlichkeit ist die Dokumentation von Quellcode. Diese kann je nach verwendeter Programmierumgebung und eingesetzten Programmierrichtlinien unterschiedlich ausfallen. In aller Regel umfasst die Dokumentation die folgenden Angaben:

- Dokumentation der Modulspezifikation (formal oder informell)
- Dokumentation von und Beschreibung der Rolle von Parametern
- Dokumentation möglicher Fehlerfälle und der Fehlerbehandlung
- Angabe der durch die Prozedur aufgerufenen weiteren Prozeduren
- Laufzeiten und Speicherbedarf

In der Objektorientierung gilt entsprechendes für Klassen und deren Methoden. In der Moduldokumentation können wieder die bereits beschriebenen Techniken der Modulspezifikation (vgl. Design-by-Contract; Kap. 8.2.6) eingesetzt werden; also Variablen, Prozeduren, Parameter und so weiter. Dokumentation sollte stets sorgfältig und zum Zeitpunkt

11.3 Codierung

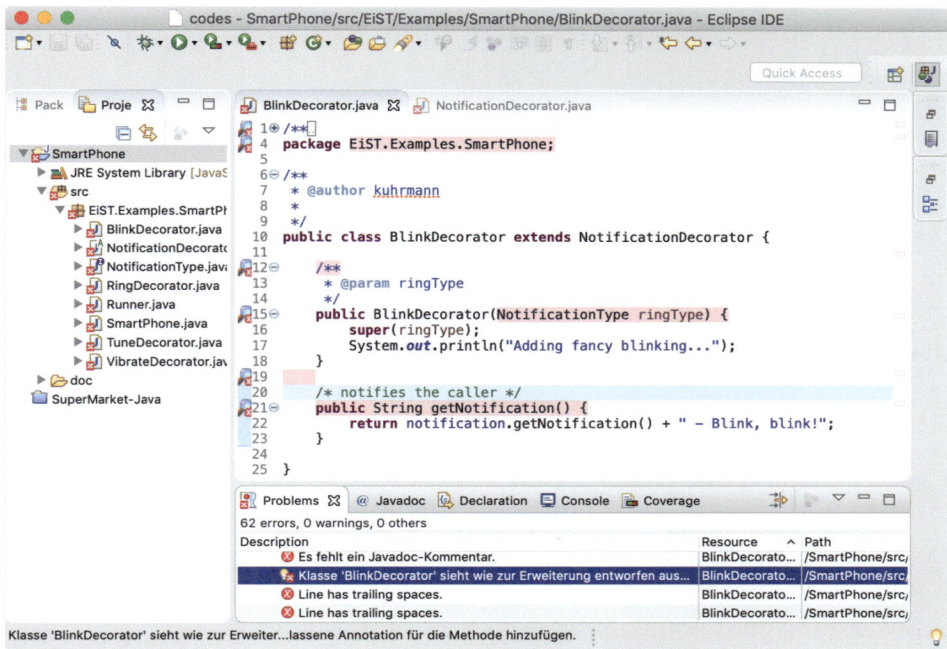

Abb. 11.2 Automatische Überprüfung der Codierungsrichtlinien mit Hilfe von Checkstyle

der Codierung erstellt werden. Dann kann die Dokumentation die Implementierung positiv beeinflussen und die Implementierungsüberlegungen gehen direkt in die Dokumentation ein. Man beachte, Nachdokumentation ist aufwendig und gibt die Implementierungsüberlegungen oft nicht angemessen wieder.

Moderne Plattformen wie beispielsweise Java oder .NET enthalten über die einfache Dokumentation von Quellcode hinaus auch die Möglichkeit, eine strukturierte Form der Dokumentation einzusetzen (Abb. 11.3 und 11.4), welche im Anschluss mit Hilfe von Werkzeugen in eine umfangreiche Programmdokumentation übersetzt werden kann.

11.3.3 Clean Code

Es wurde bereits angesprochen, dass Programmcode nur einmal geschrieben, aber in der Regel häufig gelesen wird. Im Sinne der Wartung und Weiterentwicklung (siehe Kap. 13) ist der Programmcode so zu gestalten, dass er klar und einfach verständlich aufgebaut ist. Wie in Abschn. 11.3.1 erläutert haben viele Unternehmen dafür *Codierungsrichtlinien*. Diese orientieren sich einerseits an Standards im Sinne eines Zertifizierungsprogramms oder an unternehmensspezifischen Festlegungen. Trotz dieser Vielfalt, gibt es einen Satz allgemeingültiger Empfehlungen zur Gestaltung von Programmcode, für welche wir uns auf das *Clean Code* Prinzip von Robert C. Martin [23] beziehen.

```csharp
1  /// <summary>
2  /// Diese Klasse liefert den Einsprungpunkt für das Hauptprogramm
3  /// </summary>
4  class MainClass
5  {
6      /// <summary>
7      /// Einsprungpunkt für das Programm, hier startet die Kontrolle
8      /// und endet auch wieder.
9      /// </summary>
10     /// <param name="args">Parameter von der Kommandozeile</param>
11     public static void Main(string[] args)
12     {
13         ...
14     }
15 }
```

Abb. 11.3 Beispielhafte Kommentierung eines Programms in C#

```java
1  /**
2   * Diese Klasse liefert den Einsprungpunkt für das Hauptprogramm
3   */
4  public class MainClass {
5  
6      /**
7       * Einsprungpunkt für das Programm, hier startet die Kontrolle
8         und endet auch wieder.
9         @param args    Parameter von der Kommandozeile
10      */
11     public static void main(String[] args) {
12         ...
13     }
14 }
```

Abb. 11.4 Beispielhafte Kommentierung eines Programms in Java

11.3.3.1 Was ist Clean Code?

Clean Code bezeichnet eine Reihe von Maßnahmen für die Entwicklung „sauberen" Programmcodes, also von Programmcode, der so gestaltet ist, dass er qualitativ hochwertig und intuitiv verständlich ist. Dadurch sollen stabile und wartungsfreundlichere Programme entwickelt werden.

11.3.3.2 Was umfasst Clean Code?

Das Clean Code Prinzip umfasst eine Reihe von Maßnahmen, die von Codierungsrichtlinien (engl. Coding Conventions) bis hin zur Anwendung von Entwurfsmustern (siehe Kap. 10.3) reichen. In Martin [23] werden insbesondere praktische, kochrezeptartige Maßnahmen in einem Katalog zusammengefasst. Tab. 11.2 gibt einen Überblick über ausgewählte Maßnahmen.

11.3.3.3 Clean Code konzentriert

Durch Clean Code werden eine Reihe von Empfehlungen für die Codierung zusammengefasst, die von konkreten Empfehlungen für das eigentliche Schreiben des Programmcodes

Tab. 11.2 Ausgewählte Maßnahmen des Clean Codings nach Martin [23]

Kategorie	Maßnahme (Original)	Beschreibung
Namen und Namenskonventionen	Use Intention-Revealing Names	Namen sollen aussagekräftig gewählt werden, sodass keine Fragen zu Sinn und Zweck einer Variable, Methode etc. offenbleiben. Martin schreibt, dass ein Name nicht selbsterklärend ist, wenn etwa eine Variable durch einen Kommentar erklärt werden muss. Typische Beispiele sind Variablenbezeichner der Art `int a` – diese sind *nicht* selbsterklärend und sollten daher einen sprechenden Namen haben, etwa `int personenzahl`. Die Nutzung sprechender Namen ist dabei eine *allgemein gültige* Anforderung
Prozeduren und Methoden	Have No Side Effects	Es sollte vermieden werden, dass Methoden neben ihrer eigentlichen Aufgabe noch weitere, versteckte Operationen ausführen, also frei von Nebeneffekten sind
	Do One Thing	Prozeduren und Methoden sollten nur eine Sache erledigen. Sogenannte „Gott-Funktionen" sollten vermieden werden
Kommentare	Good Comments	Eine gute Kommentierung von Programmcode umfasst insbesondere Erklärungen, etwa um Gedankengänge bei der Codierung zu dokumentieren, Informationen und Erklärungen für eine bessere Nachvollziehbarkeit, etwa von Algorithmen, oder Warnungen, etwa wenn ein bestimmtes Codefragment noch nicht wie gewünscht funktioniert oder einen nicht ausreichend eingrenzbaren Fehler verursacht (siehe auch Abschn. 11.3.2)
	Bad Comments	Schlechte Kommentare sind beispielsweise einfache Platzhalter, redundante und/oder nicht angepasste (generierte) Standardkommentare, Positionsmarkierungen oder auskommentierter Programmcode (siehe auch Abschn. 11.3.2)
Formatierung	Vertical Formatting	Vertikale Formatierung betrifft insbesondere optische Ankerpunkte im Quelltext, etwa eine Leerzeile zwischen den Implementierungen zweier Methoden. Die vertikale Formatierung umfasst aber auch die Konzepte *Vertical Density* und *Vertical Distance*. Die Dichte erlaubt es, zugehörige Codefragmente als Einheit zu verstehen. Der Abstand ist beispielsweise relevant für die Zuordnung zusammengehöriger Einheiten, etwa Variablendeklarationen und Nutzung der Variablen
Klassen	Organization for Change	Klassen sollten auf Stabilität hinsichtlich zu erwartender Änderungen entworfen werden. Dies bedeutet, dass Klassen abstrakte Konzepte und konkrete Implementierungen zu verwenden sind, welche dem *Dependency Inversion Principle* folgend entworfen sind (siehe Kap. 10.5.5)

bis hin zur Anwendung von Architekturkonzepten reichen. Im Kern sind die wesentlichen, zu beachtenden Punkte:

- Überlegte Wahl von „sprechenden" Bezeichnern für Datentypen, Funktionen, Prozeduren, Methoden, Klassen, Parameter und Variablen.
- Vermeidung undurchschaubarer, „raffinierter" Programmierkonstruktionen und Verwendung unsicherer Programmierkonzepte.
- Standardisierung und Vereinheitlichung der Codestruktur.

Im Allgemeinen werden die Codierungsstandards im Rahmen der konstruktiven Qualitätssicherung für den Entwicklungsprozess vorgegeben. Deren Einhaltung kann in weiten Teilen durch Prüfwerkzeuge automatisch sichergestellt werden (siehe Abschn. 11.3.1.3).

Achtung *Grundsätzlich ist zu beachten, dass kleine Vorteile in der Effizienz oder der Codelänge, die mit einer größeren Undurchschaubarkeit des Codes bezahlt werden müssen, sich in der Regel nicht auszahlen. Der erhöhte Aufwand bei der Wartung, die stärkere Fehleranfälligkeit wiegen schwerer und rechtfertigen individualistische Codierung in den seltensten Fällen.*

11.3.4 Pair Programming

Pair Programming ist eine der prominenteren Implementierungstechniken aus dem Extreme Programming [4]. Die Idee des Pair Programming ist es, dass zwei Entwickler gemeinsam an einem Arbeitsplatz den Quellcode entwickeln. Dabei codiert einer der Entwickler, während der andere denn Code mitliest und somit gleichzeitig prüft. Die Rollen (Codierer und Beobachter) wechseln hierbei mehr oder weniger regelmäßig. Martin und Martin [24] erläutern hierzu, dass ein Wechsel auch schnell und mehrfach pro Stunde erfolgen kann, etwa falls ein Entwickler „hängen bleibt". In diesem Fall wechselt die Hoheit über die Tastatur und der Codierer wird zum Beobachter und umgekehrt. Weiterhin empfehlen sie, nicht nur die Rollen innerhalb eines Programmierteams zu wechseln, sondern auch die Teams einmal am Tag neu zusammenzustellen – also die Paare so zu mischen, dass jedes Teammitglied einmal pro Tag in mindestens zwei Teams arbeitet.

Pair Programming sollte nicht unterschätzt, aber auch nicht überbewertet werden. Pair Programming erfordert „kompatible" Teammitglieder. Ein gemeinsamer Programmierstil muss gepflegt werden, die Paare müssen auch kooperieren können und es muss sichergestellt werden, dass die Qualifikation mindestens eines der Teammitglieder in einem Paar auch zur Aufgabe passt. Dann kann das Pair Programming einen effizienten Wissenstransfer im gesamten Team zur Folge haben. Zu beachten ist, dass hier auch eine Ressourcenverschwendung zu befürchten ist, wenn zwei Entwickler sich nur einem Stück Code widmen. Tatsächlich zeigen aber Studien [1, 27, 38], dass die Effizienz im Team weder signifikant steigt oder aber zwingend sinkt. Beobachtet wird hingegen ein signifikanter Rückgang der Fehlerrate im Code – vier Augen sehen eben mehr als zwei...

Anmerkung *Es ist anzumerken, dass Pair Programming an keiner Stelle derart interpretiert wird, dass es allein auf die Entwicklung von Produktionscode beschränkt ist. Somit ist es auch legitim, das Pair Programming auf die Entwicklung automatisierter Testfälle anzuwenden (siehe* Kap. 12.2.5).

11.4 Modellbasierte Entwicklung und Codegenerierung

In der modellbasierten Softwareentwicklung werden die bislang besprochenen Methoden und Techniken durchgängig werkzeugunterstützt umgesetzt. Der Grad der Unterstützung hängt hierbei wesentlich vom Grad der Formalisierung ab. Das heißt, wenn ein durchgängig formaler Methodenbaukasten für die einzelnen Aufgaben insbesondere der Modellierung der Anforderungen und der Spezifikation der Systemarchitektur zum Einsatz kommt, kann die Codierung in weiten Teilen entfallen, da der ausführbare Programmcode generiert wird. Dies hat auch Auswirkungen auf die Verifikation des Systems, die dann in mehreren Stufen auf der Grundlage der Modelle erfolgen kann.

11.4.1 Grundidee der modellbasierten Entwicklung

Einen Überblick über die Möglichkeiten, welche der Ansatz der modellbasierten Entwicklung bietet, gibt Abb. 11.5. Die Darstellung orientiert sich am V-Modell (siehe Kap. 3.3), um die gleichwertigen Verfeinerungs- und Integrationsebenen zu positionieren und darzustellen, welcher Verfeinerungsschritt mit welchem Integrationsschritt korrespondiert. Damit wird klargestellt, welche Entwurfsaufgabe welchen Qualitätssicherungsschritt nach sich zieht.

Aufbauend auf den in Kap. 4.6.2 eingeführten Konzepten zum Aufbau von Architekturen, illustriert die Abb. 11.5 einen vollständigen, *idealen* Entwicklungszyklus, beginnend bei der Erfassung der Anforderungen bis hin zur Auslieferung. Dieser Entwicklungszyklus umfasst fünf Schritte.

11.4.1.1 Schritt 1: Spezifikation
Im ersten Schritt werden aus den (oftmals informalen) Anforderungen formale Anforderungen und Anforderungsmodelle entwickelt. Hierbei werden insbesondere die Systemgrenzen definiert und es wird festgelegt, welche Dienste an der Systemgrenze angeboten werden, bzw. welche Dienste benötigt werden.

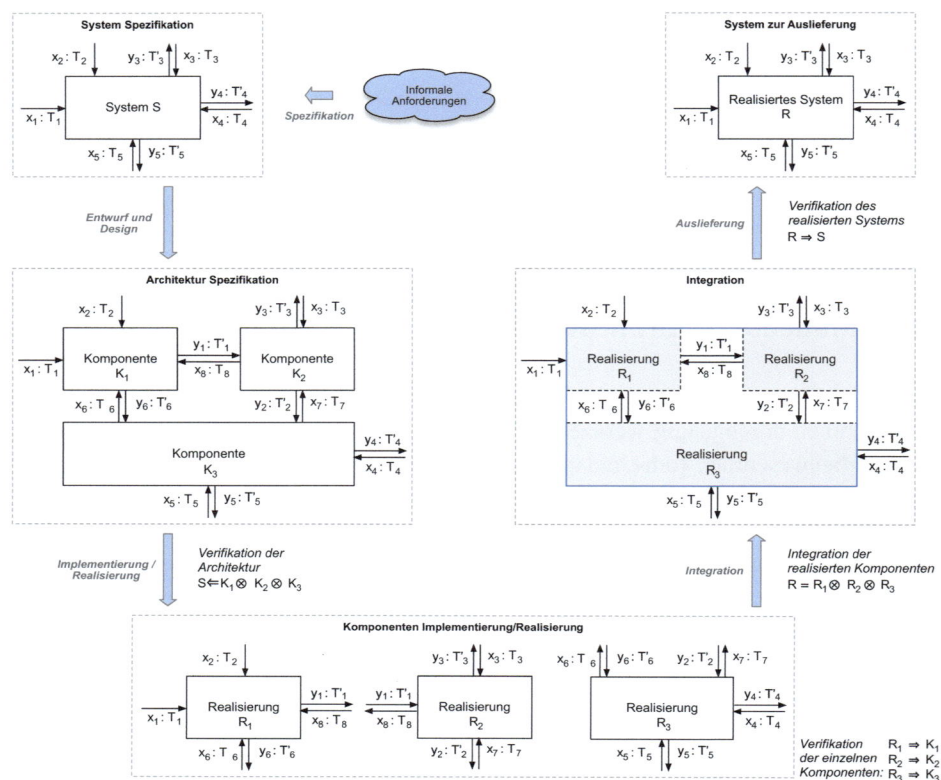

Abb. 11.5 Überblick über die wesentlichen Konzepte, Verfeinerungs- und Integrationsstufen in der modellbasierten Softwareentwicklung

11.4.1.2 Schritt 2: Entwurf und Design

Aus der groben Systemvision wird die Architektur des Systems abgeleitet. Hierbei werden die Dienste als Komponenten modelliert und es wird festgelegt, welche Komponenten Dienste über ihre Schnittstellen nach außen anbieten, welche Komponenten externe Dienste benötigen und wie die Komponenten untereinander verschaltet sind. Wie der Abb. 11.5 zu entnehmen ist, kann auf dieser Zerlegungsstufe bereits eine Verifikation der Architektur durch $S \Leftarrow K_1 \otimes K_2 \otimes K_3$ durchgeführt werden.

11.4.1.3 Schritt 3: Implementierung/Realisierung

Im dritten Schritt werden die Einzelkomponenten dann realisiert. Die Realisierung kann entweder durch teil- oder vollautomatisches Generieren von Programmcode erfolgen. Wird der Programmcode vollautomatisch aus dem Modell generiert, ist in der Regel sichergestellt, dass der generierte Programmcode in Bezug auf das Modell auch korrekt ist. Ist es hingegen erforderlich, Teile der Realisierung manuell zu implementieren, so liegt durch die Spezifikation eine Referenz vor, gegen die jede Realisierung durch $R_i \Rightarrow K_i$ geprüft werden kann.

11.4.1.4 Schritt 4: Integration
Im Integrationsschritt werden die verifizierten Realisierungen der Einzelkomponenten (schrittweise) zum Gesamtsystem integriert. Durch die Verifikation der Architektur kann nun davon ausgegangen werden, dass die Schnittstellen korrekt spezifiziert sind. Weiterhin kann durch die Verifikation der realisierten Einzelkomponenten davon ausgegangen werden, dass auch die Implementierung korrekt ist. In der Integration im Rahmen der modellbasierten Softwareentwicklung ist es daher möglich, den Aufwand für die analytische Qualitätssicherung spürbar zu reduzieren, da das System bis hierher bereits mehrfache Prüfungen durchlaufen hat. Das korrekte Zusammenspiel der integrierten Komponenten im Rahmen eines Integrationstests muss in jedem Fall noch durchgeführt werden.

11.4.1.5 Schritt 5: Auslieferung
Das fertig integrierte System wird nun an den Auftraggeber ausgeliefert. Im Rahmen dieser Auslieferung muss das System nun noch gegen die Anforderungen geprüft werden. Das heißt, es muss geprüft werden, ob die Anforderungen korrekt umgesetzt wurden und ob somit das „richtige" System entwickelt wurde.

> **Anspruch und Wirklichkeit**
> Beachtet werden muss hier natürlich, dass der in Abb. 11.5 gezeigte Entwicklungsansatz ein hohes Maß an Formalität und eine Durchgängigkeit in der Methodik erfordert. Nicht für alle Anwendungsfelder ist ein solches Vorgehen uneingeschränkt geeignet. Und auch nicht alle Ansätze zur modellbasierten Entwicklung setzen ein durchgängiges Konzept um. Vielfach werden nur Teile eines Softwaresystems mit Hilfe von Modellen entworfen. Dazu kommt oft die UML (siehe Kap. 4.2.3) zum Einsatz oder eine eigens entwickelte *domänenspezifische Sprache* (DSL; [13, 25]). Hier sind dann nur teilautomatisierte Generierungsschritte für Programmcode möglich und es ist in jedem Fall ein umfangreiche Qualitätssicherung einzuplanen. Ebenfalls muss berücksichtigt werden, dass die Korrektheit von generierten Programmcodes oft auch nachgewiesen werden muss, etwa in sicherheitskritischen Anwendungen und Systemen, welche zertifiziert werden müssen [17–19]. Dafür kommen in der Regel auch zertifizierte Generatoren für Programmcode zum Einsatz.

11.4.2 Beispiel der Modellbasierten Entwicklung

Zur Illustration der modellbasierten Entwicklung beziehen wir uns im Folgenden auf ein Standardbeispiel der Modellierungsplatform AutoFOCUS 3 [16] – das *Adaptive Cruise Control* (ACC).

11.4.2.1 Spezifikation der Anforderungen und Daten

Im ersten Schritt werden die Anforderungen erfasst und in Form eines Anforderungsmodells (siehe Abschn. 11.4.1.1) spezifiziert (Abb. 11.6). In diesem Schritt erfassen wir gleichzeitig die Daten, die das System verarbeiten muss (Abb. 11.7).

Abb. 11.6 zeigt in vier Schritten den Prozess der Spezifikation der Anforderungen. Zuerst werden die Anforderungen erfasst und dann im *Schritt 1* genauer beschrieben. Im *Schritt 2* folgt die Definition einer Komponente, welche die Anforderung realisieren soll. Diese Komponente wird im *Schritt 3* spezifiziert – hier als Zustandsautomat (siehe Kap. 4.5). Zur Komponente wird dann eine Testspezifikation erstellt, welche im *Schritt 4* mit Testfällen unterlegt wird.

Im Anschluss, bzw. begleitend zur Erfassung der Anforderungen, werden auch die Daten und Datenstrukturen erfasst. Diese werden sowohl in den Anforderungen und in den begleitenden Testfällen verwendet, als auch im Rahmen der Spezifikation des Systems (siehe folgender Abschn. 11.4.2.2). Abb. 11.7 illustriert dies. Im *Schritt 1* werden die Daten, die Datenstrukturen und die wesentlichen Funktionen erfasst. Der *Schritt 2* illustriert wie die erfassten Daten dann im Rahmen der Spezifikation des Systems verwendet werden. In der Komponente AccelerationControl wird wieder über die Zustandsmodellierung (hier als Zustandsübergangstabelle) Bezug genommen auf die Daten.

11.4.2.2 Spezifikation des Systems

Im nächsten Schritt spezifizieren wir das System (siehe Abschn. 11.4.1.2) und ergänzen in diesem Schritt auch entsprechende Code-basierte Spezifikationen, welche in der Generierung des Programmcodes verwendet werden können (siehe Abschn. 11.4.1.3). Abb. 11.8 illustriert den Vorgang der Spezifikation des Systems. Hierzu wird, wie in Kap. 4.6 erläutert, eine Verfeinerung der Systemstruktur vorgenommen.

In Abb. 11.8 ist zu sehen, dass hier eine funktionale Dekomposition vorgenommen wird, also die Komponente AdaptiveCruiseControl anhand der einzelnen Teilfunktionen weiter verfeinert wird. Jede der Teilkomponenten wird dann wiederum im Detail ausspezifiziert. Am Beispiel der Komponente SpeedControl ist in Abb. 11.8 gezeigt, dass im Rahmen der Spezifikation auch Code-basiert vorgegangen werden kann. Diese Codefragmente werden später dann zu Generierung von Programmcode verwendet. Abb. 11.9 zeigt den nächsten Verfeinerungsschritt. Am Beispiel der Komponente DistanceControl wird illustriert, wie Modi in der Verfeinerung während der Modellierung des Systems eingesetzt werden (siehe Kap. 4.6.1.6). Die Abbildung zeigt die drei Modi Off, Sport und

11.4 Modellbasierte Entwicklung und Codegenerierung

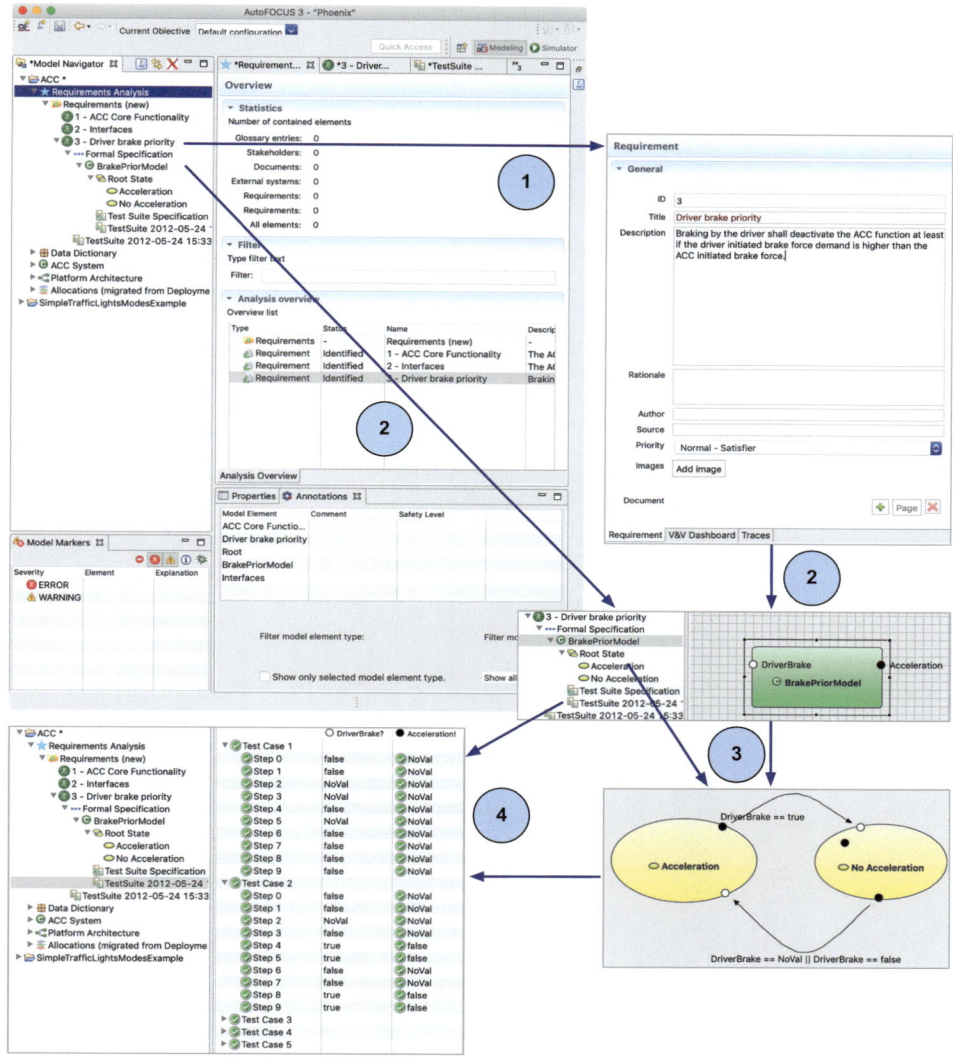

Abb. 11.6 Formale Spezifikation der Anforderungen und Ableitung von Testfällen

Eco. Jeder Modus wird als Komponente modelliert *(Schritt 1),* die ein Modus-spezifisches Verhalten modelliert. Wie schon in Abb. 11.8 gezeigt, kann jede dieser Komponenten durch Codefragmente näher spezifiziert werden *(Schritt 2).*

Die bisher gezeigten Schritte in der Spezifikation und Modellierung des System beschreiben das System vollständig. Hinzu kommt, dass eine Nachverfolgung der Anforderungen, wie sie in der Entwicklung kritischer Systeme verpflichtend ist, gewährleistet wird. Jede Anforderung ist mit Modellen und entsprechenden Testfällen hinterlegt. Damit kann bereits

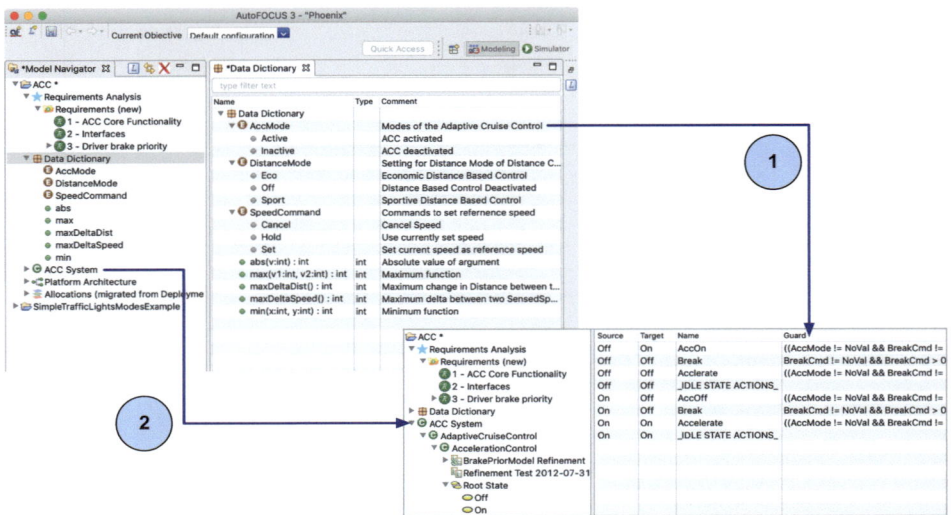

Abb. 11.7 Erfassung und Modellierung der Daten für das System

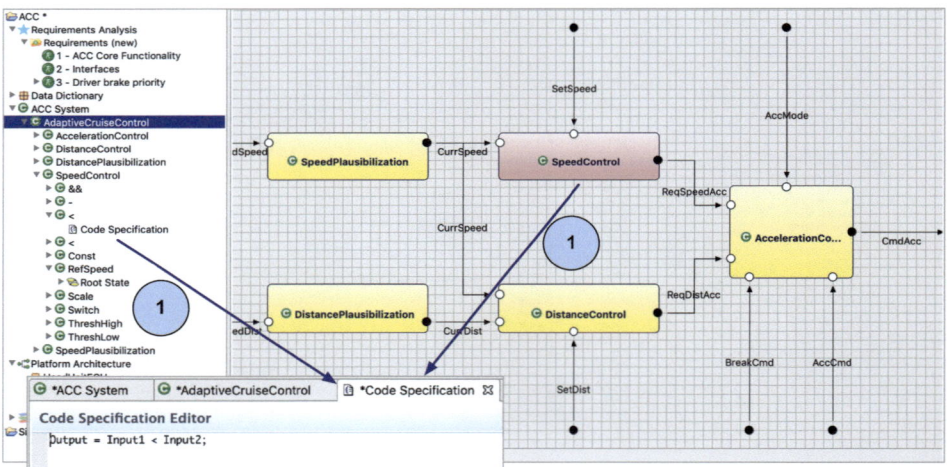

Abb. 11.8 Spezifikation des System, bestehend aus der Entwicklung des Modells und der Ergänzung des Modells mit Code-basierten Spezifikationen

auf dieser Ebene des Systementwurfs, die Verifikation des Systems durchgeführt werden (siehe Abschn. 11.4.2.3). Weiterhin kann aus den erstellten Modellen nun auch Programmcode generiert werden. Abb. 11.10 zeigt dies am Beispiel des *Data Dictionarys* des ACC-Systems.

11.5 Source Code Management

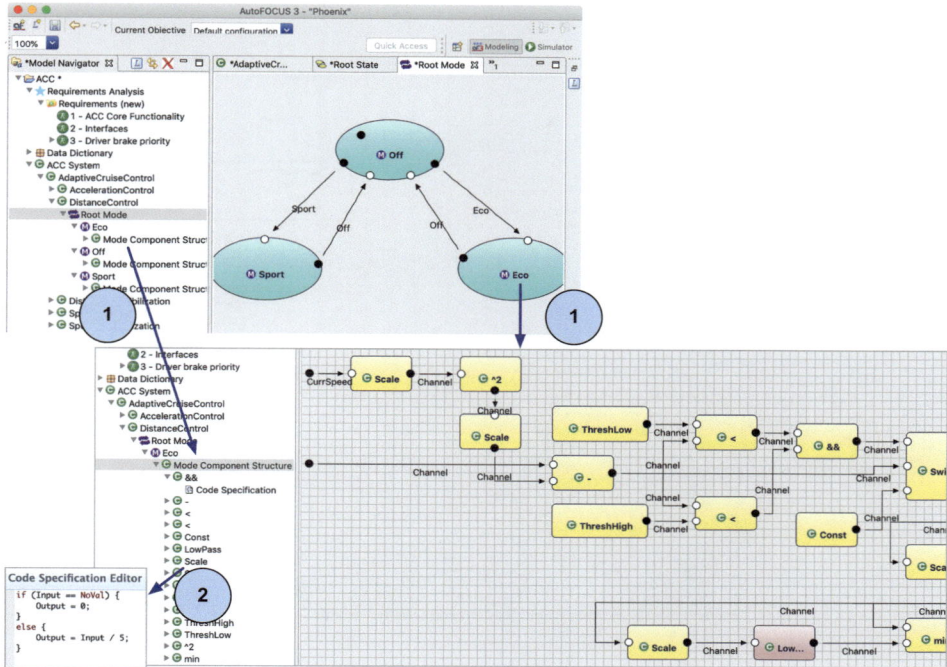

Abb. 11.9 Spezifikation des System, bestehend aus der Entwicklung des Modells und der Ergänzung des Modells mit Code-basierten Spezifikationen

11.4.2.3 Verifikation des Systems

Wie in Abschn. 11.4.1.4 beschrieben, kann auf der Grundlage einer vollständigen Spezifikation, die Verifikation des Systems durchgeführt werden (siehe Kap. 12). Dies kann beispielsweise durch Testfälle (siehe Abschn. 11.4.2.1, Abb. 11.6) erfolgen, durch Model Checking [9] (siehe Kap. 12.1.4) oder durch eine Simulation des Systems.

11.5 Source Code Management

Zentral im Umgang mit Entwicklungsartefakten im Allgemeinen und Programmcode im Speziellen ist deren professionelle Ablage und Verwaltung. Insbesondere für den Programmcode ist ein *Versionskontrollsystem* (engl. Version Control System, VCS) im Rahmen eines Source Code Managements entscheidend. Versionskontrollsysteme stellen dem Entwicklungsteam in einem Softwareprojekt eine gemeinsame Datenablage, sogenannte *Repositories,* zu Verfügung.

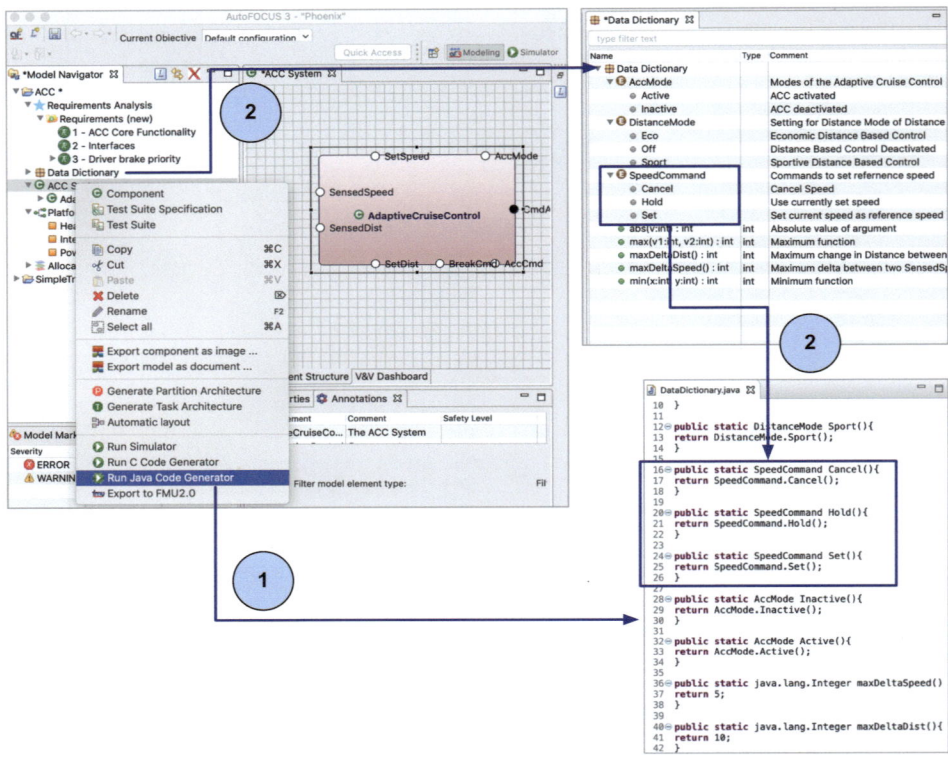

Abb. 11.10 Generierung des ausführbaren Programmcodes aus den erstellten Modellen

11.5.1 Versionskontrollsysteme

Der Einsatz von Versionskontrollsystemen für die Verwaltung der unterschiedlichen Software- und Projektartefakte ist *fundamental* für eine professionelle Softwareentwicklung. Eine Entwicklung ohne Versionskontrollsystem mag für die Bearbeitung einer kleinen privaten App noch akzeptabel sein, in Projekten realer Größe oder gar in verteilten Projekten ist der Verzicht auf ein Versionskontrollsystem grob fahrlässig. Versionskontrollsysteme erfüllen mehrere Aufgaben in einem Projekt:

- Sie stellen einen gemeinsamen Datenspeicher für das Team bereit.
- Sie stellen Möglichkeiten zur arbeitsteiligen Entwicklung einer Software bereit.
- Die Entwicklungshistorien einzelner Artefakte können nachverfolgt werden.
- Es können in sich konsistente, arbeitsfähige Softwarestände erstellt werden.
- Falls nötig können arbeitsfähige Softwarestände wiederhergestellt werden.
- Es kann das Release-Management eines Softwareprodukts realisiert werden.

Nur so kann gewährleistet werden, dass ein Softwaresystem effizient arbeitsteilig, auch in global verteilten Entwicklungsteams erstellt werden kann. Versionskontrollsysteme sind Bestandteil des allgemeinen Konfigurations- und Änderungsmanagementsystems eines Projekts [6, pp. 125 ff.]. Die Auswahl und die Art und Weise der Benutzung wird daher zu Beginn eines Projekts verbindlich festgelegt und umfasst mindestens:

Organisation	Auswahl und Bereitstellung des Versionskontrollsystems und Sicherstellung, dass alle Beteiligten Zugriff auf das Versionskontrollsystem erhalten.
Struktur	Definition des Ablageschemas im Versionskontrollsystem, also Ordnerstrukturen, Namenskonventionen und Festlegung der abzulegenden Dateiformate.
Prozeduren	Definition des Verfahrens zur Arbeit mit dem Versionskontrollsystem. Dies umfasst Prozeduren für *Checkouts* und *Commits*, Regeln für die Kommentierung von *Commits* und Prozeduren für die Bildung von Verzweigungen bzw. für die Integration von Versionen und Varianten in die Hauptentwicklungslinie.

11.5.2 Organisation und Umgang mit Versionskontrollsystemen

Entscheidend ist nicht nur das Vorhandensein eines Versionskontrollsystems, sondern insbesondere der effektive Umgang mit diesem System. Neben den erforderlichen Verhaltensregeln im Umgang mit dem Versionskontrollsystem, ist besonders auf die Organisation der Datenablage sowie auf die Strategien zur Bildung von Versionen und Varianten zu achten.

Abb. 11.11 illustriert die wesentlichen Konzepte eines Versionskontrollsystems und zeigt diese zusammen mit der grundlegenden Arbeitsweise. Zentral sind die folgenden Konzepte und Aktivitäten:

Mainbranch	Der *Mainbranch* (auch Trunk oder Master) bezeichnet den Hauptentwicklungszweig, der allen Entwicklern zur Verfügung steht.
Branch	Ein *Branch* ist ein nicht-öffentlicher Entwicklungsast, welcher etwa durch einen Entwickler ausgekoppelt wird, um Weiterentwicklungen vorzunehmen. Üblicherweise werden in einem Branch neue Funktionalität eingeführt oder Umgestaltungen des Quellcodes vorgenommen.
Commit	Unter einem *Commit* versteht man das Einpflegen eines (geänderten) Quellcodefragments in das Versionskontrollsystem. Dies kann erstmalig erfolgen – es werden neue Dateien in das Repository eingestellt und unter die Versionskontrolle gestellt. Danach erfolgt ein Commit nachdem eine geänderte Version wieder eingepflegt werden soll.
Checkout	Durch einen *Checkout* wird üblicherweise eine lokale Kopie des aktuellsten Versionsstandes einer Datei, eines Teils des Repositorys oder des gesamten Repositorys auf der Entwicklermaschine angelegt. Darüber hinaus können

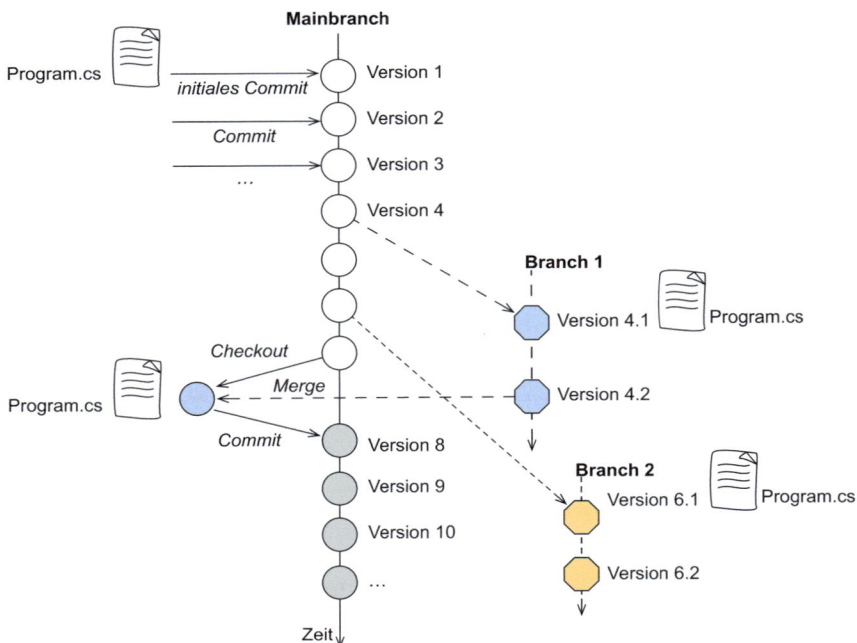

Abb. 11.11 Überblick über die wesentlichen Konzepte und die grundlegende Arbeitsweise eines Versionskontrollsystems

	auch zielgerichtet Versionen „ausgecheckt" werden oder – etwa im Falle von Fehlern – es können Versionsstände aus der Historie des Versionskontrollsystems wieder hergestellt werden.
Merge	Unter einem *Merge* versteht man das Zusammenführen von verschiedenen Versionen eines Codefragments, etwa aus dem Hauptzweig und einem Branch. Hierbei werden beispielsweise Fehlerbereinigungen aus einem Branch wieder in den Hauptzweig übernommen und können damit in der nächsten Version einer Software an den Kunden ausgeliefert werden.

Moderne Versionskontrollsysteme bieten üblicherweise noch eine Vielfalt an weiterer Funktionalität an. Diese äußert sich entweder in einem großen Funktionsumfang oder durch die Integration in moderne Entwicklungsumgebungen [22, 28, 31].

Beispiel Die oben genannten Konzepte und Funktionen sind in allen Versionskontrollsystemen in unterschiedlichen Ausprägungen zu finden. Es unterscheiden sich die Detailfunktionen und deren Anwendung in Projekten. Entwickler arbeiten bestimmte Workflows ab, welche durch das Versionskontrollsystem unterstützt werden. Diese Workflows enthalten

11.5 Source Code Management

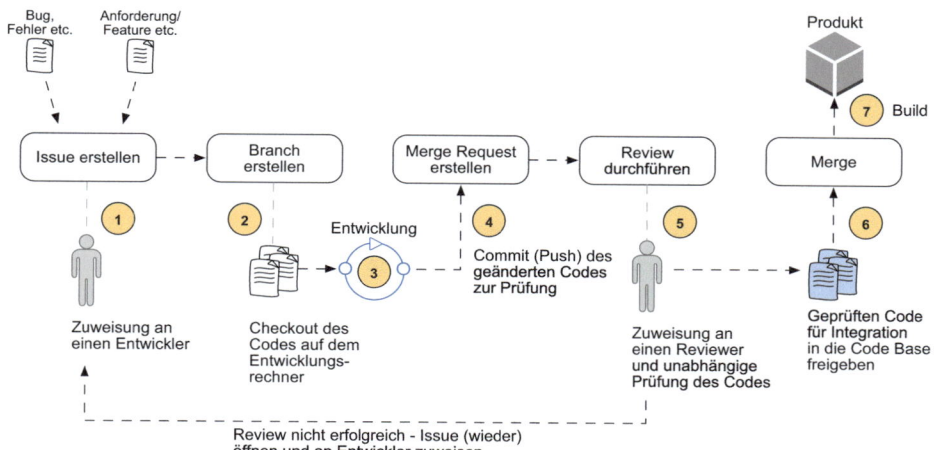

Abb. 11.12 Vereinfachte Darstellung des Workflows in GitLab

dann die Schritte, die erforderlich sind, um kooperativ an einer Code Base zu arbeiten. Abb. 11.12 zeigt einen solchen Workflow am Beispiel des Werkzeugs *GitLab* [15].

Ausgangspunkt des Workflows ist ein Projekt, in dem der Quellcode in einem Git-Repository liegt. Zu Beginn wird auf Basis einer Anforderung oder einer Fehlermeldung ein neues *Issue* (Ticket) erstellt. Dieses enthält alle Informationen, die erforderlich sind, um neuen Code zu erstellen oder fehlerhaften Code zu bereinigen. Das Issue wird dann im ersten Schritt einem Entwickler zugewiesen, welcher im zweiten Schritt einen *Branch* erstellt und es wird eine lokale Kopie des Quellcodes auf dem Entwicklungsrechner angelegt. Auf dieser Kopie wird im dritten Schritt die Entwicklungsaufgabe ausgeführt (inklusive lokaler Integrations- und Testschritte). Ist die Entwicklung abgeschlossen, führt der Entwickler im vierten Schritt einen *Push* aus und stellt den neuen Code im Repository zur Verfügung. Es wird jedoch nicht unmittelbar eine Integration in den Mainbrach vorgenommen. Zunächst wird ein sogenannter *Merge Request* erstellt. Dieser hat zur Folge, dass im fünften Schritt ein weiterer Entwickler eine unabhängige Prüfung des neuen Codes vornimmt. Erst wenn diese Prüfung erfolgreich war, wird der Code freigegeben und im sechsten Schritt in die Code Base integriert. Dann startet im siebten Schritt der Build-Zyklus.

Der Workflow in Abb. 11.12 macht auch deutlich, dass das Entwicklungsvorgehen auch zur verwendeten Werkzeuginfrastruktur passen muss. Der GitLab-Workflow ist beispielsweise sehr gut mit den Techniken der agilen Softwareentwicklung (siehe Kap. 7.4) verträglich. Issues können etwa in Form von User Stories (siehe Kap. 7.4.1) erstellt werden und die Überprüfung des Codes kann entsprechend mit Hilfe der Definition of Done (siehe Kap. 7.4.3.2) erfolgen. Das genaue Vorgehen in der Entwicklung ist trotzdem in jedem Fall im Team abzustimmen und es ist sicherzustellen, dass es entsprechende methodische und organisatorische Festlegungen gibt, welche das Entwicklungsteam einhält.

11.5.3 Techniken und Werkzeuge

Technisch werden *zentrale* und *dezentrale* Versionskontrollsysteme unterschieden. Beispiele für zentrale Versionskontrollsysteme sind *Subversion* (SVN; [31]) oder das betagte *Concurrent Versioning System* (CVS; [37]). Vertreter der dezentralen Versionskontrollsysteme sind *Mercurial* [28] oder *Git* [22]. Abb. 11.13 stellt diese beiden Ansätze gegenüber.

Im zentralen Versionskontrollsystem werden alle versionierten Daten auf einem zentralen Server aufbewahrt. Entwickler, welche mit den Quellen arbeiten wollen, müssen zuerst die zu bearbeitende Version auf ihren lokalen Rechner herunterladen (Checkout). Dann werden die Arbeiten durchgeführt und anschließend die neuen Versionen der bearbeiteten Dateien wieder zum Server geschickt (Commit). Das zentrale Arbeitsmuster bietet die Vorteile, dass alle Teammitglieder dadurch einen Überblick haben, was jeder im Team gerade tut und dass sich solche Systeme vergleichsweise einfach administrieren lassen. Nachteilig ist jedoch, dass ein zentrales Versionskontrollsystem eine „Single Point of Failure" darstellt. Fällt ein Server aus oder wird eine Festplatte beschädigt, so sind ohne ausreichende Backups die Daten verloren; ferner kann ohne den Server niemand im Projekt sinnvoll weiterarbeiten.

Im dezentralen Arbeitsmodell erhalten die Nutzer nicht nur einen Snapshot sondern haben immer eine vollständige Kopie des Entwicklungsstands auf ihren Rechnern. Bei Ausfall eines Servers kann jeder davon nicht unmittelbar betroffene Entwickler weiterarbeiten und der Entwicklungsstand kann von jedem beliebigen Rechner wiederhergestellt werden. Grundsätzlich erlauben dezentrale Versionskontrollsysteme auch das lokale Arbeiten (offline), wobei Entwickler lokale Commits machen können. Dies erleichtert auch das inkrementelle Arbeiten, da kleinere Arbeitsschritte lokal gesichert werden können. Darüber hinaus ist das Erstellen von Branches leichter, da nicht sofort eine vollständige Synchronisierung mit einem Server erfolgen muss. Nachteilig an dezentralen Versionskontrollsystemen ist die hohe Lernkurve, da es in der Regel einen größeren Befehlssatz für diese Systeme gibt, als für zentrale Versionskontrollsysteme.

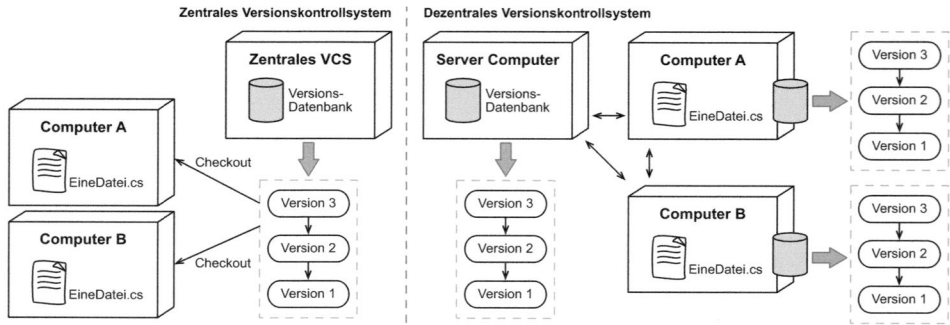

Abb. 11.13 Gegenüberstellung von zentralen und dezentralen Versionskontrollsystemen. (In Anlehnung an Chacon [8])

Anmerkung *Zu beachten ist, dass die Arbeit mit Versionskontrollsystemen ein hohes Maß an Disziplin verlangt. Durch die Möglichkeit der arbeitsteiligen und parallelen Entwicklung des Systems treten über kurz oder lang sogenannte* Merge-Konflikte *auf, welche aufgelöst werden müssen. Sind im Rahmen des Konfigurations- und Änderungsmanagementsystems eines Projekts [6, pp. 125 ff.] keine entsprechenden Verfahren und Prozeduren vereinbart, wie mit der parallelen Entwicklung und der Auflösung von Konflikten umzugehen ist, entsteht viel zusätzlicher Aufwand.*

11.6 Weiterführende Literatur und Übungen

Dieses Kapitel hat sich primär mit der Implementierung von Softwaresystemen befasst. Viele Aufgaben in diesem Bereich sind eher weniger konzeptionell, dafür aber stark auf das „Doing" ausgerichtet. Das Programmieren selbst ist auch nur durch aktives Praktizieren zu erlernen. Hilfreich sind hier entsprechende Bücher, die es für jede Programmiersprache in Fülle gibt. Zunehmender Beliebtheit erfreuen sich auch sogenannte Entwicklerportale im Internet, etwa *Stack Overflow* (https://stackoverflow.com, in denen Entwickler direkt kommunizieren, Probleme diskutieren und Lösungen austauschen. Eine weitere, praktische Quelle für das Erlernen der Programmierung am Beispiel „richtiger" Software sind Open-Source-Software-Plattformen, etwa *GitHub* (https://github.com/). Hier sind viele (professionelle) Softwareprojekte gehostet, die einerseits demonstrieren, wie große Softwaresysteme organisiert und implementiert sind. Andererseits bieten diese Plattformen auch umfangreiche Kollaborationsmöglichkeiten an, sodass gemeinsam Software entwickelt werden kann.

Trotzdem gibt es Standardliteratur, welche im Bereich der Implementierung empfehlenswert ist. Zuvorderst ist das Buch *Clean Code* von Robert C. Martin zu nennen [23]. Dieses erklärt sehr anschaulich die Grundlagen zur Gestaltung von „gutem" Quellcode, der langfristig verständlich und damit weniger fehleranfällig und wartungsfreundlicher ist (siehe Abschn. 11.3.3). Begleitend und mit starkem Bezug zu Kap. 10 sind auch die Bücher zum Thema Design Pattern [14, 24] wichtig, da diese neben dem konzeptionellen Vorgehen zur Lösung von Entwurfsproblemen in der Regel auch entsprechende Beispiele im Quellcode enthalten und damit zeigen, wie ein Entwurfsproblem praktisch implementiert werden kann. Auch Techniken des Extreme Programming [4] sind in der Implementierung hilfreich, zum Beispiel das *Pair Programming* (siehe Abschn. 11.3.4), welches zwar nicht zwingend zur Steigerung der Produktivität beiträgt, jedoch einen positiven Einfluss auf die Kommunikation im Team, gegenseitiges Lernen und die Reduktion von Fehlern im Quellcode hat [1, 27, 38].

Je nachdem wie das Zusammenspiel der Implementierungsaufgaben mit den andern Aufgaben im Projekt organisiert ist, kann die Anwendung spezifischer Vorgehensweisen vorteilhaft sein. Im *Feature-driven Development* (FDD; siehe Kap. 7.3.2 und [10, 29]) werden die Analyse-, Entwurfs- und Implementierungsaufgaben eng miteinander verzahnt. Wird ein stärkerer Fokus auf das automatisierte Testen der Implementierung gelegt, ist das

Test-driven Development (TDD; siehe Kap. 12.2.6 und [3]) ein Ansatz, der durch die enge Verknüpfung der Implementierungs- und Testaufgaben in Erwägung gezogen werden kann. Spätestens jedoch in Situationen, in denen eine Software modellbasiert entwickelt wird, sind weitergehende Informationen zur modellgetriebenen Softwareentwicklung erforderlich, etwa [5, 30, 32, 36]. Hier kann es sogar vorkommen, dass die eigentliche Entwicklungsaufgabe erst durchgeführt werden kann, wenn für die Zielumgebung eine entsprechende, spezialisierte Modellierung- und Programmiersprache entwickelt wurde. In diesem Fall sprechen wir von sogenannten *Domain-specific Languages* (DSL; [11, 13]). Diese sind jedoch mit großer Sorgfalt zu entwickeln und es muss äußerst kritisch geprüft werden, ob die Entwicklung einer DSL zwingend erforderlich ist [21, 25].

Übungsaufgaben

Übung 11.1 (Clean Code Maßnahmen) Unter *Clean Code* versteht man ein Prinzip zur Entwicklung von intuitiv verständlichst gestaltetem Quellcode. Clean Code nach Martin [23] umfasst eine Reihe von Maßnahmen, welche zum Beispiel Codierungsrichtlinien und die Anwendung von Entwurfsmustern umfassen. Bearbeiten Sie in diesem Zusammenhang die folgenden Aufgaben:

a) Erläutern Sie die Maßnahme *Function Arguments* der Kategorie *Methoden und Prozeduren*. Was umfasst diese Maßnahme? Geben Sie Beispiele an.
b) Erläutern Sie die Maßnahme *Prefer Exceptions to Returning Error Codes* der Kategorie *Methoden und Prozeduren*. Was umfasst diese Maßnahme? Geben Sie Beispiele an.
c) Erläutern Sie die Maßnahme *Classes should be Small* der Kategorie *Klassen*. Was umfasst diese Maßnahme? Geben Sie Beispiele an.
d) Erläutern Sie die Maßnahme *Clean Tests* der Kategorie *Testcode*. Was umfasst diese Maßnahme? Geben Sie Beispiele an.

Übung 11.2 (Clean Code und „Bad Smells") Im Folgenden ist die Implementierung der Methode `bezahle()` aus einer Klasse Bezahlung in der Programmiersprache C# angegeben:

11.6 Weiterführende Literatur und Übungen

```
1  public string bezahle(Kunde bezahler, Zahlungsart a, double summe,
2    string buchungstext, string bestellnummer, Adresse kundenadresse)
3  {
4    hilfsmethode(bezahler);
5
6    if (buchungstext.Equals(""))
7      throw new InvalidArgumentException("Leerer Buchungstext");
8
9    if (a.GetType().Equals(typeof(Abbuchung)))
10   {
11     Abbuchung abbuchung = (Abbuchung) a;
12     KontoBelastung belastung = new KontoBelastung(abbuchung.kontoNr,
13        abbuchung.blz, bezahler.vorname + " " +
14        bezahler.nachname, summe);
15
16     if (!belastung.durchfuehren()) {
17       throw new BankException();   //Exception werfen
18     }
19     else {  return "Der Zahlungsvorgang war erfolgreich!"; }}
20   else {
21     if (a.GetType().Equals(typeof(Kreditkarte)))
22     {
23       Kreditkarte karte = (Kreditkarte) a;
24       KreditkartenBelastung belastung = new KreditkartenBelastung(karte.nr,
25         karte.typ, karte.gueltigBis, karte.sicherheitsCode,
26         bezahler.vorname + " " +
27         bezahler.nachname, summe);
28
29       if (!belastung.durchfuehren()) {
30         throw new BankException();   //Exception werfen
31       }
32       else
33         return "Der Zahlungsvorgang war erfolgreich!";
34     }
35     else
36       throw new InvalidArgumentException("Unbekannte Zahlungsart!");
37   }
38 }
39
40 public void hilfsmethode(Kunde bezahler)
41 {
42   if (bezahler.istGesperrt())
43     throw new BenutzerGesperrtException();     //Exception werfen
44 }
```

Bearbeiten Sie in diesem Zusammenhang die folgenden Aufgaben:

a) Überprüfen Sie die Lesbarkeit dieser Implementierung und identifizieren Sie *Bad Smells*. Nutzen Sie hierzu Informationen zu „gutem" Code in C# [26], Java [34] oder allgemeinen Code Smells [2].
b) Geben Sie unter Berücksichtigung von [23] jeweils passende Verbesserungsvorschläge an.

Übung 11.3 (Coding Guidelines am Beispiel von MISRA-C:2004) Ein vorgeschriebener Programmierstandard für die Entwicklung sicherheitskritischer, automobiler Software, ist der sogenannte MISRA Standard (**M**otor **I**ndustry **S**oftware **R**eliability **A**ssociation, [7]); für die Programmiersprache C auch als MISRA-C bezeichnet. In Tab. 11.3 werden exemplarisch einige vorgeschriebene Regeln des Standards aufgeführt.

Tab. 11.3 Ausgewählte Regeln nach MISRA

Regel	Art	Beschreibung
2.3	required	The character sequence/* shall not be used within a comment
3.3	advisory	The implementation of integer division in the chosen compiler should be determined, documented and taken into account
5.2	required	Identifiers in an inner scope shall not use the same name as an identifier in an outer scope, and therefore hide that identifier
12.4	required	The right-hand operand of a logical && or || operator shall not contain side effects
14.4	required	The goto statement shall not be used
16.2	required	Functions shall not call themselves, either directly or indirectly
21.1	required	Minimisation of run-time failures shall be ensured by the use of at least one of:
		a) static analysis tools/techniques;
		b) dynamic analysis tools/techniques;
		c) explicit coding of checks to handle run-time faults.

Bearbeiten Sie die folgenden Aufgaben:

a) Diskutieren Sie für die Regeln jeweils die Gründe. Nennen Sie Beispiele
b) Nennen Sie weitere Regeln, auch aus anderen Kontexten.

Übung 11.4 (Arbeit mit Klassenbibliotheken) Durch Klassenbibliotheken werden bereits vielfältige Funktionen und Programmstrukturen vorgefertigt. Es ist hierbei jedoch entscheidend, dass der Aufbau der Klassenbibliotheken bekannt ist und dass Entwickler die Anforderungen verstehen, welche Klassenbibliotheken für ihre korrekte Nutzung stellen. Bearbeiten Sie in diesem Zusammenhang die folgenden Aufgaben:

a) Analysieren Sie eine der folgenden Klassenbibliotheken: Java Class Library, .NET Class Library. Machen Sie sich mit der Struktur der gewählten Klassenbibliothek vertraut.
b) Wie ist die in Teilaufgabe a) gewählte Klassenbibliothek aufgebaut? Welche Entwurfsmuster und Idiome sind dort enthalten? Welche Richtlinien für die Gestaltung von Programmcode gibt die Klassenbibliothek vor?
c) Implementieren Sie das in Abb. 11.14 gezeigte Klassenmodell gemäß der Vorgaben der in Teilaufgabe a) gewählten Klassenbibliothek. Beachten Sie dabei die folgenden, zusätzlichen Anforderungen:
   - Komplexe Datenstrukturen, etwa Mengen oder Datumsinformationen, sollen aus den vorgefertigten Containern, Klassen und Strukturen konstruiert werden.

11.6 Weiterführende Literatur und Übungen

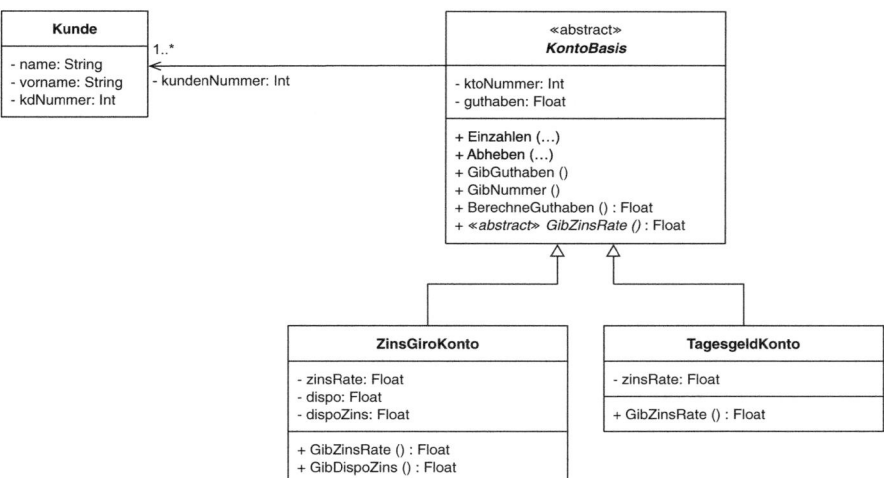

Abb. 11.14 UML-Klassenmodell für Konten einer Bank

- Das Datenmodell soll die in der Klassenbibliothek üblichen Mechanismen zur Objektkonstruktion implementieren. Dies soll unter Zuhilfenahme entsprechender Design Patterns oder Idiome erfolgen.
- Datenobjekte sollen persistierbar sein. Die Persistierung muss dabei auch auf der Dateisystemebene erfolgen können.

d) Überprüfen Sie das in Teilaufgabe c) implementierte Klassenmodell mit Hilfe der für die gewählte Plattform typischen *Style Checker* auf Einhaltung der Regeln.

Übung 11.5 (Dokumentation von Quellcode) In Übung 11.4 haben Sie ein Klassensystem implementiert. Dieses ist aktuell nur durch ein UML-Klassendiagramm dokumentiert und Sie mussten bei der Implementierung Anpassungen auf eine konkrete Klassenbibliothek vornehmen. Im Sinne der Weitergabe an andere Entwickler und der langfristigen Nutz- und Wartbarkeit muss der Programmcode nun dokumentiert werden. Bearbeiten Sie in diesem Zusammenhang die folgenden Aufgaben:

a) Dokumentieren Sie den in Übung 11.4 entwickelten Programmcode gemäß der Dokumentationsregeln der gewählten Plattform.
b) Generieren Sie die API-Dokumentation mit Hilfe der entsprechenden Werkzeuge ihrer gewählten Plattform.

c) Überprüfen Sie ihre generierte Dokumentation noch einmal und überlegen Sie, inwiefern Sie Beispiele zur Nutzung von Klassen, zum Aufruf von Methoden oder zu erzeugten Ausnahmen – so noch nicht geschehen – in die Dokumentation mit einbinden können.

Übung 11.6 (Modellbasierte Softwareentwicklung) In Abschn. 11.4 sind wir kurz auf die modellbasierte Softwareentwicklung eingegangen. Da der Bankautomat (siehe Kap. 4.5.1 und Kap. 7.5) gewisse Anforderungen hinsichtlich der Zuverlässigkeit und der Sicherheit erfüllen muss, soll die Software für den Bankautomaten nun (in Auszügen) modellbasiert entwickelt werden. Bearbeiten Sie in diesem Zusammenhang die folgenden Aufgaben:

a) Arbeiten Sie sich in ein Werkzeug zur modellbasierten Entwicklung ein. Dies kann sowohl Papyrus[2] oder AutoFOCUS[3] sein, oder jedes andere infrage kommende Werkzeug.
b) Sammeln Sie aus den bisherigen Übungsaufgaben alle Analysen und Entwürfe und überprüfen Sie diese im Hinblick auf die Anforderungen der modellbasierten Softwareentwicklung.
c) Entwickeln Sie die Funktionalität des Geldauszahlens modellbasiert mit Hilfe des gewählten Werkzeugs.
d) Erarbeiten Sie mit Hilfe des gewählten Werkzeugs eine Verifikationsstrategie und integrieren Sie diese in ihre Modelle.

Literatur

1. E. Arisholm, H. Gallis, T. Dybå, and D. I. K. Sjoberg. Evaluating pair programming with respect to system complexity and programmer expertise. *IEEE Transactions on Software Engineering*, 33(2):65–86, February 2007.
2. J. Atwood. Code Smells. Online: https://blog.codinghorror.com/code-smells (abgerufen: 2019-12-29), May 2006.
3. K. Beck. *Test Driven Development. By Example*. Addison-Wesley Longman, 2002.
4. K. Beck. *Extreme Programming*. Addison-Wesley, 2003.
5. S. Beydeda, M. Book, and V. Gruhn, editors. *Model-Driven Software Development*. Springer, October 2010.
6. M. Broy and M. Kuhrmann. *Projektorganisation und Management im Software Engineering*. Number 978-3-642-29289-7 in Xpert.press. Springer Verlag, Berlin Heidelberg, 1 edition, 2013.
7. P. Burden and C. Tapp. *MISRA Compliance: 2016 – Achieving compliance with MISRA Coding Guidelines*. Motor Industry Research Association, April 2016.
8. S. Chacon. *Pro Git*. Apress, August 2009.
9. E. M. Clarke, O. Grumberg, and D. A. Peled. *Model Checking*. MIT Press, 1999.

---

[2]Eclipse Papyrus, Online: https://www.eclipse.org/papyrus.
[3]AutoFOCUS.3, Online: https://www.fortiss.org/veroeffentlichungen/software/autofocus-3.

10. P. Coad, J. de Luca, and E. Lefebvre. *Java Modeling In Color With UML: Enterprise Components and Process*. Java Series. Prentice Hall, June 1999.
11. S. Cook, G. Jones, S. Kent, and A. C. Wills. *Domain-Specific Development with Visual Studio DSL Tools*. Addison-Wesley, 2007.
12. F. Deissenböck, E. Jürgens, B. Hummel, S. Wagner, B. M. Parareda, and M. Pizka. Tool support for continuous quality control. *IEEE Software*, 25(5):60–67, September 2008.
13. M. Fowler and R. Parsons. *Domain-Specific Languages*. Addison Wesley, (to appear), 2010.
14. E. Gamma, R. Helm, R. E. Johnson, and J. Vlissides. *Design Patterns. Elements of Reusable Object-Oriented Software*. Prentice Hall, October 1994.
15. GitLab Inc. Gitlab version 13.3.0. Online: https://about.gitlab.com (abgerufen: 2020-09-13), August 2020.
16. F. Hölzl, H. P. de Leon, and S. Voss. AutoFOCUS (af3, version 2.16). Online: https://af3.fortiss.org (abgerufen: 2020-01-03), October 2019.
17. IEC 62304:2006. *Medical device software – Software life cycle processes*. International Electrotechnical Commission, May 2006.
18. ISO 13485:2016. *Medical devices – Quality management systems – Requirements for regulatory purposes*. International Organization for Standardization, March 2016.
19. ISO 26262:2018. *Road vehicles – Functional safety*. International Organization for Standardization, 2018.
20. R. Ivanov and R. Veach. Eclipse checkstyle plugin (version 8.27.0). Online: https://checkstyle.org/eclipse-cs (abgerufen: 2020-01-05), December 2019.
21. G. Karsai, H. Krahn, C. Pinkernell, B. Rumpe, M. Schindler, and S. Völkel. Design Guidelines for Domain Specific Languages. In *Proceedings of the 9th OOPSLA Workshop on Domain-Specific Modeling (DSM' 09)*, 2009.
22. A. Magana and J. Muli. *Version Control with Git and GitHub*. Packt Publishing, December 2018.
23. R. C. Martin. *Clean Code: A Handbook of Agile Software Craftsmanship*. Prentice Hall, 2008.
24. R. C. Martin and M. Marin. *Agile Principles, Patterns, and Practices in C#*. Prentice Hall, 2007.
25. M. Mernik, J. Heering, and A. M. Sloane. When and how to develop domain-specific languages. *ACM Computing Surveys*, Vol. 37, 2005.
26. A. Mishra. Common Code Smells in C# (Part 1). Online: https://www.c-sharpcorner.com/article/common-code-smell-mistakes-in-c-sharp-part-1 (abgerufen: 2019-12-29), July 2019.
27. J. T. Nosek. The case for collaborative programming. *Commun. ACM*, 41(3):105–108, Mar. 1998.
28. B. O'Sullivan. *Mercurial: The Definitive Guide*. O'Reilly and Associates, July 2009.
29. S. R. Palmer and J. M. Felsing. *A Practical Guide to Feature-Driven Development*. Prentice Hall, February 2002.
30. O. Pastor and J. C. Molina. *Model-Driven Architecture in Practice: A Software Production Environment Based on Conceptual Modeling*. Springer, June 2007.
31. C. M. Pilato, B. Collins-Sussman, and B. W. Fitzpatrick. *Version Control with Subversion*. O'Reilly and Associates, 2 edition, October 2008.
32. K. Pohl, H. Hönninger, R. Achatz, and M. Broy, editors. *Model-Based Engineering of Embedded Systems: The SPES 2020 Methodology*. Springer, December 2014.
33. B. Pugh and A. Loskutov. Findbugs. Online: http://findbugs.sourceforge.net (abgerufen: 2019-12-28), June 2015.
34. G. Samarthyam. Smells in java code: Do you recognize them? Online: https://dzone.com/articles/smells-in-java-code-do-you-recognize-them (abgerufen: 2019-12-29), August 2018.
35. SonarSource S.A, Switzerland. Sonarqube. Online: https://www.sonarqube.org (abgerufen: 2019-12-28), 2019.
36. T. Stahl, M. Völter, S. Efftinge, and A. Haase. *Modellgetriebene Softwareentwicklung: Techniken, Engineering, Management*. dpunkt.verlag, 2 edition, May 2007.

37. J. Vesperman. *Essential CVS*. O'Reilly and Associates, 2 edition, November 2006.
38. L. Williams, R. R. Kessler, W. Cunningham, and R. Jeffries. Strengthening the case for pair programming. *IEEE Softw.*, 17(4):19–25, July 2000.
39. ZEN PROGRAM LTD. Ndepend. Online: https://www.ndepend.com (abgerufen: 2019-12-28), 2019.

Verifikation und Integration von Software 12

> **Zusammenfassung**
>
> Liegen Teile der Software implementiert vor, kann damit begonnen werden, die Software zu verifizieren und die Teile zu integrieren. Typischerweise werden einzelne Teile zunächst für sich getestet und dann, soweit sie vorgegebenen Qualitätsanforderungen genügen, mit anderen Teilen zusammengefügt. Abhängig von der Vorgehensweise kann wieder sehr früh damit begonnen werden, Programmcode Schritt für Schritt aufzubauen und zu vervollständigen. Liegen einzelne Funktionen implementiert vor, werden diese unmittelbar getestet. Im Optimum heißt das, dass nach jedem Schritt ein ablauffähiges System vorliegt, wobei Implementierung, Test und Integration Hand in Hand gehen. Es ist aber auch möglich, einzelne Module oder Klassen zunächst individuell zu testen, dann zu größeren Softwareeinheiten zu integrieren, wobei der Zusammenbau in sogenannten Integrationstests auf Fehler überprüft wird, um schließlich die einzelnen Teile zu einem Gesamtsystem zu integrieren und dieses zu testen. Dieses Kapitel führt in die Grundlagen des Testens von Software ein. Dies umfasst die wesentlichen Konzepte und Vorgehensweisen im manuellen und automatisierten Softwaretest. Kaum zu trennen von den Testaufgaben ist die Integration. Die Strategien für die Software- und Systemintegration bilden den zweiten Teil dieses Kapitels, welches mit einem Überblick über Methoden und Techniken der kontinuierlichen Integration und DevOps abgeschlossen wird.

12.1 Qualitätssicherung der Implementierung

Der Qualitätssicherung der Entwicklungsergebnisse kommt eine besondere Bedeutung zu. Im Kontext der Qualitätssicherung der Implementierung kommen hierfür überwiegend Maßnahmen der *analytischen Qualitätssicherung* (siehe Kap. 1.3) zum Einsatz. Diese Maßnahmen können jedoch nicht isoliert betrachtet werden. Oft ist die Qualitätssicherung während der Entwicklung mit der Implementierung (siehe Kap. 11) und der Integration der Software (siehe Abschn. 12.3) eng verwoben. Auch im Rahmen der Evolution von Software (siehe Kap. 13) spielt die Qualitätssicherung der Implementierung eine wichtige Rolle.

Abb. 12.1 illustriert – ausgehend von Abb. 1.6 – die Einbettung der Qualitätssicherung in die Aufgaben der Entwicklung und der Evolution. Gezeigt sind zwei, miteinander verwobene, Pfade. Der erste Pfad beginnt in der Entwicklung. Im Rahmen der Integration werden die unterschiedlichen Aktivitäten der Qualitätssicherung durchgeführt (siehe Abschn. 12.3). Die Qualitätssicherung ist dabei in einen iterativen Prozess eingebettet und wird kontinuierlich durchgeführt. Der zweite Pfad startet mit der Auslieferung des Systems und seiner Übergabe in die Wartung (siehe Kap. 13). Durch Änderungsanträge werden Korrekturen oder Verbesserungen eines Systems motiviert, welche entsprechend umgesetzt werden. Nach der Umsetzung ist wiederum die Qualitätssicherung zu durchlaufen. An dieser Stelle laufen die beiden Pfade dann zusammen. Abb. 12.1 macht auch deutlich, dass die Qualitätssicherung nicht ad-hoc erfolgen soll, sondern geplant werden muss. Dies umfasst insbesondere die Identifikation der relevanten Qualitätseigenschaften des Systems (siehe Kap. 2.2) und die Festlegung der für die Evaluierung der Qualitätseigenschaften heranzuziehenden Kennzahlen (siehe Kap. 2.3).

Unabhängig davon, über welchen Pfad man in die analytische Qualitätssicherung gelangt, besteht die Kernaufgabe in der Analyse der vorliegenden Implementierung auf Erfüllung der

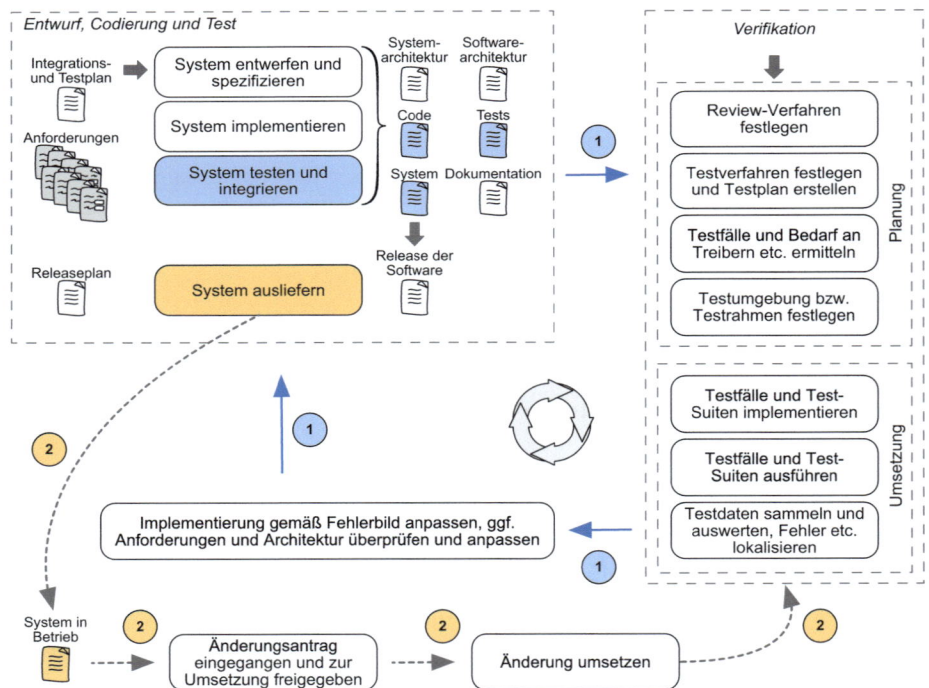

Abb. 12.1 Einbettung der Qualitätssicherung in die Aufgaben der Entwicklung und der Evolution

12.1 Qualitätssicherung der Implementierung

(geänderten) Anforderungen. Mit Hilfe von *Testfällen* wird das System auf *Fehler* untersucht und schrittweise zum Gesamtsystem integriert. Die hierfür erforderlichen Konzepte werden im Folgenden eingeführt.

12.1.1 Begriffe und Konzepte

Verifikation und allgemeine Qualitätssicherung dienen der Überprüfung geforderter Eigenschaften, insbesondere der Korrektheit, eines Systems. Diese können ganz unterschiedlicher Natur sein, etwa die Sicherstellung von funktionalen Anforderungen, Qualitätsanforderungen oder die Prüfung gegen Architekturvorgaben oder Performanzeigenschaften. Vieles davon wird typischerweise durch das *Testen* erledigt, welches *statisch* und *dynamisch* erfolgen kann. Insbesondere das dynamische Testen von Software erfordert, dass das System oder Systemteile in ablauffähiger Form vorliegen, also auf einem Rechner ausgeführt werden. Man spricht vom *Testobjekt* oder einem *System under Test* (SuT).

12.1.1.1 Testfälle und Fehler

Ein Test besteht in der Regel darin, dass geeignete Eingaben gewählt werden, mit denen das System zur Ausführung gebracht wird. Dabei ist festzulegen, welche Ausgaben vom System zu erwarten sind. Erlauben die zu testenden Systeme interaktive Eingaben und reagieren sie darauf mit Ausgaben, sind Sequenzen von Ein- und die zugeordneten Ausgaben für einen Test erforderlich.

Testfälle Eine Menge von Eingaben und die Festlegung der geforderten Ausgaben bilden einen *Testfall* (Definition 12.1). Eine Menge von Testfällen bildet einen Test (oft auch als *Test-Suite* bezeichnet).

Definition 12.1 (Testfall) Ein Testfall (engl. *Test Case*) beschreibt einen elementaren, funktionalen Softwaretest, welcher der Überprüfung einer in einer Spezifikation zugesicherten Eigenschaft eines Testobjektes dient.

Nach IEEE Std. 1012–2004 [29] ist die Beschreibung der im Folgenden aufgeführten Bestandteile eines Testfalls und seiner Dokumentation wichtig:

- Die Vorbedingungen, die vor der Testausführung hergestellt werden müssen.
- Die Eingaben/Handlungen, die zur Durchführung des Testfalls notwendig sind.
- Die erwarteten Ausgaben/Reaktionen des Testobjektes auf die Eingaben.
- Die erwarteten Nachbedingungen, die als Ergebnis der Durchführung des Testfalls erzielt werden.

- Die Prüfanweisungen, wie Eingaben an das Testobjekt zu übergeben sind und wie Sollwerte abzulesen sind.

Testfälle lassen sich in *Positiv*-Testfälle und *Negativ*-Testfälle unterteilen. In Positiv-Testfällen wird das Verhalten des Testobjekts (siehe Abschn. 12.1.1.2) in Folge gültiger Vorbedingungen und Eingaben überprüft. In Negativ-Testfällen (auch *Robustheitstest* genannt) wird das Verhalten des Testobjekts für ungültige Vorbedingungen und/oder Eingaben überprüft. Durch Variation der Eingabewerte und von Parametern der Vorbedingungen lassen sich somit verschiedene Varianten eines Testfalls überprüfen. Hier sind insbesondere die Grenzwerte der Eingabewerte und Parameter von Interesse (Stichwort: *Grenzwertanalyse* [54]), deren Erreichen oder Überschreiten ein anderes Verhalten des Testobjektes erwarten lässt.

Anomalien und Fehler Weichen die Ausgaben oder Nachbedingungen während der Testdurchführung von der Dokumentation oder dem erwarteten Betriebsverhalten eines Systems ab, liegt eine *Anomalie* [34, 54, 57] vor.

Definition 12.2 (Anomalie) Eine Anomalie ist ein zu behebender Mangel oder ein zu behebender Fehler in dem zu testenden System, einem Testfall oder der Testumgebung.

Der Begriff Anomalie ist dabei als Oberbegriff[1] für die folgenden, spezifischeren Begriffe zu verstehen, mit deren Hilfe die Wirkkette von Fehlern beschrieben werden kann. Das ISTQB[2] verwendet dafür die folgende Einteilung des Anomaliebegriffs in *Fehlerhandlung* (Error), *Fehlerzustand* (Fault, Bug, Defect) und *Fehlerwirkung* (Failure).

Error   Ein *Fehler* (Error) ist definiert als ein Unterschied zwischen einem berechneten, beobachteten oder gemessenen Ergebnis und dem Erwartungswert. Weiterhin kann ein Fehler ein inkorrekter Schritt, Prozess oder eine inkorrekte Datendefinition sein. Fehler bezeichnen auch inkorrekte Ergebnisse, entweder aus fehlerhaften Berechnungen oder fehlerhafter bzw. unvorhergesehener Nutzerinteraktion (sogenannte *Bedienfehler* – auch als *Mistake* bezeichnet).

Fault   Ein *Fault* beschreibt einen Defekt, meist in Bezug auf versagende Hardware. Ein Fault kann aber auch ein inkorrekter Schritt, Prozess oder eine inkorrekte Datendefinition sein. Im Deutschen wird *Fault* oft (zu) einfach mit Fehler übersetzt.

---

[1]Nach Wagner [57] wird auch der Begriff *Defect* als Oberbegriff für die Klassen *Fault* und *Error* verwendet.
[2]International Software Testing Qualifications Board (ISTQB) – Gemeinnützige Zertifizierungsstelle für Softwaretester. Das ISTQB bietet ein mehrstufiges Qualifikations- und Zertifizierungsprogramm an. Online: https://www.istqb.org.

12.1 Qualitätssicherung der Implementierung

Failure Ein *Failure* beschreibt den Ausfall eines Systems. Das bedeutet, dass ein System nicht (mehr) in der Lage ist, seine geforderte Funktion gemäß der Spezifikation zu erbringen.

Achtung *Tests können in der Regel nicht zweifelsfrei die zu überprüfende Eigenschaft in vollen Umfang nachweisen – Tests entsprechen letztendlich Stichproben. Entscheidend für die Effektivität von Tests ist daher die geschickte Wahl der Testfälle. Ziel der Testfallbestimmung ist die größtmögliche Sicherheit im Hinblick auf das Testziel. Im Falle der Überprüfung eines Systems auf Fehler ist das Ziel eine möglichst hohe Wahrscheinlichkeit, Fehler zu finden, falls welche vorhanden sind. Dabei ist man natürlich besonders an schwerwiegenden Fehlern interessiert, die besonders kritische Auswirkungen haben. Dies bestimmt die Güte eines Testfalls und eines Tests.*

12.1.1.2 Testobjekte, Testtreiber und Dummies

Grundsätzlich ist für die Durchführung eines Tests eine entsprechende Testumgebung erforderlich, die das Testobjekt mit allen Betriebsmitteln versorgt, die für die Testdurchführung erforderlich sind. Ein Testlauf heißt erfolgreich, wenn das System die erwarteten Reaktionen zeigt. Andernfalls sagen wir, dass der Test gescheitert ist. Für den Aufbau einer Testumgebung sind neben einer passenden Werkzeugunterstützung noch drei Konzepte wichtig, die insbesondere die Planung und die Erstellung von Testfällen betreffen. Abb. 12.2 illustriert die drei Konzepte *Testobjekt*, *Testtreiber* und *Dummies*.

Testobjekt Das Testobjekt bezeichnet die jeweils relevante Einheit für den Test. Dies kann ein selbstimplementiertes, einzelnes Modul, eine extern zugekaufte Komponente, ein teilintegriertes System oder ein vollständiges System sein.

Testtreiber Ein Testtreiber (auch als *Driver* bezeichnet) ist eine Testkomponente, die das Testobjekt zur Durchführung eines Tests aufruft. Häufig ist ein Treiber ein Ersatz für eine noch nicht realisierte Komponente, etwa eine noch nicht realisierte grafische Nutzungsschnittstelle. Testtreiber übernehmen unter anderem auch die Aufgabe, ein Testobjekt mit Testdaten zu versorgen und das Testobjekt in einen Zustand zu bringen, in dem der Test starten kann. Im Rahmen des automatisierten Unit Testings (siehe Abschn. 12.2.5) fungieren die Unit Tests als Treiber für ihre jeweiligen Testobjekte.

Abb. 12.2 Einordnung der Konzepte Testtreiber, Testobjekt und Dummy

Dummies   Ein Dummy (auch als *Stub* oder *Mock* bezeichnet) ist eine Komponente, auf deren Funktionen vom Testobjekt aus im Rahmen eines Tests zugegriffen wird. Ein Dummy verfügt in der Regel über keine, zumindest keine vollständige, Implementierung und simuliert nur das Systemverhalten für die betrachteten Testfälle, etwa durch Rückgabe eines festgelegten Wertes an eine aufrufende Funktion.

12.1.2 Codeinspektionen und Codereviews

Weit verbreitet in der Qualitätssicherung von Programmcode sind die verschiedenen Review- und Inspektionstechniken, die zu den *statischen Testverfahren* zählen. Die HELENA-Studie [40] zeigt beispielsweise, dass Codereviews in 92 % der befragten Projekte eingesetzt werden – in 2/3 dieser Projekte sogar sehr oft oder immer. Abb. 12.3 ordnet die unterschiedlichen Review-Techniken mit Fokus auf Codereviews nach ihrem Grad an Formalismus (IEEE 1028–1997; [30]).

Das formalere Verfahren ist die Inspektion. Diese wird üblicherweise *nicht* am Bildschirm durchgeführt und folgt einem formal festgelegten und protokollierten Vorgehen. Manchmal werden auch mehrere Reviewer für ein Stück Code eingesetzt. Das macht Inspektionen effektiv, jedoch auch sehr aufwändig und wird in der Praxis kaum noch eingesetzt. Ein Beispiel für dieses Verfahren ist das Pair Programming (siehe Kap. 11.3.4), welches am Rechner und in der Regel mit einem Programmierer und einem Reviewer durchgeführt wird. Dabei wird auch kein formales Protokoll erstellt.

12.1.2.1 Codeinspektionen

In der Codeinspektion werden Codeteile durch Programmierer, die nicht an der Entwicklung der Programme beteiligt waren (das sogenannte „4-Augen-Prinzip"), sorgfältig auf Fehler und Ungereimtheiten durchgesehen. Hilfreich ist es dabei, wenn man dem Reviewer Hilfestellungen und systematische Vorgaben gibt (Structured Walkthroughs). Nützlich sind auch Fehlerprüflisten. Das Ergebnis ist ein Inspektionsbericht (ein Prüfprotokoll), der das Ergebnis der Inspektion dokumentiert und insbesondere gefundene potentielle Fehler auf-

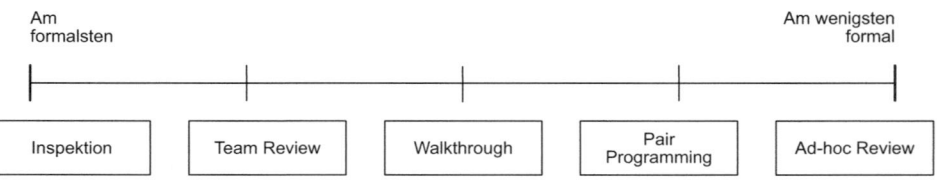

Abb. 12.3 Einordnung unterschiedlicher Review-Techniken nach ihrem Grad an Formalismus. (In Anlehnung an [57])

12.1 Qualitätssicherung der Implementierung

listet. Die Effektivität von Codeinspektion und Reviews kann man den folgenden Zahlen entnehmen:

- Mindestens etwa 30 % und bis zu 90 % aller Fehler werden gefunden – abhängig von der Implementierung der Reviewverfahren [56].
- Bei der Durchführung von Codereviews besteht eine 75–25-Verteilung bei gefundenen wartungsrelevanten und funktionsbezogenen Fehlern [8].
- In Reviews und Inspektionen werden in der Regel andere Fehler gefunden als im Testen von Software, sodass diese Techniken miteinander kombiniert werden müssen [52].

12.1.2.2 Codereviews

In einem Codereview werden im Sinne der bereits beschriebenen Review-Techniken Codeteile im Rahmen einer Review-Sitzung durchgesprochen und ihre Fehlerfreiheit und auch ihre Effizienz bewertet. Auch ein Review sollte stets durch einen schriftlichen Bericht dokumentiert werden, der die Stellungnahme aller Beteiligten widerspiegelt. Reviews können weitreichende Auswirkungen auf den Programmcode haben. Oft wird der Code in einem Review kürzer, da einfachere Lösungen gefunden werden können, unnötiger Code identifiziert wird und auch selbsterstellte Funktionen identifiziert werden können, die bereits in einer Bibliothek vorhanden und nachgenutzt werden können.

Anmerkung *Diese Beobachtung zeigt deutlich, dass es Unsinn ist, die Produktivität von Entwicklern allein über die Metrik* Lines of Code pro Tag *zu messen. Denn obwohl der Code durch das Review einfacher und wartbarer geworden ist, wäre die so erhobene Produktivität negativ. Das wäre widersinnig.*

Für 200 Change Requests (Bug Fixes, Refactorings, funktionelle Erweiterungen) haben Beller et al. [8] ermittelt, welche Probleme im Code-Review aufgedeckt werden. Eine manuelle Untersuchung der Reviews zu allen 200 Change Request ergab, dass etwa 3/4 der aufgedeckten Probleme die Wartbarkeit von Programmcode betreffen (insbesondere die Dokumentation und die Programmstruktur) und nur etwa 1/4 die Funktionalität des Softwaresystems (insbesondere die Programmlogik). Beller et al. weisen aber auch darauf hin, dass diese Ergebnisse nur für die leichtgewichtigen Verfahren (Abb. 12.3) gültig ist, nicht jedoch für formale Codeinspektionen. Zu beachten ist auch, dass es nicht ausreicht, „einfach nur ein Review" zu machen. McIntosh et al. [47] weisen auch darauf hin, dass die Sorgfalt und die Gründlichkeit eines Code-Reviews Einfluss auf das Finden von Qualitätsproblemen haben (siehe auch [56]). So haben die Autoren festgestellt, dass eine geringe Review-Abdeckung und/oder eine geringe Gründlichkeit des Reviews in bis zu fünf Fehler mehr pro Komponente resultieren kann.

Fagan Inspection Ein Beispiel für eine formale Technik des Codereviews ist die sogenannte *Fagan Inspection,* welche 1976 bei IBM entwickelt wurde [22]. Fagan beschreibt einen formalen Reviewprozess für Entwicklungsteams, in dem jedes Teammitglied eine der vier Rollen Moderator, Designer, Coder oder Tester inne hat. Das Team durchläuft dann einen 6-stufigen Inspektionsprozess:

Planning	In der Planungsphase werden die Teilnehmer des Inspektionsteams ausgewählt und es werden die Rollen zugewiesen. Die Teilnehmer machen sich mit dem Testobjekt vertraut.
Overview	Im zweiten Schritt führt der Moderator in die Inspektionsrunde ein, prüft die Eingangsbedingungen und verteilt die Testobjekte. Weiterhin gibt der Moderator eine Checkliste mit den wesentlichen Prüfkriterien aus. In diesem Schritt werden darüber hinaus auch die Ziele der Inspection festgelegt, etwa die Art der Fehler, die gefunden werden sollen.
Preparation	In diesem Schritt inspiziert jedes Teammitglied die Testobjekte individuell auf der Grundlage der vom Moderator ausgegebenen Checkliste. Während der Inspektion machen sich die Prüfer Notizen.
Meeting	Das Team trifft sich für ein formales *Inspection Meeting.* In diesem Meeting geht das Team unter Anleitung des Moderators durch die Testobjekte und trägt die identifizierten Fehler zusammen.
Rework	Nachdem die Fehler identifiziert wurden, erstellt der Moderator eine Zusammenfassung und übergibt diese an den für das Testobjekt verantwortlichen Autor, welcher die Fehler bereinigt.
Follow-Up	Falls erforderlich, trifft sich das Team erneut und überprüft das Testobjekt noch einmal, insbesondere falls weiterhin Fehler im System sein sollten oder die Fehlerbereinigung überprüft werden soll.

12.1.2.3 Statische Code-Analyse

Die zuvor genannten Review- und Inspektionstechniken setzen das Vorhandensein von Quellcode – oder anderen Artefakten – voraus. Jedoch wird das System in diesen Prüfungen nicht ausgeführt. Bestimmte Teile dieser *formalen Prüfungen* lassen sich auch automatisiert zur Compile-Zeit ausführen noch bevor der Modultest (siehe Abschn. 12.2.5) gestartet wird. Man spricht in diesem Zusammenhang auch von der *statischen Code-Analyse,* mit der bestimmte Fehlertypen identifiziert werden können, wie zum Beispiel:

- Fehlende Initialisierung von Variablen
- Fehlende Rückgaben in allen Pfaden einer Funktion
- Nicht-erreichbarer Code
- Fehlende oder falsche Typumwandlungen
- Unsichere Funktionssignaturen
- Mangelnde Einhaltung von Namenskonventionen und von Codierungsrichtlinien

12.1 Qualitätssicherung der Implementierung

Da für die statische Code-Analyse der Quellcode erforderlich ist, wird sie den White-Box-Tests (siehe Abschn. 12.2.3.1) zugeordnet. Zunehmend werden auch Techniken der *Program Comprehension* (siehe Kap. 13.2.3.5) zur statischen Code-Analyse eingesetzt.

Anmerkung *Einen Teil der statischen Code-Analyse bildet auch die Überprüfung der Einhaltung von Codierungsrichtlinien (siehe Kap. 11.3.1.3). Diese kann sowohl manuell im Rahmen eines Reviews oder aber automatisiert durch entsprechende Style Checker erfolgen.*

12.1.3 Funktionale Korrektheit

Systematisches Testen und Verifikation setzen *immer* einen Begriff von funktionaler Korrektheit voraus. Dies heißt, dass eine entsprechende Spezifikation vorgegeben ist. Die Qualität des Testens hängt entscheidend davon ab, wie gut die Qualität dieser Spezifikation ist.

In der Praxis passiert es zu häufig, dass erst beim Aufstellen von Testfällen Details einer Spezifikation analysiert und weiter festgelegt werden oder aber Fehler in der Spezifikation gefunden und korrigiert werden. Deshalb ist es in der Regel ratsam, das Aufstellen von Testfällen früh in enger Abstimmung mit dem Requirements Engineering (siehe Kap. 5) und der Aufgabe der Spezifikation vorzunehmen, da dies zwangsläufig dazu führt, dass die Spezifikation, bevor sie als Grundlage für die Implementierung dient, noch einmal einer Qualitätsüberprüfung unterzogen wird. Insbesondere wird die Verifizierbarkeit und die Testbarkeit der Anforderungen überprüft (siehe Kap. 7.6).

Existiert keine Spezifikation für das Testobjekt, ist ein systematischer Test nicht möglich. Das Erstellen einer Spezifikation schafft eine klare Trennlinie. Die Spezifikation beschreibt, welche Anforderungen im Rahmen eines Tests für das Testobjekt überprüft werden müssen. Dennoch muss man im Auge behalten, dass auch Spezifikationen typischerweise Fehler enthalten. Etliche davon werden beim Aufstellen der Testfälle gefunden. Bei anderen kann es sein, dass bei der Durchführung der Tests Fragen zur Spezifikation aufkommen, die gegebenenfalls dazu führen, dass die Spezifikation modifiziert wird. Ein solches Vorgehen orientiert sich an der Frage: *„Was ist die gewünschte und erwartete Funktionalität eines Systems?"* im Gegensatz zu der Frage, ob diese durch die Implementierung auch korrekt realisiert worden ist.

Is it a bug or a feature?
Ist eine Spezifikation nicht gegeben, können systematische Tests kaum vorgenommen werden. Man kann natürlich Experimente und Simulationen mit einem System vornehmen, landet dann aber bei der lakonischen Frage für die Analyse offenbar fehlerhafter Ergebnisse: *„Is it a bug or a feature?"*

> Für Projekte, die nicht mit hinreichender Systematik vorgehen, ist dies eine typische Situation. Entwickler analysieren im Anschluss an die Tests, ob die Ergebnisse der Tests Hinweise auf eine inkorrekte Implementierung geben oder etwa auf eine fehlerhafte Vorstellung von der geforderten Funktionalität. Schwächen in der Anforderungsspezifikation führen auf solche Probleme. Nicht selten wird dann in der Testphase die Frage nach den Anforderungen noch einmal grundlegend gestellt.

12.1.4 Verifikation durch Korrektheitsbeweis und Model Checking

Die Korrektheit einer Komponente kann im Prinzip auch durch einen mathematischen Beweis gezeigt werden (siehe etwa [4, 26]). Korrektheitsbeweise werden in der Praxis heutzutage eher selten geführt. Allerdings wird in sicherheitskritischen Anwendungen und auch Frage der Cyber-Security vermehrt für sicherheitsrelevante Systemteile eine formale Verifikation gefordert [21, 31].

Für den Korrektheitsbeweis werden die Anforderungen (Spezifikation) in Logik formuliert und die verwendeten Programmelemente zu dieser Logik in Beziehung gesetzt. Ist diese Formulierung vorgenommen worden, bleibt ein oft (im Sinn der Größe der Formel) umfangreiches Theorem zu beweisen (die Verifikationsbedingung). Mittlerweile existiert auch eine Reihe von Werkzeugen für die Verifikation von Komponenten. Sie bestehen aus dem für die verwendete Programmiersprache spezifischen Teil, durch den Verifikationsbedingungen erzeugt werden und einer Beweiskomponente zur Durchführung der eigentlichen Beweise.

Eine gewisse Bedeutung haben mittlerweile auch sogenannte Modellprüfer (engl. *Model Checker* [12, 14, 38]). Mit ihnen lassen sich zustandsendliche Systeme auf die Einhaltung gewisser Eigenschaften, insbesondere von Sicherheitseigenschaften überprüfen.

12.2 Grundsätzliches Vorgehen im Testen von Software

In der Praxis wird die Korrektheit von Implementierungen weitgehend und bevorzugt durch Testen überprüft. Für das Testen von Software gibt es folgende Grundsätze:

Grundsatz 1 Testen ist eine Maßnahme der analytischen Qualitätssicherung.
Grundsatz 2 Testen kann im Allgemeinen **nicht** die Korrektheit eines Programms zeigen, sondern nur die Inkorrektheit (Dijkstra [13]).
Grundsatz 3 Systematisches Testen erfordert eine genaue Beschreibung der Anforderungen.
Grundsatz 4 Systeme mit hoher Kombinatorik können nicht erschöpfend getestet werden.

12.2 Grundsätzliches Vorgehen im Testen von Software

Grundsatz 5 Testen geht mit Verfahren zur Fehleridentifikation und zur Fehlerbeseitigung einher.
Grundsatz 6 Testen kann bis zu 50 % des Aufwandes einer Softwareentwicklung einnehmen.
Grundsatz 7 Tests prüfen nicht nur die Implementierung, sondern auch die Grundannahmen.
Grundsatz 8 Testen erfordert in der Regel den Aufbau eines Testbetts, also einer Testumgebung; dies kann sehr aufwendig sein.

Je strukturierter bei der Implementierung von Software vorgegangen wird, umso besser können auch die entsprechenden Testaufgaben strukturiert werden. Geht man davon aus, dass für ein System generelle Anforderungen aus Sicht der Nutzer und Betreiber formuliert sind, und weiter, dass eine Grob- und Feinarchitektur für das System beschrieben ist, so sind im Rahmen der Feinarchitektur Spezifikationen für die Systemteile gegeben, insbesondere für die Module oder Klassen, die dann die Grundlage für die sogenannten Modul- oder Unit Tests bilden (siehe Abschn. 12.2.5).

Eine zweite Aufgabe ist das Zusammenfügen – die Integration – der Module zu Softwarekomponenten (siehe Abschn. 12.3). Wenn die Softwarearchitektur der Softwarekomponente korrekt ist, sollte dadurch bereits sichergestellt sein, dass die Module zusammenpassen und zu einem korrekten Softwaresystem zusammengefügt werden können. In vielen Fällen der Praxis ist aber die Softwarearchitektur nicht ausreichend genau beschrieben oder nicht in allen Details auf ihre Korrektheit überprüft.

12.2.1 Prinzipien

Bei der Planung und Durchführung von Softwaretests sind die folgenden Prinzipien zu beachten[3]:

Prinzip 1 Ein Entwickler sollte tunlichst nicht sein eigenes Programm testen.
Prinzip 2 Es ist immer davon auszugehen, dass das Programm falsch ist.
Prinzip 3 Die Menge der Testfälle muss sowohl gültige als auch ungültige Eingaben umfassen.
Prinzip 4 Die Ergebnisse eines Tests sind gründlich zu analysieren.
Prinzip 5 Es sind keine ad-hoc „Wegwerftestfälle" zu verwenden.

Aus diesen Prinzipien ergibt sich auch, dass sowohl die Eingaben und Eingabebestandteile als auch die erweiterten Resultate oder Reaktionen notwendige Bestandteile eines Testfalls

---

[3] Man beachte den Unterschied zwischen Testen, der Überprüfung der Qualität fertiggestellten Codes und Debugging, der Fehlersuche während der Entwicklung des Codes.

sind. Ein guter Testfall ist dadurch gekennzeichnet, dass er mit hoher Wahrscheinlichkeit einen Fehler aufdeckt. Im Rahmen des Testens und insbesondere der Testerstellung können auch Fehler in der Spezifikation aufgedeckt werden.

12.2.2 Allgemeiner Testprozess

Die wesentlichen Schritte und Aufgaben im Softwaretest sind in einem verallgemeinerten Testprozess in Abb. 12.4 zusammengefasst.

Der Testprozess umfasst fünf Aufgaben, die durch ein *Test Management* organisiert und strukturiert werden. Dazu werden üblicherweise Qualitätsmanagementstandards, etwa die ISO/IEC 25.000-er Serie [32, 33] verwendet. Ferner sind alle Schritte im Testprozess zu dokumentieren. Der Grad der erforderlichen Dokumentation hängt hierbei stark von der Art des zu entwickelnden Systems und der Zieldomäne des Systems ab. So werden zum Beispiel im Automobilbereich hohe Anforderungen an die Dokumentation gestellt (siehe ISO/IEC 26262:2918 [31]), da es sich hier um sicherheitskritische Systeme handelt. Eine andere Domäne mit hohen Anforderungen an die Qualität der Softwaresysteme ist die Raumfahrt (siehe ECSS-Q-HB-80-04A [21]). Das Management und die Dokumentation schließen die im Folgenden beschriebenen Schritte ein.

Anmerkung *Dieser allgemeine Testprozess liefert eine Blaupause zur grundsätzlichen Organisation des Testens in einem Projekt. Zu beachten ist, dass einzelne Schritte in unterschiedlicher Tiefe durchgeführt werden oder sogar entfallen können. Auch eine teilweise Parallelausführung der Schritte ist möglich, etwa in hochfrequenten Entwicklungszyklen, wie sie in der agilen Softwareentwicklung Anwendung finden.*

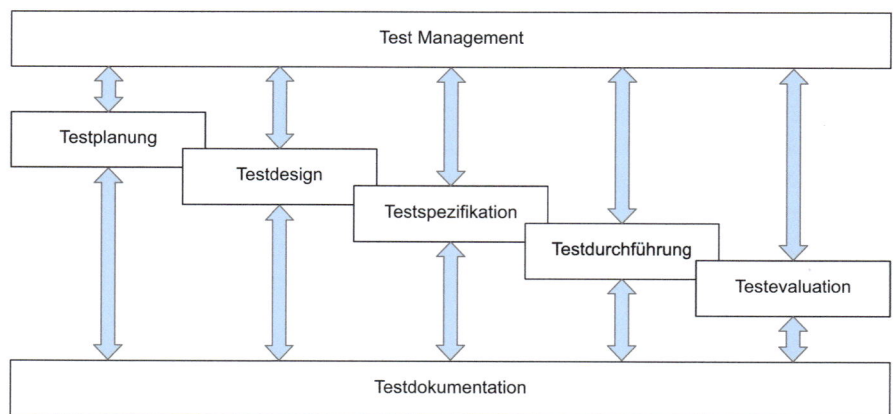

Abb. 12.4 Überblick über den allgemeinen Testprozess

12.2.2.1 Testplanung
Der Planungsschritt umfasst alle erforderlichen Aktivitäten zur Festlegung und zum Abgleich konkreter Testaufgaben im Zusammenhang mit der Entwicklung eines Systems. Neben Zeitplänen umfasst dieser Schritt auch den grundsätzlichen Aufbau und die Bereitstellung von technischen Testumgebungen. Das Entwicklungsteam wird somit in die Lage versetzt, die erforderlichen Tests durchzuführen.

12.2.2.2 Testdesign
Im Design-Schritt werden die grundlegende Testarchitektur und die fachliche Testumgebung festgelegt. Dies umfasst Konfigurationen für die relevanten Teststufen, etwa Integrationstests in der Entwicklungsumgebung oder Tests in einer Staging- bzw. Produktivumgebung. Weiterhin wird die Testarchitektur mit der Systemarchitektur in Einklang gebracht und es werden die Testsuiten für die jeweiligen Module und Teilsysteme vorbereitet. So dies in der gewählten Teststrategie vorgesehen oder erforderlich ist, werden Dummies und Testtreiber definiert.

12.2.2.3 Testspezifikation
Im Spezifikationsschritt werden konkrete Testfälle entworfen. Diese können bei hinreichend formalisierten Entwürfen bereits aus vorliegenden Spezifikationen generiert werden. Bei agilen Verfahren, die ein Test-driven Development (siehe Abschn. 12.2.6) nutzen, kann dieser Schritt sogar der eigentlichen Codierung der Programmmodule vorangestellt sein. Besonders herausfordernd ist die Erstellung von Testfällen, die nicht automatisiert abgearbeitet werden können, etwa Nutzerbefragungen oder Beobachtungen der Systemnutzung. Für solche Tests sind passende Instrumente separat zu entwickeln. Ferner ist in diesem Schritt festzulegen, nach welchen Metriken (siehe Kap. 2.3.3) das zu testende System bewertet wird. Die Metriken sind auszuwählen und entsprechende Zielmarken bzw. Grenzwerte sind zu definieren. Es sind weiterhin auch konkrete Testdaten zu entwickeln und für die Testdurchführung bereitzustellen.

12.2.2.4 Testdurchführung
In diesem Schritt werden die Tests ausgeführt. Dies kann in weiten Teilen automatisiert erfolgen, etwa durch automatisierte Unit Tests (siehe Abschn. 12.2.6.2). Bei der Durchführung der Tests werden unterschiedliche Prüfungen vorgenommen und Daten zu den Testergebnissen werden gesammelt. Je nach gewähltem Vorgehen beim Test ist dieser Schritt mit weiteren Aktivitäten im Projekt verknüpft, etwa mit der Integration.

12.2.2.5 Testevaluation

Im Evaluationsschritt werden die *Test-Logs* ausgewertet. Es werden die durch den Test erzeugten Ergebnisse mit den erwarteten Ergebnissen verglichen. Dabei wird ermittelt, welche Testfälle erfolgreich durchgeführt wurden und welche fehlgeschlagen sind (Fehleridentifikation und -lokalisierung). Es wird damit festgelegt, an welchen Modulen weitere Arbeiten erforderlich sind und es wird überprüft, ob Anpassungen an der Testplanung oder anderen Schritten im Testprozess notwendig sind. Die Ergebnisse der Testläufe sind den Festlegungen entsprechend in Testprotokollen zu dokumentieren.

12.2.3 Methodik des Testens

Das Testen von Software wird in den unterschiedlichsten Phasen der Programmentwicklung und Implementierung eingesetzt. In der Regel werden Tests jedoch im Anschluss an die Codierung durchgeführt[4]. Im Sinne des in Abb. 12.5 gezeigten V-Modell-artigen Vorgehens entsprechen bestimmte Tests bestimmten Schritten im Analyse-, Entwurfs- und Implementierungsprozess. Den Anforderungen steht der Abnahmetest gegenüber und dem Systementwurf steht der Systemtest gegenüber. Somit werden idealerweise auch die Testfälle für den Systemtest bereits in der Analysephase bei der Analyse der Nutzungsfälle festgelegt. Daraus lassen sich dann systematisch Testfälle für die Implementierung, den Komponententest und den Integrationstest während der schrittweisen Integration des Systems ableiten, bevor das System als Ganzes getestet und schließlich durch den Kunden abgenommen wird.

Diese schematische Darstellung erlaubt es bereits eine grundsätzliche Teststrategie zu entwickeln und geeignete Testmethoden für die jeweiligen Entwicklungsartefakte festzulegen. Trotzdem muss beachtet werden, dass ein striktes Implementieren eines solches phasenorientierten Vorgehens Risiken birgt (siehe Kap. 3.2.1). Methoden der agilen Softwareentwicklung gehen hier in Teilen einen anderen Weg, der teilweise durch automatisiertes Testen bestimmt wird (siehe Abschn. 12.2.6.2).

12.2.3.1 Grundsätzliche Testformen

Die Wahl der Testfälle erfolgt nach unterschiedlichen Gesichtspunkten. Sie kann sich am inneren Aufbau des zu testenden Systems oder an den Anforderungen orientieren und liefert somit ein wesentliches Unterscheidungskriterium für Testfälle, die gleichzeitig auch unterschiedliche *Testmethoden* ermöglichen. Im Einzelnen unterscheiden wir folgende grundsätzliche Testformen [39]:

---

[4]Man beachte, dass das *Test-driven Development* (siehe Abschn. 12.2.6) hier einen anderen Ansatz verfolgt und daher der Entwicklungs-, Integrations- und Testzyklus anders organisiert ist.

12.2 Grundsätzliches Vorgehen im Testen von Software

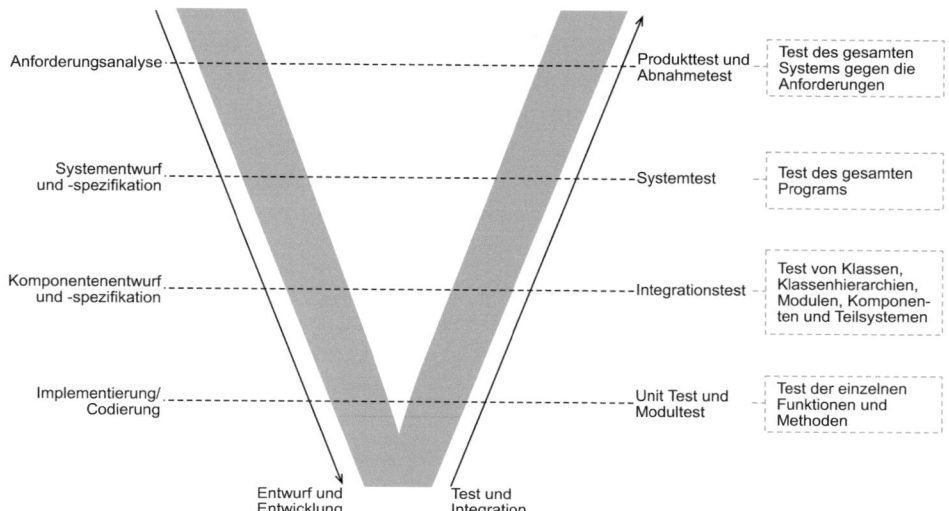

Abb. 12.5 Einfache Integration der Testaktivitäten in den allgemeinen Entwicklungsprozess

White-Box-Test Diese Testform wird auch als „Glass-Box-Test" bezeichnet. Testfälle werden aus der Innensicht (Implementierung und Struktur des Programmcodes) heraus bestimmt. Typischerweise wird dabei darauf abgezielt, dass jede Anweisung möglichst einmal ausgeführt wird und dass bestimmte oder gar alle möglichen Sequenzen von Anweisungen ausgeführt werden. Mit solchen Testfällen kann damit die Überdeckung des Programmcodes durch Tests überprüft werden, etwa die Abdeckung von Anweisungen, Bedingungen und Pfaden (Tab. 2.3).

Gray-Box-Test Der Gray-Box-Test betrachtet in der Regel weder die Implementierungsdetails einzelner Module, noch das gesamte System, sondern fokussiert sich auf die Integration von Modulen. Es wird primär das Zusammenspiel der einzelnen Module getestet. Daher wird der Integrationstest auch oft als Gray-Box-Test verstanden.

Black-Box-Test Testfälle werden aus der Außensicht eines Systems heraus, die durch die Anforderungs- und die Schnittstellenspezifikationen gegeben sind, erstellt. Es wird das Verhalten eines Testobjekts ohne Kenntnis seiner inneren Struktur getestet. In der Regel betrachten Black-Box-Tests besondere Aspekte der Funktionalität wie besonders typische Nutzungsfälle, Randfälle, typische Kombinationen oder Belastungstests, etwa durch große Datenmengen oder hohe Zugriffszahlen. Es können die folgenden Testmethoden angewendet werden: Funktionsabdeckung, Grenzwertanalyse, Äquivalenzklassenanalyse und Ursache-Wirkungs-Analyse. Auch Abnahmetests werden üblicherweise als Black-Box-Test durchgeführt.

Kleuker [39] ordnet diese Testformen auch den Integrationsebenen aus Abb. 12.5 zu. So wird der White-Box-Test üblicherweise im Modultest umgesetzt, der Gray-Box-Test findet im Komponenten- und Integrationstest Anwendung und der Black-Box-Test wird im System- und im Abnahmetest verwendet. Kleuker weist aber auch darauf hin, dass eine derartige Zuordnung nicht dogmatisch ist und den Gegebenheiten des Projekts angepasst werden muss. Aus den Testmethoden und Abdeckungstypen (siehe Kap. 2.3.3.6) lassen sich Schwerpunkte für das Testen von Software bilden:

Datenfluss — Der Datenfluss (siehe Kap. 4.6.3.1) wird anhand der Spezifikation Ein-/Ausgabe-orientiert überprüft. Zum Einsatz kommen hier repräsentative Werte und Äquivalenzklassen, Wertebereichsgrenzen oder die (in-)korrekte Nutzung einer Funktion (Definition vs. Verwendung).

Kontrollfluss — Im Testen des Kontrollflusses (siehe Kap. 4.6.3.2) wird ein Testobjekt hinsichtlich seiner korrekten Ausführung unter Berücksichtigung seiner inneren Struktur überprüft. Zum Einsatz kommen hier die Tests für die in Tab. 2.3 aufgeführten Abdeckungstypen Anweisungsüberdeckung, Zweigabdeckung und Pfadabdeckung.

Funktionales Testen — Im funktionalen Testen werden Nutzungsfälle getestet, um die Korrektheit eines Systems zu untersuchen. Grundlage hierfür bilden die Nutzungsfälle (siehe Kap. 6.1.1.1) mit ihren Ein- und Ausgaben, den Regeln zur Nutzung einer Softwareeinheit sowie den Akzeptanzkriterien.

12.2.3.2 Äquivalenzklassen

Eine häufig eingesetzte Testmethode, insbesondere im automatisierten Unit Testing (siehe Abschn. 12.2.5) aber auch im Systemtest ist die *Äquivalenzklassenmethode* [39, 54]. Hierbei werden alle möglichen Eingaben in Äquivalenzklassen aufgeteilt und man geht von der Vorstellung aus, dass sich ein Softwaresystem bei der Eingabe eines Vertreters einer Äquivalenzklasse genauso verhält, wie bei allen anderen Vertretern dieser Klasse. Abb. 12.6 illustriert diese Idee. Einzelne Eingabewerte resultieren in bestimmten Ausgaben. Auch Kombinationen von Eingabewerten können in bestimmten Ausgaben resultieren. Spätestens hier wird offensichtlich, welche Vorteile die Äquivalenzklassenmethode bietet. Wenn Eingaben miteinander kombiniert werden, wird die Erstellung von Testfällen zu einem kombinatorischen Problem und bei entsprechend großen Wertebereichen der Eingabewerte wird es schwer oder sogar unmöglich alle Einzelwerte in allen denkbare Kombinationen zu testen.

Beispiel Um das Konzept der Äquivalenzklassen zu illustrieren, greifen wir auf das Beispiel der Heizungssteuerung aus Kap. 10.5.5 zurück. Wir legen für das korrekte Funktionieren der Heizung den Temperaturbereich $15 \leq t \leq 25$ Grad Celsius fest. Nutzereingaben < 15

12.2 Grundsätzliches Vorgehen im Testen von Software

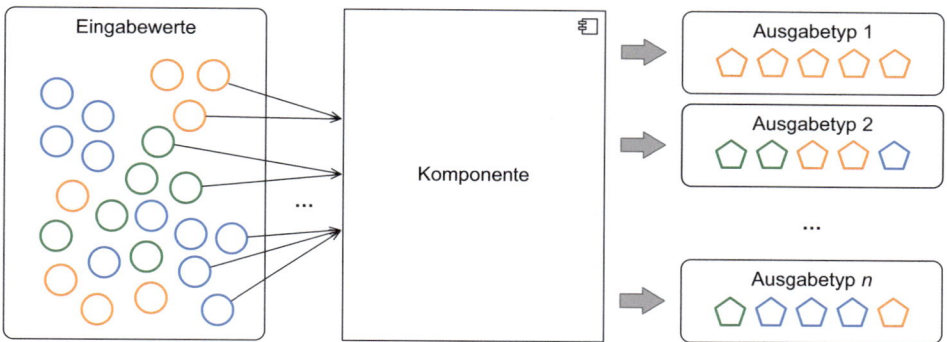

Abb. 12.6 Grundidee der Äquivalenzklassenbildung

schalten die Heizung ab, Eingaben > 25 werden genauso wie Eingaben < 0 nicht entgegengenommen. Wir bilden daraus nun die folgenden Äquivalenzklassen für Eingaben e:

Eq_1 $15 \leq e \leq 25$ – gültiger Bereich, Heizung an
Eq_2 $0 \leq e < 15$ – gültiger Bereich, Heizung aus

Gleichzeitig leiten wir aus den Randbedingungen zwei Äquivalenzklassen für ungültige Eingaben ab:

$\overline{Eq_3}$ $e > 25$ – ungültig, maximaler Wert der Heizung
$\overline{Eq_4}$ $e < 0$ – ungültig, Heizung muss bereits aus sein

Mit Hilfe dieser Äquivalenzklassen können nun Testfälle abgeleitet werden, in denen durch Vertreter gültiger und ungültiger Eingaben die Funktion der Heizungssteuerung getestet werden kann. Beispielhafte Testfälle können sein:

TF_1 $e = 20$ – Erwartetes Ergebnis: Heizung an
TF_2 $e = 30$ – Erwartetes Ergebnis: Heizung an, Fehler, Maximalwert bleibt 25
TF_3 $e = 14$ – Erwartetes Ergebnis: Heizung aus

Festlegung der Äquivalenzklassen Wesentlich ist die Wahl der Äquivalenzklassen, für die folgende Schritte durchlaufen werden müssen:

1. Es müssen Bedingungen festgelegt werden, die eine Äquivalenzklassen geeignet charakterisieren. Dies erfolgt üblicherweise anhand der Spezifikation des Testobjekts unter Berücksichtigung der möglichen Eingaben, die in charakteristische Fälle eingeteilt werden müssen, für die dann entsprechende Ausgabebedingungen erfüllt sein müssen.

2. Für jede identifizierte Äquivalenzklasse werden un-/gültige Ein- und Ausgaben zusammengefasst. Dabei gilt, dass jeder Vertreter einer Klasse die gleiche Wirkung auf das Testobjekt haben muss. Das heißt, tritt bei einem Vertreter ein Fehler auf, muss dieser Fehler auch bei allen anderen Vertretern einer Klasse auftreten.
3. Für jede identifizierte Äquivalenzklasse wird ein Testfall abgeleitet, der stellvertretend für die ganze Klasse ausgeführt wird.

Anmerkung *Im Allgemeinen gilt, für jede identifizierte Menge gültiger Eingaben bzw. Kombinationen von Eingaben ist eine gültige Äquivalenzklasse zu bilden. Zusätzlich sind auch für ungültige Eingaben Äquivalenzklassen zu bilden. In der Regel sind dies zwei zusätzliche Äquivalenzklassen: Eine erfasst Eingaben unterhalb des gültigen Wertebereichs und eine zweite erfasst Eingaben oberhalb des gültigen Wertebereichs. Beachtet werden sollten auch Eingaben, die an den Grenzen der gültigen Wertebereiche liegen. Diese werden dann im Rahmen einer Grenzwertanalyse (siehe Spillner und Breymann [54, Kap. 4.4]) erfasst.*

Komplexe Datentypen und Parameterkombinationen Das oben stehende Beispiel ist vergleichsweise einfach, da es nur einen Parameter erfasst. Jedoch werden in der Praxis in der Regel komplexe Funktionen ausgeführt, die mehrere Parameter entgegennehmen. In diesem Fall sind die Parameter und ihre Kombinationen zu erfassen. Davon ausgehend, dass eine Funktion f mit den Parametern (p_1, p_2, p_3) aufgerufen wird, sind nun die folgenden Schritte durchzuführen:

1. Für jeden Parameter p_i werden zuerst die Äquivalenzklassen der gültigen und ungültigen Eingaben wie zuvor beschrieben gebildet.
2. Für alle Parameter p_i werden jetzt die Kombinationen der Äquivalenzklassen gebildet:

   a. Der „naive" – und sehr ineffiziente – Ansatz ist die einfache Kombination aller Äquivalenzklassen, was in einer sehr großen Anzahl an Testfällen resultiert.
   b. Alternativ – und geschickter – werden die Äquivalenzklassen erneut gruppiert in „erfolgreiche" und „fehlschlagende" Kombinationen[5].
   c. Erfolgreiche Kombinationen, d. h., Kombinationen von Werten aus gültigen Äquivalenzklassen, können entsprechend reduziert werden.

Anmerkung *Man beachte, dass Werte aus den Äquivalenzklassen der ungültigen Eingaben nicht miteinander kombiniert werden sollten. Für jeden Wert aus diesen Äquivalenzklasse*

---

[5] Die Grundannahme hier ist, dass, wenn ein Parameter ungültig ist, die Wahrscheinlichkeit, dass eine Kompensation durch andere Parameter erfolgt nur sehr gering ist. Zudem ist auch davon auszugehen, dass eine Funktion auch bei nur einer ungültigen Eingabe einen Fehler meldet, das gewünschte Verhalten ist.

12.2 Grundsätzliches Vorgehen im Testen von Software

ist ein eigener Testfall zu erstellen. Ansonsten ist es nicht möglich, herauszufinden, welche Wertebelegung einen Fehler hervorruft oder gegebenenfalls sogar kompensiert.

Klassifikationsbaummethode Als praktikabel für die Bestimmung von Kombinationen von Äquivalenzklassen hat sich die sogenannte *Classification Tree Method* [24] erwiesen. Äquivalenzklassen werden hierbei schrittweise durch Unterklassen verfeinert, was in einen Klassifikationsbaum resultiert. Die Wurzel des Baums beschreibt das Gesamtproblem, während die Blätter die Äquivalenz(unter)klassen repräsentieren. Testfälle werden dann in Form einer Tabelle spezifiziert, wobei jede Tabellenzeile einem konkreten Testfall entspricht. Jeder Auswahlpunkt entspricht einem konkreten Wert aus einer Äquivalenzklasse. Zur Formulierung eines konkreten Testfalls genügt es nun, pro Parameter jeweils einen Vertreter aus der Äquivalenzklasse zu wählen. Abb. 12.7 zeigt einen beispielhaften Klassifikationsbaum für die Heizungssteuerung. Betrachtet werden in diesem Beispiel die Wertebereiche des Panels für die Eingabe und des Thermometers, sowie der Betriebsmodus der Heizung.

12.2.3.3 Testdurchführung

Die Vorbereitung und das Durchführen von Tests gehören ebenso wie Dokumentation und Codieren zur Software- und Systementwicklung. Entsprechend sind der Testablauf und die Testprogramme im Entwicklungsprozess mit zu planen (vgl. Abb. 12.5).

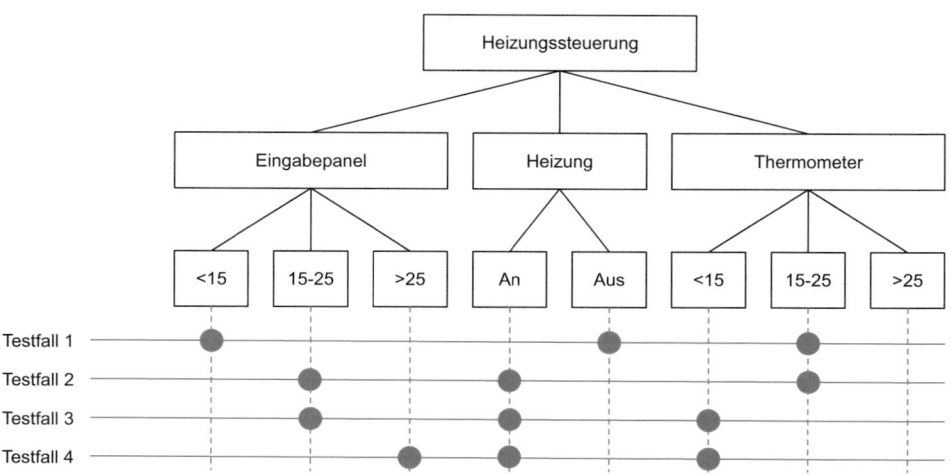

Abb. 12.7 Beispiel der Anwendung der Classification Tree Method anhand ausgewählter Äquivalenzklassen und Testfälle

12.2.3.4 Einbettung in den Entwicklungsprozess

Qualitätssicherungsmaßnahmen sind wichtig und unverzichtbar, aber teuer und aufwändig. Deshalb ist ein abgestimmtes Konzept für die Qualitätssicherung für den ganzen Entwicklungsprozess ratsam. Unterschiedliche Ansätze aus dem Bereich der agilen Softwareentwicklung (siehe Kap. 3.1) erlauben es daher auch, insbesondere die Codierung mit besonderem Augenmerk auf die Qualitätssicherung durchzuführen, etwa *Test-driven Development* (siehe Abschn. 12.2.6). Auch der Einsatz modellgetriebener Softwareentwicklungstechniken unterstützt die Qualitätssicherung, etwa durch das Generieren von Programm- und Testcode aus einem Modell (siehe Kap. 11.4).

Effizienz und Effektivität Die Effizienz und die Effektivität einer Qualitätssicherungsmaßnahme werden durch den Aufwand im Verhältnis zur Anzahl der gefundenen Fehler gemessen. Bennett und Wennberg [10] (siehe Abb. 1.7) weisen darauf hin, dass ein Fehler umso teurer wird, je später er gefunden wird. Daher ist es entscheidend, dass möglichst früh passende Maßnahmen zur Qualitätssicherung ergriffen werden.

Im Allgemeinen gelten Reviews und Inspektionen (siehe Abschn. 12.1.2) als sehr effiziente und effektive Methoden der Qualitätssicherung. So sollte man vor dem Test immer Reviews und Inspektionen durchführen. Allerdings ist die Klasse der Fehler, die durch Reviews gefunden werden, unterschiedlich zu der Klasse der in Tests gefundenen Fehler. Reviews und Tests ergänzen sich [52].

Durchgängigkeit der Qualitätssicherung Die Effektivität und Effizienz von Maßnahmen zur Qualitätssicherung erreicht man nicht zuletzt durch eine sorgfältige Abstimmung. Ein Ziel ist es dabei, Qualitätsanforderungen und -eigenschaften (siehe Kap. 2.2) so früh wie möglich festzustellen, um in Entwurf und Implementierung kostengünstig und risikomindernd einzugreifen. Dabei sind folgende Möglichkeiten und Verfahren von Nutzen:

- Erproben, Überprüfen, Bewerten und Messen von Qualitätseigenschaften zum frühest möglichen Zeitpunkt durch:
  - Prototypen (siehe Kap. 3.2.3), Simulationen
  - Softwaremetriken (siehe Kap. 2.3.3)
  - Reviews der Architektur, etwa ATAM (siehe Kap. 9.5.2)
  - Formale Verifikation und Model Checking
- Systematisches Verfolgen der ermittelten Fehler und Schwächen durch konsequentes Fehlermanagement. Dazu müssen Verfahren, Zuständigkeiten und Rollen geschaffen werden (Fehlerdatenbanken, Fehlerstatistiken etc. [45]).

Die ermittelten Fehlerzahlen und dokumentierten Mängel helfen auch bei der Projektsteuerung und darüber hinaus bei der gezielten Verbesserung der Entwicklungsmethodik [11].

12.2.4 Entwurfsregel F.I.R.S.T.

Im Kontext des Clean-Code-Prinzips führt Martin [45, Kap. 9] die F.I.R.S.T. Entwurfsregel für Tests – primär für automatisierte Tests – auf. Er weist auch besonders darauf hin, dass: *"If you let your test rot, then your code will rot too."* Das Akronym F.I.R.S.T. steht hierbei für:

Fast
Tests sollen schnell im Sinne der Testausführung sein. Die Erkenntnis ist, dass Tests weniger häufig ausgeführt werden oder gar bei großen Test-Suites gar nicht mehr vollständig ausführbar sind, wenn ihre Ausführung zu lange dauert. In Konsequenz werden Fehler nicht so früh wie möglich oder gar nicht gefunden, was eine Fehlerbehebung aufwändiger oder unmöglich gestaltet.

Independent
Tests sollen unabhängig voneinander sein. Insbesondere darf ein Test nicht die Vorbedingungen erzeugen, auf denen ein weiterer Test aufbaut. Dies würde dazu führen, dass ein fehlschlagender Test eine Kaskade von Fehlern erzeugt und sich entsprechend die Suche nach dem ursächlichen Fehler verkompliziert. Alle Tests sollen daher so gestaltet sein, dass sie immer sowohl einzeln, als auch in jeder beliebigen Kombination ausgeführt werden können.

Repeatable
Tests sollen in jeder Umgebung (im Sinne von Testumgebung aber auch in einer Produktions- oder produktionsnahen Umgebung) wiederholbar sein. Tests sollen in der Regel jederzeit und in jeder Umgebung unabhängig von spezifischen umgebungsbedingten Faktoren ausführbar sein.

Self-Validating
Tests sollen so gestaltet sein, dass sie einen Booleschen Wert als Ergebnis zurückliefern, also entweder erfolgreich durchlaufen oder fehlschlagen. Das Testergebnis soll unmittelbar sichtbar sein. Testlogs sollen nur Details beinhalten, um die Fehlersuche zu unterstützen. Sie sollen nicht benutzt werden müssen, um herauszufinden, ob ein Test erfolgreich war.

Timely
Tests sollten immer zeitnah zu dem Programmcode erstellt werden, auf den sie sich beziehen, oder gar schon bei der Erstellung der Anforderungen. Unit Tests sollten insbesondere erstellt werden, bevor der Produktionscode erstellt wird. Andererseits, so wird als Risiko aufgeführt, ist nicht zu erwarten, dass der Produktionscode testbar entwickelt wird. Wird der Produktionscode zuerst entwickelt, kann das Risiko eintreten, dass Code als schwer zu testen angesehen wird – manchmal vielleicht auch als zu schwer zum Testen.

12.2.5 Unit Testing

Mit *Unit Testing* wird im allgemeinen der *Modultest* bezeichnet, jedoch ist das Unit Testing insbesondere seit dem verstärkten Einsatz agiler Methoden der Softwareentwicklung in erster Linie mit dem automatisierten Testen assoziiert. Mit Hilfe von Abb. 12.8 wird die Einbettung des Unit Testings in den Entwurfs- und Entwicklungsprozess gezeigt. Als Ausgangspunkt wird das Beispiel des Kontomanagements aus Kap. 7.3.2 verwendet.

Im Rahmen eines FDD-organisierten Projekts, hat ein Anforderungsanalytiker einen *Feature Tree* entwickelt, welcher in Abb. 12.8 den Startpunkt markiert. Im ersten Schritt wird im Rahmen der Erarbeitung des Grobentwurfs (siehe Kap. 9.2) eine erste Komponentenarchitektur entworfen. Aus dem *Major Feature Set* wird hierbei eine Komponente Account Management gebildet. Im zweiten Schritt beginnt die schrittweise Verfeinerung, bis im dritten Schritt der Feinentwurf (siehe Kap. 9.3) vorliegt. Das Feature „*Calculate the balance…*" wird nun durch die Methode CalculateBalance realisiert. Diese Realisierung kann auch durch eine entsprechende User Story (siehe Kap. 7.4.1) beschrieben werden. Der Vorteil der Beschreibung der User Story ist, dass durch die Festlegung der Aktzeptanzkriterien ein passender Testfall abgeleitet werden kann. Im vierten Schritt wird damit nicht nur die geforderte Funktionalität realisiert, sondern es wird gleichzeitig ein *Unit Test* erstellt,

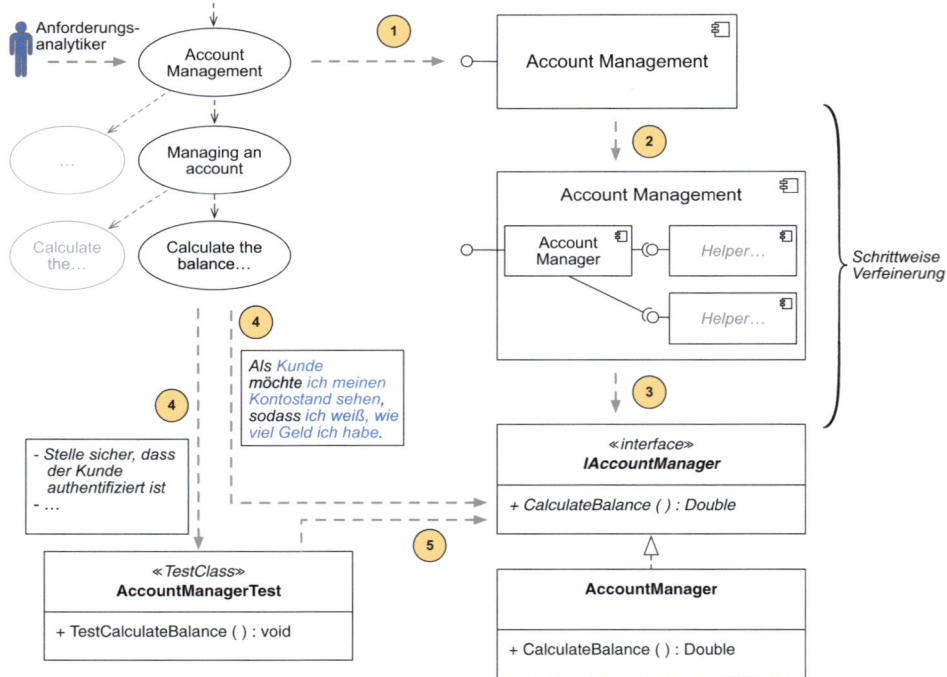

Abb. 12.8 Einbettung des Unit Testings in den Entwicklungs- und Entwurfsprozess

12.2 Grundsätzliches Vorgehen im Testen von Software

der genau diese Funktionalität testet. Auf dieser Ebene der Codierung umfasst ein Unit Test nur den Test einer Funktion. Es wird mindestens für jede öffentliche Methode einer Klasse ein entsprechender Unit Test erstellt. Dieser sollte bereits den in Abschn. 12.2.3.2 beschriebenen Gütekriterien genügen, insbesondere sollten alle Äquivalenzklassen bekannt und im Test berücksichtigt worden sein. Im fünften Schritt wird der Test dann ausgeführt.

> **Prinzipientreue...**
> Durch Einhalten der Architekturprinzipien (siehe Kap. 8.2) wird der Unit Test nun idealerweise auf der Schnittstelle ausgeführt – es wird der *Vertrag* getestet, um das korrekte Verhalten nach außen und in der Interaktion mit anderen Modulen zu prüfen. Im Rahmen des *Test-Driven Developments* (siehe Abschn. 12.2.6) wird der vierte Schritt aus Abb. 12.8 über die Erstellung der Testklasse getrieben. Es wird aus der Anforderung zunächst der Testfall entwickelt und im Anschluss erst der Code, der benötigt wird, um den Testfall erfolgreich zu durchlaufen. Hier ist offensichtlich, dass es wesentlich ist, Funktionalität und Schnittstellen sauber zu beschreiben und zu spezifizieren.

12.2.5.1 Was sind Unit Tests?

Ein Unit Test ist ein automatisierter Test einer kleinen Menge Quellcode. Solche Tests werden so oft wie möglich ausgeführt, um Seiteneffekte der Entwicklungstätigkeiten (Regression) – insbesondere im Rahmen der einzelnen Integrationsschritte (siehe Abschn. 12.3) – frühzeitig erkennen und beheben zu können (Regressionstest). Unit Tests sollen hierbei möglichst effizient und effektiv gestaltet sein. Idealerweise werden Unit Tests bereits während der Entwicklung entworfen (siehe Abschn. 12.2.6), da es nur mit viel Aufwand möglich ist, sie im Nachhinein zu erstellen [51]. Unit Tests entsprechen im Wesentlichen der Definition eines *Testfalls* (siehe Definition 12.1) – sie sollen in sich abgeschlossen sein, Vor- und Nachbedingungen definieren und eine spezifische Funktion abdecken.

Anmerkung *Das Unit Testing als solches ist bereits seit langem bekannt (siehe Kap. 3.2.1), Popularität erlangte es aber insbesondere im Umfeld der agilen Softwareentwicklung und der dort realisierten starken Testautomatisierung (siehe Abschn. 12.2.6.2). Hier wurde es sogar zum Kern einer testbasierten Softwareentwicklung – dem Test-Driven Development (siehe Abschn. 12.2.6).*

Beispiel Zur Illustration von Unit Tests verwenden wir das Beispiel aus Kap. 10.5.2 – insbesondere beziehen wir uns auf den Lösungsvorschlag aus Abb. 10.11. Hierbei betrachten wir ein Interface `IShape`, welches durch mehrere Klassen implementiert wird. In Abb. 12.9

ist die Implementierung noch einmal gezeigt und entsprechend kommentiert, sodass eine Verknüpfung mit dem Test aus Abb. 12.10 hergestellt werden kann. Das Beispiel zeigt, dass in den Testfällen entsprechende Objekte erstellt und initialisiert werden. Damit ist sichergestellt, dass die zu testende Datenstruktur nicht durch äußere Einflüsse beeinträchtigt wird.

Um die Tests auszuführen, stellen moderne Entwicklungsumgebungen heute passende Werkzeuge bereit. Oft genügt es, in die *Test-Perspektive* der Entwicklungsumgebung zu wechseln, eine Testkonfiguration oder alle Tests auszuwählen und diese zu starten. Die Entwicklungsumgebung erstellt daraufhin die Software neu und führt die Tests aus. Dem Entwickler werden dann die Ergebnisse angezeigt. Im Falle fehlgeschlagener Tests, wird der Entwickler an die Stelle geführt, welche den Fehlschlag verursacht hat.

```
1 public interface IShape
2 {
3     // Diese Methode ist nur der Prototyp - das tatsächliche Verhalten
4     // wird erst durch die implementierenden Klassen festgelegt.
5     // Beachtet werden muss jedoch die polymorphe Verwendung!
6     double CalculateArea();
7 }
8
9 public class Circle : IShape
10 {
11    public double Radius { get; set; }
12    ...
13    // Die Fläche eines Kreises berechnet sich durch Pi*Radius^2
14    // Der Testfall muss also auf Basis des Radius, mit dem der Kreis
15    // initialisiert wurde, die Berechnung durchführen und das
16    // Ergebnis mit dem Wert vergleichen, den die Methode zurückgibt
17    public virtual double CalculateArea()
18    {
19       return Radius * Radius * Math.PI;
20    }
21 }
22
23 public class Rectangle : IShape
24 {
25    public double X { get; set; }
26    public double Y { get; set; }
27    ...
28    // Ähnlich wie beim Kreis legt diese Implementierung ein spezifisches
29    // Verhalten fest. Der Test muss auf Basis der Längenangaben für die
30    // beiden Seiten des Rechtecks den Wert ermitteln und diesen mit dem
31    // Ergebnis der Methode vergleichen
32    public virtual double CalculateArea()
33    {
34       return X * Y;
35    }
36 }
```

Abb. 12.9 Das Interface IShape und die zu testenden Implementierungen der Klassen Circle und Rectangle in C#

```
1  using NUnit.Framework;
2  using System;
3
4  using EiST.Examples.SOLID.OCPConformTypes;
5
6  namespace EiST.Examples.SOLID.Tests
7  {
8    [TestFixture()]
9    public class Test
10   {
11     [Test]
12     public void TestCircleArea()
13     {
14       // Lege ein Shape-Objekt an und initialisiere es
15       IShape c = new Circle(1);
16       // Prüfe, ob die Berechnung der Kreisfläche korrekt arbeitet
17       Assert.AreEqual(Math.PI, c.CalculateArea());
18     }
19     [Test]
20     public void TestRectangleArea()
21     {
22       // Lege ein Shape-Objekt an und initialisiere es
23       IShape r = new Rectangle(2, 2);
24       // Prüfe, ob die Berechnung der Rechtecksfläche korrekt arbeitet
25       Assert.AreEqual(4, r.CalculateArea());
26     }
27   }
28 }
```

Abb. 12.10 Testfall für die Klassen Circle und Rectangle

Werden in der Entwicklung einer Software fortgeschrittene, hoch-automatisierte Techniken aus dem Bereich der kontinuierlichen Softwareentwicklung (siehe Abschn. 12.4) oder *DevOps* (siehe Abschn. 12.4.2) verwendet, werden diese Build-Test-Zyklen sogar automatisch im Hintergrund auf Testservern ausgeführt, ohne dass Entwickler dies explizit anstoßen müssen.

12.2.5.2 Entwicklung von Unit Tests

Der Entwurf von Testfällen – insbesondere von „guten" Testfällen – ist eine Herausforderung, die strukturiert und geplant angegangen werden muss. Dabei können etwa die F.I.R.S.T. Regeln (siehe Abschn. 12.2.4) oder das Konzept des *Clean Testings* Anwendung finden. Martin [45] gibt beispielsweise folgende Entwurfskriterien für Testfälle an:

One Assert per Test — In der agilen Softwareentwicklung finden sich Aussagen, dass es pro Unit Test nur ein Assert-Statement geben soll. Martin [45] hingegen stellt fest, dass es durchaus auch sinnvoll ist, mehrere Assert-Statements zu haben. Trotzdem soll beim Entwurf von Testfällen immer gelten, dass die Anzahl der Assert-Statements pro Testfall zu beschränken ist.

Single Concept per Test Bei der (objektorientierten) Entwicklung von Software folgt man üblicherweise der Regel, dass eine Methode nur einen Zweck erfüllt. Gleiches gilt auch für Testfälle. Pro Testfall soll nur ein Konzept geprüft werden. Voneinander unabhängige Konzepte sollen nicht in einem Testfall geprüft sollen.

Unabhängig davon welchen Entwurfsprinzipien die Entwicklung von Unit Tests folgt, kann es jedoch vorkommen, dass bereits Codeteile geprüft werden sollen, die noch nicht implementiert sind. In diesem Fall muss auf entsprechend *Dummies* zurückgegriffen werden (siehe Abschn. 12.1.1, Abb. 12.2).

Darüber hinaus folgt die Entwicklung von Unit Tests im Wesentlichen der allgemeinen Entwicklung von Testfällen. Das heißt, es sind Testfälle für normales Verhalten zu definieren und es sind Testfälle für ungültige Eingaben sowie Berechnungen an den Grenzen der Wertebereiche von Variablen zu erstellen (siehe Abschn. 12.2.3.2). Da Unit Tests selbst Programme sind, ist auch hier auf die Qualität der Testfälle zu achten. Insbesondere muss berücksichtigt werden, dass bei zunehmender Anzahl der Testfälle – mehrere 1000 oder 10.000 Testfälle sind keine Seltenheit – auch das Testsystem eine Architektur hat. Diese spiegelt oft die eigentliche Systemarchitektur wider, was insbesondere dann berücksichtigt werden muss, wenn reger Gebrauch der Techniken des *Refactorings* (siehe Kap. 13.2.3.4) gemacht wird. Es ist dann abzuwägen, inwiefern ein Refactoring der Architektur auch das Testsystem beeinflusst und eine entsprechende Anpassung erforderlich macht.

Anmerkung *Ein wesentlicher Vorteil des automatisierten Testens durch Verwendung moderner Unit Test Umgebungen ist die Fähigkeit,* Regressionstests *(siehe Abschn. 12.3.1.2) durchzuführen. Unit Tests werden dabei in* Testsuites *zusammengefasst. Wird eine neue Komponente entwickelt, wird eine Testsuite entsprechend erweitert und alle Tests einer Suite werden im nächsten Durchlauf erneut ausgeführt. Werden Integrationen durchgeführt und wird für eine Integrationsstufe ein entsprechender Test erstellt, sorgen moderne Entwicklungs- und Build-Umgebungen dafür, dass auch die einzelnen Tests der für die Integration verwendeten Komponenten erneut ausgeführt werden. Dies stellt eine kontinuierliche Qualitätssicherung der einzelnen Komponenten wie auch – in gewissen Grenzen – der Komponenten im Zusammenspiel mit anderen Komponenten sicher.*

12.2.6 Test-Driven Development

Das *Test-Driven Development* (TDD; [7]) bezeichnet einen Stil in der Softwareentwicklung, bei dem Tests im Mittelpunkt stehen. Es werden die drei Kernaufgaben *Codierung, Testen* und *Entwurf* miteinander verschränkt ausgeführt. Dabei werden im Test-Driven Development die Aufgaben des Testens und des Entwurfs üblicherweise mit dem Schreiben von *Unit Tests* und dem *Refactoring* gleichgesetzt. Test-Driven Development folgt einem einfachen

Abb. 12.11 Vorgehen im Test-Driven Development für eine Funktion

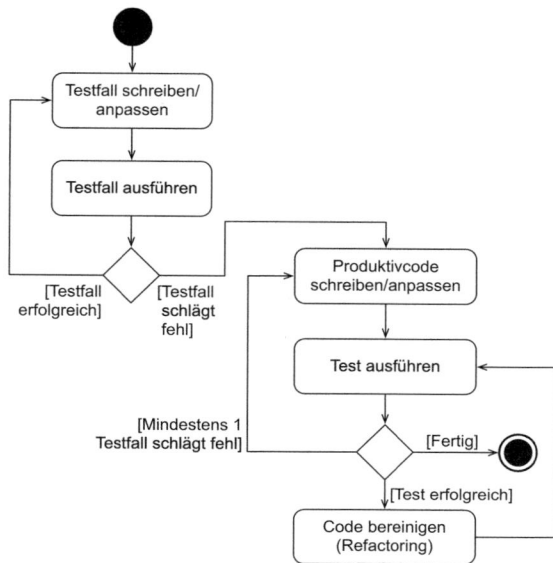

Ablauf, welcher in Abb. 12.11 für ein Feature dargestellt ist. Er wird für alle Features individuell ausgeführt, solange bis die geforderte Funktionalität vollständig umgesetzt und getestet ist.

12.2.6.1 Regeln des Test-Driven Developments

Das in Abb. 12.11 dargestellte Vorgehen bildet die simplen Regeln des Test-Driven Development in einem inkrementell/iterativen Prozess ab. Diese Regeln sind nach Kent Beck [7]:

Regel 1: Schreibe keinen Produktivcode, solange du keinen Testfall erstellt hast, der fehlschlägt.

Regel 2: Schreibe nicht mehr in einen Unit Test als benötigt wird, einen Test fehlschlagen zu lassen oder einen Compiler-Fehler zu erzeugen.

Regel 3: Schreibe nicht mehr Produktivcode als erforderlich ist, um den fehlschlagenden Test erfolgreich zu bestehen.

Einfach ausgedrückt bedeutet das, dass Entwickler zunächst ausreichend Testcode erstellen sollen, um einen Test fehlschlagen zu lassen. Im nächsten Schritt wird dann genau so viel Produktivcode geschrieben, wie notwendig ist, damit der Test erfolgreich durchlaufen wird. Damit wird eines der zentralen Ziele des Test-Driven Developments deutlich – die *Verkürzung der Entwicklungs- und Testzyklen*.

Achtung *Es ist wichtig zu beachten, dass es explizit* **nicht** *im Sinne des Test-Driven Developments ist, alle Testfälle zu erstellen, bevor mit dem Schreiben des Produktivcodes begonnen wird. Martin und Martin [46, p. 32] empfehlen das abwechselnde Schreiben von Tests und Produktivcode und zwischen diesen beiden Aktivitäten in „Mikro-Iterationen" von nur wenigen Minuten Dauer zu wechseln.*

12.2.6.2 Implikationen

Nach Martin und Martin [46] hat das Test-Driven Development einige Implikationen, welche bei der Entwicklung des Systems berücksichtigt werden müssen:

Perspektivwechsel   Die Anwendung von Test-Driven Development zwingt Entwickler zu einem Wechsel der Perspektive. Bei der Erstellung der Testfälle werden Entwickler nämlich zu „Nutzern" des Codes, das heißt, Entwickler müssen sich nun mit der Schnittstelle des jeweiligen Moduls auseinandersetzen.

Testbarkeit   Test-Driven Development erfordert einen Softwareentwurf, der uneingeschränkt „testbar" ist. Dazu muss die Software auf Testbarkeit hin entworfen werden und es muss sichergestellt werden, dass die Software positive Kopplungseigenschaften (siehe Kap. 8.2.2.1) aufweist. Ist die Kopplung einer Softwarekomponente zu groß, erhöht sich zwangsweise die Komplexität der Tests.

Dokumention   Die Tests, welche im Test-Driven Development erstellt werden, können auch als Teil der Dokumentation der Software angesehen werden. Sie demonstrieren, wie etwa mit Klassen umzugehen ist, wie Objekte korrekt erstellt und initialisiert werden, oder wie Methoden aufgerufen werden. Damit dienen die Tests auch als Beispiele zum Umgang mit einer Software, die auch dazu verwendet werden können, neue Entwickler im Team einzuarbeiten.

Weiterhin ist im Test-Driven Development zu beachten, dass eine passende Test- und Integrationsstrategie umzusetzen ist. Dabei sind gegebenenfalls separate Dummies und Testtreiber zu erstellen (siehe Abschn. 12.3.2).

Im Rahmen der Testautomatisierung werden so viele Tests wie möglich mit der Hilfe von *Testwerkzeugen* automatisiert. Dafür sind mindestens folgende Bestandteile notwendig: Eine Datenbank, die die hierbei notwendigen Werkzeuge enthält, die Quellen der zu testenden Programme, die Testdaten, die Soll-Ergebnisse und die Ist-Ergebnisse aus der protokollierten Testdurchführung. Die wichtigsten Aspekte und Aufgaben der Testautomatisierung sind in Tab. 12.1 aufgeführt.

Aus den Aufgaben in Tab. 12.1 ist bereits ersichtlich, wie aufwendig die systematische Durchführung von Tests ist. Die Durchführung von Testläufen erfordert insbesondere die

12.2 Grundsätzliches Vorgehen im Testen von Software

Tab. 12.1 Wichtige Aspekte und Aufgaben bei der automatisierten Testdurchführung

Aspekt	Beschreibung

Verwaltung	Die Verwaltung umfasst insbesondere die folgenden Aufgaben:
	
	• Verwaltung der Programmquellen
	• Verwaltung der Testdaten und Soll-Ergebnisse
	• Zusammenstellung von Testläufen (Testprotokolle)
	• Verwaltung des Teststatus jeder Komponente; dieser enthält folgende Angaben:
	
	  – welche Tests fehlerfrei durchgeführt wurden
	  – welche Tests mit Fehler durchgeführt wurden
	  – welche Tests noch gar nicht durchgeführt wurden
	  – welche Programmzweige noch nicht durchlaufen wurden

Generierung	Die Generierung von Testdaten und/oder Testfällen umfasst unter anderem die Beurteilung der generierten Testdaten bezüglich ihrer Relevanz
Durchführung	Die Durchführung umfasst insbesondere die folgenden Aufgaben: • Durchführung von Testläufen und Bereitstellung der Testumgebung • Soll/Ist-Vergleiche der Ergebnisse
Diagnose	Die Diagnose umfasst insbesondere die folgenden Aufgaben: • Aufruf der Komponente und Übergabe der Eingabedaten • Entgegennahme der internen Zustände der Komponente und der Ausgabedaten • Speicherung der Ergebnisse der Tests • Erzeugung von externen Ereignissen (Fehler, Alarme, Unterbrechungen, simulierte Eingaben von Nutzern) aufgrund der Testvorgaben • Bereitstellung von Daten anderer Komponenten, auf welche die zu testende Komponente zugreift und Überprüfung dieser Zugriffsarten und -rechte • Überwachung des Ablaufs der Komponente, ggf. Diagnose, Trace etc. • Durchführung von Messungen (Leistungstests)

Bereitstellung einer Testumgebung (eines sogenannten *Testbetts,* Abb. 12.12), welche die Durchführung der Tests, insbesondere der Testausführung, ermöglicht.

Das Testen erfordert bis zu 50 % und mehr des gesamten Entwicklungsaufwands eines Softwaresystems [9, 39]. Es ist deshalb ein nahe liegendes Ziel zur Reduzierung des Gesamtentwicklungsaufwands den Testaufwand zu reduzieren, entweder durch andere passive Qualitätssicherungsmaßnahmen oder – besser noch – durch weitergehende Maßnahmen der aktiven, konstruktiven Qualitätssicherung. Es wird dabei auch von „Front Loading" gesprochen, einer sorgfältigen Arbeit bei der Ermittlung der Anforderungen, der Architektur und der Implementierung, um die Anzahl der erst im Test gefundenen Fehler zu reduzieren.

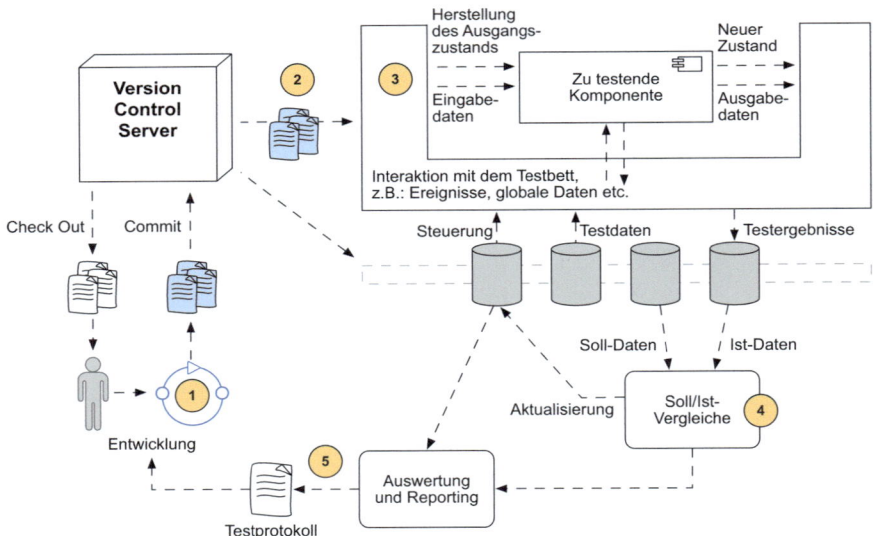

Abb. 12.12 Allgemeine Struktur eines Testbetts und seine Nutzung im automatisierten Testen

12.3 Strategien für Software- und Systemintegration

Nach Abschluss der Codierung und der Qualitätssicherung einzelner Programmmodule liegt die Software im Sinne der Realisierung weitgehend fertiggestellt vor. Nun muss das System zusammengebaut (integriert) und die einzelnen Module müssen auf korrektes Zusammenspiel hin geprüft werden. Dies wird als *Integration* bezeichnet.

Definition 12.3 (Integration) Die Integration umfasst die erforderlichen Teilschritte zur Erstellung des Gesamtsystems aus seinen Modulen und Komponenten und der Überprüfung des korrekten Zusammenspiels der integrierten Module und Komponenten.

Die Integration ist, ebenso wie die Qualitätssicherung (Abb. 12.1), in den Entwicklungsprozess eingebettet. Abb. 12.13 illustriert diese Einbettung und zeigt auch die Verflechtung mit den Aufgaben der analytischen Qualitätssicherung. Durch diese enge Verflechtung ergeben sich auch für die Integration zwei Standardpfade: Über die Entwicklung und über die Aufgaben im Rahmen der Evolution. In der Entwicklung sind neu entwickelte Funktionen in den aktuellen Entwicklungsstand zu integrieren. Dies erfolgt immer in Verbindung mit entsprechenden Tests, die sicher stellen, dass die neue Funktion wie erwartet funktioniert, und dass bereits implementierte Funktionen im Zusammenspiel mit der neuen Funktion weiterhin anforderungsgemäß arbeiten (siehe Abschn. 12.2). Werden in der Evolution (siehe Kap. 13) neue Funktionen definiert und implementiert, sind auch diese – analog zur „Erstentwicklung"

12.3 Strategien für Software- und Systemintegration

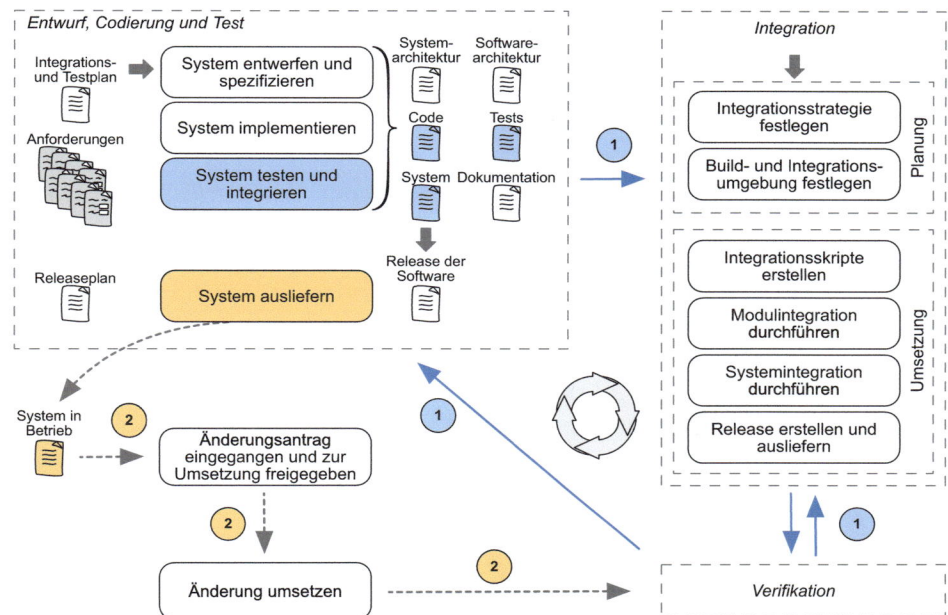

Abb. 12.13 Einbettung der Integration in die Aufgaben der Entwicklung und der Evolution

– zu überprüfen. Werden Fehlerkorrekturen vorgenommen, ist zu prüfen, ob die aktualisierten Softwareteile nun korrekt arbeiten und ob durch die Fehlerkorrektur gegebenenfalls neue Fehler entstanden sind.

Bei großen Entwicklungsprojekten mit einer hierarchischen Zerlegung des Softwaresystems in Teilsysteme auf mehreren Ebenen (siehe Kap. 9.2 und 9.3) erfolgt die Integration entsprechend in mehreren Stufen. Ist die Software eingebettet in ein übergeordnetes System, muss auch die Software in das übergeordnete System integriert werden. Die Integration erfolgt in der Regel in mehreren Schritten und Stufen. Dabei werden die folgenden Aktivitäten – oft auch wiederholt – ausgeführt:

1. Prüfung der Einzelsysteme (Eingangsprüfung).
2. Integration der Einzelsysteme.
3. Prüfung des integrierten Systems (Verifikation).
4. Identifikation von Fehlern (Defekten).
5. Diagnose, Korrektur von Fehlern.
6. Nachprüfung.

Entscheidend ist hierbei der erste Schritt – die Eingangsprüfung. Alle Module, die in einem Integrationsschritt genutzt werden, müssen in geprüfter Form vorliegen und es muss sichergestellt sein, dass die Module ihrer jeweiligen Schnittstellenspezifikation genügen (siehe Abschn. 12.3.1.1) und damit reif genug für die Integration sind. Ungetestete Module bergen das Risiko, dass eine Integration Fehler in den Modulen aufdeckt, für die aufwändige Nacharbeiten erforderlich sind.

Achtung *Gerade in der Korrektur von Fehlern ist auch organisatorische Sorgfalt geboten. Es ist klar festzulegen, wer für die Korrektur eines gefundenen Fehlers zuständig ist. Eine solche Regelung ist im Rahmen der Projektdefinition bei der Festlegung der Qualitätssicherungsverfahren* [11, Kap. 7.4] *zu treffen.*

Im Anschluss werden die einzelnen Module anhand der Architekturbeschreibung und des Integrationsplans (siehe Abb. 12.14) schrittweise zusammengebaut. Das zusammengebaute System wird dann den Integrationstests (siehe Abschn. 12.3.1.2) unterzogen.

Voraussetzungen für die Integration
Integration bedeutet immer, Systemteile zu verbinden und ihr ordnungsgemäßes Zusammenspiel sowie die Korrektheit der dadurch erbrachten Funktionalität zu prüfen. Formal heißt das, dass die Komposition von Teilsystemen (Komponenten, Module) geprüft wird.

Eine sorgfältig ausgearbeitete Architektur (siehe Kap. 8), also der Plan für die Systemzerlegung, ist auch die Grundlage für das Vorgehen zum Zusammensetzen des Gesamtsystems in Form eines *Integrationsplans*. Damit eine systematische Integration durchführbar ist, müssen mit der Architektur mindestens eine *Architekturbeschreibung* (Gliederung des Systems, Kommunikationswege) und eine *Komponentenspezifikation* (Beschreibung der Schnittstellen und des Schnittstellenverhaltens) vorliegen. Ergänzend müssen die Anforderungen an das System in Form einer *Systemspezifikation* (Beschreibung des Verhaltens des Systems an seinen Schnittstellen, siehe Kap. 4.6.2) beschrieben sein. Die spezifische Reihenfolge der Integrationsschritte ist durch den Architekturentwurf und die Systemspezifikation jedoch nicht zwingend festgelegt. Im Folgenden gehen wir daher noch einmal vertiefend auf die Beziehung zwischen Architektur und Integrationsplanung ein und betrachten im Anschluss die drei grundsätzlichen Ansätze zur Integration.

12.3.1 Grundsätzliche Test- und Integrationsstufen

Im Modultest liegt der primäre Fokus der Qualitätssicherung für Code auf einem vergleichsweise lokal begrenzten Test für den Programmcode, etwa die Überprüfung einer isolierten Funktion durch gegebenenfalls automatisierte Tests (siehe Abschn. 12.2.5). Im Rahmen der Software- und Systemintegration sind jedoch umfassendere Teststrategien erforderlich,

12.3 Strategien für Software- und Systemintegration

welche auch das System als Ganzes umfassen können. Im Folgenden gehen wir daher auf die „anspruchsvolleren" Teststrategien ein, die insbesondere auch einen wesentlichen Teil der einzelnen Schritte der Software- und Systemintegration (siehe Abschn. 12.3.1.2) darstellen.

12.3.1.1 Modultest und -integration

Erste Aufgabe der Integration ist es, entsprechend der im Entwurf entwickelten Strukturierung des Systems, Module zu den zugehörigen Komponenten zusammenzufassen und diese – bei einer mehrstufigen Strukturierung des Systems – wiederum zu komplexeren Komponenten und schließlich zum Gesamtsystem zusammenzufassen.

Vorbereitende Schritte Die Integration der Module und Komponenten zu einem Gesamtsystem und der Einfügung des Gesamtsystems in seine Zielumgebung stellt oft einen problematischen Schritt dar. Bisher unentdeckte Mängel des Entwurfs werden hier sichtbar. Für die Vorbereitung und Durchführung der Modulintegration empfiehlt sich folgendes Vorgehen.

1. Auf Basis des Entwurfs und der Implementierungsarchitektur werden frühzeitig ausführbare Rahmen für die Integration des Gesamtsystems oder von Komponenten geschaffen, in die dann Schritt für Schritt die realisierten Module eingehängt werden (siehe Abschn. 12.3.2).
2. Jedes Modul wird vom jeweils zuständigen Entwickler oder vom zuständigen Entwicklungsteam realisiert, dabei ausgetestet und bei Feststellung der erforderlichen Reife an das Integrationsteam übergeben. In einem kontinuierlichem Entwicklungsansatz erfolgt dies in der Regel automatisiert durch Werkzeuge unterstützt (siehe Abschn. 12.4).
3. Ein Modul wird unter Umständen bei der Übergabe nochmals getestet (Eingangstest), dann in den Integrationsrahmen eingefügt und schließlich in diesem Rahmen getestet.

Bei ungenügender Qualitätssicherung der Teilsysteme oder der Architektur können Fehler auftreten, die den Integrationsprozess behindern und negativ beeinflussen. Dies sind insbesondere Fehler bei der Implementierung von Modulen (Implementierungsfehler) und Fehler in der Konzeption des Zusammenwirkens (Entwurfsfehler, Fehler in der Softwarearchitektur).

Neben Fehlern im eigentlichen Sinn können sich bei der Integration auch Leistungsengpässe zeigen, etwa zu lange Laufzeit oder zu hoher Speicherbedarf. Da diese in vielen Fällen nicht einem einzigen Modul zugeordnet werden können, sondern aus dem Zusammenspiel von Modulen und Komponenten resultieren, ist die Schwierigkeit beim Auftreten entsprechender Fehler – besonders während der Integration – deren Lokalisierung (siehe Kap. 9.1.6.3). Dazu ist zu bestimmen, welche Art von Fehler (Implementierungs- oder Entwurfsfehler) vorliegt und inwiefern die Architektur oder welche Komponenten geändert werden müssen, um den Fehler zu beseitigen. Bei einem unsystematischen Vorgehen ist eine Fehlerlokalisierung schwierig oder gar unmöglich. Deshalb ist es empfehlenswert, die

Integration von Modulen und Komponenten schrittweise vorzunehmen und auf diese Weise immer größere Systemeinheiten zu realisierten (siehe Abschn. 12.3.2). Verfügt man über einen Prototyp für das Gesamtsystem (siehe Kap. 3.2.3), können die fertiggestellten Systemteile Stück für Stück in den Prototypen integriert werden. Existiert kein Prototyp, ist oft der frühe Aufbau der Gesamtarchitektur sinnvoll, wobei noch nicht implementierte Systemteile durch Dummies (siehe Abschn. 12.1.1) ersetzt werden, die nur der Durchführung von Integrationstests dienen.

> **Zur Rolle des Konfigurationsmanagements**
> Ziel des Konfigurationsmanagements – besonders in der Integration – ist die Verwaltung der Softwareeinheiten und ihre Zusammenstellung zu in sich konsistenten, ablauffähigen Softwaresystemen [11, Kap. 5.4]. Entsprechend müssen in der Integration bei der Änderung von Modulen oder Komponenten auch alle weiteren von der Änderung betroffenen Komponenten identifiziert werden. Dem Konfigurationsmanagement kommt somit in der Integration besonderes Gewicht zu. Das Entdecken eines Fehlers, insbesondere eines Entwurfsfehlers, und die damit verbundene Änderung eines Moduls oder einer Komponente kann weitreichende Folgen haben. Zeigt sich in der Integration beispielsweise, dass im Entwurf festgelegte Schnittstellen zwischen Komponenten nicht eingehalten werden können, müssen diese Komponenten und deren Unterkomponenten und Module angepasst werden. Insbesondere im agilen und kontinuierlichen Vorgehen, in dem die Software auch einem *Refactoring* unterliegt, ist damit der Einsatz von Versionskontrollsystemen für Programmcode (siehe Kap. 11.5) im Rahmen des Konfigurationsmanagements zwingend.

Vorgehen im Modultest Im Modultest wird nun überprüft, ob ein Modul seiner Spezifikation entspricht. Dabei gibt es unterschiedliche Formen der Spezifikation, etwa *Design by Contract* (siehe Kap. 8.2.6), und die Spezifikation liefert wesentlichen Informationen für den Entwurf der Testfälle, wie die Beschreibung der Beziehungen zwischen Ein- und Ausgaben, Vor- und Nachbedingungen, Invarianten oder Zeitbedarf. Die Erstellung eines Modultests folgt im Wesentlichen den Schritten des allgemeinen Testprozesses (Abb. 12.4) und besteht pro Modul aus den folgenden Schritten:

1. Testfallauswahl und -entwurf
2. Testvorbereitung (Testumgebung schaffen)
3. Testdurchführung
4. Testauswertung

Dabei ist insbesondere auch zu entscheiden, was genau als Basis für die Wahl der Tests dienen soll – das spezifizierte Verhalten oder die Struktur des Codes. Hier sind also auch unterschiedliche Testfälle für *Black-Box-Tests* und *White-Box-Tests* erforderlich (siehe Abschn. 12.2.3.1). So kann ein Modul anhand seines spezifizierten Schnittstellenverhaltens getestet werden. Die einzelnen Testfälle können dann mit Hilfe der *Äquivalenzklassenmethode* (siehe Abschn. 12.2.3.2) ermittelt werden. Bei White-Box-Tests kann ein Modul im Hinblick auf die korrekte Implementierung auch die Wahl eines Überdeckungsverfahrens geprüft werden. Auch hierbei gilt wiederum: die geschickte Wahl der Testfälle und der Testmethodik hat weitreichenden Einfluss auf die Effektivität und Effizienz der Tests.

12.3.1.2 Komponenten-, System- und Integrationstest

Während der Modultest einzelne Einheiten isoliert betrachtet, werden im *Integrationstest* die Einheiten im Zusammenspiel getestet. Es ist unzutreffend davon auszugehen, dass für sich jeweils erfolgreich getestete Einheiten auch sofort im Zusammenspiel fehlerfrei funktionieren. Ihr reibungsloses Zusammenspiel wird im Integrationstest überprüft.

Zusammenhang von Integrationstests und Architektur Bei großen Entwicklungsprojekten mit einer hierarchischen Zerlegung des Softwaresystems in Teilsysteme auf mehreren Ebenen erfolgt die Integration entsprechend in mehreren Stufen (siehe Abschn. 12.3.2). Ausgehend von den Modulen werden Softwaresysteme hierarchisch zu immer größeren Einheiten zusammengefügt. Das Zusammensetzen der Module im Integrationstest umfasst sowohl solche Module, die im Projekt selbst entwickelt wurden, als auch solche Komponenten, die von Dritten für das Projekt zugeliefert wurden. Hier ist dann im Rahmen des Integrationstests insbesondere darauf zu achten, ob solche zugelieferten Komponenten mit der selbstentwickelten Software verträglich sind und ihren Zweck erwartungsgemäß erfüllen.

Achtung *Dies hat aber auch zur Folge, dass zugelieferte, externe Komponenten selbst wieder zu Testobjekten werden (Stichwort: Eingangstest). Nur weil eine Komponente zugeliefert wurde, kann nicht davon ausgegangen werden, dass diese für den aktuellen Einsatzzweck ausreichend getestet wurde. Dies gilt insbesondere auch für Open Source Software, für die teilweise wenig oder gar kein offizieller Support verfügbar ist. Nur umfassend getestete Module sollten in die Integration übernommen werden.*

Treten während des Integrationstests Fehler auf, können unter der Voraussetzung, dass eine vollständig spezifizierte Architektur vorliegt, die gefundenen Fehler wie folgt klassifiziert werden:

Modulfehler   Ein Modul oder eine Komponente entsprechen nicht der Spezifikation. Solche Fehler hätten bereits im Modultest (siehe Abschn. 12.3.1.1) gefunden werden müssen.

Architekturfehler Die Architektur enthält Fehler, sodass, obwohl alle Komponenten ihren Spezifikationen entsprechen, sie im Zusammenspiel nicht die erwarteten Resultate liefern. Dies kann die folgenden Ursachen haben:

- *Kopplungsfehler:* Werden die richtigen Module geladen, miteinander verbunden und korrekt aufgerufen?
- *Schnittstellenfehler:* Zwei realisierte Komponenten passen an den Schnittstellen nicht zusammen (Stichwort: Kompatibilität, siehe Kap. 4.6.1.4), etwa wenn eine Komponente eine Funktion auf-Parameter der aufzurufenden Funktion einen Int erwartet, die aufgerufene Funktion jedoch ein Double als Parameter erwartet. Auch unterschiedliche, nicht korrekt umgerechnete Einheiten, etwa Meilen statt Kilometer, können Probleme verursachen.
- *Protokollfehler:* Protokollfehler adressieren die inkorrekte oder ungeplante Nutzung einer Komponente, wie eine falsche Aufrufreihenfolge von Funktionen.
- *Zeitfehler:* Nachrichten können zwar richtig gesendet und empfangen werden, jedoch zum falschen Zeitpunkt oder in falschen Zeitintervallen.
- *Synchronisationsfehler:* Bei verteilten Systemen entstehen „Deadlocks" wenn zwei Module oder Komponenten wechselseitig auf Daten warten oder aber beide Daten senden, ohne dass sie zum Empfang der Daten bereit sind.

Wann beginnt die Integration? Es ist *nicht* ratsam, mit den Integrationstests zu warten, bis alle Module vollständig codiert vorliegen. Vielmehr sollten die Integration der Module und der Integrationstest schrittweise einem frühzeitig festgelegtem Integrationsplan (Abb. 12.14) folgend vorgenommen werden. Hierdurch ergeben sich folgende Vorteile:

- Auftretende Probleme lassen sich leichter und schneller zuordnen, da Module dem Testrahmen einzeln zugeführt werden.
- Ein teilintegriertes System kann bereits als Testumgebung für den Modultest der restlichen Module verwendet werden.
- Der Integrationstest ist terminlich nicht mehr so stark von der Zulieferung bestimmter Module abhängig (flexible Testplanung).
- Durch mehrere parallele Teilintegrationstests lassen sich Verzögerungen durch das Auftreten von Fehlern vermeiden.

Eine Integration muss nicht immer vollständig, sondern kann auch aus unterschiedlichen Gründen auch in Teilen erfolgen. Unter einer *Teilintegration* der Module M_1 und M_2 verstehen wir, dass alle Integrationstests durchgeführt werden, die das Zusammenspiel der beiden Module überprüfen. Für die Teilintegrationen können auch zunächst Pseudomodule

12.3 Strategien für Software- und Systemintegration

oder Module eingeschränkter Funktion eingesetzt werden (vgl. Abschn. 12.1.1). Hierdurch ergeben sich beispielsweise Zeitvorteile für die Durchführung des Integrationstests. Teilintegration werden insbesondere in den unterschiedlichen Integrationsstrategien (siehe Abschn. 12.3.2) eingesetzt.

Beispiel Für einen beispielhaften Integrationsablauf wird folgende Annahme getroffen: Die Komponente besteht aus den Modulen *M1* bis *M5*. Die Bezeichnung *Int((M1, M3), M4)* wird verwendet, wenn die Module *M1* und *M3* teilintegriert sind und der Teilintegrationstest für die Module *M1, M3* und *M4* durchgeführt wird, das heißt es werden die neuen Funktionen, die durch das Zufügen von *M4* möglich werden, getestet. In Abb. 12.14 werden drei mögliche Ablauftypen dargestellt. Ablauf *A* ist der ungünstigste Ablauf und *C* der günstigste. Es ist daher sinnvoll und wichtig die Integration der Komponenten gemäß einem möglichst günstigen Integrationsplan zu erstellen.

Verantwortlichkeiten in der Integration Es ist ratsam, die Verantwortung für die Integration und die Integrationstests einer speziellen, von der Gruppe der Entwickler getrennten Gruppe von Mitarbeitern, den *Integratoren,* zu übertragen. Die Integratoren nehmen dabei die folgenden Aufgaben wahr:

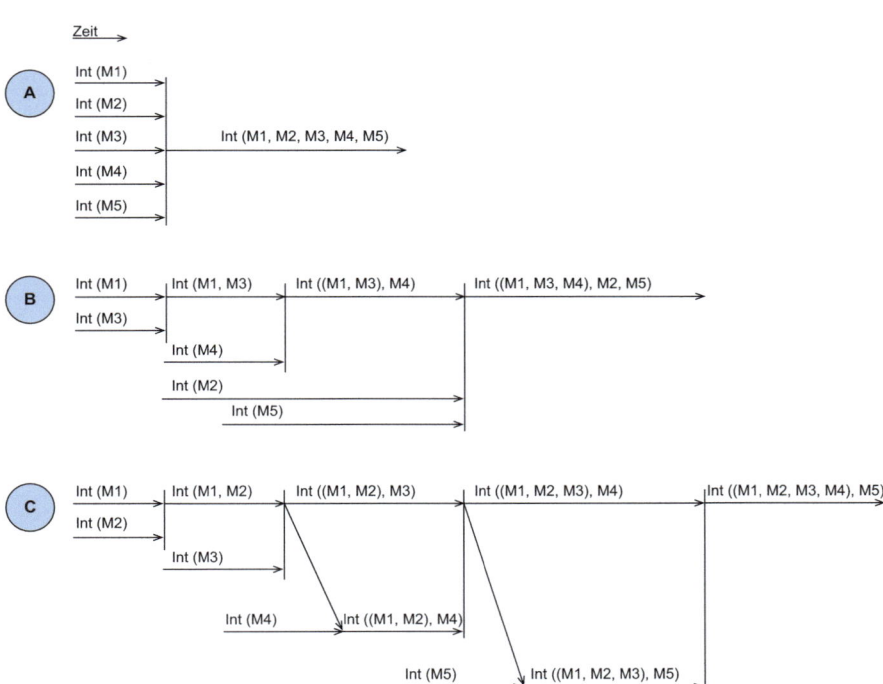

Abb. 12.14 Exemplarische Ausprägungen einer schrittweisen Teilintegration

- Abstimmung der Integrationspläne, -tests und -termine
- Übernahme der Module (einschließlich Dokumentation) nach Modultest
- Planung und Durchführung der Integrationstest
- Diagnose, Dokumentation und Rückmeldung von Fehlern
- Überwachung der Fehlerbeseitigung
- Durchführung der Regressionstests

Die Entkopplung der Verantwortlichkeiten erlaubt auch eine bessere Kontrolle des Projektfortschritts und kann sich auch positiv auf die Programmierdisziplin auswirken. In einem agilen oder kontinuierlichem Entwicklungsvorgehen (siehe Abschn. 12.4) wird jedoch häufig keine Trennung der Rollen vorgenommen. Stattdessen werden weitreichend automatisierte Werkzeuginfrastrukturen installiert, die Teile der oben aufgeführten Aufgaben übernehmen.

Zur Rolle von Regressionstests

Regressionstests dienen zur Überprüfung bereits getesteter Eigenschaften nach Änderungen am Systemstand, um eine Regression, also eine Verschlechterung, durch diese Veränderung aufzudecken. Ein geänderter Systemstand liegt beispielsweise vor, wenn eine neue Produktversion oder ein Update erstellt wird oder Erweiterungen durch zusätzliche Funktionalität vorgenommen wurden (vgl. Abb. 12.14). Während der Entwicklung eines Systems werden, in Abhängigkeit vom verwendeten Vorgehen, fortlaufend neue Systemstände erstellt, etwa nach jeder Iteration. In Extremfällen passiert dies sogar kontinuierlich und mehrmals pro Tag (siehe Abschn. 12.4). Auch während der Softwarewartung werden neue Systemstände erzeugt, welche wiederum getestet werden müssen (siehe Kap. 13.2). Für Regressionstests empfehlen sich die folgenden Schritte in der Testphase einer Teilkomponente mit einem teilintegrierten System:

1. Test, ob alle bereits verfügbaren Funktionen nach Teilintegration für sich noch korrekt ablaufen.
2. Test der nach Hinzufügen der Komponente neu testbaren Funktionen bei gleichzeitiger Überprüfung, ob alle zuvor realisierten Funktionen im Zusammenspiel mit der neuen Funktion noch korrekt ablaufen.

Ähnliche Tests finden auch nach einer Fehlerkorrektur statt (sogenannter *Re-Test*). Ziel ist es, sicherzustellen, dass geänderter Code getestet wird und Funktionen, die mit dem geänderten Code arbeiten, weiterhin korrekt funktionieren. Regressionstests werden zweckmäßiger Weise mit Hilfe von Werkzeugen teilautomatisiert oder vollautomatisiert durchgeführt [17–19]. Hierbei spielen insbesondere automatisierte Unit Tests (siehe Abschn. 12.2.5) eine wichtige Rolle.

12.3 Strategien für Software- und Systemintegration

Vorgehen im Integrationstest Im Integrationstest werden die einzelnen Module schrittweise zu immer größeren Einheiten zusammengesetzt. Der Fokus des Integrationstests liegt auf der Überprüfung des Zusammenspiels der einzelnen Komponenten und kann helfen, frühzeitig Fehlentwicklungen bei Schnittstellen zu identifizieren. Damit folgt der Integrationstest den Vorgaben der Architektur. Der in Abb. 12.14 gezeigte Integrationsplan weist bereits auf ein grundsätzliches Vorgehen im Integrationstest hin. Dieses Vorgehen umfasst die folgenden Schritte:

1. Zerlegung des Testvorgangs in überschaubare und kontrollierbare Einheiten
2. Frühzeitiges Bereitstellen demonstrierbarer Funktionen
3. Formalisierung des Testprozesses (Beziehung von Tests und Anforderungen)
4. Effektive Planung und -kontrolle der Integrationen und Tests im Projekt
5. Ableitung der Integrationsreihenfolge aus der Definition der „Threads"

Dieses grundsätzliche Vorgehen muss dann noch passend auf die Integrationsstrategie im Projekt (siehe Abschn. 12.3.2) und die verwendeten Werkzeuge in der Entwicklungsumgebung abgebildet werden. Dabei ist auch zu berücksichtigen, dass sich die Integrationsstrategie und somit auch die Teststrategie hinsichtlich der Systemumgebung unterscheidet. So sind cyber-physische System anders zu integrieren und zu testen als etwa klassische Informationssysteme.

Anmerkung *Ein typisches Hilfsmittel für die Integration von Software- und Hardwareteilen ist die* Hardware in the Loop *(HIL) bei eingebetteten Systemen. Dabei werden Hard- und Software in einer Simulationsumgebung erprobt.*

12.3.1.3 Auslieferung, System- und Abnahmetest

Abnahmetests dienen der Überprüfung eines Softwaresystems bei der Auslieferung bzw. Übergabe an den Auftraggeber und die Nutzer (siehe Kap. 13.1.1). Sie haben deshalb in der Regel auch eine rechtliche Bedeutung. Ziel des Systemtests ist die Überprüfung des integrierten Systems, um festzustellen, ob alle spezifizierten Anforderungen erfüllt sind. Es wird das System als Ganzes betrachtet mit dem Ziel:

- Nachweis der Korrektheit aus Benutzersicht
- Bestätigung des Erreichens des Entwicklungsziels durch den Auftraggeber

Auf den „niedrigeren" Teststufen wurden schwerpunktmäßig die technischen Spezifikationen geprüft. Weiterhin ergibt sich die vollständige Funktionalität des Systems erst nach seiner umfassenden Integration. Somit wird das System im Rahmen des Systemtests nun vollständig aus der Perspektive der Nutzer getestet. Dabei liegen die Schwerpunkte des Systemtests auf:

- Test der Funktionen nach Anforderungen
- Test des Verhaltens unter Normalbenutzerbetrieb
- Test des Verhaltens in Ausnahmesituationen und im Dauerbetrieb
- Test der Leistungskenngrößen

Basis des Abnahmetests sind die Anforderungen aus dem Pflichtenheft (siehe Kap. 9.4.1). Es wird ein *Black-Box* Test durchgeführt. Die Durchführung obliegt in der Regel der Projektleitung in Verbindung mit dem Kunden.

Produktiv- und Testumgebungen Nicht selten werden auch Tests unter Last oder gar Überlast durchgeführt. Technisch erfolgt ein Systemtest in einer *Testumgebung,* die der *Produktivumgebung* bzw. der *Einsatzumgebung* möglichst nahekommt. Das bedeutet auch, dass alle (noch) im Testsystem bereitgestellten Treiber, etwa für externe Software oder Hardware, soweit möglich aus dem System entfernt und durch die produktiv eingesetzten Komponenten ersetzt werden.

Ist die Software als Teilsystem eingebettet in ein übergeordnetes System, muss die Software in das übergeordnete System integriert werden. Oft unterscheiden sich die Entwicklungs- und Testumgebungen (etwa die Hardware, auf der die Software entwickelt wird) von der Produktivumgebung. Dann ist auch noch die Integration in die Produktivumgebung zu leisten. Um sich der Produktivumgebung anzunähern, werden in der Praxis häufig mehrere Testumgebungen eingesetzt, die sich Schritt für Schritt der Produktivumgebung annähern, bis sie schließlich eine vollständige Kopie der Produktivumgebung darstellen. Solche Testumgebungen werden auch als *Staging-Umgebungen* bezeichnet.

Ein Instrument für die Qualitätssicherung in Staging-Umgebungen ist die Simulation. Unter einer Simulation im Kontext des Testens und der Integration versteht man die Ausführung eines Systems ein einer dafür geeigneten Umgebung. Gegenstand einer Simulation können Hardware, Software und Modelle sein. Im Gegensatz zum „einfachen" Test, in dem die Eingabedaten in den Testfällen festgeschrieben sind, werden in einer Simulation die Eingaben von einer Software – dem Simulator – generiert. Der Simulator bildet die Umgebung des Systems geeignet nach, etwa durch Simulation von Ereignissen oder Reaktionen auf Systemausgaben. Simulatoren können auch interaktiv sein, also den Nutzer miteinbeziehen. Man spricht auch von „X-in-the-Loop Simulation", wenn X in einer Umgebung über längere Zeit ausgeführt wird. Am bekanntesten ist hier wohl die *Hardware-in-the-Loop* (HIL) Simulation.

12.3 Strategien für Software- und Systemintegration

> **Warum nicht in der Produktivumgebung testen?**
> Die Produktivumgebung (auch Betriebsumgebung) ist die Umgebung, in der das fertiggestellte System im Betrieb ausgeführt wird, wahrend in der Entwicklungsumgebung die Entwicklung und der Test erfolgen. Ein Systemtest sollte in der Regel in einer separaten Testumgebung durchgeführt werden. Es können immer noch Fehler auftreten, welche die Produktivumgebung negativ beeinflussen können, etwa durch Datenverlust oder durch Systemabstürze. Außerdem können Wechselwirkungen in der Produktivumgebung die Testergebnisse verfälschen und etwaig auftretende Fehler nicht reproduzierbar machen. Finden Tests und Integrationen direkt in der Produktivumgebung statt, ist sicherzustellen, dass es immer eine Rückkehrmöglichkeit (ein sogenannter *Roll-Back*) zum letzten funktionsfähigen Systemstand gibt. Dies ist insbesondere dann zwingend erforderlich, wenn Entwicklungsansätze wie DevOps (siehe Abschn. 12.4.2) zum Einsatz kommen.

Systemtest für Produktanforderungen Zentrales Ziel des Systemtests ist die Validierung, ob und wie gut das System seine Anforderungen erfüllt. Aus Sicht der Produktanforderungen (siehe Kap. 6.1) werden spezifische Teststrategien benötigt. Ausgangspunkt sind dabei immer die Produktanforderungen (funktionalen Anforderungen) der Nutzer, die als Testbasis herangezogen werden. Auf dieser Grundlage wird der Systemtest wie folgt organisiert (Tab. 12.2):

1. Für jede Anforderung wird *mindestens* ein Systemtestfall abgeleitet. In der Regel wird mehr als nur ein Testfall benötigt, um eine Anforderung gründlich zu testen.
2. Für jede Benutzerinteraktion mit dem System, d. h. aus den modellierten Anwendungsfällen und Nutzungsszenarien, werden Systemtestfälle abgeleitet.

Auch mit dem Systemtest, insbesondere mit dem Test der Produktanforderungen kann früh begonnen werden. So können Nutzer etwa frühzeitig Prototypen verwenden, um die Erfüllung einzelner Anforderungen zu validieren (siehe Kap. 3.2.3). Die Nutzung erfolgt dann üblicherweise in der Entwicklungsumgebung mit Hilfestellung durch die Entwickler, die gegebenenfalls kleinere Fehler sofort beseitigen können. Schlussendlich sind die Tests jedoch schrittweise in die *Staging-Umgebung* zu überführen, sodass die Qualitätssicherung des Systems unter immer realistischeren Bedingungen durchgeführt werden kann.

Systemtest für Qualitätsanforderungen Im Rahmen des Systemtests sind auch die Qualitätsanforderungen (siehe Kap. 6.2) an ein System zu überprüfen. Dabei erfordern die unterschiedlichen, relevanten Qualitätsattribute (siehe Kap. 2.2) in der Regel spezifische Testverfahren. In der Tab. 12.3 sind für ausgewählte Qualitätsattribute entsprechend mögliche Testverfahren aufgeführt.

Tab. 12.2 Exemplarische Zuordnung von Qualitätsattributen und möglichen Testverfahren

Qualitätsattribut	Testverfahren	Ziel
Sicherheit	Penetrationstest	Test, ob das System robust, etwa gegenüber Hacker-Angriffen, ist
Zeitverhalten	Performance-Test	Test, ob die Antwort-/Reaktionszeit des Systems den Anforderungen entspricht
Ausführbarkeit	Stresstest	Test, ob das System auch unter Ausreizung der Betriebsgrenzen noch zuverlässig funktioniert
Skalierbarkeit	Lasttest	Test, ob das System auch unter Verwendung großer Datensätze und hoher Nutzerzahlen noch schnell genug arbeitet
Adaptierbarkeit	Konfigurationstest	Test, ob das System auch auf unterschiedlichen Hard- und Softwarekonfigurationen ordnungsgemäß funktioniert

12.3.1.4 Fehlerbehandlung in der Integration

Im Verlauf der Integration werden die Systeme auf Fehler in ihrem Zusammenspiel überprüft und Fehler werden sichtbar. Dabei sind die Fehlerzuordnung und die Fehlerlokalisierung wesentliche Ziele als Voraussetzung für eine gezielte Fehlerbeseitigung. Ein Fehler liegt insbesondere vor, wenn das System nicht das spezifizierte Verhalten im Sinn seiner Produktanforderung (einer funktionalen Anforderungen) erbringt (siehe Abschn. 12.1.1). Man beachte, dass es ohne hinreichend genaue Systemspezifikation allgemein nicht möglich ist, fehlerhaftes Verhalten eindeutig zu identifizieren.

Zweckmäßigerweise werden die Teilsysteme im *Eingangstest* einem gründlichen Einzeltest unterzogen, bevor sie zur Integration zugelassen werden (siehe Abschn. 12.3.1.1). Durch weitgehend fehlergeprüfte Einzelsysteme wird vermieden, dass in der Integration neben klassischen Integrations- und Architekturfehlern die Fehler in den Einzelsystemen, die Komponentenfehler, die Fehlerdiagnose zusätzlich erschweren.

Anmerkung *In der Praxis wird häufig die Architektur nicht genau genug beschrieben, um eine zweifelsfreie Unterscheidung zwischen Komponentenfehlern und Architekturfehlern zu ermöglichen. Eine Architekturbeschreibung besteht aus der Spezifikation der Schnittstellen der Teilsysteme und wie diese verbunden sind. Fehlt eine solche Beschreibung oder existiert sie nur lückenhaft, so ist auch der Eingangstest nicht so konsequent möglich und in der Integration sind Komponentenfehler und Architekturfehler kaum voneinander zu unterscheiden.*

12.3.2 Vorgehen bei der Integration

Es gibt verschiedene Ansätze für die Integration eines Systems. Grundsätzlich kann man die Integration vornehmen, indem man zunächst alle Systemteile fertigstellt, zu einem ablauffähigen System zusammenfügt und dann das Zusammenspiel überprüft. Wir sprechen bei dieser Art der Integration von einer *Big-Bang Integration* (siehe Abschn. 12.3.2.1). Die dabei typischerweise auftretenden Fehler lassen sich aber nur schwer einzelnen Teilsystemen zuordnen. Zudem kann eine große Zahl von Fehlern auftreten, deren Ursachen kaum zuzuordnen sind. Zweckmäßiger ist deshalb in der Regel eine inkrementelle Integration, bei der man ein Teilsystem nach dem anderen einfügt, das Ergebnis erprobt und erst dann zur Integration des nächsten Teilsystems übergeht. Dadurch lassen sich auftretende Fehler besser zuordnen. Inkrementelle Integration erfordert aber auch die Bereitstellung von Dummies und Testtreibern (siehe Abschn. 12.1.1), die noch nicht integrierte Systemteile zumindest soweit simulieren, dass das Zusammenwirken der Systemteile erprobt werden kann. Zweckmäßig ist dann eine sorgfältige Integrationsplanung, in der berücksichtigt und genau vereinbart wird, zu welchem Zeitpunkt welche Komponenten angeliefert werden, in den Einzeltest gehen und in das System integriert werden.

Grundsätzlich unterscheiden wir drei Strategien für die Integration, welche sich auf den Integrationstest entsprechend auswirken. Dies sind die Strategien *Big-Bang, Bottom-Up* und *Top-Down:*

Big-Bang Bei diesem Vorgehen werden zunächst alle Komponenten fertig gestellt und zum System zusammengefügt. Erst nach dieser vollständigen Integration wird das gesamte System getestet.

Bottom-Up Dieses inkrementelle Verfahren fügt ein System schrittweise in Integrationsstufen aus den Komponenten zu immer größeren Systemen zusammen. Für die Komponenten bzw. für die bereits integrierten Teilsysteme sind jeweils Testtreiber (siehe Abschn. 12.1.1) zu entwickeln. Da auch die Modulimplementierung bereits vorliegt, können bei dieser Vorgehensweise sowohl *White-* als auch *Black-Box* Tests konzipiert werden.

Top-Down Dieses Verfahren beschreibt eine inkrementelle Vorgehensweise, in der mit Hilfe von Stellvertreterkomponenten (Dummies, siehe Abschn. 12.1.1) das Gesamtsystem aufgebaut wird. Im Rahmen der Entwicklung werden dann die Dummies schrittweise gegen die implementierten Komponenten ausgetauscht. Da die Stellvertreter üblicherweise frei von Implementierungen sind, bietet es sich hier auch an, den Test zunächst als *Black-Box* Test zu konzipieren und diesen über die Zeit mit dem Anwachsen der Implementierung weiter zu entwickeln.

Im Folgenden werden diese drei Standardstrategien zur Systemintegration näher anhand des Beispiels in Abb. 12.15 beschrieben.

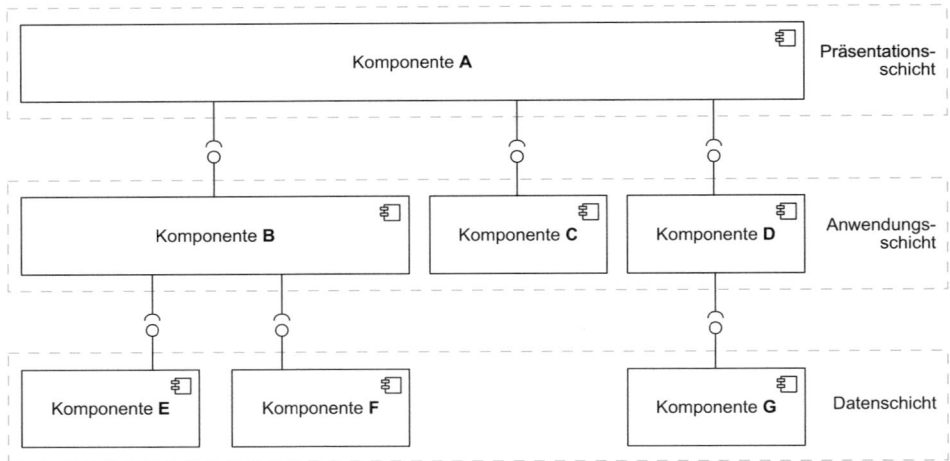

Abb. 12.15 Überblick über das Beispiel zur Illustration der unterschiedlichen Test- und Integrationsstrategien

Beispiel Abb. 12.15 zeigt eine einfache 3-Schichtenarchitektur, welche als Beispiel für die im Folgenden beschriebenen Test- und Integrationsstrategien verwendet wird. Auf die Namen der Komponenten *A* bis *G* wird dabei Bezug genommen.

12.3.2.1 Big-Bang Integration

Ein möglicher Ansatz zur Systemintegration ist die vollständige Implementierung aller Module und die ausschließliche Integration aller Module zum Gesamtsystem. Abb. 12.16 illustriert dieses Vorgehen für das Beispielsystem aus Abb. 12.15. Für jede Komponente muss im Vorfeld sichergestellt sein, dass sie individuell getestet wurde (siehe Modultest; Abschn. 12.3.1.1). Alle getesteten Module werden dann in einem Schritt integriert und das integrierte Gesamtsystem wird schließlich getestet.

Aus Sicht des Testaufwands erscheint dieses Vorgehen zunächst attraktiv, da nur vergleichsweise wenige Testtreiber und keine Dummies erforderlich sind. Problematisch ist jedoch, dass alle Module zwar individuell getestet sind aber deren korrektes Zusammenspiel (noch) nicht überprüft wurde. Treten bei der Integration des Systems Probleme auf, werden diese erstmals im Testtreiber des integrierten Gesamtsystems sichtbar. Die Lokalisierung und die Behandlung von auftretenden Fehlern sind entsprechend aufwändig.

Die Big-Bang Integration wird üblicherweise als ungeeignete Integrationsstrategie angesehen und sollte vermieden werden. Kritisch ist dabei auch, dass man mit der Integration warten muss, bis alle Module implementiert vorliegen. Verzögerungen bei der Implementierung einzelner Module schlagen sich voll auf die Integration durch.

12.3 Strategien für Software- und Systemintegration

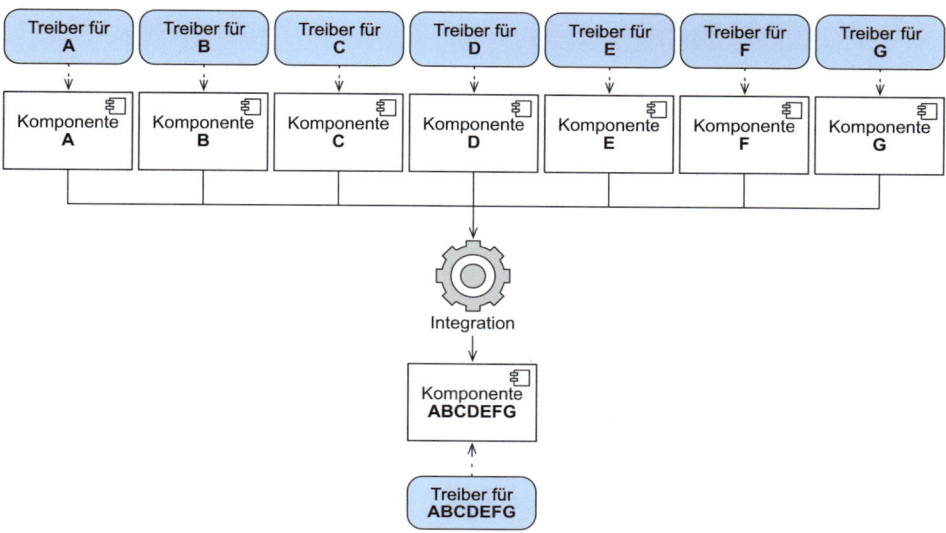

Abb. 12.16 Vorgehen zur Big-Bang Integration

12.3.2.2 Bottom-Up Integration

Abb. 12.17 zeigt das Vorgehen für eine Bottom-Up Integration unseres Beispiels[6]. Ausgehend von elementaren Modulen, die außer etwa dem Betriebssystem oder der Laufzeitumgebung keine weiteren Komponenten nutzen, werden die einzelnen Integrationsstufen durchlaufen. Die elementaren Module werden einem Modultest unterzogen (siehe Abschn. 12.3.1.1) und dann gemäß Integrationsplan schrittweise zu Komponenten integriert. Diese entstehenden Komponenten durchlaufen dann einen Integrationstest (siehe Abschn. 12.3.1.2) und bilden die Grundlage für den nächsten Integrationsschritt.

Das Vorgehen für eine Bottom-Up Integration lässt sich wie folgt verallgemeinern:

1. Einzeltest der Module der untersten Schicht (elementare Module)
2. Integration der getesteten Module zu Komponenten
3. Integration der zuletzt integrierten Komponenten und Integrationstest

Die Schritte 2 und 3 werden solange wiederholt, bis alle Module und Komponenten in die Integration miteinbezogen und auch Bestandteil des Integrationstests sind. Für die Bottom-Up Strategie werden keine Dummies benötigt. Jedoch muss für jedes Modul und für jede (teil-)integrierte Komponente eine Spezifikation vorliegen und ein Testtreiber entwickelt werden. Vorteilhaft an diesem Vorgehen ist die Möglichkeit, bei jedem Integrationsschritt potenziell immer *alle* Tests ausführen zu können.

---

[6] **Achtung:** Durch die Art des Beispiels aus Abb. 12.15 liegen keine Verfeinerungen im Hinblick auf Module vor. Daher ist für die Abb. 12.17 der Einfachheit halber anzunehmen, dass jede Komponente genau ein Modul enthält.

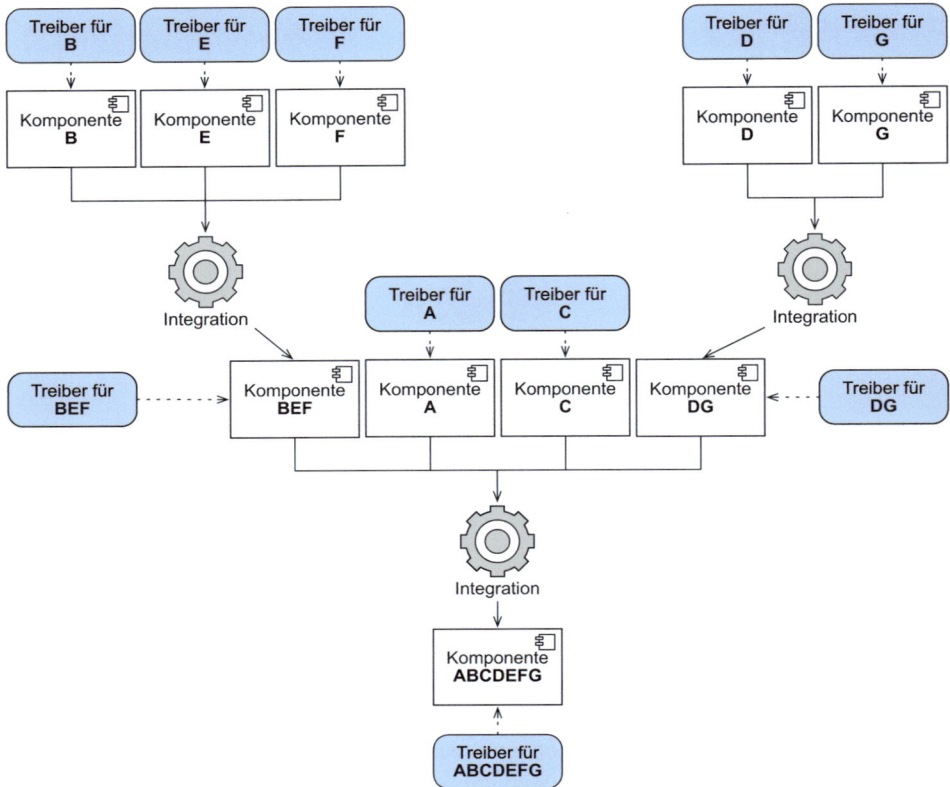

Abb. 12.17 Vorgehen zur Bottom-Up Integration

Damit werden alle in den Integrationsschritten inkludierten Module und Komponenten fortlaufend getestet (Regressionstest, siehe Abschn. 12.3.1.2) und auftretende Fehler sind schnell zu ermitteln und zu lokalisieren.

12.3.2.3 Top-Down Integration

Abb. 12.18 zeigt das Vorgehen für eine Top-Down Integration unseres Beispiels. Ausgehend von der „obersten" Komponente des Systems (üblicherweise die Benutzungsschnittstelle) werden die einzelnen Integrationsstufen durchlaufen. Untergeordnete Komponenten, also solche, die durch die oberste Komponente aufgerufen werden, werden zunächst durch Dummies ersetzt. Diese Dummies werden im Verlauf des Projekts schrittweise durch die eigentlichen Implementierungen ersetzt. Analog zur Bottom-Up Integration durchläuft jeder Integrationsschritt einen Integrationstest (siehe Abschn. 12.3.1.2).

12.3 Strategien für Software- und Systemintegration

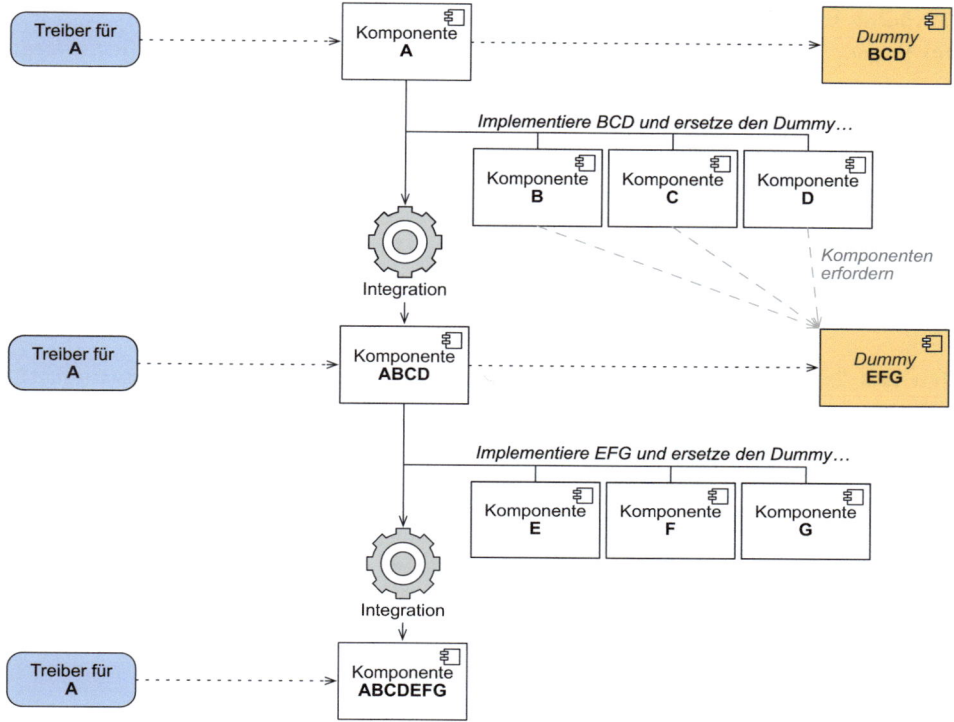

Abb. 12.18 Vorgehen zur Top-Down Integration

Das Vorgehen für eine Top-Down Integration lässt sich wie folgt verallgemeinern:

1. Test der Komponenten auf der „obersten" Ebene
2. Entwicklung und Integration der nächsten Schicht der Komponenten
3. Test der integrierten Komponenten

Auch hier werden die Schritte 2 und 3 wieder solange wiederholt, bis alle Module und Komponenten in die Integration miteinbezogen und auch Bestandteil des Integrationstests sind. Für jeden Integrationsschritt werden eine Spezifikation, Tests und Testtreiber benötigt. Testtreiber orientieren sich an den Architekturvorgaben und dem Integrationsplan und bleiben über den Projektverlauf hinweg vergleichsweise stabil. Trotzdem sind für alle noch nicht fertiggestellten Module Dummies bereitzustellen, was mit Aufwand verbunden ist. Zusätzlich kann es vorkommen, dass einige Schnittstellen nicht einzeln getestet werden. Hier ist insbesondere im Modultest (siehe Abschn. 12.3.1.1) große Sorgfalt nötig, damit sichergestellt ist, dass alle Module auch getestet werden, bevor sie in einen Integrationsschritt eingebracht werden.

12.3.2.4 Bewertung der Integrationsstrategien

Im Projekt ist es entscheidend, die jeweils angemessene Integrations- und Teststrategie festzulegen. Dazu enthält Tab. 12.3 eine Bewertung der zuvor vorgestellten Integrations- und Teststrategien.

Praktisch werden weder Top-Down- noch Bottom-Up-Ansätze in Reinform umgesetzt. Vielmehr finden sich kombinierte Ansätze, welche die jeweiligen Vor- und Nachteile ausbalancieren. So ist ein Top-Down-Ansatz vorteilhaft, wenn es um das kontinuierliche Testen eines Gesamtsystems mit dem Ziel eines Abnahmetests geht. Häufig kommen hierbei Prototypen zum Einsatz (siehe Kap. 3.2.3). Bottom-Up-Ansätze eignen sich für die Reifung

Tab. 12.3 Zusammenfassende Bewertung der unterschiedlichen Integrations- und Teststrategien für Software

	Top-Down	Bottom-Up	Big-Bang
Vorteile	• Es werden nur wenige Treiber benötigt, die in vielen Fällen auch einfacher gestaltet sind • Testfälle können anhand der funktionalen Anforderungen erstellt werden • Fehler sind einfach zuzuordnen • Die Systeme können zur nächsten Integration ausgetestet und verbessert werden • Komponenten können Schritt für Schritt fertig gestellt werden	• Es werden keine Dummies benötigt • Testfälle können anhand der funktionalen Anforderungen erstellt werden • Fehler sind einfach zuzuordnen	• Es werden keine Dummies benötigt • Es werden keine Treiber benötigt • Es wird unmittelbar das System getestet
Nachteile	• Dummies sind erforderlich • Einige Schnittstellen werden nicht einzeln getestet	• Für jedes Teilsystem werden Treiber benötigt, die fehlende Systemteile simulieren	• Hohe Anzahl von Fehlern auf einen Schlag • Fehler nur schlecht zuzuordnen • System oft nicht lauffähig • Alle Komponenten müssen fertig gestellt sein

einzelner Module. Liegt ein Modul einmal implementiert und durch einen Test überprüft vor, steht das Modul samt Test für die Integration zur Verfügung und kann somit wiederholt und stets im Zusammenspiel mit allen anderen Modulen getestet werden (Regressionstest). Insbesondere in der agilen Softwareentwicklung bei Einsatz von Refactorings (siehe Kap. 13.2.3.4) ist dieses Vorgehen vorteilhaft, da überprüft werden kann, welche Auswirkungen ein Refactoring hat. Schlagen die Einzeltests oder die Integrationstests fehl, müssen die einzelnen umgeformten Module erneut überprüft werden.

> **Effizienz, Kosten und Nutzen...**
> Grundsätzlich geht es bei der Auswahl der Integrations- und Teststrategie auch darum, die Effizienz im Projekt zu maximieren. Das bedeutet, dass die *Testkosten* (Personalaufwand, Werkzeugkosten usw.) mit dem *Testnutzen* (Anzahl der gefundenen Fehler) auszubalancieren sind. Problematisch hierbei ist die eigentliche Entwicklung der Komponenten. Daher ist die sorgfältige Planung der einzelnen Integrations- und Teststufen auf Grundlage der Architektur entscheidend. Weiterhin ist frühzeitig ein *Testkonzept* zu entwickeln, in dem festgelegt wird, welche Entwicklungsartefakte „wie" und auch „wie intensiv" getestet werden müssen (vgl. [11, pp. 205 ff.]).
>
> Fatal hingegen ist das Implementieren einer Integrations- und Teststrategie, welche ausschließlich auf das Erreichen von Zielmetriken (siehe Kap. 2.3.1) hin optimiert ist. Hier geraten nicht nur Kosten und Nutzen schnell aus dem Gleichgewicht [51], man setzt sich auch der Gefahr aus, sich im Hinblick auf die Qualität der Software in falscher Sicherheit zu wiegen.

12.4 Kontinuierliche Integration und Auslieferung

Immer stärkere Anwendung findet der Ansatz der *kontinuierlichen Softwareentwicklung*. Die Grundidee der kontinuierlichen Softwareentwicklung ist die verschränkte Durchführung der drei Aufgaben *Codierung, Test* und *Integration,* um kurze Entwicklungszyklen zu realisieren. Hinzu kommen gegebenenfalls Auslieferung (*Delivery*) und Verteilung (*Deployment*), um auch die Auslieferungszyklen zum Kunden zu verkürzen. Ziel ist das frühzeitige Finden von Fehlern sowie eine schnelle Rückkopplung zwischen Entwicklern und Anwendern. Dazu wird eine Funktion implementiert, getestet und schnell in den Betrieb eingeführt und für alle oder nur für ausgewählte Anwender freigeschaltet. Aufgrund ihrer Erfahrungen bei der Nutzung wird die Funktion fehlerbereinigt, stabilisiert und weiterentwickelt. In der konsequentesten Vorgehensweise dürfen nur erfolgreich getestete Systemteile integriert werden (siehe Kap. 11.5).

12.4.1 Vorgehen in der Kontinuierlichen Softwareentwicklung

Abb. 12.19 illustriert einen Entwicklungsschritt, welcher diesem Ansatz folgend umgesetzt ist. In sieben Schritten erfolgt in diesem Beispiel die Umsetzung einer Anforderung, beginnend beim Auschecken des aktuellsten Stands des Quellcodes. Nach der Entwicklung und dem *Commit,* benachrichtigt das Versionskontrollsystem (siehe Kap. 11.5) den *Continuous Integration Server,* welcher infolgedessen selbst die aktuellste Version des Quellcodes lädt. Nach dem Laden wird der Build-, Test- und Integrationszyklus gestartet. Sollte ein Fehler auftreten, werden entsprechende Benachrichtigungen versandt. Sollte hingegen der Zyklus erfolgreich komplettiert werden, wird üblicherweise ein *Deployment Package* erstellt, welches archiviert oder ausgeliefert werden kann.

12.4.1.1 Continuous Integration

Insbesondere im agilen Vorgehen werden die einzelnen Phasen der Software- und Systementwicklung (siehe Kap. 1.3) integriert durchgeführt. Diese Integration schließt im extremen Fall *alle* Kernaufgaben der Entwicklung, beginnend von der Anforderungserhebung bis hin zu Integration und Auslieferung ein. Dabei ergeben sich im Vergleich zu traditionellen Vorgehensmodellen (siehe Kap. 3.2.1) völlig andere Vorgehensweisen, insbesondere bei der Systemintegration.

Vorgehen in der Entwicklung In der agilen Softwareentwicklung gibt es mehrere mögliche Vorgehensweisen. So kann beispielsweise auf der Grundlage eines groben

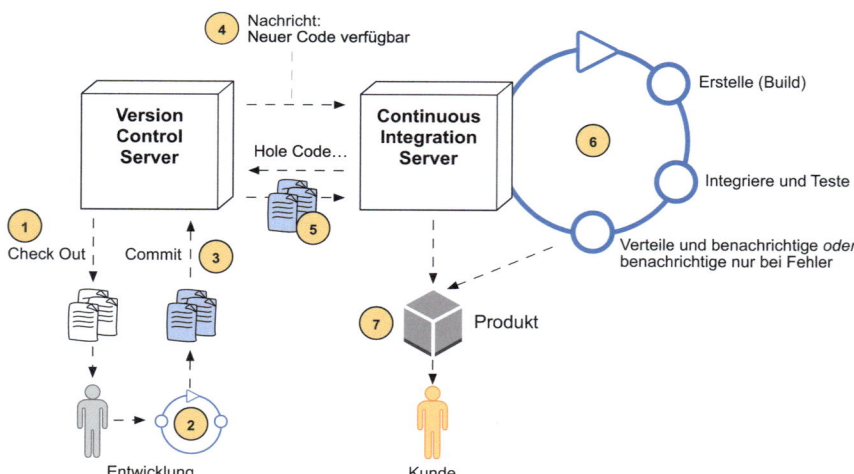

Abb. 12.19 Schematischer Ablauf eines Entwicklungsschritts im Kontext der kontinuierlichen Softwareentwicklung

12.4 Kontinuierliche Integration und Auslieferung

Architekturentwurfs der syntaktische Rahmen für die Software vorgegeben werden. Das bedeutet, dass für Module bzw. Klassen entsprechende Deklarationen vorliegen, ohne dass jedoch die eigentliche Funktionalität ausprogrammiert ist.

Hier können nun die verschiedenen Techniken und Methoden, etwa Feature-driven Development (siehe Kap. 7.3.2; [49]) oder Test-Driven Development (siehe Abschn. 12.2.6; [7]) eingesetzt werden, um die Funktionen des Systems schrittweise zu realisieren und diese gegebenenfalls sofort auch zu testen. Alternativ kann die Entwicklung auch einem Prototyporientierten Ansatz folgen (siehe Kap. 3.2.3). Dann werden entweder horizontale Prototypen (Schichten) als funktionale Blöcke angesehen, etwa die Datenhaltung oder das User Interface, oder es werden vertikale Prototypen (Durchstiche) realisiert.

Continuous Integration Auf Basis der realisierten Funktionalität und den dazugehörigen Tests übernimmt man nun die einzelnen Funktionen (funktionale Features) und integriert diese nach dem individuellen Modultest (siehe Abschn. 12.3.1.1) in die gemeinsame Codebasis. Im Ansatz *Continuous Integration* arbeitet das Team immer an einer gemeinsamen Codebasis und integriert Ergebnisse einzelner Entwicklungsschritte regelmäßig (kontinuierlich) in diese Codebasis.

Die Akzeptanz der Weiterentwicklung der Codebasis heißt *Commit*. Hierbei werden Ergebnisse, welche die Codebasis beeinträchtigen, etwa syntaktisch inkorrekte Programme oder fehlerhafte Codes, nicht zugelassen. Jeder Entwickler kann mehrere Commits pro Tag vornehmen. Der Umfang der Commits kann hierbei variieren. Zu festgelegten Zeitpunkten werden dann aus der Codebasis auslieferbare Releases erzeugt, welche entweder zur weitergehenden Prüfung verwendet oder an den Kunden ausgeliefert werden (siehe Abschn. 12.4.1.2).

Technische Unterstützung und Build-Zyklen Continuous Integration setzt eine ausgereifte Werkzeuginfrastruktur voraus. Neben einem Versionskontrollsystem (siehe Kap. 11.5) muss eine entsprechende Infrastruktur bereitgestellt werden, die ein schnelles Testen und Integrieren des Programmcodes gestattet. Ist dies gegeben, wird nun in kurzen Abständen die gesamte Codebasis compiliert und dabei daraufhin überprüft, ob ein fehlerfreies Übersetzen möglich ist. Zusätzlich werden oft in sogenannten *Nightly Builds* auch die unterschiedlichen automatisierten Testfälle (siehe Abschn. 12.2.6.2) durchlaufen, sodass auf täglicher Basis automatisierte Regressionstests (siehe Abschn. 12.3.1.2) durchgeführt werden. Diese helfen unter anderem auch dabei, die Qualitätsmetriken für das Projekt zu berechnen.

Je nach Ausstattung und Auslegung der Entwicklungsumgebung und je nach Architektur des Gesamtsystems kann ein solcher Entwicklungs-, Test- und Integrationszyklus auch mehrfach pro Tag durchlaufen werden. Moderne Entwicklungsumgebungen nutzen hierzu mächtige Continuous Integration Server (Abb. 12.19), welche auf einen Commit eines Entwicklers hin automatisch die entsprechenden Test- und Intergrationsaufgaben ausführen und gegebenenfalls gleichzeitig entsprechende Deployment Packages erstellen und verteilen.

12.4.1.2 Continuous Delivery und Continuous Deployment

Der im Abschn. 12.4.1.1 vorgestellt Continuous-Integration-Ansatz umfasst im Grundsatz nur die Aufgaben bis zum sogenannten *Pre-Deployment Testing,* also noch keine Bereitstellung von Software für den Kunden. Die dafür notwendigen Schritte werden erst durch *Continuous Delivery* und *Continuous Deployment* realisiert:

Continuous Delivery	Wird ein vereinbarter Lieferzeitpunkt oder ein Schwellwert in den Qualitätsmetriken erreicht, wird automatisiert ein Release der Software erstellt und ausgeliefert. Diese Auslieferung erfolgt in der Regel zunächst an ein Testsystem – es gibt aber auch Unternehmen, die eine neue Version einer Komponente direkt in den Realbetrieb überführen.
Continuous Deployment	Der Entwicklungsstand wird in kurzen Abständen von der Entwicklungsumgebung in die Produktionsumgebung übertragen, dort getestet und gegebenenfalls dauerhaft betrieben.

Continuous Integration und die zusätzlichen Schritte *Delivery* und *Deployment* werden technisch in einer sogenannten *CI/CD-Pipeline* realisiert, welche die verschiedenen Entwicklungswerkzeuge miteinander verknüpft. Basierend auf Kneuper [41] stellt Abb. 12.20 eine solche CI/CD-Pipeline dar und zeigt, welche Aufgaben im Entwicklungsprozess in den verschiedenen *Continuous**-Stufen eingebunden sind.

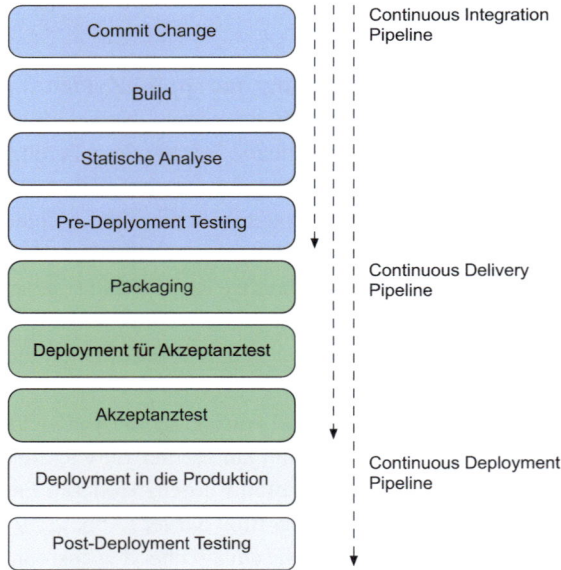

Abb. 12.20 Überblick über die Stufen der kontinuierlichen Softwareentwicklung nach Kneuper [41]

12.4 Kontinuierliche Integration und Auslieferung

Zwingend für die Implementierung CI/CD-Pipeline – eines integrierten Continuous Integration und Delivery/Deployment Systems – sind ein leistungsfähiges Versionskontrollsystem (siehe Kap. 11.5) und ein leistungsfähiges *Build-System*. Ferner muss auch, wie in Abschn. 12.4.1.1 erläutert, die Architektur des Softwaresystems auf die speziellen Anforderungen eines solchen Systems ausgerichtet sein. Insbesondere müssen iterative und inkrementelle Builds unterstützt werden. Dazu müssen viele kleine Komponenten anstatt weniger monolithischer oder hochintegrierter Komponenten entworfen werden, damit eine reproduzierbare und schnelle Übersetzung der einzelnen Programmeinheiten möglich ist (siehe auch Abschn. 12.4.2.4). Das Build-System muss viele kleine Einzelschritte automatisieren können, etwa das Auschecken der benötigten Quelldateien und der benötigten Testsuiten aus dem Versionskontrollsystem, das Anstoßen der benötigten Compiler und die Steuerung der Build-Agents, das Paketieren und Archivieren der Ergebnisse und das Erfassen von Build- und Qualitätsstatistiken. Hierzu kommen wiederum Build-Werkzeuge wie *Ant* [2], *Maven* [3] oder *Gradle* [23], welche dann von CI/CD-Werkzeugen wie *Jenkins* [36], dem *Microsoft Azure DevOps Server* (bislang bekannt als Team Foundation Server, [5]) oder *GitHub* [44] genutzt werden, zum Einsatz.

12.4.1.3 Auswirkungen auf die Entwicklung

Entwicklungsteams erhalten durch den Einsatz einer CI/CD-Pipeline insbesondere schnelles Feedback. Je nach Konfiguration des Build-Systems in der CI/CD-Pipeline, kann eine Integration bereits durch einen erfolgreichen Commit in das Versionskontrollsystem angestoßen werden. Entstehen Probleme in einer der Aktivitäten, werden die Entwickler, etwa durch Emails oder Textnachrichten, benachrichtigt und können die Probleme schnell lokalisieren und anschließend beheben. Die Existenz von stets ausführbaren und ausgetesteten Versionen des Systems stellt zudem sicher, dass stets ein konsistenter Systemstand existiert. Solche Werkzeuge bilden insbesondere auch die technische Grundlage für Entwicklungsansätze wie DevOps (siehe Abschn. 12.4.2).

Unabhängig davon, welcher konkrete Entwicklungsansatz im Projekt verfolgt wird (siehe Abschn. 12.4.1.1) und ob eine vollständige CI/CD-Pipeline verwendet wird oder nicht, ergeben sich bei der Anwendung von Techniken aus der kontinuierlichen Softwareentwicklung die folgenden Implikationen:

Implikation 1: Das System entsteht inkrementell – die grundsätzliche Architektur des Systems muss das ermöglichen. Es sind entsprechende Entwurfsentscheidungen und Entwurfstechniken für Umsetzung einer modularen Architektur zu wählen.

Implikation 2: Entwurfs- und Realisierungseinheiten müssen geeignet gewählt werden. Die geeignete Größe ergibt sich jedoch nicht aus dem Aufwand für die Entwicklung und dem Test einer Einzelfunktion, sondern aus dem zu erwartendem Aufwand für den Integrations-, Test- und Build-Zyklus beim Einbringen des neuen oder geänderten Codes in die Codebasis.

Implikation 3:   Ein Integrations- und Testrahmen muss vorliegen. Damit Continuous Integration funktioniert, muss ein Rahmen geschaffen werden, der zur Integration und zum Testen verwendet werden kann. Je nach gewählter Integrations- und Teststrategie im Projekt (siehe Abschn. 12.3.2) müssen daher gegebenenfalls umfangreiche Testrahmen erstellt werden.

Implikation 4:   Der Funktionsumfang pro Release muss festgelegt und regelmäßig geprüft werden. Continuous Integration heißt *nicht,* dass eine Entwicklung unkoordiniert und auf Zuruf erfolgt. Es ist daher festzulegen, welche funktionalen Features zu entwickeln sind, wie sie zu integrieren sind und, nicht zuletzt, in welcher Weise das Gesamtsystem schrittweise entsteht. Sind die genauen Funktionsumfänge des Systems nicht abschließend geklärt, eignen sich explorative Entwicklungsverfahren, welche die Festlegung der detaillierten Anforderungen mit ihrer Realisierung verknüpfen. Dann gestattet der Continuous-Integration-Ansatz eine schnelle Überprüfung und die frühzeitige Ermittlung von Änderungsbedarf.

12.4.2 DevOps

Allen in Kap. 3.1 vorgestellten Vorgehensmodellen ist gemein, dass mit ihrer Hilfe versucht wird, die Softwareentwicklung strukturiert zu gestalten. Die agilen Vorgehensweisen (siehe Kap. 3.2.4) zielen dabei darauf ab, schnell zu lauffähigen und damit überprüfbaren Ständen einer Software zu kommen. Die Entwicklungszyklen werden verkürzt, was ein Mehr an kleineren funktionalen Blöcken pro Iteration zur Folge hat. Diese vielen, kleinen Module müssen dann jedoch schrittweise integriert werden. Problematisch hierbei ist jedoch, dass es in der Regel wesentlich mehr Entwickler als Integratoren gibt, und diese wiederum einer noch kleineren Anzahl an Administratoren gegenüberstehen, die eine immer größere Zahl an (virtualisierten) Servern betreuen müssen. Dieses Phänomen, welches in Abb. 12.21 illustriert ist, wird auch als „Personaltrichter" bezeichnet.

Die Problemstellung wird durch *DevOps* (Kunstwort aus dem Englischem: *Development and Operations;* [37]) adressiert und liefert die Ausgangssituation für die Überlegung, DevOps in einer Organisation zu etablieren. Dabei werden folgende Feststellungen für die Entwicklung getroffen:

- Ist eine Software oder eine Funktion fertig gestellt, erfolgt die Inbetriebsetzung.
- Funktionen werden zur Inbetriebsetzung in der Regel in Bündeln zusammengefasst, welche als Lieferungen an Meilensteinen des Projekts vorliegen.
- In Projekten mit eher wenigen, dafür größeren Meilensteinen, erfolgt die Fehlererkennung spät und der Informationsfluss ist entsprechend langsam. Eine Fehlerbeseitigung ist daher teuer (siehe Kap. 3.2.1).

12.4 Kontinuierliche Integration und Auslieferung

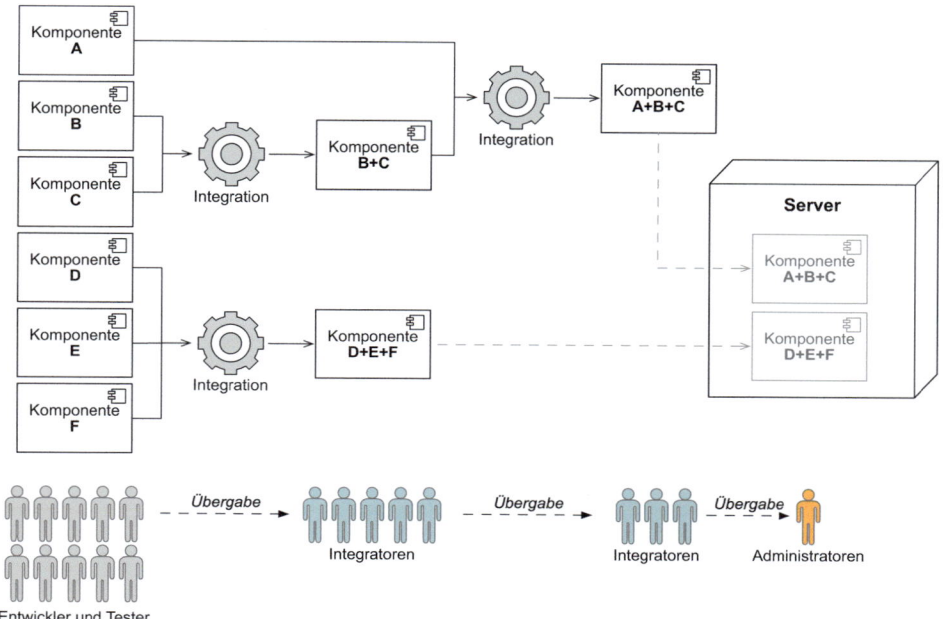

Abb. 12.21 Das von DevOps adressierte Kernproblem – der „Personaltrichter"

- Werden Iterationen verkürzt und Meilensteine „verkleinert", werden auch die Integrations- und Release-Zyklen kürzer (siehe Kap. 3.2.4). Probleme werden schnell sichtbar, eine Fehlerbeseitigung kann jedoch mit anderen schnellen Entwicklungszyklen kollidieren.

Im Allgemeinen ist bei jeder Integration und Inbetriebsetzung mit Problemen zu rechnen. Solchen Probleme können etwa durch fehlende oder fehlerhafte Dokumentation, inkompatible Konfigurationen von Komponenten oder bislang noch nicht entdeckte Fehler in den zu integrierenden Komponenten verursacht werden.

12.4.2.1 Schnittstellen, Verantwortlichkeiten und Kultur

Die Übergabe von Artefakten aus der Entwicklung in den Betrieb definiert somit eine explizite Übergabeschnittstelle (Abb. 12.22). An dieser Übergabeschnittstelle werden aber nicht nur Artefakte an den Betrieb übergeben, es werden auch Informationen aus dem Betrieb zurück in die Entwicklung gegeben. Damit ergibt sich eine Feedbackschleife, mit deren Hilfe die Entwicklung auch über das Verhalten der Software im Betrieb informiert wird. Dieses Feedback dient der Verbesserung:

Abb. 12.22 Explizite Übergabeschnittstelle zwischen Entwicklung und Betrieb

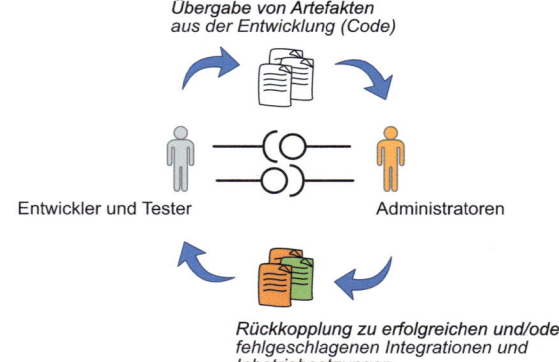

- Von Produkten im Allgemeinen,
- des Auslieferungsprozesses und
- der Entwicklungs- und Betriebsumgebung.

Anmerkung *Feedback im Allgemeinen weist immer auf positive und negative Effekte hin. Im Kontext der Softwareentwicklung kann Feedback auch dahingehend instrumentalisiert werden, Inhalte für die nächste Iteration der Entwicklung festzulegen, also was in der nächsten Iteration implementiert oder korrigiert werden muss.*

Hinzu kommt, dass an dieser Übergabeschnittstelle nicht nur Software übergeben wird, es findet auch eine Übergabe von *Verantwortung* statt. In der Entwicklung ist das Entwicklungsteam für die adäquate Qualität der Software verantwortlich. Mit der Übergabe in den Betrieb wechseln die Zuständigkeiten. Nun ist der Betrieb für die ordnungsgemäße Ausführung der Software verantwortlich.

> **Feedback und „Culture of Blame"**
> Die in Abb. 12.22 gezeigte Schnittstelle hat weitreichendere Folgen, als es zunächst scheint. Neben dem einfachen „über den Zaun werfen" von Artefakten aus der Entwicklung sind bei der Inbetriebnahme von Software oft auch weitere Stakeholder zu beteiligen. Somit ist diese Schnittstelle „breit" und birgt das Risiko von Reibungsverlusten und vielfältigen Problemen. Insbesondere beim Eintreten von Problemen wird häufig nicht nur mit der Fehlersuche und deren Beseitigung begonnen, sondern es wird auch nach Schuldigen Ausschau gehalten. Dies wird auch als *Culture of Blame* bezeichnet und gilt allgemeinhin als eine wesentliche Behinderung offener und

12.4 Kontinuierliche Integration und Auslieferung

> transparenter Kommunikation. Außerdem bindet die Suche nach Schuldigen wertvolle Ressourcen, die in der Fehlerkorrektur fehlen.
>
> DevOps will hier auch einen Beitrag zur kulturellen Entwicklung von Organisationen leisten, indem eine *Fehlerkultur* etabliert werden soll, die das Lernen fördert und Teams dabei hilft sich kontinuierlich zu verbessern. Feedback wird dabei als sehr wichtig angesehen – deshalb muss Feedback in der Organisationskultur willkommen sein.

12.4.2.2 Der DevOps-Ansatz

DevOps ist *kein* Entwicklungsprozess im eigentlichen Sinn. Das grundlegende Konzept von DevOps in Abb. 12.23 ist daraufhin ausgelegt, eine grundsätzliche Philosophie der Softwareentwicklung zu beschreiben, welche den kompletten Produktlebenszyklus – von der Entwicklung, über die Auslieferung und dem Betrieb bis zum Phase-Out des Produkts – umfasst. Das Ziel von DevOps ist, dass Software in einer Weise entwickelt werden soll, die es gestattet, die Software schrittweise frühzeitig und im optimalen Fall *jederzeit* in Betrieb zu nehmen, ohne dass es negative Auswirkungen auf die Qualität der Software – insbesondere bereits bestehender Software – gibt. Dazu setzt DevOps auch hochgradig automatisierte Entwicklungsumgebungen und das kontinuierliche Messen von Software- und Systemqualität.

> **Metriken und Messung**
> Insbesondere mit den agilen Methoden hat das Messen von Projektperformanz an Bedeutung gewonnen. Es werden Metriken erfasst (siehe Kap. 2.3), welche es nahezu in Echtzeit gestatten, den Status des Produkts etwa aus der Perspektive von umgesetzten Anforderungen oder der Code-Qualität darzustellen. Durch DevOps wird das

Abb. 12.23 Grundlegendes Konzept von DevOps

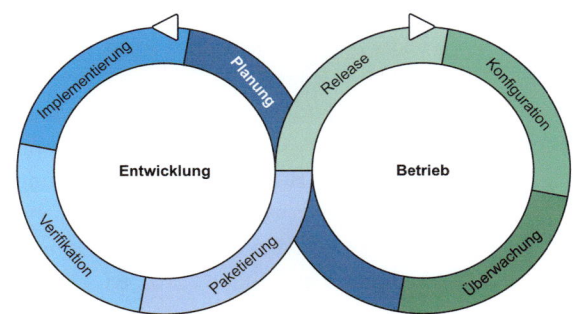

> kontinuierliche Erfassen von Performanz- und Leistungszahlen auch auf den Betrieb ausgedehnt. Neben Metriken für Projekt, Prozesse oder die allgemeine Produktqualität werden nun auch Leistungskennzahlen aus dem Betrieb erfasst und wieder in die Entwicklung eingespeist. Dies dient insbesondere dazu, Software auf die Qualitätsanforderungen hin zu optimieren, etwa eine schnellere Antwortzeit oder Reduktion des Energieverbrauchs. Auch können Leistungskennzahlen aus dem Betrieb auf Umstände hinweisen, dass zum Beispiel eine Architektur überarbeitet werden muss. Damit wird der Entwicklung eine weitere wertvolle Informationsquelle zur optimalen Entwicklung einer Software angeboten.

Wie oben erläutert, ist DevOps kein Entwicklungsprozess. In der Tat schreibt DevOps auch keinen bestimmten Entwicklungsprozess vor. Ebensowenig schreibt DevOps Mechanismen zur Organisation des Betriebs vor. Das DevOps-Konzept aus Abb. 12.23 hebt lediglich die Schnittstelle (siehe auch Abb. 12.22) hervor und illustriert, wie eine Verknüpfung von Entwicklung und Betrieb erfolgen kann. Die eigentlichen Vorgehensmodelle (siehe Kap. 3.1) für Softwareentwicklung und auch für den Betrieb muss das jeweilige Projektteam oder die Organisation, welche das Projekt durchführt selbst definieren. Häufig führt dies dann zur Entwicklung *hybrider Vorgehensmodelle* (siehe Kap. 3.2).

12.4.2.3 Die 3 Wege von DevOps

Kim et al. [37] beschreiben die grundlegende Philosophie von DevOps durch drei Prinzipien (The Three Ways). Diese drei Prinzipien sind in Abb. 12.24 dargestellt und beziehen sich sowohl auf Anforderungen hinsichtlich der Methodik als auch auf Anforderungen in Bezug auf die Unternehmenskultur.

Fluss   Das erste Prinzip des Flusses (Principle of Flow) adressiert im Wesentlichen die Entwicklung der Software. Diese soll im Grundsatz den Prinzipien des *Lean Software Development* folgen und sicherstellen, dass Software entwickelt und stets zur Integration bereitgestellt wird (siehe Abschn. 12.4). Es soll also ein Entwicklungsansatz gewählt werden, der möglichst kontinuierlich Softwarekomponenten zur Integration bereitstellt, um Leerlauf und „Zeitverschwendung" auf der Entwicklungsseite zu reduzieren und möglichst zu vermeiden [48, 50, 53].

Feedback   Das Prinzip des Feedbacks (Principle of Feedback) zielt primär auf die Rückkopplung des Betriebs an die Entwicklung. Dabei soll schnell kommuniziert werden, was der erwartete Zustand eines Systems im „Normalbetrieb" ist und was gegebenenfalls bei der Inbetriebnahme nicht funktioniert. Neben der Kommunikation der beteiligten Personen, wird für die Anwendung ein kontinuierliches *Application Performance Monitoring* installiert, welches hilft, die technischen

12.4 Kontinuierliche Integration und Auslieferung

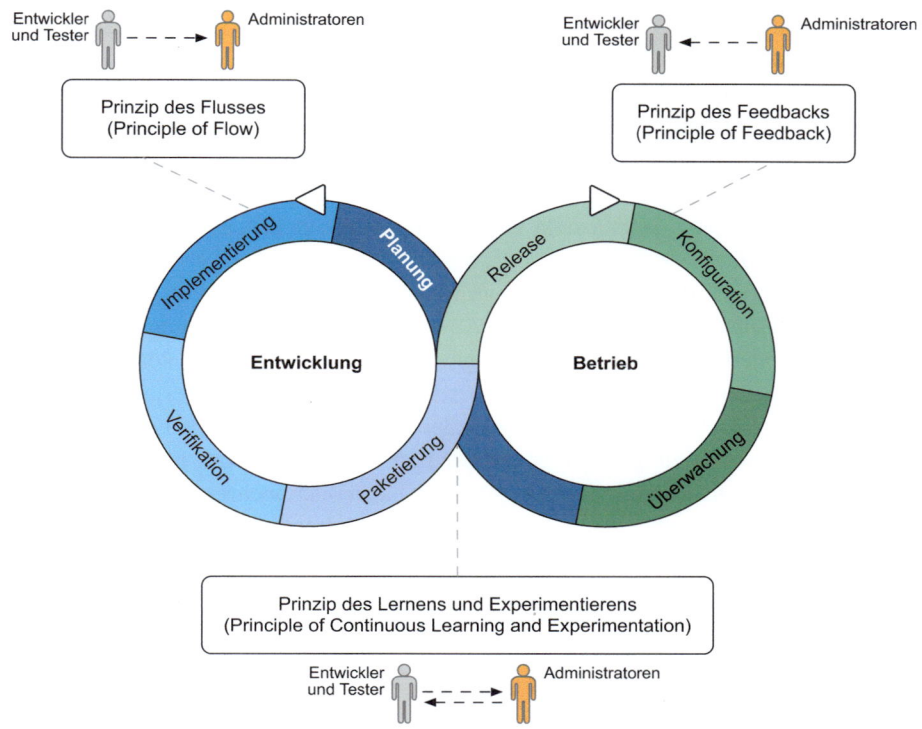

Abb. 12.24 Die 3 Wege von DevOps. (Die drei DevOps-Prinzipien nach [37])

Kennzahlen zu überprüfen. Damit soll erreicht werden, dass die Entwicklung schnell und zielgerichtet Fehler beseitigen kann und es sollen Möglichkeiten zur Optimierung eines Systems auf Basis der Leistungskennzahlen identifiziert werden.

Lernen Das Prinzip des Lernen und Experimentierens (Principle of Continuous Learning and Experimentation) adressiert insbesondere die (kulturelle) Entwicklung einer Organisation. Kooperation, gegenseitiges Lernen und die Offenheit zur Entwicklung kreativer Lösungen sollen dabei befördert werden. Grundsätzlich folgt dieses Prinzip dem klassischen *Software Process Improvement* (SPI; [25, 27, 43]), insbesondere den Anforderungen an Organisationen hinsichtlicher hoher Reifegrade bezüglich der Softwareentwicklung [15], in denen kontinuierliches Lernen auf der Organisationsebene gefordert wird.

12.4.2.4 Technische Umsetzung von DevOps

DevOps geht davon aus, dass kontinuierlich Software fertiggestellt und in den Betrieb überführt wird. Dies setzt einerseits eine hohe Kompetenz hinsichtlich der Automatisierung der

Softwareentwicklung mit Hilfe von Werkzeugen voraus (siehe Abschn. 12.4). Andererseits hat dies auch weitreichende Auswirkungen auf den Entwurf von Softwaresystemen.

Abb. 12.25 illustriert dies am Beispiel des Verständnisses von Softwareprodukten. In einer „klassischen" Architektur (siehe Kap. 8) wird ein Softwaresystem (ein Produkt) aus einer Menge von Komponenten zusammengesetzt. Diese werden zwar arbeitsteilig entwickelt und je nach gewählter Test- und Integrationsstrategie (siehe Abschn. 12.3.2) auch schrittweise zusammengesetzt, jedoch steht über den Einzelkomponenten immer die Idee eines integrierten Produkts.

In einem kontinuierlichen Entwicklungsansatz, insbesondere unter der Annahme, dass kontinuierlich Funktionen ergänzt und den Anwendern bereitgestellt werden, ist ein solcher Denkansatz hinderlich. Die Abb. 12.25 zeigt, dass gerade im Kontext von DevOps viele kleine Funktionseinheiten entwickelt und bereitgestellt werden. In einer extremen Auslegung kann jede einzelne Funktion als eigenständiges Produkt verstanden werden. Dies hat zu Folge, dass anstelle einiger weniger großer Bausteine viele kleine, besser handhabbare Komponenten erstellt werden. Damit ergeben sich aber auch weitreichende Implikationen für die Anforderungserhebung und den Entwurf eines Softwaresystems:

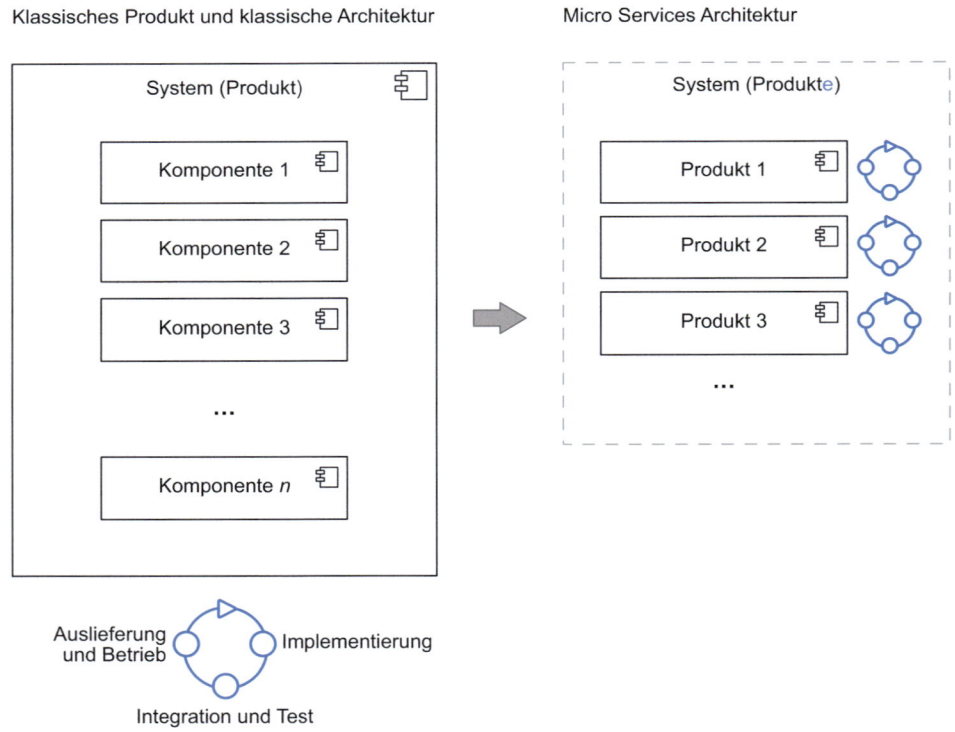

Abb. 12.25 Klassisches Produktverständnis und Micro Services im Kontext von DevOps

12.4 Kontinuierliche Integration und Auslieferung

Implikation 1: Anforderungen müssen so erhoben werden, dass Funktionen weitgehend eigenständig und vollständig beschrieben werden. Abhängigkeiten müssen soweit möglich aufgelöst werden.

Implikation 2: Der Entwurf erfolgt in kleinen, eigenständigen und nur lose gekoppelten Komponenten. Der Schwerpunkt des Entwurfs liegt auf einer maximalen Modularisierung der einzelnen Komponenten (siehe Kap. 8.2.5).

Implikation 3: In der Implementierung, im Test und in der Integration muss ein hohes Maß and Automatisierung erreicht werden. Es muss sichergestellt werden, dass eine fertiggestellte Funktion individuell und im Verbund mit anderen Funktionen getestet werden kann (siehe Abschn. 12.3.2).

> **Von der Projekt- zur Produktverantwortung**
>
> Eine wesentliche Implikation aus den Anforderungen hinsichtlich Anforderungserhebung, Systementwurf, Implementierung, Test und Integration ist die Umwandlung der Verantwortung weg von der Gesamtprojektverantwortung hin zu einer Produktverantwortung (siehe *Product Owner,* Kap. 3.5.1). So gibt es zwar weiterhin das Projekt als Klammer für die Entwicklung und in der Regel trägt ein Projektleiter auch die Verantwortung für das Projekt. Im Sinne der in Abb. 12.25 gezeigten Systemstrukturierung und der Anforderungen von DevOps erhalten einzelne Entwickler oder Entwicklerteams Verantwortung für ihre „kleinen" Produkte. Ein Projekt setzt sich dann aus vielen kleinen Produkten zusammen, für die jeweils die Entwickler die Verantwortung tragen.

DevOps erfordert ein hohes Maß an Automatisierung. Dies impliziert, dass an vielen Stellen ein schematisches Vorgehen erfolgt. Beispielsweise können Vorlagen für Codegeneratoren, Unit Tests, standardisierte Build-Skripte oder standardisierte Ticket-Systeme verwendet werden. Im Wesentlichen wird also auf hoch-automatisierte Entwicklungsumgebungen gesetzt, wie sie in der kontinuierlichen Softwareentwicklung (Abb. 12.20) zum Einsatz kommen. Ein *Commit* stößt in der Regel den Build- und Integrationszyklus an, welcher den Start für die *Continuous Delivery Pipeline* oder – je nach technischer und organisatorischer Reife – die *Continuous Deployment Pipeline* markiert. Zentral ist hierbei Reproduzierbarkeit von Qualität. Das bedeutet, dass technische Beschreibungen vorliegen müssen, mit denen sich jederzeit frühere Systemstände reproduzieren und in Betrieb setzen lassen. Weiterhin erfordert dieses Vorgehen ein hinreichend präzises Verständnis von Qualität – das Softwaresystem muss somit messbar sein, was eine geschickte Auswahl von Metriken erfordert.

Achtung *Nicht vergessen werden darf, dass diese Form der technischen Umsetzung auch organisatorische Folgen hat. Entwickler benötigen mehr Rechte und tragen mehr Verantwortung, da sie gegebenenfalls auf Produktivsysteme zugreifen können müssen. Entwickler werden somit auch in gewissen Grenzen zu Administratoren des Systems. Dies macht es aber zwingend erforderlich, dass Entwickler ein stark diszipliniertes Vorgehen anwenden.*

12.5 Weiterführende Literatur und Übungen

In diesem Kapitel wurden die Themen Testen und Integration von Software behandelt. Diesen beiden Aufgaben, die in der Regel eng miteinander verzahnt ausgeführt werden, kommt eine große Bedeutung zu. Die Software wird aus den einzelnen Komponenten zusammengesetzt und das korrekte Zusammenspiel aller Komponenten im Gesamtsystem wird überprüft. Sehr häufig wird das Testen auch als quasi-dominante Aufgabe im Software Engineering betrachtet, die stark in der Forschung[7] präsent ist. Problematisch dabei – ohne die Relevanz des Testens in Frage zu stellen – ist jedoch, dass oft versucht wird, durch das Testen nachlässig oder gar nicht durchgeführte Analyse- und Entwurfsaufgaben auszugleichen. Insbesondere durch Ansätze, die mit der agilen Softwarentwicklung (siehe Kap. 3.2.4) Verbreitung gefunden haben, etwa das automatisierte Unit Testing (siehe Abschn. 12.2.5) oder das Test-Driven Development (siehe Abschn. 12.2.6), wird oft eine falsche Sicherheit im Hinblick auf die Qualität und die Qualitätssicherung einer Software erzeugt. Es gilt aber zu beachten: „*Inspection does not improve the quality, nor guarantee quality. Inspection is too late. The quality, good or bad, is already in the product. As Harold F. Dodge said, ‚You can not inspect quality into a product'.*" (nach W. E. Deming [20, S. 28 ff.]). Dies macht deutlich, dass die Aufgaben der Softwareentwicklung, die in diesem Kapitel beschrieben wurden, zwingend in Verbindung mit der Anforderungsanalyse (siehe Kap. 5) und dem Architekturentwurf (siehe Kap. 8) zu setzen sind. Es fällt schwer, Tests zu definieren, ohne zu wissen, was die Anforderungen sind und was die Software eigentlich leisten soll. Die Anforderungen definieren hier den Maßstab. Es fällt schwer, Tests und eine Integrationsstrategie zu definieren, ohne die Systemstruktur zu kennen und zu verstehen, aus welchen Komponenten eine Software besteht. Die Architektur ist der Bauplan.

Nur wenn diese Verbindungen hergestellt sind, sind effiziente und effektive Softwaretests und Integrationsstrategien planbar und durchführbar. Effizienz und Effektivität sind beim Test und bei der Integration sehr wichtig, da es aufwändige und kostenintensive Aufgaben sind – und umso später ein Fehler gefunden wird, desto teuer ist seine Beseitigung [10]. Problematisch hierbei ist dann die Frage, ob ein gefundener Fehler die Ursache ist, oder nur die Folge eines an einer anderen Stelle aufgetretenen Fehler. Man spricht dann von *Fehlerfortpflanzung* [6]. Hilfreich bei der Entwicklung von Test- und Integrationsstrategien ist ein klares Verständnis möglicher Fehlerkategorien. Hier definieren Avižienis et al. [6]

---

[7]Siehe beispielsweise *International Conference on Software Testing, Verification, and Validation* (ICST) oder die *German Testing Days*.

12.5 Weiterführende Literatur und Übungen

eine detaillierte Fehlertaxonomie. Ebenfalls relevant – insbesondere im Bereich kritischer Systeme – ist die Art der Reaktion des Systems beim Auftreten eines Fehlers. Gewünscht ist in der Regel ein „geregeltes" Systemverhalten, das heißt, ein System soll beim Auftreten eines Fehlers nicht einfach seinen Betrieb einstellen oder – schlimmer – chaotisch reagieren. Die Entwicklung solcher *fehlertoleranten Systeme* wird beispielsweise von Koren und Krishna [42] beschrieben. Das grundsätzliche Vorgehen im Softwaretest wird in verschiedenen Quelle angegriffen. Daigl und Glunz [16] beschreiben die wesentlichen Normen im Softwaretest in der ISO/IEC/IEEE 29119:2013 [35], welche die IEEE 829:2008 [28] ablöst. Ausgerichtet auf die ISTQB-Zertifizierung, beschreiben Spillner und Linz [55] das Basiswissen zum Softwaretest. Hierbei soll auch noch einmal auf den *Clean-Code*-Ansatz verwiesen werden. Neben Regeln zum Schreiben von gutem Code gibt Martin [45] auch Hinweise zur Erstellung „guter" Testfälle. Ebenfalls darf beim Testen nicht vergessen werden, dass Tests in der Regel auch Daten benötigen, auf denen sie arbeiten. Hierzu gibt Albrecht-Zölch [1] eine umfassende Einführung in das *Testdatenmanagement*.

Die Aufgaben im Softwaretest und in der Integration von Software sind vielfältig. Durch die steigende Komplexität der Softwaresysteme und der immer größer werdenden Menge an Software, die bereits im Betrieb ist und gewartet werden muss, ist die Qualitätssicherung der Software essenziell. Besonders hervorgehoben werden muss hier noch einmal die Rolle des *Regressionstests*. Bei jeder Modifikation einer Software, sei es in der Erstentwicklung oder in der Wartung und Pflege (siehe Kap. 13.2), ist sicherzustellen, dass die Modifikation die Software nicht „verschlimmbessert". Die kontinuierliche – und wo immer möglich – automatisierte Durchführung von Softwaretests mit kritischer Prüfung der Qualitäts- und Leistungskennzahlen ist daher unerlässlich. Diese ist gleichermaßen Voraussetzung für moderne Entwicklungsansätze im Bereich des *Continuous Software Engineering*, etwa DevOps (siehe Abschn. 12.4).

Übungsaufgaben

Übung 12.1 (Black-Box-Test) Die neue Software für die Bankautomaten unserer Bank (siehe Kap. 4.5.1 und Kap. 7.5) soll es unter anderem auch gestatten, dass Kunden der Bank Münzen auf ihr Konto einzahlen können. Hierbei gelten folgende Bedingungen:

- Einzahler müssen Kunden der Bank sein.
- Es werden nur Euro-Münzen akzeptiert. Alle anderen Münzen, d. h., Cent-Münzen, Fremdwährung oder Knöpfe werden an den Kunden zurückgegeben.
- Die Bank erhebt für die Einzahlung eine Gebühr von 2,5 % des Einzahlungsbetrags, mindestens jedoch 1 EUR.

Bearbeiten Sie folgenden Aufgaben:

a) Beschreiben Sie den Begriff Äquivalenzklasse.
b) Geben Sie alle notwendigen Äquivalenzklassen für die Eingaben des Systems an.
c) Geben Sie Testfälle an, welche alle Äquivalenzklassen abdecken.

Übung 12.2 (White-Box-Test) Gegeben ist die Methode count, welche mit Hilfe der Methode read natürliche Zahlen über die Konsole einliest. Bei der Eingabe der Zahl 0 endet die Methode und gibt zurück, wie oft die Zahl 25 eingegeben wurde.

```
1  public int count()
2  {
3    int counter = 0;
4    int n1 = read();
5    int n2 = read();
6
7    do {
8      if (n1 == 2 && n2 == 5)
9      {
10       counter++;
11     }
12     n1 = n2;
13     n2 = read();
14   } while (n2 != 0);
15
16   return counter;
17 }
```

Bearbeiten Sie folgenden Aufgaben:

a) Erstellen Sie einen Kontrollflussgraphen für die Methode count.
b) Beschreiben Sie kurz die unterschiedlichen Überdeckungsmaße.
c) Erstellen Sie je einen Testfall für die Anweisungsüberdeckung, die Zweigüberdeckung die und Bedingungsüberdeckung.

Übung 12.3 (Äquivalenzklassen ermitteln) Betrachten Sie folgende Methode, welche in einem Banksystem verwendet wird, um einmal jährlich die Zinsen auf einem Kundenkonto zu berechnen.

```
1  public float BerechneNeuenKontostand(float alterKontostand,
2                                       float habenZins,
3                                       float sollZins);
```

Die Implementierung der Methode ist dabei durch folgende Formel beschrieben:

$$\text{neuerKontostand} = \begin{cases} \text{alterKontostand} > 0 : \text{alterKontostand} \times \left(1 + \frac{\text{habenZins}}{100}\right) \\ \text{alterKontostand} < 0 : \text{alterKontostand} \times \left(1 + \frac{\text{sollZins}}{100}\right) \end{cases}$$

12.5 Weiterführende Literatur und Übungen

Bearbeiten Sie folgenden Aufgaben:

a) Bestimmen Sie die zum Testen der Methode erforderlichen Äquivalenzklassen (Menge der Eingabekombinationen). Geben Sie eine sinnvolle Gruppierung der Testfälle an. Es bietet sich an, zuerst über die Äquivalenzklassen der einzelnen Eingabevariablen nachzudenken, bevor eine Gruppierung erfolgt.
b) Gibt es Grenzfälle in der zu testenden Methode? Wenn ja: Welche und wären diese zu testen?
c) Diskutieren Sie die Formel zur Implementierung. Wie sollte diese gegebenenfalls überarbeitet werden?
d) Formulieren Sie die Testfälle für die zu testende Methode. Verwenden Sie gegebenenfalls ein Unit-Test-Framework.

Übung 12.4 (Testfälle ermitteln) Gegeben sei das Klassenmodell in Abb. 12.26, welches einen zentralen Bestandteil des Datenmodells einer Bank darstellt:
Im System gibt es folgende Methoden, welche für alle Konten eines Kunden die Verzinsung berechnet und die Zinsen im Anschluss auf die Konten bucht.

```
public bool BerechneZinsen(Kunde kd);   // berechne Zinsen für einen Kunden
public bool BerechneGuthaben();         // berechne den Zins für ein Konto
                                        // und führe die Buchung durch
```

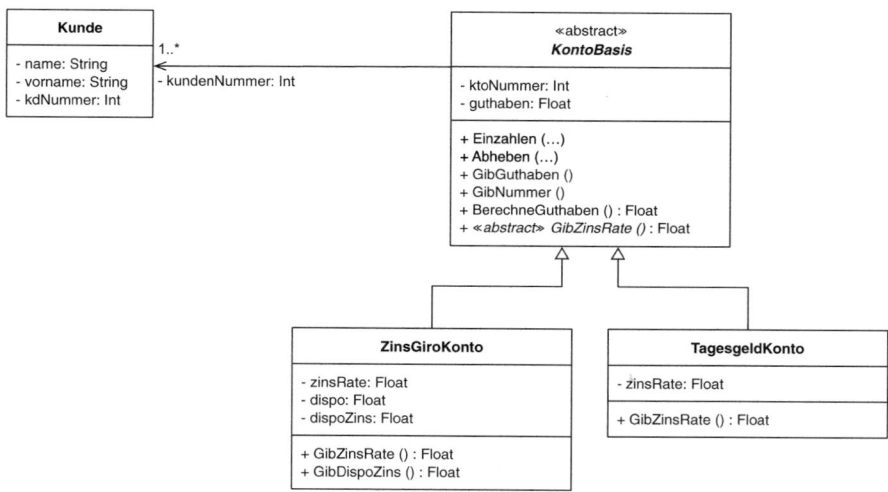

Abb. 12.26 Modell von Kunden und Konten (inkl. Kontotypen) einer Bank

Die Methoden genügen hierbei den folgenden Vorbedingungen (Pre) und Nachbedingungen (Post):

- `BerechneZinsen(Kunde kd)` – berechnet die Zinsen für einen Kunden:

    Pre: Das übergebene Kunden-Objekt ist gültig und alle Konto-Objekte des Kunden sind korrekt initialisiert (siehe auch `BerechneGuthaben`). Hierbei gilt, dass ein Konto zu einem Kunden gehört, wenn gilt:
    `KontoBasis.kundenNummer == kd.kdNummer`

    Post: Die Zinsberechnung ist erfolgreich wenn gilt, dass für alle Konten eines Kunden die Berechnung der Zinsen durch die Methode `BerechneGuthaben` korrekt erfolgt ist.

- `BerechneGuthaben()` – berechnet den Zins für ein Konto und schreibt diesen dem Konto als Guthaben zu:

    Pre: Die Zinsberechnung kann erfolgen, wenn ein Konto-Objekt korrekt initialisiert wurde und es eindeutig einem Kunden-Objekt zugeordnet werden kann. Ein Konto ist für die Zinsberechnung dann korrekt initialisiert, wenn es ein Guthaben $>$ 0 besitzt oder es über ein positives oder negatives Guthaben und einen Dispo-Rahmen verfügt. Konten ohne Dispo-Rahmen, die ein Guthaben $<$ 0 aufweisen, werden als nicht korrekt initialisiert angesehen.

    Post: Die Berechnung der Zinsen ist dann erfolgreich, wenn:
    – Die Methode `GibZinsRate` einen Wert $>=$ 0 zurückgibt (ein Rückgabewert = 0 hat zur Folge, dass keine Verzinsung erfolgt; die Methode läuft trotzdem korrekt zu Ende) und
    – Der Habenzins auf das aktuelle Guthaben aufgerechnet wurde, sofern das Guthaben $>$ 0 ist oder
    – Der Dispozins vom aktuellen Guthaben abgezogen worden ist, sofern das Guthaben $<$ 0 ist und das Konto einen Dispo-Rahmen hat und
    – Wenn sichergestellt ist, dass Dispozins und Habenzins nicht gleichzeitig berechnet werden können.

Im Rahmen der Qualitätssicherung sollen diese Methoden gründlich getestet werden. Bearbeiten Sie hierzu die folgenden Aufgaben:

a) Definieren Sie für die gegebenen Methoden geeignete Äquivalenzklassen.
b) Geben Sie mindestens vier konkrete Testfälle an, mit denen Sie die Methoden testen können. Jeder erforderliche Testdatensatz muss aus einer konkreten Wertebelegung und einem erwarteten Resultat bestehen.

12.5 Weiterführende Literatur und Übungen

c) Formulieren Sie die Testfälle für die zu testende Methode in einer objektorientierten Programmiersprache oder in Pseudocode.

Übung 12.5 (Testrahmen entwerfen) Entwerfen Sie einen Testrahmen für den Test der Methoden aus der Aufgabe 12.4. Berücksichtigen Sie hierbei die Festlegungen hinsichtlich Äquivalenzklassen, Testfällen, etc. und bearbeiten Sie die folgenden Aufgaben:

a) Erstellen Sie den Testrahmen als Programm in einer objektorientierten Programmiersprache. Verwenden Sie gegebenenfalls ein Unit-Test-Framework.
b) Diskutieren Sie, welche vorbereitenden Operationen Sie durchführen müssen, um den Test erfolgreich durchführen zu können. Beachten Sie hierbei insbesondere, welche Objekte welcher Typen Sie im Vorfeld erstellen und Initialisieren müssen.

Übung 12.6 (Vorgehen in der Integration) Bearbeiten Sie die folgenden Aufgaben zum Themenbereich Prüfung und Vorgehen in der Integration:

a) Geben Sie die Schritte bei der Integration wieder. Warum werden diese Schritte in der Regel wiederholt durchlaufen?
b) Ordnen Sie diese Schritte in die Vorgehensmodelle zur Softwareentwicklung ein und stellen Sie dar, wie die Integrationsschritte im V-Modell XT (siehe Kap. 3.3) und in Scrum (siehe Kap. 3.4) umgesetzt werden.
c) Beschreiben Sie, wie die Integration mit der Softwarearchitektur zusammenhängt.

Übung 12.7 (Unit Testing und Regressionstests) In der Booleschen Algebra sind die in Abb. 12.27 gezeigten Operatoren mit `1=true` und `0=false` definiert. In der Programmierung sind diese Operatoren essential, da sie für eine Vielzahl von Programmkonstrukten notwendig sind, zum Beispiel für bedingte Programmausführung, Verzweigungen, Eingangs- und Ausgangsbedingungen in Schleifen.

AND		
A	B	Ergebnis
1	1	1
1	0	0
0	1	0
0	0	0

OR		
A	B	Ergebnis
1	1	1
1	0	1
0	1	1
0	0	0

XOR		
A	B	Ergebnis
1	1	0
1	0	1
0	1	1
0	0	0

Abb. 12.27 Entscheidungstabellen der Booleschen Funktionen And, Or und Xor

In dieser Aufgabe soll ein kleines Programm iterativ entwickelt und getestet werden. Das Programm soll zunächst die folgenden Anforderungen erfüllen:

Anf. 1 Das Programm definiert eine Klasse `MyBooleanOperations`.
Anf. 2 Die Klasse `MyBooleanOperations` definiert die drei Methoden `And(bool, bool)`, `Or(bool, bool)` und `Xor(bool, bool)`.
Anf. 3 Die drei Methoden arbeiten gemäß der in Abb. 12.27 gezeigten Wertetabellen, d. h., `And(true, true)` muss als Ergebnis `true` liefern.
Anf. 4 Eingabe- und Rückgabetypen, sowie die internen Datentypen haben den Standarddatentyp `bool`.
Anf. 5 Alle Methoden müssen durch Unit Tests getestet werden.

Bearbeiten Sie die folgenden Aufgaben in den jeweiligen Iterationen:

Iteration 1: Implementieren Sie das Programm wie oben spezifiziert in Java oder C#. Stellen Sie dabei sicher, dass ihr Programm aus zwei Projekten besteht – einem Projekt, das die Implementierung der Klasse `MyBooleanOperations` enthält und einem zweiten Projekt, welches die Unit Test Suite enthält.

Iteration 2: Fügen Sie der Klasse `MyBooleanOperations` die folgenden drei Methoden hinzu: `And(bool, bool, bool)`, `Or(bool, bool, bool)` und `Xor(bool, bool, bool)`. Passen Sie dafür das Programm und die Test Suite passend an:
1. Ergänzen Sie passende Testfälle.
2. Implementieren Sie die neuen Methoden mit Hilfe der Technik *Überladung*.
3. Implementieren Sie die neuen Methoden so, dass der bereits verfügbare und getestete Code soweit möglich wiederverwendet wird.

Iteration 3–5: Fügen Sie zur Klasse `MyBooleanOperations` weitere Methoden hinzu, sodass die Methoden `Add`, `Or` und `Xor` jeweils 4, 5 und 6 Parameter vom Typ `bool` entgegennehmen. In jeder Iteration stellen Sie sicher, dass folgende Aufgaben bearbeitet werden:
1. Ergänzen Sie passende Testfälle
2. Implementieren Sie die neuen Methoden mit Hilfe der Technik *Überladung*
3. Implementieren Sie die neuen Methoden so, dass der bereits verfügbare und getestete Code soweit möglich wiederverwendet wird.

Übung 12.8 (Test-Driven Development) In dieser Aufgabe soll ein kleines Programm iterativ entwickelt und getestet werden. Das Programm soll die folgenden Anforderungen erfüllen:

Anf. 1 Das Programm nimmt eine natürliche Zahl > 0 entgegen und konvertiert diese in eine römische Zahl, zum Beispiel: 5→V.

Anf. 2 Das Programm nimmt einen String, der eine römische Zahl repräsentiert, entgegen und konvertiert diesen String in eine natürliche Zahl, zum Beispiel: V→5.

Anf. 3 Das Programm verarbeitet Strings in Groß- und Kleinschreibung, also X→10 und x→10.

Anf. 4 Das Programm verarbeitet Strings, in denen Groß- und Kleinschreibung kombiniert wurde, also XiiI→13.

Anf. 5 Das Programm gestattet die Addition von natürlichen Zahlen und gibt das Ergebnis als römische Zahl aus, also: 2 + 3 = V.

Anf. 6 Das Programm gestattet die Addition von römischen Zahlen und gibt das Ergebnis als natürliche Zahl aus, also: V + II = 7. Es soll hierbei auch wieder sichergestellt sein, dass die Groß- und Kleinschreibung der römischen Zahlen behandelt wird.

Bearbeiten Sie die folgenden Aufgaben:

a) Beschreiben Sie kurz den Ansatz: *Test-Driven Development* (TDD). Was ist bei der Entwicklung einer Software mit dieser Methode zu beachten?
b) Entwickeln Sie das oben beschriebene Programm mit Hilfe der TDD-Methode in einer objektorientierten Programmiersprache und einem automatisierten Unit-Test System.
c) Diskutieren Sie, wie Sie mit gegebenenfalls unterspezifizierten oder fehlenden Anforderungen umgehen.
d) Nach Abschluss der Entwicklung: Analysieren Sie ihr Programm hinsichtlich der Überdeckungsmaße (siehe Aufgabe 12.2) und diskutieren Sie, wie umfangreich ihr Programm nun getestet ist.

Literatur

1. J. Albrecht-Zölch. *Testdaten und Testdatenmanagement: Vorgehen, Methoden und Praxis.* dpunkt.verlag GmbH, January 2018.
2. Apache.org. Apache ant version 1.10.7. Online: https://ant.apache.org (abgerufen: 2020-01-03), September 2019.
3. Apache.org. Apache maven version 3.6.3. Online: https://maven.apache.org (abgerufen: 2020-01-03), November 2019.
4. K. Apt, F. S. de Boer, and E.-R. Olderog. *Verification of Sequential and Concurrent Programs.* Texts in Computer Science. Springer-Verlag, 3 edition, 2009.

5. T. Arora and U. Shigihalli. *Azure DevOps Server 2019 Cookbook: Proven recipes to accelerate your DevOps journey with Azure DevOps Server 2019*. Cookbook. Packt Publishing, 2 edition, May 2019.
6. A. Avizienis, J.-C. Laprie, B. Randell, and C. Landwehr. Basic concepts and taxonomy of dependable and secure computing. *IEEE Transactions on Dependable and Secure Computing*, 1(1):11–33, 2004.
7. K. Beck. *Test Driven Development. By Example*. Addison-Wesley Longman, 2002.
8. M. Beller, A. Bacchelli, A. Zaidman, and E. Jürgens. Modern code reviews in open-source projects: Which problems do they fix? In *Proceedings of the 11th Working Conference on Mining Software Repositories*, MSR, pages 202–211, New York, NY, USA, 2014. ACM.
9. M. Beller, G. Gousios, A. Panichella, S. Proksch, S. Amann, and A. Zaidman. Developer testing in the ide: Patterns, beliefs, and behavior. *IEEE Transactions on Software Engineering*, 45(3):261–284, 2019.
10. T. Bennett and P. Wennberg. Eliminating Embedded Software Defects Prior to Integration Test. *Quality Assurance Institute Journal*, 2006.
11. M. Broy and M. Kuhrmann. *Projektorganisation und Management im Software Engineering*. Number 978-3-642-29289-7 in Xpert.press. Springer Verlag, Berlin Heidelberg, 1 edition, 2013.
12. J. Burch, E. Clarke, K. McMillan, D. Dill, and L. Hwang. Symbolic model checking: 1020 states and beyond. *Information and Computation*, 98(2):142–170, 1992.
13. J. N. Buxton and B. Randell. Report of the nato software engineering conference on software engineering techniques. Conference report, NATO Science Committee, October 1969.
14. E. M. Clarke, O. Grumberg, and D. A. Peled. *Model Checking*. MIT Press, 1999.
15. CMMI Product Team. CMMI for Development, Version 1.3. Technical Report CMU/SEI-2010-TR-033, Software Engineering Institute, Carnegie Mellon University, 2010.
16. M. Daigl and R. Glunz. *ISO 29119 - Die Softwaretest-Normen verstehen und anwenden*. dpunkt.verlag GmbH, January 2016.
17. F. Deißenböck. *Continuous Quality Control of Long-Lived Software Systems*. PhD thesis, Technische Universität München, October 2009.
18. F. Deißenböck and B. Hummel. Kontinuierliches qualitäts-controlling: Mittel gegen den qualitätsverfall in der softwarewartung. *OBJEKTspektrum*, 5:34–38, 2011.
19. F. Deissenböck, E. Jürgens, B. Hummel, S. Wagner, B. M. Parareda, and M. Pizka. Tool support for continuous quality control. *IEEE Software*, 25(5):60–67, September 2008.
20. W. E. Deming. *Out of the Crisis*. (Reprint). MIT Press, 2 edition, August 2000.
21. ECSS Secretariat. Space product assurance, software metrication programme definition and implementation. Standard ECSS-Q-HB-80-04A, ESA-ESTEC Requirements and Standards Division, March 2011.
22. M. E. Fagan. Design and code inspections to reduce errors in program development. *IBM Systems Journal*, 15(3):182–211, Sept. 1976.
23. Gradle Enterprise. Gradle build tool version 6.6.1. Online: https://gradle.org (abgerufen: 2020-09-13), August 2020.
24. M. Grochtmann and K. Grimm. Classification trees for partition testing. *Software Testing, Verification and Reliability*, 3 (2):63–82, 1993.
25. T. Hall, A. Rainer, and N. Baddoo. Implementing software process improvement: an empirical study. *Software Process: Improvement and Practice*, 7(1):3–15, 2002.
26. C. A. R. Hoare. An axiomatic basis for computer programming. *Commun. ACM*, 12(10):576–583, Oct. 1969.
27. W. S. Humphrey. *Managing the Software Process*. Addison-Wesley Professional, January 1989.
28. IEEE 829-2008. *IEEE Standard for Software and System Test Documentation*. IEEE, July 2008.
29. IEEE Std 1012-2004. *IEEE Standard for Software Verification and Validation*. IEEE, 2004.

30. IEEE Std 1028-1997. *IEEE Standard for Software Reviews*. IEEE, 1998.
31. ISO 26262:2018. *Road vehicles – Functional safety*. International Organization for Standardization, 2018.
32. ISO/IEC 25010:2011. *Systems and software engineering – System and software quality models*. International Organization for Standardization, 2011.
33. ISO/IEC 25023:2016. *Systems and software engineering – Systems and software Quality Requirements and Evaluation (SQuaRE) – Measurement of system and software product quality*. International Organization for Standardization, 2016.
34. ISO/IEC/IEEE 24765:2010. *Systems and software engineering – Vocabulary*. International Organization for Standardization, 2010.
35. ISO/IEC/IEEE 29119:2013. *ISO/IEC/IEEE International Standard – Software and systems engineering – Software testing – Part 2: Test processes*. International Organization for Standardization, 2013.
36. Jenkins Community. Jenkins version 2.210. Online: https://jenkins.io (abgerufen: 2020-01-03), December 2019.
37. G. Kim, J. Humble, P. Debois, and J. Willis. *The DevOps Handbook*. NBN TRADESELECT, 2016.
38. S. Kleuker. *Formale Modelle der Softwareentwicklung: Model-Checking, Verifikation, Analyse und Simulation*. Studium. Vieweg+Teubner Verlag, September 2009.
39. S. Kleuker. *Qualitätssicherung durch Softwaretests: Vorgehensweisen und Werkzeuge zum Testen von Java-Programmen*. Springer Vieweg, 2 edition, July 2019.
40. J. Klünder, R. Hebig, P. Tell, M. Kuhrmann, J. Nakatumba-Nabende, R. Heldal, S. Krusche, M. Fazal-Baqaie, M. Felderer, M. F. G. Bocco, S. Küpper, S. A. Licorish, G. Lopez, F. McCaffery, Ö. Ö. Top, C. R. Prause, R. Prikladnicki, E. Tüzün, D. Pfahl, K. Schneider, and S. G. MacDonell. Catching up with Method and Process Practice: An Industry-Informed Baseline for Researchers. In *Proceedings of 41st International Conference on Software Engineering*, ICSE-SEIP, pages 255–264. ACM, 2019.
41. R. Kneuper. *Software Process and Life Cycle Models*. Springer International Publishing, 2018.
42. I. Koren and C. M. Krishna. *Fault-Tolerant Systems*. Morgan Kaufmann, April 2007.
43. M. Kuhrmann, P. Diebold, and J. Münch. Software process improvement: A systematic mapping study on the state of the art. *PeerJ Computer Science*, 2(1):1–38, May 2016.
44. A. Magana and J. Muli. *Version Control with Git and GitHub*. Packt Publishing, December 2018.
45. R. C. Martin. *Clean Code: A Handbook of Agile Software Craftsmanship*. Prentice Hall, 2008.
46. R. C. Martin and M. Marin. *Agile Principles, Patterns, and Practices in C#*. Prentice Hall, 2007.
47. S. McIntosh, Y. Kamei, B. Adams, and A. E. Hassan. The Impact of Code Review Coverage and Code Review Participation on Software Quality: A Case Study of the Qt, VTK, and ITK Projects. In *Proceedings of the 11th Working Conference on Mining Software Repositories*, MSR, pages 192–201, New York, NY, USA, 2014. ACM.
48. S. Mujtaba, R. Feldt, and K. Petersen. Waste and lead time reduction in a software product customization process with value stream maps. In *2010 21st Australian Software Engineering Conference*, pages 139–148, April 2010.
49. S. R. Palmer and J. M. Felsing. *A Practical Guide to Feature-Driven Development*. Prentice Hall, February 2002.
50. K. Petersen. A palette of lean indicators to detect waste in software maintenance: A case study. In C. Wohlin, editor, *Agile Processes in Software Engineering and Extreme Programming*, pages 108–122, Berlin, Heidelberg, 2012. Springer Berlin Heidelberg.
51. C. R. Prause, J. Werner, K. Hornig, S. Bosecker, and M. Kuhrmann. Is 100% Test Coverage a Reasonable Requirement? Lessons Learned from a Space Software Project. In *Product-Focused*

Software Process Improvement, PROFES, pages 351–367, Cham, 2017. Springer International Publishing.
52. P. Runeson, C. Andersson, T. Thelin, A. Andrews, and T. Berling. What do we know about defect detection methods? *IEEE Softw.*, 23(3):82–90, May 2006.
53. T. Sedano, P. Ralph, and C. Péraire. Software development waste. In *Proceedings of the 39th International Conference on Software Engineering*, ICSE '17, pages 130–140, Piscataway, NJ, USA, 2017. IEEE Press.
54. A. Spillner and U. Breymann. *Lean Testing für C++-Programmierer: Angemessen statt aufwendig testen*. dpunkt.verlag GmbH, June 2016.
55. A. Spillner and T. Linz. *Basiswissen Softwaretest*. dpunkt.verlag GmbH, 6 edition, June 2019.
56. S. Wagner. A literature survey of the quality economics of defect-detection techniques. In *Proceedings of the 2006 ACM/IEEE International Symposium on Empirical Software Engineering*, ISESE '06, pages 194–203, New York, NY, USA, 2006. ACM.
57. S. Wagner. *Software Product Quality Control*. Springer Verlag, 2013.

Softwareevolution 13

> **Zusammenfassung**
>
> In den zurückliegenden Kapiteln haben wir die Software- und Systementwicklung so beschrieben, als würden wir auf der grünen Wiese starten und ein neues Softwaresystem von Grund auf entwickeln. Dadurch konnten wir die einzelnen Aufgaben der Softwareentwicklung gut abgegrenzt darstellen. Eine völlige Neuentwicklung ist aber in der Praxis eher die Ausnahme. Meist besteht die Softwareentwicklung darin, ein existierendes System auf einen neuen Stand zu bringen und es weiterzuentwickeln oder existierende Systemteile zu integrieren. Wir sprechen bei der Gesamtheit der Entwicklungsaufgaben für ein Softwaresystem, angefangen von der Neuentwicklung bis hin zu seiner Modifikation und Weiterentwicklung von Softwareevolution. Typischerweise werden Softwaresysteme, nachdem sie einen geeigneten Entwicklungsstand haben, in Betrieb genommen und im Laufe des Betriebes gewartet und weiterentwickelt. Die Wartung behandelt alle notwendigen Änderungen, die an einem System zur Fehlerbehebung vorgenommen werden, um es an neue Erfordernisse anzupassen und es gegebenenfalls besser zu strukturieren, sodass die Weiterentwicklung einfacher durchzuführen ist. In diesem Kapitel werden zunächst die Transition in die Einsatzumgebung und folgend die Aufgaben der Softwarewartung beschrieben. Ausgewählte Methoden und Techniken, die in der Neuentwicklung aber insbesondere auch in der Wartung eingesetzt werden können, ergänzen die Konzepte und Aufgabenbeschreibungen.

13.1 Transition in die Einsatzumgebung

Auf die Integration – also die Fertigstellung – des Softwaresystems (siehe Kap. 12) folgen seine Auslieferung, also die Übergabe aller zum Softwaresystem gehörigen Teile (je nach Vertragsgrundlage Programmquellcode, ausführbarer Code, Hardware, Dokumentation, Hilfs-, Installations- und Konfigurationssoftware) an den Kunden und damit verbundene

Tätigkeiten. Mit der Übergabe beginnt die *Abnahmephase,* die je nach Projektart neben der Installation auch eine eigene Testphase umfassen kann.

Nach der Auslieferung schließt die Wartungs-, Pflege- und Weiterentwicklungsphase (siehe Abschn. 13.2) den Entwicklungsprozess – sowohl als *Erstentwicklung* als auch im Rahmen einer *Weiterentwicklung* – ab. Die Gesamtheit aller Entwicklungs- und Weiterentwicklungsaktivitäten im Rahmen des Lebenszyklus eines Softwaresystems bezeichnen wir auch als *Softwareevolution.*

Definition 13.1 (Softwareevolution) Softwareevolution umfasst alle Aktivitäten in der Erstentwicklung (Primärentwicklung) und Weiterentwicklung eines Softwaresystems im Rahmen der Wartung und Pflege über lange Zeiträume.

13.1.1 Auslieferung und Abnahme

Aus Sicht des Projektmanagements stellen Auslieferung und Abnahme den *definierten Abschluss* eines Projekts dar [10]. Hier wird sichergestellt, dass alle Ergebnisse an den Kunden ausgeliefert wurden und der Kunde diese auch in der gelieferten Form akzeptiert. Nach Hindel et al. [23] werden die Begriffe *Projektabnahme* und *Projektabschluss* wie folgt definiert:

Definition 13.2 (Projektabnahme) Die Projektabnahme (Acceptance) dient der formalen Akzeptanz der Projektergebnisse durch den Auftraggeber (Kunden).

Definition 13.3 (Projektabschluss) Der Projektabschluss (Closure) dient dazu, eventuell notwendige Nach- bzw. Aufräumarbeiten durchzuführen und der Nachkalkulation/Abrechnung des Projekts, sowie formal das Ende des Projekts zu erklären.

Bezugnehmend auf die Definitionen 13.2 und 13.3 sagen Hindel et al. [23] aus, dass die Abnahme *vor* dem Abschluss erfolgen soll bzw. dass der Abschluss des Projekts nach der Abnahme erreicht wird. Zentral im Projektabschluss sind hierbei die folgenden Aufgaben:

- Überprüfung und Bestätigung, dass alle Ziele erreicht wurden.
- Überprüfung und Bestätigung, dass das Projekt abgeschlossen ist und keine weiteren Kosten mehr entstehen.
- Überprüfung und Bestätigung, dass das Projektteam aufgelöst werden kann.

Besonders der Überprüfung der Zielerreichung ist Augenmerk zu widmen. Es wird hierbei auch überprüft, ob und wie gegebenenfalls noch nicht erreichte Ziele in Folgeprojekten erreicht werden können.

13.1.1.1 Auslieferung und Abnahme im Projekt

Die gerade ausgeführten allgemeinen Aspekte der Auslieferung und Abnahme beziehen sich auf das Gesamtprojekt. Tatsächlich werden die entsprechenden Aufgaben jedoch auch *im Projekt* durchgeführt. Im Rahmen des inkrementell/iterativen Vorgehens (siehe Kap. 3.2.2) und insbesondere in der agilen Softwareentwicklung (siehe Kap. 3.2.4) werden Entwicklung- und Auslieferungszyklus drastisch verkürzt. In extremen Ansätzen wie DevOps (siehe Kap. 12.4.2) ist die Auslieferung sogar integraler Bestandteil des Entwicklungsvorgehens und kann mehrfach pro Tag erfolgen, sofern die technische Infrastruktur dies gestattet.

Beispiel Die Auslieferung in einem Projekt ist somit vom Projektgegenstand und der gewählten Vorgehensweise abhängig. So sagt beispielsweise *Scrum* aus, dass nach jedem Sprint ein potenziell auslieferbares Produkt vorliegen soll (siehe Kap. 3.4.2). Daraus ergibt sich automatisch auch eine Planung der Auslieferung der Software an die Kunden in unterschiedlichen Ausbaustufen. In Anlehnung an Abb. 12.12 (siehe Kap. 12.3.1.2) illustriert Abb. 13.1 diese schrittweise Entwicklung, Integration und Auslieferung am Beispiel eines nach *Scrum* organisierten Projekts.

Die zu entwickelnde Software besteht hierbei aus den fünf Features *F1* bis *F5*. Die Bezeichnung *Int((F1, F3), F4)* wird verwendet, wenn die Features *F1* und *F3* integriert sind und die Integration für die Features *F1, F3* und *F4* durchgeführt wird, das heißt, es werden die neuen Funktionen, die durch das Zufügen von *F4* möglich werden, integriert und getestet. Sie können dann an den Kunden ausgeliefert werden.

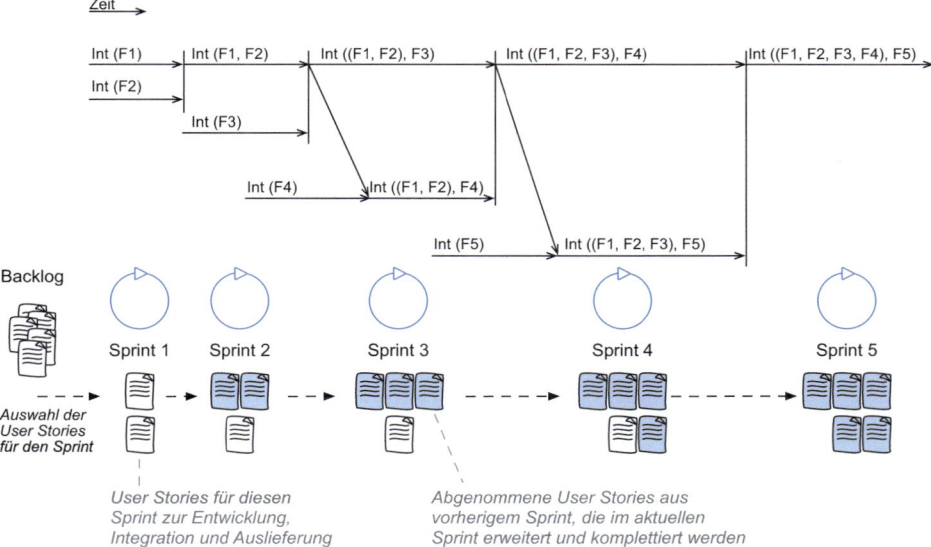

Abb. 13.1 Schrittweise Entwicklung, Integration und Auslieferung am Beispiel Scrum

13.1.1.2 Hinweise zur Abnahme

Die Projektabnahme ist die Eingangsbedingung für einen Projektabschluss. Die Ergebnisse werden an den Kunden geliefert, durch diesen geprüft und abgenommen. Je nach Art des Projektgegenstands kann eine Abnahme sehr komplex werden und sich in eine Menge von Teilabnahmen gliedern. In der Regel wird dafür im Rahmen des Vertragsschlusses ein entsprechendes *Abnahmeverfahren* zwischen den Vertragsparteien vereinbart. Dieses Verfahren umfasst Festlegungen zur:

- Bereitstellung der Ergebnisse zur Abnahme durch den Auftragnehmer
  - Befugnis zur Bereitstellung und
  - Vorbereitung der Abnahme
- Abnahmeprozedur des Auftraggebers
  - Wer ist zur Abnahme befugt?
  - Erfolgt die Abnahme formal oder „still"?
  - Abnahme- und Korrekturperioden und -fristen
  - Teilabnahmen
  - Inhalt und Form des Abnahmedokuments
  - Berichtswesen zum Abnahmestatus

Nach Hindel et al. [23] und IEEE Std. 1012-2004 [25] sind in jeder Abnahme zumindest die folgenden drei Kernaufgaben durchzuführen:

1. *Prüfung auf Vollständigkeit:* Es ist die Frage zu beantworten, ob die Lieferung (Software, Dokumentation etc.) gemäß Vereinbarung vollständig ist.
2. *Verifikation der Projektergebnisse:* Es ist die Frage zu beantworten, ob die gelieferte Software der Spezifikation entsprechend „richtig entwickelt" wurde.
3. *Prüfung auf Erfüllung der Anforderungen:* Es ist die Frage zu beantworten, ob die „richtige Software" entwickelt und geliefert wurde.

Neben unterschiedlichen Problemen, die bei der Abnahme auftreten können, darf nicht vergessen werden, dass eine Abnahme rechtliche Folgen hat, insbesondere die sogenannte *Beweislastumkehr,* welche etwa Einfluss darauf hat, welche Vertragspartei für Korrekturen an der Software aufkommen muss. Für weitere Informationen zu Abnahmeprozeduren und den vielfältigen Herausforderungen sei auf [10, Kap. 9] verwiesen.

13.1.2 Installation und Inbetriebnahme

In der Systeminstallation wird das fertiggestellte Softwaresystem in die Einsatzumgebung eingebracht und funktionsbereit gemacht. Hierbei sind abhängig vom Systemtyp unterschiedliche Prinzipien zu beachten. Manche Systeme, wie etwa kleinere Softwareprodukte für den PC, werden vom Endnutzer selbst installiert. Dies erfordert allgemein eine hohe Produktreife, erreicht durch ein umfangreiches Austesten, und eine sorgfältige Dokumentation oder Unterstützung der Installationsaufgabe.

Anmerkung *In diesem Fall ist die Bereitstellung eines passenden Installationsprogramms in der Regel auch ein Bestandteil der Systementwicklung. Moderne Entwicklungsumgebungen stellen hierfür oft bereits entsprechende Werkzeuge bereit, sodass auf der Grundlage des Programmcodes ein sogenannter* Installer *im Rahmen des Build-Prozesses erstellt werden kann.*

Komplexere Systeme, insbesondere Server-basierte Softwaresysteme, werden in der Regel vom Auftragnehmer[1] direkt in der Einsatzumgebung installiert und in Betrieb genommen. Oft finden sich hier sogenannte *Deployment-Packages,* welche dann von Administratoren in die IT-Einsatzumgebung eingebracht und dann verfügbar gemacht werden. Man spricht dann auch von einem *Roll-Out*.

Installation und Abnahme An die Systeminstallation schließt sich in der Regel ein Abnahmetest oder eine Abnahmephase mit Testbetrieb an (siehe Kap. 12.3.1.3). Gerade bei komplexen Anwendungen ist gegebenenfalls eine entsprechende Schulung und Einarbeitung der Mitarbeiter im Rahmen der Inbetriebnahme zu berücksichtigen. Für die eigentliche Inbetriebnahme (das sogenannte „Scharf-schalten") kann es zusätzlich notwendig sein, Betriebsdaten, zum Beispiel Kundendaten, aus dem Vorläufersystem zu übernehmen und einzuspielen. Ebenso wie bei den Tests können sich aus der Inbetriebnahme gewisse Änderungen und Anpassungsaufgaben für die Software ergeben. Falls erforderlich ist ein abgestimmter Plan für die Ablösung des Altsystems in Stufen durch das Neusystem zu erarbeiten.

Kontinuierliche Softwareentwicklung Werden Techniken der kontinuierlichen Softwareentwicklung (siehe Kap. 12.4) eingesetzt, ändert sich auch das Prozedere der Installation – oftmals entfällt diese aus Anwendersicht nämlich zu großen Teilen oder komplett. Insbesondere im Rahmen des *Continuous Delivery* und des *Continuous Deployment* (siehe Kap. 12.4.1.2) werden Anwendungen automatisiert in die Betriebsinfrastruktur eingebracht. Dies sehen die Endanwender in der Regel gar nicht, da die Verteilung und Bereitstellung der Software durch entsprechende Server gesteuert wird und die Anwender nur noch die zur Verfügung gestellten Dienste nutzen.

---

[1] Wird das System vom Entwickler installiert, so schließt sich häufig ein Testbetrieb an die Erstinstallation an. Beim Auftreten von Fehlern sind diese zu lokalisieren, ein Konzept für die Fehlerbehebung zu erarbeiten und der Fehler schließlich zu beseitigen. Dabei ist darauf zu achten, dass keine unerwünschten Nebeneffekte entstehen und dass die Dokumentation entsprechend geändert wird [10, S. 287 ff.].

Beispiel Beispielhaft für Installations- und Inbetriebnahmeprozeduren in der kontinuierlichen Softwareentwicklung seien die *Streaming-Dienste* wie Netflix[2] genannt. Anwender nutzen die angebotenen Dienste über das Internet und die Software wird auf Servern betrieben. Netflix implementiert ein Verfahren, in dem neue Versionen schrittweise auf großen Server-Farmen ausgerollt werden. Dann kann es passieren, dass zwei Netflix-Anwender in einem Raum sitzen, auf ihren Geräten Netflix nutzen, aber dennoch unterschiedliche Softwareversionen verwenden. Dies kann auch dazu verwendet werden, neue Funktionen zu evaluieren, etwa ob Kunden ein neues Feature nutzen möchten, es tatsächlich nutzen und auch bereit sind, einen bestimmten Preis dafür zu bezahlen (sogenannter *A/B-Test* des Preismodells). Es entstehen also neue Geschäftsmodelle und neue Formen der Interaktion zwischen Unternehmen und Kunden (siehe Kap. 1.1).

13.1.3 Übergang in die Wartung

Mit der Auslieferung, Abnahme und Inbetriebnahme ist bei neu entwickelten Systemen der Vorgang der *Erstentwicklung* abgeschlossen. Daran schließen sich die Aufgaben der Softwarewartung und Pflege an, die in der Regel eine *Weiterentwicklung* im Rahmen der Evolution der Software bedeutet (siehe Definition 13.1). Dies erfordert, dass alle relevanten Entwicklungsunterlagen, die für diese Aufgaben bedeutsam sind, an ein Wartungsteam übergeben werden müssen.

13.2 Wartung, Pflege und Weiterentwicklung von Software

Auf Grund der hohen Anzahl von Softwaresystemen, die inzwischen verfügbar sind, und der großen Anwendungsbreite, ist die vollständige Neuentwicklung (Erstentwicklung) einer Software für eine benötigte Anwendung heute eher die Ausnahme. Softwaresysteme werden aber nach der Erstentwicklung oft über sehr lange Zeiträume eingesetzt, weshalb Aufgaben der Weiterentwicklung und der Softwarewartung häufiger auftreten.

Die Übergänge zwischen der Entwicklung und der Wartung, Pflege und Weiterentwicklung einer Software sind in der Regel fließend. Von kleinen Änderungen einer Software im Rahmen der Softwarewartung und Pflege bis zu einer grundlegenden Überarbeitung eines Softwaresystems und einer weitgehenden Erweiterung der Funktionalität gibt es ein breites Spektrum. Durch die sich über die Zeit ändernden technischen und fachlichen Rahmenbedingungen und damit auch hinsichtlich sich ändernder Anforderungen, ist eine Weiterentwicklung der Software unumgänglich. Hinzu kommt, dass auftretende Fehler korrigiert werden müssen. Die Wartung, Pflege und Weiterentwicklung von Software bildet einen zentralen

---

[2]Online-Beschreibung des *Netflix Software Development Cycle:* https://netflixtechblog.com/full-cycle-developers-at-netflix-a08c31f83249.

Baustein in der *Softwareevolution* (siehe Definition 13.1) über den gesamten Lebenszyklus eines Softwaresystems.

13.2.1 Was ist Softwarewartung?

David L. Parnas schrieb 1994 *„Programs, like people, get old"* [50] – Software unterliegt also einem Alterungsprozess, welcher sich beispielsweise durch sinkende Performanz oder Zuverlässigkeit zeigt (siehe Kap. 2.2). Es gibt aber auch Gründe, die mit der Software als solche nichts zu tun haben, sondern von außen kommen. Diese sind etwa eine geänderte Plattform oder geänderte Rechensysteme, auf welche die Software portiert werden muss, oder aber geänderte Rahmenbedingungen und Anforderungen. Bereits früh in der Entwicklung einer Software können *präventive Maßnahmen*, etwa Sicherstellung der Qualität, Entwurf und Umsetzung eines flexiblen und erweiterteren Designs oder die Bereitstellung einer umfassenden Dokumentation, getroffen werden. Trotzdem kann der Alterungsprozess nur verzögert werden und auch in der „normalen" Betriebsumgebung unterliegen Softwaresysteme einer stetigen Überarbeitung. Gründe hierfür sind:

Fehler Die Software zeigt Abweichungen von den Anforderungen, die behoben werden müssen. Dies können funktionale Fehler sein, also die Software arbeitet nicht korrekt, oder Fehler in der Qualität, etwa dass die Software nicht performant genug ist.

Anforderungen Ein Änderungsbedarf ergibt sich aus sich ändernden Anforderungen, die sich im wesentlichen aus den folgenden Ursachen ergeben können:

- *Fachliche Ursachen:* Aufgrund von Änderungen etwa in Gesetzen und Vorschriften, in den Prozessen, neuer Erkenntnisse oder gesteigerter Erwartungen werden *Change Requests* eingebracht.
- *Technische Ursachen:* Die Software muss in eine neue technische Umgebung (neue Hardwareplattform, neuer Rechner) eingebracht werden (Migration) oder an Änderungen in der technischen Umgebung angepasst werden.
- *Methodische Ursachen:* Die Wartung und Pflege der Software soll erleichtert werden oder die Software soll an neue Vorgaben (zum Beispiel Coding-Standards, Refactoring zur Architekturanpassung) angepasst werden.

Alle Maßnahmen, die ergriffen werden, um derartige Fehlerkorrekturen, Änderungen und Verbesserungen vorzunehmen, werden unter den Begriffen Wartung, Pflege und Weiterentwicklung unter dem Oberbegriff *Softwareevolution* (siehe Definition 13.1) zusammengefasst. Konkrete Maßnahmen zur Wahrung des betriebsfähigen Zustands eines Softwaresystems werden hierbei in der *Softwarewartung* (Definition 13.4) umgesetzt.

Definition 13.4 (Softwarewartung) Softwarewartung umfasst alle Arbeiten an Programmen inklusive deren Dokumentation, die deren Pflege und Weiterentwicklung nach der ersten Auslieferung dienen. Die Softwarewartung dient somit vorrangig der Wahrung eines konstanten betriebsfähigen Zustandes eines Softwaresystems.

Es ist im Kontext der Wartung eines Softwaresystems wichtig, noch einmal herauszustellen, dass es sich bei Software *nicht* um ein physisches Produkt handelt. Somit unterliegt Software keinem Verschleiß im klassischen Sinn. Software bedarf keiner dem Verschleiß durch ihre Nutzung entgegenwirkenden Wartung. Vielmehr beziehen sich die Aufgaben der Wartung und Pflege von Software auf die kontinuierliche Anpassung und Verbesserung der Software zur Wahrung oder Steigerung ihres Wertes und Nutzens.

Anmerkung *Die Fähigkeit, Änderungen kosteneffizient und zeitnah durchzuführen, ist für viele Unternehmen entscheidend für ihren kommerziellen Erfolg.*

13.2.1.1 Lehmans Gesetze der Softwareevolution

Softwareevolution ist ein stetiger Prozess, der sich über den gesamten Lebenszyklus einer Software hindurchzieht. Aufgrund von Beobachtung bei großen Softwaresystemen haben die damaligen IBM-Mitarbeiter Meir M. Lehman und Laszlo Belady folgende Gesetzmäßigkeiten zusammengestellt [40–42]:

Anhaltender Wandel (Continuing Change) Ein System, das über einen längeren Zeitraum verwendet wird, unterliegt kontinuierlichen Veränderungen oder verliert an Effektivität, weshalb eine kontinuierliche Anpassung und Weiterentwicklung unverzichtbar ist.

Zunehmende Komplexität (Increasing Complexity) Ein Softwaresystem, das ständig geändert wird, verliert zusehends an Struktur. Änderungen erhöhen die Entropie und Komplexität des Programms. Das heißt obwohl Maßnahmen ergriffen werden, die Komplexität zu reduzieren oder sie zumindest unter Kontrolle zu halten, wird die Komplexität eines Softwaresystems zwangsläufig zunehmen.

Selbstregulierung (Self Regulation) Übergreifende Prozesse der Evolution von Softwaresystemen sind üblicherweise selbstregulierend.

Konservierung der organisatorischen Stabilität (Conservation of Organizational Stability) Obwohl entsprechende Feedback-Mechanismen implementiert und an den Erfordernissen ausgerichtet sind, neigt die durchschnittliche effektive Tätigkeit hinsichtlich der Wartung und Pflege im Evolutionsprozess über den gesamten Lebenszyklus hin konstant gering zu sein.

13.2 Wartung, Pflege und Weiterentwicklung von Software

Konservierung der Benutzbarkeit (Conservation of Familiarity) Während der Evolution eines Softwaresystems müssen alle Stakeholder weiterhin in der Lage sein, das System effizient und effektiv zu nutzen. Eine übermäßige Steigerung der Komplexität des Systems verringert diese Fähigkeit, sodass das durchschnittliche Wachstum einer Software dazu tendiert, über den gesamten Lebenszyklus hin konstant gering zu sein, um seine Benutzbarkeit weiterhin sicherzustellen.

Kontinuierliches Wachstum (Continuing Growth) Der funktionale Umfang eines Softwaresystems muss über die Zeit kontinuierlich erweitert werden, um die Zufriedenheit der Nutzer zu gewährleisten (siehe Kap. 6.1).

Schwindende Qualität (Declining Quality) Obwohl rigorose Maßnahmen hinsichtlich der kontinuierlichen Pflege und Weiterentwicklung einer Software in der Betriebsumgebung ergriffen werden, wird die Wahrnehmung der Anwender auf eine sich kontinuierlich reduzierende Qualität der Software hinweisen (siehe Kap. 6.1).

Feedback (Feedback System) Alle Prozesse, die im Rahmen der Wartung und Pflege eines Softwaresystems implementiert werden, sind als Multi-Level, Multi-Loop und Multi-Agent Feedback-System zu verstehen.

13.2.1.2 Herausforderungen in der Wartung

Die Aufwandsverteilung aus Tab. 13.1 zeigt deutlich die Breite der Aufgaben der Wartung an. Dies macht die Wartung komplex und stellt hohe Anforderungen an die mit der Wartung betrauten Mitarbeiter. Insbesondere müssen diese Mitarbeiter die folgenden Herausforderungen meistern:

Verstehen	Das Verstehen von Programmen – die sogenannte *Program Comprehension* (siehe Abschn. 13.2.3.5) stellt Mitarbeiter vor eine große Herausforderung. Anders als in der *Erstentwicklung* legt das Ausgangssystem bereits viele Parameter der Entwicklungsaufgabe fest. Diese, ebenso wie Architekturentscheidungen, müssen verstanden werden, um Anforderungen, die sich aus der Wartungsaufgabe ergeben, zu bewerten und entsprechende Anpassungen an der Systemarchitektur vorzunehmen und diese zu implementieren.
Startbedingungen	Nicht selten definiert das Ausgangssystem suboptimale Randbedingungen – und nicht immer hat man im Rahmen der Wartung Einfluss auf diese Randbedingungen. Die häufigsten kritischen Randbedingungen der Wartung sind:

- Keine oder nur eine veraltete Dokumentation
- Heterogene und/oder alte Technologien, etwa monolithische Architektur, COBOL-Programme oder veraltete Betriebssysteme
- Redundanzen, Inkonsistenzen und Workarounds im Programmcode

Betrieb Es darf nicht vergessen werden, dass sich Wartungsaufgaben in der Regel auf Systeme beziehen, die im produktiven Einsatz (in Betrieb) sind. Die Funktionsfähigkeit des zu wartenden Systems darf durch die Wartungstätigkeiten nicht negativ beeinflusst werden.

Zeit Oftmals erfolgen Wartungstätigkeiten unter einem hohem Zeitdruck, etwa wenn eine Software fehlerhaft arbeitet oder eine kritische Sicherheitslücke geschlossen werden muss. Zu beachten ist auch, dass eine im Rahmen der Wartung geänderte Komponente Folgeaktivitäten generieren kann, etwa die Migration von Daten. Kritisch ist ebenfalls das Release. Je nach Wartungsaufgabe muss die Freigabe einer neuen Softwareversion schnell erfolgen, gegebenenfalls kann es bei vielen, kleineren Änderungen sogar zu parallelen Releases kommen.

Aus diesen allgemeinen Herausforderungen ergeben sich die unterschiedlichen Probleme, welche Organisationen in der Softwarewartung zu meistern haben. Im Allgemeinen werden die folgenden Punkte als die schwerwiegendsten Probleme der Softwarewartung benannt:

- Bedarf an Erweiterungen und Verbesserungen
- Einhaltung geplanter Termine
- Verfügbarkeit und Fähigkeiten der Wartungs-Programmierer
- Personalfluktuation
- Qualität der Dokumentation

Es fällt insbesondere auf, dass die genannten Probleme vorwiegend nicht-technischer Natur sind. Tatsächlich sind diese Probleme auch im allgemeinen Projektgeschäft in derselben Form zu finden.

13.2.1.3 Kosten der Wartung

Im Allgemeinen sind die durch die Wartung verursachten Aufwände und Kosten recht gut bekannt. Jedoch weisen Deißenböck und Jürgens [17, 30] drauf hin, dass die Verteilung des Aufwands über die Phasen des Software Lebenszyklus bislang nur wenig verstanden ist. Sie geben dazu auf der Grundlage dreier ausgewählter Studien die in Tab. 13.1 aufgeführten Zahlen an.

Bezug nehmend auf die Aufwandsverteilung für die Wartung in Tab. 13.1 ist es somit grundsätzlich ratsam, mehr Aufwand in der Entwicklung zu treiben, wenn dadurch der Aufwand bei der Wartung und Weiterentwicklung reduziert werden kann. Es gibt eine Reihe

Tab. 13.1 Verteilung der Wartungsaufwände und -kosten im Software Lifecycle

Phase	Rombach et al. [54]	Basili et al. [3]	Yeh und Jeng [64]
Analyse	–	13 %	26 %
Design	30 %	16 %	19 %
Implementierung	22 %	29 %	26 %
Test	22 %	24 %	17 %
Sonstige	26 %	18 %	12 %
	100 %	100 %	100 %

Tab. 13.2 Modellrechnung für die Entwicklung der Wartungskosten in EUR

Jahr	Entwicklung	Wartung pro Jahr	Betrieb pro Jahr	Gesamt (akkumuliert)	Wartung (akkumuliert)	Anteil der Wartung an Gesamtkosten
0	5.000.000	0	0	5.000.000	0	0,00 %
1	0	600.000	50.000	5.650.000	600.000	10,62 %
3	0	600.000	50.000	6.950.000	1.800.000	25,90 %
6	0	600.000	50.000	8.900.000	3.600.000	40,45 %
9	0	600.000	50.000	10.850.000	5.400.000	49,77 %
12	0	600.000	50.000	12.800.000	7.200.000	56,25 %
15	0	600.000	50.000	14.750.000	9.000.000	61,02 %
20	0	600.000	50.000	18.000.000	12.000.000	66,67 %

von Entwicklungsmethoden, die sich dies zum Ziel gemacht haben. Ein Beispiel dafür ist die *Cleanroom Software Development Method* [14, 46, 52].

Softwareentwicklung ist teuer, jedoch sind die Kosten einer *Erstentwicklung* immer relativ zu den Wartungskosten zu sehen, wenn der gesamte Lebenszyklus eines Softwaresystems *inklusive* der im Betrieb auflaufenden Kosten[3], betrachtet wird. Genaue Angaben hierzu sind schwer zu machen, da es eine Vielzahl an Einflussfaktoren gibt, welche die Kosten einer Software beeinflussen. Es gibt jedoch Erfahrungswerte. So wird im Allgemeinen davon ausgegangen, dass in Abhängigkeit von der Entwicklungsdauer etwa 70 % und mehr [7, 19, 21, 48] der Kosten und mehr des gesamten Lebenszyklus langlebiger Software auf die Wartung und Weiterentwicklung entfallen können. Tab. 13.2 zeigt hierfür eine Modellrechnung.

Typischerweise wird davon ausgegangen, dass mehr als 50 % der Wartungskosten für neue bzw. erweiterte Funktionalität anfallen. Der Rest teilt sich auf Fehlerbehandlung und Adaptionen an eine veränderte technische Umgebung auf, wobei Fehlerbehandlung im

---

[3] Dies wird auch als *Total Cost of Ownership* (TCO) bezeichnet.

allgemeiner den kleineren Anteil hat. Bezüglich dieser Zahlen herrscht eine gewisse Einigkeit, auch hinsichtlich der Erfahrung, dass im Laufe der Zeit ein Anstieg der Wartungskosten zu beobachten ist. Es ist aber auch ersichtlich, dass es sich durchaus lohnt, mehr Mühe in die Erstentwicklung zu investieren, um den Aufwand für die spätere Fehlerbereinigung konstruktiv zu reduzieren.

13.2.2 Aufgaben in der Wartung von Software

Ziel der Wartung im engeren Sinn ist es vornehmlich, Fehler und Mängel, die sich im Betrieb von Softwareprodukten feststellen lassen, zu lokalisieren und zu beheben (siehe Definition 13.4). Dabei werden ausschließlich Unzulänglichkeiten behandelt, die von einem fehlerhaften Produkt verursacht werden und deren Behebung auf Implementierungsebene und nicht nur durch ein Redesign durchgeführt werden können. Anderenfalls, insbesondere bei der Erweiterung der Funktionalität eines funktionsfähigen Produkts, spricht man von *Softwarepflege*. Aus den Herausforderungen der Softwarewartung (siehe Abschn. 13.2.1.2) ergeben sich zusammen mit der Verteilung der Wartungsaufgaben (siehe Abschn. 13.2.1.3) die folgenden Kernaufgaben in der Wartung von Software:

- Software wartbar halten – dies umfasst im Kern die folgenden Aufgaben:
    - Lesbarkeit, Verständlichkeit und Vollständigkeit von Code und Dokumentation sicherstellen
    - Struktur von Softwaresystemen nachhaltig und wartungsfreundlich gestalten
    - Übersicht über wesentliche Attribute zur Wartbarkeit bereitstellen
    - Bei Änderungen auf Verbesserung der Wartbarkeit achten
- Effektives und effizientes Management der Wartungsaufgaben, welches die folgenden Aufgaben umfasst:
    - Prozess zur Behandlung von Änderungsforderungen definieren
    - Übersicht über Stand der Umsetzung ermitteln und kontinuierlich prüfen
    - Angemessenes Release-Management etablieren
- Wartung von Software-Familien (Software-Produktlinien) nachhaltig gestalten

Viele dieser Aufgaben lassen sich mit Hilfe von Methoden, Techniken und Werkzeugen (siehe Abschn. 13.2.3) unterstützen, die bereits in der Erstentwicklung einer Software in die Entwicklungsumgebung (siehe Kap. 11.1.2) eingebunden werden können. Damit kann bereits frühzeitig und durch Werkzeuge unterstützt die Qualität der Software sichergestellt und auf gute Wartbarkeit hin ausgerichtet werden.

13.2.2.1 Kategorisierung von Wartungsaufgaben

Wartung ist nicht gleich Wartung – durch die Vielzahl von Wartungsfällen und die Breite der Wartungsaufgaben hat sich eine Kategorisierung der unterschiedlichen Wartungsfälle etabliert. Die im Folgenden aufgeführte Kategorisierung entspricht einer Art Konsens in der Literatur zur Softwarewartung [9, 27, 29, 43, 48, 51]. Allerdings merkt Deißenböck [17] an, dass es auch weitere, abweichende und feiner gegliederte Kategorisierungen gibt.

Perfective   In der *Perfective Maintenance* werden an einem System Anpassungen an geänderte Anforderungen und Implementierung neuer Anforderungen vorgenommen. Derartige Wartungsaufgaben werden in der Regel durch geänderte Geschäftsprozesse oder Nutzeranforderungen getriggert. Basierend auf [43, 48] gibt Deißenböck [17] einen typischen Anteil von etwa 60 % am Wartungsaufwand an.

Adaptive   In der *Adaptive Maintenance* werden Anpassung an einem System vorgenommen, die sich durch Änderungen in der Technologie ergeben, etwa sich ändernde Betriebssysteme oder neue Versionen von eingebundener Third-Party Software, also extern hinzugekaufter Softwarekomponenten. Basierend auf [43, 48] gibt Deißenböck [17] einen typischen Anteil von etwa 20 % am Wartungsaufwand an.

Corrective   Die Aufgaben der *Corrective Maintenance* dienen im Wesentlichen der Fehlerbehebung. Entsprechende Wartungsaufgaben werden üblicherweise durch Fehler im System angestoßen. Basierend auf [43, 48] gibt Deißenböck [17] einen typischen Anteil von etwa 17 % am Wartungsaufwand an.

Preventive   In der *Preventive Maintenance* werden primär vorbereitende Maßnahmen, insbesondere zur Qualitätsverbesserung implementiert. Diese Art Wartungsaufgabe wird somit nicht durch ein irgendwie geartetes Fehlverhalten begründet, sondern zielt auf eine proaktive Verbesserung des Systems ab, etwa durch *Refactoring*. Nach Deißenböck [17] sind Quellen zur präventiven Wartung selten, da die meisten Unternehmen sich auf die anderen Wartungskategorien konzentrieren. In ihrer Studie gibt Kajko-Mattsson [35] jedoch eine Wert von etwa 4 % am gesamten Wartungsaufwand an.

Die genannten Wartungskategorien haben alle Anteil am Gesamtaufwand der Wartung, unterscheiden sich jedoch hinsichtlich der Auslöser. Deißenböck [17] hat zur Illustration der Zusammenhänge das Schema in Abb. 13.2 entwickelt. Dieses Schema der Wartungskategorien macht deutlich, welche Auslöser welche Art Wartungsaufgabe verursacht und welcher Anteil am Gesamtaufwand damit verbunden ist.

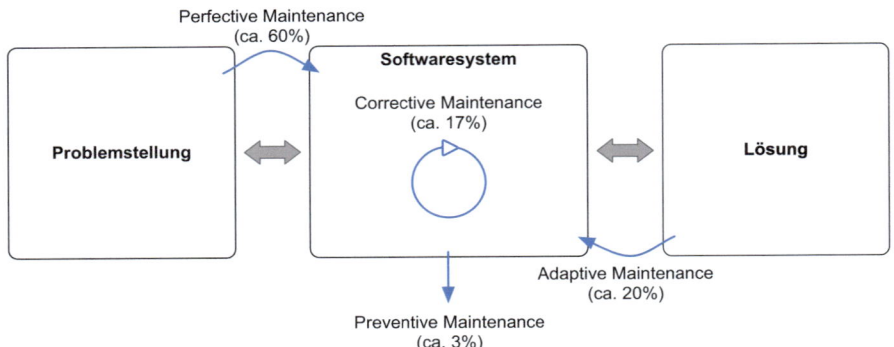

Abb. 13.2 Schematische Darstellung der Wartungskategorien nach Deißenböck [17]

13.2.2.2 Änderungsanträge (Change Requests)

Die Wartung erfolgt in der Regel durch Änderungen, die an einem vorliegenden Softwaresystem durchgeführt werden. Die Durchführung wird durch sogenannte Änderungsanträge gesteuert. Diese werden im Betrieb gesammelt und bearbeitet und dann zu festgelegten Zeiten in einer neuen Version einer Software (Release) freigegeben.

Definition 13.5 (Änderungsantrag) Ein Änderungsantrag (engl. Change Request, CR) ist eine Forderung zur Änderung eines Softwaresystems wahrend der Entwicklung oder in der Wartung eines Softwaresystems. Damit entspricht ein Änderungsantrag einer *geänderten Anforderung* an das System.

Ein Änderungsantrag muss eine genaue Beschreibung der zu ändernden Anforderung enthalten. Im Rahmen des im Projekts oder des in der Organisation installierten Änderungsmanagements [10, S. 201, 271 ff.] muss ein Änderungsantrag einen geordneten Prozess durchlaufen, bevor er umgesetzt wird. Dabei sind insbesondere die folgenden Punkte zu beachten:

Grund	Es ist zu begründen, warum eine Änderung erforderlich ist.
Analyse	Es ist zu untersuchen, welche potenziellen Folgen eine Änderung hat und ob es Folgeänderungen gibt.
Schätzung	Es ist abzuschätzen, welcher Aufwand für die Umsetzung einer Änderung anfällt *und* wer den Aufwand trägt.
Entscheidung	Es ist zu entscheiden und zu dokumentieren, ob und wie eine Änderung umgesetzt wird. Dafür ist üblicherweise eine entsprechende Steuerungsgruppe zuständig, etwa das *Change Control Board*.

13.2 Wartung, Pflege und Weiterentwicklung von Software

Abb. 13.3 Wartungsprozess nach IEEE 1219-1998 [26]

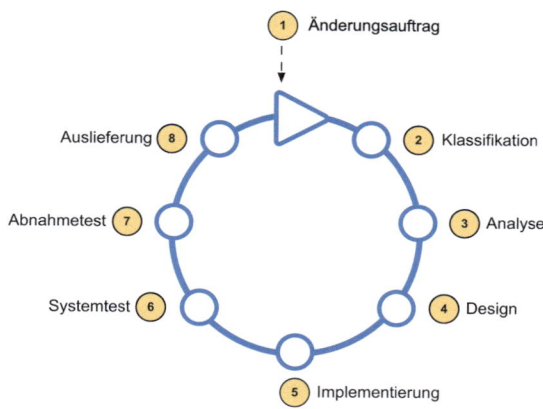

Im Rahmen der Bearbeitung von Änderungsanträgen ist es zwingend einen strukturieren Prozess festzulegen und diesem auch rigoros zu folgen. Es darf nicht vergessen werden, dass insbesondere bei der Wartung bereits produktiv eingesetzter Software eine Änderung quasi „am offenen Herzen" erfolgt. Sämtliche Fehler, die im Änderungsprozess gemacht werden, können somit direkt auf die Nutzer durchschlagen.

13.2.2.3 Der Allgemeine Wartungsprozess

In der IEEE 1219-1998[4] [26] ist ein allgemeiner Wartungsprozess festgelegt. Dieser ist in Abb. 13.3 gezeigt. Der Wartungsprozess wird üblicherweise durch Änderungsanträge in Gang gesetzt. Neben solchen Änderungsanträgen, die Nutzer der Software stellen, etwa fehlerhaftes Verhalten, können zu bestimmten Zeitpunkten auch andere, weitreichendere Änderungen, etwa an der Architektur oder im Kontext der Migration einer Software auf eine neue Betriebsplattform durchgeführt werden.

Der in Abb. 13.3 gezeigte allgemeine Wartungsprozess nach IEEE umfasst die folgenden acht Standardschritte:

Änderungsauftrag	Der Wartungsprozess wird durch einen Auftrag zur Änderung der Software getriggert. Hierfür werden Änderungsanträge der Nutzer (Entwickler, Benutzer des Systems) verwendet.
Klassifikation	Änderungsanträge werden zunächst klassifiziert. Hierbei wird identifiziert, um welche Art von Änderungen es sich handelt und mit welcher Priorität sie umgesetzt werden soll.

---

[4]Man beachte, dass der Standard IEEE 1219-1998 durch den Standard ISO/IEC 14764:2006 [29] abgelöst wurde. Aufgrund seiner Einfachheit verwenden wir jedoch den Wartungsprozess in der Form des IEEE Standards.

Analyse	Zu einer Änderung wird ermittelt, ob sie überhaupt machbar ist und welche Auswirkungen die Änderung auf die Software hat. Weiterhin werden Alternativen betrachtet, also ob eine Änderungen auch in anderer Form implementiert werden kann, bevor abschließend ermittelt wird, mit welchem Aufwand die Umsetzung der Änderung verbunden ist.
Design	Wenn eine Änderung zur Umsetzung vorgesehen ist, wird ein Entwurf für die Änderung im Kontext des Systems vorgenommen. Damit werden die durchzuführenden Änderungen am existierenden System, insbesondere am Programmcode, entworfen. Ferner werden die Dokumentation des Systems angepasst und die Test werden entweder angepasst oder neu entwickelt.
Implementierung	Es wird die Implementierung und der Test der Änderungen durchgeführt. Dabei werden zunächst die umgesetzten Änderungen lokal getestet, etwa durch Unit Tests (siehe Kap. 12.2.5). Weiterhin werden die aktualisierten Softwareteile mit dem zu ändernden System integriert.
Systemtest	Nach der Integration erfolgt der Systemtest. Dieser nutzt die bereits vorhandenen Tests des existierenden Systems, welche in der Regel durch aktualisierte und neue Tests, die sich aus der Änderung ergeben, aktualisiert und ergänzt werden. Dies dient der Überprüfung, ob die Software weiterhin die ursprünglichen Anforderungen erfüllt und gleichzeitig die Anforderungen aus den Änderungsanträgen realisiert.
Abnahmetest	Im Abnahmetest werden dann die Programme und ihre Dokumentation durch den Kunden, den Nutzer oder sonstige Personen überprüft bevor die Auslieferung und Inbetriebnahme erfolgt.
Auslieferung	Die aktualisierte Software wird an den Kunden ausgeliefert und dort in Betrieb genommen.

Dieser Wartungsprozess zeigt deutlich, dass die Wartung eines Softwaresystems alle Aufgaben umfasst, die auch in der erstmaligen Entwicklung einer Software zu durchlaufen sind. Es ist daher naheliegend, Wartungsaufgaben – insbesondere umfangreichere Wartungsaufgaben, etwa zur Entwicklung einer neuen Systemversion als sogenanntes *Major Release* – als Projekt zu organisieren. Anders als in der erstmaligen Entwicklung einer Software ist dann aber nicht eine Geschäftsoption der ausschlaggebende Trigger, sondern ein Fehlverhalten oder eine Reihe von Anforderungen, welche in einem existierenden System neu umgesetzt werden sollen.

13.2 Wartung, Pflege und Weiterentwicklung von Software

> **Softwarewartung ist Softwareentwicklung – nur schwerer...**
> In der Softwarewartung können im Prinzip alle die Verfahren, die bisher im Zusammenhang mit der Softwareentwicklung besprochen wurden, eingesetzt werden. Allerdings sind hier oft die Zwänge stärker und Rahmenbedingungen schwieriger. Bei großen Softwaresystemen sind Wartungsaufgaben sehr umfangreich und Entscheidungen über die Realisierung weiterer Anforderungen hängen eng mit den Fragen zusammen, welche Kosten diese verursachen und dies ist wiederum sehr stark von der vorgegebenen Struktur und den Besonderheiten des Softwaresystems abhängig. Somit werden die Erhebung und das Management der Anforderungen (siehe Kap. 5.5) im Zusammenhang mit der Softwarewartung und -pflege noch einmal herausfordernder. Die Abwägung zwischen Wünschen und Erwartungen der Anwender und Kunden und dem Ziel, Kosten gering zu halten und Risiken zu vermeiden, ist in der Wartung, Pflege und Weiterentwicklung besonders schwierig.

13.2.3 Methoden, Techniken und Werkzeuge in der Wartung von Software

Die komplette Erstentwicklung einer Software tritt heute zunehmend in den Hintergrund und die Wartung, Erhaltung der Betriebsfähigkeit und die Erweiterung von bereits existierender Software werden immer wichtiger. Fehler, die im Entwurf und in der Implementierung einer Software gemacht und im Test nicht gefunden wurden, werden erst über die Zeit im Betrieb und in der Nutzung von Software sichtbar und müssen korrigiert werden. Zusätzlich muss die Software an neue Anforderungen angepasst und weiterentwickelt werden.

Die damit einhergehenden Aufgaben sind vielfältig und in den letzten Jahren sind viele Ansätze entwickelt worden, diese Aufgaben möglichst effizient und effektiv zu lösen. Außerdem finden die entsprechenden Methoden, Techniken und Werkzeuge zunehmend auch Einzug in die Entwicklungsumgebungen, sodass bereits konstruktiv bestimmte Fehler der Vergangenheit vermieden werden können und die Entwicklung einer Software von Anfang an auf Langlebigkeit und gute Wartbarkeit hin ausgerichtet werden kann.

13.2.3.1 Architekturmanagement und Evolution

Eine Kernaufgabe während der Evolution eines Softwaresystems ist das *Architekturmanagement* (auch als Architecture Goverance bezeichnet). Dieses wird durch die Open Group (TOGAF; [59]) wie folgt definiert:

Definition 13.6 (Architecture Governance) The practice and or orientation by which enterprise architectures and other architectures are managed and controlled at an enterprise-wide level. It is concerned with change processes (design governance) and operation of product systems (operational governance).

Die in TOGAF benannten Kernaufgaben, die im Rahmen des Architekturmanagements durchzuführen sind, werden durch Bass et al. [4] wie folgt zusammengefasst:

- Implementierung aller erforderlichen Prozesse zur Erstellung und Überwachung von Architekturelementen zur Sicherstellung einer effizienten Implementierung und Evolution von Architekturen in einem Unternehmen.
- Implementierung aller erforderlichen Prozesse zur Überprüfung und Sicherstellung der Einhaltung von Vorgaben aus internen und externen Standards (Stichwort: *Compliance*).
- Implementierung aller erforderlichen Prozesse, um ein effektives Management der gerade genannten Prozesse sicherzustellen.

Zusätzlich muss sichergestellt sein, dass für die einzelnen, dem Architekturmanagement unterliegenden Architekturelement klare Verantwortlichkeiten definiert sind. Hierzu sind insbesondere die relevanten internen und externen Stakeholder zu identifizieren.

> **Overhead...**
> Die Installation eines Architekturmanagements ist mit Aufwand und einem gewissen Overhead verbunden. Eine Vielzahl von zusätzlichen Prozessen und Verfahren sind in der Organisation zu verankern. Dies ist jedoch erforderlich, wenn die Softwaresysteme entsprechend umfangreich und vielfältig werden, etwa Software-Produktlinien [6, 11, 15], oder wenn Software in einem regulierten Umfeld entwickelt wird und somit Gegenstand einer Zertifizierung wird, etwa in der Medizintechnik [24, 28]. Neben den ohnehin hohen Aufwendungen für die Dokumentation von Architekturen, ist es hier oft eine zwingende Anforderung, ein Architekturmanagement mit einer klaren Verbindung zum Qualitätsmanagement zu installieren. Da dies jeweils spezifisch für den jeweiligen Unternehmenskontext oder den Produktkontext erfolgen muss, ist dies mit großen Herausforderungen verbunden.

Werkzeugunterstützung im Architekturmanagement Im Rahmen der Evolution von Softwaresystemen ist ein Architekturmanagement natürlich von Vorteil: Systeme und Komponenten liegen dokumentiert vor und es ist dokumentiert, welche Zusammenhänge zwischen den einzelnen Komponenten bestehen. Zusätzlich sind auch die Stakeholder und damit auch die „Besitzer" der jeweiligen Komponenten ermittelbar, was eine Identifikation und Einbindung dieser Stakeholder in einem Wartungs- oder Weiterentwicklungsprojekt vereinfacht. Erfolgt die Architekturanalyse direkt auf dem Quellcode der Software, kann auch unerprobt werden, ob eine definierte Rahmenarchitektur auch eingehalten wird.

13.2 Wartung, Pflege und Weiterentwicklung von Software

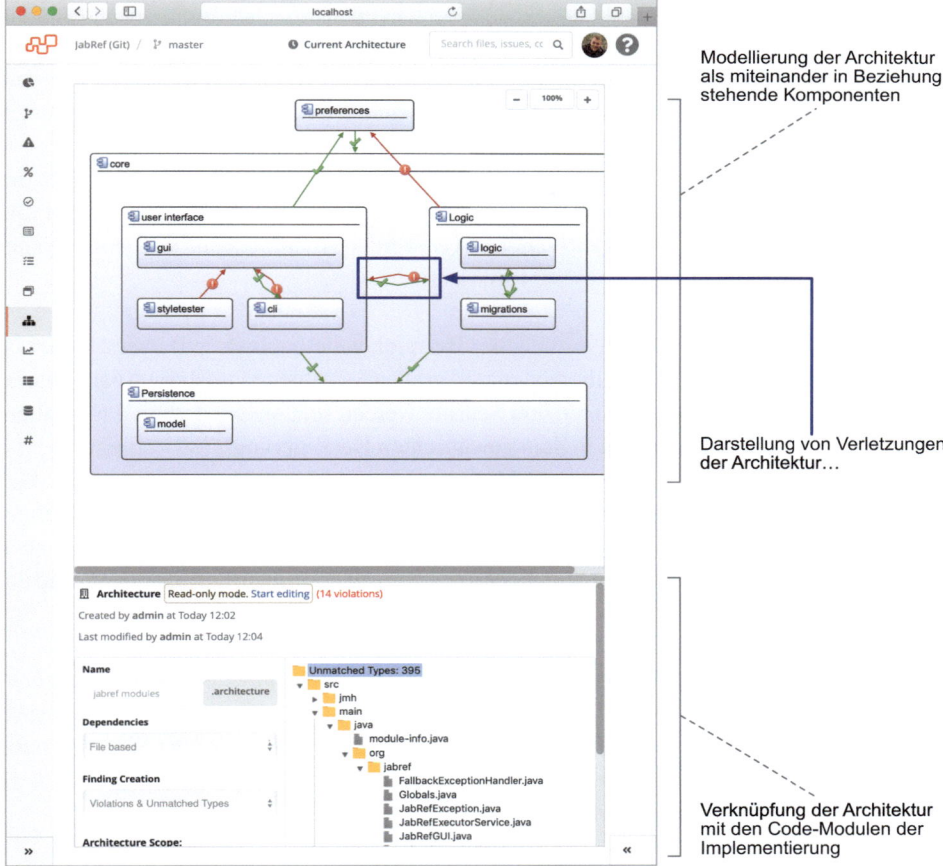

Abb. 13.4 Beispiel einer Architekturanalyse einer Software im Rahmen eines kontinuierlichen Qualitätsmanagements

Abb. 13.4 zeigt exemplarisch eine solche Architekturanalyse mit dem Werkzeug *Teamscale* [16]. Die gezeigte Analyse wurde für die Software *JabRef*[5] durchgeführt. Die gezeigte Analyse erfolgt in mehreren Schritten:

Schritt 1 Im ersten Schritt wird zunächst die die *Soll-Architektur* modelliert. Diese Modellierung erfolgt auf der Ebene von miteinander in Beziehung stehenden

---

[5]Die Anwendung JabRef (https://www.jabref.org) ist ein Standard-Show-Case, welcher zur Demonstration der Funktionen der Software Teamscale verwendet wird. JabRef ist eine Open Source Software zur Verwaltung von Literaturdatenbanken für wissenschaftliche Arbeiten. Der Quellcode ist auf GitHub unter https://github.com/JabRef/jabref verfügbar. Damit steht auch die Versionshistorie der Software zur Verfügung, sodass sie sich sehr gut zur Demonstration eignet.

Komponenten und stellt dar, welche Beziehungen zwischen Komponenten erlaubt und welche verboten sind.

Schritt 2   Im zweiten Schritt werden die Code-Module den Komponenten zugeordnet und es werden, falls erforderlich, weitere Beziehungen oder zusätzliche Komponenten der Architektur hinzugefügt.

Schritt 3   Im dritten Schritt erfolgt die Analyse, welche zunächst anzeigt, welche Teile des Systems der vorgegebenen Architektur folgen und welche Teile dies nicht tun. Die ermittelten *Architekturverletzungen* werden gesammelt und können analysiert und falls erforderlich beseitigt werden.

Abb. 13.4 zeigt ein vergleichsweise einfaches Beispiel, welches noch sehr übersichtlich ist und sich auch recht einfach modellieren lässt. In großen Systemen muss diese Analyse iterativ erfolgen, d. h., die oben genannten drei Schritte werden solange wiederholt durchlaufen, bis eine Architekturbeschreibung in dem gewünschten Detaillierungsgrad vorliegt.

Die Abb. 13.4 zeigt auch, dass die Architekturanalyse 14 Verletzungen ergeben hat. Das bedeutet, dass in der Realisierung der Software in 14 Fällen von der Soll-Architektur abgewichen wurde. Diese Abweichungen werden durch die roten, mit einem Ausrufezeichen markierten Kanten in der Architektur hervorgehoben und können nun inspiziert und im Detail analysiert werden.

Anmerkung   *Nicht immer ist eine Abweichung von der Soll-Architektur auch eine tatsächliche Verletzung der Architektur. Es können auch technische oder sonstige Gründe vorliegen, warum die vermeintlich fehlerhafte Programmierung notwendig ist. Solche Situation müssen im Rahmen der Architekturanalyse und somit auch im Rahmen der Wartung und Pflege einer Software berücksichtigt werden.*

13.2.3.2 Reengineering

Unter *Reengineering* versteht man die Anpassung eines Softwaresystem mit dem primären Ziel der Qualitätsverbesserung [8, 53, 58]. Chikofsky und Cross [12] definieren Reengineering wie folgt:

Definition 13.7 (Reengineering)   Reengineering, also known as both renovation and reclamation, is the examination and alteration of a subject system to reconstitute it in a new form and the subsequent implementation of the new form.

Oft ist es gar nicht das Ziel, neue Anforderungen im Rahmen des Reengineerings zu implementieren, wobei dies auch geschieht. Vielmehr sollen zunächst die vorhandenen Schwachstellen in einem System beseitigt werden, um im nächsten Schritt neue Anforderungen einfacher implementieren zu können. Chikofsky und Cross [12] weisen darauf hin, dass für das Reengineering sowohl Techniken des *Reverse Engineering* (Definition 13.9) als auch des *Forward Engineering* (Definition 13.8) verwendet werden. Gegebenenfalls kommt es

13.2 Wartung, Pflege und Weiterentwicklung von Software

dabei auch zu einer Restrukturierung des Systems, dem sogenannten *Refactoring* (siehe Abschn. 13.2.3.4).

Definition 13.8 (Forward Engineering) Forward Engineering is the traditional process of moving from high-level abstractions and logical, implementation-independent designs to the physical implementation of a system.

Gemäß der Definition 13.8 entspricht das *Forward Engineering* somit der „klassischen" Softwareentwicklung.

Wann wird Reengineering angewendet? Reengineering kommt dann zum Einsatz, wenn ein gegebenes Softwaresystem Qualitätsmängel aufweist, die einer Weiterentwicklung im Wege stehen. Treten etwa Engpässe in der Performanz eines Systems auf, sollten diese zunächst beseitigt werden, bevor der Funktionsumfang des Systems weiter ausgebaut wird. Ein Reengineering sollte auch an einem System vorgenommen werden, dass sich bereits lange im Einsatz befindet und zunehmend unter „Alterungserscheinungen" (siehe Abschn. 13.2.1 und [50]) leidet. Dann dient das Reengineering vor allem der Wiederherstellung der Wartbarkeit des Systems, sodass insbesondere neue Funktionalität ergänzt werden kann. Reengineering kommt auch bei der Migration einer Software auf eine neue Plattform (Retargeting) zu Einsatz. Hier wird das Softwaresystem dahingehend analysiert, welche Teile des Systems geändert werden müssen, damit die Software auf der neuen Plattform ausgeführt werden kann. Auch dies weist wieder darauf hin, dass die Analysen durchaus mit einer Erweiterung des Funktionsumfangs kombiniert werden können. Dies führt zu den zwei wesentlichen Anwendungsfällen:

Sanierung   Reengineering wird angewendet, wenn ein Softwaresystem renoviert, konsolidiert oder saniert werden soll. Dann steht die Steigerung der Qualität im Vordergrund.

Ablösung   Soll ein Softwaresystem abgelöst werden, wird das Reengineering oft in Kombination mit dem Reverse Engineering und dem Forward Engineering durchgeführt. Das System wird dabei analysiert, stabilisiert und neue, für die Ersetzung des Altsystems (Legacy System [55]) erforderliche Funktionalität wird entwickelt.

13.2.3.3 Reverse Engineering

Unter *Reverse Engineering* versteht man die Analyse eines gegebenen Systems, in der Regel ein Endprodukt, um dessen Struktur und Verhalten zu ermitteln. Chikofsky und Cross [12] definieren Reverse Engineering wie folgt:

Definition 13.9 (Reverse Engineering) Reverse Engineering is the process of analyzing a subject system to:

- identify the system's components and their interrelationships and
- create representations of the system in anger form or at a higher level of abstraction.

Nach der Definition 13.9 ist Reverse Engineering somit eine Aktivität, die der Systemanalyse dient. Es ist nicht das Ziel, Änderungen an einem System vorzunehmen. Vielmehr geht es darum, ein gegebenes System, zu dem gegebenenfalls kein Quellcode zur Verfügung steht, zu untersuchen und dabei Informationen bezüglich der verwendeten Datenstrukturen und Kommunikationsprotokolle zu erhalten – es wird etwa versucht, aus Maschinencode wieder den Quelltext des Programms zu rekonstruieren. Zum Einsatz kommen hier oft sogenannte *Disassembler* oder *Decompiler.*

Anmerkung *Je nach System und Kontext, kann es auch Gegenstand des Reverse Engineering sein, aus einem gegebenen System die ursprünglichen Anforderungen an die Funktionalität des Systems zu ermitteln.*

Abb. 13.5 zeigt zwei Sichten auf eine disassemblierte .NET-Programmbibliothek. Ähnlich wie Java kompiliert auch C# seinen Quelltext in ein Zwischenformat – sogenannten *Intermediate Language Code* (IL-Code) bzw. Byte-Code (Abb. 13.5, Teil 1). Mit Hilfe eines Disassemblers kann dieser Code auch wieder rekonstruiert werden (Abb. 13.5, Teil 2). Für Quelltexte, die einem Copyright oder einem Interlectual Property (IP) unterliegen, werden in der Regel Schutzmaßnahmen ergriffen. *Code Obfuscatoren* „zerhacken" den Originalcode bei der Übersetzung und machen ihn unleserlich, etwa durch den Austausch von Bezeichnern durch kryptische Zeichenketten.

Wann wird Reverse Engineering angewendet? Reverse Engineering kommt immer dann zum Einsatz, wenn man Wissen um die innere Struktur eines Systems benötigt, dieses jedoch nicht aus den Programmquellen und Entwicklungsdokumenten erhalten kann, da diese entweder nicht verfügbar oder lizenzrechtlich geschützt sind. Dies kann auftreten bei:

Datentypen Sollen in einem System externe Programmbibliotheken eingebunden werden, zu denen keine Schnittstellenbeschreibung existiert (und diese auch nicht mehr beschaffbar ist), kann es erforderlich sein, die relevanten Datenstrukturen im Detail zu untersuchen, etwa primitive und zusammengesetzte Datentypen oder die Codierung der Daten (Speicherlayout).

Dateiformaten Eng verwandt mit dem gerade genannten Punkt ist die Analyse von Dateiformaten. Soll in einer Software eine Datei eingelesen werden, die nur in binärer Form vorliegt und für eine entsprechende Spezifikation des Dateiformats nicht verfügbar ist, müssen Beispieldateien analysiert und das Format extrahiert werden. Dies ist in der Vergangenheit häufig etwa bei Microsoft Office Dateiformaten der Fall gewesen, weshalb es über einen langen Zeitraum aufwändig war, Dokumente auszutauschen.

13.2 Wartung, Pflege und Weiterentwicklung von Software

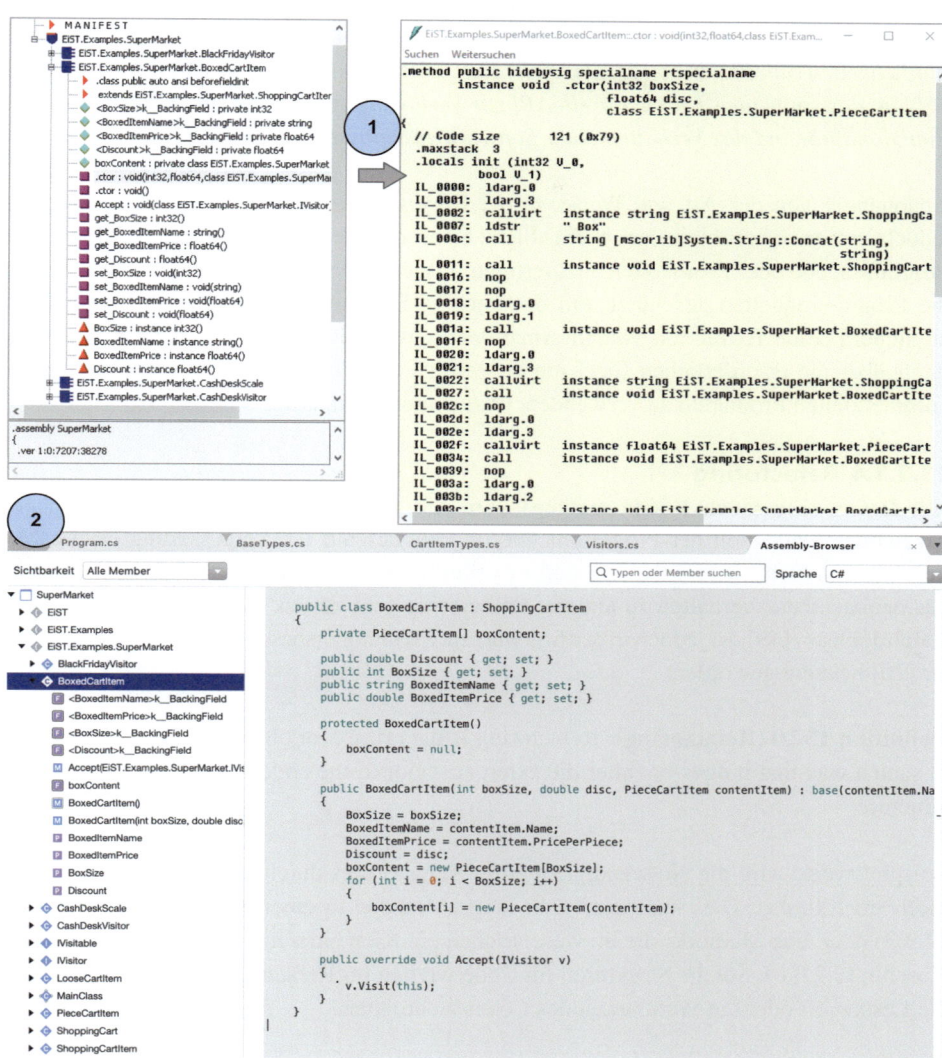

Abb. 13.5 Beispiel einer disassemblierten .NET Programmbibliothek

Protokollen Sollen beispielsweise neue Treiber für eine Hardware geschrieben werden und das Kommunikationsprotokoll ist nicht offengelegt, muss das Protokoll aus dem beobachteten Verhalten des Systems extrahiert werden. Dies ist häufig in der Entwicklung von Open Source Software, insbesondere bei Betriebssystemen, der Fall. Hierfür werden in der Regel Zustandsmaschinen (siehe Kap. 4.5.1) eingesetzt, welche aus dem laufenden System heraus generiert werden.

Anmerkung Es sei an dieser Stelle angemerkt, dass Reverse Engineering durchaus auch Ähnlichkeiten zum Black-Box Testen (siehe Kap. 12.2.3.1) aufweist. Shahbaz [56] weist darauf hin, dass in beiden Fällen nur ein API zur Verfügung steht, von dem ausgehend auf die Funktionalität und das Verhalten einer Software geschlossen werden soll.

Unabhängig von der Art und Weise, in der Reverse Engineering durchgeführt wird, ist jedoch immer zu beachten, dass es rechtliche Konsequenzen haben kann, Extraktionen von Programmcode oder Protokollen anzufertigen. Insbesondere bei proprietärer Software sind die Programmquellen geschützt, um das geistige Eigentum und somit die Investitionen zu sichern. Eine Extraktion von Informationen aus solchen geschützten Systemen ohne dafür über die erforderlichen Lizenzen zu verfügen und diese Informationen in eigenen, kommerziellen Produkten zu verwenden, ist rechtlich unzulässig.

13.2.3.4 Refactoring

Mit *Refactoring* (auch Refaktorierung) wird die Restrukturierung von Programmcode bezeichnet. Dabei soll der Programmcode im Hinblick auf die Verbesserung der Lesbarkeit, Verständlichkeit, Wartbarkeit und Erweiterbarkeit reorganisiert werden, *ohne* jedoch das beobachtbare Verhalten zu ändern. Refactoring geht zurück auf William Opdyke und Ralph Johnson [49], ist jedoch in der Softwareentwicklung insbesondere durch Martin Fowler [20] bekannt geworden:

Definition 13.10 (Refactoring) Refactoring is the process of changing a software system in such a way that it does not alter die external savior of the code yet improves its internal structure.

Beispielsweise wird die Notwendigkeit eines Refactorings durch sogenannte *Code Smells* motiviert [20, 45]. Dies kann eine sehr lange Methode in einer Klasse sein (siehe Kap. 11.3.3) oder eine Methode, die im wesentlichen ein Klon einer anderen Methode ist (siehe Abschn. 13.2.3.6). Solche Strukturen im Code werden im Refactoring behandelt, um etwa die Lesbarkeit oder die Wartbarkeit des Codes zu erhöhen.

> **Refactoring und Softwaretest**
> Refactoring setzt auf die Restrukturierung von Programmcode ohne dessen Verhalten zu ändern. Daher ist es erforderlich, den restrukturierten Code dahingehend zu testen, ob das ursprüngliche Verhalten auch erhalten geblieben ist (Stichwort: Regressionstest). Es empfiehlt sich daher, nur Code zu Refaktorisieren, zu dem bereits (Unit) Testfälle vorliegen. Diese müssen, wieder angewendet auf den restrukturierten Code, zu denselben Ergebnissen kommen. Besonders intensiv wird dies etwa im *Test-Driven Development* (siehe Kap. 12.2.6) umgesetzt.

Refactoring wird heute durch viele Entwicklungswerkzeuge unterstützt und es gibt vielfältige Möglichkeiten, Code umzugestalten. Fowler [20] stellt eine umfangreiche Liste möglicher Refaktorisierungsoptionen zusammen, von denen im Folgenden nur ausgewählte Techniken vorgestellt werden. Viele dieser Techniken stehen auch in direktem Zusammenhang mit dem *Clean-Code*-Ansatz (siehe Kap. 11.3.3 und [45]).

Restrukturierung von Programmen Refactoring wird eingesetzt, um die Struktur von Programmen zu modifizieren. Insbesondere kommen hierbei oft die folgenden Techniken zum Einsatz:

Extract Class	Die Technik *Extract Class* (Extrahieren einer Klasse) kommt dann zum Einsatz, wenn sich die Struktur eines Programms vereinfacht, indem eine oft benutzte Funktionalität aus einer Klasse in eine neue Klasse verlagert wird. Ziel ist es hierbei die Struktur eines Programms klarer zu gestalten und durch Erzeugen einer neuen Klasse eine (zentrale) Funktion klar definiert bereitzustellen. Gleichzeitig wird die Ursprungsklasse durch die Extraktion natürlich kleiner und somit potenziell besser testbar und wartbar.
Extract Method	Die Technik *Extract Method* (Extrahieren einer Methode bzw. Funktion) wird dann angewendet, wenn eine umfangreiche oder komplexe Methode in kleinere, besser handhabbare Blöcke zerlegt werden soll. So kann etwa eine komplizierte Berechnung eines Zwischenergebnisses in eine eigene Methode ausgelagert werden. Anstelle der direkten Berechnung in der unveränderten Methode wird nun die neue Methode aufgerufen. Hierbei ist es natürlich vorteilhaft, dass diese neue Methode auch unabhängig getestet werden kann, was neben der Vereinfachung des Quellcodes auch zu einer besseren Testbarkeit des Codes führt.

Steigerung der Abstraktion Eine weitere Anwendungsmöglichkeit des Refactorings ist die Steigerung der Abstraktion in Programmen. Dies kann dann vorteilhaft sein, wenn bestimmte Codefragmente klarer strukturiert oder flexibler gestaltet werden sollen:

Encapsulate Field	Die Technik *Encapsulate Field* (Verkapseln eines Feldes) wird dann eingesetzt, wenn ein Feld (eine Variable) in strukturierter Weise zugreifbar gestaltet werden soll. Üblicherweise werden hier zu einer privat deklarierten Variable öffentliche *Getter*- und *Setter*-Methoden erzeugt, welche den Zugriff auf die Variable von außen gestatten.
Replace Conditional	Die Technik *Replace Conditional with Polymorphism* (bedingte Codeausführung wird durch polymorphe Strukturen ersetzt) dient dazu, Programmstrukturen zu flexibilisieren und dabei insbesondere die starke Bindung an bestimmte Typen zu entschärfen (siehe auch *Dependecy Inversion Principle,* Kap. 10.5.5). Code wird hier so gestaltet, dass polymorphe Programmstrukturen zur Laufzeit die

richtige Implementierung wählen und nicht mehr der Entwickler im Vorfeld festlegen muss/kann, welcher Code zur Ausführung kommt. Dies erhöht die Flexibilität des Systems.

Lesbarkeit und Code-Organisation Gerade im Hinblick auf *Clean Code* (siehe Kap. 11.3.3 und [45]) wird Refactoring sehr häufig eingesetzt, um etwa Namen im gesamten Code zu ändern oder bestimmte Funktionalität zu reorganisieren. Hierbei kommen häufig die folgenden Techniken zum Einsatz:

Rename Mit *Rename* (Umbenennung) werden häufig die Bezeichner modifiziert. Dies umfasst insbesondere das (globale oder lokale) Umbenennen von Variablen, Methoden oder sogar Klassen. Moderne Entwicklungswerkzeuge stellen hierbei sicher, dass solche Umbenennungen konsistent im gesamten Programmcode durchgeführt werden.

Move Unter *Move* (Bewegen) werden einige Techniken zusammengefasst, welche die Relokation von Programmcode ermöglichen. Dazu gehören insbesondere das Bewegen von Variablen und Methoden in andere Klassen (siehe auch *Extract Method*) aber auch die Techniken *Pull Up* und *Push Down*. *Pull Up* bewegt beispielsweise eine Method in eine Superklasse, sodass hier ein bestimmte Funktionalität in der gesamten Vererbungshierarchie verfügbar gemacht wird. *Push Down* macht das Gegenteil: eine Methode wird hier in eine Kindklasse bewegt.

Beispiel Zur Illustration der unterschiedlichen Techniken des Refactorings beziehen wir uns auf das *Supermarkt*-Beispiel aus Kap. 10.3. Der Startpunkt ist die Klasse `PieceCartItem` aus Abb. 13.6.

Die Entwicklungsumgebung bemängelt bei diesem Code die beiden Felder `name` und `itemPrice` und schlägt auch gleich vor, Getter- und Setter-Methoden zu erzeugen[6]. In der Entwicklungsumgebung kann diese Funktion automatisiert werden (Technik: *Encapsulate*

```
1  public class PieceCartItem {
2     // hier gibt es ein Problem...
3     private String name;
4     // hier gibt es ein Problem...
5     private double itemPrice;
6
7     public PieceCartItem () {}
8
9     public PieceCartItem (String name, double itemPrice) {
10       this.name = name;
11       this.itemPrice = itemPrice;
12    }
13 }
```

Abb. 13.6 Erste Version der Klasse PieceCartItem in Java

---

[6]Hier ist zu beachten, dass, je nach eingesetzter Plattform, das Erzeugen von Getter- und Setter-Methoden *nicht* als Refactoring im eigentlichen Sinne zählt.

13.2 Wartung, Pflege und Weiterentwicklung von Software

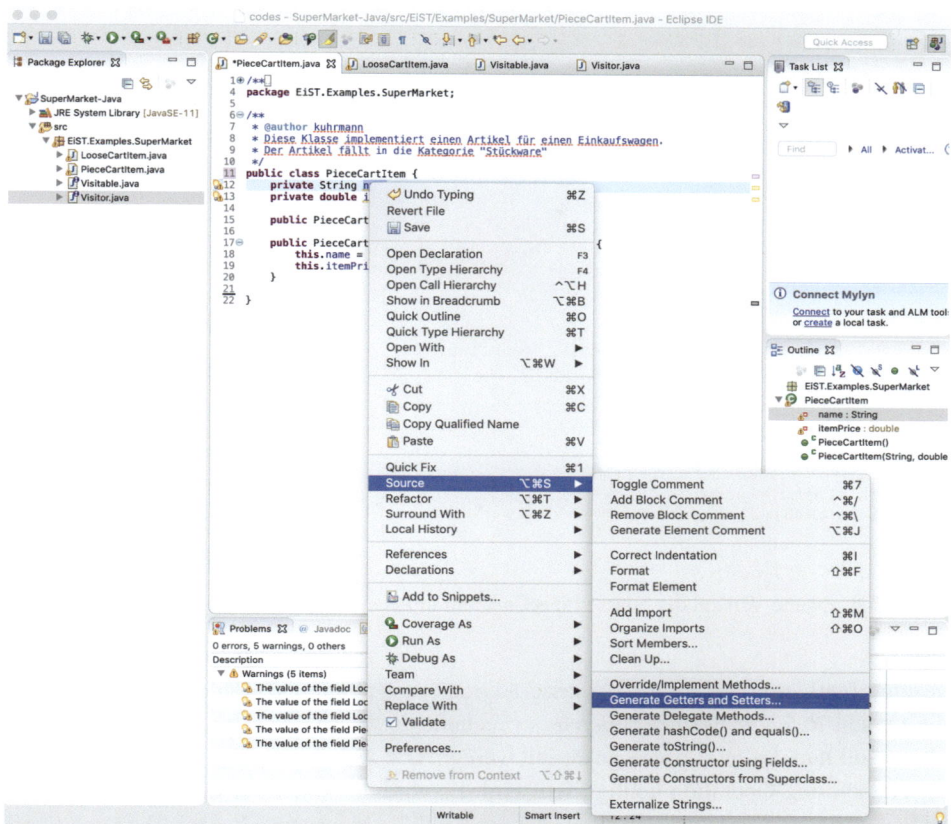

Abb. 13.7 Ergänzen von Getter- und Setter-Methoden

Field). Abb. 13.7 zeigt die entsprechende Funktion zur Anpassung des Quellcodes und den aktualisierten Code in Abb. 13.8.

Diese relative einfachen Aufgaben bieten die meisten Entwicklungsumgebungen bereits als Unterstützung im Rahmen der *Code Completion* an. Sobald Entwickler ein bestimmtes Programmkonstrukt eingeben, bietet die Entwicklungsumgebung an, in diesem Kontext erforderliche Ergänzungen gleich mit vorzunehmen. Ein Standardbeispiel hierfür ist die Implementierung von Schnittstellen. Gibt etwa ein Entwickler in einer Klasse an, dass ein bestimmtes Interface implementiert werden soll, bietet die *Code Completion* an, dieses gleich zu implementieren, indem die passenden Methodenrümpfe in den Code eingefügt werden.

Im nächsten Schritt wenden wir eine andere Refactoring-Technik an. Da wir im Supermarkt-Beispiel mehrere Artikel haben, die wir verarbeiten müssen, wollen wir nun eine Superklasse `ShoppingCartItem` in das Programm einführen. Wie in Abb. 13.9

```
1 [...]
2 public class PieceCartItem {
3   private String name;
4   // diese getter und setter wurde gerade generiert - Problem gelöst
5   public String getName() {
6     return name;
7   }
8   public void setName(String name) {
9     this.name = name;
10  }
11
12  private double itemPrice;
13  // diese getter und setter wurde gerade generiert - Problem gelöst
14  public double getItemPrice() {
15    return itemPrice;
16  }
17  public void setItemPrice(double itemPrice) {
18    this.itemPrice = itemPrice;
19  }
20
21  public PieceCartItem () {}
22
23  public PieceCartItem (String name, double itemPrice) {
24    this.name = name;
25    this.itemPrice = itemPrice;
26  }
27 }
```

Abb. 13.8 Zweite Version der Klasse PieceCartItem in Java

gezeigt, markieren wir dazu die Klasse PieceCartItem und wählen im Kontextmenü die Option *Refactor/Extract Superclass* (Technik: *Extract Class*). In dieser neuen Superklasse soll nun das Feld name gekapselt werden. Die Abb. 13.10 zeigt den Dialog, in dem die Refactoring-Operation konfiguriert wird. Es wird der Name für die neue Superklasse festgelegt und es werden die Elemente aus der Kindklasse ausgewählt, die in die Superklasse verschoben werden sollen.

Im letzten Schritt dieser Konfiguration wird eine Vorschau angezeigt (Abb. 13.11), welche die Auswirkungen dieser Refactoring-Operation zeigt. Wird das Refactoring wie konfiguriert durchgeführt, ergibt sich hieraus der modifizierte Quellcode aus Abb. 13.12. Selbstverständlich sollte der neue Code kritisch geprüft und gegebenenfalls angepasst werden. So sollte beispielsweise das name als private deklariert werden, ein passender parametrisierter Konstruktor sollte eingeführt werden und in der Klasse PieceCartItem entsprechend mittels super() aufgerufen werden – und so weiter.

13.2.3.5 Program Comprehension
Damit die zuvor genannten Aktivitäten in der Wartung überhaupt durchgeführt werden können, müssen die Entwickler eine Software zunächst einmal grundsätzlich verstehen. Dabei sind die Strukturen eines Softwaresystems (seine Architektur) ebenso relevant wie effiziente Methoden und Werkzeuge zur Beherrschung umfangreicher Quellcodebestände. Laut Studien [37, 44, 47] verwenden Entwickler in Entwicklungs- und Wartungssituationen bis

13.2 Wartung, Pflege und Weiterentwicklung von Software

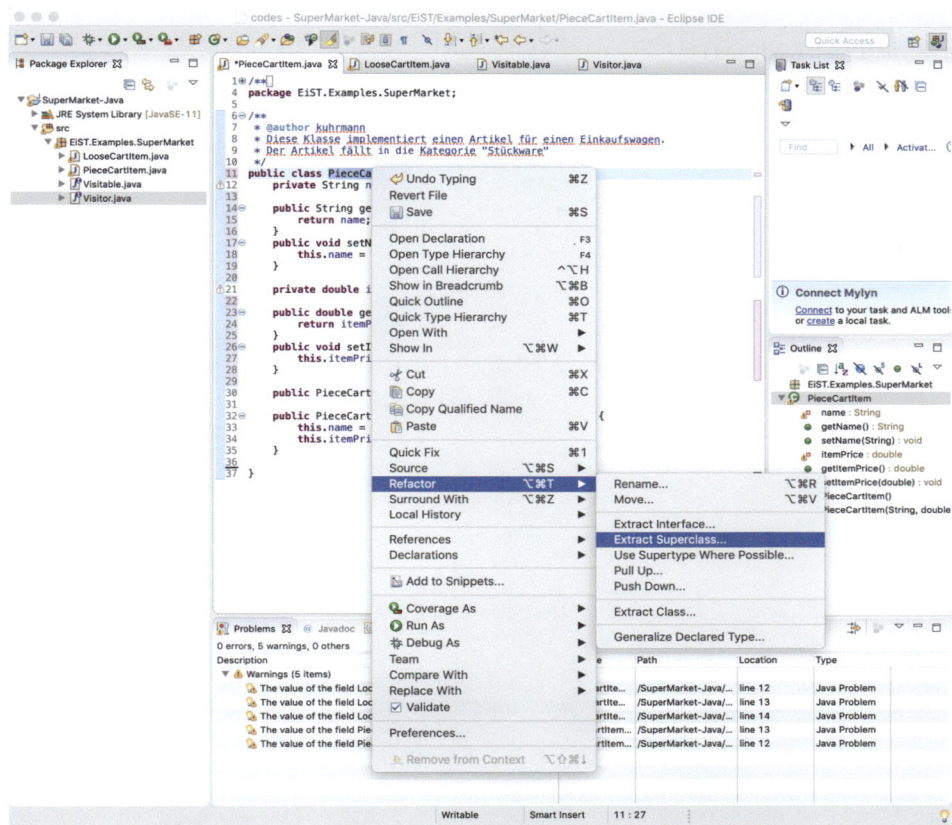

Abb. 13.9 Extraktion einer Superklasse

zu 50 % und mehr ihrer Zeit für die Informationssuche und für das Erlangen von Wissen, um ein System oder spezielle Konstrukte in einer Software zu verstehen. In der Regel erfolgt dies durch Lesen des Programmcodes – in einigen Fällen müssen die relevanten Systemteile auch erst mittels Reengineering (siehe Abschn. 13.2.3.2) ermittelt werden. Das *Verstehen* von Software wird im Gebiet der *Program Comprehension* adressiert [13, 61]. Die Program Comprehension umfasst hierbei eine Anzahl mentaler Modelle und weiterer Arbeitsprozesse, die Entwickler beim Verstehen und im Umgang mit umfangreichen Quellcodebeständen unterstützen.

Zielstellung Ziel der Program Comprehension ist es, zu verstehen, was die Effekte des Codes und die Logik der Architektur eines Systems sind und was die Bedeutung und das Verhalten der Programmstrukturen sind. Im Speziellen, werden die folgenden Informationen über ein System zusammengetragen:

Abb. 13.10 Auswahl der zu extrahierenden Elemente für die neue Superklasse

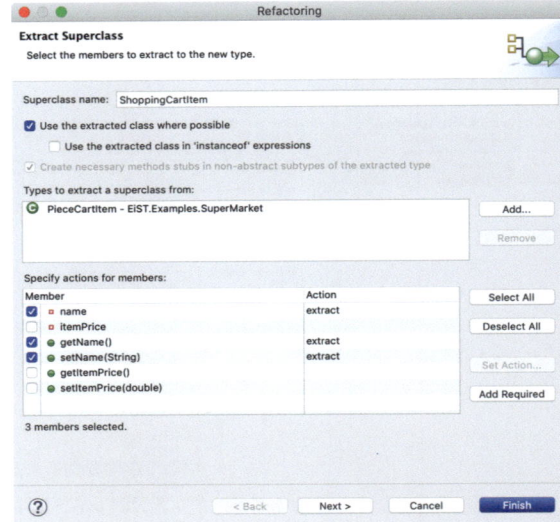

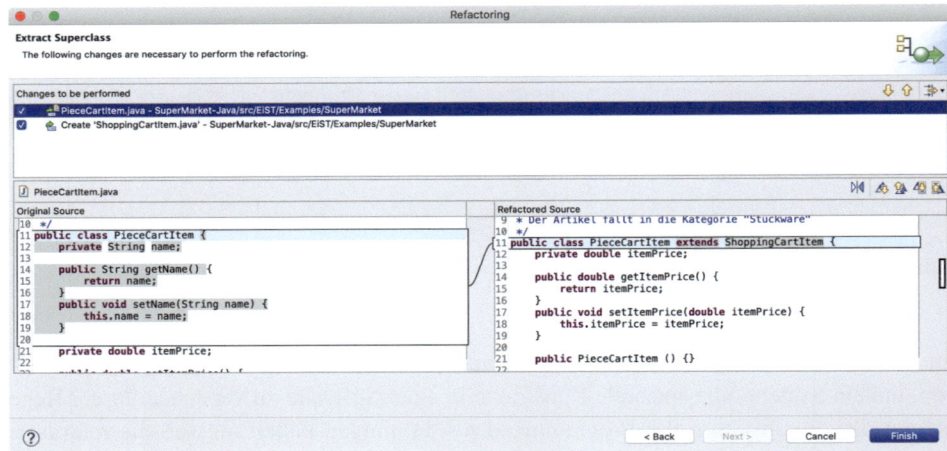

Abb. 13.11 Vorschau der neuen Superklasse und der Änderungen an der Kindklasse

Struktur Beim Verstehen der Struktur des Systems wird die Architektur des Systems mit seinen Komponenten und den Beziehungen zwischen den Komponenten ermittelt. Die Struktur des Systems kann hierbei vielfältige Perspektiven und Elemente umfassen, etwa: Systemstrukturen, Teilsystemstrukturen oder generell Modulstrukturen, Dokumentationen oder Testsysteme.

13.2 Wartung, Pflege und Weiterentwicklung von Software

```java
1 // neu generierte Klasse...
2 public class ShoppingCartItem {
3
4   protected String name;
5
6   public ShoppingCartItem() {
7     super();
8   }
9
10  public String getName() {
11    return name;
12  }
13
14  public void setName(String name) {
15    this.name = name;
16  }
17 }
18 // modifizierte Klasse nach Ausführung des Refactorings
19 // 1. Modifikation: Verknüpfung zur Superklasse
20 // 2. Modifikation: Verschiebung des Namens und der Getter/Setter
21 public class PieceCartItem extends ShoppingCartItem {
22   private double itemPrice;
23
24   public double getItemPrice() {
25     return itemPrice;
26   }
27   public void setItemPrice(double itemPrice) {
28     this.itemPrice = itemPrice;
29   }
30
31   public PieceCartItem () {}
32
33   public PieceCartItem (String name, double itemPrice) {
34     this.name = name;
35     this.itemPrice = itemPrice;
36   }
```

Abb. 13.12 Dritte Version der Klasse PieceCartItem mit ihrer neu generierten Superklasse ShoppingCartItem in Java

Funktionalität   Beim Verstehen der Funktionalität des Systems wird ermittelt, welche Operationen im System definiert sind, welchen Komponenten sie zugeordnet sind und welche Operationen von welchen Komponenten auf anderen Komponenten aufgerufen werden.

Verhalten   Beim Verstehen des Verhaltens des Systems wird das Laufzeitverhalten des Systems analysiert und dabei insbesondere, welche Daten das System verarbeitet und wie diese Datenverarbeitung erfolgt.

Intention   Die Intention des Systems soll verstanden werden. Das umfasst die Ermittlung der Entwurfs- und Entscheidungsprozesse, also warum das vorliegende System genau die vorgefundene Struktur und das beobachtete Verhalten aufweist.

Die ermittelten Informationen können in zwei unterschiedlichen Arten von Modellen erfasst werden: in *statischen Modellen* werden die Komponenten und ihre Beziehungen in der Regel direkt aus dem Quellcode extrahiert. In *dynamischen Modellen* wird das Laufzeitverhalten extrahiert.

Herausforderungen Program Comprehension ist sehr häufig eine herausfordernde Aufgabe. Dies liegt unter anderem an den folgenden Problemstellungen:

- Programmcode, insbesondere von Legacy-Systemen ist in der Regel sehr spezifisch auf eine Aufgabe hin optimiert. Zudem kann der Programmcode auch Fehler enthalten oder in einer nicht mehr üblichen Programmiersprache verfasst sein.
- Der Analyse- und Verständnisprozess kann neue Fehler in das System einbringen oder zu Fehleinschätzungen führen.
- Program Comprehension ist aufwändig – oft mit ungeklärtem Ausgang.

Um diese Probleme zu adressieren, gibt es unterschiedliche Ansätze und Theorien, welche unter anderem von Siegmund [57] zusammengefasst werden. Ein vielversprechender Ansatz zur Program Comprehension ist der Einsatz formaler Methoden [63]. Hier werden unter anderem Programme automatisch zerlegt und es werden Muster im Programm ermittelt und analysiert. In jüngster Zeit kommt hierfür auch verstärkt maschinelles Lernen zum Einsatz [1, 60].

13.2.3.6 Clone Detection

Als ein kritischer Aspekt in der Wartung und für die Korrektheit von Software wird kopierter Programmcode angesehen. Diese sogenannten *Code Clones* (Definition 13.11 in Anlehnung an Jürgens [31] und Wagner [62]) entstehen in der Regel durch schnelle und unsystematische Nutzung von Kopien von Programmcode – dem sogenannten „Copy & Paste Programming". Einmal erstellter Programmcode wird hier für einen ähnlichen Anwendungsfall einfach kopiert, falls nötig modifiziert und an anderer Stelle genutzt.

Definition 13.11 (Code Clone) Ein Klon ist eine Kopie eines Softwareartefakts, die in ähnlicher Form mehr als einmal erscheint. Im Falle von Programmcode nennen wir diese Kopie *Code-Klon*.

Klone entstehen im Lebenszyklus einer Software, wenn Funktionalität ergänzt wird, die in ähnlicher Form bereits vorliegt. Oft werden dann Algorithmen kopiert und lediglich die benötigten Variablen werden angepasst. Dies führt zu einer sich stetig erhöhenden Anzahl direkt kopierter oder strukturell ähnlicher Codepassagen. Wagner [62] weist darauf hin, dass mit jeder Kopie zwangsläufig die Größe des Programms und damit auch der Aufwand für Wartung in Pflege steigt. Gleichzeitig weist er aber auch darauf hin, dass diese Kopien oft durch einfache Refactorings (siehe Abschn. 13.2.3.4) vermeidbar seien. Jürgens et al. [34] ergänzen, dass durch die Anhäufung von Klonen die Qualität einer Software leidet. Dazu untersuchten sie Inkonsistenzen zwischen Klonen, die sich im Laufe des Betriebs und der

13.2 Wartung, Pflege und Weiterentwicklung von Software

Evolution einer Software ergeben. Eine Inkonsistenz entsteht, wenn ein Fehler erkannt und in der entsprechenden Codepassage behoben wird – nicht jedoch in den kopierten „Ablegern" der kritischen Passage oder umgekehrt. Die Ergebnisse aus [34] zeigen, dass nahezu alle gefundenen Inkonsistenzen mit Fehlern assoziiert waren. Die untersuchten Systeme waren bereits über Jahre hinweg in Betrieb, sodass Code-Klone auch ein Risiko im Hinblick auf die Zuverlässigkeit eines Softwaresystems darstellen.

Automatische Clone Detection für Quellcode Cloning ist jedoch nicht nur für Programmcode relevant [18, 33, 38]. So können auch andere Softwareartefakte, wie Anforderungen oder Modelle, von Cloning betroffen sein.

Sofern es sich hierbei um maschinenverarbeitbare Artefakte, etwa Programmcode, handelt, kann die *Clone Detection* jedoch automatisch und kontinuierlich erfolgen [32]. Geeignete Abstraktionen, im einfachen Fall Prozeduren, erlauben Code Klone zu vermeiden und stattdessen eine beherrschbare Wiederverwendung umzusetzen. Abb. 13.13 zeigt exemplarisch eine automatisierte Clone Detection und die Analyse von gefundenen Code-Klonen in

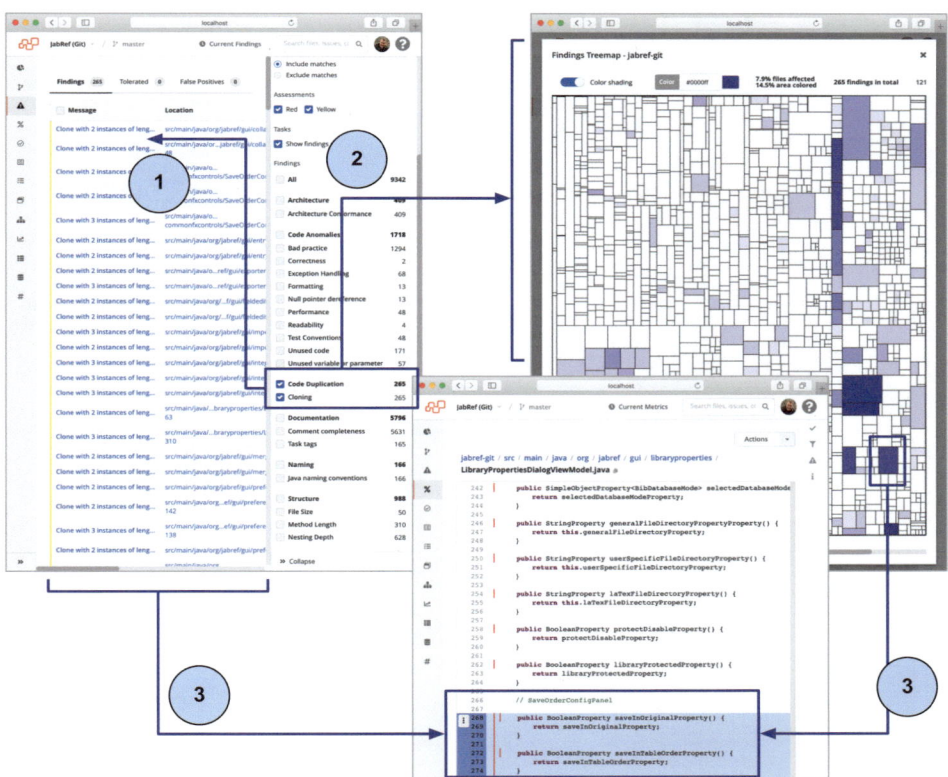

Abb. 13.13 Beispiel einer Analyse von Code-Klonen in Teamscale

der Software *Teamscale* [16]. Im Beispiel, wird die Software *JabRef* (siehe Abschn. 13.2.3.1) einer Qualitätsanalyse unterzogen. Nachdem der Quellcode der Software geladen und analysiert wurde, können die als *Findings* bezeichneten Qualitätsmängel näher analysiert werden. In Abb. 13.13 wird zunächst der Filter auf *Cloning* gesetzt, was in einer Liste identifizierter Code-Klone (1) resultiert. Diese Liste kann auch als Treemap visualisiert werden (2), welche einen Überblick über die Klon-Rate im System bezogen auf die Quellcode-Dateien gibt. Ausgehend von der Liste oder der Treemap können nun einzelnen, klonierte Quellcodepassagen inspiziert werden (3).

Durch die Integration mit einer Entwicklungsumgebung können die analysierten Quelltextpassagen dann auch bearbeitet und die analysierten Qualitätsmängel beseitigt werden. Die kontinuierliche Kontrolle der Beseitigung von Qualitätsmängeln kann dann mit Hilfe eines Dashboards kontinuierlich überprüft werden. Abb. 13.14 zeigt ein solches Dashboard

Abb. 13.14 Beispiel eines Dashboards zur Visualisierung der Gesamtqualität einer Software

für die Software *JabRef*. Es ist zu sehen, wie die unterschiedlichen Softwaremetriken (siehe Kap. 2.3) erfasst, visualisiert und operationalisiert werden. Auch werden weitere Code-Anomalien, Verletzungen von Codierungsrichtlinien (siehe Kap. 11.3.1) oder fehlende Dokumentation von Quellcode (siehe Kap. 11.3.2) analysiert. Diese und weitere Analysen resultieren in Qualitätsmängeln (Findings) und deren Entwicklung über die Zeit und bilden damit eine wesentliche Komponente eines kontinuierlichen Qualitätsmanagements in der Evolution einer Software.

13.3 Weiterführende Literatur und Übungen

Dieses Kapitel hat einen Einblick in die Themen der Evolution von Software gegeben. Mit dem Abschluss der *Erstentwicklung* einer Software beginnt der Betrieb und mit dem Betrieb die kontinuierliche Wartung und Pflege. Wie dieses Kapitel gezeigt hat, unterscheiden sich die Aufgaben in der Wartung und Pflege nicht wesentlichen von denen in der Erstentwicklung. Anforderungen sind zu erheben und zu bewerten, Entwürfe sind zu erstellen, Analysen hinsichtlich der Konsequenzen von Entwurfs- und Realisierungsentscheidungen sind vorzunehmen. Damit sind die Methoden und Techniken, die in der Entwicklung eingesetzt werden, auch in der Wartung und Pflege einsetzbar (und umgekehrt). Jedoch gibt es einen signifikanten Unterschied: die betreffenden Systeme sind im Betrieb und werden genutzt – oftmals führen sie sogar kritischen Aufgaben aus. Änderungen müssen daher sehr sorgfältig geplant und durchgeführt werden, da ansonsten ein Systemausfall auftreten kann.

Auf die Notwendigkeit der Wartung und Pflege von Software hat bereits Parnas [50] hingewiesen und Lehman und Belady haben Gesetzmäßigkeiten [40–42] der Wartung und Pflege zusammengestellt. Diese sind heute von besonderem Interesse, da die Menge operativer Softwaresysteme kontinuierlich steigt und damit auch der Aufwand, der in die Wartung dieser Softwaresysteme investiert werden muss. Oft werden in den Wartungstätigkeiten dann die „Sünden der Vergangenheit" sichtbar: unklare oder nicht dokumentierte Anforderungen und Entwürfe, „trickreiche" Implementierungen oder Work-arounds, gegebenenfalls auch an der Architektur vorbei oder nicht getestete Softwarekomponenten. Kleinere „Hacks", die zur Entwicklungszeit angemessen erscheinen, um schnell ein akutes Problem zu lösen, entwickeln sich über die Lebensspanne einer Software hinweg zu großen Problemen – manchmal zu derart großen Problemen, dass eine komplette Neuentwicklung wirtschaftlich sinnvoller erscheint als die lebenserhaltenden Maßnahmen. All diese Sünden werden unter dem Begriff *Technical Debt* zusammengefasst [2, 39]. Hierbei muss auch beachtet werden, dass diese Fragestellungen sich nicht nur auf Quellcode beziehen, sondern auch Modelle oder Metamodelle einer Evolution unterliegen [22, 36].

In diesem Kapitel haben wir Einblicke in die Aufgaben der Softwarewartung gegeben und dabei einen Fokus auf die Möglichkeiten der Automatisierung gelegt, etwa im Bereich der Architekturanalyse (siehe Abschn. 13.2.3.1) oder im kontinuierlichen Qualitätsmanagement am Beispiel der *Code Detection* (siehe Abschn. 13.2.3.6). Ergänzend sind wir anhand kleiner Beispiele auf das Reengineering (siehe Abschn. 13.2.3.2; [8, 12, 53, 58]) und das Refactoring (siehe Abschn. 13.2.3.4; [20, 49]) eingegangen. Wie angedeutet, können alle diese Methoden und Techniken auch bereits während der Entwicklung einer Software eingesetzt werden. Refactoring beispielsweise ist ein integraler Bestandteil des *Test-Driven Developments* (siehe Kap. 12.2.6; [5]).

Übungsaufgaben

Übung 13.1 (Aufgaben in der Softwarewartung) Bearbeiten Sie die folgenden Aufgaben im Kontext der Softwarewartung:

a) Beschreiben Sie die Ursachen für die Softwarewartung und bewerten Sie die Ursachen im Hinblick auf ihre Bedeutung und auf den erforderlichen Aufwand.
b) Beschreiben Sie den Prozess der Softwarewartung. Zählen Sie hierbei die einzelnen Schritte dieses Prozesses auf und geben Sie beispielhafte Aktivitäten an.
c) Welche weiteren Managementprozesse haben Schnittstellen zum Wartungsprozess? Geben Sie diese Prozesse an und erläutern Sie kurz den Zusammenhang.

Übung 13.2 (Klassische und kontinuierliche Softwareentwicklung) Bearbeiten Sie die folgenden Aufgaben der Softwarewartung im Kontext der klassischen und kontinuierlichen Softwareentwicklung:

a) Welche Voraussetzungen müssen erfüllt sein, um in die Auslieferung und Abnahme zu gehen? Erstellen Sie eine Liste der Punkte, die dafür erfüllt werden müssen.
b) Beschreiben Sie den Unterschied von Auslieferung und Abnahme in der kontinuierlichen Softwareentwicklung im Vergleich zur „klassischen" Softwareentwicklung. Welche Vor- und Nachteile in der Auslieferung und Abnahme haben die jeweiligen Entwicklungsansätze?
c) Wie grenzen sich die Aufgaben der Softwarewartung von den Aufgaben der projektorientierten Softwareentwicklung ab?

Übung 13.3 (Aufwand und Kosten der Softwarewartung) Bearbeiten Sie die folgenden Aufgaben Aufwänden und Kosten der Softwarewartung:

a) Beschreiben Sie die einzelnen Aufgaben, die im Rahmen der Softwarewartung notwendig sind, und schätzen Sie, wieviel Aufwand sie anteilig jeweils erfordern.
b) Stellen Sie den Entwicklungskosten in einem Softwareprojekt die Wartungskosten gegenüber. Wie wirken sich die Wartungskosten gegenüber den Erstentwicklungskosten bei längerer Nutzung der Software aus?
c) Welche Schlussfolgerungen ergeben sich aus den Erkenntnissen aus den Aufgaben a) und b) für die Organisation der Erstentwicklung?

Übung 13.4 (Softwarewartung und Disziplinen des Software Engineering) Bearbeiten Sie die folgenden Aufgaben zur Beziehung der Softwarewartung und weiteren Disziplinen des Software Engineering:

a) Welche Dokumente der Softwareentwicklung sind für Wartungsaufgaben besonders nützlich?
b) Welche Rolle spielen Anforderungen in der Wartung und was ist zu berücksichtigen, um in der Dokumentation der Anforderungen die Wartungsaufgaben besonders zu berücksichtigen?
c) Welche Rolle spielt Softwarearchitektur in der Wartung? Welche präventiven Maßnahmen bieten sich an, um Software im Hinblick auf die Architektur besonders wartungsfreundliche zu gestalten? Welche Rolle spielen dabei die Konzepte Schnittstellenspezifikation, Kapselung, Information Hiding und Modularität?

Literatur

1. M. Allamanis, M. Brockschmidt, and M. Khademi. Learning to represent programs with graphs. In *International Conference on Learning Representations*, ICLR, 2018.
2. E. Allman. Managing Technical Debt. *Commun. ACM*, 55(5):50–55, May 2012.
3. V. Basili, L. Briand, S. Condon, Y.-M. Kim, W. L. Melo, and J. D. Valett. Understanding and predicting the process of software maintenance release. In *Proceedings of the 18th International Conference on Software Engineering*, ICSE '96, pages 464–474, Washington, DC, USA, 1996. IEEE Computer Society.
4. L. Bass, P. Clements, and R. Kazman. *Software Architecture in Practice: Software Architect Practice*. SEI Series in Software Engineering. Addison-Wesley Professional, 3 edition, 2012.
5. K. Beck. *Test Driven Development. By Example*. Addison-Wesley Longman, 2002.
6. G. Böckle, P. Knauber, K. Pohl, and K. Schmid. *Software-Produktlinien – Methoden, Einführung und Praxis*. dpunkt.verlag, May 2004.
7. B. Boehm. *Software Engineering Economics*. Prentice Hall, 1981.
8. C. Bommer, M. Spindler, and V. Barr. *Softwarewartung: Grundlagen, Management und Wartungstechniken*. dpunkt.verlag, June 2008.
9. P. Bourque and R. E. Fairley, editors. *Guide to the Software Engineering Body of Knowledge (SWEBOK) v3.0*. IEEE Computer Society, 2014.
10. M. Broy and M. Kuhrmann. *Projektorganisation und Management im Software Engineering*. Number 978-3-642-29289-7 in Xpert.press. Springer Verlag, Berlin Heidelberg, 1 edition, 2013.
11. G. Chastek and J. D. McGregor. Guidelines for developing a product line production plan. Technical Report CMU/SEI-2002-TR-006, Software Engineering Institute, 2002.
12. E. J. Chikofsky and J. H. Cross. Reverse engineering and design recovery: a taxonomy. *IEEE Software*, 7(1):13–17, Jan 1990.
13. R. Clayton, S. Rugaber, and L. Wills. On the knowledge required to understand a program. In *Proceedings Fifth Working Conference on Reverse Engineering (Cat. No.98TB100261)*, pages 69–78, Oct 1998.

14. R. H. Cobb and H. D. Mills. Engineering software under statistical quality control. *IEEE Software*, 7(6):45–54, Nov 1990.
15. S. Cohen. Guidelines for developing a product line concept of operations. Technical Report CMU/SEI-99-TR-008, Software Engineering Institute, 1999.
16. CQSE GmbH. Teamscale. Online: https://www.cqse.eu/de/produkte/teamscale/landing (Abgerufen: 2020-03-05), March 2020.
17. F. Deißenböck. *Continuous Quality Control of Long-Lived Software Systems*. PhD thesis, Technische Universität München, October 2009.
18. F. Deissenboeck, B. Hummel, E. Jürgens, B. Schätz, S. Wagner, J. Girard, and S. Teuchert. Clone detection in automotive model-based development. In *2008 ACM/IEEE 30th International Conference on Software Engineering*, pages 603–612, May 2008.
19. L. Erlikh. Leveraging legacy system dollars for e-business. *IT Professional*, 2(3):17–23, May 2000.
20. M. Fowler. *Refactoring: Improving the Design of Existing Code*. Pearson Addison-Wesley Signature Series. Addison Wesley, 2 edition, 2018.
21. R. L. Glass. Maintenance: less is not more. *IEEE Software*, 15(4):67–68, July 1998.
22. R. Hebig, D. E. Khelladi, and R. Bendraou. Approaches to co-evolution of metamodels and models: A survey. *IEEE Trans. Software Eng.*, 43(5):396–414, 2017.
23. Hindel, B., Hörmann, K., Müller, M., and Schmied, J. *Basiswissen Projektmanagement*. dpunkt.verlag, 3 edition, 2009.
24. IEC 62304:2006. *Medical device software – Software life cycle processes*. International Electrotechnical Commission, May 2006.
25. IEEE Std 1012-2004. *IEEE Standard for Software Verification and Validation*. IEEE, 2004.
26. IEEE Std 1219-1998. *IEEE Standard for Software Maintenance*. IEEE Computer Society, 1998.
27. IEEE Std 610.12-1990. *IEEE Standard Glossary of Software Engineering Terminology*. IEEE, 1990.
28. ISO 13485:2016. *Medical devices – Quality management systems – Requirements for regulatory purposes*. International Organization for Standardization, March 2016.
29. ISO/IEC 14764:2006. *Software Engineering – Software Life Cycle Processes – Maintenance*. International Organization for Standardization, 2006.
30. E. Juergens and F. Deissenboeck. How much is a clone? In *Proceedings of the 4th International Workshop on Software Quality and Maintainability*, WoSQ, 2010.
31. E. Jürgens. *Why and How to Control Cloning in Software Artifacts*. PhD thesis, Technische Universität München, February 2011.
32. E. Jürgens, F. Deissenböck, and B. Hummel. CloneDetective – A workbench for clone detection research. In *2009 IEEE 31st International Conference on Software Engineering*, ICSE, pages 603–606. IEEE, May 2009.
33. E. Jürgens, F. Deissenboeck, M. Feilkas, B. Hummel, B. Schätz, S. Wagner, C. Domann, and J. Streit. Can clone detection support quality assessments of requirements specifications? In *2010 ACM/IEEE 32nd International Conference on Software Engineering*, volume 2, pages 79–88, May 2010.
34. E. Jürgens, F. Deissenboeck, B. Hummel, and S. Wagner. Do code clones matter? In *Proceedings of the 31st International Conference on Software Engineering*, ICSE '09, pages 485–495, USA, 2009. IEEE Computer Society.
35. M. Kajko-Mattsson. Preventive maintenance! Do we know what it is? In *International Conference on Software Maintenance*, ICSM, pages 12–14. IEEE, October 2000.
36. D. E. Khelladi, R. Hebig, R. Bendraou, J. Robin, and M. Gervais. Detecting complex changes during metamodel evolution. In J. Zdravkovic, M. Kirikova, and P. Johannesson, editors, *Procee-

dings of 27th International Conference on Advanced Information Systems Engineering (CAiSE), volume 9097 of *Lecture Notes in Computer Science*, pages 263–278. Springer, 2015.
37. A. J. Ko, R. DeLine, and G. Venolia. Information Needs in Collocated Software Development Teams. In *29th International Conference on Software Engineering*, ICSE, pages 344–353, May 2007.
38. R. Koschke. Survey of research on software clones. In R. Koschke, E. Merlo, and A. Walenstein, editors, *Duplication, Redundancy, and Similarity in Software*, number 06301 in Dagstuhl Seminar Proceedings, Dagstuhl, Germany, 2007. Internationales Begegnungs- und Forschungszentrum für Informatik (IBFI), Schloss Dagstuhl, Germany.
39. P. Kruchten, R. Nord, and I. Ozkaya. *Managing Technical Debt*. SEI Series in Software Engineering. Addison-Wesley, June 2019.
40. M. Lehman. On understanding laws, evolution, and conservation in the large-program life cycle. *Journal of Systems and Software*, 1:213 – 221, 1979.
41. M. M. Lehman. Programs, life cycles, and laws of software evolution. *Proceedings of the IEEE*, 68(9):1060–1076, Sep. 1980.
42. M. M. Lehman and L. A. Belady, editors. *Program Evolution: Processes of Software Change*. Academic Press Professional, Inc., San Diego, CA, USA, 1985.
43. B. P. Linz and E. B. Swanson. *Software Maintenance Management: A Study of the Maintenance of Computer Application Software in 487 Data Processing Organizations*. Addison-Wesley, August 1980.
44. W. Maalej, R. Tiarks, T. Roehm, and R. Koschke. On the comprehension of program comprehension. *ACM Trans. Softw. Eng. Methodol.*, 23(4), Sept. 2014.
45. R. C. Martin. *Clean Code: A Handbook of Agile Software Craftsmanship*. Prentice Hall, 2008.
46. H. D. Mills, M. Dyer, and R. C. Linger. Cleanroom software engineering. *IEEE Software*, 4(5):19–25, Sep. 1987.
47. G. C. Murphy, M. Kersten, and L. Findlater. How are Java software developers using the Elipse IDE? *IEEE Software*, 23(4):76–83, July 2006.
48. J. T. Nosek and P. Palvia. Software maintenance management: Changes in the last decade. *Journal of Software Maintenance: Research and Practice*, 2(3):157–174, 1990.
49. W. F. Opdyke and R. E. Johnson. Refactoring: an aid in designing application frameworks and evolving object-oriented systems. In *Proceedings of Symposion on Object-Oriented Programming Emphasizing Practical Applications*, SOOPPA, 1990.
50. D. L. Parnas. Software Aging. In *Proceedings of the 16th International Conference on Software Engineering*, ICSE, pages 279–287, Los Alamitos, CA, USA, 1994. IEEE Computer Society Press.
51. T. M. Pigoski. *Practical Software Maintenance: Best Practices for Managing Your Software Investment*. Wiley, November 1996.
52. S. J. Prowell, C. J. Trammell, R. C. Linger, and J. H. Poore. *Cleanroom Software Engineering: Technology and Process*. SEI Series in Software Engineering. Addison-Wesley Professional, March 1999.
53. R. Rada. *Re-Engineering Software: How to Re-Use Programming to Build New, State-of-the-Art Software*. Taylor & Francis Inc, 2 edition, March 1999.
54. H. Rombach, B. T. Ulery, and J. D. Valett. Toward full life cycle control: Adding maintenance measurement to the sel. *Journal of Systems and Software*, 18(2):125–138, 1992.
55. R. C. Seacord, D. Plakosh, and G. A. Lewis. *Modernizing Legacy Systems: Software Technologies, Engineering Processes, and Business Practices*. SEI Series in Software Engineering. Addison-Wesley Professional, February 2003.
56. M. Shahbaz. *Reverse Engineering and Testing of Black-Box Software Components*. LAP LAMBERT Academic Publishing, June 2012.

57. J. Siegmund. Program comprehension: Past, present, and future. In *2016 IEEE 23rd International Conference on Software Analysis, Evolution, and Reengineering (SANER)*, volume 5, pages 13–20, March 2016.
58. H. M. Sneed, M. Hasitschka, and M. T. Teichmann. *Software-Produktmanagement: Wartung und Weiterentwicklung bestehender Anwendungssysteme*. dpunkt.verlag, October 2004.
59. The Open Group. *The Open Group Architecture Framework (TOGAF, Version 9)*. Van Haren Publishing, 10 edition, November 2011.
60. M. Tufano, C. Watson, G. Bavota, M. Di Penta, M. White, and D. Poshyvanyk. Deep learning similarities from different representations of source code. In *Proceedings of the 15th International Conference on Mining Software Repositories*, MSR '18, pages 542–553, New York, NY, USA, 2018. Association for Computing Machinery.
61. A. Von Mayrhauser and A. M. Vans. Program comprehension during software maintenance and evolution. *Computer*, 28(8):44–55, Aug 1995.
62. S. Wagner. *Software Product Quality Control*. Springer Verlag, 2013.
63. M. P. Ward and K. H. Bennett. Recursion removal/introduction by formal transformation: An aid to program development and program comprehension. *The Computer Journal*, 42(8):650–673, Jan 1999.
64. D. Yeh and J.-H. Jeng. An empirical study of the influence of departmentalization and organizational position on software maintenance. *Journal of Software Maintenance*, 14(1):65–82, Jan. 2002.

Epilog

IT-Ökosysteme

Software ist ein integraler Bestandteil des täglichen Lebens geworden und ist zentraler Bestandteil einer Vielfalt von vernetzten und interagierenden Systemen. In der Regel wird in Unternehmen nicht nur ein einzelnes Softwaresystem entwickelt und betrieben. Vielmehr wird auch unternehmensübergreifend eine Fülle von Softwaresystemen eingesetzt, die unterschiedlichen Aufgaben dienen und sich ergänzen. Daher kann Software nicht mehr isoliert und unabhängig betrachtet werden. Wir sprechen von *Softwarelandschaften* bzw. *IT-Ökosystemen*. In solchen Ökosystemen finden sich zahlreiche Prozesse mit starker Wechselwirkung:

Daten und Marktplätze	In einem IT-Ökosystem werden viele unterschiedliche Softwaresysteme betrieben, die Daten austauschen. Sensoren sammeln Daten, die durch Software verarbeitet werden und dann dem IT-Ökosystem wieder zur Verfügung gestellt werden. Gesammelte Daten werden auf Plattformen und Marktplätzen gehandelt und verarbeitet.
Integrierte Systeme	In einem IT-Ökosystem werden Hardware- und Softwaresysteme miteinander kombiniert, sodass die Software maßgeblich dazu beiträgt, die Hardwaresysteme zu steuern.
Kooperation	In einem IT-Ökosystem passen sich die Teilnehmer des IT-Ökosystems – Menschen, Maschinen und Software – an Umgebungseigenschaften an und kooperieren dabei gegebenenfalls sogar.

Und Vieles mehr... Viele Initiativen der letzten Jahre zeigen die zunehmende Verbreitung und Bedeutung von IT-Ökosystemen, etwa *Smart Energy, Smart City* oder *Smart Mobility*.

Software und Softwareplattformen, aber auch Technologien wie Big Data und künstliche Intelligenz, spielen hier eine zentrale Rolle, etwa in Verkehrsleitsystemen, in der Steuerung dezentraler Energieerzeugung und Verteilung oder aber im autonomen Fahren.

Im Folgenden gehen wir auf ausgewählte Aspekte ein, die in IT-Ökosystemen hohe Relevanz haben. Diese Themen zeigen, dass gerade aus der Sicht des Software Engineerings viele softwaretechnische Konzepte und Prinzipien, insbesondere der Umgang mit Anforderungen, der Entwurf von Systemen und die Wiederverwendung und Evolution von Softwaresystemen (siehe Kap. 1.3), relevant sind und zwingend beherrscht werden müssen, um moderne IT-Ökosysteme zu beherrschen, zu entwickeln und zu betreiben.

Gestaltung und Evolution von Softwarelandschaften

In heutigen Unternehmen sind typischerweise hunderte, in großen Unternehmen und in der Gesellschaft im Allgemeinen sind sogar *Tausende* von Softwaresystemen im Einsatz. Typische aktuelle Zahlen aus großen deutschen Unternehmen sind wie folgt:

- Täglich sind 3000 Softwaresysteme und aktiv in der Nutzung.
- Über 100.000 Softwaresysteme und mehr sind als Bestand registriert.

Hierbei besteht hier die Aufgabe des Softwareingenieurs in der angemessenen Gestaltung solcher Softwarelandschaften unter Berücksichtigung aller Gesichtspunkte der Softwareevolution (siehe Kap. 13). Das Ziel ist dabei die übergreifende Optimierung der Softwarelandschaft im Hinblick auf fachliche und technische Qualität, Kosten und schnelle Anpassung an sich ändernde Anforderungen. Große Herausforderungen bestehen im Hinblick auf die Interoperabilität und Integration der Softwaresysteme (siehe Kap. 2.2.3.4). Darunter versteht man das reibungslose Zusammenwirken der einzelnen Softwaresysteme in Hinblick auf die Unternehmensaufgaben. Probleme bereitet typischerweise das umfassende Informations- und Datenmanagement.

Anmerkung *Erforderlich ist eine gesamtheitliche Sicht, die ausgehend von der Unternehmensstrategie eine IT-Strategie entwickelt. Daraus werden dann technische und methodische, manchmal auch fachliche Vorgaben für die Softwareentwicklung abgeleitet wie Architekturvorgaben oder Plattformvorgaben, die sich dann in Produktanforderungen und stärker in Qualitätsanforderungen in der Softwareentwicklung der einzelnen Systeme niederschlagen (siehe Kap. 6).*

Softwarefamilien und Plattformen

Für eine Reihe von Anwendungsgebieten sind Softwareplattformen immer typischer. Wir sprechen auch von *Plattformunternehmen*. Aus Softwaresicht sind Plattformen *Ausführungs-*

plattformen, durch die eine bestimmte Ausführungsschnittstelle bestehend aus Betriebssystem und Hilfsdiensten zur Verfügung gestellt wird, um Programme zur Ausführung zu bringen. Ein immer wichtiger werdendes Beispiel hierfür sind die sogenannten *Cloud Services*. Ausführungsplattformen können durchaus verteilt sein und Geräte wie das Smartphone einschließen. Wir sprechen bei den Peripheriegeräten auch vom *Edge Computing*.

Software Engineering und Plattformen Aus der Perspektive des Software Engineerings interessant ist dabei aber gerade der zweite Aspekt von Plattformen, bei denen über vorgegebene Komponenten Dienste aufgebaut und auf der Plattform zur Verfügung gestellt werden, wobei aus gegebenen Diensten höherwertige Dienste gebildet werden können. Oft spricht man von *Services* und *Microservices*, aus denen mit überschaubarem Aufwand weitere Dienste zusammengesetzt werden können, die zusätzliche Funktionalitäten liefern. In die Plattformen eingebaut sind wiederum die Möglichkeiten, durch Dienste auf bestimmte Daten, Sensoren und Aktuatoren zuzugreifen, sodass Dienste gebildet werden können, die wieder von cyber-physischem Charakter sind.

Herausforderungen Plattformen stellen vielfältige Herausforderungen an das Software Engineering. In der Regel ist das Ziel von Plattformen, den Nutzer in die Lage zu versetzen und ohne zu hohen Aufwand schnell neue Funktionalität auf der Plattform anzubieten. Damit stellt die *Wiederverwendung* von auf der Plattform verfügbaren Funktionalität zum Zusammenbau höherwertiger Funktionalität eines der Ziele dar (siehe Kap. 8.3). Dies erfordert neben dem Festlegen der Vorgehensweise bei der Erstellung neuer Funktionalität auch eine eigene Ausprägung für das Vorgehensmodell, das die Plattformentwicklung langfristig unterstützt. Eine große Herausforderung ist dabei die Verfügbarkeit von gemeinsam genutzten Diensten, die über die Zeit dann gewartet und weiterentwickelt werden müssen unter möglichster Beibehaltung von Kompatibilitätsforderungen, sodass existierende Anwendungen, die sich auf diese Funktionalität abstützen, langfristig erhalten bleiben (siehe Kap. 13.2).

Legacy Software

Neben den großen Herausforderungen bei der Neuentwicklung von Softwaresystemen ist auch die langfristige *Evolution von Software* eine schwierige Aufgabe. Softwaresysteme sind über lange Zeiträume im Einsatz. Typischerweise ändern sich in diesen Zeiten die Anforderungen an die Software, zusätzliche Funktionalität wird gewünscht, die Hardwareumgebung ändert sich und die Software muss an die sich ändernde Hardwareumgebung angepasst werden. Weiterhin ist es in der Regel erforderlich, Fehler in der Software zu korrigieren und die Software insgesamt auf einem qualitativ hohen Stand zu halten.

Diese beständige Weiterentwicklung, Anpassung und Verbesserung von Software über lange Zeiträume ist eine aufwändige Aufgabe, die in der Praxis zu oft nicht konsequent durchgeführt wird (siehe Kap. 13.2). Im Ergebnis erleben Nutzer immer stärker, dass Softwaresysteme im Laufe der Nutzung „erodieren". Schließlich liegt Software vor, die zwar entscheidende Aufgaben für ihren Einsatz im Unternehmen wahrzunehmen hat, aber weder in ihrer Funktionalität noch in ihrem Aufbau und weiteren Qualitätsmerkmalen den Anforderungen entspricht. Wir sprechen von *Legacy Software*. Dies ist Software, die zwar für die Unternehmen und für die Benutzer und Betreiber einen hohen Stellenwert für ihr Geschäft hat, aber in vielerlei Hinsicht nicht den aktuellen Anforderungen an die Software und ihrer Qualität entspricht. Solche Softwaresysteme sind in der Regel nur schwer wartbar und kaum änderbar und somit nicht mehr an neue Erfordernisse anpassbar.

Anmerkung *Wenn die Software über einen längeren Zeitraum in ihren Grundstrukturen veraltet und mehr und mehr unstrukturiert wird, fällt es auch immer schwerer, Änderungen anzubringen. Typischerweise bleibt dann die Software hinter den Anforderungen zurück und erfüllt diese nur noch ungenügend.*

Technical Debt *Technical Debt* oder „technische Schuld" ist im Bereich der Softwareentwicklung inzwischen ein gebräuchlicher Begriff für das Phänomen, dass Fehler und Nachlässigkeiten in der Softwareentwicklung zu oft nur halbfertigen und qualitativ unzulänglichen Softwaresystemen und Artefakten führen, für die dann zusätzlicher Aufwand nötig ist, um die Unterlassungen zu beseitigen und zu korrigieren.

Typischerweise unterscheidet man zwischen technischer Schuld, die Entwickler bewusst eingehen, weil sie – aus welchen Gründen auch immer – bestimmte Entwicklungsschritte nicht hinreichend sauber vollziehen und hinnehmen, dass Software entsteht, die später aufwendige Nacharbeit erfordert, und der Situation, in der Software-Entwickler unbewusst, unter Umständen durch mangelnde technische Kompetenz, Unterlassungen begehen und Unzulänglichkeiten von Artefakten, Softwareentwicklungsschritten und Teilprodukten akzeptieren, die später einen entsprechenden Mehraufwand verursachen. Natürlich gibt es Situationen, wo technische Schulden bewusst eingegangen werden, wenn – aus welchen Gründen auch immer – schnell erste Ergebnisse vorliegen müssen, um damit Experimente durchzuführen oder frühzeitig auf den Markt zu kommen. Dann aber muss man sich jedoch genau darüber im Klaren sein, dass man mit Unzulänglichkeiten weiter arbeitet und was es zusätzlich kosten wird, diese später zu beseitigen. Typischerweise kosten technische Schulden „Zinsen", weil es in der Regel aufwändiger ist, Unzulänglichkeiten im Nachhinein zu beseitigen als von vornherein den Aufwand zu betreiben, diese zu vermeiden.

Besonders kritisch sind Situationen, wo Softwareentwicklung durchgeführt wird und die beschriebene technische Schuld entsteht, ohne dass je der Punkt erreicht wird, an dem die Unzulänglichkeiten beseitigt werden. Letztendlich führt das auch zu den bereits beschriebenen Legacy-Systemen, in denen eine ganze Fülle von technischen Unzulänglichkeiten dazu führen, dass die Systeme nicht mehr weiterentwickelt und nicht mehr an die Anforderungen angepasst werden können, die mittlerweile dafür vorliegen.

Software Engineering heute

Software hat sich seit der Erfindung der ersten programmierbaren Rechner während des Zweiten Weltkrieges parallel zur rasanten Entwicklung der Hardware in mehreren Stufen zu einer der dominierenden technischen Disziplinen unserer Zeit entwickelt. Software ist heute der generelle Treiber der digitalen Transformation und in vielerlei Hinsicht wirtschaftlich, aber auch im Lebensalltag der Menschen prägend. Entscheidend ist Software mit der Entwicklung des Internets und vernetzter Cyber-physischer Systeme wie dem Smartphone zum zentralen Medium für die Vernetzung und die Nutzung von Software in praktisch allen Lebenslagen. *Software skaliert wie keine andere Technologie!* Damit kommt der Fähigkeit, Software zielgerecht von angemessener Qualität zu entwickeln heute in allen Industrienationen entscheidende Bedeutung zu.

Schwerpunktthemen In den letzten Jahren haben sich Schwerpunktthemen entwickelt, die typisch sind für die Verbindung der neuen Möglichkeiten, die sich aus der Vernetzung ergeben und aus dem Umstand, dass heute in einem Umfang große Mengen von Daten erfasst werden – einmal durch eine hohe Anzahl von Sensoren, aber auch durch die vielfältigen Interaktionen von Menschen mit den Anwendungen in den Netzen. Auf Basis dieser Daten sind völlig neue Funktionen realisierbar.

Daneben sind Technologien, die vor wenigen Jahrzehnten noch eher nur theoretisch einsetzbar waren, wie beispielsweise *Machine Learning,* inzwischen aufgrund der Leistungsfähigkeit der Rechner, der Menge der vorhandenen Daten und insbesondere den Fähigkeiten, große Datenmengen zu speichern und zu verwalten, zu zentralen Technologien für die Gestaltung neuer Funktionen geworden. Diese Möglichkeiten prägen auch das Software Engineering zunehmend.

Cyber-physische Systeme und Systems Engineering Ein wesentlicher Teil heutiger Softwaresysteme ist eingebettet in vernetzte cyber-physische Systeme und ermöglicht dort völlig neue Funktionalitäten. Software ist dabei entscheidend für eine große Vielfalt von Funktionen. In eingebetteten Systemen etwa erlebt man zunehmend, dass Methoden des maschinellen Lernens eingesetzt werden. Komplexe, aufwändige Architekturen werden eingesetzt und Systeme laufen auf Mehrkernprozessoren, die über ein Netzwerk von sogenannten Bus-Systemen kommunizieren. Sie werden in vielfältiger Weise aus Sensoren mit Daten gespeist und steuern Aktuatoren. Hinzu kommen aufwändige, dedizierte Nutzungsschnittstellen.

Symptomatisch für die Situation sind etwa die Entwicklung des Smartphones und der stetig steigende Anteil von Software im Automobil[1], insbesondere in privaten Personenkraftwagen. Augenfällig ist die vielfältige Funktionalität, die dort angeboten wird. Wir sprechen daher von *multifunktionalen* Systemen. Ebenfalls immer stärkere Verbreitung finden

---
[1] Der Code-Umfang heutiger Softwaresysteme (siehe Kap. 1.1.1) in Fahrzeugen liegt im Bereich von 100 Mio. Lines of Code und mehr. Die Erstellung dieser Software, ihre Qualitätssicherung und Weiterentwicklungen stellen eine große Herausforderung für das Software Engineering dar.

Assistenzsysteme, die bis hin zu teilautonomen Systemen reichen. In diesem Zusammenhang wird insbesondere die *Mensch-Maschine-Interaktion* zentral. Zu berücksichtigen ist dabei, dass es sich gerade beim Automobil um eine Anwendung handelt, die kritische Fragen im Hinblick auf die funktionale Sicherheit aufwirft. Mit anderen Worten: Die Systeme müssen im Bereich der sicherheitskritischen Anwendungen wie Lenkung, Bremsen und Beschleunigung absolut zuverlässig arbeiten. Hinzu kommt der Umstand, dass auch Fahrzeuge immer stärker in generelle Netzwerke eingebunden werden und somit auch die Gefahr von Cyber-Angriffen gegeben ist.

Spezifische Anwendungsfelder Längst gibt es spezifische Vorgehensweisen im Software Engineering für die unterschiedlichen Anwendungsfelder. Die Fülle der Anwendungen ist im wahrsten Sinne des Wortes nahezu unüberschaubar. Typische Bereiche sind Verwaltung, Finanzwesen, Medizin, Energie, Verkehr, Produktion, Medien, Kommunikation, Mobilität, Militär, Soziale Netzwerke und vieles mehr. Charakteristisch ist dabei, dass früher deutlich abgegrenzte Teilgebiete inzwischen immer stärker miteinander vernetzt werden. Es entstehen Applikationen, die mehrere Anwendungsbereiche integrieren und gerade durch die wechselseitige Nutzung von Daten und Diensten aus den unterschiedlichen Anwendungsbereichen völlig neue Ansätze entstehen. Bemerkenswert ist insbesondere die andere Art der Informations- und Wissensversorgung der Menschen im Zeitalter vernetzter Softwaresysteme. Sie entsteht durch die vielfältigen Informationen, die im Internet verfügbar sind und die vielfältigen Zugriffsmöglichkeiten, insbesondere durch die Suchmaschinen und die spezifische Aufbereitung von Informationen, etwa durch Wikipedia.

In den einzelnen Anwendungsgebieten wird Software in hohen Umfängen eingesetzt. Dabei werden oft spezifische Modelle und Konzepte verwendet. Das führt dazu, dass in den entsprechenden Bereichen immer stärker tiefe Kenntnisse im Bereich der Anwendungsgebiete mit den Fähigkeiten und Kenntnissen im Software Engineering zusammenwirken. Es entstehen neue, eigenständige Teilgebiete des Software Engineering, in denen Anwendungs-Knowhow und Knowhow im Software Engineering eine ganz spezifische Synergie eingehen.

Anmerkung *Es ist dabei wichtig, dass das aktuelle Knowhow im Software Engineering beständig in die Anwendungsgebiete einfließt und die Herausforderungen aus den Anwendungsgebieten auch die weitere Forschung im Software Engineering entsprechend beeinflusst.*

Big Data und Data Analytics Durch die große Menge von Daten, die heute verfügbar sind, ist die Möglichkeit, aus großen Datenbeständen Informationen abzuleiten, von immer größerer Relevanz. Im Vordergrund steht, Korrelationen und auch Kausalitäten zu entdecken, die sich aus großen Datenbeständen ergeben. Dies erlaubt es, besondere Funktionen zu entwickeln, die dann wieder auch im Rahmen größerer Softwaresysteme genutzt werden können. Typische Beispiele sind zum einen die Interpretation von Bildern, auch von bewegten Bildern. Ein Beispiel ist die Auswertung von Röntgenbildern in der Medizin zur Analyse von Erkrankungen, beispielsweise von Krebserkrankungen. Dies ist für sich genommen bereits eine interessante Funktionalität, lässt sich aber dann im Rahmen größerer – auch vernetzter – Softwaresysteme zu umfassenden Diagnoseunterstützungssystemen ausbauen. Von besonderem Interesse ist die Analyse von Nutzerdaten aus dem Internet und dem Internet-gestütztem Handel. Hinzu kommt, dass Daten aus völlig anderen Anwendungsbereichen für Applikationen eine Rolle spielen können – beispielsweise Wetterdaten für Verkehrsvoraussagen.

Anmerkung *Die Verknüpfung von Daten liefert völlig neue Möglichkeiten und Funktionen für die Entwicklung von Softwareprodukten – ein erheblicher Anteil der Produktinnovation basiert auf verknüpften Daten.*

Mensch-zentrierte Software Heute ist die Interaktion zwischen Mensch und Maschine tagtäglich und zu einer Selbstverständlichkeit geworden. Menschen interagieren unentwegt mit Maschinen und Geräten. Dies sind zum einen klassische Rechner wie Smartphones, Laptops, Desktops, aber auch eingebettete Systeme, beispielsweise im Smart TV oder in Fahrzeugen, Flugzeugen und Produktionsanlagen – ja sogar in Kaffeemaschinen. Typisch ist dabei, dass diese cyber-physischen Systeme oft gar nicht als „Rechner" empfunden werden, obwohl die Interaktion der Nutzer immer stärker direkt mit der eingebetteten Software erfolgt, die dann über Schnittstellen die physischen Möglichkeiten der Geräte erschließt (siehe Kap. 6.1.2.2).

Bedeutsam sind die enge Verflechtung zwischen den Tätigkeiten der Nutzer und ihrer kognitiven Prozesse, der Unterstützung durch das Softwaresystem und der Nutzung der angebotenen Funktionen. Hier spielen Fragen des „Cognitive Overload" – der kognitiven Überforderung eine große Rolle, insbesondere in Anwendungen, in denen der Nutzer nicht primär mit der Arbeit an einem Softwaresystem beschäftigt ist, sondern einer ganz anderen Aufgabe nachgeht, aber dabei von dem Softwaresystem unterstützt wird. Ein herausragendes Beispiel ist der Arbeitsplatz heutiger Piloten im zivilen Luftverkehr. Der Pilot interagiert im Flugzeug genau genommen nur noch mit einem Softwaresystem, das selbst über Sensoren und Aktuatoren mit dem physischen Fluggerät verbunden ist. Von größter Bedeutung ist hierbei die angemessene Unterstützung und Auslegung der Mensch-Maschine-Interaktion für den Piloten.

Anmerkung *Eine der großen Herausforderungen ist die Gestaltung der physikalischen Ausprägung der Mensch-Maschine-Schnittstelle. Zu beantworten ist dabei die Frage, wie die Interaktion zwischen Mensch und Maschine durch Sprache, Tastatur, Gestik, Gesichtserkennung und vieles mehr bewerkstelligt wird.*

Machine Learning Besondere Aufmerksamkeit hat in den letzten Jahren das Thema *maschinelles Lernen* (Machine Learning, ML) gefunden. Grob gesagt sind ML-Anwendungen dadurch gekennzeichnet, dass bestimmte Ausführungsstrukturen geschaffen werden, etwa in der Form von neuronalen Netzen, die dann über große Mengen von Anwendungsbeispielen trainiert werden. Erste (einfache) Anwendungen solcher Konzepte waren zum Beispiel das automatische Erfassen von handgeschriebenen und maschinengeschrieben Anschriften auf Briefen in der Postbeförderung. Heute können Lernsysteme für anspruchsvolle Aufgaben eingesetzt werden. Es entstehen Softwaresysteme, in denen Lernverfahren in einzelnen Komponenten zu finden sind, aber auch Softwaresysteme in denen Lernverfahren „End-to-End" eingesetzt werden, um eine für Nutzer direkt nutzbare Funktionalität anzubieten, etwa die Bildkorrektur in modernen Kameras. Durch solche Lernverfahren sind wir heute in der Lage, spezifische Probleme zu bewältigen, die mit den klassischen Methoden des Software Engineerings schwer oder gar nicht erfassbar sind.

Anmerkung *Durch Lernverfahren entstehen Komponenten mit einem angelernten Schnittstellenverhalten. Eine der Schwierigkeiten dabei ist, dass dieses Schnittstellenverhalten eben nicht im Sinne einer Anforderungsspezifikation spezifiziert ist, sondern das Ergebnis eines Trainingsprozesses. Die entstehende Komponente ist dann in der Lage, eine komplexe Aufgabe zu lösen und ein durchaus anspruchsvolles System zu bilden. Allerdings bleibt immer ein gewisser Zweifel zurück, wie sich die Komponente in Situationen verhält, die durch das Lernverfahren nicht ausreichend abgedeckt sind. Im Ergebnis gibt es bisher nur eingeschränkte Möglichkeiten der Qualitätssicherung für die aus Lernverfahren resultierenden Komponenten. Eine große Herausforderung ist dies insbesondere beim Einsatz der Lernverfahren im Umfeld von Softwaresystemen, die hohe Qualitätsansprüche erfüllen müssen wie beispielsweise Safety- und Security-Anforderungen.*

Grundsätzlich ist es wichtig, sich vor Augen zur führen, dass das Ergebnis von Lernverfahren wieder Algorithmen sind, auch wenn diese in anderer Weise programmiert werden und das Ergebnis letztendlich durch die Wahl und die Struktur des Lernverfahrens und des verwendeten Trainingsdatensatzes bestimmt wird. Beides wird vom Entwickler gewählt, wobei sich auch das Fähigkeitsprofil des Entwicklers im Kontext der Entwicklung von ML-Systemen grundlegend verändert.

Software Engineering in der Zukunft

Die rasante Entwicklung der digitalen Technologien sowohl im Bereich der Hardware als auch im Bereich der Anwendungen und der Softwaretechnik lässt erwarten, dass sich das Software Engineering auch in den nächsten Jahren stürmisch weiterentwickeln wird.

Digitalisierung und Produktinnovation Die große Herausforderung wird sein, die vielfältigen, unterschiedlichen Möglichkeiten, die im Rahmen der Digitalisierung entstehen, auch in Softwaresystemen zu nutzen, dabei aber immer auch die Korrektheit der Anforderungen

Epilog

im Auge zu behalten und insbesondere die Weiterentwicklungsfähigkeit der entstehenden Softwaresysteme.

Bedeutung der Wartbarkeit von Software Ein großes Problem stellt die riesige Zahl an *Legacy Software* dar, Softwaresysteme, die im tagtäglichen Einsatz sind, aber nicht mehr den aktuellen Anforderungen völlig entsprechen, aufgrund ihrer Struktur aber nur schwer änderbar und an neue Anforderungen anpassbar sind.

Autonome Systeme Daneben gibt es Herausforderungen zur Gestaltung neuer Funktionalität. Ein aktuelles Beispiel ist das autonome Fahren. Das völlig eigenständige Lenken von Kraftfahrzeugen in Verkehrssituationen durch Software ist heute eine der Zielsetzungen vieler Automobilunternehmen. In einfachen Verkehrssituationen wie dem Autobahnbetrieb ist dies schon heute umgesetzt. In komplexen Verkehrssituationen wie im innerstädtischen Verkehr oder auf Landstraßen sind die Probleme in diesem Bereich noch vielfältig. Dies ist aber nur ein Beispiel für die großen Herausforderungen und die Vielzahl der zu erwartenden Entwicklungen im Bereich des Software Engineering.

Search-based Software Engineering In den letzten Jahren sind statistische Methoden, Such-basiertes Vorgehen und insbesondere Ansätze unter der Überschrift maschinelles Lernen und künstliche Intelligenz sehr in den Fokus geraten. Die Gründe dafür sind offensichtlich: Durch die großen Mengen von Daten, die heute auf Basis von eingebetteten Systemen, aber auch aufgrund der umfangreichen Interaktionen zwischen Nutzern und den Systemen gerade im Internet abgegriffen werden, können in vielen Bereichen Algorithmen heuristisch generiert werden, insbesondere durch Verfahren des Maschinenlernens.

Neben diesen großen Datenmengen trägt auch die gesteigerte Leistungsfähigkeit heutiger Rechner dazu bei, dass Verfahren des Maschinenlernens nun Basis riesiger Datenmengen auf eine beträchtliche Anzahl praktischer Problemstellungen anwendbar werden. Das betrifft Fragen der Bildverarbeitung, der Sprachverarbeitung, oder der Analyse von Datenbeständen, aber auch Themen der Überwachung. Dies eröffnet eine Vielzahl von Möglichkeiten, leistungsfähige Algorithmen für diese Art der Fragestellungen zu erzeugen.

Probleme bereiten dabei immer noch Fragen der Sicherstellung der Korrektheit und Zuverlässigkeit der generierten Algorithmen, da bislang keine Verfahren existieren, die zuverlässig Qualitätseigenschaften von Algorithmen sicherstellen, die durch Maschinenlernen generiert worden sind. Schon heute aber gilt und das wird noch mehr in Zukunft zu erwarten sein, dass in vielen Anwendungsbereichen Softwaresysteme entstehen, bei denen bestimmte Komponenten durch Verfahren des Maschinenlernens erzeugt werden. Dies erfordert entsprechende Maßnahmen, um die Qualität solcher Systeme sicherzustellen, auch um die Architektur von Systemen abzubilden, die KI-Anteile, aber auch klassische Softwareanteile enthalten. Durch Maschinenlernen erzeugte Software wird zu einer Komponente bei der Entwicklung leistungsfähiger Softwaresysteme.

Software Engineering für Quantum Computing Ein spannendes Thema im Bereich der Rechnerarchitekturen ist Quantum Computing. Dabei handelt es Hardware-seitig um Quantencomputer, die auf Basis quantenmechanischer Zustände nach dem quantenmechanischen Prinzip arbeiten. Untersuchungen zeigen, dass bei Ausnutzung dieser Effekte eine bestimmte Klasse von Problemen der Informatik bedeutend effizienter lösbar sind als mit herkömmlichen Rechnern.

Nachhaltige Auswirkungen könnte das insbesondere auf Fragen der Kryptographie haben. Quantenalgorithmen, die auf Quantencomputern laufen, könnten in der Lage sein, Verschlüsselungen zu brechen, die bislang mit herkömmlichen Computern nicht in relevanten Zeiträumen gebrochen werden konnten.

Allerdings ist es offen, ob und wann Quantum Computing allgemein jemals praktisch verfügbar sein wird. Vielleicht werden auch nur in bestimmten Teilbereichen Quantenansätze nutzbar werden.

Cyber Security Ein großes, kritisches Problem in Zeiten des Internets und der allgegenwärtigen Rechnerinteraktion ist die Cyber Security, also wie man Rechner, Daten und Dienste vor Angriffen schützt und wie man sicherstellt, dass Daten, die in den Netzen verarbeitet werden, nicht unbefugt oder unethisch Verwendung finden. Kritisch ist dabei insbesondere die Gefährdung der Privatheit.

Es handelt sich hier um zwei miteinander verzahnte, aber eigenständige Zielsetzungen. Wie schütze ich meine Daten vor kriminellen Zugriffen und wie sichere ich die Privatheit von Nutzern, um sicherzustellen, dass diese nicht zum Spielball von Internetdiensten werden, und damit zum „gläsernen" Verbraucher werden.

Eine der großen Schwierigkeiten hierbei ist, dass die bisherigen Gesetze noch nicht wirklich ausreichen, um diesen Schutz sicherzustellen, da die Gesetzgebung bislang zwangsläufig gar nicht darauf eingestellt sein konnte, was heute über die digitalen Medien an Möglichkeiten geschaffen wird. Hinzu kommt, dass viele der Systeme, die heute noch im Einsatz sind – das gilt unter anderem auch für Betriebssysteme – zu Zeiten entstanden sind, wo Rechner eben nicht zwangsläufig am Internet angebunden waren. Die heutige Anbindung an das Internet öffnet dann Tür und Tor für Angriffe, die früher technisch gar nicht möglich waren und deshalb zu der Zeit der Erstellung der entsprechenden Softwaresysteme gar nicht in Betracht gezogen wurden.

In diesem Zusammenhang wird auch der Wert von Daten immer wichtiger. Gleichgültig, wie die legal Daten gesammelt werden, ob über halbkriminelle Interventionen, ob über geschicktes Abgreifen von Daten oder die konsequente Verwaltung von Daten innerhalb eines Unternehmens, Daten sind von entscheidender Bedeutung für den Aufbau zielgerichteter Softwaresysteme, auch für die strategische Ausrichtung von Unternehmen. Sie erlauben gezielte Aktionen und Reaktionen in vielen Bereichen der Anwendung von Software.

Neue Formen der Arbeit Gerade im Zusammenhang mit der Corona-Pandemie ist deutlich geworden, wie hilfreich softwarebasierte, Internet-gestützte Systeme für Videokonferenzen sind. Es wird deutlich, welche Möglichkeiten entstehen, wenn man digitale Instrumente in einer vernetzten Welt konsequent nutzt und dadurch physische Mobilität und Nähe durch virtuelle Mobilität und Nähe ersetzt. Dies gilt nicht nur für die Berufswelt, sondern genauso für den privaten Bereich. Man denke nur an soziale Netzwerke und insbesondere auch den Handel mit dem Endverbraucher. Die Corona-Krise hat aufgezeigt, wo die einzelnen Staaten in ihrer Digitalisierung stehen, wo Schwächen und Stärken sind und in welchen Bereichen dringend zusätzliche Maßnahmen erforderlich sind.

Disruption und digitale Transformation *„Why software is eating the world"* ist die Überschrift eines berühmten Artikels von Marc Andreessen, der 2011 in *The Wall Street Journal* publiziert wurde (siehe Kap. 1.1). Neun Jahre später erkennt man, dass bereits ein erheblicher Teil der Welt von Software „verspeist" worden ist, also alle Bereiche unseres Lebens durch Software erfasst, ergänzt, gesteuert oder verwaltet werden. Dies ist Fluch und Segen zugleich: Segen, da dadurch viele Möglichkeiten entstanden, die früher nicht gegeben waren, unser Leben in vielfältiger Sicht bereichert wird und vieles heute genutzt werden kann und noch stärker in Zukunft genutzt werden wird, was unser Leben einfacher, manchmal auch sicherer, attraktiver und vielfältiger macht. Fluch, weil dadurch eine dramatische Veränderung angestoßen wird, von der wir immer noch nicht genau verstanden haben, in welche Richtung sie langfristig führt.

Sicher ist eines: Die Wirtschaft ändert sich dramatisch und hier wird es Sieger und Verlierer geben. Auch die Arbeitsmarktsituation wird sich nachhaltig verändern. Zahlreiche Aufgaben und Tätigkeiten, die durch bisher Menschen gemacht wurden, werden von Rechnern übernommen, ganze Berufsfelder verschwinden, andere entstehen neu. Wesentlich ist dabei, dass sich die Gesellschaft frühzeitig über diese oft disruptive, schlagartige Änderung im Klaren ist und mit sorgfältigen, strategischen Überlegungen darauf reagiert. Software ist ein übermächtiges Instrument. Es kann wie alle Instrumente im Guten wie im Schlechten eingesetzt werden. Es ist die Aufgabe der Gesellschaft, der Politik, der Staatengemeinschaft dafür zu sorgen, dass dieses Instrument nicht nur in den Händen einiger weniger liegt und nur diese es zu ihrem Vorteil nutzen, sondern dass dies auch der Gemeinschaft zu Gute kommt. Dabei ist sicherzustellen, dass die ausgelösten Effekte in eine positive Richtung führen und dass ein soziales, wirtschaftliches und politisches Rahmenwerk jede Art von Auswüchsen unterbindet.

UML Kurzreferenz A

A.1 Einleitung

Dieser Anhang enthält eine Kurzreferenz zur *Unified Modeling Language* (UML, siehe Kap. 4.2.3). Der Anhang gibt einen kurzen Überblick über die wesentlichen und für das Verständnis dieses Buchs erforderlichen Diagramm und die entsprechenden Notationen für UML-Modelle. Die UML strukturiert die einzelnen Diagrammtypen. Dieser Anhang greift die Struktur auf und erläutert die *Strukturdiagramme* im Abschn. A.2 und die *Verhaltensdiagramme* (inklusive der *Interaktionsdiagramme*) im Abschn. A.3.

> **Hinweis**
> Dieser Anhang ist explizit **nicht** dazu gedacht, eine vollständige und erschöpfende Beschreibung der UML zu liefern. Der Anhang dient der zusammenfassenden und erläuternden Darstellung der wesentlichen Diagramme und Notationen. Er erhebt damit keinen Anspruch auf Vollständigkeit. Grundsätzlich gilt: für detaillierte Ausführungen, Definitionen und Detailfragen sind der Standard [3] und entsprechende Spezialliteratur [1, 4] zu konsultieren.

A.2 Strukturdiagramme

Strukturdiagramme dienen dazu, strukturelle Eigenschaften eines Systems zu beschreiben. Im Kontext dieses Buchs sind von den möglichen Diagrammtypen der UML die *Klassendiagramme* (Abschn. A.2.1) und die *Komponentendiagramme* (Abschn. A.2.2) besonders relevant und werden im Folgenden eingeführt.

A.2.1 Klassendiagramme

Klassendiagramme eignen sich zur Modellierung und Darstellung der *statischen Strukturen* eines Softwaresystems. Ein Klassendiagramm enthält dazu die wesentlichen *Typen*, die durch Klassen mit Attributen und Operationen modelliert werden. Weiterhin enthält ein Klassendiagramm die Abhängigkeiten zwischen den Klassen und zeigt damit, wie die Klassen miteinander in Beziehung stehen. Klassendiagramme stellen damit dar, wie Typen (Daten) und das Verhalten des Systems strukturiert sind. Klassendiagramme können dabei auf unterschiedlichen Abstraktionsebenen verwendet werden – von der „informalen" Kommunikation bis hin zur modellbasierten Softwareentwicklung inklusive umfangreicher Mittel zu Generierung von Programmcode.

A.2.1.1 Klassen, Attribute und Operationen

Klassen werden zunächst durch einfache Rechtecke dargestellt. Die grafische Repräsentation durch Rechtecke ist zunächst eingängig und einfach, jedoch kann der Informationsgehalt eines Klassendiagramms durch vielfältige Notationselemente erheblich gesteigert werden (Abb. A.1). Diese Notationselemente werden im Folgenden eingeführt.

Attribute Attribute (Felder) beschreiben die eigentliche *Datenstruktur*, welche durch eine Klasse gekapselt wird (siehe Kap. 4.3). Dazu besitzen Attribute eine *Sichtbarkeit* (Visibility), welche steuert, von wo, von wem, wie und in welchem Kontext auf ein Attribut zugegriffen werden kann. Grundsätzlich werden die folgenden vier Sichtbarkeitsstufen unterschieden:

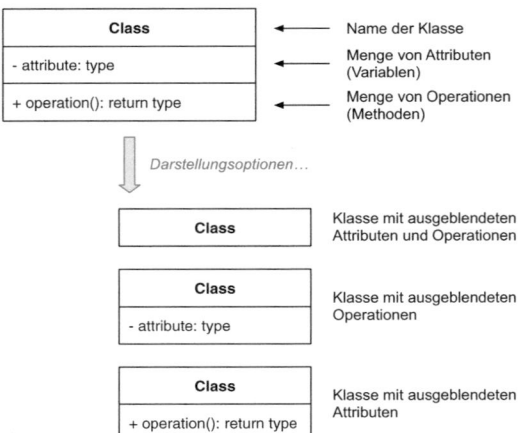

Abb. A.1 Allgemeine Notation von Klassen in UML-Klassendiagrammen

A.2 Strukturdiagramme

Private
: Attribute mit der Sichtbarkeit *Private* sind nur im Kontext (Scope) der definierenden Klasse zugreifbar. Sie sind für andere Klassen „unsichtbar" und auf sie kann nur über entsprechende Operationen an der öffentlichen Schnittstelle zugegriffen werden. Nur so können solche Attribute manipuliert werden. Private Attribute realisieren somit konsequent das Prinzip der Datenkapsel.

Public
: Attribute mit der Sichtbarkeit *Public* (öffentlich) sind überall sichtbar und zugreifbar. Ein direkter Zugriff auf die in einem solchen Attribut abgelegten Daten ist somit uneingeschränkt möglich. Öffentliche Attribute verletzen somit das Prinzip der Datenkapsel (siehe Kap. 4.6.1.4) und sind möglichst zu vermeiden.

Package
: Attribute mit der Sichtbarkeit *Package* (Paket) sind für alle Klassen des Pakets zugreifbar, in dem die definierende Klasse enthalten ist.

Protected
: Attribute mit der Sichtbarkeit *Protected* (geschützt) stellen einen Kompromiss zwischen öffentlichen und privaten Attributen dar. Geschützte Attribute sind nur in der definierenden Klasse sichtbar, anders als private Attribute können sie aber auch von Kindklassen (siehe Vererbung, Abb. A.4) der definierenden Klasse zugegriffen werden.

Abb. A.2 stellt die Notation von Attributen mit ihren Sichtbarkeiten exemplarisch dar. Ergänzend fasst die Tab. A.1 die Sichtbarkeiten für ein Beispiel zusammen.

Zusätzlich zu den Sichtbarkeiten zeigt die Abb. A.2 auch die Darstellung der Vielfachheit (Multiplizität) von Attributen. Dies bedeutet, dass ein Attribut beispielsweise nur einen Wert enthalten kann [1], keine oder beliebig vielen Werte [0..*] oder eine bestimmte Anzahl von Werten, etwa zwischen 1 und 3 Datenelementen [1..3]. Damit kann beschrieben werden, ob ein Attribut nur einen Wert eines bestimmten Typs enthalten kann oder selbst eine komplexe Datenstruktur, zum Beispiel ein Array oder eine Liste von Werten eines Typs darstellt.

Beispiel Gegeben sei eine Klasse C_1, welche ein Attribut a definiert. Weiterhin gegeben sei eine Klasse C_2, welche die Klasse C_1 benutzen soll. Tab. A.1 illustriert unter welchen Bedingungen ein Zugriff auf a von C_2 aus möglich ist.

Man beachte, dass in Abhängigkeit von der zur Umsetzung verwendeten Programmiersprache ggf. noch weitere Sichtbarkeitsstufen zur Verfügung stehen, etwa in der

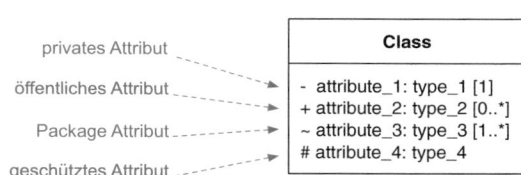

Abb. A.2 Notation für Sichtbarkeit von Attributen in UML-Klassendiagrammen

Tab. A.1 Illustration der Sichtbarkeit am Beispiel eines Attributs in zwei Klassen

a definiert in C_1			Zugreifbarkeit von a aus C_2		
Sichtbarkeit	Symbol	$C_1 = C_2$	C_2 ist Kind von C_1	C_2 ist im selben Paket definiert	C_2 ist „irgendwo anders" definiert
private	–	✓			
protected	#	✓	✓		
package	~	✓	✓	✓	
public	+	✓	✓	✓	✓

Programmiersprache C#. Weiterhin werden die Sichtbarkeiten auch in derselben Weise für die Operationen (Methoden) angewendet, das heißt auch Methoden können öffentlich, privat oder geschützt sein.

Operationen Operationen in Klassen spezifizieren die syntaktische Schnittstelle einer Klasse (siehe Kap. 4.4.3). Dazu werden Operationen mit Namen, Parametern und Constraints angegeben. Analog zu den Attributen werden Operationen mit Sichtbarkeiten versehen, welche die Zugreifbarkeit steuern, also festlegen, von wo aus ein Aufruf einer Operation erfolgen darf. Die Festlegungen sind dabei die gleichen wie für Attribute, sodass Tab. A.1 ebenfalls Auskunft zur Sichtbarkeit von Operationen gibt.

A.2.1.2 Beziehungen

Klassen stehen üblicherweise untereinander in Beziehung. Ein solches Beziehungsgeflecht wird in der UML durch *Assoziationen* ausgedrückt. In ihrer einfachsten Form, sind Assoziationen Linien, die zwei Klassen miteinander verbinden. Allerdings können Assoziationen auch durch weitere Informationen angereichert werden. Einen Überblick hierzu gibt Abb. A.3.

Anmerkung *Die in Abb. A.3 gezeigten Assoziationen zwischen den Klassen in einem UML-Modell sind im wesentlichen auf die Konzepte der ER-Modelle (siehe Kap. 4.2.3) abbildbar. Die Objektorientierung zielt jedoch auf eine integrierte Darstellung von Daten, Funktionen und Ablauf. Entsprechend werden in der Objektorientierung keine reinen Datenmodelle angegeben. In objektorientierten Methoden wird mit erweiterten ER-Modellen gearbeitet. Typischerweise werden dazu neben den anwendungsspezifischen Relationen standardisierte Relationen wie Vererbung(*is_a*), Benutzung(*uses*) und Bestandteil(*is_part_of*) eingesetzt. Die UML bietet für diese Beziehungstypen entsprechende Darstellungsmittel an (Abb. A.4). Die Entitätsmengen werden zu Klassen, die Attribute der Entität bilden die*

A.2 Strukturdiagramme

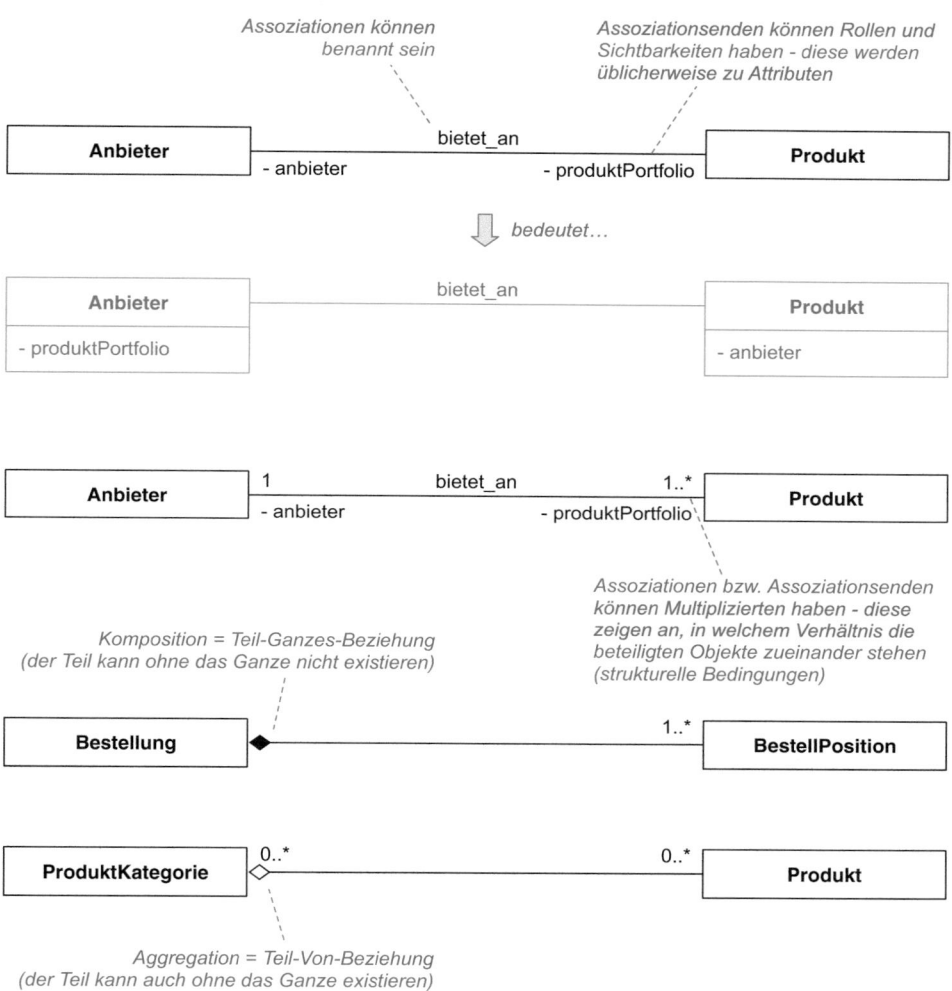

Abb. A.3 Übersicht der wichtigsten Formen der Assoziationen zwischen Klassen

Attribute der Klassen. Später müssen nur noch die Methoden, die für die „reine" Datenmodellierung zunächst unerheblich sind, hinzugefügt werden.

Eine besondere Form der Beziehungen in objektorientierten Datenmodellen ist die *Vererbung*. Abb. A.4 zeigt die entsprechende Notation. Hierbei ist zu beachten, dass die Vererbung einem *Sub-Typing* entspricht. Es werden also die Eigenschaften einer Vaterklasse an eine Kindklasse vererbt indem die Kindklasse den Typ der Vaterklasse übernimmt und erweitert. Hierbei muss man jedoch – insbesondere beim Entwurf eines Datenmodells – Vorsicht walten lassen. In der Objektorientierung gibt es zwei Konzepte, mit denen Typen ererbt werden können. Einerseits können Klassen direkt beerbt werden. Damit werden Attribute und Methoden der Vaterklasse übernommen und gegebenenfalls überschrieben und/oder erweitert. Das zweite Konzept wird durch das Implementieren von Schnittstellen realisiert. Hierbei definiert eine Schnittstelle „nur" Methodenprototypen, welche in der implementierenden Klasse ausprogrammiert werden müssen. Auch hier wird ein Typ übernommen, jedoch erfolgt keine Weitergabe von Datenstrukturen, da Schnittstellen diese nicht definieren.

Trotzdem muss beim Entwurf des Datenmodells, insbesondere unter Berücksichtigung der Zielprogrammiersprache, beachtet werden, dass Vererbung ein durchaus kritischer Beziehungstyp ist. Programmiersprachen wie C++ unterstützen ein Konzept namens *Mehrfachvererbung*, d. h. eine Kindklasse kann mehrere Elternklassen haben. Programmiersprachen wie Java oder C# hingegen unterstützen nur die sogenannte *einfache Vererbung*. Hier kann eine Klasse immer nur höchstens von einer Vaterklasse erben, dafür aber beliebig viele Schnittstellen implementieren. Die Abb. A.4 illustriert dies im rechten Teil der Abbildung. Diese beiden Konzepte der Typbildung sind bei der Entwicklung eines objektorientierten Datenmodells zwingend zu beachten.

Achtung *In der Objektorientierung ist es wichtig zwischen der Statik der Beschreibung und der Dynamik des Ablaufs zu unterscheiden. Es existieren Diagramme die Beziehungen zwischen Objekten darstellen. Wir sprechen von Objektdiagrammen (Instanzdiagrammen), welche die Beziehungen zwischen Klassen darstellen. Objektdiagramme, wie sie die UML bereitstellt [1, 3, 4], dienen insbesondere dazu, Klassendiagramme exemplarisch zu instanziieren. Dabei können sowohl benannte als auch unbenannte Instanzen von Klassen gebildet werden. In den Instanzen werden dann die Attribute mit Werten belegt. Damit bietet sich den Modellierern die Möglichkeit:*

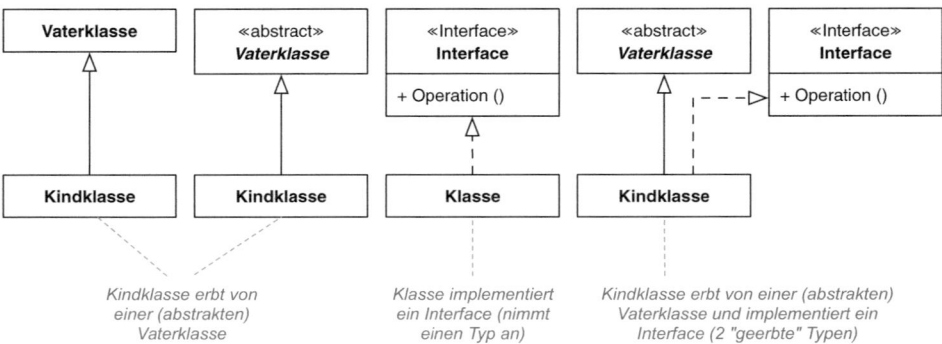

Abb. A.4 Übersicht der Vererbung von Klassen bzw. der Implementierung von Schnittstellen zur Übernahme von Typeigenschaften

A.2 Strukturdiagramme

- *Die Korrektheit eines Klassenmodells anhand von Beispielen zu überprüfen*
- *Verteilungssituationen on Objekten auf Netzwerkknoten zu evaluieren*
- *Konkrete Wertebelegungen (Speicherinhalte) zu inspizieren*
- *Rekursive Objektstrukturen zu visualisieren und zu analysieren*
- *Architekturentwürfe anhand von Beispielen zu dokumentieren*

A.2.1.3 Strukturierung von Klassendiagrammen

Da Klassen jeweils nur einzelne Objekte aus der Realität abbilden, können Klassendiagramme, welche einen realistischen Sachverhalt beschreiben, schnell groß, komplex und damit auch unübersichtlich werden. Hierbei können sich schnell Probleme in der Modellierung einschleichen, etwa Konsistenzverletzungen oder Konflikte. Die UML bietet daher für Klassendiagramme ein Stukturierungsmittel an [1], das *Paket* (Package). Pakete dienen der hierarchischen und logischen Gruppierung von Klassen, wie in Abb. A.5 dargestellt.

Pakete realisieren weiterhin das Konzept des *Namensraums* (Namespace) und unterstützen somit die eindeutige Benennung von Klassen. Eine Klasse in einem Paket kann somit über ihren sogenannten *voll-qualifizierten Namen* eindeutig referenziert werden.

A.2.2 Komponentendiagramme

Ein Komponentendiagramm stellt die Bestandteile eines Softwaresystems als Komponenten dar (siehe Kap. 1.2). Es erlaubt die Darstellung der Strukturen des Systems zur Laufzeit und damit, wie das System zur Laufzeit organisiert ist und welche Abhängigkeiten und Beziehungen zwischen den Komponenten sich ergeben.

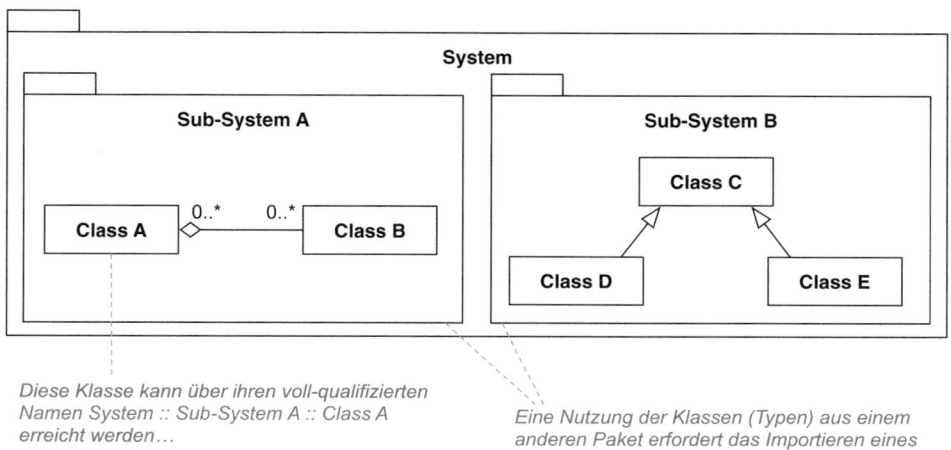

Abb. A.5 Notation für Packages in UML-Paketdiagrammen

A.2.2.1 Notation

Komponenten sind im Wesentlichen Container für verschiedene Entwurfselemente, etwa Klassen, welche sie anordnen und strukturieren. Eine Komponente stellt ihre Dienste über eine Schnittstelle zur Verfügung und eine Komponente kann bestimmte Dienste einer anderen Komponente anfordern. Abb. A.6 stellt eine Übersicht der wichtigsten Notationselemente von Komponentendiagrammen dar.

In der Notationsübersicht ist bereits ersichtlich, dass mit Hilfe von Komponentendiagrammen Strukturen eines Softwaresystems entworfen und auch schrittweise, etwa durch Teilkomponenten, verfeinert werden können. Ferner kann auch eine Verbindung zum Datenmodell hergestellt werden, indem Klassen eines Klassendiagramms (siehe Kap. 4.3.3 und Abschn. A.2.1) den Komponenten als *Teile* bzw. *Bestandteile* zugeordnet werden können.

A.2.2.2 Anwendung

Komponentendiagramme bieten eine kompakte Gesamtsicht auf ein Softwaresystem. Daher werden sie auch eingesetzt, um die logische und die physische Sicht eines Softwaresystems zu modellieren. Auf einem passend hohem Abstraktionsniveau stehen nur die Komponenten und ihre Beziehungen und Wechselwirkungen über Schnittstellen im Fokus. Komponentendiagramme gestatten es jedoch auch, die Interna eines Softwaresystems zu modellieren und damit dann auch darzustellen, welche Klassen zu welchen Komponenten zusammengefasst

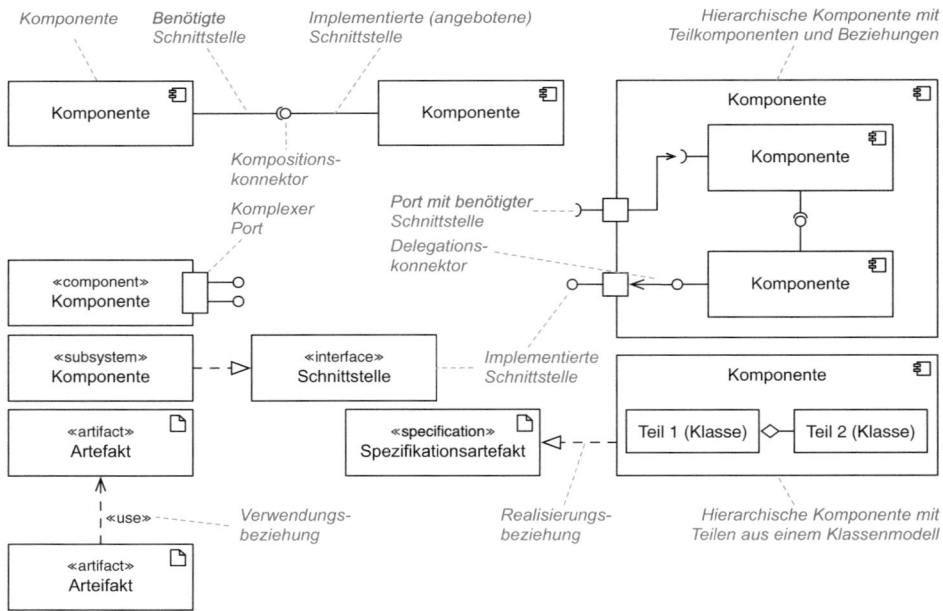

Abb. A.6 Übersicht der wichtigsten Notationselemente von UML-Komponentendiagrammen

werden. Dies ist wertvoll für die Untersuchung, ob eine Verteilung von Klassen auf Knoten eines Netzwerks in einer gewählten Architektur effizient möglich ist oder ob durch eine gewählte Verteilung Probleme auftreten können, etwa Engpässe hinsichtlich der Performanz durch eine zu hohe Kommunikationslast (Stichwort: *UML Deployment Deployment Diagram*).

Die Komponentendiagramme der UML bieten durch die Konzepte *Implementierte Schnittstelle* (auch angebotene Schnittelle), *Benötigte Schnittstelle* (auch angeforderte Schnittelle) und *Port* reichhaltige Möglichkeiten zur Modellierung von Verhalten und Interaktion. Durch die Schnittstellen können Dienste identifiziert und bekanntgemacht werden – eine Kenntnis von der inneren Struktur einer Komponente ist dabei nicht erforderlich. Durch *komplexe Ports* können auch unterschiedliche Varianten eines Dienstes angeboten werden, zum Beispiel unterschiedliche Zugriffsarten auf Datenbanken.

A.3 Verhaltens- und Interaktionsdiagramme

Verhaltensdiagramme beschreiben das Verhalten eines Systems. Dies geschieht entweder aus der Systemperspektive, also welche Teile des Systems interagieren wie, oder aus der Nutzerperspektive, also wie interagiert der Nutzer mit dem System. Im Folgenden werden die wesentlichen Diagrammtypen

- Anwendungsfalldiagramm (Abschn. A.3.1),
- Aktivitätsdiagramm (Abschn. A.3.2),
- Zustandsdiagramme (Abschn. A.3.3 und
- Sequenzdiagramme (Abschn. A.3.4)

eingeführt und erläutert.

A.3.1 Anwendungsfalldiagramme

Anwendungsfalldiagramme *(UML Use Case Diagrams)* werden primär in der Analysephase von Projekten eingesetzt (siehe Kap. 7.5.1), um die Fragen zu beantworten, was ein Softwaresystem leisten soll, wer die Leistungen in Anspruch nimmt und wer an der Leistungserbringung beteiligt ist. Sie werden üblicherweise dazu verwendet, die wesentlichen Funktionen zu erfassen, die ein System anbietet (siehe auch *Funktionsarchitektur,* Kap. 6.1.1).

A.3.1.1 Notation

Anwendungsfalldiagramme haben eine vergleichsweise einfache und intuitive Notation, welche in Abb. A.7 dargestellt ist. Zentral sind *Akteure,* die Funktionen nutzen oder an

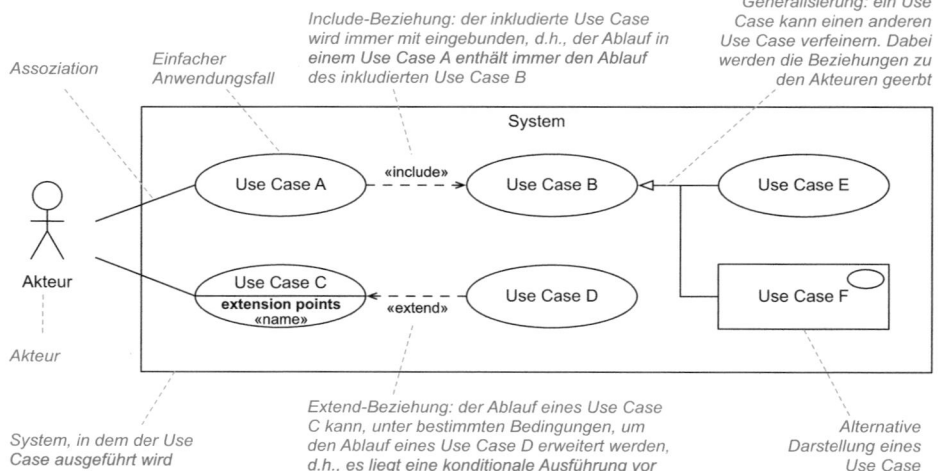

Abb. A.7 Übersicht der wichtigsten Notationselemente von UML-Anwendungsfalldiagrammen

der Erbringung einer Funktion beteiligt sind. Anwendungsfälle sind durch Ovale gekennzeichnet, wobei auch die alternative Darstellung mittels Rechteck und *Use Case Stereotype* möglich ist. Akteure werden mit den Anwendungsfällen mittels *Assoziationen* verknüpft. Diese Assoziationen können gerichtet oder bidirektional, wie in Abb. A.7 dargestellt, sein.

Als besondere Notationselemente sind die drei Beziehungstypen *Generalisierung, Inklusion* und *Erweiterung* zu betrachten:

Generalisierung Ein Anwendungsfall kann eine allgemeine Funktion repräsentieren, etwa eine allgemeine Authentifizierung mittels Passwort. Diese Funktion kann verfeinert werden, etwa eine Authentifizierung mittels EC-Karte und Pin oder eine weitere Authentifizierungsform über biometrische Merkmale. Dann kann der allgemeine Anwendungsfall entsprechend verfeinert werden. Die verfeinernden Anwendungsfälle überschreiben dann die Funktionalität des allgemeinen Anwendungsfalls. Im einfachen Fall werden auch alle Assoziationen mit Akteuren geerbt. Es besteht aber auch die Möglichkeit, Akteure in derselben Weise zu verfeinern.

Inklusion Die Inklusion (Beziehung `include`) zeigt an, dass ein Anwendungsfall immer auch das Verhalten eines anderen Anwendungsfalls inkludiert. So muss etwa bei der Buchung eines Flugs immer auch das Zahlungsmittel (Bankeinzug, Kreditkarte) angegeben werden. Ein Anwendungsfall `Flug Buchen` würde damit auch immer den Anwendungsfall `Zahlungsmittel auswählen` inkludieren und das dort definierte Verhalten einbinden.

A.3 Verhaltens- und Interaktionsdiagramme

Erweiterung   Die Erweiterung (Beziehung `extend`) zeigt an, dass ein Anwendungsfall unter bestimmten Bedingungen um ein bestimmtes Verhalten erweitert werden kann. Ein Beispiel wäre die Sicherheitskontrolle am Flughafen. Das Standardverhalten des Anwendungsfalls `Fluggast kontrollieren` umfasst nur das Durchschreiten und Scannen in der Sensorbrücke. Im Fall eines Alarms wird dann auch zusätzlich der Anwendungsfall `Durch Mitarbeiter scannen` ausgeführt. Dies wird durch sogenannte *Extension Points* im Anwendungsfall kenntlich gemacht.

A.3.1.2 Anwendung

Wie zuvor beschrieben, werden Anwendungsfälle in der Analyse der geforderten Funktionalität eines Softwaresystems eingesetzt (siehe Kap. 7.5.1). Bei entsprechender Werkzeugunterstützung können Anwendungsfälle auch sehr detailliert modelliert und beschrieben werden. Üblicherweise werden aber nur die einfachen, in Abb. A.7 gezeigten, Notationselemente verwendet, da diese schnell zu verstehen und daher zur Kommunikation mit den Stakeholdern geeignet sind. Grundsätzlich eignen sich Anwendungsfälle zur Analyse und Modellierung der folgenden Sachverhalte:

- Zusammenstellung der Funktionalität des Systems aus der Nutzerperspektive
- Zerlegung eines Systems anhand funktionaler Gruppen
- Analyse und Festlegung von Diensten and Systemschnittstellen

Neben diesen Aspekten bilden Anwendungsfälle aber auch die Grundlage für die detaillierte Beschreibung von Szenarien, Prozessen und Interaktionen in einem Softwaresystem (siehe Kap. 6.1.1.1). Dementsprechend können Anwendungsfälle auch mit Mitteln der UML weiter verfeinert werden. Beschreibungen der Schrittfolgen in den Szenarien eines Anwendungsfalls können etwa mit Hilfe eines Aktivitätsdiagramms (Abschn. A.3.2) als Ablauf oder Schrittfolge modelliert werden. Daten, Kontrollflüsse oder Systemzustände können mit Hilfe eines Zustandsautomaten modelliert werden (siehe Abschn. A.3.3). In Kap. 7.5 sind solche Verfeinerungen und die entsprechenden Schritte in der Modellierung an einem Beispiel gezeigt.

A.3.2 Aktivitätsdiagramme

Aktivitätsdiagramme (siehe Kap. 4.6.4.2) werden zur Modellierung von Daten- und Kontrollflüssen verwendet. Im Zentrum stehen *Aktionen,* die ausgeführt werden, und somit Abfolgen oder Schrittfolgen in der Interaktion von Nutzern und Systemen modellieren. In der UML sind Aktivitätsdiagramme sind ein sehr mächtiger und somit auch sehr komplexer

Modelltyp, der für eine Vielzahl von Situationen eingesetzt werden kann – von der Beschreibung von Geschäftsprozessen bis hin zur Spezifikation von Algorithmen. Im Folgenden führen wir daher nur die wesentlichen Beschreibungselemente ein. Weitere Spezialitäten der Modellierung von Aktivitätsdiagrammen sind der entsprechenden Spezialliteratur [1, 3, 4] zu entnehmen.

A.3.2.1 Notation
Abb. A.8 gibt einen Überblick über die für das Verständnis der Inhalte dieses Buchs wesentlichen Beschreibungselemente von Aktivitätsdiagrammen.

Die Abb. A.8 zeigt, wie die Aktionen dargestellt und miteinander in Beziehung gesetzt werden. Beziehungen sind hierbei immer gerichtete Kanten, sodass ein Daten- oder Kontrollfluss modelliert werden kann. Gezeigt ist auch, wie mit Hilfe der „Pin-Notation" Objekte, denen Typen aus einem Klassendiagramm zugeordnet werden können, in den Ablauf mit eingebunden werden können. Damit wird nicht nur ein expliziter Datenfluss modelliert, sondern es ist auch möglich, Aktionen zu parametrisieren und mit den Daten der Parameter zu arbeiten. Weiterhin sind auch die Elemente der konditionalen Ausführung zu sehen. Basierend auf Entscheidungen und dem Wert bestimmter Variablen können alternative Ausführungspfade im Ablauf gewählt werden. Die verwendete Notation entspricht hierbei der in Zustandsautomaten (siehe Abschn. A.3.3) verwendeten Notation mit *Triggern* und *Guards*. Abschließend sind noch die Beschreibungsmittel für die Verarbeitung von Ereignissen gezeigt. Mit Ereignissen ist es auch möglich, einen Ablauf an einer beliebigen Stelle und nicht durch einen expliziten Startpunkt zu betreten und einen Ablauf an einer beliebigen Stelle auch wieder zu verlassen.

A.3.2.2 Anwendung
Die Anwendungsmöglichkeiten für Aktivitätsdiagramme sind vielfältig. In Kap. 7.5.2.4 ist ein Beispiel gezeigt, das die Interaktion eines Nutzers mit einem Bankautomaten modelliert. Diese Form der Nutzung von Aktivitätsdiagrammen ist die wohl am häufigsten anzutreffende – die Interaktionsmodellierung. Dabei werden miteinander interagierende Nutzer und Systeme erfasst und es wird modelliert, welche Abläufe stattfinden, welcher Beteiligte an der Interaktion einen Schritt durchführt und wie die einzelnen Daten und Kontrollflüsse beschaffen sind. Damit lassen sich auch nebenläufige Prozesse modellieren, insbesondere diejenigen Stellen im Ablauf, an denen die nebenläufige Bearbeitung initiiert wird, und diejenigen Stellen, an denen wieder eine Synchronisation durchgeführt wird.

Darüber hinaus gibt es noch weitere Anwendungsmöglichkeiten, die sich jedoch wesentlich nach dem zu adressierenden Problem richten. So ist es möglich, sehr fein-granular Algorithmen zu modellieren. Aus den resultierenden Modellen lassen sich dann entsprechende Programmcodes generieren. Ein weiterer Anwendungsfall ist die Modellierung komplexer Geschäftsprozesse. Hierbei wird jedoch selten die UML mit ihren „einfachen" Aktivitätsdiagrammen verwendet. Vielmehr werden Werkzeuge eingesetzt, welche die Modellierung

A.3 Verhaltens- und Interaktionsdiagramme

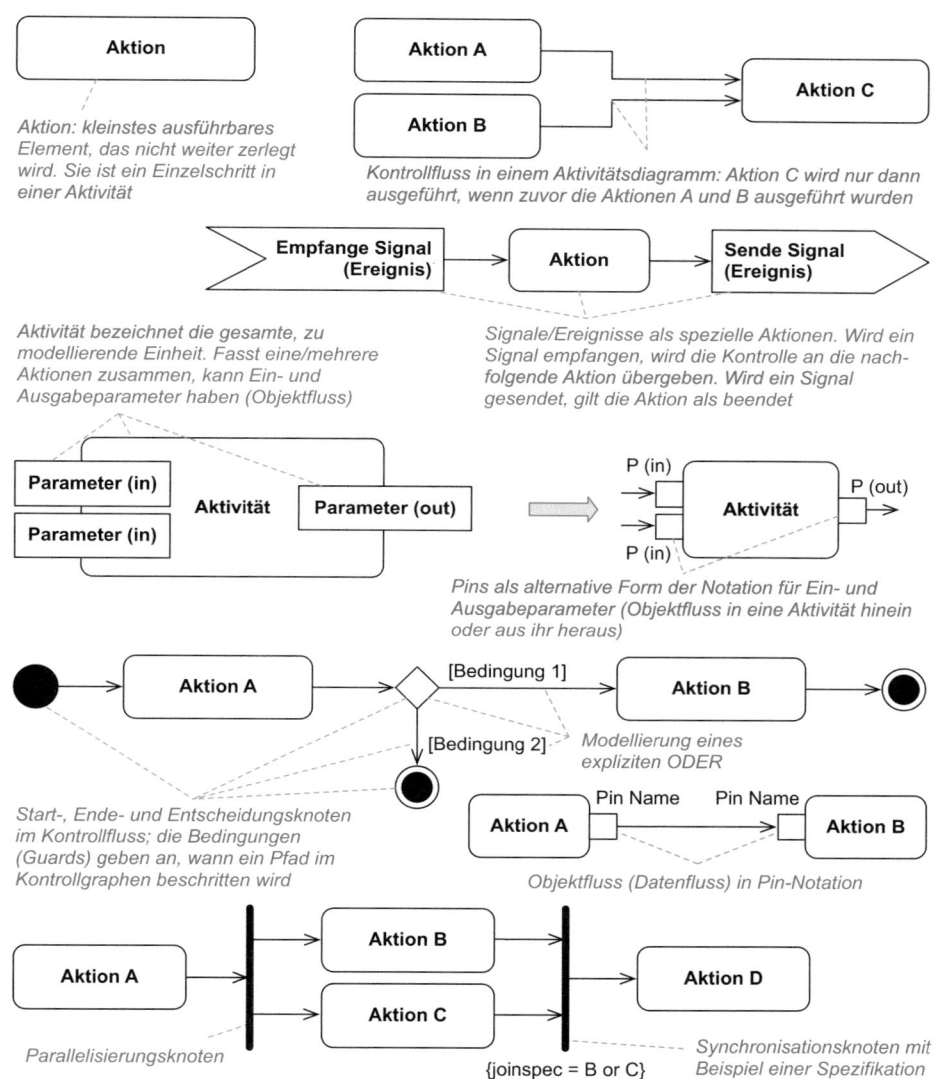

Abb. A.8 Übersicht der wichtigsten Elemente in UML-Aktivitätsdiagrammen

mit Hilfe der *Business Process Model and Notation* (BPMN; [2]) unterstützen. Diese ist eine der UML ähnliche Modellierungssprache, allerdings speziell auf die Modellierung von Geschäftsprozessen und automatisierbarer Workflows hin ausgelegt.

A.3.3 Zustandsautomaten

Zustandsautomaten in der UML dienen der Modellierung des Verhaltens von Systemen. Das Verhalten wird mit Zuständen modelliert, die eine Systemkomponente einnehmen kann. Zwischen den Zuständen wird durch Zustandsübergänge (Transitionen) gewechselt, die durch interne oder externe Ereignisse initiiert werden können (siehe Kap. 4.5). Damit unterstützen Zustandsautomaten die detaillierte Modellierung des Systemverhaltens und es wird im Detail spezifiziert, wie sich das modellierte System in einem gewissen Zustand beim Eintreten eines Ereignisses verhält.

A.3.3.1 Notation

Abb. A.9 zeigt die wesentlichen Beschreibungsmittel für die Modellierung von Zustandsautomaten. Gezeigt sind Zustände und Transitionen. Bei der Modellierung von Zustandsautomaten ist grundlegend von zwei Annahmen auszugehen:

1. Das System befindet sich zu einem Zeitpunkt t immer in genau einem Zustand s
2. Ein Zustandsübergang $\delta : S \times E \to S$ erfolgt ohne zeitliche Verzögerung

Zustandsautomaten können auch, wie in Kap. 7.5.2.2 gezeigt, hierarchisch organisiert werden. Somit können Zustandsautomaten mit unterschiedlichen Detaillierungsgraden erstellt werden, was eine schrittweise Verfeinerung der Modellierung gestattet.

Zu beachten ist, dass Zustandsautomaten über die in Abb. A.9 hinaus, weitere Beschreibungsmittel anbieten. Zu nennen sind hier beispielsweise sogenannte *Pseudozustände* wie die „Raute", welche die Entscheidungsstrukturen in Zustandsautomaten einfacher und klarer darstellbar machen soll. Abb. 7.17 zeigt hierfür ein Beispiel. Nachteilig hierbei ist jedoch, dass derartig modellierte Zustandsautomaten syntaktisch sehr dicht an Aktivitätsdiagramme heranrücken und somit große Sorgfalt bei der Modellierung geboten ist.

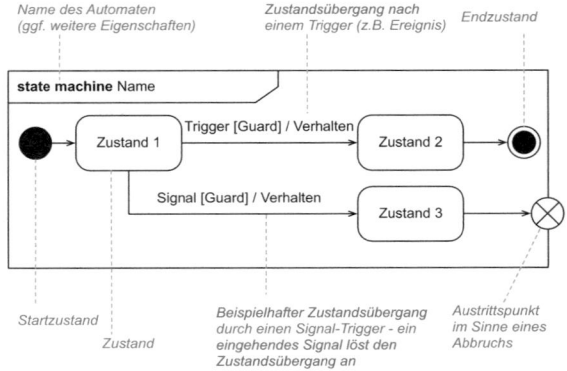

Abb. A.9 Überblick über die zentralen Notationselemente für UML-Zustandsautomaten

A.3.3.2 Anwendung

Zustandsautomaten können auf alle UML-Elemente des Typs `Classifier` angewendet werden [3]. Das heißt, wird in einem Projekt eine Klasse in einem Klassendiagramm modelliert, so beschreibt diese Klasse zunächst nur die Struktur mit Attributen und Operationen (siehe Abschn. A.2.1). Mit Hilfe von Zustandsautomaten kann nun das Verhalten dieser Klasse im Detail festgelegt werden. Ein weiterer möglicher Classifier, der mit Hilfe eines Zustandsautomaten im Detail modelliert werden kann, ist der Anwendungsfall (Use Case, siehe Abschn. A.3.1). Grundsätzlich benennt ein Use Case nur eine Funktionalität, gibt aber keine Auskunft im Hinblick auf die Realisierung der Funktionalität und das Verhalten der leistungserbringenden Komponente. Diese Verfeinerung kann durch einen Zustandsautomaten erfolgen, wie am Beispiel von Abb. 7.17 gezeigt wurde.

A.3.3.3 Spezielle Zustandsautomaten

Abschließend soll noch ein die *Protokollzustandsautomaten* hingewiesen werden. Die Notation für diese Art Zustandsautomat ist in Abb. A.10 gezeigt. Mit Protokollzustandsautomaten kann modelliert werden, welche Operationen in einem Zustand unter welchen Bedingungen aufgerufen werden können. Damit lassen sich die Aufrufreihenfolgen von Operationen in einem System festlegen – ein *Protokoll*.

A.3.4 Sequenzdiagramme

Sequenzdiagramme (siehe Kap. 4.6.4.1) beschreiben die Interaktion zwischen Kommunikationspartnern in einem System. Dazu werden die Kommunikationspartner instanziiert (es werden üblicherweise *anonyme* Instanzen von Klassen gebildet) und es werden der Nachrichtenaustausch über Operationsaufrufe und die Abarbeitungsreihenfolge in der Interaktion modelliert. Mit Hilfe von Sequenzdiagrammen kann somit die Kommunikation in einem System präzise modelliert werden.

Abb. A.10 Notationselemente für UML-Protokollzustandsautomaten

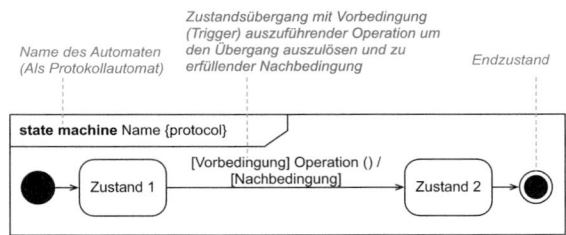

A.3.4.1 Notation

Sequenzdiagramme sind nur eine Diagrammform, die in der UML zur Modellierung von Interaktionen verwendet wird. Die verschiedenen Diagrammtypen dienen dazu, spezifische Sichten auf ein System zu liefern [4, Kap. 15.1]. Daher sind die Beschreibungsmittel für die Interaktionsmodellierung reichhaltig. Die grundlegenden Beschreibungsmittel für Sequenzdiagramme sind in Abb. A.11 dargestellt.

Zentrale Komponente des Sequenzdiagramms sind die *Objekte*, welche die Kommunikationspartner repräsentieren, und die Lebenslinien, die anzeigen, dass die Kommunikations-

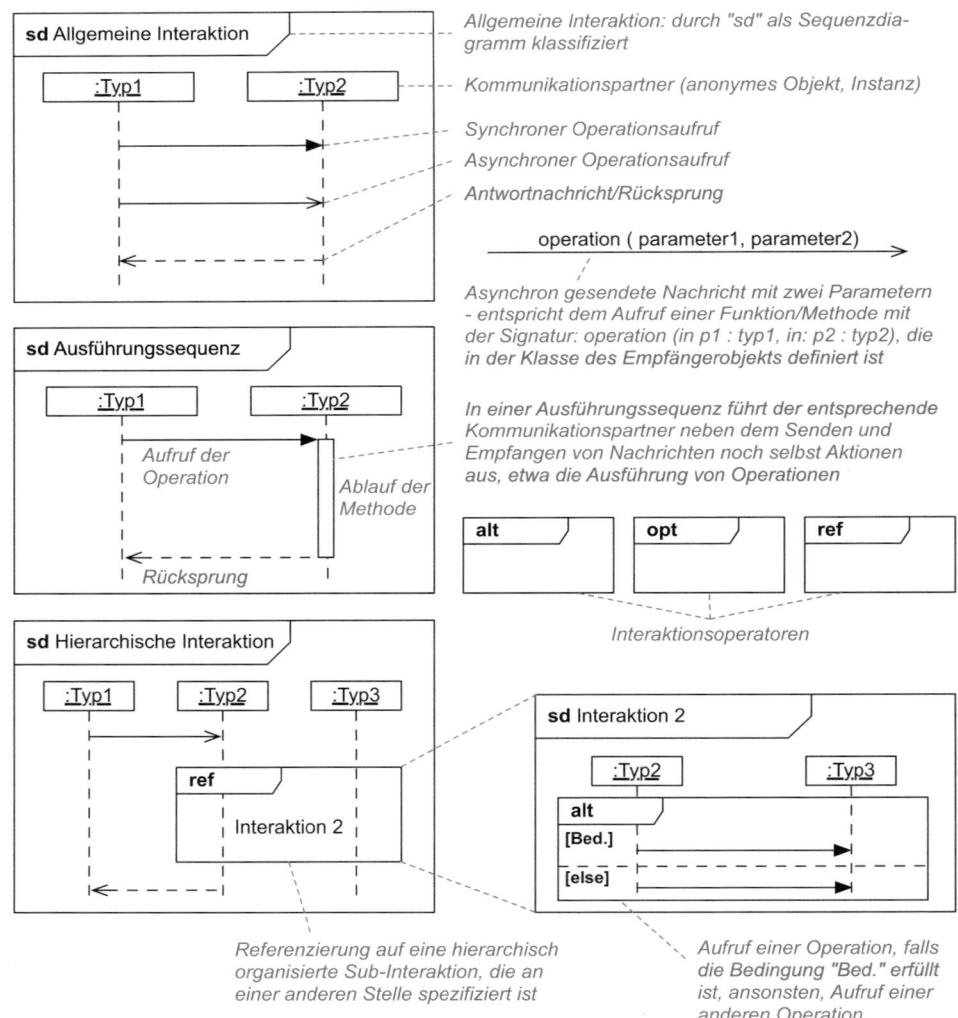

Abb. A.11 Übersicht der wichtigsten Elemente in UML-Sequenzdiagrammen

A.3 Verhaltens- und Interaktionsdiagramme

partner „aktiv" sind. Das zweite wichtige Konzept sind die *Nachrichten,* die ausgetauscht werden. Wie Abb. A.11 zeigt, gibt es drei wesentliche Nachrichtentypen[2], den synchronen und den asynchronen Operationsaufruf, sowie die Antwortnachricht, die im Fall einer synchronen Kommunikation den Rücksprung in einen wartenden, synchronen Arbeitsschritt des Aufrufers anzeigt. Ebenfalls häufig anzutreffen ist die sogenannte *Ausführungssequenz.* Diese zeigt an, dass der entsprechende Kommunikationspartner neben dem reinen Versenden und Empfangen von Nachrichten selbst auch noch Aktionen ausführt. Diese Form der Modellierung wird in der Regel verwendet, wenn die Ausführung von Methoden modelliert werden soll. Diese Ausführungssequenzen entsprechen dann wiederum einem Verhalten, das mit Hilfe von Verhaltensdiagrammen entsprechend Modelliert werden kann, etwa durch Aktivitätsdiagramme (siehe Abschn. A.3.2) oder Zustandsautomaten (siehe Abschn. A.3.3).

Die Reichhaltigkeit der Zustandsautomaten wird sichtbar, wenn man die *Interaktionsoperatoren* in Abb. A.11 beachtet. Diese gestatten es beispielsweise, alternative (`alt`) oder optionale (`opt`) Interaktionen zu modellieren. Auch Schleifenkonstrukte oder eine Ausnahmebehandlung ist möglich. Besonders interessant ist jedoch der Operator `ref`. Dieser Operator dient dazu, Interaktionen hierarchisch zu organisieren. Damit sind Sequenzdiagramme modularisierbar. Neben dem Effekt, dass dadurch die Lesbarkeit von Sequenzdiagrammen verbessert werden kann, hat dies aber erhebliche Auswirkungen auf Analyse- und Entwurfsprozesse. So können Interaktionen für einzelne Klassen im Detail modelliert werden und dann in einem umfassenden Systemkontext einfach referenziert werden – eine Vorgehensweise, die auf die wir bereits im Kontext der modellbasierten Softwareentwicklung (siehe Kap. 11.4) eingegangen sind.

A.3.4.2 Anwendung

Sequenzdiagramme sind breit einsetzbar. In Kap. 7.5.2.3 haben wir ein Beispiel angegeben, das im Rahmen der Analysephase eines Projekts eingesetzt werden kann, um den Systemkontext zu umreißen und die grundsätzliche Interaktion eines Nutzers mit dem System zu erfassen. Von diesem Beispiel ausgehend, können die unterschiedlichen Interaktionen weiter verfeinert und schlussendlich auf Realisierungskomponenten abgebildet werden. Weitere Einsatzmöglichkeiten von Sequenzdiagrammen ergeben sich etwa durch die präzise Modellierung und die folgende Generierung von Programmcode und Testfällen. Auch eine vollständige Spezifikation des Verhaltens eines Systems, wie sie etwa bei sicherheitskritischen Anwendungen erforderlich ist, kann mit Sequenzdiagrammen erfolgen.

Anmerkung *Es ist beim Einsatz von Sequenzdiagrammen aber zwingend zu beachten, dass es sich immer um eine exemplarische Modellierung handelt. Rupp et al. [4] weisen beispielsweise explizit darauf hin, dass die Modellierung von Sequenzdiagrammen (i) aufwändig und (ii) in der Regel immer unvollständig ist, da es praktisch nur sehr schwer – wenn nicht unmöglich – ist, alle möglichen, in einem System auftretenden Nachrichten präzise zu modellieren.*

---

[2]Es sei angemerkt, dass die UML noch weitere Spezialfälle definiert. Auf diese wird hier jedoch nicht weiter eingegangen, sodass zur Vertiefung auf [1, 3, 4] zurückgegriffen werden sollte.

Literatur

1. C. Kecher, A. Salvanos, and R. Hoffmann-Elbern. *UML 2.5: Das umfassende Handbuch*. Rheinwerk Computing, 6 edition, November 2017.
2. OMG. Business Process Model and Notation (BPMN), Version 2.0.2. Technical report, Object Management Group, January 2014.
3. OMG. Unified Modeling Language (UML) Specification, Version 2.5.1. Technical report, Object Management Group, 2017.
4. C. Rupp, S. Queins, and die SOPHISTen. *UML 2 glasklar: Praxiswissen für die UML-Modellierung*. Carl Hanser Verlag GmbH & Co. KG, 4 edition, 2012.

Weiterführende Beispiele für die Implementierung B

B.1 Einleitung

Dieser Anhang enthält weiterführende Beispiele zur praktischen Implementierung ausgewählter Konzepte aus dem Themenbereichen Wiederverwendung von Architekturwissen (siehe Kap. 10) und Implementierung von Softwaresystemen (siehe Kap. 11). Die in diesem Anhang gezeigten Beispiele sind in den Programmiersprachen Java und C# verfasst. Grundsätzlich sind die gezeigten Konzepte und Implementierungen aber auf alle objektorientierten Programmiersprachen anwendbar.

> **Hinweis**
> Die in diesem Anhang gezeigten Lösungsansätze und Lösungen dienen vorrangig der Illustration. Weder erheben sie einen Anspruch auf Vollständigkeit noch ist es das Ziel besonders „raffinierte" Lösungen zu entwickeln. Es ist daher dringend geboten, zu den jeweiligen Themen auch weitergehende Literatur zu konsultieren.

B.2 Praktische Umsetzung von Idiomen

Idiome sind die kleinsten und „informalsten" Einheiten der Wiederverwendung von Lösungsbausteinen für die Entwicklung von Software (siehe Kap. 11.3.1.2). Sie entsprechen im Wesentlichen einem grundsätzlichen Regelwerk – einer *Implementierungsregel* – zur Umsetzung bestimmter Funktionen unter Verwendung einer gegebenen Entwicklungsplattform bestehend aus Programmiersprache(n) und dazugehöriger Klassenbibliotheken (siehe Kap. 10.2.2). Sie betreffen aber auch den Umgang mit konkreten Frameworks, etwa Test-Frameworks, oder mit allgemeinen *Best Practices,* etwa dem *Clean Code* Regelsatz [4].

```
1 class ComplexNumber
2 {
3   public double RealPart { get; set; }
4   public double ImaginaryPart { get; set; }
5 }
```

Abb. B.1 Beispielhafte Implementierung eines Idioms – Ausgangsbedingung

Buschmann [1] bezeichnet Idiome auch als *programmiersprachenspezifische Muster* im Sinne einer Beschreibung, wie eine Funktion mit den Mitteln einer Programmiersprache am besten zu implementieren ist.

B.2.1 Entwurf und Implementierung mit Klassenbibliotheken

Ein Idiom entspricht einer Anleitung, wie eine Standardfunktion durch Entwickler grundsätzlich umzusetzen ist. Dies ist häufig in objektorientierten Klassenbibliotheken (siehe Kap. 10.2.2) der Fall, in denen Methoden, welche von den Superklassen geerbt werden, in einer bestimmten Form zu implementieren sind, damit sie mit der Gesamtarchitektur der verwendeten Plattform verträglich sind. Im Folgenden wird dies anhand der korrekten und vollständigen Implementierung der Methode `Equals` in der .NET-Klassenbibliothek demonstriert.

B.2.1.1 Problemstellung
Folgende Aufgabe ist zu lösen: Für eine wissenschaftliche Anwendung ist es erforderlich, komplexe Zahlen zu verarbeiten. Dazu soll im System eine Klasse `ComplexNumber` implementiert werden. Die Realisierung in C# soll wie in Abb. B.1 gezeigt erfolgen.

B.2.1.2 Rahmenbedingungen der Klassenbibliothek
Objekte vom Typ `ComplexNumber` sollen genauso wie Standarddatentypen verwendet werden können, also etwa mit Hilfe des Operators == miteinander verglichen werden können. Um dies zu realisieren, ist zuerst das Überschreiben der Methode `Equals(Object)` der allgemeinen Basisklasse `Object` notwendig. Die .NET Framework Guideline (Version 4.8[3]) definiert folgendes Verhalten für das korrekte Implementieren einer Vergleichsfunktion `Equals(Object)` für Objekte x, y und z, die nicht `null` sind:

---

[3] **Achtung!** Die Richtlinien können sich durch die unterschiedlichen Konzepte in den verschiedenen Versionen der Klassenbibliotheken unterscheiden. Daher sollte auch immer die zur eingesetzten Version einer Klassenbibliothek passende Dokumentation konsultiert und Idiome entsprechend umgesetzt werden.

Bedingung 1: Der Aufruf `x.Equals(y)` muss als Ergebnis immer einen Wahrheitswert `true` oder `false` liefern und darf keine Ausnahme erzeugen
Bedingung 2: Der Aufruf `x.Equals(null)` muss `false` liefern
Bedingung 3: Der Aufruf `x.Equals(y)` muss `true` liefern, falls `x` und `y` nicht definiert sind
Bedingung 4: Der Aufruf `x.Equals(x)` muss `true` liefern (einzige Ausnahme sind Fließkommazahlen)
Bedingung 5: Der Aufruf `x.Equals(y)` liefert dasselbe Ergebnis wie der Aufruf `y.Equals(x)`
Bedingung 6: Wenn `x.Equals(y)` den Wert `true` liefert und `y.Equals(z)` den Wert `true` liefert, dann muss auch `x.Equals(z)` den Wert `true` liefern
Bedingung 7: Eine Aufrufsequenz `x.Equals(y)` muss solange denselben Wahrheitswert liefern, wie `x` und `y` unverändert sind

Zusätzlich erwartet das Framework auch, dass weitere Methoden der Basisklasse `Object` überschrieben werden. Die Methode `GetHashCode()` liefert einen temporären, eindeutigen Integer-Wert, der ein Objekt im Speicher identifiziert. Die Methode `ToString()` liefert eine passende String-Repräsentation eines Objekts im Speicher.

B.2.1.3 Lösung

Die Anwendung dieser Regeln resultiert zu der in Abb. B.2 gezeigten Implementierung der Klasse `ComplexNumber`.

Die Lösung in Abb. B.2 zeigt, dass es bei einer vollständigen Implementierung nicht allein mit dem Überschreiben einer Methode getan ist. So wird die virtuelle Methode nur als Einsprungpunkt in polymorphe Objektgeflechte verwendet. Sie reicht die Prüfung auf Gleichheit direkt an die typspezifische Methode durch, in der die eigentliche Prüfung stattfindet. Zusätzlich sind noch weitere Methoden zu überschreiben und, falls Operatoren für den neuen Datentyp angeboten werden sollen, sind diese – mit wenigen Ausnahmen – *immer paarweise* zu überladen.

Anmerkung *Für solche Standardaufgaben übernimmt in der Regel bereits der Compiler eine Prüfung, d. h., wenn die Methode `Equals` zwar überschrieben ist, die anderen erforderlichen Methoden jedoch nicht, wird ein Compiler Warning erzeugt.*

B.2.2 Klassen entkoppeln für bessere Testbarkeit

Von einer konkreten Klassenbibliothek unabhängig ist das im Folgenden gezeigte Beispiel. Dieses greift das *Dependency Inversion Principle* (siehe Kap. 10.5.5) auf, um zu demonstrieren, wie mit der Regel „*Verwende Dependency Injection zur Verbesserung der Testbarkeit*

```csharp
class ComplexNumber {
  public double RealPart { get; set; }
  public double ImaginaryPart { get; set; }

  // überschreibe virtuelle Methode...
  public override bool Equals(object obj) {
    return this.Equals(obj as ComplexNumber);
  }
  // erstelle eine typspezifische Methode, die von der
  // virtuellen Methoden aufgerufen werden kann
  public bool Equals(ComplexNumber cplxNumber) {
    return cplxNumber != null &&
      RealPart == cplxNumber.RealPart &&
      ImaginaryPart == cplxNumber.ImaginaryPart;
  }
  // muss auch überschrieben werden...
  public override int GetHashCode() {
    return base.GetHashCode();
  }
  // muss auch überschrieben werden...
  public override String ToString() {
    return String.Format("({0}, {1})", RealPart, ImaginaryPart);
  }
  // Operatoren können auch überladen werden und rufen die
  // spezifischen Methoden auf; allerdings...
  public static bool operator ==(ComplexNumber x, ComplexNumber y) {
    return x.Equals(y);
  }
  // ...die Operatoren == und != müssen immer paarweise
  // überladen werden!
  public static bool operator !=(ComplexNumber x, ComplexNumber y) {
    return !(x == y);
  }
}
```

Abb. B.2 Beispielhafte Implementierung eines Idioms – Vollständige Implementierung

von Klassen" (in Anlehnung an Fildebrandt [2, Kap. 6.5.1]) Programmcode besser strukturiert und Kopplungseigenschaften positiv beeinflusst werden können.

B.2.2.1 Modellierung der Heizungssteuerung

Abb. B.3 greift die Heizungssteuerung aus Kap. 10.5.5 auf, an dem die Umsetzung des Softwaretests mit Hilfe von Unit Tests (siehe Kap. 12.2.5) illustriert werden soll. Die Abbildung zeigt das Modell der Heizungssteuerung, das sich aus der Anwendung des *Dependency Inversion Principles* ergibt. Soll die Implementierung dieses Modell nun getestet werden, liegen alle relevanten Klassen einzeln vor. Die Implementierungen der Schnittstellen IHeater und IThermometer sind dabei eigenständige Klassen, die jeweils keine weiteren Objekte mehr benötigen. Die Klasse HeaterController hingegen benötigt Objekte der anderen Klassen, um korrekt zu funktionieren.

B.2 Praktische Umsetzung von Idiomen

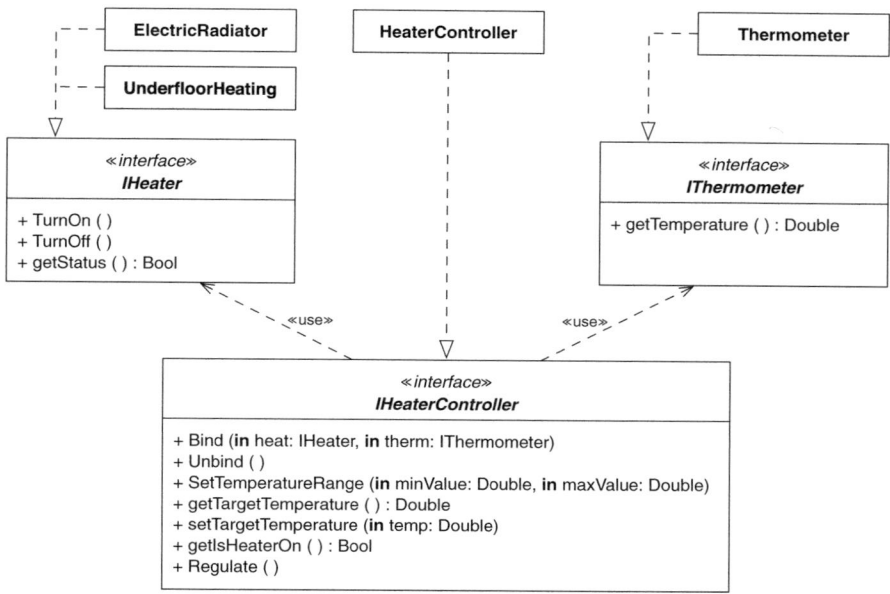

Abb. B.3 UML Klassendiagramm einer Heizungssteuerung

B.2.2.2 Entwicklung des Testsystems

Daraus lässt sich die folgende Teststrategie für die Erstellung von Unit Tests zum Test des gesamten Systems ableiten:

Schritt 1: Zuerst[4] werden Unit Tests für die Implementierung des Thermometers erstellt. Diese können ohne einen weiteren Kontext ausgeführt werden, um die korrekte Funktionsweise des Thermometers ohne Berücksichtigung weiterer Komponenten zu prüfen.

Schritt 2: Im nächsten Schritt werden die Unit Tests für die Implementierungen der Schnittstelle `IHeater` erstellt und es wird analog zum Thermometer zunächst die individuelle Funktion getestet.

Schritt 3: Im dritten Schritt werden die Unit Tests für den Controller erstellt. Diese Tests testen einerseits die individuelle Funktion des Controllers, andererseits testen diese Tests auch die Funktion des Thermometers und der Heizungen im Zusammenspiel (siehe Integrationstest, A 12.3).

---

[4] In diesem Beispiel ist es auch möglich, die Schritte 1 und 2 zu tauschen, da die jeweils zu testenden Klassen vollständig unabhängig voneinander sind.

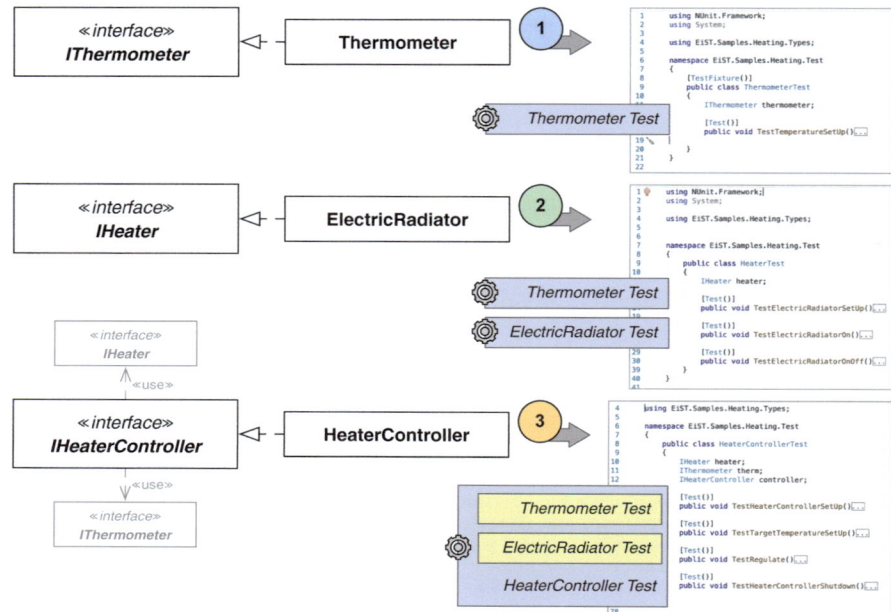

Abb. B.4 Verknüpfung des Systementwurfs und des Aufbaus des Testsystems

Abb. B.4 illustriert die diese Schritte. Durch diese Vorgehensweise entsteht schrittweise eine umfangreiche *Test Suite*. Der Idee des *Test-Driven Developments* folgend (siehe Kap. 12.2.6), werden alle bereits vorhandenen Unit Tests immer wieder ausgeführt. Dies hat zur Folge, dass es sofort offensichtlich wird, wenn eine zu testende Komponente im Individualtest zwar erfolgreich überprüft wurde, der Test des integrierten Systems jedoch fehlschlägt.

B.2.2.3 Kritische Bewertung

Durch die Anwendung des *Dependency Inversion Principles* liegen nach dem Entwurf viele (kleine), einzeln testbare Bausteine vor, die explizit zu einem System zusammenkonfiguriert werden müssen. Im Test ist es somit möglich, sowohl die einzelnen Bausteine, als auch die integrierten Komponenten zu testen. Beim Auftreten eines Fehlers kann damit die *Fehlerlokalisierung* erheblich vereinfacht werden.

Schwierig ist jedoch der Test des Verhaltens von Komponenten, das erst im Zusammenspiel entsteht. Hier sind gegebenenfalls *Testtreiber* zu erstellen, die vorgegebene oder zufällige Werte für die Komponenten liefern. In diesem Fall ist mehr Aufwand für den Aufbau des Testsystems leisten. Abb. B.5 illustriert dies beispielhaft in den Programmzeilen 14–18. Weiterhin illustriert Abb. B.5 auch den Integrationstestanteil. Dieser ist in der Programmzeile 13 zu sehen, in der über die Schnittstelle des Controllers geprüft wird, ob die Heizung

```
1  [Test()]
2  public void TestRegulate()
3  {
4    heater = new ElectricRadiator();
5    therm = new Thermometer(15.0);
6    controller = new HeaterController();
7
8    controller.Bind(heater, therm);
9    controller.SetTemperatureRange(0.0, 30.0);
10   controller.TargetTemperature = 20.0;
11   controller.Regulate();
12
13   // if Regulate is called correctly, the heater must be in the On-state
14   Assert.IsTrue(controller.IsHeaterOn);
15   // note! The thermometer returns "fake numbers" to simulate
16   // its functionality. Every call increases the local temperature
17   // of the thermometer by 0.5 degrees, i.e., the next call needs an
18   // increased temperature for comparison...
19   Assert.AreEqual(15.5, controller.CurrentTemperatue);
20   Assert.AreEqual(20.0, controller.TargetTemperature);
21 }
```

Abb. B.5 Beispielhafte Implementierung eines Testfalls mit Berücksichtigung eines simulierten Verhaltens

eingeschaltet ist – eine Funktion, die in der Schnittstelle IHeater definiert und in den implementierenden Klassen entsprechend ausprogrammiert ist. Der Controller ruft hier seinerseits nur die passende Methode aus IHeater auf und reicht die Information der gebundenen Heizung einfach an den Aufrufer durch. Die Schnittstelle IHeaterController realisiert damit auch das *Façade Design Pattern* [3, S. 185ff.].

B.3 Praktische Umsetzung von Entwurfsmustern

Entwurfsmuster (Design Patterns) beschreiben bewährte Lösungsmuster für immer wieder auftretende Aufgaben im Architekturentwurf. In Kap. 10.3 wurden Entwurfsmuster gemäß Gamma et al. [3] in die drei Klassen *Erzeugungsmuster, Strukturmuster* und *Verhaltensmuster* eingeordnet. Für jede dieser Klassen wird im Folgenden ein konkretes Beispiel gezeigt und erläutert.

B.3.1 Erzeugungsmuster: Das Prototype Pattern

Das Standardbeispiel für Erzeugungsmuster ist üblicherweise das sogenannte *Factory Design Pattern* [3, S. 87ff.], welches es in unterschiedlichen Formen gibt. Im Folgenden soll jedoch das *Prototype Pattern* [3, S. 117ff.] als Beispiel für die Klasse der Erzeugungsmuster verwendet werden.

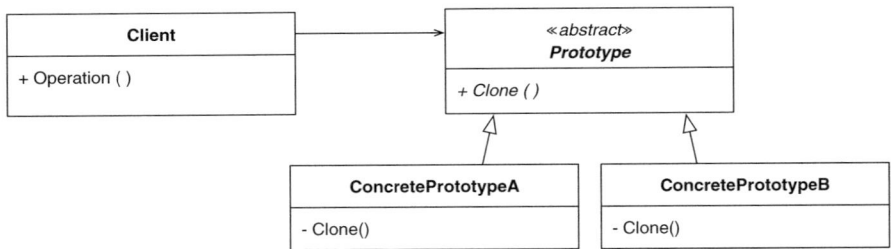

Abb. B.6 Grundstruktur des Prototype Pattern nach Gamma et al. [3]

B.3.1.1 Struktur des Prototype Pattern

Anders als die *Factory* liefert das Prototype Pattern eine neue Objektinstanz an den Aufrufer zurück, die auf der Basis einer Vorlage erstellt wurde. Dies findet insbesondere dann Anwendung, wenn eine ausufernde und parallel zu den eigentlichen Objekten existierende Hierarchie von Fabriken vermieden werden soll oder sich die Objekte, die erzeugt werden sollen stark ähneln. Das Prototype Pattern wird darüber hinaus auch in Klassenbibliotheken verwendet – etwa in der .NET-Klassenbibliothek repräsentiert durch die Schnittstelle ICloneable und analog in Java durch die Schnittstelle Cloneable. Abb. B.6 zeigt die Grundstruktur des Prototype Pattern.

B.3.1.2 Beispielsszenario: Grafikprogramm

In einem Grafikprogramm sollen verschiedene geometrischen Formen dargestellt werden können. Insbesondere sollen diese geometrischen Formen per „Copy-and-Paste" duplizierbar sein – es soll also einen sogenannte „tiefe" Kopie eines Objekts erstellt werden. Abb. B.7 zeigt, wie das Prototype Pattern unter Verwendung der Schnittstelle ICloneable für diesen Anwendungsfall umgesetzt werden kann.

In Abb. B.7 wird ein sogenannter *Copy-Konstruktor,* der durch Kenntnis der inneren Struktur einer Klasse jedes Feld passend verarbeiten kann, verwendet. Dieser übernimmt eine Instanz von Rectangle und erzeugt eine tiefe Kopie. Die Schnittstelle ICloneable verlangt die Implementierung einer Methode Clone() [3, S. 118] – diese ruft nun einfach den Copy-Konstruktur mit einer Referenz auf sich selbst auf und gibt die neue Instanz an den Aufrufer zurück.

Die Anwendung ist nun sehr einfach, wie Abb. B.8 illustriert. Anders als bei der Verwendung einer *Factory* liegt nun kein „frisches" Objekt vor, sondern eine echte Kopie des originalen Objekts.

```
1  public class Rectangle : ICloneable
2  {
3    public Point UpperLeft { get; set; }
4    public Point LowerRight { get; set; }
5
6    public Rectangle (Point upLeft, Point lowRight)
7    {
8      UpperLeft = upLeft;
9      LowerRight = lowRight;
10   }
11   // Nutze einen Copy-Konstruktur, um eine neue Instanz von Rectangle
12   // zu erzeugen, die alle Eigenschaften der übergebenen Instanz übernimmt...
13   protected Rectangle (Rectangle rect)
14   {
15     UpperLeft = rect.UpperLeft;
16     LowerRight = rect.LowerRight;
17   }
18   // Die Clone-Methode ruft intern einfach den Copy-Konstruktor eines Objekts
19   // auf, um eine tiefe Kopie von sich selbst an den Aufrufer zurückzugeben...
20   public object Clone()
21   {
22     return new Rectangle(this);
23   }
24 }
```

Abb. B.7 Implementierung eines klonierbaren Objekts in C#

```
1 [...]
2 // Erstelle das "Original"
3 Rectangle myRect1 = new Rectangle(new Point(0, 0), new Point(1, 1));
4 // Erstelle die "Kopie" als Klon (mit Hilfe des Prototype Pattern)
5 Rectangle myrect2 = (Rectangle)myRect1.Clone();
6 [...]
```

Abb. B.8 Nutzung klonierbarer Objekte in C#

B.3.2 Strukturmuster: Das Decorator Pattern

Das *Decorator Pattern* (Dekorierer-Muster) zählt zu den Strukturmustern und dient dazu, die Struktur einer Klasse zu verändern ohne jedoch eine exzessive Bildung von Unterklassen zu verwenden. Es stellt somit eine Alternative zu Vererbungsstrukturen dar. Des Weiteren kann mit Hilfe eines Decorators auch eine bereits vorhandene, jedoch nicht mehr veränderbare, Funktion modifiziert werden – etwa wenn der Quellcode einer nachgenutzten Klasse nicht verfügbar ist.

B.3.2.1 Struktur des Decorator Pattern

Abb. B.9 zeigt die Grundstruktur des Decorator Pattern. Die grundlegende Idee des Decorator Pattern ist: *Zerlege die komplexe Funktionalität einer Komponente in kleine Funktionsbündel.* Diese kleinen Funktionsbündel können dann flexibel miteinander kombiniert werden, um die gewünschte Funktionalität anzubieten. Zur Umsetzung des Decorator Pattern in einer Software werden die folgenden Schritte durchgeführt:

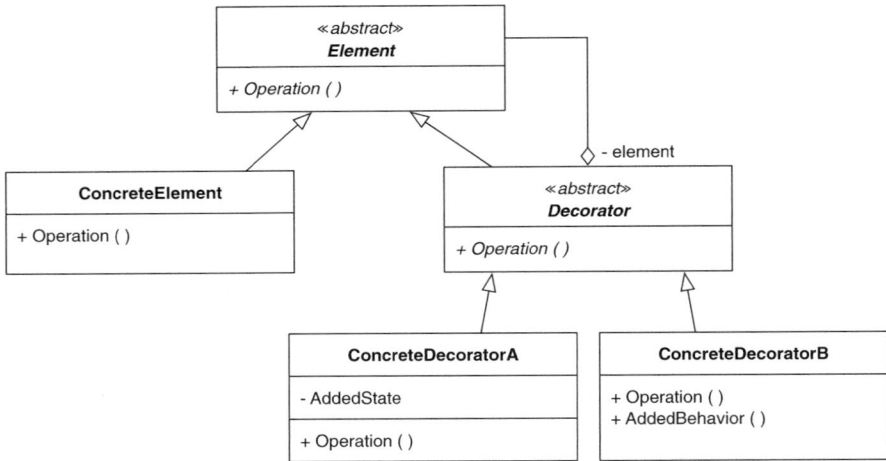

Abb. B.9 Grundstruktur des Decorator Pattern nach Gamma et al. [3]

1. Definiere die *Basisfunktionalität* eines Elements. Dazu werden das Element (Klasse ConcreteElement) selbst und die Schnittstelle, welche die Basisfunktionalität definiert, gebildet (abstrakte Klasse, bzw. Schnittstelle Element).
2. Die Schnittstelle Element wird durch den Decorator aufgegriffen. Es empfiehlt sich, einen abstrakten Basis-Decorator (abstrakte Klasse Decorator) zu erstellen, welcher die Grundlage für alle weiteren Dekorierer bildet.
3. Für jede Basisfunktionalität wird nun ein eigener Decorator gebildet. Da der Basis-Decorator ähnlich dem *Composite Pattern* [3, S. 163ff.] das zu dekorierende Element referenziert, kann eine *Aufrufkette* gebildet werden.

B.3.2.2 Beispielsszenario: Telefon

Um die Funktion des Decorator Pattern zu illustrieren, greifen wir auf das Beispiel eines *Mobiltelefons* zurück, für das wir verschiedene Formen des „Klingels" implementieren wollen. Das Mobiltelefon soll einen eingehenden Anruf anzeigen, indem es entweder klingelt, eine Melodie abspielt, vibriert oder durch Aufleuchten des Bildschirms einen Anruf anzeigt. Auch soll es möglich sein, dass diese Benachrichtigungstypen miteinander kombiniert werden können.

Um dies ohne das Decorator Pattern umzusetzen, müssten wir entweder bereits alle Funktionen in einer Klasse SmartPhone vorsehen oder wir müssten für jeden Benachrichtigungstyp eine entsprechende Kindklasse von SmartPhone anbieten – zusätzlich müssten dann auch jeweils Kindklassen für jede gewünschte Kombination von Benachrichtigungstypen erstellt werden. Dies würde zumindest zu einer erheblichen Komplexität des Entwurfs führen, mindestens ist jedoch zu erwarten, dass der „Einfachheit halber" an vielen Stellen Code-Klone entstehen (siehe Kap. 13.2.3.6).

Stattdessen legen wir fest, dass ein Telefon grundsätzlich eine Möglichkeit hat, den Nutzer über einen eingehenden Anruf zu informieren. Das Basistelefon sei dabei *stumm geschaltet* und der Nutzer kann selbst konfigurieren, ob das Telefon zusätzlich klingelt, Musik spielt, leuchtet oder vibrieren soll. Jeder Benachrichtigungstyp wird als eigenständige Funktion modelliert und dann flexibel zum gewünschten Verhalten konfiguriert. Diese Möglichkeit bietet das Decorator Pattern.

B.3.2.3 Aufbau des Klassensystems mit Hilfe des Decorator Pattern

Wir modellieren die Benachrichtigungstypen eines Mobiltelefons mit Hilfe eines Decorator Pattern. Abb. B.10 zeigt das resultierende Klassensystem, in dem die Klasse SmartPhone die Schnittstelle NotificationType implementiert, welche ebenfalls durch die abstrakte Klasse NotificationDecorator implementiert wird. Letztere ist die Basisklasse für alle relevanten Benachrichtigungstypen.

Die Basistypen SmartPhone und NotificationType werden hierbei wie in Abb. B.11 gezeigt implementiert. Hierbei soll die Klasse SmartPhone zunächst nur den Bildschirm für einen eingehenden Anruf anzeigen und keine darüber hinausgehende Funktionalität implementieren.

Die Schnittstelle NotificationType wird nun ebenfalls durch den Basis-Decorator implementiert, was in Abb. B.12 gezeigt ist. Dieser Basis-Decorator wird nun durch die konkreten Dekorierer implementiert. Es wird eine konkrete Funktionalität bereitgestellt, welche zur Klasse SmartPhone hinzugefügt werden kann. Abb. B.13 zeigt dies am Beispiel zweier konkreter Dekorierer aus Abb. B.10.

Welche Funktionalität genau angeboten wird, wird „außerhalb" des Klassensystem durch Konfiguration festgelegt (siehe auch Abschn. B.2.2). Abb. B.14 zeigt dazu das Hauptprogramm, in dem alle in Abb. B.10 gezeigten konkreten Dekorierer implementiert sind. Zu sehen ist, dass nun die Art, wie ein Mobiltelefon mit Hilfe unterschiedlicher

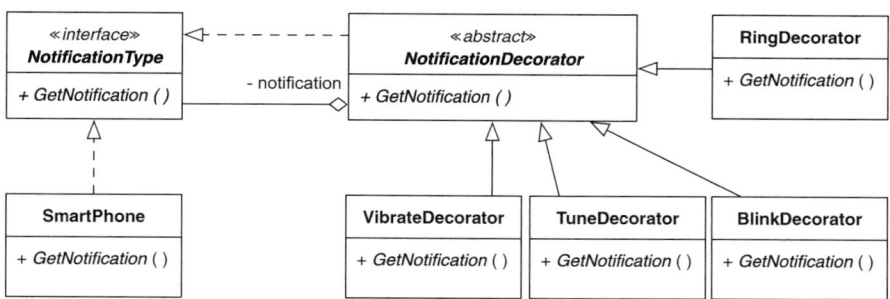

Abb. B.10 Modellierung der verschiedenen Benachrichtigungstypen eines Mobiltelefons mit Hilfe des Decorator Pattern

```java
/**
 * Datei: NotificationType.java
 *
 * Basisschnittstelle für Smartphones, die
 * sich bemerkbar machen können sollen...
 */
public interface NotificationType {
  public String getNotification();
}

/**
 * Datei: SmartPhone.java
 *
 * Die Klasse für das Smartphone, das
 * sich bemerkbar machen können soll...
 */
public class SmartPhone implements NotificationType {
  // zeige nur den Bildschirm und mache sonst nichts...
  @Override
  public String getNotification() {
    return ("Showing screen...");
  }
}
```

Abb. B.11 Implementierung der Schnittstellen und Basisklassen des Smartphones in Java

```java
public abstract class NotificationDecorator implements NotificationType {

  // halte einen Status
  protected NotificationType notification;

  // nimm ein NotificationType Objekt und lege es zur weiteren
  // Verwendung ab...
  public NotificationDecorator(NotificationType notifType) {
    notification = notifType;
  }

  // liefere einfach die Notification des lokal gehaltenen Objekts zurück...
  public String getNotification() {
    return notification.getNotification();
  }
}
```

Abb. B.12 Implementierung des Basis-Decorators in Java

Benachrichtigungen auf einen eingehenden Anruf hinweist, sehr flexibel konfigurierbar ist und keine Änderung an der Klasse `SmartPhone` erfordert.

B.3.2.4 Kritische Bewertung

Wie in den oben stehenden Codebeispielen zu sehen ist, stellt das Decorator Pattern eine Möglichkeit dar, ein System flexibel zu gestalten. Anders als etwa im *Strategy Pattern* [3, S. 315ff.] kennt das dekorierte Objekt die dekorierenden Objekte auch nicht – im Strategy Pattern muss das Objekt Kenntnis von allen Strategien haben und eine passende aus der Menge der verfügbaren auswählen. Die dekorierenden Objekte sind für ein konkretes, dekoriertes Objekt zur Laufzeit also transparent. Diese Fähigkeit wird daher unter anderem

B.3 Praktische Umsetzung von Entwurfsmustern

```java
/**
 * Datei: RingDecorator.java
 */
public class RingDecorator extends NotificationDecorator {

    public RingDecorator(NotificationType ringType) {
        super(ringType);
        // kurze Meldung, was für eine Notification jetzt
        // verfügbar ist...
        System.out.println("Adding simple ringing...");
    }

    public String getNotification() {
        // mach dich bemerkbar!
        return notification.getNotification() + " - Ring, ring!";
    }
}

/**
 * Datei: BlinkDecorator.java
 */
public class BlinkDecorator extends NotificationDecorator {

    public BlinkDecorator(NotificationType ringType) {
        super(ringType);
        // kurze Meldung, was für eine Notification jetzt
        // verfügbar ist...
        System.out.println("Adding fancy blinking...");
    }

    public String getNotification() {
        // mach dich bemerkbar!
        return notification.getNotification() + " - Blink, blink!";
    }
}
```

Abb. B.13 Implementierung konkreter Dekorierer-Klassen in Java

```java
// konfigurere drei Beispieltelefone...
// Konstruktionsreihenfolge (von innen nach außen) für myPhone1:
// - 1: SmartPhone
// - 2: RingDecorator
// - 3: BlinkDecorator
NotificationType myPhone1 = new BlinkDecorator(
            new RingDecorator(new SmartPhone()));

NotificationType myPhone2 = new VibrateDecorator(
            new RingDecorator(new SmartPhone()));

NotificationType myPhone3 = new TuneDecorator(
            new VibrateDecorator(new SmartPhone()));

// Lass es klingeln...
System.out.println(myPhone1.getNotification());
// Ausgabe: Showing screen... - Ring, ring! - Blink, blink! - durch myPhone1
//          1: SmartPhone - 2: RingDecorator - 3: BlinkDecorator

System.out.println(myPhone2.getNotification());
// Ausgabe: Showing screen... - Ring, ring! - Brrg, brrg!

System.out.println(myPhone3.getNotification());
// Ausgabe: Showing screen... - Brrg, brrg! - Hello again!
```

Abb. B.14 Hauptprogramm des dekorierten Smartphones in Java

in der Java- und auch in der .NET-Klassenbiblliothek für die flexible Implementierung der *File-I/O*-Schnittstelle genutzt. So ist etwa in Java das I/O-System mit seiner Basisklasse `InputStream` mit Hilfe des Decorator Pattern realisiert. In ähnlicher Weise ist ist das File-I/O-Modell in .NET implementiert. Abb. B.15 zeigt wie ein String verschlüsselt wird, indem mehrere Kindklassen von `Stream` als Dekorierer eingesetzt werden.

Die Anwendung des Decorator Pattern kann jedoch auch zu komplexen Laufzeitstrukturen führen. Zur Illustration modellieren wir das Objekt `myPhone1` aus Abb. B.14 als UML Sequenzdiagramm (siehe Anhang A.3.4). Abb. B.16 zeigt dieses Diagramm und illustriert die Aufrufkette. Es zu sehen, dass der Aufruf von `getNotification()` zunächst komplett durchgereicht wird, sodass das `SmartPhone`-Objekt seine Operation zuerst ausführt. Das Ergebnis wird dann die Aufrufkette zurückgereicht, wobei jeder Decorator, der in der Aufrufkette enthalten ist, das Ergebnis modifiziert. Weil das Decorator Pattern eine hohe Flexibilität bringt, ist beim Beispiel in Abb. B.16 offensichtlich, dass das Testen dieses Systems nicht trivial ist. Tritt nämlich ein Fehler auf, muss dieser zunächst in der Aufrufkette lokalisiert werden. Weiterhin ist zu ermitteln, warum der Fehler auftritt, also etwa weil ein Element in der Aufrufkette fehlerhaft ist oder weil die Zusammenstellung der Aufrufkette als solche nicht korrekt arbeitet.

Zusammengefasst bietet das Decorator Pattern Vorteile hinsichtlich der Dynamik und Flexibilität eines Systems, da Klassen flexibel erweitert werden können, ohne unübersichtliche Vererbungshierarchien zu konstruieren. Dabei ist es auch möglich, Kombinationen aus unterschiedlichen Funktionen in ein Klassensystem zu injizieren. Dies kann sich auch positiv auf die Performanz eines Systems auswirken, da nur solche Codeteile im Programm geladen werden müssen, die in einer spezifischen Konfiguration auch erforderlich sind. Weiterhin werden durch die Art der Implementierung der Einzelfunktionen viele kleine und damit

```
1  // Lege den Verschlüsselungsalgorithmus fest...
2  ICryptoTransform myEncryptor = ...
3  // Erzeuge schrittweise die verschlüsselnden Streams...
4  // 1) Erzeuge einen Memory-Stream...
5  using (MemoryStream encMemStream = new MemoryStream())
6  {
7    // 2) Erzeuge einen Crypto-Stream, der den Memory-Stream als Parameter
8    //    erhält, also den Memory-Stream dekoriert
9    using (CryptoStream encCryptStream = new CryptoStream(encMemStream,
10                myEncryptor, CryptoStreamMode.Write))
11   {
12     // 3) Erzeuge den Stream-Writer, der den dekorierten Crypto-Stream
13     //    verarbeitet
14     using (StreamWriter encWriter = new StreamWriter(encCryptStream))
15     {
16       // Schreibe die verschlüsselten Daten in den Stream
17       encWriter.Write(...ein Text...);
18     }
19     // Und hier kann der verschlüsselte Stream
20     // weiter verwendet werden - z.B. zum Schreiben
21     // in eine Datei
22  [...]
```

Abb. B.15 Illustration der Nutzung des Decorator Pattern in C#

B.3 Praktische Umsetzung von Entwurfsmustern

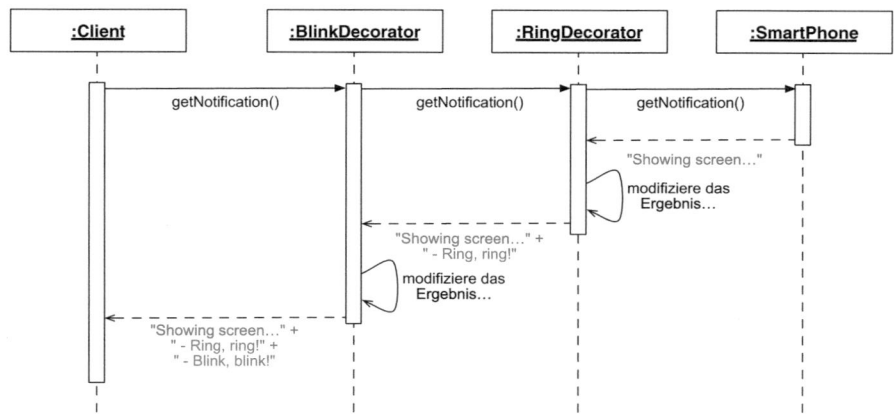

Abb. B.16 Laufzeitverhalten des dekorierten Smartphones als UML-Sequenzdiagramm

besser wartbare Bausteine geschaffen, was sich positiv auf die langfristige Wartbarkeit eines Systems auswirken kann.

Nachteilig, wie zuvor erläutert, ist jedoch der Aufwand bei der Fehlerlokalisierung. Ferner kann die Anzahl der Objekte schnell wachsen. Abb. B.14 zeigt dies durch die Konfiguration, in der jeweils drei Objekte erzeugt werden – jedoch ist auch eine Maximalkonfiguration mit allen Decorator-Klassen möglich, sodass dann sogar fünf Objekte beteiligt sind. Zusätzlich sind diese Objekte auch „anonym", sodass es sehr aufwändig ist, Clients zu implementieren, die auf die Kenntnis einer Objektidentität angewiesen sind.

B.3.3 Verhaltensmuster: Das Visitor Pattern

Das *Visitor Design Pattern* (Besucher-Muster) ist eines der komplexeren Verhaltensmuster. Ziel dieses Musters ist es, die Objekte in einer Objektstruktur von den Operationen, die auf dieser Objektstruktur ausgeführt werden, zu trennen. Damit wird eine Steigerung der Flexibilität einer Architektur erreicht.

B.3.3.1 Struktur des Visitor Pattern

Abb. B.17 zeigt die Grundstruktur des Visitor Pattern und illustriert die Idee dieses Entwurfsmusters: *Entkopple die Objektstruktur vom Verhalten.* Dazu werden im Visitor Pattern folgende Ideen umgesetzt:

- Es werden *zwei getrennte Hierarchien* definiert, eine für die Objekte (Wurzelelement: `Element`) und eine für die Operationen (Wurzelelement: `Visitor`).

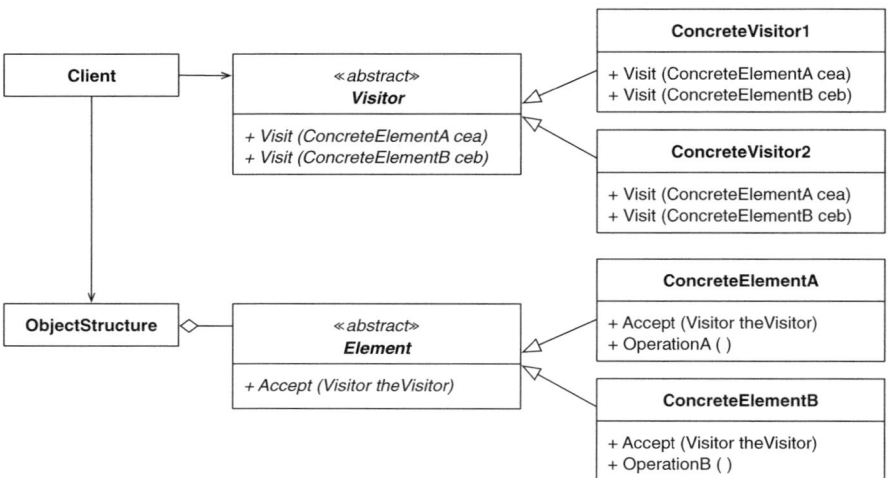

Abb. B.17 Grundstruktur des Visitor Pattern nach Gamma et al. [3]

- Das Visitor Pattern definiert in der Objektstruktur einen *Extension Point* für neue Operationen. In der Klasse `Element` wird eine Methode `Accept()` definiert, welche die Besucher für die Elemente der Objektstruktur akzeptiert.
- Solange die Vorgaben der Klasse `Visitor` eingehalten werden, können neue Operationen für die Objektstruktur *unabhängig* und *ohne Modifikation* der Objektstruktur festgelegt werden.

B.3.3.2 Beispielszenario: Supermarkt

Um die Funktion und Anwendung des Visitor Pattern zu illustrieren, wird als Beispiel das Kassensystem eines Supermarkts verwendet (Abb. B.18). Ausgangspunkt ist ein Warenkorb, in dem eine Menge von Artikeln liegt. Die Artikel werden vom Kassensystem gescannt und gegebenenfalls gewogen. Abschließend wird der Gesamtpreis, gegebenenfalls mit Berücksichtigung von Rabatten errechnet. Die Preisbildung im Kassensystem übernimmt ein Algorithmus, der von den Artikeln den jeweiligen Preis abfragt – bei sogenannter „loser Ware" wird zusätzlich noch das Gewicht ermittelt und der Preis aus dem Grundpreis errechnet.

Das Problem gestaltet sich nun wie folgt: *Jeder Artikel hat eine Preisinformation.* Wird nun eine Rabattaktion, zum Beispiel der *Black Friday* gestartet, muss die Preisbildung anders funktionieren – die Preisinformation, die an das Kassensystem geliefert wird, muss angepasst werden und zwar für jeden Artikel. Im Sinne einer objektorientierten Modellierung müsste nun jede Klasse für Artikel eine neue Methode implementieren. Dies ist bei einer sehr großen Anzahl von Artikeln und einer Vielzahl möglicher Rabattaktionen aufwändig, fehleranfällig und hinsichtlich der Evolution des Softwaresystems ungeschickt. Stattdessen

B.3 Praktische Umsetzung von Entwurfsmustern

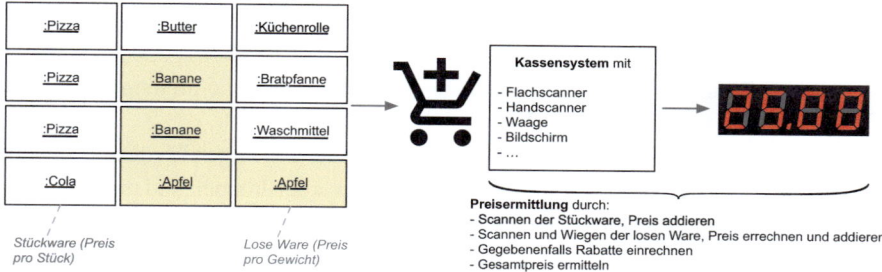

Abb. B.18 Beispielszenario für die Anwendung des Visitor Pattern

muss ein neuer Algorithmus zur Preisbildung in das System eingebracht werden, der mit der gegebenen Objektstruktur arbeitet. Dies erledigt das Visitor Pattern.

B.3.3.3 Aufbau des Kassensystems mit Hilfe des Visitor Pattern

In Abb. B.19 ist der Aufbau des Kassensystems (Klasse `CashDeskVisitor`) mit Hilfe des Visitor Pattern dargestellt. Die Abbildung zeigt auch die vier Schritte, die zur Anwendung des Visitor Pattern erforderlich sind:

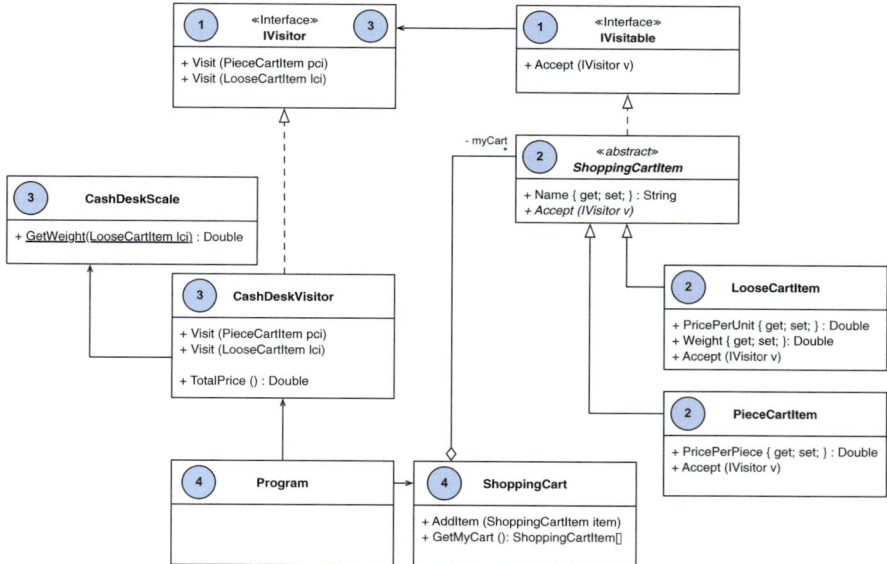

Abb. B.19 UML-Klassenmodell zum Aufbau des Kassensystems mit Hilfe des Visitor Pattern

Schritt 1: Definition des Pärchens *„Besucher-Besuchter"*. Diese beiden Elemente, repräsentiert durch die Schnittstellen IVisitor (der Besucher) und IVisitable (der Besuchte), bilden die Wurzelelemente der beiden Hierarchien für die Objektstruktur und die Algorithmen.

Schritt 2: Definition der *Akzeptoren*. Die Akzeptoren sind diejenigen Elemente der Objektstruktur, welche von einem Visitor besucht werden können und diesem Informationen zur Ausführung des Algorithmus bereitstellen.

Schritt 3: Implementierung der *Algorithmen*. Im dritten Schritt werden die Besucher (die konkreten Visitoren, Abb. B.17) erstellt. Da nun alle zu besuchenden Objekte bekannt sind, kann die Schnittstelle IVisitor auch um die Methoden mitsamt der korrekten Signaturen komplettiert werden.

Schritt 4: *Verknüpfung* der Akzeptoren und der Besucher. Die zu besuchenden Objekte müssen mit den gewünschten Algorithmen verbunden werden. Dies erfolgt im Hauptprogramm, das den Warenkorb mit dem Kassensystem verknüpft.

B.3.3.4 Implementierung des Kassensystems

Die Implementierung des Klassenmodells aus Abb. B.19 soll nun in Auszügen diskutiert werden. Abb. B.20 zeigt die Implementierung der beiden Basisschnittstellen und der abstrakten Basisklasse für das Kassensystem. Man beachte hierbei, dass die Schnittstelle IVisitor bereits Kenntnis von allen besuchbaren Typen (siehe Abb. B.21) haben muss.

Die konkreten Artikel, welche in Abb. B.18 angedeutet sind, werden wie in Abb. B.21 gezeigt implementiert. Wir unterscheiden Stückware und lose Ware, welche jeweils unterschiedliche Formen der Preisbildung haben.

Abb. B.22 zeigt nun die Implementierung der Klasse CashDeskVisitor, welche den Algorithmus für die Ermittlung des Preises im Kassensystem realisiert. Bei der Implementierung des Visitors fällt auf, dass es sich nicht nur um einen „einfachen" Iterator handelt, sondern dass der Visitor auch einen Status aufbauen kann (Zeile 9). Ferner kann der Visitor weitere Objekte aufrufen, um seine Arbeit zu erledigen. In Abb. B.22 ist dies beispielhaft in den Zeilen 31/32 zu sehen. Dort wird für die Preisermittlung ein Wert von einer Waage abgefragt.

Abb. B.23 zeigt abschließend, wie der Visitor mit dem Warenkorb (Klasse ShoppingCart) verknüpft wird. Auf jeden Artikel, der im Warenkorb enthalten ist, wird nun der CashDeskVisitor angewendet. Die korrekte Methode des Visitors wird dann innerhalb des jeweiligen Objekts (Abb. B.21) anhand der passenden Überladung der Methode Visit() aufgerufen.

B.3 Praktische Umsetzung von Entwurfsmustern

```csharp
namespace EiST.Examples.SuperMarket
{
    // Extension Point für Besucher in der Objektstruktur
    public interface IVisitable
    {
        void Accept(IVisitor v);
    }

    // Interface, das alle Besucher implementieren müssen. Alle besuchbaren
    // Typen müssen hier eine passende Methode vorfinden, sodass eine korrekte
    // Auswahl des passenden Algorithmus für den jeweiligen Typ erfolgen kann
    public interface IVisitor
    {
        void Visit(PieceCartItem pci);
        void Visit(LooseCartItem lci);
    }

    // Abstrakte Basisklasse für alle Artikel, die im Warenkorb
    // abgelegt werden können
    public abstract class ShoppingCartItem : IVisitable
    {
      public string Name { get; set; }
      protected ShoppingCartItem() { Name = string.Empty; }
      protected ShoppingCartItem(string name) { Name = name; }

      // Jeder konkrete Artikel muss eine Überschreibung, also
      // eine Implementierung dieser Methode liefern
      public abstract void Accept(IVisitor v);
    }
}
```

Abb. B.20 Implementierung der Schnittstellen und Basisklassen des Kassensystems in C#

B.3.3.5 Kritische Bewertung

Das Visitor Pattern ermöglicht es, Objekte und Verhalten voneinander zu trennen. Wie jedoch aus den oben gezeigten Codefragmenten, insbesondere Abb. B.20 ersichtlich ist, muss der Einsatz des Visitor Pattern wohl überlegt erfolgen. Dazu zeigt Abb. B.24 zwei Erweiterungen des Kassensystems, welche einerseits die Flexibilität des Visitor Pattern zeigen, andererseits aber auch auf ein nicht zu vernachlässigendes Problem hinweisen.

Das Problem ist die Erweiterung der Objektstruktur (in Abb. B.24 in Rot hervorgehoben). Führen wir einen neuen Typ in das System ein, müssen unter Umständen umfangreiche Anpassungen am System vorgenommen werden. Im gezeigten Fall, muss sogar die Schnittstelle IVisitor angepasst werden – und damit auch alle bereits implementierten Visitor-Klassen im System. Ist damit zu rechnen, dass sich die Objektstruktur des Systems relativ häufig ändert, dann ist das Visitor Pattern kritisch zu bewerten und stellt möglicherweise keinen geeigneten Lösungsansatz dar. In diesem Zusammenhang ist auch kritisch zu betrachten, dass die Anwendung des Visitor Pattern unter Umständen die Datenkapsel „aushebelt" (siehe Kap. 8.2.3), da zum Durchlaufen einer Objektstruktur deren innerer Aufbau auch bekannt sein muss.

Auf der anderen Seite zeigt Abb. B.24 die Erweiterung der Funktionalität des Systems (Blau hervorgehoben). Soll, wie zu Beginn erläutert, ein neuer Algorithmus zur Preisbildung in das System eingeführt werden, so muss lediglich ein neuer Visitor implementiert und durch

```csharp
namespace EiST.Examples.SuperMarket
{
  // Implementierung der Artikel aus der Kategorie Stückware. Diese Artikel
  // liefern nur einen Preis an das Kassensystem zurück...
  public class PieceCartItem : ShoppingCartItem
  {
    public double PricePerPiece { get; set; }

    public PieceCartItem() { }
    public PieceCartItem(string name, double itemPrice) : base(name)
    {
      PricePerPiece = itemPrice;
    }

    // Implementierung der Methode Accept: damit kann diese Klasse nun
    // instanziiert werden. Ein Visitor wird nun akzeptiert und bekommt
    // eine Referenz auf das aktuelle Objekt geliefert, mit dem der
    // Visitor arbeiten kann
    public override void Accept(IVisitor v)
    {
      v.Visit(this);
    }
  }
  // Implementierung der Artikel aus der Kategorie lose Ware. Diese Artikel
  // liefern einen Preis pro Grundeinheit (z.B. kg) und ein Eigengewicht
  // an das Kassensystem zurück...
  public class LooseCartItem : ShoppingCartItem
  {
    public double PricePerUnit { get; set; }
    public double Weight { get; set; }

    public LooseCartItem(string name, double unitPrice, double weight) :
      base(name)
    {
      PricePerUnit = unitPrice;
      Weight = weight;
    }

    // Auch hier wird ein passender Visitor akzeptiert und bekommt
    // eine Referenz auf das aktuelle Objekt zurück, mit dem der Visitor
    // arbeiten kann
    public override void Accept(IVisitor v)
    {
      v.Visit(this);
    }
  }
}
```

Abb. B.21 Implementierung der Artikel für das Kassensystems

das System bereitgestellt werden. In diesem Fall ist keine Änderung an der Objektstruktur erforderlich. Durch die klare Trennung von Objekten und Verhalten ist es darüber hinaus auch möglich, getrennt von der Objektstruktur auch eine Struktur von Algorithmen anzulegen und diesen getrennt von den Objektstrukturen zu pflegen. Hierbei ist jedoch ebenfalls Sorgfalt erforderlich, da dies auch zu einem „Over Engineering" führen kann und die Menge an Algorithmen schnell unüberschaubar werden kann. Auch der erforderliche Aufwand für Qualitätssicherung, Wartung und Pflege darf hier nicht unterschätzt werden.

B.3 Praktische Umsetzung von Entwurfsmustern

```csharp
namespace EiST.Examples.SuperMarket
{
    // Der Standard-Visitor für das Kassensystem...
    public class CashDeskVisitor : IVisitor
    {
        // Ein Visitor kann einen Status aufbauen und halten...
        // Wir verwenden das, um den Gesamtpreis für den Warenkorb
        // schrittweise aufzubauen
        private double totalPriceForShoppingCart;

        public CashDeskVisitor() { totalPriceForShoppingCart = 0.0; }

        // Falls es sich beim aktuellen Artikel um Stückware handelt,
        // rufe diese Methode auf
        public void Visit(PieceCartItem pci)
        {
            // Hole einfach die Preisinformation aus dem Objekt und addiere
            // den Stückpreis zum Gesamtpreis hinzu...
            totalPriceForShoppingCart += pci.PricePerPiece;
            Console.WriteLine("** {0,-15} -- Einzelpreis {1} EUR ",
              pci.Name,
              pci.PricePerPiece);
        }
        // Falls es sich beim aktuellen Artikel um lose Ware handelt,
        // rufe diese Methode auf
        public void Visit(LooseCartItem lci)
        {
            // Ermittle zunächst den Preis basierend auf dem Grundpreis
            // und dem Gewicht, das der aktuelle Artikel hat (also wiege ihn).
            // Den ermittelten Preis addiere dann zum Gesamtpreis hinzu...
            totalPriceForShoppingCart += (lci.PricePerUnit *
                        CashDeskScale.GetWeight(lci));
            Console.WriteLine("** {0,-15} -- 
              Preis {1} EUR\t(Preis pro Kilo {2} EUR, Gewicht {3}kg)",
              lci.Name,
              lci.PricePerUnit * CashDeskScale.GetWeight(lci),
              lci.PricePerUnit,
              CashDeskScale.GetWeight(lci));
        }
        // Gibt den Gesamtpreis des Warenkorbs zurück...
        public double TotalPrice() { return (totalPriceForShoppingCart); }
    }
}
```

Abb. B.22 Implementierung der Klasse CashDeskVisitor im Kassensystems

```csharp
namespace EiST.Examples.SuperMarket
{
  class MainClass
  {
    public static void Main(string[] args)
    {
      // Lege den Einkaufswagen an und fülle ihn...
      ShoppingCart myShoppingCart = new ShoppingCart();
      myShoppingCart.AddItem(new PieceCartItem("Cola ", 1.0));
      ...
      myShoppingCart.AddItem(new LooseCartItem("Banane", 2.0, 0.5));

      Console.WriteLine("Ab an die Kasse...");
      // Erstelle den Visitor...
      CashDeskVisitor myCashDeskVisitor = new CashDeskVisitor();
      // Iteriere durch den Warenkorb
      foreach (ShoppingCartItem sci in myShoppingCart.GetMyCart())
      {
        // Für jeden Artikel im Warenkorb, wende den Visitor an
        sci.Accept(myCashDeskVisitor);
      }
      Console.WriteLine("\n\nZu zahlen sind: {0} EUR",
        myCashDeskVisitor.TotalPrice());
    }
  }
}
```

Abb. B.23 Verknüpfung der Visitoren und Akzeptoren im Hauptprogramm

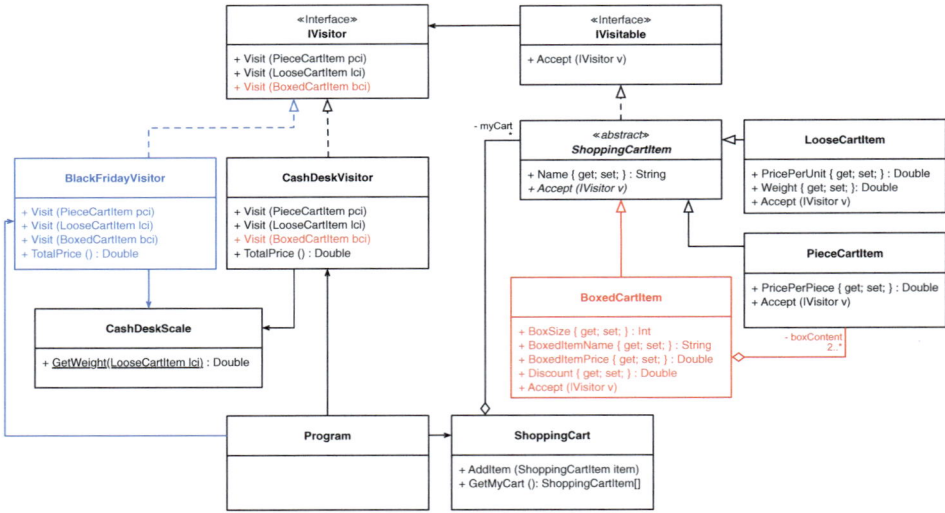

Abb. B.24 Erweitertes UML-Klassenmodell des Kassensystems mit Hilfe des Visitor Pattern

B.4 Praktische Umsetzung von Architekturmustern

In diesem Abschnitt betrachten wir exemplarisch die Implementierung von Software unter Anwendung von *Architekturmustern*. Ähnlich wie Entwurfsmuster, werden Architekturmuster klassifiziert (siehe Kap. 10.4.1). Es gibt Muster für die *Systemstruktur*, die *Interaktion* zwischen Anwendern und Systemen, die *Verteilung* von Komponenten und die *Adaptivität* des Systems. Im Folgenden konzentrieren wir uns vorrangig auf das *Model-View-Controller Pattern* als eines der wesentlichen Interaktionsmuster.

B.4.1 Das Model-View-Controller Pattern

Wie in Kap. 10.4.2.2 erläutert, ordnen wir das MVC-Muster als Architekturmuster ein, obwohl es oft auch als Entwurfsmuster angesehen wird [5] – insbesondere dann, wenn es in der Implementierung eines Systems zur Verwaltung von Ereignissen und dem Austausch von Nachrichten verwendet wird. In diesem Abschnitt stellen wir beide Perspektiven exemplarisch dar.

B.4.1.1 Anwendungsentwurf mit dem Model-View-Controller Pattern

Zuerst betrachten wir das MVC-Muster als Instrument des Architekturentwurfs für eine Software. Als Beispiel verwenden wir die Heizungssteuerung, welche wir im Folgenden als einfache *Java Swing Anwendung* entwickeln. Wir nutzen dafür das Modell aus Abb. B.3 und betten dieses in die Swing-Anwendung ein. Basierend auf Abb. 10.6 zeigt Abb. B.25 die grundsätzliche Vorgehensweise der Umsetzung der Heizungssteuerung als MVC-basierte Swing-Anwendung. In der Abbildung sind die einzelnen Bestandteile des MVC-Musters auf die entsprechende Realisierung abgebildet.

Die `View`-Komponenten werden auf die Steuerelemente der Benutzungsoberfläche abgebildet (Frames, Label und Buttons). Diese Steuerelemente werden über *Eventhandler* mit den *Controller*-Komponenten verknüpft. Abschließend werden die `View`- und die `Controller`-Komponenten mit dem `Model` verbunden, welches in unserem Beispiel die Heizungssteuerung ist. Abb. B.26 illustriert den ersten Schritt: exemplarisch ist die Definition einer Schaltfläche gezeigt, welche auf einen Mausklick reagiert und die interne Methode `heat()` aufruft.

Die in Abb. B.27 gezeigte Methode `heat()` zentralisiert die wesentlichen Aufgaben des Controllers. Sie extrahiert die relevanten Daten aus der `View` und gibt diese an das `Model` weiter. Aktionen des Modells werden wiederum auf der `View` aktualisiert.

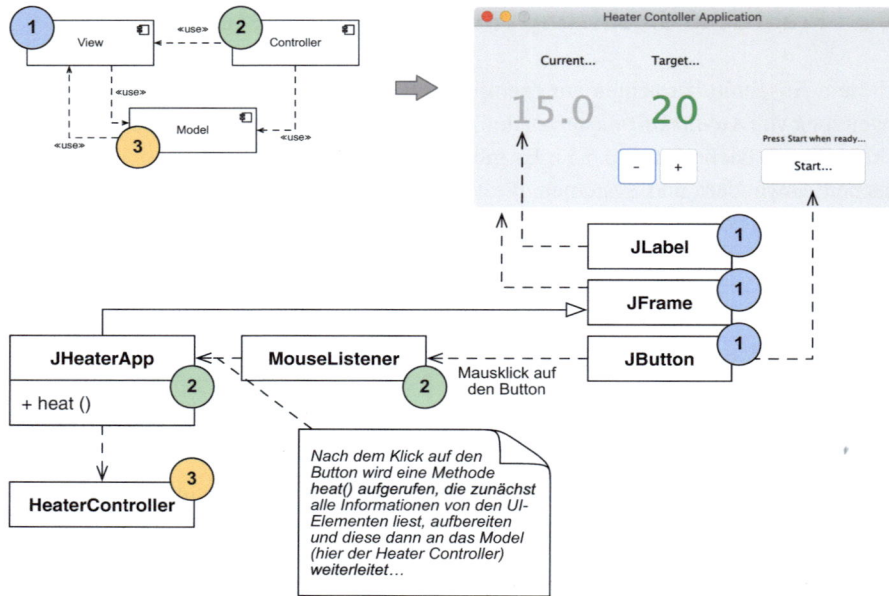

Abb. B.25 Verknüpfung Steuerelemente und der Event Handler

```
1  // import the heater controller components here...
2  import eist.samples.heating.types.*;
3
4  public class JHeaterApp extends JFrame {
5
6    // connect the model
7    IHeaterController myHeaterController;
8    // [...] Weitere Variablen hier...
9
10   /**
11    * Create the frame and all the ui elements here...
12    * All the event handlers of the ui elements are defined here as well
13    */
14   public JHeaterApp() {
15     // [...] Weitere Initialisierungen hier...
16
17     JButton btnStart = new JButton("Start...");
18     btnStart.addMouseListener(new MouseAdapter() {
19       @Override
20       public void mouseClicked(MouseEvent e) {
21         lblStatusBox.setText("Heating...");
22         lblStatusBox.paintImmediately(lblStatusBox.getVisibleRect());
23         heat();
24         lblStatusBox.setText("It's nice and warm now!");
25       }
26     });
27   }
28 }
```

Abb. B.26 Überblick über die Umsetzung der Heizungssteuerung als MVC-basierte Anwendung

```
1  public void heat() {
2
3    // ensure the right target temperature is set...
4    myHeaterController.setTargetTemperature(
5            Double.parseDouble(lblTargetTemperature.getText()));
6
7    // do the heating...
8    while(myHeaterController.getCurrentTemperature()
9            < myHeaterController.getTargetTemperature())
10   {
11     myHeaterController.regulate();
12     // update view labels...
13     lblCurrentTemperature.setText(
14             String.valueOf(myHeaterController.getCurrentTemperature()));
15     // sleep to simulate that something is "moving" on the UI
16     try {
17       Thread.sleep(250);
18     } catch (InterruptedException e) {
19       e.printStackTrace();
20     }
21   }
22 }
```

Abb. B.27 Aktivierung des Models und Interaktion mit der View

B.4.1.2 Das Model-View-Controller Pattern als Entwurfsmuster

Im Abschn. B.4.1.1 ist das MVC-Muster in seiner Anwendung als *Architekturmuster* dargestellt. In diesem Abschnitt wechseln wir die Perspektive und zeigen, wie das MVC-Muster als *Entwurfsmuster* gehandhabt wird.

Anmerkung *Betrachtet man das MVC-Muster als Entwurfsmuster, findet man üblicherweise nicht den Begriff MVC, sondern nutzt das sogenannte Observer Pattern [3, S. 293ff.]. Die Intention ist jedoch die gleiche. Objekte interagieren miteinander derart, dass wenn ein Objekt seinen Status ändert, andere Objekte automatisch aktualisiert werden.*

Der primäre Anwendungsfall für das Entwurfsmuster MVC oder, wie gerade erläutert, das *Observer Muster* ist in der Nachrichtenverarbeitung zu finden. Alle Softwaresysteme, die auf einer grafischen Benutzungsschnittstelle basiere, verfügen über einen Austauschmechanismus für Nachrichten. Nachrichten sind in diesem Zusammenhand etwa das Klicken einer Schaltfläche, die Eingabe von Text oder das Bewegen der Maus (siehe Abschn. B.4.1.1). Allerdings ist der Nachrichtenaustausch nicht auf die Interaktion zwischen Anwender und System beschränkt. Im Folgenden demonstrieren wir die Anwendung des Observer Musters als Erweiterung der Heizungssteuerung aus Abschn. B.2.2.

Problem Im Abschn. B.2.2 wurde in Abb. B.5 auf das Problem aufmerksam gemacht, dass zum Test des Thermometers ein *Dummy* (siehe Kap. 12.1.1.2) verwendet wurde, der zwar ein festgelegtes, jedoch nicht natürliches Verhalten aufweist. Es gibt zunächst zwei Lösungsvarianten, die für die Realisierung des „echten" Thermometers möglich sind.

1. Die Heizungssteuerung fragt in regelmäßigen Abständen das Thermometer ab (sogenanntes *Pull*-Modell) und agiert entsprechend der zurückgemeldeten Temperaturdaten. In diesem Fall ist die Heizungssteuerung eine *aktive* Komponente in der Interaktion.
2. Die Heizungssteuerung ist gegenüber dem Thermometer eine *passive* Komponente. Dies erfordert, dass das Thermometer im Rahmen seiner Messzyklen aktiv Nachrichten versendet (sogenanntes *Push*-Modell), auf die „interessierte" Komponenten reagieren können.

Zur Ersetzung der Dummy-Komponente wählen wir im Folgenden den zweiten Ansatz. Wir entwickeln das Thermometer als aktive Komponente und nutzen zur konkreten Umsetzung das Observer Muster.

Lösungsansatz: Observer Pattern Wir erweitern die C#-Implementierung aus Abschn. B.2.2. Dazu ist es erforderlich, ein sogenanntes *User-defined Event* zu erstellen. Dieses erfordert wiederum Kenntnis und Befolgung der Regeln der .NET-Klassenbibliothek – es handelt sich also um ein *idiomatisches* Vorgehen (siehe Abschn. B.2).

Im ersten Schritt muss die Schnittstelle `IThermometer` angepasst werden (Abb. B.28). Mit Hilfe des Schlüsselworts `event` wird angezeigt, dass Objekte, die diese Schnittstelle implementieren, Ereignisse auslösen können. Solche benutzerdefinierten Ereignissen können über spezifische Nachrichtentypen verfügen, welche die notwendigen, zur Bearbeitung der Ereignisse relevanten Daten enthalten. Abb. B.29 zeigt die Deklaration des entsprechenden Nachrichtentyps für Ereignisse des Thermometers – in diesem Fall die aktuell gemessene Temperatur.

Im zweiten Schritt wird das Thermometer implementiert. Dieses liefert nun keine „Fake"-Daten mehr im Sinne einer Dummy-Komponente zurück, sondern implementiert einen im Hintergrund ablaufenden Messprozess. In regelmäßigen Abständen wird die Temperatur

```
1 public interface IThermometer
2 {
3   double Temperature { get; }
4   void Start();
5   void Stop();
6   // Event Handler für das Observer Pattern
7   event EventHandler<ThermometerEventArgs> TemperatureUpdated;
8 }
```

Abb. B.28 Erweiterte Schnittstelle eines aktiven Thermometers mit Ereignissen

```
1 public class ThermometerEventArgs : EventArgs
2 {
3   public double Temperature { get; private set; }
4
5   public ThermometerEventArgs(double temp)
6   {
7     Temperature = temp;
8   }
9 }
```

Abb. B.29 Nachrichteninhalte für Thermometerereignisse

B.4 Praktische Umsetzung von Architekturmustern

ermittelt und es wird ein Ereignis ausgelöst, das die aktuelle Temperatur als Nachritt enthält (siehe Abb. B.30, Zeilen 31, 39–48).

Empfänger der Nachricht ist in unserem Beispiel die Heizungssteuerung, die im dritten Schritt angepasst wird. Abb. B.31 zeigt die relevanten Anpassungen in der Klasse `HeaterController`. In der Methode `Bind()` wird das Ereignis abonniert (Zeile 14). Dabei wird eine Methode in der Klasse angegeben, die ausgeführt wird, wenn das Ereignis vom Thermometer ausgelöst wurde. Diese Methode ist in Zeile 31 gezeigt. Sie erhält eine Referenz auf das Objekt, welches das Ereignis auslöst und ein Nachrichtenobjekt. Dieses

```
1  public class Thermometer : IThermometer
2  {
3    private double _currentTemperature;
4    private Thread _sensor;
5
6    // Konstrukteuren und Initialisierungen...
7
8    // Starte die Messung der Temperatur als Hintergrundprozess...
9    public void Start()
10   {
11     _sensor = new Thread(ReadTemperature);
12     _sensor.IsBackground = true;
13     _sensor.Start();
14   }
15   // Beende den Hintergrundprozess
16   public void Stop()
17   {
18     _sensor.Abort();
19     _sensor.Join(1000);
20   }
21   // Implementierung des eigentlichen Messprozesses
22   private void ReadTemperature()
23   {
24     do
25     {
26       // Ermittlung der Temperatur hier...
27       newTemp = ...
28       // Löse ein Ereignis aus, das anzeigt, dass eine neue
29       // Temperatur vorliegt. Übergebe die neue Temperatur als
30       // Argument an die Empfänger des Ereignisses
31       OnTemperatureUpdated(new ThermometerEventArgs(newTemp));
32
33       Thread.Sleep(500);
34     } while (true);
35   }
36   // Lege den Event Handler an...
37   public event EventHandler<ThermometerEventArgs> TemperatureUpdated;
38   // Benachrichtige alle Abonnenten...
39   protected virtual void OnTemperatureUpdated(ThermometerEventArgs e)
40   {
41     _currentTemperature = e.Temperature;
42     // Verknüpfe das Ereignis mit dem Event Handler
43     EventHandler<ThermometerEventArgs> handler = TemperatureUpdated;
44     // Prüfe, ob jemand das Ereignis abonniert hat und löse das
45     // Ereignis aus
46     if(handler != null)
47       handler(this, e);
48   }
49 }
```

Abb. B.30 Auszug der Implementierung des Thermometers

```csharp
public class HeaterController : IHeaterController
{
    private IHeater _myHeater;
    private IThermometer _myThermometer;

    // Konstruktoren und Initialisierungen...

    public void Bind(IHeater heat, IThermometer therm)
    {
        _myHeater = heat;
        _myThermometer = therm;
        // Abonniere das Ereignis des Thermometers und binde die Methode
        // an, die ausgeführt werden soll, wenn das Ereignis auftritt
        _myThermometer.TemperatureUpdated += HandleTemperatureUpdated;
        // Starte den Messprozess
        _myThermometer.Start();
        _curTemperature = _myThermometer.Temperature;
    }

    public void Unbind()
    {
        _myHeater.TurnOff();
        _myHeater = null;
        // Stoppe den Messprozess
        _myThermometer.Stop();
        // Löse das Abonnement des Ereignisses
        _myThermometer.TemperatureUpdated -= HandleTemperatureUpdated;
        _myThermometer = null;
    }
    // Tritt das Ereignis ein, wird diese Methode ausgeführt...
    private void HandleTemperatureUpdated(object sender, ThermometerEventArgs e)
    {
        // Verarbeite das Ereignis wie benötigt, z.B.: zeige die aktuell
        // gemessene Temperatur an
        Console.WriteLine("Temperature updated. New temperature is {0}",
            e.Temperature);
    }
}
```

Abb. B.31 Auszug der Implementierung der Heizungssteuerung und Verarbeitung der Ereignisse des Thermometers

Nachrichtenobjekt (siehe Abb. B.29) enthält die gemessene Temperatur, die nun im Controller verarbeitet werden kann. Wird der Controller deaktiviert, werden die Verbindungen zu den genutzten Komponenten getrennt. Dabei ist auch darauf zu achten, dass das Abonnement des Ereignisses „gekündigt" wird. Dies ist in Zeile 27 gezeigt.

Abschließende Bemerkungen Die beiden gezeigten Ansätze zur Implementierung des MVC- und des Observer Musters sind für das Verständnis heutiger Softwaresysteme elementar, da sie die grundlegenden Fragen hinsichtlich der grundsätzlichen Strukturierung eines Systems (siehe Abschn. B.4.1.1) und hinsichtlich des Aufbaus interaktiver, nachrichtenbasierter Systeme (siehe Abschn. B.4.1.2) beantworten. Wie im Kap. 10.4.2.2 erläutert, gibt es im Umfeld des MVC-Musters verschiedene Interpretationen und Ausgestaltungsformen. Ein Verständnis der zugrundeliegenden Ideen ist daher erforderlich, um diese Varianten zu verstehen und adäquat im Kontext der jeweils verwendeten Klassenbibliotheken, Frameworks und Entwicklungsumgebungen umzusetzen.

Literatur

1. F. Buschmann, R. Meunier, H. Rohnert, P. Sommerlad, and M. Stal. *Pattern-orientierte Software-Architektur – Ein Pattern-System.* Professionelle Softwareentwicklung. Addison-Wesley, 2 edition, January 1998.
2. U. Fildebrandt. *Software modular bauen: Architektur von langlebigen Softwaresystemen – Grundlagen und Anwendung mit OSGi und Java.* dpunkt.verlag GmbH, August 2010.
3. E. Gamma, R. Helm, R. E. Johnson, and J. Vlissides. *Design Patterns. Elements of Reusable Object-Oriented Software.* Prentice Hall, October 1994.
4. R. C. Martin. *Clean Code: A Handbook of Agile Software Craftsmanship.* Prentice Hall, 2008.
5. K. Wickramanayake. Is MVC a design pattern or an architectural pattern? Online: http://www.swview.org/blog/mvc-design-pattern-or-architectural-pattern (abgerufen: 2020-01-17), July 2010.

Projektunterlagen Code & Talk

C.1 Einleitung

Dieses Kapitel enthält die Unterlagen des Beispielprojekts „Code & Talk", auf dem ein großer Teil der Übungsaufgaben des Buchs schwerpunktmäßig basieren. Bei diesem Beispielprojekt handelt es sich um ein Übungsbeispiel, das eigens für die Vorlesungen „Einführung in die Softwaretechnik" und „Projektorganisation und Management im Software Engineering" entwickelt und für dieses Buch erweitert und angepasst wurde. Jede Ähnlichkeit zu existierenden Projekten, Produkten und Personen ist rein zufällig. Markennamen werden in der Regel ohne explizite Kennzeichnung verwendet. Das Beispielprojekt erhebt darüber hinaus keinen Anspruch auf tatsächliche Realisierbarkeit. Alle Aspekte des Projekts wurden explizit so gewählt, dass sie der Demonstration und Vertiefung der Inhalte dieses Buchs dienen.

C.2 Projektauftrag

Der Projektauftrag ist eines der zentralen Ergebnisse des Projektvorlaufs, siehe Kap. 1.3. Dieses Ergebnis ist die Voraussetzung dafür, dass ein Projekt gestartet werden kann. Für das Projekt „Code & Talk" liegt der im Folgenden abgedruckte Projektauftrag zugrunde. Dieser liefert wesentliche Informationen zu den Rahmenbedingungen des Projekts, etwa Zeitrahmen, Zusammensetzung des Projektteams, Kosten – aber auch Technologien und technischen Rahmenbedingungen, die insbesondere im Rahmen der Anforderungsanalyse, des Systementwurfs und der Implementierung hohe Relevanz besitzen.

| Projektauftrag | Einführung in die Softwaretechnik |

Projektauftrag

Projekt	Code & Talk
Ersteller	Geschäftsleitung: We implement IT
Erstellt am	10.04.20 12:27:00
Dokumentablage	../Projektauftrag.pdf

1 Ausgangslage und Projektziele

Die Firma *We implement IT* ist Generalauftragnehmer für das Projekt „Code & Talk". Dieses Projekt hat die Entwicklung einer Software, welche die Kollaboration von verteilten Entwicklungsteams in einem Softwareprojekt unterstützt, zum Ziel.

1.1 Auftraggeber

Auftraggeber dieses Projekts ist das international tätige Systemhaus *Global Solutions*. *Global Solutions* hat im Bereich der verteilten Softwareentwicklung zwei Angebote für seine Kunden, die im Kontext dieses Projekts von Bedeutung sind. Im ersten Geschäftsfeld bietet *Global Solutions* Projekt- und Projektmanagementberatung an. Im zweiten Geschäftsfeld vertreibt *Global Solutions* Entwicklungswerkzeuge für verteilte Projekte. In der Abteilung *Development Environments* hat die Firma zusammen mit der internen Forschungs- und Entwicklungsabteilung ein Konzept entwickelt, wie soziale Netzwerke direkt mit einem verteilten Softwareprojekt verbunden werden können. Dieses Konzept hat dazu geführt, das *Global Solutions* ein Projekt ausgeschrieben hat, in dem ein **Soziales Teamnetzwerk** aufgebaut werden soll.

Ideengeber und fachlicher Ansprechpartner ist die Forschungs- und Entwicklungsabteilung von *Global Solutions*. Projektträger und Vertreter des kundenseitigen Managements ist die Abteilung *Development Environments*. Ansprechpartner sind jeweils die stellvertretenden Abteilungsleiter.

1.2 Problembeschreibung

Die Kunden von *Global Solutions* führen Softwareprojekte in Zusammenarbeit mit verschiedenen, global verteilten Partnern durch. Die Partner kommen einerseits aus über viele Jahre aufgebauten Netzwerken von Dienstleistern. Hinzu kommen Dienstleister, die entsprechend spezifischer Anforderungen über Ausschreibungen und entsprechende Unterbeauftragungen in die Projekte eingebunden werden. Die Partner werden innerhalb Deutschlands aber auch international gesucht und in die Projekte (teilweise ad-hoc) eingebunden. Hierbei kommen auch unterschiedliche Modelle wie Near- und Offshoring zum Einsatz. Durch diese Verteilung ist es schwierig, immer zu wissen, welche Projektteilnehmer gerade woran arbeiten und welche Probleme sie dabei möglicherweise haben. Für das Management ist es darüber hinaus schwierig, den Überblick über den Gesamtprojektstatus zu behalten, da sich neben den Projektkonstellationen auch die konkreten Vorgehensweisen in den Projekten unterscheiden können.

Als Lösungsidee wurde durch die Forschungs- und Entwicklungsabteilung vorgeschlagen, soziale Netzwerke in Projektteams zu integrieren und somit Statusmeldungen, Postings, etc. in Projekten als Kommunikationsmedium sowohl zwischen den Entwicklern als auch für das Management zu etablieren. Für diese Lösungsidee konnte *Global Solutions* im Rahmen einer Vorstudie und einer Marktevaluierung keine direkt nutzbare oder adaptierbare Lösung finden.

| Projektauftrag | Einführung in die Softwaretechnik |

1.3 Projektziele

Um die Kommunikation zwischen unseren Mitarbeitern zu verbessern und speziell den Transfer von Wissen über Standorte und Organisationsgrenzen hinweg zu unterstützen, wünscht sich *Global Solutions* ein digitales soziales Teamnetzwerk für Softwareprojekte. Über eine „Project Wall" soll so jederzeit die Aktivität im Projekt sichtbar sein und ein schneller Kommunikationsweg für die Projektteams zur Verfügung gestellt werden.

Ziel ist eine Software, die ähnlich wie bekannte soziale Netzwerke (XING, Twitter, Facebook, ...) funktioniert, aber speziell auf die Durchführung verteilter Softwareprojekte abgestimmt ist. Die Anwendung soll verschiedenste Zugänge bieten, insbesondere:

- eine Integration in die *Global Solutions* Entwicklungsumgebungen für verteilte Projekte,
- eine Integration in die Standardentwicklungsumgebungen: Microsoft Visual Studio und Eclipse,
- einen Webzugang,
- einen Zugang für mobile Endgeräte (Tablets und Smartphones),
- Schnittstellen zu üblichen Projektmanagementwerkzeugen, insbesondere Microsoft Project (solche Funktionen sind zum Teil bereits durch die *Global Solutions* Werkzeuge abgedeckt),
- Schnittstellen zu üblichen Werkzeugen der Unternehmensorganisation, insbesondere SAP (solche Funktionen sind zum Teil bereits durch die *Global Solutions* Werkzeuge abgedeckt)

Die zu erstellende Software soll sich insgesamt in bestehende Arbeits- und Kommunikationsinfrastrukturen integrieren lassen, z.B. Mailserver wie Exchange, oder Videokommunikation via Skype.

Zu beachten ist hierbei, dass die Software konfigurierbar sein muss, um u.a. die Sicherheitsanforderungen der Kunden hinsichtlich IT-Sicherheit und Datenschutz zu gewährleisten.

Obwohl sich das soziale Teamnetzwerk vom Anwendergefühl her nicht von bekannten sozialen Netzwerken unterscheiden soll, dürfen projektinterne Informationen unter keinen Umständen in öffentliche soziale Netzwerke gelangen.

Ein weiterer Sicherheitsaspekt ist, dass die Projektkonstellationen der Kunden nicht statisch sind und somit immer wieder neue Partner in die Projekte eingebunden werden. Hier muss die Software sicherstellen, dass kein unbefugter Zugriff auf sensible Daten erfolgt.

2 Systemvorstellungen und Rahmenbedingungen

Folgenden Funktionen und Vorstellungen sind für die Umsetzung der Software relevant.

2.1 Fachliche Funktionen des Systems

➤ *Zugang zum System sollen nur registrierte Nutzer haben.*

Jeder Nutzer soll für sich ein eigenes Profil erstellen können, in dem er sich anderen Nutzern vorstellt, etwa mit einem Foto, seinen Kompetenzen, seinem Standort und der Organisation, zu der er gehört. Andere Nutzer soll er als seine Kontakte angeben können. Diese Kontakte können dann weiterführende Informationen im Profil betrachten. Innerhalb des Profils sollen auch die Kontakte des Nutzers aufgelistet werden; ein solcher Kontakteintrag soll dann zur Profilseite des Kontakts führen.

| Projektauftrag | Einführung in die Softwaretechnik |

2.1.1 Grundfunktionen

➤ *Nutzer sollen sich zu Gruppen zusammenschließen und gemeinsame Arbeit in Projekten organisieren können.*

So könnte es bspw. die Gruppen *Finanzbuchhaltung* und *Personalwesen* geben, die gemeinsam ein internes Projekt im Bereich der Geschäftsprozessoptimierung organisieren und durchführen. Sowohl Gruppen als auch einzelne Nutzer können Mitglieder eines Projekts sein. Mitglieder von Gruppen und Projekten können andere Nutzer in diese einladen.

2.1.2 Kernfunktionen

➤ *Auf der Hauptseite der Anwendung sollen Nutzer kurze Textblöcke (Statusupdates) veröffentlichen können, die dann allen Kontakten des Nutzers ebenfalls auf der Hauptseite angezeigt werden.*

Jeder Nutzer hat die Statusupdates seiner Kontakte abonniert und bekommt sie aufgelistet. Die Statusupdates eines einzelnen Nutzers sollen über die Profilseite des Nutzers einsehbar sein. Einzelne Statusupdates sollen durch andere Nutzer kommentiert werden können. Auch Gruppen und Projekte sollen Statusupdates veröffentlichen können.

➤ *Es soll implizite, nicht durch einen Nutzer direkt eingegebene Statusupdates geben.*

So soll bspw. ein Statusupdate für einen Nutzer erzeugt werden, wenn er bspw. einen anderen Nutzer als Kontakt hinzufügt („M. Mustermann hat nun C. Hoch als Kontakt") oder einer Gruppe beitritt.

➤ *Statusupdates anderer Nutzer soll ein Nutzer an seine eigenen Kontakte weiterreichen können, bspw. durch eine eigene „Zitieren"-Schaltfläche.*

Optional soll er noch einen eigenen Kommentar anfügen können. Dieses neue Statusupdate soll dann eindeutig als Zitat erkennbar sein und den Originalautor verlinken.

➤ *Die „Hauptseite" soll in verschiedenen Tools direkt zugreifbar sein.*

Entwickler sollen beispielsweise direkt aus ihrer Entwicklungsumgebung auf das Teamnetzwerk zugreifen können. Weiterhin soll ein Zugriff über mobile Endgeräte (Smartphones, Tablets, etc.) und über einen Webbrowser möglich sein.

➤ *Entwicklungsartefakte sollen auf der „Project Wall" verlinkbar sein.*

Sollten sich beispielsweise Anforderungen ändern, soll das Management in der Lage sein, die Änderung unmittelbar z.B. an die Entwicklungs- und Testteams zu posten.

➤ *Die „Project Wall" soll stets den aktuellen Projektstatus in konfigurierbaren Ansichten wiedergeben.*

Insbesondere für das Management ist es wichtig, den aktuellen Projektstatus im Blick zu haben. Dazu soll die Software Business Intelligence Systeme anbinden und den Projektstatus auf der „Project Wall" anzeigen. Weiterhin soll stets ein Überblick über die aktuell stattfindende Kommunikation gegeben werden, z.B. in Form eines Kommunikationsgraphen.

Zuletzt geändert am: 10.04.20 12:27:00

Projektauftrag	Einführung in die Softwaretechnik

2.1.3 Erweiterte Funktionen

➤ *Systeme werden als Teammitglieder behandelt.*

Es ist wünschenswert, wenn externe Systeme wie Wikis, Dateiserver oder Subversion-Repositories als eine besondere Art von Kontakten eingebunden werden könnten. Diese Systeme würden dann die letzten Änderungen als eigene Statusupdates veröffentlichen (z.B.: „Neuer Bug von M. Mustermann angelegt: ‚Fotos werden nicht korrekt skaliert'"; „C. Hoch hat die Seite ‚FeaturesFuerRC1' bearbeitet.").

➤ *Orientierung im Projekt ermöglichen.*

Um interessante oder gerade benötigte Nutzer/Teammitglieder, Gruppen und (Teil-)Projekte finden zu können, wäre eine Suchfunktion wünschenswert. Ergänzen könnte man diese um Tag Clouds – dann müssten alle „Dinge" entsprechend mit Tags versehen werden können.

➤ *Web-Technologien nutzen.*

Alle (technischen) Artefakte – Nutzer, Gruppen, Projekte, Repositories, Codes, Modelle, Wikis, Statusupdates, Kommentare, … sollen einen eigenen URL haben, den man leicht per Email verschicken kann.

Um das System besser in den Alltag des Nutzers einzubinden, sollte er für verschiedene Geschehnisse (als Kontakt hinzugefügt, Status Update kommentiert, …) einstellen können, dass er über diese per Email benachrichtigt wird. Die Statusupdates seiner abonnierten Kontakte sollte er als Feed (RSS oder Atom) abonnieren können. Um das Schreiben von Statusupdates anzuregen bietet es sich an, einem Nutzer zu erlauben, die Statusupdates eines bereits von ihm genutzten digitalen sozialen Netzwerks einzubinden. Dies könnte am Beispiel von Twitter geschehen.

Alle Teammitglieder, die online sind, sollen sofort via Instant Messaging oder Skype-artige Telefon-/Video Calls kontaktiert werden können (Meeting on Demand).

2.2 Technische Anforderungen und Rahmenbedingungen

Das zu Softwaresystem muss folgenden technischen Anforderungen und Rahmenbedingungen genügen:

- Die Serverinfrastruktur von *Global Solutions* basiert auf Microsoft Technologien (Windows Server). Diese müssen im Projekt optimal eingesetzt werden.
- *Global Solutions* will das System bei gutem Erfolg auch als Cloud-Lösung auf Basis von Microsoft Azure anbieten. Diese Technologie muss bei der Entwicklung berücksichtigt werden.
- Die Implementierungssprachen auf der Serverseite für das Projekt sind: C#, C++ (COM)
- Die Implementierungssprachen auf der Clientseite für das Projekt sind: C#, C++ (COM), Java, Objective C, Swift
- Die Entwicklungsumgebungen sind:
  - Microsoft Visual Studio 2019
  - XCode
  - Eclipse IDE
- Für das Projekt wird der von *We implement IT* eingesetzte Azure DevOps Server verwendet. In diesem Tool werden die Entwicklungsaufgaben koordiniert und die Versionskontrolle etabliert.

Projektauftrag Einführung in die Softwaretechnik

- Folgende Clients sind zu unterstützen:
    - Entwicklungsumgebungen von *Global Solutions*, Sprache: C#
    - Web-Clients durch ASP.NET Serveranwendung bedient, Sprache: C#
    - Microsoft Visual Studio, Sprache: C#, C++ (COM)
    - Eclipse, Sprache: Java
    - Mac/iPhone/iPad, Sprache: Objective C, Swift
- Folgende Datenbanken sind zu unterstützen:
    - Oracle 19c
    - Microsoft SQL-Server 19
- Es ist eine Staging-Umgebung für Tests aufzubauen, die sich schrittweise der Produktivumgebung annähert. Die Staging-Umgebung wird kooperativ durch *Global Solutions* und *We implement IT* aufgebaut und betrieben.

3 Projektorganisation und -planung
Dieser Abschnitt beschreibt die Organisation und die Planungsvorgaben für das Projekt.

3.1 Ernennung der Projektteams
Mit diesem Projektauftrag werden **SIE** beauftragt, die Projektleitung für das Projekt „Code & Talk" zu übernehmen. Ihr (internes) Projektteam setzt sich aus folgenden Personen zusammen:

Person	Rolle/Aufgaben/Fähigkeiten	Verfügbarkeit
Fr. Müller	Anforderungsanalyse, Geschäftsprozessmodellierung	Voll
Hr. Heinrich	Anforderungsanalyse, Datenbankdesign	Voll
Hr. Stark	Architektur	Teilzeit
Fr. Dr. Groß	Architektur, Qualitätssicherung	Voll
Hr. Jung	Entwicklung, Test	Voll
Hr. Alt	Entwicklung, Test	Voll
Fr. Klein	Entwicklung, Test	Voll
Hr. Schick	Benutzerschnittstellendesign	Teilzeit
Hr. Gernegroß	Qualitätssicherung, Test	Teilzeit
Fr. Wichtig	Dokumentation, Marketing	Teilzeit
Fr. Klug	Projektassistenz	Voll

Für das Projekt „Code & Talk" ist es erforderlich, dass Sie verschiedene Aufgaben an externe Partner und Dienstleister auslagern, da *We implement IT* nicht alle Entwicklungsleistungen durch eigenes Personal stemmen kann.

| Projektauftrag | Einführung in die Softwaretechnik |

Besetzung des Lenkungsausschusses

Für das Projekt „Code & Talk" werden zwei Lenkungsausschüsse gebildet. Der erste Lenkungsausschuss umfasst das Gesamtprojekt (Kunde und Auftragnehmer), das *Global Solutions* an *We implement IT* beauftragt hat. In diesem Lenkungsausschuss sind neben **Ihnen** vertreten:

- Hr. Meier (stellv. Abteilungsleiter *Development Environments* von *Global Solutions*)
- Fr. Dr. Müller (stellv. Abteilungsleiterin *Forschung und Entwicklung* von *Global Solutions*)
- Hr. Dr. Knut (Portfoliomanager *Individualentwicklung* von *We implement IT*)
- Fr. Ditzsche (Leiterin des Bereichs *Qualitätsmanagement* von *We implement IT*)
- Hr. Stark (Chefarchitekt von *We implement IT*)

Weiterhin ist es **Ihre** Aufgabe einen Lenkungsausschuss zu etablieren, der die interne Projektstruktur (Auftragnehmer und Unterauftragnehmer) abbildet. In diesem Lenkungsausschuss sind neben Ihnen folgende Personen vertreten:

- Hr. Dr. Knut als Vertreter des Generalauftragnehmers *We implement IT*
- **Ihr** Verantwortlicher für die Qualitätssicherung im Gesamtprojekt
- Hr. Stark als Chefarchitekt des Gesamtprojekts
- Je Unterauftragnehmer: der Projektleiter, der QS-Verantwortliche und der Chefarchitekt des Unterauftragnehmers

Weitere Personen bzw. Gäste sind je nach Bedarf in den Lenkungsausschuss einzuladen.

3.2 Projektorganisation

Das Projekt wird als verteiltes Entwicklungsprojekt durchgeführt und weist folgende Organisationsstruktur auf:

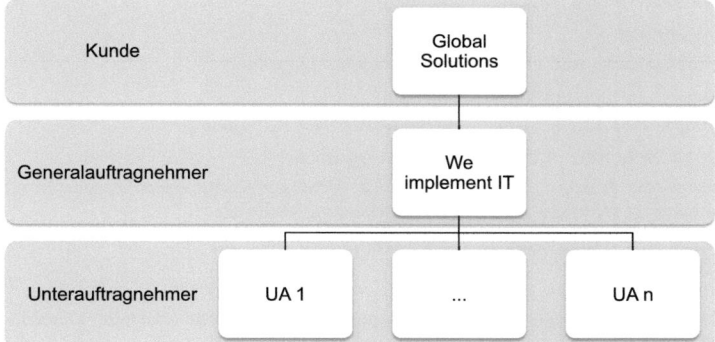

Die Auswahl der Unterauftragnehmer obliegt **Ihnen** im Rahmen Ihrer Projektorganisation und in Abstimmung mit dem Portfoliomanagement. Die Mitarbeiter, die **Ihnen** aus dem Personalstamm von *We implement IT* zur Verfügung gestellt werden, werden für die Dauer des Projekts **Ihrer** Verantwortung (fachlich und disziplinarisch) unterstellt.

Projektauftrag   Einführung in die Softwaretechnik

3.3 Arbeitspakete und Budgets

3.3.1 Budget

Der vertraglich vereinbarte Umfang für dieses Projekt beträgt (netto): **4.500.000,00 €**

Im Rahmen dieses Budgets stehen Ihnen für die Unterbeauftragung an die externen Dienstleister maximal **2.000.000,00 €** zur Verfügung.

In diesem Budget müssen **Sie** die Personal- und Ressourcenplanung (inkl. Material- und Reisekosten) durchführen.

3.3.2 Arbeitspakete

Für dieses Projekt wurden die folgenden Arbeitspakete vereinbart:

AP Nr.	Kurzbeschreibung	Umfang
AP1	Anforderungsanalyse	25 PM
AP2	Systementwurf	50 PM
AP3	Server-Entwicklung	50 PM
AP4	Entwicklung/Integration Drittsysteme	50 PM
AP5	Client-Entwicklung	75 PM
AP6	Qualitätssicherung	75 PM
AP7	Projektmanagement	25 PM
		350 PM

Im Rahmen der Planung ist es **Ihre** Aufgabe, diese Arbeitspakete noch weiter auszugestalten und hierbei insbesondere auch die Aufgabenverteilung an die Unterauftragnehmer zu organisieren.

3.4 Zeitrahmen

Folgende Rahmendaten sind für die Projektdurchführung geplant:

- Projektstart: **01.01.2021**
- Projektende: **31.12.2022** (Inbetriebsetzung des Systems/Verkaufsstart: 02.01.2023)

3.5 Besonderheiten und spezielle Festlegungen

Im Rahmen dieses Projekts müssen **Sie** folgende Festlegungen/Rahmenbedingungen erfüllen und dem Gesamtprojektlenkungsausschuss zur Entscheidung vorlegen:

1. Erarbeitung der Projektstruktur (grob) inkl. vorläufiger Planung und Detailschätzung bis: 01.02.2021
2. Durchführung des Projekt-Kick-Offs mit dem Kunden bis: 01.03.2021
3. Ausarbeitung des Vergabeplans und Vertragsschluss mit den externen Dienstleistern bis: 30.09.2021

Zuletzt geändert am: 10.04.20 12:27:00

Projektauftrag — Einführung in die Softwaretechnik

Weitere Ressourcen

- Sofern es das Projektbudget zulässt, können **Sie** über die Personalabteilung weitere Personalressourcen von Zeitarbeitsdienstleistern oder Freiberuflern abrufen. Voraussetzung hierfür ist eine mindestens 4-wöchige Anstellung und eine Verschwiegenheitserklärung.
- Sofern es im Rahmen des Projekts passend ist, können **Sie** (kleinere) Aufgaben an Studenten (z.B. Praktikanten, Werkstudenten) vergeben. Voraussetzung hierfür ist eine mindestens 3-monatige Anstellung und eine Verschwiegenheitserklärung.

Besonderheiten/spezielle Festlegungen   (keine)

4 Chancen und Risiken

4.1 Chancen

Dieses Projekt ist seitens des Kunden als *strategisches Projekt* für *Global Solutions* identifiziert worden. *Global Solutions* verfolgt mit diesem Projekt die Ziele der Festigung und des Ausbaus des Kundenstamms.

Seitens *We implement IT* ist dieses Projekt ebenfalls strategisch wichtig, da (1) *Global Solutions* ein neuer Kunde ist und (2) *Global Solutions* über ein großes Partner- und Kundennetzwerk verfügt. Folgende Chancen bestehen für *We implement IT* mit diesem Projekt:

- Gewinnung eines neuen Großkunden und Zugang zu einem neuen Partner- und Kundennetzwerk
- Entwicklung eines innovativen Produkts
- Festigung im Markt als verlässlicher Projektpartner

4.2 Risiken

Folgende Risiken sind im Projekt zu beachten und im Rahmen des Risikomanagements zu berücksichtigen:

- Verfügbarkeit von: Personalressourcen, fachlicher Ansprechpartner, passender Unterauftragnehmer
- Reibungslose Integration mit den heterogenen Infrastrukturen von „Global Solutions", inkl. im Hinblick auf die Verfügbarkeit dokumentierter Schnittstellen von Dritt-Software.
- Akzeptanz der Anwender bzgl. der neuen Lösung

5 Wirtschaftlichkeit

Die Wirtschaftlichkeit wurde sowohl durch die Geschäftsleitung als auch durch das Portfoliomanagement von *We implement IT* geprüft. Das Projekt wird als wirtschaftlich eingestuft, wenn:

1. (primär) Ein Gewinn von 5% vom Vertragsvolumen (netto) erwirtschaftet wird, und/oder
2. (sekundär) Kundenzufriedenheit wird erzeugt, sodass im Anschluss an „Code & Talk" eine weitere, langfristige Zusammenarbeit mit *Global Solutions* gesichert ist. Hierzu müssen bereits Verhandlungen zu Folgeprojekten aufgenommen worden sein. In diesem Fall dürfen für das Projekt max. 5% des Vertragsvolumens als Investivmittel aus den Mitteln von *We implement IT* zusätzlich zum beauftragten Budget verwendet werden.

C.3 Ausschreibung

Die Ausschreibung macht ein Projekt eines Auftraggebers potenziellen Auftragnehmern bekannt. Im Rahmen des Projekts „Code & Talk" soll eines der identifizierten Teilsysteme – das Teilprojekt *Project Wall* – extern an einen Auftragnehmer vergeben werden. Die entsprechende Ausschreibungsunterlage ist auf den folgenden Seiten zu finden. Diese Ausschreibungsunterlage legt in vielen Fällen die Grundlage für die detaillierte Analyse und Verfeinerung der Anforderungen sowie für den Architekturentwurf des Systems.

Ausschreibung		Einführung in die Softwaretechnik

Ausschreibung

Projekt	Code & Talk
Ersteller	Geschäftsleitung: We Implement IT
Erstellt am	10.04.20 12:29:00
Dokumentablage	../Ausschreibung.docx

1 Einleitung

Im Rahmen des Projekts „Code & Talk" gibt es ein Teilsystem, in dem eine „Project Wall" entwickelt werden soll. Diese integriert sich in Entwicklungsumgebungen und steht Projektteammitgliedern auch über das Internet zur Verfügung. Die „Project Wall" erlaubt es in Anlehnung an z.B. Facebook oder Twitter Nachrichten im Projekt zu verteilen, einen Projektstatus zu erhalten und generell Kontakt zu anderen Mitgliedern des Projektteams aufzunehmen.

Gegenstand dieser Ausschreibung ist das Teilprojekt „Project Wall" mit folgenden Aufgaben:

- Übernahme und Verfeinerung der Konzeption
- Spezifikation der Anforderungen und Erarbeitung eines Umsetzungskonzepts
- Umsetzung der Komponente „Project Wall"
- Dokumentation und Übergabe an *We implement IT*

2 Allgemeine Informationen zur Ausschreibung

Hinweis. An dieser Stelle folgen, anstelle allgemeiner Informationen zur Ausschreibung, Informationen für die Durchführung einer Übung.

Das Angebot für das Projekt „Project Wall" muss die unten stehenden Bestandteile umfassen (Kontext der Übung, in „echten" Ausschreibungen sind diese Inhalte selbstverständlich wesentlich umfangreicher. → In diesem Kontext ist dieser Abschnitt die **Arbeitsanleitung** für die Erstellung des Angebots.).

2.1 Geforderter Umfang des Angebots

Das Angebot wird in Schriftform (Word/PowerPoint) abgegeben/präsentiert.

- Kostenschätzung basierend auf den Anwendungsfällen
- Liste von geschätzten Arbeitspaketen
- Personallisten und Preisblätter

2.2 Rahmenbedingungen für das Angebot

Für das Angebot gelten folgende Rahmenbedingungen:

1. Das Projekt muss nach Vertragsschluss binnen 4 Monaten abgeschlossen sein.
2. Es müssen 1 GUI-Prototyp, zwei Test-Releases und ein Final-Release geliefert werden.

Ausschreibung   Einführung in die Softwaretechnik

3 Anforderungen an das zu erstellende (Teil-)System

Der folgende Abschnitt fasst die Anforderungen für das zu erstellende Teilsystem „Project Wall" zusammen.

3.1 Anwendungsfälle (fachliche Anforderungen)

Abbildung 1 zeigt die Anwendungsfälle für die „Project Wall" auf. Es gilt zwischen zwei Nutzergruppen zu unterscheiden: „Projektleitung" und „Teammitglied".

- Die Projektleitung verfügt über die Möglichkeiten sich den Kommunikationsgraphen des Projekts, den Projektstatus, einen Überblick über die einzelnen projektspezifischen Einträge sowie Details zu einzelnen Einträgen anzeigen zu lassen.

- Einzelne Teammitglieder können sich einen Überblick über die Projekteinträge sowie die Details zu den einzelnen Einträgen anzeigen lassen. Weiterhin können Teammitglieder Einträge erstellen, diese ändern und (Projekt-)Artefakte hinzufügen.

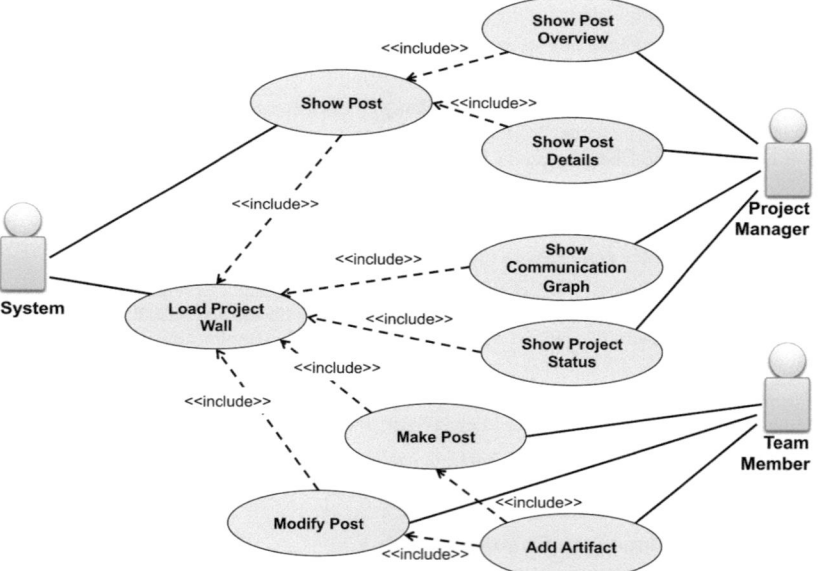

Abbildung 1 Anwendungsfälle (Teilprojekt „Project Wall")

Im Folgenden werden die Anforderungen zu den geforderten Anwendungsfällen beschrieben sowie relevante nichtfunktionale Anforderungen aufgezeigt.

Zuletzt geändert am: 10.04.20 12:29:00   2 von 8

Ausschreibung	Einführung in die Softwaretechnik

3.1.1 Anwendungsfall: Show Communication Graph

Name	Show Communication Graph
Zielsetzung	Das System soll dem Nutzer für ein ausgewähltes Projekt den Kommunikationsgraph anzeigen.
Vorbedingung	Der Nutzer ist eingeloggt und hat den Dialog Project Wall aufgerufen.
Nachbedingung	Das System zeigt dem Nutzer den Dialog Kommunikationsgraph für ein ausgewähltes Projekt an.
Akteure	Project Manager
Szenario	1. Das System lädt alle verfügbaren Projekte und zeigt diese anhand eines Dialogs auf. 2. Der Nutzer wählt ein Projekt aus. 3. Das System prüft anhand der Projekt-ID und der Nutzerkennung in der Projektdatenbank die Berechtigung auf dieses Projekt zuzugreifen und lädt den Dialog Kommunikationsgraph inklusive des Datensatzes Kommunikationsgraph. 4. Das System schließt den Dialog Projektauswahl und zeigt den Kommunikationsgraph in einem gesonderten Dialog auf.
Alternativszenario	--
Nichtfunktionale Anforderungen	--

3.1.2 Anwendungsfall: Show Post Overview

Name	Show Post Overview
Zielsetzung	Das System soll dem Nutzer einen Überblick über alle einem Projekt zugeordneten Einträge anzeigen
Vorbedingung	Der Nutzer ist eingeloggt und hat den Dialog Project Wall aufgerufen.
Nachbedingung	Das System zeigt den Dialog Project Wall für ein dem Nutzer zugeordnetes Projekt an.
Akteure	Team Member, Project Manager
Szenario	1. Das System lädt alle verfügbaren Projekte und zeigt diese anhand eines Dialogs auf. 2. Der Nutzer wählt ein Projekt aus. 3. Das System prüft anhand der Projekt-ID und der Nutzerkennung in der Projektdatenbank die Berechtigung auf dieses Projekt zuzugreifen und lädt die entsprechende Project Wall. 4. Das System schließt den Dialog „Projektauswahl" und zeigt den Dialog „Project Wall" auf bestehend aus einer Liste mit Titel der Einträge, dem jeweiligen Datum und dem Verfasser.
Alternativszenario	3.a) Der Nutzer ist nicht berechtigt auf die Projektdaten zuzugreifen und das System zeigt in einem gesonderten Dialog eine Meldung auf. 3.b) Der Nutzer schließt den Dialog.
Nichtfunktionale Anforderungen	• Die Anzeige der Project Wall soll ab dem Zeitpunkt der Projektauswahl in maximal 5 Sekunden angezeigt werden. • Die grafische Benutzeroberfläche soll die Richtlinie „Styleguide Code&Talk: Project Wall Style.doc" erfüllen.

Ausschreibung — Einführung in die Softwaretechnik

3.1.3 Anwendungsfall: Show Post Details

Name	Show Post Details
Zielsetzung	Das System soll dem Nutzer für einen ausgewählten Eintrag in der Project Wall die Details aufzeigen.
Vorbedingung	Der Nutzer ist eingeloggt und der Dialog „Project Wall" wird angezeigt.
Nachbedingung	Das System zeigt im Dialog „Project Wall" die Details für einen ausgewählten Eintrag an.
Akteure	Team Member, Project Manager

Szenario	1. Der Nutzer wählt für einen Eintrag die Funktion „Show Details".
	 2. Das System lädt in der Projektdatenbank die Details bestehend aus
	    • Eintrag (Text)
	    • Artefakte (Dokumente, Links, etc.)
	 3. Das System zeigt in einem eingebetteten Dialog die Details an. Der Überblick über die weiteren Einträge ist weiterhin sichtbar.

Alternativszenario	--
Nichtfunktionale Anforderungen	--

3.1.4 Anwendungsfall: Show Project Status

Name	Show Project Status
Zielsetzung	Das System soll dem Nutzer für ein ausgewähltes Projekt den Projektstatus aufzeigen.
Vorbedingung	Der Nutzer ist eingeloggt und hat den Dialog Project Wall aufgerufen.
Nachbedingung	Das System zeigt dem Nutzer den Dialog Project Status für ein ausgewähltes Projekt an.
Akteure	Project Manager
Szenario	1. Das System lädt alle verfügbaren Projekte und zeigt diese anhand eines Dialogs auf. 2. Der Nutzer wählt ein Projekt aus. 3. Das System prüft anhand der Projekt-ID und der Nutzerkennung in der Projektdatenbank die Berechtigung auf dieses Projekt zuzugreifen und lädt den Dialog Project Status inklusive des Datensatzes Project Status. 4. Das System schließt den Dialog Projektauswahl und zeigt den Projektstatus in einem gesonderten Dialog auf.
Alternativszenario	--
Nichtfunktionale Anforderungen	--

Zuletzt geändert am: 10.04.20 12:29:00

3.1.5 Anwendungsfall: Make Post

Name	Make Post
Zielsetzung	Der Nutzer erstellt für ein Projekt einen neuen Eintrag.
Vorbedingung	Der Nutzer ist eingeloggt und der Dialog „Project Wall" wird angezeigt.
Nachbedingung	Das System hat einen neuen Eintrag für das Projekt in der Projektdatenbank gespeichert und die Project Wall aktualisiert.
Akteure	Team Member
Szenario	1. Der Nutzer wählt die Funktion „Make Post". 2. Das System öffnet den eingebetteten Dialog zum Erstellen eines neuen Eintrags. 3. Der Nutzer gibt für den Eintrag einen Titel und einen Beschreibungstext ein. 4. Das System speichert alle angegebenen Daten in der Projektdatenbank. 5. Das System aktualisiert die Project Wall.
Alternativszenario	3.a) Der Nutzer gibt für den Eintrag einen Titel und einen Beschreibungstext ein und wählt die Funktion „Artefakt hinzufügen". 3.b) Das System öffnet in einem gesonderten Dialog einen Dateibrowser. 3.c) Der Nutzer wählt die Datei aus und bestätigt. 3.d) Das System speichert den Eintrag und das Artefakt in der Projektdatenbank. 4 a) Das System kann nicht speichern und öffnet einen separaten Dialog „Fehler".
Nichtfunktionale Anforderungen	--

3.1.6 Anwendungsfall: Modify Post

Name	Modify Post
Zielsetzung	Der Nutzer modifiziert ein von ihm erstellten Beitrag.
Vorbedingung	Der Nutzer ist eingeloggt und der Dialog „Project Wall" wird angezeigt.
Nachbedingung	Das System hat für einen bestehenden Eintrag für das Projekt die Aktualisierung in der Projektdatenbank gespeichert und die Project Wall aktualisiert.
Akteure	Team Member
Szenario	1. Der Nutzer wählt für einen in dem Dialog Project Wall aufgelisteten Beiträge die Funktion „Modify Post". 2. Das System gleicht erfolgreich in der Projektdatenbank die Nutzerkennung mit der des Verfassers des Beitrags ab und öffnet einen eingebetteten Dialog mit dem Original-Beschreibungstext. 3. Der Nutzer modifiziert den Beschreibungstext. 4. Das System überschreibt den in der Projektdatenbank gespeicherten Beschreibungstext mit dem aktualisierten Beschreibungstext. 5. Das System aktualisiert die Project Wall.
Alternativszenario	2.a) Die vom System in der Projektdatenbank abgeglichene Benutzerkennung stimmt nicht mit der des Verfassers des Beitrags überein und das System zeigt dem Nutzer in einem gesonderten Dialog eine Meldung auf. 2.b) Der Nutzer schließt den Dialog.
Nichtfunktionale Anforderungen	--

| Ausschreibung | Einführung in die Softwaretechnik |

3.1.7 Anwendungsfall: Add Artifact

Name	Add Artifact
Zielsetzung	Der Nutzer fügt für einen ausgewählten Eintrag ein Artefakt hinzu.
Vorbedingung	Der Nutzer ist eingeloggt und der Dialog „Project Wall" wird angezeigt.
Nachbedingung	Das System hat für einen ausgewählten Eintrag für das Projekt ein Artefakt in der Projektdatenbank gespeichert und die Project Wall aktualisiert.
Akteure	Team Member
Szenario	1. Der Nutzer wählt für einen ausgewählten Eintrag die Funktion „Add Artifact ". 2. Das System öffnet in einem gesonderten Dialog einen Dateibrowser. 3. Der Nutzer wählt die Datei aus und bestätigt. 4. Das System speichert den Eintrag und das Artefakt in der Projektdatenbank. 5. Das System aktualisiert die Project Wall.
Alternativszenario	4.a) Das System kann nicht speichern und öffnet einen separaten Dialog „Fehler". 4.b) Der Nutzer schließt den Dialog.
Nichtfunktionale Anforderungen	--

3.2 Technische Anforderungen

Folgende technische Anforderungen muss die Komponente „Project Wall" erfüllen.

3.2.1 Skizze der technischen Architektur

Die Komponente „Project Wall" fügt sich in das Gesamtsystem des Projekts „Code & Talk" ein (Abbildung 2). Folgende technische Architektur liegt dieser Komponente zugrunde und folgende Schnittstellen zum Gesamtsystem sind zu berücksichtigen/umzusetzen.

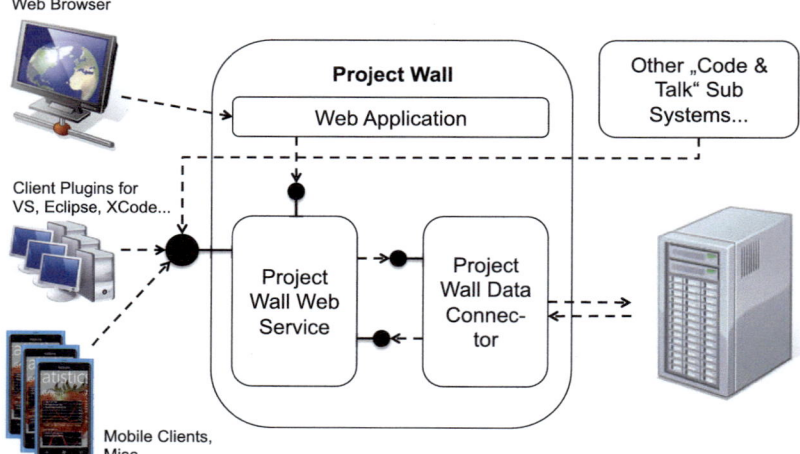

Abbildung 2 High-level Architektur und Positionierung der Project Wall im Projekt Code & Talk

Zuletzt geändert am: 10.04.20 12:29:00

Ausschreibung	Einführung in die Softwaretechnik

3.2.2 Technische Anforderungen (Backend)

Das Backend muss sich in die Serverinfrastruktur des Gesamtprojekts integrieren. Daher muss die Komponente „Project Wall" folgenden Anforderungen genügen:

1. Die Programmiersprache zur Umsetzung ist C#.
2. Die Kommunikation zu anderen Komponenten von „Code & Talk" erfolgt über Web Services.
3. Die Kommunikation zu Clients von „Project Wall" erfolgt über Web Services.
4. Die Serveranwendung zur direkten Kommunikation mit der „Project Wall" über einen Webbrowser erfolgt mit ASP.NET und verwandten Technologien. Nach außen ist diese Anwendung als Webseite entsprechend den aktuellen W3C-Standards abzurufen.

3.2.3 Technische Anforderungen (Client)

Als Clients für die „Project Wall" kommen verschiedene Tools infrage. Die „Project Wall" in der Ausbaustufe, welche Gegenstand dieser Ausschreibung ist, muss folgende Clients unterstützen:

1. Microsoft Visual Studio: Umsetzung als Plugin in der Programmiersprache C#
2. Eclipse: Umsetzung als Plugin in der Programmiersprache Java
3. Webbrowser: Die Umsetzung der Webanwendung erfolgt (Präsentation) mit Ajax/JavaScript-Technologien und mit C# (Logik-Anteile). Die Umsetzung ist, wo schon möglich, auf Basis von HTML 5 durchzuführen oder zumindest vorzubereiten.

4 Vorgaben für das Projektmanagement

(Auszug)

Das hier ausgeschriebene Projekt ist ein Teilprojekt eines umfangreichen Großprojekts. Daher wird der Auftragnehmer organisatorisch in das Gesamtprojekt eingebunden. Folgende Vorgaben sind daher für den Auftragnehmer beim Projektmanagement zwingend zu beachten.

- Das Projektmanagement des Auftragnehmers ist in das Projektmanagement von „Code & Talk" integriert. Der Auftragnehmer wird dazu in das Berichtswesen und die Projektfortschrittskontrolle integriert und muss die entsprechenden PM-Infra-/Strukturen in seinem Projekt implementieren.
- Dies umfasst im Einzelnen:
  - Wöchentliches, monatliches und arbeitspaketbezogenes Berichtswesen in Schriftform
  - Kontinuierliches Erfassung, Pflegen und Auswerten von Work Items zur Arbeitsplanung, Kontrolle und Steuerung, sowie für das Reporting
  - ...

Ausschreibung   Einführung in die Softwaretechnik

5 Vorgaben für die Qualitätssicherung

(Auszug)

Das hier ausgeschriebene Projekt ist ein Teilprojekt eines umfangreichen Großprojekts. Daher wird der Auftragnehmer organisatorisch in das Gesamtprojekt eingebunden. Folgende Vorgaben sind daher für den Auftragnehmer bei der Planung und Durchführung der Qualitätssicherung zwingend zu beachten.

- Die Qualitätssicherung (QS) des Auftragnehmers muss intern geplant werden und folgende Anforderungen erfüllen:
    - Jedes Codeartefakt ist durch Testfälle zu ergänzen
    - Die Testfallabdeckung darf nicht unter 80% liegen
    - ...
- Die QS des Auftragnehmers wird organisatorisch in das Qualitätsmanagement von „Code & Talk" eingebettet. Dies betrifft die QS-Ziele und Anforderungen, sowie das Berichtswesen.
- ...

Zuletzt geändert am: 10.04.20 12:29:00   8 von 8

Glossar

Abstrakter Datentyp (↦ Kap. 4.3.1.1) Ein abstrakter Datentyp (ADT) stellt eine Menge von Sorten oder Typen und Funktionen darauf bereit und definiert damit ein Datenmodell. Das resultierende Datenmodell beinhaltet eine syntaktische Schnittstelle, welche durch eine Signatur gegeben ist. Eine Signatur umfasst Sorten oder Typen als Namen für die auftretenden Datenmengen und Funktionssymbole mit zugeordneter Funktionalität. Die Funktionalität gibt an, auf welchen Datensorten die Funktionen operieren.

Abstraktionsebene (↦ Kap. 4.2.2.2) Eine Abstraktionsebene beschreibt das gesamte System oder einen Ausschnitt unter einem bestimmten Abstraktionsgrad.

Änderungsantrag (↦ Kap. 13.2.2.2) Ein Änderungsantrag (engl. Change Request, CR) ist eine Forderung zur Änderung eines Softwaresystems während der Entwicklung oder in der Wartung eines Softwaresystems. Damit entspricht ein Änderungsantrag einer *geänderten Anforderung* an das System.

Anforderung (↦ Kap. 5.2.4) Eine Anforderung nach IEEE 610.12-1990 ist (1) eine Bedingung, Fähigkeit oder Eigenschaft, die ein Stakeholder für ein Produkt oder einen Prozess fordert, um ein Problem zu lösen oder ein Ziel zu erreichen, oder: (2) eine Bedingung, Fähigkeit oder Eigenschaft, die ein System erfüllen/haben muss, um einen Vertrag, einen Standard, eine Spezifikation oder andere formal vorgegebene Dokumente zu erfüllen oder eine dokumentierte Repräsentation einer Bedingung, Fähigkeit oder Eigenschaft wie in (1) oder (2) definiert.

Anforderungsanalyse (↦ Kap. 5.2.3) Die Anforderungsanalyse (engl. Requirements Engineering, RE) bezeichnet die kreative, systematische, iterative, auf Effizienz und Effektivität ausgelegte Vorgehensweise mit dem Ziel, eine explizite, mit allen Stakeholdern abgestimmte Anforderungs- und Systemspezifikation zu erarbeiten und sicherzustellen, dass diese umgesetzt wird. Die Anforderungsanalyse dient dem Erkennen von Zielen und Bedürfnissen sowie der Identifikation von Innovationspotenzial.

Anforderungsmanagement (↦ Kap. 5.5) Das Anforderungsmanagement (Requirements Management, RM) zielt auf eine effiziente und effektive Handhabung (Verwaltung) und

Nutzung dokumentierter Anforderungen über den gesamten Systemlebenszyklus, inklusive der Archivierung von Anforderungen, der Modifikation aufgrund neuer Erkenntnisse oder Vorgaben im Laufe der Entwicklung (Änderungsmanagement), der Verfolgung und Verifikation von Anforderungen sowie der Durchführung von Impaktanalysen zur Unterstützung von Änderungsprozessen.

Anwendungsfall (↦ Kap. 6.1.1.1) Ein Anwendungsfall (Use Case) bündelt alle möglichen Szenarien, die eintreten können, wenn ein Akteur versucht, mit Hilfe des betrachteten Systems ein bestimmtes fachliches Ziel zu erreichen eine Funktion zu nutzen.

Architekturmanagement (↦ Kap. 13.2.3.1) (Architecture Governance) Architekturmanagement fasst alle Aufgaben zusammen, mit denen Enterprise Architekturen (oder andere Architekturen) auf der Unternehmensebene organisiert und verwaltet werden. Das Architekturmanagement ist dabei eng mit dem Änderungsmanagement (Design Governance) und dem Betrieb softwareintensiver Systeme (Operational Governance) verknüpft.

Architekturmuster (↦ Kap. 10.4) Architekturmuster beschreiben bewährte Lösungsmuster für grundsätzliche Entwurfsprobleme und grundlegende Entscheidungen im Architekturentwurf im Hinblick auf die Organisation und die Interaktion von Komponenten im Softwaresystem.

Artefakt (↦ Kap. 1) Ein Artefakt ist ein dokumentiertes Ergebnis, das in einem Projekt erstellt, bearbeitet oder verwendet wird. Artefakte umfassen hierbei alle Elemente eines Projekts, die als Zwischenergebnis/Ergebnis zum Projekt beitragen, etwa Code, Architekturentwürfe, Spezifikationen, Anforderungen, Modelle, aber auch Pläne und Dokumente. Artefakte sind Gegenstand der Qualitätssicherung, der Versionskontrolle und des Konfigurationsmanagements, haben einen Typ, eine Struktur und einen Inhalt.

Datenmodell (↦ Kap. 4.3) Ein Datenmodell beschreibt alle Daten und deren charakteristische Funktionen und Beziehungen, oder einen Ausschnitt davon, die für ein System und seine Nutzung von Bedeutung sind. Es definiert anwendungsbezogen und in strukturierter Weise die Daten, mit denen ein System arbeitet.

Datentyp (↦ Kap. 4.3.1.1) Ein Datentyp (oder eine Datensorte) steht für eine Menge von Datenelementen.

DevOps (↦ Kap. 12.4.2) DevOps (Kunstwort aus dem Englischem: *Development and Operations* ist ein Entwicklungsansatz, in dem Entwicklungsaufgaben und Aufgaben des Betriebs miteinander verzahnt werden. Software soll in einer Weise entwickelt werden soll, die es gestattet, die Software schrittweise frühzeitig und im optimalen Fall jederzeit in Betrieb zu nehmen, ohne dass es negative Auswirkungen auf die Qualität der Software – insbesondere bereits bestehender Software – gibt.

ER-Modell (↦ Kap. 4.3.2) Ein Entity-Relationship-Modell (ER-Modell) besteht aus Entitäten und ihren Attributen, und aus Relationen zwischen den Entitäten.

Entwurfsmuster (↦ Kap. 10.3) Entwurfsmuster (Design Patterns) beschreiben bewährte Lösungsmuster für immer wieder auftretende Aufgaben im Architekturentwurf. Beispiele zur praktischen Implementierung von Entwurfsmustern können dem Anhang B.3 entnommen werden.

Fehler (↦ Kap. 9.1.6.1 und Kap. 12.1.1.1) Ein Fehler ist eine Nichterfüllung einer festgelegten Anforderung. Im Allgemeinen spricht man von einer *Anomalie,* welche ein zu behebender Mangel oder ein zu behebender Fehler in dem zu testenden System, einem Testfall oder der Testumgebung ist.

FIRST (↦ Kap. 12.2.4) *F.I.R.S.T.* ist eine Entwurfsregel für Tests, insbesondere für automatisierte Tests, aus dem Umfeld des *Clean Code.* Das Akronym setzt sich aus den Anfangsbuchstaben der für Tests geforderten Eigenschaften zusammen: F̱ast, I̱ndependent, Ṟepeatable, S̱elf-Validating und Ṯimely.

Framework (↦ Kap. 10.2) Ein Framework ist ein partiell vollständiges Softwaresystem (oder Teilsystem), das noch angepasst und instanziiert werden muss. Es definiert die Architektur für eine Familie von Systemen/Teilsystemen und spezifiziert diejenigen Stellen, an denen Anpassungen für spezifische Funktionalitäten vorgenommen werden müssen.

Funktion (↦ Kap. 2.1.2.2) Für ein Softwaresystem entspricht eine Funktion einem Ausschnitt aus dem Schnittstellenverhalten des Systems für einen bestimmten Zweck. Eine Funktion ist charakterisiert durch die Angabe des Zwecks, dem sie dient, und durch ein Schnittstellenverhalten, das die Interaktion zur Erbringung der Funktion beschreibt.

Funktionshierarchie (↦ Kap. 4.6.1.6) Eine Funktionshierarchie (Function Hierarchy, auch *Feature Tree*) ist die hierarchische Dekomposition von Funktionen in Teilfunktionen. Die Teilfunktionen werden hierbei auch hinsichtlich ihrer Abhängigkeiten und ihres (un-)gewollten Verhaltens (Feature Interaction) strukturiert.

Integration (↦ Kap. 12.3) Die Integration umfasst die erforderlichen Teilschritte zur Erstellung des Gesamtsystems aus seinen Modulen und Komponenten und der Überprüfung des korrekten Zusammenspiels der integrierten Module und Komponenten.

INVEST (↦ Kap. 7.4.3.1) *I.N.V.E.S.T.* ist eine Sammlung von Eigenschaften, denen Anforderungen – insbesondere die im Umfeld der agilen Softwareentwicklung genutzten Elemente eines *Product Backlog* – erfüllen sollen. Das Akronym bildet sich aus den Anfangsbuchstaben der geforderten Eigenschaften: I̱ndependent, Ṉegotiable, V̱aluable, Ḛstimable, S̱mall, und Ṯestable

Klassenbibliothek (↦ Kap. 10.2) Klassenbibliotheken sind komplexe Systeme von Klassen und Frameworks, die allgemeinen, applikationsunabhängigen Charakter haben und wiederverwendbares Wissen der objektorientierten Softwareentwicklung darstellen.

Komponente (↦ Kap. 1.2) Eine Komponente ist ein durch hierarchische Zerlegung erzeugtes *Teilsystem,* welches selbst wiederum den Eigenschaften eines Systems genügt. Eine Komponente ist ein eigenständiger Baustein, der unabhängig entwickelt, weiterentwickelt und verwendet werden kann. Komponenten dienen der Strukturierung eines Systems. Sie definieren ihre Funktionalität mit Hilfe einer Schnittstelle, über welche die Interaktion mit einer Komponente erfolgt.

Konfiguration (↦ Kap. 11.5 und Kap. 12.3.1) Eine Konfiguration ist eine Kollektion von Artefakten (Konfigurationselementen) in bestimmten zueinander passenden (kompatiblen) Versionen.

Konfigurationsmanagement (↦ Kap. 11.5 und Kap. 12.3.1) Konfigurationsmanagement umfasst alle Zuständigkeiten (Rollen) und Maßnahmen zur Verwaltung und kontrollierten Änderung von Artefakten – insbesondere Quellcode (siehe Kap. 11.5) – und ihrer Konfiguration, insbesondere von Software mit ihren Daten und Komponenten.

Kontext (↦ Kap. 2.1.1) Ein System ist durch die Definition seiner Systemgrenze von seiner Umwelt abgegrenzt. Der für das Systemverhalten relevanten Teil der Umwelt wird als sein *Kontext* bezeichnet.

Kontinuierliche Softwareentwicklung (↦ Kap. 12.4) Die kontinuierliche Softwareentwicklung beschreibt einen Ansatz der Softwareentwicklung, in dem die verschränkte Durchführung der drei Aufgaben *Codierung, Test* und *Integration* kurze Entwicklungszyklen realisieren soll. Hinzu kommen gegebenenfalls auch die Auslieferung *(Delivery)* und die Verteilung *(Deployment)* der Software. Ziel ist das frühzeitige Finden von Fehlern sowie eine schnelle Rückkopplung zwischen Entwicklern und Anwendern.

Metamodell (↦ Kap. 4.2.1) Ein Metamodell beschreibt die syntaktische Struktur, die Syntax einer Modellierungstechnik durch konzeptuelle oder formale Beschreibungsmittel. Es definiert dadurch eine Klasse von Modellen (ein Modellierungskonzept – oft in Form einer Modellierungssprache) und wird oft selbst mit Modellierungskonzepten dargestellt.

Modell (↦ Kap. 4.2.1) Ein Modell ist die Nachbildung eines Ausschnitts der Realität oder der gedachten Realität unter bestimmten Gesichtspunkten. Es stellt eine Abstraktion (Vereinfachung) dar.

Modul (↦ Kap. 1.2) Ein Modul ist eine abgeschlossene softwaretechnische Einheit (Programmstück, auch Softwareeinheit oder Programmkomponente) mit wohldefinierter Schnittstelle, die eine Funktions- bzw. Datenabstraktion realisiert. Module sind in der Regel nicht für sich allein stehend ablauffähig.

Produktanforderung (↦ Kap. 6.1) Die Produktanforderungen (funktionalen Anforderungen) umfassen alle Anforderungen aus Nutzersicht im Hinblick auf das Systemverhalten. Sie beschreiben das Verhalten eines Systems im Hinblick auf die angebotenen und nutzbaren *Funktionen* an der Systemgrenze, die ein System bzw. ein Produkt erbringt.

Programm (↦ Kap. 1.2) Ein Programm ist eine in einer Programmiersprache abgefasste Verarbeitungsvorschrift (Algorithmus), die auf einer Rechenanlage (Computer) unter Nutzung und Festlegung von Datenformaten ausgeführt wird.

Projekt (↦ Kap. 1.3) Ein Projekt ist nach DIN 69901 ein Vorhaben, bei dem innerhalb einer vorgegebenen Zeitspanne ein spezifiziertes Ziel erreicht werden soll und das sich dadurch auszeichnet, dass es im Wesentlichen ein einmaliges (individuelles) zeitlich begrenztes Vorhaben ist.

Projektabnahme (↦ Kap. 13.1.1) Die Projektabnahme (Acceptance) dient der formalen Akzeptanz der Projektergebnisse durch den Auftraggeber.

Projektabschluss (↦ Kap. 13.1.1) Der Projektabschluss (Closure) dient dazu, eventuell notwendige Nach- bzw. Aufräumarbeiten durchzuführen und der Nachkalkulation/Abrechnung des Projekts, sowie formal das Ende des Projekts zu erklären.

Prozess (↦ Kap. 4.6.4) Ein Prozess beschreibt ein Systemverhalten durch eine Menge von Ereignissen, die in einer kausalen und/oder zeitlichen Beziehung stehen. Jedes Ereignis kennzeichnet die Ausführung einer Aktion, die einer Änderung von Zustandsattributen, dem Senden oder Empfangen einer Nachricht oder dem Erreichen einer Deadline entspricht.

Qualität (↦ Kap. 2.2.1) Die Qualität wird nach ISO/IEC 25010:2011 bestimmt durch den Grad, in dem das System die Anforderungen und Bedürfnisse der unterschiedlichen Stakeholder erfüllt und somit wertschöpfend ist. Qualität bezieht sich in der Regel auf unterschiedliche Aspekte der Softwareentwicklung, etwa:

- Qualität des Softwaresystems
- Qualität der erstellten Entwicklungsartefakte
- Qualität des Entwicklungsprozesses und eingesetzter Methoden

Qualitätsanforderung (↦ Kap. 6.2) Die Qualitätsanforderungen beschreiben diejenigen Anforderungen an ein System, welche die Qualität der Erbringung der in den Produktanforderungen festgelegten Funktionen beschreiben. Sie beschreiben die Charakteristika eines Systems und einer Funktion hinsichtlich der Leistungserbringung oder Bezug nehmend auf den Kontext und auf sonstige Rahmenbedingungen. Qualitätsanforderungen werden oft auch als *nichtfunktionale Anforderungen* bezeichnet.

Qualitätssicherung (↦ Kap. 1.3) Qualitätssicherung (QS) ist eine Teilaufgabe des Qualitätsmanagements, die dazu dient Vertrauen zu schaffen und die sicherzustellen, dass ein Projekt die Qualitätsanforderungen erreicht. Es wird zwischen konstruktiver und analytischer Qualitätssicherung unterschieden, wobei die konstruktive Qualitätssicherung sicherstellt, dass Artefakte hoher Qualität erzeugt werden, während die analytische Qualitätssicherung der Überprüfung der Qualität der erstellten Artefakte dient. In diesem Buch wird der Begriff Qualitätssicherung für alle Aufgaben verwendet, die in einem Projekt durchgeführt werden.

Referenzarchitektur (↦ Kap. 10.2.4) Eine Referenzarchitektur kombiniert generisches Architekturwissen und Erfahrung mit den spezifischen Anforderungen für eine kohärente Architektur in einer Anwendungsdomäne. Sie dokumentiert die grundsätzliche Struktur (Komponenten, Verantwortlichkeiten und Interaktionen) von Softwaresystemen in dieser Domäne.

Risiko (↦ Kap. 1.1.1) Ein Risiko (nach PRINCE2) ist ein Ereignis oder eine Gruppe von nicht sicheren Ereignissen, deren Eintreten negative Auswirkungen auf die Erreichung der (Projekt-)Ziele hat.

Risikomanagement (↦ Kap. 1.1.1) Risikomanagement (nach PRINCE2) bezeichnet die systematische Anwendung von Verfahren zur Identifikation und Bewertung von Risiken sowie die anschließende Planung und Umsetzung von Maßnahmen zur Risikobehandlung.

Rolle (↦ Kap. 3.5) Eine Rolle bezeichnet eine bestimmte Funktion, die eine Person oder Organisationseinheit wahrnimmt. Eine Rolle definiert ein Aufgaben- und ein Fähigkeitsprofil. Rollen werden von Einzelpersonen, Teams oder Organisationseinheiten ausgeübt. Eine Rolle bezeichnet die Menge aller Fähigkeiten, Kenntnisse und Verhaltensweisen, die eine Person benötigt, um eine bestimmte Aufgabe wahrzunehmen.

Schnittstelle (↦ Kap. 2.1.2.1) Eine Schnittstelle (engl. Interface) bezeichnet und beschreibt die Grenze zwischen zwei oder mehr Systemteilen (Komponenten) und die Interaktionen und Wechselwirkung darüber. Eine Schnittstellenspezifikation ist ein Vertrag, der das Verhalten einer Komponente bei ihrer Nutzung, etwa in einer Komposition, beschreibt.

Sicht (↦ Kap. 2.1.3.1) Eine Sicht (View) zeigt ein System aus einer *bestimmten Perspektive* (Viewpoint). Sichten stellen Abstraktionen des Systems dar. Sie nutzen für die gewählten Perspektiven oft geeignete Modellierungskonzepte und ermöglichen damit eine konzentrierte Betrachtung und Analyse dieser Perspektiven.

SMART (↦ Kap. 7.1.2.1) *S.M.A.R.T.* ist ein Schema zur Formulierung von allgemeinen Zielen und Anforderungen an ein System. Das Akronym setzt sich aus den Anfangsbuchstaben der für Ziele und Anforderungen geforderten Eigenschaften zusammen: Specific, Measurable, Accepted, Reasonable und Time-bound.

Software (↦ Kap. 1.2) Software bezeichnet die Gesamtheit aller Programme und Daten für eine bestimmte Informationsverarbeitungsaufgabe in ablauffähiger Form, zugeschnitten auf vorbestimmte Hardware, zusammen mit der für den Betrieb und die Weiterentwicklung wesentlichen Dokumentation.

Softwarearchitektur (↦ Kap. 1.2) Die Softwarearchitektur ist die Gliederung eines Softwaresystems in Softwarekomponenten, deren Zerlegung in Module und deren Zusammenspiel sowie Regeln und Prinzipien für die Wirkungsweise und das Erreichen von Qualitätszielen. Sie ist eine Systemarchitektur, in der *alle Teilsysteme Softwarekomponenten* sind.

Softwareevolution (↦ Kap. 13.1) Softwareevolution umfasst alle Aktivitäten in der Erstentwicklung (Primärentwicklung) und Weiterentwicklung eines Softwaresystems im Rahmen der Wartung und Pflege über lange Zeiträume.

Softwarekomponente (↦ Kap. 1.2) Eine Softwarekomponente ist ein eigenständiger Softwarebaustein mit einer definierten Schnittstelle und explizit beschriebenen Abhängigkeiten zu anderen Softwarekomponenten. Eine Softwarekomponente kann unabhängig entwickelt, verteilt und genutzt werden.

Softwaremetrik (↦ Kap. 2.3) Eine Softwaremetrik (kurz Metrik) ist eine Funktion, die eine Softwareeinheit auf einen Zahlenwert abbildet. Dieser berechnete Wert wird interpretiert als der *Erfüllungsgrad einer Qualitätseigenschaft* der Softwareeinheit.

Softwaresystem (↦ Kap. 1.2) Ein Softwaresystem ist ein aus mehreren Softwareteilsystemen (Softwarekomponenten) zusammengesetztes und gegliedertes Ganzes. Es besitzt stets eine Schnittstelle zur Systemumgebung und realisiert in aller Regel eine Nutzungsschnittstelle.

Softwarewartung (↦ Kap. 13.2.1) Softwarewartung umfasst alle Arbeiten an Programmen inklusive deren Dokumentation, die deren Pflege und Weiterentwicklung nach der ersten Auslieferung dienen. Die Softwarewartung dient somit vorrangig der Wahrung eines konstanten betriebsfähigen Zustandes eines Softwaresystems.

SOLID (↦ Kap. 10.5) *S.O.L.I.D.* ist eine Entwurfsregel für den Aufbau robuster Architekturen, die auf der Anwendung von fünf Prinzipien des Architekturentwurfs basiert. Diese sind das Single Responsibility Principle, das Open-Closed Principle, das Liskov's Substitution Principle, das Interface Segregation Principle und das Dependency Inversion Principle.

Stakeholder (↦ Kap. 5.2.4) Ein Stakeholder ist eine Person, eine Gruppe von Personen oder eine Organisation, die ein direktes oder indirektes Interesse (Stake) am zu entwickelnden System hat oder seine Entwicklung beeinflusst.

System (↦ Kap. 1.2) Ein (diskretes) System ist ein von seiner Umgebung abgegrenztes Gebilde von über (diskrete) Ereignisse aufeinander einwirkenden Komponenten. Ein System hat ein Schnittstellenverhalten nach außen und einen inneren Aufbau *(Architektur)*. Die Architektur besteht aus Elementen (Komponenten, Teilsystemen), die zueinander über Schnittstellen in Beziehung stehen. Ein System ist durch die Definition seiner Systemgrenze von seiner Umwelt (operationeller Kontext) abgegrenzt.

Systemarchitektur (↦ Kap. 1.2) Die Systemarchitektur gliedert ein System in Teilsysteme (Komponenten), die *nicht notwendigerweise reine Softwarekomponenten sind,* sondern auch Hardware-technische und mechanische Teilsysteme umfassen können.

Szenario (↦ Kap. 6.1.1.1) Ein Szenario ist eine geordnete Menge von Interaktionen zwischen Partnern, in der Regel zwischen einem System und einer Menge von systemexternen Akteuren.

Testfall (↦ Kap. 12.1.1.1) Ein Testfall (engl. *Test Case*) beschreibt einen elementaren, funktionalen Softwaretest, welcher der Überprüfung einer in einer Spezifikation zugesicherten Eigenschaft eines Testobjektes dient.

UML (↦ Kap. 4.2.3 und Anhang A) Die *Unified Modeling Language* (UML) ist eine umfangreiche Modellierungssprache. Sie umfasst neben einer grafischen Notation eine Vielfalt syntaktischer und (teilweise) semantischer Elemente. Die UML baut auf einem Stack von Modellen und Metamodellen auf.

Vorgehensmodell (↦ Kap. 3.1) Ein Vorgehensmodell beschreibt systematische, organisatorische, ingenieurmäßige und quantifizierbare Vorgehensweisen, um Aufgaben einer bestimmten Klasse wiederholbar zu lösen.

Wiederverwendung (↦ Kap. 8.3) Wiederverwendung (auch Software Wiederverwendung) ist die Nutzung existierenden Wissens und existierender Softwareartefakte zur Entwicklung neuer Systeme.

Stichwortverzeichnis

A

Abdeckung, *siehe* Testabdeckung
Abnahme, 536
Abnahmetest, 501
Abstraktion, 133, 314, 371
    progressive, 262
Änderungsantrag, 548
Änderungsmanagement, 216
Anforderung, 202
    funktionale, 207
    Nicht-funktionale, 207
Anforderungsanalyse, 27, 199, 204, 251
Anforderungsanalytiker, 116, 211, 214
Anforderungsdokumentation, 258
Anforderungsmanagement, 215
Anforderungsmodellierung, 284
Anforderungsquelle, 260
Anforderungsspezifikation, 211, 257, 373
Anforderungsvalidierung, 295
Anforderungsverfolgung, 218
Anomalie, 466
Anwendungsfall, 227, 286
Anwendungssoftware, 42
Äquivalenzklasse, 478
Architekt, 116, 327
Architektur, 307
    Software-, *siehe* Softwarearchitektur
    System-, *siehe* Systemarchitektur
Architekturbeschreibung, 320
Architekturdokumentation, 372
Architekturentwurf, 30, 353
    Bottom-Up, 356
    Inkrementell, 356
    Top-Down, 356
Architekturevaluierung, 355
Architekturmanagement, 551
Architekturmodell, 312
Architekturmuster, 400, 627, 637
Architekturprinzip, 319
Architekturreview, 381
ATAM (Architecture Tradeoff Analysis Method), 382
Auslieferung, 536
Ausnahmebehandlung, 364
Automat, *siehe* Zustandsmaschine

B

Backlog, 105
Bedienoberfläche, 237
Behavior-driven Development, 97
Big-Bang Integration, 505
Black-Box Sicht, 366
Black-Box Test, 477
Bottom-Up Integration, 505
Brainstorming, 261

C

Change Request, *siehe* Änderungsantrag
Clean Code, 439
Client-Server Architektur, 404
Clone Detection, 566
Code-Analyse, statische, 470
Code Coverage, *siehe* Testabdeckung

Codedokumentation, 438
Codeinspektion, 468
Codereview, 469
Codierung, *siehe* Implementierung
Codierungsrichtlinie, 436
Collective Code Ownership, 97
Continuous
    Delivery, 514
    Deployment, 514
    Integration, 512

D
Daily Scrum, 106
Datenfluss, 178
Datenmodell, 139, 234, 287
Datenmodellierung, 138, 357
Datentyp, abstrakter, 141
Decorator Pattern, 613, 623
Definition
    of Done, 283
    of Ready, 281
Dekomposition, 336
Dependency
    Injection, 417
    Inversion Principle, 415
Design
    Pattern, *siehe* Entwurfsmuster
    Richtlinien, 360
    Thinking, 263
Design by Contract, 154, 340
DevOps, 97, 516
Dienst, *siehe* Funktionalität
Domänenanalyse, 252

E
Entity-Relationship-Modell, 139, 144
Entwickler, 116
Entwicklung, modellbasierte, 443
Entwurfsmuster, 396, 611, 621
Erfolgsfaktor, 15
Evolution, 35, 542
Extreme Programming, 268

F
Feature, 48, 172, 270
Feature-driven Development, 268, 484

Feature Interaction, 48
Fehler, 466
Fehlerbehandlung, 363, 466, 504
Fehlerdichte, 72
Feinentwurf, 311, 370
FIRST, 483
Framework, 391
Funktion, 45, 48, 172, 226
Funktionalität, 16, 45, 201, 255, 309
Funktionsarchitektur, 226, 311, 313
Funktionshierarchie, 173, 232

G
Geschäftsprozessmodellierung, 187
Goal Modeling, 219
Gray-Box Test, 477
Grobentwurf, 311, 366

H
Halstead-Metrik, 69
Hardwarearchitektur, 313, 320

I
Idiom, 437, 605, 615
Implementierung, 33, 427
Implementierungsregel, *siehe* Idiom
Individualsoftware, 42
Information Hiding, 170, 332
Informationssicherheit, *siehe* Security
Informationssystem, 44
Integration, 33, 492
    Kontinuierliche, *siehe* Continuous Integration
Integrationstest, 497
Interessensgruppe, *siehe* Stakeholder
Interface Segregation Principle, 412
INVEST, 282
IT-Ökosystem, 575, 585

K
Kanban, 112
Kapselung, 169, 333
Kasten, morphologischer, 261
Kennzahl, *siehe* Metrik
KISS, 329
Klassenbibliothek, 390